Kohlhammer
Kommentare

Bundesberggesetz (BBergG)

Kommentar

Erläutert von

Reinhart Piens
Rechtsanwalt, Essen

Dr. Hans-Wolfgang Schulte
Rechtsanwalt, Duisburg

Dr. Stephan Graf Vitzthum
Rechtsanwalt, Aachen

Verlag W. Kohlhammer
Stuttgart Berlin Köln Mainz

CIP-Kurztitelaufnahme der Deutschen Bibliothek

Piens, Reinhardt:
Bundesberggesetz : Kommentar /
Reinhart Piens ; Hans-Wolfgang Schulte ; Stephan Graf Vitzthum. –
Stuttgart ; Berlin ; Köln ; Mainz : Kohlhammer,
1983.
  (Kohlhammer Kommentare)
  ISBN 3-17-007505-5

NE: Schulte, Hans-Wolfgang ; Vitzthum, Stephan Graf.

Alle Rechte vorbehalten
© 1983 Verlag W. Kohlhammer GmbH
Stuttgart Berlin Köln Mainz
Verlagsort: Stuttgart
Gesamtherstellung: W. Kohlhammer GmbH
Grafischer Großbetrieb Stuttgart
Printed in Germany

Inhalt

	Seite
Vorwort	V
Abkürzungsverzeichnis	IX
Gesetzestext des BBergG	1
Erläuterungen zum BBergG	89

Erster Teil: Einleitende Bestimmungen ... 89

Zweiter Teil: Bergbauberechtigungen ... 127

1. Kapitel: Bergfreie Bodenschätze ... 127
1. Abschnitt: Erlaubnis, Bewilligung, Bergwerkseigentum ... 127
2. Abschnitt: Vereinigung, Teilung und Austausch von Bergwerkseigentum ... 194
3. Abschnitt: Feldes- und Förderabgabe ... 200
4. Abschnitt: Fundanzeige ... 208
2. Kapitel: Grundeigene Bodenschätze ... 210
3. Kapitel: Zulegung ... 211

Dritter Teil: Aufsuchung, Gewinnung und Aufbereitung ... 221

1. Kapitel: Allgemeine Vorschriften über die Aufsuchung und Gewinnung ... 221
1. Abschnitt: Aufsuchung ... 221
2. Abschnitt: Gewinnung ... 226
3. Abschnitt: Verbote und Beschränkungen ... 233
2. Kapitel: Anzeige, Betriebsplan ... 241
3. Kapitel: Verantwortliche Personen ... 443
4. Kapitel: Sonstige Bestimmungen für den Betrieb ... 479

Vierter Teil: Ermächtigungen zum Erlaß von Bergverordnungen ... 486

Fünfter Teil: Bergaufsicht ... 500

Sechster Teil: Berechtsamsbuch, Berechtsamskarte ... 540

Seite

Siebenter Teil: Bergbau und Grundbesitz, öffentliche Verkehrsanlagen 542

1. Kapitel: Grundabtretung 542
1. Abschnitt: Zulässigkeit und Voraussetzungen der Grundabtretung. 542
2. Abschnitt: Entschädigung. 573
3. Abschnitt: Vorabentscheidung, Ausführung und Rückgängigmachung der Grundabtretung. 595
4. Abschnitt: Vorzeitige Besitzeinweisung 611
5. Abschnitt: Kosten, Zwangsvollstreckung, Verfahren 617
2. Kapitel: Baubeschränkungen. 621
3. Kapitel: Bergschaden. 625
1. Abschnitt: Anpassung 625
2. Abschnitt: Haftung für Bergschäden 685
3. Abschnitt: Bergbau und öffentliche Verkehrsanlagen 752
4. Abschnitt: Beobachtungen der Oberfläche 767

Achter Teil: Sonstige Tätigkeiten und Einrichtungen 771

Neunter Teil: Besondere Vorschriften für den Festlandsockel 784

Zehnter Teil: Bundesprüfanstalt, Sachverständigenausschuß, Durchführung 793

1. Kapitel: Bundesprüfanstalt für den Bergbau 793
2. Kapitel: Sachverständigenausschuß, Durchführung 796

Elfter Teil: Rechtsweg, Bußgeld und Strafvorschriften 800

Zwölfter Teil: Übergangs- und Schlußbestimmungen 810

1. Kapitel: Alte Recht und Verträge 810
2. Kapitel: Auflösung und Abwicklung der bergrechtlichen Gewerkschaften 841
3. Kapitel: Sonstige Übergangs- und Schlußvorschriften 849

Sachverzeichnis 876

Vorwort

Seit dem 1. Januar 1982 ist die wechselvolle Geschichte des deutschen Bergrechts in eine neue Phase getreten. Mit dem Inkrafttreten des Bundesberggesetzes ist die lange Herrschaft des Landesrechts auf der Grundlage des allgemeinen Berggesetzes für die preußischen Staaten durch eine bundeseinheitliche Regelung abgelöst worden. Das eröffnet die Möglichkeit und Notwendigkeit, die seit fast zwei Jahrzehnten in der Bundesrepublik Deutschland stagnierende Kommentierung des Bergrechts neu zu beleben. Einen ersten Versuch macht dieser Kommentar. Er ist von Praktikern für die Praxis geschrieben. Deshalb haben die Autoren sich bemüht, das neue Gesetz nicht schon im ersten Anlauf allzusehr zu „verwissenschaftlichen", sondern in möglichst verständlicher Sprache und übersichtlichem Aufbau Lösungen für aktuelle, aus den Neuregelungen entstehende praktische Probleme anzuregen. Dabei hat es allerdings der Gesetzestext den Autoren nicht leicht gemacht.
Die Vielfalt der Probleme zwang auch zu einer Konzentration auf wesentliche Grundzüge des Gesetzes. Sie liegen in der Neuordnung des Berechtsamswesens, in der verstärkten Öffnung des Bergrechts hin zum allgemeinen öffentlichen Recht einschließlich des Verfahrensrechts, dem Vordringen öffentlich-rechtlicher Spezialgesetze in die bergbauliche Tätigkeit und in der Umgestaltung des Verhältnisses von Bergbau und Grundeigentum. Diese Entwicklungen bedürfen auch in den nächsten Jahren einer aufmerksamen Begleitung.
Schließlich wollen die Autoren dem Bundesberggesetz eine vergleichbare Wertung ersparen, wie sie die 9. Kommission des Herrenhauses am 16. März 1865 für das damalige Bergrecht traf:
„Auf diese Weise ist es gekommen, daß die Wissenschaft unseres Bergrechts fast eine Geheimwissenschaft für wenige Eingeweihte geworden ist. Eine große Anzahl von Juristen stehen außerhalb dieses Geheimnisses, welches für Laien undurchdringlich erscheint."
Von Kollegen aus Betrieben, Verwaltung und Verbänden haben die Autoren zahlreiche Anregungen und manchen Hinweis erhalten, für die an dieser Stelle gedankt sei. Erst solche Anregungen ermöglichen es, den Kommentar zu einer brauchbaren Hilfe für die Praxis zu machen. Sie werden deshalb auch in Zukunft dankbar begrüßt werden.
Rechtsprechung und Schrifttum zum Bergrecht sind, soweit bis zum 31. März 1983 veröffentlicht, berücksichtigt.

Im April 1983   Die Autoren

Abkürzungsverzeichnis

a. A.	anderer Ansicht
a. a. O.	am angegebenen Ort
Abs.	Absatz
a. E.	am Ende
AbfG	Abfallbeseitigungsgesetz i. d. F. vom 5. 1. 1979
ABG	Allgemeines Berggesetz vom 24. 6. 1865
AbgrG	Abgrabungsgesetz NW vom 25. 11. 1979
AbwAG	Abwasserabgabengesetz vom 13. 9. 1976
AcP	Archiv für die civilistische Praxis
AFG	Arbeitsförderungsgesetz vom 25. 6. 1969
AKtG	Aktiengesetz vom 6. 9. 1965
ALR	Allgemeines Landrecht für die preußischen Staaten von 1794
Altern.	Alternative
Amtl. Begr.	Amtliche Begründung
Amtsb (ABl.)	Amtsblatt
Anh.	Anhang
Anm.	Anmerkung
AöR	Archiv des öffentlichen Rechts
Art.	Artikel
AtG	Gesetz über die friedliche Verwendung der Kernenergie und den Schutz gegen Gefahren (Atomgesetz) i. d. F. vom 31. 10. 1976
Aufl.	Auflage
AVV	Allgemeine Verwaltungsvorschrift
Aust/Jacobs	Manfred Aust und Rainer Jacobs, Die Enteignungsentschädigung, Berlin und New York 1978
BAnz.	Bundesanzeiger
Baumbach, Lauterbach, Albers, Hartmann	Zivilprozeßordnung mit Gerichtsverfassungsgesetz und anderen Nebengesetzen, 40. Aufl., München 1982
BauO	Bauordnung
BauR	Baurecht
Bay.	Bayern
BayVBl	Bayerische Verwaltungsblätter
BayVerfGH	Bayerischer Verfassungsgerichtshof
BayVerfGHE	Entscheidungen des BayVerfGH
BB	Der Betriebs-Berater
BBauG	Bundesbaugesetz i. d. F. vom 18. 8. 1976
BBBl	Bundesbaublatt
BbG	Bundesbahngesetz vom 13. 12. 1951
BBergG	Bundesberggesetz vom 13. 8. 1980
Bd.	Band
Begr.	Begründung
Bender-Dohle	Nachbarschutz im Zivil- und Verwaltungsrecht, München und Berlin 1972
BergG	Berggesetz
BergVO	Bergverordnung

Abkürzungsverzeichnis

betr.	betrifft
BetrVG	Betriebsverfassungsgesetz vom 15. 1. 1972
BFStrG	Bundesfernstraßengesetz i. d. F. vom 1. 10. 1974
BGB	Bürgerliches Gesetzbuch vom 18. 8. 1896
BGBl.	Bundesgesetzblatt
BGH	Bundesgerichtshof
BGHSt	Entscheidungen des BGH in Strafsachen
BGHZ	Entscheidungen des BGH in Zivilsachen
BImSchG	Bundes-Immissionsschutzgesetz vom 15. 3. 1974
BImSchV	Verordnung zur Durchführung des Bundes-Immissionsschutzgesetz
BNatSchG	Bundesnaturschutzgesetz vom 20. 12. 1976
Börner, Abwägungsdefizit	Bodo Börner, Abwägungsdefizit beim Gesetzgebungsverfahren. Der Regierungsentwurf eines Bundesberggesetzes unter besonderer Berücksichtigung seines Bergschadensrechts, Veröffentlichungen des Instituts für Energierecht an der Universität zu Köln, Bd. 43 (Sonderheft), Düsseldorf und Frankfurt 1978
BR	Bundesrat
Brassert-Gottschalk	Hermann Brassert und Hans Gottschalk, Allgemeines Bergrecht für die Preußischen Staaten mit Kommentar, 2. Aufl., Bonn 1914
BR-Ds.	Bundesrats-Drucksache
BReg	Bundesregierung
Breuer, Wasserrecht	Rüdiger Breuer, Öffentliches und privates Wasserrecht, München 1976
BrKG	Gesetz über die Gesamtplanung im Rheinischen Braunkohlengebiet vom 25. 4. 1950
BRS	Bundesrechtssammlung
BT	Bundestag
BT-Ds.	Bundestags-Drucksache
BVerfG	Bundesverfassungsgericht
BVerfGE	Entscheidungen des BVerfG
BVerwG	Bundesverwaltungsgericht
BVerwGE	Entscheidungen des BVerwG
BVOBr	Bergverordnung für Braunkohlenbergwerke
BVOE	Bergverordnung für elektrische Anlagen
BVOSt	Bergverordnung für Steinkohlenbergwerke
BW	Baden-Württemberg
BWaStrG	Bundeswasserstraßengesetz vom 2. 4. 1968
Dapprich-Franke	Leitfaden des Bergrechts, hg. v. Gerhard Dapprich und Franz-Josef Franke, Essen 1981
DB	Der Betrieb
ders.	derselbe
d. h.	das heißt
Diss.	Dissertation
DöV	Die öffentliche Verwaltung
Ds.	Drucksache
DVBl	Deutsches Verwaltungsblatt
DVO	Durchführungsverordnung
DWW	Deutsche Wohnungswirtschaft

Abkürzungsverzeichnis

Ebel-Weller	Herbert Ebel und Herbert Weller, Allgemeines Berggesetz, 2. Aufl. 1963 mit Ergänzungsband, Berlin 1969
EGBGB	Einführungsgesetz zum Bürgerlichen Gesetzbuch vom 18.8.1896
EGG	Emschergesetz vom 14.7.1904
Eiser-Riederer	Energiewirtschaftsrecht, Kommentar von Ernst Eiser und Johann Riederer, München und Berlin
EnWG	Energiewirtschaftsgesetz vom 11.12.1935
ErbbauRV	Erbbaurechtsverordnung vom 15.1.1919
ErftG	Gesetz über die Gründung des Großen Erftverbandes vom 3.6.1958
Erl. (d. Min.)	Erlaß des Minister(s)ium(s)
Ernst-Hoppe	Werner Ernst und Werner Hoppe, Das öffentliche Bau- und Bodenrecht, Raumplanungsrecht, München 1978
Ernst/Zinkahn/Bielenberg	Bundesbaugesetz, Kommentar von Werner Ernst, Willy Zinkahn und Walter Bielenberg, L. S., München
ESVGH	Entscheidungen des Hessischen und Baden-Württembergischen VGH
ET	Energiewirtschaftliche Tagesfragen
Eyermann-Fröhler	Verwaltungsgerichtsordnung, Kommentar von Erich Eyermann und Ludwig Fröhler, 8. Aufl., München 1980
Erichsen/Martens	Allgemeines Verwaltungsrecht, hg. v. Hans-Uwe Erichsen und Wolfgang Martens, bearb. von Peter Badura, 2. Aufl., Berlin/New York 1977
f.	folgende
ff.	folgende (mehrere)
Fischer	Die Rechtsverhältnisse an den bergbaulichen Abwässern, Diss. v. F. E. Fischer, Marburg 1931
Fitting-Auffarth-Kaiser	Betriebsverfassungsgesetz, Handkommentar von Karl Fitting, Fritz Auffarth und Heinz Kaiser, 13. Aufl., München 1981
Forsthoff	Ernst Forsthoff, Lehrbuch des Verwaltungsrechts, Bd. 1, Allgem. Teil, 10. Aufl., 1973
Franke	Hans-Georg Franke, Die Bergaufsichtsbehörde in ihrer Funktion als Erlaubnisbehörde, Diss., Münster 1966
Fußn.	Fußnote
G	Gesetz
Gädtke	H. Gädtke, Kommentar zur BauO für das Land NRW, 5. Aufl., 1977
Gäßler-Sander	Betrieblicher Immissionsschutz, Taschenbuch, Berlin 1979
GBl.	Gesetzblatt
Gelzer	Konrad Gelzer, Bauplanungsrecht, 3. Aufl., Köln 1979
gem.	gemäß
Gelzer-Busse	Der Umfang des Entschädigungsanspruches aus Enteignung und enteignungsgleichem Eingriff v. Konrad Gelzer und Felix Busse, Schriftenreihe der NJW, Heft 2, 2. Aufl., München 1980
GEP	Gebietsentwicklungsplan
GewA	Gewerbearchiv
GewO	Gewerbeordnung i. d. F. vom 1.1.1978

Abkürzungsverzeichnis

GG	Grundgesetz vom 29.5.1949
ggf.	gegebenenfalls
Gieseke/Wiedemann/ Czychowski	Wasserhaushaltsgesetz, Kommentar v. Paul Gieseke, Werner Wiedemann und Manfred Czychowski, 3. Aufl., München 1979
GMBl	Gemeinsames Ministerialblatt
GrdstVG	Grundstücksverkehrsgesetz vom 28.7.1961
GS	Großer Senat
GVBl (= GuV = GV)	Gesetz- und Verordnungsblatt
Heinemann	Gustav W. Heinemann, Der Bergschaden, 3. Aufl., Berlin 1961
Heller-Lehmann	Deutsche Berggesetze, Textsammlung mit Anmerkungen v. Wolfgang Heller und Wolfgang Lehmann, L. S., Essen
Hes. (= HE)	Hessen
Hg., hg.	Herausgeber, herausgegeben
h. M.	herrschende Meinung
Hoog	Die Genfer Seerechts-Konferenzen 1958 und 1960, hg. v. Günter Hoog, Frankfurt/Berlin 1961
Horneffer	Diez Horneffer, Bergrecht und Allgemeines Polizeirecht, Diss., Göttingen 1969
HpflG	Haftpflichtgesetz i. d. F. der Bekanntmachung vom 4.1.1978
Hoppe	Werner Hoppe, Wirtschaftliche Vertretbarkeit im Rahmen des Bundesimmissionsschutzgesetzes, Schriftenreihe des Bundesministeriums des Inneren, Bd. 8, 2. Aufl., 1977
i. d. F.	in der Fassung (Bekanntmachung der Neufassung eines Gesetzes)
insbes.	insbesondere
i. S.	im Sinne
Isay I	Rudolf Isay, Allgemeines Berggesetz für die preußischen Staaten, 1. Bd., 2. Aufl., Mannheim, Berlin und Leipzig 1933
Isay II	Hermann Isay und Rudolf Isay, Allgemeines Berggesetz für die preußischen Staaten, 2. Bd., Mannheim, Berlin und Leipzig 1920
i. V.	in Verbindung
IWL-Mitt.	Mitteilungen des Instituts für gewerbliche Wasserwirtschaft und Luftreinhaltung e. V.
KAG	Kommunalabgabengesetz
Kap.	Kapital
KG	Kammergericht
Kodal, Straßenrecht	Kurt Kodal, Straßenrecht. Systematische Darstellung des Rechts der öffentlichen -traßen, Wege und Plätze in der Bundesrepublik Deutschland mit den Wege- und Straßengesetzen des Bundes und der Länder, 3. Aufl., München 1978
KohleG	Gesetz zur Anpassung und Gesundung des deutschen Steinkohlenbergbaus (Kohlegesetz) vom 15.5.1968
Kohlhammer-Kommentare	Bundesbaugesetz, mitbegr. von Brügelmann, L. S., Stuttgart
Kohlhammer-Kommentare	Kommissionsschutzrecht des Bundes und der Länder von Stich-Porger, L. S., Stuttgart
Kopp, VwVfG	Verwaltungsverfahrensgesetz, Kommentar von Ferdinand O. Kopp, 1976

Abkürzungsverzeichnis

Krause-Pillat-Zander	Arbeitssicherheit, Handbuch, L. S., Freiburg 1974
Krems, Gesetzgebungslehre	Burkhardt Krems, Grundfragen der Gesetzgebungslehre, erörtert anhand neuerer Gesetzgebungsvorhaben, insbes. der Neuregelung des Bergschadensrechts, Schriftenreihe zur Rechtssoziologie und Rechtstatsachenforschung, Bd. 44, Berlin 1979
KSchG	Kündigungsschutzgesetz i. d. F. vom 25. 8. 1969
KStZ	Kommunale Steuer-Zeitschrift
LagerstättenG	Lagerstättengesetz vom 4. 12. 1934
Landmann-Rohmer	Gewerbeordnung, Kommentar v. Robert von Landmann und Gustav Rohmer, L. S., München
Lange, Schadensersatz	Handbuch des Schuldrechts in Einzeldarstellungen (Schadensersatz) von Hermann Lange, 1. Bd., Tübingen 1979
Larenz, SchuldR II	Lehrbuch des Schuldrechts von Karl Larenz, 2. Bd., Besonderer Teil, München 1981
LEisenbahnG (= LEG)	Landeseisenbahngesetz NRW vom 5. 2. 1957
LEP	Landesentwicklungsplan
LForstG	Landesforstgesetz NRW vom 24. 4. 1980
LG	Landschaftsgesetz NRW i. d. F. vom 26. 6. 1980
LINEG-G	Entwässerungsgesetz für das linksniederrheinische Industriegebiet vom 29. 4. 1913
Lippe-G	Lippegesetz vom 19. 1. 1926
LM	Nachschlagewerk des Bundesgerichtshofes, begr. von Fritz Lindemaier und Philipp Möhring
LOBA	Landesoberbergamt
LPlG	Landesplanungsgesetz NRW i. d. F. vom 28. 11. 1979
LReg.	Landesregierung
L. S.	Loseblatt-Sammlung
LStrG	Landesstraßengesetz NRW vom 28. 11. 1961
LT	Landtag
LT-Ds.	Landtags-Drucksache
LuftVG	Luftverkehrsgesetz i. d. F. vom 14. 1. 1981
LWasserG (= LWG)	Landeswassergesetz NRW vom 4. 7. 1979
LVG	Landesverwaltungsgericht
m. a. H.	mit ausführlichen Hinweisen
Maunz-Dürig-Herzog-Scholz	Grundgesetz, Kommentar von Theodor Maunz, Günther Dürig, Roman Herzog und Rupert Scholz, L. S., München
MBl. (MinBl)	Ministerialblatt
MDR	Monatsschrift für deutsches Recht
Meyer-Borg	Kommentar zum Verwaltungsverfahrensgesetz, 2. Aufl., Frankfurt 1982
Miesbach-Engelhardt	Bergrecht, Kommentar von Hermann Miesbach und Dieter Engelhardt, 1962, Ergänzungsband von 1969
	Minister(ium)
Min. f.	Minister(ium) für
m. N.	mit Nachweisen
m. w. N.	mit weiteren Nachweisen
Müller-Erzbach	Rudolf Müller-Erzbach, Das Bergrecht Preußens und des weiteren Deutschlands, Stuttgart 1916/17

XIII

Abkürzungsverzeichnis

von Münch	Besonderes Verwaltungsrecht, hg. v. Ingo von Münch, 3. Aufl., Frankfurt 1972
Nachtr.	Nachtrag
Nachw.	Nachweis
Nds. (= NS)	Niedersachsen
Nicolaysen, Bewilligung	Gerd Nicolaysen, Bewilligung und Förderabgabe nach dem BBergG, Stuttgart 1982
Niemeier-Dahlke-Lowinski	Landesplanungsrecht Nordrhein-Westfalen, Essen 1977
NJW	Neue Juristische Wochenzeitschrift
NW (= NRW)	Nordrhein-Westfalen
Nr.	Nummer
NuR	Natur und Recht
NVwZ	Neue Zeitschrift für Verwaltungsrecht
O	Ordnung
OBG	Ordnungsbehördengesetz NRW i. d. F. vom 15. 5. 1980
öff.	öffentlich
OLG	Oberlandesgericht
Oversohl	Heinz Oversohl, Die Rechtsstellung der Aufsichtspersonen in den Bergwerksbetrieben, Diss., Münster 1968
OVG	Oberverwaltungsgericht
Palandt	Bürgerliches Gesetzbuch, Kommentar v. H. Palandt, 45. Aufl., München 1982
PBefG	Personenbeförderungsgesetz vom 21. 3. 1961
Peters	Manfred Peters, Die Regelung bergbaulicher Einwirkungen auf das Grundeigentum als Problem der Raumordnung, Diss., Bochum 1977
Pfadt	Hubert Pfadt, Rechtsfragen zum Betriebsplan im Bergrecht, Baden-Baden 1981
PflVG	Gesetz über die Pflichtversicherung für Kraftfahrzeughalter (Pflichtversicherungsgesetz) vom 5. 4. 1965
prEnteignG	(preußisches) Gesetz über die Enteignung von Grundeigentum vom 11. 6. 1874
pr. OVG	preußisches Oberverwaltungsgericht
pr. WG	preußisches Wassergesetz vom 7. 4. 1913
priv.	privat
RB (= Rek-Besch.)	Rekursbescheid
RechtsVO	Rechtsverordnung
Redeker-von-Oertzen	Verwaltungsgerichtsordnung, Kommentar v. Konrad Redeker und H. von Oertzen, 7. Aufl., Stuttgart 1981
Reimnitz, Diss.	Fritz Reimnitz, Rechtlicher Inhalt und Bedeutung der Regelung des Berechtsamswesens im Regierungsentwurf eines BBergG von 1975, Diss., Freiburg 1976
Reiners	Herbert Reiners, Landschaft im Wandel, Braunkohlenbergbau im Rheinland, Teil 1, Rechtsgrundlagen des Braunkohlenbergbaus in NRW, Hannover 1979

Abkürzungsverzeichnis

RdL	Recht der Landwirtschaft
Reg.	Regierung
Reg. Bez.	Regierungsbezirk
Reg.-Entwurf (= RegEntw)	Regierungsentwurf
RGBl.	Reichsgesetzblatt
RGZ	Entscheidungen der Reichsgerichte in Zivilsachen
RHG	Reichshaftpflichtgesetz vom 7.6.1971
Richtl.	Richtlinien
Rn (= Rdnr)	Randnummer
Rosenbaum	Die neue Strahlenschutz-Verordnung, Kissingen 1977
RP	Regierungspräsident
Rspr.	Rechtsprechung
RVO	Reichsversicherungsordnung vom 15.12.1924
S.	Satz
Schlez	Bundesbaugesetz, Kommentar von H. Schlez, Wiesbaden/Berlin 1977
Schlichter-Stich-Tittel	Bundesbaugesetz, Kommentar von Otto Schlichter, Rudolf Stich und Hans-Joachim Tittel, Köln/Berlin/Bonn/München, 3. Aufl. 1979
Schmidt-Aßmann	Eberhard Schmidt-Aßmann, Das bebauungsplanrechtliche Planungserfordernis bei §§ 34, 35 BBauG, Köln, Berlin, Bonn und München 1982
Schütz-Frohberg	Bundesbaugesetz, Kommentar, 3. Aufl., Neuwied/Berlin 1970
SchuldR	Schuldrecht
Schulz	S. Schulz, Die Aufsichtspersonen im ehemals preußischen Bergrechtsgebiet, Diss., Clausthal 1966
Schulte, Eigentum	Hans Schulte, Eigentum und öffentliches Interesse, Schriften zum öffentlichen Recht, Bd. 125, Berlin 1970
SchwerbehG	Schwerbehindertengesetz i.d.F. vom 29.4.1974
Sellner	D. Sellner, Immissionsschutzrecht und Industrieanlagen, München 1978
Sieder-Zeitler	Wasserhaushaltsgesetz, Kommentar von Frank Sieder und Herbert Zeitler, L. S., München 1964
SilvesterVO	Verordnung über die Aufsuchung und Gewinnung von mineralischen Bodenschätzen vom 31.12.1942
SMBl.	Sammelblatt
Söfker	Raumordnungs- und bauplanungsrechtliche Fragen bei der Verwirklichung überörtlich bedeutsamer Vorhaben, Städte- und Gemeindebund 1982
sog.	sogenannte
SprengG	Sprengstoffgesetz vom 13.9.1976
StBFG	Städtebauförderungsgesetz vom 18.8.1976
Stelkens-Bonk-Leonhardt	Verwaltungsverfahrensgesetz, Kommentar von P. Stelkens, H. Bonk und K. Leonhardt, München 1970
Störle	Wilhelm Störle, Die zeitliche Begrenzung der Bergaufsicht nach dem geltenden Recht und nach dem Referentenentwurf eines Bundesberggesetzes, Diss., Münster 1973

Abkürzungsverzeichnis

StPO	Strafprozeßordnung i. d. F. vom 7. 1. 1975
StrahlSchVO	1. Strahlenschutzverordnung vom 13. 10. 1976
st. Rspr.	ständige Rechtsprechung
StVG	Straßenverkehrsgesetz vom 19. 12. 1952
TA-Lärm	Technische Anleitung zum Schutz gegen Lärm vom 16. 7. 1968
Turner, Berechtsamswesen	George Turner, Das bergbauliche Berechtsamswesen, Essen 1966
Ule, BImSchG	Bundesimmissionsschutzgesetz, Kommentar von Carl Hermann Ule, fortgeführt von Hans-Werner Laubinger, L. S., Neuwied
umstr.	umstritten
UnterlagenVO	Unterlagenverordnung
UPR	Umwelt und Planungsrecht
Urt.	Urteil
VA	Verwaltungsakt
VerfNW	Verfassung Nordrhein-Westfalen vom 18. 6. 1950
VermKatG	Vermessungs- und Katastergesetz vom 11. 7. 1972
VersR	Versicherungsrecht
VerwArch	Verwaltungsarchiv
VerwR	Verwaltungsrecht
VerwRspr.	Verwaltungsrechtsprechung
VG	Verwaltungsgericht
VGH	Verwaltungsgerichtshof
vgl.	vergleiche
VO	Verordnung
Völkel	Carl Völkel, Grundzüge des preußischen Bergrechts, 2. Aufl., Berlin 1924
Vorbem.	Vorbemerkung
VwGO	Verwaltungsgerichtsordnung vom 21. 1. 1960
VwKostG	Verwaltungskostengesetz vom 23. 6. 1970
VwV	Verwaltungsvorschrift
VwVfG	Verwaltungsverfahrensgesetz vom 25. 5. 1976
VwZG	Verwaltungszustellungsgesetz vom 3. 7. 1962
WaldR	Richtlinien für die Ermittlung und Prüfung des Verkehrswertes von Waldflächen und für Nebenentschädigungen i. d. F. vom 23. 3. 1977, Bundesanzeiger, Beil. zu Nr. 107/1977
WaStrG	Wasserstraßengesetz vom 2. 4. 1968
WEG	Wohnungseigentumsgesetz vom 13. 3. 1951
Weides	P. Weides, Verwaltungsverfahren und Widerspruchsverfahren, 2. Aufl., München 1981
Weitnauer, Verkehrsanstalten	Hermann Weitnauer, Bergbau und öffentliche Verkehrsanstalten. Ihr Verhältnis zueinander nach dem ABG und de lege ferenda (Rechtsgutachten), Frankfurt 1971
WertR	Richtlinien für die Ermittlung des Verkehrswertes von Grundstücken i. d. F. vom 31. 5. 1976, Bundesanzeiger, Beil. zu Nr. 21/1976

Abkürzungsverzeichnis

Westermann, Freiheit	Harry Westermann, Freiheit des Unternehmers und des Grundeigentümers und ihre Pflichtenbindung im öffentlichen Interesse nach dem Referentenentwurf eines BBergG, Opladen 1973
Westermann, Verkehrsanstalten	Harry Westermann, Das Verhältnis zwischen Bergbau und öffentlichen Verkehrsanstalten als Gegenstand rechtlicher und gesetzgeberischer Bewertung, Köln/Opladen 1966
WHG	Wasserhaushaltsgesetz i. d. F. vom 16. 10. 1976
WiA/BT-Ds.	Wirtschaftsausschuß des Deutschen Bundestages/Bundestags-Drucksache
Willecke-Turner	Raimund Willecke und George Turner, Grundriß des Bergrechts, 2. Aufl., Berlin 1972
WM	Wertpapiermitteilungen
Wolff-Bachof I	Hans J. Wolff und Otto Bachof, Verwaltungsrecht Teil I, 9. Aufl., München 1974
Wolff-Bachof III	Hans J. Wolff und Otto Bachof, Verwaltungsrecht Teil III, 4. Aufl., München 1978
WuB	Wasser und Boden
WVVO	Erste Wasserverbandsverordnung vom 3. 9. 1937
ZaöRV	Zeitschrift für ausländisches und öffentliches Recht und Völkerrecht
z. B.	zum Beispiel
ZfB	Zeitschrift für Bergrecht
ZfBR	Zeitschrift für internationales Baurecht
ZfW	Zeitschrift für Wasserrecht
ZfW (Sh) (= ZfW-Sb-)	Zeitschrift für Wasserrecht, Sonderheft bzw. Sonderband
Ziff.	Ziffer
ZPO	Zivilprozeßordnung
ZRP	Zeitschrift für Rechtspolitik
z. T.	zum Teil
ZVG	Gesetz über die Zwangsversteigerung und die Zwangsverwaltung vom 24. 3. 1897
Zydek	Bundesberggesetz, hg. v. Hans Zydek, Essen 1980
Zydek/Heller	Energiemarktrecht, L. S., hg. von Hans Zydek und Hermann Heller, Essen

Gesetzestext

Der Bundestag hat mit Zustimmung des Bundesrates das folgende Gesetz beschlossen:

Erster Teil
Einleitende Bestimmungen

§ 1 Zweck des Gesetzes

Zweck dieses Gesetzes ist es,
1. zur Sicherung der Rohstoffversorgung das Aufsuchen, Gewinnen und Aufbereiten von Bodenschätzen unter Berücksichtigung ihrer Standortgebundenheit und des Lagerstättenschutzes zu ordnen und zu fördern,
2. die Sicherheit der Betriebe und der Beschäftigten des Bergbaus zu gewährleisten sowie
3. die Vorsorge gegen Gefahren, die sich aus bergbaulicher Tätigkeit für Leben, Gesundheit und Sachgüter Dritter ergeben, zu verstärken und den Ausgleich unvermeidbarer Schäden zu verbessern.

§ 2 Sachlicher und räumlicher Geltungsbereich

(1) Dieses Gesetz gilt für
1. das Aufsuchen, Gewinnen und Aufbereiten von bergfreien und grundeigenen Bodenschätzen einschließlich des Verladens, Beförderns, Abladens, Lagerns und Ablagerns von Bodenschätzen, Nebengestein und sonstigen Massen, soweit es im unmittelbaren betrieblichen Zusammenhang mit dem Aufsuchen, Gewinnen oder Aufbereiten steht und sich nicht aus Absatz 4 etwas anderes ergibt,
2. das Wiedernutzbarmachen der Oberfläche während und nach der Aufsuchung, Gewinnung und Aufbereitung von bergfreien und grundeigenen Bodenschätzen,
3. Betriebsanlagen und Betriebseinrichtungen (Einrichtungen), die überwiegend einer der in den Nummern 1 oder 2 bezeichneten Tätigkeiten dienen oder zu dienen bestimmt sind.

(2) Dieses Gesetz gilt ferner für
1. das Untersuchen des Untergrundes auf seine Eignung zur Errichtung von Untergrundspeichern,
2. das Errichten und Betreiben von Untergrundspeichern sowie der Einrichtungen, die überwiegend dem Betrieb eines Untergrundspeichers dienen oder zu dienen bestimmt sind,
3. sonstige Tätigkeiten und Einrichtungen,
soweit dies ausdrücklich bestimmt ist.

(3) Dieses Gesetz gilt im Bereich des Festlandsockels der Bundesrepublik Deutschland für die durch die Absätze 1 und 2 Nr. 1 und 2 erfaßten Tätigkeiten und Einrichtungen, für Transit-Rohrleitungen und Forschungshandlungen. Die völkerrechtlichen Regeln über die Hohe See und den Festlandsockel bleiben unberührt.

(4) Dieses Gesetz gilt nicht für das Verladen, Befördern und Abladen von Bodenschätzen, Nebengestein und sonstigen Massen im Sinne des Absatzes 1 Nr. 1
1. im Schienenverkehr der Eisenbahnen des öffentlichen Verkehrs,
2. im Kraftfahrzeugverkehr auf öffentlichen Wegen oder Plätzen,
3. im Schiffsverkehr auf der Hohen See und auf Binnen- und Seewasserstraßen und in den Seehäfen,

§ 3 Gesetzestext

4. in Luftfahrzeugen und
5. in Rohrleitungen ab Übergabestation, Einleitung in Sammelleitungen oder letzter Meßstation für den Ausgang, soweit die Leitungen
   a) unmittelbar und ausschließlich der Abgabe an Dritte oder
   b) an andere Betriebe desselben Unternehmens dienen, die nicht zum Aufsuchen, Gewinnen oder Aufbereiten von bergfreien oder grundeigenen Bodenschätzen bestimmt sind.

§ 3 Bergfreie und grundeigene Bodenschätze

(1) Bodenschätze sind mit Ausnahme von Wasser alle mineralischen Rohstoffe in festem oder flüssigem Zustand und Gase, die in natürlichen Ablagerungen oder Ansammlungen (Lagerstätten) in oder auf der Erde, auf dem Meeresgrund, im Meeresuntergrund oder im Meerwasser vorkommen.

(2) Grundeigene Bodenschätze stehen im Eigentum des Grundeigentümers. Auf bergfreie Bodenschätze erstreckt sich das Eigentum an einem Grundstück nicht.

(3) Bergfreie Bodenschätze sind, soweit sich aus aufrechterhaltenen alten Rechten (§§ 149 bis 159) oder aus Absatz 4 nichts anderes ergibt:
Actinium und die Actiniden, Aluminium, Antimon, Arsen, Beryllium, Blei, Bor, Caesium, Chrom, Eisen, Francium, Gallium, Germanium, Gold, Hafnium, Indium, Iridium, Kadmium, Kobalt, Kupfer, Lanthan und die Lanthaniden, Lithium, Mangan, Molybdän, Nickel, Niob, Osmium, Palladium, Phosphor, Platin, Polonium, Quecksilber, Radium, Rhenium, Rhodium, Rubidium, Ruthenium, Scandium, Schwefel, Selen, Silber, Strontium, Tantal, Tellur, Thallium, Titan, Vanadium, Wismut, Wolfram, Yttrium, Zink, Zinn, Zirkonium – gediegen und als Erze außer in Raseneisen-, Alaun- und Vitriolerzen –;

Kohlenwasserstoffe nebst den bei ihrer Gewinnung anfallenden Gasen;

Stein- und Braunkohle nebst den im Zusammenhang mit ihrer Gewinnung auftretenden Gasen; Graphit;

Stein-, Kali-, Magnesia- und Borsalze nebst den mit diesen Salzen in der gleichen Lagerstätte auftretenden Salzen; Sole;

Flußspat und Schwerspat.

Als bergfreie Bodenschätze gelten:
1. alle Bodenschätze im Bereich des Festlandsockels und,
2. soweit sich aus aufrechterhaltenen alten Rechten (§§ 149 bis 159) nichts anderes ergibt,
   a) alle Bodenschätze im Bereich der Küstengewässer sowie
   b) Erdwärme und die im Zusammenhang mit ihrer Gewinnung auftretenden anderen Energien (Erdwärme).

(4) Grundeigene Bodenschätze im Sinne dieses Gesetzes sind nur, soweit sich aus aufrechterhaltenen alten Rechten (§§ 149 bis 159) nichts anderes ergibt:
1. Basaltlava mit Ausnahme des Säulenbasaltes; Bauxit; Bentonit und andere montmorillonitreiche Tone; Dachschiefer; Feldspat, Kaolin, Pegmatitsand; Glimmer; Kieselgur; Quarz und Quarzit, soweit sie sich zur Herstellung von feuerfesten Erzeugnissen oder Ferrosilizium eignen; Speckstein, Talkum; Ton, soweit er sich zur

Herstellung von feuerfesten, säurefesten oder nicht als Ziegeleierzeugnisse anzusehenden keramischen Erzeugnissen oder zur Herstellung von Aluminium eignet; Traß;
2. alle anderen nicht unter Absatz 3 oder Nummer 1 fallenden Bodenschätze, soweit sie untertägig aufgesucht oder gewonnen werden.

§ 4 Begriffsbestimmungen

(1) Aufsuchen (Aufsuchung) ist die mittelbar oder unmittelbar auf die Entdeckung oder Feststellung der Ausdehnung von Bodenschätzen gerichtete Tätigkeit mit Ausnahme
1. der Tätigkeiten im Rahmen der amtlichen geologischen Landesaufnahme,
2. der Tätigkeiten, die ausschließlich und unmittelbar Lehr- oder Unterrichtszwecken dienen und
3. des Sammelns von Mineralien in Form von Handstücken oder kleinen Proben für mineralogische oder geologische Sammlungen.

Eine großräumige Aufsuchung ist eine mit Hilfe von geophysikalischen oder geochemischen Verfahren durchgeführte Untersuchung, wenn sie auf die Ermittlung von Kennwerten beschränkt ist, die großräumige Rückschlüsse auf das mögliche Vorkommen von Bodenschätzen zulassen.

(2) Gewinnen (Gewinnung) ist das Lösen oder Freisetzen von Bodenschätzen einschließlich der damit zusammenhängenden vorbereitenden, begleitenden und nachfolgenden Tätigkeiten; ausgenommen ist das Lösen oder Freisetzen von Bodenschätzen
1. in einem Grundstück aus Anlaß oder im Zusammenhang mit dessen baulicher oder sonstiger städtebaulicher Nutzung und
2. in oder an einem Gewässer als Voraussetzung für dessen Ausbau oder Unterhaltung.

(3) Aufbereiten (Aufbereitung) ist das
1. Trennen oder Anreichern von Bodenschätzen nach stofflichen Bestandteilen oder geometrischen Abmessungen auf physikalischer oder physikalisch-chemischer Grundlage einschließlich der damit zusammenhängenden vorbereitenden, begleitenden und nachfolgenden Tätigkeiten,
2. Brikettieren, Verschwelen, Verkoken, Vergasen, Verflüssigen und Verlösen von Bodenschätzen, wenn der Unternehmer Bodenschätze der aufzubereitenden Art in unmittelbarem betrieblichen Zusammenhang selbst gewinnt oder wenn die Bodenschätze in unmittelbarem räumlichem Zusammenhang mit dem Ort ihrer Gewinnung aufbereitet werden. Eine Aufbereitung liegt nicht vor, wenn eine Tätigkeit im Sinne des Satzes 1 mit einer sonstigen Bearbeitung oder Verarbeitung von Bodenschätzen (Weiterverarbeitung) oder mit der Herstellung anderer Erzeugnisse (Nebengewinnung) durchgeführt wird und das Schwergewicht der Tätigkeit nicht bei der Aufbereitung liegt; die Nutzung von Erdwärme ist einer Weiterverarbeitung gleichzustellen.

(4) Wiedernutzbarmachung ist die ordnungsgemäße Gestaltung der vom Bergbau in Anspruch genommenen Oberfläche unter Beachtung des öffentlichen Interesses.

(5) Unternehmer ist eine natürliche oder juristische Person oder Personenhandelsgesellschaft, die eine der in § 2 Abs. 1 Nr. 1 und 2 bezeichneten Tätigkeiten auf eigene Rechnung durchführt oder durchführen läßt.

(6) Gewinnungsberechtigung ist das Recht zur Gewinnung von bergfreien oder grundeigenen Bodenschätzen.

(7) Feld einer Erlaubnis, Bewilligung oder eines Bergwerkseigentums ist ein Ausschnitt aus dem Erdkörper, der von geraden Linien an der Oberfläche und von lotrechten Ebenen nach der Tiefe begrenzt wird, soweit nicht die Grenzen des Geltungsbereichs dieses Gesetzes einen anderen Verlauf erfordern.

(8) Gewinnungsbetrieb sind Einrichtungen zur Gewinnung von bergfreien und grundeigenen Bodenschätzen.

(9) Untergrundspeicher ist eine Anlage zur unterirdischen behälterlosen Speicherung von Gasen, Flüssigkeiten und festen Stoffen mit Ausnahme von Wasser.

(10) Transit-Rohrleitung ist eine Rohrleitung, die vom Festlandsockel oder vom Gebiet eines anderen Staates in den Festlandsockel der Bundesrepublik Deutschland führt oder diesen durchquert.

§ 5 Anwendung des Verwaltungsverfahrensgesetzes und des Verwaltungskostengesetzes

Auf die Ausführung dieses Gesetzes und der auf Grund dieses Gesetzes erlassenen Rechtsverordnungen sind, soweit in diesem Gesetz nichts anderes bestimmt ist, das Verwaltungsverfahrensgesetz und das Verwaltungskostengesetz anzuwenden.

Zweiter Teil
Bergbauberechtigungen

Erstes Kapitel
Bergfreie Bodenschätze

Erster Abschnitt
Erlaubnis, Bewilligung, Bergwerkseigentum

§ 6 Grundsatz

Wer bergfreie Bodenschätze aufsuchen will, bedarf der Erlaubnis, wer bergfreie Bodenschätze gewinnen will, der Bewilligung oder des Bergwerkseigentums. Diese Berechtigungen können nur natürlichen und juristischen Personen und Personenhandelsgesellschaften erteilt oder verliehen werden.

§ 7 Erlaubnis

(1) Die Erlaubnis gewährt das ausschließliche Recht, nach den Vorschriften dieses Gesetzes in einem bestimmten Feld (Erlaubnisfeld)
1. die in der Erlaubnis bezeichneten Bodenschätze aufzusuchen,
2. bei planmäßiger Aufsuchung notwendigerweise zu lösende oder freizusetzende Bodenschätze zu gewinnen und das Eigentum daran zu erwerben,

3. die Einrichtungen im Sinne des § 2 Abs. 1 Nr. 3 zu errichten und zu betreiben, die zur Aufsuchung der Bodenschätze und zur Durchführung der damit nach § 2 Abs. 1 Nr. 1 und 2 im Zusammenhang stehenden Tätigkeiten erforderlich sind.

Bei einer Erlaubnis zur großräumigen Aufsuchung gilt Satz 1 mit den sich aus § 4 Abs. 1 Satz 2 ergebenden Einschränkungen.

(2) Eine Erlaubnis zur Aufsuchung zu gewerblichen Zwecken schließt die Erteilung einer Erlaubnis zur großräumigen Aufsuchung sowie einer oder mehrerer Erlaubnisse zur Aufsuchung zu wissenschaftlichen Zwecken, eine Erlaubnis zur großräumigen Aufsuchung die Erteilung einer oder mehrerer Erlaubnisse zur Aufsuchung zu wissenschaftlichen Zwecken für dasselbe Feld nicht aus.

§ 8 Bewilligung

(1) Die Bewilligung gewährt das ausschließliche Recht, nach den Vorschriften dieses Gesetzes
1. in einem bestimmten Feld (Bewilligungsfeld) die in der Bewilligung bezeichneten Bodenschätze aufzusuchen, zu gewinnen und andere Bodenschätze mitzugewinnen sowie das Eigentum an den Bodenschätzen zu erwerben,
2. die bei Anlegung von Hilfsbauen zu lösenden oder freizusetzenden Bodenschätze zu gewinnen und das Eigentum daran zu erwerben,
3. die erforderlichen Einrichtungen im Sinne des § 2 Abs. 1 Nr. 3 zu errichten und zu betreiben,
4. Grundabtretung zu verlangen.

(2) Auf das Recht aus der Bewilligung sind, soweit dieses Gesetz nichts anderes bestimmt, die für Ansprüche aus dem Eigentum geltenden Vorschriften des bürgerlichen Rechts entsprechend anzuwenden.

(3) Die Bewilligung schließt die Erteilung einer Erlaubnis zur großräumigen Aufsuchung sowie einer oder mehrerer Erlaubnisse zur Aufsuchung zu wissenschaftlichen Zwecken für dasselbe Feld nicht aus.

§ 9 Bergwerkseigentum

(1) Bergwerkseigentum gewährt das ausschließliche Recht, nach den Vorschriften dieses Gesetzes die in § 8 Abs. 1 Nr. 1 bis 4 bezeichneten Tätigkeiten und Rechte auszuüben; auf das Recht sind die für Grundstücke geltenden Vorschriften des Bürgerlichen Gesetzbuchs entsprechend anzuwenden, soweit dieses Gesetz nichts anderes bestimmt. § 8 Abs. 3 gilt entsprechend.

(2) Eine Vereinigung eines Grundstücks mit einem Bergwerkseigentum sowie die Zuschreibung eines Bergwerkseigentums als Bestandteil eines Grundstücks oder eines Grundstücks als Bestandteil eines Bergwerkseigentums ist unzulässig.

§ 10 Antrag

Erlaubnis und Bewilligung werden nur auf Antrag erteilt, Bergwerkseigentum nur auf Antrag verliehen. Der Antrag ist schriftlich bei der zuständigen Behörde zu stellen.

§ 11 Versagung der Erlaubnis

Die Erlaubnis ist zu versagen, wenn
1. der Antragsteller die Bodenschätze, die aufgesucht werden sollen, nicht genau bezeichnet,
2. das Feld, in dem aufgesucht werden soll, nicht dem § 4 Abs. 7 entspricht oder in einer Karte in einem nicht geeigneten Maßstab oder nicht entsprechend den Anforderungen einer Bergverordnung nach § 67 eingetragen ist,
3. der Antragsteller nicht ein Arbeitsprogramm vorlegt, in dem insbesondere dargelegt ist, daß die vorgesehenen Aufsuchungsarbeiten hinsichtlich Art, Umfang und Zweck ausreichend sind und in einem angemessenen Zeitraum erfolgen,
4. der Antragsteller sich nicht verpflichtet, die Ergebnisse der Aufsuchung unverzüglich nach ihrem Abschluß, spätestens beim Erlöschen der Erlaubnis, der zuständigen Behörde auf Verlangen bekanntzugeben,
5. der Antragsteller sich nicht verpflichtet, auf Verlangen der zuständigen Behörde
   a) bei einer Aufsuchung zu wissenschaftlichen Zwecken den Inhabern einer Erlaubnis zur Aufsuchung zu gewerblichen Zwecken,
   b) bei einer großräumigen Aufsuchung den Inhabern einer Erlaubnis zur Aufsuchung zu gewerblichen Zwecken oder einer Bewilligung oder den Bergwerkseigentümern,
   deren Felder hinsichtlich desselben Bodenschatzes von dem zuzuteilenden Feld ganz oder teilweise überdeckt wird, das Recht einzuräumen, sich gegen Übernahme eines angemessenen Teiles der Aufwendungen an der Aufsuchung zu beteiligen oder sich dabei vertreten zu lassen; das gilt im Falle des Buchstaben a nicht, wenn die wissenschaftliche Aufsuchung der Entwicklung von neuen Methoden oder Geräten dient,
6. Tatsachen die Annahme rechtfertigen, daß der Antragsteller, bei juristischen Personen und Personenhandelsgesellschaften die nach Gesetz, Satzung oder Gesellschaftsvertrag zur Vertretung berechtigten Personen, die erforderliche Zuverlässigkeit nicht besitzen,
7. bei einer Erlaubnis zur Aufsuchung zu gewerblichen Zwecken oder zur großräumigen Aufsuchung der Antragsteller nicht glaubhaft macht, daß die für eine ordnungsgemäße Aufsuchung und der damit nach § 2 Abs. 1 Nr. 1 und 2 im Zusammenhang stehenden Tätigkeiten erforderlichen Mittel aufgebracht werden können,
8. eine sinnvolle und planmäßige Aufsuchung und Gewinnung von bergfreien oder grundeigenen Bodenschätzen gefährdet würde,
9. Bodenschätze beeinträchtigt würden, deren Schutz im öffentlichen Interesse liegt oder
10. überwiegende öffentliche Interessen die Aufsuchung im gesamten zuzuteilenden Feld ausschließen.

§ 12 Versagung der Bewilligung

(1) Für die Versagung der Bewilligung gilt § 11 Nr. 1 und 6 bis 10 entsprechend. Die Bewilligung ist ferner zu versagen, wenn
1. nicht die Stellen, an denen die Bodenschätze entdeckt worden sind, nach Lage und Tiefe in einem Lageriß genau angegeben werden,
2. das Feld, in dem gewonnen werden soll, nicht dem § 4 Abs. 7 entspricht oder in einem Lageriß nicht entsprechend den Anforderungen einer Bergverordnung nach § 67 eingetragen ist,

3. der Antragsteller nicht nachweist, daß die entdeckten Bodenschätze nach ihrer Lage und Beschaffenheit gewinnbar sind,
4. der Antragsteller kein Arbeitsprogramm vorlegt, aus dem insbesondere hervorgeht, daß die technische Durchführung der Gewinnung und die danach erforderlichen Einrichtungen unter und über Tage ausreichend sind und die Gewinnung in einer angemessenen Zeit erfolgt.

(2) Entdeckt der Inhaber einer Erlaubnis zur Aufsuchung zu gewerblichen Zwecken die in dieser Erlaubnis bezeichneten Bodenschätze im Erlaubnisfeld, so darf die von ihm beantragte Bewilligung nur aus Gründen des Absatzes 1 und nur versagt werden, wenn die Tatsachen, die die Versagung rechtfertigen, erst nach der Erteilung der Erlaubnis eingetreten sind.

§ 13 Versagung der Verleihung von Bergwerkseigentum

Die Verleihung von Bergwerkseigentum ist zu versagen, wenn
1. der Antragsteller nicht Inhaber einer Bewilligung für die Bodenschätze und das Feld ist, für die er die Verleihung des Bergwerkseigentums beantragt (Bergwerksfeld),
2. der Antragsteller nicht glaubhaft macht, daß in Zukunft mit einer wirtschaftlichen Gewinnung im gesamten beantragten Feld zu rechnen ist,
3. das Feld, in dem gewonnen werden soll, nicht dem § 4 Abs. 7 entspricht oder seine Begrenzung an der Oberfläche nach der horizontalen Projektion eine Fläche von mehr als 25 Quadratkilometern umfassen soll,
4. folgende Angaben und Unterlagen des Antragstellers nicht oder nicht vollständig vorliegen:
    a) die genaue Bezeichnung der Bodenschätze, für die das Bergwerkseigentum verliehen werden soll,
    b) die Eintragung des Feldes, für das die Verleihung des Bergwerkseigentums beantragt ist, in einem Lageriß in zweifacher Ausfertigung, der von einem anerkannten Markscheider oder einem öffentlich bestellten Vermessungsingenieur angefertigt worden ist und der den Anforderungen einer Bergverordnung nach § 67 entspricht,
    c) der Name des zu verleihenden Bergwerkseigentums,
    d) die Beschreibung von Art und Umfang der Erschließung des Vorkommens unter Angabe der geologisch-lagerstättenkundlichen Merkmale.

§ 14 Vorrang

(1) Dem Inhaber einer Erlaubnis zur Aufsuchung zu gewerblichen Zwecken hat die zuständige Behörde unverzüglich den Inhalt jedes Antrages mitzuteilen, den ein Dritter auf Erteilung einer Bewilligung für ein bestimmtes, ganz oder teilweise innerhalb der Erlaubnis gelegenes Feld und für einen bestimmten der Erlaubnis unterliegenden Bodenschatz gestellt hat. Stellt der Inhaber der Erlaubnis innerhalb von drei Monaten nach Zugang der Mitteilung ebenfalls einen Antrag auf Erteilung einer Bewilligung, so hat sein Antrag, soweit er sich auf das innerhalb seiner Erlaubnis gelegene Feld bezieht, Vorrang vor allen übrigen Anträgen auf Erteilung einer Bewilligung für denselben Bodenschatz.

(2) In allen anderen Fällen hat bei Anträgen auf Erteilung einer Erlaubnis oder Bewilligung, bei denen Versagungsgründe nach § 11 oder § 12 nicht gegeben sind, der Antrag den Vorrang, in dem das Arbeitsprogramm zusammen mit der Voraussetzung,

die nach § 11 Nr. 7 für Erlaubnis oder Bewilligung glaubhaft zu machen ist, den Anforderungen einer sinnvollen und planmäßigen Aufsuchung oder Gewinnung am besten Rechnung trägt; dabei sind die sonstigen bergbaulichen Tätigkeiten des Antragstellers zu berücksichtigen. § 12 Abs. 2 bleibt unberührt.

§ 15 Beteiligung anderer Behörden

Die zuständige Behörde hat vor der Entscheidung über den Antrag den Behörden Gelegenheit zur Stellungnahme zu geben, zu deren Aufgaben die Wahrnehmung öffentlicher Interessen im Sinne des § 11 Nr. 10 gehört.

§ 16 Form, Inhalt und Nebenbestimmungen

(1) Erlaubnis und Bewilligung bedürfen der Schriftform. Sie sind für ein bestimmtes Feld und für bestimmte Bodenschätze zu erteilen. Das gleiche gilt für Bergwerkseigentum. Die Erlaubnis ist als Erlaubnis zur Aufsuchung zu gewerblichen oder zu wissenschaftlichen Zwecken oder als Erlaubnis zur großräumigen Aufsuchung zu bezeichnen.

(2) Ein Erlaubnisfeld kann abweichend vom Antrag festgesetzt werden, soweit dies erforderlich ist, um eine Gefährdung der Wettbewerbslage der Bodenschätze aufsuchenden Unternehmen abzuwehren oder die Aufsuchung von Lagerstätten zu verbessern.

(3) Die nachträgliche Aufnahme, Änderung oder Ergänzung von Auflagen ist zulässig, wenn sie
1. für den Unternehmer und für Einrichtungen der von ihm betriebenen Art wirtschaftlich vertretbar und
2. nach den allgemein anerkannten Regeln der Technik erfüllbar
sind und soweit dies zur Wahrung der in den §§ 11 und 12 Abs. 1 bezeichneten Rechtsgüter und Belange erforderlich ist.

(4) Die Erlaubnis ist auf höchstens fünf Jahre zu befristen. Sie soll um jeweils drei Jahre verlängert werden, soweit das Erlaubnisfeld trotz planmäßiger, mit der zuständigen Behörde abgestimmter Aufsuchung noch nicht ausreichend untersucht werden konnte.

(5) Die Bewilligung oder das Bergwerkseigentum wird für eine der Durchführung der Gewinnung im Einzelfalle angemessene Frist erteilt oder verliehen. Dabei dürfen fünfzig Jahre nur überschritten werden, soweit dies mit Rücksicht auf die für die Gewinnung üblicherweise erforderlichen Investitionen notwendig ist. Eine Verlängerung bis zur voraussichtlichen Erschöpfung des Vorkommens bei ordnungs- und planmäßiger Gewinnung ist zulässig.

§ 17 Entstehung des Bergwerkseigentums

(1) Bergwerkseigentum entsteht mit der Zustellung der Berechtsamsurkunde an den Antragsteller. Die Zustellung ist erst zulässig, wenn die Entscheidung über die Verleihung unanfechtbar geworden ist. Mit der Entstehung des Bergwerkseigentums erlischt die Bewilligung für den Bereich des Bergwerksfeldes.

(2) Die Berechtsamsurkunde besteht aus der Urkunde über die Verleihung (Verleihungsurkunde) und einer Ausfertigung des Lagerisses, den die zuständige Behörde

mit dem Inhalt der Entscheidung über die Verleihung in Übereinstimmung zu bringen hat. Die Verleihungsurkunde muß enthalten
1. den Namen und Wohnort des Berechtigten (Bergwerkseigentümers),
2. den Namen des Bergwerkseigentums,
3. die genaue Angabe der Größe und Begrenzung des Bergwerksfeldes unter Verweisung auf den Lageriß,
4. die Namen der Gemeinden, in denen das Bergwerkseigentum liegt,
5. die Bezeichnung der Bodenschätze, für die das Bergwerkseigentum gilt,
6. Datum der Urkunde, Siegel und Unterschrift.

(3) Die zuständige Behörde ersucht das Grundbuchamt um Eintragung des Bergwerkseigentums im Grundbuch. Dem Ersuchen ist eine beglaubigte Abschrift der Berechtsamsurkunde beizufügen.

§ 18 Widerruf

(1) Erlaubnis und Bewilligung sind zu widerrufen, wenn nachträglich Tatsachen eintreten, die zur Versagung hätten führen müssen.

(2) Die Erlaubnis ist ferner zu widerrufen, wenn aus Gründen, die der Erlaubnisinhaber zu vertreten hat, die Aufsuchung nicht innerhalb eines Jahres nach Erteilung der Erlaubnis aufgenommen oder die planmäßige Aufsuchung länger als ein Jahr unterbrochen worden ist; die zuständige Behörde kann die Frist aus wichtigem Grunde um jeweils ein weiteres Jahr verlängern. Die Erlaubnis kann widerrufen werden, wenn der Erlaubnisinhaber für einen der Erlaubnis unterliegenden Bodenschatz keine Bewilligung beantragt, obwohl die Voraussetzungen für deren Erteilung vorliegen und eine von der zuständigen Behörde für die Antragstellung gesetzte angemessene Frist verstrichen ist.

(3) Die Bewilligung ist ferner zu widerrufen, wenn die Gewinnung nicht innerhalb von drei Jahren nach Erteilung der Bewilligung aufgenommen oder wenn die regelmäßige Gewinnung länger als drei Jahre unterbrochen worden ist. Dies gilt nicht, solange Gründe einer sinnvollen technischen oder wirtschaftlichen Planung des Bewilligungsinhabers es erfordern, daß die Gewinnung im Bewilligungsfeld erst zu einem späteren Zeitpunkt aufgenommen oder wiederaufgenommen wird oder wenn sonstige Gründe für die Unterbrechung vorliegen, die der Bewilligungsinhaber nicht zu vertreten hat.

(4) Das Bergwerkseigentum ist zu widerrufen, wenn die regelmäßige Gewinnung länger als zehn Jahre unterbrochen worden ist. Absatz 3 Satz 2 ist entsprechend anzuwenden. Die zuständige Behörde hat die im Grundbuch eingetragenen dinglich Berechtigten von der Entscheidung über einen Widerruf des Bergwerkseigentums schriftlich zu unterrichten. Sie ersucht das Grundbuchamt um die Löschung des Bergwerkseigentums, wenn der Widerruf wirksam geworden ist.

§ 19 Aufhebung der Erlaubnis und Bewilligung

(1) Eine Erlaubnis oder Bewilligung ist auf Antrag ihres Inhabers ganz oder teilweise aufzuheben. Der Antrag ist schriftlich oder zur Niederschrift bei der zuständigen Behörde zu stellen.

(2) Mit der Bekanntgabe der Aufhebung im amtlichen Veröffentlichungsblatt der zuständigen Behörde erlischt die Erlaubnis oder Bewilligung in dem Umfang, in dem sie aufgehoben wird.

§ 20 Aufhebung von Bergwerkseigentum

(1) Das Bergwerkseigentum ist auf Antrag des Bergwerkseigentümers aufzuheben. Eine teilweise Aufhebung ist nicht zulässig.

(2) Die zuständige Behörde hat den im Grundbuch eingetragenen dinglich Berechtigten schriftlich mitzuteilen, daß ein Antrag auf Aufhebung des Bergwerkseigentums vorliegt. Die Mitteilung muß den Hinweis auf das sich aus Absatz 3 ergebende Antragsrecht sowie darauf enthalten, daß mit der Aufhebung das Bergwerkseigentum erlischt. Die Mitteilung ist im Bundesanzeiger und im amtlichen Veröffentlichungsblatt der zuständigen Behörde bekanntzumachen.

(3) Innerhalb von drei Monaten nach Bekanntmachung der Mitteilung kann jeder dinglich Berechtigte die Zwangsversteigerung des Bergwerkseigentums beantragen. Ein vollstreckbarer Titel ist für den Antrag und die Durchführung der Zwangsversteigerung nicht erforderlich.

(4) Wird die Zwangsversteigerung nicht innerhalb der Frist des Absatzes 3 Satz 1 beantragt oder führt das Zwangsversteigerungsverfahren nicht zur Erteilung des Zuschlages, so hebt die zuständige Behörde das Bergwerkseigentum auf; anderenfalls gilt der Antrag nach Absatz 1 als erledigt. Die Entscheidung über die Aufhebung ist dem Bergwerkseigentümer und den im Grundbuch eingetragenen dinglich Berechtigten zuzustellen. Die Gemeinde, in deren Gebiet das Bergwerksfeld liegt, ist von der Entscheidung zu unterrichten.

(5) Ist das Bergwerkseigentum erloschen, so ersucht die zuständige Behörde das Grundbuchamt um die Löschung.

§ 21 Beteiligung an der Aufsuchung

(1) Die zuständige Behörde hat
1. den Inhalt einer Erlaubnis zur Aufsuchung zu wissenschaftlichen Zwecken jedem Inhaber einer Erlaubnis zur Aufsuchung zu gewerblichen Zwecken und
2. den Inhalt einer Erlaubnis zur großräumigen Aufsuchung jedem Inhaber einer Erlaubnis zur Aufsuchung zu gewerblichen Zwecken oder einer Bewilligung und jedem Bergwerkseigentümer

unverzüglich mitzuteilen, wenn sich die Felder dieser Berechtigungen mit dem Feld der Erlaubnis zur Aufsuchung zu wissenschaftlichen Zwecken oder der Erlaubnis zur großräumigen Aufsuchung hinsichtlich desselben Bodenschatzes ganz oder teilweise überdecken.

(2) Die zuständige Behörde hat ein Verlangen im Sinne des § 11 Nr. 5 zu stellen, wenn einer der Berechtigten bis zum Ablauf von sechs Wochen nach Zugang der Mitteilung gemäß Absatz 1 für sich einen entsprechenden Antrag stellt und glaubhaft macht, daß er die zur Übernahme des angemessenen Teils der Aufwendungen gemäß § 11 Nr. 5 erforderlichen Mittel aufbringen kann. Nach Ablauf dieser Frist kann die Behörde bei Vorliegen der übrigen Voraussetzungen des Satzes 1 ein Verlangen stellen, wenn die Entscheidung des Berechtigten über seine Beteiligung vorher nicht möglich war und für den verpflichteten Antragsteller im Zeitpunkt des Verlangens die Beteiligung noch zumutbar ist.

§ 22 Übertragung und Übergang der Erlaubnis und Bewilligung

(1) Die Übertragung der Erlaubnis oder Bewilligung auf einen Dritten oder die Beteiligung Dritter an einer Erlaubnis oder Bewilligung ist nur mit Zustimmung der zuständigen Behörde zulässig. Die Zustimmung darf nur versagt werden, wenn
1. bei einer Übertragung eine der Voraussetzungen des § 11 Nr. 4 bis 10, auch in Verbindung mit § 12 Abs. 1 Satz 1, oder
2. bei einer Beteiligung eine der Voraussetzungen des § 11 Nr. 4 bis 7, auch in Verbindung mit § 12 Abs. 1 Satz 1,

vorliegt. Die Zustimmung bedarf der Schriftform.

(2) Mit dem Tode des Inhabers einer Erlaubnis oder Bewilligung geht das Recht auf die Erben über. Bis zur Dauer von zehn Jahren nach dem Erbfall darf es von einem Nachlaßkonkursverwalter, Nachlaßpfleger oder Testamentsvollstrecker ausgeübt werden. Die in Satz 1 und 2 bezeichneten Personen haben der zuständigen Behörde unverzüglich den Erbfall anzuzeigen. Die Rechtsfolgen nach Satz 1 oder Satz 2 treten nicht ein für Erben oder in Satz 2 genannte Verfügungsberechtigte, in deren Person ein Versagungsgrund nach § 11 Nr. 6, auch in Verbindung mit § 12 Abs. 1 Satz 1, gegeben ist. Die Sätze 1 bis 3 gelten für sonstige Fälle der Gesamtrechtsnachfolge entsprechend.

§ 23 Veräußerung von Bergwerkseigentum

(1) Die rechtsgeschäftliche Veräußerung von Bergwerkseigentum und der schuldrechtliche Vertrag hierüber bedürfen der Genehmigung der zuständigen Behörde. Die Genehmigung darf nur versagt werden, wenn der Veräußerung Gründe des öffentlichen Interesses entgegenstehen.

(2) Die Genehmigung kann auch vor der Beurkundung des Rechtsgeschäfts erteilt werden. Sie gilt als erteilt, wenn sie nicht innerhalb von zwei Monaten nach Eingang des Antrages versagt wird. Hierüber hat die zuständige Behörde auf Verlangen ein Zeugnis zu erteilen.

Zweiter Abschnitt
Vereinigung, Teilung und Austausch von Bergwerkseigentum

§ 24 Zulässigkeit der Vereinigung

Bergwerksfelder dürfen vereinigt werden, wenn sie aneinandergrenzen und das Bergwerkseigentum auf die gleichen Bodenschätze verliehen ist.

§ 25 Voraussetzungen der Vereinigung

Zur Vereinigung sind erforderlich
1. eine notariell beurkundete Einigung der beteiligten Bergwerkseigentümer oder eine entsprechende Erklärung des Alleineigentümers über die Vereinigung; dabei sind die Namen des neuen Bergwerkseigentums und des neuen Bergwerkseigentümers, bei mehreren Bergwerkseigentümern auch der Anteil oder die sonstigen Rechtsverhältnisse an dem neuen Bergwerkseigentum anzugeben;

2. zwei Ausfertigungen eines Lagerisses des neuen Bergwerksfeldes, der den Anforderungen einer Bergverordnung nach § 67 entspricht;
3. bei dinglicher Belastung des Bergwerkseigentums eine notariell beurkundete Vereinbarung zwischen den dinglich Berechtigten und den beteiligten Bergwerkseigentümern darüber, daß und in welcher Weise, insbesondere in welcher Rangordnung, die Belastungen auf das neue Bergwerkseigentum (§ 27 Abs. 1) übergehen sollen;
4. die Genehmigung nach § 26.

§ 26 Genehmigung der Vereinigung, Berechtsamsurkunde

(1) Die Genehmigung darf nur versagt werden, wenn
1. die Vereinigung unzulässig ist,
2. die in § 25 Nr. 1 bis 3 bezeichneten Urkunden und die Verleihungsurkunden oder die nach § 154 Abs. 2 ausgestellten Urkunden nicht oder nicht vollständig vorgelegt werden oder
3. der Vereinigung Gründe des öffentlichen Interesses entgegenstehen.

(2) Die Genehmigung wird mit der Urkunde nach § 25 Nr. 1, einer Ausfertigung des Lagerisses nach § 25 Nr. 2, den Verleihungs- oder den nach § 154 Abs. 2 ausgestellten Urkunden zu einer einheitlichen Berechtsamsurkunde verbunden.

§ 27 Wirkung der Vereinigung

(1) Mit der Zustellung der Berechtsamsurkunde an den Antragsteller entsteht unter Erlöschen des bisherigen Bergwerkseigentums neues Bergwerkseigentum an dem einheitlichen Bergwerksfeld mit den sich aus der Vereinbarung nach § 25 Nr. 3 ergebenden dinglichen Belastungen.

(2) Ist die Vereinigung wirksam geworden, so ersucht die zuständige Behörde das Grundbuchamt um Berichtigung des Grundbuches. Dem Ersuchen ist eine beglaubigte Abschrift der Berechtsamsurkunde beizufügen.

§ 28 Teilung

Ein Bergwerksfeld kann in selbständige Teile geteilt werden, wenn die Teile dem § 4 Abs. 7 entsprechen und durch die Teilung eine Feldeszersplitterung, insbesondere eine Erschwerung der sinnvollen und planmäßigen Gewinnung von Bodenschätzen nicht zu befürchten ist. Die §§ 25 bis 27 gelten mit der Maßgabe entsprechend, daß die in § 25 Nr. 1 und 2 bezeichneten Urkunden für jeden Teil des Bergwerksfeldes erforderlich sind; mit Ausnahme der Lagerisse für die Teilung ist jedoch eine Urschrift nebst der erforderlichen Zahl von Ausfertigungen oder beglaubigten Abschriften der Urkunden ausreichend.

§ 29 Austausch

Der Austausch von Teilen von Bergwerksfeldern ist zulässig, wenn die auszutauschenden Teile jeweils an das Bergwerksfeld angrenzen, mit dem sie durch den Austausch vereinigt werden sollen, durch den Austausch eine Feldeszersplitterung, insbesondere eine Erschwerung der sinnvollen und planmäßigen Gewinnung von Bodenschätzen, nicht zu befürchten ist, die auszutauschenden Teile dem § 4 Abs. 7 entsprechen und das Bergwerkseigentum auf die gleichen Bodenschätze verliehen ist. Die §§ 25 bis 27 sind mit folgender Maßgabe entsprechend anzuwenden:

Gesetzestext §§ 30–32

1. Die Namen des am Austausch beteiligten Bergwerkseigentums bleiben bestehen.
2. Die in §25 Nr.1 und 2 bezeichneten Urkunden sind für jeden am Austausch beteiligten Teil der Bergwerksfelder erforderlich.
3. Mit Ausnahme der Lagerisse für den Austausch ist neben jeweils einer Urschrift die erforderliche Zahl von Ausfertigungen oder beglaubigten Abschriften der Urkunden ausreichend.

Dritter Abschnitt
Feldes- und Förderabgabe

§ 30 Feldesabgabe

(1) Der Inhaber einer Erlaubnis zur Aufsuchung zu gewerblichen Zwecken hat jährlich eine Feldesabgabe zu entrichten.

(2) Die Feldesabgabe ist an das Land zu entrichten, in dem das Erlaubnisfeld liegt; § 137 bleibt unberührt.

(3) Die Feldesabgabe beträgt im ersten Jahr nach der Erteilung zehn Deutsche Mark je angefangenen Quadratkilometer und erhöht sich für jedes folgende Jahr um weitere zehn Deutsche Mark bis zum Höchstbetrag von fünfzig Deutsche Mark je angefangenen Quadratkilometer. Auf die Feldesabgabe sind die im Erlaubnisfeld in dem jeweiligen Jahr für die Aufsuchung gemachten Aufwendungen anzurechnen.

§ 31 Förderabgabe

(1) Der Inhaber einer Bewilligung hat jährlich für die innerhalb des jeweiligen Jahres aus dem Bewilligungsfeld gewonnenen oder mitgewonnenen bergfreien Bodenschätze eine Förderabgabe zu entrichten. Gleiches gilt für den Bergwerkseigentümer. Eine Förderabgabe ist nicht zu entrichten, soweit die Bodenschätze ausschließlich aus gewinnungstechnischen Gründen gewonnen und nicht wirtschaftlich verwertet werden. Satz 3 gilt nicht für die Errichtung eines Untergrundspeichers.

(2) Die Förderabgabe beträgt zehn vom Hundert des Marktwertes, der für im Geltungsbereich dieses Gesetzes gewonnene Bodenschätze dieser Art innerhalb des Erhebungszeitraums durchschnittlich erzielt wird. Für Bodenschätze, die keinen Marktwert haben, stellt die zuständige Behörde nach Anhörung sachverständiger Stellen den für die Förderabgabe zugrunde zu legenden Wert fest.

(3) § 30 Abs. 2 gilt entsprechend.

§ 32 Feststellung, Erhebung und Änderung der Feldes- und Förderabgabe

(1) Die Landesregierungen werden ermächtigt, durch Rechtsverordnung die zur Durchführung der §§ 30 und 31 erforderlichen Vorschriften über die Feststellung des Marktwertes und des Wertes nach § 31 Abs. 2 Satz 2 sowie über die Erhebung und Bezahlung der Feldes- und Förderabgabe zu erlassen. Natürliche und juristische Personen können zur Erteilung von Auskünften verpflichtet werden, soweit dies zur Festsetzung des Marktwertes erforderlich ist.

(2) Die Landesregierungen werden ermächtigt, durch Rechtsverordnung für einen bestimmten Zeitraum

1. Erlaubnisse, Bewilligungen und Bergwerkseigentum auf bestimmte Bodenschätze oder in bestimmten Gebieten von der Feldes- und Förderabgabe zu befreien,
2. für Erlaubnisse auf bestimmte Bodenschätze oder in bestimmten Gebieten einen von § 30 Abs. 3 Satz 1 abweichenden Betrag und eine andere Staffelung festzusetzen,
3. für Bewilligungen und Bergwerkseigentum auf bestimmte Bodenschätze oder in bestimmten Gebieten einen von § 31 Abs. 2 abweichenden Vomhundertsatz oder Bemessungsmaßstab festzusetzen,

soweit dies zur Anpassung an die bei Inkrafttreten dieses Gesetzes geltenden Regelungen geboten, zur Abwehr einer Störung des gesamtwirtschaftlichen Gleichgewichts, zur Abwehr einer Gefährdung der Wettbewerbslage der aufsuchenden oder gewinnenden Unternehmen, zur Sicherung der Versorgung des Marktes mit Rohstoffen, zur Verbesserung der Ausnutzung von Lagerstätten oder zum Schutz sonstiger volkswirtschaftlicher Belange erforderlich ist oder soweit die Bodenschätze im Gewinnungsbetrieb verwendet werden. Dabei dürfen die Abgaben höchstens auf das Vierfache des sich aus § 30 Abs. 3 Satz 1 oder § 31 Abs. 2 Satz 1 ergebenden Beträge erhöht werden.

(3) Die Landesregierungen können die Ermächtigung nach den Absätzen 1 und 2 durch Rechtsverordnung auf andere Stellen übertragen.

Vierter Abschnitt
Fundanzeige

§ 33 Anzeige und Entschädigung

(1) Wer einen bergfreien Bodenschatz entdeckt, ohne zu seiner Aufsuchung oder Gewinnung berechtigt zu sein, und der zuständigen Behörde die Entdeckung unverzüglich anzeigt, kann von demjenigen, der auf Grund dieser Anzeige eine Bewilligung für den Bodenschatz erhält, Ersatz der Aufwendungen verlangen, die ihm im Zusammenhang mit der Entdeckung entstanden sind. Dies gilt nicht, wenn der Bodenschatz unter Verstoß gegen § 6 entdeckt worden oder die Lagerstätte dieses Bodenschatzes bereits bekannt ist.

(2) Die Anzeige muß Angaben über den Zeitpunkt der Entdeckung, den Fundort mit Bezeichnung des Grundstücks, der Gemeinde und des Kreises sowie eine Beschreibung der Art und Beschaffenheit des Fundes enthalten. Die zuständige Behörde hat den Anzeigenden unverzüglich von der Erteilung einer Bewilligung zu benachrichtigen.

Zweites Kapitel
Grundeigene Bodenschätze

§ 34 Inhalt der Befugnis zur Aufsuchung und Gewinnung grundeigener Bodenschätze

Für die Befugnis des Grundeigentümers, bei der Aufsuchung und Gewinnung grundeigener Bodenschätze nach Maßgabe dieses Gesetzes andere Bodenschätze mitzugewinnen, das Eigentum daran zu erwerben, Hilfsbaue anzulegen und fremde Grubenbaue zu benutzen, gelten,

Gesetzestext § 35

1. soweit sich dies nicht schon aus dem Inhalt des Grundeigentums und
2. soweit sich nicht aus den §§ 149 bis 158 etwas anderes ergibt, § 7 Abs. 1 und die §§ 8 und 9 mit der Maßgabe entsprechend, daß an die Stelle des Erlaubnis-, Bewilligungs- und Bergwerksfeldes das Grundstück tritt, auf das sich das Grundeigentum bezieht.

**Drittes Kapitel
Zulegung**

§ 35 Voraussetzungen

Die zuständige Behörde kann auf Antrag dem Inhaber einer Gewinnungsberechtigung durch Zulegung das Recht erteilen, den Abbau eines Bodenschatzes aus dem Feld seiner Gewinnungsberechtigung (Hauptfeld) in das Feld einer benachbarten fremden Gewinnungsberechtigung, die sich auf den gleichen Bodenschatz bezieht, fortzuführen (grenzüberschreitender Abbau), wenn
1. der Antragsteller nachweist, daß er sich ernsthaft um eine Einigung über den grenzüberschreitenden Abbau zu angemessenen Bedingungen, erforderlichenfalls unter Angebot geeigneter Abbaumöglichkeiten innerhalb der eigenen Gewinnungsberechtigungen, bemüht hat,
2. aus bergwirtschaftlichen oder bergtechnischen Gründen ein grenzüberschreitender Abbau geboten ist,
3. Gründe des Allgemeinwohls, insbesondere die Versorgung des Marktes mit Bodenschätzen oder andere gesamtwirtschaftliche Gründe, einen grenzüberschreitenden Abbau erfordern,
4. nicht damit gerechnet werden muß, daß die in dem Feld der benachbarten Berechtigung anstehenden Bodenschätze von einem anderen Gewinnungsbetrieb auch ohne Zulegung ebenso wirtschaftlich gewonnen werden,
5. Bodenschätze, deren Schutz im öffentlichen Interesse liegt, durch die Zulegung nicht beeinträchtigt werden,
6. folgende Angaben und Unterlagen des Antragstellers vorliegen:
    a) Ein Lageriß mit genauer Eintragung des Hauptfeldes und des Feldes der fremden Berechtigung unter besonderer Kennzeichnung des zuzulegenden Feldesteiles,
    b) eine Darstellung der zur bergwirtschaftlichen und bergtechnischen Beurteilung der Zulegung bedeutsamen tatsächlichen Verhältnisse,
    c) Angaben über das im Hauptfeld durchgeführte sowie über das im Feld der fremden Berechtigung beabsichtigte Arbeitsprogramm, insbesondere über die technische Durchführung der Gewinnung, die danach erforderlichen Einrichtungen unter und über Tage und den Zeitplan,
    d) glaubhafte Angaben darüber, daß die für eine ordnungsgemäße Durchführung des grenzüberschreitenden Abbaus und der damit nach § 2 Abs. 1 Nr. und 2 im Zusammenhang stehenden Tätigkeiten erforderlichen Mittel aufgebracht werden können,
    e) Angaben über Verwendung und Absatz der durch den grenzüberschreitenden Abbau zu gewinnenden Bodenschätze,
    f) eine Begründung zu dem Vorliegen der in den Nummern 3 und 4 bezeichneten Voraussetzungen.

§ 36 Verfahren

Auf das Verfahren sind die Vorschriften über das förmliche Verwaltungsverfahren nach Teil V Abschnitt 1 des Verwaltungsverfahrensgesetzes mit folgender Maßgabe anzuwenden:
1. Beteiligter ist auch, wem ein Recht zur Gewinnung in dem Feld der fremden Berechtigung zusteht sowie der Inhaber eines dinglichen Rechtes an der fremden Berechtigung. Liegt die fremde Berechtigung ganz oder teilweise im Bezirk einer anderen zuständigen Behörde, so ist auch diese zu laden.
2. Von Amts wegen ist ein Vertreter auch zu bestellen für Mitberechtigte, wenn sie der Aufforderung der zuständigen Behörde, einen gemeinsamen Vertreter zu bestellen, innerhalb der ihnen gesetzten Frist nicht nachgekommen sind.
3. In der mündlichen Verhandlung ist auf eine Einigung hinzuwirken. Kommt eine Einigung zustande, so ist diese in der Verhandlungsniederschrift zu beurkunden. Auf die Beurkundung sind die §§ 3 bis 13 und 16 bis 26 des Beurkundungsgesetzes vom 28. August 1969 (BGBl. I S. 1513), zuletzt geändert durch Gesetz vom 20. Februar 1980 (BGBl. I S. 157), entsprechend anzuwenden. Die Niederschrift über die Einigung steht einer notariellen Beurkundung der Einigung gleich. Eine Auflassung kann die zuständige Behörde nicht entgegennehmen.
4. Kommt eine Einigung nicht zustande, so entscheidet die zuständige Behörde über den Antrag. Das Recht zum grenzüberschreitenden Abbau ist für ein bestimmtes Feld, für bestimmte Bodenschätze und zeitlich beschränkt zu erteilen. § 16 Abs. 3 gilt entsprechend.

An die Stelle der Vorschriften über das förmliche Verwaltungsverfahren nach Teil V Abschnitt 1 des Verwaltungsverfahrensgesetzes treten die entsprechenden Vorschriften der Verwaltungsverfahrensgesetze der Länder, soweit dies landesrechtlich angeordnet ist.

§ 37 Entschädigung

(1) Für die Erteilung des Rechts zum grenzüberschreitenden Abbau hat der Berechtigte eine Entschädigung an den Inhaber der fremden Berechtigung zu leisten. Kommt eine Einigung nicht zustande, so ist die Entschädigung in der Entscheidung über die Erteilung des Rechts zum grenzüberschreitenden Abbau festzusetzen.

(2) Die Entschädigung wird für den durch den grenzüberschreitenden Abbau eintretenden Rechtsverlust und für andere dadurch eintretende Vermögensnachteile geleistet. Soweit zur Zeit der Entscheidung Nutzungen gezogen werden, ist von dem Maß ihrer Beeinträchtigung auszugehen. Hat der Entschädigungsberechtigte Maßnahmen getroffen, um die Nutzungen zu steigern, und ist nachgewiesen, daß die Maßnahmen die Nutzungen nachhaltig gesteigert hätten, so ist dies zu berücksichtigen. Die Entschädigung ist auf Verlangen des Inhabers der fremden Berechtigung in wiederkehrenden Leistungen zu zahlen. Ist die fremde Berechtigung mit dinglichen Rechten Dritter belastet, so gelten die Artikel 52 und 53 des Einführungsgesetzes zum Bürgerlichen Gesetzbuch entsprechend.

§ 38 Inhalt der Zulegung, Aufhebung, Förderabgabe

(1) Für das Recht zum grenzüberschreitenden Abbau gelten die §§ 8, 15, 16 Abs. 5 und § 18 Abs. 1 und 3 entsprechend. § 31 gilt in dem Umfang entsprechend, in dem er für den Inhaber der fremden Berechtigung gelten würde.

(2) Das Recht darf erst ausgeübt werden, wenn der Berechtigte
1. die Entschädigung geleistet oder
2. bei einer Entschädigung in wiederkehrenden Leistungen die erste Rate und für die übrigen Raten angemessene Sicherheit geleistet hat.

Dritter Teil
Aufsuchung, Gewinnung und Aufbereitung

Erstes Kapitel
Allgemeine Vorschriften über die Aufsuchung und Gewinnung

Erster Abschnitt
Aufsuchung

§ 39 Einigung mit dem Grundeigentümer, Zustimmung anderer Behörden, Entschädigung

(1) Wer zum Zwecke der Aufsuchung ein fremdes Grundstück benutzen will, hat vor Beginn der Aufsuchung
1. die Zustimmung des Grundeigentümers und der sonstigen Nutzungsberechtigten und,
2. wenn das Grundstück durch Gesetz oder auf Grund eines Gesetzes einem öffentlichen Zweck gewidmet ist, auch die Zustimmung der für die Wahrung dieses Zweckes zuständigen Behörde

einzuholen. § 905 Satz 2 des Bürgerlichen Gesetzbuchs bleibt unberührt.

(2) Bei einem unter Absatz 1 Satz 1 Nr. 2 fallenden Grundstück ist
1. die Zustimmung nach Absatz 1 Satz 1 Nr. 1 nicht erforderlich, wenn das Grundstück ausschließlich dem öffentlichen Zweck dient, dem es gewidmet ist,
2. die Zustimmung nach Absatz 1 Satz 1 Nr. 2 nicht erforderlich, wenn
   a) sich Art und Form der Tätigkeit, die der Aufsuchung dient oder zu dienen bestimmt ist, nicht von den Tätigkeiten unterscheidet, die im Rahmen der Widmung ausgeübt werden dürfen oder von der Widmung nicht betroffen sind oder
   b) für die Zulassung der Tätigkeiten nach den Vorschriften, auf denen die Widmung beruht, eine besondere behördliche Erlaubnis, Genehmigung oder Zustimmung vorgesehen und diese von der dafür zuständigen Behörde erteilt worden ist.

(3) Der Aufsuchungsberechtigte hat nach Abschluß der Aufsuchungsarbeiten den früheren Zustand fremder Grundstücke wiederherzustellen, es sei denn, daß die Aufrechterhaltung der Einwirkungen auf die Grundstücke nach Entscheidung der zuständigen Behörde für spätere Gewinnungsarbeiten zulässig ist oder die zuständige Behörde zur Wiedernutzbarmachung der Oberfläche eine Abweichung von dem früheren Zustand angeordnet hat.

(4) Der Aufsuchungsberechtigte hat dem Grundeigentümer und den sonstigen Nutzungsberechtigten für die durch die Aufsuchungsarbeiten entstandenen, nicht durch Wiederherstellung des früheren Zustandes oder andere Maßnahmen nach Ab-

satz 3 ausgeglichenen Vermögensnachteile Ersatz in Geld zu leisten. Der Ersatzanspruch haftet den Inhabern von dinglichen Rechten, mit denen das Grundstück belastet ist, in entsprechender Anwendung der Artikel 52 und 53 des Einführungsgesetzes zum Bürgerlichen Gesetzbuch.

(5) Zur Sicherung ihrer Ansprüche aus den Absätzen 3 und 4 können der Grundeigentümer und sonstige Nutzungsberechtigte eine angemessene Sicherheitsleistung verlangen.

§ 40 Streitentscheidung

(1) Wird die nach § 39 Abs. 1 Satz 1 Nr. 1 erforderliche Zustimmung versagt, so kann sie auf Antrag durch eine Entscheidung der zuständigen Behörde ersetzt werden, wenn öffentliche Interessen, insbesondere die Durchforschung nach nutzbaren Lagerstätten, die Aufsuchung erfordern. Wenn unter Gebäuden, auf Betriebsgrundstücken, in Gärten oder eingefriedeten Hofräumen aufgesucht werden soll, kann die Zustimmung nur aus überwiegenden öffentlichen Interessen durch eine Entscheidung der zuständigen Behörde ersetzt werden.

(2) Die zuständige Behörde entscheidet auf Antrag auch über die Höhe des Entschädigungsanspruchs (§ 39 Abs. 4) oder der Sicherheit (§ 39 Abs. 5), wenn eine Einigung hierüber nicht zustande kommt; die Kosten des Verfahrens trägt der Aufsuchungsberechtigte. Erst wenn der Ersatz geleistet oder eine Sicherheit hinterlegt ist, darf die Aufsuchung begonnen oder fortgesetzt werden.

§ 41 Gewinnung von Bodenschätzen bei der Aufsuchung

Der Aufsuchungsberechtigte hat das Recht, Bodenschätze zu gewinnen, soweit die Bodenschätze nach der Entscheidung der zuständigen Behörde bei planmäßiger Durchführung der Aufsuchung aus bergtechnischen, sicherheitstechnischen oder anderen Gründen gewonnen werden müssen. Das Recht des Aufsuchungsberechtigten, andere als bergfreie Bodenschätze in eigenen Grundstücken zu gewinnen, bleibt unberührt.

Zweiter Abschnitt
Gewinnung

§ 42 Mitgewinnung von Bodenschätzen bei der Gewinnung bergfreier Bodenschätze

(1) Bei der Gewinnung bergfreier Bodenschätze hat der Gewinnungsberechtigte das Recht, innerhalb des Feldes seiner Gewinnungsberechtigung andere Bodenschätze mitzugewinnen, soweit sie nach der Entscheidung der zuständigen Behörde bei planmäßiger Durchführung der Gewinnung aus bergtechnischen oder sicherheitstechnischen Gründen nur gemeinschaftlich gewonnen werden können. Andere an diesen Bodenschätzen Berechtigte hat der Gewinnungsberechtigte von der Entscheidung nach Satz 1 unverzüglich in Kenntnis zu setzen.

(2) Der Gewinnungsberechtigte hat die Herausgabe
1. mitgewonnener bergfreier Bodenschätze, für die Aneignungsrechte Dritter bestehen, und

2. mitgewonnener nicht bergfreier Bodenschätze

dem jeweils anderen Berechtigten gegen Erstattung der für die Gewinnung und eine erforderliche Aufbereitung gemachten Aufwendungen und einer für die Gewinnung zu zahlenden Förderabgabe anzubieten und diese Bodenschätze auf Verlangen herauszugeben. Der andere Berechtigte kann die Herausgabe nur innerhalb von zwei Monaten nach Kenntnisnahme nach Absatz 1 Satz 2 verlangen. Die bis zu dem Zeitpunkt des Verlangens mitgewonnenen Bodenschätze unterliegen nicht der Herausgabepflicht. Das gleiche gilt, wenn

1. die Trennung der mitgewonnenen Bodenschätze von den übrigen Bodenschätzen nicht möglich oder wegen der damit verbundenen Aufwendungen nicht zumutbar ist oder
2. die mitgewonnenen Bodenschätze zur Sicherung des eigenen Betriebes des Gewinnungsberechtigten oder in diesem Betrieb zur Sicherung der Oberfläche verwendet werden.

Können herauszugebende Bodenschätze nicht voneinander getrennt werden oder ist eine Trennung wegen der damit verbundenen Aufwendungen nicht zumutbar und stehen sie mehreren anderen Berechtigten zu, so hat der Gewinnungsberechtigte jedem dieser Berechtigten einen seiner Berechtigung entsprechenden Anteil herauszugeben.

(3) Ist dem jeweils anderen Berechtigten die Übernahme herauszugebender Bodenschätze nicht zumutbar, so kann er für diese Bodenschätze von dem Gewinnungsberechtigten einen angemessenen Ausgleich in Geld verlangen, soweit der Gewinnungsberechtigte die Bodenschätze verwerten kann. Die Aufwendungen für die Gewinnung und eine erforderliche Aufbereitung sowie eine für die Gewinnung zu zahlende Förderabgabe sind anzurechnen.

(4) Auf Antrag des Gewinnungsberechtigten oder eines anderen Berechtigten entscheidet die zuständige Behörde über die Unmöglichkeit oder Unzumutbarkeit der Trennung der Bodenschätze und die Größe der Anteile.

§ 43 Mitgewinnung von Bodenschätzen bei der Gewinnung grundeigener Bodenschätze

Bei der Gewinnung grundeigener Bodenschätze gilt für die Mitgewinnung bergfreier Bodenschätze § 42 entsprechend.

§ 44 Hilfsbaurecht

(1) Der Gewinnungsberechtigte hat das Recht, außerhalb des Feldes seiner Gewinnungsberechtigung unterirdische Anlagen zu errichten, die der technischen oder wirtschaftlichen Verbesserung seines Gewinnungsbetriebes, insbesondere der Wasserlösung oder Wetterführung, zu dienen bestimmt sind (Hilfsbaue). Dies gilt nicht, wenn ein Hilfsbau im Feld einer anderen Gewinnungsberechtigung errichtet werden soll und dadurch die Gewinnung des anderen Gewinnungsberechtigten gefährdet oder wesentlich beeinträchtigt würde.

(2) Der Hilfsbauberechtigte hat für den Schaden, der dem anderen Gewinnungsberechtigten durch den Hilfsbau entsteht, Ersatz in Geld zu leisten.

§ 45 Mitgewinnung von Bodenschätzen bei Anlegung von Hilfsbauen

(1) Der Hilfsbauberechtigte hat das Recht, alle Bodenschätze mitzugewinnen, die nach der Entscheidung der zuständigen Behörde bei ordnungsgemäßer Anlegung eines Hilfsbaues gelöst werden müssen. Andere an diesen Bodenschätzen Berechtigte hat er von der Entscheidung nach Satz 1 unverzüglich in Kenntnis zu setzen.

(2) Bergfreie Bodenschätze, für die Aneignungsrechte Dritter bestehen, und fremde nicht bergfreie Bodenschätze hat der Hilfsbauberechtigte den anderen Berechtigten unentgeltlich herauszugeben, wenn diese es innerhalb eines Monats nach Kenntnisnahme nach Absatz 1 Satz 2 verlangen. § 42 Abs. 2 Satz 3 bis 5 und Abs. 4 gilt entsprechend.

§ 46 Hilfsbau bei Bergwerkseigentum

Ein Hilfsbau, der auf Grund von Bergwerkseigentum rechtmäßig angelegt worden ist, gilt als dessen wesentlicher Bestandteil. Eine Eintragung in das Grundbuch ist nicht erforderlich.

§ 47 Benutzung fremder Grubenbaue

(1) Der Gewinnungsberechtigte hat das Recht, fremde unter Tage errichtete Baue (Grubenbaue) zu benutzen, wenn
1. die Voraussetzungen des § 44 Abs. 1 Satz 1 vorliegen und
2. er einen angemessenen Teil der Aufwendungen für die Errichtung und Unterhaltung der zu benutzenden Grubenbaue übernimmt.

Satz 1 gilt nicht für Grubenbaue, die für andere Zwecke als die Aufsuchung oder Gewinnung bergfreier oder grundeigener Bodenschätze benutzt werden.

(2) Ist eine zweckmäßige Benutzung nach Absatz 1 Satz 1 nur bei entsprechender Veränderung der Grubenbaue möglich und wird dadurch die Gewinnung durch den anderen Berechtigten nicht gefährdet oder wesentlich beeinträchtigt, so ist dieser verpflichtet, die Veränderung nach eigener Wahl entweder selbst vorzunehmen oder zu dulden. Die Aufwendungen für die Veränderung trägt der Gewinnungsberechtigte. Die Übernahme von Aufwendungen nach Absatz 1 Satz 1 Nr. 2 entfällt, wenn der Grubenbau vom anderen Berechtigten nicht mehr benutzt wird; in diesem Fall trägt der Gewinnungsberechtigte die Aufwendungen für die Unterhaltung allein.

(3) Für den durch die Benutzung entstehenden Schaden hat der Gewinnungsberechtigte dem anderen Berechtigten Ersatz in Geld zu leisten.

(4) In Streitfällen entscheidet auf Antrag die zuständige Behörde über das Recht zur Benutzung.

Dritter Abschnitt
Verbote und Beschränkungen

§ 48 Allgemeine Verbote und Beschränkungen

(1) Unberührt bleiben Rechtsvorschriften, die auf Grundstücken solche Tätigkeiten verbieten oder beschränken, die ihrer Art nach der Aufsuchung oder Gewinnung

dienen können, wenn die Grundstücke durch Gesetz oder auf Grund eines Gesetzes einem öffentlichen Zweck gewidmet oder im Interesse eines öffentlichen Zwecks geschützt sind. Bei Anwendung dieser Vorschriften ist dafür Sorge zu tragen, daß die Aufsuchung und Gewinnung so wenig wie möglich beeinträchtigt werden.

(2) In anderen Fällen als denen des Absatzes 1 und des § 15 kann, unbeschadet anderer öffentlich-rechtlicher Vorschriften, die für die Zulassung von Betriebsplänen zuständige Behörde eine Aufsuchung oder eine Gewinnung beschränken oder untersagen, soweit ihr überwiegende öffentliche Interessen entgegenstehen.

§ 49 Beschränkung der Aufsuchung auf dem Festlandsockel und innerhalb der Küstengewässer

Im Bereich des Festlandsockels und der Küstengewässer ist die Aufsuchung insoweit unzulässig, als sie
1. den Betrieb oder die Wirkung von Schiffahrtsanlagen oder -zeichen,
2. das Legen, die Unterhaltung oder den Betrieb von Unterwasserkabeln oder Rohrleitungen sowie ozeanographische oder sonstige wissenschaftliche Forschungen mehr als nach den Umständen unvermeidbar oder
3. die Benutzung der Schiffahrtswege, die Schiffahrt, den Fischfang oder die Erhaltung der lebenden Meeresschätze unangemessen
beeinträchtigt.

**Zweites Kapitel
Anzeige, Betriebsplan**

§ 50 Anzeige

(1) Der Unternehmer hat der zuständigen Behörde die Errichtung und Aufnahme
1. eines Aufsuchungsbetriebes,
2. eines Gewinnungsbetriebes und
3. eines Aufbereitungsbetriebes
rechtzeitig, spätestens zwei Wochen vor Beginn der beabsichtigten Tätigkeit anzuzeigen; in der Anzeige ist der Tag des Beginns der Errichtung oder der Aufnahme des Betriebes anzugeben. Zum Betrieb gehören auch die in § 2 Abs. 1 bezeichneten Tätigkeiten und Einrichtungen. Die Pflicht zur Anzeige entfällt, wenn ein Betriebsplan nach § 52 eingereicht wird.

(2) Absatz 1 gilt für die Einstellung des Betriebes mit Ausnahme der in § 57 Abs. 1 Satz 1 und Absatz 2 bezeichneten Fälle entsprechend. § 57 Abs. 1 Satz 2 bleibt unberührt.

(3) Unternehmer, deren Betrieb nicht nach § 51 der Betriebsplanpflicht unterliegt, haben der Anzeige über die Errichtung oder die Aufnahme eines Gewinnungsbetriebes einen Abbauplan beizufügen, der alle wesentlichen Einzelheiten der beabsichtigten Gewinnung, insbesondere
1. die Bezeichnung der Bodenschätze, die gewonnen werden sollen,
2. eine Karte in geeignetem Maßstab mit genauer Eintragung des Feldes, in dem die Bodenschätze gewonnen werden sollen,
3. Angaben über das beabsichtigte Arbeitsprogramm, die vorgesehenen Einrichtungen unter und über Tage und über den Zeitplan,

4. Angaben über Maßnahmen zur Wiedernutzbarmachung der Oberfläche während des Abbaues und über entsprechende Vorsorgemaßnahmen für die Zeit nach Einstellung des Betriebes

enthalten muß. Wesentliche Änderungen des Abbauplanes sind der zuständigen Behörde unverzüglich anzuzeigen.

§ 51 Betriebsplanpflicht

(1) Aufsuchungsbetriebe, Gewinnungsbetriebe und Betriebe zur Aufbereitung dürfen nur auf Grund von Plänen (Betriebsplänen) errichtet, geführt und eingestellt werden, die vom Unternehmer aufgestellt und von der zuständigen Behörde zugelassen worden sind. Zum Betrieb gehören auch die in § 2 Abs. 1 bezeichneten Tätigkeiten und Einrichtungen. Die Betriebsplanpflicht gilt auch für die Einstellung im Falle der Rücknahme, des Widerrufs oder der Aufhebung einer Erlaubnis, einer Bewilligung oder eines Bergwerkseigentums sowie im Falle des Erlöschens einer sonstigen Bergbauberechtigung.

(2) Absatz 1 gilt nicht für einen Aufsuchungsbetrieb, in dem weder Vertiefungen in der Oberfläche angelegt noch Verfahren unter Anwendung maschineller Kraft, Arbeiten unter Tage oder mit explosionsgefährlichen oder zum Sprengen bestimmten explosionsfähigen Stoffen durchgeführt werden.

(3) Die zuständige Behörde kann Betriebe von geringer Gefährlichkeit und Bedeutung auf Antrag des Unternehmers ganz oder teilweise oder für einen bestimmten Zeitraum von der Betriebsplanpflicht befreien, wenn der Schutz Beschäftigter und Dritter und das Wiedernutzbarmachen der Oberfläche nach diesem Gesetz und der auf Grund dieses Gesetzes erlassenen Rechtsverordnungen auch ohne Betriebsplanpflicht sichergestellt werden können. Dies gilt nicht für die Errichtung und die Einstellung des Betriebes und für Betriebe im Bereich des Festlandsockels.

§ 52 Betriebspläne für die Errichtung und Führung des Betriebes

(1) Für die Errichtung und Führung eines Betriebes sind Hauptbetriebspläne für einen in der Regel zwei Jahre nicht überschreitenden Zeitraum aufzustellen. Eine Unterbrechung des Betriebes für einen Zeitraum bis zu zwei Jahren gilt als Führung des Betriebes, eine längere Unterbrechung nur dann, wenn sie von der zuständigen Behörde genehmigt wird.

(2) Auf Verlangen der zuständigen Behörde sind
1. für einen bestimmten längeren, nach den jeweiligen Umständen bemessenen Zeitraum Rahmenbetriebspläne aufzustellen, die allgemeine Angaben über das beabsichtigte Vorhaben, dessen technische Durchführung und voraussichtlichen zeitlichen Ablauf enthalten müssen;
2. für bestimmte Teile des Betriebes oder für bestimmte Vorhaben Sonderbetriebspläne aufzustellen.

(3) Für Arbeiten und Einrichtungen, die von mehreren Unternehmen nach einheitlichen Gesichtspunkten durchgeführt, errichtet oder betrieben werden müssen, haben die beteiligten Unternehmer auf Verlangen der zuständigen Behörde gemeinschaftliche Betriebspläne aufzustellen.

(4) Die Betriebspläne müssen eine Darstellung des Umfanges, der technischen Durchführung und der Dauer des beabsichtigten Vorhabens sowie den Nachweis

enthalten, daß die in § 55 Abs. 1 Satz 1 Nr. 1 und 3 bis 13 bezeichneten Voraussetzungen erfüllt sind. Sie können verlängert, ergänzt und abgeändert werden.

(5) Für bestimmte Arbeiten und Einrichtungen, die nach einer auf Grund dieses Gesetzes erlassenen Rechtsverordnung einer besonderen Genehmigung bedürfen oder allgemein zuzulassen sind, kann in Haupt- und Sonderbetriebsplänen an Stelle der nach Absatz 4 Satz 1 erforderlichen Darstellung und Nachweise der Nachweis treten, daß die Genehmigung oder Zulassung vorliegt oder beantragt ist.

§ 53 Betriebsplan für die Einstellung des Betriebes, Betriebschronik

(1) Für die Einstellung eines Betriebes ist ein Abschlußbetriebsplan aufzustellen, der eine genaue Darstellung der technischen Durchführung und der Dauer der beabsichtigten Betriebseinstellung, den Nachweis, daß die in § 55 Abs. 1 Satz 1 Nr. 3 bis 13 und Absatz 2 bezeichneten Voraussetzungen erfüllt sind, und in anderen als den in § 55 Abs. 2 Satz 1 Nr. 3 genannten Fällen auch Angaben über eine Beseitigung der betrieblichen Anlagen und Einrichtungen oder über deren anderweitige Verwendung enthalten muß. Abschlußbetriebspläne können ergänzt und abgeändert werden.

(2) Dem Abschlußbetriebsplan für einen Gewinnungsbetrieb ist eine Betriebschronik in zweifacher Ausfertigung beizufügen. Diese muß enthalten
1. den Namen des Gewinnungsbetriebes mit Bezeichnung der Gemeinde und des Kreises, in denen der Betrieb liegt,
2. Name und Anschrift des Unternehmers und, wenn dieser nicht zugleich Inhaber der Gewinnungsberechtigung ist, auch Name und Anschrift des Inhabers dieser Berechtigung,
3. die Bezeichnung der gewonnenen Bodenschätze nebst vorhandenen chemischen Analysen, bei Kohlen- und Kohlenwasserstoffen unter Angabe des Heizwertes, eine Beschreibung der sonst angetroffenen Bodenschätze unter Angabe der beim Betrieb darüber gewonnenen Kenntnisse sowie Angaben über Erschwerungen des Betriebes in bergtechnischer und sicherheitstechnischer Hinsicht,
4. die Angaben über den Verwendungszweck der gewonnenen Bodenschätze,
5. eine Beschreibung der technischen und wirtschaftlichen Betriebsverhältnisse und, soweit ein Grubenbild nicht geführt wurde, eine zeichnerische Darstellung des Betriebes,
6. die Angaben des Tages der Inbetriebnahme und der Einstellung des Gewinnungsbetriebes sowie der Gründe für die Einstellung,
7. eine lagerstättenkundliche Beschreibung der Lagerstätte nebst einem Verzeichnis der Vorräte an Bodenschätzen einschließlich der Haldenbestände,
8. eine Darstellung der Aufbereitungsanlagen (Art, Durchsatzleistung und Ausbringung an Fertigerzeugnissen nebst vorhandenen chemischen Analysen [Angabe des Metallgehaltes in den Abgängen]),
9. eine Darstellung der Verkehrslage und der für den Abtransport der Verkaufserzeugnisse wesentlichen Verhältnisse des Gewinnungsbetriebes.

Satz 1 gilt nicht bei Gewinnungsbetrieben, die in Form von Tagebauen betrieben wurden, es sei denn, daß der Lagerstätte nach Feststellung der zuständigen Behörde noch eine wirtschaftliche Bedeutung für die Zukunft zukommen kann.

§ 54 Zulassungsverfahren

(1) Der Unternehmer hat den Betriebsplan, dessen Verlängerung, Ergänzung oder Abänderung vor Beginn der vorgesehenen Arbeiten zur Zulassung einzureichen.

§ 55 Gesetzestext

(2) Wird durch die in einem Betriebsplan vorgesehenen Maßnahmen der Aufgabenbereich anderer Behörden oder der Gemeinden als Planungsträger berührt, so sind diese vor der Zulassung des Betriebsplanes durch die zuständige Behörde zu beteiligen. Die Landesregierungen können durch Rechtsverordnung eine weitergehende Beteiligung der Gemeinden vorschreiben, soweit in einem Betriebsplan Maßnahmen zur Lagerung oder Ablagerung von Bodenschätzen, Nebengestein oder sonstigen Massen vorgesehen sind. Satz 2 gilt nicht bei Gewinnungsbetrieben, die im Rahmen eines Planes geführt werden, in dem insbesondere die Abbaugrenzen und Haldenflächen festgelegt sind und der auf Grund eines Bundes- oder Landesgesetzes in einem besonderen Planungsverfahren genehmigt worden ist.

§ 55 Zulassung des Betriebsplanes

(1) Die Zulassung eines Betriebsplanes im Sinne des § 52 ist zu erteilen, wenn
1. für die im Betriebsplan vorgesehene Aufsuchung oder Gewinnung von Bodenschätzen die erforderliche Berechtigung nachgewiesen ist,
2. nicht Tatsachen die Annahme rechtfertigen, daß
   a) der Unternehmer, bei juristischen Personen und Personenhandelsgesellschaften eine der nach Gesetz, Satzung oder Gesellschaftsvertrag zur Vertretung berechtigten Personen, die erforderliche Zuverlässigkeit und, falls keine unter Buchstabe b fallende Person bestellt ist, auch die erforderliche Fachkunde oder körperliche Eignung nicht besitzt,
   b) eine der zur Leitung oder Beaufsichtigung des zuzulassenden Betriebes oder Betriebsteiles bestellten Personen die erforderliche Zuverlässigkeit, Fachkunde oder körperliche Eignung nicht besitzt,
3. die erforderliche Vorsorge gegen Gefahren für Leben, Gesundheit und zum Schutz von Sachgütern, Beschäftigter und Dritter im Betrieb, insbesondere durch die den allgemein anerkannten Regeln der Sicherheitstechnik entsprechenden Maßnahmen, sowie dafür getroffen ist, daß die für die Errichtung und Durchführung eines Betriebes auf Grund dieses Gesetzes erlassenen oder geltenden Vorschriften und die sonstigen Arbeitsschutzvorschriften eingehalten werden,
4. keine Beeinträchtigung von Bodenschätzen, deren Schutz im öffentlichen Interesse liegt, eintreten wird,
5. für den Schutz der Oberfläche im Interesse der persönlichen Sicherheit und des öffentlichen Verkehrs Sorge getragen ist,
6. die anfallenden Abfälle ordnungsgemäß beseitigt werden,
7. die erforderliche Vorsorge zur Wiedernutzbarmachung der Oberfläche in dem nach den Umständen gebotenen Ausmaß getroffen ist,
8. die erforderliche Vorsorge getroffen ist, daß die Sicherheit eines nach den § 50 und 51 zulässigerweise bereits geführten Betriebes nicht gefährdet wird,
9. gemeinschädliche Einwirkungen der Aufsuchung oder Gewinnung nicht zu erwarten sind und

bei einem Betriebsplan für einen Betrieb im Bereich des Festlandsockels oder der Küstengewässer ferner,

10. der Betrieb und die Wirkung von Schiffahrtsanlagen und -zeichen nicht beeinträchtigt werden,
11. die Benutzung der Schiffahrtswege und des Luftraumes, die Schiffahrt, der Fischfang und die Erhaltung der lebenden Meeresschätze nicht unangemessen beeinträchtigt werden,

12. das Legen, die Unterhaltung und der Betrieb von Unterwasserkabeln und Rohrleitungen sowie ozeanographische oder sonstige wissenschaftliche Forschungen nicht mehr als nach den Umständen unvermeidbar beeinträchtigt werden und
13. sichergestellt ist, daß sich die schädigenden Einwirkungen auf das Meer auf ein möglichst geringes Maß beschränken.

Satz 1 Nr. 2 gilt nicht bei Rahmenbetriebsplänen.

(2) Für die Erteilung der Zulassung eines Abschlußbetriebsplanes gilt Absatz 1 Satz 1 Nr. 2 bis 13 mit der Maßgabe entsprechend, daß
1. der Schutz Dritter vor den durch den Betrieb verursachten Gefahren für Leben und Gesundheit auch noch nach Einstellung des Betriebes sowie
2. die Wiedernutzbarmachung der Oberfläche in der vom einzustellenden Betrieb in Anspruch genommenen Fläche und
3. im Bereich des Festlandsockels und der Küstengewässer die vollständige Beseitigung der betrieblichen Einrichtungen bis zum Meeresuntergrund

sichergestellt sein müssen. Soll der Betrieb nicht endgültig eingestellt werden, so darf die Erfüllung der in Satz 1 genannten Voraussetzungen nur insoweit verlangt werden, als dadurch die Wiederaufnahme des Betriebes nicht ausgeschlossen wird.

§ 56 Form und Inhalt der Zulassung, Sicherheitsleistung

(1) Die Zulassung eines Betriebsplanes bedarf der Schriftform. Die nachträgliche Aufnahme, Änderung oder Ergänzung von Auflagen ist zulässig, wenn sie
1. für den Unternehmer und für Einrichtungen der von ihm betriebenen Art wirtschaftlich vertretbar und
2. nach den allgemein anerkannten Regeln der Technik erfüllbar

sind, soweit es zur Sicherstellung der Voraussetzungen nach § 55 Abs. 1 Satz 1 Nr. 2 bis 13 und Absatz 2 erforderlich ist.

(2) Die zuständige Behörde kann die Zulassung von der Leistung einer Sicherheit abhängig machen, soweit diese erforderlich ist, um die Erfüllung der in § 55 Abs. 1 Satz 1 Nr. 3 bis 13 und Absatz 2 genannten Voraussetzungen zu sichern. Der Nachweis einer entsprechenden Versicherung des Unternehmers mit einem im Geltungsbereich dieses Gesetzes zum Geschäftsbetrieb zugelassenen Versicherer darf von der zuständigen Behörde als Sicherheitsleistung nur abgelehnt werden, wenn die Deckungssumme nicht angemessen ist. Über die Freigabe einer gestellten Sicherheit entscheidet die zuständige Behörde.

(3) Die Absätze 1 und 2 gelten für die Verlängerung, Ergänzung oder Änderung eines Betriebsplanes entsprechend.

§ 57 Abweichungen von einem zugelassenen Betriebsplan

(1) Kann eine Gefahr für Leben oder Gesundheit Beschäftigter oder Dritter nur durch eine sofortige Abweichung von einem zugelassenen Betriebsplan oder durch sofortige, auf die endgültige Einstellung des Betriebes gerichtete Maßnahmen abgewendet werden, so darf die Abweichung oder die auf die Einstellung gerichtete Maßnahme auf ausdrückliche Anordnung des Unternehmers bereits vor der Zulassung des hierfür erforderlichen Betriebsplanes vorgenommen werden. Der Unternehmer hat der zuständigen Behörde die Anordnung unverzüglich anzuzeigen.

(2) Werden infolge unvorhergesehener Ereignisse zur Abwendung von Gefahren für

bedeutende Sachgüter sofortige Abweichungen von einem zugelassenen Betriebsplan erforderlich, so gilt Absatz 1 entsprechend mit der Maßgabe, daß die Sicherheit des Betriebes nicht gefährdet werden darf.

(3) Die Zulassung der infolge der Abweichung erforderlichen Änderung des Betriebsplanes oder des für die Einstellung erforderlichen Betriebsplanes ist unverzüglich zu beantragen.

Drittes Kapitel
Verantwortliche Personen

§ 58 Personenkreis

(1) Verantwortlich für die Erfüllung der Pflichten, die sich aus diesem Gesetz, den auf Grund der §§ 65 bis 67 erlassenen oder nach § 176 Abs. 3 aufrechterhaltenen Bergverordnungen, aus Verwaltungsakten und aus zugelassenen Betriebsplänen für die ordnungsgemäße Errichtung, Führung und Einstellung eines Betriebes ergeben (verantwortliche Personen), sind, soweit dieses Gesetz oder eine auf Grund dieses Gesetzes erlassene Rechtsverordnung nichts anderes bestimmt,
1. der Unternehmer, bei juristischen Personen und Personenhandelsgesellschaften die nach Gesetz, Satzung oder Gesellschaftsvertrag zur Vertretung berechtigten Personen, und
2. die zur Leitung oder Beaufsichtigung des Betriebes oder eines Betriebsteiles bestellten Personen im Rahmen ihrer Aufgaben und Befugnisse.

(2) Ist der Betrieb eingestellt, so ist verantwortliche Person auch der Inhaber der Aufsuchungs- oder Gewinnungsberechtigung, es sei denn, daß er zur Erfüllung der in Absatz 1 genannten Pflichten rechtlich nicht in der Lage ist. Ist die Berechtigung zur Aufsuchung oder Gewinnung nach Inkrafttreten dieses Gesetzes erloschen, so tritt an die Stelle des Inhabers dieser Berechtigung die Person, die im Zeitpunkt des Erlöschens Inhaber der Berechtigung war.

§ 59 Beschäftigung verantwortlicher Personen

(1) Als verantwortliche Personen im Sinne des § 58 Abs. 1 Nr. 2 dürfen nur Personen beschäftigt werden, die die zur Erfüllung ihrer Aufgaben und Befugnisse erforderliche Zuverlässigkeit, Fachkunde und körperliche Eignung besitzen.

(2) Verantwortliche Personen im Sinne des § 58 Abs. 1 Nr. 2 sind in einer für die planmäßige und sichere Führung des Betriebes erforderlichen Anzahl zu bestellen. Die Aufgaben und Befugnisse der verantwortlichen Personen sind eindeutig und lückenlos festzusetzen sowie so aufeinander abzustimmen, daß eine geordnete Zusammenarbeit gewährleistet ist.

§ 60 Form der Bestellung und Abberufung verantwortlicher Personen, Namhaftmachung

(1) Die Bestellung und Abberufung verantwortlicher Personen sind schriftlich zu erklären. In Fällen, die nach § 57 Abs. 1 Satz 1 und Absatz 2 eine Abweichung von einem zugelassenen Betriebsplan rechtfertigen, kann die Erklärung auch mündlich erfolgen; sie ist unverzüglich schriftlich zu bestätigen. In der Bestellung sind die Aufgaben und

Gesetzestext   **§§ 61,62**

Befugnisse genau zu beschreiben; die Befugnisse müssen den Aufgaben entsprechen.

(2) Die verantwortlichen Personen sind unter Angabe ihrer Stellung im Betrieb und ihrer Vorbildung der zuständigen Behörde unverzüglich nach der Bestellung namhaft zu machen. Die Änderung der Stellung im Betrieb und das Ausscheiden verantwortlicher Personen sind der zuständigen Behörde unverzüglich anzuzeigen.

§ 61 Allgemeine Pflichten

(1) Der Unternehmer ist für die ordnungsgemäße Leitung des Betriebes verantwortlich; ihm obliegt die Sicherheit und Ordnung im Betrieb. Er ist verpflichtet,
1. für die ordnungsgemäße Errichtung des Betriebes und den ordnungsgemäßen Betriebsablauf zu sorgen, insbesondere
    a) unter Beachtung der allgemein anerkannten sicherheitstechnischen, arbeitsmedizinischen und arbeitshygienischen Regeln sowie der sonstigen gesicherten arbeitswissenschaftlichen Erkenntnisse die erforderlichen Maßnahmen und Vorkehrungen zu treffen, um Beschäftigte und Dritte vor Gefahren für Leben, Gesundheit und Sachgüter zu schützen, soweit die Eigenart des Betriebes dies zuläßt,
    b) durch innerbetriebliche Anordnungen sicherzustellen, daß die verantwortlichen Personen ihre Aufgaben erfüllen und ihre Befugnisse wahrnehmen können,
2. bei Zuständen oder Ereignissen im Betrieb, die eine unmittelbare Gefahr für Leben oder Gesundheit Beschäftigter oder Dritter herbeizuführen geeignet sind oder herbeigeführt haben, die zur Abwehr der Gefahr oder zur Rettung von Verunglückten geeigneten Maßnahmen zu treffen,
3. bei Zuständen oder Ereignissen im Sinne der Nummer 2 in benachbarten Betrieben anderer Unternehmen im Rahmen seiner Möglichkeiten die erforderliche sachkundige Hilfe durch Einsatz eigener Beschäftigter und Geräte zu leisten.

(2) Der Unternehmer ist ferner verpflichtet, den verantwortlichen Personen von allen die Errichtung, Führung oder Einstellung des Betriebes betreffenden Verwaltungsakten einschließlich der dazugehörigen Unterlagen unverzüglich insoweit Kenntnis zu geben, als deren Aufgaben und Befugnisse betroffen werden. Er hat dafür zu sorgen, daß Betriebspläne und deren Zulassung von den verantwortlichen Personen jederzeit eingesehen werden können.

§ 62 Übertragbarkeit bestimmter Pflichten und Befugnisse

Der Unternehmer kann
1. die sich aus § 51, Abs. 1, §§ 52, 54 Abs. 1, § 57 Abs. 1 Satz 2 und Absatz 2, § 61 Abs. 1 Satz 1 2. Halbsatz, Satz 2 und Absatz 2 sowie § 74 Abs. 3 ergebenden Pflichten sowie
2. die sich aus § 57 Abs. 1 und 2 sowie aus dieser Vorschrift ergebenden Befugnisse

auf verantwortliche Personen übertragen. Die Pflichten des Unternehmers nach § 61 Abs. 1 Satz 1 zweiter Halbsatz und Satz 2 bleiben bestehen, auch wenn verantwortliche Personen bestellt worden sind.

Viertes Kapitel
Sonstige Bestimmungen für den Betrieb

§ 63 Rißwerk

(1) Der Unternehmer hat für jeden Gewinnungsbetrieb und untertägigen Aufsuchungsbetrieb ein Rißwerk in zwei Stücken anfertigen und in den durch Rechtsverordnung nach § 67 vorgeschriebenen Zeitabständen nachtragen zu lassen. Für Aufsuchungsbetriebe über Tage gilt dies nur, soweit es durch Rechtsverordnung nach § 67 vorgeschrieben wird. Durch Rechtsverordnung nach § 67 können Ausnahmen von Satz 1 zugelassen werden, wenn es sich um Betriebe von geringer Gefährlichkeit und Bedeutung handelt, die Aufsuchung oder Gewinnung einen geringen Umfang hat und das Wiedernutzbarmachen der Oberfläche nach den Vorschriften dieses Gesetzes und auf Grund dieses Gesetzes erlassenen oder aufrechterhaltenen Vorschriften auch ohne Rißwerk sichergestellt werden kann.

(2) Zum Rißwerk zählen
1. das Grubenbild und
2. sonstige Unterlagen wie Risse, Karten und Pläne.

Inhalt und Form des Rißwerkes sowie die nach Art des Betriebes erforderlichen Unterlagen im Sinne des Satzes 1 Nr. 2 ergeben sich aus einer Rechtsverordnung nach § 67.

(3) Ein Stück des Rißwerkes ist der zuständigen Behörde einzureichen, das andere an einem geeigneten Ort im Betrieb oder in dessen Nähe aufzubewahren. Mit Zustimmung der zuständigen Behörde kann von der Einreichung der in Absatz 2 Satz 1 Nr. 2 genannten Unterlagen abgesehen werden.

(4) Wer der zuständigen Behörde gegenüber glaubhaft macht, daß er von einem Bergschaden betroffen sein kann, ist zur Einsichtnahme in den entsprechenden Teil des bei der Behörde befindlichen Stückes des Grubenbildes berechtigt. Dem Unternehmer ist Gelegenheit zu geben, bei der Einsichtnahme zugegen zu sein.

§ 64 Markscheider

(1) Das für untertägige Aufsuchungs- oder Gewinnungsbetriebe vorgeschriebene Rißwerk muß von einem von der zuständigen Behörde anerkannten Markscheider angefertigt und nachgetragen werden. Für andere Betriebe vorgeschriebene sonstige Unterlagen im Sinne des § 63 Abs. 2 Satz 1 Nr. 2 können auch von anderen Personen, die von der zuständigen Behörde dafür anerkannt sind, angefertigt und nachgetragen werden.

(2) Die Markscheider sind bei Anwendung ihrer Fachkunde weisungsfrei. Der Markscheider ist befugt, innerhalb seines Geschäftskreises Tatsachen mit öffentlichem Glauben zu beurkunden.

(3) Die Länder können Vorschriften über die Voraussetzungen erlassen, unter denen eine Person als Markscheider tätig werden kann.

Vierter Teil
Ermächtigungen zum Erlaß von Bergverordnungen

§ 65 Anzeige, Genehmigung, allgemeine Zulassung, Prüfung

Zum Schutze der in § 55 Abs. 1 Satz 1 Nr. 3 und 4 bezeichneten Rechtsgüter und Belange kann, soweit im Hinblick auf eine ordnungsgemäße und sichere Führung der Betriebe eine Vereinfachung oder Entlastung bei der Zulassung von Betriebsplänen notwendig oder zweckmäßig ist, durch Rechtsverordnung (Bergverordnung) bestimmt werden,

1. daß bestimmte Arbeiten sowie die Errichtung, Herstellung und Inbetriebnahme bestimmter Einrichtungen, die Vornahme von Änderungen und sonstige sie betreffende Umstände anzuzeigen und welche Unterlagen den Anzeigen beizufügen sind,
2. daß bestimmte Arbeiten sowie die Errichtung oder Herstellung bestimmter Einrichtungen, ihr Betrieb und die Vornahme von Änderungen unter Befreiung von der Betriebsplanpflicht einer Genehmigung bedürfen,
3. daß nach einer Bauart- oder Eignungsprüfung durch eine in der Bergverordnung zu bezeichnende Stelle oder durch einen von der zuständigen Behörde anerkannten Sachverständigen bestimmte Einrichtungen und Stoffe allgemein zugelassen werden können, welche Anzeigen bei allgemeiner Zulassung zu erstatten und welche Unterlagen diesen Anzeigen beizufügen sind,
4. daß bestimmte Einrichtungen einer Prüfung oder Abnahme vor ihrer Inbetriebnahme und nach Instandsetzung, regelmäßig wiederkehrenden Prüfungen und Prüfungen auf Grund einer Anordnung der zuständigen Behörde durch eine in der Bergverordnung zu bezeichnende Stelle, durch eine besonders zu bestimmende verantwortliche Person oder durch einen von der zuständigen Behörde anerkannten Sachverständigen unterliegen,
5. daß Genehmigungen und allgemeine Zulassungen im Sinne der Nummern 2 und 3 von bestimmten persönlichen und sachlichen Voraussetzungen abhängig zu machen sind,
6. daß die Anerkennung einer Person oder Stelle als Sachverständiger im Sinne der Nummern 3 und 4 von bestimmten persönlichen und sachlichen Voraussetzungen abhängig zu machen ist, insbesondere welche Anforderungen an die Ausbildung, die beruflichen Kenntnisse und Fähigkeiten, an Zuverlässigkeit und Unparteilichkeit zu stellen sind und welche Voraussetzungen im Hinblick auf die technische Ausstattung und auf die Zusammenarbeit verschiedener Sachverständiger oder Stellen erfüllt werden müssen.

§ 66 Schutzmaßnahmen, Wiedernutzbarmachung, Fachkunde

Zum Schutze der Beschäftigten und Dritter vor Gefahren im Betrieb und zur Wahrung der in § 55 Abs. 1 Satz 1 Nr. 2 bis 13 und Absatz 2 bezeichneten Rechtsgüter und Belange kann durch Rechtsverordnung (Bergverordnung) bestimmt werden,
1. daß Einrichtungen der in § 2 Abs. 1 Nr. 3 genannten Art hinsichtlich
   a) der Wahl des Standortes und
   b) der Errichtung, Ausstattung, Unterhaltung und des Betriebes
   bestimmten Anforderungen genügen müssen,
2. welche Anforderungen an Aufsuchungs-, Gewinnungs- und Aufbereitungsverfahren zu stellen sind,
3. daß und welche Sicherheitszonen im Bereich des Festlandsockels und der Küsten-

§ 66   Gesetzestext

    gewässer um Betriebe zu errichten, wie sie anzulegen, einzurichten und zu kennzeichnen sind,
4. daß
    a) die Beschäftigung bestimmter Personengruppen mit bestimmten Arbeiten nicht oder nur unter Einschränkungen zulässig ist,
    b) die Beschäftigung an bestimmten Betriebspunkten unter Tage eine bestimmte Höchstdauer nicht überschreiten darf,
    c) ein arbeitsmedizinischer Dienst einzurichten ist und welche Aufgaben er wahrzunehmen hat,
    d) die Beschäftigung von Personen mit Arbeiten unter oder über Tage nur nach Maßgabe einer Bescheinigung eines mit den Arbeitsbedingungen im Bergbau vertrauten Arztes erfolgen darf, daß, in welchem Umfang und in welchen Zeitabständen Nachuntersuchungen bei diesen Personen und bei einer Änderung der Tätigkeit von Beschäftigten durchzuführen sind und daß für die Aufzeichnung der Untersuchungsbefunde und Bescheinigungen bestimmte Vordrucke zu verwenden sind,
    e) Aufwendungen für die ärztlichen Untersuchungen nach Buchstabe d, soweit sie nicht von Sozialversicherungsträgern übernommen werden, von dem Unternehmer zu tragen sind, in dessen Betrieb die untersuchte Person beschäftigt werden soll oder beschäftigt ist,
5. welche Maßnahmen verantwortliche Personen in Erfüllung der sich aus § 61 ergebenden Pflichten zu treffen haben, insbesondere
    a) welche Vorsorge- und Überwachungsmaßnahmen im Hinblick auf die Regelung eines den zugelassenen Betriebsplänen entsprechenden Arbeitsablaufs zu treffen sind,
    b) daß die Beschäftigten vor Beginn der Beschäftigung über die Unfall- und Gesundheitsgefahren, denen sie bei der Beschäftigung ausgesetzt sind, sowie über die Schutzeinrichtungen und Maßnahmen zur Abwendung dieser Gefahren zu belehren und in welchen Zeitabständen die Belehrungen zu wiederholen sind,
6. daß ein sicherheitstechnischer Dienst einzurichten ist und welche sonstigen Vorsorge- und Überwachungsmaßnahmen zum Schutz der Beschäftigten und Dritter im Betrieb zu treffen sind und wie sich diese Personen im Betrieb zur Vermeidung von Gefahren zu verhalten haben,
7. welche Vorkehrungen und Maßnahmen bei und nach Einstellung eines Betriebes zur Verhütung von Gefahren für Leben und Gesundheit Dritter zu treffen sind,
8. welche Vorsorge- und Durchführungsmaßnahmen zur Wiedernutzbarmachung der Oberfläche während und nach der Aufsuchung, Gewinnung und Aufbereitung zu treffen und welche Anforderungen an diese Maßnahmen zu stellen sind,
9. welche fachlichen Anforderungen an die technischen und rechtlichen Kenntnisse (Fachkunde) bestimmter verantwortlicher Personen nach der Art der ihnen zu übertragenden Aufgaben und Befugnisse unter Berücksichtigung des jeweiligen Standes der Technik gestellt werden müssen, welche Nachweise hierüber zu erbringen sind und auf welche Weise die zuständige Behörde das Vorliegen der erforderlichen Fachkunde zu prüfen hat,
10. daß
    a) die Verantwortung für die Erfüllung bestimmter Pflichten auch anderen als den in § 58 Abs. 1 bezeichneten Personen übertragen werden kann,
    b) mit der Durchführung bestimmter gefährlicher Arbeiten oder mit besonderer Verantwortung verbundener Tätigkeiten nur Personen betraut werden dürfen,

die den hierfür in der Bergverordnung festgesetzten persönlichen und fachlichen Anforderungen genügen, welche Nachweise hierüber zu erbringen sind und auf welche Weise die zuständige Behörde das Vorliegen der festgesetzten Anforderungen zu prüfen hat,
11. unter welchen Voraussetzungen und in welcher Weise die aus Anzeigen nach § 74 gewonnenen Erkenntnisse, ausgenommen Einzelangaben über persönliche und sachliche Verhältnisse, zum Zwecke der Verbesserung der Sicherheit und Unfallverhütung durch in der Bergverordnung zu bezeichnende Stellen veröffentlicht werden dürfen.

Die Regelung über Sicherheitszonen (Satz 1 Nr. 3) läßt § 27 des Bundeswasserstraßengesetzes vom 2. April 1968 (BGBl. II S. 173), zuletzt geändert durch Artikel 5 des Gesetzes vom 10. Mai 1978 (BGBl. I S. 613), und § 9 des Gesetzes über die Aufgaben des Bundes auf dem Gebiet der Seeschiffahrt vom 24. Mai 1965 (BGBl. II S. 833) in der Fassung der Bekanntmachung vom 30. Juni 1977 (BGBl. I S. 1314), geändert durch Artikel 1 des Gesetzes vom 10. Mai 1978 (BGBl. I S. 613), unberührt.

§ 67 Technische und statistische Unterlagen, Markscheidewesen

Soweit es zur Durchführung der Bergaufsicht, der Vorschriften über Erteilung, Verleihung und Aufrechterhaltung von Bergbauberechtigungen und zum Schutze der in § 11 Nr. 8 und 9 oder § 66 genannten Rechtsgüter und Belange erforderlich ist, kann durch Rechtsverordnung (Berg verordnung) bestimmt werden,
1. daß bestimmte rißliche und sonstige zeichnerische Darstellungen über Tätigkeiten im Sinne des § 2 Abs. 1 Nr. 1 und 2 und über Einrichtungen im Sinne des § 2 Abs. 1 Nr. 3 einzureichen und nachzutragen, daß bestimmte Listen, Bücher und Statistiken über Beschäftigte und betriebliche Vorgänge zu führen und vorzulegen, Anzeigen zu erstatten und den Anzeigen bestimmte Unterlagen beizufügen sind,
2. unter welchen Voraussetzungen eine Person im Sinne des 64 Abs. 1 Satz 2 anerkannt werden kann,
3. welche Anforderungen an die Geschäftsführung von Markscheidern einschließlich der technischen Ausstattung zu stellen sind,
4. welchen Anforderungen markscheiderische und sonstige vermessungstechnische Arbeiten genügen müssen,
5. welche Risse, Karten, Pläne und Unterlagen zum Rißwerk gehören und in welchen Zeitabständen das Rißwerk nachzutragen ist,
6. für welche Arten von Betrieben unter welchen Voraussetzungen der Unternehmer zur Anfertigung eines Rißwerks verpflichtet ist,
7. in welcher Weise der Bereich festzulegen ist, in dem durch einen Gewinnungsbetrieb auf die Oberfläche eingewirkt werden kann (Einwirkungsbereich),
8. daß und für welchen Zeitraum die Unterlagen, Darstellungen, Listen, Bücher und Statistiken aufzubewahren sind.

§ 68 Erlaß von Bergverordnungen

(1) Bergverordnungen auf Grund der §§ 65 bis 67 werden, soweit sich aus Absatz 2 nichts anderes ergibt, von den Landesregierungen erlassen. Diese können die Ermächtigung durch Rechtsverordnung auf andere Stellen übertragen.

(2) Der Bundesminister für Wirtschaft erläßt Bergverordnungen,
1. soweit sie auf Grund des § 65 Nr. 3, 6 und 5 in Verbindung mit Nr. 3, des § 66 Satz 1 Nr. 4 Buchstabe a, b, d und e und des § 67 ergehen,

2. soweit sie Tätigkeiten im Sinne des § 2 im Bereich des Festlandsockels betreffen und
3. soweit für gleichartige Verhältnisse der Schutz der in den §§ 65 bis 67 bezeichneten Rechtsgüter und Belange durch Bergverordnungen nach Absatz 1 nicht gleichwertig sichergestellt wird.

(3) Bergverordnungen nach Absatz 2 ergehen mit Zustimmung des Bundesrates und
1. Bergverordnungen auf Grund der §§ 65 und 66 Satz 1 Nr. 1, 2, 4 bis 7, 9 und 10 im Einvernehmen mit dem Bundesminister für Arbeit und Sozialordnung, soweit sie Fragen des Arbeitsschutzes betreffen,
2. Bergverordnungen auf Grund des § 66 Satz 1 Nr. 1 Buchstabe a und Nr. 8 im Einvernehmen mit den Bundesministern des Innern, für Ernährung, Landwirtschaft und Forsten und für Raumordnung, Bauwesen und Städtebau,
3. Bergverordnungen auf Grund des § 66 Satz 1 Nr. 3 sowie alle anderen Bergverordnungen, soweit sie Tätigkeiten im Sinne des § 2 Abs. 1 im Bereich des Festlandsockels und der Küstengewässer betreffen, im Einvernehmen mit dem Bundesminister für Verkehr.

(4) In den Bergverordnungen kann wegen technischer Anforderungen auf Bekanntmachungen sachverständiger Stellen unter Angabe der Fundstelle verwiesen werden.

Fünfter Teil
Bergaufsicht

§ 69 Allgemeine Aufsicht

(1) Der Bergbau unterliegt der Aufsicht durch die zuständige Behörde (Bergaufsicht).

(2) Die Bergaufsicht endet nach der Durchführung des Abschlußbetriebsplanes (§ 53) oder entsprechender Anordnungen der zuständigen Behörde (§ 71 Abs. 3) zu dem Zeitpunkt, in dem nach allgemeiner Erfahrung nicht mehr damit zu rechnen ist, daß durch den Betrieb Gefahren für Leben und Gesundheit Dritter, für andere Bergbaubetriebe und für Lagerstätten, deren Schutz im öffentlichen Interesse liegt, oder gemeinschädliche Einwirkungen eintreten werden.

(3) Der Aufsicht der zuständigen Behörde unterliegen die Markscheider und die Ausführung der markscheiderischen Arbeiten im Sinne des § 64 Abs. 1.

§ 70 Allgemeine Aufsichtsbefugnisse, Auskunfts- und Duldungspflichten

(1) Wer zur Aufsuchung oder Gewinnung von bergfreien oder grundeigenen Bodenschätzen berechtigt ist, ferner die verantwortlichen Personen, die in § 64 Abs. 1 bezeichneten und die dem arbeitsmedizinischen oder sicherheitstechnischen Dienst angehörenden sowie die unter § 66 Satz 1 Nr. 10 fallenden Personen (Auskunftspflichtige) haben der zuständigen Behörde die zur Durchführung der Bergaufsicht erforderlichen Auskünfte zu erteilen und Unterlagen vorzulegen.

(2) Die von der zuständigen Behörde mit der Aufsicht beauftragten Personen (Beauftragte) sind befugt, Betriebsgrundstücke, Geschäftsräume und Einrichtungen des Auskunftspflichtigen sowie Wasserfahrzeuge, die der Unterhaltung oder dem Betrieb von Einrichtungen im Bereich des Festlandsockels dienen oder zu dienen

bestimmt sind, zu betreten, dort Prüfungen vorzunehmen, Befahrungen durchzuführen und gegen Empfangsbescheinigung auf Kosten des Unternehmers Proben zu entnehmen sowie die geschäftlichen und betrieblichen Unterlagen des Auskunftspflichtigen einzusehen. Zur Verhütung dringender Gefahren für die öffentliche Sicherheit und Ordnung dürfen die genannten Grundstücke und Räumlichkeiten auch außerhalb der üblichen Arbeits- und Betriebszeiten und auch dann betreten werden, wenn sie zugleich Wohnzwecken dienen; das Grundrecht der Unverletzlichkeit der Wohnung (Artikel 13 des Grundgesetzes) wird insoweit eingeschränkt. Die Beauftragten sind, soweit der Unternehmer nicht ausdrücklich darauf verzichtet, verpflichtet, einen Teil der Probe amtlich verschlossen oder versiegelt zurückzulassen; sie sind berechtigt, Gegenstände vorübergehend sicherzustellen, soweit dies zur Überprüfung von Unfallursachen notwendig ist oder soweit in diesem Zusammenhang die Erlangung neuer Erkenntnisse zur Unfallverhütung zu erwarten ist. Die Auskunftspflichtigen haben die Maßnahmen nach den Sätzen 1 und 2 zu dulden. Sie sind bei Befahrungen verpflichtet, die Beauftragten auf Verlangen zu begleiten.

(3) Der Auskunftspflichtige kann die Auskunft auf solche Fragen verweigern, deren Beantwortung ihn selbst oder einen der in § 383 Abs. 1 Nr. 1 bis 3 der Zivilprozeßordnung bezeichneten Angehörigen der Gefahr strafgerichtlicher Verfolgung oder eines Verfahrens nach dem Gesetz über Ordnungswidrigkeiten aussetzen würde.

(4) Die Absätze 1 bis 3 gelten auch für Personen, bei denen Tatsachen die Annahme rechtfertigen, daß sie eine der in § 2 Abs. 1 Nr. 1 bezeichneten Tätigkeiten ohne die erforderliche Berechtigung ausüben oder ausgeübt haben.

§ 71 Allgemeine Anordnungsbefugnis

(1) Die zuständige Behörde kann im Einzelfall anordnen, welche Maßnahmen zur Durchführung der Vorschriften dieses Gesetzes, der auf Grund dieses Gesetzes erlassenen und der nach § 176 Abs. 3 aufrechterhaltenen Rechtsverordnungen zu treffen sind. Dabei können Anordnungen, die über die auf Grund einer Rechtsverordnung oder eines zugelassenen Betriebsplans gestellten Anforderungen hinausgehen, nur getroffen werden, soweit dies zum Schutz von Leben, Gesundheit und Sachgütern Beschäftigter oder Dritter erforderlich ist.

(2) Führt ein Zustand, der diesem Gesetz, einer auf Grund dieses Gesetzes erlassenen Rechtsverordnung, einem zugelassenen Betriebsplan, einer Nebenbestimmung der Zulassung, einer nachträglichen Auflage oder einer Anordnung nach Absatz 1 widerspricht, eine unmittelbare Gefahr für Beschäftigte oder Dritte herbei, so kann die zuständige Behörde anordnen, daß der Betrieb bis zur Herstellung des ordnungsgemäßen Zustandes vorläufig ganz oder teilweise eingestellt wird, soweit sich die Gefahr auf andere Weise nicht abwenden läßt oder die Einstellung zur Aufklärung der Ursachen der Gefahr unerläßlich ist. § 51 Abs. 1 gilt nicht.

(3) Im Falle der Einstellung des Betriebes ohne zugelassenen Abschlußbetriebsplan kann die zuständige Behörde die erforderlichen Maßnahmen anordnen, um die Erfüllung der in § 55 Abs. 2 bezeichneten Voraussetzungen sicherzustellen.

§ 72 Verhinderung unerlaubter Tätigkeiten, Sicherstellung

(1) Wird die Aufsuchung oder Gewinnung bergfreier Bodenschätze ohne die erforderliche Berechtigung ausgeübt oder wird ein Betrieb ohne die nach § 51 notwendigen

und zugelassenen Betriebspläne oder ohne eine Genehmigung, allgemeine Zulassung oder Prüfung durchgeführt, die nach den Vorschriften der auf Grund dieses Gesetzes erlassenen oder aufrechterhaltenen Rechtsverordnungen erforderlich ist, so kann die zuständige Behörde die Fortsetzung der Tätigkeit untersagen. Im Bereich des Festlandsockels und der Küstengewässer ist im Falle der Untersagung die Beseitigung der Einrichtungen anzuordnen, die der Ausübung der Tätigkeit zu dienen bestimmt sind.

(2) Die zuständige Behörde kann explosionsgefährliche und zum Sprengen bestimmte explosionsfähige Stoffe, Zündmittel, Sprengzubehör sowie sonstige Gegenstände sicherstellen und verwerten, wenn diese Gegenstände zur Verwendung in den der Bergaufsicht unterliegenden Betrieben nicht zugelassen sind oder wenn es erforderlich ist, um ihre unbefugte Verwendung zu verhindern. Der Erlös aus der Verwertung tritt an die Stelle der sichergestellten Gegenstände.

§ 73 Untersagung der Beschäftigung verantwortlicher Personen

(1) Die zuständige Behörde kann dem Unternehmer die Beschäftigung einer der in § 58 Abs. 1 Nr. 2 genannten verantwortlichen Personen in dem ihr übertragenen Aufgabenbereich untersagen, wenn
1. diese Person vorsätzlich oder grob fahrlässig gegen Pflichten verstoßen hat, für deren Erfüllung sie verantwortlich ist, und dieses Verhalten trotz Verwarnung durch die zuständige Behörde fortsetzt oder sonst Tatsachen die Annahme rechtfertigen, daß die Person die erforderliche Zuverlässigkeit nicht besitzt,
2. Tatsachen die Annahme rechtfertigen, daß die Person die erforderliche Fachkunde oder körperliche Eignung nicht besitzt.

Kommt der Unternehmer einer Anordnung nach Satz 1 nicht nach, so kann die zuständige Behörde die Fortführung des Betriebes bis zur Befolgung der Anordnung untersagen.

(2) Liegen Tatsachen vor, die die Annahme rechtfertigen, daß der Unternehmer die zur Gewährleistung von Sicherheit und Ordnung im Betrieb erforderliche Zuverlässigkeit oder Fachkunde nicht besitzt, so kann die zuständige Behörde die Fortführung des Betriebes bis zur Bestellung einer mit der Gesamtleitung beauftragten verantwortlichen Person untersagen und, wenn der Unternehmer der Untersagung nicht nachkommt, verhindern. Dies gilt entsprechend, wenn bei juristischen Personen und Personenhandelsgesellschaften die Voraussetzungen des Satzes 1 bei einer der nach Gesetz, Satzung oder Gesellschaftsvertrag zur Vertretung berechtigten Person vorliegen.

§ 74 Hilfeleistung, Anzeigepflicht

(1) Bei Betriebsereignissen, die eine Gefahr für Beschäftigte oder Dritte herbeigeführt haben oder herbeizuführen geeignet sind, kann die zuständige Behörde, soweit erforderlich, die zur Abwehr der Gefahr oder zur Rettung Verunglückter oder gefährdeter Personen notwendigen Maßnahmen anordnen.

(2) Der Unternehmer und auf Verlangen der zuständigen Behörden auch die Unternehmer anderer bergbaulicher Betriebe haben unverzüglich die zur Ausführung der nach Absatz 1 angeordneten Maßnahmen erforderlichen Arbeitskräfte, Geräte und Hilfsmittel zur Verfügung zu stellen. Aufwendungen, die den Unternehmern anderer bergbaulicher Betriebe entstehen, hat der Unternehmer zu tragen, in dessen Betrieb

die zur Verfügung gestellten Arbeitskräfte, Geräte und Hilfsmittel eingesetzt worden sind.

(3) Der Unternehmer hat der zuständigen Behörde
1. Betriebsereignisse, die den Tod oder die schwere Verletzung einer oder mehrerer Personen herbeigeführt haben oder herbeiführen können, und
2. Betriebsereignisse, deren Kenntnis für die Verhütung oder Beseitigung von Gefahren für Leben und Gesundheit der Beschäftigten oder Dritter oder für den Betrieb von besonderer Bedeutung ist,

unverzüglich anzuzeigen.

Sechster Teil
Berechtsamsbuch, Berechtsamskarte

§ 75 Anlegung und Führung des Berechtsamsbuchs und der Berechtsamskarte

(1) Bei der zuständigen Behörde werden ein Berechtsamsbuch und eine Berechtsamskarte angelegt und geführt.

(2) In das Berechtsamsbuch sind einzutragen
1. Erlaubnisse, Bewilligungen, Bergwerkseigentum und nach § 149 aufrechterhaltene Bergbauberechtigungen,
2. Änderungen der in Nummer 1 genannten Bergbauberechtigungen durch Vereinigung, Teilung, Austausch oder Zulegung.

(3) In der Berechtsamskarte sind einzutragen
1. die Felder, auf die sich die in Absatz 2 Nr. 1 genannten Bergbauberechtigungen beziehen,
2. die Veränderungen der Felder, die sich aus den in Absatz 2 Nr. 2 genannten Änderungen ergeben,
3. Baubeschränkungsgebiete.

(4) Die Eintragungen in das Berechtsamsbuch und die Berechtsamskarte werden von Amts wegen vorgenommen.

(5) Erloschene Bergbauberechtigungen sind im Berechtsamsbuch zu löschen. Auf der Berechtsamskarte ist das Erlöschen in geeigneter Weise zu kennzeichnen.

§ 76 Einsicht

(1) Die Einsicht in das Berechtsamsbuch, in die Berechtsamskarte und in Urkunden, auf die in der Eintragung Bezug genommen wird, ist jedem gestattet, der ein berechtigtes Interesse darlegt. Ausgenommen sind Urkunden, die Geschäfts- oder Betriebsgeheimnisse enthalten.

(2) Soweit die Einsicht gestattet ist, können Auszüge gefordert werden, die auf Verlangen zu beglaubigen sind.

Siebenter Teil
Bergbau und Grundbesitz, öffentliche Verkehrsanlagen

Erstes Kapitel
Grundabtretung

Erster Abschnitt
Zulässigkeit und Voraussetzungen der Grundabtretung

§ 77 Zweck der Grundabtretung

(1) Nach den Vorschriften dieses Kapitels kann auf Antrag des Unternehmers eine Grundabtretung durchgeführt werden, soweit für die Errichtung oder Führung eines Gewinnungsbetriebes oder Aufbereitungsbetriebes einschließlich der dazugehörigen, in § 2 Abs. 1 Nr. 1 bis 3 bezeichneten Tätigkeiten und Einrichtungen die Benutzung eines Grundstücks notwendig ist.

(2) Die Benutzung ist insbesondere dann notwendig, wenn das Vorhaben einer technisch und wirtschaftlich sachgemäßen Betriebsplanung oder Betriebsführung entspricht und die Bereitstellung von Grundstücken des Unternehmers für diesen Zweck nicht möglich oder deshalb nicht zumutbar ist, weil die Benutzung solcher Grundstücke für andere Zwecke der in Absatz 1 bezeichneten Art unerläßlich ist.

(3) Vorschriften über die Enteignung zu anderen als den in Absatz 1 bezeichneten Zwecken bleiben unberührt.

§ 78 Gegenstand der Grundabtretung

Durch Grundabtretung können
1. das Eigentum einschließlich aus § 34 sich ergebender Befugnisse, der Besitz und dingliche Rechte an Grundstücken,
2. persönliche Rechte, die zum Erwerb, zum Besitz oder zur Nutzung von Grundstücken berechtigen oder deren Benutzung beschränken,

entzogen, übertragen, geändert, mit einem dinglichen Recht belastet oder sonst beschränkt werden.

§ 79 Voraussetzungen für die Zulässigkeit der Grundabtretung

(1) Die Grundabtretung ist im einzelnen Falle zulässig, wenn sie dem Wohle der Allgemeinheit dient, insbesondere die Versorgung des Marktes mit Rohstoffen, die Erhaltung der Arbeitsplätze im Bergbau, der Bestand oder die Verbesserung der Wirtschaftsstruktur oder der sinnvolle und planmäßige Abbau der Lagerstätte gesichert werden sollen, und der Grundabtretungszweck unter Beachtung der Standortgebundenheit des Gewinnungsbetriebes auf andere zumutbare Weise nicht erreicht werden kann.

(2) Die Grundabtretung setzt voraus, daß der Grundabtretungsbegünstigte
1. sich ernsthaft
   a) um den freihändigen Erwerb des Grundstücks zu angemessenen Bedingungen,

insbesondere, soweit ihm dies möglich und zumutbar ist, unter Angebot geeigneter anderer Grundstücke aus dem eigenen Vermögen, oder
b) um die Vereinbarung eines für die Durchführung des Vorhabens ausreichenden Nutzungsverhältnisses zu angemessenen Bedingungen vergeblich bemüht hat und
2. glaubhaft macht, daß das Grundstück innerhalb angemessener Frist zu dem vorgesehenen Zweck verwendet werden wird.

(3) Die Abtretung eines Grundstücks, das bebaut ist oder mit einem bebauten Grundstück in unmittelbarem räumlichem Zusammenhang steht und eingefriedet ist, setzt ferner die Zustimmung der nach Landesrecht zuständigen Behörde voraus. Die Zustimmung darf nur aus überwiegenden öffentlichen Interessen unter Berücksichtigung der Standortgebundenheit des Vorhabens erteilt werden.

§ 80 Grundabtretungsbegünstigter und -pflichtiger

(1) Grundabtretungsbegünstigter ist der Unternehmer, für dessen Vorhaben ein Grundabtretungsverfahren durchgeführt wird.

(2) Grundabtretungspflichtige sind der Eigentümer des von der Grundabtretung betroffenen Grundstücks oder sonstigen Gegenstandes und die Inhaber der Rechte, die entzogen, übertragen, geändert, belastet oder sonst beschränkt werden sollen.

(3) Nebenberechtigte sind die Personen, denen dingliche oder persönliche Rechte am oder in bezug auf den Gegenstand der Grundabtretung zustehen.

§ 81 Umfang der Grundabtretung

(1) Die Grundabtretung darf nur in dem Umfang durchgeführt werden, in dem sie zur Verwirklichung des Grundabtretungszweckes erforderlich ist. Die Frist innerhalb der der Grundabtretungszweck verwirklicht werden muß, ist von der zuständigen Behörde festzusetzen.

(2) Die Entziehung des Eigentums an Grundstücken ist nur zulässig, wenn
1. die Grundstücke bebaut sind oder mit bebauten Grundstücken in unmittelbarem räumlichem Zusammenhang stehen und eingefriedet sind,
2. im Zeitpunkt der Grundabtretung damit zu rechnen ist, daß die Grundstücke auf Grund behördlich angeordneter Maßnahmen zur Wiedernutzbarmachung der Oberfläche eine Wertsteigerung erfahren werden oder
3. der Eigentümer die Entziehung des Eigentums nach § 82 verlangt.

Reicht in den in Satz 1 Nr. 1 genannten Fällen die Belastung des Eigentums an Grundstücken mit einem dinglichen Nutzungsrecht zur Verwirklichung des Grundabtretungszweckes aus, so ist die Grundabtretung hierauf zu beschränken. In den Fällen des Satzes 1 Nr. 2 ist die Entziehung des Eigentums nicht zulässig, wenn der Eigentümer sich verpflichtet, nach Beendigung der Benutzung des Grundstücks die durch die Maßnahme zur Wiedernutzbarmachung der Oberfläche eingetretene Werterhöhung in Geld auszugleichen.

(3) Der Grundabtretungsbegünstigte ist, soweit nicht die Entziehung des Eigentums an einem Grundstück oder einer in § 82 Abs. 5 bezeichneten Sache Gegenstand der Grundabtretung ist, verpflichtet, nach Beendigung der Benutzung der abgetretenen Sachen zu dem vorgesehenen Zweck oder, wenn das Grundstück danach einem Zweck zugeführt wird, der eine Grundabtretung rechtfertigen würde, nach Beendigung der Benutzung zu diesem Zweck,

1. den Zustand des Grundstücks oder der Sachen in dem Zeitpunkt des Wirksamwerdens der Grundabtretung wiederherzustellen, es sei denn, daß die Wiederherstellung mit unzumutbaren Aufwendungen verbunden oder eine vom früheren Zustand abweichende Anordnung der zuständigen Behörde zur Wiedernutzbarmachung der Oberfläche erlassen worden ist und
2. den abgetretenen Gegenstand dem betroffenen Grundabtretungspflichtigen wieder zur Verfügung zu stellen.

§ 82 Ausdehnung der Grundabtretung

(1) In den in § 81 Abs. 2 Satz 1 Nr. 1 genannten Fällen kann der Eigentümer anstelle einer anderen beantragten Form der Grundabtretung die Entziehung des Eigentums verlangen.

(2) Der Eigentümer kann ferner die Entziehung des Eigentums an einem Grundstück verlangen, soweit eine andere Form der Grundabtretung für ihn unbillig ist.

(3) Soll ein Grundstück oder ein räumlich oder wirtschaftlich zusammenhängender Grundbesitz nur zu einem Teil Gegenstand der Grundabtretung werden, so kann der Eigentümer die Ausdehnung der Grundabtretung auf das Restgrundstück oder den Restbesitz insoweit verlangen, als das Restgrundstück oder der Restbesitz nicht mehr in angemessenem Umfang baulich oder wirtschaftlich genutzt werden kann.

(4) Wird ein Grundstück durch die Entziehung, Belastung oder Beschränkung eines Rechts an einem anderen Grundstück in seiner Wirtschaftlichkeit wesentlich beeinträchtigt, so kann der Eigentümer die Ausdehnung der Grundabtretung auf das Grundstück verlangen. Die Absätze 1 und 2 gelten entsprechend.

(5) Der Eigentümer, der Nießbraucher oder der Pächter kann verlangen, daß die Grundabtretung auf das Zubehör eines Grundstücks sowie auf Gegenstände im Sinne des § 95 des Bürgerlichen Gesetzbuchs ausgedehnt wird, soweit er das Zubehör oder die Sachen infolge der Grundabtretung nicht mehr wirtschaftlich nutzen oder in anderer Weise angemessen verwerten kann.

§ 83 Sinngemäße Anwendung von Vorschriften

(1) Soweit nichts anderes bestimmt ist, gelten
1. die für Grundstücke geltenden Vorschriften dieses Kapitels sinngemäß auch für Grundstücksteile und
2. die für das Eigentum an Grundstücken geltenden Vorschriften dieses Kapitels sinngemäß auch für grundstücksgleiche Rechte mit Ausnahme des Bergwerkseigentums und selbständiger Abbaugerechtigkeiten.

(2) Soweit nichts anderes bestimmt ist, sind die für die Entziehung oder Belastung des Eigentums an Grundstücken geltenden Vorschriften dieses Kapitels auf die Entziehung, Übertragung, Änderung, Belastung oder sonstige Beschränkung der in § 78 Nr. 1 und 2 bezeichneten anderen Rechte sinngemäß anzuwenden.

Gesetzestext §§ 84–86

Zweiter Abschnitt
Entschädigung

§ 84 Entschädigungsgrundsätze

(1) Für die Grundabtretung ist eine Entschädigung zu leisten.

(2) Die Entschädigung wird gewährt für
1. den durch die Grundabtretung eintretenden Rechtsverlust,
2. andere durch die Grundabtretung eintretende Vermögensnachteile.

(3) Entschädigung kann verlangen, wer in seinem Recht durch die Grundabtretung beeinträchtigt wird und dadurch einen Vermögensnachteil erleidet (Entschädigungsberechtigter). Zur Leistung der Entschädigung ist der Grundabtretungsbegünstigte verpflichtet (Entschädigungsverpflichteter).

(4) Die Entschädigung ist in Geld festzusetzen. Sie ist in einem einmaligen Betrag zu leisten, soweit in § 89 nichts anderes bestimmt ist. Einmalige Entschädigungsbeträge sind mit zwei vom Hundert über dem Diskontsatz der Deutschen Bundesbank jährlich von dem Zeitpunkt an zu verzinsen, in dem die zuständige Behörde über den Grundabtretungsantrag entscheidet. Im Falle der vorzeitigen Besitzeinweisung ist der Zeitpunkt maßgebend, in dem diese wirksam wird. Die Sätze 1 bis 4 gelten nicht, soweit sich der Entschädigungsberechtigte und der Entschädigungsverpflichtete über eine andere Art der Entschädigung einigen.

(5) Für die Bemessung der Entschädigung ist der Zustand des Gegenstandes der Grundabtretung in dem Zeitpunkt maßgebend, in dem die zuständige Behörde über den Grundabtretungsantrag entscheidet. In den Fällen der vorzeitigen Besitzeinweisung ist der Zustand in dem Zeitpunkt maßgebend, in dem diese wirksam wird.

§ 85 Entschädigung für den Rechtsverlust

(1) Die Entschädigung für den Rechtsverlust bemißt sich nach dem Verkehrswert des Gegenstandes der Grundabtretung.

(2) Der Verkehrswert wird durch den Preis bestimmt, der in dem Zeitpunkt, auf den sich die Ermittlung bezieht, im gewöhnlichen Geschäftsverkehr nach den rechtlichen Gegebenheiten und tatsächlichen Eigenschaften, der sonstigen Beschaffenheit und Lage des Gegenstandes der Wertermittlung ohne Rücksicht auf ungewöhnliche oder persönliche Verhältnisse zu erzielen wäre.

(3) Die auf Grund des § 144 Abs. 1 des Bundesbaugesetzes erlassenen Vorschriften sind entsprechend anzuwenden.

§ 86 Entschädigung für andere Vermögensnachteile, Mitverschulden

(1) Wegen anderer durch die Grundabtretung eintretender Vermögensnachteile ist eine Entschädigung nur zu gewähren, soweit diese Vermögensnachteile nicht bei der Bemessung der Entschädigung für den Rechtsverlust berücksichtigt sind.

(2) Zu den Vermögensnachteilen im Sinne des Absatzes 1 gehören insbesondere
1. der vorübergehende oder dauernde Verlust, den der Entschädigungsberechtigte in seiner Berufstätigkeit, seiner Erwerbstätigkeit oder in Erfüllung der ihm wesensgemäß obliegenden Aufgaben erleidet, jedoch nur bis zu dem Betrag des Aufwandes, der erforderlich ist, um einen anderen Gegenstand in gleicher Weise wie den abzutretenden Gegenstand zu nutzen oder zu gebrauchen,

2. die Wertminderung, die durch die Abtretung eines Grundstückteiles oder eines Teiles eines räumlich oder wirtschaftlich zusammenhängenden Grundbesitzes bei dem anderen Teil oder durch Abtretung eines Rechts an einem Grundstück bei einem anderen Grundstück entsteht, soweit die Wertminderung nicht schon bei der Festsetzung der Entschädigung nach Nummer 1 berücksichtigt ist,
3. die notwendigen Aufwendungen für einen durch die Grundabtretung erforderlich werdenden Umzug.

(3) Hat bei der Entstehung eines Vermögensnachteiles ein Verschulden des Entschädigungsberechtigten mitgewirkt, so gilt § 254 des Bürgerlichen Gesetzbuchs entsprechend.

§ 87 Behandlung der Rechte der Nebenberechtigten

(1) Rechte an dem abzutretenden Grundstück sowie persönliche Rechte, die zum Besitz oder zur Nutzung des Grundstücks berechtigen oder die Nutzung des Grundstücks beschränken, können aufrechterhalten werden, soweit dies mit dem Grundabtretungszweck vereinbar ist.

(2) Soweit Rechte nicht aufrechterhalten werden, sind gesondert zu entschädigen
1. Erbbauberechtigte, Altenteilsberechtigte sowie Inhaber von Dienstbarkeiten und Erwerbsrechten an dem Grundstück,
2. Inhaber von persönlichen Rechten, die zum Besitz oder zur Nutzung des Grundstücks berechtigen, wenn der Berechtigte im Besitz des Grundstücks ist,
3. Inhaber von persönlichen Rechten, die zum Erwerb des Grundstücks berechtigen oder den Verpflichteten in der Nutzung des Grundstücks beschränken.

(3) Berechtigte, deren Rechte nicht aufrechterhalten und nicht gesondert entschädigt werden, haben Anspruch auf Ersatz des Wertes ihres Rechts aus der Entschädigung für das Eigentum an dem Grundstück, soweit sich ihr Recht auf dieses erstreckt. Das gilt entsprechend für die Entschädigungen, die für den durch die Grundabtretung eintretenden Rechtsverlust in anderen Fällen oder für Wertminderungen des Restbesitzes nach § 86 Abs. 2 Nr. 2 festgesetzt werden.

§ 88 Schuldübergang bei Entziehung des Eigentums an Grundstücken

Wird das Eigentum an einem Grundstück entzogen und haftet bei einem Grundpfandrecht, das aufrechterhalten wird, der Grundabtretungspflichtige zugleich persönlich, so übernimmt der Grundabtretungsbegünstigte an seiner Stelle die Schuld bis zur Höhe des Grundpfandrechts, jedoch nicht über den Verkehrswert des Grundstücks hinaus.

§ 89 Entschädigungsleistung

(1) Wird im Wege der Grundabtretung ein Nutzungsrecht begründet oder dem Eigentümer oder sonstigen Nutzungsberechtigten eine mit einem dauernden Nutzungsausfall verbundene Beschränkung oder ein anderer sich ständig erneuernder Nachteil auferlegt, so ist die Entschädigung in wiederkehrenden Leistungen zu entrichten. Werden hierdurch die zu entschädigenden Vermögensnachteile nicht abgegolten, so ist insoweit die Entschädigung in einem einmaligen Betrag zu leisten.

(2) Entstehen einem Entschädigungsberechtigten durch die Grundabtretung Vermögensnachteile, die sich im Zeitpunkt der Entscheidung über die Grundabtretung

nicht abschätzen lassen, so ist auf Antrag des Entschädigungsberechtigten eine Ergänzungsentschädigung festzusetzen. Der Antrag ist nur zulässig, wenn der Entschädigungsberechtigte nachweist, daß er sich ernsthaft um eine Einigung über die Ergänzungsentschädigung bemüht hat. Die Ergänzungsentschädigung darf nur für die Zeit nach Antragstellung festgesetzt werden.

(3) Ist die Entschädigung nach Absatz 1 Satz 1 in wiederkehrenden Leistungen zu entrichten und tritt eine wesentliche Änderung der Verhältnisse ein, die für die Bemessung der Höhe der Leistungen maßgebend waren, so ist auf Antrag des Entschädigungsberechtigten oder des Entschädigungsverpflichteten die Höhe der wiederkehrenden Leistungen neu festzusetzen; Absatz 2 Satz 2 und 3 gilt entsprechend.

(4) Lassen sich im Zeitpunkt der Entscheidung über die Grundabtretung Vermögensnachteile nicht abschätzen, so kann die zuständige Behörde auf Antrag des Entschädigungsberechtigten anordnen, daß der Entschädigungspflichtige Sicherheit zu leisten hat. Über die Freigabe einer Sicherheit entscheidet die zuständige Behörde.

§ 90 Wertänderungen, Veränderungen, Begründung neuer Rechtsverhältnisse

(1) Bei der Festsetzung der Entschädigung bleiben folgende Wertänderungen unberücksichtigt:
1. Werterhöhungen, die ausschließlich infolge des Gewinnungs- oder Aufbereitungsbetriebes eingetreten sind, zu dessen Gunsten die Grundabtretung durchgeführt wird,
2. Wertänderungen, die infolge der bevorstehenden Grundabtretung eingetreten sind,
3. Werterhöhungen, die nach dem Zeitpunkt eingetreten sind, in dem der Eigentümer oder sonstige Berechtigte zur Vermeidung der Grundabtretung ein Kauf- oder Tauschangebot im Sinne des § 79 Abs. 2 Nr. 1 Buchstabe a oder ein Angebot zum Abschluß einer Vereinbarung im Sinne des § 79 Abs. 2 Nr. 1 Buchstabe b mit angemessenen Bedingungen hätte annehmen können, es sei denn, daß er Kapital oder Arbeit für die Werterhöhung aufgewendet hat,
4. wertsteigernde Veränderungen, die ohne die erforderliche behördliche Anordnung, Genehmigung, Zulassung, Zustimmung, Erlaubnis oder Bewilligung vorgenommen worden sind, es sei denn, daß sie ausschließlich der Erhaltung oder ordnungsgemäßen Bewirtschaftung gedient haben.

(2) Für bauliche Anlagen, deren Abbruch jederzeit auf Grund öffentlich-rechtlicher Vorschriften entschädigungslos gefordert werden kann, ist eine Entschädigung nur zu gewähren, wenn es aus Gründen der Billigkeit geboten ist. Kann der Abbruch entschädigungslos erst nach Ablauf einer Frist gefordert werden, so ist die Entschädigung nach dem Verhältnis der restlichen zu der gesamten Frist zu bemessen.

(3) Wird der Wert des Eigentums an dem abzutretenden Grundstück durch Rechte Dritter gemindert, die aufrechterhalten oder gesondert entschädigt werden, so ist dies bei der Festsetzung der Entschädigung für das Eigentum an dem Grundstück zu berücksichtigen.

(4) Eine Vereinbarung, die mit Rücksicht auf ein in Vorbereitung befindliches Grundabtretungsverfahren oder die nach Einleitung des Grundabtretungsverfahrens getroffen wird und die einen Dritten zum Gebrauch oder zur Nutzung des Gegenstandes der Grundabtretung berechtigt, bleibt bei der Festsetzung der Entschädigung insoweit unberücksichtigt, als sie von üblichen Vereinbarungen in vergleichbaren, nicht von einer Grundabtretung betroffenen Fällen auffällig abweicht und Tatsachen die Annahme rechtfertigen, daß sie getroffen worden ist, um eine Entschädigung zu erlangen.

(5) Ist eine Veränderung an dem Gegenstand der Grundabtretung, die nach Einleitung des Grundabtretungsverfahrens ohne Zustimmung der zuständigen Behörde vorgenommen wird, für dessen neuen Verwendungszweck nachteilig und war dieser Umstand dem Grundabtretungspflichtigen, der die Veränderung vorgenommen hat, bekannt, so kann die zuständige Behörde auf Antrag des Grundabtretungsbegünstigten die Wiederherstellung des früheren Zustandes anordnen.

Dritter Abschnitt
Vorabentscheidung, Ausführung und Rückgängigmachen der Grundabtretung

§ 91 Vorabentscheidung

Auf Antrag des Grundabtretungsbegünstigten, des Grundabtretungspflichtigen oder eines Nebenberechtigten hat die zuständige Behörde vorab über die durch die Grundabtretung zu bewirkenden Rechtsänderungen zu entscheiden. In diesem Fall hat die zuständige Behörde anzuordnen, daß dem Entschädigungsberechtigten eine Vorauszahlung in Höhe der zu erwartenden Entschädigung zu leisten ist. § 84 Abs. 4 Satz 2 und 3 und § 89 gelten entsprechend.

§ 92 Ausführung der Grundabtretung

(1) Die Ausführung einer Grundabtretung ist nur zulässig, wenn die Entscheidung über den Antrag nach § 77 unanfechtbar geworden ist und der Grundabtretungsbegünstigte
1. bei Festsetzung einer Entschädigung in einem einmaligen Betrag die Entschädigung gezahlt oder zulässigerweise unter Verzicht auf das Recht der Rücknahme hinterlegt hat,
2. bei Festsetzung einer Entschädigung in wiederkehrenden Leistungen die erste Rate gezahlt oder zulässigerweise unter Verzicht auf das Recht der Rücknahme hinterlegt und für weitere drei Raten angemessene Sicherheit geleistet hat.

Satz 1 gilt entsprechend, wenn die Entscheidung nach § 91 unanfechtbar geworden ist; in diesem Fall kann die zuständige Behörde auf Antrag des Entschädigungsberechtigten die Ausführung der Grundabtretung davon abhängig machen, daß der Grundabtretungsbegünstigte zusätzlich für einen angemessenen Betrag Sicherheit leistet. Einer unanfechtbaren Entscheidung über einen Antrag nach § 77 steht eine Einigung der Beteiligten im Verfahren gleich, wenn die Einigung durch eine Niederschrift von der zuständigen Behörde beurkundet worden ist. Mit Beginn des von der zuständigen Behörde festzusetzenden Tages wird der bisherige Rechtszustand durch den in der Entscheidung über die Grundabtretung geregelten Rechtszustand ersetzt.

(2) Wird die Entscheidung über die Grundabtretung nur wegen der Höhe der Entschädigung von einem oder mehreren Entschädigungsberechtigten angefochten, so kann die zuständige Behörde auf Antrag des Grundabtretungsbegünstigten die vorzeitige Ausführung der Grundabtretung anordnen, wenn eine von ihr zur Sicherung der Ansprüche der Anfechtenden für erforderlich erachtete Sicherheit geleistet ist und im übrigen die Voraussetzungen nach Absatz 1 vorliegen. Über die Freigabe einer gestellten Sicherheit entscheidet die zuständige Behörde.

(3) Ist die Ausführung der Grundabtretung zulässig, übersendet die zuständige Behörde dem Grundbuchamt eine beglaubigte Abschrift der Entscheidung über den

Antrag nach § 77, der Entscheidung nach § 91 oder der Niederschrift nach Absatz 1 Satz 3 und ersucht es, die Rechtsänderungen in das Grundbuch einzutragen. Mit dem Ersuchen ist dem Grundbuchamt eine beglaubigte Abschrift der Festsetzung nach Absatz 1 Satz 4 und im Fall des Absatzes 2 auch der Anordnung über die vorzeitige Ausführung der Grundabtretung zu übersenden.

§ 93 Hinterlegung

(1) Entschädigungen, aus denen Entschädigungsberechtigte nach § 87 Abs. 3 zu befriedigen sind, sind unter Verzicht auf das Recht der Rücknahme zu hinterlegen, soweit mehrere Personen auf sie Anspruch haben und eine Einigung über die Auszahlung nicht nachgewiesen ist. Die Hinterlegung ist bei dem Amtsgericht vorzunehmen, in dessen Bezirk das von der Grundabtretung betroffene Grundstück liegt; § 2 des Gesetzes über die Zwangsversteigerung und die Zwangsverwaltung gilt entsprechend.

(2) Andere Vorschriften, nach denen die Hinterlegung geboten oder statthaft ist, bleiben unberührt.

§ 94 Geltendmachung der Rechte an der Hinterlegung, Verteilungsverfahren

(1) Nach Eintritt des neuen Rechtszustandes (§ 92 Abs. 1 Satz 4) kann jeder Beteiligte seine Rechte an der hinterlegten Summe gegen einen Mitbeteiligten, der dieses Recht bestreitet, vor den ordentlichen Gerichten geltend machen oder die Einleitung eines gerichtlichen Verteilungsverfahrens beantragen.

(2) Für das Verteilungsverfahren ist das in § 93 Abs. 1 Satz 2 bezeichnete Amtsgericht zuständig.

(3) Ist die Ausführung vorzeitig angeordnet worden, so ist das Verteilungsverfahren erst zulässig, wenn die Entscheidung über die Grundabtretung unanfechtbar geworden ist.

(4) Für das Verteilungsverfahren gelten die Vorschriften des Gesetzes über die Zwangsversteigerung und die Zwangsverwaltung über die Verteilung des Erlöses im Falle der Zwangsversteigerung mit folgenden Abweichungen entsprechend:
1. Das Verteilungsverfahren ist durch Beschluß zu eröffnen.
2. Die Zustellung des Eröffnungsbeschlusses an den Antragsteller gilt als Beschlagnahme im Sinne des § 13 des Gesetzes über die Zwangsversteigerung und Zwangsverwaltung; ist das Grundstück schon in einem Zwangsversteigerungs- oder Zwangsverwaltungsverfahren beschlagnahmt, so hat es hierbei sein Bewenden.
3. Das Verteilungsgericht hat bei Eröffnung des Verfahrens von Amts wegen das Grundbuchamt um die in § 19 Abs. 2 des Gesetzes über die Zwangsversteigerung und die Zwangsverwaltung bezeichneten Mitteilungen zu ersuchen; in die beglaubigte Abschrift des Grundbuchblattes sind die zur Zeit der Zustellung der Entscheidung über die Grundabtretung an den Grundabtretungspflichtigen vorhandenen Eintragungen sowie die später eingetragenen Veränderungen und Löschungen aufzunehmen.
4. Bei dem Verfahren sind die in § 87 Abs. 3 bezeichneten Entschädigungsberechtigten nach Maßgabe des § 10 des Gesetzes über die Zwangsversteigerung und die Zwangsverwaltung zu berücksichtigen, wegen der Ansprüche auf wiederkehrende Nebenleistungen jedoch nur für die Zeit bis zur Hinterlegung.

(5) Soweit auf Grund landesrechtlicher Vorschriften die Verteilung des Erlöses im

Falle einer Zwangsversteigerung nicht von dem Vollstreckungsgericht, sondern von einer anderen Stelle wahrzunehmen ist, kann durch Landesrecht bestimmt werden, daß diese andere Stelle auch für das Verteilungsverfahren nach den Absätzen 1 bis 4 zuständig ist. Wird die Änderung einer Entscheidung dieser anderen Stelle verlangt, so ist die Entscheidung des Vollstreckungsgerichts nachzusuchen. Die Beschwerde findet gegen die Entscheidung des Vollstreckungsgerichts statt.

§ 95 Lauf der Verwendungsfrist

(1) Die Frist, innerhalb deren der Grundabtretungszweck nach § 81 Abs. 1 Satz 2 zu verwirklichen ist, beginnt mit dem Eintritt der Rechtsänderung.

(2) Die zuständige Behörde kann diese Frist vor deren Ablauf auf Antrag verlängern, wenn
1. der Grundabtretungsbegünstigte nachweist, daß er den Grundabtretungszweck ohne Verschulden innerhalb der festgesetzten Frist nicht erfüllen kann, oder
2. vor Ablauf der Frist eine Gesamtrechtsnachfolge eintritt und der Rechtsnachfolger nachweist, daß er den Grundabtretungszweck innerhalb der festgesetzten Frist nicht erfüllen kann.

Der frühere Grundabtretungspflichtige ist vor der Entscheidung zu hören.

§ 96 Aufhebung der Grundabtretung

(1) Auf Antrag des früheren Grundabtretungspflichtigen hat die zuständige Behörde vorbehaltlich des Absatzes 2 die durch die Entscheidung über die Grundabtretung bewirkten Rechtsänderungen mit Wirkung für die Zukunft aufzuheben, soweit
1. der Grundabtretungsbegünstigte oder sein Rechtsnachfolger
   a) das Grundstück nicht innerhalb der festgesetzten Frist (§ 81 Abs. 1 Satz 2, § 95) zu dem Grundabtretungszweck verwendet oder
   b) den Grundabtretungszweck vor Ablauf der Frist aufgegeben hat oder
2. der Entschädigungsverpflichtete bei einer Entschädigung in wiederkehrenden Leistungen mit zwei aufeinanderfolgenden Raten in Verzug ist.

Satz 1 Nr. 1 Buchstabe b gilt nur, wenn durch die Grundabtretung das Eigentum an dem Grundstück entzogen worden ist.

(2) In den Fällen des Absatzes 1 Satz 1 Nr. 1 ist die Aufhebung ausgeschlossen, solange das Grundstück einem Zweck zugeführt wird, der eine Grundabtretung rechtfertigen würde.

(3) Die Aufhebung kann nur innerhalb von zwei Jahren seit Entstehung des Anspruchs beantragt werden. Die Frist ist gehemmt, solange der Antragsberechtigte an der Rechtsverfolgung durch höhere Gewalt verhindert wird. In den Fällen des Absatzes 1 Satz 1 Nr. 1 ist der Antrag nicht mehr zulässig, wenn mit der zweckgerechten Verwendung begonnen worden ist.

(4) Wird dem Antrag auf Aufhebung der Grundabtretung stattgegeben, so ist dem von der Aufhebung Betroffenen die geleistete Entschädigung zurückzuerstatten, gemindert um den Betrag, der einer Entschädigung nach Maßgabe der §§ 84 bis 90 für den Zeitraum zwischen dem Wirksamwerden der Grundabtretung und der Aufhebung entsprechen würde. Hinsichtlich der Rückgabe der von der Aufhebung der Grundabtretung betroffenen Sachen gilt § 81 Abs. 3 Nr. 1 entsprechend.

(5) Die Absätze 1 bis 4 gelten für die durch eine Vorabentscheidung bewirkten Rechtsänderungen entsprechend.

(6) § 92 Abs. 3 gilt entsprechend.

Vierter Abschnitt
Vorzeitige Besitzeinweisung

§ 97 Voraussetzungen

Ist die sofortige Ausführung des die Grundabtretung erfordernden Vorhabens aus den in § 79 genannten Gründen des Wohles der Allgemeinheit dringend geboten, so kann die zuständige Behörde den Grundabtretungsbegünstigten auf Antrag schon vor Abschluß des Verfahrens in den Besitz des betroffenen Grundstücks einweisen. Die vorzeitige Besitzeinweisung setzt voraus, daß dem Eigentümer und, wenn ein anderer durch die Besitzeinweisung betroffen wird, auch diesem Gelegenheit zur Stellungnahme gegeben worden ist.

§ 98 Besitzeinweisungsentschädigung

(1) Der Grundabtretungsbegünstigte hat für die durch die vorzeitige Besitzeinweisung entstehenden Vermögensnachteile Entschädigung in Geld zu leisten, soweit die Nachteile nicht durch die Verzinsung der Geldentschädigung (§ 84 Abs. 4) ausgeglichen werden. Art und Höhe der Entschädigung sind unter entsprechender Anwendung der §§ 84 bis 90 festzusetzen.

(2) Die Entschädigung für die vorzeitige Besitzeinweisung ist ohne Rücksicht auf die Einlegung eines Rechtsbehelfs zu dem Zeitpunkt fällig, in dem die vorzeitige Besitzeinweisung wirksam wird.

§ 99 Zustandsfeststellung

Auf Antrag des Grundabtretungsbegünstigten, des Besitzers oder des Eigentümers hat die zuständige Behörde den Zustand des Grundstücks vor der Besitzeinweisung festzustellen, soweit er für die Besitzeinweisungs- oder Grundabtretungsentschädigung von Bedeutung ist. Der Zustand des Grundstückes kann auch von Amts wegen festgestellt werden.

§ 100 Wirksamwerden und Rechtsfolgen der vorzeitigen Besitzeinweisung, Sicherheitsleistung

(1) Die Besitzeinweisung wird in dem von der zuständigen Behörde bezeichneten Zeitpunkt wirksam. In diesem Zeitpunkt wird dem Eigentümer des Grundstücks und, wenn ein anderer unmittelbarer Besitzer ist, auch diesem der Besitz entzogen und der Grundabtretungsbegünstigte Besitzer. Der Grundabtretungsbegünstigte darf auf dem Grundstück das im Grundabtretungsantrag bezeichnete Vorhaben ausführen und die dafür erforderlichen Maßnahmen treffen. Ein Recht zur Nutzung des Grundstücks wird durch die Besitzeinweisung insoweit ausgeschlossen, als die Ausübung der Nutzung mit dem Zweck der Besitzeinweisung nicht vereinbar ist.

(2) Die vorzeitige Besitzeinweisung kann von der Leistung einer Sicherheit in Höhe der voraussichtlichen Entschädigung nach § 98 und von anderen Bedingungen abhängig gemacht werden. Auf Antrag des Inhabers eines Rechts, das zum Besitz oder zur Nutzung des Grundstücks berechtigt, ist die Einweisung von der Leistung einer Sicherheit in Höhe der ihm voraussichtlich zu gewährenden Entschädigung abhängig zu machen.

§ 101 Aufhebung und Änderung der vorzeitigen Besitzeinweisung

(1) Die vorzeitige Besitzeinweisung ist aufzuheben, wenn
1. die für die Besitzeinweisung nach § 97 erforderlichen Voraussetzungen nicht mehr gegeben sind,
2. der Antrag nach § 77 zurückgenommen worden ist oder
3. die Entscheidung über die Grundabtretung nicht innerhalb von zwei Jahren erlassen wird, nachdem die Besitzeinweisung wirksam geworden ist.

(2) In den Fällen des Absatzes 1 Nr. 1 kann statt der Aufhebung der Besitzeinweisung die Entscheidung über die Besitzeinweisung geändert werden. Die in Absatz 1 Nr. 3 bestimmte Frist kann von der zuständigen Behörde um längstens ein weiteres Jahr verlängert werden, wenn die Entscheidung über den Antrag nach § 77 aus besonderen, durch das Verfahren bedingten Umständen nicht innerhalb dieser Frist ergehen kann.

(3) Mit dem Zeitpunkt, in dem die Entscheidung über die Aufhebung der vorzeitigen Besitzeinweisung unanfechtbar wird, ist dem Grundabtretungsbegünstigten der Besitz entzogen und der vorherige Besitzer wieder Besitzer.

§ 102 Entschädigung bei Aufhebung oder Änderung der vorzeitigen Besitzeinweisung

(1) Wird die vorzeitige Besitzeinweisung aufgehoben oder die Entscheidung über die Besitzeinweisung geändert, so hat der Grundabtretungsbegünstigte
1. im Falle der Aufhebung für die durch die vorzeitige Besitzeinweisung entstandenen,
2. im Falle der Änderung der Entscheidung über die Besitzeinweisung für die in bezug auf die Änderung entstandenen,

durch die Besitzeinweisungsentschädigung nicht abgegoltenen Vermögensnachteile eine Entschädigung in Geld zu leisten. An Stelle der Entschädigung in Geld hat der Grundabtretungsbegünstigte auf Verlangen der von der vorzeitigen Besitzeinweisung Betroffenen den früheren Zustand wiederherzustellen, es sei denn, daß die Wiederherstellung mit unzumutbaren Aufwendungen verbunden ist oder die zuständige Behörde eine vom früheren Zustand abweichende Wiedernutzbarmachung der Oberfläche angeordnet hat.

(2) Kommt eine Einigung nicht zustande, hat die zuständige Behörde auf Antrag die Höhe der Entschädigung festzusetzen und, wenn die Wiederherstellung des früheren Zustandes zulässigerweise verlangt wird, die Verpflichtung hierzu auszusprechen.

Gesetzestext §§ 103–106

Fünfter Abschnitt
Kosten, Zwangsvollstreckung, Verfahren

§ 103 Kosten

(1) Der Grundabtretungsbegünstigte hat die Kosten des Verfahrens zu tragen. Soweit Kosten jedoch durch Verschulden oder durch Anträge verursacht werden, die zum Zwecke der Verzögerung gestellt worden sind, können sie dem betreffenden Beteiligten auferlegt werden.

(2) Kosten sind außer den im Verfahren vor der zuständigen Behörde entstehenden Gebühren und Auslagen auch die den Beteiligten aus Anlaß des Verfahrens entstehenden Aufwendungen, soweit sie zur zweckentsprechenden Rechtsverfolgung notwendig waren.

(3) Für das Verfahren nach § 96 gelten die Absätze 1 und 2 mit der Maßgabe entsprechend, daß die Kosten nach Absatz 1 Satz 1 der von der Aufhebung Betroffene zu tragen hat, wenn dem Antrag auf Aufhebung stattgegeben wird.

§ 104 Vollstreckbarer Titel

(1) Die Zwangsvollstreckung nach den Vorschriften der Zivilprozeßordnung über die Vollstreckung von Urteilen in bürgerlichen Rechtsstreitigkeiten findet statt
1. aus der Niederschrift über eine Einigung wegen der in ihr bezeichneten Entschädigungsleistungen,
2. aus einer nicht mehr anfechtbaren Entscheidung über die Grundabtretung und einer nicht mehr anfechtbaren Entscheidung nach § 89 Abs. 2 oder 3, § 91 Satz 2 oder § 96 Abs. 4 oder 5 wegen der darin festgesetzten Entschädigungsleistungen,
3. aus einer Entscheidung über die vorzeitige Besitzeinweisung, deren Änderung oder Aufhebung wegen der darin festgesetzten Leistungen.

(2) Die vollstreckbare Ausfertigung wird von dem Urkundsbeamten der Geschäftsstelle des Amtsgerichts erteilt, in dessen Bezirk die zuständige Behörde ihren Sitz hat und, wenn das Verfahren bei einem Gericht anhängig ist, von dem Urkundsbeamten der Geschäftsstelle dieses Gerichts. In den Fällen der §§ 731, 767 bis 770, 785, 786 und 791 der Zivilprozeßordnung tritt das Amtsgericht, in dessen Bezirk die zuständige Behörde ihren Sitz hat, an die Stelle des Prozeßgerichts.

§ 105 Verfahren

Auf die Grundabtretung sind, soweit sich aus diesem Kapitel nichts anderes ergibt, die Vorschriften über das förmliche Verwaltungsverfahren nach Teil V Abschnitt 1 des Verwaltungsverfahrensgesetzes anzuwenden.

§ 106 Benachrichtigungen

(1) Die zuständige Behörde teilt dem Grundbuchamt die Einleitung des Grundabtretungsverfahrens mit. Das Grundbuchamt hat die zuständige Behörde von allen Eintragungen zu benachrichtigen, die nach dem Zeitpunkt der Einleitung des Grundabtretungsverfahrens im Grundbuch des betroffenen Grundstücks vorgenommen worden sind und vorgenommen werden.

§§ 107,108   Gesetzestext

(2) Ist im Grundbuch die Anordnung der Zwangsversteigerung oder Zwangsverwaltung eingetragen, so gibt die zuständige Behörde dem Vollstreckungsgericht von der Einleitung des Grundabtretungsverfahrens sowie von der Entscheidung über den Grundabtretungsantrag Kenntnis, soweit davon das Grundstück betroffen wird, das Gegenstand des Vollstreckungsverfahrens ist.

Zweites Kapitel
Baubeschränkungen

§ 107 Festsetzung von Baubeschränkungsgebieten

(1) Soweit Grundstücke für die Aufsuchung und Gewinnung von Bodenschätzen in Anspruch genommen werden sollen, kann die Landesregierung durch Rechtsverordnung Baubeschränkungsgebiete festsetzen, wenn die Inanspruchnahme wegen der volkswirtschaftlichen Bedeutung der Bodenschätze für die Versorgung des Marktes mit Rohstoffen und wegen der Notwendigkeit einer umfassenden Nutzung der Lagerstätte dem Wohle der Allgemeinheit dient; die Landesregierung kann diese Ermächtigung durch Rechtsverordnung auf andere Stellen übertragen. Die Festsetzung ist nicht zulässig, wenn die bergbauliche Inanspruchnahme der Grundstücke nicht innerhalb von fünfzehn Jahren zu erwarten ist.

(2) Karten und Pläne, die Bestandteil der Rechtsverordnung nach Absatz 1 Satz 1 sind, können dadurch verkündet werden, daß sie bei einer Amtsstelle zu jedermanns Einsicht archivmäßig gesichert niedergelegt werden. In der Rechtsverordnung ist hierauf hinzuweisen.

(3) Das vorgesehene Baubeschränkungsgebiet ist vor Erlaß einer Rechtsverordnung nach Absatz 1 Satz 1 in dem amtlichen Veröffentlichungsblatt der zuständigen obersten Landesbehörde bekanntzumachen. Die Rechtsverordnung darf erst drei Monate nach der Bekanntgabe erlassen werden.

(4) Sind die Voraussetzungen für die Festsetzung eines Baubeschränkungsgebiets ganz oder teilweise entfallen, so ist das Baubeschränkungsgebiet durch Rechtsverordnung aufzuheben oder zu beschränken; Absatz 2 gilt entsprechend.

§ 108 Wirkung der Festsetzung

(1) In Baubeschränkungsgebieten darf die für die Errichtung, Erweiterung, Änderung oder Nutzungsänderung baulicher Anlagen erforderliche baurechtliche Genehmigung oder Zustimmung oder eine diese einschließende Genehmigung nur mit Zustimmung der nach § 69 zuständigen Behörde erteilt werden.

(2) Die Zustimmung darf nur versagt werden, wenn durch die bauliche Anlage die Durchführung bergbaulicher Maßnahmen erschwert würde. Die Zustimmung gilt als erteilt, wenn sie nicht binnen zwei Monaten nach Eingang des Ersuchens der für die baurechtliche Genehmigung oder Zustimmung zuständigen Behörde versagt wird.

(3) Die Absätze 1 und 2 gelten nicht für bauliche Anlagen, die nur bis zur Inanspruchnahme des in Betracht kommenden Grundstücks einem land- oder forstwirtschaftlichen Betrieb zu dienen bestimmt sind.

Gesetzestext §§ 109,110

§ 109 Entschädigung

(1) Tritt wegen Versagung der Zustimmung nach § 108 Abs. 2 eine nicht nur unwesentliche Wertminderung des Grundstücks ein, so ist dem Grundstückseigentümer eine angemessene Entschädigung in Geld zu leisten. Der Grundstückseigentümer kann ferner angemessene Entschädigung in Geld verlangen, soweit durch die Versagung der baurechtlichen Genehmigung Aufwendungen für Vorbereitungen zur Nutzung seines Grundstücks an Wert verlieren, die er im Vertrauen auf den Fortbestand der baulichen Nutzungsmöglichkeiten vor Erlaß der Rechtsverordnung nach § 107 Abs. 1 gemacht hat.

(2) Ist dem Grundstückseigentümer wirtschaftlich nicht mehr zuzumuten, das Grundstück zu behalten oder es in der bisherigen oder in einer anderen zulässigen Art zu nutzen, kann er anstelle der Entschädigung nach Absatz 1 die Übernahme des Grundstücks verlangen.

(3) Zur Leistung der Entschädigung ist der durch die Baubeschränkung begünstigte Unternehmer verpflichtet. Die §§ 84 bis 90 gelten mit der Maßgabe entsprechend, daß Verkehrswert mindestens der Wert ist, der für das Grundstück ohne die Versagung der baurechtlichen Genehmigung gelten würde.

(4) Kommt eine Einigung über die Entschädigung nicht zustande, so entscheidet die zuständige Behörde.

(5) Tritt bereits als Folge der Festsetzung eines Baubeschränkungsgebiets eine nicht nur unwesentliche Wertminderung eines Grundstücks ein, so kann der Grundstückseigentümer Entschädigung durch Übernahme des Grundstücks verlangen. Die Absätze 3 und 4 gelten entsprechend.

Drittes Kapitel
Bergschaden

Erster Abschnitt
Anpassung

§ 110 Anpassungspflicht

(1) Soweit durch Gewinnungsbetriebe, für die zumindest ein Rahmenbetriebsplan nach § 52 Abs. 2 Nr. 1 vorliegt, Beeinträchtigungen der Oberfläche zu besorgen sind, die den vorbeugenden Schutz baulicher Anlagen zur Verhütung von Gefahren für Leben, Gesundheit oder bedeutende Sachgüter erforderlich machen, hat der Bauherr bei der Errichtung, Erweiterung oder wesentlichen Veränderung einer baulichen Anlage auf Grund eines entsprechenden Verlangens des Unternehmers den zu erwartenden bergbaulichen Einwirkungen auf die Oberfläche durch Anpassung von Lage, Stellung oder Konstruktion der baulichen Anlage Rechnung zu tragen.

(2) Unternehmer im Sinne des Absatzes 1 ist der Unternehmer, dessen Gewinnung die Anpassung erforderlich macht. Ist die Anpassung mit Rücksicht auf die Beeinträchtigung durch eine geplante oder eine bereits eingestellte Gewinnung zu besorgen, so ist Unternehmer derjenige, der die Gewinnung plant oder bis zu ihrer Einstellung betrieben hat und im Einvernehmen mit diesem auch der Inhaber der Gewinnungsberechtigung.

(3) Sind mit der Anpassung unerhebliche Nachteile oder Aufwendungen verbunden, trägt diese der Bauherr. Nachteile und Aufwendungen, die diese Grenze übersteigen, hat der Unternehmer zu ersetzen.

(4) Der Unternehmer hat auf Verlangen des Bauherrn an diesen bei Baubeginn einen angemessenen Vorschuß in Geld für die Aufwendungen zu leisten, die er nach Absatz 3 Satz 2 zu ersetzen hat. Für die Pflicht zum Ersatz der Aufwendungen und zur Vorschußleistung mehrerer Unternehmer gilt § 115 Abs. 2 und 3 entsprechend.

(5) Absatz 1 gilt nicht, wenn die Nachteile oder Aufwendungen, die mit der Anpassung verbunden wären, in einem unangemessenen Verhältnis zu der durch die Anpassung eintretenden Verminderung des Bergschadensrisikos stehen würden.

(6) Die zuständigen Behörden erteilen dem Unternehmer für das von ihm bezeichnete Gebiet Auskunft über alle Anträge auf Erteilung einer baurechtlichen Genehmigung oder Zustimmung oder einer diese einschließende Genehmigung.

§ 111 Sicherungsmaßnahmen

(1) Soweit ein vorbeugender Schutz durch Maßnahmen nach § 110 nicht ausreicht, sind bauliche Anlagen mit den zur Sicherung gegen Bergschäden jeweils erforderlichen zusätzlichen baulichen Vorkehrungen (Sicherungsmaßnahmen) auf Grund eines entsprechenden Verlangens des Unternehmers zu errichten. Die Sicherungsmaßnahmen richten sich nach Art und Umfang der zu erwartenden Bodenverformungen und nach Bauart, Größe, Form und Bergschadensempfindlichkeit der baulichen Anlage. Satz 1 und 2 gilt bei einer Erweiterung oder wesentlichen Veränderung baulicher Anlagen entsprechend.

(2) Die Aufwendungen für Sicherungsmaßnahmen hat der Unternehmer zu tragen. Ist der Bauherr seiner Verpflichtung nach § 110 Abs. 1 ganz oder teilweise nicht nachgekommen, so trägt er den auf seinem Unterlassen beruhenden Teil der Aufwendungen für Sicherungsmaßnahmen.

(3) § 110 Abs. 2, 4 und 5 gilt entsprechend.

§ 112 Verlust des Ersatzanspruchs

Werden bauliche Anlagen unter Verstoß gegen § 110 oder § 111 errichtet, erweitert oder wesentlich verändert, so ist ein Anspruch auf Ersatz eines Bergschadens wegen der Beschädigung dieser Anlagen und der daraus entstandenen Schäden an Personen oder Sachen ausgeschlossen, soweit der Schaden auf die Nichtbeachtung der genannten Vorschriften zurückzuführen ist. Satz 1 gilt nicht, wenn der Unternehmer seiner Pflicht zum Ersatz oder zur Tragung der Aufwendungen oder zur Vorschußleistung nach § 110 Abs. 3 und 4 oder nach § 111 Abs. 2 und 3 nicht oder nur teilweise nachgekommen ist. Bei Verstößen des Bauherrn oder Unternehmers, die nicht auf Vorsatz oder grober Fahrlässigkeit beruhen, gilt § 118 entsprechend.

§ 113 Bauwarnung

(1) Ist der Schutz baulicher Anlagen vor Bergschäden nach § 110 oder § 111 nicht möglich oder stehen Nachteile oder Aufwendungen für eine Anpassung im Sinne des § 110 oder für Sicherungsmaßnahmen im Sinne des § 111 in einem unangemessenen

Gesetzestext § 114

Verhältnis zu der durch diese Maßnahmen eintretenden Verminderung des Bergschadensrisikos, so kann der Unternehmer vor der Errichtung, Erweiterung oder wesentlichen Veränderung einer baulichen Anlage eine schriftliche Bauwarnung gegenüber dem Bauherrn aussprechen. Die Bauwarnung hat Angaben über die Art der zu erwartenden bergbaulichen Beeinträchtigungen der Oberfläche, über die sich daraus ergebenden wesentlichen Einwirkungen auf die bauliche Anlage und über das Vorliegen der Voraussetzungen nach Satz 1 zu enthalten.

(2) Werden bauliche Anlagen entgegen der Bauwarnung errichtet, erweitert oder wesentlich verändert, ist ein Anspruch auf Ersatz eines Bergschadens wegen der Beschädigung dieser Anlagen und der daraus entstandenen Schäden an Personen oder Sachen ausgeschlossen. Satz 1 gilt nicht, wenn die Voraussetzungen für das Aussprechen der Bauwarnung nach Absatz 1 Satz 1 nicht vorgelegen haben oder die Errichtung, Erweiterung oder wesentliche Veränderung von Leitungen zur öffentlichen Versorgung oder Entsorgung unvermeidbar ist.

(3) Wenn ausschließlich infolge der Bauwarnung nach Absatz 1 ein Grundstück nicht bebaut oder Art oder Maß der baulichen Nutzung in der sonst zulässigen Weise nicht ausgeschöpft werden können, hat der Unternehmer Ersatz für die Minderung des Verkehrswertes des Grundstücks zu leisten. Ist es dem Eigentümer mit Rücksicht auf die Bauwarnung wirtschaftlich nicht mehr zuzumuten, das Grundstück zu behalten oder es in der bisherigen oder einer anderen zulässigen Art zu nutzen, so kann er vom Unternehmer die Übernahme des Grundstücks verlangen. In diesem Fall hat der Unternehmer den Verkehrswert, den das Grundstück ohne die Bauwarnung hätte, sowie die für die Beschaffung eines Ersatzgrundstücks erforderlichen Aufwendungen zu ersetzen. Ein Anspruch nach Satz 1 besteht insoweit nicht, als Tatsachen die Annahme rechtfertigen, daß die Absicht, eine bauliche Anlage zu errichten, zu erweitern oder wesentlich zu verändern, nur erklärt wird, um einen Wertersatz zu erlangen.

Zweiter Abschnitt
Haftung für Bergschäden

Erster Unterabschnitt
Allgemeine Bestimmungen

§ 114 Bergschaden

(1) Wird infolge der Ausübung einer der in § 2 Abs. 1 Nr. 1 und 2 bezeichneten Tätigkeiten oder durch eine der in § 2 Abs. 1 Nr. 3 bezeichneten Einrichtungen (Bergbaubetrieb) ein Mensch getötet oder der Körper oder die Gesundheit eines Menschen verletzt oder eine Sache beschädigt (Bergschaden), so ist für den daraus entstehenden Schaden nach den §§ 115 bis 120 Ersatz zu leisten.

(2) Bergschaden im Sinne des Absatzes 1 ist nicht
1. ein Schaden, der an im Bergbaubetrieb beschäftigten Personen oder an im Bergbaubetrieb verwendeten Sachen entsteht,
2. ein Schaden, der an einem anderen Bergbaubetrieb oder an den dem Aufsuchungs- oder Gewinnungsrecht eines anderen unterliegenden Bodenschätzen entsteht,
3. ein Schaden, der durch Einwirkungen entsteht, die nach § 906 des Bürgerlichen Gesetzbuchs nicht verboten werden können,
4. ein Nachteil, der durch Planungsentscheidungen entsteht, die mit Rücksicht auf die Lagerstätte oder den Bergbaubetrieb getroffen werden und

5. ein unerheblicher Nachteil oder eine unerhebliche Aufwendung im Zusammenhang mit Maßnahmen der Anpassung nach § 110.

§ 115 Ersatzpflicht des Unternehmers

(1) Zum Ersatz eines Bergschadens ist der Unternehmer verpflichtet, der den Bergbaubetrieb zur Zeit der Verursachung des Bergschadens betrieben hat oder für eigene Rechnung hat betreiben lassen.

(2) Ist ein Bergschaden durch zwei oder mehrere Bergbaubetriebe verursacht, so haften die Unternehmer der beteiligten Bergbaubetriebe als Gesamtschuldner. Im Verhältnis der Gesamtschuldner zueinander hängt, soweit nichts anderes vereinbart ist, die Verpflichtung zum Ersatz sowie der Umfang des zu leistenden Ersatzes von den Umständen, insbesondere davon ab, inwieweit der Bergschaden vorwiegend von dem einen oder anderen Bergbaubetrieb verursacht worden ist; im Zweifel entfallen auf die beteiligten Bergbaubetriebe gleiche Anteile.

(3) Soweit in den Fällen des Absatzes 2 die Haftung des Unternehmers eines beteiligten Bergbaubetriebes gegenüber dem Geschädigten durch Rechtsgeschäft ausgeschlossen ist, sind bis zur Höhe des auf diesen Bergbaubetrieb nach Absatz 2 Satz 2 entfallenden Anteils die Unternehmer der anderen Bergbaubetriebe von der Haftung befreit.

(4) Wird ein Bergschaden durch ein und denselben Bergbaubetrieb innerhalb eines Zeitraumes verursacht, in dem der Bergbaubetrieb durch zwei oder mehrere Unternehmer betrieben wurde, so gelten die Absätze 2 und 3 entsprechend.

§ 116 Ersatzpflicht des Bergbauberechtigten

(1) Neben dem nach § 115 Abs. 1 ersatzpflichtigen Unternehmer ist auch der Inhaber der dem Bergbaubetrieb zugrundeliegenden Berechtigung zur Aufsuchung oder Gewinnung (Bergbauberechtigung) zum Ersatz des Bergschadens verpflichtet; dies gilt bei betriebsplanmäßig zugelassenem Bergbaubetrieb auch, wenn die Bergbauberechtigung bei Verursachung des Bergschadens bereits erloschen war oder wenn sie mit Rückwirkung aufgehoben worden ist. Der Unternehmer und der Inhaber der Bergbauberechtigung haften als Gesamtschuldner. Soweit die Haftung eines Gesamtschuldners gegenüber dem Geschädigten durch Rechtsgeschäft ausgeschlossen ist, ist auch der andere Gesamtschuldner von der Haftung befreit.

(2) Im Verhältnis der Gesamtschuldner zueinander haftet, soweit nichts anderes vereinbart ist, allein der Unternehmer.

§ 117 Umfang der Ersatzpflicht, Verjährung, Rechte Dritter

(1) Der Umfang der Ersatzpflicht richtet sich nach den Vorschriften des Bürgerlichen Gesetzbuchs über die Verpflichtung zum Ersatz von Vermögensschäden im Falle einer unerlaubten Handlung, jedoch mit folgenden Einschränkungen:
1. Im Falle der Tötung oder Verletzung eines Menschen haftet der Ersatzpflichtige bis zu einem Kapitalbetrag von 500 000 Deutsche Mark oder bis zu einem Rentenbetrag von jährlich 30 000 Deutsche Mark.
2. Im Falle einer Sachbeschädigung haftet der Ersatzpflichtige nur bis zur Höhe des gemeinen Wertes der beschädigten Sache; dies gilt nicht für die Beschädigung von Grundstücken, deren Bestandteilen und Zubehör.

(2) Der Anspruch auf Ersatz des Bergschadens verjährt in drei Jahren von dem Zeitpunkt an, in welchem der Ersatzberechtigte von dem Schaden und der Person des Ersatzpflichtigen Kenntnis erlangt; ohne Rücksicht darauf verjährt der Ersatzanspruch in 30 Jahren vom Zeitpunkt der Entstehung an. Schweben zwischen dem Ersatzpflichtigen und dem Ersatzberechtigten Verhandlungen über den zu leistenden Ersatz, so ist die Verjährung gehemmt, bis der eine oder andere Teil die Fortsetzung der Verhandlungen verweigert.

(3) Für die Entschädigung gelten die Artikel 52 und 53 des Einführungsgesetzes zum Bürgerlichen Gesetzbuch entsprechend.

§ 118 Mitwirkendes Verschulden

Hat bei der Entstehung des Bergschadens ein Verschulden des Geschädigten mitgewirkt, so gilt § 254 des Bürgerlichen Gesetzbuchs; bei Beschädigung einer Sache steht das Verschulden desjenigen, der die tatsächliche Gewalt über die Sache ausübt, dem Verschulden des Geschädigten gleich.

§ 119 Mitwirkung eines Dritten

Hat bei der Entstehung eines Bergschadens eine Ursache mitgewirkt, die die Ersatzpflicht eines Dritten auf Grund eines anderen Gesetzes begründet, haften der Ersatzpflichtige und der Dritte dem Geschädigten gegenüber als Gesamtschuldner. Es gelten
1. für den Ausgleich im Verhältnis zwischen dem nach § 115 Ersatzpflichtigen und dem Dritten § 115 Abs. 2 Satz 2 und
2. für die Ersatzpflicht gegenüber dem Geschädigten § 115 Abs. 3

entsprechend. Der Ersatzpflichtige ist jedoch nicht verpflichtet, über die Haftungshöchstbeträge des § 117 hinaus Ersatz zu leisten.

§ 120 Bergschadensvermutung

(1) Entsteht im Einwirkungsbereich der untertägigen Aufsuchung oder Gewinnung eines Bergbaubetriebes durch Senkungen, Pressungen oder Zerrungen der Oberfläche oder durch Erdrisse ein Schaden, der seiner Art nach ein Bergschaden sein kann, so wird vermutet, daß der Schaden durch diesen Bergbaubetrieb verursacht worden ist. Dies gilt nicht, wenn feststeht, daß
1. der Schaden durch einen offensichtlichen Baumangel oder eine baurechtswidrige Nutzung verursacht sein kann oder
2. die Senkungen, Pressungen, Zerrungen oder Erdrisse
    a) durch natürlich bedingte geologische oder hydrologische Gegebenheiten oder Veränderungen des Baugrundes oder
    b) von einem Dritten verursacht sein können, der, ohne Bodenschätze untertägig aufzusuchen oder zu gewinnen, im Einwirkungsbereich des Bergbaubetriebes auf die Oberfläche eingewirkt hat.

(2) Wer sich wegen eines Schadens an einer baulichen Anlage auf eine Bergschadensvermutung beruft, hat dem Ersatzpflichtigen auf Verlangen Einsicht in die Baugenehmigung und die dazugehörigen Unterlagen für diese bauliche Anlage sowie bei Anlagen, für die wiederkehrende Prüfungen vorgeschrieben sind, auch Einsicht in die Prüfunterlagen zu gewähren oder zu ermöglichen.

§ 121 Verhältnis zu anderen Vorschriften

Unberührt bleiben gesetzliche Vorschriften, nach denen für einen Schaden im Sinne des § 114 in weiterem Umfang als nach den Vorschriften dieses Abschnitts gehaftet wird oder nach denen ein anderer für den Schaden verantwortlich ist.

Zweiter Unterabschnitt
Bergschadensausfallkasse

§ 122 Ermächtigung

(1) Der Bundesminister für Wirtschaft wird ermächtigt, durch Rechtsverordnung mit Zustimmung des Bundesrates in seinem Geschäftsbereich eine rechtsfähige Anstalt des öffentlichen Rechts als Ausfallkasse zur Sicherung von Bergschadensansprüchen (Bergschadensausfallkasse) zu errichten, wenn
1. die Haftung für den Ersatz eines Bergschadens bei einem Ausfall durch die Unternehmer nicht sichergestellt ist und
2. die Sicherstellung sich nicht auf alle Unternehmer erstreckt, es sei denn, daß der Ersatz im Rahmen der Ausfallhaftung durch einen Unternehmer oder eine bestimmte Gruppe von Unternehmern gewährleistet ist.

(2) Die Bergschadensausfallkasse haftet bei einem Ausfall an Stelle der nach den §§ 115 und 116 Ersatzpflichtigen für den Ersatz des Bergschadens.

(3) Ein Ausfall liegt vor, soweit der Geschädigte für einen Bergschaden von keinem der nach den §§ 115 und 116 Ersatzpflichtigen einen Ersatz erlangen kann. Er gilt nur dann als eingetreten, wenn keiner der nach §§ 115 und 116 Ersatzpflichtigen mehr vorhanden ist oder soweit deren Zahlungsunfähigkeit durch Zahlungseinstellung oder auf sonstige Weise erwiesen ist. Soweit die Bergschadensausfallkasse den Geschädigten befriedigt, geht dessen Forderung gegen den Ersatzpflichtigen auf sie über.

(4) Das Nähere über die Bergschadensausfallkasse bestimmt die Satzung, die vom Bundesminister für Wirtschaft durch Rechtsverordnung ohne Zustimmung des Bundesrates aufgestellt wird.

§ 123 Durchführungsverordnung

Der Bundesminister für Wirtschaft wird ermächtigt, durch Rechtsverordnung, die nicht der Zustimmung des Bundesrates bedarf, Vorschriften zu erlassen über
1. die Beitragspflicht, die Beitragspflichtigen und, soweit erforderlich, deren Einteilung in Beitragsklassen, sowie über die Abgrenzung der Zuordnung der Beitragspflichtigen zu den einzelnen Beitragsklassen,
2. die Bemessung der Beiträge,
3. das Verfahren zur Feststellung der Beitragspflichtigen,
4. die Pflicht zur Erteilung von Auskünften und Vorlage von Unterlagen, soweit dies zur Beitragsbemessung erforderlich ist, und
5. die Aufsicht über die Bergschadensausfallkasse.

Gesetzestext

§ 124

Dritter Abschnitt
Bergbau und öffentliche Verkehrsanlagen

§ 124 Öffentliche Verkehrsanlagen

(1) Die Errichtung, Erweiterung, wesentliche Veränderung und der Betrieb von öffentlichen Verkehrsanlagen und von Gewinnungsbetrieben sind in gegenseitiger Rücksichtnahme so zu planen und durchzuführen, daß die Gewinnung von Bodenschätzen durch öffentliche Verkehrsanlagen und öffentliche Verkehrsanlagen durch die Gewinnung von Bodenschätzen so wenig wie möglich beeinträchtigt werden. Im übrigen sind die §§ 110 bis 112 entsprechend anzuwenden, soweit sich aus den Absätzen 2 und 3 nichts anderes ergibt.

(2) Die Aufwendungen für die Anpassung im Sinne des § 110 und für Sicherungsmaßnahmen im Sinne des § 111 trägt der Träger der öffentlichen Verkehrsanlage, soweit Anpassung und Sicherungsmaßnahmen dazu dienen, Bergschäden an Verkehrsanlagen aus einem bis zur Festlegung eines Planungsgebietes oder zur Planauslegung betriebsplanmäßig zugelassenen Abbau zu vermeiden oder zu vermindern. Im übrigen trägt sie der Unternehmer, dessen Gewinnungsbetrieb die Anpassung und Sicherungsmaßnahmen erforderlich macht. An die Stelle der Planoffenlegung nach Satz 1 tritt im vereinfachten Planfeststellungsverfahren der Zeitpunkt, in dem den Betroffenen Gelegenheit gegeben wird, den Plan einzusehen, bei Verkehrsanlagen, die durch einen Bebauungsplan festgesetzt werden, die öffentliche Auslegung des Entwurfs des Bebauungsplans; bei Anlagen, die ohne formelle Planung hergestellt werden, ist die Zustimmung der höheren Verwaltungsbehörde, sofern eine solche nicht erforderlich ist, der Beginn der Herstellungsarbeiten maßgebend. Die Sätze 1 bis 3 gelten nicht für die Errichtung, Erweiterung, wesentliche Veränderung und den Betrieb von öffentlichen Verkehrsanlagen, wenn die Kosten für die jeweilige Maßnahme von den Eigentümern der Grundstücke, die an die Verkehrsanlage angrenzen, ganz oder überwiegend zu tragen sind.

(3) Soweit der gleichzeitige Betrieb einer öffentlichen Verkehrsanlage und eines Gewinnungsbetriebes ohne eine wesentliche Beeinträchtigung der öffentlichen Verkehrsanlage ausgeschlossen ist, gehen die Errichtung, Erweiterung, wesentliche Änderung und der Betrieb der öffentlichen Verkehrsanlage der Gewinnung von Bodenschätzen vor, es sei denn, daß das öffentliche Interesse an der Gewinnung der Bodenschätze überwiegt.

(4) Ist Voraussetzung für die Errichtung, Erweiterung, wesentliche Änderung oder den Betrieb einer öffentlichen Verkehrsanlage, daß der Unternehmer in seinem Gewinnungsbetrieb Einrichtungen herstellt, beseitigt oder ändert, so ist ihm vom Träger der öffentlichen Verkehrsanlage Ersatz in Geld zu leisten, soweit seine Maßnahmen ausschließlich der Sicherung der Verkehrsanlage dienen. Dies gilt nicht, wenn die Gewinnungsberechtigung erst nach der für die öffentliche Verkehrsanlage erforderlichen Planoffenlegung entstanden ist; Absatz 2 Satz 3 ist entsprechend anzuwenden.

§§ 125, 126 — Gesetzestext

Vierter Abschnitt
Beobachtung der Oberfläche

§ 125 Messungen

(1) Die beteiligten Unternehmer haben auf ihre Kosten auf Verlangen und unter Aufsicht der zuständigen Behörde die Messungen durchführen zu lassen, die zur Erleichterung der Feststellung von Art und Umfang zu erwartender und zur Beobachtung eingetretener Einwirkungen des Bergbaus auf die Oberfläche erforderlich sind. Die Ergebnisse der Messungen sind unverzüglich bei der zuständigen Behörde einzureichen. Für die Einsicht in die Ergebnisse gilt § 63 Abs. 4 entsprechend.

(2) Messungen nach Absatz 1 können nur für Gebiete verlangt werden, in denen Beeinträchtigungen der Oberfläche durch Bergbaubetriebe mit Auswirkungen auf bauliche Anlagen eingetreten oder zu erwarten sind, wenn die Messungen zur Verhütung von Gefahren für Leben, Gesundheit oder bedeutende Sachgüter von Bedeutung sein können.

(3) Die Eigentümer und sonstigen Nutzungsberechtigten haben, soweit dies zur Durchführung der Messungen nach Absatz 1 erforderlich ist, das Betreten ihrer Grundstücke und das Anbringen von Meßmarken zu dulden. § 39 Abs. 1 Satz 1 Nr. 2 und Absatz 2 Nr. 2 gilt entsprechend. Für dabei entstehende Schäden haben die beteiligten Unternehmer eine angemessene Entschädigung an Geld zu leisten.

(4) Der Bundesminister für Wirtschaft wird ermächtigt, durch Rechtsverordnung mit Zustimmung des Bundesrates Vorschriften zu erlassen über
1. die nach Absatz 1 im einzelnen durchzuführenden Messungen und die Anforderungen, denen sie zur Erreichung der in Absatz 1 bezeichneten Zwecke genügen müssen,
2. die Überwachung der Durchführung von Messungen im Sinne des Absatzes 1,
3. die Anforderungen an die Voraussetzungen, die nach Absatz 2 an die Gebiete gestellt werden, für die Messungen verlangt werden können.

In der Rechtsverordnung kann die entsprechende Anwendung des § 70 Abs. 1 bis 3 vorgeschrieben und bei der Bestimmung von Anforderungen im Sinne des Satzes 1 Nr. 1 auf Bekanntmachungen sachverständiger Stellen unter Angabe der Fundstelle verwiesen werden.

Achter Teil
Sonstige Tätigkeiten und Einrichtungen

§ 126 Untergrundspeicherung

(1) Auf Untersuchungen des Untergrundes auf seine Eignung zur Errichtung von Untergrundspeichern und auf Untergrundspeicher sind die §§ 39, 40, 48, 50 bis 74, 77 bis 104, 106 und 131 entsprechend anzuwenden. Mit der Vorlage des ersten Betriebsplans hat der Unternehmer nachzuweisen, daß er eine allgemeine Beschreibung des geplanten Untergrundspeichers unter möglichst genauer Angabe der Lage und der voraussichtlich größten Ausdehnung im Untergrund durch Veröffentlichung in mindestens zwei der im Bereich des Standorts des Untergrundspeichers allgemein verbreiteten Tageszeitungen mindestens einen Monat vorher bekanntgemacht hat. Bei nachträglichen Veränderungen ist dieser Nachweis erneut zu erbringen, wenn sich die Ausdehnung des Untergrundspeichers im Untergrund wesentlich ändert.

(2) Eine Untersuchung des Untergrundes auf seine Eignung zur Errichtung von Untergrundspeichern liegt nur vor, soweit damit eine Aufsuchung nicht verbunden ist.

(3) Auf die Errichtung und den Betrieb einer Anlage zur Lagerung, Sicherstellung oder Endlagerung radioaktiver Stoffe im Sinne des Atomgesetzes in der Fassung der Bekanntmachung vom 31. Oktober 1976 (BGBl. I S. 3053), zuletzt geändert durch Artikel 14 des Gesetzes vom 28. März 1980 (BGBl. I S. 373), sind die §§ 39, 40, 48, 50 bis 74 und 77 bis 104 und 106 entsprechend anzuwenden, wenn die Anlage ihrer Art nach auch zur unterirdischen behälterlosen Speicherung geeignet ist.

§ 127 Bohrungen

(1) Für die nicht unter § 2 fallenden Bohrungen und die dazugehörigen Betriebseinrichtungen gelten, wenn die Bohrungen mehr als hundert Meter in den Boden eindringen sollen, die §§ 50 bis 62 und 65 bis 74 mit folgender Maßangabe entsprechend:
1. Beginn und Einstellung der Bohrarbeiten sind mindestens zwei Wochen vorher anzuzeigen. Müssen Bohrarbeiten schon in kürzerer Frist eingestellt werden, so ist die Anzeige unverzüglich zu erstatten.
2. § 51 Abs. 1 gilt nur, wenn die zuständige Behörde die Einhaltung der Betriebsplanpflicht im Einzelfall mit Rücksicht auf den Schutz Beschäftigter oder Dritter oder die Bedeutung des Betriebes für erforderlich erklärt.
3. Als Unternehmer ist auch anzusehen, wer eine Bohrung auf fremde Rechnung ausführt.
4. Die Auskunftspflicht nach § 70 Abs. 1 gilt auch für die Aufschlußergebnisse.
5. Die Erfüllung der Pflichten durch einen Unternehmer befreit die übrigen mitverpflichteten Unternehmer.

(2) Die Vorschriften des Wasserhaushaltsgesetzes, der Landeswassergesetze und der auf Grund dieser Gesetze erlassenen Rechtsverordnungen bleiben unberührt.

§ 128 Alte Halden

Für das Aufsuchen und Gewinnen mineralischer Rohstoffe in Halden gelten die §§ 39, 40, 42, 48, 50 bis 74 und 77 bis 104 und 106 entsprechend, wenn die mineralischen Rohstoffe als Bodenschätze unter § 3 Abs. 3 und 4 fallen würden und aus einer früheren Aufsuchung, Gewinnung oder Aufbereitung von Bodenschätzen stammen.

§ 129 Versuchsgruben, Bergbauversuchsanstalten

(1) Für Versuchsgruben gelten die §§ 50 bis 74, für nicht unter § 2 fallende, wie ein Gewinnungsbetrieb eingerichtete bergbauliche Ausbildungsstätten sowie für Besucherbergwerke und Besucherhöhlen die §§ 50 bis 62 und 65 bis 74 entsprechend.

(2) Der Bundesminister für Wirtschaft wird ermächtigt, durch Rechtsverordnung mit Zustimmung des Bundesrates die in Absatz 1 genannten Vorschriften auf sonstige bergbauliche Versuchsanstalten für entsprechend anwendbar zu erklären und die zugehörigen Bußgeldvorschriften zu erstrecken, soweit dies zum Schutze der in § 55 Abs. 1 bezeichneten Rechtsgüter und Belange erforderlich ist.

§§ 130–132

§ 130 Hohlraumbauten

(1) Auf die Durchführung von Maßnahmen gewerblicher Unternehmer zum Zwecke der Herstellung, wesentlichen Erweiterung oder wesentlichen Veränderung von unterirdischen Hohlräumen sind die §§ 50 bis 52, 54 bis 62 und 69 bis 74 entsprechend anzuwenden. Im übrigen finden auf unterirdische Hohlräume die Vorschriften der Gewerbeordnung Anwendung. Die besonderen Rechtsvorschriften über Bau, Unterhaltung und Änderung von öffentlichen Verkehrswegen sowie von Anlagen, die der Landesverteidigung dienen, bleiben unberührt. § 708 Abs. 4 der Reichsversicherungsordnung findet keine Anwendung.

(2) Unterirdische Hohlräume im Sinne von Absatz 1 sind Hohlraumbauten mit einem Querschnitt von mehr als 8 Quadratmeter, die unter Tage in nicht offener Bauweise errichtet werden und nicht der Aufsuchung oder Gewinnung von Bodenschätzen zu dienen bestimmt sind.

§ 131 Hauptstellen für das Grubenrettungswesen

(1) Unternehmer, die einen untertägigen Gewinnungsbetrieb oder einen Gewinnungsbetrieb mit brand- oder explosionsgefährdeten Anlagen oder mit Anlagen betreiben, in denen unatembare oder giftige Gase oder Dämpfe auftreten können, müssen zur Wahrnehmung gemeinsamer Aufgaben auf dem Gebiet des Grubenrettungs- und Gasschutzwesens Hauptstellen für das Grubenrettungswesen bilden und unterhalten oder solchen angeschlossen sein.

(2) Der Bundesminister für Wirtschaft wird ermächtigt, durch Rechtsverordnung, die der Zustimmung des Bundesrates bedarf, Vorschriften über Aufgaben, Anzahl, Organisation und Ausstattung der Hauptstellen zu erlassen, soweit dies zur Wahrung der Sicherheitsaufgaben und zur Gewährleistung der Einsatzbereitschaft der Hauptstellen und ihrer Einrichtungen erforderlich ist.

(3) Auf Hauptstellen für das Grubenrettungswesen sind die §§ 58 bis 62 und, soweit die Hauptstellen nicht von einem Träger der gesetzlichen Unfallversicherung unterhalten werden, für die Überwachung der Einhaltung des Absatzes 1, der §§ 58 bis 62 und der Rechtsverordnungen nach Absatz 2 die §§ 69 bis 74 entsprechend anzuwenden.

Neunter Teil
Besondere Vorschriften für den Festlandsockel

§ 132 Forschungshandlungen

(1) Wer in bezug auf den Festlandsockel an Ort und Stelle Forschungshandlungen vornehmen will, die ihrer Art nach zur Entdeckung oder Feststellung von Bodenschätzen offensichtlich ungeeignet sind, bedarf hinsichtlich der Ordnung der Nutzung und Benutzung der Gewässer über dem Festlandsockel und des Luftraumes über diesen Gewässern der Genehmigung des Deutschen Hydrographischen Instituts. Andere mit Bezug auf den Festlandsockel an Ort und Stelle vorgenommene Forschungshandlungen gelten auch über § 4 Abs. 1 hinaus als Aufsuchung.

(2) Die Genehmigung darf nur versagt werden, wenn
1. das Gebiet, in dem die Forschungshandlung vorgenommen werden soll, nicht in einem Lageplan genau bezeichnet ist,

Gesetzestext §§ 133

2. dem Deutschen Hydrographischen Institut keine Angaben über das Forschungsprogramm und über dessen technische Durchführung gemacht werden oder
3. überwiegende öffentliche Interessen entgegenstehen, insbesondere durch die beabsichtigte Forschungshandlung
   a) der Betrieb und die Wirkung von Schiffahrtsanlagen und -zeichen,
   b) die Benutzung der Schiffahrtswege und des Luftraumes, die Schiffahrt, der Fischfang und die Erhaltung der lebenden Meeresschätze in unvertretbarer Weise,
   c) das Legen, die Unterhaltung und der Betrieb von Unterwasserkabeln und Rohrleitungen sowie ozeanographische oder sonstige wissenschaftliche Forschungen mehr als nach den Umständen unvermeidbar
   beeinträchtigt würden,
   d) eine Verunreinigung des Meeres zu besorgen ist oder
   e) die Sicherheit der Bundesrepublik Deutschland gefährdet wird.

(3) Forschungshandlungen im Sinne des Absatzes 1 Satz 1 unterliegen, soweit sich aus § 134 nichts anderes ergibt, der Überwachung durch das Deutsche Hydrographische Institut; die §§ 70 und 71 Abs. 1 und 2 sind anzuwenden. Unberührt bleibt die Flugverkehrskontrolle im Luftraum über dem Festlandsockel auf Grund internationaler Vereinbarungen.

(4) Werden Forschungshandlungen in bezug auf den Festlandsockel ohne Genehmigung vorgenommen, so hat das Deutsche Hydrographische Institut die Fortsetzung der unerlaubten Tätigkeit zu untersagen. § 72 Abs. 1 Satz 2 gilt entsprechend. Widerspruch und Anfechtungsklage gegen Anordnungen nach den Sätzen 1 und 2 haben keine aufschiebende Wirkung.

§ 133 Transit-Rohrleitungen

(1) Die Errichtung und der Betrieb einer Transit-Rohrleitung in oder auf dem Festlandsockel bedarf einer Genehmigung
1. in bergbaulicher Hinsicht und
2. hinsichtlich der Ordnung der Nutzung und Benutzung der Gewässer über dem Festlandsockel und des Luftraumes über diesen Gewässern.
Für die Erteilung der Genehmigung nach Satz 1 Nr. 1 ist die gemäß § 136 bestimmte Behörde und für die Genehmigung nach Satz 1 Nr. 2 das Deutsche Hydrographische Institut zuständig. Die Genehmigung nach Satz 1 Nr. 2 darf nur nach Vorliegen der Genehmigung nach Satz 1 Nr. 1 erteilt werden.

(2) Die Genehmigungen nach Absatz 1 dürfen nur versagt werden, wenn eine Gefährdung des Lebens oder der Gesundheit von Personen oder von Sachgütern oder eine Beeinträchtigung überwiegender öffentlicher Interessen zu besorgen ist, die nicht durch eine Befristung, durch Bedingungen oder Auflagen verhütet oder ausgeglichen werden kann. Eine Beeinträchtigung überwiegender öffentlicher Interessen liegt insbesondere in den in § 132 Abs. 2 Nr. 3 genannten Fällen vor. Die nachträgliche Aufnahme, Änderung oder Ergänzung von Auflagen ist zulässig, wenn sie für den Unternehmer und für Rohrleitungen vergleichbarer Art wirtschaftlich vertretbar und nach den allgemein anerkannten Regeln der Technik erfüllbar ist.

(3) Für die Errichtung und den Betrieb einer Transit-Rohrleitung gelten die §§ 58 bis 62 und 65 bis 74 mit folgender Maßgabe entsprechend.

Für die Aufsicht nach den §§ 69 bis 74 ist, soweit sich aus § 134 nichts anderes ergibt, das Deutsche Hydrographische Institut im Rahmen des mit der Genehmigung nach Absatz 1 Satz 1 Nr. 2 verfolgten Zwecks, im übrigen die nach § 136 bestimmte Behörde zuständig.

§ 134 Überwachung und Vollziehung von Verwaltungsakten, Zusammenwirken

(1) Im Bereich des Festlandsockels überwachen die in § 6 Nr. 1, 2 und 4 des Gesetzes über den unmittelbaren Zwang bei Ausübung öffentlicher Gewalt durch Vollzugsbeamte des Bundes in der im Bundesgesetzblatt Teil III, Gliederungsnummer 201-5, veröffentlichten bereinigten Fassung, zuletzt geändert durch Artikel 326 Abs. 5 des Gesetzes vom 2. März 1974 (BGBl. I S. 469), bezeichneten Vollzugsbeamten, daß
1. nicht unbefugt eine Aufsuchung oder Gewinnung durchgeführt, eine Forschungshandlung vorgenommen oder eine Transit-Rohrleitung errichtet oder betrieben wird und
2. die nach § 72 Abs. 1, § 132 Abs. 4 und § 133 Abs. 3 erlassenen Anordnungen durchgeführt werden.

§ 70 Abs. 2 gilt entsprechend.

(2) Im Bereich des Festlandsockels werden die auf Grund dieses Gesetzes erlassenen Verwaltungsakte nach dem Verwaltungs-Vollstreckungsgesetz in der im Bundesgesetzblatt Teil III, Gliederungsnummer 201-4, veröffentlichten bereinigten Fassung, zuletzt geändert durch Artikel 40 des Gesetzes vom 14. Dezember 1976 (BGBl. I S. 3341), und dem Gesetz über den unmittelbaren Zwang bei Ausübung öffentlicher Gewalt durch Vollzugsbeamte des Bundes vollzogen. Unmittelbarer Zwang wird von den Vollzugsbeamten des Bundesgrenzschutzes und der Zollverwaltung angewandt.

(3) Die Bundesminister für Verkehr, des Innern und der Finanzen regeln im Einvernehmen mit dem Bundesminister für Wirtschaft durch Vereinbarung das Zusammenwirken der Wasser- und Schiffahrtsverwaltung, des Bundesgrenzschutzes und der Zollverwaltung.

§ 135 Kostenermächtigung

Für Amtshandlungen, Prüfungen und Untersuchungen von Bundesbehörden auf Grund der §§ 132 bis 134 werden Kosten (Gebühren und Auslagen) erhoben. Der Bundesminister für Verkehr bestimmt im Einvernehmen mit dem Bundesminister für Wirtschaft durch Rechtsverordnung ohne Zustimmung des Bundesrates die kostenpflichtigen Tatbestände näher und sieht dabei feste Sätze oder Rahmensätze vor. Die Gebührensätze sind so zu bemessen, daß der mit den Amtshandlungen, Prüfungen und Untersuchungen verbundene Personal- und Sachaufwand gedeckt wird, bei begünstigenden Amtshandlungen kann daneben die Bedeutung, der wirtschaftliche Wert oder der sonstige Nutzen für den Gebührenschuldner angemessen berücksichtigt werden. Der Personalaufwand kann nach der Zahl der Stunden bemessen werden, die für Prüfungen und Untersuchungen bestimmter Arten von Prüfungs- oder Untersuchungsgegenständen durchschnittlich benötigt werden.

§ 136 Zuständigkeiten für sonstige Verwaltungsaufgaben

Soweit sich aus den §§ 132 bis 134 nichts anderes ergibt, nimmt die Verwaltungsaufgaben nach diesem Gesetz und den hierzu erlassenen Bergverordnungen für den Bereich des Festlandsockels die zuständige Landesbehörde wahr.

§ 137 Übergangsregelung

(1) Die Zuständigkeit der Länder im Bereich des Festlandsockels richtet sich nach dem Äquidistanzprinzip. Eine Feldes- oder Förderabgabe ist an das Land zu entrichten, an dessen Küstengewässer das Feld einer Erlaubnis, Bewilligung oder eines Bergwerkseigentums im Bereich des Festlandsockels angrenzt; die Zuordnung eines Feldes zum Gebiet des Landes bestimmt sich nach dem Äquidistanzprinzip.

(2) Die endgültige Regelung der Rechte am Festlandsockel einschließlich einer Regelung über die Zuweisung der Feldes- und Förderabgabe bleibt einem besonderen Gesetz vorbehalten.

Zehnter Teil
Bundesprüfanstalt, Sachverständigenausschuß, Durchführung

Erstes Kapitel
Bundesprüfanstalt für den Bergbau

§ 138 Errichtung

Der Bundesminister für Wirtschaft wird ermächtigt, durch Rechtsverordnung mit Zustimmung des Bundesrates in seinem Geschäftsbereich eine Bundesprüfanstalt für den Bergbau (Bundesprüfanstalt) als nicht rechtsfähige Anstalt des öffentlichen Rechts zu errichten, soweit dies erforderlich ist, um sicherzustellen, daß Prüfungen oder Abnahmen im Sinne des § 65 Nr. 3 oder 4 nicht durch eine Stelle vorgenommen werden,
1. die in ihrer Ausstattung dem Stand von Wissenschaft und Technik für die Prüfungen oder Abnahmen nicht entspricht,
2. die nicht über das erforderliche fachkundige und zuverlässige Personal verfügt,
3. in der die beschäftigten Personen keine hinreichende Gewähr für ihre Unparteilichkeit bieten, insbesondere in einem Bindungs- oder Abhängigkeitsverhältnis stehen, das eine unparteiische Prüftätigkeit beeinflussen könnte,
4. deren Träger als Unternehmer tätig ist oder zu einem Unternehmer in einem Bindungs- oder Abhängigkeitsverhältnis steht, das eine unparteiische Prüftätigkeit beeinflussen könnte,
5. deren Träger nicht in der Lage oder bereit ist, die für die Unterhaltung und den ordnungsgemäßen Betrieb der Stelle erforderlichen Mittel aufzubringen oder
6. deren Träger nicht in der Lage ist, den Schaden zu ersetzen, der dem Staat wegen seiner Haftung für Amtspflichtverletzungen des Prüfstellenpersonals entstehen kann.

§ 139 Aufgaben

Die Bundesprüfanstalt hat Prüfungen und Abnahmen im Sinne des § 65 Nr. 3 und 4 durchzuführen, soweit dies in Bergverordnungen des Bundesministers für Wirtschaft nach § 65 vorgesehen ist, und im Rahmen ihrer Aufgaben die nach diesem Gesetz zuständigen Behörden und die Unternehmen zu beraten.

§§ 140–143 Gesetzestext

§ 140 Inanspruchnahme, Gebühren

(1) Der Bundesminister für Wirtschaft wird ermächtigt, durch Rechtsverordnung, die nicht der Zustimmung des Bundesrates bedarf, Vorschriften über die vertragliche Inanspruchnahme der Bundesprüfanstalt und die Gebühren und Auslagen für ihre Nutzleistungen zu erlassen. Die Gebühren sind nach dem Personal- und Sachaufwand für die Nutzleistung unter Berücksichtigung ihres wirtschaftlichen Wertes für den Antragsteller zu bestimmen. Der Personalaufwand kann nach der Zahl der Stunden bemessen werden, die Bedienstete der Bundesprüfanstalt für Prüfungen und Untersuchungen bestimmter Arten von Prüf- oder Untersuchungsgegenständen durchschnittlich benötigen.

(2) Die Gebühr für eine Nutzleistung darf in der Regel zehntausend Deutsche Mark nicht übersteigen. Erfordert die Nutzleistung einen außergewöhnlichen Aufwand insbesondere für die Prüfung oder Abnahme umfangreicher Anlagen, so kann der Höchstbetrag um den entsprechenden Mehrbetrag überschritten werden.

(3) Für die Abgeltung mehrfacher gleichartiger Nutzungsleistungen für denselben Empfänger können Pauschgebühren vorgesehen werden. Bei der Bemessung der Pauschgebührensätze ist der geringere Umfang des Verwaltungsaufwandes zu berücksichtigen.

Zweites Kapitel
Sachverständigenausschuß, Durchführung

§ 141 Sachverständigenausschuß Bergbau

Der Bundesminister für Wirtschaft wird ermächtigt, durch Rechtsverordnung, die nicht der Zustimmung des Bundesrates bedarf, einen Sachverständigenausschuß für den Bergbau zu errichten, der ihn in allen Fragen der Bergtechnik, insbesondere der Sicherheitstechnik, berät und zu den von ihm zu erlassenden Bergverordnungen Stellung nimmt. Dem Ausschuß sollen ein Vertreter des Bundesministers für Wirtschaft als Vorsitzender sowie Vertreter der beteiligten Bundesminister, der Landesregierungen, der fachlich zuständigen Landesbehörden, der Träger der gesetzlichen Unfallversicherung, der Wirtschaft und der Gewerkschaften angehören. In der Rechtsverordnung kann das Nähere über die Zusammensetzung, die Berufung der Mitglieder sowie das Verfahren des Ausschusses geregelt werden.

§ 142 Zuständige Behörden

Die Landesregierungen oder die von ihnen bestimmten Stellen bestimmen die für die Ausführung dieses Gesetzes zuständigen Behörden, soweit nicht Bundesbehörden zuständig sind. Unberührt bleiben Vorschriften des Landesrechts, nach denen für ein Land Behörden eines anderen Landes zuständig sind.

§ 143 Verwaltungsvorschriften

(1) Der Bundesminister für Wirtschaft erläßt mit Zustimmung des Bundesrates zur Durchführung dieses Gesetzes und der auf Grund dieses Gesetzes erlassenen Rechtsverordnungen des Bundes allgemeine Verwaltungsvorschriften. Für Bergverordnungen, die auf Grund von § 68 Abs. 2 erlassen worden sind, gilt dies nur, soweit der Schutz der in den §§ 65 bis 67 bezeichneten Rechtsgüter und Belange durch Verwal-

tungsvorschriften der zuständigen Behörden nicht gleichwertig sichergestellt wird. § 68 Abs. 3 gilt entsprechend.

(2) Soweit allgemeine Verwaltungsvorschriften nach Absatz 1 an Bundesbehörden gerichtet sind, bedürfen sie nicht der Zustimmung des Bundesrates.

Elfter Teil
Rechtsweg, Bußgeld- und Strafvorschriften

§ 144 Klage vor den ordentlichen Gerichten

(1) Für Rechtsstreitigkeiten über Entschädigungen ist der ordentliche Rechtsweg gegeben.

(2) Für die Klage sind die Landgerichte ohne Rücksicht auf den Wert des Streitgegenstandes ausschließlich zuständig. Örtlich ist das Landgericht ausschließlich zuständig, in dessen Bezirk der in Anspruch genommene Gegenstand liegt.

(3) Die Klage ist innerhalb eines Monats zu erheben. Die Frist beginnt
1. mit der Zustellung der Entscheidung der Behörde oder,
2. falls in derselben Sache ein Verwaltungsstreitverfahren eingeleitet wird, mit dem rechtskräftigen Abschluß dieses Verfahrens.

Die Frist ist eine Notfrist im Sinne der Zivilprozeßordnung.

(4) Der Rechtsstreit ist zwischen dem Entschädigungsberechtigten und dem Entschädigungsverpflichteten zu führen. Dies gilt sinngemäß, wenn der Rechtsstreit eine Ausgleichszahlung betrifft.

(5) Das Gericht übersendet der nach § 92 zuständigen Behörde eine Ausfertigung der Entscheidung oder des Vergleichs.

§ 145 Ordnungswidrigkeiten

(1) Ordnungswidrig handelt, wer vorsätzlich oder fahrlässig
1. entgegen § 6 Satz 1 bergfreie Bodenschätze ohne Erlaubnis aufsucht oder ohne Bewilligung oder Bergwerkseigentum gewinnt,
2. einer vollziehbaren Auflage nach § 16 Abs. 3 zuwiderhandelt,
3. die Grenze seiner Gewinnungsberechtigung überschreitet, ohne daß die Voraussetzungen des § 44 Abs. 1 Satz 1, auch in Verbindung mit § 47 Abs. 1 Satz 1 Nr. 1, vorliegen,
4. entgegen § 50 Abs. 1 Satz 1 oder Absatz 2 Satz 1 die Errichtung, Aufnahme oder Einstellung eines dort bezeichneten Betriebes nicht rechtzeitig anzeigt,
5. entgegen § 50 Abs. 3 Satz 1 der Anzeige nicht einen vorschriftsmäßigen Abbauplan beifügt oder entgegen § 50 Abs. 3 Satz 2 eine wesentliche Änderung nicht unverzüglich anzeigt,
6. einen nach § 51 betriebsplanpflichtigen Betrieb ohne zugelassenen Betriebsplan errichtet, führt oder, ohne daß die Voraussetzungen des § 57 Abs. 1 Satz 1 oder Absatz 2 vorliegen, einstellt oder Abweichungen von einem zugelassenen Betriebsplan anordnet,
7. entgegen § 53 Abs. 2 dem Abschlußbetriebsplan nicht die vorgeschriebene Betriebschronik beifügt,

§§ 145

8. einer vollziehbaren Auflage nach § 56 Abs. 1 Satz 2, auch in Verbindung mit § 56 Abs. 3, zuwiderhandelt,
9. entgegen § 57 Abs. 1 Satz 2, auch in Verbindung mit § 57 Abs. 2, eine Anordnung nicht, nicht richtig, nicht vollständig oder nicht unverzüglich anzeigt,
10. einer Vorschrift des § 59 Abs. 1 oder § 60 Abs. 1 über die Beschäftigung, Bestellung oder Abberufung verantwortlicher Personen oder des § 60 Abs. 2 über die Namhaftmachung verantwortlicher Personen oder die Anzeige der Änderung ihrer Stellung oder ihres Ausscheidens zuwiderhandelt,
11. entgegen § 61 Abs. 2 Satz 1 Verwaltungsakte den verantwortlichen Personen nicht, nicht richtig, nicht vollständig oder nicht unverzüglich zur Kenntnis gibt,
12. entgegen § 61 Abs. 2 Satz 2 nicht dafür sorgt, daß Betriebspläne und deren Zulassung jederzeit eingesehen werden können,
13. entgegen § 63 Abs. 1 bis 3 Satz 1 das Rißwerk nicht vorschriftsmäßig anfertigt oder nachträgt, der zuständigen Behörde nicht einreicht oder nicht ordnungsgemäß aufbewahrt,
14. entgegen § 70 Abs. 1 eine Auskunft nicht, nicht richtig oder nicht vollständig erteilt oder Unterlagen nicht vorlegt,
15. entgegen § 70 Abs. 2 Satz 4 oder 5 das Betreten von Grundstücken, Geschäftsräumen, Einrichtungen oder Wasserfahrzeugen, die Vornahme von Prüfungen oder Befahrungen, die Entnahme von Proben oder die Einsichtnahme in geschäftliche oder betriebliche Unterlagen nicht duldet oder Beauftragte bei Befahrungen nicht begleitet,
16. entgegen einer vollziehbaren Untersagung nach § 73 Abs. 1 Satz 1 eine verantwortliche Person weiterbeschäftigt,
17. entgegen § 74 Abs. 2 Satz 1 auf Verlangen die erforderlichen Arbeitskräfte oder Hilfsmittel nicht unverzüglich zur Verfügung stellt,
18. entgegen § 74 Abs. 3 ein Betriebsereignis nicht, nicht richtig, nicht vollständig oder nicht unverzüglich anzeigt,
19. entgegen § 125 Abs. 1 Satz 1 oder 2 die verlangten Messungen nicht durchführt oder deren Ergebnisse nicht, nicht richtig, nicht vollständig oder nicht unverzüglich einreicht oder entgegen § 125 Abs. 3 Satz 1 das Betreten eines Gründstücks oder das Anbringen von Meßmarken nicht duldet,
20. ohne Genehmigung nach § 132 Abs. 1 Satz 1 Forschungshandlungen im Bereich des Festlandsockels vornimmt,
21. ohne die Genehmigungen nach § 133 Abs. 1 Satz 1 eine Transit-Rohrleitung in oder auf dem Festlandsockel errichtet oder betreibt,
22. entgegen § 169 Abs. 1 Nr. 1 den Betrieb nicht unverzüglich anzeigt oder entgegen § 169 Abs. 1 Nr. 3 verantwortliche Personen nicht rechtzeitig bestellt oder nicht namhaft macht.

(2) Die Vorschriften des Absatzes 1
a) Nummer 4, 6 und 8 bis 18 gelten auch für Untersuchungen des Untergrundes und Untergrundspeicher nach § 126 Abs. 1, für die Errichtung und den Betrieb von Anlagen zur Lagerung, Sicherstellung oder Entlagerung radioaktiver Stoffe nach § 126 Abs. 3 sowie für das Aufsuchen und Gewinnen mineralischer Rohstoffe in alten Halden nach § 128,
b) Nummer 4, 6, 8 bis 12 und 14 bis 18 gelten auch für Bohrungen nach § 127 Abs. 1 und Hohlraumbauten nach § 130,
c) Nummer 4, 6, 8 bis 16 und 18 gelten auch für Versuchsgruben nach § 129 Abs. 1,
d) Nummer 4, 6, 8 bis 12, 14 bis 16 und 18 gelten auch für bergbauliche Ausbildungsstätten sowie für Besucherbergwerke und Besucherhöhlen nach § 129 Abs. 1,

e) Nummer 10, 11 und 14 bis 17 gelten auch für Hauptstellen für das Grubenrettungswesen nach § 131 Abs. 3,
f) Nummer 14 und 15 gelten auch für Forschungshandlungen nach § 132 Abs. 3,
g) Nummer 10, 11, 14 bis 16 und 18 gelten auch für Transit-Rohrleitungen nach § 133 Abs. 3.

(3) Ordnungswidrig handelt auch, wer vorsätzlich oder fahrlässig einer Rechtsverordnung nach
1. § 32 Abs. 1, §§ 67, 123, § 125 Abs. 4 oder § 131 Abs. 2 oder
2. § 65 und § 66 mit Ausnahme von Satz 1 Nr. 4 Buchstabe e
zuwiderhandelt, soweit sie für einen bestimmten Tatbestand auf diese Bußgeldvorschrift verweist.

(4) Die Ordnungswidrigkeit kann in den Fällen des Absatzes 1 Nr. 1, 2, 6, 8 bis 11, 15 bis 18, 20, 21 und des Absatzes 3 Nr. 1 mit einer Geldbuße bis zu fünfzigtausend Deutsche Mark, in den Fällen des Absatzes 1 Nr. 3 bis 5, 7, 12 bis 14, 19, 22 und des Absatzes 3 Nr. 2 mit einer Geldbuße bis zu fünftausend Deutsche Mark, jeweils auch in Verbindung mit Absatz 2, geahndet werden.

(5) Verwaltungsbehörde im Sinne des § 36 Abs. 1 Nr. 1 des Gesetzes über Ordnungswidrigkeiten ist für Ordnungswidrigkeiten im Bereich des Festlandsockels im Zusammenhang mit Forschungshandlungen (§ 132) und mit der Überwachungstätigkeit der in § 134 Abs. 1 bezeichneten Behörden des Bundes die vom Bundesminister für Verkehr durch Rechtsverordnung ohne Zustimmung des Bundesrates bestimmte Behörde.

§ 146 Straftaten

(1) Mit Freiheitsstrafe bis zu fünf Jahren oder mit Geldstrafe wird bestraft, wer eine in § 145 Abs. 1 Nr. 6, 8, 9, 16 und 17, auch in Verbindung mit § 145 Abs. 2 oder in § 145 Abs. 3 Nr. 1 bezeichnete Handlung begeht und dadurch das Leben oder die Gesundheit eines anderen oder fremde Sachen von bedeutendem Wert gefährdet.

(2) In besonders schweren Fällen ist die Strafe Freiheitsstrafe von sechs Monaten bis zu zehn Jahren. Ein besonders schwerer Fall liegt in der Regel vor, wenn der Täter durch die Tat das Leben oder die Gesundheit einer großen Zahl von Menschen gefährdet oder leichtfertig den Tod oder eine schwere Körperverletzung eines Menschen (§ 224 des Strafgesetzbuches) verursacht.

(3) Wer in den Fällen des Absatzes 1
1. die Gefahr fahrlässig verursacht oder
2. fahrlässig handelt und die Gefahr fahrlässig verursacht,
wird mit Freiheitsstrafe bis zu zwei Jahren oder mit Geldstrafe bestraft.

§ 147 Erforschung von Straftaten

Die für die Ausführung des Gesetzes zuständigen Landesbehörden haben bei der Erforschung von Straftaten nach § 146 die Rechte und Pflichten der Behörden des Polizeidienstes.

§§ 148, 149

§ 148 Tatort, Gerichtsstand

(1) Werden Taten nach § 146 nicht im Inland begangen, so gilt das deutsche Strafrecht unabhängig vom Recht des Tatorts.

(2) Im Bereich des Festlandsockels haben die Beamten der in § 132 Abs. 1, § 134 Abs. 1 und § 136 bezeichneten Behörden Straftaten nach § 146 zu erforschen und alle keinen Aufschub gestattenden Anordnungen zu treffen, um die Verdunkelung der Sache zu verhüten; die Beamten haben die Rechte und Pflichten der Polizeibeamten nach den Vorschriften der Strafprozeßordnung; sie sind insoweit Hilfsbeamte der Staatsanwaltschaft.

(3) Ist für eine Straftat nach § 146 ein Gerichtsstand nach den §§ 7 bis 10, 13, 98 Abs. 2, § 128 Abs. 1, § 162 Abs. 1 oder § 165 der Strafprozeßordnung oder § 157 des Gerichtsverfassungsgesetzes im Geltungsbereich dieses Gesetzes nicht begründet, so ist Hamburg Gerichtsstand; zuständiges Amtsgericht ist das Amtsgericht Hamburg.

Zwölfter Teil
Übergangs- und Schlußbestimmungen

Erstes Kapitel
Alte Rechte und Verträge

§ 149 Voraussetzungen für die Aufrechterhaltung alter Rechte und Verträge

(1) Nach Maßgabe der Vorschriften dieses Gesetzes bleiben aufrechterhalten
1. Bergwerkseigentum,
2. Ermächtigungen, Erlaubnisse und Verträge über die Aufsuchung oder Gewinnung von Bodenschätzen, deren Aufsuchung und Gewinnung nach den beim Inkrafttreten dieses Gesetzes geltenden bergrechtlichen Vorschriften der Länder dem Staate vorbehalten waren, sowie Erlaubnisse im Sinne des Gesetzes zur vorläufigen Regelung der Rechte am Festlandsockel vom 24. Juli 1964 (BGBl. I S. 497), zuletzt geändert durch Artikel 8 des Gesetzes vom 28. März 1980 (BGBl. I S. 373), mit Ausnahme der Erlaubnisse für Transit-Rohrleitungen,
3. dingliche, selbständig im Grundbuch eingetragene Gewinnungsrechte, die ein aufrechterhaltenes Recht nach Nummer 1 belasten,
4. Bergwerke, Bergwerkskonzessionen und sonstige Berechtigungen und Sonderrechte zur Aufsuchung und Gewinnung von Bodenschätzen, die bei Inkrafttreten der bis zum Zeitpunkt des Inkrafttretens dieses Gesetzes erlassenen Berggesetze und anderen bergrechtlichen Vorschriften der Länder bereits bestanden haben,
5. besondere Rechte der Grundeigentümer und selbständige, vom Grundeigentümer bestellte dingliche Gerechtigkeiten zur Aufsuchung oder Gewinnung der in § 3 Abs. 3 Satz 1 oder 2 Nr. 2 genannten Bodenschätze mit Ausnahme der Rechte nach Nummer 7,
6. Verträge, die der Grundeigentümer oder ein sonstiger Ausbeutungsberechtigter über die Aufsuchung und Gewinnung der in § 3 Abs. 3 Satz 1 oder 2 Nr. 2 genannten Bodenschätze, auf die sich Rechte im Sinne der Nummer 5 beziehen, geschlossen hat,
7. Rechte von Grundeigentümern zur Verfügung über Bodenschätze, die einem aufrechterhaltenen Recht nach Nummer 1 unterliegen,
8. Rechte auf Grundrenten oder sonstige Abgaben, die für aufrechterhaltene Bergwerkskonzessionen nach Nummer 4 zu zahlen sind,

Gesetzestext § 149

8. Rechte auf Grundrenten oder sonstige Abgaben, die für aufrechterhaltene Bergwerkskonzessionen nach Nummer 4 zu zahlen sind,
9. Erbstollengerechtigkeiten,

soweit diese Rechte und Verträge
a) nach den beim Inkrafttreten dieses Gesetzes geltenden bergrechtlichen Vorschriften der Länder oder der Vorschriften des Gesetzes zur vorläufigen Regelung der Rechte am Festlandsockel aufrechterhalten, eingeführt, übertragen, begründet oder nicht aufgehoben worden sind,
b) innerhalb von drei Jahren nach Inkrafttreten dieses Gesetzes unter Beifügung der zum Nachweis ihres Bestehens erforderlichen Unterlagen bei der zuständigen Behörde angezeigt werden und
c) ihre Aufrechterhaltung von der zuständigen Behörde bestätigt wird.

Zur Anzeige nach Satz 1 Buchstabe b ist nur der Inhaber des Rechts, bei Verträgen jeder Vertragspartner berechtigt. Bei Miteigentümern oder sonst gemeinsam Berechtigten genügt die Anzeige eines Mitberechtigten.

(2) Für Rechte im Sinne des Absatzes 1 Satz 1, die im Grundbuch eingetragen sind, gilt Absatz 1 mit folgender Maßgabe:
1. Die in Absatz 1 Satz 1 Buchstabe b bezeichnete Frist beginnt mit dem Tage der Bekanntmachung einer öffentlichen Aufforderung durch die zuständige Behörde nach den Sätzen 2 und 3.
2. Der Anzeige brauchen zum Nachweis des Bestehens des Rechts Unterlagen nicht beigefügt zu werden.
3. Zur Anzeige sind auch die Inhaber der im Grundbuch eingetragenen dinglichen Rechte berechtigt.

Die öffentliche Aufforderung soll innerhalb von zwei Jahren nach Inkrafttreten dieses Gesetzes von der zuständigen Behörde im Bundesanzeiger und im amtlichen Veröffentlichungsblatt der zuständigen Behörde bekanntgemacht werden. In die öffentliche Aufforderung sind insbesondere aufzunehmen
1. die sich aus dem Grundbuch ergebende Bezeichnung des Rechts im Sinne des Absatzes 1 Satz 1;
2. der im Grundbuch eingetragene Inhaber dieses Rechts;
3. der Hinweis auf die sich aus den Absätzen 4 und 5 ergebenden Rechtsfolgen.

(3) Unbeschadet des Absatzes 1 bleiben außerdem in den Gebieten, in denen bei Inkrafttreten dieses Gesetzes das Verfügungsrecht des Grundeigentümers über in § 3 Abs. 3 Satz 1 oder 2 Nr. 2 genannte Bodenschätze nicht entzogen war, Grundeigentümer und sonstige Ausbeutungsberechtigte, die ihr Recht vom Grundeigentum herleiten, auch noch nach Inkrafttreten dieses Gesetzes in den räumlichen Grenzen ihres Grundeigentums oder Ausbeutungsrechts zur Verfügung über einen bestimmten dieser Bodenschätze unter der Voraussetzung berechtigt, daß
1. bereits vor Inkrafttreten dieses Gesetzes
   a) mit der Nutzung dieses bestimmten Bodenschatzes begonnen worden ist oder
   b) durch diesen bestimmten Bodenschatz eine Steigerung des Verkehrswertes des Grundstückes eingetreten ist,
2. das Recht innerhalb von drei Jahren nach Inkrafttreten dieses Gesetzes bei der zuständigen Behörde angezeigt wird und
3. die Aufrechterhaltung des Rechts von der zuständigen Behörde bestätigt wird.

Mit der Anzeige ist neben dem Vorliegen der Voraussetzungen nach Satz 1 Nr. 1 bei Anzeigen sonstiger Ausbeutungsberechtigter der Inhalt des mit dem Grundeigentümer oder anderen Berechtigten geschlossenen Vertrages, insbesondere das Vertragsgebiet, nachzuweisen. Absatz 1 Satz 2 und 3 und Absatz 2 Satz 1 Nr. 3 gelten entsprechend.

(4) Die Bestätigung darf nur versagt werden, wenn im Falle der Absätze 1 und 2 die in Absatz 1 Satz 1 Buchstabe a, im Falle des Absatzes 3 die in Absatz 3 Satz 1 Nr. 1 bezeichneten Voraussetzungen nicht nachgewiesen sind.

(5) Rechte und Verträge, die nicht oder nicht fristgemäß angezeigt worden sind, erlöschen drei Jahre nach Ablauf der Anzeigefrist. Nicht unter Satz 1 fallende Rechte und Verträge, denen die Bestätigung versagt wird, erlöschen mit dem Eintritt der Unanfechtbarkeit der Versagung.

(6) Ist ein nach Absatz 5 erloschenes Recht im Grundbuch eingetragen, so ersucht die zuständige Behörde das Grundbuchamt um die Löschung des Rechts.

(7) Für die Aufsuchung und Gewinnung auf Grund eines aufrechterhaltenen Rechts oder Vertrages im Sinne des Absatzes 1 Satz 1 Nr. 1 bis 4 und 7 gilt § 6 Satz 1 nicht. Das gleiche gilt in den Fällen des Absatzes 5 bis zum Erlöschen des Rechts oder Vertrages.

§ 150 Ausnahme von der Bergfreiheit von Bodenschätzen

(1) In § 3 Abs. 3 Satz 1 oder 2 Nr. 2 aufgeführte Bodenschätze, auf die sich ein aufrechterhaltenes Recht oder aufrechterhaltener Vertrag im Sinne des § 149 Abs. 1 Satz 1 Nr. 5 oder 6 oder Abs. 3 bezieht, bleiben bis zum Erlöschen oder bis zur Aufhebung des Rechts oder Vertrages grundeigene Bodenschätze.

(2) In § 3 Abs. 3 Satz 1 nicht aufgeführte und nicht unter § 3 Abs. 3 Satz 2 Nr. 1 und 2 Buchstabe b fallende Bodenschätze, auf die sich ein aufrechterhaltenes Recht oder aufrechterhaltener Vertrag im Sinne des § 149 Abs. 1 Satz 1 Nr. 1 bis 4 oder eine nach § 172 erteilte Bewilligung bezieht, bleiben bis zum Erlöschen oder bis zur Aufhebung des Rechts, des Vertrages oder der Bewilligung bergfreie Bodenschätze.

§ 151 Bergwerkseigentum

(1) Aufrechterhaltenes Bergwerkseigentum im Sinne des § 149 Abs. 1 Satz 1 Nr. 1 gewährt das nicht befristete ausschließliche Recht, nach den Vorschriften dieses Gesetzes
1. die in der Verleihungsurkunde bezeichneten Bodenschätze in dem Bergwerksfeld aufzusuchen, zu gewinnen und Eigentum daran zu erwerben,
2. in dem Bergwerksfeld andere Bodenschätze mitzugewinnen und das Eigentum daran zu erwerben,
3. die bei Anlegung von Hilfsbauen zu lösenden oder freizusetzenden Bodenschätze zu gewinnen und das Eigentum an diesen Bodenschätzen zu erwerben,
4. die erforderlichen Einrichtungen im Sinne des § 2 Abs. 1 Nr. 3 zu errichten und zu betreiben,
5. Grundabtretung zu verlangen.

(2) Im übrigen gilt § 9 mit folgender Maßgabe entsprechend:
1. Das Recht nach Absatz 1 Nr. 1 erstreckt sich auch auf die in der Verleihungsurkunde bezeichneten Bodenschätze, soweit sie sich in Halden eines früheren, auf Grund einer bereits erloschenen Gewinnungsberechtigung betriebenen Bergbaus innerhalb des Bergwerksfeldes befinden, es sei denn, daß die Halden im Eigentum des Grundeigentümers stehen;

2. die §§ 18 und 31 sind nicht anzuwenden;
3. Zuschreibungen und Vereinigungen, die bei Inkrafttreten dieses Gesetzes bestehen, bleiben von § 9 Abs. 2 unberührt; die Länder können Vorschriften über ihre Aufhebung erlassen;
4. Vereinigung und Austausch mit nach Inkrafttreten dieses Gesetzes verliehenem Bergwerkseigentum sind nicht zulässig.

§ 152 Aufrechterhaltene Rechte und Verträge zur Aufsuchung, Forschungshandlungen

(1) Aufrechterhaltene Rechte und Verträge im Sinne des § 149 Abs. 1 Satz 1 Nr. 1, 2 und 4, die nur zur Aufsuchung von Bodenschätzen berechtigen, gelten für die Bodenschätze, die Zeit und den Bereich, für die sie aufrechterhalten bleiben, als Erlaubnisse nach § 7, soweit dieses Gesetz nichts anderes bestimmt.

(2) § 18 ist anzuwenden, wenn der Widerrufsgrund nach dem Inkrafttreten dieses Gesetzes eintritt oder fortbesteht. Eine Verlängerung ist, auch wenn sie nach dem Inhalt der Rechte oder Verträge nach den beim Inkrafttreten dieses Gesetzes geltenden bergrechtlichen Vorschriften des Bundes und der Länder vorgesehen ist, nur unter der Voraussetzung des § 16 Abs. 4 Satz 2 zulässig. Nicht befristete Rechte und Verträge erlöschen nach Ablauf von zehn Jahren nach Inkrafttreten dieses Gesetzes. Bei Neuerteilung einer Erlaubnis hat der Antrag des aus dem erloschenen Recht oder Vertrag Berechtigten den Vorrang vor allen anderen Anträgen, wenn für seinen Antrag kein Versagungsgrund nach § 11 vorliegt; § 14 ist insoweit nicht anzuwenden.

(3) Ist ein Recht im Sinne des Absatzes 1 im Grundbuch eingetragen, so ersucht die zuständige Behörde das Grundbuchamt um Löschung des Rechts.

(4) Aufrechterhaltene Rechte im Sinne des § 149 Abs. 1 Satz 1 Nr. 2, die nur zu solchen Forschungshandlungen im Bereich des Festlandsockels berechtigen, die ihrer Art nach zur Aufsuchung von Bodenschätzen offensichtlich ungeeignet sind, gelten für die Forschungshandlungen, die Zeit und den Bereich, für die sie aufrechterhalten bleiben, als Genehmigung nach § 132, soweit dieses Gesetz nichts anderes bestimmt. Der Inhalt dieser Rechte bleibt insoweit unberührt, als er diesem Gesetz nicht widerspricht. Nicht befristete Rechte erlöschen nach Ablauf von zehn Jahren nach Inkrafttreten dieses Gesetzes.

§ 153 Konzessionen, Erlaubnisse und Verträge zur Gewinnung

Aufrechterhaltene Rechte und Verträge im Sinne des § 149 Abs. 1 Satz 1 Nr. 2 und 7, die zur Gewinnung von Bodenschätzen oder zur Verfügung über Bodenschätze berechtigen, gelten für die Bodenschätze, die Zeit und den Bereich, für die sie aufrechterhalten bleiben, als Bewilligung nach § 8, soweit dieses Gesetz nichts anderes bestimmt. § 152 Abs. 2 Satz 1 sowie Abs. 3 gilt entsprechend. Auf eine Verlängerung befristeter Rechte und Verträge gilt § 16 Abs. 5 Satz 3 entsprechend.

§ 154 Bergwerke, Bergwerksberechtigungen und Sonderrechte

(1) Aufrechterhaltene Rechte im Sinne des § 149 Abs. 1 Satz 1 Nr. 4, die zur Aufsuchung und Gewinnung berechtigen, gelten für die Bodenschätze und den Bereich, für die sie aufrechterhalten bleiben, als Bergwerkseigentum im Sinne des § 151. Rechte,

§§ 155,156 Gesetzestext

die ihrem Wortlaut nach auf alle vom Verfügungsrecht des Grundeigentümers ausgeschlossenen Bodenschätze erteilt, übertragen oder verliehen worden sind, gelten dabei für die Bodenschätze, die nach den beim Inkrafttreten dieses Gesetzes geltenden bergrechtlichen Vorschriften des Landes oder Landesteiles, in dessen Gebiet das Recht gilt, bergfrei oder dem Staate vorbehalten waren. Steht nicht fest, auf welche Bodenschätze sich ein Recht bezieht, so ist insoweit der Inhalt des Rechts durch die zuständige Behörde für den Zeitpunkt des Inkrafttretens dieses Gesetzes festzustellen. Dabei sind Art und Umfang der in den letzten dreißig Jahren vor Inkrafttreten dieses Gesetzes ausgeübten Tätigkeit angemessen zu berücksichtigen.

(2) Ist bei der Erteilung, Übertragung oder Verleihung des Rechts im Sinne des Absatzes 1 Satz 1 eine Urkunde, die der nach den beim Inkrafttreten dieses Gesetzes geltenden bergrechtlichen Vorschriften der Länder über die Entstehung von Bergwerkseigentum auf bergfreie Bodenschätze erforderlichen Verleihungsurkunde entspricht, nicht ausgefertigt worden, so hat die zuständige Behörde eine die Verleihungsurkunde ersetzende Urkunde auszustellen und auf Verlangen dem beim Inkrafttreten dieses Gesetzes Berechtigten zuzustellen. Die Urkunde muß dem § 17 Abs. 2 Satz 2 entsprechen und den Inhalt der Feststellung nach Absatz 1 Satz 3 und 4 enthalten.

(3) Ist ein Recht im Sinne des Absatzes 1 Satz 1 nicht oder nicht als Bergwerkseigentum im Grundbuch eingetragen, so gilt § 17 Abs. 3 entsprechend. An die Stelle der beglaubigten Abschrift der Berechtsamsurkunde tritt eine beglaubigte Abschrift der Verleihungsurkunde oder einer entsprechenden Urkunde.

§ 155 Dingliche Gewinnungsrechte

Aufrechterhaltene dingliche Gewinnungsrechte im Sinne des § 149 Abs. 1 Satz 1 Nr. 3 treten für die Bodenschätze, die Zeit und den Bereich, für die sie aufrechterhalten bleiben, an die Stelle des durch sie belasteten Bergwerkseigentums. Die §§ 24 bis 29 sind nicht anzuwenden.

§ 156 Aufrechterhaltene Rechte und Verträge über grundeigene Bodenschätze

(1) Der Inhalt aufrechterhaltener Rechte und Verträge im Sinne des § 149 Abs. 1 Satz 1 Nr. 5 und 6 bleibt unberührt, soweit dieses Gesetz nichts anderes bestimmt.

(2) Rechte im Sinne des Absatzes 1 können nur mit Genehmigung der zuständigen Behörde an einen anderen durch Rechtsgeschäft abgetreten oder zur Ausübung überlassen werden. Dasselbe gilt für die Änderung von Verträgen im Sinne des Absatzes 1 und des § 149 Abs. 3 Satz 2 sowie für die Überlassung der Ausübung des sich aus einem solchen Vertrag ergebenden Aufsuchungs- oder Gewinnungsrechts. Die Genehmigung darf nur versagt werden, wenn die Abtretung, Überlassung oder Änderung die sinnvolle oder planmäßige Aufsuchung oder Gewinnung der Bodenschätze beeinträchtigt oder gefährdet.

(3) Rechte und Verträge im Sinne des Absatzes 1 erlöschen nach Maßgabe der beim Inkrafttreten dieses Gesetzes geltenden bergrechtlichen Vorschriften der Länder, sofern sie nicht bereits vorher aus anderen Gründen erloschen sind. § 149 Abs. 6 gilt entsprechend.

Gesetzestext **§§ 157–160**

§ 157 Grundrenten

Aufrechterhaltene Grundrenten und sonstige Abgaben im Sinne des § 149 Abs. 1 Satz 1 Nr. 8 sind nach Maßgabe der für sie beim Inkrafttreten dieses Gesetzes geltenden Vorschriften weiterhin zu entrichten.

§ 158 Erbstollengerechtigkeiten

(1) Auf aufrechterhaltene Erbstollengerechtigkeiten im Sinne des § 149 Abs. 1 Satz 1 Nr. 9 sind, soweit sich aus Absatz 2 nichts anderes ergibt, die beim Inkrafttreten dieses Gesetzes geltenden Vorschriften anzuwenden.

(2) Der aus einer Erbstollengerechtigkeit Berechtigte hat innerhalb von drei Jahren nach Inkrafttreten dieses Gesetzes die Eintragung der Erbstollengerechtigkeit im Grundbuch zu beantragen. Erbstollengerechtigkeiten, deren Eintragung im Grundbuch nicht innerhalb dieser Frist beantragt worden ist, erlöschen, soweit sie nicht bereits vor Ablauf dieser Frist aus anderen Gründen erloschen sind.

§ 159 Alte Rechte und Aufsuchung zu wissenschaftlichen Zwecken

Aufrechterhaltene alte Rechte und Verträge, die allein oder neben anderen Befugnissen ein ausschließliches Recht zur Aufsuchung von Bodenschätzen zum Gegenstand haben, schließen die Erteilung einer Erlaubnis zur großräumigen Aufsuchung sowie einer oder mehrerer Erlaubnisse zur Aufsuchung zu wissenschaftlichen Zwecken nach § 7 für dasselbe Feld nicht aus.

§ 160 Enteignung alter Rechte und Verträge

(1) Die nach § 149 aufrechterhaltenen Rechte und Verträge können durch die zuständige Behörde gegen Entschädigung ganz oder teilweise aufgehoben werden, soweit von dem Fortbestand dieser Rechte oder der Fortsetzung ihrer Nutzung oder von der Aufrechterhaltung oder der Durchführung der Verträge eine Beeinträchtigung des Wohles der Allgemeinheit zu erwarten ist, insbesondere wenn sich das Recht oder der Vertrag auf Bodenschätze von besonderer volkswirtschaftlicher Bedeutung bezieht und diese Bodenschätze nur deshalb nicht gewonnen werden, weil der Berechtigte das Recht nicht nutzt oder den Vertrag nicht durchführt und die Nutzung oder Durchführung nach den gegebenen Umständen auch nicht in absehbarer Zeit aufnehmen wird.

(2) Die Entschädigung ist als einmalige Leistung in Geld zu entrichten; § 84 Abs. 2, 4 Satz 3 und Absatz 5 Satz 1, § 85 Abs. 1 und 2, § 86 Abs. 1 und 3, § 89 Abs. 2 und 4 und § 90 Abs. 1 Nr. 2 und 4, Absatz 2 und 4 gelten entsprechend. Wird ein Recht dinglicher Art aufgehoben, so gelten für die Entschädigung die Artikel 52 und 53 des Einführungsgesetzes zum Bürgerlichen Gesetzbuch entsprechend.

(3) Die Entschädigung ist von dem Land zu leisten, in dem die Bodenschätze belegen sind, auf die sich das ganz oder teilweise aufgehobene Recht oder der ganz oder teilweise aufgehobene Vertrag bezogen hat; sind die Bodenschätze im Bereich des Festlandsockels belegen, so ist die Entschädigung vom Bund zu leisten.

(4) Auf die Enteignung nach den Absätzen 1 bis 3 sind die Vorschriften über das förmliche Verwaltungsverfahren nach Teil V Abschnitt 1 des Verwaltungsverfahrensgesetzes anzuwenden.

(5) Ist ein nach Absatz 1 ganz oder teilweise aufgehobenes Recht im Grundbuch eingetragen und die Aufhebung unanfechtbar, so ersucht die zuständige Behörde das Grundbuchamt um die Berichtigung des Grundbuchs.

§ 161 Ausdehnung von Bergwerkseigentum auf aufgehobene Längenfelder

(1) Wird auf Antrag eines Bergwerkseigentümers Bergwerkseigentum für ein Längenfeld nach § 151 in Verbindung mit § 20 oder durch Enteignung nach § 160 ganz oder teilweise aufgehoben, so ist Bergwerkseigentum für ein Geviertfeld, das
1. auf den gleichen Bodenschatz oder die gleichen Bodenschätze wie das Bergwerkseigentum für das Längenfeld verliehen worden ist und
2. den durch die Aufhebung betroffenen Bereich des Längenfeldes ganz umschließt,

auf Antrag des Bergwerkseigentümers des Geviertfeldes durch Entscheidung der zuständigen Behörde auf den durch die Aufhebung betroffenen Bereich des Längenfeldes auszudehnen. Wird nur ein Teil des durch die Aufhebung betroffenen Bergwerkseigentums für ein Längenfeld von einem auf den gleichen Bodenschatz verliehenen Bergwerkseigentum für ein Geviertfeld umschlossen, so ist hinsichtlich des umschlossenen Teils Satz 1 anzuwenden.

(2) Geviertfeld ist ein Feld, das den Voraussetzungen des § 4 Abs. 7 entspricht. Längenfeld ist ein Feld, das im Streichen und Einfallen dem Verlauf einer Lagerstätte folgt. Als Längenfeld im Sinne des Absatzes 1 gilt auch ein Feld, das, wie Breitenfelder, Vertikallagerungsfelder, Gevierte Grubenfelder, weder die Voraussetzungen des Satzes 1 noch des Satzes 2 erfüllt.

§ 162 Entscheidung, Rechtsänderung

(1) In der Entscheidung über die Ausdehnung des Bergwerkseigentums für ein Geviertfeld auf den Bereich eines durch Enteignung nach § 160 ganz oder teilweise aufgehobenen Bergwerkseigentums für ein Längenfeld hat die zuständige Behörde dem Antragsteller aufzuerlegen, die nach § 160 Abs. 2 Satz 1 geleistete Entschädigung dem Land bis zur Höhe des Verkehrswertes des Bereichs zu erstatten, auf den das Bergwerkseigentum für ein Geviertfeld ausgedehnt wird. Für die Bemessung des Verkehrswerts, die nach § 85 Abs. 2 vorzunehmen ist, ist der Zeitpunkt der Entscheidung maßgebend.

(2) Mit Unanfechtbarkeit der Entscheidung wird die Ausdehnung des Geviertfeldes wirksam. Die zuständige Behörde hat die erforderlichen Zusatzurkunden auszufertigen. Die zuständige Behörde ersucht das Grundbuchamt, die Rechtsänderung im Grundbuch einzutragen.

Zweites Kapitel
Auflösung und Abwicklung der bergrechtlichen Gewerkschaften

§ 163 Auflösung und Umwandlung

(1) Die bei Inkrafttreten dieses Gesetzes bestehenden Gewerkschaften mit eigener oder ohne eigene Rechtspersönlichkeit sind mit Ablauf des 1. Januar 1986 aufgelöst, wenn nicht bis zu diesem Tage
1. ein Beschluß über die Umwandlung der Gewerkschaft nach den Vorschriften des

Umwandlungsgesetzes oder nach den §§ 384, 385 und 393 des Aktiengesetzes zur Eintragung in das Handelsregister angemeldet ist,
2. ein Beschluß über die Verschmelzung der Gewerkschaft mit einer Aktiengesellschaft oder einer Kommanditgesellschaft auf Aktien nach den §§ 357 oder 358 des Aktiengesetzes oder mit einer Gesellschaft mit beschränkter Haftung nach den Vorschriften des Zweiten Abschnitts des Gesetzes über die Kapitalerhöhung aus Gesellschaftsmitteln und über die Verschmelzung von Gesellschaften mit beschränkter Haftung zur Eintragung in das Handelsregister angemeldet ist oder
3. die Gewerkschaft durch Beschluß der Gewerkenversammlung oder in sonstiger Weise aufgelöst ist.

Ist der Beschluß über die Umwandlung oder die Verschmelzung angefochten worden, so tritt an die Stelle des in Satz 1 genannten Tages der sechs Monate nach dem Tag der Rechtskraft der Entscheidung liegende Tag. Die Entstehung neuer Gewerkschaften ist ausgeschlossen.

(2) Die Bezeichnung „Gewerkschaft" und der bisher von der Gewerkschaft verwendete Name können in die Firma des Unternehmens, in das die Gewerkschaft umgewandelt worden ist, aufgenommen werden. Die sonstigen firmenrechtlichen Vorschriften bleiben unberührt.

(3) Geschäfte und Verhandlungen, die in der Zeit vom 1. Januar 1982 bis zum 1. Januar 1986 oder zu dem in Absatz 1 Satz 2 genannten Zeitpunkt durchgeführt werden und einer Umwandlung oder Verschmelzung im Sinne des Absatzes 1 Satz 1 Nr. 1 oder 2 dienen, sind von Gebühren und Auslagen der Gerichte und Behörden, soweit sie nicht auf landesrechtlichen Vorschriften beruhen, befreit. Die Befreiung schließt Eintragungen und Löschungen in öffentlichen Büchern ein; sie gilt auch für Beurkundungs- und Beglaubigungsgebühren. Die Sätze 1 und 2 gelten für die Umwandlung einer Gewerkschaft ohne eigene Rechtspersönlichkeit in eine Gewerkschaft mit eigener Rechtspersönlichkeit entsprechend, soweit die Umwandlung der Vorbereitung einer unter Absatz 1 Satz 1 Nr. 1 oder 2 fallenden Umwandlung in eine Gesellschaft mit beschränkter Haftung, Verschmelzung mit einer solchen Gesellschaft oder Umwandlung oder Verschmelzung nach dem Aktiengesetz dient.

§ 164 Abwicklung

(1) Eine aufgelöste oder als aufgelöst geltende Gewerkschaft ist abzuwickeln. Die Fortsetzung der Gewerkschaft ist ausgeschlossen.

(2) Der Repräsentant (Grubenvorstand) hat die Abwickler (Liquidatoren) dem Gericht des Sitzes der Gewerkschaft unverzüglich, spätestens drei Monate nach dem in § 163 Abs. 1 Satz 1 oder 2 genannten Zeitpunkt, namhaft zu machen. Sind dem Gericht des Sitzes der Gewerkschaft bis zu diesem Zeitpunkt keine Abwickler namhaft gemacht worden, so hat es die Abwickler von Amts wegen zu bestellen. Die zuständige Behörde hat die abzuwickelnde Gewerkschaft dem Gericht des Sitzes der Gewerkschaft unter Angabe ihres Namens und, soweit bekannt, des Namens des Repräsentanten (Grubenvorstandes) und der Namen der beteiligten Gewerken bekanntzugeben.

(3) Die Abwickler haben dafür Sorge zu tragen, daß die Abwicklung ohne Verzögerung durchgeführt wird.

§§ 165–168

§ 165 Fortgeltendes Recht

Bis zu dem in § 163 Abs. 1 Satz 1 oder 2 genannten Zeitpunkt und für den Zeitraum einer Abwicklung nach § 164 sind die beim Inkrafttreten dieses Gesetzes für Gewerkschaften geltenden bergrechtlichen Vorschriften der Länder weiterhin anzuwenden, soweit sich aus § 163 Abs. 1 Satz 3 und § 164 nichts anderes ergibt.

Drittes Kapitel
Sonstige Übergangs- und Schlußvorschriften

§ 166 Bestehende Hilfsbaue

Die bei Inkrafttreten dieses Gesetzes bestehenden, nach den vor diesem Zeitpunkt geltenden Vorschriften rechtmäßig angelegten Hilfsbaue gelten als Hilfsbaue im Sinne dieses Gesetzes.

§ 167 Fortgeltung von Betriebsplänen und Anerkennungen

(1) Für Tätigkeiten und Einrichtungen im Sinne des § 2 und der §§ 126 bis 131, die bei Inkrafttreten dieses Gesetzes der Bergaufsicht unterliegen, gilt folgendes:
1. Die im Zeitpunkt des Inkrafttretens dieses Gesetzes zugelassenen Betriebspläne gelten für die Dauer ihrer Laufzeit als im Sinne dieses Gesetzes zugelassen.
2. Die Personen, deren Befähigung zur Leitung und Beaufsichtigung des Betriebes anerkannt ist (Aufsichtspersonen), gelten für die Dauer der Anerkennung, höchstens jedoch für zwei Jahre nach Inkrafttreten dieses Gesetzes, für die ihnen im Zeitpunkt des Inkrafttretens dieses Gesetzes übertragenen Geschäftskreise als verantwortliche Personen im Sinne der §§ 58 und 59.
3. Die Personen, die vom Unternehmer (Bergwerksbesitzer, Bergwerksunternehmer) im Rahmen seiner verantwortlichen Leitung des Betriebes zur Wahrnehmung bestimmter Aufgaben und Befugnisse für die Sicherheit und Ordnung im Betrieb bestellt und der Bergbehörde namhaft gemacht worden sind (verantwortliche Personen), gelten nach Maßgabe der ihnen im Zeitpunkt des Inkrafttretens dieses Gesetzes übertragenen Aufgaben und Befugnisse als verantwortliche Personen im Sinne der §§ 58 und 59.

(2) Absatz 1 Nr. 2 und 3 gilt von dem Zeitpunkt ab nicht, von dem ab nach einer auf Grund des § 66 Satz 1 Nr. 9 erlassenen Bergverordnung die Fachkunde der in Absatz 1 Nr. 2 und 3 genannten Personen für die ihnen übertragenen Geschäftskreise oder Aufgaben und Befugnisse wegen der in der Bergverordnung gestellten Anforderungen nicht ausreicht oder der Unternehmer ihre Bestellung im Sinne des § 59 ändert.

§ 168 Erlaubnisse für Transit-Rohrleitungen

Die am 1. Januar 1982 nach § 2 des Gesetzes zur vorläufigen Regelung der Rechte am Festlandsockel erteilten vorläufigen Erlaubnisse zur Errichtung oder zum Betrieb von Transit-Rohrleitungen gelten für die Dauer ihrer Laufzeit als Genehmigungen im Sinne des § 133.

§ 169 Übergangszeit bei Unterstellung unter die Bergaufsicht, eingestellte Betriebe

(1) Für Tätigkeiten und Einrichtungen im Sinne des § 2 und der §§ 126 bis 131 (Betriebe), die erst mit Inkrafttreten dieses Gesetzes der Bergaufsicht unterliegen, gilt folgendes:
1. Der Unternehmer hat seinen Betrieb unverzüglich der zuständigen Behörde anzuzeigen.
2. Die nach § 51 oder nach den §§ 126 bis 130 in Verbindung mit § 51 für die Errichtung oder Führung des Betriebes erforderlichen Betriebspläne sind innerhalb einer Frist von vier Monaten nach Inkrafttreten dieses Gesetzes der zuständigen Behörde zur Zulassung einzureichen. Ist der Betriebsplan fristgemäß eingereicht, so bedarf es für die Errichtung oder Fortführung des Betriebes bis zur Unanfechtbarkeit der Entscheidung über die Zulassung keines zugelassenen Betriebsplanes. Bei Untergrundspeichern ist der Nachweis der Veröffentlichung nach § 126 Abs. 1 Satz 2 nicht erforderlich.
3. Verantwortliche Personen sind, soweit nach § 59 Abs. 2 oder nach den §§ 126 bis 131 in Verbindung mit § 59 Abs. 2 erforderlich, innerhalb einer Frist von vier Monaten nach Inkrafttreten dieses Gesetzes zu bestellen und der zuständigen Behörde namhaft zu machen.

(2) Auf Betriebe im Sinne des Absatzes 1, die bei Inkrafttreten dieses Gesetzes bereits endgültig eingestellt waren oder die Erdwärme gewinnen und diese Wärme zu Bade- oder Heilzwecken nutzen, ist dieses Gesetz nicht anzuwenden. Dieses Gesetz ist ferner auf Betriebe nicht anzuwenden, in denen bei Inkrafttreten dieses Gesetzes Ziegeleierzeugnisse auch aus Tonen im Sinne des § 3 Abs. 4 Nr. 1 hergestellt werden.

§ 170 Haftung für verursachte Schäden

Auf Schäden im Sinne des § 114, die ausschließlich vor Inkrafttreten dieses Gesetzes verursacht worden sind, sind die für solche Schäden vor Inkrafttreten dieses Gesetzes geltenden Vorschriften anzuwenden.

§ 171 Eingeleitete Verfahren

(1) In eingeleiteten Grundabtretungs- oder anderen Enteignungsverfahren ist nach den bisher geltenden Vorschriften zu entscheiden. Hat die zuständige Behörde die Entschädigung noch nicht festgesetzt, so sind die Vorschriften dieses Gesetzes über die Entschädigung in gleichen oder entsprechenden Fällen anzuwenden.

(2) In sonstigen eingeleiteten Verfahren ist nach den Vorschriften dieses Gesetzes zu entscheiden.

(3) Die Anfechtung von Verwaltungsakten, die vor Inkrafttreten dieses Gesetzes auf Grund der außer Kraft getretenen Vorschriften ergangen und noch nicht unanfechtbar geworden sind, sowie das weitere Verfahren und die Entscheidung richten sich nach den Vorschriften dieses Gesetzes über die entsprechenden Verwaltungsakte. Ein nach den bisher geltenden Vorschriften zulässiger Rechtsbehelf wird als ein nach diesem Gesetz zulässiger Rechtsbehelf behandelt, auch wenn er bei einer nicht mehr zuständigen Stelle eingelegt wird.

(4) Die Anfechtung von gerichtlichen Entscheidungen, die vor dem Inkrafttreten dieses Gesetzes ergangen und noch nicht unanfechtbar geworden sind oder die in den

§§ 172–174 Gesetzestext

beim Inkrafttreten dieses Gesetzes anhängigen gerichtlichen Verfahren ergehen, sowie das weitere Verfahren bis zur rechtskräftigen Entscheidung richten sich nach den bisher geltenden Vorschriften.

§ 172 Mutungen

Auf Mutungen, die bei Inkrafttreten dieses Gesetzes bereits eingelegt sind und auf die nach den beim Inkrafttreten dieses Gesetzes jeweils geltenden bergrechtlichen Vorschriften der Länder über das Muten und Verleihen Bergwerkseigentum zu verleihen gewesen wäre, ist für die Bodenschätze und das Feld, für die Bergwerkseigentum zu verleihen gewesen wäre, eine Bewilligung zu erteilen, wenn der Muter nicht innerhalb von zwölf Monaten nach Inkrafttreten dieses Gesetzes auf die Erteilung verzichtet.

§ 173 Zusammenhängende Betriebe

(1) Stehen Tätigkeiten und Einrichtungen im Sinne des § 2 (Betrieb) zur unterirdischen Aufsuchung oder Gewinnung von bergfreien oder grundeigenen Bodenschätzen mit einem Betrieb oder Betriebsteil in unmittelbarem räumlichen und betrieblichen Zusammenhang, in dem andere Bodenschätze übertage aufgesucht oder gewonnen werden, so kann die zuständige Behörde bestimmen, daß an die Tätigkeiten und Einrichtungen in diesem Betrieb oder Betriebsteil die Vorschriften dieses Gesetzes anzuwenden sind, soweit dies mit Rücksicht auf die Untrennbarkeit der Arbeits- und Betriebsvorgänge zwischen unter- und übertage geboten ist. Die Anordnung nach Satz 1 ist aufzuheben, wenn eine der Voraussetzungen für ihren Erlaß entfällt.

(2) Soweit Tätigkeiten und Einrichtungen im Sinne des § 2 zur Aufsuchung oder Gewinnung von bergfreien oder grundeigenen Bodenschätzen mit einem Kraftwerk, das zur Aufsuchung oder Gewinnung der Bodenschätze erforderlich ist, oder mit einer Schamottefabrik im unmittelbaren räumlichen und betrieblichen Zusammenhang stehen, kann, wenn das Kraftwerk oder die Schamottefabrik nach den bei Inkrafttreten dieses Gesetzes geltenden Vorschriften zum Bergwesen gehört, die zuständige Landesregierung durch Rechtsverordnung bestimmen, daß auf die Tätigkeiten und Einrichtungen in dem Kraftwerk oder der Schamottefabrik die Vorschriften dieses Gesetzes anzuwenden sind, soweit dies mit Rücksicht auf die Untrennbarkeit der Arbeits- und Betriebsvorgänge notwendig erscheint.

§ 174 Änderungen von Bundesgesetzen

(1) Die Gewerbeordnung in der Fassung der Bekanntmachung vom 1. Januar 1978 (BGBl. I S. 97), zuletzt geändert durch Gesetz vom 17. März 1980 (BGBl. I S. 321), wird wie folgt geändert:
1. § 24 Abs. 2 erster Halbsatz erhält folgende Fassung:
„Absatz 1 gilt auch für die Tagesanlagen des Bergwesens und für Anlagen, die nicht gewerblichen Zwecken dienen, sofern sie im Rahmen wirtschaftlicher Unternehmungen Verwendung finden oder soweit es der Arbeitsschutz erfordert."
2. In § 34 Abs. 5 wird das Komma nach dem Wort „ist" durch einen Punkt ersetzt; die Worte „im gleichen, daß das Gewerbe der Markscheider nur von Personen betrieben werden darf, welche als solche geprüft und konzessioniert sind" werden gestrichen.
3. In § 120 e wird folgender Absatz 4 angefügt:
„(4) Der Bundesminister für Arbeit und Sozialordnung wird ermächtigt, durch

Rechtsverordnung mit Zustimmung des Bundesrates den Geltungsbereich der Verordnung über Arbeitsstätten vom 20. März 1975 (BGBl. I S. 729) und der Verordnung über gefährliche Arbeitsstoffe in der Fassung der Bekanntmachung vom 8. September 1975 (BGBl. I S. 2493) sowie deren Änderungen auf Tagesanlagen und Tagebaue des Bergwesens auszudehnen, soweit dies zum Schutz der in den §§ 120a und 120b genannten Rechtsgüter erforderlich ist."

4. § 144 Abs. 1 Nr. 2 erhält folgende Fassung:

„2. ohne eine nach Landesrecht erforderliche Genehmigung (§ 34 Abs. 5) den Handel mit Giften betreibt, wenn die Tat nicht in landesrechtlichen Vorschriften mit Strafe oder Geldbuße bedroht ist oder".

(2) § 717 der Reichsversicherungsordnung in der im Bundesgesetzblatt Teil III, Gliederungsnummer 820-1, veröffentlichten bereinigten Fassung, zuletzt geändert durch Artikel 1 des Gesetzes vom 15. Dezember 1979 (BGBl. I S. 2241), erhält folgende Fassung:

„§ 717

Durch allgemeine Verwaltungsvorschriften, die der Zustimmung des Bundesrates bedürfen, werden geregelt
1. das Zusammenwirken der Berufsgenossenschaften und Gewerbeaufsichtsbehörden,
2. das Zusammenwirken der Berufsgenossenschaften und der für die Bergaufsicht zuständigen Behörden.

Die Verwaltungsvorschriften nach Satz 1 Nr. 1 werden vom Bundesminister für Arbeit und Sozialordnung, die Verwaltungsvorschriften nach Satz 1 Nr. 2 von den Bundesministern für Arbeit und Sozialordnung und für Wirtschaft erlassen."

(3) § 1 Abs. 2 Nr. 4 des Gesetzes über technische Arbeitsmittel vom 24. Juni 1968 (BGBl. I S. 717), zuletzt geändert durch Gesetz vom 13. August 1979 (BGBl. I S. 1432), wird gestrichen.

(4) Das Rechtspflegergesetz vom 5. November 1969 (BGBl. I S. 2065), zuletzt geändert durch § 37 des Gesetzes vom 13. August 1980 (BGBl. I S. 1301), wird wie folgt geändert:
In § 3 Nr. 1 Buchstabe m wird das Wort „und" durch ein Komma ersetzt; nach dem Wort „Bundesbaugesetz" werden die Worte „und § 94 Abs. 4 des Bundesberggesetzes" eingefügt.

(5) § 4 Abs. 2 des Bundes-Immissionsschutzgesetzes vom 15. März 1974 (BGBl. I S. 721, 1193), zuletzt geändert durch Artikel 12 des Gesetzes vom 28. März 1980 (BGBl. I S. 373), erhält folgende Fassung:

„(2) Anlagen des Bergwesens oder Teile dieser Anlagen bedürfen der Genehmigung nach Absatz 1 nur, soweit sie über Tage errichtet und betrieben werden. Keiner Genehmigung nach Absatz 1 bedürfen Tagebaue und die zum Betrieb eines Tagebaus erforderlichen sowie die zur Wetterführung unerläßlichen Anlagen."

(6) Dem § 20 der Verordnung zur Ausführung der Grundbuchordnung in der im Bundesgesetzblatt Teil III, Gliederungsnummer 315-11-2, veröffentlichten bereinigten Fassung, geändert durch Artikel 1 der Verordnung vom 21. März 1974 (BGBl. I S. 771), wird folgender Absatz angefügt:

„(2) Absatz 1 zweiter Halbsatz gilt auch für die grundbuchmäßige Behandlung von Bergbauberechtigungen."

§ 175 Außerkrafttreten von Bundesrecht

Mit dem Inkrafttreten dieses Gesetzes treten außer Kraft
1. das Gesetz zur Erschließung von Bodenschätzen vom 1. Dezember 1936 in der im Bundesgesetzblatt Teil III, Gliederungsnummer 750-6, veröffentlichten bereinigten Fassung;
2. das Gesetz über den Abbau von Raseneisenerz vom 22. Juni 1937 in der im Bundesgesetzblatt Teil III, Gliederungsnummer 750-4, veröffentlichten bereinigten Fassung;
3. die Verordnung über die Zulegung von Bergwerksfeldern vom 25. März 1938 in der im Bundesgesetzblatt Teil III, Gliederungsnummer 750-6-1, veröffentlichten bereinigten Fassung, geändert durch § 56 des Gesetzes vom 28. August 1969 (BGBl. I S. 1513);
4. die Verordnung über die Aufsuchung und Gewinnung mineralischer Bodenschätze vom 31. Dezember 1942 in der im Bundesgesetzblatt Teil III, Gliederungsnummer 750-3, veröffentlichten bereinigten Fassung;
5. das Gesetz zur vorläufigen Regelung der Rechte am Festlandsockel vom 24. Juli 1964 (BGBl. I S. 497), zuletzt geändert durch Artikel 8 des Gesetzes vom 28. März 1980 (BGBl. I S. 373).

§ 176 Außerkrafttreten von Landesrecht, Verweisung

(1) Landesrechtliche Vorschriften, deren Gegenstände in diesem Gesetz geregelt sind oder die ihm widersprechen, treten, soweit in diesem Gesetz nichts anderes bestimmt ist, mit dem Inkrafttreten dieses Gesetzes außer Kraft, insbesondere:

Baden-Württemberg
1. das badische Berggesetz in der Fassung der Bekanntmachung vom 17. April 1925 (Badisches Gesetz- und Verordnungsblatt S. 103), zuletzt geändert durch Artikel 1 des Dritten Gesetzes zur Änderung bergrechtlicher Vorschriften vom 8. April 1975 (Gesetzblatt für Baden-Württemberg S. 237) und § 69 Abs. 6 des Naturschutzgesetzes vom 21. Oktober 1975 (Gesetzblatt für Baden-Württemberg S. 654; ber. 1976 S. 96);
2. das württembergische Berggesetz vom 7. Oktober 1874 (Regierungsblatt für das Königreich Württemberg S. 265), zuletzt geändert durch § 69 Abs. 5 des Naturschutzgesetzes vom 21. Oktober 1975 (Gesetzblatt für Baden-Württemberg S. 654; ber. 1976 S. 96) und § 47 Abs. 1 des Gesetzes zur Ausführung des Gerichtsverfassungsgesetzes und von Verfahrensgesetzen der ordentlichen Gerichtsbarkeit (AGGVG) vom 16. Dezember 1975 (Gesetzblatt für Baden-Württemberg S. 868);
3. das Allgemeine Berggesetz für die Preußischen Staaten vom 24. Juni 1865 (Gesetz-Sammlung für die Königlichen Preußischen Staaten S. 705), zuletzt geändert durch Artikel 4 des Dritten Gesetzes zur Änderung bergrechtlicher Vorschriften vom 8. April 1975 (Gesetzblatt für Baden-Württemberg S. 237) und § 69 Abs. 7 des Naturschutzgesetzes vom 21. Oktober 1975 (Gesetzblatt für Baden-Württemberg S. 654; ber. 1976 S. 96);
4. das Gesetz zur Erschließung von Erdöl und anderen Bodenschätzen (Erdölgesetz) vom 12. Mai 1934 (Preußische Gesetzsammlung S. 257), zuletzt geändert durch Artikel 5 des Zweiten Gesetzes zur Änderung bergrechtlicher Vorschriften vom 18. Mai 1971 (Gesetzblatt für Baden-Württemberg S. 161);

Gesetzestext § 176

5. das Phosphoritgesetz vom 16. Oktober 1934 (Preußische Gesetzsammlung S. 404), zuletzt geändert durch § 16 des Gesetzes zur Änderung berggesetzlicher Vorschriften vom 24. September 1937 (Preußische Gesetzsammlung S. 93);
6. die Verordnung über die Berechtigung zur Aufsuchung und Gewinnung von Erdöl und anderen Bodenschätzen (Erdölverordnung) vom 13. Dezember 1934 (Preußische Gesetzsammlung S. 463), zuletzt geändert durch § 17 des Gesetzes zur Änderung berggesetzlicher Vorschriften vom 24. September 1937 (Preußische Gesetzsammlung S. 93);
7. die Verordnung über die polizeiliche Beaufsichtigung der bergbaulichen Nebengewinnungs- und Weiterverarbeitungsanlagen durch die Bergbehörden vom 22. Januar 1938 (Preußische Gesetzsammlung S. 19);
8. das Gesetz über die behälterlose unterirdische Speicherung von Gas (Gasspeichergesetz) vom 18. Mai 1971 (Gesetzblatt für Baden-Württemberg S. 172);

Bayern

9. das Berggesetz in der Fassung der Bekanntmachung vom 10. Januar 1967 (Bayerisches Gesetz- und Verordnungsblatt S. 185), zuletzt geändert durch Artikel 52 Abs. 11 des Bayerischen Gesetzes über die entschädigungspflichtige Enteignung vom 11. November 1974 (Bayerisches Gesetz- und Verordnungsblatt S. 610);
10. das Gesetz über die Änderung des Berggesetzes vom 17. August 1918 (Bereinigte Sammlung des Bayerischen Landesrechts Band IV S. 162);
11. die Bekanntmachung zum Vollzug des Gesetzes vom 17. August 1918 über die Änderung des Berggesetzes vom 18. August 1918 (Bereinigte Sammlung des Bayerischen Landesrechts Band IV S. 163);
12. das Gesetz über Graphitgewinnung (Graphitgesetz) vom 12. November 1937 (Bereinigte Sammlung des Bayerischen Landesrechts Band IV S. 164);
13. das Gesetz über die Änderung des Berggesetzes und des Wassergesetzes vom 23. März 1938 (Bereinigte Sammlung des Bayerischen Landesrechts Band IV S. 165);
14. die Bekanntmachung über Aufsuchung und Gewinnung von Waschgold (Goldwäscherei) vom 19. Mai 1938 (Bereinigte Sammlung des Bayerischen Landesrechts Band IV S. 165);
15. das Gesetz zur Änderung des Berggesetzes vom 29. Dezember 1949 (Bereinigte Sammlung des Bayerischen Landesrechts Band IV S. 166);
16. das Gesetz über die behälterlose unterirdische Speicherung von Gas vom 25. Oktober 1966 (Bayerisches Gesetz- und Verordnungsblatt S. 335), zuletzt geändert durch § 18 des Zweiten Gesetzes zur Bereinigung des Landesrechts und zur Anpassung von Straf- und Bußgeldvorschriften an das Bundesrecht vom 24. Juli 1974 (Bayerisches Gesetz- und Verordnungsblatt S. 354);

Berlin

17. das Allgemeine Berggesetz vom 24. Juni 1865 (Gesetz- und Verordnungsblatt für Berlin, Sonderband I 750-1), zuletzt geändert durch das Gesetz zur Änderung des Allgemeinen Berggesetzes vom 5. Februar 1980 (Gesetz- und Verordnungsblatt für Berlin S. 406);
18. das Gesetz betreffend die Abänderung des Allgemeinen Berggesetzes vom 18. Juni 1907 (Gesetz- und Verordnungsblatt für Berlin, Sonderband I 750-1-1);

§ 176 Gesetzestext

Bremen
19. das Allgemeine Berggesetz für die Preußischen Staaten vom 24. Juni 1865 (Sammlung des bremischen Rechts 751-c-2), zuletzt geändert durch § 60 Nr. 53 des Beurkundungsgesetzes vom 28. August 1969 (BGBl. I S. 1513);
20. das Gesetz über die Beaufsichtigung von unterirdischen Mineralgewinnungsbetrieben, Tiefspeichern und Tiefbohrungen vom 18. Dezember 1933 (Sammlung des bremischen Rechts 751-c-3), zuletzt geändert durch das Gesetz zur Änderung des Gesetzes über die Beaufsichtigung von unterirdischen Mineralgewinnungsbetrieben und Tiefbohrungen vom 14. Oktober 1969 (Gesetzblatt der Freien Hansestadt Bremen S. 131);
21. das Gesetz zur Erschließung von Erdöl und anderen Bodenschätzen (Erdölgesetz) vom 12. Mai 1934 (Sammlung des bremischen Rechts 751-c-4);
22. das Phosphoritgesetz vom 16. Oktober 1934 (Sammlung des bremischen Rechts 751-c-5);
23. die Verordnung über die Berechtigung zur Aufsuchung und Gewinnung von Erdöl und anderen Bodenschätzen (Erdölverordnung) vom 13. Dezember 1934 (Sammlung des bremischen Rechts 751-c-6);
24. die Verordnung über die polizeiliche Beaufsichtigung der bergbaulichen Nebengewinnungs- und Weiterverarbeitungsanlagen durch die Bergbehörden vom 22. Januar 1938 (Sammlung des bremischen Rechts 751-c-7);
25. die Verordnung über das Bergrecht in Bremen vom 15. Juli 1941 (Sammlung des bremischen Rechts 751-c-1);
26. die Bekanntmachung des Oberbergamts für die Freie Hansestadt Bremen vom 20. August 1949 (Sammlung des bremischen Rechts 751-b-1);

Hamburg
27. das Allgemeine Berggesetz vom 24. Juni 1865 (Sammlung des bereinigten hamburgischen Landesrechts II 750-m), zuletzt geändert durch Artikel 37 des Gesetzes zur Anpassung des hamburgischen Landesrechts an das Zweite Gesetz zur Reform des Strafrechts und das Einführungsgesetz zum Strafgesetzbuch vom 9. Dezember 1974 (Hamburgisches Gesetz- und Verordnungsblatt I S. 381);
28. das Gesetz über die Beaufsichtigung von unterirdischen Mineralgewinnungsbetrieben, Tiefspeichern und Tiefbohrungen vom 18. Dezember 1933 (Sammlung des bereinigten hamburgischen Landesrechts II 750-o), zuletzt geändert durch Artikel 38 des Gesetzes zur Anpassung des hamburgischen Landesrechts an das Zweite Gesetz zur Reform des Strafrechts und das Einführungsgesetz zum Strafgesetzbuch vom 9. Dezember 1974 (Hamburgisches Gesetz- und Verordnungsblatt I S. 381);
29. das Gesetz zur Erschließung von Erdöl und anderen Bodenschätzen (Erdölgesetz) vom 12. Mai 1934 (Sammlung des bereinigten hamburgischen Landesrechts II 750-p);
30. das Phosphoritgesetz vom 16. Oktober 1934 (Sammlung des bereinigten Landesrechts II 750-q);
31. die Verordnung über die Berechtigung zur Aufsuchung und Gewinnung von Erdöl und anderen Bodenschätzen (Erdölverordnung) vom 13. Dezember 1934 (Sammlung des bereinigten hamburgischen Landesrechts II 750-q-1);
32. die Verordnung über das Bergrecht in Groß-Hamburg vom 25. März 1937 (Sammlung des bereinigten hamburgischen Landesrechts II 750-r);
33. die Dritte Verordnung über das Bergrecht in Groß-Hamburg vom 7. Dezember 1938 (Sammlung des bereinigten hamburgischen Landesrechts II 750-s);

Gesetzestext § 176

Hessen

34. das Allgemeine Berggesetz für das Land Hessen in der Fassung der Bekanntmachung vom 10. November 1969 (Gesetz- und Verordnungsblatt für das Land Hessen I S. 223), zuletzt geändert durch Artikel 53 des Hessischen Gesetzes zur Anpassung des Landesrechts an das Einführungsgesetz zum Strafgesetzbuch (EGStGB) und das Zweite Gesetz zur Reform des Strafrechts (2. StrRG) vom 4. September 1974 (Gesetz- und Verordnungsblatt für das Land Hessen I S. 361);
35. die Verordnung, betreffend die Einführung des Allgemeinen Berggesetzes vom 24. Juni 1865 in das Gebiet des vormaligen Herzogtums Nassau vom 22. Februar 1867 (Gesetz-Sammlung für die Königlichen Preußischen Staaten S. 237), zuletzt geändert durch Artikel 27 Nr. 2 des Hessischen Gesetzes zur Anpassung des Landesrechts an das Erste Gesetz zur Reform des Strafrechts vom 18. März 1970 (Gesetz- und Verordnungsblatt für das Land Hessen I S. 245);
36. die Verordnung, betreffend die Einführung des Allgemeinen Berggesetzes vom 24. Juni 1865 in die mit der Preußischen Monarchie vereinigten Landesteile der Großherzoglich Hessischen Provinz Oberhessen, sowie in das Gebiet der vormaligen Landgrafschaft Hessen-Homburg, einschließlich des Ober-Amtsbezirks Meisenheim vom 22. Februar 1867 (Gesetz-Sammlung für die Königlichen Preußischen Staaten S. 242), zuletzt geändert durch Artikel 27 Nr. 3 des Hessischen Gesetzes zur Anpassung des Landesrechts an das Erste Gesetz zur Reform des Strafrechts vom 18. März 1970 (Gesetz- und Verordnungsblatt für das Land Hessen I S. 245);
37. die Verordnung, betreffend die Einführung des Allgemeinen Berggesetzes vom 24. Juni 1865 in das mit der Preußischen Monarchie vereinigte Gebiet des vormaligen Kurfürstentums Hessen und der vormaligen freien Stadt Frankfurt sowie der vormals Königlich Bayerischen Landesteile vom 1. Juni 1867 (Gesetz-Sammlung für die Königlichen Preußischen Staaten S. 770), zuletzt geändert durch Artikel 27 Nr. 4 des Hessischen Gesetzes zur Anpassung des Landesrechts an das Erste Gesetz zur Reform des Strafrechts vom 18. März 1970 (Gesetz- und Verordnungsblatt für das Land Hessen I S. 245);
38. das Gesetz betreffend die Einführung des Preußischen Allgemeinen Berggesetzes vom 24. Juni 1865 in die Fürstentümer Waldeck und Pyrmont vom 1. Januar 1869 (Fürstlich Waldeckisches Regierungsblatt S. 3), zuletzt geändert durch § 1 des Gesetzes zur Bereinigung des Hessischen Landesrechts vom 6. Februar 1962 (Gesetz- und Verordnungsblatt für das Land Hessen S. 21);
39. das Gesetz über den Bergwerksbetrieb ausländischer juristischer Personen und den Geschäftsbetrieb außerpreußischer Gewerkschaften vom 23. Juni 1909 (Preußische Gesetz-Sammlung S. 619), zuletzt geändert durch § 1 des Gesetzes zur Bereinigung des Hessischen Landesrechts vom 6. Februar 1962 (Gesetz- und Verordnungsblatt für das Land Hessen S. 21);
40. das Gesetz über die Beaufsichtigung von unterirdischen Mineralgewinnungsbetrieben, Tiefspeichern und Tiefbohrungen in der Fassung der Bekanntmachung vom 9. August 1968 (Gesetz- und Verordnungsblatt für das Land Hessen I S. 251), zuletzt geändert durch Artikel 54 des Hessischen Gesetzes zur Anpassung der Straf- und Bußgeldvorschriften an das Gesetz über Ordnungswidrigkeiten (OWiG) und das Einführungsgesetz zum Gesetz über Ordnungswidrigkeiten (EGOWiG) vom 5. Oktober 1970 (Gesetz- und Verordnungsblatt für das Land Hessen I S. 598);
41. das Gesetz zur Erschließung von Erdöl und anderen Bodenschätzen (Erdölgesetz) vom 12. Mai 1934 in der Fassung der Bekanntmachung vom 1. April 1953 (Gesetz- und Verordnungsblatt für das Land Hessen S. 89), zuletzt geändert durch Artikel 55 des Hessischen Gesetzes zur Anpassung der Straf- und Bußgeldvorschriften an

§ 176 Gesetzestext

das Gesetz über Ordnungswidrigkeiten (OWiG) und das Einführungsgesetz zum Gesetz über Ordnungswidrigkeiten (EGOWiG) vom 5. Oktober 1970 (Gesetz- und Verordnungsblatt für das Land Hessen I S. 598);

42. das Phosphoritgesetz vom 16. Oktober 1934 in der Fassung der Bekanntmachung vom 1. April 1953 (Gesetz- und Verordnungsblatt für das Land Hessen S. 90), zuletzt geändert durch Artikel 56 des Hessischen Gesetzes zur Anpassung der Straf- und Bußgeldvorschriften an das Gesetz über Ordnungswidrigkeiten (OWiG) und das Einführungsgesetz zum Gesetz über Ordnungswidrigkeiten (EGOWiG) vom 5. Oktober 1970 (Gesetz- und Verordnungsblatt für das Land Hessen I S. 598);

43. die Verordnung über die Berechtigung zur Aufsuchung und Gewinnung von Erdöl und anderen Bodenschätzen (Erdölverordnung) vom 13. Dezember 1934 in der Fassung der Bekanntmachung vom 1. April 1953 (Gesetz- und Verordnungsblatt für das Land Hessen S. 91), zuletzt geändert durch § 1 des Gesetzes zur Bereinigung des Hessischen Landesrechts vom 6. Februar 1962 (Gesetz- und Verordnungsblatt für das Land Hessen S. 21);

44. die Verordnung über die polizeiliche Beaufsichtigung der bergbaulichen Nebengewinnungs- und Weiterverarbeitungsanlagen durch die Bergbehörden vom 22. Januar 1938 (Preußische Gesetzsammlung S. 19), zuletzt geändert durch § 1 des Gesetzes zur Bereinigung des Hessischen Landesrechts vom 6. Februar 1962 (Gesetz- und Verordnungsblatt für das Land Hessen S. 21);

45. das Gesetz über das Bergrecht im Land Hessen vom 6. Juli 1952 (Gesetz- und Verordnungsblatt für das Land Hessen S. 130), zuletzt geändert durch § 10 Nr. 4 des Gesetzes über die Verkündung von Rechtsverordnungen, Organisationsanordnungen und Anstaltsordnungen vom 2. November 1971 (Gesetz- und Verordnungsblatt für das Land Hessen I S. 258);

Niedersachsen

46. das Gesetz zur Änderung und Bereinigung des Bergrechts im Lande Niedersachsen vom 10. März 1978 (Niedersächsisches Gesetz- und Verordnungsblatt S. 253);

47. das Allgemeine Berggesetz für das Land Niedersachsen in der Fassung der Anlage zu Artikel I des Gesetzes zur Änderung und Bereinigung des Bergrechts im Lande Niedersachsen vom 10. März 1978 (Niedersächsisches Gesetz- und Verordnungsblatt S. 253);

48. die Verordnung betreffend die Einführung des Allgemeinen Berggesetzes vom 24. Juni 1865 in das Gebiet des vormaligen Königreichs Hannover vom 8. Mai 1867 (Niedersächsisches Gesetz- und Verordnungsblatt, Sammelband III S. 307), zuletzt geändert durch Artikel IV des Gesetzes zur Änderung und Bereinigung des Bergrechts im Lande Niedersachsen vom 10. März 1978 (Niedersächsisches Gesetz- und Verordnungsblatt S. 253);

49. die Verordnung betreffend die Einführung des Allgemeinen Berggesetzes vom 24. Juni 1865 in das mit der Preußischen Monarchie vereinigte Gebiet des vormaligen Kurfürstentums Hessen und der vormaligen freien Stadt Frankfurt sowie der vormals Königlich Bayerischen Landesteile vom 1. Juni 1867 (Niedersächsisches Gesetz- und Verordnungsblatt, Sammelband III S. 308);

50. das Gesetz über die Bestellung von Salzabbaugerechtigkeiten in der Provinz Hannover vom 4. August 1904 (Niedersächsisches Gesetz- und Verordnungsblatt, Sammelband III S. 359);

51. das Gesetz betreffend die Abänderung des Allgemeinen Berggesetzes vom 24. Juni 1865 vom 18. Juni 1907 (Niedersächsisches Gesetz- und Verordnungsblatt, Sammelband III S. 308);

Gesetzestext **§ 176**

52. das Gesetz über den Bergwerksbetrieb ausländischer juristischer Personen und den Geschäftsbetrieb außerpreußischer Gewerkschaften vom 23. Juni 1909 (Niedersächsisches Gesetz- und Verordnungsblatt, Sammelband III S. 309);
53. das Gesetz über die Verleihung von Braunkohlenfeldern an den Staat vom 3. Januar 1924 (Niedersächsisches Gesetz- und Verordnungsblatt, Sammelband II S. 701);
54. das Phosphoritgesetz vom 16. Oktober 1934 (Niedersächsisches Gesetz- und Verordnungsblatt, Sammelband II S. 702), zuletzt geändert durch Artikel 56 des Gesetzes zur Anpassung des Landesrechts an das Erste Gesetz zur Reform des Strafrechts, an das Gesetz über Ordnungswidrigkeiten und an das Einführungsgesetz zum Gesetz über Ordnungswidrigkeiten (Erstes Anpassungsgesetz) vom 24. Juni 1970 (Niedersächsisches Gesetz- und Verordnungsblatt S. 237);
55. die Verordnung über die Berechtigung zur Aufsuchung und Gewinnung von Erdöl und anderen Bodenschätzen (Erdölverordnung) vom 13. Dezember 1934 (Niedersächsisches Gesetz- und Verordnungsblatt, Sammelband II S. 709);
56. die Verordnung über die polizeiliche Beaufsichtigung der bergbaulichen Nebengewinnungs- und Weiterverarbeitungsanlagen durch die Bergbehörden vom 22. Januar 1938 (Niedersächsisches Gesetz- und Verordnungsblatt, Sammelband II S. 703), zuletzt geändert durch Artikel III des Gesetzes zur Änderung und Bereinigung des Bergrechts im Lande Niedersachsen vom 10. März 1978 (Niedersächsisches Gesetz- und Verordnungsblatt S. 253);
57. die Verordnung über Salze und Solquellen im Landkreis Holzminden (Regierungsbezirk Hildesheim) vom 4. Januar 1943 (Niedersächsisches Gesetz- und Verordnungsblatt, Sammelband II S. 710);

Nordrhein-Westfalen
58. das Allgemeine Berggesetz vom 24. Juni 1865 (Sammlung des in Nordrhein-Westfalen geltenden preußischen Rechts S. 164), zuletzt geändert durch Artikel XXXIII des Zweiten Gesetzes zur Anpassung landesrechtlicher Straf- und Bußgeldvorschriften an das Bundesrecht vom 3. Dezember 1974 (Gesetz- und Verordnungsblatt für das Land Nordrhein-Westfalen S. 1504);
59. das Gesetz betreffend die Abänderung des Allgemeinen Berggesetzes vom 24. Juni 1865 vom 18. Juni 1907 (Sammlung des in Nordrhein-Westfalen geltenden preußischen Rechts S. 185);
60. das Gesetz über den Bergwerksbetrieb ausländischer juristischer Personen und den Geschäftsbetrieb außerpreußischer Gewerkschaften vom 23. Juni 1909 (Sammlung des in Nordrhein-Westfalen geltenden preußischen Rechts S. 185);
61. das Gesetz über die Beaufsichtigung von unterirdischen Mineralgewinnungsbetrieben und Tiefbohrungen vom 18. Dezember 1933 (Sammlung des in Nordrhein-Westfalen geltenden preußischen Rechts S. 189), zuletzt geändert durch das Gesetz zur Änderung des Gesetzes über die Beaufsichtigung von unterirdischen Mineralgewinnungsbetrieben und Tiefbohrungen vom 15. Oktober 1974 (Gesetz- und Verordnungsblatt für das Land Nordrhein-Westfalen S. 1048);
62. das Gesetz zur Erschließung von Erdöl und anderen Bodenschätzen (Erdölgesetz) vom 12. Mai 1934 (Sammlung des in Nordrhein-Westfalen geltenden preußischen Rechts S. 189), zuletzt geändert durch Artikel III des Vierten Gesetzes zur Änderung berggesetzlicher Vorschriften im Lande Nordrhein-Westfalen vom 11. Juni 1968 (Gesetz- und Verordnungsblatt für das Land Nordrhein-Westfalen S. 201);
63. das Phosphoritgesetz vom 16. Oktober 1934 (Sammlung des in Nordrhein-Westfalen geltenden preußischen Rechts S. 190), zuletzt geändert durch Artikel II des Vierten Gesetzes zur Änderung berggesetzlicher Vorschriften im Lande Nord-

§ 176 Gesetzestext

rhein-Westfalen vom 11. Juni 1968 (Gesetz- und Verordnungsblatt für das Land Nordrhein-Westfalen S. 201);
64. die Verordnung über die Berechtigung zur Aufsuchung und Gewinnung von Erdöl und anderen Bodenschätzen (Erdölverordnung) vom 13. Dezember 1934 (Sammlung des in Nordrhein-Westfalen geltenden preußischen Rechts S. 191);
65. die Verordnung über die bergaufsichtliche Überwachung der bergbaulichen Nebengewinnungs- und Weiterverarbeitungsanlagen durch die Bergbehörden vom 22. Januar 1938 (Sammlung des in Nordrhein-Westfalen geltenden preußischen Rechts S. 192), zuletzt geändert durch die Dritte Verordnung zur Änderung der Verordnung über die bergaufsichtliche Überwachung der bergbaulichen Nebengewinnungs- und Weiterverarbeitungsanlagen durch die Bergbehörden vom 7. September 1977 (Gesetz- und Verordnungsblatt für das Land Nordrhein-Westfalen S. 346);
66. das Zweite Gesetz zur Änderung berggesetzlicher Vorschriften im Lande Nordrhein-Westfalen vom 25. Mai 1954 (Sammlung des bereinigten Landesrechts Nordrhein-Westfalen S. 694);
67. die Verordnung über die Beaufsichtigung von Tiefbohrungen durch die Bergbehörden vom 1. April 1958 (Gesetz- und Verordnungsblatt für das Land Nordrhein-Westfalen S. 135);

Rheinland-Pfalz
68. das Allgemeine Berggesetz für das Land Rheinland-Pfalz (ABGRhPf) in der Fassung der Bekanntmachung vom 12. Februar 1974 (Gesetz- und Verordnungsblatt für das Land Rheinland-Pfalz S. 113), geändert durch Artikel 41 des Dritten Landesgesetzes zur Änderung strafrechtlicher Vorschriften (3. LStrafÄndG) vom 5. November 1974 (Gesetz- und Verordnungsblatt für das Land Rheinland-Pfalz S. 469);
69. das Gesetz über die Bestrafung unbefugter Gewinnung oder Aneignung von Mineralien vom 26. März 1856 in der Fassung der Bekanntmachung vom 27. November 1968 (Gesetz- und Verordnungsblatt für das Land Rheinland-Pfalz 1968, Sondernummer Koblenz, Trier, Montabaur S. 78), zuletzt geändert durch Artikel 67 des Dritten Landesgesetzes zur Änderung strafrechtlicher Vorschriften vom 5. November 1974 (Gesetz- und Verordnungsblatt für das Land Rheinland-Pfalz S. 469);
70. die Verordnung, betreffend die Einführung des Allgemeinen Berggesetzes vom 24. Juni 1865 in das Gebiet des vormaligen Herzogtums Nassau (für den Regierungsbezirk Montabaur) vom 22. Februar 1867 in der Fassung der Bekanntmachung vom 27. November 1968 (Gesetz- und Verordnungsblatt für das Land Rheinland-Pfalz 1968, Sondernummer Koblenz, Trier, Montabaur S. 113);
71. die Verordnung, betreffend die Einführung des Allgemeinen Berggesetzes vom 24. Juni 1865 in die mit der Preußischen Monarchie vereinigten Landesteile der Großherzoglich Hessischen Provinz Oberhessen sowie in das Gebiet der vormaligen Landgrafschaft Hessen-Homburg, einschließlich des Oberamtbezirks Meisenheim vom 22. Februar 1867 in der Fassung der Bekanntmachung vom 27. November 1968 (Gesetz- und Verordnungsblatt für das Land Rheinland-Pfalz 1968, Sondernummer Koblenz, Trier, Montabaur S. 113);
72. das Gesetz, betreffend die Abänderung des Berggesetzes vom 24. Juni 1865 (für die Regierungsbezirke Koblenz, Trier und Montabaur) vom 18. Juni 1907 in der Fassung der Bekanntmachung vom 27. November 1968 (Gesetz- und Verordnungsblatt für das Land Rheinland-Pfalz 1968, Sondernummer Koblenz, Trier, Montabaur S. 114);

Gesetzestext **§ 176**

73. das Gesetz über den Bergwerksbetrieb ausländischer juristischer Personen und den Geschäftsbetrieb außerpreußischer Gewerkschaften (für die Regierungsbezirke Koblenz, Trier und Montabaur) vom 23. Juni 1909 in der Fassung der Bekanntmachung vom 27. November 1968 (Gesetz- und Verordnungsblatt für das Land Rheinland-Pfalz 1968, Sondernummer Koblenz, Trier, Montabaur S. 114);
74. das Gesetz über die Beaufsichtigung von unterirdischen Mineralgewinnungsbetrieben und Tiefbohrungen vom 18. Dezember 1933 in der Fassung der Bekanntmachung vom 27. November 1968 (Gesetz- und Verordnungsblatt für das Land Rheinland-Pfalz 1968, Sondernummer Koblenz, Trier, Montabaur S. 118), zuletzt geändert durch Artikel 2 des Landesgesetzes über das Bergrecht im Lande Rheinland-Pfalz vom 3. Januar 1974 (Gesetz- und Verordnungsblatt für das Land Rheinland-Pfalz S. 1);
75. das Gesetz zur Erschließung von Erdöl und anderen Bodenschätzen – Erdölgesetz – vom 12. Mai 1934 in der Fassung der Bekanntmachung vom 27. November 1968 (Gesetz- und Verordnungsblatt für das Land Rheinland-Pfalz 1968, Sondernummer Koblenz, Trier, Montabaur S. 119), zuletzt geändert durch Artikel 3 des Landesgesetzes über das Bergrecht im Lande Rheinland-Pfalz vom 3. Januar 1974 (Gesetz- und Verordnungsblatt für das Land Rheinland-Pfalz S. 1);
76. die Verordnung über die Berechtigung zur Aufsuchung und Gewinnung von Erdöl und anderen Bodenschätzen – Erdölverordnung – vom 13. Dezember 1934 in der Fassung der Bekanntmachung vom 27. November 1968 (Gesetz- und Verordnungsblatt für das Land Rheinland-Pfalz 1968, Sondernummer Koblenz, Trier, Montabaur S. 120), zuletzt geändert durch Artikel 5 des Landesgesetzes über das Bergrecht im Lande Rheinland-Pfalz vom 3. Januar 1974 (Gesetz- und Verordnungsblatt für das Land Rheinland-Pfalz S. 1);
77. das Phosphoritgesetz vom 16. Oktober 1934 in der Fassung der Bekanntmachung vom 27. November 1968 (Gesetz- und Verordnungsblatt für das Land Rheinland-Pfalz 1968, Sondernummer Koblenz, Trier, Montabaur S. 121), zuletzt geändert durch Artikel 4 des Landesgesetzes über das Bergrecht im Lande Rheinland-Pfalz vom 3. Januar 1974 (Gesetz- und Verordnungsblatt für das Land Rheinland-Pfalz S. 1);
78. die Verordnung über die polizeiliche Beaufsichtigung der bergbaulichen Nebengewinnungs- und Weiterverarbeitungsanlagen durch die Bergbehörden vom 22. Januar 1938 in der Fassung der Bekanntmachung vom 27. November 1968 (Gesetz- und Verordnungsblatt für das Land Rheinland-Pfalz 1968, Sondernummer Koblenz, Trier, Montabaur S. 122), zuletzt geändert durch Artikel 5 des Landesgesetzes über das Bergrecht im Lande Rheinland-Pfalz vom 3. Januar 1974 (Gesetz- und Verordnungsblatt für das Land Rheinland-Pfalz S. 1);
79. die Landesverordnung über die Beaufsichtigung von Tiefbohrungen durch die Bergbehörden vom 29. Juli 1976 (Gesetz- und Verordnungsblatt für das Land Rheinland-Pfalz S. 215);

Saarland
80. das Allgemeine Berggesetz für die Preußischen Staaten vom 24. Juni 1865 (Gesetz-Sammlung für die Königlichen Preußischen Staaten S. 705), zuletzt geändert durch Artikel 36 des Zweiten Gesetzes zur Änderung und Bereinigung von Straf- und Bußgeldvorschriften des Saarlandes vom 13. November 1974 (Amtsblatt des Saarlandes S. 1011);
81. das Gesetz über die Bestrafung unbefugter Gewinnung oder Aneignung von Mineralien vom 26. März 1856 (Gesetz-Sammlung für die Königlichen Preußischen

§ 176 Gesetzestext

Staaten S. 203), zuletzt geändert durch Artikel 37 des Zweiten Gesetzes zur Änderung und Bereinigung von Straf- und Bußgeldvorschriften des Saarlandes vom 13. November 1974 (Amtsblatt des Saarlandes S. 1011);

82. das Gesetz betreffend die Abänderung des Allgemeinen Berggesetzes vom 24. Juni 1865 vom 18. Juni 1907 (Preußische Gesetzsammlung S. 119), geändert durch § 8 Nr. 2 des Gesetzes zur Überführung der privaten Bergregale und Regalitätsrechte an den Staat vom 29. Dezember 1942 (Preußische Gesetzsammlung 1943 S. 1);
83. das Gesetz über den Bergwerksbetrieb ausländischer juristischer Personen und den Geschäftsbetrieb außerpreußischer Gewerkschaften vom 23. Juni 1909 (Preußische Gesetzsammlung S. 619);
84. das Gesetz über die Beaufsichtigung von unterirdischen Mineralgewinnungsbetrieben und Tiefbohrungen vom 18. Dezember 1933 (Preußische Gesetzsammlung S. 493), zuletzt geändert durch Artikel 39 des Gesetzes Nr. 907 zur Änderung und Bereinigung von Straf- und Bußgeldvorschriften sowie zur Anpassung des Rechts des Saarlandes an das Erste Gesetz zur Reform des Strafrechts vom 13. März 1970 (Amtsblatt des Saarlandes S. 267);
85. das Gesetz zur Erschließung von Erdöl und anderen Bodenschätzen (Erdölgesetz) vom 12. Mai 1934 (Preußische Gesetzsammlung S. 257), zuletzt geändert durch § 15 des Gesetzes zur Änderung berggesetzlicher Vorschriften vom 24. September 1937 (Preußische Gesetzsammlung S. 93);
86. das Phosphoritgesetz vom 16. Oktober 1934 (Preußische Gesetzsammlung S. 404), zuletzt geändert durch § 16 des Gesetzes zur Änderung berggesetzlicher Vorschriften vom 24. September 1937 (Preußische Gesetzsammlung S. 93);
87. die Verordnung über die Berechtigung zur Aufsuchung und Gewinnung von Erdöl und anderen Bodenschätzen (Erdölverordnung) vom 13. Dezember 1934 (Preußische Gesetzsammlung S. 463), zuletzt geändert durch § 17 des Gesetzes zur Änderung berggesetzlicher Vorschriften vom 24. September 1937 (Preußische Gesetzsammlung S. 93);
88. das Gesetz zur Änderung berggesetzlicher Vorschriften vom 24. September 1937 (Preußische Gesetzsammlung S. 93);
89. die Verordnung über die polizeiliche Beaufsichtigung der bergbaulichen Nebengewinnungs- und Weiterverarbeitungsanlagen durch die Bergbehörden vom 22. Januar 1938 (Preußische Gesetzsammlung S. 19), geändert durch Verordnung vom 29. April 1980 (Amtsblatt des Saarlandes S. 549);
90. das Gesetz über die Berechtigung zur Aufsuchung und Gewinnung von Eisen- und Manganerzen vom 10. Juli 1953 (Amtsblatt des Saarlandes S. 533), zuletzt geändert durch das Gesetz zur Änderung des Gesetzes über die Berechtigung zur Aufsuchung und Gewinnung von Eisen- und Manganerzen vom 11. Dezember 1956 (Amtsblatt des Saarlandes S. 1657);

Schleswig-Holstein

91. das Allgemeine Berggesetz für die Preußischen Staaten vom 24. Juni 1865 (Sammlung des schleswig-holsteinischen Landesrechts 1971, Gl.-Nr. 750-1), zuletzt geändert durch Artikel 45 des Gesetzes zur Anpassung des schleswig-holsteinischen Landesrechts an das Zweite Gesetz zur Reform des Strafrechts und andere straf- und bußgeldrechtliche Vorschriften des Bundes vom 9. Dezember 1974 (Gesetz- und Verordnungsblatt für Schleswig-Holstein S. 453);
92. das Gesetz über die Einführung des Allgemeinen Berggesetzes für die Preußischen Staaten vom 24. Juni 1865 in das Gebiet des Herzogtums Lauenburg vom

Gesetzestext § 176

    6. Mai 1868 (Sammlung des schleswig-holsteinischen Landesrechts 1971, Gl.-Nr. 750-2);
93. das Gesetz über die Einführung des Allgemeinen Berggesetzes vom 24. Juni 1865 in das Gebiet der Herzogtümer Schleswig und Holstein vom 12. März 1869 (Sammlung des schleswig-holsteinischen Landesrechts 1971, Gl.-Nr. 750-3);
94. das Gesetz über die Abänderung des Allgemeinen Berggesetzes vom 24. Juni 1865 vom 18. Juni 1907 (Sammlung des schleswig-holsteinischen Landesrechts 1971, Gl.-Nr. 750-4);
95. das Gesetz über die Beaufsichtigung von unterirdischen Mineralgewinnungsbetrieben, Tiefspeichern und Tiefbohrungen vom 18. Dezember 1933 (Sammlung des schleswig-holsteinischen Landesrechts 1971, Gl.-Nr. 750-5), zuletzt geändert durch Artikel 46 des Gesetzes zur Anpassung des schleswig-holsteinischen Landesrechts an das Zweite Gesetz zur Reform des Strafrechts und andere straf- und bußgeldrechtliche Vorschriften des Bundes vom 9. Dezember 1974 (Gesetz- und Verordnungsblatt für Schleswig-Holstein S. 453);
96. das Gesetz zur Erschließung von Erdöl und anderen Bodenschätzen (Erdölgesetz) vom 12. Mai 1934 (Sammlung des schleswig-holsteinischen Landesrechts 1971, Gl.-Nr. 750-6);
97. das Phosphoritgesetz vom 16. Oktober 1934 (Sammlung des schleswig-holsteinischen Landesrechts 1971, Gl.-Nr. 750-7);
98. die Verordnung über die Berechtigung zur Aufsuchung und Gewinnung von Erdöl und anderen Bodenschätzen (Erdölverordnung) vom 13. Dezember 1934; (Sammlung des schleswig-holsteinischen Landesrechts 1971, Gl.-Nr. 750-7-1);
99. die Verordnung über die polizeiliche Beaufsichtigung der bergbaulichen Nebengewinnungs- und Weiterverarbeitungsanlagen durch die Bergbehörden vom 22. Januar 1938 (Sammlung des schleswig-holsteinischen Landesrechts 1971, Gl.-Nr. 750-1-1).

(2) Die Vorschriften des Landesrechts über die grundbuchmäßige Behandlung von Bergbauberechtigungen, einschließlich der Vorschriften über die Einrichtung und Führung der Berggrundbücher, bleiben unberührt, soweit sie nicht in den in Absatz 1 aufgeführten Gesetzen und Verordnungen enthalten sind. Die Länder können in dem in Satz 1 genannten Bereich auch neue Vorschriften erlassen und die bestehenden Vorschriften des Landesrechts aufheben oder ändern.

(3) Verordnungen (Berg[polizei]verordnungen), die vor dem Inkrafttreten dieses Gesetzes ganz oder teilweise auf Grund der durch Absatz 1 aufgehobenen Vorschriften erlassen worden sind, und die zugehörigen gesetzlichen Bußgeldvorschriften, gelten bis zu ihrer Aufhebung fort, soweit nicht deren Gegenstände in diesem Gesetz geregelt sind oder soweit sie nicht mit den Vorschriften dieses Gesetzes in Widerspruch stehen. Die Landesregierungen oder die von ihnen nach § 68 Abs. 1 bestimmten Stellen werden ermächtigt, die jeweils in ihrem Land geltenden, nach Satz 1 aufrechterhaltenen Vorschriften durch Rechtsverordnung aufzuheben, soweit von ihnen über die darin geregelten Gegenstände Bergverordnungen auf Grund des § 68 Abs. 1 erlassen werden. Der Bundesminister für Wirtschaft wird ermächtigt, die nach Satz 1 aufrechterhaltenen Vorschriften durch Rechtsverordnung mit Zustimmung des Bundesrates aufzuheben, soweit über die darin geregelten Gegenstände Bergverordnungen auf Grund des § 68 Abs. 2 erlassen werden.

(4) Soweit in Gesetzen und Verordnungen des Bundes auf die nach Absatz 1 oder § 175 außer Kraft getretenen Vorschriften verwiesen wird, treten an ihre Stelle die entsprechenden Vorschriften dieses Gesetzes.

§ 177 Berlin-Klausel

Dieses Gesetz gilt nach Maßgabe des § 13 Abs. 1 des Dritten Überleitungsgesetzes auch im Land Berlin. Rechtsverordnungen, die auf Grund dieses Gesetzes erlassen werden, gelten im Land Berlin nach § 14 des Dritten Überleitungsgesetzes.

§ 178 Inkrafttreten

Gesetz tritt am 1. Januar 1982 in Kraft. Abweichend hiervon treten die §§ 32, 65 bis 68, 122 Abs. 4, §§ 123, 125 Abs. 4, § 129 Abs. 2, § 131 Abs. 2, §§ 141 und 176 Abs. 3 Satz 2 und 3 am Tage nach der Verkündung des Gesetzes in Kraft.

Erster Teil: Einleitende Bestimmungen

Der Bundestag hat mit Zustimmung des Bundesrates das folgende Gesetz beschlossen:

Erster Teil
Einleitende Bestimmungen

§ 1 Zweck des Gesetzes

Zweck dieses Gesetzes ist es,
1. zur Sicherung der Rohstoffversorgung das Aufsuchen, Gewinnen und Aufbereiten von Bodenschätzen unter Berücksichtigung ihrer Standortgebundenheit und des Lagerstättenschutzes zu ordnen und zu fördern,
2. die Sicherheit der Betriebe und der Beschäftigten des Bergbaus zu gewährleisten sowie
3. die Vorsorge gegen Gefahren, die sich aus bergbaulicher Tätigkeit für Leben, Gesundheit und Sachgüter Dritter ergeben, zu verstärken und den Ausgleich unvermeidbarer Schäden zu verbessern.

I. Grundsatz:

1

1. „Bodenschätze gehören mit zu den **lebenswichtigen Grundlagen einer Volkswirtschaft**. Sie sind als Rohstoff und Betriebsmittel für weite Bereiche unserer wirtschaftlichen Produktion unentbehrlich . . ."
„Die Tatsache, daß Bodenschätze durch menschliche Maßnahmen **nicht vermehrbar** sind und die zunehmende Abhängigkeit unserer hochindustrialisierten Wirtschaft im Bereich der Energie- und Rohstoffversorgung, die durch aktuelle Ereignisse nachdrücklich verdeutlicht wird, hat während der letzten Jahre sogar in staatlichen Vorkehrungen zur Versorgungssicherheit, insbesondere bei Erdöl und Erdgas, aber auch in bezug auf eine Reihe anderer mineralischer Rohstoffe ihren Ausdruck gefunden . . ."
„Die **besondere gesamtwirtschaftliche Bedeutung** des Bergbaus und das **Allgemeininteresse** an der Aufsuchung, Gewinnung und Aufbereitung von Bodenschätzen auch aus Gründen der Rohstoffversorgung stehen also außer Frage." (Amtl. Begründung BT-Ds. 8/1315, 67 = Zydek, 32)

2

Diese einleitenden Bemerkungen der Amtl. Begründung charakterisieren das **generelle** und **abstrakte gesetzgeberische Interesse** (Westermann, Freiheit, 30) an Aufsuchung, Gewinnung und Aufbereitung von Bodenschätzen. Seinen normativen Ausdruck findet es in der Zweckvorschrift des § 1, insbesondere in deren Nr. 1, die allerdings auch noch eine andere Funktion hat (vgl. Rn 9)

§ 1 3–7 Erster Teil: Einleitende Bestimmungen

3

2. Die Aufnahme einer solchen **Grundsatzvorschrift** in das Bergrecht ist **neu**. (§ 1 des sog. LagerstättenG etwa vom 4.12.1934 – RGBl. I, 1223 – hatte eine andere Zielsetzung, nämlich Autarkiebestrebungen.) Weder das bisherige **Landesbergrecht** in seiner auf das Allgemeine BergG für die preußischen Staaten (ABG) von 1865 zurückgehenden Fassung noch die Referentenentwürfe 1970/73 oder der Reg.-Entwurf vom 5.9.1975 (BR-Ds. 350/75) enthielten eine entsprechende Vorschrift. Sie wurde auf **Anregung des Bergbaus** in den Reg.-Entwurf vom 2.12.1977 (BT-Ds. 8/1315) eingefügt. In den Beratungen (insbesondere der Arbeitsgruppe „Bundesberggesetz" des Wirtschaftsausschusses im Bundestag und später vom Wirtschaftsausschuß selbst) wurde lediglich der **Vorsorgegesichtspunkt in Nr. 3** durch die Einfügung des Begriffes **„zu verstärken"** ergänzt (BT-Ds. 8/3965, 132 = Zydek 50).

4

Die **Zweckvorschrift** ist aber nicht nur **Ausdruck des generellen Interesses an einer bundeseinheitlichen Gesamtregelung** des Bergrechts, sondern gibt auch die **Begründung für das Sonderrecht** des Bergbaus. Sie steckt nämlich nicht nur den von Bund und Ländern politisch akzeptierten Regelungsrahmen und die sachlichen Ordnungsschwerpunkte des Gesetzes ab, sondern sie entwickelt aus den **Besonderheiten bergbaulicher Tätigkeit** Hinweise für spezielle Regelungen. § 1 geht davon aus, daß die Vorschriften des Bergrechts sich wegen vorgegebener geologischer, technischer, sicherheitlicher und wirtschaftlicher Eigenarten von vergleichbaren Vorschriften des privaten wie des öffentlichen Rechts, besonders des Wirtschaftsverwaltungsrechts, unterscheiden müssen. § 1 betont deshalb in Nr. 1 das „Ordnen" und „Fördern" von bergbaulicher Tätigkeit in Zusammenhang mit der **Sicherung der Rohstoffversorgung**, der **Standortgebundenheit** und dem **Lagerstättenschutz**, weil sich daraus die Rechtfertigung für besondere Rechtsinstitute wie Betriebsplan, Grundabtretung oder das Bergschadensrecht ergeben.

5

3. **Gesetzestechnisch** entspricht die Zweckvorschrift der neueren landes- und bundesrechtlichen Gesetzgebungspraxis. Verwiesen sei etwa auf § 1 BImSchG, § 1 BNatSchG, § 1 a WHG oder auf § 2 LWG NW, aber auch auf die in § 1 BBauG definierten Aufgaben der Bauleitplanung (Ernst/Zinkahn/Bielenberg, BBauG, § 1 Rn 5 ff).

6

4. Es sind **drei Klauseln**, die die Umsetzung der politischen Zielvorstellungen in rechtliche Anordnungen gewährleisten sollen. Die **Sonderrechtsklausel** der Nr. 1, die **Sicherheitsklausel** der Nr. 2 und die **Vorsorge- und Schadensklausel** der Nr. 3.

7

Diese Leitklauseln und die in ihnen festgeschriebenen Ordnungsgesichtspunkte können trotz der nicht ausdrücklichen normativen Zuordnung von konkreten Rechten und Pflichten und trotz des Fehlens eines Normadressaten, einen **eigenständigen Regelungsgehalt haben**. Er entfaltet sich dort, wo Kollisionen zwischen

Erster Teil: Einleitende Bestimmungen 8–11 § 1

dem allgemeinen Interesse am Bergbau und anderen öffentlichen oder privaten Interessen entstehen. In diesen Fällen sind die in § 1 genannten Gesichtspunkte, insbesondere die Nr. 1, als Belange des Bergbaus in die notwendige Anwägung einzustellen. Beispiele hierfür sind etwa die §§ 11 Nr. 10, 48, 55 Abs. 2 und 79 ff. In diesen Vorschriften erhalten die Leitklauseln eine über die Gesichtspunkte des § 1 hinausgehende Entfaltung und Bewertung, die sie justitiabel machen.

8
Außerdem haben Verwaltungsakte, die in Konkretisierung dieser Vorschriften ergehen, die Zweckvorschrift als Inhaltsbestimmung und rechtliche Grenze zu beachten (Westermann, Freiheit, 30 ff), also als eine Art „Auslegungsklausel"(Zydek, 20). Zur Bedeutung des § 1, etwa im Rahmen der Bewertung des öffentlichen Interesses bei Anordnung der sofortigen Vollziehung eines Verwaltungsaktes, vgl. § 56 Rn 92.

9
II. Zu den in § 1 genannten **Leitklauseln** im einzelnen:
1. Die **Sonderrechtsklausel** (Nr. 1) gibt mit dem Hinweis auf die **Standortgebundenheit** und den **Lagerstättenschutz** die Begründung für den Sonderrechtscharakter des Bergrechts. Zwar definiert Nr. 1 den Begriff der Sicherung der Rohstoffversorgung nicht selbst, doch weil dies kein normativ faßbarer, sondern ein politischer Begriff ist, wird mit dem Hinweis auf ihn das allgemeine, öffentliche Interesse am Bergbau ausgedrückt. (Vgl. Westermann, Freiheit, 30, der vom allgemeinen öffentlichen Interesse als Bewertungsgrundlage für die gesetzgeberische Entscheidung und vom konkreten öffentlichen Interesse spricht, das in einzelnen Normen zur Entscheidungsgrundlage erhoben wird; ähnlich Kühne, ZfB 121 (1980), 58 ff, der von zwei Systemen der Bewertung der mit dem Bergbau verbundenen Interessen und deren Abgrenzung gegenüber kollidierenden öffentlichen Interessen spricht; er bezeichnet das allgemeine, generell-abstrakte öffentliche Interesse als Bewertungsmaßstab für die Wahl des Systems und seiner tragenden Institutionen).

10
a) Die generell-abstrakte Bewertung des öffentlichen Interesses begründet den Sonderrechtscharakter des Bergrechts noch nicht. Deshalb weist Nr. 1 auf die Besonderheiten bergbaulicher Tätigkeit und die naturbedingten Gegebenheiten der Rohstoffgewinnung hin. Als besonders zu beachtende Gesichtspunkte nennt sie die **Standortgebundenheit** und den **Lagerstättenschutz**. (Zum Begriff der Standortgebundenheit im Rahmen der Raumordnung und Landesplanung vgl. § 56 Rn 120 ff; zum Lagerstättenschutz in der Landesplanung NW § 56 Rn 138.)

11
Offen bleibt allerdings beim Hinweis der Nr. 1 auf die **Standortgebundenheit,** ob damit nur die absolute Standortbindung der Lagerstätte gemeint ist oder auch die **relative Bindung betrieblicher Anlagen.** Letztere ist konkret lediglich bei der Grundabtretung in § 79 Abs. 1 berücksichtigt. Doch wird man die Erwähnung der Standortgebundenheit im Zusammenhang mit den bergbaulichen Haupttätigkei-

ten des Aufsuchens, Gewinnens und Aufbereitens so deuten müssen, daß die Standortgebundenheit auch für die betrieblichen Anlagen Berücksichtigung finden muß (Westermann, Freiheit, 17). Eine solche Auslegung ist auch deshalb geboten, weil Bergbaubetriebe sich von anderen gewerblichen Betrieben dadurch unterscheiden, daß sie sich bei ununterbrochener Verringerung der Substanz an Bodenschätzen räumlich ständig fortentwickeln und unter dauernder Anpassung an die Erfordernisse der Lagerstätte verändern müssen. Das bedeutet die gleichzeitige Bindung der Betriebe an die vorgefundene Lagerstätte (Standortgebundenheit) und ihren Zwang zur räumlichen Fortentwicklung, die die Ausbeutung der Lagerstätte ihnen diktiert. Das ergibt eine eingeschränkte Flexibilität bei der Standortwahl der jeweiligen betrieblichen Anlage. Diese Besonderheiten der Standortbindung einerseits, des Zwanges zum Wandern und der mangelnden Beweglichkeit in der Standortwahl andererseits sind also bei allen Entscheidungen über das Aufsuchen, Gewinnen und Aufbereiten von Bodenschätzen zu berücksichtigen und der gesetzgeberischen Intention entsprechend zu bewerten. (Vgl. dazu etwa § 79, §§ 110, 111 oder §§ 107–109.)

12
Neben der Standortgebundenheit gehört zu den Besonderheiten bergbaulicher Tätigkeit der unwiederbringliche Substanzverzehr der Lagerstätte (Westermann, Freiheit, 17; BT-Ds. 8/1315, 74 = Zydek, 49). Deshalb besteht ein ganz erhebliches öffentliches Interesse an einem verstärkten **Lagerstättenschutz**, um die Basis für eine sinnvolle und planmäßige Aufsuchung und Gewinnung zu sichern. Dieser in Nr. 1 genannte Lagerstättenschutz gilt jedoch nicht allgemein, sondern nur für solche Bodenschätze, für deren Schutz ein öffentliches Interesse bejaht wird (vgl. z. B. §§ 11 Nr. 9, 12 Abs. 1 S. 1, 55 Abs. 1 Nr. 4).
Der Lagerstättenschutz ist demnach auf solche Vorkommen beschränkt, die ihrem Umfang nach genau bekannt sind, in der Landesplanung bereits Berücksichtigung gefunden haben und wenigstens zur Aufsuchung anstehen. Ein langfristig vorsorgender Lagerstättenschutz ist vom Gesetz selbst nicht gewollt, es ordnet diese Aufgabe vielmehr der Raumordnung und der Landesplanung, insbesondere den Landesentwicklungsplänen zu. Daran ändert auch die erst im Gesetzgebungsverfahren aufgenommene Vorschrift zur Übersichtsprospektion (§ 4 Abs. 4 S. 2) nichts. Denn mit ihren Ergebnissen (Kennwerten, die großräumige Rückschlüsse auf das mögliche Vorkommen von Bodenschätzen zulassen) ist der Nachweis einer im öffentlichen Interesse zu schützenden Lagerstätte noch nicht zu führen. Deshalb hat auch derjenige, der großräumig aufsucht, die Einzelrechte aus der Erlaubnis nach § 7 nur mit der Einschränkung, die § 4 Abs. 1 S. 2 für die Übersichtsprospektion vorsieht.

13
b) Unter Berücksichtigung der bergbaulichen Besonderheiten will das Gesetz Aufsuchung, Gewinnung und Aufbereitung **ordnen** und **fördern**. Während der **Begriff des Ordnens** in erster Linie auf die **sonderrechtliche Festlegung** einzelner Institute wie Berechtsamswesen, Grundabtretung, Betriebsplanverfahren, Baubeschränkung, Anpassung und Bergschadensrecht hinweist, ist mit dem **Begriff des Förderns** die **inhaltliche Gestaltung** einzelner Rechtsinstitute angesprochen. Vor-

rangig sind damit **Kollisionsnormen** gemeint, bei denen der Gesetzgeber sich nicht darauf beschränkt, ein bloßes Verfahren zur Verfügung zu stellen, sondern bei denen er bereits eine Bewertung der beteiligten Interessen vornimmt und ggf. das Ergebnis des Verfahrens zugunsten des Bergbaus vorschattiert. Das gilt etwa für die Grundabtretung, §§ 77 ff, insbesondere § 79, für die Abwägungsklauseln des § 48 Abs. 1 S. 2 und Abs. 2, aber auch bei Anpassung und Sicherung (§ 110, 111). (Zur wirtschaftslenkenden Funktion der Nr. 1, insbesondere im Zusammenhang mit der Neugestaltung der Bergbauberechtigungen vgl. Dapprich-Franke, Leitfaden, 41, 45; Schulte, ZRP 1979, 170; vgl. auch § 6 Rn 2.)

14
2. Die naturhaften Risiken bergbaulicher Tätigkeit, denen die im Bergbau Beschäftigten und auch Dritte ausgesetzt sein können, erfordern Schutzmaßnahmen, deren staatliche Veranlassung und Überwachung seit jeher entscheidender Bestandteil des Bergrechts ist. Dem trägt das BBergG in der **Sicherheitsklausel der Nr. 2** Rechnung. Die Sicherheit der Betriebe und der Beschäftigten des Bergbaus soll nicht nur durch spezielle Sicherheitsvorschriften, sondern auch durch das bergbauspezifische **Betriebsplanverfahren** (§§ 50 ff) als Instrument zur präventiven und laufenden Betriebsüberwachung, durch die **Bergaufsicht** (§§ 69 ff) durch das Recht der verantwortlichen Personen, das in dem arbeitsteiligen Prozeß bergbaulicher Tätigkeiten eine lückenlose Verantwortungskette für die Sicherheit schaffen soll, und schließlich durch die Vielzahl von Ermächtigungen zum Erlaß von BergVO gewährleistet werden (vgl. §§ 65, 66).
Besonders der letzte Bereich macht die Vielfalt der Schutzziele deutlich, denen das Bergrecht und das **bergbauliche Sekundärrecht** im Sicherheitsbereich dienen soll, indem sie den Eigenarten der bei der Aufsuchung, Gewinnung und Aufbereitung von Bodenschätzen auftretenden Gefahren Rechnung tragen.

15
3. Mit dem Abbau, insbesondere mit dem Abbau unter Tage, sind unvermeidbare Einwirkungen des Bergbaus auf die Oberfläche mit Bergschäden an Grundstücken, Gebäuden, Gewässern, Landwirtschaft und Landschaft verbunden. Das erfordert eine rechtliche Regelung dieser notwendigen Kollision (H. Schulte, Eigentum und öffentliche Interessen, 1970, 275 ff – vgl. § 110 Vorbem. –) mit der Konstituierung von Duldungspflichten und Ausgleichsansprüchen. Damit ist der klassische Bereich des Bergschadensrechts angesprochen, den die **Schadensklausel** der Nr. 3 in ihrem zweiten Halbsatz als selbstverständliche Aufgabe des Bergrechts nennt. Das BBergG will allerdings hier neue Wege gehen und den Ausgleich unvermeidbarer Schäden verbessern. Dem soll nicht nur die Erweiterung der bergbaulichen Haftung (§ 114), sondern auch eine Erleichterung der Beweislast zugunsten des Geschädigten mit der sog. Bergschadensvermutung (§ 120) Rechnung tragen. Außerdem soll **Vorsorge** gegen Schäden und Sicherung baulicher Anlagen an bergbauliche Gewinnungsbetriebe getroffen werden (§§ 110, 111).

16
Zu dem damit in die Schadensklausel gleichrangig aufgenommenen Vorsorgegedanken sagt die Amtl. Begründung (BT-Ds. 8/1315, 137 – Zydek, 110 ff):

§§ 1, 2　　　　　　　　　　　　Erster Teil: Einleitende Bestimmungen

Mit dem starren Entschädigungsprinzip wird heute der Problematik des Verhältnisses zwischen Bergbau und Grundeigentum unzureichend Rechnung getragen. Da der Grundeigentümer nach dem geltenden Recht nicht verpflichtet ist, sich bei der Nutzung seiner Grundstücke auf die in Bergbaugebieten herrschenden besonderen Gegebenheiten einzustellen, ist die gegenwärtige Situation durch ein mehr oder weniger ungeordnetes Nebeneinander von Bergbau und Grundeigentum gekennzeichnet. Die praktische Folge ist eine permanente Wertschöpfung durch Oberflächenbebauung, Wertvernichtung durch Bergschäden und Wiederherstellung der vernichteten Werte durch Schadensersatzleistung des Bergbaus. Dem Bergbau werden dadurch Betriebsmittel entzogen, die er für Investitionen besser hätte verwenden können. Auch für den Grundeigentümer ist diese Lage nachteilig, weil die Bergschädenbeseitigung selbst zu Beeinträchtigungen und Nutzungserschwernissen führt."

17
Zur Entzerrung dieser Situation soll bereits im Vorfeld der eigentlichen Bergschadensersatzmaßnahmen durch Anpassung und Sicherung das Verhältnis von Bergbauberechtigtem und Grundeigentümer i. S. einer Schadensverhütung geregelt werden. Mit den Instituten der Anpassung und Sicherung wird dem allgemeinen Gedanken eines **nachbarschaftlichen Zusammenlebens** mit einem bergbauspezifischen Inhalt, nämlich einer **vertikalen Komponente**, erstmals gesetzlich Rechnung getragen (vor § 110, insb. Rn 12 ff).

18
III. Durch § 1 wird die **Aufgabe des Gesetzes** festgelegt. **Normadressaten** i. S. einer konkreten Begründung von Rechten und Pflichten **kennt § 1 nicht**. Er richtet sich vielmehr an alle, die Bergbau treiben, vom Bergbau betroffen sind und Ordnungs- bzw. Entscheidungsfunktionen hinsichtlich bergbaulicher Tätigkeiten wahrnehmen. Sie alle sind gehalten, die Grundgedanken dieser Vorschrift als Zielsetzungen ihres Handelns zu beachten.

19
Die in den Leitklauseln genannten Zwecke, d. h. die Zielrichtung des Gesetzes ist deshalb trotz eines fehlenden unmittelbaren Regelungsgehaltes für die Anwendung einzelner Gesetzesvorschriften von erheblicher Bedeutung. Denn vor allem bei **Ermessensentscheidungen** darf die jeweils zuständige Behörde von ihrem Ermessen nur in einer dem Zweck der Ermächtigung entsprechenden Weise Gebrauch machen. Tut sie das nicht, dann ist der Verwaltungsakt, seine Ablehnung oder Unterlassung rechtswidrig (§ 114 VwGO). Außerdem müssen Nebenbestimmungen zu Verwaltungsakten ihre Rechtfertigung im Zweck des Gesetzes und der vom Gesetzgeber gewollten Ordnung der Rechtsmaterie finden (Kopp, VwVfG, § 36 Rn 41).

§ 2 Sachlicher und räumlicher Geltungsbereich

(1) Dieses Gesetz gilt für
1. das Aufsuchen, Gewinnen und Aufbereiten von bergfreien und grundeigenen Bodenschätzen einschließlich des Verladens, Beförderns, Abladens, Lagerns

Erster Teil: Einleitende Bestimmungen **1,2 §2**

-und Ablagerns von Bodenschätzen, Nebengestein und sonstigen Massen, soweit es im unmittelbaren betrieblichen Zusammenhang mit dem Aufsuchen, Gewinnen oder Aufbereiten steht und sich nicht aus Absatz 4 etwas anderes ergibt,
2. das Wiedernutzbarmachen der Oberfläche während und nach der Aufsuchung, Gewinnung und Aufbereitung von bergfreien und grundeigenen Bodenschätzen,
3. Betriebsanlagen und Betriebseinrichtungen (Einrichtungen), die überwiegend einer der in den Nummern 1 oder 2 bezeichneten Tätigkeiten dienen oder zu dienen bestimmt sind.

(2) Dieses Gesetz gilt ferner für
1. das Untersuchen des Untergrundes auf seine Eignung zur Errichtung von Untergrundspeichern,
2. das Errichten und Betreiben von Untergrundspeichern sowie der Einrichtungen, die überwiegend dem Betrieb eines Untergrundspeichers dienen oder zu dienen bestimmt sind,
3. sonstige Tätigkeiten und Einrichtungen,
soweit dies ausdrücklich bestimmt ist.

(3) Dieses Gesetz gilt im Bereich des Festlandsockels der Bundesrepublik Deutschland für die durch die Absätze 1 und 2 Nr. 1 und 2 erfaßten Tätigkeiten und Einrichtungen, für Transit-Rohrleitungen und Forschungshandlungen. Die völkerrechtlichen Regeln über die Hohe See und den Festlandsockel bleiben unberührt.

(4) Dieses Gesetz gilt nicht für das Verladen, Befördern und Abladen von Bodenschätzen, Nebengestein und sonstigen Massen im Sinne des Absatzes 1 Nr. 1
1. im Schienenverkehr der Eisenbahnen des öffentlichen Verkehrs,
2. im Kraftfahrzeugverkehr auf öffentlichen Wegen oder Plätzen,
3. im Schiffsverkehr auf der Hohen See und auf Binnen- und Seewasserstraßen und in den Seehäfen,
4. in Luftfahrzeugen und
5. in Rohrleitungen ab Übergabestation, Einleitung in Sammelleitungen oder letzter Meßstation für den Ausgang, soweit die Leitungen
   a) unmittelbar und ausschließlich der Abgabe an Dritte oder
   b) an andere Betriebe desselben Unternehmens dienen, die nicht zum Aufsuchen, Gewinnen oder Aufbereiten von bergfreien oder grundeigenen Bodenschätzen bestimmt sind.

1
I. Der erstmals **umfassende Versuch einer sachlichen und räumlichen Geltungsbereichsregelung im Bundesberggesetz** befriedigt in seinem **sachlichen Teil nicht**. Die Anknüpfungspunkte wie bergbauliche Haupttätigkeiten einschl. Wiedernutzbarmachung und betriebliche Einrichtungen erscheinen unvollständig, zumal durch Abs. 2 bestimmte Sondertätigkeiten zusätzlich einbezogen, jedoch nicht abschließend geregelt werden und Abs. 4 eine Vielzahl von Ausnahmeregelungen vorsieht.

2
Klarer ist die **räumliche Festlegung des Geltungsbereiches**, die dem Staatsgebiet der Bundesrepublik Deutschland den **Festlandsockel** als bergrechtlich relevantes

Gebiet zuordnet und damit die Vorläufigkeit der bisherigen Festlandsockelregelung beendet (vgl. § 175 Nr. 5). Allerdings bleibt die für eine endgültige räumliche Abgrenzung notwendige Frage der **Außengrenze des Festlandsockels**, soweit völkerrechtliche Verträge nicht bestehen, ebenso offen (im einzelnen vgl. Rn 28) wie die Zuordnung des gesamten Gebietes zum Staatsgebiet des Bundes oder Länder (vgl. § 137 Rn 2ff).

3

II. Der **sachliche Geltungsbereich** wird vorrangig durch Bezugnahme auf die **bergbaulichen Haupttätigkeiten** der Aufsuchung, Gewinnung und Aufbereitung von Bodenschätzen bestimmt. Welche speziellen Tätigkeiten sich diesen Hauptkategorien einordnen lassen, ergibt sich aus den **Legaldefinitionen des § 4**. Danach sind:

4

1. Das **Aufsuchen oder die Aufsuchung**, die unmittelbar oder mittelbar auf die Entdeckung oder Festlegung der Ausdehnung von Bodenschätzen gerichtete Tätigkeit (§ 4 Abs. 1 S. 1). Aus § 4 Abs. 1 S. 2 und § 7 Abs. 2 ergibt sich, daß es drei verschiedene Formen der Aufsuchung gibt.
Die bergrechtlich wichtigste ist die zu **gewerblichen Zwecken**; daneben gehören in den Geltungsbereich des Gesetzes jedoch auch die Aufsuchung zu wissenschaftlichen Zwecken und die Aufsuchung im Rahmen der sog. Übersichtsprospektion (im einzelnen vgl. dazu § 4 Rn 11).

5

Keine Aufsuchung i. S. des Gesetzes sind Tätigkeiten im Rahmen der amtlichen geologischen Landesaufnahme, die ausschließlich und unmittelbar Lehr- und Unterrichtszwecken oder dem Sammeln von Mineralien in Formen von Handstükken oder kleinen Proben für mineralogische oder geologische Sammlungen dienen (§ 4 Abs. 1 Nr. 1 bis 3). Die Übergänge können hier allerdings fließend sein. Ebenfalls nicht als Aufsuchung qualifiziert ist die **Untersuchung des Untergrundes** auf seine Eignung zur Errichtung von **Untergrundspeichern**, weil diese Tätigkeit nicht Entdeckung oder Feststellung von Bodenschätzen gerichtet ist (vgl. dazu insbesondere § 126 Abs. 2). Zur Einbeziehung dieser Tätigkeit in den Geltungsbereich bedurfte es daher der ausdrücklichen Anordnung nach § 2 Abs. 2 Nr. 1.

6

2. Als weitere Haupttätigkeit bestimmt den Geltungsbereich des BBergG das **Gewinnen** oder die **Gewinnung** von Bodenschätzen. Darunter ist das Lösen oder Freisetzen von Bodenschätzen einschl. der damit zusammenhängenden vorbereitenden, begleitenden oder nachfolgenden Tätigkeiten zu verstehen (§ 4 Abs. 2). Eine **Ausnahme** gilt für das Lösen oder Freisetzen von Bodenschätzen in Grundstücken, soweit es allein der baulichen oder städtebaulichen Nutzung dieser Grundstücke dient und für die gleichen Tätigkeiten in oder an einem Gewässer, wenn sie als Voraussetzung für dessen Ausbau oder Unterhaltung dienen (§ 4 Abs. 2 Nr. 1 u. 2). Zum Begriff des Ausbaues von Gewässern vgl. § 56 Rn 372ff.

Erster Teil: Einleitende Bestimmungen 7–10 §2

7

3. Unter **Aufbereiten oder Aufbereitung** als weiterem Anknüpfungspunkt für die Geltungsbereichsregelung wird das Trennen oder Anreichern von Bodenschätzen nach stofflichen Bestandteilen oder geometrischen Abmessungen auf physikalischer oder physikalisch-chemischer Grundlage einschl. der damit zusammenhängenden vorbereitenden, begleitenden und nachfolgenden Tätigkeiten verstanden (§ 4 Abs. 3 Nr. 1). Außerdem fallen unter diesen Aufbereitungsbegriff die verschiedenen Formen **moderner Weiterverarbeitung** wie Brikettieren, Verschwelen, Verkoken, Vergasen und Verlösen von Bodenschätzen (§ 4 Abs. 2 Nr. 2). Die Aufbereitung hat stets Probleme bezüglich ihrer Einfügung in das Bergrecht aufgeworfen (Ebel-Weller, § 54 Anm. 2 d – § 6 der VO über die Aufsuchung und Gewinnung mineralischer Bodenschätze vom 31. 12. 1942 bei Ebel-Weller, 877 ff). So war die Unterscheidung zwischen Betriebs- und Aufbereitungsanlagen bzw. zwischen Aufbereitungs-, Weiterverarbeitungs- und Nebengewinnungsanlagen nicht immer zweifelsfrei. Zwar spricht auch § 2 nur vom Aufbereiten, doch muß gerade hier § 4 Abs. 3 mitgelesen werden. Danach sind die obengenannten Aufbereitungsvorgänge nur dann dem Bergrecht unterstellt, wenn der Unternehmer die Bodenschätze, um deren Aufbereitung es geht, **in unmittelbarem betrieblichen Zusammenhang selbst gewinnt** oder wenn diese Bodenschätze **in unmittelbarem räumlichen Zusammenhang mit dem Ort ihrer Gewinnung aufbereitet werden**. (Zur Sondervorschrift des § 173 vgl. dort Rn 2 f.)

8

§ 4 Abs. 3 S. 2 sucht **von der Aufbereitung** alle die Tätigkeiten **abzugrenzen**, die eine sonstige Bearbeitung oder Verarbeitung von Bodenschätzen **(Weiterverarbeitung)** oder die Herstellung anderer Erzeugnisse **(Nebengewinnung)** darstellen und bei denen das Schwergewicht nicht auf der Aufbereitung liegt (§ 4 Rn 13 ff). Diese Tätigkeiten fallen nicht unter den Geltungsbereich des BBergG.

9

Gleichfalls keine Aufbereitung, sondern Weiterverarbeitung und damit dem Bergrecht nicht unterworfen, ist die **Nutzung von Erdwärme**. Das bedeutet jedoch nicht, daß auch das **Gewinnen der Erdwärme**, die nach § 3 Abs. 3 S. 2 Nr. 2 b als bergfreier Bodenschatz gilt, gleichfalls nicht nach den Regeln des BBergG zu erfolgen hat. Darauf verweist auch § 169 Abs. 2, wonach nur solche Betriebe zur Gewinnung von Erdwärme nicht dem Bergrecht unterliegen, die diese Erdwärme zu Bade- und Heilzwecken nutzen. Soweit die Gewinnung anderen Zwecken dient, bleibt das Bergrecht anwendbar.

10

4. Schon bisher war die **Rücksichtnahme auf die Erdoberfläche während** eines bergbaulichen Betriebes und nach dem Abbau in verschiedenen Ländern Gegenstand der Bergaufsicht (vgl. § 196 Abs. 2, 6. Alternative i. d. F. ABG NW benutzte Begriff „**Wiedernutzbarmachung** der Oberfläche" knüpft an den früheren Begriff der „Sicherung und Ordnung der Oberflächennutzung und Gestaltung der Landschaft während des Bergwerksbetriebes und nach dem Abbau" an, mit dem viele Auslegungsschwierigkeiten verbunden waren (vgl. dazu § 55 Rn 75). Unter Wie-

dernutzbarmachung versteht das Gesetz die **ordnungsgemäße Gestaltung** der vom Bergbau **in Anspruch genommenen Oberfläche** unter Beachtung des öffentlichen Interesses (Legaldefinition in § 4 Abs. 4). Damit soll die Bedeutung der **Wiedernutzbarmachung** in Anspruch genommener Oberflächen **als integrierender Teil bergbaulicher Tätigkeit**, insbesondere hinsichtlich der Bestrebungen eines gezielteren Umweltschutzes deutlich werden. Allerdings ist mit dem Begriff der Wiedernutzbarmachung **nicht in jedem Fall die Wiederherstellung des vor Beginn des Abbaus bestehenden Zustandes** der Oberfläche gemeint, sondern vielmehr Vorkehrungen und Maßnahmen, die erforderlich sind, um die für die Zeit nach dem Abbau oder der Einstellung eines bergbaulichen Betriebes geplante Nutzung, etwa zu landwirtschaftlichen, forstwirtschaftlichen oder Erholungszwecken zu gewährleisten. Es muß also **nicht die gleiche, sondern eine sinnvolle Nutzung** mit der Wiedernutzbarmachung erreicht werden. Das ergibt sich auch aus § 55 Abs. 1 S. 1 Nr. 7, der die Erteilung des Betriebsplanes davon abhängig macht, daß die **erforderliche Vorsorge** zur Wiedernutzbarmachung der Oberfläche in dem **nach den Umständen gebotenen Ausmaß** getroffen ist (zu den Einzelheiten dieser Zulassungsvoraussetzung für den Betriebsplan vgl. § 55 Rn 72 ff).

11
5. Neben den wesentlichen bergbaulichen Tätigkeiten und der Wiedernutzbarmachung unterliegen dem Bergrecht auch solche **Anlagen und Einrichtungen**, die **überwiegend** der Durchführung einer der bergbaulichen Haupttätigkeiten **dienen oder zu dienen bestimmt sind** (§ 2 Abs. 1 Nr. 3). Die Neuartigkeit dieses Anknüpfungspunktes ergibt sich nicht aus der Unterstellung der Einrichtungen unter das Bergrecht selbst (vgl. bisher schon die VO über die bergaufsichtliche Überwachung der bergbaulichen Nebengewinnungs- und Weiterverarbeitungsanlagen durch die Bergbehörden vom 22. 1. 1938, (GS 19/PrGS NW, 192, Ebel-Weller, 469), sondern aus ihrer Zuordnung zu den Haupttätigkeiten, insbesondere der Aufbereitung.

12
6. Den **Haupttätigkeiten** sind in Abs. 1 Nr. 1 bergrechtlich auch die **Nebentätigkeiten** zugeordnet, die in **unmittelbarem betrieblichen Zusammenhang mit den Haupttätigkeiten stehen**. Ausdrücklich werden als Nebentätigkeiten genannt: das Verladen, Befördern, Abladen, Lagern und Ablagern von Bodenschätzen, Nebengestein und sonstigen Massen. Als Beispiele führt die Amtl. Begründung (BT-Ds. 8/1315, 75 = Zydek, 54) das Befördern mit Werksbahnen, Kraftwagen und anderen Transportmitteln wie etwa Rohrleitungen an, ferner das Lagern in Vorratsbunkern, auf Halden sowie das Be- oder Entladen öffentlicher Transportmittel innerhalb des Werksgeländes. Der dabei erforderliche unmittelbare betriebliche Zusammenhang setzt hinsichtlich der Nebentätigkeit nicht auch stets einen räumlichen Zusammenhang voraus. Vielmehr kann auch ein betrieblicher Zusammenhang bei einer größeren räumlichen Entfernung, wie etwa einer entfernt liegenden Bergehalde, gegeben sein. Kein Zusammenhang besteht mehr, wenn etwa Massen zur dauernden Verfertigung von Plätzen oder Straßen verwandt und damit endgültig aus dem betrieblichen Zusammenhang gelöst werden.

Erster Teil: Einleitende Bestimmungen 13–18 §2

13

Die **Nebentätigkeiten** fallen jedoch **nur** unter das **Bergrecht**, soweit sich nicht aus Abs. 4 etwas anderes ergibt. Nach Abs. 4 wird das Verladen, Befördern oder Abladen von Bodenschätzen, Nebengestein und sonstigen Massen dann nicht mehr als bergrechtliche Tätigkeit angesehen, wenn für diese Tätigkeiten ein enger Bezug zum öffentlichen Verkehr besteht. Die bereits geltenden gesetzlichen Regelungen sollen vom Bergrecht nicht überlagert werden.

14

Ausdrücklich sind danach Nebentätigkeiten vom Bergrecht ausgenommen, wenn sie stattfinden:
– im Schienenverkehr der **Eisenbahnen** des öffentlichen Verkehrs (Abs. 4 Nr. 1); hierzu gehören nicht Grubenanschlußbahnen (vgl. § 56 Rn 393 ff). Für sie gelten weiterhin Bergrecht und LEisenbahnG nebeneinander (vgl. etwa Erl. d. Min. f. Wirtschaft u. Verkehr vom 22. 10. 1959 zur Aufsicht über Grubenanschlußbahnen Min. Bl. NW 27/1) soweit sich aus dem BBergG nichts Gegenteiliges ergibt.

15

– im Kraftfahrzeugverkehr auf **öffentlichen Wegen und Plätzen** (Abs. 4 Nr. 2), d. h. also solchen Straßen, Wegen und Plätzen, die dem öffentlichen Verkehr gewidmet sind (vgl. etwa § 2 LStrG NW bzw. §§ 1 und 2 BFStrG; aus den Straßengesetzen ergibt sich auch, was über den eigentlichen Straßenkörper hinaus ggf. Bestandteil der öffentlichen Straße ist);

16

– im **Schiffsverkehr** auf der **Hohen See,** auf **Binnen-** und **Seewasserstraßen** und in den **Seehäfen** (Abs. 4 Nr. 3), der Schiffsverkehr auf der Hohen See ist in den Grundsätzen durch das Übereinkommen über die Hohe See vom 29. 4. 1958 (BGBl. II, 1972, 1089) geregelt; für die Binnen- und Seewasserstraßen sind das WaStrG vom 2. 4. 1968, BGBl II, 173 und daneben das WHG maßgebend; für die Seewasserstraßen gibt § 1 Abs. 2 WaStrG eine Legaldefinition. Danach sind Seewasserstraßen die Flächen zwischen der Küstenlinie bei mittlerem Hochwasser oder der seewärtigen Begrenzung der Binnenwasserstraßen und der seewärtigen Begrenzung des Küstenmeeres. Damit wird klargestellt, daß Seewasserstraßen die gesamten, mit Wasser bedeckten Flächen der Küstengewässer im Geltungsbereich des GG und nicht nur einzelne Fahrrinnen sind. Für die Ordnung der Schiffahrt in den Seehäfen gilt ebenfalls das WaStrG, soweit nicht das Genfer Übereinkommen über das Küstenmeer von 1956 etwas anderes regelt;

17

– bei der Benutzung von **Luftfahrzeugen** i. S. der Definition in § 1 Abs. 2 des LuftVG (Abs. 4 Nr. 4);

18

– in **Rohrleitungen ohne betriebsinternen Charakter** (Abs. 4 Nr. 5). Ihren betriebsinternen Charakter verlieren Rohrleitungen dort, wo ihre Fortleitungsfunktion innerhalb eines Aufsuchungs-, Gewinnungs- oder Aufbereitungsbetriebes endet und sie nur noch der unmittelbaren und ausschl. Abgabe an Dritte oder an andere Betriebe desselben Unternehmens dienen. Maßgebliche Punkte sind die Übergabestation, die Einleitung in Sammelleitungen oder die letzte Meßstation für den Ausgang.

19

Gegenüber dem bisher geltenden Recht (vgl. Willecke, Erdöl-Zeitschrift 1958, 47) stellt Abs. 4 Nr. 5 nach der Amtl. Begründung (BT-Ds. 8/1315, 75 = Zydeck, 55) eine wesentliche **Geltungsbereichseinschränkung** dar, weil bisher, auch bei Fernleitungen, allein auf den räumlichen und betrieblichen Zusammenhang mit dem Bergbaubetrieb abgestellt wurde. Wichtigstes Abgrenzungskriterium ist demgegenüber jetzt die **unmittelbare und ausschl. Abgabe an Dritte.** Solange sie nicht stattfindet, bleibt das Bergrecht anwendbar.
Das gleiche gilt, solange die Zuleitung an Betriebe des gleichen Unternehmens erfolgt, die Bergbau betreiben. Nur bei Abgabe an bergbaufremde Betriebe soll die Ausnahmeregelung des Abs. 4 Nr. 5 b gelten.
Mit dieser Regelung erreicht Nr. 5, daß etwa Feldleitungen einschl. der Sammelleitungen im Feld eines Erdölgewinnungsbetriebes betriebsinterne Leitungen und damit dem Bergrecht unterstellt bleiben.
Auf die Eigentumsverhältnisse an den Rohrleitungen kommt es bei der funktionsbezogenen Betrachtungsweise von Abs. 4 Nr. 5 nicht an. Auch zechenfremde Leitungen, die nur gegen eine Durchleitungsgebühr benutzt werden dürfen, unterliegen dem Bergrecht solange, als sie nicht unmittelbar und ausschließlich der Abgabe an Dritte oder an bergbaufremde Betriebe des gleichen Unternehmens dienen. Unter den Rohrleitungsbegriff fallen auch Gas- oder Grubenwasserleitungen (nicht jedoch Kanäle), weil in ihnen Bodenschätze oder sonstige Massen (zu denen auch Grubenwasser zu zählen ist), transportiert werden. Keine Leitung i. S. dieser Vorschrift ist dagegen eine Stromleitung. Die Übergabe- oder Meßstationen und die Einrichtungen zur Einleitung der Sammelleitungen sind noch als Bestandteile der Rohrleitung anzusehen.

20

7. Neben den Haupt- und Nebentätigkeiten, der Wiedernutzbarmachung und diesen Tätigkeiten dienenden Einrichtungen begründen auch eine Reihe von Sondertätigkeiten die sachliche Zuständigkeit des Bergrechts. Diese Tätigkeiten sind in Abs. 2 aufgeführt und werden durch den Hinweis auf **sonstige Tätigkeiten und Einrichtungen der §§ 126 bis 131** ergänzt. Ihre Einbeziehung in das Bergrecht beruht darauf, daß ihre Verwandtschaft mit den eigentlichen bergbaulichen Tätigkeiten auch spezifische Sicherheitsrisiken entstehen läßt, die der Kontrolle durch das Bergrecht bedürfen.

21

a) Zu diesen Sondertätigkeiten zählt zunächst nach Nr. 1 das **Untersuchen des Untergrundes** auf seine Eignung zur Errichtung von Untergrundspeichern. **Untergrundspeicher** ist nach § 4 Abs. 9 jede Anlage, die der unterirdischen Speicherung von Gasen, Flüssigkeiten und festen Stoffen mit Ausnahme von Wasser dienen soll. Abs. 2 Nr. 1 hat diese Tätigkeiten ausdrücklich genannt, weil sie nicht in jedem Fall

Erster Teil: Einleitende Bestimmungen

der Aufsuchung i. S. des § 4 Abs. 1 zu subsumieren sind. Das ergibt sich aus § 126 Abs. 2. Die Folge ist, daß es für die Untersuchung des Untergrundes, soweit sie keine Aufsuchung ist, zwar einer Erlaubnis i. S. des § 6 nicht bedarf, doch für die Untersuchung selbst aufgrund der ausdrücklichen Anordnung in § 126 Abs. 1 i. V. mit Abs. 2 Nr. 1 die Vorschriften über das Betriebsplanverfahren, über die verantwortlichen Personen und das Grundabtretungsverfahren gelten. Die Geltung des Bergrechts ist insoweit, wie auch für die anderen Spezialfälle des Abs. 2 begrenzt.

22

b) Auch das **Errichten und Betreiben von Untergrundspeichern** sowie das Betreiben von Einrichtungen, die überwiegend dem Betrieb des Untergrundspeichers dienen oder zu dienen bestimmt sind, begründet eine Zuständigkeit des Bergrechts. Für diese Tätigkeiten gibt § 126 Abs. 1 den notwendigen Hinweis auf die anwendbaren Vorschriften (vgl. dort Rn 1 f). Dabei ist darauf zu achten, daß die Vorschriften über das Bergschadensrecht nicht anwendbar sind. Begründung: Der Grundeigentümer behält bei allen Tätigkeiten im Zusammmenhang mit einer Untergrundspeicherung die Rechtsposition, die das Zivilrecht ihm einräumt. Er hat insbesondere die Möglichkeit, Tätigkeiten zu untersagen, deren Auswirkungen auf das Grundeigentum er nach § 905 verbieten kann (BT-Ds. 8/3965, 144 = Zydek, 483). Im einzelnen vgl. § 126 Rn 3.

23

c) Zu den **sonstigen Tätigkeiten und Einrichtungen (Abs. 2 Nr. 3)**, die eine bergrechtliche Zuordnung begründen, gehören insbesondere bestimmte **Bohrungen** (§ 127), die Aufsuchung und Gewinnung mineralischer Rohstoffe in **Halden** (§ 128, vgl. aber auch § 151 Abs. 2 Nr. 1), der Betrieb von **Versuchsgruben** und **Bergbauversuchsanstalten** (§ 129), Maßnahmen zur Herstellung, wesentlichen Erweiterung oder wesentlichen Veränderung von **unterirdischen Hohlräumen** bestimmter Ausmaße (§ 130) und die Einrichtung und die Unterhaltung von Hauptstellen für das Grubenrettungswesen (§ 131). Wegen der entsprechenden Einzelheiten vgl. die Anm. zu diesen Vorschriften.

24

III. Mit der Ausdehnung der **räumlichen Geltung des Bergrechts** auf den Festlandsockel (Abs. 3 – und auf die Küstengewässer nach § 3 Abs. 3 S. 2 Nr. 2 a) mußte auch die Frage der **sachlichen Geltung** in diesem Bereich beantwortet werden. Denn nicht alle Tätigkeiten und Einrichtungen, die durch § 2 Abs. 1 und 2 dem Bergrecht unterstellt sind, müssen dies in gleicher Weise im Festlandsockel sein, während andererseits spezielle Festlandsockeltätigkeiten und -einrichtungen ggf. zusätzlich in den sachlichen Geltungsbereich aufgenommen werden müssen.

25

Abs. 3 S. 1 legt die sachliche **Geltung** des Bergrechts im **Festlandsockel** für alle **Haupttätigkeiten, die Wiedernutzbarmachung** und die ihnen dienenden **Betriebseinrichtungen** fest. Darüber hinaus soll das Bergrecht auch für die des Untergrundes auf seine Eignung zur Errichtung von Untergrundspeichern sowie für deren **Errichtung und Betrieb** und die dazu erforderlichen Einrichtungen gelten. Ausdrücklich werden überdies die Errichtung und der Betrieb von **Transit-Rohrleitungen** und die Vornahme von **Forschungshandlungen** „in bezug auf den Festlandsockel" dem Bergrecht unterstellt. Der Umfang der Anwendbarkeit des Bergrechts auf die beiden Tatbestände ergibt sich aus den §§ 133 und 132. (Zu den Einzelheiten vgl. § 133 Rn 2 ff; § 132 Rn 3 ff.)

26
Abs. 3 S. 2 sagt ausdrücklich, daß die **völkerrechtlichen Regelungen** über die Hohe See und den Festlandsockel (Genfer Konventionen über die Hohe See vom 29. 4. 1958 – BGBl. II, 1972, 1089 – und über den Festlandsockel vom 29. 4. 1958, zitiert bei Hoog, 111 ff) durch das BBergG **unberührt bleiben**. Er trägt damit der Tatsache Rechnung, daß die Bundesrepublik Deutschland in diesem Bereich nur begrenzte Hoheitsrechte in Anspruch nehmen kann (Amtl. Begründung BT-Ds. 8/1315, 77 = Zydek, 58; vgl. aber auch die Proklamation der Bundesregierung vom 20. 1. 1964, BGBl. II, 104).

27
Diese Regelungsbegrenzung ergibt sich schon aus dem **Begriff des Festlandsockels**. Denn Festlandsockel i. S. der Genfer Konvention ist der Meeresgrund und -untergrund derjenigen unter Wasser liegenden Zonen, die an die Küsten angrenzen, aber außerhalb des Küstenmeeres liegen, und zwar bis zu einer Wassertiefe von 200 m oder über diese Grenze hinaus, soweit die Tiefe des darüber liegenden Wassers die Ausbeutung der natürlichen Schätze der genannten Zonen gestattet (Art. 1 a). Das Gebiet des Festlandsockels beginnt also erst im Anschluß an das **Küstenmeer**, über das nach der Konvention über das Küstenmeer und die Anschlußzone (zitiert bei Hoog, 58 ff) der Küstenstaat die volle Souveränität hinsichtlich der Wassersäule, des Meeresgrundes und -untergrundes sowie des Luftraumes ausübt (Art 2). Die Breite dieser sog. territorialen Gewässer beträgt zur Zeit noch drei Seemeilen, soll aber im Zusammenhang mit der Staatenpraxis und der Dritten Seerechtskonferenz auf zwölf Seemeilen erweitert werden. Jenseits dieser Dreimeilen-Zone beginnt, jedenfalls soweit Wassersäule und Luftraum betroffen sind, die Hohe See, die nach Art. 2 der Genfer Konvention kein Staat auch nur teilweise seiner Souveränität unterstellen darf. Dem trägt auch die Festlandsockelkonvention Rechnung mit der Bestimmung (Art. 3) Rechnung, daß die Rechte des Küstenstaates über den Festlandsockel den rechtlichen Status des darüber liegenden Wassers als Hohe See nicht berühren. Gleiches gilt für den Luftraum über der Wasseroberfläche. Diese Rechtsverhältnisse können also durch innerstaatliches Recht nicht abweichend geregelt werden.

28
Auch die Festlandsockelkonvention selbst ist Gegenstand der Unberührtheitsklausel. Denn mit dem Bergrecht können nicht alle auf dem Festlandsockel möglichen Rechte des Küstenstaates geregelt werden. Außerdem sind zur Zeit die Regeln der Festlandsockelkonvention für die **seewärtige Grenze des Festlandsockels** (200 m Tiefenlinie oder Ausbeutbarkeitsgrenze), nicht innerstaatlich normierbar. Bis zu einer endgültigen völkerrechtlichen Regelung bleibt diese Grenze jedenfalls in der Ostsee, fließend und hängt von den technischen und wirtschaftli-

Erster Teil: Einleitende Bestimmungen **§§ 2, 3**

chen Möglichkeiten einer Gewinnung der natürlichen Schätze auf dem Festlandsockel ab. (Zur Problematik des Ausbeutbarkeitskriteriums vgl. W. Graf Vitzthum, Der Rechtsstatus des Meeresbodens, 1972, 174 ff; P. Kausch, Der Meeresbergbau im Völkerrecht, 1970, 63 ff).

29
Zu der Sonderreglung, wonach bei **zusammenhängenden Betrieben** die zuständige Behörde oder die Landesregierung eine zeitweise oder dauernde Unterstellung von Betrieben oder Betriebsteilen unter das Bergrecht anordnen kann, vgl. § 173 Rn 1.

§ 3 Bergfreie und grundeigene Bodenschätze

(1) Bodenschätze sind mit Ausnahme von Wasser alle mineralischen Rohstoffe in festem oder flüssigem Zustand und Gase, die in natürlichen Ablagerungen oder Ansammlungen (Lagerstätten) in oder auf der Erde, auf dem Meeresgrund, im Meeresuntergrund oder im Meerwasser vorkommen.

(2) Grundeigene Bodenschätze stehen im Eigentum des Grundeigentümers. Auf bergfreie Bodenschätze erstreckt sich das Eigentum an einem Grundstück nicht.

(3) Bergfreie Bodenschätze sind, soweit sich aus aufrechterhaltenen alten Rechten (§§ 149 bis 159) oder aus Absatz 4 nichts anderes ergibt:
Actinium und die Actiniden, Aluminium, Antimon, Arsen, Beryllium, Blei, Bor, Caesium, Chrom, Eisen, Francium, Gallium, Germanium, Gold, Hafnium, Indium, Iridium, Kadmium, Kobalt, Kupfer, Lanthan und die Lanthaniden, Lithium, Mangan, Molybdän, Nickel, Niob, Osmium, Palladium, Phosphor, Platin, Polonium, Quecksilber, Radium, Rhenium, Rhodium, Rubidium, Ruthenium, Scandium, Schwefel, Selen, Silber, Strontium, Tantal, Tellur, Thallium, Titan, Vanadium, Wismut, Wolfram, Yttrium, Zink, Zinn, Zirkonium – gediegen und als Erze außer in Raseneisen-, Alaun- und Vitriolerzen –;
Kohlenwasserstoffe nebst den bei ihrer Gewinnung anfallenden Gasen;
Stein- und Braunkohle nebst den im Zusammenhang mit ihrer Gewinnung auftretenden Gasen; Graphit;
Stein-, Kali-, Magnesia- und Borsalze nebst den mit diesen Salzen in der gleichen Lagerstätte auftretenden Salzen; Sole;
Flußspat und Schwerspat.
Als bergfreie Bodenschätze gelten:
1. alle Bodenschätze im Bereich des Festlandsockels und,
2. soweit sich aus aufrechterhaltenen alten Rechten (§§ 149 bis 159) nichts anderes ergibt,
   a) alle Bodenschätze im Bereich der Küstengewässer sowie
   b) Erdwärme und die im Zusammenhang mit ihrer Gewinnung auftretenden anderen Energien (Erdwärme).

(4) Grundeigene Bodenschätze im Sinne dieses Gesetzes sind nur, soweit sich aus aufrechterhaltenen alten Rechten (§§ 149 bis 159) nichts anderes ergibt:
1. Basaltlava mit Ausnahme des Säulenbasaltes; Bauxit; Bentonit und andere montmorillonitreiche Tone; Dachschiefer, Feldspat, Kaolin, Pegmatitsand; Glimmer, Kieselgur; Quarz und Quarzit, soweit sie sich zur Herstellung von feuerfesten Erzeugnissen oder Ferrosilizium eignen; Speckstein, Talkum; Ton, soweit er

§ 3 1–4   Erster Teil: Einleitende Bestimmungen

sich zur Herstellung von feuerfesten, säurefesten oder nicht als Ziegeleierzeugnisse anzusehenden keramischen Erzeugnissen oder zur Herstellung von Aluminium eignet; Traß;
2. alle anderen nicht unter Absatz 3 oder Nummer 1 fallenden Bodenschätze, soweit sie untertägig aufgesucht oder gewonnen werden.

1

I. § 3 definiert zunächst (Abs. 1) unabhängig von der rechtlichen Zuordnung den **Begriff des Bodenschatzes**, um damit den sachlichen Geltungsbereich des Bergrechts i. S. von § 2 zu konkretisieren.
Der bisher im Bergrecht verwendete Begriff des **Minerals** (vgl. z. B. § 1 ABG NW, aber auch den Begriff „mineralische Bodenschätze" in der sog. Silvester VO vom 31. 12. 1942 – RGBl. I, 1943, 17 –) erfaßte nur solche „nutzbaren Bestandteile der Erdrinde" (Isay, I, 89), die nach der Entscheidung des jeweiligen Gesetzgebers dem sonst berechtigten Grundeigentümer entzogen waren. **Der Begriff des Minerals** war deshalb von vornherein **rechtlich** auf bestimmte Bodenschätze **fixiert**.

2

Gegenüber diesem „rechtlichen" Begriff des Minerals verwendet Abs. 1 eine **rechtlich noch nicht qualifizierte Definition** für alle verwertbaren Stoffe der Erdrinde und des Meerwassers, unabhängig von ihrem Aggregatzustand. Zur Qualifikation dieser Stoffe (mineralische Rohstoffe) als **Bodenschätze** fordert Abs. 1 allerdings, daß sie in Lagerstätten vorkommen und mit der Erdrinde verbunden sind. Als **Lagerstätten** gelten alle natürlichen Ablagerungen und Ansammlungen in oder auf der Erde, auf dem Meeresgrund, im Meeresuntergrund und im Meerwasser. (Zum Begriff der Halden vgl. § 128 Rn 3).

3

Ausgenommen vom Begriff des Bodenschatzes ist das **Wasser**, das grundsätzlich der Begriffsbestimmung des Bodenschatzes auch unterfallen würde. Der Grund für diese Ausnahme liegt darin, daß bei einer Einbeziehung des Wasser kaum lösbare Überschneidungen mit dem Wasserrecht verbunden wären (Amtl. Begründung BT-Ds. 8/1315, 76 = Zydek, 69, vgl. hierzu auch § 56 Rn 328).

4

II. Mit der **Legaldefinition des Bodenschatzes** ist allerdings noch nicht die für das Bergrecht und seinen Geltungsbereich notwendige **Zuordnung** zu einem bestimmten **Aneignungsberechtigten** gegeben. Sie aber ist unentbehrlich, weil die Bodenschätze, soweit das Bergrecht nichts anderes bestimmt, grundsätzlich dem Grundeigentümer zugeordnet sind (§ 903 BGB). Dabei kann es der Gesetzgeber des Bergrechts nicht bewenden lassen, weil dann Bergbau in jeder Form unmöglich wäre (H. Schulte, Eigentum u. öff. Interesse, 275 ff; Westermann, Freiheit, 14). Die rechtliche Zuordnung ist deshalb von jeher eine der wesentlichen **Aufgaben des Bergrechts** gewesen (vgl. etwa Isay, I, Einleitung Rn 3; Westermann, Freiheit, 2 ff; Schulte, NJW 1981, 88 ff). Wegen des öffentlichen Interesses am Bergbau (§ 1 Nr. 1) muß die Entscheidung getroffen werden, ob die anstehenden Bodenschätze „Gegenstand des Grundeigentums" bleiben sollen und der Grund-

Erster Teil: Einleitende Bestimmungen 5–7 §3

eigentümer weiter ein ausschl. oder bevorrechtigtes Recht hat, die „in" bzw. „unter" seinem Grundeigentum befindlichen Bodenschätze zu gewinnen (Westermann, Freiheit, 19). Wird diese Entscheidung gegen den Grundeigentümer getroffen, so werden diese Bodenschätze **vom Willen des Grundeigentümers frei** (Isay, I, Einleitung Rn 3), also bergfrei. Damit ist aber die Zuordnungsaufgabe des Bergrechtes erst teilweise gelöst. Es muß dann die dem Grundeigentümer entzogenen und damit **herrenlosen Bodenschätze** (Turner, ZfB 108 (1967), 45 ff (48) **einem neuen Aneignungsberechtigten zuordnen**. Das kann in verschiedenen Formen erfolgen:
– als echter oder unechter **Staatsvorbehalt**
– oder als **Berg- bzw. Bergbaufreiheit**
Sämtliche Zuordnungsformen hat es im Laufe der geschichtlichen Entwicklung des Bergrechts gegeben. (Vgl. dazu Turner, ZfB 108 (1967), 98 ff; Kühne, ZfB 121 (1980), 58 ff; H. Schulte, ZfB 119 (1978), 414 ff; Westermann, Freiheit, 24 ff; Amtl. Begründung BT-Ds. 8/1315, 84 ff = Zydek, 94, 95)

5

1. Den **echten Staatsvorbehalt** (z. B. Art. 2 Bay. BergG) kennzeichnet ein unmittelbares Aneignungsrecht des Staates für die dem Grundeigentümer entzogenen Bodenschätze. Der Staat hat also die unmittelbare, eine Verleihung weder voraussetzende noch zulassende Befugnis zur Aufsuchung und Gewinnung der dem Vorbehalt unterliegenden Bodenschätze mit der Möglichkeit, Dritten die Ausübung dieser Tätigkeiten und Rechte zu erlauben (Ebel-Weller, §2 Anm. 1a und Anm. 1b; Westermann, Freiheit, 24; Zydek, ZfB 101 (1960), 75).

6

2. Der **unechte Staatsvorbehalt**, wie ihn etwa das Gesetz zur Änderung berggesetzlicher Vorschriften vom 24. 9. 1937 in das ABG eingefügt hat, gibt zwar auch dem Staat das ausschl. Recht zur Aufsuchung und Gewinnung bestimmter Mineralien. Doch ist dieses Recht dem Staat nur mit der Maßgabe vorbehalten, daß er es sich erst verleihen lassen muß. Mit der Verleihung erwirbt der Staat die Bergbauberechtigung, deren Form und Inhalt sich nach den allgemeinen Regeln des Bergrechts bestimmt und über die er wie beim echten Staatsvorbehalt verfügen kann (vgl. etwa §2 Abs. 2 ABG NW; Westermann, Freiheit, 25; Ebel-Weller, §2 Anm. 1a).

7

3. Die **Bergbaufreiheit**, wie sie dem ABG für die Aufsuchung und Gewinnung bestimmter Mineralien zugrunde lag, geht davon aus, daß an diesen Mineralien jedermann im Wege des Schürfens (§§ 3 ff ABG NW) und Mutens (§§ 12 ff ABG NW) Bergwerkseigentum erlangen kann. Der Fund schafft bei Erfüllung der sonstigen gesetzlich festgelegten Voraussetzungen einen Anspruch auf Verleihung des Bergwerkseigentums (§§ 22 ff ABG). (Vgl. hierzu Ebel-Weller, §1 Anm. 3a; Westermann, Freiheit, 23, der von einer Bergbaufreiheit im doppelten Sinne spricht, weil der Erwerb des Bergwerkseigentums und die bergbauliche Tätigkeit vom Ermessen des Staates unabhängig gemacht sind.)

8

III. Die dargestellten Zuordnungsformen sind ideal-typisch; insbesondere beim Bergwerkseigentum führte die bloß formelle Ordnungsfunktion des Staates beim Entstehungsverfahren in dem Augenblick zu nicht gewollten Ergebnissen, als Mutungen ausgebracht und Bergwerksfelder erworben wurden, deren baldiger Abbau nicht zu erwarten war, als also reine Vorratswirtschaft betrieben wurde. Auch der Zuschnitt der Bergwerksfelder entsprach nicht der Intention „Es wurde daher eine Erweiterung des Staatseinflusses angestrebt, der als Mittel einer planenden Ordnung im allgemeinen Interesse, insbesondere zur Verhinderung und/oder Bekämpfung von Monopolen im Kohle- und Salzbergbau, eingesetzt werden sollte. Die Regelung sollte zwar kein Staatsmonopol im Kohle- und Salzbergbau anbahnen, wohl aber sollte sie die Bergbauproduktion des Staates als Mittel zur Förderung des Allgemeinwohls angemessen verstärken. Zunächst wurde eine Mutungssperre ausgebracht, anschließend dann der Staatsvorbehalt in unterschiedlicher Form eingeführt". (Westermann, Freiheit, 24)

9

Unter den verschiedenen Zuordnungsformen hat sich das BBergG in § 3 Abs. 2 für die **Bergfreiheit entschieden** – allerdings in Verbindung mit einem Konzessionssystem (§§ 6 ff) (Begründete Zweifel an dieser Form der Bergfreiheit bei Schulte, ZfB 119 (1978), 414 ff.) Die Folge dieser Entscheidung ist nach Abs. 2, daß „auf bergfreie Bodenschätze . . . sich das Eigentum an einem Grundstück nicht" erstreckt. **Bergfreie** Bodenschätze sind demnach dem **Verfügungsrecht des Grundeigentümers entzogen.**

10

Der vom Gesetzgeber durch die Verbindung von Bergfreiheit und Konzessionssystem gewählte Mittelweg enthält demnach Komponenten zweier Zuordnungsformen: Einerseits nämlich gibt das Gesetz den Bergbauwilligen sowohl bei der Zulassung innerhalb des Berechtsamswesens als auch bei der Ausübung innerhalb des Betriebsplanverfahrens einen Rechtsanspruch auf Erlaubnis, Bewilligung und Bergwerkseigentum und Zulassung des Betriebsplanes. Es garantiert damit dem Bergbauwilligen einen Zugriff auf die Bodenschätze und rettet so die Bergbaufreiheit jedenfalls teilweise. Zum anderen räumt es dem Staat die Möglichkeit ein, bei Vorliegen von entgegenstehenden öffentlichen Einzelinteressen den Bergbauwilligen von bergbaulicher Tätigkeit auszuschließen. Insoweit sichert es dem Staat einen Teil des Einflusses, wie er im bisherigen Recht für den Staatsvorbehalt kennzeichnend war (Kühne, ZfB 121 (1980), 59; Amtl. Begründung BT-Ds. 8/1315, 58 ff = Zydek, 94, 95, 96).

11

Eine Besonderheit gilt für die Bodenschätze im Festlandsockel. Nach den völkerrechtlichen Regeln ist der Staat allein Verfügungs- und Aneignungsberechtigter hinsichtlich der Naturschätze des Meeresgrundes und -untergrundes (Art. 2 Abs. 1 Festlandsockelkonvention). Diese völkerrechtliche Zuordnung kommt dem echten Staatsvorbehalt sehr nahe (Zydek, ZfB 101 (1960), 75).

Der Gesetzgeber hat sich deshalb für diese Bodenschätze einer **Fiktion der Bergfreiheit** (§ 3 Abs. 3 S. 2) bedient, weil eine Abspaltung vom Grundeigentum nicht möglich ist. Diese Fiktion der Bergfreiheit hat für die Festlandsockel-Bodenschätze die gleiche Funktion wie die echte Bergfreiheit für die terrestrischen; sie ermöglicht dem Bergbauwilligen den Zugriff auf die Bodenschätze, allerdings nur in Abwägung mit den durch die §§ 6 ff und 50 ff geschützten öffentlichen Interessen.

12

IV. Soweit bisher geltendes Recht mit der **Neuzuordnung** von Bodenschätzen in den Abs. 3 und 4 fortgeschrieben wird, entstehen **eigentumsrechtliche Fragen** nicht. Nur dort, wo bisher grundeigene Bodenschätze bergfrei und damit der Verfügungsbefugnis des Grundeigentümers entzogen werden, kann die Frage gestellt werden, ob diese Neuzuordnung einen enteignenden Eingriff darstellt oder sich im Rahmen der Sozialbindung des Grundeigentümers hält. Die Amtl. Begründung des Gesetzes hat sich mit dieser Frage im Anschluß an die bisherige Rechtsprechung (vor allem BVerwG, ZfB 98 (1957), 461 ff) und der Literatur eingehend auseinandergesetzt und einen **entschädigungspflichtigen Eingriff verneint** (vgl. dazu jetzt für vergleichbare Fragen des WHG BVerfG NJW 1982, 745, 752). Sie begründet dies wie folgt: „Auch unter dem Aspekt des Art. 14 GG ist der Ausschluß von Bodenschätzen von dem Verfügungsrecht des Grundeigentümers nach fast einhelliger Auffassung in Rechtsprechung und Schrifttum verfassungsrechtlich unbedenklich. Teils wird ein Verfügungsrecht des Grundeigentümers über regelmäßig nicht dicht unter der Oberfläche vorkommende Bodenschätze überhaupt verneint, teils sieht man darin eine zulässige Bestimmung des Inhalts und der Schranken des Grundeigentums durch das Gesetz (Art. 14 Abs. 1 S. 2 GG), teils eine Festlegung der Sozialbindung des Eigentums (Art. 14 Abs. 2 GG). Welche dieser verschiedenen vertretbaren Auffassungen den Vorzug verdient, kann auf sich beruhen, da in jedem Fall über das Ergebnis Einigkeit besteht. Lediglich, wenn im Einzelfall der Ausschluß des Verfügungsrechts über den bloßen Entzug hinausgehende Wirkungen hat, wird in § 149 Vorsorge für die Aufrechterhaltung der Rechte des Grundeigentümers getroffen." (BT-Ds. 8/1315, 78 = Zydek, 68; zum gleichen Ergebnis kommt Karpen, AöR 1981, 15 ff, 20 mit ausf. Nachweisen.) Unabhängig hiervon sind eigentumsrechtliche Fragen, die mit der Aufrechterhaltung alten Bergwerkseigentums im Rahmen des Konzessionssystems zusammenhängen (vgl. dazu § 151 Rn 4 ff).

13

Soweit eine Neuzuordnung von Bodenschätzen zur Bergfreiheit nicht stattfindet, bleibt die **Befugnis des Grundeigentümers** zur Aufsuchung, Gewinnung und Aufbereitung grundeigener Bodenschätze mit der Maßgabe unberührt, daß diese Tätigkeiten dem BBergG unterworfen sind (§ 2 Abs. 1 S. 1 Nr. 1), soweit der entsprechende grundeigene Bodenschatz in § 3 Abs. 4 ausdrücklich aufgezählt ist. Zum Inhalt der Grundeigentümerbefugnis gehören, soweit sich dies nicht schon aus dem Inhalt des Grundeigentums selbst ergibt und übergeleitete Rechtspositionen nichts anderes bestimmen, nach der ausdrücklichen Anordnung des Gesetzes auch das Recht, andere Bodenschätze mitzugewinnen und sich anzuzeigen, Hilfsbaue anzulegen und fremde Grubenbaue zu benutzen. Außerdem rechnet dazu die

Befugnis, die für die Aufsuchung, Gewinnung und Aufbereitung der grundeigenen Bodenschätze erforderlichen Betriebseinrichtungen nach Maßgabe des Gesetzes zu betreiben. (Im einzelnen vgl. dazu § 34 Rn 4 ff).

14
V. Bei der Einteilung der Bodenschätze in bergfreie (Abs. 3) und grundeigene (Abs. 4) verwendet § 3 das **Enumerationsprinzip**. Danach bleiben alle Bodenschätze, die nicht ausdrücklich der Bergfreiheit zugeordnet oder als grundeigene Bodenschätze in Abs. 4 aufgezählt werden, grundeigene Bodenschätze, die bei ihrer Aufsuchung und Gewinnung dem Bergrecht nicht unterliegen. Insoweit zählt Abs. 4 S. 1 Nr. 1 nur die **Grundeigentümerbodenschätze i. S. des Gesetzes auf**. (Zum Zuordnungsgesichtspunkt für grundeigene Bodenschätze bei untertägiger Aufsuchung und Gewinnung vgl. Rn 24 unten.)

15
Die Einteilung in bergfreie und grundeigene Bodenschätze in § 3 steht unter dem Vorbehalt, daß eine eventuelle gesetzliche **Neuzuordnung** der Bodenschätze **für aufrechterhaltene Berechtigungen** während der Dauer ihres Bestandes **keine rechtsändernde Wirkung** hat. Ein solcher Bodenschatz bleibt bezüglich seiner Zuordnung der in Berechtigung genannte Bodenschatz (§ 150).

16
VI. Die **bergfreien Bodenschätze**, auf die sich das Recht an einem Grundstück nicht erstreckt, umfassen zwei Kategorien, die in Abs. 3 S. 1 genannten „echten" und die in Abs. 3 S. 2 lediglich **fingierten bergfreien** Bodenschätze.

17
1. Zu dem Katalog der **echten bergfreien Bodenschätze** in Abs. 3 S. 1 ist im Anschluß an die Amtl. Begründung (BT-Ds. 8/1315, 78 ff = Zydek, 70 ff) folgendes zu bemerken:
– Die erste Gruppe (Actinium bis Zirkonium) faßt alle Bodenschätze zusammen, die gediegen und als Erze vorkommen. Die Terminologie der Aufzählung hält sich an das periodische System der Elemente.
– Die weiteren Gruppen des Katalogs sind dadurch gekennzeichnet, daß die von ihnen erfaßten Bodenschätze in chemischen Verbindungen und in anderen Formen als in Erzen vorkommen. Die in diesen Gruppen zusammengefaßten Bodenschätze waren bereits nach dem geltenden Bergrecht dem Grundeigentümer entzogen.
– Der Begriff des „Kohlenwasserstoffes" in der zweiten Gruppe ist wegen seiner deutlicheren Abgrenzbarkeit für die bisher uneinheitlich verwendeten Begriffe „Bitumen, Erdöl, Erdgas oder Erdwachs" gewählt worden.
– Die dritte Gruppe nimmt die mit der Gewinnung von Stein- und Braunkohle anfallenden Gase neu auf, weil ihre Gewinnung zwangsläufig Voraussetzung oder Folge des Abbaus von Stein- und Braunkohle sind und insoweit eine Kollision mit den Verfügungsrechten des Grundeigentümers vermieden werden muß. Zu den hier maßgeblichen Gasen zählen nicht nur gasförmige Kohlenwasserstoffe, sondern auch gasförmige Stoffe wie Schwefelwasserstoff, Stickstoffgas, Kohlenmonoxyd oder Kohlendioxyd.

Erster Teil: Einleitende Bestimmungen **18–21 §3**

–Die Gruppe Fluß- und Schwerspat ist ein Fall von Neuzuordnung. Denn mit der Ausnahme von Schwerspat im früheren Reg.-Bez. Rheinhessen waren diese Bodenschätze bisher im gesamten Gebiet der Bundesrepublik Deutschland dem Grundeigentum zugeordnet. Das BBergG geht demgegenüber davon aus, daß die zunehmende volkswirtschaftliche Bedeutung dieser Bodenschätze, etwa bei Chemie und Aluminium für Flußspat, als Baurohstoff im Strahlenschutz für Schwerspat, die Gleichstellung mit den bisher schon bergfreien Bodenschätzen rechtfertigt. Außerdem kommen beide Bodenschätze meist in Gängen und häufig zusammen mit Erzen vor, so daß für einen sinnvollen und planmäßigen Abbau die Unabhängigkeit von möglichen Grundstücksgrenzen wesentlich ist.
–Zur Behandlung der Sole von Salzen vgl. § 56 Rn 328.

18
2. Die **Fiktion der Bergfreiheit** gilt in erster Linie für solche Bodenschätze, bei denen der Gesetzgeber keinen konkreten Eigentümer feststellen konnte, dem sie hätten entzogen werden müssen. Dies gilt insbesondere für den Bereich des Festlandsockels.

19
a) Denn nach Art. 2 der Festlandsockelkonvention übt der **Küstenstaat Hoheitsrechte hinsichtlich der Erforschung des Festlandsockels und der Ausbeutung seiner Naturschätze** aus. Wer im Bereich des deutschen Festlandsockels als „Küstenstaat" zu gelten hat, ist, wie die Übergangsregelung in § 137 Abs. 2 dokumentiert, zwischen Bund und Ländern umstritten. Vergleichbares hat für die **Küstengewässer** i.S. des § 1 Abs. 1 Nr. 1 a WHG zu gelten (im einzelnen vgl. zum Begriff der Küstengewässer Gieseke/Wiedemann/Czychowski, WHG, § 1 Rn 8b).

20
Soweit die Küstengewässer die Dreimeilen-Zone des Küstenmeeres, Grundes, Untergrundes und der Wassersäule darüber betreffen, ist zwar die Zuordnung zum Staatsgebiet der Bundesrepublik Deutschland unumstritten, doch hinsichtlich der landwärts der Basislinie liegenden Meeresteile, insbesondere im Bereich der Nordsee-Inseln, tritt die Frage der Zuordnung der Bodenschätze erneut auf. Auch insoweit wollte der Gesetzgeber keine, die späteren Verhandlungen zwischen Bund und Ländern präjudizierende endgültige Zuordnung treffen. Er hat deshalb sowohl im Festlandsockel wie in den Küstengewässern die Bodenschätze als bergfreie lediglich fingiert.

21
Eine eigene Kategorie der fingierten bergfreien Bodenschätze bilden die **Erdwärme** und die bei ihrer Gewinnung, insbesondere bei hohem Druck der Wärmeträger, mitauftretenden kinetischen Energien (Abs. 3 S. 2 Nr. 2 b). Ihre Nutzung sollte mit der Einordnung unter die bergfreien Bodenschätze nach Auffassung des Bundesrates (BT-Ds. 8/1315, Anl. 2, 173 = Zydek, 60) dem beliebigen Zugriff von jedermann entzogen und in geordnete Bahnen gebracht werden. Dabei führt allerdings die Einordnung unter die bergfreien Bodenschätze nicht in jedem Fall zur vollständigen Anwendung des BBergG. Dieses gilt vielmehr nur für die

Untersuchung des Untergrundes auf seine Eignung zur Gewinnung von Erdwärme und für den **Betrieb zur Gewinnung** dieser Wärme; die **Nutzung** dagegen ist nach § 4 Abs. 3 S. 2 letzter Halbsatz als **Weiterverarbeitung** gekennzeichnet und damit dem Bergrecht nicht unterstellt. Das gleiche gilt für solche Betriebe, die bei Inkrafttreten des BBergG bereits Erdwärme gewinnen und sie zu Bade- und Heilzwecken benutzen (§ 169 Abs. 2 S. 2 zweiter Halbsatz). Soweit das BBergG anwendbar ist, gelten insbesondere die §§ 39 (Einigung mit dem Grundeigentümer), 40 (Streitentscheidung), 48 (Allgemeine Verbote und Beschränkungen), 50 (Anzeige) bis 74 (Hilfeleistung, Anzeigepflicht) und 77 (Grundabtretung) bis 104 (Vollstreckbare Titel).

22

Da die Erdwärme und alle Bodenschätze im Bereich der Küstengewässer **erstmals** durch das BBergG als bergfrei fingiert werden, mußte anders als bei den Festlandsockel-Bodenschätzen, die bereits durch das vorläufige FestlandsockelG von 1964 und die Festlandsockelkonvention von 1958 der Verfügungsbefugnis des Grundeigentümers entzogen und dem Küstenstaat zugeordnet waren, das Fortgelten der bisherigen Zuordnung für aufrechterhaltene Rechte und Verträge ausdrücklich angeordnet werden. Das tut Abs. 3 S. 2 Nr. 2 erster Halbsatz.

23

3. Abs. 4 Nr. 1 katalogisiert die **grundeigenen Bodenschätze i. S. des Gesetzes.** Dies geschieht mit der Maßgabe, daß die bisherigen Zuordnungen bei aufrechterhaltenen Berechtigungen für die Dauer ihrer Geltung aufrechterhalten bleiben. Der Katalog der bergfreien Bodenschätze in Nr. 1 **lehnt sich an die sog. SilvesterVO** (VO über die Aufsuchung und Gewinnung von mineralischen Bodenschätzen vom 31. 12. 1942 – RGBl. I, 1943, 17 –) an. Zur Charakterisierung und Bedeutung der einzelnen dem Bergrecht unterstellten grundeigenen Bodenschätze kann deshalb auf einschlägige Kommentierungen zu dieser VO, etwa bei Ebel-Weller, 871 ff, verwiesen werden.

Zur Begründung der SilvesterVO, die auch für die Einbeziehung der grundeigenen Bodenschätze in das BBergG noch Geltung beanspruchen kann, heißt es dort: Mit der SilvesterVO wurde eine rechtliche Entwicklung fortgesetzt, die mit dem preußischen Gesetz über die Beaufsichtigung von unterirdischen Mineralgewinnungsbetrieben und Tiefbohrungen vom 8. 12. 1933 (GS, 493) begonnen hatte; in der Praxis hatte sich herausgestellt, daß der Kreis, der durch das Gesetz vom 18. 12. 1933 der Bergaufsicht unterstellten Betriebe der Steine und Erden nicht weit genug gezogen war, um eine befriedigende Abgrenzung der Zuständigkeit zwischen Bergbehörde und Gewerbeaufsicht zu bringen. Hierunter litt insbesondere der westdeutsche Tonbergbau. Dazu kam, daß der Grundbesitzer nicht immer geneigt und in der Lage war, die ihm gehörigen Flächen durch Gewinnung der darin enthaltenen Vorkommen zu nutzen oder aber, daß er sie einem Unternehmer nur unter Bedingungen überließ, die einen ordnungsmäßigen Gewinnungsbetrieb zumindest erschwerten oder so stark belasteten, daß er nur unter Vernachlässigung weniger günstiger Vorkommen durchgeführt werden konnte (Raubbau). Die Erfahrung zeigte, daß Grundeigentümer wiederholt so hohe Entgelte (Wartegelder, Förderzinsen, Tonnenabgaben) oder die Übernahme sonstiger Leistungen

Erster Teil: Einleitende Bestimmungen §§ 3, 4

(Garantiesummen, Sicherheiten, bestimmte Betriebsmaßnahmen, eigene Beschäftigung) forderten, daß eine Ausbeutung entweder unterbleiben oder der Betrieb in einem volkswirtschaftlich nicht zu vertretenden Ausmaße verteuert wurde. Solche Fälle haben sich besonders bei der Gewinnung von Flußspat, Feldspat, Bauxit und Magnesia ereignet.

Die SilvesterVO sollte diesem Mangel abhelfen und die Aufsuchung und Gewinnung bestimmter, dem Grundeigentümer überlassener Mineralien, Steine und Erden ganz allgemein den volkswirtschaftlich günstigeren Bedingungen des Berggesetzes unterstellen, allerdings auch im Interesse des Gemeinwohls einer stärkeren Kontrolle durch die Bergaufsicht unterwerfen. Darüber hinaus gestattet die Verordnung in § 3 die Zusammenfassung von Grundflächen und Betrieben aus bergaufsichtlichen und volkswirtschaftlichen Gründen zu einem einheitlichen Betrieb. Diese Möglichkeit der Zusammenfassung ist bei dem oft sehr zersplitterten Grundbesitz nicht nur für die betreffenden Unternehmer von erheblicher Wichtigkeit. Sie ist auch darüber hinaus von großer allgemein-wirtschaftlicher Bedeutung. Erfaßt werden neben den wichtigsten feuerfesten und keramischen Rohstoffen einige bedeutsame chemische Rohstoffe sowie sonstige Rohstoffe, die in wichtigen Verbrauchsindustrien (Kautschuk, Papier, Pharmazeutik, Sprengstoff, Benzinsynthese) von Bedeutung sind (Ebel-Weller, 872 = § 1 Anm. 1 der SilvesterVO).

24
Unabhängig von ihrer Bedeutung i. S. der Nr. 1 werden entsprechend der bisher landesrechtlichen Übung auch die grundeigenen Bodenschätze dem Bergrecht unterstellt, die **untertägig aufgesucht oder gewonnen** werden (vgl. dazu das Gesetz über die Beaufsichtigung von unterirdischen Mineralgewinnungsbetrieben und Tiefbohrungen vom 18. 12. 1933, PrGS. NW S. 189).

Damit gilt das BBergG für die Aufsuchung und Gewinnung aller bergfreien und der namentlich aufgeführten grundeigenen Bodenschätze sowie für die untertägige Aufsuchung und Gewinnung aller übrigen Grundeigentümerbodenschätze. Nicht erfaßt werden Betriebe, in denen etwa Sand oder Kies im Tagebau gewonnen wird. Für solche Betriebe gelten die landesrechtlichen Vorschriften über Abgrabungen weiter (Weller, NWB, 858). Zur Genehmigungspflicht für Abgrabungen vgl. § 56 Rn 421 ff.

§ 4 Begriffsbestimmungen

(1) **Aufsuchen (Aufsuchung)** ist die mittelbar oder unmittelbar auf die Entdeckung oder Feststellung der Ausdehnung von Bodenschätzen gerichtete Tätigkeit mit Ausnahme
1. der Tätigkeiten im Rahmen der amtlichen geologischen Landesaufnahme,
2. der Tätigkeiten, die ausschließlich und unmittelbar Lehr- oder Unterrichtszwecken dienen und
3. des Sammelns von Mineralien in Form von Handstücken oder kleinen Proben für mineralogische oder geologische Sammlungen.

Eine großräumige Aufsuchung ist eine mit Hilfe von geophysikalischen oder geochemischen Verfahren durchgeführte Untersuchung, wenn sie auf die Ermittlung von

§ 4 Erster Teil: Einleitende Bestimmungen

Kennwerten beschränkt ist, die großräumige Rückschlüsse auf das mögliche Vorkommen von Bodenschätzen zulassen.

(2) Gewinnen (Gewinnung) ist das Lösen oder Freisetzen von Bodenschätzen einschließlich der damit zusammenhängenden vorbereitenden, begleitenden und nachfolgenden Tätigkeiten; ausgenommen ist das Lösen oder Freisetzen von Bodenschätzen
1. in einem Grundstück aus Anlaß oder im Zusammenhang mit dessen baulicher oder sonstiger städtebaulicher Nutzung und
2. in oder an einem Gewässer als Voraussetzung für dessen Ausbau oder Unterhaltung.

(3) Aufbereiten (Aufbereitung) ist das
1. Trennen oder Anreichern von Bodenschätzen nach stofflichen Bestandteilen oder geometrischen Abmessungen auf physikalischer oder physikalisch-chemischer Grundlage einschließlich der damit zusammenhängenden vorbereitenden, begleitenden und nachfolgenden Tätigkeiten,
2. Brikettieren, Verschwelen, Verkoken, Vergasen, Verflüssigen und Verlösen von Bodenschätzen,

wenn der Unternehmer Bodenschätze der aufzubereitenden Art in unmittelbarem betrieblichem Zusammenhang selbst gewinnt oder wenn die Bodenschätze in unmittelbarem räumlichen Zusammenhang mit dem Ort ihrer Gewinnung aufbereitet werden. Eine Aufbereitung liegt nicht vor, wenn eine Tätigkeit im Sinne des Satzes 1 mit einer sonstigen Bearbeitung oder Verarbeitung von Bodenschätzen (Weiterverarbeitung) oder mit der Herstellung anderer Erzeugnisse (Nebengewinnung) durchgeführt wird und das Schwergewicht der Tätigkeit nicht bei der Aufbereitung liegt; die Nutzung von Erdwärme ist einer Weiterverarbeitung gleichzustellen.

(4) Wiedernutzbarmachung ist die ordnungsgemäße Gestaltung der vom Bergbau in Anspruch genommenen Oberfläche unter Beachtung des öffentlichen Interesses.

(5) Unternehmer ist eine natürliche oder juristische Person oder Personenhandelsgesellschaft, die eine der in § 2 Abs. 1 Nr. 1 und 2 bezeichneten Tätigkeiten auf eigene Rechnung durchführt oder durchführen läßt.

(6) Gewinnungsberechtigung ist das Recht zur Gewinnung von bergfreien oder grundeigenen Bodenschätzen.

(7) Feld einer Erlaubnis, Bewilligung oder eines Bergwerkseigentums ist ein Ausschnitt aus dem Erdkörper, der von geraden Linien an der Oberfläche und von lotrechten Ebenen nach der Tiefe begrenzt wird, soweit nicht die Grenzen des Geltungsbereichs dieses Gesetzes einen anderen Verlauf erfordern.

(8) Gewinnungsbetrieb sind Einrichtungen zur Gewinnung von bergfreien und grundeigenen Bodenschätzen.

(9) Untergrundspeicher ist eine Anlage zur unterirdischen behälterlosen Speicherung von Gasen, Flüssigkeiten und festen Stoffen mit Ausnahme von Wasser.

(10) Transit-Rohrleitung ist eine Rohrleitung, die vom Festlandsockel oder vom Gebiet eines anderen Staates in den Festlandsockel der Bundesrepublik Deutschland führt oder diesen durchquert.

Erster Teil: Einleitende Bestimmungen 1–5 §4

1
I. § 4 definiert einer modernen Gesetzgebungspraxis entsprechend (vgl. etwa § 3 BImSchG) eine Reihe im BBergG stets wiederkehrender Begriffe (**Legaldefinitionen**).
Damit gibt der Gesetzgeber selbst Anweisungen an den Gesetzesanwender, wie dieser bestimmte Rechtsbegriffe zu handhaben und auszulegen hat. Die Bedeutung solcher Legaldefinitionen für die Handhabung eines Gesetzes kann sehr unterschiedlich sein, je nachdem, wieviele verschiedene Begriffselemente eine derartige Definition umfaßt. Außerdem ist von Bedeutung, ob die Legaldefinition über die Vereinheitlichung der Auslegung hinaus für die Anwendung des Gesetzes noch eine weitere Funktion hat.

2
Das ist bei § 4 nach dem ausdrücklichen Willen des Gesetzgebers der Fall. Die **Begriffsbestimmungen** sollen nämlich dazu dienen, die **Geltungsbereichsbestimmung** in § 2, die aus sich heraus nicht verständlich wäre, zu **verdeutlichen und zu konkretisieren** (BT-Ds. 8/1315, 74 = Zydek, 52).

3
Nicht ersichtlich ist jedoch, welche Gesichtspunkte zur Aufnahme in den Katalog des § 4 geführt haben. Denn neben den dort aufgeführten Definitionen enthält das Gesetz eine Vielzahl von wiederkehrenden Begriffsbestimmungen, die zum Teil für die Anwendung des Gesetzes wesentlich bedeutsamer sind als die in § 4 genannten, dort jedoch keine Aufnahme gefunden haben (dazu zählen etwa der Begriff „verantwortliche Personen" in § 58, der des „Bergbaubetriebes", wie er in § 114 verwandt wird, der des „Bergschadens", der des „Betriebes", wie er in den §§ 169 und 173 verwendet wird, um nur einige zu nennen). Die Amtl. Begründung gibt auf die Auswahlkriterien keinen Hinweis, erwähnt lediglich, daß § 4 „alle nicht mit dem Begriff des Bodenschatzes zusammenhängenden" wesentlichen Definitionen enthalte (BT-Ds. 8/1315, 79 = Zydek, 79). Dies kann jedoch für alle anderen im Gesetz verwendeten Legaldefinitionen in gleicher Weise gelten.

4
II. Die **Begriffsbestimmungen der Abs. 1 bis 3** sind rein **tätigkeitsbezogen** und bestimmen lediglich, wann die darin im einzelnen aufgeführten Tätigkeiten oder Verfahren einer der genannten Kategorien zuzuordnen sind. (Im einzelnen vgl. unten Rn 10 ff.) Es ist bei allen diesen drei genannten Haupttätigkeiten daran zu denken, daß ihnen stets die Einrichtungen i. S. des § 2 Abs. 1 Nr. 3 (ebenfalls eine Begriffsbestimmung) zuzuordnen sind.

5
Eine eigenständige Kategorie bildet Abs. 4 mit der Begriffsbestimmung für die **Wiedernutzbarmachung**. Diese Begriffsbestimmung hat vor allem Bedeutung bei der Zulassung des Betriebsplanes nach § 55 Abs. 1 S. 1 Nr. 7 und Abs. 2 S. 1 Nr. 2; danach muß im Falle der Betriebsplanzulassung die erforderliche **Vorsorge** zur Wiedernutzbarmachung der Oberfläche in dem nach den Umständen gebotenen Ausmaß getroffen sein und bei der Erteilung des Abschlußbetriebsplanes muß die

Wiedernutzbarmachung der Oberfläche in der vom einzustellenden Betrieb in Anspruch genommenen Fläche **sichergestellt sein**. Daraus wird deutlich, daß mit dem Begriff der Wiedernutzbarmachung ganz unterschiedliche Gesichtspunkte verbunden werden können und auch im konkreten Fall sehr differenzierte Anforderungen gestellt werden müssen. Insofern ist der Wert der Begriffsbestimmung in Abs. 4 durchaus zweifelhaft. Im einzelnen vgl. zur Konkretisierung des Begriffes der Wiedernutzbarmachung § 55 Rn 73 bis 94.

6

Rein **technischer Natur** sind die Begriffsbestimmungen der Abs. **9 und 10** (Untergrundspeicher, Transitrohrleitung). Sie legen fest, welche Merkmale diese Einrichtungen erfüllen müssen, um bergrechtlichen Normen unterworfen zu sein und bestimmen insoweit auch den Geltungsbereich des Gesetzes näher. Ebenfalls eher technischer Art ist der Begriff des Feldes, wie er in Abs. 7 definiert wird. Gemeint ist hiermit das sog. Geviertfeld (§ 161 Abs. 2 S. 1). (Zum Begriff des früher gebräuchlichen Längenfeldes vgl. § 161 Abs. 2 S. 2.)

7

Die Begriffe der Abs. **6 und 8** (**Gewinnungsberechtigung** und **Gewinnungsbetrieb**) ziehen zunächst die Konsequenz aus der Tatsache, daß dem BBergG alle bergfreien und die besonders genannten grundeigenen Bodenschätze unterliegen. Für den Begriff der Gewinnungsberechtigung ergibt sich allerdings im Hinblick auf § 34 eine gewisse Differenzierung, weil hier ausdrücklich von der Befugnis des Grundeigentümers zur Gewinnung der Bodenschätze gesprochen wird; seine Bedeutung aber erhält der Begriff etwa bei der Zulegung (vgl. § 35 S. 1). Der Begriff des Gewinnungsbetriebes wird durch die Bezugnahme auf Einrichtungen, d. h. Betriebsanlagen und Betriebseinrichtungen (§ 2 Abs. 1 Nr. 3) bestimmt. Das ist nicht unproblematisch.
Denn insbesondere im Zusammenhang mit der Ausübung von Gewinnungsberechtigungen erscheint dieser Begriff zu unbestimmt. Das ergibt sich aus §§ 51 und 52, die für die Errichtung und Führung des Betriebes die Aufstellung von Betriebsplänen verlangen. Wird der Gewinnungsbetrieb durch die Einrichtung i. S. des § 2 Abs. 1 Nr. 3 definiert, so können auch alle zeitlich und räumlich sehr eng begrenzten Maßnahmen einen eigenen Betriebsplan erforderlich machen. Denn dann wäre jeder Strebvortrieb, aber auch jedes Einsetzen einer neuen Abbaumaschine ein Gewinnungsbetrieb i. S. des Abs. 8 und damit anzeige- und betriebsplanpflichtig. Hier muß aus dem Zweck des Betriebsplanverfahrens eine Einschränkung vorgenommen werden (vgl. § 51 Rn 16 ff).

8

Der Begriff des **Unternehmers** ist in § 4 Abs. 5 definiert und enthält zwei Alternativen: wer auf **eigene Rechnung** Tätigkeiten nach § 2 Abs. 1 Nr. 1 und Nr. 2 **durchführt** oder wer diese bergbaulichen Tätigkeiten **durchführen läßt**. Ob es sinnvoll Ob es sinnvoll war, den Unternehmerbegriff, der im BBergG an verschiedenen Stellen (z. B. Pflichten nach §§ 58, 61, Anzeigepflichten nach §§ 56, 74 Abs. 3, 169 Abs. 1 Nr. 1, Betriebsplanpflicht §§ 51 Abs. 1, 54 Abs. 1, 55 Abs. 1 Nr. 2, 57 Abs. 1, 61, Mitteilungspflicht § 61 Abs. 2, Verantwortliche Personen §§ 58, 59 Abs. 2, 60,

Erster Teil: Einleitende Bestimmungen **8 § 4**

73 und Zuverlässigkeit §§ 55 Abs. 1 Nr. 2, 73 Abs. 2 und schließlich Bergschadenshaftung nach § 113) bedeutsam und an mehreren Stellen (§ 4 Abs. 5, 110 Abs. 2, 127 Abs. 1 Nr. 3) unterschiedlich definiert ist, als allgemeingültig und allumfassend gleichsam „vor die Klammer" des materiellen Teiles des Gesetzes zu ziehen, erscheint zweifelhaft. Angesichts der Vielgestaltigkeit der Regelungskomplexe, die diese Definition erfassen soll, wird man in ihr zwar eine **maßgebende Leitlinie**, aber keine abschließende Festlegung des Unternehmerbegriffs sehen können. § 4 Abs. 5 bedarf vielmehr jeweils der Überprüfung anhand des Zwecks der Einzelvorschrift, für die er angewendet werden soll. Nur mit dieser Einschränkung können zu diesem Begriff allgemeine Aussagen gemacht werden. Kritik fordert auch die Formulierung der Definition heraus. Ihr Ziel war, eine **klare Zuordnung der Verantwortung** sicherzustellen (BT-Drucksache 8/1315, 88 = Zydek S. 87). Das ist nicht erreicht.
Der **erste Zweifel** taucht auf bei der Abgrenzung der beiden Alternativen: gilt der **Zusatz „für eigene Rechnung"** nur für das „Durchführen" oder auch für das „Durchführenlassen"? Zweck des Zusatzes war, die finanzielle und wirtschaftliche Trägerschaft als wesentliches Indiz für die Unternehmereigenschaft herauszustellen (Pfadt, Rechtsfragen zum Betriebsplan im Bergrecht, 142), finanzielle Verantwortung sollte Voraussetzung für die bergrechtliche sein. Die „eigene Rechnung" ist dafür maßgebliches Tatbestandsmerkmal, Durchführenlassen auf fremde Rechnung erfüllt diese Voraussetzung nicht.
Dies wird unterstützt durch die Entwicklung des Begriffes aus dem früheren Recht. Dort wurde der Bergwerksbesitzer in der Begründung zum 3. Bergrechtsänderungsgesetz NW vom 8.12.1964 (LT-Ds 5/370, II zu § 73, 7) als derjenige verstanden, für dessen Rechnung der Betrieb geführt wurde. (Weller, ZfB 106 (1965), 437, 441; Oversohl, Die Rechtsstellung der Aufsichtspersonen, Diss. jur. Münster 1968, 67.) Er mußte in der Lage sein, die wirtschaftlichen, planerischen und organisatorischen Voraussetzungen für die Sicherheit und Ordnung des Bergwerksbetriebes zu schaffen (Weller a.o.; jetzt auch BT-Ds 8/1315, 115 = Zydek 276).
Der **nächste Zweifel** entsteht durch die Abweichung der Definition des § 4 Abs. 5 von der bisher bewährten Praxis.
Während es früher darauf ankam, daß der „**Betrieb geführt**" wurde, soll jetzt maßgebend sein, daß „**die in § 2 Abs. 1 Nrn. 1 u. 2 bezeichneten Tätigkeiten**" durchgeführt werden. Damit stellt sich nämlich die Frage, ob auch Einzeltätigkeiten des Aufsuchens oder des Gewinnens bereits die Unternehmereigenschaft begründen, ob z.B. das Schachtabteufen oder andere vorbereitende begleitende oder nachfolgende Tätigkeiten i. S. von §§ 2 Abs. 1 Nr. 1, 4 Abs. 2, sofern sie von unterschiedlichen juristischen Personen durchgeführt werden, auch zu mehreren Unternehmern führen. Auch das war wohl nicht die Absicht des Gesetzgebers, obwohl der Gesetzestext mehr Zweifel erzeugt als Hilfe bietet. Der Gesetzgeber hatte sich nämlich das Ziel gesetzt, die Einordnung der im Bergrecht häufig vorkommenden Beauftragung mit der Durchführung typisch bergbaulicher Arbeiten zu ermöglichen (BT-Ds. 8/1315, 83 = Zydek, 87). Dieses anspruchsvolle Ziel erreicht der Gesetzestext allein nicht. Man muß ihn in Anlehnung an die bisherige Rechtslage auslegen, daß nicht eine tätigkeitsbezogene atomisierte Einzelverantwortung dem Zweck des Gesetzes entspricht, sondern eine **betriebsbezogene**, unternehmensbezogene **Gesamtverantwortung** mit Delegationsbefugnis. Das

115

führt im Ergebnis dazu, daß die Bergbauspezialfirma, die mit bergbaulichen Spezialarbeiten in einem Bergbaubetrieb beschäftigt ist, nicht Unternehmer i. S. § 4 Abs. 5 ist.
Nur durch diese Auslegung wird eine unerwünschte Doppelverantwortung vermieden. Unternehmer ist in diesen Fällen allein der Auftraggeber als betriebsführendes Bergbauunternehmen.
Problematisch ist die Unternehmerstellung bei **Konzern**gesellschaften und bei mit speziellen Gewinnungsarbeiten beauftragten sog. **Unternehmerfirmen**.
Konzerntochtergesellschaften, verbundene Unternehmen, die Bergbau **im eigenen Namen und auf eigene Rechnung** führen, aber über einen **Ergebnisabführungsvertrag, Gewinnabführungs- und Verlustübernahmevertrag** mit der Muttergesellschaft rechtlich und finanziell abgesichert sind, sind Unternehmer i. S. der 1. Alternative. Diese Unternehmensverträge oder gar die Anteilseignerschaft der Konzernobergesellschaft macht diese nicht zum Unternehmer, weil sie nicht – durch die Tochtergesellschaft – Bergbau durchführen läßt. Sofern zwischen der Mutter- und der Tochtergesellschaft ein **Betriebs- und Geschäftsführungsvertrag** dergestalt besteht, daß die Tochtergesellschaft **im Namen und für Rechnung der Muttergesellschaft** die Betriebe und Geschäfte führt, bedeutet das nicht, daß dadurch die 2. Alternative („durchführen läßt") erfüllt ist. Denn die Tochtergesellschaft verpflichtet die Muttergesellschaft aufgrund des Vertretungsverhältnisses unmittelbar, sie führt nicht durch, sondern die Muttergesellschaft. Entscheidend wird dann, ob die Muttergesellschaft auf eigene Rechnung durchführt, was bei der Tätigkeit der Tochtergesellschaft „für Rechnung" der Muttergesellschaft anzunehmen ist.
Sofern die **Tochtergesellschaft im eigenen Namen und auf eigene Rechnung**, aber aufgrund eines **Betriebs- und Geschäftsführungsvertrages** tätig ist, ist nach der hier dargelegten Auslegung des § 4 Abs. 5 die Tochtergesellschaft Unternehmer i. S. der 1. Alternative. Die Muttergesellschaft dagegen „läßt" zwar durchführen i. S. der 2. Alternative, das hierzu zu ergänzende Erfordernis des „auf eigene Rechnung" ist jedoch nicht erfüllt, weil das abhängige Unternehmen zunächst selbst die Rechte und Pflichten für sich begründet oder erst aufgrund eines Vertrages oder aktienrechtlicher Vorschriften das Ergebnis abführt bzw. ausgleicht. Ähnlich ist die Rechtsstellung der aufgrund eines Werkvertrages im Bergbaubetrieb tätigen **Bergbau-Spezialfirma**. Sie ist zwar „auf eigene Rechnung" tätig, weil zunächst sie der wirtschaftliche Erfolg oder Mißerfolg des Werkvertrages trifft. Ob dieses Ergebnis dann vertraglich von anderen Unternehmen übernommen wird, hat hier außer Betracht zu bleiben. Aber es fehlt an der Ausführung der in § 2 Abs. 1 Nr. 1 oder 2 bezeichneten Tätigkeit in dem oben dargestellten gesamtbetrieblichen Sinne.
„Bloße Betriebsführungsgesellschaften" sollen nicht Unternehmer i. S. § 4 Abs. 5 sein (BT-Ds. 8/1315. 83 = Zydek, 87). Diese Aussage ist zwar richtig, bedarf allerdings anhand des Einzelfalles und des Normzweckes jeweils der Überprüfung. Je größer ihr Aufgabenbereich, ihre personelle Ausstattung, ihre praktische Weisungsunabhängigkeit, der Einfluß ihrer Organe und Ergebnisse auf das Gesamtunternehmen ist, desto mehr entfernt sich die Betriebsführungsgesellschaft vom Nichtunternehmerischen und gerät in die Zone des Unternehmers i. S. § 4 Abs. 5. Das gilt insbesondere in den bergrechtlichen Bereichen, wo die Verantwortlichkeit des Unternehmers angesprochen ist. Sie setzt Überschaubarkeit, Einflußmög-

lichkeit, Kontrollbefugnisse, Durchgriffsrechte voraus. Wo diese Erfordernisse wegen der Größe des Gesamtunternehmens nicht erfüllbar sind, verbietet sich im Interesse des mit der Leitungsaufgabe des Unternehmers verbundenen Erwartung des Gesetzgebers an die Realisierbarkeit dieser Verantwortung ein starres Festhalten am Wortlaut des § 4 Abs. 5.

9

III. Zu den Begriffsbestimmungen für die **Haupttätigkeiten** Aufsuchen, Gewinnen und Aufbereiten gilt im einzelnen:

10

1. Der Begriff des **Aufsuchens (Aufsuchung)** i. S. der mittelbar oder unmittelbar auf die Entdeckung oder Feststellung der Ausdehnung von Bodenschätzen gerichteten Tätigkeit tritt an die Stelle der im bisherigen Recht unterschiedlich verwandten Begriffe des Schürfens und Aufsuchens (vgl. etwa § 3 Abs. 1 ABG NW; Schürfen war danach das Aufsuchen verleihbarer, aber noch nicht verliehener Mineralien auf ihrer natürlichen Lagerstätte in der Absicht, die Verleihung zu beantragen – vgl. Ebel-Weller, § 2 Anm. 2 – wegen der anderen Zweckrichtung konnten die rechtlichen Anforderungen an die Schürfarbeiten auf ein Minimum beschränkt werden). Von der Konzeption her neu ist auch der Gedanke, daß die Finalität der Aufsuchung, d. h. die Frage, mit welcher subjektiven Zielsetzung eine Aufsuchung unternommen wird, keine Rolle mehr spielen soll. Dadurch kann neben der **gewerblichen** auch die Aufsuchung zu **wissenschaftlichen Zwecken** dem Bergrecht eingeordnet und eine objektiv gleichmäßige, von der jeweiligen Erklärung über die geplante Aufsuchungstätigkeit unabhängige Anwendung des Gesetzes gewährleistet werden. Um die wissenschaftliche Aufsuchung möglichst effektiv und unbehindert durchführen zu können, wird bei den Rechtsfolgen einer derartigen Aufsuchungsberechtigung im Vergleich zur gewerblichen Aufsuchung differenziert: Für das Nebeneinander von gewerblicher und wissenschaftlicher Aufsuchung im gleichen Feld gilt § 7 Abs. 2 und für das Nebeneinander von Gewinnung und wissenschaftlicher Aufsuchung § 8 Abs. 3.

11

Eine Besonderheit gilt bei **Forschungshandlungen** im Bereich des Festlandsockels (§ 132). Soweit sie Grundlagenforschung sind und keine verwertbaren Ergebnisse für die Feststellung von Bodenschätzen bezwecken oder erbringen, sind sie keine Aufsuchung. Sind die Forschungshandlungen hingegen nicht **offensichtlich ungeeignet** zur Entdeckung oder Feststellung der Ausdehnung von Bodenschätzen, so werden sie als Aufsuchung gewertet, auch wenn eine Aufsuchung mit ihnen nicht bezweckt ist. Insoweit wird der Aufsuchungsbegriff durch § 132 Abs. 1 S. 2 erweitert.

12

Ausdrücklich als **Aufsuchung** wird das Untersuchen **alter Halden** nach mineralischen Rohstoffen klassifiziert, obgleich diese mineralischen Rohstoffe keine Bodenschätze i. S. der in § 3 Abs. 1 genannten Definition sind. Das gilt allerdings nur, wenn die Aufsuchung auf bergfreie oder grundeigene Bodenschätze i. S. des

BBergG geht und diese aus einer früheren Aufsuchung, Gewinnung oder Aufbereitung stammen (§ 128).

13
Keine Aufsuchung i. S. des § 4 Abs. 1 ist die **Untersuchung des Untergrundes** auf seine Eignung zur Errichtung von Untergrundspeichern, falls dies der alleinige Zweck der Untersuchung ist (§ 126 Abs. 2). Die in Abs. 1 Nr. 1 bis 3 vorgesehenen **Ausnahmen vom Aufsuchungsbegriff** sind eng zu fassen. So ist geologische Landesaufnahme i. S. der Nr. 1 nur dann keine Aufsuchung, wenn sie ausschl. der Erstellung amtlicher Kartenwerke dient.
Alle anderen wissenschaftlichen Aufsuchungstätigkeiten, auch der geologischen Landesämter und anderer wissenschaftlicher Institutionen, unterliegen hingegen dem Aufsuchungsbegriff. Die Tätigkeiten der Nr. 2 müssen ausschl. und unmittelbar Lehr- oder Unterrichtszwecken dienen. Ist das nicht der Fall, wie etwa die im Rahmen einer Dissertation erforderlichen Forschungstätigkeiten, so sind Aufsuchungstätigkeit zu qualifizieren. Das wird dann der Fall sein, wenn nach der Themenstellung einer solchen Arbeit Tätigkeiten durchzuführen sind, die denen einer Aufsuchung zu wissenschaftlichen Zwecken gleichzusetzen sind (Nr. 2).

14
Die **großräumige Aufsuchung** (Übersichtsprospektion) ist erst auf Anregung des Bundesrates im Gesetzgebungsverfahren in das BBergG aufgenommen worden. Sie dient dazu, lagerstättenkundliche Zusammenhänge zu erkennen und zu deuten und damit auch Lagerstätten unter größerer Bedeckung zu finden. Um sie gegenüber der Aufsuchung wissenschaftlicher wie gewerblicher Art abzugrenzen, ist sie nur bei Tätigkeiten gegeben, die auf die **Ermittlung von Kennwerten** beschränkt sind, die großräumige Rückschlüsse auf mögliche Vorkommen von Bodenschätzen zulassen. Die Beschränkung auf die Ermittlung von Kennwerten ist erforderlich, um eine Vereinbarkeit mit anderen Berechtigungen, die durch die Großräumigkeit der Untersuchung berührt werden können, sicherzustellen (§§ 7 Abs. 2, 8 Abs. 3, 9 Abs. 1 S. 2); auch muß beim Antrag auf Erteilung einer Erlaubnis für die Übersichtsprospektion der Antragsteller eine Verpflichtungserklärung i. S. des § 11 Nr. 5 abgeben. Sichergestellt wird die Einhaltung dieser Verpflichtung durch § 21. (Vgl. im einzelnen § 11 Rn 10; § 21 Rn 2.)

15
2. Als **Gewinnen (Gewinnung)** definiert Abs. 2 das Lösen und Freisetzen von Bodenschätzen einschl. der damit zusammenhängenden vorbereitenden, begleitenden und nachfolgenden Tätigkeiten (dies können beispielsweise sein der Aufschluß eines Grubenfeldes, die Aus- und Vorrichtung, der Grubenausbau, die Wasserhaltung, die Grubenbewetterung – vgl. Amtl. Begründung BT-Ds. 8/1315, 80 = Zydek, 80).
Wegen der Umfassendheit dieses Gewinnungsbegriffes ist es für die Lösung von Zweifelsfällen wichtig, welche Formen eines Lösens oder Freisetzens von Bodenschätzen das BBergG ausdrücklich vom **Gewinnungsbegriff ausgenommen** hat. Denn die ausschl. tätigkeitsbezogene, nicht finale Bestimmung des Gewinnungsbegriffes kann zu vielfältigen Überschneidungen mit anderen Tätigkeiten führen, die zwar auch Bodenschätze lösen oder freisetzen, dabei aber nicht den Gewin-

nungs-, sondern einen anderen Zweck im Auge haben (Amtl. Begründung BT-Ds. 8/1315, 81 = Zydek, 81). Das werden in erster Linie Maßnahmen der **baulichen oder städtebaulichen Nutzung von Grundstücken** sein (Nr. 1). Mit baulicher Nutzung können gemeint sein die Aushebung von Baugruben für die Errichtung von Gebäuden, Straßen, Bahnen oder Kanälen. Es spielt dabei keine Rolle, ob oberirdisch von der Erdoberfläche her oder unterirdisch gebaut wird. **Keine Gewinnung** ist die **Nutzung von Erdwärme** im Zusammenhang mit der baulichen Nutzung eines Grundstückes (z. B. mit Hilfe von Wärmepumpen). Denn in diesem Fall ist die Freisetzung und Nutzung von Erdwärme als abhängige Funktion der baulichens Nutzung zu sehen. **Gewinnung von Erdwärme** kann allenfalls dann vorliegen, wenn die gewonnene Wärme über die Grenzen des einzelnen Grundstücks hinaus genutzt werden soll, etwa durch Errichtung einer zentralen Heizungsanlage. Gewinnung liegt auch dann vor, wenn die Nutzung von Erdwärme im Verhältnis zur baulichen Nutzung wesentlich überwiegt. Soweit die Nutzung von Erdwärme keine Gewinnung ist, bedarf sie keiner bergrechtlichen Erlaubnis oder Bewilligung und damit auch keiner Betriebsplanzulassung. Unabhängig davon kann eine Anzeigepflicht gegenüber der zuständigen Behörde dann gegeben sein, wenn für die Nutzung von Erdwärme Bohrungen erforderlich sind, die mehr als 100 m in den Boden eindringen (vgl. hierzu § 127). Unter sonstiger städtebaulicher Nutzung sind insbesondere Maßnahmen i. S. des § 9 BBauG zu verstehen. Sie gehen über die rein bauliche Nutzung hinaus. Als Beispiele können gelten das Absenken einer Fläche zur Herstellung eines Teiches in einer Parkanlage. Nicht gemeint sind Maßnahmen, die unter „Nutzung im Bereich des Städtebaus" zu verstehen sind, wie etwa die Entnahme von Kies und Sand aus gemeindlichen Gruben.

16

Als **weitere Ausnahmen vom Gewinnungsbegriff** gelten **Tätigkeiten**, die Bodenschätze **in oder an einem Gewässer** als Voraussetzung für dessen Ausbau oder Unterhaltung freisetzen oder lösen (Nr. 2). Unter dem Begriff „Gewässer" (vgl. § 1 WHG; Breuer, Öffentliches und privates Wasserrecht, S. 5 ff) sind auch alle Binnen- und Seewasserstraßen einschl. der Häfen zu fassen. Auch die Schiffahrtswege im Bereich des Festlandsockels und der Küstengewässer fallen hierunter. Zum Begriff des Gewässerausbaus vgl. § 56 Rn 372 ff.

17

3. Entscheidender Gesichtspunkt für die in Abs. 3 getroffene Begriffsbestimmung der **Aufbereitung** war nach der Amtl. Begründung (BT-Ds. 8/1315, 81 = Zydek, 82) die Tatsache, daß das bisherige Bergrecht keine **klare Abgrenzung** zwischen **Aufbereitung, Weiterverarbeitung** und **Nebengewinnung** mehr zuließ. Verwiesen wird beispielshaft auf den Geltungsbereich der VO über die polizeiliche Beaufsichtigung der bergbaulichen Nebengewinnungs- und Weiterverarbeitungsanlagen durch die Bergbehörden vom 22. 1. 1938, nach der Anlagen mit typischen Aufbereitungsvorgängen der Weiterverarbeitung zugeordnet waren (beispielsweise Brechwerke und Steinsägereien bei Basaltlava, Mahlwerke bei Gips, Schiefer, Schwerspat, Ton, Kaolin und Feldspat sowie Wasch- und Siebanlagen etwa bei Quarzsand; im Gegensatz dazu werden eindeutige Weiterverarbeitungstätigkei-

ten wie etwa der Brennprozeß bei Magnesit und Kieselgur der Aufbereitung zugerechnet; – zur Kasuistik der bisherigen Entwicklung vgl. Ebel-Weller, § 54, 2 d; § 196, 3 c; § 148, 4 b). Außerdem soll der Aufbereitungsbegriff dem erweiterten Geltungsbereich des BBergG Rechnung tragen und auch für die entsprechenden Tätigkeiten des Grundeigentümerbergbaus praktikabel sein.

18
Aufbereitung ist nach Abs. 3 zunächst die überwiegend **physikalische Einwirkung auf** die gewonnenen **Bodenschätze** (Nr. 1). Dabei sollen die einzelnen Mineralbestandteile nicht verändert werden und auch der Aggregatzustand der Komponenten unbeeinflußt bleiben. Die Aufbereitungsvorgänge spielen sich also in der festen Phase ab und beruhen auf den physikalischen Eigenschaften der mineralischen Rohstoffe. In der Amtl. Begründung sind als die wichtigsten Verfahren beispielhaft erwähnt das Klauben, Klassieren, nasse Verfahren wie Rinnen, Wäschen oder Setzarbeit, trockene Verfahren wie z. B. Luftsetzmaschinen, Flotation, 83). **Zweck** aller dieser Verfahren sind allerdings das **Trennen** und/oder **Anreichern von Bodenschätzen** nach stofflichen Bestandteilen oder nach geometrischen Abmessungen (z. B. Korngrößen oder Platten).

19
Im einzelnen ist dazu folgendes zu sagen:
Ein **Trennen oder Anreichern** nach stofflichen Bestandteilen wird erforderlich, wenn die gewonnenen Bodenschätze verschiedene Mineralarten in einer wechselnden Gemengelage enthalten. Hier kommt es darauf an, die verkaufsfähigen Bestandteile von den nicht verwertbaren zu trennen und sie anzureichern. Die verwertbaren Produkte sind dann sog. **Konzentrate** des jeweiligen Minerals, also beispielsweise Flußspatkonzentrat oder Zinkblendekonzentrat. Im Steinkohlenbergbau jedoch ist dieses Produkt die **verwertbare Förderung**.

20
Eine Aufbereitung nach geometrischen Abmessungen ist dann erforderlich, wenn die gewonnenen Bodenschätze ausschl. einer Mineralart zuzurechnen, jedoch ein Gemisch zahlreicher Korngrößen sind. Da für die weitere Verwendung oder den Absatz die Produkte fast stets in bestimmten, oft ziemlich eng begrenzten Korngrößenbereichen verfügbar sein müssen, ist eine Trennung nach Korngrößen oder anderen geometrischen Abmessungen notwendig, wobei das Trennen auch durch Zerkleinern, aber auch durch Sieben allein oder entsprechende Verfahren möglich ist (Amtl. Begründung, BT-Ds. 8/1315, 81, 82 = Zydek, 84).

21
Da sich in aller Regel das Trennen oder Anreichern nicht ohne **Hilfstätigkeiten** durchführen läßt, sind die vorbereitenden, begleitenden und nachfolgenden Tätigkeiten mit in die Begriffsbestimmung der Aufbereitung einbezogen. Zu diesen Hilfstätigkeiten gehören alle Maßnahmen und Vorkehrungen, die erforderlich sind, um die Trenn- und Anreicherungsverfahren zweckentsprechend durchzuführen und sie zu einem technisch einwandfreien Gesamtbetrieb zu verbinden. Das sind beispielsweise das Beschicken von Maschinen, die Entstaubung, das

Erster Teil: Einleitende Bestimmungen

Entwässern von Erzeugnissen, die Klärung des Aufbereitungswassers, Gewichtskontrollen, Probenahmen sowie Tätigkeiten, die den Absatz der aufbereiteten Produkte oder deren Weitergabe an Be- oder Verarbeitungsbetriebe ermöglichen.

22
Die in **Nr. 2** genannte Gruppe von Aufbereitungsverfahren ist dadurch gekennzeichnet, daß sie vorrangig auf **chemischen Prozessen** beruhen. Dabei werden unterschiedliche Verfahren zusammengefaßt, vom herkömmlichen Verfahren der Brikettierung von Stein- und Braunkohle zu Heizmaterial bis zum Verflüssigen. Im einzelnen ist zu diesen Verfahren zu sagen:

23
– Das Brikettieren von Stein- oder Braunkohle als ein Fall der Vereinigung von nutzbaren Teilen von Bodenschätzen dient heute insbesondere der Herstellung von rauscharm brennenden Heizmitteln. Dabei wird von dem bisherigen physikalischen Verfahren zunehmend auf Heißbrikettierung oder die Anwendung von Lauge übergegangen.

24
– Das Verschwelen und Verkoken sind Verfahren, die der Erzeugung von Koks dienen. Ihre Zugehörigkeit zu den Aufbereitungsanlagen resultiert aus ihrer volkswirtschaftlichen Bedeutung, insbesondere für die Steinkohle und den meist gegebenen organisatorisch-betrieblichen Zusammenhängen mit Gewinnungsbetrieben.

25
– Das Vergasen und Verflüssigen von Stein- und Braunkohle sind Aufbereitungstechnologien, denen erhebliche Bedeutung für die Zukunft beigemessen wird. Die Vergasungsverfahren lassen sich nach strömungsbedingten Zuständen des Vergasungsstoffes unterscheiden. Allen Verfahren ist gemeinsam, daß zur Herstellung von Gas mit hohem Heizwert für einen hohen Methangehalt gesorgt werden muß. Neu und noch in der Erprobung befindlich ist die Technologie, die eine Kombination einer Vergasungsanlage mit einem Hochtemperaturreaktor vorsieht. Alle Verfahren der Kohleverflüssigung beruhen auf dem Prinzip, die großen, wasserstoffarmen Kohlemoleküle zu spalten und kleine, wasserstoffreiche Moleküle durch Wasserstoffanlagerung (Hydrierung) zu erzeugen.

26
– Unter Verlösen wird das Trennen von Salzen durch Flotation, Elektrostatik und durch Löseverfahren verstanden. Flotation und Elektrostatik fallen als physikalische oder physikalisch-chemische Verfahren unter Nr. 1. Das Verlösen dagegen, bei dem die unterschiedliche Wasserlöslichkeit der einzelnen Bestandteile ausgenutzt wird, muß besonders aufgeführt werden, weil hier chemische Umsetzungen stattfinden.

27

Alle vorgenannten Verfahren und die zu ihrer Durchführung erforderlichen Tätigkeiten bedürfen jedoch zu ihrer Qualifizierung als Aufbereitung i. S. des Bergrechtes zusätzlicher Merkmale. Diese können entweder in der **betrieblichen Identität** zwischen Gewinnungs- und Aufbereitungsbetrieb oder in der **räumlichen Übereinstimmung** von Gewinnungs- und Aufbereitungsort liegen. Die Notwendigkeit des unmittelbaren betrieblichen oder räumlichen Zusammenhanges mit einem Gewinnungsbetrieb ist darin begründet, daß für die Aufbereitungsanlagen als Betrieben einer der Gewinnung nachfolgenden Tätigkeit eine besondere bergbauliche Berechtigung nicht erforderlich ist und die Aufbereitungsanlagen deshalb ihren bergrechtlichen Charakter nur vom Gewinnungsberechtigten herleiten können. Dabei ist es gleichgültig, ob diese Gewinnungsberechtigung dem Grundeigentum entspringt oder vom Staat für bergfreie Bodenschätze vergeben ist.

28

Mit der Aufbereitung ist vielfach eine weitere Be- oder Verarbeitung von Bodenschätzen (**Weiterverarbeitung**) oder die Herstellung anderer Erzeugnisse (**Nebengewinnung**) verbunden. Da diese Tätigkeiten sich immer weiter von den spezifisch bergbaulichen Tätigkeiten entfernen und in gleicher Weise von nichtbergbaulichen industriellen Betrieben durchgeführt werden können, muß das BBergG eine Antwort auf die Frage finden, wann diese Betriebe noch Aufbereitung sind und wann nicht mehr. § 4 Abs. 3 S. 2 gibt die Antwort dadurch, daß er derartige zusammenhängende Betriebe der Aufbereitung nur zuordnet, wenn das **Schwergewicht der Tätigkeit bei der Aufbereitung liegt**. Ist dies nicht der Fall, so ist unabhängig von der betrieblichen Zusammengehörigkeit und der räumlichen Nähe das Vorliegen eines Aufbereitungsbetriebes zu verneinen (vgl. BT-Ds. 8/1315, 82, 83 = Zydek, 86).

29

Eine **Sonderregelung** trifft Abs. 3 S. 2 zweiter Halbsatz für die **Erdwärme**. Er stellt ihre Nutzung der Weiterverarbeitung gleich und bringt damit zum Ausdruck, daß diese Tätigkeit im Gegensatz zur Untersuchung des Untergrundes und der Gewinnung von Erdwärme, die sich als Aufsuchung und Gewinnung darstellen, bergrechtlich nicht von Bedeutung sein soll.

30

Soweit Aufbereitungsanlagen wegen der fehlenden betrieblichen Identität oder des räumlichen Zusammenhanges und Weiterverarbeitungs- oder Nebengewinnungsbetriebe wegen mangelnden Schwergewichts bei der Aufbereitung dem Bergrecht nicht unterfallen, gelten für die Errichtung und Führung dieser Betriebe die entsprechenden Regeln der GewO bzw. des BImSchG (vgl. dazu im einzelnen § 56 Rn 255 ff). Einer Übergangsregelung bedarf es insoweit nicht, da die Zugehörigkeit derartiger Betriebe zum Bergrecht mit dem 1. 1. 1982 endet.

Erster Teil: Einleitende Bestimmungen   **1–4 § 5**

§ 5 Anwendung des Verwaltungsverfahrensgesetzes und des Verwaltungskostengesetzes

Auf die Ausführung dieses Gesetzes und der auf Grund dieses Gesetzes erlassenen Rechtsverordnungen sind, soweit in diesem Gesetz nichts anderes bestimmt ist, das Verwaltungsverfahrensgesetz und das Verwaltungskostengesetz anzuwenden.

1

Der eine rechtsstaatliche Verfassung tragende Gedanke der **Gesetzmäßigkeit der Verwaltung fordert** auch eine gewisse Verrechtlichung des Verwaltungsverfahrens. Denn jede Verwaltungshandlung (zum Begriff: Wolff-Bachof, I, § I a) ist das Ergebnis eines Verwaltungsverfahrens, d. h. eines Prozesses der Informationsverarbeitung. Im Verwaltungsverfahren sind der Sachverhalt aufzuklären, die für seine Regelung geltenden Rechtssätze zu ermitteln und auszulegen, der Sachverhalt darunter zu subsumieren, eine Entscheidung zu treffen und bekanntzugeben sowie diese in der Regel zu vollziehen (Wolff-Bachoff, III, § 156 I, a).

2

Einleitung und Ablauf des Verwaltungsverfahrens werden bestimmt durch die **unterschiedlichen Verwaltungszwecke,** denen das Verfahren dient. So unterschiedlich die durch das materielle Recht geforderten Verfahrensergebnisse oder sonstige Verfahrensziele sind, so vielfältig ist die Ausgestaltung der einzelnen Verfahren bzw. Verfahrenskombinationen (im einzelnen vgl. dazu Wolff-Bachof, III, § 156, § I). Gleichzeitig gestattet diese Vielfältigkeit auch nur eine begrenzte „Prozessualisierung" des Verwaltungshandelns. Daraus erklärt sich die zentrale Stellung des Grundsatzes der **Nichtförmlichkeit des Verwaltungsverfahrens** (Badura, in Erichsen/Martens, Allg. VerwR, 1977, 247).

3

Das heißt jedoch nicht, daß das Verfahrensrecht in einem Rechtsstaat nicht der positiven Regelung bedürfte. Einen ersten Schritt zur Vereinheitlichung bedeutete das **(Bundes-)verwaltungsverfahrensgesetz — VwVfG –** vom 25. 5. 1976 (BGBl., 1253). Allerdings regelt es nur das **Verwaltungsverfahren im engeren Sinne,** Prüfung der Voraussetzungen, die Vorbereitung und den Erlaß eines Verwaltungsaktes oder auf den Abschluß eines öffentlich-rechtlichen Vertrages gerichtet ist; es schließt den Erlaß des Verwaltungsaktes oder den Abschluß des öffentlich-rechtlichen Vertrages ein." (§ 9 VwVfG)

4

Entsprechend dem Grundsatz der Nichtförmlichkeit des Verwaltungsverfahrens enthält auch das VwVfG in seinem Teil II zunächst allgemeine Vorschriften über dieses Verwaltungsverfahren und trifft erst im Teil V Anordnungen für besondere Verwaltungsverfahren (vgl. dazu im einzelnen Wolff-Bachof, III, § 157). Das **förmliche Verwaltungsverfahren** wird insbesonders dort Anwendung finden, wo die Exekutive leistend oder erlaubend individuelle Rechte zuweist oder feststellt, vor allem wenn Rechte Dritter berührt werden können, und wo sie öffentliche und private Interessen in einer Planungsentscheidung abwägend zum Ausgleich zu

123

§ 5 5–7   Erster Teil: Einleitende Bestimmungen

bringen hat. Außerdem sind seit jeher mit gutem Grund die Verwaltungsvollstreckung und die Enteignung verfahrensrechtlich formalisiert (Badura, a. a. O., 247).

5
Die Besonderheiten der **bundesstaatlichen Kompetenzverteilung** und der bundesstaatliche Aufbau der Verwaltung haben allerdings zur Folge, daß das allgemeine Verwaltungsverfahrensrecht nicht in einem einheitlichen Verfahrensgesetz geregelt ist, sondern in getrennten, wenn auch inhaltlich aufeinander abgestimmten und zum überwiegenden Teil auch wörtlich gleichlautenden **Verfahrensgesetzen des Bundes** und **der einzelnen Bundesländer** (Kopp, VwVfG, Rn 11 vor § 1; Wolff-Bachof, III, § 156 II). Für ein einheitliches VwVfG des Bundes, das auch das Verfahren der Landesbehörden generell erfaßt, hätte auch dem Bund die erforderliche umfassende Gesetzgebungskompetenz gefehlt (vgl. Kopp, VwVfG, Rn 12 vor § 1). Diese eingeschränkte Gesetzgebungskompetenz hat eine auch **nur eingeschränkte Geltung des VwVfG des Bundes** zur Folge:

6
Es gilt nach § 1 Abs. 1 Nr. 1 primär nur für **Bundesbehörden**. Landesbehörden haben es nach näherer Bestimmung des § 1 Abs. 1 Nr. 2 und Abs. 2 und 3 nur anzuwenden, wenn sie beim Vollzug von Bundesgesetzen im Auftrag des Bundes (Art. 85 GG) tätig werden oder Bundesgesetze vollziehen, die gemäß Art. 84 Abs. 1 GG mit Zustimmung des Bundesrates erlassen wurden. Beim **landeseigenen Vollzug von Bundesrecht** ist das VwVfG nur anwendbar, sofern die Anwendung ausdrücklich durch Bundesgesetz mit Zustimmung des Bundesrates angeordnet worden ist (§ 1 Abs. 2 S. 2 VwVfG). **Keine Anwendung** sowohl bei der Bundesauftragsverwaltung wie beim ländereigenen Vollzug von Bundesrecht findet das VwVfG immer dann, wenn die öffentlich-rechtliche Verwaltungstätigkeit landesrechtlich durch ein **allgemeines Verwaltungsverfahrensgesetz** geregelt ist (§ 1 Abs. 3 VwVfG). Soweit allerdings sondergesetzliche Verfahrensvorschriften des Bundes erlassen sind, gehen sie auch beim landeseigenen Vollzug von Bundesgesetzen den Verwaltungsverfahrensgesetzen der Länder vor. Da jedoch mittlerweile **alle Länder eigene Verwaltungsverfahrensgesetze** erlassen oder das Verwaltungsverfahrensgesetz des Bundes für den Landesbereich für anwendbar erklärt haben, gilt damit praktisch der **Grundsatz**, daß für das **Verfahren von Landesbehörden Landesverfahrensrecht** gilt. Dadurch wird zugleich vermieden, daß unter Umständen ein und dieselbe Landesbehörde Bundes- und Landesverfahrensrecht nebeneinander anzuwenden hat (Kopp, VwVfG, § 1 Rn 11; weitere Voraussetzungen: Allg. VwVfG; abschließende Regelung für das entsprechende Verfahren und vergleichbarer Inhalt).

7
Dieser **Ausgangslage** sah sich der Gesetzgeber bei der Formulierung des § 5 gegenüber. Seine Funktion ergibt sich aus Abs. 2 S. 2 VwVfG. Danach soll das VwVfG für die Ausführung von Bundesgesetzen, die nach seinem Inkrafttreten erlassen werden, nur gelten, soweit die Bundesgesetzes mit Zustimmung des Bundesrates dieses Gesetz für anwendbar erklären. Das tut § 5 in erster Linie. Daneben behält § 5 ausdrücklich dem BBergG vor, **eigene Verfahrensregeln**

Erster Teil: Einleitende Bestimmungen

aufzustellen, die den allgemeinen Verfahrensbestimmungen des VwVfG vorgehen sollen. (§ 1 Abs. 2 S. 1 VwVfG)

8

Damit hat das BBergG für alle Verwaltungsverfahren bei der Ausführung des BBergG **im Grundsatz zunächst das VwVfG des Bundes** für anwendbar erklärt, **soweit es nicht selbst inhaltsgleiche oder entgegenstehende Regeln für das Verwaltungsverfahren erläßt.**

9

Keine Antwort gibt § 5 auf die Frage, wie das **Verhältnis** von **(Bundes-)VwVfG** und **LandesVwVfG** bei der Ausführung des BBergG geregelt sein soll. Der Wortlaut der Vorschrift „das Verwaltungsverfahrensgesetz" deutet auf die Anwendung von Bundesrecht hin. Lediglich in § 36 S. 2 (Verfahren über die Zulegung) ist festgelegt, daß an Stelle des VwVfG des Bundes die Verfahrensgesetze der Länder treten, soweit dies landesrechtlich angeordnet ist. (Die „alte Fassung" enthält § 160 Abs. 4.) Damit ist unmißverständlich die **Anwendung des Landesverwaltungsverfahrensrechts** im Zulegungsverfahren **angeordnet,** soweit es hinsichtlich des förmlichen Verwaltungsverfahrens (Teil V Abschnitt 1) dem Verwaltungsverfahrensrecht des Bundes entspricht.

10

Ob mit dieser speziellen Verfahrensanordnung der in § 5 ausgesprochene Grundsatz, daß das VwVfG des Bundes bei der Ausführung des BBergG und der aufgrund seiner Ermächtigungen erlassenen RechtsVO Anwendung finden soll, aufgehoben worden ist, kann fraglich sein. Für solche Ausdehnung spricht allerdings folgendes: § 5 war bereits im ersten Reg.-Entw. (BR-Ds. 350/75 vom 5.9. 1975) als § 4 enthalten, zu einem Zeitpunkt also, als das VwVfG des Bundes noch nicht in Kraft getreten war. Deshalb konnte der Gesetzgeber nicht davon ausgehen, daß alle Länder bis zum Inkrafttreten des BBergG eigene Landesverwaltungsverfahrensgesetze erlassen würden und § 1 Abs. 3 VwVfG zur Anwendung käme. Da beides aber mittlerweile der Fall ist, hat in Anerkennung dieser Rechtslage für **die Ausführung des BBergG folgendes zu gelten:**

11

Grundsätzlich anwendbar sind die **Verwaltungsverfahrensgesetze** der **Länder.** Soweit sie keine vollständigen Regelungen enthalten, bleibt das **VwVfG des Bundes subsidiär** anwendbar. Nicht nur subsidiär, sondern ergänzend treten solche Verfahrensvorschriften zum Landesverwaltungsverfahrensrecht hinzu, die das BBergG selbst als Bundesgesetze mit Zustimmung des BR ersetzend oder ergänzend aufgestellt hat.

12

§ 5 erklärt neben dem VwVfG auch das VwKostG vom 23.6. 1970 (BGBl. I, 821) für anwendbar. Auch hier muß nach § 1 Abs. 2 die Anwendbarkeit in einem zeitlich nach Inkrafttreten des VwKostG erlassenen Bundesgesetze ausdrücklich mit Zustimmung des BR normiert sein. Auch hinsichtlich der Länderzuständigkeit enthält das VwKostG eine dem VwVfG vergleichbare Regelung (§ 1 Abs. 2). Da das VwKostG nur allgemein-kostenrechtliche Fragen regelt, aber keine gebührenpflichtigen Tatbestände und keine Gebührensätze festsetzt (eine Ausnahme bildet § 135 BBergG für Verwaltungshandlungen von Bundesbehörden im Bereich des Festlandsockels, vgl. KostV-FS vom 14.1.1982, BGBl I, 4) bleibt das **landesrechtliche Gebührenwesen vom VwKostG unberührt**. Insoweit steht dem Bund auch keine erschöpfende gesetzgeberische Kompetenz zu (BVerfGE 26, 281, 289). Deshalb haben die Länder auch nach Inkrafttreten des BBergG eigenständige Gebührenregelungen im Zusammenhang mit der Ausführung dieses Gesetzes erlassen. Im einzelnen sind dies für NRW die 2. VO zur Änderung der allgemeinen Verwaltungsgebührenordnung vom 15.12.1981, GVBl. 718 ff; Hamburg, VO vom 15.12.1981, Ham. GVBl., 363; Saarland, VO über den Erl. eines besonderen Gebührenverzeichnisses für die Erhebung von Gebühren der Berghoheitsverwaltung vom 11.12.1981, Amtsbl. des Saarlandes, 1018 ff; Baden-Württemberg, VO des Innenministers, Ministers für Wissenschaft und Kunst, Ministers für Wirtschaft, Mittelstand und Verkehr und des Ministers für Ernährung, Landwirtschaft, Umwelt und Forsten zur Änderung des Gebührenverzeichnisses vom 12.12.1981, GBl. 610 ff; Niedersachsen, Achte VO zur Änderung der allgemeinen Gebührenordnung vom 18.9.1982, Niedersächsisches Verordnungsblatt, 385; Rheinland-Pfalz, Zweite LandesVO über die Gebühren der Behörden der Bergverwaltung (Besonderes Gebührenverzeichnis) vom 15.12.1982, GVBl Rheinland-Pfalz vom 11.1.1983, 3 ff.

Zweiter Teil
Bergbauberechtigungen

Erstes Kapitel
Bergfreie Bodenschätze

Erster Abschnitt
Erlaubnis, Bewilligung, Bergwerkseigentum

§ 6 Grundsatz

Wer bergfreie Bodenschätze aufsuchen will, bedarf der Erlaubnis, wer bergfreie Bodenschätze gewinnen will, der Bewilligung oder des Bergwerkseigentums. Diese Berechtigungen können nur natürlichen und juristischen Personen und Personenhandelsgesellschaften erteilt oder verliehen werden.

1

Nach § 3 Abs. 2 S. 2 erstreckt sich das Eigentum an einem Grundstück nicht auf bergfreie Bodenschätze. Sie müssen privat-rechtlich wie **herrenlose Sachen** (Turner, ZfB 108 (1967), 45, 48) angesehen werden, für die nach den allgemeinen sachenrechtlichen Vorschriften ein freies Aneignungsrecht besteht. Dem trug bisher das Institut der Schürffreiheit Rechnung. Da das BBergG jedoch auch beim Begriff der Bergfreiheit der mit dem Institut des echten Staatsvorbehalts bezweckten Wahrung öffentlicher Interessen Rechnung tragen will, hat es die Aufsuchung und Gewinnung bergfreier Bodenschätze einer **öffentlich-rechtlichen Erlaubnispflicht** unterworfen. Dieses **Konzessionssystem** (BT-Ds. 8/1315, 85 = Zydek, 96) wird rechtstechnisch von der Amtl. Begründung als ein **Verbot mit Erlaubnisvorbehalt** charakterisiert. Des näheren darf es als **präventives Verbot** (zum Begriff: BVerfGE, 20, 157 BVerfG NJW 1982, 748, 752) gekennzeichnet werden, das der vorbeugenden Kontrolle einer an sich erlaubten Tätigkeit (vgl. § 1) durch die zuständige Behörde dienen soll (Wolff-Bachof, I, § 48 II a). Kritisch dazu: Schulte, ZfB 119 (1978), 414, 420; Westermann, Freiheit, 31; Rittner, DB, Beil. 8. Dieses präventive Verbot, das nach Wolff-Bachof (I, 406) eine Schranke hochzieht, die einen Weg versperrt, ist abzugrenzen gegen das **repressive Verbot** mit Befreiungsvorbehalt, bei dem der Gesetzgeber eine Tätigkeit in der Regel als sozialschädlich ansieht und nur durch Ausnahmebewilligungen oder Dispense im Einzelfall aufhebt (Wolff-Bachof, I, § 48 II c: Die Ausnahmebewilligung und der Dispens erlauben im Gegensatz zum präventiven Verbot also lediglich „über einen Zaun zu steigen").

2

Das Zusammenspiel von Bergbaufreiheit und Konzessionssystem (Verbot mit Erlaubnisvorbehalt) ist mithin prägender Ausdruck des vom BBergG verfolgten Zweckes: Die Trennung der bergfreien Bodenschätze vom Grundeigentum macht ein Rechtsinstitut erforderlich, das das freie Aneignungsrecht bei herrenlosen Sachen vermeidet und andererseits eine mit der Freistellung bezweckte Aufsuchung und Gewinnung unabhängig vom Willen des jeweiligen Grundeigentümers und ohne Rücksicht auf Eigentumsgrenzen bei gleichzeitiger Sicherstellung öffentlicher Interessen gewährleistet (Amtl. Begründung BT-Ds. 8/1315, 84 = Zydek, 94). Die Wahrung der öffentlichen Interessen geht, ebenso wie bei bisher schon bestehenden Konzessionssystemen (vgl. dazu Wolff-Bachof, I, § 48, II b; II, § 104, I d und III, § 135, IV c) insbesondere darauf, unter den Bewerbern denjenigen auszusuchen, der die größte technische Erfahrung besitzt oder besonders kapitalkräftig ist (Ebel-Weller, § 2 Anm. 1 a; § 11 Nr. 3,7, § 12 Abs. 1). Außerdem wird eine fortdauernde Überwachung des Konzessionsinhabers und die Möglichkeit der jeweiligen Anpassung an gewandelte Verhältnisse mit der durch das Konzessionssystem gegebenen Lenkungsmöglichkeit bezweckt. Deshalb erhält der Antragsteller für eine bergbauliche Berechtigung zunächst auch nur einen **Rechtstitel** (Amtl. Begründung BT-Ds. 8/1315, 84 = Zydek, 94), der ihn zur Ausübung der in der Berechtigung genannten Tätigkeit nur unter Berücksichtigung weiterer Ausübungsvoraussetzungen ermächtigt.

3

Die mit dem Konzessionssystem eingeführten **Bergbauberechtigungen** sind rechtstechnisch **mitwirkungsbedürftige Verwaltungsakte** i. S. der allgemeinen verwaltungsrechtlichen Terminologie (vgl. Wolff-Bachof, I, § 48 und Karpen, AöR, 1981, 18); die daraus fließenden Rechte lassen sich bei der Erlaubnis als schlichte und bei der Gewinnung als gesteigerte Sondernutzung kennzeichnen (Karpen, AöR, 1981, 18 unter Hinweis auf Wolff-Bachof, I, § 59, I und II). Allerdings führt eine inhaltliche Betrachtungsweise der gewährten Rechte dazu, daß der privatrechtliche Inhalt dieser Berechtigungen überwiegt und der öffentlich-rechtliche „Mantel" in erster Linie den Verleihungs- bzw. den Erteilungsakt betrifft und den dauernden Fortbestand der staatlichen Überwachungsfunktion. Die öffentlich-rechtliche Entstehungsweise der Bergbauberechtigungen hat daher keinen maßgeblichen Einfluß auf eine Qualifizierung dieser Rechte als private und ihre Stellung gegenüber dem Grundeigentum.
Die öffentlich-rechtlichen Komponenten der Berechtigungen bedeuten vielmehr lediglich eine Schwäche gegenüber der öffentlichen Hand, nicht jedoch gegenüber anderen Privatrechten (Schulte, ZfB 119 (1978), 414, 418; so im Ergebnis auch Nicolaysen, Bewilligung, 24 ff, wenn auch mit anderer Begründung).

4

Terminologisch können die für die Bergbauberechtigungen gewählten Begriffe **„Erlaubnis" und „Bewilligung"** wegen der gleichlautenden Begriffe **im Wasserrecht** Anlaß zur Verwirrung geben. Zwar sind die begrifflichen Bestimmungen der Bergbauberechtigungen dem Wasserrecht entnommen, doch haben sie dort eine andere Bedeutung als im Bergrecht. Im Wasserrecht sind Erlaubnis und Bewilligung in ihrem Bestandsschutz unterschiedlich gestaltete subjektiv-öffentliche Rechte (vgl. §§ 4 ff WHG), mit denen Rechte Privater begründet werden, deren Ausübung an sich Teil des öffentlichen Sachenrechts, also einem Träger öffentlicher Verwaltung vorbehalten ist. Beide Berechtigungsformen geben lediglich bestimmte **Nutzungsrechte** (öffentlich-rechtliche Sondernutzungen – vgl. R. Breuer, Öffentliches und privates Wasserrecht, 1976, 25 ff BVerfG, NJW 1982,

Erstes Kapitel: Bergfreie Bodenschätze

747). Doch nicht Gegenstand und Umfang der ermöglichten Gewässerbenutzung sind das entscheidende Abgrenzungskriterium zwischen Erlaubnis und Bewilligung im WHG, sondern die Art der gewährten Rechtsstellung (Breuer, a.a.O., 27; BVerfGE, 41, 58, Nicolaysen, Bewilligung, 25).
Demgegenüber haben **Erlaubnis und Bewilligung** im Bergrecht eine andere Funktion und eine andere rechtliche Bedeutung. So ist ihr Bestandsschutz nicht unterschiedlich, sondern im wesentlichen gleich ausgeformt. Sie geben keine Nutzungs-, sondern **Aneignungs- und Tätigkeitsrechte,** die nicht Ausfluß eines staatsvorbehaltenen Bereiches sind. Sie sind zudem in ihrem wesentlichen Kern private Rechte (kritisch Nicolaysen, aaO 26 ff), auch wenn ihre Erteilung und Ausübung einer öffentlich-rechtlichen Zweckbindung unterworfen sind (vgl. § 8 Rn 5). Es wäre deshalb sinnvoller gewesen, lediglich von Aufsuchungs- bzw. Gewinnungsrechten oder Gewinnungsberechtigungen zu sprechen.

5

Eine weitere Besonderheit ergibt sich aus der Übernahme des Bergwerkseigentums aus dem bisherigen Recht. Es kann in keiner Weise mit Rechten verglichen werden, die den Zugang zu einer öffentlich-rechtlichen Benutzungsordnung gewähren, selbst wenn auch dieses überkommene Rechtsinstitut durch das BBergG in öffentlich-rechtliche Zweckbestimmungen eingebunden wird. Zum Begriff des Bergwerkseigentums und seiner inhaltlichen Ausgestaltung vgl. § 9 Rn 2 ff; § 151 Rn 3 ff.

6

Erlaubnis, Bewilligung und Bergwerkseigentum sind trotz des personenbezogenen Einschlages („**wer** bergfreie Bodenschätze ..."; § 11 Nr. 6 i. V. mit § 12, aber auch § 22) keine reinen Personalkonzessionen (vgl. Wolff-Bachof, III, § 135 Rn 30 ff); denn es müssen zu ihrer Erteilung bzw. Verleihung auch solche sachlichen Voraussetzungen erfüllt werden, die nach gewerbe- oder anlagerechtlichen Grundsätzen bei betriebsbezogenen Erlaubnissen üblich sind (vgl. dazu Wolff-Bachof, III, § 135 Rn 34 ff, 26 ff).
Grundsätzlich kann jedermann eine Bergbauberechtigung erwerben, soweit er die persönlichen und sachlichen Voraussetzungen für die Erteilung bzw. Verleihung erfüllt. Zwar bestimmt § 6 S. 2, daß Erlaubnis, Bewilligung und Bergwerkseigentum nur natürlichen und juristischen Personen und Personenhandelsgesellschaften erteilt bzw. verliehen werden können. Doch werden dadurch nur nicht rechtsfähige Personengruppen oder Anstalten von der Rechtsinhaberschaft ausgeschlossen. Da diese sich aber letzten Endes immer wieder auf rechtsfähige Personen zurückführen lassen, kann eine Bergbauberechtigung an diese erteilt werden. Das Gesetz sieht nämlich keine Einschränkung derart vor, daß nur ein Berechtigter vorhanden sein darf. Es können mithin auch mehrere natürliche Personen eine Berechtigung erhalten. Eine Beschränkung auf Inländer ist gleichfalls nicht vorgesehen.

§ 7 Erlaubnis

(1) Die Erlaubnis gewährt das ausschließliche Recht, nach den Vorschriften dieses Gesetzes in einem bestimmten Feld (Erlaubnisfeld)
1. die in der Erlaubnis bezeichneten Bodenschätze aufzusuchen,
2. bei planmäßiger Aufsuchung notwendigerweise zu lösende oder freizusetzende Bodenschätze zu gewinnen und das Eigentum daran zu erwerben,
3. die Einrichtungen im Sinne des § 2 Abs. 1 Nr. 3 zu errichten und zu betreiben, die zur Aufsuchung der Bodenschätze und zur Durchführung der damit nach § 2 Abs. 1 Nr. 1 und 2 im Zusammenhang stehenden Tätigkeiten erforderlich sind.

Bei einer Erlaubnis zur großräumigen Aufsuchung gilt Satz 1 mit den sich aus § 4 Abs. 1 Satz 2 ergebenden Einschränkungen.

(2) Eine Erlaubnis zur Aufsuchung zu gewerblichen Zwecken schließt die Erteilung einer Erlaubnis zur großräumigen Aufsuchung sowie einer oder mehrerer Erlaubnisse zur Aufsuchung zu wissenschaftlichen Zwecken, eine Erlaubnis zur großräumigen Aufsuchung die Erteilung einer oder mehrerer Erlaubnisse zur Aufsuchung zu wissenschaftlichen Zwecken für dasselbe Feld nicht aus.

1

§ 7 bestimmt den **normativen Inhalt** der Erlaubnis als **des Aufsuchungsrechts** für bergfreie Bodenschätze. Dieses **Recht aus der Erlaubnis** (Rittner, DB, Beil. 7/72, 5; Westermann, Freiheit, 31 ff; Reimnitz, Diss., 128 ff) ist nicht notwendigerweise identisch mit dem **Recht auf die Erlaubnis**, das sich aus § 11 ergibt. Anderer Ansicht ist Nicolaysen, Bewilligung, 27, der unter Bewilligung die umfassende Rechtsposition des Begünstigten versteht, deren untrennbarer Bestandteil das Recht aus der Bewilligung ist. Gleiches muß dann für die Erlaubnis gelten.

2

Denn das **Recht auf die Erlaubnis**, d. h. die „Erlaubnis" selbst, ist wegen der sachlichen Voraussetzungen und wegen des Erteilungsaktes als gebundener, mitwirkungsbedürftiger begünstigender Verwaltungsakt aufzufassen und damit dem **öffentlichen Recht** zuzuordnen (Wolff-Bachof, I, § 43 II; Reimnitz, Diss., 128: Subjektiv-öffentliches Recht in der Form einer Einräumungsberechtigung). Demgegenüber sagt das BBergG über die normative **Natur des Rechts aus der Erlaubnis** nichts aus. Lediglich im Allgemeinen Teil spricht die Amtl. Begründung (BT-Ds. 8/1315, 70 = Zydek, 41) ganz global von einem ausschl. öffentlich-rechtlich ausgestalteten Konzessionssystem. Damit ist aber noch nicht sicher, ob es sich beim Recht aus der Erlaubnis um ein **subjektiv-öffentliches Recht** oder um ein **privates Recht** handelt (die meisten Autoren lassen die Frage offen: vgl. etwa Hoppe, DVBL, 1982. 104; Westermann, Freiheit, 42; Karpen. AöR, 1981, 23 ff)

3

Die Zuordnung zum öffentlichen oder zum privaten Recht ist besonders bei der Erlaubnis problematisch, weil sie nicht wie die Bewilligung (§ 8 Abs. 2) oder das Bergwerkseigentum (§ 9 Abs. 1 S. 1 zweiter Halbsatz) eine Verweisung auf die für die Ansprüche aus dem Eigentum bzw. auf die für die Grundstücke geltenden Vorschriften des BGB enthält. Denn aus diesen Verweisungen ergibt sich, daß Bewilligung und Bergwerkseigentum ihrem Inhaber jedenfalls auch Rechte gegen-

Erstes Kapitel: Bergfreie Bodenschätze **4–8 §7**

über privaten Dritten einräumen (Reimnitz, Diss., 135; Rittner, DB, Beil. 7/72, 5 f; Westermann, Freiheit, 42 ff, 47).

4
Ein wesentlicher Gesichtspunkt für die Zuordnung des Rechts aus der Erlaubnis zum öffentlichen oder zum privaten Recht ist zunächst, daß es als **ausschl. Recht** ausgestaltet ist (§ 7 Abs. 1 S. 1). Das Erlaubnisfeld und die verliehenen Bodenschätze können danach nicht mehr Gegenstand eines Aufsuchungsrechtes Dritter sein. Die Ausschließlichkeit bedeutet aber weiter, und das entspricht dem Sinn und Zweck der Erlaubnis, möglichst ungehindert Aufsuchungsarbeiten durchführen zu können, daß der Inhaber einer Erlaubnis auch **Beeinträchtigungen** privater **Dritter abwehren** kann, wenn diese sein Recht beeinträchtigen. Anderenfalls würde ihm die Erlaubnis nicht viel nutzen. Der Ausschließlichkeitscharakter des Rechts aus der Erlaubnis fordert eine derartige Interpretation. (Keiner Ausschließlichkeit bedarf es, wenn Kollisionen aus der Natur der Sache ausgeschlossen sind, also etwa zwischen der Erlaubnis zu gewerblichen Zwecken und den Erlaubnissen für die großräumige Aufsuchung oder zu wissenschaftlichen Zwecken; deshalb hat § 7 Abs. 2 diese Erlaubnisformen ausdrücklich von der Ausschließlichkeit ausgenommen.)

5
Mit der Ausschließlichkeit ist aber die Zuordnungsfrage noch nicht entschieden. Denn auch der Inhaber eines subjektiv-öffentlichen Rechts kann unter bestimmten Umständen Schutz gegen beeinträchtigende Eingriffe Dritter beanspruchen (Wolff-Bachof, I, § 43 VI). Maßgebend für die Einordnung ist vielmehr der **Inhalt der Erlaubnis**.

6
Das Recht aus der Erlaubnis gewährt seinem Inhaber zunächst das ausschl. Recht, bestimmte **Tätigkeiten** (Abs. 1 Nr. 1) vorzunehmen, daran bestimmte **sachenrechtliche Folgen** zu knüpfen (Abs. 1 Nr. 2) und bestimmte **Einrichtungen** zur Aufsuchung zu errichten und zu betreiben (Abs. 1 Nr. 3). Allerdings sind das Recht aus der Erlaubnis und die ihm zugeordneten Einzelbefugnisse lediglich **Rechtstitel**, deren Nutzung und Ausübung unter dem Vorbehalt der „Vorschriften dieses Gesetzes" stehen. Das sind insbesondere die **Ausführungsvorschriften** der §§ 50 ff, die für jede Form der Aufsuchung verbindlich sind.

7
Für das Recht aus der Erlaubnis und seine Einzelbefugnisse nach § 7 Nr. 1–3 gilt folgendes:

8
a) Das **Aufsuchungsrecht** gibt dem Erlaubnisinhaber die Befugnis, im einem bestimmten Bereich der Erdoberfläche jede mittelbar oder unmittelbar auf die Entdeckung oder die Feststellung der Ausdehnung von Bodenschätzen gerichtete Tätigkeit auszuüben. Es dürfen allerdings grundsätzlich nur die Bodenschätze aufgesucht werden, die in der Erlaubnisurkunde ausdrücklich bezeichnet worden sind.

9

b) Neben dem Aufsuchungsrecht hat der Erlaubnisinhaber ein **Gewinnungs- und Aneignungsrecht** für solche Bodenschätze, die er bei planmäßiger Durchführung der Aufsuchung aus bergtechnischen, sicherheitstechnischen oder anderen Gründen gewinnen (§ 41) muß. Gewinnungs- und Aneignungsrecht sind demnach nicht auf die in der Erlaubnis genannten Bodenschätze beschränkt, aber von einer besonderen behördlichen Entscheidung abhängig. Diese Beschränkung rechtfertigt sich aus der Notwendigkeit, Gewinnung und Aufsuchung voneinander abzugrenzen und gleichzeitig eine möglichst umfassende Kenntnis über den Gehalt und die Ausdehnung der Bodenschätze für die eventuell später einsetzende Gewinnung zu erhalten (vgl. § 41 Rn 1 ff).

10

c) Um die Aufsuchung planmäßig und möglichst erfolgversprechend durchführen zu können, hat der Erlaubnisinhaber auch das **Recht**, die für die Aufsuchungstätigkeit erforderlichen **Betriebsanlagen und Betriebseinrichtungen** zu errichten und zu betreiben. Das gilt auch für Einrichtungen, die der Wiedernutzbarmachung der in Anspruch genommenen Erdoberfläche dienen.

11

Nicht zum Kernbereich des Rechts aus der Erlaubnis gehören die Vorschriften, nach denen sich das **Verhältnis zum Grundeigentum** regelt (§§ 39 ff). Vielmehr gilt in diesem Zusammenhang folgendes:
Muß ein Grundstück für Aufsuchungsarbeiten in Anspruch genommen werden und ergibt sich daraus eine Beeinträchtigung der Grundstücksoberfläche, so ist die Benutzung von der **Zustimmung** des Grundeigentümers oder des sonstigen Nutzungsberechtigten **abhängig** (§ 39 Abs. 1 Nr. 1). Das ist aber im Einzelfall zu entscheiden (Reimnitz, Diss., 134). Kommt eine Einigung zwischen dem Aufsuchungsberechtigten und dem Grundeigentümer oder Nutzungsberechtigten i. S. eines zivilrechtlichen Vertrages nicht zustande, so kann die erforderliche 008timmung des Grundeigentümers oder Nutzungsberechtigten unter bestimmten Voraussetzungen durch die Entscheidung der zuständigen Behörde ersetzt werden (§ 40 Abs. 1). In diesem Fall ist allerdings erforderlich, daß **öffentliche Interessen** die Aufsuchung gerade auf diesem Grundstück erfordern. Aufsuchungsarbeiten unter Gebäuden, Betriebsgrundstücken, Gärten und eingefriedeten Hofräumen können allerdings die Ersetzungsbefugnis der zuständigen Behörde nur dann begründen, wenn **überwiegende öffentliche Interessen** dies verlangen (§ 40 Abs. 1 S. 2). Als öffentliches Interesse führt § 40 Abs. 1 beispielhaft die Durchforschung des Bundesgebietes nach nutzbaren Lagerstätten an. Bei Grundstücken, die durch Gesetz oder aufgrund von Gesetzen öffentlichen Zwecken gewidmet sind, ist außerdem die Zustimmung der zur Wahrung dieser Zwecke zuständigen Behörde erforderlich. Dienen die Grundstücke allerdings ausschl. einem öffentlichen Zweck, so ist die Zustimmung der Aufsichtsbehörde ausreichend (vgl. § 39 Abs. 1 i. V. mit Abs. 2).

12

Da das **Aufsuchen** in aller Regel der **erste Schritt zur Gewinnung** ist und Aufsuchung und Gewinnung lediglich verschiedene Entwicklungsstufen eines einheitlichen Vorganges sind, ist es notwendig, diesem sachlichen Zusammenhang auch in der rechtlichen Gestaltung der beiden Berechtigungen zueinander Rechnung zu tragen. Das tut § 12 Abs. 2, der dem **fündigen Erlaubnisinhaber** bei der Beantragung einer Bewilligung eine **bessere Rechtsposition** einräumt als einem normalen Antragsteller. Das gilt allerdings nur für den Inhaber einer Erlaubnis zu gewerblichen Zwecken (im einzelnen vgl. dazu § 12 Rn 9). Die übrigen Erlaubnisformen der großräumigen Aufsuchung und der Aufsuchung zu wissenschaftlichen Zwecken entfalten eine vergleichbare Besserstellung nicht.

13

Zwar hat der Inhaber einer **Erlaubnis zur großräumigen Aufsuchung** (Übersichtsprospektion) dem Grunde nach die gleichen Rechte wie der Inhaber einer Erlaubnis zu gewerblichen Zwecken, doch können diese Rechte und Einzelbefugnisse nur im Rahmen der engen Definition dieses Aufsuchungsbegriffes geltend gemacht werden (vgl. im einzelnen § 4 Abs. 1 S. 2 und § 4 Rn 14).

14

Die Aufsuchung zu **wissenschaftlichen Zwecken** ist trotz der Mahnung von Westermann, Freiheit, 34, in gleicher Weise erlaubnispflichtig gemacht worden wie die übrigen Erlaubnisformen. Das ist im Grunde auch nicht zu beanstanden, weil die Erteilung von Erlaubnissen lediglich einen Rechtstitel gibt, der zur eigentlichen Ausführung noch nicht berechtigt. Zu einer vorbeugenden Kontrolle oder gar einer Regulierung wissenschaftlicher Tätigkeit führt die Erlaubnispflicht insoweit noch nicht.

15

Die **Ausschließlichkeit** des Aufsuchungsrechts und die **Aneignungsbefugnis** sind zwar starke **Indizien** für die formale Einordnung des Rechts aus der Erlaubnis in das **Privatrecht**. Sie reichen jedoch nicht aus, um einen ausschl. privatrechtlichen Charakter dieses Rechts zu begründen (Westermann, Freiheit, 42 ff; Rittner, DB, Beil. 7/72; Karpen, AöR, 1981, 23 ff; Schulte, ZfB 119 (1978), 418; lediglich Reimnitz, Diss., 135, nimmt für die Erlaubnis ein subjektives Privatrecht an). Vielmehr ist festzustellen: Das Recht aus der Erlaubnis ist ein subjektiv-öffentliches Recht mit wesentlichen privatrechtlichen Komponenten, die darauf abzielen, Privatrecht zu gestalten und die Rechtsposition des Aufsuchungsberechtigten in ein ausgewogenes Verhältnis mit Rechten und Interessen Dritter, insbesondere denen des Grundeigentümers, zu bringen (Schulte, ZfB 119 (1978), 418).

16

Für den eigentumsrechtlichen Schutz spielt im übrigen die Einordnung des Rechts aus der Erlaubnis in das öffentliche oder private Recht keine entscheidende Rolle (Karpen, AöR, 1981, 26; Hoppe, DVBl. 1982, 105). Zwar schützt nach der ständigen Rechtsprechung des Bundesverfassungsgerichtes und des Bundesverwaltungsgerichtes (Nachweise bei Maunz-Dürig-Herzog-Scholz, Grundgesetz,

§§ 7,8   Zweiter Teil: Bergbauberechtigungen

1979, Art. 14 Rn 33 ff; Karpen, AöR, 1981, 23) Art. 14 GG jedes vermögenswerte Recht bürgerlich-rechtlicher Natur; vermögenswerte Rechte des öffentlichen Rechts hingegen nur dann, wenn sie der bürgerlich-rechtlichen Eigentümerposition entsprechen oder nahekommen und auf eigener Leistung, nicht allein auf staatlicher Gewährung beruhen. Diese Kriterien sind bei der Erlaubnis immer schon dann gegeben, wenn der Erlaubnisinhaber mehr getan hat als lediglich den Antrag auf Erteilung der Erlaubnis zu stellen. Denn jede bergbauliche Tätigkeit, auch die Aufsuchung, beruht immer auf dem Arbeits- und Kapitaleinsatz des Unternehmers und die staatliche „Gewährung" beschränkt sich auf das Zurverfügungstellen einer Rechtsposition (vgl. Hoppe, DVBl. 1982, 104, 105).

17
Bei einer öffentlich-rechtlichen Bewertung des Rechts aus der Erlaubnis hat für die Fragen des Rechtsschutzes zu gelten: Wird die Erlaubnis versagt, so ist hiergegen mit der Verpflichtungsklage vorzugehen; sind der Erlaubniserteilung Nebenbestimmungen beigefügt, so können diese, soweit es sich um Auflagen handelt, selbständig im Wege der Anfechtungsklage angegriffen werden; gleiches gilt für nachträgliche Auflagen, aber auch für sämtliche anderen Eingriffsakte der öffentlichen Hand hinsichtlich des Erlaubnisrechtes, etwa Rücknahme oder Widerruf (vgl. § 18, Rn 4 u. 9).

§ 8 Bewilligung

(1) Die Bewilligung gewährt das ausschließliche Recht, nach den Vorschriften dieses Gesetzes
1. **In einem bestimmten Feld (Bewilligungsfeld) die in der Bewilligung bezeichneten Bodenschätze aufzusuchen, zu gewinnen und andere Bodenschätze mitzugewinnen sowie das Eigentum an den Bodenschätzen zu erwerben,**
2. **die bei Anlegung von Hilfsbauen zu lösenden oder freizusetzenden Bodenschätze zu gewinnen und das Eigentum daran zu erwerben,**
3. **die erforderlichen Einrichtungen im Sinne des § 2 Abs. 1 Nr. 3 zu errichten und zu betreiben,**
4. **Grundabtretung zu verlangen.**

(2) Auf das Recht aus der Bewilligung sind, soweit dieses Gesetz nichts anderes bestimmt, die für Ansprüche aus dem Eigentum geltenden Vorschriften des bürgerlichen Rechts entsprechend anzuwenden.

(3) Die Bewilligung schließt die Erteilung einer Erlaubnis zur großräumigen Aufsuchung sowie einer oder mehrerer Erlaubnisse zur Aufsuchung zu wissenschaftlichen Zwecken für dasselbe Feld nicht aus.

1
§ 8 legt den **rechtlichen Inhalt der Bewilligung** fest. Die **Bewilligung** war ursprünglich (BR-Ds. 350/75, 90) als das **alleinige Gewinnungsrecht** für bergfreie Bodenschätze vorgesehen. Erst auf Anregung der Bergwirtschaft wurde das Bergwerkseigentum (§§ 9, 13) als weitere Gewinnungsberechtigung in das BBergG aufgenommen (BT-Ds. 8/1315, 85 = Zydek, 96). Aber schon vorher war die Bewilligung in den **wichtigsten Einzelbefugnissen**, die sie dem Inhaber einräumt,

Erstes Kapitel: Bergfreie Bodenschätze 2–4 § 8

weitgehend dem Bergwerkseigentum i. S. des ABG (vgl. etwa §§ 50, 54 ABG NW) nachgebildet (Rittner, DB, Beilage 7/72, 5 ff; Westermann, Freiheit, 41 ff). Was der Bewilligung im Vergleich zum Bergwerkseigentum fehlt, ist die Verweisung auf die für die Grundstücke geltenden Vorschriften des bürgerlichen Rechts (s. etwa § 50 Abs. 2 ABG NW), die § 9 Abs. 1 allein dem Bergwerkseigentum vorbehalten hat.

2

Demgegenüber sind nach § 8 Abs. 2 für das **Recht aus der Bewilligung** nur die für die **Ansprüche aus dem Eigentum** geltenden Vorschriften des bürgerlichen Rechts entsprechend anwendbar. Diese Anwendbarkeit bestimmter Vorschriften des BGB, insbesondere der §§ 985 bis 1007, dient in erster Linie der Durchsetzung der Ausschließlichkeit der Bewilligung. Allerdings gelten die Vorschriften des BGB nur **subsidiär** („soweit dieses Gesetz nichts anderes bestimmt" – Abs. 2 erster Halbsatz) und nur **entsprechend** („entsprechend anzuwenden" – Abs. 2 zweiter Halbsatz), so daß sich alle übrigen Rechtsbeziehungen des Bewilligungsinhabers, wie etwa die Erteilung nach § 12, der sachliche und rechtliche Bestand der Bewilligung, ihre Übertragbarkeit und Vererblichkeit (§§ 16, 18, 22) allein nach den Vorschriften dieses Gesetzes richten (zur Notwendigkeit dieser Verweisung wegen des öffentlich-rechtlichen Charakters der Bewilligung, vgl. Nicolaysen, Bewilligung, 27).

3

Für die **Verwertbarkeit** des Rechts aus der Bewilligung folgt daraus: Da lediglich die §§ 985 ff BGB auf das Recht aus der Bewilligung anwendbar sind, nicht aber weitere Teile des Sachenrechts, sei es des Fahrnis- oder des Liegenschaftsrechts, **kann das Recht aus der Bewilligung nicht beliehen werden.** Besonders ein Pfandrecht nach den §§ 1273 ff BGB läßt sich an diesem Recht nicht bestellen. Denn eine Übertragung des „Rechts aus der Bewilligung" kennt das BBergG nicht. Das Recht aus der Bewilligung ist lediglich ein Teil der öffentlich-rechtlichen Rechtsposition „Bewilligung" und kann folglich am zivilrechtlichen Rechtsverkehr nicht teilnehmen und ist auch nicht der zivilrechtlichen Vollstreckung unterworfen (Rittner, DB, Beilage 7/72, 6; Reimnitz, Diss., 165 ff). Auch kann das **Recht aus der Bewilligung keine Bestandteile oder Zubehör** haben (Westermann, Freiheit, 49 f). Zur Frage der Verpachtung des Rechtes aus der Bewilligung vgl. § 22 Rn 5.

4

Verfügungs- und **Verwertungsbeschränkung** des Rechts aus der Bewilligung geben zusammen mit der Amtl. Begründung (BT-Ds. 8/1315, 86 = Zydek, 102) entscheidende Hinweise auf die **gesetzliche Bewertung dieser Bergbauberechtigung.** Danach soll die Bewilligung – ebenso wie nach geltendem Recht die vom echten Staatsvorbehalt abgeleitete Bergbauberechtigung, aber anders als das Bergwerkseigentum – **kein dingliches Recht** „gewähren". „Sie stellt vielmehr ein subjektiv-öffentliches Recht dar." (Amtl. Begründung aaO).

5

Entscheidend an dieser Aussage ist der Hinweis auf die **Vergleichbarkeit** der **Bewilligung** mit den aus dem **echten Staatsvorbehalt abgeleiteten Bergbauberechtigungen.** Denn damit wird klargestellt, daß das Recht aus der Bewilligung (§ 8 Abs. 2), gleichgültig ob es letzten Endes dem öffentlichen oder dem privaten Recht zuzuordnen ist, einer **öffentlich-rechtlichen Zweckbindung** unterliegt, wie sie dem echten Staatsvorbehalt im Anschluß an das Recht der öffentlichen Sachen innewohnte (Zydek, ZfB 99, (1958), 187; aus der Zweckbindung öffentlicher Sachen wird gefolgert, daß an diesen zwar bürgerlich-rechtliches Eigentum besteht, es sich jedoch insoweit nicht entfalten kann, als die Erfüllung öffentlicher Aufgaben entgegensteht).

6

Für die Bergbauberechtigungen nach dem BBergG bedeutet die öffentlich-rechtliche Zweckbindung nicht nur, daß sie in Entstehung, Bestand und Veränderung stets der Kontrolle durch das öffentliche Interesse unterworfen sind, sondern auch, daß selbst dort, wo privatrechtliche und eigentumsähnliche Befugnisse vom Gesetz eingeräumt werden, diese nur im Rahmen der mit dem Konzessionssystem gegebenen Zweckbindung genutzt werden können.

7

Das führt das Bergrecht in die Nähe einer dem Boden- und Wasserrecht vergleichbaren **öffentlich-rechtlichen Nutzungsordnung** (Schulte, ZfB 119 (1978), 422; Karpen, AöR, 1981, 18; BVerfG, NJW 1982, 747; Nicolaysen, Bewilligung , 26);. Kritisch: Westermann, Freiheit, 46: Dem bergfreien Mineral fehlt es an einer Zuordnung der Nutzung an die Allgemeinheit). In diesem Sinne schafft das BBergG mit der Bergfreiheit zwar eine „Freiheit vom Grundeigentum", nicht jedoch vom öffentlichen Interesse. Es setzt vielmehr an die Stelle des echten Staatsvorbehalts als eines Ausschlußrechts einen öffentlich-rechtlichen Zweckbindungsvorbehalt und erreicht damit den Ausschluß jeder bergbaulichen Tätigkeit, die sich dieser öffentlich-rechtlichen Zweckbindung nicht einordnen läßt.

8

Formal drückt sich diese Überlagerung durch die Bezeichnung der Bewilligung als subjektiv-öffentliches Recht (BT-Ds. 8/1315, 86 = Zydek, 102) aus. Daß dabei der öffentlich-rechtliche Charakter des Entstehungsgrundes (Verwaltungsakt) allenfalls als ein Anhaltspunkt für die Zuordnung der Bewilligung zum öffentlichen Recht sein kann, darauf hat bereits Westermann (Freiheit, 44; ähnlich Karpen, AöR, 1981, 24; Schulte, ZfB 119 (1978), 417) mit der Anmerkung hingewiesen, daß auch das Bergwerkseigentum des ABG, das zweifellos ein privates Recht ist, durch staatliche Verleihung, also durch einen Hoheitsakt entsteht.

9

Inhaltlich wird die öffentlich-rechtliche Zweckbindung in erster Linie durch die **Zulassungsvoraussetzungen** in § 12 Abs. 1 i. V. mit § 11 Nr. 1, 6 bis 10, die Zulässigkeit der nachträglichen Aufnahme, Änderung oder Ergänzung von Auflagen in § 16 Abs. 3, die zeitliche Begrenzung nach § 16 Abs. 5, die Widerrufbarkeit

Erstes Kapitel: Bergfreie Bodenschätze   10–14 § 8

nach § 18, das Zustimmungserfordernis für die Übertragung der Bewilligung und schließlich mit der Ausgestaltung der Förderabgabe als Gebühr durchgesetzt.

10

Diese öffentlich-rechtliche Überlagerung schließt jedoch nicht aus, daß die **Einzelbefugnisse**, die nach Abs. 1 Nr. 1 bis 4 dem Bewilligungsinhaber zustehen, einer hiervon abweichenden **eigenständigen rechtlichen Zuordnung** fähig sind. Deshalb ist der inhaltliche Kern dieser Rechte und Befugnisse nicht nur für die rechtsdogmatische Einordnung in das öffentliche oder private Recht maßgebend, sondern auch für die Beurteilung der Intensität der öffentlich-rechtlichen Zweckbindung. Im einzelnen hat zu gelten:

11

1. Das **Gewinnen** i. S. der Begriffsbestimmung in § 4 Abs. 2 ist zwar ein in erster Linie tatsächlicher Vorgang (Lösen und Freisetzen), hat jedoch wesentliche sachenrechtliche Rechtsfolgen: Das Loslösen des Bodenschatzes aus seiner Lagerstätte ist, wenn es mit natürlichem Besitzwillen erfolgt, ein Besitzerwerb nach den §§ 854, 855 BGB; der als gesetzliche Folge des Eigenbesitzerwerbes an herrenlosen Sachen eintretende Eigentumserwerb an den geförderten Bodenschätzen ist **Aneignung i. S. von § 958 BGB**. Das Recht zur Aneignung an den gewonnenen Bodenschätzen soll § 8 Abs. 1 Nr. 1 dem Bewilligungsinhaber für die Bodenschätze vermitteln, auf die die Bewilligung gerichtet ist. Dieses Aneignungsrecht ist privatrechtlicher Natur (Zydek, ZfB 99 (1958), 185; Karpen, AöR, 1981, 25 unter Hinweis auf das Aneignungsrecht des Bergwerkseigentums; Turner, Berechtsamswesen, 291; derselbe ZfB 108 (1967), 53; BGHZ 17, 228).

2. Gleiches gilt für das auch in Nr. 1 aufgeführte Recht des Bewilligungsinhabers, andere (bergfreie und grundeigene) als die ihm verliehenen Bodenschätze **mitzugewinnen**. Auch dieses Mitgewinnungsrecht ist als Aneignungsrecht zu kennzeichnen (Turner, ZfB 108 (1967), 67 ff). Es steht allerdings unter dem Vorbehalt, daß der Mitgewinnungsberechtigte auf Verlangen eines evtl. anderen Berechtigten die mitgewonnenen Bodenschätze herauszugeben hat (vgl. § 42).

12

Das Recht, Hilfsbaue anzulegen, ist zwar kein Kernbestandteil der Bewilligung. Ist es jedoch nach § 44 gegeben, so hat der Bewilligungsinhaber auch für die dabei gewonnenen Bodenschätze ein Aneignungsrecht.

13

3. Das Recht, die für die bergbauliche Gewinnung erforderlichen **Betriebsanlagen und Betriebseinrichtungen zu errichten und zu betreiben**, ist Ausübung des Aneignungsrechtes und daher als Hilfsrecht diesem zuzuordnen. Es kann deshalb gleichfalls als ein privates Recht charakterisiert werden (Reimnitz, Diss., 135).

14

4. Erst im Verlauf des Gesetzgebungsverfahrens (vgl. BT-Ds. 8/3965, 133 = Zydek, 103) ist dem Bewilligungsinhaber das Recht zuerkannt worden, im Interes

se einer sinnvollen und planmäßigen Nutzung der Lagerstätte einen Zugriff auf die Erdoberfläche auch gegen den Willen des Grundeigentümers durchsetzen zu können, sei es um die Oberfläche über den Lagerstätten gänzlich abzubauen oder um an der Oberfläche Betriebsgebäude und Aufbereitungsanlagen zu errichten. Deshalb räumt § 8 Abs. 1 Nr. 4 dem Bewilligungsinhaber auch künftig das **Recht** ein, **Grundabtretung zu verlangen**. Den Zweck der Grundabtretung definiert § 77 Abs. 1:
Die **Benutzung eines Grundstückes** muß für die Errichtung oder Führung eines Gewinnungs- oder Aufbereitungsbetriebes einschl. der dazugehörigen, in § 2 Abs. 1 Nr. 1 bis 3 bezeichneten Tätigkeiten und Einrichtungen **notwendig** sein. Die Benutzung ist dann notwendig, wenn das Vorhaben einer technisch und wirtschaftlich sachgemäßen Betriebsplanung oder Betriebsführung entspricht und die Bereitstellung von Grundstücken des Unternehmers für diesen Zweck nicht möglich oder deshalb nicht zumutbar ist, weil die Benutzung solcher Grundstücke für andere Zwecke, insbesondere die Führung des Gewinnungs- oder Aufbereitungsbetriebes, unerläßlich ist (vgl. § 77 Abs. 2).

15
Das **Grundabtretungsrecht** ist wesentlicher Inhalt der Bewilligung und damit auch Bestandteil der aus der Bewilligung fließenden Rechtsposition. Es kann deshalb strittig sein, wie dieses Recht im Rahmen des öffentlich-rechtlichen Konzessionssystems zu qualifizieren ist. Denn trotz des öffentlich-rechtlichen Entstehungsvorganges der Bewilligung lassen sich die aus ihr fließenden Rechte und Befugnisse, insbesondere das Aneignungsrecht, eher als private denn als öffentliche Rechte begreifen (Karpen, AöR, 1981, 23 ff; Reimnitz, Diss., 165 ff).

16
Gleichwohl läßt der sachliche Zusammenhang zwischen Grundabtretungsrecht und übrigen Einzelbefugnissen aus der Bewilligung **keine Bewertung der Grundabtretung als privates Recht** zu. Das ist trotz einer „rechtsdogmatischen Inkonsequenz" des Gesetzgebers heute die überwiegende Meinung (vgl. etwa Karpen, AöR, 1981, 28 ff; Schulte, NJW 1981, 92 ff; Palm, ZfB 122 (1981), 416 ff). Damit ist die nachbarrechtliche Kollisionstheorie (vgl. etwa Schulte, ZfB 100 (1965), 161 ff) obsolet geworden.

17
Fest steht lediglich, daß die vom Gesetzgeber angeordneten **enteignungsrechtlichen Folgen der Grundabtretung** dazu führen, daß das **allgemeine öffentliche Interesse** am Bergbau, wie es § 1 Nr. 1 definiert, für die Zulässigkeit der Grundabtretung **nicht mehr ausreicht**. Vielmehr muß im konkreten Einzelfall ein öffentliches Interesse im enteignungsrechtlichen Sinne vorliegen (Schulte, NJW 1981, 92; derselbe: Eigentum und öffentliches Interesse, 1970, 85 ff; Palm, ZfB 122 (1981), 416 ff). Als öffentliche Interessen, die eine Enteignung rechtfertigen können, nennt § 79 Abs. 1 die Versorgung des Marktes mit Rohstoffen, die Erhaltung der Arbeitsplätze im Bergbau oder den Bestand oder die Verbesserung der Wirtschaftsstruktur (kritisch zu dieser „unvermittelten Umsetzung von Wirtschaftspolitik in Enteignung zugunsten Privater", Schulte, ZfB 119 (1978), 427).

Erstes Kapitel: Bergfreie Bodenschätze **18–21 § 8**

18

Bei der vom Gesetzgeber gewählten enteignungsrechtlichen Konstruktion muß das Recht zur Grundabtretung als Rechtsposition gekennzeichnet werden, die für ihre Durchsetzung einer besonderen Rechtfertigung durch das Wohl der Allgemeinheit bedarf; deshalb kann in Zukunft nicht mehr gelten, daß mit der Erteilung einer Bewilligung die Grundabtretung notwendigerweise bereits als rechtlich zulässig zu qualifizieren ist. Mit der Bewilligung erhält der Berechtigungsinhaber künftig vielmehr allein die Bestätigung, daß er als Privater privates Grundeigentum in Anspruch nehmen kann, wenn im Einzelfall bestimmte Voraussetzungen, die am Wohl der Allgemeinheit zu messen sind, vorliegen (im einzelnen vgl. § 79 Rn 4ff; zum Grundabtretungsvertrag vgl. Palm, ZfB 122 (1981) 416ff).

19

5. Für die **rechtsdogmatische Einordnung des Rechts aus der Bewilligung** hat demnach vergleichbares zu gelten wie für das Recht aus der Erlaubnis. Trotz seines **öffentlich-rechtlichen Entstehungsaktes** und seiner dauernden Bindung an öffentliche Interessen enthält das Recht aus der Bewilligung mit der Ausschließlichkeit, dem Aneignungs- und Mitgewinnungsrecht **wesentliche privatrechtliche Komponenten,** die darauf abzielen, Privatrecht zu gestalten und die Rechtsposition des Gewinnungsberechtigten in ein ausgewogenes Verhältnis mit den Rechten und Interessen Dritter, insbesondere denen des Grundeigentums, zu bringen. Eine Aufteilung in ein öffentliches Recht auf die Bewilligung und ein privates Recht aus der Bewilligung kann daraus allerdings nicht gefolgert werden. Vielmehr muß von einer Gesamtrechtsposition ausgegangen werden, die öffentlich-rechtlicher Natur ist (Nicolaysen, Bewilligung, 27).

20

6. Das **Verhältnis** verschiedener **Bergbauberechtigungen zueinander,** insbesondere von Erlaubnis und Bewilligung, regelt **Abs. 3.** Da die Bewilligung auch das ausschl. Recht zur Aufsuchung der in ihr bezeichneten Bodenschätze einschließt – nach der Definition des § 4 Abs. 1 ist Aufsuchung nicht nur auf die Entdeckung, sondern auch auf die Feststellung der Ausdehnung von Bodenschätzen gerichtete Tätigkeit –, ist nach der Erteilung einer Bewilligung die Erteilung einer Erlaubnis zur Aufsuchung zu gewerblichen Zwecken für dasselbe Feld und denselben Bodenschatz nicht mehr möglich. Das ergibt sich auch aus dem in Abs. 3 ausdrücklich erlaubten Nebeneinander von Bewilligung und großräumiger oder Aufsuchung zu wissenschaftlichen Zwecken in demselben Feld.

21

Nicolaysen, Bewilligung, 28, wirft aus seiner Interpretation der bisherigen Förderverträge die Frage auf, ob auch die **Bewilligung in Form eines Vertrages** zwischen der Bergbehörde und dem Unternehmer vereinbart werden kann. Unter Hinweis darauf, daß § 10 einen solchen Vertrag nicht ausdrücklich ausschließt, **bejaht** Nicolaysen die **Zulässigkeit** einer vertraglichen Regelung im Rahmen der allgemeinen Grundsätze des § 54 VwVfG. Ein solcher, über die Bewilligung abgeschlossener **Konzessionsvertrag** muß seiner Ansicht nach öffentlich-rechtlich qualifiziert werden, da sein Gegenstand die Ausgestaltung der öffentlich-rechtlichen

§§ 8, 9 Zweiter Teil: Bergbauberechtigungen

Bewilligung sein würde. Keine Aussage macht Nicolaysen über den **Inhalt** eines solchen Vertrages, doch ist davon auszugehen, daß er nicht über die in § 8 **genannten Befugnisse** des Unternehmers hinausgehen kann.

§ 9 Bergwerkseigentum

(1) Bergwerkseigentum gewährt das ausschließliche Recht, nach den Vorschriften dieses Gesetzes die in § 8 Abs. 1 Nr. 1 bis 4 bezeichneten Tätigkeiten und Rechte auszuüben; auf das Recht sind die für Grundstücke geltenden Vorschriften des Bürgerlichen Gesetzbuchs entsprechend anzuwenden, soweit dieses Gesetz nichts anderes bestimmt. § 8 Abs. 3 gilt entsprechend.

(2) Eine Vereinigung eines Grundstücks mit einem Bergwerkseigentum sowie die Zuschreibung eines Bergwerkseigentums als Bestandteil eines Grundstücks oder eines Grundstücks als Bestandteil eines Bergwerkseigentums ist unzulässig.

1
Nach der Amtl. Begründung (BT-Ds. 8/1315, 85 = Zydek, 104) hat erst der „nachdrücklich vorgetragene Wunsch der Bergbauwirtschaft, die Bergbauberechtigung beleihungsfähig auszugestalten", dazu geführt, „die aus dem Konzessionssystem fließende Befugnis in ein Recht" zu überführen, „auf das ... die für die Grundstücke geltenden Regeln Anwendung finden ... und daß damit eintragungs- und beleihungsfähig wird". Diese Berechtigung bezeichnet § 9 in Anlehnung an die Terminologie des bisherigen Rechts (vgl. etwa §§ 50, 54 ABG NW) als **Bergwerkseigentum**.

2
Das **Bergwerkseigentum** ist die Berechtigung, die ihrem Inhaber das ausschl. Recht einräumt, nach den Vorschriften dieses Gesetz die gleichen Tätigkeiten und Rechte weiterhin auszuüben, die ihm mit der Bewilligung eingeräumt worden sind. Damit wird auch der Inhalt des Bergwerkseigentums durch das BBergG bestimmt als **ausschl. Recht zur Aufsuchung und Gewinnung der verliehenen Bodenschätze in dem zur Verleihung gehörigen Bergwerksfeld**. Daneben ist das Bergwerkseigentum wie die Bewilligung mit einer Reihe weiterer Befugnisse ausgestattet, so mit dem Recht der Mitgewinnung von Mineralien, zur Unterhaltung von Vorrichtungen über und unter Tage, von Aufbereitungsanlagen, soweit sie dem BBergG unterliegen, von Hilfsbauen unter bestimmten Voraussetzungen sowie zur Inanspruchnahme fremder Grundstücke für betriebliche Zwecke (Grundabtretung). Dies alles deutet darauf hin, daß das Bergwerkseigentum kein Vollrecht ist wie das Sacheigentum, sondern ein Inbegriff einzelner, im BBergG geregelter Rechte (Befugnisse). Vgl. hierzu RG v. 21.04.1906, ZfB 48 (1907), 117; RG v. 17.02.1915, ZfB 56 (1915), 403; BGHZ 17, 223, 228: „... Inbegriff derjenigen Berechtigungen, die dem gemeinsamen Zwecke der bergmännischen Produktion dienen".

3
Diese inhaltliche Bestimmung des Bergwerkseigentums durch das BBergG sowie die notwendige Verquickung von Bewilligung und Bergwerkseigentum, die nach

Erstes Kapitel: Bergfreie Bodenschätze　　　　　　　　　　**4,5　§ 9**

§ 13 Nr. 1 eine wesentliche Verleihungsvoraussetzung ist, läßt fraglich erscheinen, ob mit der terminologischen Gleichstellung des bisherigen, des übergeleiteten (§ 151) und des neuen Bergwerkseigentums auch die **gleiche rechtliche Wertigkeit** verbunden ist. Denn so strittig die rechtliche Einordnung und Bewertung des Bergwerkseigentums bisher auch gewesen sein mögen (dazu insbesondere die ausführliche Darstellung der verschiedenen Auffassungen bei Turner, Das bergbauliche Berechtsamswesen, Essen 1966, 121 ff), als gesichert kann gelten:

4

1. Trotz seiner Entstehung durch einen konstitutiven Hoheitsakt war der Kern des **Bergwerkseigentums**, das Recht zur Aneignung herrenloser Bodenschätze, **privat-rechtlicher Natur** (Turner, Berechtsamswesen, 178; Westermann, Freiheit, 22 und ausdrücklich RG ZfB 69 (1928), 246). Das **Aneignungsrecht** ließ sich als **dingliches Recht** an herrenlosen Mineralien verstehen, wenn man unterstellte, daß dingliche Rechte auch an herrenlosen Sachen möglich sind (vgl. Westermann, Sachenrecht, 1966, 7 ff; Staudinger, Bd. III 1, Einleitung, Rn 34; Baur, Sachenrecht, 1973, 279 – dingliches Nutzungsrecht; ähnlich BGHZ 57, 375, 388: das Bergwerkseigentum als ein vom Grundstückseigentum abgespaltenes Nutzungsrecht). Die Gleichstellung des Bergwerkseigentums mit dem Grundeigentum ordnete, so jedenfalls wurde dies interpretiert (Westermann, ZfB 106 (1965), 130; Ebel-Weller, § 50 Anm. 2 c), § 50 Abs. 2 ABG ausdrücklich an: Er stellte damit das Bergwerkseigentum nicht nur bezüglich des Schutzes gegenüber Eingriffen Privater und von hoher Hand, sondern auch bezüglich der Wertung dem Grundeigentum gleich (Westermann, ZfB 106 (1965), 130).

5

2. Demgegenüber beruht das neue Bergwerkseigentum auf der aus dem Konzessionssystem fließenden Befugnis, d. h. der Antragsteller muß bereits Inhaber einer Bewilligung für die beantragten Bodenschätze und das beantragte Feld sein. Und auch das übergeleitete Bergwerkseigentum wird ausdrücklich – wenn auch nur partiell – den Vorschriften des § 9 und damit denen der Bewilligung unterstellt. Daraus folgt jedenfalls, daß der Bergwerkseigentümer in Zukunft nicht mehr in gleicher Weise wie bisher über sein **Bergwerkseigentum rechtsgeschäftlich verfügen kann** (§ 23), daß er nur ein **zeitlich begrenztes Recht** (§ 16 Abs. 5) erhält – für übergeleitetes Bergwerkseigentum gilt dies allerdings nicht (§ 151 Abs. 1 S. 1) – und unter bestimmten Voraussetzungen mit der Rücknahme, dem Widerruf oder der nachträglichen Beschränkung seiner Berechtigung rechnen muß (§§ 16 Abs. 3, 18 Abs. 4, 48 VwVfG). Das sind Beschränkungen, denen das Grundeigentum wegen Art. 14 GG nicht ohne weiteres unterworfen werden kann.
Deshalb ist zu fragen, was es bedeutet, wenn § 9 Abs. 1 S. 1 zweiter Halbsatz anordnet, daß **auf das Bergwerkseigentum die für die Grundstücke geltenden Vorschriften des BGB entsprechend anzuwenden** sind. Denn damit kann eine nur formelle Anwendbarkeit von Vorschriften begründet oder aber eine Bewertung ausgesprochen werden, die dem Bergwerkseigentum in der Sozialordnung die gleiche Stellung wie dem Grundeigentum einräumt (Westermann, ZfB 106 (1965), 130). Die Antwort auf diese Frage ist weniger wegen des Schutzes gegenüber hoheitlichen und privaten Eingriffen von Bedeutung als vielmehr deshalb, weil die

materielle Gleichstellung von Bergwerkseigentum und Grundeigentum es erleichtern würde, das Bergwerkseigentum dem Zweck des Gesetzes entsprechend so in das Raum- und Nachbarrecht einzufügen, wie das angesichts des raumbeanspruchenden Charakters der Bergbauberechtigungen erforderlich ist (Westermann, ZfB 106 (1965) 131; kritisch zu diesem Ansatz Nicolaysen, Bewilligung, 28, der die Verweisung als bloßes „Handhabungsinstrument" interpretiert und keinerlei sachliche Konsequenzen daraus ziehen will).

6

a) Die Anordnung, daß die für die Grundstücke geltenden Vorschriften des BGB auf das Bergwerkseigentum entsprechend anzuwenden sind, hat zunächst als wichtigste Folge, daß das **Bergwerkseigentum** wie ein **dingliches Recht** behandelt wird, im **Grundbuch eintragbar** ist und damit wie das Grundeigentum als Realkredit-Unterlage, besonders für Grundpfandrechte (Hypotheken, Grund- und Rentenschulden), dienen kann. Weiter folgt aus der Anwendbarkeit der Grundstücksvorschriften des BGB, daß sie neben der wirtschaftlich-organisatorischen Einheit des Bergbauunternehmers dessen rechtlichen Zusammenhang ermöglichen bzw. herstellen (anschaulich dazu: Westermann, Freiheit, 49 ff). Das kann die Bewilligung nicht.

So kann das Bergwerkseigentum, obwohl es keine Sache, sondern ein unkörperliches Recht ist, **Bestandteile und Zubehör haben,** ähnlich wie das Erbbaurecht. So sind z. B. alle Grubenbaue sowie der Schacht und die unterirdischen Zugangsstrecken, wesentliche Bestandteile des Bergwerkseigentums und teilen dessen rechtliches Schicksal (§ 93 BGB – RGZ 161, 203 = ZfB 80/81 (1939/40), 145). Zu den Bestandteilen eines Bergwerkseigentums können beispielsweise auch folgende Tagesanlagen zählen: Betriebsgebäude, Dampfkessel, Fördermaschinen, Pumpen, Gleisanlagen (RGZ 61, 181 = ZfB 47 (1906), 249; RG v. 07.10.1916 = ZfB 58 (1917), 108, die damit gleichzeitig Haftungsobjekt des Grundpfandrechtgläubigers des Bergwerkseigentums sind. Bestandteile des Bergwerkseigentums sind auch die Hilfsbaue (§ 46). Zubehör des Bergwerkseigentums sind alle beweglichen Sachen, die seinem wirtschaftlichen Zweck dienen und zu ihm räumlich in einem entsprechenden Verhältnis stehen (§ 97 BGB). Hierzu gehören nach bisheriger Lehre und Rechtsprechung die nicht fest eingebauten Maschinen, Kraftwagen, Werkzeuge, Instrumente und Grubenbahnen. Wesentliche Bestandteile und Zubehör kann der Bergwerkseigentümer auch in fremdem Bergwerksfeld oder in fremden Grundstücken haben (RGZ 12, 270; RGZ 61, 188 = ZfB 47 (1906), 249 und RG. v. 07.10.1916 = ZfB 58 (1917), 108). Die Eigenschaft, Bestandteil oder Zubehör des Bergwerkseigentums zu sein, hat zur Folge, daß die für Bestandteile und Zubehör geltenden Vorschriften (vgl. z. B. §§ 314, 926, 1062, 1120 BGB; 864 ZPO) anzuwenden sind.

Damit sind die Voraussetzungen geschaffen, neben der wirtschaftlichen Einheit eines Bergbaubetriebes auch seine rechtliche Einheit zu schaffen, selbst wenn § 9 Abs. 2 die Bestandteilseigenschaft von Grundstücken und Bergwerkseigentum ausdrücklich ausschließt. Denn eine gemeinsame dingliche Belastung von Bergwerkseigentum und Grundeigentum wird dadurch nicht ausgeschlossen (Amtl. Begründung BT-Ds. 8/1315, 86 = Zydek, 104).

Erstes Kapitel: Bergfreie Bodenschätze　　　　　　　　　　7–9　§ 9

7
b) Im übrigen finden die für die Grundstücke geltenden Vorschriften des BGB nur soweit Anwendung, als das BBergG nichts anderes bestimmt und die Vorschriften des BGB dem Inhalt des Bergwerkseigentums angepaßt werden können und ihm nicht widersprechen (Ebel-Weller, § 50 Anm. 2 c). Danach sind anwendbar die Vorschriften des Sachenrechts über die Einigung (Auflassung) und Eintragung (§§ 873 bis 902, 925 BGB), über die Belastung mit dinglichen Rechten (z. B. Hypotheken, Dienstbarkeiten oder Vorkaufsrechten) und aus dem Schuldrecht vor allem die Formvorschrift bei Veräußerung von Grundstücken (§ 313 BGB). Neben der Nichtanwendbarkeit des § 890 Abs. 2 kommen auch die Vorschriften über den Inhalt und Verlust des Grundeigentums (§§ 905 bis 924, 928 BGB) nicht in Betracht. Ferner gelten für das Bergwerkseigentum die Vorschriften des formellen und materiellen Grundbuchrechts, der Zwangsvollstreckung und Zwangsversteigerung (§§ 864 ff ZPO: die Zwangsversteigerung umfaßt allerdings nicht die gewonnenen Mineralien), der freiwilligen Gerichtsbarkeit und des dinglichen Gerichtsstandes (§ 24 ZPO) (vgl. im einzelnen Willecke-Turner, Grundzüge, 9 ff; ausführlich: Isay, I, § 50 Rn 8 ff).

8
3. Zu den aus dem Bergwerkseigentum fließenden **Einzelbefugnissen** und ihrer rechtlichen Charakterisierung vgl. wegen der Identität mit der Bewilligung § 8 Rn 11 ff. Hinsichtlich des zum Inhalt des Bergwerkseigentums gehörenden **Rechts, Grundabtretung zu verlangen**, stellt sich die Frage, ob dieses Recht beim Bergwerkseigentum eine **andere Bewertung erfahren kann als bei der Bewilligung**. Die abweichende Bewertung könnte darin begründet sein, daß das Bergwerkseigentum anders als die Bewilligung nach dem Willen des Gesetzgebers dem Grundeigentum soweit angenähert wird, daß der Gedanke einer nachbarrechtlichen Kollisionsregel zwischen Bergwerkseigentum und Grundeigentum (vgl. dazu insbesondere H. Schulte, Eigentum und öffentliches Interesse, 1970, 18 ff, 275 ff) nicht vollständig abwegig erscheint. Doch wird man beim Bergwerkseigentum ebenso wie bei der Bewilligung davon ausgehen müssen, daß die Entscheidung des Gesetzgebers, die Grundabtretung als Enteignung auszugestalten, eine Auslegung des Grundabtretungsrechtes als nachbarrechtlicher Kollisionsregel für keine der Bergbauberechtigungen mehr zuläßt. Denn selbst wenn man von einer Gleichwertigkeit von Bergwerkseigentum und Grundeigentum nach dem BBergG ausgeht und gleichzeitig bergbauliche Tätigkeit als im öffentlichen Interesse liegend ansieht, so hat der Gesetzgeber mit der Ausgestaltung der Grundabtretung für den jeweils konkreten Eingriff eine Einzelfallentscheidung vorgesehen. Dieser Vorbehalt zugunsten des Wohls der Allgemeinheit verbietet es, aus dem Grundabtretungsrecht bereits eine dem Grundabtretungszweck entsprechende gesetzliche Inhalts- und Schrankenbestimmung des Grundeigentums abzuleiten.

9
4. Das Bergwerkseigentum steht ebenso wie die Bewilligung unter dem Vorbehalt, daß das BBergG selbst bezüglich seiner inhaltlichen Bestimmung und rechtlichen Qualifikation nichts anderes bestimmt. Damit ist auch die aus dem Bergwerkseigentum fließende Rechtsposition von vornherein im Rahmen der vom

BBergG zu berücksichtigenden öffentlichen Belange beschränkt. Diese Beschränkung ist aber nicht vergleichbar mit der allgemeinen Ausübungsbeschränkung des § 903 BGB i. V. mit Art. 14 GG, sondern sie ist eine spezifische Betriebsbeschränkung, die sich aus der Eigenart bergbaulicher Tätigkeit ergibt. So gewährt das Bergwerkseigentum eine Rechtsposition, deren Ausübung wiederum unter dem Vorbehalt des Gesetzes und seiner speziellen Vorschriften, insbesondere denen des Betriebsplanverfahrens (§§ 50 ff), steht (zum Verhältnis Bergbauberechtigung und Betriebsplan vgl. § 51, Rn 11 ff). Die Verleihung des Bergwerkseigentums ist demnach formell gesehen lediglich eine Zulassungsvoraussetzung für die Genehmigung des Betriebsplanes. Gleichwohl kann nicht zweifelhaft sein, daß trotz der nur ansatzweisen inhaltlichen Verknüpfung von Erlaubnis und Bewilligung bzw. Bergwerkseigentum schon die Gewinnungsberechtigungen als solche den verfassungsrechtlichen Schutz des Art 14 GG auch ohne Ausübungszulassung genießen. Denn es handelt sich unabhängig von der Rechtsnatur um vermögenswerte Rechte, sofern sie durch Leistung ihres Inhabers erworben sind (Kapital und Arbeit des Unternehmers) und das gestattete Vorhaben „ins Werk gesetzt" ist (Hoppe, DVBl. 1982, 104, 105). Dies ist beim Bergwerkseigentum besonders deutlich, weil es auch für einen bereits auf Grund einer Bewilligung laufenden Betrieb erteilt werden kann und einer neuen Ausübungszulassung dann nicht bedarf.

10

5. Das **Bergwerkseigentum** kann wie ein Grundstück **Gegenstand schuldrechtlicher Verträge** sein (z. B. Kauf, Tausch, Gesellschaftsvertrag). Für Kaufverträge gilt die Formvorschrift des § 313 BGB. Zu den weiteren Voraussetzungen vgl. § 23 Rn 3 ff. Besondere Bedeutung kann den Vorschriften über die **Grundstückspacht-** (§§ 581 ff BGB) zukommen. Räumt nämlich der Bergwerkseigentümer durch Vertrag einem Dritten das Recht ein, die verliehenen Bodenschätze gegen Entgelt für eigene Rechnung zu gewinnen, so richten sich die Rechtsbeziehungen der Beteiligten nach den Vorschriften des BGB über die Pacht. Ein Pachtvertrag liegt allerdings nicht vor, wenn der Gewinnungsberechtigte die Bodenschätze an den Bergwerkseigentümer gegen Entgelt abgibt. Hier handelt es sich um einen Werkvertrag. Das Reichsgericht hat lange die Auffassung vertreten, die Bergwerkspacht sei ein landesrechtlich geregeltes Rechtsverhältnis. Durch den Pachtvertrag sei dem Pächter das ausschl. Aneignungsrecht mit Wirkung gegenüber jedermann, selbst gegenüber dem Bergwerkseigentümer, übertragen (RG v. 27. 1. 1932 = ZfB 73 (1932), 469). Diese Auffassung hat sich jedoch nicht durchgesetzt und wurde von der Literatur weitgehend abgelehnt (vgl. insbesondere Isay, I, § 50 Rn 38 ff). Es hat vielmehr folgendes zu gelten:
Da das BBergG keine besonderen Vorschriften über die **Bergwerkspacht** enthält, richtet sie sich nach den allgemeinen Vorschriften des BGB. Danach aber kann dem Pächter das dem Bergwerkseigentümer zustehende Aneignungsrecht nur zur Ausübung übertragen werden. Anderenfalls würde dem Bergwerkseigentümer nur ein obligatorischer Anspruch gegen den Pächter verbleiben, was dem Charakter der Pacht widerspricht. Allerdings ist unbestritten, daß der Pachtvertrag dingliche Wirkung für die vom Pächter gewonnenen Bodenschätze hat und auf den Eigentumserwerb die §§ 956, 957 BGB jedenfalls analog Anwendung finden (vgl.

Erstes Kapitel: Bergfreie Bodenschätze §§ 9,10

Ebel-Weller, § 50 Anm. 2 g; Isay, I, § 50 Rn 38). Gegenstand des Pachtvertrages kann das Bergwerkseigentum (Rechtspacht) oder ein bereits vorhandenes oder noch zu errichtendes Unternehmen (Unternehmenspacht) sein. Was Gegenstand des Pachtvertrages ist, muß im Einzelfall geklärt werden (zu den Einzelheiten: Isay, I, § 50 Rn 39 ff; vgl. auch § 22 Rn 5).

11
Das Bergwerkseigentum ist frei **vererblich**. Es gelten die allgemeinen Grundsätze des Erbrechts. Zur Vererblichkeit der Bewilligung vgl. § 22 Rn 7 ff. Zur **Veräußerung** des Bergwerkseigentums und zur Beteiligung Dritter an ihm vgl. § 23.

12
Erstmals mit dem BBergG werden Bewilligung und Bergwerkseigentum auf den Bereich des **Festlandsockels und Küstenmeeres** ausgedehnt. Dadurch wird die Rechtsposition des Unternehmers gegenüber der bisherigen Erlaubnissituation (§§ 1, 12 vorläufiges FestlandsockelG) nicht unwesentlich verstärkt. Das gilt vor allem auch für die **Dauer** der Gewinnungsrechte. Nach dem FestlandsockelG betrug sie 3 Jahre (§ 1 Abs. 6 mit 3jähriger Verlängerungsmöglichkeit), während nach § 16 Abs. 5 Bewilligung und Bergwerkseigentum für eine zur Durchführung der Gewinnung angemessene Frist erteilt oder verliehen werden. Zwar soll diese Frist 50 Jahre nicht überschreiten, doch ist die Verlängerung bis zur voraussichtlichen Erschöpfung des Vorkommens bei ordnungs- und planmäßigem Abbau zulässig.

§ 10 Antrag

Erlaubnis und Bewilligung werden nur auf Antrag erteilt, Bergwerkseigentum nur auf Antrag verliehen. Der Antrag ist schriftlich bei der zuständigen Behörde zu stellen.

1
§ 10 trägt der Tatsache Rechnung, daß die Erteilung von Erlaubnis und Bewilligung sowie die **Verleihung** von Bergwerkseigentum **mitwirkungsbedürftige Verwaltungsakte** sind (Wolff-Bachof, I, § 48 II a, b; Karpen, AöR, 1981, 19). Die zuständige Behörde (in NRW das LOBA; vgl. VO über die Zuständigkeiten nach dem BBergG, GV. NW., 2; im übrigen s. unten Rn 24) wird deshalb **nur** aufgrund eines **schriftlichen** Antrages tätig, mit dem der Antragsteller den Gegenstand des Erteilungs- oder Verleihungsverfahens in rechtlicher und tatsächlicher Hinsicht bestimmt (Kopp, VwVfG, 4 vor § 9). Bei der Entscheidung über den Antrag gelten, da § 10 kein eigenes Verfahren normiert, grundsätzlich die allgemeinen Regeln über das nicht förmliche Verwaltungsverfahren (vgl. dazu Kopp, VwVfG, § 9 Rn 7).

2
Über den **Inhalt des Antrages** und die vorzulegenden Unterlagen sagt § 10 nichts. Sie ergeben sich jedoch aus dem Prüfungsumfang der §§ 11 bis 13.

145

§ 10 3–11 Zweiter Teil: Bergbauberechtigungen

3

1. Danach muß der **Erlaubnisantrag** zur Aufsuchung enthalten:

4

— Namen, Beruf und Anschrift des Antragstellers; bei juristischen Personen und Personenhandelsgesellschaften gilt dies für die nach Gesetz, Satzung oder Gesellschaftsvertrag zur Vertretung berechtigten Personen;

5

— Angaben über die **Art der Aufsuchungstätigkeit** (gewerbliche, wissenschaftliche, großräumige);

6

— die genaue Bezeichnung der **Bodenschätze**, die aufgesucht werden sollen (§ 11 Nr. 1);

7

— eine Karte nach den Erfordernissen der UnterlagenVO mit genauer Eintragung des **Feldes**, in dem aufgesucht werden soll (§ 11 Nr. 2);

8

— Angaben über das beabsichtigte **Arbeitsprogramm**, vor allem über Art, Umfang und Zweck der vorgesehenen geologischen, geophysikalischen oder sonstigen Aufsuchungsarbeiten und über den voraussichtlichen zeitlichen Ablauf des Arbeitsprogrammes **(Zeitplan)** (§ 11 Nr. 3);

9

— Angaben über die Art und Weise der **Finanzierung** (§ 11 Nr. 7);

10

— die **Verpflichtung** des Antragstellers, die **Ergebnisse der Aufsuchung** unverzüglich nach ihrem Abschluß, spätestens beim Erlöschen der Erlaubnis, der zuständigen Behörde auf Verlangen **bekanntzugeben** (§ 11 Nr. 5).

11

2. Beim **Antrag** auf Erteilung einer **Erlaubnis zur wissenschaftlichen oder großräumigen Aufsuchung** muß sich der Antragsteller außerdem schriftlich verpflichten, auf Verlangen der zuständigen Behörde dem Inhaber einer gewerblichen Aufsuchung oder einen Gewinnungsberechtigten für dasselbe Gebiet oder einen Teil und für dieselben Bodenschätze oder einige von ihnen das Recht einzuräumen, sich an der Aufsuchung gegen Übernahme eines angemessenen Teiles der Aufwendungen zu beteiligen oder sich dabei vertreten zu lassen; diese Verpflichtung braucht nicht eingegangen zu werden, wenn die wissenschaftliche Aufsuchung der Entwicklung von neuen Methoden oder Geräten dient (vgl. § 11 Nr. 5a, b). Der Antragsteller für eine Aufsuchung zu wissenschaftlichen Zwecken braucht Angaben über die Art und Weise der Finanzierung nicht zu machen.

Erstes Kapitel: Bergfreie Bodenschätze **12–22 § 10**

12
3. Der **Bewilligungsantrag** muß enthalten:

13
— Namen, Beruf und Anschrift des Antragstellers; bei juristischen Personen und Personenhandelsgesellschaften gilt dies für die nach Gesetz, Satzung oder Gesellschaftsvertrag zur Vertretung berechtigten Personen;

14
— die genaue Bezeichnung der Bodenschätze, die gewonnen werden sollen (§ 11 Nr. 1);

15
— einen **Lageriß** nach den Anforderungen der UnterlagenVO **mit genauer Eintragung der Fundstellen** (§ 12 Abs. 1 Nr. 1) **und des Feldes,** in dem die Bodenschätze gewonnen werden sollen (§ 12 Abs. 1 Nr. 2);

16
— den **Nachweis der Gewinnbarkeit** der entdeckten Bodenschätze (§ 12 Abs. 1 Nr. 3);

17
— Vorlage eines **Arbeitsprogrammes,** aus dem sich die technische Durchführung der Gewinnung und die dazu erforderlichen Einrichtungen unter und über Tage sowie der zeitliche Ablauf ergeben (§ 12 Abs. 1 Nr. 4);

18
— Angaben über die Art und Weise der **Finanzierung** (§ 11 Nr. 7).

19
4. Für den **Antrag auf Verleihung des Bergwerkseigentums** sind neben dem Nachweis einer gültigen Bewilligung (§ 13 Nr. 1) und der Glaubhaftmachung einer in Zukunft wirtschaftlichen Gewinnung im gesamten beantragten Feld (§ 13 Nr. 2) folgende Unterlagen vorzulegen:

20
— Die genaue Bezeichnung der Bodenschätze, für die das Bergwerkseigentum verliehen werden soll (§ 13 Nr. 4a);

21
— ein von einem anerkannten Markscheider nach den Erfordernissen der UnterlagenVO ausgefertigter Lageriß (zweifach), in dem das beantragte Feld eingetragen ist (§ 13 Nr. 4b);

22
— der Name des zu verleihenden Bergwerkseigentums (§ 13 Nr. 4c);

23

– die Beschreibung von Art und Umfang der Erschließung des Vorkommens unter Angabe der geologisch-lagerstättenkundlichen Merkmale (§ 13 Nr. 4 d).

24

Zu den inhaltlichen Kriterien, nach denen die einzelnen Antragsunterlagen im Erteilungs- oder Verleihungsverfahren unter Berücksichtigung der übrigen Voraussetzungen zu werten sind, vgl. § 11 Rn 6ff, § 12 Rn 3ff, § 13 Rn 2ff.

25

Die **zuständige Behörde**, bei der der Antrag einzureichen ist, ist nach § 142 von den Ländern zu bestimmen. In NRW ist es nach der Zuständigkeitsverordnung vom 5.1. 1982 (GV.NW., 2) das LOBA (§ 1 Abs. 2 Nr. 2 der VO). Zu den Zuständigkeitsregelungen der übrigen Länder vgl. § 142 Rn 2.

§ 11 Versagung der Erlaubnis

Die Erlaubnis ist zu versagen, wenn
1. der Antragsteller die Bodenschätze, die aufgesucht werden sollen, nicht genau bezeichnet,
2. das Feld, in dem aufgesucht werden soll, nicht dem § 4 Abs. 7 entspricht oder in einer Karte in einem nicht geeigneten Maßstab oder nicht entsprechend den Anforderungen einer Bergverordnung nach § 67 eingetragen ist,
3. der Antragsteller nicht ein Arbeitsprogramm vorlegt, in dem insbesondere dargelegt ist, daß die vorgesehenen Aufsuchungsarbeiten hinsichtlich Art, Umfang und Zweck ausreichend sind und in einem angemessenen Zeitraum erfolgen,
4. der Antragsteller sich nicht verpflichtet, die Ergebnisse der Aufsuchung unverzüglich nach ihrem Abschluß, spätestens beim Erlöschen der Erlaubnis, der zuständigen Behörde auf Verlangen bekanntzugeben,
5. der Antragsteller sich nicht verpflichtet, auf Verlangen der zuständigen Behörde
    a) bei einer Aufsuchung zu wissenschaftlichen Zwecken den Inhabern einer Erlaubnis zur Aufsuchung zu gewerblichen Zwecken,
    b) bei einer großräumigen Aufsuchung den Inhabern einer Erlaubnis zur Aufsuchung zu gewerblichen Zwecken oder einer Bewilligung oder den Bergwerkseigentümern,
    deren Felder hinsichtlich desselben Bodenschatzes von dem zuzuteilenden Feld ganz oder teilweise überdeckt wird, das Recht einzuräumen, sich gegen Übernahme eines angemessenen Teiles der Aufwendungen an der Aufsuchung zu beteiligen oder sich dabei vertreten zu lassen; das gilt im Falle des Buchstaben a nicht, wenn die wissenschaftliche Aufsuchung der Entwicklung von neuen Methoden oder Geräten dient,
6. Tatsachen die Annahme rechtfertigen, daß der Antragsteller, bei juristischen Personen und Personenhandelsgesellschaften die nach Gesetz, Satzung oder Gesellschaftsvertrag zur Vertretung berechtigten Personen, die erforderliche Zuverlässigkeit nicht besitzen,
7. bei einer Erlaubnis zur Aufsuchung zu gewerblichen Zwecken oder zur großräumigen Aufsuchung der Antragsteller nicht glaubhaft macht, daß die für eine ordnungsgemäße Aufsuchung und der damit nach § 2 Abs. 1 Nr. 1 und 2 im

Erstes Kapitel: Bergfreie Bodenschätze　　　　　1–3　§ 11

　　Zusammenhang stehenden Tätigkeiten erforderlichen Mittel aufgebracht werden können,
8. eine sinnvolle und planmäßige Aufsuchung und Gewinnung von bergfreien oder grundeigenen Bodenschätzen gefährdet würde,
9. Bodenschätze beeinträchtigt würden, deren Schutz im öffentlichen Interesse liegt oder
10. überwiegende öffentliche Interessen die Aufsuchung im gesamten zuzuteilenden Feld ausschließen.

1
Während die §§ 6 und 10 den Erlaubnisvorbehalt und das Antragserfordernis für alle Berechtigungen formulieren und § 7 den Inhalt der Erlaubnis festlegt, normiert § 11 die **Erteilungsvoraussetzungen** für die **Erlaubnis**.

2
I. § 11 verfährt dabei ähnlich wie § 6 WHG: Er ordnet nicht positiv die Zulassungsvoraussetzungen an, sondern normiert negativ **Versagungsgründe**. Allerdings zieht § 11 hieraus eine andere rechtliche Konsequenz als § 6 WHG. Während nämlich dort selbst bei Nichtvorliegen der Versagungsgründe der Antragsteller keinen Rechtsanspruch auf Erteilung des begehrten Wasserrechts hat (BVerfG NJW 1982, 747, 748; Breuer, Öff. und priv. WR, 1976, 65 ff), räumt § 11 nach überwiegender Auffassung trotz des nicht eindeutigen Wortlautes (Fehlen des Wortes „nur") dem Antragsteller einen **Rechtsanspruch** auf Erteilung der Erlaubnis ein (vgl. Westermann, Freiheit, 35, 36; ähnlich Rittner, DB, Beilage 7/72, 8; Karpen, AöR, 1981, 19; Hoppe, DVBl. 1982, 103; und vor allem Amtl. Begründung BT-Ds. 8/1315, 86 = Zydek, 110). Der zuständigen Behörde steht, anders als nach bisherigem Recht, ein **Ermessen nicht zu** (Karpen, AöR, 1981, 19: „Das BBergG sagt es zwar nirgends ausdrücklich; jedoch wird man mit der Begründung des Entwurfes aus der Enumeration der Versagungsgründe in den §§ 11, 12, 13 BBergG, einem Rückschluß aus § 14 sowie für Bewilligung und Verleihung aus dem durch die erfolgreiche Aufsuchung geschaffenen Vertrauenstatbestand folgern dürfen, daß der Bergbehörde ein Ermessen nicht mehr eingeräumt ist."; kritisch Schulte, NJW 1981, 91). Die Erteilung der Erlaubnis ist insoweit ein „gebundener Verwaltungsakt"(vgl. Wolff-Bachof, I, § 31). Die zuständige Behörde hat allerdings im Rahmen der in die Zulassungsvoraussetzungen aufgenommenen **unbestimmten Rechtsbegriffe**(Schulte, NJW 1981, 95; Wolff-Bachof, I, § 31; Ule, BImSchG, § 3 Rn 17 bis 32) einen **Beurteilungsspielraum**, den Schulte (NJW 1981, 91; ZfB 119 (1978), 420 ff) im Anschluß an die Rechtsprechung (BVerwGE, 39, 204 und OVG Münster VwRspr 24, 476) richtigerweise als **Abwägungs- oder Einschätzungsprärogative** (vgl. auch Wolff-Bachof, I, § 31 Ic) bezeichnet. Das ist von Bedeutung in erster Linie für den Umfang der gerichtlichen Nachprüfbarkeit der Erteilungsentscheidung.

3
Schulte (ZfB 119 (1978)) verweist hierzu auf die Rechtsprechung des Bundesverwaltungsgerichtes (BVerwGE, 48, 56) und des Bundesgerichtshofes (BGHZ, 67, 320, 325 ff), wonach die gerichtliche Überprüfung in derartigen Fällen darauf beschränkt ist, ob

149

1. eine Abwägung überhaupt stattgefunden hat,
2. in die Abwägung an Belangen eingestellt worden ist, was nach Lage der Dinge in sie eingestellt werden mußte,
3. die Bedeutung der betroffenen Belange erkannt und der Ausgleich zwischen ihnen in einer Weise vorgenommen wurde, die zur objektiven Gewichtigkeit einzelner Belange nicht außer Verhältnis stand.

4

Nach Wolff-Bachof, I, § 31 I c, ist von einer Einschätzungsprärogative der Verwaltung auszugehen,
– wenn und soweit der Gegenstand des unbestimmten Begriffes von einer Ermessens- (Zweckmäßigkeits-)Entscheidung, von Planungen oder Zukunftserwartungen der verantwortlichen Behörde abhängt (etwa im Zusammenhang mit dem Begriff der Wirtschaftlichkeit oder dem des dringenden öffentlichen Bedürfnisses),
– wenn die Eignung (nicht die Zuverlässigkeit) von Personen für ein bestimmtes Amt oder eine sonstige bestimmte Tätigkeit aufgrund persönlichen Eindrucks an charakterlichen Eigenschaften, der Befähigung, der Gewandtheit u. ä. sowie von Zukunftserwartungen mitzubeurteilen ist,
– wenn und soweit die Entscheidung einer Verwaltungsbehörde auf dem höchstpersönlichen Fachurteil z. B. über den Wert persönlicher Leistungen oder über eine persönliche Eignung aufgrund eines zwar objektiven, aber außerrechtlichen (z. B. pädagogischen, charakterologischen, ästhetischen, wissenschaftlichen) Maßstabes seitens eines gesetzlich zu diesem Zweck gebildeten fachverständigen Organs oder Amtes beruht und
– wenn schließlich andere Arten behördlicher Einschätzungen innerhalb gerichtlich feststellbarer Toleranz gerichtlich unwiderlegbar und deshalb vom Gericht hinzunehmen sind.

Zu den Rechtsfolgen der Aufnahme derartiger Einschätzungsprärogativen in die Zulassungs- oder Erteilungsvoraussetzungen für die Bergbauberechtigungen vgl. § 13 Rn 8f.

5

II. Die **Versagungsgründe** lassen sich einteilen in
– formale Ordnungsvorschriften (Nr. 1 und 2),
– in Vorschriften, die die Transparenz der bergbaulichen Tätigkeit gegenüber der Behörde sichern sollen (Nr. 3, 4, 5),
– in Vorschriften, die die Solidität des Bergbauunternehmens verlangen (Nr. 6 – Zuverlässigkeit der verantwortlichen Personen – und Nr. 7 – Kapitalnachweis –) und
– in Vorschriften, die dem besonderen Schutz öffentlicher Interessen dienen (Nr. 8, 9 und 10).

6

Für die **Versagungsgründe im einzelnen** gilt folgendes:
1. Die mit den erforderlichen Antragsunterlagen (§ 10 Rn 3 ff) vorzulegende **Karte** (Nr. 2) entspricht nur dann den Anforderungen einer BergVO nach § 67, wenn ihr die amtliche Karte der Landesvermessung oder des Liegenschaftskatasters, auch für die Darstellung politischer Grenzen, in der jeweils neuesten Ausgabe

Erstes Kapitel: Bergfreie Bodenschätze 7–9 § 11

zugrunde liegt. Die Karte soll einen Maßstab von 1 : 25 000, 1 : 50 000 oder 1 : 100 000 haben. Bezüglich der Darstellung des Aufsuchungsfeldes sind die Feldeseckpunkte in Gauß-Krügerschen-Koordinaten festzulegen. Ein anderes Koordinatensystem soll nur zulässig sein, wenn dieses ausschl. von der Landesvermessung benutzt wird und eine Umrechnung in Gauß-Krügersche-Koordinaten unzumutbar ist. Der Flächeninhalt des Feldes ist aus den Koordinaten der Feldeseckpunkte unter Berücksichtigung der Projektionsverzerrung zu berechnen und auf volle Quadratmeter abzurunden. Die Karten müssen Titel haben, die die Art der Berechtigung, die Bezeichnung der Bodenschätze, für die eine Berechtigung beantragt wird, den Flächeninhalt des Feldes, den Maßstab und den Anfertigungsvermerk enthalten. (Zu den Einzelheiten vgl. VO über vermessungstechnische und sicherheitliche Unterlagen (Unterlagen-BV vom 11. 11. 1982, BGBl 1553 dort insbesondere §§ 1 bis 5).

7

2. Die Verpflichtung des Antragstellers zur Vorlage eines **Arbeitsprogrammes nach Nr. 3** soll der zuständigen Behörde die Kontrollmöglichkeit dafür geben, ob die Aufsuchung sinnvoll und planmäßig durchgeführt wird. Inhalt und Umfang des Arbeitsprogrammes müssen sich aus dem konkreten Aufsuchungsvorhaben ergeben. Der vom Arbeitsprogramm abzudeckende Zeitraum muß sich im Rahmen der Fristbestimmung des § 16 Abs. 4 halten. Soweit nicht die gesamten Aufsuchungsarbeiten mit einem einzigen Arbeitsprogramm zu belegen sind, kann die zuständige Behörde Nachträge verlangen. Dabei ist allerdings nicht stets von einem bestimmten zeitlichen Rhythmus, etwa einer jährlichen Nachtragspflicht, auszugehen, sondern im Einzelfall die Nachtragspflicht abzustimmen (vgl. etwa den Rechtsgedanken des § 25 VwVfG).

8

3. Während Nr. 3 der zuständigen Behörde die Beurteilung der Voraussetzungen für die Aufsuchung ermöglichen soll, will **Nr. 4 die Prüfung der Aufsuchungsergebnisse** gewährleisten. Dazu sind die bei der Aufsuchungstätigkeit gewonnenen Fakten mitzuteilen, nach denen die Behörde eine eigene Bewertung des Ergebnisses vornehmen kann. Die Aufsuchungsergebnisse sind auf Verlangen der zuständigen Behörde unverzüglich nach Abschluß der Arbeiten mitzuteilen, wobei sich das behördliche Verlangen auch auf einzelne, in sich abgeschlossene Aufsuchungstätigkeiten (z. B. einzelne Bohrungen) beziehen kann. Das Verlangen kann bereits im Zusammenhang mit der Erlaubniserteilung, etwa als Auflage zur Erlaubnis, gestellt werden. Die dem Antragsteller auferlegte **Mitteilungspflicht** kann erforderlichenfalls im Wege des Verwaltungszwanges durchgesetzt werden. Außerdem kann bei Nichteinhaltung der bei der Erlaubniserteilung eingegangenen Verpflichtung geprüft werden, ob die Erlaubnis nach § 18 Abs. 1 zu widerrufen ist.

9

Die Weitergabe von Aufsuchungsdaten oder von Bewertungen der Aufsuchungsergebnisse im Wege der Amtshilfe an andere Behörden (z. B. die geologischen Landesämter) ist grundsätzlich zulässig. Sie ist jedoch unzulässig, wenn Grund zu der Annahme besteht, daß die Daten in einer dem Zweck des Gesetzes widersprechenden Weise verwertet werden.

10

Die zuständigen Behörden können auch nach Erlöschen der Erlaubnis die Aufsuchungsergebnisse Dritten zugänglich machen. Das wird insbesondere dann der Fall sein, wenn ein Dritter innerhalb des Erlaubnisfeldes Aufsuchungstätigkeiten durchführen will. Die Weitergabe setzt allerdings voraus, daß der Dritte ein berechtigtes Interesse geltend machen kann, das mit dem Zweck des Gesetzes in Einklang steht.

11

4. Die in **Nr. 5** vorgesehene **Verpflichtungserklärung** des Antragstellers soll der zuständigen Behörde die Möglichkeit geben, bestimmte Berechtigte an der Aufsuchung teilnehmen zu lassen. Die Behörde hat ein Verlangen nach § 11 Nr. 5 zu stellen, wenn einer der nach dieser Vorschrift Berechtigten (Erlaubnisinhaber zur gewerblichen Aufsuchung, Inhaber einer Bewilligung oder eines Bergwerkseigentums) dies fristgemäß (innerhalb von sechs Wochen nach Zugang der Mitteilung der zuständigen Behörde) beantragt und glaubhaft macht, daß er die zur Übernahme eines angemessenen Teiles der Aufsuchungskosten erforderlichen Mittel aufbringen kann (§ 21 Abs. 2 S. 1). Bei nicht fristgemäßer Antragstellung liegt es im Ermessen der Behörde, ein Verlangen nach § 11 Nr. 5 gleichwohl zu stellen (§ 21 Abs. 2 S. 2).

12

Keine Verpflichtungserklärung braucht der Erlaubnisinhaber abzugeben, wenn die Aufsuchung wissenschaftlichen Zwecken dient und mit der Entwicklung von neuen Methoden oder Geräten verbunden ist (§ 11 Nr. 5 zweiter Halbsatz).

13

5. Für die **Zuverlässigkeit** von verantwortlichen Personen sieht **Nr. 6** eine Negativprüfung vor. Fehlende Zuverlässigkeit kann zur Versagung führen, wenn konkrete Tatsachen die Annahme mangelnder Zuverlässigkeit rechtfertigen. Es gilt also der im **Gewerberecht entwickelte Begriff der Zuverlässigkeit**. Danach muß die zuständige Behörde alle ihr aus der Vergangenheit bekannten Tatsachen daraufhin beurteilen, ob sie den Schluß auf die mangelnde Zuverlässigkeit der verantwortlichen Personen in der Zukunft rechtfertigen, d. h. ob sie die mangelnde Zuverlässigkeit der verantwortlichen Personen gerade hinsichtlich seiner Tätigkeit im Bergbau dartun (vgl. dazu BVerwGE, 24, 38, 40; ausführlich und m. w. N.: Landmann-Rohmer, GewO I, § 35 Nr. 28 bis 62; Stober, NJW 1982, 806). Die gleichen Anforderungen an die Zuverlässigkeit, die Nr. 6 zugrunde liegen, gelten auch nach § 55 Abs. 1 S. 1 Nr. 2 für die Zulassung des Betriebsplanes (vgl. § 55 Rn 17ff). Kommt die zuständige Behörde zum Ergebnis, daß eine verantwortliche Person die erforderliche Zuverlässigkeit nicht besitzt, so kann dies zur Versagung der Erlaubnis oder zur Erteilung nur unter Auflagen führen. Bei erst nach Erteilung der Erlaubnis eintretender Unzuverlässigkeit sind Rücknahme und Widerruf nach § 18 Abs 1 BBergG denkbar.

14
6. Zur **Glaubhaftmachung**, daß die zur Durchführung der in Nr. 7 genannten Tätigkeiten **erforderlichen Mittel** aufgebracht werden können, wird die bloße Behauptung des Antragstellers nicht ausreichen. Unter Berücksichtigung des Einzelfalles wird die zuständige Behörde vielmehr Angaben zur finanziellen Situation des Unternehmers, die Vorlage eines Finanzierungsplanes – ggf. die Beibringung von entsprechenden Erklärungen des Mutterunternehmens – sowie die Zusage von Banken oder anderen Geldgebern verlangen dürfen. Den Darlegungen zur Glaubhaftmachung kommt nicht nur für den Versagungsgrund nach Nr. 7, sondern auch bei der Entscheidung über die **Größe des beantragten Feldes** oder einen **Vorrang** nach § 14 Abs. 2 besondere Bedeutung zu (vgl. dort Rn 7).

15
7. Der Versagungsgrund in § 11 Nr. 8 soll eine **sinnvolle und planmäßige Aufsuchung und Gewinnung** grundeigener und bergfreier Bodenschätze **gewährleisten**. Dem Versagungsgrund kommt bei dem jeweils im Antrag genannten Bodenschatz besondere Bedeutung für die Entscheidung über die beantragte Feldesgröße zu. Daneben sollen durch die Prüfung dieses Versagungsgrundes **Beeinträchtigungen** bei der Aufsuchung und Gewinnung **anderer Bodenschätze** verhindert werden.

16
8. Nr. 9 bezweckt den **Lagerstättenschutz** (vgl. § 1 Rn 12) für Bodenschätze, die volkswirtschaftlich von besonderer Bedeutung sind und an deren Schutz deshalb ein öffentliches Interesse besteht. Bei der Abwägung des öffentlichen Interesses am Lagerstättenschutz mit dem öffentlichen Interesse an einer sinnvollen und planmäßigen Aufsuchung ist der in § 1 Nr. 1 getroffenen Wertung Rechnung zu tragen. Zum Lagerstättenschutz bei der Betriebsplanzulassung vgl. § 56 Rn 138.

17
9. Der Versagungsgrund nach **Nr. 10** hat bei der bisherigen wissenschaftlichen Diskussion um das BBergG die meisten Kontroversen ausgelöst (vgl. insbesondere Schulte, ZfB 119 (1978), 420 ff; Westermann, Freiheit, 38 ff; Rittner, DB, Beilage 7/72, 8). Vor allem Westermann hat darauf hingewiesen, daß die Konkretisierung der zu berücksichtigenden **überwiegenden öffentlichen Interessen** durch die Formulierung „im gesamten zuzuteilenden Feld" räumlich begründet oder auf den Raum bezogen sein muß. Er hat weiter deutlich gemacht, daß die in Nr. 10 genannten öffentlichen Interessen nicht notwendigerweise nur in dem betreffenden Feld zur Geltung kommen können, also gewissermaßen „räumlich spezialisierte öffentliche Interessen" sein müssen. Vielmehr können auch öffentliche Interessen, die im gesamten Bundesgebiet oder in einigen Teilen des Bundesgebietes wirken, ebenfalls Hinderungsgründe i. S. dieses Versagungsgrundes darstellen (Westermann, Freiheit, 39).

18
Gegenüber dem Referentenentwurf, der Westermann zur Beurteilung vorlag, ist der Versagungsgrund in Nr. 9 allerdings wesentlich geändert worden, ohne dabei

die Raumbezogenheit aufzugeben. Nach der jetzigen Fassung müssen die öffentlichen Interessen das Interesse an der Aufsuchung **überwiegen** und sie **im gesamten Feld** ausschließen. Das wird etwa dann der Fall sein, wenn das beantragte Erlaubnisfeld innerhalb eines militärischen Schutzbereiches oder eines Naturschutzgebietes liegt und für diese Bereiche absolute Veränderungsverbote bestehen. Der Umstand jedoch, daß sich z. B. das gesamte beantragte Erlaubnisfeld mit einem Wasserschutzgebiet deckt, indiziert noch nicht generell ein der Aufsuchung entgegenstehendes überwiegendes öffentliches Interesse. Vielmehr ist dann eine Einzelfallprüfung erforderlich, bei der die bergbaulichen Belange und die im konkreten Fall zu erwartenden Beeinträchtigungen der sonstigen öffentlichen Belange abzuwägen sind. (Das in § 48 Abs. 1 S. 2 enthaltene Abwägungsgebot gilt zwar nicht für Abwägungen im Rahmen der Erteilung oder Verleihung von Bergbauberechtigungen, gibt aber die einer Abwägung zugrunde zu legenden Bewertungsgesichtspunkte.) Überdecken sich die in Betracht kommenden Bereiche nur teilweise mit dem beantragten Feld, so liegt der Versagungsgrund nach Nr. 10 in keinem Fall vor.

19
Obgleich § 11 **keine ausdrückliche Vorrangregelung** trifft, sind bei der Erteilung einer Erlaubnis bestimmte Prioritäten anderer Berechtigungen zu beachten:

20
So hat der Antrag des aus einem erloschenen alten Recht oder Vertrag Berechtigten Vorrang vor allen anderen Anträgen (§ 152 Abs. 2 S. 4). Dies gilt unabhängig davon, ob die alte Berechtigung aus Gründen des Fristablaufes erloschen ist oder unbefristet gilt. Des weiteren kann eine Erlaubnis zur gewerblichen Aufsuchung nicht erteilt werden, soweit und solange alte Rechte und Verträge für denselben Bodenschatz und für ein bestimmtes Gebiet noch nicht erloschen sind. Das ergibt sich aus dem Gedanken, daß aufrechterhaltenen alten Rechten und Verträgen die gleiche Ausschließlichkeit zukommt wie den neuen Berechtigungen. Allerdings kann, unbeschadet des Fortbestehens alter Berechtigungen, für dasselbe Feld eine Erlaubnis zur großräumigen Aufsuchung oder zur Aufsuchung zu wissenschaftlichen Zwecken erteilt werden (§ 159). Dann muß sich aber der Erlaubnisinhaber bei der Übersichtsprospektion auf die Ermittlung von Kennwerten i. S. von § 4 Abs. 1 S. 2 beschränken.

21
III. Die **Versagungsgründe** in § 11 gelten nahezu in ihrem gesamten Umfang auch für die Prüfung der Erteilungsvoraussetzungen einer **Bewilligung** und damit auch für die Zulässigkeit der Verleihung von **Bergwerkseigentum**. Außerdem stehen sie in einem engen sachlichen Zusammenhang mit § 16 Abs. 3 (Zulässigkeit nachträglicher Auflagen), § 18 Abs. 1 (Widerruf der Berechtigung, wenn nachträglich Tatsachen eintreten, die eine Versagung gerechtfertigt hätten) und § 22, der die Übertragung von Erlaubnis und Bewilligung an die gleichen Voraussetzungen knüpft wie deren Erteilung. Da sich weiterhin die Versagungsgründe nicht auf bloß formelle Prüfungen beschränken, sondern auch die künftige Ausübung der Bergbauberechtigung prognostisch berücksichtigen (§ 11 Nr. 6 bis 10 i. V. mit § 12

Abs. 1 S. 1), stellt sich auch die Frage nach ihrem Verhältnis insbesondere zu den Zulassungsvoraussetzungen für den Betriebsplan (§§ 50 ff). Angesichts der Prüfungen, die von der zuständigen Behörde im Betriebsplanverfahren, zum Teil auch schon beim Rahmenbetriebsplan oder bei den Verfahren nach anderen Gesetzen (z. B. dem BImSchG, dem BNatSchG oder den entsprechenden Landesgesetzen) vorgenommen werden, ist zu fragen, wie die Ergebnisse dieser unterschiedlichen Verfahren zu bewerten und einander zuzuordnen sind (Anz, Braunkohle, 1981, 69; Westermann, Freiheit, 41). Für den Versagungsgrund in § 11 Nr. 10 hat Westermann eine beachtenswerte Aussage gemacht: „Die raumordnerische Entscheidung sollte immer vor der betreffenden Maßnahme – hier Beginn des Bergbaus – fallen, spätere Anpassung einer ins Werk gesetzten Tätigkeit an die raumordnerischen Erfordernisse oder gar ein Aufgeben der Tätigkeit sind erfahrungsgemäß sehr viel schwerer durchsetzbar als eine Verhinderung des Beginns. Angesichts des hohen Kapitalaufwandes, den der Bergbau erfordert, ist es auch unbedingt erforderlich, dem Unternehmer so früh wie möglich Sicherheit dafür zu geben, daß seine Absichten der Raumordnung entsprechen." (Freiheit, 41; vgl. hierzu auch Hoppe, DVBl. 1982, 104) Diese Aussage spricht für eine Detailentscheidung mit präjudizierender Wirkung schon in diesem Zeitpunkt.

22

Demgegenüber sprechen für bloße Globalprüfungen die übrigen Versagungsgründe und die Tatsache, daß dem BBergG eine allgemeine Norm des Inhaltes fehlt, daß die beteiligten Behörden an frühere Stellungnahmen und Entscheidungen gebunden sind (§ 12 Abs. 2 ist insoweit eine Sondervorschrift, die nicht allgemein angewandt werden kann.)

23

Deshalb ist das Verfahren zur Erteilung von Erlaubnissen und Bewilligungen inhaltlich auf Fragen zu beschränken, derentwegen der Gesetzgeber das Konzessionssystem in das BBergG eingeführt hat. Das sind Ordnung und Förderung der sinnvollen und planmäßigen Aufsuchung und Gewinnung von bergfreien Bodenschätzen zur Sicherung der Rohstoffversorgung unter Beachtung der absoluten Standortgebundenheit und des Lagerstättenschutzes. Diese wirtschaftspolitischen Fragen müssen im Verfahren zur Erteilung von Bergbauberechtigungen vorab entschieden werden, damit sie im späteren Verfahren, insbesondere bei der eigentlichen Ausübungsberechtigung, dem Betriebsplan, außer Betracht bleiben können. Daß schon in diesem Stadium eine Abwägung der verschiedenen kollidierenden öffentlichen Belange möglich und notwendig ist, liegt auf der Hand. Deshalb soll der Abwägungsvorgang nach dem Willen des Gesetzgebers schon in der Phase einsetzen, in der die Bergbauberechtigungen erteilt werden: Er soll zu Ergebnissen führen, auf denen der Berechtigungsinhaber seine Planungen aufbauen und anhand derer er seine Investitionsentscheidungen treffen kann. Das Erteilungsverfahren unter Einschluß der Beteiligung anderer Behörden nach § 15 muß also auf Ergebnisse gerichtet sein, die dem Unternehmer in späteren Verfahren (auch nach anderen Spezialgesetzen) die erneute Abwägung seiner Rechtsposition mit entgegenstehenden, überwiegenden öffentlichen Interessen abnimmt. Daß der Gesetzgeber diese Tendenz durchaus verfolgt hat, ergibt sich aus § 13

Nr. 2, wonach der Antrag auf Erteilung des Bergwerkseigentums materiell lediglich von der Glaubhaftmachung abhängt, daß zukünftig mit der wirtschaftlichen Gewinnung der zu verleihenden Lagerstätte zu rechnen ist. Der Gesetzgeber war hiernach bereit, auf wesentliche Eingriffsrechte zur Steuerung des Berechtigungsinhabers zu verzichten, wenn die Gewinnung für die Zukunft zumindest in der Prognose gesichert erscheint (Anz, Braunkohle, 1981, 62; ausführlich zur Frage der Sicherung von Bergbauberechtigungen gegen Planungsentscheidungen, Hoppe, DVBl. 1982, 101 ff; Erbguth, DVBl. 1982, 1 ff. Zum Verhältnis von Bergbauberechtigung und Betriebsplanverfahren vgl. § 51 Rn 11 ff).

§ 12 Versagung der Bewilligung

(1) Für die Versagung der Bewilligung gilt § 11 Nr. 1 und 6 bis 10 entsprechend. Die Bewilligung ist ferner zu versagen, wenn
1. nicht die Stellen, an denen die Bodenschätze entdeckt worden sind, nach Lage und Tiefe in einem Lageriß genau angegeben werden,
2. das Feld, in dem gewonnen werden soll, nicht dem § 4 Abs. 7 entspricht oder in einem Lageriß nicht entsprechend den Anforderungen einer Bergverordnung nach § 67 eingetragen ist,
3. der Antragsteller nicht nachweist, daß die entdeckten Bodenschätze nach ihrer Lage und Beschaffenheit gewinnbar sind,
4. der Antragsteller kein Arbeitsprogramm vorlegt, aus dem insbesondere hervorgeht, daß die technische Durchführung der Gewinnung und die danach erforderlichen Einrichtungen unter und über Tage ausreichend sind und die Gewinnung in einer angemessenen Zeit erfolgt.

(2) Entdeckt der Inhaber einer Erlaubnis zur Aufsuchung zu gewerblichen Zwecken die in dieser Erlaubnis bezeichneten Bodenschätze im Erlaubnisfeld, so darf die von ihm beantragte Bewilligung nur aus Gründen des Absatzes 1 und nur versagt werden, wenn die Tatsachen, die die Versagung rechtfertigen, erst nach der Erteilung der Erlaubnis eingetreten sind.

1

Auch die Erteilung der **Bewilligung** ist nicht positiv von Zulassungsvoraussetzungen abhängig gemacht, sondern negativ anhand von **Versagungsgründen** konzipiert, da § 12 Abs. 1 ausdrücklich auf § 11 Bezug nimmt. Es ist wie dort zugunsten des Antragstellers davon auszugehen, daß die Versagungsgründe **abschließend** sind (Amtl. Begründung BT-Ds. 8/1315, 88 = Zydek, 121) und bei ihrem Nichtvorliegen der Antragsteller einen **Rechtsanspruch** auf Erteilung der Bewilligung hat.

2

Neben den aus § 11 übernommenen enthält § 12 **vier eigenständige Versagungsgründe**, die der notwendigen Differenzierung zwischen Aufsuchungs- und Gewinnungsberechtigung dienen.

3

Das gilt zunächst **für Nr. 1**. Danach ist die Lage der Stellen, an denen die Bodenschätze entdeckt worden sind (**Fundstellen**), durch Anschluß an Festpunkte der Landesvermessung genau zu bestimmen. Für die Koordinaten der Fundstellen gilt, daß ein von Gauß-Krüger abweichendes System nur zulässig ist, wenn es ausschl. von der Landesvermessung benutzt wird und eine Umrechnung in Gauß-Krügersche-Koordinaten nicht zumutbar ist. Die zu den Fundstellen gehörende Geländehöhe kann einer Karte des Liegenschaftskatasters, der Deutschen Grundkarte im Maßstab 1:5000 oder der topographischen Karte im Maßstab 1:25000 entnommen werden. Abweichungen zwischen Fundstellen und Bohrlochansatzpunkten sind zu bestimmen und soweit wie möglich in den Lagerissen darzustellen.

4

Die **Lage der Fundstellen** soll gesondert in einem Maßstab, der nicht kleiner als 1:5000 sein darf, dargestellt werden. In dieser Darstellung sind bei übertägigen Fundstellen die nächstgelegenen Tagesgegenstände und bei untertägigen Fundstellen die nächstgelegenen Grubenbaue einzutragen. (Im einzelnen Unterlagen BergV insbesondere § 5).

5

Für die Darstellung des **Gewinnungsfeldes in Nr.** 2 gilt das bei § 11 Nr. 2 Gesagte entsprechend (§ 11 Rn 6). Abweichend von dieser Vorschrift ist jedoch für den Antrag auf Erteilung einer Bewilligung als topographische Unterlage ein Lageriß erforderlich. (Verleihungsriß: Zum Begriff des Rißwerkes vgl. § 63 Rn 2.)

6

Der in **Nr.** 3 geforderte Nachweis der **Gewinnbarkeit** will nach der Amtl. Begründung (BT-Ds. 8/1315, 88 = Zydek, 117) die Diskussion um die sog. Bauwürdigkeit (Ebel-Weller, 4 zu § 15 ABG NW) für das BBergG beenden. Deshalb ist lediglich der Nachweis der **technischen Gewinnbarkeit** erforderlich, nicht jedoch der wirtschaftlichen Verwertbarkeit. An diesen Gewinnbarkeitsnachweis sind demnach geringere Anforderungen zu stellen, als dies bei der Bauwürdigkeitsprüfung etwa nach § 15 Abs. 1 ABG der Fall war. Ganz bewußt überläßt damit das BBergG die mit der Wirtschaftlichkeit der Gewinnung oder der Verwertbarkeit von Bodenschätzen zusammenhängenden Fragen der Beurteilung durch den Unternehmer und seiner Markteinschätzung (BT-Ds. 8/1315, 88 = Zydek, 117).

7

Das nach **Nr.** 4 vorzulegende **Arbeitsprogramm** muß gezielte, für die Gewinnung maßgebliche Aussagen machen. Das sind insbesondere Aussagen über die technische Durchführung der Gewinnung, die dabei einzusetzenden Betriebsanlagen und -einrichtungen unter und über Tage in dem für die Durchführung des Vorhabens ausreichenden Umfang und der Zeitplan, der der Bewilligungsbehörde die Prüfung der Angemessenheit des Zeitaufwandes für das Vorhaben ermöglicht. Dabei hat sich die Angemessenheitsprüfung am Zeitrahmen des § 16 Abs. 5 zu orientieren.

§§ 12, 13

8

Zu den für die Bewilligung geltenden Versagungsgründen aus § 11 Nr. 1, 6 bis 10 gilt das dort Gesagte (§ 11 Rn 12 ff).

9

Weil **Erlaubnis und Bewilligung** bei zweckgerichteter Betrachtungsweise lediglich **Stufen eines einheitlichen Entwicklungsvorganges** sind und mit der Erteilung der Erlaubnis und der erfolgreichen Aufsuchung ein Vertrauenstatbestand für die Zukunft gesetzt ist (Westermann, Freiheit, 37; Karpen, AöR, 1981, 19; Hoppe, DVBl., 1982, 106), werden dem fündigen Erlaubnisinhaber, der eine Bewilligung beantragt, das im Rahmen der Aufsuchung aufgebrachte Kapital und der Arbeitseinsatz „gutgeschrieben". (Rechtlich muß das wohl als Anwartschaft betrachtet werden.) Nach **Abs.** 2 darf in einem derartigen Fall die Bewilligung nur aus den abschließend erwähnten Versagungsgründen des Abs. 1 **und nur dann versagt werden**, wenn die eine Versagung rechtfertigenden **Tatsachen nach Erteilung der Erlaubnis** eingetreten sind. Das bedeutet:
- Sind der zuständigen Behörde keine neuen Tatsachen bekannt, die eine Versagung rechtfertigen, muß anhand der Prüfung des Erteiligungsverfahrens für die Erlaubnis auch die Bewilligung erteilt werden; der Antragsteller hat insoweit einen Rechtsanspruch auf Erteilung der Bewilligung;
- sind inzwischen Tatsachen bekanntgeworden, die bereits eine Versagung der Erlaubnis gerechtfertigt hätten, so ist ihre Versagungswirkung durch die erfolgreiche Aufsuchungstätigkeit geheilt; für die Versagung der Bewilligung können sie nicht mehr verwertet werden.

10

Die zuständige Behörde ist jedoch nicht gehindert, auch nachträglich eingetretenen Tatsachen, etwa durch Auflagen bei der Erteilung, Rechnung zu tragen (§ 36 VwVfG). Eingeschränkt sind mit Abs. 2 lediglich die Möglichkeiten der Versagung.

§ 13 Versagung der Verleihung von Bergwerkseigentum

Die Verleihung von Bergwerkseigentum ist zu versagen, wenn
1. der Antragsteller nicht Inhaber einer Bewilligung für die Bodenschätze und das Feld ist, für die er die Verleihung des Bergwerkseigentums beantragt (Bergwerksfeld),
2. der Antragsteller nicht glaubhaft macht, daß in Zukunft mit einer wirtschaftlichen Gewinnung im gesamten beantragten Feld zu rechnen ist,
3. das Feld, in dem gewonnen werden soll, nicht dem § 4 Abs. 7 entspricht oder seine Begrenzung an der Oberfläche nach der horizontalen Projektion eine Fläche von mehr als 25 Quadratmeter umfassen soll,
4. folgende Angaben und Unterlagen des Antragstellers nicht oder nicht vollständig vorliegen:
    a) die genaue Bezeichnung der Bodenschätze, für die das Bergwerkseigentum verliehen werden soll,
    b) die Eintragung des Feldes, für das die Verleihung des Bergwerkseigentums beantragt ist, in einem Lageriß in zweifacher Ausfertigung, der von einem

anerkannten Markscheider oder einem öffentlich bestellten Vermessungsingenieur angefertigt worden ist und der den Anforderungen einer Bergverordnung nach § 67 entspricht,
c) der Name des zu verleihenden Bergwerkseigentums,
d) die Beschreibung von Art und Umfang der Erschließung des Vorkommens unter Angabe der geologisch-lagerstättenkundlichen Merkmale.

1

Auch für die Verleihung des **Bergwerkseigentums** sind die **Voraussetzungen** in die Form von **Versagungsgründen** gekleidet. Sie weichen allerdings von den in §§ 11 und 12 genannten insoweit ab, als die „stärkere Rechtsposition" des Bergwerkseigentums besondere Anforderungen an die Erfüllung der Verleihungsvoraussetzungen stellt (Amtl. Begründung BT-Ds. 8/1315, 88 = Zydek, 121).

2

Das gilt zunächst für den in **Nr. 2** formulierten Versagungsgrund der **Glaubhaftmachung einer künftigen wirtschaftlichen Gewinnung im gesamten Feld**. Obgleich diese Verleihungsvoraussetzung während des Gesetzgebungsverfahrens ganz wesentlich entschärft wurde (vgl. BT-Ds. 8/3965, 134 = Zydek, 122: Ursprünglich hatte der Antragsteller **nachzuweisen**, „daß er die **Bodenschätze** aufgrund ihrer Art, Lage, Menge und Beschaffenheit, der technischen Möglichkeiten ihrer Gewinnung und Aufbereitung durch einen im beantragten Feld **bereits geführten Betrieb wirtschaftlich gewinnt**" und „in Zukunft mit einer **wirtschaftlichen Gewinnung** im gesamten beantragten Feld **zu rechnen ist**"), ist die Glaubhaftmachung in § 13 Nr. 2 gegenüber dem Gewinnbarkeitsnachweis des § 12 Abs. 1 Nr. 3 die weitergehende und strengere Anforderungen stellende Voraussetzung. Denn der Antragsteller muß nicht nur durch Vorlage von überprüfbaren Fakten glaubhaft machen, daß die Bodenschätze nach ihrer Art, Lage, Menge und Beschaffenheit **wirtschaftlich i. S. einer betrieblichen Rentabilität** gewonnen werden können und daß der Antragsteller zu einer wirtschaftlichen Gewinnung und Aufbereitung auch die technischen Möglichkeiten besitzt; er muß diese betriebliche Rentabilität vielmehr auch für das **gesamte beantragte Feld** glaubhaft machen.

3

a) Der Begriff der **betrieblichen Rentabilität** ist wegen der Abkehr des BBergG von der Bauwürdigkeitsprüfung weder mit dem Begriff der absoluten noch mit dem der relativen oder ökonomischen Bauwürdigkeit vergleichbar (vgl. hierzu Isay, I, § 15 Rn 7; Ebel-Weller, § 15 Anm. 4: Absolute Bauwürdigkeit lag vor, wenn bei der amtlichen Untersuchung des Minerals „nach der Art des Fundes von dem bergmännischen Abbau die Förderung einer solchen Menge zu erwarten ist, daß sie vernünftigerweise noch als Gegenstand der wirtschaftlichen Verwertung und Verwendung für die Allgemeinheit in Betracht gezogen werden kann".)
Demgegenüber war die relative oder ökonomische Bauwürdigkeit mit der Rentabilität des Abbaus zu vergleichen; sie war jedoch nicht Voraussetzung für die Verleihbarkeit, weil der Gesetzgeber die Bergbehörde mit der Prüfung der Frage, ob nach den örtlichen Verhältnissen der Abbau lohnend sein würde, nicht belasten wollte. Die Grenze zwischen absoluter und relativer oder ökonomischer Bauwür-

digkeit war fließend. Der Begriff der wirtschaftlichen Gewinnung ist weiter zu fassen und gleichzeitig in den überprüfbaren Voraussetzungen flexibler zu halten, um so konkreter als bisher bei der Bauwürdigkeitsprüfung der jeweiligen Situation des Antragstellers Rechnung tragen zu können. Dabei darf nicht nur auf die Wirtschaftlichkeit des eigentlichen Gewinnungsvorganges abgestellt werden, sondern auch die Verwertung der gewonnenen Bodenschätze muß in die Wirtschaftlichkeits- und Rentabilitätsprognose einbezogen werden.

4

b) Daß sich die Glaubhaftmachung auf das **gesamte beantragte Feld** beziehen muß, ist nicht nur für die genaue Festlegung des Bergwerksfeldes (§ 17 Abs. 2 Nr. 3 i. V. mit § 13 Nr. 3) von Bedeutung, sondern auch ein maßgeblicher Gesichtspunkt der Wirtschaftlichkeitsprognose. Denn von der verleihenden Behörde ist auch die Entscheidung zu treffen, wie sich etwa unterschiedliche Mineralgehalte einer Lagerstätte auf die Wirtschaftlichkeit der künftigen Gewinnung auswirken können und wo die Grenzen der Wirtschaftlichkeit zu ziehen sind. Eine gewisse Hilfe werden hierbei die nach Nr. 4 d erforderlichen Unterlagen liefern, die Auskunft über Art und Umfang der Erschließung des Vorkommens unter Angabe geologisch-lagerstättenkundlicher Merkmale geben. (Der Begriff der Erschließung ist hier gewählt, um die Ergebnisse der bis dahin vorgenommenen Aufsuchungs- und Gewinnungstätigkeiten zusammenfassen zu können.)

5

Eine besondere Verleihungsvoraussetzung liegt auch darin, daß der Antragsteller nach Nr. 1 bereits **Inhaber einer Bewilligung** für die beantragten Bodenschätze und das beantragte Feld sein muß. Daraus läßt sich allerdings nicht schließen, daß bereits konkrete Gewinnungsarbeiten mit wirtschaftlichen Ergebnissen vorliegen müssen, selbst wenn für die Glaubhaftmachung nach Nr. 2 ggf. die Notwendigkeit bestehen kann, bereits Gewinnungsarbeiten durchgeführt zu haben, um die Wirtschaftlichkeitsprognose zu stützen. Zwingend ist das jedoch nicht. Denn ein notwendiger sachlicher oder gar ein Kausalzusammenhang zwischen einer vorhergehenden Leistung unter Einsatz von Kapital und Arbeit aufgrund der Bewilligung und der Verleihung von Bergwerkseigentum ist nicht vorgesehen, wie sich aus der Entstehungsgeschichte eindeutig ergibt (BT-Ds. 8/3965, 134 = Zydek, 122; BT-Ds. 8/1315 – § 13 Nr. 2). Deshalb kann die Bewilligung auch eine bloße Durchgangsstation formaler Natur auf dem Wege von der Erlaubnis zum Bergwerkseigentum sein. Diese Interpretation wird auch dadurch gestützt, daß die Versagungsgründe bei der Verleihung des Bergwerkseigentums auf die Berücksichtigung der bei Erlaubnis und Bewilligung im Vordergrund stehenden öffentlichen Interessen weitgehend verzichten. Diese Interessen können auch nicht durch Nebenbestimmungen bei der Verleihung des Bergwerkseigentums geltend gemacht werden. Denn Nebenbestimmungen, die sich auf derartige öffentliche Interessen beziehen, würden nicht der Sicherstellung dienen, daß die gesetzlichen Voraussetzungen des Verwaltungsaktes erfüllt werden (vgl. § 36 Abs. 1 VwVfG). Auch etwa bei der Erteilung der Bewilligung oder nachträglich (§ 16 Abs. 3) aufgenommene, geänderte oder ergänzte Auflagen können nicht weiter gelten. Denn sie sind, obgleich selbst Verwaltungsakt und deshalb in der Regel auch

Erstes Kapitel: Bergfreie Bodenschätze

selbständig erzwingbar (Wolff-Bachof, I, § 49 I d), in ihrem Bestand von der Wirksamkeit des Verwaltungsaktes, dem sie beigefügt sind, abhängig. Da die Verleihung des Bergwerkseigentums ein neuer Verwaltungsakt ist, der an die Stelle der Bewilligung tritt, nachdem diese erloschen ist und ihre Rechtswirksamkeit verloren hat, kann eine Auflage für diesen neuen Verwaltungsakt nicht weiterwirken (vgl. Wolff-Bachof, I, § 49 I d; § 47 IV a). Damit ist allerdings nicht ausgeschlossen, daß die Erfüllung der gesetzlichen Voraussetzungen für die Verleihung des Bergwerkseigentums auch durch Nebenbestimmungen sichergestellt werden (im einzelnen vgl. dazu § 16 Rn 28).

6

Die **übrigen** in § 13 genannten **Versagungsgründe** sind vorwiegend formaler und ordnungsrechtlicher Natur und dienen vor allem der Erfüllung der Verleihungsvoraussetzungen nach Nr. 2. Die Erfordernisse in **Nr. 4a und b** stimmen mit entsprechenden Anforderungen bei Erlaubnis und Bewilligung überein (vgl. §§ 11 Rn 6; 12 Rn 5), während der Name des Bergwerkseigentums (c) vor allem für die grundbuchmäßige Behandlung des Bergwerkseigentums erforderlich ist (BT-Ds. 8/1315, 89 = Zydek, 122).

7

Die in **Nr. 3** genannte Voraussetzung legt grundsätzlich fest, daß das begehrte Feld den Anforderungen genügen muß, die auch für das Erlaubnis- oder Bewilligungsfeld gelten. Abweichend hiervon ist jedoch dem bisherigen Recht entsprechend eine **Begrenzung** der flächenmäßigen Ausdehnung des Bergwerksfeldes auf 25 km² vorgesehen. Das folgt aus der Ausgestaltung des Bergwerkseigentums als grundstücksgleiches Recht. Um allerdings den Bedürfnissen eines modernen bergbaulichen Betriebes zu entsprechen, ist die Grenze für die Größe des Feldes gegenüber dem bisherigen Recht entscheidend heraufgesetzt worden. (Amtl. Begründung BT-Ds. 8/1315, 89 = Zydek, 122).

8

Die **Versagungsgründe** der §§ 11, 12 und 13 haben eine **doppelte Bedeutung**. Sie bewirken einmal, daß die beantragten Berechtigungen unter Umständen nicht oder nur unter Beifügung von Nebenbestimmungen erteilt oder verliehen werden dürfen; sie können darüberhinaus auch als Gründe für den Widerruf einer erteilten Erlaubnis oder Bewilligung (§ 18 Abs. 1) gelten, ohne Rücksicht darauf, ob der Berechtigte den Grund schuldhaft herbeigeführt oder veranlaßt hat oder ob der Grund ohne jedes Zutun des Berechtigten entstanden ist. Diese objektive Bestimmung der Gründe, die gegen die Zulassung oder die Fortdauer einer Bergbautätigkeit sprechen, beruht darauf, daß es bei der Zulassung zum Bergbau nicht um die Würdigung des Verhaltens eines Bergbauwilligen, sondern um die Wahrung öffentlicher Interessen geht, die von subjektiven Momenten freigestellt werden soll (Westermann, Freiheit, 37).

9

Trotz dieser Objektivität der Versagungsgründe bleibt den zuständigen Behörden (das ist in NRW das LOBA – VO über die Zuständigkeit nach dem BBergG vom

5.1.1982, GV.NW 2, § 1 Abs. 2 –) wegen der verwendeten unbestimmten Rechtsbegriffe ein relativ weiter Abwägungs- und Einschätzungsspielraum, der die Nachprüfbarkeit der Entscheidungen einschränkt. Das gilt durchgängig für alle Berechtigungen, ist aber bei den Versagungsgründen der §§ 11 Nr. 10 und 13 Nr. 2 am deutlichsten. Denn im ersten Fall hat die Behörde abzuwägen und nur dieser Abwägungsvorgang ist überprüfbar, während im anderen Fall die Entscheidung über die Glaubhaftmachung der wirtschaftlichen Gewinnbarkeit wegen ihres Prognosecharakters der zuständigen Behörde eine nicht überprüfbare Einschätzungsprärogative einräumt (Wolff-Bachof, I, § 31 I c). Deshalb muß der Umfang der Nachprüfbarkeit der auf die Versagungsgründe gestützten Entscheidungen in jedem Einzelfall von den überprüfenden Gerichten festgestellt werden; eine generelle Aussage läßt sich dazu nicht machen.

Zur gerichtlichen Nachprüfung von Nebenbestimmungen zu den Berechtigungen § 16 Rn 17.

§ 14 Vorrang

(1) Dem Inhaber einer Erlaubnis zur Aufsuchung zu gewerblichen Zwecken hat die zuständige Behörde unverzüglich den Inhalt jedes Antrages mitzuteilen, den ein Dritter auf Erteilung einer Bewilligung für ein bestimmtes, ganz oder teilweise innerhalb der Erlaubnis gelegenes Feld und für einen bestimmten der Erlaubnis unterliegenden Bodenschatz gestellt hat. Stellt der Inhaber der Erlaubnis innerhalb von drei Monaten nach Zugang der Mitteilung einen Antrag auf Erteilung einer Bewilligung, so hat sein Antrag, soweit er er sich auf das innerhalb seiner Erlaubnis gelegene Feld bezieht, Vorrang vor allen übrigen Anträgen auf Erteilung einer Bewilligung für denselben Bodenschatz.

(2) In allen anderen Fällen hat bei Anträgen auf Erteilung einer Erlaubnis oder Bewilligung, bei denen Versagungsgründe nach § 11 oder § 12 nicht gegeben sind, der Antrag den Vorrang, in dem das Arbeitsprogramm zusammen mit der Voraussetzung, die nach § 11 Nr. 7 für Erlaubnis oder Bewilligung glaubhaft zu machen ist, den Anforderungen einer sinnvollen und planmäßigen Aufsuchung oder Gewinnung am besten Rechnung trägt; dabei sind die sonstigen bergbaulichen Tätigkeiten des Antragstellers zu berücksichtigen. § 12 Abs. 2 bleibt unberührt.

1

Anders als das bisherige Recht (vgl. etwa §§ 24, 25, 55 ABG NW) versucht § 14 eine systematische und möglichst umfassende **Vorrangregelung** für konkurrierende Anträge auf Erteilung von Bergbauberechtigungen für das gleiche Feld und den gleichen Bodenschatz.

2

Dabei geht § 14 von zwei unterschiedlichen Fallkonstellationen aus:
- Dem Inhaber einer Erlaubnis zu gewerblichen Zwecken, gleichgültig ob bereits fündig (§ 12 Abs. 2) oder nicht, erwächst zunächst Konkurrenz durch einen Antragsteller für eine Bewilligung (Abs. 1);
- verschiedene Erstantragsteller konkurrieren miteinander hinsichtlich der Erteilung einer Erlaubnis zu gewerblichen Zwecken oder einer Bewilligung (Abs. 2).

3

Der **erste Fall** wird im herkömmlichen Sinn einer **zeitlichen Priorität** zugunsten des Erlaubnisinhabers gelöst. Voraussetzung dafür ist allerdings, daß der Erlaubnisinhaber innerhalb von drei Monaten nach Zugang der Benachrichtigung über den fremden Bewilligungsantrag selbst einen Bewilligungsantrag stellt und dieser Antrag sich auf das innerhalb der Erlaubnis liegende Feld bezieht. Liegen diese beiden Voraussetzungen vor, so geht sein Antrag jedem anderen Bewilligungsantrag auf denselben Bodenschatz vor.

4

Allerdings ist der so gewahrte Vorrang lediglich ein **Prüfungsvorrang**, der zu einer vorrangigen Erteilung erst führt, wenn keiner der Versagungsgründe des § 12 i. V. mit § 11 Nr. 1, 6 bis 10 gegeben ist. Eine materielle Bedeutung hat deshalb die Vorrangregelung des Abs. 1 für den Erlaubnisinhaber, der einen Bewilligungsantrag stellt, nicht.

5

Keiner Vorrangregelung bedurfte es hinsichtlich der Konkurrenz mit einem weiteren Erlaubnisantrag zur Aufsuchung zu gewerblichen Zwecken. Denn ihm steht der Ausschließlichkeitscharakter der Erlaubnis entgegen (§ 7 Abs. 1).

6

Der in **Abs.** 2 geregelte Fall des Vorranges umfaßt alle Konkurrenzsituationen zwischen Erlaubnis- und Bewilligungsanträgen, bei denen ein Berechtigungsinhaber noch nicht vorhanden ist. Deshalb setzt er eine Vorprüfung durch die zuständige Behörde voraus. In die materielle Prüfung des Vorranges (zur ursprünglich zeitlichen Priorität auch dieser Fälle vgl. § 14 Abs. 1 des Reg.-Entwurfes: BT-Ds. 8/1315, 89 = Zydek, 124) wird nämlich nur der Antrag aufgenommen, bei dem die Versagungsgründe der §§ 11, 12 nicht vorliegen. Diese vorgezogene Prüfung der Versagungsgründe führt dazu, daß nach Festlegung des Vorranges der vorrangige Antragsteller einen Rechtsanspruch auf Erteilung der Berechtigung hat.

7

Als sachliche Voraussetzung für den Vorrang verlangt Abs. 2 S. 1 außerdem die Entscheidung der zuständigen Behörde darüber, welcher Antrag unter Berücksichtigung des eingereichten Arbeitsprogrammes und des vorgelegten Finanzierungskonzeptes den Anforderungen einer sinnvollen und planmäßigen Aufsuchung oder Gewinnung am besten Rechnung trägt. Bei dieser Prüfung sind die sonstigen bergbaulichen Tätigkeiten des Antragstellers zu berücksichtigen.

8

Die vorstehend skizzierte Vorrangentscheidung gilt nach Abs. 2 S. 2 ausdrücklich nicht für den in § 12 Abs. 2 geregelten Vorrang des fündigen Erlaubnisinhabers. Er braucht sich der Prüfung seines Vorranges vor einem Bewilligungsantrag für das gleiche Feld und den gleichen Bodenschatz nicht zu unterwerfen, sofern nicht nach Erteilung der Erlaubnis Tatsachen eingetreten sind, die die Versagung rechtferti-

§§ 14, 15

gen. Ist das nicht der Fall, so ist der Vorrang kraft gesetzlicher Anordnung gegeben.

9

Eine Vorrangregelung für die Verleihung von Bergwerkseigentum hat das Gesetz nicht getroffen. Sie war auch nicht erforderlich, da nur ein Bewilligungsinhaber den Antrag auf Verleihung des Bergwerkseigentums stellen kann (§ 13 Nr. 1) und insoweit die Vorrangentscheidung stets bereits stattgefunden hat. Gleichfalls keine Vorrangregelung ist erforderlich für kollidierende Anträge auf Erteilung von Erlaubnis und Bewilligung hinsichtlich des gleichen Gebietes und des gleichen Bodenschatzes. In diesem Fall muß die Gewinnung der Aufsuchung schon der Natur der Sache nach vorgehen (vgl. auch Amtl. Begründung BT-Ds. 8/1315, 89 = Zydek, 124).

10

Die Vorrangregelungen der Abs. 1 und 2 unterscheiden sich somit nicht nur hinsichtlich der Kriterien, an denen sich die Entscheidung über den Vorrang auszurichten hat (zeitliche Priorität – Abs. 1 –, sachlicher Vorrang – Abs. 2 –), sondern auch hinsichtlich der Rechtsfolgen der Vorrangentscheidung. Denn während in Abs. 1 die zuständige Behörde lediglich über den Vorrang, nicht jedoch darüber entscheidet, ob der vorrangige Antragsteller letzten Endes auch die beantragte Berechtigung erhält (diese Entscheidung kann erst später aufgrund einer Prüfung der Versagungsgründe getroffen werden), sind mit der Vorrangentscheidung nach Abs. 2 auch gleichzeitig die sachlichen und rechtlichen Voraussetzungen für die Erteilung der beantragten Berechtigung erfüllt. Insoweit ist die Vorrangentscheidung auch eine sachliche Entscheidung über den Antrag. Daran ändert auch die Tatsache nichts, daß wesentliche Versagungsgründe in Abs. 1 bereits geprüft worden sind, weil hier schon ein Erlaubnisinhaber vorhanden ist.

§ 15 Beteiligung anderer Behörden

Die zuständige Behörde hat vor der Entscheidung über den Antrag den Behörden Gelegenheit zur Stellungnahme zu geben, zu deren Aufgaben die Wahrnehmung öffentlicher Interessen im Sinne des § 11 Nr. 10 gehört.

1

Die Bedeutung dieses Beteiligungsvorschrift liegt nach Aussage der Amtl. Begründung (BT-Ds. 8/1315, 87 = Zydek, 111) darin, daß sie bereits der Erteilungsbehörde eine Abwägung zwischen volkswirtschaftlich bergbaulichen Belangen und anderen öffentlichen Interessen „auferlegt", obwohl eine echte Kollision mit anderen öffentlichen Interessen nicht schon durch das mit der Erteilung der Erlaubnis oder Bewilligung entstehende Recht, sondern erst durch dessen Ausübung eintreten „kann".

2

Die Pflicht der zuständigen Behörde, anderen Behörden Gelegenheit zur Stellungnahme vor Entscheidung über den Antrag zu geben, ist als **Anhörungspflicht-**

Erstes Kapitel: Bergfreie Bodenschätze   3–5   § 15

zu verstehen. Sie setzt eine Beteiligung der Behörden im Antragsverfahren i. S. des § 13 Abs. 1 und 2 VwVfG nicht voraus, sondern macht die angesprochenen Behörden lediglich zu Anhörungsberechtigten i. S. des § 13 Abs. 3 VwVfG. Sie gilt nur für solche Behörden, die öffentliche Interessen nach § 11 Nr. 10 wahrnehmen (vgl. dort Rn 17 ff).

3

Mit dem Hinweis auf § 11 Nr. 10 ist auch der sachliche Rahmen für die öffentlichen Interessen gegeben, die für die Entscheidung von Bedeutung sein können. Es sind dies **öffentliche Interessen**, die
– einen Bezug zu dem in Betracht kommenden Feld haben,
– gegenüber den volkswirtschaftlich-bergbaulichen Interessen überwiegen und
– die Aufsuchung oder Gewinnung im gesamten zuzuteilenden Feld ausschließen können.
Nur die Beachtung der so umschriebenen öffentlichen Interessen kann dem Zweck der Anhörung dienen, der Behörde ein umfassenderes Bild der für ihre Entscheidung maßgeblichen Gesichtspunkte, insbesondere im Hinblick auf die Entscheidung nach § 11 Nr. 10, zu vermitteln (vgl. dazu Kopp, VwVfG, § 13 Rn 44 ff). Nur soweit reicht allerdings auch nach dem eindeutigen Wortlaut des § 15, die Pflicht der Erteilungsbehörde zur Einholung von Stellungnahmen. Außerdem ist die Erteilungsbehörde auch nur verpflichtet, öffentliche Interessen, die den Voraussetzungen des § 11 Nr. 10 entsprechen, für die Entscheidung über den Antrag zu verwerten. Stellungnahmen anderer Träger öffentlicher Interessen kann sie berücksichtigen, soweit sie nach ihrem pflichtgemäßen Ermessen dies im Antragsverfahren für zweckmäßig hält.

4

Keine Anwendung findet § 15 **bei der Verleihung des Bergwerkseigentums** nach den §§ 13 und 17. Das ergibt sich zunächst aus § 13 selbst, der gegenüber der Erlaubnis (§ 11) und der Bewilligung (§ 12) eigenständige Versagungsgründe abschließend aufstellt. Diese enthalten keinen dem § 11 Nr. 10 vergleichbaren Versagungsgrund. Aber auch sachlich wäre eine Anwendung des § 15 bei der Verleihung des Bergwerkseigentums nicht gerechtfertigt, weil seine Erteilung eine bereits bestehende Bewilligung voraussetzt und insoweit die zuständige Behörde bereits hinreichend Gelegenheit hatte, die Übereinstimmung des Vorhabens mit entgegenstehenden öffentlichen Interessen zu prüfen zu ggf. durch Nebenbestimmungen sicherzustellen. Das gilt selbst dann, wenn man davon ausgeht, daß beim Erlöschen der Bewilligung nach § 17 Abs. 1 S. 3 die Nebenbestimmungen mituntergehen. Denn dann bleibt für die Wahrung der öffentlichen Belange weiterhin das Betriebsplanverfahren und das Recht der zuständigen Behörde, die Gewinnung erforderlichenfalls nach § 48 Abs. 2 zu beschränken oder zu untersagen.

5

Nicht ausdrücklich geregelt ist in § 15, ob zu den Behörden, die um eine Stellungnahme ersucht werden, auch die **Gemeinden als Selbstverwaltungskörperschaften** und **Planungsträger** zu zählen sind. Man wird diese Frage verneinen müssen, weil die Gemeinden insoweit keine „Behörden" sind und ihre Beteiligung ausdrücklich

§§ 15,16   Zweiter Teil: Bergbauberechtigungen

im Betriebsplanverfahren (§ 54 Abs. 2; vgl. dort insbesondere Rn 25ff) geregelt ist. Für eine frühere Beteiligung besteht insofern kein sachliches Bedürfnis.

6

Behörden, die nicht nach § 15 beteiligt worden sind, steht hiergegen keine Rechtsmittel zur Verfügung, weil ihnen im Antragsverfahren keine eigenständige Rechtsposition eingeräumt wird. Sie können insofern nicht Betroffenheit in eigenen Rechten oder rechtlichen Interessen geltend machen. Ihre Anhörung liegt vielmehr primär im öffentlichen Interesse und dient der besseren und umfassenderen Information der Erteilungsbehörde (Kopp, VwVfG, § 28 Rn 3).

§ 16 Form, Inhalt und Nebenbestimmungen

(1) Erlaubnis und Bewilligung bedürfen der Schriftform. Sie sind für ein bestimmtes Feld und für bestimmte Bodenschätze zu erteilen. Das gleiche gilt für Bergwerkseigentum. Die Erlaubnis ist als Erlaubnis zur Aufsuchung zu gewerblichen oder zu wissenschaftlichen Zwecken oder als Erlaubnis zur großräumigen Aufsuchung zu bezeichnen.

(2) Ein Erlaubnisfeld kann abweichend vom Antrag festgesetzt werden, soweit dies erforderlich ist, um eine Gefährdung der Wettbewerbslage der Bodenschätze aufsuchenden Unternehmen abzuwehren oder die Aufsuchung von Lagerstätten zu verbessern.

(3) Die nachträgliche Aufnahme, Änderung oder Ergänzung von Auflagen ist zulässig, wenn sie
1. für den Unternehmer und für Einrichtungen der von ihm betriebenen Art wirtschaftlich vertretbar und
2. nach den allgemein anerkannten Regeln der Technik erfüllbar
sind und soweit dies zur Wahrung der in den §§ 11 und 12 Abs. 1 bezeichneten Rechtsgüter und Belange erforderlich ist.

(4) Die Erlaubnis ist auf höchstens fünf Jahre zu befristen. Sie soll um jeweils drei Jahre verlängert werden, soweit das Erlaubnisfeld trotz planmäßiger, fünfzig Jahre nur überschritten werden, soweit dies mit Rücksicht auf die für die Gewinnung üblicherweise erforderlichen Investitionen notwendig ist. Eine Verlängerung bis zur voraussichtlichen Erschöpfung des Vorkommens bei ordnungs- und planmäßiger Gewinnung ist zulässig.

1

§ 16 enthält die erforderlichen **Formvorschriften** (Abs. 1) für die Erteilungsurkunden und Aussagen über ihren **notwendigen Inhalt** (Abs. 2). Er legt außerdem den **zeitlichen Rahmen** (Abs. 4 und 5) der Bergbauberechtigungen fest und **ermächtigt** zur **nachträglichen** Aufnahme, Änderung oder Ergänzung von **Auflagen** (Abs. 3). Soweit sich die Regelungen auf Erlaubnis und Bewilligung beziehen, sind sie abschließend, während für das Bergwerkseigentum (§ 9) der besondere Entstehungstatbestand nach § 17 mitgelesen werden muß.

Erstes Kapitel: Bergfreie Bodenschätze 2–5 § 16

2

I. Zunächst legt § 16 Abs. 1 S. 1 fest, daß die **Erteilung von Erlaubnis und Bewilligung nur schriftlich** erfolgen darf. Damit ist der Erlaß dieses Verwaltungsaktes „in anderer Weise" (§ 37 Abs. 1 VwVfG) nicht zulässig. Die Schriftform ist nach § 37 Abs. 3 VwVfG gewahrt, wenn die erlassende Behörde erkennbar ist und die Unterschrift oder die Namenswiedergabe des Behördenleiters, Vertreters oder Beauftragten auf der Urschrift der Erlaubnis oder Bewilligung enthalten sind. Zu Fehlern bei der Schriftform und ihren Rechtsfolgen vgl. § 56 Rn 1 bis 5. Die Erteilung von Erlaubnis und Bewilligung sind gebundene, mitwirkungsbedürftige Verwaltungsakte i. S. der §§ 35 VwVfG, 42 VwGO. Die positive Entscheidung hat die rechtlichen Merkmale eines in die Form der Erlaubnis oder Bewilligung gekleideten, begünstigenden Verwaltungsaktes i. S. des § 48 Abs. 1 VwVfG. Die Erteilung von Erlaubnis und Bewilligung ist jedoch **kein Verwaltungsakt mit Doppelwirkung**, der den Unternehmer begünstigt und Dritte belastet. Denn die Erteilung von Erlaubnis und Bewilligung erfolgt unbeschadet der privaten Rechte Dritter. Insbesondere die Grundeigentümer sind im Erteilungsverfahren unbeteiligte Dritte, denen gegenüber die Erteilung keine klagebegründende Wirkung entfaltet (Willecke-Turner, Grundriß, 103; für die Entscheidung über die Betriebsplanzulassung vgl. § 56 Rn 25 ff).

3

Wirksam i. S. des § 43 VwVfG werden Erlaubnis und Bewilligung allerdings erst mit ihrer Bekanntgabe gegenüber dem Antragsteller, d. h. mit der wissentlichen und willentlichen Eröffnung des Verwaltungsaktes durch die zuständige Behörde (Kopp, VwVfG § 41 Rn 20, 23). Erst mit der wirksamen Bekanntgabe beginnen auch die Rechtsbehelfsfristen zu laufen. Wird die Erlaubnis- oder Bewilligungsurkunde durch die Post übermittelt, so gilt sie mit dem dritten Tage nach der Aufgabe zur Post als bekanntgegeben, es sei denn, sie ist nicht oder zu einem späteren Zeitpunkt zugegangen. Im Zweifel hat die Behörde den Zugang des Verwaltungsaktes und den Zeitpunkt des Zuganges nachzuweisen (§ 41 Abs. 2 VwVfG).

4

Die nach § 37 VwVfG erforderliche hinreichende **inhaltliche Bestimmtheit** von Erlaubnis und Bewilligung ergibt sich nur zum Teil aus dem BBergG selbst. Nach § 16 Abs. 1 S. 2 müssen Erlaubnis und Bewilligung für ein **bestimmtes Feld** und für **bestimmte Bodenschätze** erteilt werden. Außerdem muß bei Erlaubnissen der jeweilige Aufsuchungszweck (Abs. 1 S. 3) genannt werden.

5

Bei der Erlaubnis kann nach Abs. 2 die zuständige Behörde das Erlaubnisfeld abweichend vom Antrag festsetzen. Eine derartige Begrenzung, normalerweise anders als beim Bergwerkseigentum für Erlaubnisfelder nicht vorgesehen, ist dann zulässig, wenn anderenfalls die Gefahr von Monopolstellungen bei der Aufsuchung und damit eine Beeinträchtigung der Wettbewerbslage der aufsuchenden Unternehmer droht oder wenn durch die Begrenzung des Erlaubnisfeldes eine Verbesserung der Lagerstättenprospektion erreicht wird.

6

Zur inhaltlichen Bestimmtheit von Erlaubnis und Bewilligung gehört die in den Abs. 4 und 5 vorgesehene **zeitliche Begrenzung** der Berechtigungen. Denn die Befristung ist wesentliches Merkmal der Bergbauberechtigungen im Rahmen des öffentlich-rechtlichen Konzessionssystems. Das verbietet der Behörde die Festlegung der Befristung etwa in einer Nebenbestimmung.

7

Bei der **zeitlichen Begrenzung** der einzelnen Berechtigungen geht § 16 von der **wirtschaftlichen Bedeutung** der Berechtigung aus:

8

a) Die **Erlaubnis** (jeder Art) ist auf höchstens **fünf Jahre** befristet und darf danach um **jeweils drei Jahre verlängert** werden, soweit das Erlaubnisfeld trotz planmäßiger, mit der zuständigen Behörde abgestimmter Aufsuchung noch nicht ausreichend untersucht werden konnte. Durch die Einfügung des Wortes „jeweils" ist auch komplizierten Aufsuchungsverhältnissen Rechnung getragen, nachdem der Reg.-Entwurf (BT-Ds. 8/1315, 90 = Zydek, 129, 130) zwei Verlängerungen um maximal fünf Jahre zugelassen hatte. Demgegenüber kann jetzt, allerdings nur in Abstimmung mit der zuständigen Behörde die Erlaubnis so lange aufrechterhalten werden, bis das Feld ausreichend untersucht ist.

9

b) Für **Bewilligung** und **Bergwerkseigentum** ist eine zeitlich fixierte Befristung grundsätzlich nicht vorgesehen. Beide Rechte werden für eine der Durchführung der Gewinnung im Einzelfall **angemessene Frist** erteilt bzw. verliehen. Für „angemessen" hält das Gesetz **fünfzig Jahre** (Abs. 5 S. 2). Doch darf auch dieser Zeitraum überschritten werden, wenn die bis dahin getätigten, erforderlichen und üblichen Investitionen es notwendig machen. Die Beurteilung der „Üblichkeit" liegt nicht im freien Ermessen der Behörde, sondern ist an vergleichbaren Investitionsentscheidungen des Antragstellers zu messen. Die zeitliche Begrenzung darf also Investitionsentscheidungen nicht unterlaufen.
Die 50-Jahres-Grenze darf schließlich bis zur voraussichtlichen Erschöpfung des Vorkommens bei ordnungs- und planmäßiger Gewinnung überschritten werden (Abs. 5 S. 3). Zur inhaltlichen Bestimmtheit der Berechtigungen ist allerdings gerade in diesem letzten Fall die Befristung hinreichend genau festzusetzen.

10

Neben diesen, vom BBergG selbst genannten inhaltlichen Kriterien müssen **Erlaubnis und Bewilligung** den allgemeinen Anforderungen des § 37 Abs. 1 VwVfG an die **inhaltliche Bestimmtheit** entsprechen. So müssen Erlaubnis und Bewilligung insbesondere für den Adressaten den Zweck, Sinn und Inhalt des Verwaltungsaktes so vollständig, klar und unzweideutig erkennen lassen, daß er sein Verhalten danach richten kann. Erlaubnis und Bewilligung müssen überdies erkennen lassen, auf welchen Sachverhalt sie sich beziehen und was dem Adressaten gewährt oder versagt wird. Neben dem **Erklärungsinhalt** muß auch der **Regelungsinhalt** hinreichend klar, verständlich und widerspruchsfrei sein (vgl.

Erstes Kapitel: Bergfreie Bodenschätze   11,12   § 16

dazu Kopp, VwVfG, § 37 Rn 8). Schließlich muß der Charakter von Erlaubnis und Bewilligung als Verwaltungsakt deutlich werden. Es muß dem Erfordernis der Bestimmtheit hinsichtlich des Adressaten Rechnung getragen werden.

11
Als gebundene Verwaltungsakte können **Erlaubnis** und **Bewilligung** bereits **bei ihrer Erteilung** mit **Nebenbestimmungen** versehen werden, wenn diese erforderlich sind, um die Erfüllung der in den §§ 11 und 12 genannten Erteilungsvoraussetzungen sicherzustellen. (§ 36 VwVfG)

12
Zu den **Arten von Nebenbestimmungen** Bedingung, Befristung und Auflage, Widerrufs- und Auflagenvorbehalt vgl. Kopp, § 36 Rn 17 bis 39; Stelkens-Bonk-Leonhardt, § 36 Rn 8 bis 35; Ule, BImSchG, § 12 Rn 2 bis 6. Im einzelnen gilt folgendes:
— **Bedingungen** sind nach der gesetzlichen Begriffsbestimmung in § 36 Abs. 2 Nr. 2 VwVfG Bestimmungen, nach denen der Eintritt oder der Wegfall einer Begünstigung oder einer Belastung von dem ungewissen Eintritt eines zukünftigen Ereignisses abhängt. Solche Bedingungen sind zwar zulässig, werden aber wegen des mit der Erteilung der Bergbauberechtigung verfolgten Zweckes, dem Unternehmer eine gesicherte Rechtsposition zu verschaffen, nur in Ausnahmefällen gerechtfertigt sein.
— **Auflagen** sind nach der gesetzlichen Begriffsbestimmung in § 36 Abs. 2 Nr. 4 VwVfG Bestimmungen, durch die dem begünstigten Unternehmer ein Tun, Dulden oder Unterlassen vorgeschrieben wird. Allerdings bezieht sich § 36 Abs. 2 Nr. 4 VwVfG nur auf Auflagen, die mit der Genehmigung verbunden werden; **nachträgliche Auflagen** fallen unter die Regelung des § 16 Abs. 3 (vgl. Rn 21 ff).
— Eine **Befristung** ist nach § 36 Abs. 2 Nr. 1 VwVfG eine Bestimmung, nach der eine Begünstigung oder Belastung zu einem bestimmten Zeitpunkt beginnt, endet oder für einen bestimmten Zeitraum gilt. Soweit es sich allerdings um die kraft Gesetzes vorgesehene Geltungsdauer der Bergbauberechtigungen handelt, ist das keine Befristung i. S. einer Nebenbestimmung; sie wird vielmehr mit dem Verwaltungsakt selbst festgelegt (vgl. Kopp, VwVfG, § 36 Rn 18).
— Ein **Widerrufsvorbehalt** (§ 36 Abs. 2 Nr. 3 VwVfG) gibt der Behörde die Befugnis, bei Vorliegen bestimmter, im Verwaltungsakt selbst oder in Rechtsvorschriften näher bezeichneter Umstände oder nach den allgemeinen, für die sachgemäße Ausübung des Ermessens geltenden Grundsätzen den Verwaltungsakt, dem der Widerrufsvorbehalt beigefügt ist, ganz oder teilweise nach § 49 Abs. 2 Nr. 1 VwVfG zu widerrufen und dadurch seine Wirksamkeit zu beenden. Konstitutive Bedeutung kann einem Widerrufsvorbehalt nur zukommen, wenn dadurch der Widerruf an andere, engere oder weitere Voraussetzungen gebunden ist, als sie die gesetzliche Regelung (§ 18 i. V. mit § 49 VwVfG) vorsieht. Zulässig ist ein solcher Widerrufsvorbehalt allerdings nur dann, wenn die in § 18 aufgeführten Widerrufsgründe nicht abschließend sind; anderenfalls würde sich die zuständige Behörde mit dem Widerrufsvorbehalt unzulässigerweise einen weiteren Aufhebungsgrund schaffen (BVerwGE, 45, 235, 241).

§ 16 13,14   Zweiter Teil: Bergbauberechtigungen

- Der **Vorbehalt nachträglicher Auflagen** (§ 36 Abs. 2 Nr. 3 VwVfG) wird wegen der gesetzlichen Zulässigkeitsvoraussetzungen für nachträgliche Auflagen in § 16 Abs. 3 bei der Erteilung von Bergbauberechtigungen keine Rolle spielen.

13
Das BBergG trifft zwar keine ausdrückliche Regelung, doch muß davon ausgegangen werden, daß **Erlaubnis und Bewilligung unter Auflagen und Bedingungen und ggf. zusätzlichen Befristungen erteilt werden können**, sofern die Voraussetzungen des § 36 VwVfG beachtet werden. Danach (§ 36 Abs. 1) darf einem Verwaltungsakt, auf dessen Erlaß ein Anspruch besteht, eine Nebenbestimmung nur dann und nur insoweit beigefügt werden, als dadurch sichergestellt werden soll, daß die **gesetzlichen Voraussetzungen des Verwaltungsaktes erfüllt** werden. Damit ist bezweckt, daß die zuständige Behörde im Interesse des Antragstellers in sachlich gerechtfertigten Fällen ausnahmsweise abschließende Sachentscheidungen auch schon zu einem Zeitpunkt treffen kann, in dem noch nicht alle gesetzlichen Voraussetzungen dafür erfüllt oder nachgewiesen sind (vgl. Kopp, VwVfG, § 36 Rn 9). Derjenige, zu dessen Gunsten der entsprechende Verwaltungsakt ergehen soll, hat nach dem Grundsatz der Verhältnismäßigkeit Anspruch darauf, daß die Behörde bei Hinderungsgründen nicht den Erlaß des Verwaltungsaktes gänzlich ablehnt, wenn den betroffenen öffentlichen Interessen bzw. Interessen oder Rechten Dritter auch durch geeignete Nebenbestimmungen ausreichend Rechnung getragen werden kann und auch keine anderen gewichtigen Gründe dem Erlaß des begünstigenden Verwaltungsaktes widersprechen. Auch wenn diese Voraussetzungen nicht gegeben sind, hat der Begünstigte jedenfalls Anspruch darauf, daß die Behörde bei ihrer Ermessensentscheidung auch die Möglichkeit der Auferlegung von Nebenbestimmungen in ihrer Erwägung miteinbezieht.

14
Die **Entscheidung**, ob die Behörde von der Möglichkeit nach § 36 Abs. 1 VwVfG Gebrauch macht, steht in ihrem **Ermessen** (§ 40 VwVfG), sofern durch besondere Rechtsvorschriften nichts anderes bestimmt ist. Bei der Ausübung ihres Ermessens hat die Behörde § 36 Abs. 3 VwVfG zu beachten, wonach dem **Zweck des Verwaltungsaktes zuwiderlaufende Nebenbestimmungen ausgeschlossen sind.** § 36 Abs. 3 VwVfG läßt die Frage offen, ob Nebenbestimmungen dem Zweck des Verwaltungsaktes oder den für seinen Erlaß maßgeblichen gesetzlichen Regelungen dienen müssen oder ob es ausreicht, daß die Nebenbestimmung irgendeinem legitimen Verwaltungszweck dient. Die Frage ist in Übereinstimmung mit § 40 VwVfG so zu beantworten (vgl. auch BVerwGE, 51, 166), daß Bedingungen und Auflagen ihre Rechtfertigung in dem Zweck des Gesetzes und der vom Gesetzgeber gewollten Ordnung der Rechtsmaterie finden müssen.
Die Verfolgung anderer Zwecke, so nützlich diese an sich sein mögen, liegt im Zweifel nicht mehr im Sinne der jeweiligen Ermächtigung, auf die sich eine Nebenbestimmung in materiell-rechtlicher Hinsicht stützt, und ist deshalb (als Ermessensmißbrauch) ermessensfehlerhaft und damit rechtswidrig (Kopp, VwVfG, § 36 Rn 41).
Nebenbestimmungen müssen mit dem Verwaltungsakt, dem sie beigefügt sind, zumindest insofern in einem Zweckzusammenhang stehen, als sie die Schaffung oder Beseitigung von Umständen zum Ziel haben, deren Fehlen oder Vorhanden-

sein die Verwaltung sonst zwingen oder im Rahmen des ihr zukommenden Ermessensspielraumes berechtigen würde, die in der Hauptsache in Betracht kommende Regelung zu versagen oder mit einem für den Betroffenen ungünstigeren Inhalt zu treffen. Das **allgemeine Koppelungsverbot** gilt als allgemeiner Rechtsgrundsatz insofern auch für die Beurteilung der Zulässigkeit von Nebenbestimmungen (vgl. dazu Kopp, VwVfG, § 36 Rn 42, § 56 Rn 16 ff; Wolff-Bachof, I, § 30 II b 1 und § 44 II b 1).

15
Nebenbestimmungen zu begünstigenden Verwaltungsakten sind, wenn sie nicht lediglich die gesetzlichen Voraussetzungen des Verwaltungsaktes sicherstellen sollen, **nur** dann – und mit dem dadurch bedingten Inhalt – zulässig, wenn und soweit sie der **Verhinderung, Beseitigung oder Minderung von Nachteilen** dienen, die sich sonst aus dem Verwaltungsakt bzw. dem Gebrauch, den der Adressat oder Dritte davon machen können, für die Allgemeinheit oder Einzelne ergeben können. Zwischen dem Verwaltungsakt und den behördlichen Nachteilen muß dabei ein **adäquater Kausalzusammenhang** i. S. der in der Rechtsprechung des Bundesverwaltungsgerichtes aufgestellten Grundsätze (vgl. dazu BVerwGE, 41, 186) bestehen.

16
Nach § 37 Abs. 1 VwVfG muß ein Verwaltungsakt **inhaltlich hinreichend bestimmt** sein. Das gilt auch für Nebenbestimmungen und ist dann der Fall, wenn der Antragsteller aus ihnen zweifelsfrei entnehmen kann, was er zu tun oder zu lassen hat. Geht dies aus dem Inhalt der Nebenbestimmung nicht hervor, so ist sie unbestimmt und damit rechtswidrig. Unbestimmt sind insbesondere Nebenbestimmungen, die lediglich den Wortlaut der Versagungsgründe in den §§ 11 und 12 wiederholen. Unbestimmt sind ferner Nebenbestimmungen, die andere unbestimmte Begriffe verwenden, deren Konkretisierung ein Werturteil erfordern (etwa Begriffe wie „angemessen, ausreichend, erforderlich, notwendig, ordnungsgemäß, übermäßig, vorübergehend, zumutbar"). So ist etwa eine Auflage, die dem Betreiber einer Anlage auferlegt, Luftverunreinigungen möglichst zu vermeiden, anderenfalls ihm die zur Beseitigung von Gefahren oder Nachteilen für die Nachbarschaft erforderlichen Maßnahmen auferlegt werden könnten, nicht hinreichend bestimmt und damit nicht vollstreckungsfähig (vgl. OVG Münster, DVBl. 11, 1976, 800 ff; Ule, BImSchG, § 12 Rn 10).

17
Eine **Begründung** i. S. des § 39 Abs. 1 VwVfG wird in den meisten Fällen durch § 39 Abs. 2 VwVfG entbehrlich sein; sie kann jedoch erforderlichenfalls nach § 47 Abs. 1 Nr. 2 VwVfG nachgeholt werden (im einzelnen vgl. § 55 Rn 43 bis 49). Da die Nebenbestimmungen der Erlaubnis oder Bewilligung hinzugefügt werden, sind sie entsprechend § 16 Abs. 1 **schriftlich** zu erlassen und ggf. schriftlich zu begründen.

18

Werden Erlaubnis oder Bewilligung unter Hinzufügung einer Bedingung oder einer zusätzlichen Befristung, die nicht die Dauer der Berechtigung selbst betrifft, erteilt, so kann die Beifügung dieser Nebenbestimmungen **nicht selbständig angefochten** werden. Bedingung und Befristungen sind unselbständige Teile der Genehmigung und können daher nur mit dieser zusammen angefochten werden (BVerwGE, 29, 261 ff, 265).

Dagegen ist die Beifügung einer **Auflage** oder eines Widerrufs- oder Auflagenvorbehaltes ein **selbständiger Verwaltungsakt**, der auch selbständig mit der Anfechtungsklage angefochten werden kann. (Vgl. OVG Hamburg, GewA 1959/60, 186 ff; OVG Münster, DVBl. 1959, 78; BVerwGE, 36, 145 ff, 154).

Zur sogenannten modifizierenden Auflage vgl. Ule, BImSchG, § 12 Rn 13; Kopp, VwVfG, § 36 Rn 37 ff mit jeweils weiteren Nachweisen.

Eine Anfechtungsklage gegen eine Erlaubnis oder Bewilligung, die mit einer Auflage oder einem Widerruf- oder Auflagenvorbehalt verbunden ist, ist gleichzeitig eine Verpflichtungsklage auf Erteilung einer Berechtigung ohne eine solche Nebenbestimmung. Wird die Erteilung einer Auflage von der zuständigen Behörde abgelehnt, obwohl eine solche Auflage beantragt worden war, so kann der Antragsteller mit einer allgemeinen Leistungsklage oder einer Verpflichtungsklage auf die Erteilung der Auflage klagen.

19

Sind die **Nebenbestimmungen** aus einem der in § 44 Abs. 1 und 2 VwVfG festgelegten Grunde **nichtig**, so ist diese Nichtigkeit nach § 44 Abs. 4 VwVfG grundsätzlich auf die Nebenbestimmung beschränkt. Die Nichtigkeit von Erlaubnis oder Bewilligung tritt als Ausnahme nur dann ein, wenn der nichtige Teil so wesentlich ist, daß die Behörde die Berechtigung ohne den nichtigen Teil nicht erteilt hätte. Dies wird bei Nebenbestimmungen in der Regel der Fall sein. Nach einem Urteil des OVG Münster vom 30. 12. 1957, DVBl. 1959, 78 Nr. 33 soll es darauf ankommen, ob der von der Nichtigkeit nicht berührte Teil des Verwaltungsaktes für sich allein keinen Bestand haben kann, weil er unvollständig bleibt, oder wenn sich aus den Inhalt des Verwaltungsaktes ergibt, daß er von der Behörde nur als eine untrennbare Einheit gewollt war.

20

III. Die **nachträgliche Anordnung von Nebenbestimmungen** ist, soweit gesetzlich nichts anderes vorgesehen ist, nur zulässig, **wenn sie** im ursprünglichen Verwaltungsakt nach § 36 Abs. 2 Nr. 5 oder in Analogie dazu aufgrund von Abs. 2 Nr. 3 vorbehalten wurde, oder wenn insoweit die **Voraussetzungen eines Widerrufs** nach § 49 VwVfG, einer **Rücknahme** nach § 48 VwVfG oder einer **Abänderung des Verwaltungsakts** im Wiederaufnahmeverfahren nach § 51 VwVfG gegeben sind. Die nachträgliche Anordnung von Nebenbestimmungen bedeutet sachlich immer eine **teilweise Aufhebung des ursprünglichen Verwaltungsakts, verbunden mit einem teilweisen Neuerlaß eines Verwaltungsakts,** mit teilweise anderem Inhalt, für die alle Voraussetzungen einer rechtmäßigen Ausübung des Widerrufsrechts – bzw. des Rücknahmerechts – und zusätzlich auch des Erlasses des neuen Verwaltungsaktes erfüllt sein müssen (vgl. dazu Kopp, VwVfG, § 36 Rn 45).

Erstes Kapitel: Bergfreie Bodenschätze **21–24 § 16**

21
Das BBergG hat in § 16 Abs. 3 die nachträgliche Aufnahme, Änderung oder Ergänzung von Auflagen ausdrücklich zugelassen. Diese Ermächtigung stellt eine **abschließende Regelung** der Voraussetzungen dar, nach denen nachträgliche Auflagen zu Erlaubnis oder Bewilligung festgesetzt werden können. Liegen diese Voraussetzungen nicht vor, so sind die nachträglichen Auflagen unzulässig. Andere Nebenbestimmungen wie Befristung, Bedingung, Widerrufs- oder Auflagenvorbehalt können nach § 16 Abs. 3 nicht nachträglich aufgenommen werden (zur vergleichbaren Regelung im Betriebsplanverfahren s. § 56 Abs. 1 S. 2 und dazu die Anm. in den Rn 100 ff).

22
Die Aufnahme, Änderung oder Ergänzung von nachträglichen Auflagen ist allerdings in Fortentwicklung des früheren § 25 Abs. 3 S. 3 GewO und in Anlehnung an § 17 Abs. 2 S. 2 BImSchG an drei wesentliche einschränkende Voraussetzungen geknüpft:
– Die Auflagen müssen für den Unternehmer und für Einrichtungen der von ihm betriebenen Art **wirtschaftlich vertretbar** sein,
– nach den allgemein anerkannten Regeln der Technik **erfüllbar** und
– zur Wahrung der in den §§ 11 und 12 Abs. 1 bezeichneten Rechtsgüter und Belange **erforderlich** sein.

23
Zur Auslegung der Begriffe **wirtschaftliche Vertretbarkeit** und der **technische Erfüllbarkeit** vgl. § 56 Rn 103 bis 108.

24
Ob eine nachträgliche Auflage **erforderlich** ist, hat die zuständige Behörde danach zu entscheiden, ob ohne die Auflage der mit den §§ 11 und 12 Abs. 1 verfolgte Zweck des Gesetzes nicht erreicht werden kann. Der Begriff der **Erforderlichkeit** kommt aus dem Polizeirecht (vgl. etwa § 51 Abs. 1 prPVG und die entsprechenden Vorschriften in Polizei- und Ordnungsgesetzen der Länder). Dort werden unter erforderlichen Maßnahmen nur solche verstanden, die **objektiv geeignet** sind, den konkreten polizeilichen Zweck zu erreichen. Ist eine Maßnahme ungeeignet, so kann sie auch nicht erforderlich sein (OVG Lüneburg, DVBl. 1957, 275 ff). **Ungeeignet** ist insbesondere eine Maßnahme, die etwas tatsächlich oder rechtlich Unmögliches verlangt. Jedoch ist bloßes wirtschaftliches Unvermögen keine tatsächliche Unmöglichkeit. Rechtlich unmöglich ist für einen Unternehmer auch eine Handlung, zu der er privatrechtlich nicht befugt ist oder zu der er der Zustimmung eines anderen bedarf, wenn nicht dieses Einverständnis des Dritten nach den Umständen vorausgesetzt werden kann. Ungeeignet ist eine Maßnahme jedoch nicht schon deshalb, weil durch sie die Gefahr nicht vollständig, sondern nur teilweise abgewehrt wird (im einzelnen dazu Ule, BImSchG, § 12 Rn 8 mit weiteren Nachweisen). **Dagegen ist nicht jede geeignete Maßnahme auch erforderlich.** Vielmehr ist unter mehreren Maßnahmen nur die erforderlich, ohne die der Zweck der gesetzlichen Vorschrift nicht erreicht werden kann. Unter mehreren Maßnahmen ist nur die erforderlich, ohne die der Zweck der gesetzlichen Vor-

schrift nicht erreicht werden kann. Maßnahmen, durch die der Zweck des Gesetzes auch erreicht werden kann, die aber mehr verlangen, als dafür unerläßlich ist (Übermaß), sind nicht erforderlich. Nicht erforderlich sind deshalb Auflagen, die eine zeitlich unbegrenzte Maßnahme treffen, wenn eine zeitlich begrenzte genügt oder die eine sachlich umfassende Maßnahme treffen, wenn eine sachlich eingeschränkte ausreicht (im einzelnen Ule, BImSchG, § 12 Rn 8).

25
Der Begriff der Erforderlichkeit ist ein **Rechtsbegriff**, dessen Inhalt und Umfang von den Verwaltungsgerichten nachgeprüft werden kann. Er ist jedoch **unbestimmter Rechtsbegriff**, dessen Anwendung auf den Einzelfall ein ergänzendes Werturteil der Genehmigungsbehörde erforderlich macht und in Grenzfällen dazu führen kann, daß mehr als eine der möglichen Entscheidungen vertretbar und daher als rechtmäßig anzusehen ist.

26
Gegen die nachträgliche Aufnahme, Änderung oder Ergänzung von Auflagen kann der Unternehmer Widerspruch nach § 68 Abs. 1 VwGO erheben. Wird diesem Widerspruch nicht abgeholfen (§ 73 VwGO), und lehnt auch die Widerspruchsbehörde die Aufhebung der Anordnung ab (§ 73 VwGO), so steht dem Unternehmer die Erhebung der Anfechtungsklage nach § 74 Abs. 1 S. 1 VwGO zu. Liegen die Voraussetzungen des § 75 Abs. 1 S. 1 VwGO vor, so kann der Unternehmer Untätigkeitsklage erheben.
Widerspruch und Anfechtungsklage gegen eine nachträgliche Aufnahme, Änderung oder Ergänzung von Auflagen haben nach § 80 Abs. 1 VwGO aufschiebende Wirkung. Jedoch kann die zuständige Behörde die sofortige Vollziehung dieser Verwaltungsakte nach § 80 Abs. 2 Nr. 4 VwGO anordnen. Gegen die Anordnung der sofortigen Vollziehung kann der Unternehmer nach § 80 Abs. 5 VwGO beim Verwaltungsgericht den Antrag stellen, die aufschiebende Wirkung des Widerspruches oder der Anfechtungsklage wiederherzustellen (OVG Münster, DVBl. 1972, 461 ff; VG Mannheim, DVBl. 1961, 825 ff).

27
Aufnahme, Änderung oder Ergänzung von nachträglichen Auflagen liegt im Ermessen der Behörde, die darüber entscheiden kann, ob sie die Auflagen erlassen, ändern oder ergänzen will (Erschließungsermessen) und welche Maßnahme sie trifft (Auswahlermessen). Dabei ist § 40 VwVfG zu beachten, wonach die zuständige Behörde die gesetzlichen Grenzen des Ermessens einhalten, insbesondere den Gleichheitsgrundsatz, vor allem in Fällen der Selbstbindung der Verwaltung durch Verwaltungsvorschriften, den Grundsatz der Sozialstaatlichkeit und den Grundsatz der Verhältnismäßigkeit beachten muß (Stelkens-Bonk-Leonhardt, VwVfG, § 40 Nr. 27).

28
IV. Keine Aussage enthält § 16 darüber, ob die Beifügung von **Nebenbestimmungen** bei Verleihung und die nachträgliche Aufnahme, Änderung oder Ergänzung von Auflagen i. S. von § 16 Abs. 3 auch **für das Bergwerkseigentum zulässig** ist. Für

Erstes Kapitel: Bergfreie Bodenschätze §§ 16,17

den Fall der nachträglichen Auflagen, ihre Änderung oder Ergänzung ist das zu verneinen, weil die **Verleihung des Bergwerkseigentums** nach § 13 die in den §§ 11 und 12 genannten Versagungsgründe nicht zu berücksichtigen hat. Gerade der erforderliche Schutz der darin erwähnten Rechtsgüter und Belange ist jedoch wesentliche gesetzliche Voraussetzung für die Zulässigkeit des § 16 Abs. 3. Für das Bergwerkseigentum können nachträgliche Auflagen nicht hierauf gestützt werden.

29
Etwas anderes kann nur dann gelten, wenn bei der **Verleihung des Bergwerkseigentums** die Verleihungsbehörde einen Auflagenvorbehalt i. S. des § 36 Abs. 2 Nr. 5 VwVfG zulässigerweise formuliert hat, um die Erfüllung der gesetzlichen Voraussetzungen für die Verleihung nach § 13 sicherzustellen. Für die Zulässigkeit von Auflagen spricht auch, daß diese Nebenbestimmungen selbständig zum Bergwerkseigentum als hoheitliche Anordnungen hinzutreten ohne die Rechtswirksamkeit des Bergwerkseigentums und damit seine Eintragungsfähigkeit in Frage zu stellen. Zu **verneinen** allerdings ist die Beifügung von **Bedingungen und Befristungen**. Für letztere gilt das bei Rn 6 Gesagte; für die Beifügung von Bedingungen, seien es aufschiebende oder auflösende, muß der in § 925 Abs. 2 BGB formulierte Rechtsgedanke gelten. Denn unter einer Bedingung kann das Bergwerkseigentum nicht rechtswirksam als grundstücksgleiches Recht entstehen bzw. Bestand haben. Hätte der Gesetzgeber etwas anderes gewollt, hätte er wie beim Erbbaurecht dies ausdrücklich normieren müssen (vgl. § 1 Abs. 4 ErbbauRV; BGH BB 1961, 430). Schließlich spricht für die **Bedingungsfeindlichkeit** des Bergwerkseigentums, daß ein bedingtes Recht als Realkreditgrundlage für die Gläubiger ein untaugliches Beleihungsobjekt wäre. Turner, Glückauf, 101 (1965) 731 ff.

§ 17 Entstehung des Bergwerkseigentums

(1) Bergwerkseigentum entsteht mit der Zustellung der Berechtsamsurkunde an den Antragsteller. Die Zustellung ist erst zulässig, wenn die Entscheidung über die Verleihung unanfechtbar geworden ist. Mit der Entstehung des Bergwerkseigentums erlischt die Bewilligung für den Bereich des Bergwerksfeldes.

(2) Die Berechtsamsurkunde besteht aus der Urkunde über die Verleihung (Verleihungsurkunde) und einer Ausfertigung des Lagerisses, den die zuständige Behörde mit dem Inhalt der Entscheidung über die Verleihung in Übereinstimmung zu bringen hat. Die Verleihungsurkunde muß enthalten
1. den Namen und Wohnort des Berechtigten (Bergwerkseigentümers),
2. den Namen des Bergwerkseigentums,
3. die genaue Angabe der Größe und Begrenzung des Bergwerksfeldes unter Verweisung auf den Lageriß,
4. die Namen der Gemeinden, in denen das Bergwerkseigentum liegt,
5. die Bezeichnung der Bodenschätze, für die das Bergwerkseigentum gilt,
6. Datum der Urkunde, Siegel und Unterschrift.

(3) Die zuständige Behörde ersucht das Grundbuchamt um Eintragung des Bergwerkseigentums im Grundbuch. Dem Ersuchen ist eine beglaubigte Abschrift der Berechtsamsurkunde beizufügen.

§ 17 1–5   Zweiter Teil: Bergbauberechtigungen

1

§ 17 regelt die **Entstehung des Bergwerkseigentums** abweichend von der Erteilung der übrigen Bergbauberechtigungen. In seinem Regelungsgehalt entspricht er dem bisherigen Recht (vgl. etwa §§ 31 ff ABG NW).
Anders jedoch als dieses, sagt er zu dem eigentlichen Verleihungsverfahren nichts aus. Er legt vielmehr das Schwergewicht auf den Entstehungsvorgang für das Bergwerkseigentum (Abs. 1) und auf den notwendigen Inhalt des Entstehungsdokuments, die **Berechtsamsurkunde** (Abs. 2).

2

Vier Regelungsaspekte sind zu unterscheiden:
– Die Entscheidung über die Verleihung;
– Entstehungsgrund und -zeitpunkt des Bergwerkseigentums;
– inhaltliche Anforderungen an die Verleihungsurkunde;
– Verhältnis von Bewilligung und Bergwerkseigentum.

3

Vor der rechtswirksamen Entstehung des Bergwerkseigentums liegt zunächst die **Verleihung**. Sie ist ein begünstigender Verwaltungsakt, der mangels eigenständiger Regelung des BBergG nach den §§ 35 ff VwVfG zu beurteilen ist, soweit nicht Abs. 2 S. 2 besondere Gesichtspunkte für die inhaltliche Gestaltung der Verleihungsurkunde aufstellt (Rn 6). Soweit die allgemeinen Vorschriften des VwVfG Anwendung finden, gilt das für die Erteilung von Erlaubnis und Bewilligung Gesagte entsprechend (vgl. § 16 Rn 10). Ihre Rechtswirksamkeit erlangt die Verleihung erst mit der Bekanntgabe an den Antragsteller (§ 41 VwVfG). Über die **Form der Bekanntmachung** sagt § 17 nichts. Es gelten daher die allgemeinen Vorschriften der §§ 37 und 41 VwVfG; man wird davon ausgehen müssen, daß die Verleihung ebenso wie die Erteilung von Erlaubnis und Bewilligung **nur schriftlich** erfolgen darf.

4

Rechtswirksamkeit für die Entstehung des Bergwerkseigentums erlangt die **Verleihung** jedoch erst dann, wenn sie **unanfechtbar** geworden ist. Unanfechtbarkeit bedeutet, vergleichbar der formellen Rechtskraft gerichtlicher Entscheidungen, daß in der durch den Verwaltungsakt geregelten Sache nach den dafür maßgeblichen Vorschriften, vor allem der VwGO, keine weiteren Rechtsbehelfe mehr gegeben sind. Das ist dann der Fall, wenn alle in Betracht kommenden Rechtsbehelfe ausgeschöpft oder die dafür vorgesehenen Fristen (vgl. §§ 70, 73, 74 VwGO) von den Betroffenen nicht eingehalten worden sind. Sie ist zu unterscheiden von der Bestandskraft eines Verwaltungsaktes, nach der die Behörde und die Beteiligten grundsätzlich abschließend an die getroffene Regelung gebunden sind und eine Aufhebung oder Änderung nicht mehr im Rahmen normaler Rechtsbehelfe, sondern nur noch nach Maßgabe besonderer gesetzlicher Bestimmungen möglich ist (Kopp, VwVfG, Vorbemerkung § 35, Rn 21 ff).

5

Das **Bergwerkseigentum entsteht** als grundstücksgleiches und eintragungsfähiges Recht nicht bereits mit der Bekanntgabe der Verleihung oder mit der Eintragung

Erstes Kapitel: Bergfreie Bodenschätze 6–8 § 17

im Grundbuch, sondern mit der **Zustellung der Berechtsamsurkunde** an den Antragsteller (Abs. 1 S. 1). Mit dem Gebot, daß die Berechtsamsurkunde **zugestellt** werden muß, wird klargestellt, daß hierfür nur die förmlichen Zustellungsarten der VwZG in Frage kommen. Insoweit gilt § 41 VwVfG nicht. Die Zustellung selbst besteht in der Übergabe eines Schriftstückes in Urschrift, Ausfertigung oder beglaubigter Abschrift oder in dem Vorlegen der Urschrift. Zugestellt werden kann durch die Post oder durch die Behörde. Soll durch die Post zugestellt werden, so ist die Zustellung durch den Postbediensteten zu beurkunden und die Zustellungsurkunde an die Behörde zurückzuleiten. Bei Zustellung durch die Post mittels eingeschriebenen Brief gilt dieser mit dem dritten Tag nach der Aufgabe zur Post als zugestellt; im Zweifel hat die Behörde den Zugang des Schriftstückes und den Zeitpunkt des Zuganges nachzuweisen. Bei Zustellung durch die Behörde gegen Empfangsbekenntnis händigt die Behörde das Schriftstück dem Empfänger aus. Dieser hat ein mit dem Datum der Aushändigung versehenes Empfangsbekenntnis zu unterschreiben. Welche Form der Zustellung die zuständige Behörde wählt, steht in ihrem Ermessen.

6
Die **Berechtsamsurkunde** besteht aus der **Verleihungsurkunde** und einem **Lageriß**. Die Verleihungsurkunde muß, entsprechend dem bisherigen Recht (vgl. etwa § 34 ABG NW) mindestens Aussagen über den **Berechtigungsinhaber**, die Größe und Begrenzung des **Bergwerksfeldes** und die Bezeichnung der **Bodenschätze**, für die das Bergwerkseigentum gilt, enthalten. Außerdem müssen die **Namen der Gemeinden**, in denen das Bergwerkseigentum liegt, sowie der **Name des Bergwerkseigentums** selbst angegeben werden. Die Verleihungsurkunde muß außerdem ein bestimmtes Datum enthalten sowie mit Siegel und Unterschrift versehen sein (Abs. 2 S. 2 Nr. 1 bis 6).

7
Ist die vollständige Berechtsamsurkunde ordnungsgemäß zugestellt, so **entsteht das Bergwerkseigentum mit dem Zeitpunkt der Zustellung**. Gleichzeitig **erlischt** die dem Bergwerkseigentum zugrunde liegende **Bewilligung** (Abs. 2 S. 3) von Gesetzes wegen. Eines besonderen Aufhebungsaktes bedarf es nicht. Dieses Erlöschen ist erforderlich, damit das Bergwerkseigentum als alleinige Berechtigung vollständig an die Stelle der Bewilligung treten kann.

8
Da das **Bergwerkseigentum mit der Zustellung außerhalb des Grundbuches entsteht**, ist die zuständige Behörde verpflichtet, das Grundbuchamt um Eintragung des Bergwerkseigentums zu ersuchen. Dem Ersuchen ist eine beglaubigte Abschrift der Berechtsamsurkunde beizufügen (Abs. 3). Hierbei reicht eine amtliche Beglaubigung i. S. des § 33 VwVfG aus (Kopp, VwVfG, Vorbemerkung § 33 Rn 3 bis 9).

§ 18 Widerruf

(1) Erlaubnis und Bewilligung sind zu widerrufen, wenn nachträglich Tatsachen eintreten, die zur Versagung hätten führen müssen.

(2) Die Erlaubnis ist ferner zu widerrufen, wenn aus Gründen, die der Erlaubnisinhaber zu vertreten hat, die Aufsuchung nicht innerhalb eines Jahres nach Erteilung der Erlaubnis aufgenommen oder die planmäßige Aufsuchung länger als ein Jahr unterbrochen worden ist; die zuständige Behörde kann die Frist aus wichtigem Grunde um jeweils ein weiteres Jahr verlängern. Die Erlaubnis kann widerrufen werden, wenn der Erlaubnisinhaber für einen der Erlaubnis unterliegenden Bodenschatz keine Bewilligung beantragt, obwohl die Voraussetzungen für deren Erteilung vorliegen und eine von der zuständigen Behörde für die Antragstellung gesetzte angemessene Frist verstrichen ist.

(3) Die Bewilligung ist ferner zu widerrufen, wenn die Gewinnung nicht innerhalb von drei Jahren nach Erteilung der Bewilligung aufgenommen oder wenn die regelmäßige Gewinnung länger als drei Jahre unterbrochen worden ist. Dies gilt nicht, solange Gründe einer sinnvollen technischen oder wirtschaftlichen Planung des Bewilligungsinhabers es erfordern, daß die Gewinnung im Bewilligungsfeld erst zu einem späteren Zeitpunkt aufgenommen oder wiederaufgenommen wird oder wenn sonstige Gründe für die Unterbrechung vorliegen, die der Bewilligungsinhaber nicht zu vertreten hat.

(4) Das Bergwerkseigentum ist zu widerrufen, wenn die regelmäßige Gewinnung länger als zehn Jahre unterbrochen worden ist. Absatz 3 Satz 2 ist entsprechend anzuwenden. Die zuständige Behörde hat die im Grundbuch eingetragenen dinglich Berechtigten von der Entscheidung über einen Widerruf des Bergwerkseigentums schriftlich zu unterrichten. Sie ersucht das Grundbuchamt um die Löschung des Bergwerkseigentums, wenn der Widerruf wirksam geworden ist.

1
Erlaubnis, Bewilligung und Bergwerkseigentum begründen als **begünstigende Verwaltungsakte** für den Inhaber das Recht auf ein bestimmtes Tätigwerden. Diese Rechtsposition kann, wenn der sie begründende Verwaltungsakt unanfechtbar geworden ist, nicht ohne weiteres beseitigt werden (Wolff-Bachof, I, § 53 II c). Denn Verwaltungsakte erlangen mit ihrer Bekanntgabe bzw. Zustellung an den Betroffenen gem. §§ 41, 43 VwVfG **äußere Wirksamkeit** und nach Ablauf der Rechtsmittelfrist auch Unanfechtbarkeit und damit grundsätzlich im Interesse der Rechtssicherheit, des Rechtsfriedens und des Rechtsschutzes des Betroffenen auch erhöhte **Bestandskraft** (Kopp, VwVfG, § 48 Rn 1 und zur Bestandskraft Vorbemerkung § 35 Rn 35; Wolff-Bachof, I, § 52).

2
Nach den §§ 48, 49 VwVfG ist jedoch unter bestimmten Voraussetzungen eine **Durchbrechung der Wirksamkeit bzw. Bestandskraft** eines Verwaltungsaktes aus Gründen des öffentlichen Interesses oder des Interesses Betroffener zulässig. Soweit neben diesen allgemeinen Regeln spezialgesetzliche Vorschriften erweiternd oder einschränkend besondere Aufhebungsgründe normieren, muß jeweils geprüft werden, ob sie die allgemeinen Gründe der §§ 48, 49 VwVfG ausdrücklich oder stillschweigend ausschließen oder ob sie nur den für ihren spezialgesetzlichen

Erstes Kapitel: Bergfreie Bodenschätze 3–6 § 18

Bereich bestehenden Besonderheiten durch Erweiterung oder Einschränkung der allgemeinen Aufhebungsgründe Rechnung tragen wollen, ohne diese im übrigen aufzuheben (Wolff-Bachof, I, § 54 IVd und Vd; Stelkens-Bonk-Leonhardt, VwVfG, § 48 Rn 2; Kopp, VwVfG, § 48 Rn 12).

3
Terminologisch wird nach heute herrschender Lehre als **Rücknahme** die Aufhebung eines rechtswidrigen Verwaltungsaktes verstanden (§ 48 VwVfG), als **Widerruf** die Aufhebung eines rechtmäßigen Verwaltungsaktes (§ 49 VwVfG). Aufhebung ist der **Oberbegriff** sowohl für Rücknahme und Widerruf als auch für die Beseitigung des Verwaltungsaktes im Vor- und Klageverfahren (§§ 43 Abs. 2, 46, 50 und 113 Abs. 1 S. 1 VwGO). Bezüglich der Voraussetzungen für die Aufhebbarkeit differenzieren §§ 48 und 49 VwVfG zwischen belastenden und begünstigenden Verwaltungsakten, wobei Rücknahme und Widerruf begünstigender Verwaltungsakte naturgemäß an engere Voraussetzungen gebunden sind (vgl. § 48 Abs. 1 S. 2 und Abs. 2; § 49 Abs. 2 VwVfG).

4
1. § 18 regelt **ausdrücklich nur den Widerruf** von Bergbauberechtigungen, **nicht** dagegen ihre **Rücknahme**. Zwar sah der Reg.-Entwurf eine Rücknahmeregelung in § 18 Abs. 1 vor (BT-Ds. 8/1315, 90 = Zydek, 138), doch haben BR und Wirtschaftsausschuß des BT die Streichung der Rücknahmevorschrift zugunsten der differenzierteren Regelung des VwVfG durchgesetzt (BT-Ds. 8/1315, Anl. 2, 176 und BT-Ds. 8/3965, 134 = Zydek, 140 ff). Als Begründung wurde darauf hingewiesen, daß § 48 VwVfG keine Rechtspflicht für eine Rücknahme begründe und außerdem einen Ausgleich des Vertrauensschadens vorsehe.

5
Nachdem § 18 keine eigenständige Regelung für die Rücknahme von Bergbauberechtigungen vorsieht, sie andererseits aber auch nicht ausschließt, gelten die **allgemeinen Grundsätze des § 48 VwVfG** über die Rücknahme eines rechtswidrigen Verwaltungsaktes:

6
Hiernach können die Berechtigungen des BBergG als begünstigende Verwaltungsakte, die ein Recht begründen, **grundsätzlich ganz** oder teilweise mit Wirkung für die Zukunft oder die Vergangenheit **zurückgenommen** werden (§ 48 Abs. 1 S. 2 VwVfG). Eine Einschränkung der Rücknahme ergibt sich aus § 48 Abs. 3. Danach hat die Behörde dem Betroffenen auf Antrag den **Vermögensnachteil auszugleichen**, den dieser dadurch erleidet, daß er auf den Bestand des Verwaltungsaktes vertraut hat. Das gilt jedoch nur dann, wenn sein Vertrauen unter Abwägung mit dem öffentlichen Interesse an der Aufhebung schutzwürdig ist.
Die Rücknahme selbst ist ohne eine solche Abwägung des Vertrauens mit dem öffentlichen Interesse an der Rücknahme zulässig. Das Ermessen der zurücknehmenden Behörde (§ 48 Abs. 1 S. 1) wird nicht durch einen Vertrauenstatbestand (Abs. 2 S. 1) eingeschränkt. Erst als Ausgleich für den insoweit nicht gewährten

Bestandsschutz ist **auf Antrag** dem Betroffenen der Vermögensnachteil, den er durch sein Vertrauen auf den Bestand des Verwaltungsaktes erlitten hat, auszugleichen. Für den Antrag ist keine Form vorgeschrieben. Der Anspruch des § 48 Abs. 3 VwVfG ist auf Geldersatz gerichtet.

7

Zu ersetzen ist das **Vertrauensinteresse,** das allerdings auf das Bestandsinteresse (§ 48 Abs. 3 S. 3 VwVfG) beschränkt ist. Weitere Voraussetzung des Anspruches ist die Schutzwürdigkeit des Vertrauens (vgl. dazu Stelkens-Bonk-Leonhardt, VwVfG, § 48 Rn 43 bis 45; § 48 Rn 83 bis 93). Nach § 48 Abs. 4 ist für die Rücknahme begünstigender Verwaltungsakte eine Jahresfrist bestimmt. Ihr Lauf beginnt erst mit der Kenntnis der Behörde von den Tatsachen, die die Rücknahme rechtfertigen. Sie berechnet sich also nicht vom Erlaß des Verwaltungsaktes an (Stelkens-Bonk-Leonhardt, VwVfG, § 48 Rn 48).

8

Zur Rücknahmemöglichkeit für aufrechterhaltene Rechte nach § 149 vgl. unten Rn 12 und § 160 Rn 1 f.

9

2. Für den **Widerruf** von Erlaubnis, Bewilligung und Bergwerkseigentum trifft zunächst **§ 18 eine differenzierte eigenständige Regelung.** Sie unterscheidet zwischen den für die einzelnen Berechtigungen zulässigen Widerrufsgründen und differenziert daneben zwischen Widerrufs**pflichten** und dem **Ermessen** der Behörde zum Widerruf.

10

a) Als **Widerrufsgründe für die Erlaubnis** nennen § 18 Abs. 1 und 2:
– Den **nachträglichen Eintritt von Tatsachen,** die zur Versagung hätten führen müssen; sie müssen den Versagungsgründen des § 11 entsprechen und sich nicht durch nachträgliche Auflagen i. S. des § 16 Abs. 3 ausräumen lassen. Bei Vorliegen dieser Widerrufsgründe ist die Behörde zum Widerruf **verpflichtet** (Abs. 1 S. 1).
– Die vom Erlaubnisinhaber zu vertretende **Nichtaufnahme der Aufsuchungstätigkeit** innerhalb eines Jahres oder die länger als ein Jahr dauernde **Unterbrechung** der Aufsuchungstätigkeit. Auch hier ist der Widerruf als obligatorischer Akt ausgestaltet. Doch liegt es im pflichtgemäßen Ermessen der zuständigen Behörde, die Fristen aus wichtigem Grunde um jeweils ein weiteres Jahr zu verlängern (Abs. 2 S. 1) und damit den Widerrufsgrund zunächst zu beseitigen.
– Das **Nichtbeantragen einer Bewilligung** nach angemessener Fristsetzung durch die zuständige Behörde trotz Vorliegens aller für die Erteilung der Bewilligung notwendigen Voraussetzungen (Abs. 2 S. 2). In diesem Fall steht es im Ermessen der zuständigen Behörde, ob sie von der Widerrufsmöglichkeit Gebrauch machen will. (Zur Begründung dieses Widerrufsgrundes vgl. Amtl. Begründung BT-Ds. 8/1315, 91 = Zydek, 139).

Erstes Kapitel: Bergfreie Bodenschätze **11–13 § 18**

11
b) Als **Widerrufsgründe für die Bewilligung** sehen § 18 Abs. 1 und 3 vor:
– Den nachträglichen Eintritt von Tatsachen, die zur Versagung hätten führen müssen. Hier gilt das gleiche wie bei der Erlaubnis. Die Behörde ist zum Widerruf **verpflichtet**.
– Die **Nichtaufnahme der Gewinnung innerhalb von drei Jahren** nach Erteilung der Bewilligung oder eine **Unterbrechung der regelmäßigen Gewinnung** von mehr als drei Jahren (Abs. 3 S. 1). Die Geltendmachung dieser Widerrufsgründe ist allerdings dann für die zuständige Behörde nicht zwingend, wenn Gründe einer sinnvollen technischen oder wirtschaftlichen Planung einen späteren Zeitpunkt für die Aufnahme der Gewinnung oder eine längere Unterbrechung erfordern oder wenn der Bewilligungsinhaber die Unterbrechung nicht zu vertreten hat (Abs. 3 S. 2).

12
c) Für das **Bergwerkseigentum** nach § 9 sieht § 18 Abs. 4 lediglich **einen zwingenden Widerrufsgrund** vor. Er ist dann gegeben, wenn die **regelmäßige Gewinnung** länger als zehn Jahre **unterbrochen** worden ist und nicht Gründe einer sinnvollen technischen oder wirtschaftlichen Planung eine längere Unterbrechung rechtfertigen oder die Gründe für die Unterbrechung nicht vom Bewilligungsinhaber zu vertreten sind. Bergrechtliche Widerrufsgründe, bei denen die zuständige Behörde ihr Ermessen ausüben kann, sind in § 18 nicht vorgesehen.

13
Keine Regelung enthält das BBergG für das **Nebeneinander** von **speziellen** Widerrufsgründen des § 18 **und allgemeinen Widerrufsgründen** in § 49 VwVfG. Zwar ist in der Amtl. Begründung (BT-Ds. 8/1315, 91 = Zydek, 138) angedeutet, daß die allgemeinen Widerrufs- und Rücknahmegründe des VwVfG durch § 18 nicht berührt werden. Diese Bemerkung stammt jedoch aus der Begründung des Reg.-Entwurfes, der Rücknahme- und Widerrufsgründe nebeneinander normierte. Für den einzigen speziellen Rücknahmegrund des § 18 („Erlaubnis und Bewilligung sind zurückzunehmen, wenn ihre Erteilung hätte versagt werden müssen") konnte darauf der Schluß gezogen werden, daß mit ihm nur den für das bergbauliche Konzessionssystem geltenden Besonderheiten durch Erweiterung und Verschärfung (Rücknahmepflicht) der allgemeinen Rücknahmegründe Rechnung getragen werden sollte, ohne diese im übrigen auszuschließen (Wolff-Bachof, I, § 53 V d unter Berufung auf BVwGE, 6, 1; 31, 68; 38, 294 ff; so ausdrücklich der Bundesrat BT-Ds. 8/1315, Anl. 2, 176 = Zydek, 140). Ob gleiches für die **Widerrufsgründe** gelten kann, ist allerdings fraglich, weil § 18 eine differenzierte bergbauspezifische und möglicherweise abschließende Regelung gefunden hat. Dafür spricht, daß **§ 151 Abs. 2 Nr. 2** für aufrechterhaltenes Bergwerkseigentum nur die Anwendbarkeit des § 18 ausschließt. Wäre der Gesetzgeber von einem Nebeneinander von § 18 und § 49 VwVfG ausgegangen, so hätte nach dem Zweck des Ausschlusses § 49 in den Ausschluß einbezogen werden müssen, da aufrechterhaltenes Bergwerkseigentum anderenfalls nach § 49 VwVfG widerrufen werden könnte. Daß dies nicht gewollt ist, dafür spricht auch § 160, der eine Aufhebung aufrechterhaltener Rechte durch die zuständige Behörde nur gegen Entschädigung zuläßt. Damit ist

die Anwendbarkeit des § 49 VwVfG für diese Rechte ausgeschlossen. Denn der Begriff der Aufhebung in § 160 Abs. 1 ist als Oberbegriff für Rücknahme und Widerruf zu verstehen (Stelkens-Bonk, Leonhardt, VwVfG, § 48 Rn 3). Deshalb gelten die vorstehenden Gesichtspunkte auch für die Frage, ob die aufrechterhaltenen Berechtigungen nach § 48 zurückgenommen werden können. Auch das muß verneint werden.

14
Aus dieser Spezialregelung für aufrechterhaltene Berechtigungen kann aber nicht auch der Rückschluß auf den abschließenden Charakter der Widerrufsgründe in § 18 für neue Berechtigungen gezogen werden. Vielmehr muß folgendes gelten:
– Für **aufrechterhaltene Rechte gelten weder** § 18 BBergG **noch** §§ 48, 49 VwVfG. Sie können grundsätzlich nicht zurückgenommen oder widerrufen werden, es sei denn, die §§ 151 ff treffen hier eine besondere Regelung.
– Für die **Berechtigungen nach dem BBergG** einschl. Bergwerkseigentum nach § 9 gelten § 18 BBergG und § 49 VwVfG nebeneinander. Dabei wird dem Berechtigungsinhaber lediglich bei Anwendung der Widerrufsmöglichkeiten nach § 49 Abs. 2 Nr. 3, 4, 5 VwVfG ein Vertrauensschutz eingeräumt werden, weil er in allen anderen Fällen, insbesondere in denen des § 18, mit der Möglichkeit des Widerrufes rechnen mußte oder die Tatsachen, die den Widerruf auslösen, in seiner Sphäre liegen (Stelkens-Bonk-Leonhardt, VwVfG, § 49 Rn 10).

15
Neben § 18 ist danach der **Widerruf nach § 49 VwVfG** zulässig, wenn
– eine mit der Berechtigung verbundene **Auflage** vom Begünstigten **nicht** oder **nicht innerhalb einer ihm gesetzten Frist erfüllt wird** (Abs. 2 Nr. 2) – zur Frage, ob vor dem Widerruf die Vollstreckung der Auflage versucht werden muß, vgl. Stelkens-Bonk-Leonhardt, VwVfG, § 49 Rn 13 –
– durch **nachträgliche Änderung solcher tatsächlichen Verhältnisse,** die den Erlaß des Verwaltungsaktes getragen haben, die Aufrechterhaltung des Verwaltungsaktes zu einer Gefährdung des öffentlichen Interesses wird (Abs. 2 Nr. 3);
– bei einer **nachträglichen Änderung der Rechtslage** aufgrund einer geänderten Rechtsvorschrift der Begünstigte von der Begünstigung noch keinen Gebrauch gemacht oder aufgrund des Verwaltungsaktes noch keine Leistung empfangen hat und ohne den Widerruf das öffentliche Interesse gefährdet würde (Abs. 2 Nr. 4);
– **schwere Nachteile für das Gemeinwohl** zu verhüten oder zu beseitigen sind (Abs. 2 Nr. 5). (Im einzelnen zu den Widerrufsgründen des § 49 vgl. Stelkens-Bonk-Leonhardt, VwVfG § 49 Rn 10 bis 17; Kopp, VwVfG, § 49 Rn 24 bis 49).

16
Sowohl in den Fällen des § 18 BBergG wie in denen der §§ 48, 49 VwVfG bestimmt sich das **Wirksamwerden der Aufhebung** nach den Grundsätzen über das Wirksamwerden von Verwaltungsakten (Stelkens-Bonk-Leonhardt, VwVfG, § 48 Rn 31 bis 33, § 49 Rn 19). Danach wird der aufgehobene Verwaltungsakt mit dem Wirksamwerden der Aufhebung unwirksam. Das Verfahren über die Aufhebung

Erstes Kapitel: Bergfreie Bodenschätze §§ 18,19

ist ein selbständiges Verwaltungsverfahren i. S. des § 9 VwVfG und nicht nur eine Fortsetzung des Verfahrens, das zum Erlaß des Verwaltungsaktes geführt hat. Auch auf das neue Verfahren sind die Verfahrensvorschriften des VwVfG anzuwenden, insbesondere §§ 28 (Anhörung), 39 (Begründung) – Stelkens-Bonk-Leonhardt, VwVfG, § 48 Rn 51 ff –. Wirksamkeit der Aufhebung und Unwirksamkeit der aufgehobenen Berechtigung gelten von dem Zeitpunkt an, in dem der Widerruf dem Betroffenen bekanntgegeben worden ist (§ 43 Abs. 1 VwVfG).

§ 19 Aufhebung der Erlaubnis und Bewilligung

(1) Eine Erlaubnis oder Bewilligung ist auf Antrag ihres Inhabers ganz oder teilweise aufzuheben. Der Antrag ist schriftlich oder zur Niederschrift bei der zuständigen Behörde zu stellen.

(2) Mit der Bekanntgabe der Aufhebung im amtlichen Veröffentlichungsblatt der zuständigen Behörde erlischt die Erlaubnis oder Bewilligung in dem Umfang, in dem sie aufgehoben wird.

1

Nach **bisher geltendem Bergrecht** konnte der Bergwerkseigentümer auf seine Berechtigung **verzichten** (vgl. etwa § 161 ABG NW). Der Verzicht wurde mit der Aufhebung des Bergwerkseigentums durch das LOBA wirksam (§ 160 ABG NW). Ein Anspruch auf die Aufhebung bestand jedoch nicht. Das LOBA durfte vielmehr die Aufhebung versagen, wenn dies im öffentlichen Interesse geboten erschien. Das war zwar nicht ausdrücklich im ABG normiert, ergab sich jedoch aus Sinn und Zweck der in den §§ 161 ff ABG getroffenen Regelung. (Ebel-Weller, § 161 Anm. 4; das VG Gelsenkirchen hat in seinem Urteil vom 28. 2. 1967 – 3 K 724/66 – ausdrücklich festgestellt, daß eine Aufhebung des Bergwerkseigentums abgelehnt werden kann, wenn öffentliche Interessen dem entgegenstehen.)

2

Demgegenüber haben die Inhaber einer Erlaubnis oder einer Bewilligung nach Stellung eines entsprechenden Aufhebungsantrages einen **Rechtsanspruch auf Aufhebung** dieser Berechtigungen (§ 19 Abs. 1 S. 1). Öffentliche Interessen, die ggf. der Aufhebung entgegenstehen könnten, kann die zuständige Behörde nicht geltend machen. Dem ordnungsgemäß schriftlich gestellten Antrag ist vielmehr stets stattzugeben. Der Gesetzgeber hat sich bei dieser Regelung von der Überlegung leiten lassen, daß es aus den für § 18 Abs. 2 und 3 maßgeblichen Gründen wenig sinnvoll ist, den Inhaber einer Erlaubnis oder Bewilligung gegen seinen Willen an seinem Recht festzuhalten (Amtl. Begründung BT-Ds. 8/1315, 92 = Zydek, 142).

3

Der schriftlich oder zur Niederschrift bei der zuständigen Behörde (in NRW das LOBA) zu stellende Antrag kann auf die vollständige oder teilweise Aufhebung einer Erlaubnis oder Bewilligung gehen. Bei einem Antrag auf teilweise Aufhebung hat die zuständige Behörde zu prüfen, ob für den vom Antrag nicht erfaßten Teil der Erlaubnis oder Bewilligung ein Widerruf nach § 18 Abs. 1 in Betracht kommt, weil etwa im verbleibenden Teilgebiet die in § 12 Abs. 1 S. 1 i. V. mit § 11 Nr. 9 genannten Voraussetzungen nicht mehr gegeben sind (BT-Ds. 8/1315, 92 = Zydek, 142).

4
Die **Aufhebung** ist im Amtl. Veröffentlichungsblatt der zuständigen Behörde **bekanntzumachen** (Abs. 2). Mit der Bekanntmachung erlöschen Erlaubnis oder Bewilligung in dem Umfang, in dem sie aufgehoben werden. Der maßgebliche Zeitpunkt ist die Bekanntgabe der Aufhebung. Damit ist der Erlöschenszeitpunkt genau festgelegt.

5
§ 19 regelt die **Rechtsfolgen** lediglich für die aufgehobene Berechtigung. Sie erlischt und hört damit in dem Umfang auf zu existieren, in dem sie aufgehoben wurde. Keine Regelung trifft demgegenüber § 19 für die Folgewirkungen einer aufgehobenen Berechtigung, die bereits ausgeübt worden ist. Sie ergeben sich aus den übrigen Verschriften des BBergG, insbesondere denen für das Betriebsplanverfahren (§§ 50 ff) und aus dem Bergschadensrecht (§§ 110 ff). Denn mit der Aufhebung einer Berechtigung können nicht alle Verpflichtungen, die sich aus ihrer Ausübung ergeben haben, gleichfalls erlöschen. (Vgl. § 20 Rn 2 und 7)

§ 20 Aufhebung von Bergwerkseigentum

(1) Das Bergwerkseigentum ist auf Antrag des Bergwerkseigentümers aufzuheben. Eine teilweise Aufhebung ist nicht zulässig.

(2) Die zuständige Behörde hat den im Grundbuch eingetragen dinglich berechtigten schriftlich mitzuteilen, daß ein Antrag auf Aufhebung des Bergwerkseigentums vorliegt. Die Mitteilung muß den Hinweis auf das sich aus Absatz 3 ergebende Antragsrecht sowie darauf enthalten, daß mit der Aufhebung das Bergwerkseigentum erlischt. Die Mitteilung ist im Bundesanzeiger und im amtlichen Veröffentlichungsblatt der zuständigen Behörde bekanntzumachen.

(3) Innerhalb von drei Monaten nach Bekanntmachung der Mitteilung kann jeder dinglich Berechtigte die Zwangsversteigerung des Bergwerkseigentums beantragen. Ein vollstreckbarer Titel ist für den Antrag und die Durchführung der Zwangsversteigerung nicht erforderlich.

(4) Wird die Zwangsversteigerung nicht innerhalb der Frist des Absatzes 3 Satz 1 beantragt oder führt das Zwangsversteigerungsverfahren nicht zur Erteilung des Zuschlages, so hebt die zuständige Behörde das Bergwerkseigentum auf, anderenfalls gilt der Antrag nach Absatz 1 als erledigt. Die Entscheidung über die Aufhebung ist dem Bergwerkseigentümer und den im Grundbuch eingetragenen dinglich Berechtigten zuzustellen. Die Gemeinde, in deren Gebiet das Bergwerksfeld liegt, ist von der Entscheidung zu unterrichten.

(5) Ist das Bergwerkseigentum erloschen, so ersucht die zuständige Behörde das Grundbuchamt um die Löschung.

Erstes Kapitel: Bergfreie Bodenschätze **1–3 § 20**

1
Nach bisherigem Recht war neben der **Aufhebung des Bergwerkseigentums von Amts wegen** (§§ 156 bis 160 ABG) die „antragsgemäße" Aufhebung, der Verzicht, zwar möglich, aber nicht in jedem Fall durchsetzbar (vgl. § 19 Rn 1; Ebel-Weller, § 161 Anm. 4). Denn die zuständige Behörde konnte die Aufhebung ablehnen, wenn sie öffentlichen Interessen zuwiderlief.
Als Gründe des öffentlichen Interesses wurden angegeben: (s. hierzu VG Gelsenkirchen, unveröff. Urt. v. 28. 2. 1967 – 3 K 724/66 –). Erhebliche Beitragsrückstände des Bergwerkes bei öffentlich-rechtlichen Wasserverbänden, nicht geregelte Forderungen Dritter auf Nutzungsentschädigung (§§ 137 ff ABG) oder auf Bergschadensersatz (Miesbach-Engelhardt, Bergrecht, Art. 218 Anm. 1 b). Dabei war allerdings zu berücksichtigen, daß bereits in einigen Bundesländern die Bergschadenshaftung auch dann bestehenblieb, wenn der Schaden erst nach Aufhebung des Bergwerkseigentums eintrat (§ 160 Abs. 2 ABG NW i. d. F. des Vierten ÄnderungsG zum ABG v. 11. 6. 1968, GuV, 201 = ZfB 109 (1968), 375, 376, Begr. 381, so auch § 148 Abs. 1 S. 6 ABG Hes. und § 160 Abs. 2 S. 2 ABG Rheinland-Pfalz).

2
Demgegenüber stellt § 20 ebenso wie § 19 für die Aufhebung darauf ab, daß bei Vorliegen eines ordnungsgemäßen schriftlichen Antrages ein **Rechtsanspruch** des Bergwerkseigentümers **auf Aufhebung** besteht. Diesem Rechtsanspruch können öffentliche Interessen, die seiner Durchsetzung entgegenstehen könnten, nicht entgegengehalten werden. Darauf hat der Gesetzgeber ausdrücklich verzichtet, weil nach der Amtl. Begründung (BT-Ds. 8/1315, 92 = Zydek, 144)
– das bei einem Verzicht auf Bergwerkseigentum nach einigen bisherigen Ländergesetzen entstehende Problem der Haftung für Bergschäden, die erst nach dem Verzicht auftreten, generell durch § 114 ausgeschaltet ist;
– anderen öffentlichen Interessen, wie z. B. Beseitigung von Gefahren für die persönliche Sicherheit oder den öffentlichen Verkehr, durch den Abschlußbetriebsplan (§ 53), aber auch durch die Ausdehnung der Verantwortlichkeit (§ 58 Abs. 2) auf die Zeit nach Erlöschen der Bergbauberechtigung, Rechnung getragen ist.

3
Die **Aufhebung** nach Abs. 4 wird nicht schon mit dem Antrag an die zuständige Behörde, sondern erst **mit der Bekanntgabe** der Aufhebungsentscheidung **an den Antragsteller** (§ 43 VwVfG) **wirksam**. Die Entscheidung der zuständigen Behörde ist ein Verwaltungsakt mit Doppelwirkung; sie begünstigt den antragstellenden Bergwerkseigentümer und belastet dingliche Gläubiger des Bergwerkseigentümers, sie ist insofern verwaltungsgerichtlich anfechtbar.
Die in Abs. 1 S. 2 festgelegte Unzulässigkeit der nur **teilweisen Aufhebung** ist relativ und von der vorherigen Durchführung eines Teilungsverfahrens nach § 28 abhängig. Ist die Teilung nicht zulässig (vgl. § 28 Rn 6), so kann auch die gewünschte Teilaufhebung nicht ausgesprochen werden. Entsteht dagegen durch die erfolgte Teilung neues Bergwerkseigentum an den selbständigen Bergwerksfeldern, so kann die beantragte Aufhebung des neu begründeten „Teil"bergwerkseigentums ausgesprochen werden.

4

Da das Hauptargument für die Einführung des Bergwerkseigentums seine, dem Grundeigentum vergleichbare Eintragungs- und Beleihungsfähigkeit war (§ 9 Rn 1), müssen die aus dem Grundbuch ersichtlichen **dinglichen Berechtigungen geschützt werden.** Dem dienen die Abs. 2, 3 und 4. Danach muß die zuständige Behörde den dinglich Berechtigten schriftlich Mitteilung von dem Aufhebungsantrag machen. Diese Mitteilung muß den Hinweis enthalten, daß das Bergwerkseigentum mit der Aufhebung erlischt. Außerdem muß die Mitteilung die dinglich Berechtigten darauf aufmerksam machen, daß innerhalb von drei Monaten nach Bekanntmachung der Mitteilung im Bundesanzeiger und im Amtl. Veröffentlichungsblatt der zuständigen Behörde jeder dinglich Berechtigte die Zwangsversteigerung in das Bergwerkseigentum auch ohne vollstreckbare Titel beantragen kann (Abs. 3).

5

Wird innerhalb der Dreimonatsfrist kein Antrag gestellt oder führt das Zwangsversteigerungsverfahren nicht zur Erteilung des Zuschlages, so hebt die zuständige Behörde das Bergwerkseigentum antragsgemäß auf und stellt die Entscheidung über die Aufhebung den dinglich Berechtigten und dem Bergwerkseigentümer zu. (Zur Zustellung vgl. § 17 Rn 5). Außerdem ist die Gemeinde, in deren Gebiet das Bergwerksfeld liegt, zu unterrichten. Kommt es dagegen zu einem Zwangsversteigerungsverfahren und dem Zuschlag, dann gilt der Aufhebungsantrag als erledigt (Abs. 4 S. 1 zweiter Halbsatz).

6

Ist das Bergwerkseigentum durch Zustellung der Aufhebungsentscheidung erloschen, ersucht die zuständige Behörde das Grundbuchamt um die Löschung des Bergwerkseigentums (Abs. 5). Zuständig ist in NRW gemäß § 1 Abs. 2 Nr. 2 der VO v. 5.1. 1982 (GuV 2) das LOBA. Das Ersuchen gemäß § 38 GBO hat in der Form des § 29 Abs. 3 GBO zu erfolgen, d. h. es ist zu unterschreiben und mit Siegel oder Stempel zu versehen.

7

Die **Rechtsfolgen** der Aufhebung des Bergwerkseigentums sind im einzelnen sehr unterschiedlich:
a) Die Haftung für Bergschäden war in § 148 ABG NW an das Bergwerkseigentum und ist auch in § 116 an die Bergbauberechtigung geknüpft. Nach dem System des Bergschadensrechts sind in Bezug auf die Folgen der Aufhebung des Bergwerkseigentums für die Fortgeltung der Bergschadenshaftung zu unterscheiden:
– Für Bergschäden, die **vor vom 1. 1. 1982 verursacht** worden sind, gelten gemäß § 170 die landesrechtlichen Vorschriften. Die Bestimmung des § 170 enthält eine Rechtsvoraussetzungsverweisung (vgl. § 170 Rn 2), so daß die landesrechtlichen Bergschadensregelungen in vollem Umfang anzuwenden sind. Soweit diese landesrechtlichen Vorschriften das Bestehen der Bergschadenshaftung vom Fortbestand des Bergwerkseigentums abhängig machen, erlischt die Haftung mit Aufhebung des Bergwerkseigentums. Soweit für die Länder NRW, Rheinland-Pfalz und Hessen die Bergschadenshaftung auch nach der Aufhe-

Erstes Kapitel: Bergfreie Bodenschätze   **7 § 20**

bung des Bergwerkseigentums weiterbestand, gelten diese Regelungen für vor dem 1.1.1982 verursachte Schäden i. S. des § 114 weiter.
Zur Frage, ob diese Grundsätze auch gelten, wenn Bergwerkseigentum nicht infolge Zwangsversteigerung oder Verzicht (so ausdrücklich § 148 Abs. 1 S. 7 ABG Hessen und § 160 Abs. 2 S. 2 ABG NW und Rheinland-Pfalz), sondern durch gesetzliches Erlöschen gemäß § 149 Abs. 5 beendet wird.

– Bei Bergschäden, die **nach dem 1.1.1982 verursacht** worden sind, gilt die Haftung des Bergbauberechtigten gemäß § 116 Abs. 1 auch, wenn die Bergbauberechtigung bei Verursachung des Bergschadens bereits erloschen war oder wenn sie mit Rückwirkung aufgehoben wurde.

b) Die **öffentlich-rechtlichen Unternehmer-Verpflichtungen** nach Einstellung des Betriebes erlöschen nach § 58 Abs. 2 nicht durch Erlöschen der Berechtigung. Vielmehr tritt an die Stelle des Inhabers der erloschenen Berechtigung der frühere Inhaber dieser Berechtigung. Er ist verantwortliche Person i. S. des § 58 Abs. 1 Nr. 1.

c) Die **Betriebsplanpflicht** für die Einstellung eines Betriebes gilt nach § 51 Abs. 1 S. 3 auch bei Aufhebung der Bergbauberechtigung.

d) Im **Wasserverbandsrecht** ist das „Bergwerk" (§ 6 Abs. 1 Nr. 1 EmscherG) oder der „Eigentümer der Bergwerke" (§ 2 Nr. 1 LINEG-Gesetz, § 6 Nr. 5 Lippe-Gesetz, § 6 Abs. 1 Nr. 1 ErftVG, § 3 Nr. 1 WVVO, § 4 Nr. 1 RRG) die Adresse für **Beitragsveranlagungen**, wenn ihnen i. S. des Veranlagungsprinzips Vorteile durch Verbandsmaßnahmen entstanden sind oder sie Schädigungen veranlaßt haben. Dabei wird der Begriff „Bergwerk" i. S. von § 6 Abs. 1 Nr. 1 EGG ebenfalls als Bergwerkseigentum verstanden (VG Düsseldorf; unveröff. Urt. v. 2.5.1968 – 1 K 3419/65 – und OVG Münster; unveröff. Beschluß v. 3.11.1966 – VII B 317/66 –). Dementsprechend wird auch ein stillgelegtes Bergwerk zu Verbandsbeiträgen veranlagt, soweit sie Folgelasten vergangenen Abbaus betreffen. In Erfüllung und zur Sicherstellung des genossenschaftlichen Schadens- und Vorteilsprinzips hat das Gesetz zur Änderung wasserverbandsrechtlicher Vorschriften NW v. 1.12.1981 (GuV, 698) die Wasserverbandsgesetze EGG, LINEG-Gesetz, RRG, Lippe-Gesetz, ErftVG, 1. WVVO inzwischen ergänzt. Dadurch ist klargestellt, daß die Beitragshaftung von Bergwerkseigentum und Bewilligungen nicht erlischt, wenn sie aufgehoben oder widerrufen werden oder erlöschen (zur Begründung vgl. LT-Ds. 9/1116 v. 19.10.1981).

e) Nach Änderung des § 18 Abs. 3 PGB NW können **ordnungsbehördliche Maßnahmen** bei Gefahren, die von einer herrenlosen Sache ausgehen, gegen denjenigen gerichtet werden, der das **Eigentum** an der Sache **aufgehoben** hat. Diese Bestimmung ist auf Bergwerkseigentum, das aufgehoben wurde, entsprechend anzuwenden (§ 71 Rn 29).

f) Mit der Aufhebung durch die zuständige Behörde **erlischt** das **Bergwerkseigentum**. Die Löschung im Grundbuch hat keine konstitutive Wirkung mehr. Zugleich mit dem Erlöschen des Bergwerkseigentums **erlöschen** die auf ihm ruhenden **dinglichen Belastungen**. Es erlöschen auch die mit dem Bergwerkseigentum verbundenen **Berechtigungen**, z. B. Bergschadensverzichte in der Form von Grunddienstbarkeiten.

8

Die Aufhebungsmöglichkeit nach § 20 gilt nicht nur für das Bergwerkseigentum nach § 9, sondern auch für aufrechterhaltenes Bergwerkseigentum nach § 151, weil das Bergbaueigentum gemäß § 149 „nach Maßgabe der Vorschriften des Gesetzes" aufrechterhalten bleibt und die Anwendbarkeit des § 20 in § 151 Abs. 2 nicht – im Gegensatz zu §§ 18 und 31 – ausdrücklich ausgeschlossen ist.

§ 21 Beteiligung an der Aufsuchung

(1) Die zuständige Behörde hat
1. den Inhalt einer Erlaubnis zur Aufsuchung zu wissenschaftlichen Zwecken jedem Inhaber einer Erlaubnis zur Aufsuchung zu gewerblichen Zwecken und
2. den Inhalt einer Erlaubnis zur großräumigen Aufsuchung jedem Inhaber einer Erlaubnis zur Aufsuchung zu gewerblichen Zwecken oder einer Bewilligung und jedem Bergwerkseigentümer

unverzüglich mitzuteilen, wenn sich die Felder dieser Berechtigungen mit dem Feld der Erlaubnis zur Aufsuchung zu wissenschaftlichen Zwecken oder der Erlaubnis zur großräumigen Aufsuchung hinsichtlich desselben Bodenschatzes ganz oder teilweise überdecken.

(2) Die zuständige Behörde hat ein Verlangen im Sinne des § 11 Nr. 5 zu stellen, wenn einer der Berechtigten bis zum Ablauf von sechs Wochen nach Zugang der Mitteilung gemäß Absatz 1 für sich einen entsprechenden Antrag stellt und glaubhaft macht, daß er zur Übernahme des angemessenen Teils der Aufwendungen gemäß § 11 Nr. 5 erforderlichen Mittel aufbringen kann. Nach Ablauf dieser Frist kann die Behörde bei Vorliegen der übrigen Voraussetzungen des Satzes 1 ein Verlangen stellen, wenn die Entscheidung des Berechtigten über seine Beteiligung vorher nicht möglich war und für den verpflichteten Antragsteller im Zeitpunkt des Verlangens die Beteiligung noch zumutbar ist.

1

Nach § 11 Nr. 5 muß sich der **Antragsteller** einer nicht gewerblichen Erlaubnis **verpflichten**, auf Verlangen der zuständigen Behörde die Inhaber von gewerblichen Aufsuchungs- oder Gewinnungsrechten gegen angemessenen Aufwendungsersatz **an der Aufsuchung zu beteiligen**, wenn deren Felder hinsichtlich derselben Bodenschätze von dem beantragten Feld ganz oder teilweise überdeckt werden. Der **Verwirklichung dieser Verpflichtung** durch die zuständige Behörde **dient** § 21.

2

Deshalb legt Abs. 1 der zuständigen Behörde zunächst **Mitteilungspflichten auf**:
– gegenüber gewerblichen Aufsuchungsberechtigten über das Vorliegen einer wissenschaftlichen Aufsuchungsberechtigung;
– gegenüber gewerblichen Aufsuchungsberechtigten und den Gewinnungsberechtigten über die Erteilung einer großräumigen Aufsuchungsberechtigung.
Die Mitteilung der zuständigen Behörde wird somit als entscheidende tatsächliche Voraussetzung für die Kenntnis sich überschneidender Berechtigungen im gleichen Feld angesehen.

Erstes Kapitel: Bergfreie Bodenschätze §§ 21, 22

3
Nach Zugang der Mitteilung hat der zur Beteiligung Berechtigte sechs Wochen Zeit, einen **Antrag auf Beteiligung** an der Aufsuchung zu stellen, der dann ein entsprechendes Verlangen der Behörde auslöst. Eine Verlängerung der Frist ist nur möglich, wenn die Entscheidung des Antragsberechtigten über seine Beteiligung vorher nicht möglich war und für den Verpflichteten die Beteiligung im Zeitpunkt des Verlangens noch zumutbar ist. Weitere Voraussetzungen für das auf den Antrag des Berechtigten auszusprechende Verlangen der Behörde ist, daß der Berechtigte glaubhaft macht, die zur angemessenen Aufwandsentschädigung erforderlichen Mittel aufbringen zu können.

4
Spricht die zuständige Behörde ihr Verlangen bei Vorliegen aller Voraussetzungen gegenüber dem Inhaber einer nicht gewerblichen Aufsuchungsberechtigung wirksam aus, so hat dieser den Berechtigten oder einen Vertreter an der Aufsuchung zu beteiligen.

§ 22 Übertragung und Übergang der Erlaubnis und Bewilligung

(1) Die Übertragung der Erlaubnis oder Bewilligung auf einen Dritten oder die Beteiligung Dritter an einer Erlaubnis oder Bewilligung ist nur mit Zustimmung der zuständigen Behörde zulässig. Die Zustimmung darf nur versagt werden, wenn
1. bei einer Übertragung eine der Voraussetzungen des § 11 Nr. 4 bis 10 auch in Verbindung mit § 12 Abs. 1 Satz 1, oder
2. bei einer Beteiligung eine der Voraussetzungen des § 11 Nr. 4 bis 7, auch in Verbindung mit § 12 Abs. 1 Satz 1,
vorliegt. Die Zustimmung bedarf der Schriftform.

(2) Mit dem Tode des Inhabers einer Erlaubnis oder Bewilligung geht das Recht auf die Erben über. Bis zur Dauer von zehn Jahren nach dem Erbfall darf es von einem Nachlaßkonkursverwalter, Nachlaßpfleger oder Testamentsvollstrecker ausgeübt werden. Die in Satz 1 und 2 bezeichneten Personen haben der zuständigen Behörde unverzüglich den Erbfall anzuzeigen. Die Rechtsfolgen nach Satz 1 oder Satz 2 treten nicht ein für Erben oder in Satz 2 genannten Verfügungsberechtigte, in deren Person ein Versagungsgrund nach § 11 Nr. 6, auch in Verbindung mit § 12 Abs. 1 Satz 1, gegeben ist. Die Sätze 1 bis 3 gelten für sonstige Fälle der Gesamtrechtsnachfolge entsprechend.

1
Wer seine Erlaubnis oder Bewilligung an einen Dritten **übertragen** oder einen Dritten an diesen Berechtigungen **beteiligen** will, bedarf hierfür der Zustimmung der zuständigen Behörde. Diese **Zustimmungsbedürftigkeit der Übertragung und Beteiligung** liegt darin begründet, daß Erlaubnis und Bewilligung an die Person des Inhabers gebundene Berechtigungen sind (vgl. § 6 Rn 6). Auf die Zustimmung besteht allerdings ein **Rechtsanspruch**, weil die zuständige Behörde die Zustimmung nur versagen darf, wenn bestimmte Versagungsgründe der §§ 11 und 12 in der Person dessen, auf den übertragen oder der beteiligt werden soll, vorliegen oder der Übertragung bzw. Beteiligung objektiv entgegenstehen.

2

Damit wird der Dritte, der neuer Inhaber einer Berechtigung oder an ihr beteiligt werden soll, weitgehend wie der ursprüngliche Antragsteller behandelt. Denn die Versagungsgründe der §§ 11 und 12, die bei der Übertragung oder Beteiligung unberücksichtigt bleiben dürfen (Abs. 1 S. 2 Nr. 1), beziehen sich lediglich auf die Bezeichnung der Bodenschätze, die kartenmäßige Darstellung des Feldes und die Vorlage des Arbeitsprogrammes.

Alle anderen Versagungsgründe dürfen weder in der Person des Übernehmenden (§ 11 Nr. 6) noch objektiv (§ 11 Nr. 8 bis 10) gegeben sein. Dahinter steht der Gedanke des Gesetzgebers auch den neuen Berechtigungsinhaber oder den an der Berechtigung zu Beteiligenden von Anfang an in die wirtschaftsordnende Funktion des Konzessionssystems und seiner Versagungsgründe einzubinden und damit ein Umgehen dieser Kontrolle mittels einer formlosen Übertragung der Berechtigungen oder der Beteiligung eines Dritten zu verhindern (kritisch dazu Westermann, Freiheit, 69 ff).

3

Selbst wenn bei einer Beteiligung der Umfang der Versagungsgründe enger gehalten ist als bei der Übertragung, so muß doch auch hier der Dritte den Mittelnachweis nach § 11 Nr. 7 führen, die erforderliche Zuverlässigkeit besitzen (§ 11 Nr. 6) und daneben diejenigen Verpflichtungen gegenüber der zuständigen Behörde eingehen, die der sinnvollen und planmäßigen Aufsuchung dienen, den möglichst vollständigen Abbau der nutzbaren Bodenschätze gewährleisten sollen (Nr. 4, 5).

4

Die Versagungsgründe, die zur Nichterteilung der Zustimmung führen können, sind, ebenso wie bei der Antragstellung für die Erteilung der Berechtigungen, abschließend aufgezählt. Aus anderen Gründen darf deshalb die zuständige Behörde ihre Zustimmung nicht versagen. Die Beifügung von Nebenbestimmungen, insbesondere Auflagen, die einzelne Versagungsgründe ausräumen und damit zur Zustimmung führen, ist aus den gleichen Gründen wie den zu § 16 genannten möglich (vgl. dort Rn 13).

5

Über die **rechtsgeschäftliche Form der Übertragung** oder Beteiligung sagt § 22 nichts aus. Er läßt insoweit den Parteien freie Hand, im Rahmen der zulässigen Rechtsgeschäfte jede mögliche Form zu wählen, gleichgültig ob damit in jedem Fall eine angemessene Gegenleistung verbunden ist oder nicht. Zu denken ist demnach an Kauf, Tausch, Pacht. Im Rahmen der Übertragung kann jedoch, anders als bei der **Veräußerung** nach § 23, fraglich sein, ob die Einräumung einer bloßen Ausübungsberechtigung, etwa in der Form der Rechtspacht, zustimmungsbedürftig ist. Man wird das nach der Intention des § 22 dann bejahen müssen, wenn der Pächter damit die volle Rechtsinhaberschaft erhält, insbesondere alle zum Inhalt der Berechtigungen gehörenden Rechte und Befugnisse, einschl. des gegenüber Dritten wirkenden Aneignungsrechtes, rechtswirksam ausüben und über das Recht in jeder nach dem BBergG zulässigen Weise verfügen kann.

Erstes Kapitel: Bergfreie Bodenschätze   6–8   § 22

Das hat auch für die sogenannte Unternehmenspacht (Ebel-Weller, § 50 Anm. 2 g; Isay, I, § 50 Rn 36 ff) zu gelten, bei der ein ganzer Bergwerksbetrieb, einschl. der Berechtigungen, verpachtet wird und der Pächter Sachbesitz an den Tagesanlagen erhält. Zu den Einzelheiten der Bergwerkspacht vgl. die ausführliche Darstellung bei Isay, I, § 50 Rn 36 ff: Danach hat der Pachtvertrag (über das Bergwerkseigentum) dingliche Wirkung für die vom Pächter gewonnenen Mineralien. Auf den Eigentumserwerb an den Mineralien finden die §§ 956, 957 BGB zwar nicht direkt, aber analog Anwendung. Hiernach erwirbt der Pächter das Eigentum an den gewonnenen Mineralien mit der Besitzergreifung. Solange der Pachtvertrag besteht und der Pächter sich in dem ihm überlassenen Pachtbesitz befindet, kann der Verpächter die Aneignungserlaubnis nicht widerrufen (§ 956 Abs. 1 S. 2 BGB). Diese Grundsätze müssen auch für die Verpachtung einer Erlaubnis oder Bewilligung gelten.
Eine **Beteiligung** i. S. des § 22 liegt nur vor, wenn echte **gesellschaftsrechtliche Teilhaberrechte** eingeräumt werden, nicht jedoch bei einem bloß finanziellen Engagement. Auch im Falle der Beteiligung muß also dem neu Hinzukommenden ein echtes Beteiligungsrecht an der Ausübung der Berechtigung eingeräumt werden.

6

Die **Zustimmung ist schriftlich** zu erteilen, jede andere Form (§ 37 Abs. 2 VwVfG) ist dadurch ausgeschlossen. Im übrigen gelten hinsichtlich der Bestimmtheit der Zustimmung und ihrer Form als begünstigender Verwaltungsakt die allgemeinen Vorschriften des § 37 VwVfG.

7

Als personenbezogene Rechte gehen Erlaubnis und Bewilligung beim Tode des Inhabers auf den **Erben** über (Abs. 2). Neben bzw. anstelle des Erben sind **Ausübungs- bzw. Verfügungsberechtigte** der übergegangenen Erlaubnis oder Bewilligung die Vertreter des Erben oder des Nachlasses kraft Amtes; sie rücken allerdings nicht in die Erbenstellung, d. h. die volle Rechtsinhaberschaft ein, sondern nur soweit, wie ihr Amt als Konkursverwalter, Nachlaßpfleger oder Testamentsvollstrecker dies zuläßt. Außerdem ist ihre Verfügungsberechtigung gesetzlich auf zehn Jahre begrenzt ohne Verlängerungsmöglichkeit. Die Dauer dieser Verfügungsberechtigung gilt allerdings auch dann, wenn zwischenzeitlich das Recht selbst verlängert wird.

8

Sowohl der Erbe als auch die Verfügungsberechtigten kraft Amtes müssen den Erbfall der Behörde ohne schuldhaftes Zögern schriftlich anzeigen. Sie prüft sodann anhand der ihr bekannten Tatsachen, ob der Erbe bzw. die Verfügungsberechtigten die erforderliche Zuverlässigkeit i. S. der §§ 11 Abs. 1 Nr. 6 und 12 Abs. 1 S. 1 besitzen. Rechtfertigen die der Behörde bekannten Tatsachen die Annahme, daß dies nicht der Fall ist, so ist die Behörde berechtigt, den Rechtsübergang auf den Erben zu versagen oder die Rechtsausübung der Verfügungsberechtigten zu verweigern. In einem solchen Fall hört jedoch die Berechtigung mit der Bekanntgabe des versagenden Verwaltungsaktes nicht auf zu existieren. Sie besteht vielmehr weiter fort, ist lediglich nicht auf die Person des Erben oder Ausübungsberechtigten übergegangen, hat also zeitweilig keinen Inhaber. Ein Erlöschen kommt allenfalls mit Fristablauf in Betracht.

9
Was für den Erbfall gilt, ist in gleicher Weise für andere Formen der Gesamtrechtsnachfolge (etwa Gesellschaft, Gemeinschaft) vorgesehen (Abs. 2 S. 5).

10
Gegen die Versagung des Rechtsüberganges oder der Ausübungsberechtigung stehen den Betroffenen Widerspruch und Anfechtungsklage zu.

§ 23 Veräußerung von Bergwerkseigentum

(1) Die rechtsgeschäftliche Veräußerung von Bergwerkseigentum und der schuldrechtliche Vertrag hierüber bedürfen der Genehmigung der zuständigen Behörde. Die Genehmigung darf nur versagt werden, wenn der Veräußerung Gründe des öffentlichen Interesses entgegenstehen.

(2) Die Genehmigung kann auch vor der Beurkundung des Rechtsgeschäfts erteilt werden. Sie gilt als erteilt, wenn sie nicht innerhalb von zwei Monaten nach Eingang des Antrages versagt wird. Hierüber hat die zuständige Behörde auf Verlangen ein Zeugnis zu erteilen.

1
Im Gegensatz zum Erlaubnis- und Bewilligungsinhaber bedarf der **Bergwerkseigentümer** (§§ 9 und 151) für den Fall der **Veräußerung** seines Rechts zwar nicht der vorherigen Zustimmung (§ 22) der zuständigen Behörde, aber **nachträglicher Genehmigung** zur Rechtswirksamkeit der Veräußerung.

2
Diese gegenüber dem bisherigen Recht (Ebel-Weller, § 50 Anm. 2; Isay, I, § 50 Rn 11, 12) neu eingefügte Genehmigungspflicht erstreckt sich auf die rechtsgeschäftliche Veräußerung selbst (§§ 873, 925 BGB) wie auf den schuldrechtlichen Vertrag hierüber (§ 313 BGB i. V. etwa mit § 433 oder § 515 BGB). Um die **Genehmigung** zu erlangen, muß sie schriftlich unter Vorlage der Veräußerungsdokumente **beantragt** werden.

3
Die Genehmigung ist zu erteilen, wenn der Veräußerung keine Gründe des öffentlichen Interesses entgegenstehen (Abs. 1 S. 2; kritisch zu diesem weiten Versagungsgrund unter Hinweis auf BVerfGE, 21, 306, Westermann, Freiheit, 70). Damit räumt § 23 dem Veräußerer einen **Rechtsanspruch auf Genehmigung** der Veräußerung ein, falls Gründe des öffentlichen Interesses ihr nicht entgegenstehen.

Erstes Kapitel: Bergfreie Bodenschätze § 23

4

Was in diesem Zusammenhang entgegenstehende **Gründe des öffentlichen Interesses** sein können, sagt § 23 selbst nicht. Aus der Entstehungsgeschichte dieser Vorschrift (vgl. BT-Ds. 8/1315, 93 und BT-Ds. 8/3965, 135) ergibt sich jedoch, daß die zu beachtenden öffentlichen Belange einen konkreten Bezug zum Inhalt des Bergwerkseigentums haben, also etwa das Feld oder den Bodenschatz betreffen, und **gerade der Veräußerung entgegenstehen müssen**. Denn der Reg.-Entwurf hatte das Entgegenstehen mit einem „insbesondere"-Satz dann angenommen, wenn die Veräußerung einer Struktur des Bergwerksfeldes widerspricht, die für eine sinnvolle und planmäßige Gewinnung von Bodenschätzen erforderlich ist". (BT-Ds. 8/1315, § 22 Abs. 1 S. 2 = Zydek, 151). Damit sollte die vorgesehene Überwachung der Veräußerungsgeschäfte in erster Linie einer Zersplitterung des Feldesbesitzes begegnen (Amtl. Begründung BT-Ds. 8/1315, 90 = Zydek 152; Westermann, Freiheit, 69, gibt hier zu bedenken, daß durch die Veräußerung die Feldeseinteilung selbst nicht geändert wird; die Person des Inhabers sei für die objektiv bestimmte Gewinnungsmöglichkeit und insbesondere dafür, ob sie mehr oder weniger rationell betrieben werden kann, nicht entscheidend; wohl aber könne die Veräußerung eines ganzen Feldes rationalisierend oder entgegengesetzt wirken). Daran hat sich nichts durch den Wegfall des „Insbesondere-Satzes" geändert.

5

Für die **Genehmigung** sind **zwei Formen** möglich
– die ausdrückliche schriftliche Genehmigung und
– die Genehmigung durch Verstreichenlassen einer Zweimonatsfrist seit Antragstellung; in diesem Fall wird die Erteilung der Genehmigung fingiert (Abs. 2 S. 2).

Geht die zuständige Behörde in dieser Weise vor, so hat sie dem Veräußerer auf Verlangen ein Zeugnis über die so erteilte Genehmigung zu erteilen (Abs. 2 S. 3).

6

Einer weiteren Vereinfachung und Erleichterung der Genehmigungserteilung dient die Anordnung, daß die Genehmigung bereits vor der Beurkundung des Rechtsgeschäftes erteilt werden kann (vgl. § 2 Abs. 1 S. 3 GrdstVG).

7

Keine Aussage trifft § 23 darüber, ob auch eine **Beteiligung** am Bergwerkseigentum oder die **teilweise Veräußerung** genehmigungspflichtig ist. Während für ersteres aus dem Schweigen des Gesetzes die **Genehmigungsfreiheit** zu folgern ist, bedurfte letzteres keiner ausdrücklichen Regelung. Denn vor der Teilübertragung hat stets ein Teilungsverfahren nach § 28 stattzufinden, in dem die gleichen Kriterien wie bei der Übertragung (Vermeidung der Feldeszersplitterung) zu prüfen sind und ggf. bereits hier zu einer Versagung führen können (im einzelnen § 28 Rn 6).

8

Zur **Verpachtung des** Bergwerkseigentums, die nicht genehmigungspflichtig ist, weil sie **keine Veräußerung** darstellt, vgl. § 9 Rn 10 ff; ausführlich Isay, I, § 50 Rn 36 ff.

9

Ebenfalls keine Veräußerung i. S. des § 23 sind alle Formen der dinglichen Belastung des Bergwerkseigentums wie Nießbrauch, beschränkt persönliche oder Grunddienstbarkeiten oder die Begründung von Grundpfandrechten (vgl. dazu Isay, I, § 50 Rn 17 ff).

10

Bergwerkseigentum kann, da § 23 keine anderweitige Regelung trifft, frei vererbt werden. Die Beschränkungen für die Verfügungsberechtigten nach § 22 Abs. 2 gelten für das Bergwerkseigentum nicht.

Zweiter Abschnitt
Vereinigung, Teilung und Austausch von Bergwerkseigentum

§ 24 Zulässigkeit der Vereinigung

Bergwerksfelder dürfen vereinigt werden, wenn sie aneinandergrenzen und das Bergwerkseigentum auf die gleichen Bodenschätze verliehen ist.

1

Wie schon das bisherige Recht (§§ 41 bis 49 ABG – Konsolidation –; vgl. dazu Isay, I, 120 ff) geht auch das BBergG davon aus, daß die Vereinigung von Bergwerksfeldern (§§ 24 bis 27) aus technischen und wirtschaftlichen Gründen möglich sein muß. § 24 erklärt daher eine **Vereinigung für zulässig,** wenn die Felder aneinandergrenzen und das Bergwerkseigentum auf die gleichen Bodenschätze verliehen ist. Im letzten Gesichtspunkt liegt eine Klarstellung gegenüber dem bisherigen Recht. Nach ihm war es nämlich zulässig, Bergwerke, die auf verschiedene Mineralien verliehen waren, zu vereinigen. Dann blieben für den Umfang des Gewinnungsrechtes an den verschiedenen Mineralien die bisherigen Feldesgrenzen maßgebend. Der Gegenstand des neuen Bergwerkseigentums war also nicht für das ganze Feld einheitlich (Völkel, Grundzüge, 119; Ebel-Weller, § 41 Anm. 1).

2

Die **Vereinigung** beruht auf **freier Entschließung** des oder der beteiligten **Bergwerkseigentümer.** Dabei ist der für die Vereinigung von Grundstücken zugelassene Weg des § 890 BGB einzuhalten (§ 27 Abs. 2). Von der Vereinigung nach § 24 ist zu unterscheiden die tatsächliche organisatorische Vereinigung mehrerer Bergwerke zu einer neuen Verwaltungseinheit. Durch sie wird die rechtliche Selbständigkeit der einzelnen Bergwerksfelder nicht aufgehoben, selbst wenn sie hinsichtlich des Betriebes und der Verwaltung als einheitliche Anlage behandelt werden (Ebel-Weller, § 41 Anm. 1 – am Ende –).

Erstes Kapitel: Bergfreie Bodenschätze §§ 24, 25

3
Die Vereinigung ist nicht zulässig zwischen neuem (§ 9) und altem (§ 151) Bergwerkseigentum. Das ergibt sich aus § 151 Abs. 2 Nr. 4.

§ 25 Voraussetzungen der Vereinigung

Zur Vereinigung sind erforderlich
1. **eine notariell beurkundete Einigung der beteiligten Bergwerkseigentümer oder eine entsprechende Erklärung des Alleineigentümers über die Vereinigung; dabei sind die Namen des neuen Bergwerkseigentums und des neuen Bergwerkseigentümers, bei mehreren Bergwerkseigentümern auch der Anteil oder die sonstigen Rechtsverhältnisse an dem neuen Bergwerkseigentum anzugeben;**
2. **zwei Ausfertigungen eines Lagerisses des neuen Bergwerksfeldes, der den Anforderungen einer Bergverordnung nach § 67 entspricht;**
3. **bei dinglicher Belastung des Bergwerkseigentums eine notariell beurkundete Vereinbarung zwischen den dinglich Berechtigten und den beteiligten Bergwerkseigentümern darüber, daß und in welcher Weise, insbesondere in welcher Rangordnung, die Belastungen auf das neue Bergwerkseigentum (§ 27 Abs. 1) übergehen sollen;**
4. **die Genehmigung nach § 26.**

1
Die **Voraussetzungen für die Vereinigung** entsprechen im wesentlichen dem bisher geltenden Recht (vgl. etwa §§ 42 bis 44 ABG NW)
Danach war die Vereinigung nur unter drei wesentlichen Voraussetzungen (§§ 42, 43 ABG NW) zulässig;
– Einem notariell beurkundeten **Konsolidationsakt**;
– der Vorlage eines **Lagerisses** des vereinigten Feldes und
– einer notariell beurkundeten **Vereinbarung** darüber, in welcher Weise und Rangfolge dingliche Belastungen auf das neue Bergwerkseigentum übergehen sollten.
Diese Grundsätze übernimmt § 25.

2
1. Die Form des Konsolidationsaktes hängt davon ab, ob ein oder mehrere Bergwerkseigentümer an ihm beteiligt sind. Ist letzteres der Fall, so bedarf es einer **notariell beurkundeten Einigung**, während sonst die entsprechende Erklärung des Alleineigentümers ausreicht.

3
Der Konsolidationsakt muß weiter enthalten:
– den Namen des neuen Bergwerkseigentums und des neuen Bergwerkseigentümers,
– bei mehreren Bergwerkseigentümern auch ihren Anteil oder ihre sonstigen Rechtsverhältnisse am neuen Bergwerkseigentum.

§§ 25, 26   Zweiter Teil: Bergbauberechtigungen

4

2. Weiteres Erfordernis für die Vereinigung ist die Vorlage eines Lagerisses für das neue Bergwerksfeld in zwei Ausfertigungen.

5

3. Bestehen **dingliche Rechte** am Bergwerkseigentum, so muß zur Wahrung dieser Rechte und zur Regelung ihres Übergangs auf das neue Bergwerkseigentum eine notariell beurkundete **Vereinbarung** zwischen den dinglich Berechtigten und den beteiligten Bergwerkseigentümern darüber vorgelegt werden, daß und in welcher Weise, insbesondere in welcher Rangordnung, die Belastungen auf das neue Bergwerkseigentum übergehen sollen. Dabei ist nur die Belastung des neuen Bergwerkseigentums als Ganzes zulässig.

6

Als letzte Voraussetzung für die Vereinigung ist schließlich die Genehmigung der zuständigen Behörde nach § 26 erforderlich.

§ 26 Genehmigung der Vereinigung, Berechtsamsurkunde

    (1) Die Genehmigung darf nur versagt werden, wenn
1. **die Vereinigung unzulässig ist,**
2. **die in § 25 Nr. 1 bis 3 bezeichneten Urkunden und die Verleihungsurkunden oder die nach § 154 Abs. 2 ausgestellten Urkunden nicht oder nicht vollständig vorgelegt werden oder**
3. **der Vereinigung Gründe des öffentlichen Interesses entgegenstehen.**

    (2) Die Genehmigung wird mit der Urkunde nach § 25 Nr. 1, einer Ausfertigung des Lagerisses nach § 25 Nr. 2, den Verleihungs- oder den nach § 154 Abs. 2 ausgestellten Urkunden zu einer einheitlichen Berechtsamsurkunde verbunden.

1

§ 26 regelt **abschließend die Gründe**, unter denen die für die Vereinigung nach § 25 Nr. 4 erforderliche **Genehmigung versagt werden darf**. (Zum bisherigen Recht vgl. § 41 ABG: Bestätigung des Oberbergamtes) Voraussetzungen für den **Rechtsanspruch** auf Erteilung sind
– die grundsätzliche Zulässigkeit der Vereinigung i. S. von § 24 (Aneinandergrenzen der Felder und Verleihung auf den gleichen Bodenschatz),
– die Vorlage der erforderlichen Urkunden, insbesondere der Einigung bzw. der Erklärung, der Lagerißausfertigung und der Vereinbarung über die dinglichen Rechte und schließlich
– die Vorlage der ursprünglichen Verleihungsurkunden oder bei der Vereinigung von aufrechterhaltenem Bergwerkseigentum die bei der Aufrechterhaltung nach § 154 Abs. 2 ausgestellte Urkunde (Ersatzurkunde).

2

Außerdem dürfen der **Vereinigung**, obgleich freier Entschluß der betreffenden Bergwerkseigentümer, **Gründe des öffentlichen Interesses nicht entgegenstehen** (§ 26 Abs. 1 Nr. 3). Gründe des öffentlichen Interesses können beispielsweise dann

Erstes Kapitel: Bergfreie Bodenschätze §§ 26–28

entgegenstehen, wenn durch die Vereinigung die Ausübung anderer Bergbauberechtigungen in unzumutbarer Weise beeinträchtigt würde, etwa bei vollständiger oder teilweiser Umschließung durch die zu vereinigenden Felder (Amtl. Begründung BT-Ds. 8/1315, 94 = Zydek, 156).

3
Spricht die zuständige Behörde die Genehmigung aus, so wird sie mit der notariellen Einigung bzw. der Erklärung des Alleineigentümers, einer Ausfertigung des Lagerisses und den Verleihungsurkunden des neuen oder des übergeleiteten Bergwerkseigentums zu einer **einheitlichen Berechtsamsurkunde** verbunden. Diese Berechtsamsurkunde wird Grundlage für die Eintragung des neuen Bergwerkseigentums im Grundbuch, dem Berechtsamsbuch und der Berechtsamskarte (§ 75 Abs. 2 Nr. 2 und Abs. 3 Nr. 2).

§ 27 Wirkung der Vereinigung

(1) Mit der Zustellung der Berechtsamsurkunde an den Antragsteller entsteht unter Erlöschen des bisherigen Bergwerkseigentums neues Bergwerkseigentum an dem einheitlichen Bergwerksfeld mit den sich aus der Vereinbarung nach § 25 Nr. 3 ergebenden dinglichen Belastungen.

(2) Ist die Vereinigung wirksam geworden, so ersucht die zuständige Behörde das Grundbuchamt um Berichtigung des Grundbuches. Dem Ersuchen ist eine beglaubigte Abschrift der Berechtsamsurkunde beizufügen.

1
§ 27 Abs. 1 regelt das **Wirksamwerden und die Rechtsfolgen der Vereinigung**. Danach wird die Vereinigung wirksam, wenn die Berechtsamsurkunde für das vereinigte Bergwerkseigentum dem Antragsteller **zugestellt ist**. (Zur Zustellung vgl. § 17 Rn 5) Mit dem Zeitpunkt der Zustellung **erlischt das bisherige Bergwerkseigentum** an den vereinigten Feldern und es **entsteht neues Bergwerkseigentum an einem einheitlichen Feld**. Gleichzeitig mit der Entstehung des neuen Bergwerkseigentums werden auch die nach § 25 Nr. 3 vereinbarten Belastungen an dem neuen Bergwerkseigentum wirksam.

2
Da mit dem Wirksamwerden der Vereinigung das **Grundbuch unrichtig** wird, ersucht die zuständige Behörde das Grundbuchamt um Berichtigung. Der Inhalt der Berichtigung ergibt sich aus der dem Ersuchen beigefügten beglaubigten Abschrift der Berechtsamsurkunde. Für die Rechtswirkungen der Vereinigung ist diese Eintragung jedoch nicht konstitutiv, weil sie sich außerhalb des Grundbuches vollziehen.

§ 28 Teilung

Ein Bergwerksfeld kann in selbständige Teile geteilt werden, wenn die Teile dem § 4 Abs. 7 entsprechen und durch die Teilung eine Feldeszersplitterung, insbesondere eine Erschwerung der sinnvollen und planmäßigen Gewinnung von Bodenschät-

zen nicht zu befürchten ist. Die §§ 25 bis 27 gelten mit der Maßgabe entsprechend, daß die in § 25 Nr. 1 und 2 bezeichneten Urkunden für jeden Teil des Bergwerksfeldes erforderlich sind; mit Ausnahme der Lagerisse für die Teilung ist jedoch eine Urschrift nebst der erforderlichen Zahl von Ausfertigungen oder beglaubigten Abschriften der Urkunden ausreichend.

1

Die **reale Feldesteilung** (vgl. etwa § 51 ABG NW) unterlag der Bestätigung durch das Oberbergamt und durfte nur aus überwiegenden Gründen des öffentlichen Interesses versagt werden. Bei der bestätigten Teilung entstand neues Bergwerkseigentum, und zwar ebenso wie bei der Verleihung oder der Vereinigung außerhalb des Grundbuches (Ebel-Weller, § 51 Anm. 1).

2

Demgegenüber trifft § 28 eine differenziertere Regelung, in dem er die Gründe des öffentlichen Interesses, die der Teilung entgegenstehen können, in die Zulässigkeitsvoraussetzungen aufnimmt und das Verfahren für die Vereinigung auch der Feldesteilung zugrunde legt. Dadurch sind auch die Rechtswirkungen der Teilung klar geregelt.

3

Wie die Vereinigung (§ 24) und der Austausch (§ 29) ist die **Teilung** auf neues (§ 9) oder altes (§ 151) **Bergwerkseigentum beschränkt**. Eine Teilung von Bewilligungsfeldern gibt es nicht.

4

Tatbestandsmäßige Voraussetzungen für die Teilung, d. h. die Zerlegung eines einheitlichen Bergwerksfeldes in mehrere selbständige neue Felder sind das Bestehenbleiben der Feldeseigenschaft nach § 4 Abs. 7 und die Vermeidung einer Feldeszersplitterung und der daraus folgenden Erschwerung einer sinnvollen und planmäßigen Gewinnung von Bodenschätzen (§ 28 S. 1).

5

Bei der Einleitung und Durchführung des Teilungsverfahrens müssen die gleichen Urkunden wie bei der Vereinigung (§ 25) vorgelegt werden (im einzelnen vgl. § 25 Rn 2 ff). Auch die Teilung bedarf der **Genehmigung**. Der einzige Unterschied zum Vereinigungsverfahren ist die Tatsache, daß die Lagerisse für die neuen Felder bezüglich jeden neuen Feldes im Original vorgelegt werden müssen (§ 28 S. 2).

6

Die zuständige Behörde hat die Genehmigung für die Teilung zu geben, wenn die erforderlichen Urkunden nebst der ursprünglichen Verleihungsurkunde oder der Urkunde nach § 154 Abs. 2 vollständig vorgelegt wird oder die in § 28 S. 1 genannten Gründe des öffentlichen Interesses der Genehmigung nicht entgegenstehen. Ist dies nicht der Fall, so hat der Antragsteller einen Rechtsanspruch auf die Genehmigung.

Erstes Kapitel: Bergfreie Bodenschätze §§ 28,29

7

Hat die zuständige Behörde festgestellt, daß die Teilung nicht versagt werden darf, so spricht sie die Genehmigung aus und stellt dem Antragsteller die neuen Berechtsamsurkunden zu. Mit der Zustellung erlischt das ursprüngliche Bergwerkseigentum und neues Bergwerkseigentum entsteht an den Feldesteilen. Diese neuen Bergwerksfelder sind ggf. dinglich entsprechend der Vereinbarung nach § 25 Nr. 3 belastet. Nach Wirksamwerden der Teilung ersucht die zuständige Behörde das Grundbuchamt auf Berichtigung des Grundbuches. Es fügt diesem Antrag beglaubigte Abschriften der Berechtsamsurkunden für die neuen Bergwerksfelder bei.

§ 29 Austausch

Der Austausch von Teilen von Bergwerksfeldern ist zulässig, wenn die auszutauschenden Teile jeweils an das Bergwerksfeld angrenzen, mit dem sie durch den Austausch vereinigt werden sollen, durch den Austausch eine Feldeszersplitterung, insbesondere eine Erschwerung der sinnvollen und planmäßigen Gewinnung von Bodenschätzen, nicht zu befürchten ist, die auszutauschenden Teile dem § 4 Abs. 7 entsprechen und das Bergwerkseigentum auf die gleichen Bodenschätze verliehen ist. Die §§ 25 bis 27 sind mit folgender Maßgabe entsprechend anzuwenden:
1. Die Namen des am Austausch beteiligten Bergwerkseigentums bleiben bestehen.
2. Die in § 25 Nr. 1 und 2 bezeichneten Urkunden sind für jeden am Austausch beteiligten Teil der Bergwerksfelder erforderlich.
3. Mit Ausnahme der Lagerisse für den Austausch ist neben jeweils einer Urschrift die erforderliche Zahl von Ausfertigungen oder beglaubigten Abschriften der Urkunden ausreichend.

1

Die bisherige Regelung enthielt § 51 Abs. 1 ABG. Danach war beim **Austausch von Feldesteilen** zunächst bei beiden in Betracht kommenden Bergwerksfeldern eine reale Feldesteilung vorzunehmen, so daß die beiden auszutauschenden Feldesteile ein selbständiges Bergwerksfeld bildeten. Danach waren diese Austauschfelder mit den Stammfeldern, denen sie zugeschlagen werden sollten, zu vereinigen (Ebel-Weller, § 51 Anm. 2).

2

Hieran knüpft § 29 an. Nach S. 1 soll der Austausch wie nach bisherigem Recht **nur zulässig sein**, wenn die auszutauschenden **Feldesteile an das künftige Stammfeld angrenzen**, selbst ein Feld i. S. des § 4 Abs. 7 bilden und auf die **gleichen Bodenschätze verliehen** sind wie das Feld, mit dem sie vereinigt werden sollen. Außerdem darf der Austausch keine Feldeszersplitterung hervorrufen, die zu einer Gefährdung der sinnvollen und planmäßigen Gewinnung von Bodenschätzen führen könnte.

3

Der **Austausch** richtet sich, da er Teilung und Vereinigung enthält, **mit gewissen Modifikationen** nach den §§ 25 bis 27. Wie in der bisherigen Praxis werden das

Teilungs- und das Vereinigungsverfahren in einem Akt zusammengefaßt. Durch den Austausch wird der abgetrennte Feldesteil von seiner bisherigen dinglichen Belastung befreit, wird aber der dinglichen Belastung des Feldes, mit dem er vereinigt wird, unterworfen. Mit der Rechtswirksamkeit des Austausches (§ 27 Abs. 1) geht das ursprüngliche Bergwerkseigentum an den ausgetauschten Teilen unter. An diesen Teilen entsteht neues, allerdings abgeleitetes Bergwerkseigentum, das mit dem schon vorhandenen Bergwerkseigentum des Stammfeldes zusammengefaßt wird (Amtl. Begründung BT-Ds. 8/1315, 95 = Zydek, 162).

4
Als Besonderheiten gegenüber dem Vereinigungs- und dem Teilungsverfahren schreibt § 29 S. 2 vor, daß
- die Namen der Stammfelder bestehenbleiben;
- die notariell beurkundete Einigung der beteiligten Bergwerkseigentümer oder die entsprechende Erklärung des Alleineigentümers sowie die Lagerisse für jeden am Austausch beteiligten Teil der Bergwerksfelder erforderlich sind;
- die Lagerisse für alle beteiligten Bergwerksfelder in Urschrift vorzulegen sind.
Für die übrigen Nachweise reichen jeweils eine Urschrift und die entsprechende Anzahl von Ausfertigungen oder beglaubigten Abschriften der Urkunden aus.

Dritter Abschnitt
Feldes- und Förderabgabe

§ 30 Feldesabgabe

(1) Der Inhaber einer Erlaubnis zur Aufsuchung zu gewerblichen Zwecken hat jährlich eine Feldesabgabe zu entrichten.

(2) Die Feldesabgabe ist an das Land zu entrichten, in dem das Erlaubnisfeld liegt; § 137 bleibt unberührt.

(3) Die Feldesabgabe beträgt im ersten Jahr nach der Erteilung zehn Deutsche Mark je angefangenen Quadratkilometer und erhöht sich für jedes folgende Jahr um weitere zehn Deutsche Mark bis zum Höchstbetrag von fünfzig Deutsche Mark je angefangenen Quadratkilometer. Auf die Feldesabgabe sind die im Erlaubnisfeld in dem jeweiligen Jahr für die Aufsuchung gemachten Aufwendungen anzurechnen.

1
Im Gegensatz zum bisherigen Bergrecht (Willecke, Glückauf 1981, 1338 ff) enthält das BBergG erstmals eine **gesetzliche Abgabenregelung**. An die Stelle der bisherigen, nach überwiegender Auffassung privatrechtlich ausgerichteten Abgabenverträge zwischen Staat und Bergbauunternehmer, tritt jetzt die gesetzliche Regelung. Ihre Systematik ist im wesentlichen den Konzessionen für Erdöl und Erdgas entnommen (kritisch zur bisherigen Auslegung der Förderzinsregelungen Nicolaysen, Bewilligung, 20 ff).

Erstes Kapitel: Bergfreie Bodenschätze **2–4 § 30**

2
Der Inhaber einer gewerblichen **Aufsuchungserlaubnis** hat künftig jährlich eine sog. **Feldesabgabe** an das Bundesland zu entrichten, in dem sein Erlaubnisfeld liegt (Abs. 1 und 2). Die Erhebung der Feldesabgabe erfolgt als **öffentlich-rechtliche Verleihungsgebühr**. Begründet wird dies damit, daß die Abgaben an eine **staatliche Leistung** anknüpfen, die nicht nur in der Erteilung der Erlaubnis als solcher besteht, sondern vor allem in der Zulassung, eine an sich nicht erlaubte Tätigkeit ausüben und hierbei ausschließliche Rechte für sich in Anspruch nehmen zu können. Bei der Erlaubnis ist dies vor allem der **Ausschluß Dritter**, die ebenfalls zu gewerblichen Zwecken aufsuchen wollen, aber auch die **beschränkte Aneignungsbefugnis** (Amtl. Begründung BT-Ds. 8/1315, 95 = Zydek, 103).

3
Diese Begründung läßt den Schluß zu, daß die Feldesabgabe nur für solche Erlaubnisse zu entrichten ist, die aufgrund des BBergG (§ 7) erteilt werden, nicht jedoch für **alte Aufsuchungsrechte und -verträge**, die nach den §§ 149 ff als Erlaubnisse i. S. des § 7 für die Bodenschätze, die Zeit und den Bereich, für die sie aufrechterhalten bleiben, fortgelten. Denn in diesen Fällen wird kein neues Recht erteilt, sondern ein bestehendes gesetzlich aufrechterhalten und in das Konzessionssystem des BBergG eingeordnet, ohne daß dabei sein Inhalt verändert wird (vgl. vor allem § 152 Abs. 1). Gleichwohl sehen die bisher nach § 32 Abs. 1 und 2 erlassenen VO über die Feldes- und Förderabgaben (nds. GVBl. 1981, 413; GVBl. Schleswig-Holstein 1981, 318 und bay. GVBl. 1981, 566; GBl Baden-Württemberg 1982, 368 ff; GVBl Rheinland-Pfalz, 1982, 271; Ham. GVBl I, 1981, 358 ff und Hess. GVBl. 1982, 111 ff) übereinstimmend vor, daß für die Erhebung und Entrichtung von Feldesabgaben aufgrund von aufrechterhaltenen Rechten und Verträgen das Kalenderjahr als Erhebungszeitraum und der 1. Januar 1982 als Beginn des ersten Jahres i. S. des § 30 Abs. 3 S. 1 anzusehen ist. Diese Auffassung kann nur zutreffend sein, wenn den aufrechterhaltenen Rechten und Verträgen bereits bei ihrer Aufrechterhaltung eine vergleichbare hoheitliche Abgabepflicht aufgrund des echten Staatsvorbehaltes zugrunde lag und lediglich die Erhebung dieser Abgabe in privatrechtliche Formen gekleidet war. In allen anderen Fällen ist eine Festsetzung von Feldesabgaben erst dann möglich, wenn aufrechterhaltene Rechte oder Verträge erloschen bzw. abgelaufen sind und als Erlaubnis i. S. des § 7 neu erteilt werden.

4
Bemessungsgrundlage für die Erhebung der Feldesabgabe ist die Größe des Feldes; für die Höhe der Feldesabgabe ist die Dauer der Erlaubnisnutzung maßgebend. Die Feldesabgabe beträgt im ersten Jahr zehn Deutsche Mark pro Quadratkilometer des Erlaubnisfeldes und erhöht sich für jedes folgende Jahr um weitere zehn Deutsche Mark bis zum Höchstbetrag von fünfzig Deutsche Mark pro Quadratkilometer (Abs. 3). Nach § 32 Abs. 2 S. 2 dürfen diese Abgaben allerdings bis auf das Vierfache erhöht werden. Hiervon haben die Länder Niedersachsen, Schleswig-Holstein und Bayern durch ihre VO bereits Gebrauch gemacht und für Erdöl, Erdgas, Braunkohle, Kali-, Steinsalz und Sole die Feldesabgaben auf das Vierfache erhöht, also vierzig Deutsche Mark pro Quadratkilometer bis zweihun-

dert Deutsche Mark pro Quadratkilometer. Für andere Bodenschätze, insbesondere Nichteisenmetalle, sind in Niedersachsen und Bayern die Feldesabgaben ab drittem Erlaubnisjahr ebenfalls erhöht worden.

5

Entscheidend ist, daß auf die Feldesabgabe die im Erlaubnisfeld in dem jeweiligen Jahr für die Aufsuchung gemachten **Aufwendungen anzurechnen sind**. Die Feldesabgabe soll dem Staat also nicht in erster Linie zusätzliche Finanzmittel zuführen, sondern die Unternehmen veranlassen, ihre Aufsuchungsarbeiten zu intensivieren. Deshalb sind nunmehr genaue Aufzeichnungen über die Aufwendungen pro Feld zu machen, die den Oberbergämtern eine Nachprüfung ermöglichen sollen.

6

Für den **Festlandsockel** gilt hinsichtlich der Feldesabgabe § 137, d. h. bis zur vorgesehenen endgültigen Regelung der Hoheitsrechte am Festlandsockel sind die Länder Abgabengläubiger, an deren Küstengewässer die Erlaubnisfelder angrenzen. Für die Zuordnung der einzelnen Felder zum Gebiet des jeweiligen Landes ist das Äquidistanzprinzip maßgebend (vgl. hierzu § 137 Rn 3).

§ 31 Förderabgabe

(1) Der Inhaber einer Bewilligung hat jährlich für die innerhalb des jeweiligen Jahres aus dem Bewilligungsfeld gewonnenen oder mitgewonnenen bergfreien Bodenschätze eine Förderabgabe zu entrichten. Gleiches gilt für den Bergwerkseigentümer. Eine Förderabgabe ist nicht zu entrichten, soweit die Bodenschätze ausschließlich aus gewinnungstechnischen Gründen gewonnen und nicht wirtschaftlich verwertet werden. Satz 3 gilt nicht für die Errichtung eines Untergrundspeichers.

(2) Die Förderabgabe beträgt zehn vom Hundert des Marktwertes, der für im Geltungsbereich dieses Gesetzes gewonnene Bodenschätze dieser Art innerhalb des Erhebungszeitraums durchschnittlich erzielt wird. Für Bodenschätze, die keinen Marktwert haben, stellt die zuständige Behörde nach Anhörung sachverständiger Stellen den für die Förderabgabe zugrunde zu legenden Wert fest.

(3) § 30 Abs. 2 gilt entsprechend.

1

1. Nach den bisherigen Förderzinsregelungen (Überblick bei Willecke, Glückauf 1981, 1338 ff) waren für die Gewinnung der dem Staat vorbehaltenen bergfreien Bodenschätze Abgaben zu entrichten, die ihre Grundlage in dem Konzessionsvertrag bzw. der Erlaubnis hatten. Den rechtlichen Rahmen für die **Förderabgabe** als hoheitliche Abgabe bilden jetzt die §§ 31 und 32. Danach soll die Förderabgabe **grundsätzlich 10%** des für den Bodenschatz im Jahresdurchschnitt erzielten **Marktwertes** betragen. Die Förderabgabe ist von allen Gewinnungsberechtigten zu entrichten, mit Ausnahme der Bergwerkseigentümer, die ihr Recht vor dem Inkrafttreten des BBergG erlangt haben (§ 151 Abs. 2 S. 2). Bei den aufrechterhaltenen Rechten und Verträgen knüpft das Gesetz daran an, ob die Rechte als Bewilligung i. S. des BBergG aufrechterhalten worden sind.

Erstes Kapitel: Bergfreie Bodenschätze　　　　　　　　**2, 3　§ 31**

2
Nach der Amtl. Begründung (BT-Ds. 8/1315, 95 = Zydek, 163) wird die **Förderabgabe** ebenso wie die Feldesabgabe als **öffentlich-rechtliche Verleihungsgebühr** erhoben (kritisch hierzu Schulte, NJW 1981, 91, der den Besteuerungscharakter hervorhebt und die Amtl. Begründung wegen der wirtschaftslenkenden Funktion der Abgabe für verfehlt hält, und Kühne, DB 1982, 1693 ff, der für eine Herauslösung der Förderabgabe aus dem BBergG und für die Schaffung einer bundeseinheitlichen Ausgleichsabgabe mit besonderem Verwendungszweck plädiert; auch nach der Rspr. des Bundesverfassungsgerichtes (BVerfGE 20, 257 (269) und 50, 217) dürfte der Charakter der Förderabgabe als Gebühr für eine staatliche Gegenleistung fraglich sein. Denn das BVerfG bezeichnet Gebühren als öffentlich-rechtliche Geldleistungen, die „aus Anlaß individuell zurechenbarer öffentlicher Leistungen dem Gebührenschuldner durch eine öffentlich-rechtliche Norm oder sonstige hoheitliche Maßnahme auferlegt werden und dazu bestimmt sind, in Anknüpfung an diese Leistung deren Kosten ganz oder teilweise zu decken". Diese Zweckbestimmung unterscheidet die Gebühr regelmäßig von der Steuer; vgl. hierzu Patzig, Dör, 1981, 729, 733 und Ibsen, DVBl. 1976, 653 ff, der im Zusammenhang mit der Diskussion über die sog. windfall-profits diese als Abgabe mit Beitragseinschlag bezeichnet, die zur Ausgleichung des Vorteils, nämlich der gesicherten heimischen Rohstoffversorgung aus staatlichem Lenkungsmonopol dient; für den Gebührencharakter jetzt Nicolaysen, Bewilligung, 33 ff). Der Inhaber der Gewinnungsberechtigung erlange nämlich aus **staatlicher Leistung** das absolute **Ausschließungsrecht** gegenüber Dritten sowie eine uneingeschränkte **Aneignungsbefugnis** an den gewonnenen und mitgewonnenen Bodenschätzen. Das diene der Sicherung seiner wirtschaftlichen Position. Angesichts dieser Begründung ist es konsequent, daß § 31 Abs. 1 S. 3 **Ausnahmen** von der Förderabgabe dann vorsieht, wenn Bodenschätze ausschl. aus gewinnungstechnischen Gründen gewonnen und nicht wirtschaftlich verwertet werden können. Abgefackeltes Erdölgas, das nicht wirtschaftlich verwertet werden kann, unterliegt also nicht der Förderabgabe. Die usprünglich gleichfalls vorgesehene Freistellung von der Förderabgabe für das bei der Aussohlung von Kavernen anfallende Salz, das nicht wirtschaftlich verwertet werden kann, ist auf Vorschlag des Bundesrates aufgehoben worden. Vor allem aus Gründen der Gleichbehandlung hat der BR dafür plädiert, auch für dieses Salz einen Förderzins zu erheben (BT-Ds. 8/1315, Anl. 2, 177 = Zydek, 171).

3
Der **Regelsatz** für die Förderabgabe beträgt **10 % des Marktwertes**, der für im Bundesgebiet gewonnene Bodenschätze dieser Art innerhalb des jeweiligen Jahres durchschnittlich erzielt wird. Die Feststellung, wie hoch dieser Marktwert ist, obliegt nach den entsprechenden VO den Oberbergämtern. Der Abgabenpflichtige hat ihnen die für die Errechnung des Marktwertes erforderlichen Angaben zu machen, insbesondere die marktwertbildenden Erlöse, Mengen und Preise mitzuteilen. Auskunftpflichtig sind auch nichtabgabepflichtige natürliche oder juristische Personen, die Naturgas verkaufen, Verkaufsprodukte aus Rohsalz herstellen, Industriesalz aus Steinsalz oder Sole herstellen, Graphit oder Urankonzentrat importieren (bay. VO § 12, nds. und schleswig-hol. VO § 14). Hinsichtlich der

§ 31   4, 5   Zweiter Teil: Bergbauberechtigungen

Begriffsdefinition des „Erlöses" sind unterschiedliche Regeln getroffen worden. Während die bay. VO von den Erlösen nur Mehrwertsteuer sowie Skonti und Rabatte ausnimmt, werden nach den Vorschriften von Niedersachsen und Schleswig-Holstein auch Transportkosten mit zu den Erlösen gezählt.

4
Berechnungsgrundlage für die Förderabgabe ist **grundsätzlich der Marktwert**, der im Geltungsbereich des BBergG gewonnenen Bodenschätze dieser Art (§ 31 Abs. 2 S. 1). Die Auslegung dieser Vorschrift ist strittig (vgl. Bücker, ZfB 123 (1982), 86). Während die entsprechenden Verordnungen der Länder davon ausgehen, daß bei der Bestimmung des Marktwertes auf das aus dem Mineral hergestellte **„Produkt der niedrigsten Handelsstufe"** abzustellen sei, wird andererseits (Grandpierre, Nachrichten der deutschen geologischen Gesellschaft, Heft 26 (1982), 50; Hinweis bei Bücker, ZfB 123 (1982), 86, Anm. 10 auf ein bisher unveröffentlichtes Gutachten von P. Selmer –) die Auffassung vertreten, daß der **Marktwert am Gewinnungsort** maßgebend sei, also an der **Rasenhängebank oder am Bohrlochkopf**. Aufbereitungs- und Transportkosten seien danach von den erzielten Erlösen abzusetzen. Denn die Förderabgabe sei das Entgelt für die Überlassung des Gewinnungsrechts. Werterhöhende Maßnahmen, die im Anschluß an die Gewinnung erfolgten, beruhten nicht auf dem vom Staat verliehenen Gewinnungsrecht, sondern auf der freien wirtschaftlichen Betätigung des aufbereitungs- und transportbetreibenden Unternehmers. Hierfür könne der Staat keine Abgabe außer in Form einer Steuer verlangen. (§ 31 Abs. 1 spricht in der Tat vom Bodenschatz und nicht von einem Verkaufsprodukt; die bisherigen Förderzinsregelungen gingen bei festen Bodenschätzen in der Regel vom Gewicht des geförderten Bodenschatzes aus, bei Erdöl und Erdgas diente als Bemessungsgrundlage meistens der für das Produkt erzielte Marktpreis ab Bohrloch.)

5
Dieser Auffassung sind die Länder nicht gefolgt, sondern sie haben von der Möglichkeit Gebrauch gemacht, durch **Rechtsverordnung** für bestimmte Zeiträume und für bestimmte Bodenschätze oder in bestimmten Gebieten die Förderabgabe zu erhöhen, zu ermäßigen oder ganz zu erlassen oder einen anderen Bewertungsmaßstab zu wählen (§ 32 Abs. 2). Die wichtigste Regelung der aufgrund dieser Ermächtigung erlassenen Verordnungen ist die **Anhebung der Förderabgaben für Erdöl** auf 32 % des Marktwertes bei einer Obergrenze von 40 %. Daneben haben die Länder von den in der Verordnungsermächtigung vorgesehenen Begünstigungstatbeständen Gebrauch gemacht. Das führt – wirtschaftlich gesehen – zu fast dem gleichen Ergebnis wie eine generelle Berücksichtigung der Aufbereitungs- oder Veredlungskosten im Rahmen der Marktwertfeststellung. Soweit die Länder in den bisher vorliegenden Verordnungen für bestimmte Bodenschätze von der Begünstigungsermächtigung Gebrauch gemacht und entsprechende **Befreiungstatbestände** geschaffen haben, gilt für die einzelnen Bodenschätze folgendes:
– Kalisalz (NS §§ 25 – 31; HE §§ 25–31)
  Förderabgabe: 1,75 v. H. des Marktwertes.
  Marktwert: Da Kalisalz als solches keinen Marktwert hat, wird der Marktwert nach dem gewogenen Mittel der erzielten

Erstes Kapitel: Bergfreie Bodenschätze **5 §31**

	Preise in DM/t für alle frei gehandelten Verkaufsprodukte berechnet, die im Erhebungszeitraum aus dem im Geltungsbereich des Bundesberggesetzes gewonnenen Rohsalz hergestellt worden sind.
Befreiungstatbestand:	Aufbereitungskosten für die Herstellung von Verkaufsprodukten aus dem Rohsalz. (HE bis 31.12.1982)

– Steinsalz (NS §§ 32, 33; SH §§ 27, 28; BW §§ 25 ff; RP §§ 26 ff)

Förderabgabe:	1 v. H. des Marktwerts; BW 5 v. H. des Marktwertes. 0,5 v. H. des Marktwerts, soweit das Steinsalz bei der Errichtung eines Untergrundspeichers gewonnen und nicht wirtschaftlich verwertet wird; BW 2,5 v. H. d. Marktwertes.
Marktwert:	Der Marktwert berechnet sich nach dem gewogenen Mittel der Preise in DM/t, die im Erhebungszeitraum im Geltungsbereich des Bundesberggesetzes für frei gehandeltes Industriesalz (= einfachste Handelsstufe) erzielt worden sind.
Befreiungstatbestand:	Nicht vorgesehen.

– Sole (NS §§ 34 – 36; SH §§ 29 – 31; BY § 30; BW §§ 26–30)

Förderabgabe:	Wie Steinsalz.
Marktwert:	Berechnung nach dem Steinsalzgehalt der Sole.
Befreiungstatbestand:	Soweit Sole natürlich vorkommt und für balneologische Zwecke verwendet wird.

– Uran (BY §§ 31 – 33; HE §§ 37–39; BW §§ 31-33)

Förderabgabe:	Bei Marktwert für 1 kg Urankonzentrat (U_3O_8)

unter 100 DM	0
von 100 – 150 DM	1 v. H.
von mehr als 150 – 200 DM	3 v. H.
von mehr als 200 DM	5 v. H.
des Marktwerts.	

Marktwert:	Der Marktwert berechnet sich nach dem gewogenen Mittel der Preise in DM/kg, die für frei gehandeltes, im Geltungsbereich des Bundesberggesetzes gewonnenes Urankonzentrat unter Berücksichtigung von Importpreisen erzielt worden sind.
Befreiungstatbestand:	Aufbereitungskosten für die Herstellung von U_3O_8 aus dem Roherz.

– NE = und sonstige Metallerze (BY §§ 34 – 36; HE §§ 40–42) Kupfer, Blei, Zink, Zinn, Wolfram, Kobalt, Molybdän, Arsen, Nickel, Gold und Silber

Förderabgabe:	1 v. H. des Marktwerts.
Marktkwert:	Der Marktwert berechnet sich nach dem gewogenen Mittel der Preise in DM/t bzw. kg, die jeweils für diese frei gehandelten, im Geltungsbereich des Bundesberggesetzes gewonnenen Bodenschätze der einfachsten Handelsstufe unter Berücksichtigung von Preisen für importierte Bodenschätze dieser Art erzielt worden sind.

§§ 31, 32　　　　　　　　　　　　　Zweiter Teil: Bergbauberechtigungen

Befreiungstatbestand:　　Aufbereitungskosten für die Herstellung des handelsfähigen Produkts aus dem gewonnenen Roherz.
- Ölschiefer, Lehmbraunkohle (BY § 37)
　Förderabgabe:　　　　　1 v. H. des nach § 31 Abs. 2 Satz 2 BBergG festgestellten Werts.
- Erdwärme (BW § 34) Befreiung für 10 Jahre.

6
Soweit Bodenschätze **keinen Marktwert** haben, stellt die zuständige Behörde den der Förderabgabe zugrunde zu legenden Wert nach Anhörung sachverständiger Stellen fest (Abs. 2 S. 2).

7
Nach dem in Abs. 3 enthaltenen Hinweis auf § 30 Abs. 2 steht die **Förderabgabe dem Land zu**, in dem das Bewilligungs- oder das Bergwerksfeld liegt. Soweit es sich um Förderabgaben für die Gewinnung von Bodenschätzen aus dem **Festlandsockel** handelt, gilt die in § 137 getroffene Übergangsregelung, wonach bis zu einer endgültigen Regelung der Rechte am Festlandsockel die Förderabgabe den Ländern zusteht, an deren Küstengewässer das Bewilligungs- oder Bergwerksfeld im Bereich des Festlandsockels angrenzt.

8
Ebenso wie für die Feldesabgabe gilt auch für die Förderabgabe, daß die in den §§ 30 und 31 festgesetzte Höhe auf das **Vierfache** angehoben werden dürfen (§ 32 Abs. 2 S. 2). Hiervon haben die Länder für Erdöl Gebrauch gemacht und die Förderabgabe bis auf 38 % des Marktwertes angehoben (so jetzt Niedersachsen mit seiner Änderungs VO vom 23. 12 1982, GVBl, 551).

§ 32 Feststellung, Erhebung und Änderung der Feldes- und Förderabgabe

(1) Die Landesregierungen werden ermächtigt, durch Rechtsverordnung die zur Durchführung der §§ 30 und 31 erforderlichen Vorschriften über die Feststellung des Marktwertes und des Wertes nach § 31 Abs. 2 Satz 2 sowie über die Erhebung und Bezahlung der Feldes- und Förderabgabe zu erlassen. Natürliche und juristische Personen können zur Erteilung von Auskünften verpflichtet werden, soweit dies zur Festsetzung des Marktwertes erforderlich ist.

(2) Die Landesregierungen werden ermächtigt, durch Rechtsverordnung für einen bestimmten Zeitraum
1. Erlaubnisse, Bewilligungen und Bergwerkseigentum auf bestimmte Bodenschätze oder in bestimmten Gebieten von der Feldes- und Förderabgabe zu befreien
2. für Erlaubnisse auf bestimmte Bodenschätze oder in bestimmten Gebieten einen von § 30 Abs. 3 Satz 1 abweichenden Betrag und eine andere Staffelung festzusetzen,
3. für Bewilligungen und Bergwerkseigentum auf bestimmte Bodenschätze oder in bestimmten Gebieten einen von § 31 Abs. 2 abweichenden Vomhundertsatz oder Bemessungsmaßstab festzusetzen,
soweit dies zur Anpassung an die bei Inkrafttreten dieses Gesetzes geltenden Regelungen geboten, zur Abwehr einer Störung des gesamtwirtschaftlichen Gleich-

Erstes Kapitel: Bergfreie Bodenschätze 1, 2 § 32

gewichts, zur Abwehr einer Gefährdung der Wettbewerbslage der aufsuchenden oder gewinnenden Unternehmen, zur Sicherung der Versorgung des Marktes mit Rohstoffen, zur Verbesserung der Ausnutzung von Lagerstätten oder zum Schutz sonstiger volkswirtschaftlicher Belange erforderlich ist oder soweit die Bodenschätze im Gewinnungsbetrieb verwendet werden. Dabei dürfen die Abgaben höchstens auf das Vierfache des sich aus § 30 Abs. 3 Satz 1 oder § 31 Abs. 2 Satz 1 ergebenden Beträge erhöht werden.

(3) Die Landesregierungen können die Ermächtigung nach den Absätzen 1 und 2 durch Rechtsverordnung auf andere Stellen übertragen.

1

Zur Durchführung der in den §§ 30 und 31 getroffenen Abgaberegelung ermächtigt § 32 die Landesregierungen zum Erlaß von **Rechtsverordnungen** (ursprünglich war der Bundesminister für Wirtschaft ermächtigt, doch setzten die Länder im Bundesrat und im Vermittlungsausschuß ihre Ermächtigung durch, vgl. BR-Ds. 286/80, 3 = Zydek, 177), mit denen für bestimmte Zeiträume und für bestimmte Bodenschätze oder in bestimmten Gebieten die Förderabgabe erhöht, ermäßigt, ganz erlassen oder ein anderer Bemessungsmaßstab festgesetzt werden kann. Damit soll den Bedürfnissen nach unterschiedlicher Handhabung für die verschiedenen Bodenschätze Rechnung getragen werden. Das kommt auch in den Voraussetzungen zum Ausdruck, unter denen die Verordnungen erlassen werden dürfen. Sie zielen vor allem auf die Förderung des Bergbaus ab, wie er in dem Zweck des Gesetzes (§ 1 Nr. 1) definiert ist. So kann die Förderabgabe abweichend festgesetzt werden, wenn dies zur Abwehr einer Gefährdung der Wettbewerbslage der gewinnenden Unternehmen oder zur Sicherung der Versorgung des Marktes mit Rohstoffen oder zur Verbesserung der Ausnutzung von Lagerstätten erforderlich ist. Daneben sind als Voraussetzungen vorgesehen:
– Die Anpassung an die bei Inkrafttreten des Gesetzes geltenden Regelungen,
– die Abwehr einer Störung des gesamtwirtschaftlichen Gleichgewichtes und
– der Schutz sonstiger volkswirtschaftlicher Belange (§ 32 Abs. 1 S. 1).

2

Die einzelnen, für die Befreiung, abweichende Bemessung oder für die Änderung des Grundbetrages und der Staffelung in Abs. 2 S. 1 vorgesehenen maßgeblichen Gründe umfassen folgende Fallgruppen:
– Die Anpassung an vorgefundene Förderzinsregelungen, seien sie privat- oder öffentlich-rechtlicher Natur; damit soll ein wirtschaftlicher Nachteil der Länder gegenüber der geltenden Rechtslage vermieden werden.
– Die Gefahr einer Störung des wirtschaftlichen Gleichgewichtes i. S. des Stabilitätsgesetzes (BGBl. I, 582 ff) von 1967. Eine solche Störung liegt vor, wenn die in § 1 genannten Faktoren nicht mehr in der vom Gesetz gebotenen Weise einander zugeordnet sind.
– Eine weitere Gruppe sieht die Zulässigkeit von Abweichungen vor, wenn anderenfalls die ausreichende Rohstoffversorgung und die Verbesserung der Lagerstättenausnutzung durch die Feldes- und Förderabgabe beeinträchtigt würden.
– Die letzte Gruppe schließlich betrifft den Fall des Eigenverbrauches der gewon-

nenen Rohstoffe im Gewinnungsbetrieb. Hier ist wegen der fehlenden wirtschaftlichen Verwertung ggf. eine Änderung bzw. Befreiung geboten.

3

§ 32 Abs. 2 letzter Satz soll auch die Möglichkeit geben, die sog. Marktlagengewinne (auch „windfall-profits" genannt) der inländischen Erdöl- und Erdgasindustrie abzuschöpfen, die dadurch entstehen, daß sich die Rohöl- und Erdgaspreise aufgrund der marktbeherrschenden Stellung der OPEC nach den beiden Erdölkrisen erheblich erhöht haben. In der parlamentarischen Beratung war man sich zwar über die Möglichkeit zur Erhöhung der Förderabgabe einig, doch wäre das Gesetz beinahe noch an der Entscheidung über die Frage gescheitert, wem diese Befugnis zustehen sollte, dem Bund oder den Ländern. Im Vermittlungsausschuß konnten die Länder durchsetzen, daß ihnen das Verordnungsrecht für die Feldes- und Förderabgaben zuerkannt wurde (vgl. BT-Ds. 8/1315, Anl. 2, 177 = Zydek, 175). Eine sachgerechte Lösung für die Abschöpfung von Martklagengewinnen ist damit allerdings nicht erzielt worden (vgl. hierzu vor allem die kritischen Anmerkungen von Kühne, DB, 1982, 1693 ff und Nicolaysen, Bewilligung, 43).

4

Im übrigen haben die Länder in ihren Rechtsverordnungen die Entstehungstatbestände für die Abgabenansprüche, die Form, den Inhalt und den Zeitpunkt der Abgabeerklärungen sowie das Verfahren zur Feststellung des Wertes von Bodenschätzen festgelegt, die keinen Marktwert haben. Sie haben damit die Ermächtigungen des § 32 im wesentlichen ausgeschöpft.

5

Von der in Abs. 3 den Landesregierungen eingeräumten Ermächtigung, die Ermächtigungen nach den Abs. 1 und 2 durch Rechtsverordnungen auf andere Stellen zu übertragen, hat, soweit ersichtlich, bisher lediglich Bayern Gebrauch gemacht, das dem Minister für Wirtschaft und Verkehr zum Erlaß der Verordnung ermächtigt hat.

Vierter Abschnitt
Fundanzeige

§ 33 Anzeige und Entschädigung

(1) Wer einen bergfreien Bodenschatz entdeckt, ohne zu seiner Aufsuchung oder Gewinnung berechtigt zu sein, und der zuständigen Behörde die Entdeckung unverzüglich anzeigt, kann von demjenigen, der auf Grund dieser Anzeige eine Bewilligung für den Bodenschatz erhält, Ersatz der Aufwendungen verlangen, die ihm im Zusammenhang mit der Entdeckung entstanden sind. Dies gilt nicht, wenn der Bodenschatz unter Verstoß gegen § 6 entdeckt worden oder die Lagerstätte dieses Bodenschatzes bereits bekannt ist.

(2) Die Anzeige muß Angaben über den Zeitpunkt der Entdeckung, den Fundort mit Bezeichnung des Grundstücks, der Gemeinde und des Kreises sowie eine Beschreibung der Art und Beschaffenheit des Fundes enthalten. Die zuständige

Erstes Kapitel: Bergfreie Bodenschätze 1–5 § 33

Behörde hat den Anzeigenden unverzüglich von der Erteilung einer Bewilligung zu benachrichtigen.

1
Das bisherige Recht kannte keine vergleichbare Vorschrift. Sie dient der möglichst umfassenden Entdeckung und Ausnutzung von Lagerstätten im Interesse der Rohstoffversorgung.

2
Voraussetzung für die Anwendung der Regeln über die **Fundanzeige** und die Entschädigung für die dabei gemachten Aufwendungen ist das Vorliegen einer Aufsuchungs- oder Gewinnungsberechtigung in der Person des Finders, sie sich auf den zufällig entdeckten Bodenschatz nicht erstreckt.

3
Zeigt der Finder seine Entdeckung der zuständigen Behörde ohne schuldhaftes Zögern an und beantragt und erhält daraufhin ein Dritter eine Bewilligung für diesen Bodenschatz, so kann der Finder von dem Bewilligungsinhaber **Ersatz für die ihm im Zusammenhang mit der Entdeckung entstandenen Aufwendungen** verlangen (Abs. 1 S. 1). Zwischen der Anzeige des Finders und der Erteilung einer Bewilligung muß also ein Kausalzusammenhang bestehen, weil der Aufwendungsersatz nur dann gerechtfertigt erscheint, wenn die Gewinnung dieses Bodenschatzes gesichert ist. Der **Anspruch auf Aufwendungsersatz** entsteht allerdings nicht, wenn der Anzeigende rechtswidrig, also unter Verstoß gegen § 6, aufgesucht hat oder die Lagerstätte dieses Bodenschatzes bereits bekannt ist (Abs. 1 S. 2).

4
Die **Anzeige** muß nach Abs. 2 S. 1 enthalten:
– den Zeitpunkt der Entdeckung,
– den Fundort mit Bezeichnung des Grundstückes, der Gemeinde und des Kreises und eine Beschreibung der Art und Beschaffenheit des Fundes.
Eines Nachweises der Aufsuchungsberechtigung bedarf es nicht, ihr Bestehen prüft die zuständige Behörde von Amts wegen.

5
Da der Aufwendungsersatzanspruch erst entsteht, wenn die Bewilligung erteilt worden ist, verpflichtet Abs. 2 S. 2 die zuständige Behörde zur unverzüglichen Benachrichtigung des Finders über die Erteilung. Der Aufwendungsersatz umfaßt alle Kosten, die im Zusammenhang mit der Entdeckung entstanden sind. Der Finder kann also dem Dritten nicht nur die Kosten der bergmännischen Arbeiten, die zur Entdeckung geführt haben, sondern ggf. auch die Kosten für wissenschaftliche Analysen der Bodenschätze oder Verwaltungskosten in Rechnung stellen. Er hat insoweit gegen den Bewilligungsinhaber einen **gesetzlichen Erstattungsanspruch**, der jedoch der Höhe nach zwischen den Parteien auszuhandeln ist. Den Nachweis über die entstandenen Kosten hat der Anspruchsberechtigte zu führen. Streitigkeiten über den Grund und die Höhe des Erstattungsanspruches sind vor den ordentlichen Gerichten auszutragen.

Zweites Kapitel
Grundeigene Bodenschätze

§ 34 Inhalt der Befugnis zur Aufsuchung und Gewinnung grundeigener Bodenschätze

Für die Befugnis des Grundeigentümers, bei der Aufsuchung und Gewinnung grundeigener Bodenschätze nach Maßgabe dieses Gesetzes andere Bodenschätze mitzugewinnen, das Eigentum daran zu erwerben, Hilfsbaue anzulegen und fremde Grubenbaue zu benutzen, gelten
1. soweit sich dies nicht schon aus dem Inhalt des Grundeigentums und
2. soweit sich nicht aus den §§ 149 bis 158 etwas anderes

ergibt, § 7 Abs. 1 und die §§ 8 und 9 mit der Maßgabe entsprechend, daß an die Stelle des Erlaubnis-, Bewilligungs- und Bergwerksfeldes das Grundstück tritt, auf das sich das Grundeigentum bezieht.

1

Das **BBergG gilt**, soweit nicht § 3 ausdrücklich etwas anderes bestimmt, für die Aufsuchung, Gewinnung und Aufbereitung von **bergfreien und grundeigenen Bodenschätzen** (§ 2 Abs. 1 Nr. 1). Diese umfassende Geltungsbereichsanordnung macht es notwendig, die **Gewinnungsbefugnis des Grundeigentümers** den Berechtigungen auf bergfreie Bodenschätze soweit gleichzustellen als die bergmännische Tätigkeit dies erfordert. Dabei konnte der Gesetzgeber zwar von einem gesicherten Bestand an Befugnissen ausgehen, denn das Recht des Grundeigentümers, auf seinem Grundstück grundeigene Bodenschätze aufzusuchen, zu gewinnen und die dazu erforderlichen Einrichtungen zu schaffen, ist Inhalt der mit dem Grundeigentum (§ 903 BGB) verbundenen Rechtsposition. Hierzu gehören auch die aus dem Grundeigentum fließenden Abwehransprüche gegenüber Dritten.

2

Die mit dem Grundeigentum verbundenen Rechte und Befugnisse, die durch alte Rechte und Verträge eingeschränkt oder erweitert sein können (Nr. 2), reichen jedoch unter Umständen für eine sinnvolle und planmäßige Aufsuchung und Gewinnung grundeigener Bodenschätze nicht aus. Das wird deutlich bei einem Vergleich mit den Berechtigungen auf bergfreie Bodenschätze, die ihrem Inhaber bestimmte, für die bergbauliche Tätigkeit unverzichtbare Einzelbefugnisse einräumen (vgl. Turner, ZfB 108 (1967), 45 ff) und ihre Rechtsposition gegenüber Dritten durch Begründung einer Duldungspflicht absichern. Diese Duldungspflicht schließt Abwehransprüche nach § 1004 BGB unter Einräumung eines Bergschadensersatzanspruches aus (vgl. § 114 Rn 15 ff).

3

Um insoweit dem **Grundeigentümer** eine vergleichbare Rechtsposition zu schaffen, erklärt § 34 unter Hinweis auf das **Mitgewinnungs-**, das **Aneignungs-** und das **Hilfsbaurecht** sowie auf das Recht, fremde Grubenbaue zu benutzen, die §§ 7 Abs. 1, 8 und 9 mit der Maßgabe für anwendbar, daß anstelle des jeweiligen Feldes das Grundstück tritt, auf das sich das Grundeigentum bezieht.

Erstes Kapitel: Bergfreie Bodenschätze §§ 34, 35

4
Diese Verweisung auf die Berechtigungen für bergfreie Bodenschätze bedeutet im einzelnen:

5
a) Für die **Aufsuchung** von grundeigenen Bodenschätzen
- die Ausschließlichkeit des aus dem Grundeigentum fließenden Rechtes zur Aufsuchung und damit den Ausschluß von Abwehransprüchen nach § 1004 BGB,
- ein eingeschränktes Gewinnungs- und Aneignungsrecht i. S. des § 7 Abs. 1 Nr. 2 auch für fremde grundeigene und bergfreie Bodenschätze.

6
b) Für die **Gewinnung** von grundeigenen Bodenschätzen
- den Ausschließlichkeitscharakter des dem Grundeigentümer zustehenden Gewinnungsrechtes
- ein Mitgewinnungsrecht entsprechend § 8 Abs. 1 Nr. 1 i. V. mit den §§ 43, 42 sowie das damit verbundene Aneignungsrecht sowohl für bergfreie wie fremde grundeigene Bodenschätze,
- das Hilfsbaurecht und das damit zusammenhängende Aneignungsrecht für bergfreie und fremde grundeigene Bodenschätze (§§ 8 Abs. 1 Nr. 2 und 9 Abs. 1 i. V. mit §§ 44 bis 46),
- das Recht der Benutzung fremder Grubenbaue (§ 47),
- das Recht, die Grundabtretung verlangen zu können (§§ 8 Abs. 1 Nr. 4 und 9 Abs. 1 i. V. mit §§ 77 ff).

7
c) Das Recht, die gewonnenen oder mitgewonnenen Bodenschätze **aufzubereiten**, ist Bestandteil der Rechtsposition des Grundeigentümers. Errichtung und Betrieb der Aufbereitungsanlagen sind den gleichen Regeln unterworfen wie die Aufbereitungsanlagen für bergfreie Bodenschätze (vgl. § 50 Rn 3 ff; § 51 Rn 14 ff).

8
Zu den Einzelheiten der dem Grundeigentümer durch § 34 eingeräumten Rechte und Befugnisse vgl. die entsprechenden Anmerkungen zu den §§ 7, 8 und 9 sowie 41 bis 47.

**Drittes Kapitel
Zulegung**

§ 35 Voraussetzungen

Die zuständige Behörde kann auf Antrag dem Inhaber einer Gewinnungsberechtigung durch Zulegung das Recht erteilen, den Abbau eines Bodenschatzes aus dem Feld seiner Gewinnungsberechtigung die sich auf den gleichen Bodenschatz bezieht, fortzuführen (grenzüberschreitender Abbau), wenn
1. der Antragsteller nachweist, daß er sich ernsthaft um eine Einigung über den

grenzüberschreitenden Abbau zu angemessenen Bedingungen, erforderlichenfalls unter Angebot geeigneter Abbaumöglichkeiten innerhalb der eigenen Gewinnungsberechtigungen, bemüht hat,
2. aus bergwirtschaftlichen oder bergtechnischen Gründen ein grenzüberschreitender Abbau geboten ist,
3. Gründe des Allgemeinwohls, insbesondere die Versorgung des Marktes mit Bodenschätzen oder andere gesamtwirtschaftliche Gründe, einen grenzüberschreitenden Abbau erfordern,
4. nicht damit gerechnet werden muß, daß die in dem Feld der benachbarten Berechtigung anstehenden Bodenschätze von einem anderen Gewinnungsbetrieb auch ohne Zulegung ebenso wirtschaftlich gewonnen werden,
5. Bodenschätze, deren Schutz im öffentlichen Interesse liegt, durch die Zulegung nicht beeinträchtigt werden,
6. folgende Angaben und Unterlagen des Antragstellers vorliegen:
   a) Ein Lageriß mit genauer Eintragung des Hauptfeldes und des Feldes der fremden Berechtigung unter besonderer Kennzeichnung des zuzulegenden Feldesteiles,
   b) eine Darstellung der zur bergwirtschaftlichen und bergtechnischen Beurteilung der Zulegung bedeutsamen tatsächlichen Verhältnisse,
   c) Angaben über das im Hauptfeld durchgeführte sowie über das im Feld der fremden Berechtigung beabsichtigte Arbeitsprogramm, insbesondere über die technische Durchführung der Gewinnung, die danach erforderlichen Einrichtungen unter und über Tage und den Zeitplan,
   d) glaubhafte Angaben darüber, daß die für eine ordnungsgemäße Durchführung des grenzüberschreitenden Abbaus und der damit nach § 2 Abs. 1 Nr. 1 und 2 im Zusammenhang stehenden Tätigkeiten erforderlichen Mittel aufgebracht werden können,
   e) Angaben über Verwendung und Absatz der durch den grenzüberschreitenden Abbau zu gewinnenden Bodenschätze,
   f) eine Begründung zu dem Vorliegen der in den Nummern 3 und 4 bezeichneten Voraussetzungen.

1
Die in den §§ 35 bis 37 geregelte **Zulegung** führt die Rechtsgedanken der VO über die Zulegung von Bergwerksfeldern vom 25. 3. 1938 (BGBl. I, 345) fort. § 1 dieser VO bestimmte:
„Wenn allgemeinwirtschaftliche Gründe es erfordern, daß ein bergmännisch richtig geführter Abbau aus dem Felde einer Bergbauberechtigung (Hauptfeld) in das Feld einer angrenzenden fremden Bergbauberechtigung gleicher oder anderer Art fortschreitet, so wird deren Feld ganz oder teilweise dem Hauptfelde zugelegt."
An der Zulässigkeit einer Überleitung der Zulegungs-VO in Bundesrecht haben keine Zweifel bestanden (vgl. Veröffentlichung im BGBl. III, 1963, Folge 69, 11 und § 44 des Gesetzes zur Förderung der Rationalisierung im Steinkohlenbergbau vom 29. 7. 1963, BT-Ds. 4/1080, 34).

2
Nach § 35 S. 1 ist **Zulegung die Erteilung des Rechtes zum grenzüberschreitenden Abbau**. Grenzüberschreitender Abbau ist die Fortführung des Abbaus desselben Bodenschatzes aus dem Feld einer bestimmten Gewinnungsberechtigung (Haupt-

Erstes Kapitel: Bergfreie Bodenschätze 3–7 § 35

feld) in das einer benachbarten fremden Gewinnungsberechtigung (Zulagefeld). Da das Recht zum grenzüberschreitenden Abbau nicht zum Inhalt der Gewinnungsberechtigungen gehört, wird es nur auf schriftlichen Antrag des Rechtsinhabers und nur unter bestimmten Voraussetzungen erteilt. Die Rechtsnatur der an der Zulegung beteiligten Gewinnungsberechtigungen im Haupt- und Zulagefeld ist wie schon nach bisherigem Recht (§ 1 Abs. 3 ZulegungsVO) bedeutungslos; zulässige Gewinnungsberechtigungen sind alle Rechte, die eine der bergbehördlichen Aufsicht unterliegende Aufsuchung und Gewinnung von Bodenschätzen zum Gegenstand haben (Willecke-Turner, Grundriß, 83; Ebel-Weller, ZulegungsVO, § 1 Anm. 4).

3
Im Gegensatz zur Vereinigung und Teilung von Bergwerksfeldern und zum Austausch von Feldesteilen, die auf dem freien Willen der Beteiligten beruhen, ist die **Zulegung** die **zwangsweise Vereinigung** von Bergwerksfeldern oder Feldesteilen. Deshalb wird sie auch nach herrschender Meinung als **Enteignung** angesehen (Samel, ZfB 106 (1965), 249; Ebel-Weller, ZulegungsVO, § 1 Anm. 2; H. Schulte, Eigentum und öffentl. Interesse, 1970, 293).

4
Wegen des enteignungsrechtlichen Charakters der Zulegung sind ihre **Zulässigkeitsvoraussetzungen** so ausgestaltet, daß nur bei ihrem Vorliegen das für die Enteignung im Einzelfall erforderliche konkrete Gemeinwohlinteresse (vgl. auch § 79 Abs. 1) nachgewiesen ist.

5
Zu den Zulässigkeitsvoraussetzungen im einzelnen:

6
– Da die Enteignung stets das letzte Mittel sein soll, um die dem allgemeinen Wohl dienenden Zwecke zu erreichen, muß sich der Antragsteller zunächst **ernsthaft** um eine **Einigung** zum grenzüberschreitenden Abbau unter angemessenen Bedingungen, erforderlichenfalls mit dem Angebot geeigneter Abbaumöglichkeiten im eigenen Feld, bemüht haben. Die Einigung braucht nicht alle Gesichtspunkte der Zulegung zu umfassen; sie ist eine privatrechtliche Vereinbarung (BGH in ZfB 105 (1964), 228), auch wenn sie vor der zuständigen Behörde (§ 36 Nr. 3) abgeschlossen wird (a. A. Palm, ZfB 122 (1981), 421). Die Ernsthaftigkeit dieser Bemühungen ist nachzuweisen (Nr. 1). Vergleichbare Voraussetzungen formulieren etwa § 87 Abs. 2 BBauG für die förmliche Enteignung („privatrechtliches Ersatzgeschäft", Ernst-Zinkahn-Bielenberg, BBauG, § 87 Rn 41 ff) und § 79 Abs. 2 BBergG für die Grundabtretung. (Zu letzterem vgl. Palm, ZfB 122 (1981), 420 ff; § 79 Rn 6 ff).

7
– Kommt eine Einigung nicht zustande, so müssen **wirtschaftliche** oder **bergtechnische** Gründe den grenzüberschreitenden Abbau **gebieten** und Gründe des Allgemeinwohls, insbesondere die Versorgung des Marktes mit Rohstoffen, ihn **erfordern** (Nr. 2, 3).

8
— Es darf keine wirtschaftliche Abbaualternative von einem anderen Feld aus in absehbarer Zukunft geben (Nr. 4).

9
— Im öffentlichen Interesse geschützte Bodenschätze dürfen durch die Zulegung nicht beeinträchtigt werden (Nr. 5).

10
Zur Prüfung der in den Nr. 1 bis 5 genannten Voraussetzungen und für die Entscheidung über ihr Vorliegen muß der Antragsteller seinem Antrag folgende Unterlagen (Nr. 6) beifügen.

11
— Eine Darlegung, daß Gründe des Allgemeinwohls den grenzüberschreitenden Abbau erfordern und es keine wirtschaftliche Abbaualternative von einem anderen Feld aus gibt; verlangt werden außerdem Angaben über Verwendung und Absatz der im Zulagefeld zu gewinnenden Bodenschätze (Nr. 6 f und 3);
— daneben Angaben zum bisherigen Arbeitsprogramm im Hauptfeld und über das beabsichtigte im Zulagefeld, einschl. seiner technischen Durchführung und eines Zeitplanes (c);
— glaubhaftgemachte Angaben über die Finanzierung des grenzüberschreitenden Abbaus und die ggf. erforderliche Wiedernutzbarmachung (d) und
— schließlich eine Darstellung der zur bergwirtschaftlichen und bergtechnischen Beurteilung der Zulegung bedeutsamen tatsächlichen Verhältnisse einschl. eines Lagerisses mit genauer Eintragung des Hauptfeldes und des Zulagefeldes unter besonderer Kennzeichnung des zuzulegenden Feldesteiles (b und a).

12
Sind alle Voraussetzungen des § 35 erfüllt, so **kann** die Behörde den Antrag auf Zulegung positiv entscheiden. Sie ist allerdings dazu nicht verpflichtet, sondern hat nach ihrem pflichtgemäßen Ermessen zu entscheiden. Zu den **Rechtswirkungen** einer positiven Entscheidung vgl. § 38 Rn 1 ff.

§ 36 Verfahren

Auf das Verfahren sind die Vorschriften über das förmliche Verwaltungsverfahren nach Teil V Abschnitt 1 des Verwaltungsverfahrensgesetzes mit folgender Maßgabe anzuwenden:
1. **Beteiligter ist auch, wem ein Recht zur Gewinnung in dem Feld der fremden Berechtigung zusteht, sowie der Inhaber eines dinglichen Rechtes an der fremden Berechtigung. Liegt die fremde Berechtigung ganz oder teilweise im Bezirk einer anderen zuständigen Behörde, so ist auch diese zu laden.**
2. **Von Amts wegen ist ein Vertreter auch zu bestellen für Mitberechtigte, wenn sie der Aufforderung der zuständigen Behörde, einen gemeinsamen Vertreter zu bestellen, innerhalb der ihnen gesetzten Frist nicht nachgekommen sind.**
3. **In der mündlichen Verhandlung ist auf eine Einigung hinzuwirken. Kommt eine Einigung zustande, so ist diese in der Verhandlungsniederschrift zu beurkunden.**

Erstes Kapitel: Bergfreie Bodenschätze **1–5 § 36**

Auf die Beurkundung sind die §§ 3 bis 13 und 16 bis 26 des Beurkundungsgesetzes vom 28. August 1969 (BGBl. I S. 1513), zuletzt geändert durch Gesetz vom 20. Februar 1980 (BGBl. I S. 157), entsprechend anzuwenden. Die Niederschrift über die Einigung steht einer notariellen Beurkundung der Einigung gleich. Eine Auflassung kann die zuständige Behörde nicht entgegennehmen.
4. Kommt eine Einigung nicht zustande, so entscheidet die zuständige Behörde über den Antrag. Das Recht zum grenzüberschreitenden Abbau ist für ein bestimmtes Feld, für bestimmte Bodenschätze und zeitlich beschränkt zu erteilen. § 16 Abs. 3 gilt entsprechend.

An die Stelle der Vorschriften über das förmliche Verwaltungsverfahren nach Teil V Abschnitt 1 des Verwaltungsverfahrensgesetzes treten die entsprechenden Vorschriften der Verwaltungsverfahrensgesetze der Länder, soweit dies landesrechtlich angeordnet ist.

1

Über die **Zulegung** kann wegen ihrer enteignenden Wirkungen nicht in einem formlosen (§ 10 VwVfG), sondern nur in einem **förmlichen Verfahren** entschieden werden (Stelkens-Bonk-Leonhardt, VwVfG, § 63 Rn 7). Da das BBergG selbst kein förmliches Verfahren für die Entscheidung über den Zulegungsantrag zur Verfügung stellt, bedurfte es der in § 36 S. 1 getroffenen Anordnung, daß das förmliche Verwaltungsverfahren nach **Teil V Abschnitt 1 des VwVfG** anzuwenden ist. Weil das Zulegungsverfahren überdies von den Landesbehörden durchgeführt wird (in NW das Landesoberbergamt), ist wegen § 1 Abs. 3 VwVfG der klarstellende Hinweis auf die LandesverwaltungsverfahrenG in S. 2 im Grunde überflüssig. Er ist jedoch hilfreich für die Auslegung der in § 5 gemachten Aussage (vgl. § 5 Rn 9 ff).

2

Das VwVfG und die VwVfG der Länder haben folgende, im wesentlichen übereinstimmende **Grundsätze für das förmliche Verfahren** festgelegt:

3

a) Ist für ein förmliches Verfahren wie in § 35 ein verfahrenseinleitender **Antrag** vorgesehen, so ist er **schriftlich** oder zur Niederschrift der Behörde zu stellen (§ 64 VwVfG).

4

b) Sofern im förmlichen Verfahren **Zeugen** oder **Sachverständige** gehört werden, sind sie zur Aussage bzw. zur Erstattung von Gutachten **verpflichtet** (§ 65). Dies gilt allerdings nicht für Beteiligte, für sie bleibt es bei der in § 26 Abs. 1 und 2 VwVfG geregelten Mitwirkung, sofern nicht spezialgesetzliche Vorschriften für sie darüber hinausgehende Pflichten vorsehen (§ 65 VwVfG; vgl. dazu Stelkens-Bonk-Leonhardt, § 65 Rn 2).

5

c) **Beteiligten** i. S. des § 13 VwVfG ist Gelegenheit zu geben, sich vor der Entscheidung zu äußern. Ihnen ist außerdem Gelegenheit zu geben, der Vernehmung von Zeugen und Sachverständigen und der Einnahme des Augenscheins beizuwohnen

§ 36 6–10   Zweiter Teil: Bergbauberechtigungen

und hierbei sachdienliche Fragen zu stellen; ein schriftliches Gutachten soll ihnen zugänglich gemacht werden (§ 66 VwVfG). Damit ist eine über § 28 hinausgehende Pflicht zur Anhörung der Beteiligten und eine besondere Form des rechtlichen Gehörs durch Einräumung von Rechten bezüglich der im förmlichen Verfahren enthaltenen Beweiserhebungen angeordnet.

6

d) Im förmlichen Verfahren gilt der Grundsatz der **obligatorischen mündlichen Verhandlung**. Hierzu sind die Beteiligten rechtzeitig zu laden. Bei der Ladung ist darauf hinzuweisen, daß bei Ausbleiben eines Beteiligten auch ohne ihn verhandelt und entschieden werden kann (§ 67 Abs. 1 S. 1 bis 3 VwVfG). Eine Ausnahme vom Erfordernis der mündlichen Verhandlung ist nur möglich, wenn einer der in § 66 Abs. 2 vorgesehenen Gründe vorliegt.

7

e) Für die mündliche Verhandlung ist nach § 68 VwVfG ein bestimmter **Verlauf** vorgesehen. Danach hat der Verhandlungsleiter die Sache mit den Beteiligten zu erörtern. Er hat darauf hinzuwirken, daß unklare Anträge erläutert, sachdienliche Anträge gestellt, ungenügende Angaben ergänzt sowie alle für die Feststellung des Sachverhaltes wesentlichen Erklärungen abgegeben werden. Über die mündliche Verhandlung ist eine Niederschrift zu fertigen und vom Verhandlungsleiter zu unterschreiben.

8

f) Die das Verfahren beendende **Entscheidung** muß unter Würdigung des Gesamtergebnisses des Verfahrens ergehen. Es gilt der Grundsatz der freien Beweiswürdigung. Soweit die Behörde das förmliche Verfahren mit einem Verwaltungsakt abschließt, ist dieser schriftlich zu erlassen, schriftlich zu begründen und den Beteiligten zuzustellen (§ 69 Abs. 1 und 2 S. 1 VwVfG).

9

g) Da die Pflichten der Behörde im förmlichen Verfahren und die für sie bestehenden verbesserten Mittel zur Erforschung des Sachverhaltes eine erhöhte Gewähr für die Rechtmäßigkeit und Zweckmäßigkeit der Entscheidung bilden, kann auf das **Vorverfahren nach § 68 Abs. 1 VwGO** vor Erhebung einer Klage **verzichtet** werden (§ 70 VwVfG).

10

Diese in den Vorschriften der §§ 64 bis 71 VwVfG niedergelegten Grundsätze des förmlichen Verfahrens schließen allerdings nicht aus, daß auch alle übrigen Vorschriften des VwVfG auf das förmliche Verfahren anwendbar bleiben, soweit sie nicht eindeutig durch die Vorschriften über das förmliche Verfahren verdrängt werden. Gleiches gilt auch für spezialgesetzliche Regelungen, die zulässigerweise das förmliche Verwaltungsverfahren modifizieren können (Stelkens, Bonk, Leonhardt, VwVfG, § 63 Rn 8).

Erstes Kapitel: Bergfreie Bodenschätze §§ 36, 37

11
Derartige **spezialgesetzliche Modifizierungen** legt § 36 S. 1 fest.

12
Zunächst wird der Kreis der **Beteiligten (§ 13 VwVfG) erweitert.** Beteiligte sind danach auch alle Personen, die im Zulagefeld eine Berechtigung, ggf. auch auf die Gewinnung anderer Bodenschätze haben, sowie die Inhaber von dinglichen Rechten, die die Berechtigung am Zulagefeld belasten. Daneben ist, allerdings ohne dadurch Beteiligteneigenschaft zu erlangen, die zuständige Behörde zu laden, in deren Amtsbezirk die fremde Berechtigung ggf. ganz oder teilweise liegt.

13
Ergänzend zu § 16 VwVfG ist **von Amts wegen ein Vertreter auch für Mitberechtigte zu bestellen**, wenn sie der Aufforderung zur Bestellung eines gemeinsamen Vertreters nicht innerhalb der ihnen gesetzten Frist nachgekommen sind (Nr. 2). Die Mitberechtigung kann sich allerdings nur auf das Zulagefeld beziehen. (So schon § 7 Abs. 3 ZulegungsVO.)

14
In der obligatorischen mündlichen Verhandlung ist auf eine **Einigung** hinzuwirken. Insoweit stellt Nr. 3 eine enteignungsrechtlich gebotene Ergänzung zu § 67 VwVfG dar. Kommt eine Einigung zustande, so ist sie in der Verhandlungsniederschrift nach den Grundsätzen des Beurkundungsgesetzes zu beurkunden. Damit steht sie der notariellen Beurkundung bis auf die Tatsache gleich, daß die zuständige Behörde eine Auflassung nicht entgegennehmen kann. Sie kann jedoch die Verpflichtung der Beteiligten zur Auflassung bindend beurkunden.

15
Für den Fall, daß die Behörde wegen Nichtzustandekommen der Einigung entscheiden muß, ist die **Zulegung für ein bestimmtes Feld, für bestimmte Bodenschätze und zeitlich beschränkt zu erteilen.**

16
Der in Nr. 4 aufgenommene Hinweis auf § 16 Abs. 3 erweitert die Befugnis der zuständigen Behörde zur nachträglichen Aufnahme, Änderung oder Ergänzung von Auflagen, die nach § 16 Abs. 3 nur für Berechtigungen gilt, auch für das mit der Zulegungsentscheidung entstehende Recht zum grenzüberschreitenden Abbau.

§ 37 Entschädigung

(1) Für die Erteilung des Rechts zum grenzüberschreitenden Abbau hat der Berechtigte eine Entschädigung an den Inhaber der fremden Berechtigung zu leisten. Kommt eine Einigung nicht zustande, so ist die Entschädigung in der Entscheidung über die Erteilung des Rechts zum grenzüberschreitenden Abbau festzusetzen.

(2) Die Entschädigung wird für den durch den grenzüberschreitenden Abbau eintretenden Rechtsverlust und für andere dadurch eintretende Vermögensnachtei-

le geleistet. Soweit zur Zeit der Entscheidung Nutzungen gezogen werden, ist von dem Maß ihrer Beeinträchtigung auszugehen. Hat der Entschädigungsberechtigte Maßnahmen getroffen, um die Nutzungen zu steigern, und ist nachgewiesen, daß die Maßnahmen die Nutzungen nachhaltig gesteigert hätten, so ist dies zu berücksichtigen. Die Entschädigung ist auf Verlangen des Inhabers der fremden Berechtigung in wiederkehrenden Leistungen zu zahlen. Ist die fremde Berechtigung mit dinglichen Rechten Dritter belastet, so gelten die Artikel 52 und 53 des Einführungsgesetzes zum Bürgerlichen Gesetzbuch entsprechend.

1

§ 37 legt die **Entschädigung** für den mit der Zulegung verbundenen enteignenden Eingriff in die fremde Gewinnungsberechtigung dem Grundsatz nach fest. Sie soll einen angemessenen Ausgleich für den durch die Entziehung des Gewinnungsrechtes eingetretenen Wertverlust darstellen. § 37 koppelt die Festsetzung der Entschädigung allerdings derart an das Ergebnis des Einigungsversuches, daß bei seinem Scheitern die Entschädigung dem Grund und der Höhe nach in der Zulegungsentscheidung zu treffen ist. Eine Vorabentscheidung, etwa wie nach § 91 BBergG bei der Grundabtretung, ist demnach nicht möglich. **Die Entschädigungsfestsetzung ist vielmehr Bestandteil der Zulegungsentscheidung.**

2

Die in Abs. 2 getroffene Entschädigungsregelung ist an den zu Art. 14 Abs 3 GG entwickelten Grundsätzen ausgerichtet. Grundsätzlich ist der eingetretene **Vermögensschaden** angemessen auszugleichen. Dieser Grundsatz wird modifiziert, wenn im Zeitpunkt des Entstehens der Entschädigungspflicht aus der fremden Berechtigung bereits Nutzen gezogen wird, z. B. Bodenschätze gewonnen werden. Dann ist bei der Bemessung der Entschädigung von dem Maß der Beeinträchtigung dieser Nutzungen auszugehen. Eine für die Zukunft zu erwartende Verbesserung der Nutzungen ist allerdings nur dann zu berücksichtigen, wenn bereits getroffene Maßnahmen (z. B. Aus- und Vorrichtung, Rationalisierung) nachweisbar zu einer nachhaltigen Steigerung der Nutzung geführt hätten (S. 3 – vgl. auch die Amtl. Begründung BT-Ds. 8/1315, 98 = Zydek, 194).

3

Die Entschädigung ist in Geld zu leisten. Nur auf Verlangen des Entschädigungsberechtigten ist die Entschädigung als Rente zu zahlen.

4

Ist ein Dritter an der betroffenen Berechtigung dinglich berechtigt, so hat er, soweit sein Recht durch die Zulegung beeinträchtigt wird, an dem Entschädigungsanspruch dieselben Rechte, die ihm im Falle des Erlöschens seines Rechtes durch die Zwangsversteigerung an dem Erlöse zustehen (Art. 52 EGBGB). Auf den Entschädigungsanspruch finden nach Art. 53 EGBGB, der nach Abs. 2 S. 4 für entsprechend anwendbar erklärt wird, die Vorschriften des § 1128 BGB Anwendung, so daß die Entschädigung befreiend nur mit Zustimmung der Grundpfandgläubiger geleistet werden kann.

Erstes Kapitel: Bergfreie Bodenschätze §§ 37, 38

5
Für Streitigkeiten über die Entschädigung ist nach § 144 Abs. 1 der ordentliche Rechtsweg gegeben. Die Klage ist innerhalb eines Monats, beginnend mit der Zustellung der Zulegungsentscheidung, zu erheben. Die Monatsfrist ist eine Notfrist i. S. der ZPO (§ 144 Abs. 3 S. 3).

§ 38 Inhalt der Zulegung, Aufhebung, Förderabgabe

(1) Für das Recht zum grenzüberschreitenden Abbau gelten die §§ 8, 15, 16 Abs. 5 und § 18 Abs. 1 und 3 entsprechend. § 31 gilt in dem Umfang entsprechend, in dem er für den Inhaber der fremden Berechtigung gelten würde.

(2) Das Recht darf erst ausgeübt werden, wenn der Berechtigte
1. die Entscheidung geleistet oder
2. bei einer Entschädigung in wiederkehrenden Leistungen die erste Rate und für die übrigen Raten angemessene Sicherheit geleistet hat.

1
§ 38 regelt i. V. mit § 36 S. 1 Nr. 4 die **Rechtswirkungen der Zulegung**. Durch die Erteilung des Rechtes zum grenzüberschreitenden Abbau wird die Gewinnungsberechtigung des Hauptfeldes nicht verändert, sie wird vor allem nicht in ihrem Geltungsbereich ausgedehnt. Die rechtliche Selbständigkeit aller beteiligten Gewinnungsberechtigungen bleibt vielmehr erhalten. Die **Ausübung** der Gewinnungsberechtigung für das Nachbarfeld wird jedoch in dem in der Entscheidung festgelegten Umfang auf den Inhaber der Gewinnungsberechtigung des Hauptfeldes übertragen (Amtl. Begründung BT-Ds. 8/1315, 98 = Zydek, 191; Ebel-Weller, ZulegungsVO, § 5 Anm. 1).

2
Die so entstandene Ausübungsberechtigung wird nach § 38 Abs. 1 **der Bewilligung** weitgehend gleichgestellt.

3
— Sie ist ein ausschl., jedem Dritten gegenüber wirkendes Recht, das zu seiner Wirksamkeit nicht der Eintragung im Grundbuch bedarf und dem Ausübungsberechtigten die Einzelbefugnisse des § 8 einräumt (im einzelnen vgl. § 8 Rn 11 ff).

4
— Mit der Anwendbarkeit des § 15 ist vor der Entscheidung über den Antrag den Behörden Gelegenheit zur Stellungnahme zu geben, zu deren Aufgaben die Wahrnehmung öffentlicher Interessen i. S. des § 11 Nr. 10 gehört. Diese Anhörung kann jedoch nur im förmlichen Verfahren stattfinden, weil der Antragsteller Gelegenheit haben muß, die Bedenken dieser Behörden auszuräumen. Deshalb wäre diese Beteiligung zutreffender bei den Verfahrensvorschriften geregelt worden.

5
— Für die Befristung des Ausübungsrechtes gilt die zeitliche Beschränkung auf fünfzig Jahre mit der Verlängerungsmöglichkeit unter Berücksichtigung der getätigten Investitionen oder bis zur voraussichtlichen Erschöpfung des Vorkommens (§ 16 Abs. 5).

6
— Die Ausübungsberechtigung muß bzw. kann widerrufen werden, wenn die in § 18 Abs. 1 und 3 genannten Widerrufsgründe vorliegen (im einzelnen vgl. dort Rn 9); daneben gelten die allgemeinen Widerrufs- und Rücknahmegründe der §§ 48, 49 VwVfG.

7
Hatte der Berechtigungsinhaber im Zulagefeld **Förderabgaben** i. S. des § 31 zu leisten, so trifft diese Verpflichtung auch den neuen Berechtigten. Er soll allerdings nicht mehr belastet werden als sein Rechtsvorgänger. Deshalb darf die Förderabgabe nur in dem Umfang erhoben werden, in dem der bisherige Inhaber der Berechtigung zu ihr verpflichtet war (§ 38 Abs. 1 S. 2).

8
Abs. 2 dient der Absicherung des Entschädigungsberechtigten. Das Recht zum grenzüberschreitenden Abbau darf danach erst ausgeübt werden, wenn die **Entschädigung** bei einmaliger Leistung in Geld **ganz** oder bei einer Verrentung die erste Rate gezahlt und für die weiteren Raten eine angemessene Sicherheit, etwa durch Stellung einer Bankbürgschaft, geleistet worden ist.

Erstes Kapitel: Vorschriften über Aufsuchung und Gewinnung § 39

Dritter Teil
Aufsuchung, Gewinnung und Aufbereitung

Erstes Kapitel
Allgemeine Vorschriften über die Aufsuchung und Gewinnung

Erster Abschnitt
Aufsuchung

§ 39 Einigung mit dem Grundeigentümer, Zustimmung anderer Behörden, Entschädigung

(1) Wer zum Zwecke der Aufsuchung ein fremdes Grundstück benutzen will, hat vor Beginn der Aufsuchung
1. die Zustimmung des Grundeigentümers und der sonstigen Nutzungsberechtigten und,
2. wenn das Grundstück durch Gesetz oder auf Grund eines Gesetzes einem öffentlichen Zweck gewidmet ist, auch die Zustimmung der für die Wahrung dieses Zweckes zuständigen Behörde einzuholen. § 905 Satz 2 des Bürgerlichen Gesetzbuchs bleibt unberührt.

(2) Bei einem unter Absatz 1 Satz 1 Nr. 2 fallenden Grundstück ist
1. die Zustimmung nach Absatz 1 Satz 1 Nr. 1 nicht erforderlich, wenn das Grundstück ausschließlich dem öffentlichen Zweck dient, dem es gewidmet ist,
2. die Zustimmung nach Absatz 1 Satz 1 Nr. 2 nicht erforderlich, wenn
   a) sich Art und Form der Tätigkeit, die der Aufsuchung dient oder zu dienen bestimmt ist, nicht von den Tätigkeiten unterscheidet, die im Rahmen der Widmung ausgeübt werden dürfen oder von der Widmung nicht betroffen sind oder
   b) für die Zulassung der Tätigkeiten nach den Vorschriften, auf denen die Widmung beruht, eine besondere behördliche Erlaubnis, Genehmigung oder Zustimmung vorgesehen und diese von der dafür zuständigen Behörde erteilt worden ist.

(3) Der Aufsuchungsberechtigte hat nach Abschluß der Aufsuchungsarbeiten den früheren Zustand fremder Grundstücke wiederherzustellen, es sei denn, daß die Aufrechterhaltung der Einwirkungen auf die Grundstücke nach Entscheidung der zuständigen Behörde für spätere Gewinnungsarbeiten zulässig ist oder die zuständige Behörde zur Wiedernutzbarmachung der Oberfläche eine Abweichung von dem früheren Zustand angeordnet hat.

(4) Der Aufsuchungsberechtigte hat dem Grundeigentümer und den sonstigen Nutzungsberechtigten für die durch die Aufsuchungsarbeiten entstandenen, nicht durch Wiederherstellung des früheren Zustandes oder andere Maßnahmen nach Absatz 3 ausgeglichenen Vermögensnachteile Ersatz in Geld zu leisten. Der Ersatzanspruch haftet den Inhabern von dinglichen Rechten, mit denen das Grundstück belastet ist, in entsprechender Anwendung der Artikel 52 und 53 des Einführungsgesetzes zum Bürgerlichen Gesetzbuch.

(5) Zur Sicherung ihrer Ansprüche aus den Absätzen 3 und 4 können der Grundeigentümer und sonstige Nutzungsberechtigte eine angemessene Sicherheitsleistung verlangen.

1

Grundgedanke der in den §§ 39 und 40 getroffenen Regelung, die sich eng an das bisherige Recht anlehnt (vgl. etwa §§ 4 bis 9 ABG NW), ist es, dem **Aufsuchungsberechtigten** ein **Recht auf Benutzung fremder Grundstücke** für seine Tätigkeiten einzuräumen, um ihn auf diese Weise weitgehend von Behinderungen durch Grundstücksgrenzen freizustellen. Weil die Einräumung eines derartigen Benutzungsrechtes die Möglichkeiten des Grundeigentümers an der eigenen Nutzung seines Grundstückes beschränkt, ist eine Einräumung nur gegen Zahlung einer **Vergütung** (im Falle der gütlichen Nutzungseinräumung) oder einer **Entschädigung** (im Falle der behördlichen Anordnung) zulässig. Dieser Grundsatz gilt nicht, wenn die Aufsuchungsarbeiten in einer solchen Tiefe vorgenommen werden, daß der Grundeigentümer an dem Verbot der Benutzung seines Grundstückes kein Interesse haben kann (§ 905 S. 2 BGB). Im einzelnen gilt folgendes:

2

a) Grundsätzlich muß der Aufsuchungsberechtigte zur Aufsuchung in einem fremden Grundstück die **vorherige Zustimmung des** Grundeigentümers oder eines anderen Nutzungsberechtigten (des Mieters, Pächters oder Erbbauberechtigten – Abs. 1 S. 1 Nr. 1) haben. Das Zustimmungserfordernis gilt für alle Formen der Aufsuchung i. S. des § 7. Ist das Grundeigentum durch eine öffentliche Zweckbindung (z. B. Widmung – vgl. dazu Wolff-Bachof, I, §§ 56, 57) überlagert, dann ist neben der Zustimmung des Grundeigentümers, der auch ein Träger der öffentlichen Verwaltung sein kann, auch die Zustimmung der für die Wahrung des Widmungszweckes zuständigen Behörde, das wird meistens der Unterhaltungspflichtige sein, erforderlich (Abs. 1 S. 1 Nr. 2).

3

b) Von den in Abs. 1 genannten Grundsätzen des Zustimmungserfordernisses macht Abs. 2 drei Ausnahmen für den Fall, daß
– die Widmung eine ausschl. öffentliche Zweckbindung erzeugt, die eine Zustimmung des Grundeigentümers entbehrlich macht (Abs. 2 Nr. 1);
– Widmungszweck und Aufsuchungsinteresse sich inhaltlich zu decken, daß der Widmungszweck die Aufsuchung ohne Beeinträchtigung zuläßt (Abs. 2 Nr. 2 a);
– jede Tätigkeit im Widmungsbereich einer besonderen Erlaubnis, Genehmigung oder Zustimmung bedarf und diese erteilt ist (Abs. 2 Nr. 2 b).

4

Wird die Zustimmung erteilt, so wird das Benutzungsrecht des Aufsuchungsberechtigten durch Vertrag begründet und entspricht dem Nutzungsrecht des Grundbesitzers. Besitzt dieser nur aufgrund eines Schuldverhältnisses (z. B. Miete oder Pacht), so ist auch das Benutzungsrecht rein schuldrechtlich, anderenfalls ist es dinglich (Isay, I, § 5 Rn 14). Die Rechtsnatur des Benutzungsrechtes, das dem Aufsuchungsberechtigten von den zur Wahrung der öffentlichen Zweckbestim mung von Grundstücken zuständigen Behörde eingeräumt wird, hängt von der jeweiligen Zweckbestimmung ab (vgl. dazu Wolff-Bachof, I, §§ 58, 59).

5
Wird die Zustimmung nicht erteilt, so gilt § 40; im einzelnen vgl. dort.

6
Nach Beendigung der Aufsuchungstätigkeiten muß der frühere **Zustand des Grundstückes wiederhergestellt** werden. Hiervon kann allerdings durch Entscheidung der zuständigen Behörde abgesehen werden, wenn dies wegen anschließender Gewinnungsarbeiten wirtschaftlich nicht sinnvoll wäre oder die zuständige Behörde zur Wiedernutzbarmachung der Oberfläche ein Abweichen von dem früheren Zustand des Grundstückes angeordnet hat.

7
Die in Abs. 4 getroffene **Entschädigungsregelung** knüpft an das geltende Recht, insbesondere etwa § 6 ABG NW, an. Danach sind alle Vermögensnachteile, die nicht durch die Wiederherstellung des Grundstückes oder Maßnahmen des Abs. 3 ausgeglichen sind, in Geld zu ersetzen. Das kann vor allem Ersatz für entzogene Nutzungen oder Wertminderungen des Grundstückes sein. (Im übrigen vgl. zum Begriff des Vermögensnachteiles § 86 Rn 2ff, dem die Entschädigungsregelung in § 39 Abs. 4 nachgebildet worden ist. Im ABG war übrigens in § 7 bezüglich der Rechte des Grundeigentümers ausdrücklich auf die Vorschriften der Grundabtretung Bezug genommen – vgl. § 7 ABG NW –.) Die mögliche Anordnung der Wiedernutzbarmachung wird von der Amtl. Begründung nicht als Abweichung von der bisherigen Entschädigungsregelung angesehen (BT-Ds. 8/1315, 100 = Zydek, 203).

8
Der Ersatzanspruch haftet den Inhabern von dinglichen Rechten, mit denen das Grundstück belastet ist, in entsprechender Anwendung der Art. 52 und 53 EGBGB (Abs. 4 S. 2). Deshalb gilt das zu § 37 Rn 4 Gesagte.

9
Zur Sicherung ihrer Wiederherstellungs- und Entschädigungsansprüche können der Grundeigentümer und sonstige Nutzungsberechtigte eine angemessene Sicherheitsleistung verlangen. Für die Sicherheitsleistung gelten, anders als nach § 56 Abs. 2 (vgl. dort Rn 111ff), die §§ 232 ff BGB.

§ 40 Streitentscheidung

(1) Wird die nach § 39 Abs. 1 Satz 1 Nr. 1 erforderliche Zustimmung versagt, so kann sie auf Antrag durch eine Entscheidung der zuständigen Behörde ersetzt werden, wenn öffentliche Interessen, insbesondere die Durchforschung nach nutzbaren Lagerstätten, die Aufsuchung erfordern. Wenn unter Gebäuden, auf Betriebsgrundstücken, in Gärten oder eingefriedeten Hofräumen aufgesucht werden soll, kann die Zustimmung nur aus überwiegenden öffentlichen Interessen durch eine Entscheidung der zuständigen Behörde ersetzt werden.

§ 40 1–3

(2) Die zuständige Behörde entscheidet auf Antrag auch über die Höhe des Entschädigungsanspruchs (§ 39 Abs. 4) oder der Sicherheit (§ 39 Abs. 5), wenn eine Einigung hierüber nicht zustande kommt; die Kosten des Verfahrens trägt der Aufsuchungsberechtigte. Erst wenn der Ersatz geleistet oder eine Sicherheit hinterlegt ist, darf die Aufsuchung begonnen oder fortgesetzt werden.

1
Geben der Grundstückseigentümer oder sonstige Nutzungsberechtigte die erforderliche **Zustimmung** zur Benutzung ihres Grundstückes **nicht**, so soll das wie bisher schon (vgl. etwa § 8 ABG NW) nicht zu einer Blockierung der Aufsuchungsarbeiten führen. Deshalb ordnet § 40 Abs. 1 S. 1 an, daß die **zuständige Behörde auf Antrag** eines der Beteiligten die vom Grundeigentümer **verweigerte Zustimmung ersetzen** kann. Da diese Ersetzung ein hoheitlicher Eingriff in die Rechte des Grundeigentümers ist, kann sie nur erfolgen, wenn **öffentliche Interessen**, insbesondere die Durchforschung des Grundstückes nach nutzbaren Lagerstätten, die Aufsuchungsarbeiten erfordern. Soll dagegen unter Gebäuden, auf Betriebsgrundstücken, in Gärten oder in eingefriedeten Hofräumen aufgesucht werden, so verstärkt das Gesetz den Schutz des Grundeigentümers oder sonstigen Nutzungsberechtigten soweit, daß nur **überwiegende öffentliche Interessen** an der Aufsuchung die Ersetzung rechtfertigen können. Die zuständige Behörde muß dann eine Abwägung der widerstreitenden Interessen vornehmen.

2
Ebenfalls nur auf Antrag kann die zuständige Behörde in der Entscheidung über die Ersetzung der Zustimmung **auch** die **Höhe des Entschädigungsanspruches** und der **Sicherheitsleistung** festlegen (Abs. 2 S. 1). Bis zur Antragstellung bleibt es bei der freien Einigungsmöglichkeit der Parteien. Die Tatsache, daß erst dann, wenn Ersatz geleistet oder die Sicherheit hinterlegt ist, die Aufsuchung begonnen oder fortgesetzt werden darf, muß nicht notwendigerweise zu einer Blockierung der Aufsuchungsarbeiten führen. Das ergibt sich aus dem Rechtsgedanken des bisherigen § 9 ABG NW, dessen Anwendung durch § 40 nicht ausdrücklich ausgeschlossen ist. Danach wird durch das Beschreiten des Rechtsweges (§ 144 BBergG) der Beginn oder die Fortsetzung der Aufsuchungsarbeiten nicht gehindert, sofern die Entschädigung an den Berechtigten gezahlt und die Sicherheitsleistung hinterlegt ist (Willecke-Turner, Grundriß, 61; zur sofortigen Vollziehung des Benutzungsbeschlusses Ebel-Weller, § 8 Anm. 1).

3
Das **Grundstücksbenutzungsrecht**, das dem Aufsuchungsberechtigten durch den Ersetzungsbeschluß der zuständigen Behörde zugesprochen wird, hat stets **dinglichen Charakter**, weil es gegen jeden Nachfolger im Besitz wirkt. Es stellt eine Belastung des Eigentums dar, die einer Grunddienstbarkeit ähnlich ist; es ist daher vererblich und veräußerlich. Geschützt ist es nicht nur durch die Rechtsbehelfe zum Schutz des Besitzes (§§ 859, 862 BGB), sondern auch durch Klagen aufgrund des Rechtes selbst (§§ 823, 1004 BGB). (Vgl. im einzelnen Isay, I, § 5 Rn 14; Willecke-Turner, Grundriß, 61)

Erstes Kapitel: Vorschriften über Aufsuchung und Gewinnung 1–4 § 41

§ 41 Gewinnung von Bodenschätzen bei der Aufsuchung

Der Aufsuchungsberechtigte hat das Recht, Bodenschätze zu gewinnen, soweit die Bodenschätze nach der Entscheidung der zuständigen Behörde bei planmäßiger Durchführung der Aufsuchung aus bergtechnischen, sicherheitstechnischen oder anderen Gründen gewonnen werden müssen. Das Recht des Aufsuchungsberechtigten, andere als bergfreie Bodenschätze in eigenen Grundstücken zu gewinnen, bleibt unberührt.

1
Die Erlaubnis gewährt nach § 7 Abs. 1 Nr. 2 nicht nur das Recht zur **Aufsuchung** bestimmter Bodenschätze, sondern auch das Recht, die bei planmäßiger Aufsuchung notwendigerweise zu lösenden oder freizusetzenden **Bodenschätze zu gewinnen** und das Eigentum daran zu erwerben. Nach Auffassung des Gesetzgebers kann allerdings die Entscheidung über die Frage, ob im Rahmen der Aufsuchung Bodenschätze notwendigerweise gelöst oder freigesetzt werden müssen, nicht dem Inhaber einer Erlaubnis überlassen bleiben, weil das zu einer Tätigkeit führen könnte, bei der die Gewinnung überwiegt (Amtl. Begründung BT-Ds. 8/1315, 101 = Zydek, 207).

2
§ 41 legt deshalb fest, daß bei der Aufsuchung nur solche Bodenschätze gewonnen werden dürfen, die nach der **Entscheidung der zuständigen Behörde** bei planmäßiger Durchführung der Aufsuchung aus bergtechnischen, sicherheitlichen oder anderen Gründen gewonnen werden müssen. Als andere Gründe kommen etwa lagerstättenkundliche Erfordernisse in Betracht.

3
Das **Gewinnungsrecht** des Erlaubnisinhabers geht nicht nur auf die in der Erlaubnis bezeichneten Bodenschätze, sondern erstreckt sich vielmehr auch auf andere bergfreie oder grundeigene Bodenschätze. Das gilt selbstverständlich auch für den Aufsuchungsberechtigten, der auf seinen eigenen Grundstücken aufsucht. Er ist insoweit wegen seines Eigentums bei der Aufsuchung grundeigener Bodenschätze von einer ausdrücklichen Berechtigung freigestellt. § 41 S. 2 hat deshalb nur klarstellende Bedeutung.

4
Wegen der Bezugnahme des § 34 auf § 7 Abs. 1 gilt die Gewinnungsberechtigung bei der Aufsuchung auch für den Grundeigentümerbergbau. Das Gewinnungsrecht des Grundeigentümers ist deshalb nicht auf seine oder fremde grundeigene Bodenschätze beschränkt, sondern erstreckt sich unter den in Rn 2 genannten Voraussetzungen auch auf bergfreie Bodenschätze.

§ 42 1

Zweiter Abschnitt
Gewinnung

§ 42 Mitgewinnung von Bodenschätzen bei der Gewinnung bergfreier Bodenschätze

(1) Bei der Gewinnung bergfreier Bodenschätze hat der Gewinnungsberechtigte das Recht, innerhalb des Feldes seiner Gewinnungsberechtigung andere Bodenschätze mitzugewinnen, soweit sie nach der Entscheidung der zuständigen Behörde bei planmäßiger Durchführung der Gewinnung aus bergtechnischen oder sicherheitstechnischen Gründen nur gemeinschaftlich gewonnen werden können. Andere an diesen Bodenschätzen Berechtigte hat der Gewinnungsberechtigte von der Entscheidung nach Satz 1 unverzüglich in Kenntnis zu setzen.

(2) Der Gewinnungsberechtigte hat die Herausgabe
1. mitgewonnener bergfreier Bodenschätze, für die Aneignungsrechte Dritter bestehen, und
2. mitgewonnener nicht bergfreier Bodenschätze

dem jeweils anderen Berechtigten gegen Erstattung der für die Gewinnung und eine erforderliche Aufbereitung gemachten Aufwendungen und einer für die Gewinnung zu zahlenden Förderabgabe anzubieten und diese Bodenschätze auf Verlangen herauszugeben. Der andere Berechtigte kann die Herausgabe nur innerhalb von zwei Monaten nach Kenntnisnahme nach Absatz 1 Satz 2 verlangen. Die bis zu dem Zeitpunkt des Verlangens mitgewonnenen Bodenschätze unterliegen nicht der Herausgabepflicht. Das gleiche gilt, wenn
1. die Trennung der mitgewonnenen Bodenschätze von den übrigen Bodenschätzen nicht möglich oder wegen der damit verbundenen Aufwendungen nicht zumutbar ist oder
2. die mitgewonnenen Bodenschätze zur Sicherung des eigenen Betriebes des Gewinnungsberechtigten oder in diesem Betrieb zur Sicherung der Oberfläche verwendet werden.

Können herauszugebende Bodenschätze nicht voneinander getrennt werden oder ist eine Trennung wegen der damit verbundenen Aufwendungen nicht zumutbar und stehen sie mehreren anderen Berechtigten zu, so hat der Gewinnungsberechtigte jedem dieser Berechtigten einen seiner Berechtigung entsprechenden Anteil herauszugeben.

(3) Ist dem jeweils anderen Berechtigten die Übernahme herauszugebender Bodenschätze nicht zumutbar, so kann er für diese Bodenschätze von dem Gewinnungsberechtigten einen angemessenen Ausgleich in Geld verlangen, soweit der Gewinnungsberechtigte die Bodenschätze verwerten kann. Die Aufwendungen für die Gewinnung und eine erforderliche Aufbereitung sowie eine für die Gewinnung zu zahlende Förderabgabe sind anzurechnen.

(4) Auf Antrag des Gewinnungsberechtigten oder eines anderen Berechtigten entscheidet die zuständige Behörde über die Unmöglichkeit oder Unzumutbarkeit der Trennung der Bodenschätze und die Größe der Anteile.

1
Nach den §§ 8 Abs. 1 Nr. 1, 9 Abs. 1 und 151 Abs. 1 Nr. 2 haben die **Gewinnungsberechtigten** auch das **Recht**, innerhalb ihres Feldes auch solche bergfreie und

Erstes Kapitel: Vorschriften über Aufsuchung und Gewinnung   2–5   § 42

grundeigene **Bodenschätze mitzugewinnen** und sich **anzueignen**, die ihrer Berechtigung nicht unterliegen. Ist für diese Bodenschätze ein Berechtigter vorhanden, so sind auf Verlangen dieses Berechtigten die mitgewonnenen Bodenschätze gegen Ersatz der Aufwendungen herauszugeben.

2
Der Zweck des Mitgewinnungsrechtes liegt darin, Bergbau nicht dadurch zu behindern, daß ihm nicht verliehene Bodenschätze im Wege stehen. Dieses Hindernis wird nicht schon durch die Aufnahme des Mitgewinnungsrechtes in die Berechtigung beseitigt, sondern erst durch die Entscheidung der zuständigen Behörde, daß bei Durchführung der Gewinnung aus bergtechnischen oder sicherheitlichen Gründen die verliehenen und die fremden Bodenschätze nur gemeinschaftlich gewonnen werden können. Die Voraussetzungen und Folgen dieser Entscheidung regelt § 42. (Zum bisherigen Recht Ebel-Weller, § 54 Anm. B 1, B 2, C 1; Turner, ZfB 108 (1967), 63 ff; Willecke-Turner, Grundriß, 95 ff; H. Schulte, Eigentum und öffentliches Interesse, 1970, 295 ff)

3
Anders als das bisherige Recht (z. B. §§ 56, 57 ABG NW) trifft § 42 keine unterschiedliche Regelung für das Mitgewinnungsrecht auf bergfreie und grundeigene Bodenschätze. § 43 stellt den Grundeigentümer hinsichtlich des Mitgewinnungsrechtes anderen Berechtigten gleich. Das ist die Konsequenz aus der in § 34 angeordneten Gleichstellung von Gewinnungsberechtigungen auf bergfreie und grundeigene Bodenschätze. (Im einzelnen vgl. dort Rn 3 ff).

4
Klarstellend gegenüber dem bisherigen Recht muß das **Mitgewinnungsrecht in jedem Einzelfall konkretisiert werden.** Die Entscheidung hierüber liegt, ebenso wie beim Gewinnungsrecht des Aufsuchungsberechtigten (vgl. § 41 Rn 1 ff), nicht beim Berechtigungsinhaber, sondern bei der zuständigen Behörde. Begründet wird dies damit, daß unter Umständen durch die Ausübung des Mitgewinnungsrechtes fremde Gewinnungsberechtigungen berührt werden (BT-Ds. 8/1315, 101 = Zydek, 210). Die Entscheidung über die Frage, ob bei planmäßiger Durchführung der Gewinnung aus bergtechnischen oder sicherheitstechnischen Gründen die von der Gewinnungsberechtigung umfaßten und andere bergfreie oder grundeigene Bodenschätze nur gemeinschaftlich gewonnen werden können, ist deshalb der zuständigen Behörde (§ 42 Abs. 1 S. 1) übertragen. Hat sie die Entscheidung über das Mitgewinnungsrecht getroffen, so muß der Gewinnungsberechtigte an dem mitzugewinnenden Bodenschätzen Berechtigte zur Wahrung ihrer Rechte unverzüglich von der Entscheidung in Kenntnis setzen (Abs. 1 S. 2).

5
Da das Mitgewinnungsrecht nicht zur Gewinnerzielung, sondern ausschl. aus bergtechnischen und sicherheitstechnischen Gründen eingeräumt wird, muß, soweit Aneignungsrechte Dritter durch die Mitgewinnung berührt werden, ein Ausgleich stattfinden.

§§ 42, 43 Dritter Teil: Aufsuchung, Gewinnung und Aufbereitung

6
Diesen sieht Abs. 2 vor. Er verpflichtet den Mitgewinnungsberechtigten zur **Herausgabe** mitgewonnener Bodenschätze **gegen Erstattung** der Aufwendungen für Gewinnung, Aufbereitung und die Übernahme der Förderabgabe. Allerdings muß der Herausgabeberechtigte ein **Herausgabeverlangen** innerhalb von zwei Monaten seit Unterrichtung durch den Gewinnungsberechtigten stellen. Die bis dahin gewonnenen Bodenschätze kann er nicht herausverlangen (Abs. 2 S. 2).

7
Keine Herausgabepflicht besteht dann, wenn
– die Trennung der mitgewonnenen Bodenschätze technisch nicht möglich oder wirtschaftlich nicht zumutbar ist (Abs. 2 S. 3 Nr. 1) oder
– der Mitgewinnungsberechtigte die Bodenschätze zur Sicherung des eigenen Betriebes oder der Oberfläche verwendet (Abs. 2 S. 3 Nr. 2).

8
Sind mehrere Herausgabeberechtigte vorhanden und ist die Trennung der mitgewonnenen Bodenschätze technisch nicht möglich oder wirtschaftlich unzumutbar, dann sieht Abs. 2 S. 5 eine anteilige Herausgabe vor. Als Kriterien hierfür nennt die Amtl. Begründung den gebietsmäßigen Anteil der Berechtigten, das Gewichts-, Volumen- oder Wertverhältnis der Anteile der einzelnen Bodenschätze an allen mitgewonnenen, nicht getrennt herauszugebenden Bodenschätzen (BT-Ds. 8/1315, 102 = Zydek, 211).

9
Einem gegenüber dem bisherigen Recht neuen Gesichtspunkt trägt Abs. 3 Rechnung. Er unterstellt, daß es Fälle geben kann, in denen der **Herausgabeberechtigte auf sein Recht verzichtet,** etwa weil er mit den mitgewonnenen Bodenschätzen nichts anfangen kann. Für diesen Fall soll er einen angemessenen Ausgleich in Geld verlangen können, jedoch nur, wenn der Mitgewinnungsberechtigte seinerseits die Bodenschätze verwerten kann. Auf den Ausgleichsanspruch sind die Gewinnungs- und erforderlichen Aufbereitungskosten (bisher strittig Willecke-Turner, Grundriß, 95; Ebel-Weller, § 54 Anm. B 1) anzurechnen.

10
Entsteht zwischen dem **Gewinnungs-** und den **Herausgabeberechtigten Streit** über die Unmöglichkeit oder Unzumutbarkeit der Trennung von Bodenschätzen und die Größe der Anteile, so entscheidet **auf Antrag** die zuständige Behörde (Abs. 4).

§ 43 Mitgewinnung von Bodenschätzen bei der Gewinnung grundeigener Bodenschätze

Bei der Gewinnung grundeigener Bodenschätze gilt für die Mitgewinnung bergfreier Bodenschätze § 42 entsprechend.

Das **Gewinnungsrecht des Grundeigentümers** ist nach § 34 hinsichtlich der Einzelbefugnisse der Bewilligung und dem Bergwerkseigentum gleichgestellt. Deshalb

Erstes Kapitel: Vorschriften über Aufsuchung und Gewinnung §§ 43,44

hat auch der Grundeigentümer ein Mitgewinnungs- und Aneignungsrecht für bergfreie und fremde grundeigene Bodenschätze, soweit sie nicht nach § 42, der **entsprechend gilt**, herauszugeben sind. (Im einzelnen vgl. dort.)

§ 44 Hilfsbaurecht

(1) Der Gewinnungsberechtigte hat das Recht, außerhalb des Feldes seiner Gewinnungsberechtigung unterirdische Anlagen zu errichten, die der technischen oder wirtschaftlichen Verbesserung seines Gewinnungsbetriebes, insbesondere der Wasserlösung oder Wetterführung, zu dienen bestimmt sind (Hilfsbaue). Dies gilt nicht, wenn ein Hilfsbau im Feld einer anderen Gewinnungsberechtigung errichtet werden soll und dadurch die Gewinnung des anderen Gewinnungsberechtigten gefährdet oder wesentlich beeinträchtigt würde.

(2) Der Hilfsbauberechtigte hat für den Schaden, der dem anderen Gewinnungsberechtigten durch den Hilfsbau entsteht, Ersatz in Geld zu leisten.

1

Oft ist es nicht zu vermeiden, daß ein Gewinnungsberechtigter (Bewilligungsinhaber, Bergwerkseigentümer, Grundeigentümer) die Grenzen seines Feldes überschreiten muß, um Anlagen (Stollen, Schächte, Strecken) unter Tage zu schaffen, die dem Betrieb im eigenen Feld dienen sollen. Solche im freien oder im fremden Feld unterirdisch benutzten Anlagen sind **Hilfsbaue** (Ebel-Weller, § 60 Anm. 2; Willecke-Turner, Grundriß, 97; H. Schulte, Eigentum und öffentliches Interesse, 294). Das Recht, Hilfsbaue anzulegen, ergibt sich unmittelbar aus den Gewinnungsberechtigungen (vgl. §§ 8 Abs. 1 Nr. 2, 9 Abs. 1, 151 Abs. 1 Nr. 3 und 34). Es kann jedoch auch **im freien Feld**, anders als nach bisherigem Recht (vgl. § 60 Abs. 1 ABG NW) nur ausgeübt werden, wenn der Hilfsbau der **technischen** oder **wirtschaftlichen Verbesserung eines Gewinnungsbetriebes**, insbesondere der Wasserlösung oder Wetterführung, zu **dienen** bestimmt ist (§ 44 Abs. 1 S. 1). Der damit geforderte besondere Nachweis war bisher lediglich bei Hilfsbauen im fremden Feld vorgesehen (vgl. § 60 Abs. 2 ABG NW; Willecke-Turner, Grundriß, 98; Ebel-Weller, § 60 Anm. 3). Insofern ist die im ABG vorgesehene strenge Trennung zwischen Hilfsbau im freien und im fremden Feld beseitigt worden.

2

Die Voraussetzungen für das **Hilfsbaurecht im fremden Feld** sind im wesentlichen die gleichen geblieben. Denn die Hilfsbaue müssen nicht nur der technischen und wirtschaftlichen Verbesserung des Gewinnungsbetriebes dienen, sondern es darf durch sie auch nicht die Gewinnung des anderen Gewinnungsberechtigten gefährdet oder wesentlich beeinträchtigt werden (§ 60 Abs. 2 ABG NW sprach von Störung oder Gefährdung). Unwesentliche Behinderungen oder Beeinträchtigungen schließen demnach das Anlegen von Hilfsbauen in Feldern fremder Gewinnungsberechtigter nicht aus.

3

Entstehen trotz der prognostizierten Unschädlichkeit des Hilfsbaues dem anderen Gewinnungsberechtigten durch die Anlage und Benutzung des Hilfsbaues Schäden, etwa durch Erschwerung seiner Gewinnung oder durch Beschädigung von Grubenbauen, so hat der Hilfsbauberechtigte hierfür Ersatz in Geld zu leisten (Abs. 2). Der Umfang dieses Ersatzanspruches bemißt sich (Ebel-Weller, § 62 Anm. 1) nach dem Bergschadensersatzanspruch. Zur Rechtsnatur der Haftungsgrundlage – Gefährdungshaftung – vgl. H. Schulte, Eigentum und öffentliches Interesse, 295). Soweit durch den Hilfsbau anderen als dem Inhaber der fremden Gewinnungsberechtigung ein Schaden entsteht, richtet sich dessen Regulierung nach den Regeln über den Bergschaden.

§ 45 Mitgewinnung von Bodenschätzen bei Anlegung von Hilfsbauen

(1) Der Hilfsbauberechtigte hat das Recht, alle Bodenschätze mitzugewinnen, die nach der Entscheidung der zuständigen Behörde bei ordnungsgemäßer Anlegung eines Hilfsbaues gelöst werden müssen. Andere an diesen Bodenschätzen Berechtigte hat er von der Entscheidung nach Satz 1 unverzüglich in Kenntnis zu setzen.

(2) Bergfreie Bodenschätze, für die Aneignungsrechte Dritter bestehen, und fremde nicht bergfreie Bodenschätze hat der Hilfsbauberechtigte den anderen Berechtigten unentgeltlich herauszugeben, wenn diese es innerhalb eines Monats nach Kenntnisnahme nach Absatz 1 Satz 2 verlangen. § 42 Abs. 2 Satz 3 bis 5 und Abs. 4 gilt entsprechend.

1

Die beim ordnungsgemäßen **Anlegen von Hilfsbauen** notwendigerweise zu lösenden **Bodenschätze** darf der Hilfsbauberechtigte **mitgewinnen** (Abs. 1 S. 1). Was die ordnungsgemäße Anlegung eines Hilfsbaues ist, entscheidet die zuständige Behörde.

2

Der Hilfsbauberechtigte hat allerdings andere Berechtigte von der Entscheidung der zuständigen Behörde über die Berechtigung zur Anlegung des Hilfsbaues und das Mitgewinnungsrecht unverzüglich in Kenntnis zu setzen und ihnen die mitgewonnenen Bodenschätze unentgeltlich herauszugeben, wenn sie dies innerhalb eines Monats verlangen. Diese Herausgabepflicht richtet sich nach § 42 Abs. 2 S. 3, 4 und 5. Im einzelnen vgl. dort Rn 5 ff.

3

Abs. 2 S. 2 erklärt auch § 42 Abs. 4 für entsprechend anwendbar. Das bedeutet, daß auf Antrag des Gewinnungs- oder eines anderen Berechtigten die zuständige Behörde über die Unmöglichkeit oder Unzumutbarkeit einer Trennung der Bodenschätze oder über die Größe der Anteile bei mehreren Gewinnungsberechtigten zu entscheiden hat. Darüber hinaus muß die Bergbehörde auch den Fall entscheiden, daß der andere Gewinnungsberechtigte oder Grundeigentümer seine Verpflichtung zur Duldung des Hilfsbaues bestreitet. Insoweit wird sie allerdings als Widerspruchsbehörde tätig, denn die Entscheidung über das Hilfsbau- und Mitgewinnungsrecht wird als Verwaltungsakt mit Doppelwirkung verstanden werden müssen, gegen den dem anderen Gewinnungsberechtigten das Widerspruchsrecht zusteht.

Erstes Kapitel: Vorschriften über Aufsuchung und Gewinnung §§ 46, 47

§ 46 Hilfsbau bei Bergwerkseigentum

Ein Hilfsbau, der auf Grund von Bergwerkseigentum rechtmäßig angelegt worden ist, gilt als dessen wesentlicher Bestandteil. Eine Eintragung in das Grundbuch ist nicht erforderlich.

1

§ 46 bestätigt den bisherigen Rechtszustand (z. B. § 60 Abs. 3 ABG NW), so daß die **Bestandteilseigenschaft des Hilfsbaues** nicht nur für Bergwerkseigentum nach § 151, sondern in gleicher Weise auch für neues Bergwerkseigentum nach § 9 gilt.

2

Als Bestandteil des Bergwerkseigentums steht der Hilfsbau Dritten gegenüber unter dem gleichen Schutz wie das Bergwerkseigentum selbst. Dem Bergwerkseigentümer gegenüber, in dessen Feld sich der Hilfsbau befindet, genießt er den Schutz des § 1004 BGB.

§ 47 Benutzung fremder Grubenbaue

(1) Der Gewinnungsberechtigte hat das Recht, fremde unter Tage errichtete Baue (Grubenbaue) zu benutzen, wenn
1. die Voraussetzungen des § 44 Abs. 1 Satz 1 vorliegen und
2. er einen angemessenen Teil der Aufwendungen für die Errichtung und Unterhaltung der zu benutzenden Grubenbaue übernimmt.
Satz 1 gilt nicht für Grubenbaue, die für andere Zwecke als die Aufsuchung oder Gewinnung bergfreier oder grundeigener Bodenschätze benutzt werden.

(2) Ist eine zweckmäßige Benutzung nach Absatz 1 Satz 1 nur bei entsprechender Veränderung der Grubenbaue möglich und wird dadurch die Gewinnung durch den anderen Berechtigten nicht gefährdet oder wesentlich beeinträchtigt, so ist dieser verpflichtet, die Veränderung nach eigener Wahl entweder selbst vorzunehmen oder zu dulden. Die Aufwendungen für die Veränderung trägt der Gewinnungsberechtigte. Die Übernahme von Aufwendungen nach Absatz 1 Satz 1 Nr. 2 entfällt, wenn der Grubenbau vom anderen Berechtigten nicht mehr benutzt wird; in diesem Fall trägt der Gewinnungsberechtigte die Aufwendungen für die Unterhaltung allein.

(3) Für den durch die Benutzung entstehenden Schaden hat der Gewinnungsberechtigte dem anderen Berechtigten Ersatz in Geld zu leisten.

(4) In Streitfällen entscheidet auf Antrag die zuständige Behörde über das Recht zur Benutzung.

1

Obwohl das bisherige Recht einen Anspruch des Gewinnungsberechtigten auf die **Benutzung fremder Grubenbaue** nicht ausdrücklich anerkannt hatte, wurde „dem Bergwerkseigentümer die Befugnis zur Benutzung fremder unter Tage errichteter Baue (Grubenbaue)" zugestanden, „weil dies im Verhältnis zur „Anlage" von Hilfsbauen das weniger schwer eingreifende Recht" war (vgl. Willecke-Turner, Grundriß, 97).

2

Das muß um so mehr gelten, wenn mit der bloßen Benutzung fremder Grubenbaue der gleiche Zweck erreicht werden kann wie mit dem Anlegen von Hilfsbauen. Um den Gewinnungsberechtigten für diesen Fall einerseits von der Ausübung des Hilfsbaurechtes, andererseits aber auch von der Unsicherheit von Vereinbarungen unabhängig zu machen, räumt ihm § 47 ein **eigenständiges Benutzungsrecht** ein. Diesem Benutzungsrecht **korrespondiert eine Duldungspflicht,** wenn die Voraussetzungen für die Benutzung (Abs. 1) erfüllt sind. Nach diesen Voraussetzungen ist das Recht, fremde Grubenbaue zu benutzen, gegeben, wenn eine solche Benutzung der technischen oder wirtschaftlichen Verbesserung eines Gewinnungsbetriebes, insbesondere der Wasserlösung oder Wetterführung, dient.
Außerdem muß der Benutzungsberechtigte sich bereit erklären, einen angemessenen Teil der Aufwendungen für Errichtung und Unterhaltung der benutzten Grubenbaue zu übernehmen.

3

Kein Benutzungsrecht steht dem Gewinnungsberechtigten dagegen an fremden Grubenbauen zu, die im Zeitpunkt des Benutzungswunsches bereits anderen als bergbaulichen Zwecken dienen (Abs. 1 S. 2). Gedacht ist dabei insbesondere an die Verwendung früherer Bergwerke für Verteidigungszwecke oder zur Abfallbeseitigung (Amtl. Begründung BT-Ds. 8/1315, 103 = Zydek, 220), nicht jedoch an solche Grubenbaue, in denen im Zeitpunkt des Benutzungswunsches kein Betrieb umgeht.

4

Für **abgeworfene Grubenbaue** bestimmt Abs. 2 S. 3, daß zwar deren Unterhaltungskosten allein von dem Benutzungsberechtigten zu tragen sind, dieser jedoch abweichend von Abs. 1 S. 1 Nr. 2 nicht mehr zur Beteiligung an den Errichtungskosten herangezogen werden kann. Sind dagegen die Grubenbaue in einem für die Zwecke des Benutzungsberechtigten nicht ausreichenden Zustand, steht dem anderen Berechtigten ein Wahlrecht zu, ob er die Herrichtung der Grubenbaue selbst vornimmt oder die Veränderung durch den Benutzungsberechtigten duldet (Abs. 2 S. 1). Die Kosten für die Herrichtung der Grubenbaue trägt in jedem Fall der benutzende Gewinnungsberechtigte. Herrichtung und spätere Benutzung sollen allerdings nur dann zugelassen werden, wenn dadurch die Gewinnung des anderen Berechtigten nicht gefährdet oder wesentlich beeinträchtigt wird.

5

Entsteht durch die Benutzung gleichwohl ein **Schaden,** so hat der Nutzungsberechtigte dem anderen Berechtigten den Schaden in Geld zu ersetzen (Abs. 3). Der Umfang des Ersatzes richtet sich wie beim Hilfsbaurecht nach den Grundsätzen des Bergschadensrechts.

6

Entsteht **Streit** zwischen den Beteiligten über das Benutzungsrecht und die Angemessenheit der mit seiner Ausübung verbundenen Aufwendungen oder über den Ersatz eines Schadens, so entscheidet auf Antrag eines der Beteiligten die zuständige Behörde (Abs. 4).

Dritter Abschnitt
Verbote und Beschränkungen

§ 48 Allgemeine Verbote und Beschränkungen

(1) Unberührt bleiben Rechtsvorschriften, die auf Grundstücken solche Tätigkeiten verbieten oder beschränken, die ihrer Art nach der Aufsuchung oder Gewinnung dienen können, wenn die Grundstücke durch Gesetz oder auf Grund eines Gesetzes einem öffentlichen Zweck gewidmet oder im Interesse eines öffentlichen Zwecks geschützt sind. Bei Anwendung dieser Vorschriften ist dafür Sorge zu tragen, daß die Aufsuchung und Gewinnung so wenig wie möglich beeinträchtigt werden.

(2) In anderen Fällen als denen des Absatzes 1 und des § 15 kann, unbeschadet anderer öffentlich-rechtlicher Vorschriften, die für die Zulassung von Betriebsplänen zuständige Behörde eine Aufsuchung oder eine Gewinnung beschränken oder untersagen, soweit ihr überwiegende öffentliche Interessen entgegenstehen.

1

I. Für **Entstehungsgeschichte** und systematische Einordnung von § 48 gilt folgendes:

2

1. § 48 Abs. 1 hat seine Vorstücke, abgesehen von den z. B. in § 4 ABG NW enthaltenen **Schürfverboten** des bisherigen Rechts, in § 53 des ersten Reg.-Entwurfes (BR-Ds. 350/75) und in § 47 des Reg.-Entwurfes (BT-Ds. 8/1315 = Zydek, 222; zur Auslegung dieser Vorschrift vgl. Kühne, ZfB 121 (1980), 58 ff). Er ist im Laufe des Gesetzgebungsverfahrens im wesentlichen unverändert geblieben; ergänzt worden ist lediglich die Abwägungsvorschrift des Satzes 2.

3

Diese Ergänzung hängt zusammen mit der erst im Laufe des Gesetzgebungsverfahrens angefügten Vorschrift des **§ 48 Abs. 2**. Seine Konzeption entstammte den ursprünglich in § 54 Abs. 1 S. 1 Nr. 8 (aber auch § 11 Nr. 10) des Reg.-Entwurfes (BT-Ds. 8/1315) enthaltenen Grundgedanken, daß dem Bergwerksbetrieb überwiegende öffentliche Interessen nicht entgegenstehen dürfen, um einen Betriebsplan zulassen zu können (Sondermann, Braunkohle, 1982, 15; zum Gesetzgebungsverfahren vgl. BT-Ds. 8/3965, 136; BR-Ds. 286/18, 1; BT-Ds. 8/4331, Anl. 2 = Zydek, 224, 225).
Die **Herausnahme** dieses Gedankens aus dem **Betriebsplanverfahren** hat zu einer erheblichen Bedeutungsverschiebung geführt, die nur teilweise durch den Gesetzestext wieder aufgefangen werden konnte.

4

Denn nach seiner **systematischen Stellung** im Ersten Kapitel des Dritten Teiles ist § 48 Abs. 2 zwar deutlich von den Vorschriften über die Bergbauberechtigung im Zweiten Kapitel abgegrenzt, es **fehlt** jedoch eine vergleichbar deutliche **Abgrenzung** zu den Vorschriften über das **Betriebsplanverfahren** im Zweiten Kapitel. Da diese Vorschriften jedoch ihrem Sinn und Zweck nach **betriebsspezifische** und **abschließende Regelungen**, insbesondere die Zulassungsvoraussetzungen, ent

§ 48 5–7   Dritter Teil: Aufsuchung, Gewinnung und Aufbereitung

halten (vgl. auch § 55 Rn 3, 143), § 48 Abb. 2 demgegenüber aber gerade **allgemeine** Verbots- und Beschränkungsanordnungen vorsieht, muß von einer **eigenständigen**, dem Betriebsplanverfahren neben- bzw. nachgeordneten Anordnungsbefugnis nach § 48 Abs. 2 ausgegangen werden (§ 55 Rn 144). Daß daneben häufig die praktische Notwendigkeit zeitlich und sachlich koordinierter Entscheidungen nach §§ 55 und 48 Abs. 2 besteht, hat der Gesetzgeber nicht übersehen. Er hat diesem Gesichtspunkt mit der im BBergG einmaligen Zuständigkeitsfestlegung in § 48 Abs. 2 („die für die Zulassung von Betriebsplänen zuständige Behörde") Rechnung getragen. In diesem Fall stellt sich sogar die Frage, ob die nach § 48 Abs. 2 **zuständige Behörde** nicht sogar **verpflichtet** ist, die Prüfung der dort angesprochenen Gesichtspunkte bereits im Betriebsplanverfahren vorzunehmen. Denn schon der Grundsatz der Verhältnismäßigkeit erfordert, daß der Zulassung des Betriebsplanes nicht später eine Versagung oder Beschränkung nach § 48 Abs. 2 folgt.

5
Anordnungen nach § 48 Abs. 2 können zwar keine zusätzlichen „bergrechtlichen-"Versagungsgründe für die Zulassung eines Betriebsplanes schaffen, doch können sie als selbständige Entscheidungen neben dem Zulassungsverfahren die Aufnahme eines Betriebes verhindern oder beschränken. Als selbständige Anordnungen sind sie deshalb auch gesondert gerichtlich angreifbar.

6
Zur **bergrechtlichen Anordnungsbefugnis** im Rahmen der Bergaufsicht vgl. § 71 Rn 13ff.

7
II. 1. § 48 Abs. 1 geht davon aus, daß bergbauliche Tätigkeiten bei ihrer notwendigen Einwirkung auf das Oberflächeneigentum vielfach auf **Grundstücke** stoßen werden, die bereits durch **außerbergrechtliche Normen** einem öffentlichen Zweck **gewidmet** oder im Interesse eines öffentlichen Zweckes **geschützt** und damit dem bergbaulichen Zugriff nicht ohne weiteres zugänglich sind. Für solche Grundstücke will das BBergG **keine eigenständige bergrechtliche Regelung** weder i. S. einer Berechtigung zum Eingriff noch i. S. eines Verbotes treffen. Damit weicht es vom bisherigen Recht (vgl. etwa § 4 ABG NW) insoweit ab, als dieses für bestimmte Grundstücke selbst absolute Schürfverbote enthielt (Abs. 1) und für andere Grundstücke die Bergbehörde ermächtigte, aus übergeordneten Gesichtspunkten (öffentlichen Interessen) Schürfverbote zu erlassen (§ 4 Abs. 2 und 3). Die Bergbehörden waren danach über die Bindung an die absoluten Schürfverbote hinaus berechtigt, öffentliche Schutzinteressen zugunsten bestimmter Grundstücke wahrzunehmen und sie hinsichtlich des Ausspruches oder der Verneinung eines Verbotes zu bewerten (Ebel-Weller, § 4 Anm. 7). Das Bergrecht allein legte demnach den Schutz von Grundstücken fest, wenn keine ausdrücklichen Schutznormen bestanden; wo dies jedoch der Fall war, konnte es diese Normen überlagern oder ersetzen.

Erstes Kapitel: Vorschriften über Aufsuchung und Gewinnung 8–11 § 48

8

2. Darauf verzichtet das BBergG ausdrücklich. Nach der Amtl. Begründung kann es **nicht Aufgabe des Bergrechtes** sein, für den zweckgerechten Schutz gewidmeter Grundstücke zu sorgen. Dies muß ausschl. Aufgabe der für den jeweiligen Fachbereich geltenden oder zu erlassenden Rechtsnormen und Aufgabe der für ihre Durchsetzung zuständigen Behörde bleiben. Andererseits muß sich der Berechtigte im Rahmen dieser Schutzbestimmungen bewegen und, falls nach ihnen Ausnahmen von den Verboten oder Beschränkungen möglich sind, die entsprechenden Zustimmungen, Erlaubnisse oder Genehmigungen bei den dafür zuständigen Behörden einholen (BT-Ds. 8/1315, 104 = Zydek, 224; kritisch zu dieser Regelung Kühne, ZfB 121 (1980), 61, 62; vgl. andererseits jetzt Henseler, DVBl. 1982, 392, 394).

9

3. Gesetzestechnisch drückt § 48 Abs. 1 dies mit einer **Unberührtheitsklausel** aus. Mit ihr ordnet Abs. 1 S. 1 **zunächst** die strikte Dominanz der anderen berührten Rechtsnormen einschl. der dort vorgesehenen Verfahrensausgestaltungen mit der Folge an, daß der bei Kollisionen erforderliche Abwägungsprozeß nur in dem Umfang stattfinden kann, den die anderen Rechtsnormen offenhalten (Kühne, ZfB 121 (1980), 66; Henseler, DVBl. 1982, 398). Diesen Grundsatz lockert Satz 2 allerdings ganz wesentlich auf.

10

4. Der in § 48 Abs. 1 S. 1 ausgesprochene **Regelungsverzicht** des BBergG ist **umfassend**. Denn er schließt nicht nur **alle Grundstücke** mit rechtlich verbindlicher, räumlich konkretisierbarer, öffentlicher Zweckbestimmung oder Unterschutzstellung, sondern auch über das bisherige Schürfen hinaus **alle Tätigkeiten** ein, die ihrer Art nach der Aufsuchung oder Gewinnung dienen können, einschl. der dafür erforderlichen Anlagen. Darüber hinaus besteht keine **zeitliche Begrenzung**, denn auch künftige Schutzvorschriften (Amtl. Begründung BT-Ds. 8/1315, 104 = Zydek, 223) sind in den Regelungsverzicht einbezogen. Begrenzend wirkt allein, daß die öffentliche Zweckbestimmung oder Unterschutzstellung in rechtlich bindender Form ergehen muß, bloße Planungen, Programme oder Absichtserklärungen ohne Rechtsnormcharakter oder ohne Qualifizierung als Verwaltungsakt (§ 35 VwVfG) also unberücksichtigt bleiben.

11

5. **§ 48 Abs. 1** selbst sagt nicht, welche grundstücksbezogenen Schutzvorschriften im einzelnen in Betracht kommen. Lediglich die Amtl. Begründung (BT-Ds. 8/1315, 104 = Zydek, 224) enthält Hinweise auf öffentliche Verkehrswege, Wasserschutz-, Naturschutz- und Landschaftsschutzgebiete sowie Wasserstraßen und militärische Schutzbereiche. Weitere Fälle dürften Ausweisungen in Bebauungsplänen oder straßenrechtlichen Planfeststellungsbescheiden, nicht jedoch in Flächennutzungsplänen sein, weil diese insoweit keine rechtsverbindliche Festsetzungswirkung haben.

12

6. Die Vielzahl der anwendbaren Schutzvorschriften, ihr unterschiedlicher Rechtscharakter und die mögliche Einschränkung von Abwägungsverfahren zu Lasten des Bergbaus in künftigen Regelungen (vgl. Kühne, ZfB 121 (1980), 67 ff) hat den Gesetzgeber veranlaßt, § 48 Abs. 1 um „eine der Bedeutung der Rohstoffsicherung, d. h. der möglichst optimalen Erforschung und Nutzung heimischer Lagerstätten **angemessene Abwägung** zwischen den divergierenden Interessen..." zu ergänzen (BT-Ds. 8/3965, 136 = Zydek, 224). Danach ist bei der Anwendung der Schutzvorschriften dafür Sorge zu tragen, daß die **Aufsuchung und Gewinnung so wenig wie möglich beeinträchtigt werden**. Das bedeutet zweierlei:

a) Sieht eine **Schutznorm keine Abwägung** vor, so dürfen nach § 48 Abs. 1 Verbote oder Beschränkungen für bergbauliche Tätigkeiten nur bestehen bleiben, wenn nach § 48 Abs. 1 Satz 2 eine Abwägung zwischen den zu schützenden und den bergbaulichen Belangen stattgefunden hat und die Belange des Bergbaus danach zurücktreten müssen. Diese Abwägung hat im Rahmen der gesetzlichen Abwägungsgesichtspunkte nach den vom Bundesverwaltungsgericht (BVerwGE, 34, 301; 45, 309) aufgestellten Grundsätzen zu erfolgen. Danach

– muß eine sachgerechte Abwägung überhaupt stattfinden, da anderenfalls ein Abwägungsausfall vorliegt;
– müssen in die Abwägung solche Belange hereingenommen werden, die nach Lage der Dinge hätten hereingenommen werden müssen, weil sonst ein Abwägungsdefizit vorliegt;
– darf bei der Abwägung die Bedeutung der betroffenen privaten oder öffentlichen Belange nicht verkannt werden, wenn es nicht zu einer Abwägungsfehleinschätzung kommen soll;
– ist bei der Abwägung der Ausgleich zwischen den von der Entscheidung berührten öffentlichen Belangen in einer Weise vorzunehmen, die zur objektiven Gewichtigkeit einzelner Belange nicht außer Verhältnis steht. Anderenfalls liegt nämlich eine Abwägungsdisproportionalität vor.

Nur wenn diese Gesichtspunkte berücksichtigt sind, trägt die zuständige Behörde dem mit § 48 Abs. 1 S. 2 dem Bergbautreibenden eingeräumten subjektiven öffentlichen Recht auf sachgemäße Abwägung seiner Belange mit den geschützten öffentlichen Interessen Rechnung.

b) Enthält die **Schutzvorschrift** selbst bereits ein **Abwägungsgebot** und Vorschriften über ein Abwägungsverfahren, so ist das Interesse an bergbaulicher Tätigkeit als ein Belang in dieses Abwägungsverfahren einzustellen. Die Gewichtung der verschiedenen Belange in ihrem Verhältnis zueinander hat dann durch die zuständige Fachbehörde, in einer Weise zu erfolgen, die eine objektive Gewichtung dieser Belange nicht völlig verfehlt. Ist das der Fall, so können Abwägungsvorgang und Abwägungsergebnis vom Betroffenen angegriffen werden. In beiden Fällen sind bei einem Überwiegenden der bergbaulichen Interessen die Widmung oder Unterschutzstellung ganz oder teilweise gegebenenfalls unter Beifügung von Nebenbestimmungen aufzuheben.

13

Die gerichtliche Nachprüfung des Abwägungsvorganges und seines Ergebnisses ist nach der ständigen Rechtsprechung (BVerwGE, 34, 301; 45, 309) auf einen bestimmten Prüfungsumfang beschränkt (s. oben Rn 12).

14

III. 1. Ebenso wie § 48 Abs. 1 hat **§ 48 Abs. 2** als Anordnungsermächtigung **selbständigen Charakter** gegenüber dem Betriebsplanverfahren und gegenüber bergbehördlichen Anordnungen im Rahmen der Bergaufsicht (vgl. oben Rn 2 und § 55 Rn 143). Anders jedoch als Abs. 1 sind die nach Abs. 2 zu berücksichtigenden öffentlichen Interessen **nicht grundstücks- oder raumbezogen.** Das ergibt sich aus der ausdrücklichen Abgrenzung zu Abs. 1. Der damit verbundene Ausschluß des § 15 hat allerdings eine andere Bedeutung. Denn § 15 gilt allein für die Erteilung oder Verleihung von Bergbauberechtigungen. Seine Nennung bedeutet demnach allein, daß § 48 Abs. 2 im Antragsverfahren für die Erteilung oder Verleihung von Bergbauberechtigungen nicht anzuwenden ist. Das Zitat dieser Vorschrift bedeutet allerdings keinen sachlichen Vorrang für die in § 15 angesprochenen Behörden.

15

2. Mit Anordnungen nach § 48 Abs. 2 soll der im öffentlichen Interesse liegende Schutz, etwa von Personen oder Sachen, planerischen Entscheidungen oder Nutzungsbefugnissen durchgesetzt werden, soweit das nicht bereits mit dem Betriebsplanverfahren oder mit Anordnungen nach den §§ 71 ff möglich ist.

16

Ein zusätzlicher **Unterschied zu Abs. 1** besteht darin, daß die öffentlichen Interessen sich zwar in Rechtsvorschriften verfestigt haben können, aber nicht müssen. Das legt die Formulierung nahe, da der in Abs. 1 verwendete Begriff „durch Gesetz oder aufgrund eines Gesetzes" in Abs. 2 fehlt. Deshalb können auch solche öffentlichen Interessen Berücksichtigung finden, die bisher nur in Planungsentscheidungen zum Ausdruck kommen und noch keine rechtliche Bindungswirkung als Rechtsnorm oder Verwaltungsakt entfalten.

17

Daraus folgt eine weitere Besonderheit des Absatzes 2: die **Zuständigkeitszuweisung** für Anordnungen an die für die Zulassung von Betriebsplänen zuständige Behörde. Diese Zuständigkeitszuweisung an die Bergbehörde erfolgt allerdings „unbeschadet anderer öffentlich-rechtlicher Vorschriften". Das muß, auch angesichts des Regelungsverzichtes in Abs. 1, so ausgelegt werden, daß die Bergbehörde nur dort zuständig sein soll, wo nicht bereits andere öffentlich-rechtliche Vorschriften eine spezielle Behörde mit der Wahrnehmung der zu schützenden öffentlichen Interessen betraut haben. In Betracht kommen danach in erster Linie solche Fälle, bei denen sich die öffentlichen Interessen weder materiell – noch verfahrensrechtlich bindend verfestigt haben. Davon zu unterscheiden sind allerdings Fälle, in denen öffentlich-rechtliche Vorschriften die Bergbehörden ausdrücklich oder ihrem Sinn nach zur Wahrnehmung öffentlicher Interessen ermächtigen (vgl. etwa § 29 Satz 4 BBauG – § 56 Rn 210 – oder § 24 BImSchG; er läßt allerdings offen, wer als zuständige Behörde in Frage kommt). In diesen Fällen kommt die Zuständigkeitszuweisung des § 48 Abs. 2 entweder gar nicht oder nur im Wege der ergänzenden Auslegung zum Zug. Soweit die Bergbehörde aufgrund ihrer bergrechtlichen oder einer anderen spezialgesetzlichen Ermächtigung eigenständig entscheidet, sind andere Behörden nur so weit zu beteiligen, als sich dies aus den Spezialgesetzen oder den allgemeinen Grundsätzen des VwVfG (insbesondere §§ 13 Abs. 3, 44 Abs. 3 Nr. 4, 45 Abs. 1 Nr. 5 und Abs. 3) ergibt. § 54 Abs. 2 kommt insoweit nicht zur Anwendung.

18

§ 48 Abs. 2 ermächtigt die Bergbehörde, **Aufsuchung oder Gewinnung zu beschränken oder zu untersagen**, soweit überwiegende öffentliche Interessen entgegenstehen. (Zum GEP in NW § 56 Rn 166; zum Flächennutzungsplan § 56 Rn 169; zu § 29 S. 4 BBauG § 56 Rn 210.) Damit ist die zuständige Behörde zunächst aufgefordert, die außerbergrechtlichen Interessen mit dem Interesse an der Aufsuchung oder Gewinnung abzuwägen. Nur wenn die außerbergrechtlichen öffentlichen Interessen das Interesse an der Aufsuchung oder Gewinnung überwiegen, kommt eine Anordnung nach § 48 Abs. 2 in Betracht. Bei der Abwägung ist dem in Abs. 1 Satz 2 niedergelegten Grundgedanken Rechnung zu tragen. Insoweit bilden die beiden in § 48 enthaltenen Ermächtigungsnormen eine rechtliche Einheit. Aber selbst dann, wenn die Abwägung gegen die bergbauliche Tätigkeit ausfällt, ist die Anordnung noch in das pflichtgemäße Ermessen der Behörde gestellt. Denn selbst bei Überwiegen der außerbergrechtlichen öffentlichen Interessen **muß sie nicht** untersagen oder beschränken, sondern sie **kann es**. Bei der Ausübung des ihr damit eingeräumten **Entschließungsermessens** (Stelkens-Bonk-Leonhardt, VwVfG § 40 Rn 11) hat sie die in § 40 VwVfG und § 114 VwGO normierten Grenzen der Ermessensausübung zu beachten. Danach sind ihr Ermessensfehlgebrauch und Ermessensmißbrauch untersagt; gleiches gilt für das Überschreiten der Rechtsgrundlage für die Entscheidung (Ermessensüberschreitung) und eine Entscheidung in der Annahme, sie sei aufgrund zwingenden Rechts zu treffen (Ermessensmangel). (Im einzelnen vgl. dazu Stelkens-Bonk-Leonhardt, VwVfG § 40 Rn 18 ff; Kopp, VwVfG, § 40 Rn 14 ff; Redeker-von Oertzen, VwGO, § 42 Rn 147.)

19

IV. 1. Die Anordnungen nach § 48 Abs. 2 bedürfen wegen der weiten und unbestimmten Ermächtigungsgrundlage einer besonders genauen Prüfung am **Grundsatz der Gesetzmäßigkeit** der Verwaltung (Wolff-Bachof, I, § 30 II B, II C, III). Danach müssen die Anordnungen geeignet, erforderlich und verhältnismäßig (Übermaßverbot) sein. Die zuständige Behörde darf zur Erfüllung ihrer Aufgaben unter mehreren möglichen Maßnahmen nur diejenige auswählen, die geeignet ist, den angestrebten Zweck zu erreichen (Geeignetheit) und die möglichst wenig Nachteile mit sich bringt (Erforderlichkeit). Eine danach zulässige Maßnahme hat zu unterbleiben, wenn die mit ihr verbundenen Nachteile insgesamt die Vorteile überwiegen (Verhältnismäßigkeit) (Wolff-Bachof, I, § 30 II B). Der Vertrauensschutz des Bergbautreibenden ist in jedem Fall besonders zu beachten (vgl. Hoppe, DVBl. 1982, 106).

Erstes Kapitel: Vorschriften über Aufsuchung und Gewinnung §§ 48, 49

20
Daneben sind, sofern die in § 48 Abs. 2 angesprochenen spezialgesetzlichen Normen nichts Eigenständiges regeln, die im VwVfG festgelegten Grundsätze anwendbar. Das folgt aus § 5 BBergG. Danach gelten die Vorschriften des VwVfG über die inhaltliche Bestimmtheit des Verwaltungsaktes (§ 37) und seine Form, seine schriftliche Begründung (§ 39), die Bekanntgabe (§ 41) und seine Wirksamkeit (§ 43). Eine Rechtsbehelfsbelehrung für Anordnungen nach § 48 Abs. 2 ist nicht ausdrücklich vorgesehen. Zu den Folgen unterlassener Belehrungen, die verwaltungsgerichtlicher Kontrolle unterliegen, vgl. §§ 70 Abs. 2, 58 Abs. 2 VwGO; Stelkens-Bonk-Leonhardt, VwVfG, § 37 Rn 8.

21
Aus vorstehenden Grundsätzen folgt: Bei Anwendung des § 48 Abs. 2 muß eine Beschränkung bergbaulicher Tätigkeiten stets Vorrang vor einem Verbot oder einer Untersagung haben. Diese Eingriffe sind erst zulässig, wenn keine andere Möglichkeit mehr besteht. Die Anordnung nachträglicher Auflagen nach § 56 Abs. 1 S. 2 geht, soweit die Voraussetzungen des § 55 betroffen sind, stets einer Anordnung nach § 48 Abs. 2 vor; das gleiche hat für die Anordnungsbefugnis im Rahmen der Bergaufsicht (§ 71) zu gelten. Wird § 48 Abs. 2 neben § 55 angewandt, so kann dadurch der Rechtsanspruch auf die Betriebsplanzulassung, wenn kein Versagungsgrund vorliegt, nicht ausgeschlossen werden. Es ergehen dann zwei Entscheidungen, die gesondert anfechtbar sind. Anordnungen nach § 48 Abs. 2 können nur Ausnahme-, nicht Regelergänzungen zum Betriebsplanverfahren sein.

§ 49 Beschränkung der Aufsuchung auf dem Festlandsockel und innerhalb der Küstengewässer

Im Bereich des Festlandsockels und der Küstengewässer ist die Aufsuchung insoweit unzulässig, als sie
1. den Betrieb oder die Wirkung von Schiffahrtsanlagen oder -zeichen,
2. das Legen, die Unterhaltung oder den Betrieb von Unterwasserkabeln oder Rohrleitungen sowie ozeanographische oder sonstige wissenschaftliche Forschungen mehr als nach den Umständen unvermeidbar oder
3. die Benutzung der Schiffahrtswege, die Schiffahrt, den Fischfang oder die Erhaltung der lebenden Meeresschätze unangemessen
beeinträchtigt.

1
Während wesentliches Merkmal des § 48 Abs. 1 ein bergrechtlicher Regelungsverzicht ist, dient § 49 der **Beseitigung** eines bergrechtlichen **Regelungsdefizits**. Denn für den Festlandsockel und die Küstengewässer bestehen keine besonderen innerstaatlichen Vorschriften, aus denen sich das Recht zur Beschränkung von Aufsuchungstätigkeiten in Anlehnung an entsprechende Vorschriften der Genfer Konvention über den Festlandsockel vom 29. 4. 1958 (insbesondere Art. 4 und 5) ableiten läßt (Amtl. Begründung BT-Ds. 8/1315, 104 = Zydek, 223).

2

Nach Art. 4 der Festlandsockelkonvention darf der Küstenstaat „das Legen und die Unterhaltung von Unterwasserkabeln oder -leitungen auf dem Festlandsockel nicht behindern; sein Recht, angemessene Maßnahmen zur Erforschung des Festlandsockels und zur Ausbeutung seiner Naturschätze zu treffen, bleiben unberührt".
Art. 5 Abs. 1 bestimmt, daß „die Erforschung des Festlandsockels und die Ausbeutung seiner Naturschätze . . . die Schiffahrt, den Fischfang und die Erhaltung des lebenden Reichtums des Meeres nicht ungerechtfertigt behindern und grundlegende ozeanographische oder sonstige wissenschaftliche Forschungen nicht beeinträchtigen (dürfen), deren Ergebnisse zur Veröffentlichung bestimmt sind". (Zitiert nach G. Hoog, Die Genfer Seerechtskonferenzen, Berlin 1961, – Dokumente, 113).

3

Diese **Grundsätze eines geordneten Nebeneinanders von Festlandsockelbergbau und anderen Meeresnutzungen** übernimmt § 49 mit der Maßgabe, daß bei Nutzungskonflikten nach einer angemessenen Lösung zu suchen ist. Erst wenn diese sich im Wege einer Interessenabwägung der unterschiedlichen Nutzungsansprüche nicht finden läßt, soll der Bergbau zurücktreten müssen. Dabei wird allerdings mit Recht unterstellt, daß gewisse unvermeidbare und angemessene Beeinträchtigungen der übrigen Nutzung durch den Bergbau zulässig sind. Erst wenn diese Grenze überschritten ist, kann die Unzulässigkeit bergbaulicher Tätigkeit festgestellt werden.

4

Aus dem nicht näher definierten Begriff der **Unzulässigkeit** folgt, daß bei seinem Vorliegen der zuständigen Behörde das Recht zusteht, bergbauliche Tätigkeit zu beschränken oder zu untersagen. Sie hat dabei allerdings ein vernünftiges Verhältnis zwischen Anlaß, Zweck und Ausmaß der zu treffenden Regelung zu beachten.

5

Im Gegensatz zu § 48 regelt § 49 **nur die Beschränkung der Aufsuchung**, obwohl Abs. 5 der Festlandsockelkonvention ganz eindeutig von der Gewinnung spricht. Die in § 49 vorgesehene Einschränkung ist jedoch deshalb vertretbar, weil Aufsuchung stets die Vorstufe für die Gewinnung ist und es deshalb bei einer Beschränkung der Aufsuchung entweder garnicht oder nur in ebenso beschränkter Weise zur Gewinnung kommt; außerdem ruft die Aufsuchung wegen ihres weniger stationären Charakters größere Nutzungskonflikte hervor als die Gewinnung.

6

Ob § 49 allerdings große **praktische Bedeutung** zukommt, ist **zweifelhaft**. Denn auch Aufsuchungsbetriebe unterliegen nach § 51 Abs. 1 S. 1 grundsätzlich der Betriebsplanpflicht. Der Betriebsplan für einen Aufsuchungsbetrieb im Festlandsockel oder Küstengewässer ist nur dann zuzulassen, wenn die Voraussetzungen des § 55 Abs. 1 Nr. 10 bis 13 vorliegen. Diese Voraussetzungen sind jedoch, insbesondere wegen der Nr. 10 und 13, erheblich strenger als die in § 49 für die

Erstes Kapitel: Vorschriften über Aufsuchung und Gewinnung §§ 49, 50

Beschränkung des Aufsuchungsbetriebes genannten Gründe. So verbietet etwa Nr. 10 in § 55 anders als Nr. 1 in § 49 **jede Beeinträchtigung von Schiffahrtsanlagen oder -zeichen.** Nr. 13 verlangt über den § 49 hinaus die Sicherstellung, daß sich schädigende Einwirkungen auf das Meer auf ein möglichst geringes Maß beschränken. Darüber hinaus sind die Voraussetzungen nach § 55 kumulativ zu erfüllen, während nach § 49 die Gründe für eine Beschränkung alternativ vorliegen können. Insoweit kann, wenn alle Voraussetzungen in § 55 geprüft worden sind, eine Verschlechterung der Situation durch § 49 nicht aufgefangen werden und zu besonderen Beschränkungsanordnungen führen. Und selbst dann, wenn bestimmte Beeinträchtigungen zur Zeit der Betriebsplanzulassung noch nicht konkret vorlagen und ein Beschränkungstatbestand i. S. des § 49 erst später verwirklicht wird, stellt sich die Frage, ob dafür nicht das speziellere Beschränkungsmittel der nachträglichen Aufnahme, Änderung oder Ergänzung von Auflagen i. S. des § 56 Abs. 1 S. 2 anzuwenden ist. Das wird man bejahen müssen, weil die Anwendung des § 56 Abs. 1 S. 2 als Durchbrechung des mit der Betriebsplanzulassung gesetzten Vertrauensschutzes nur ausnahmsweise und unter bestimmten Voraussetzungen zulässig ist. Dieser beschränkten Zulässigkeit von Eingriffen in den Bestandsschutz eines Betriebsplanes entspricht aber § 49 in keiner Weise. Außerdem enthält § 49 **keine** über die in § 55 Abs. 1 S. 1 Nr. 10 bis 13 abschließend geregelten Zulassungsvoraussetzungen hinausgehende **eigene Beschränkungsgesichtspunkte**, nach denen unabhängig von der Betriebsplanzulassung Eingriffe zugunsten anderer Meeresnutzungen zulässig wären. Auch nachträgliche Beschränkungen der Bergbauberechtigungen sind über § 49 nicht zulässig (vgl. § 16 Abs. 3). So kann § 49 allenfalls eine Bedeutung für übergeleitete Betriebspläne (§ 167, 168) bekommen.

Zweites Kapitel
Anzeige, Betriebsplan

§ 50 Anzeige

(1) Der Unternehmer hat der zuständigen Behörde die Errichtung und Aufnahme
1. eines Aufsuchungsbetriebes,
2. eines Gewinnungsbetriebes und
3. eines Aufbereitungsbetriebes

rechtzeitig, spätestens zwei Wochen vor Beginn der beabsichtigten Tätigkeit anzuzeigen; in der Anzeige ist der Tag des Beginns der Errichtung oder der Aufnahme des Betriebes anzugeben. Zum Betrieb gehören auch die in § 2 Abs. 1 bezeichneten Tätigkeiten und Einrichtungen. Die Pflicht zur Anzeige entfällt, wenn ein Betriebsplan nach § 52 eingereicht wird.

(2) Absatz 1 gilt für die Einstellung des Betriebes mit Ausnahme der in § 57 Abs. 1 Satz 1 und Absatz 2 bezeichneten Fälle entsprechend. § 57 Abs. 1 Satz 2 bleibt unberührt.

(3) Unternehmer, deren Betrieb nicht nach § 51 der Betriebsplanpflicht unterliegt, haben der Anzeige über die Errichtung oder die Aufnahme eines Gewinnungsbetriebes einen Abbauplan beizufügen, der alle wesentlichen Einzelheiten der beabsichtigten Gewinnung, insbesondere

§ 50 1–5 Dritter Teil: Aufsuchung, Gewinnung und Aufbereitung

1. die Bezeichnung der Bodenschätze, die gewonnen werden sollen,
2. eine Karte in geeignetem Maßstab mit genauer Eintragung des Feldes, in dem die Bodenschätze gewonnen werden sollen,
3. Angaben über das beabsichtigte Arbeitsprogramm, die vorgesehenen Einrichtungen unter und über Tage und über den Zeitplan,
4. Angaben über Maßnahmen zur Wiedernutzbarmachung der Oberfläche während des Abbaues und über entsprechende Vorsorgemaßnahmen für die Zeit nach Einstellung des Betriebes

enthalten muß. Wesentliche Änderungen des Abbauplanes sind der zuständigen Behörde unverzüglich anzuzeigen.

1

1. Durch die Verpflichtung des Bergbauunternehmers zur **Anzeige** der Errichtung oder der Einstellung von Aufsuchungs-, Gewinnungs- oder Aufbereitungsbetrieben wird der Bergbehörde die Kenntnis von betrieblichen Maßnahmen für die Durchführung ihrer Aufgaben vermittelt.

2

2. Das Gesetz unterscheidet zwischen den **einfachen** Anzeigen des Abs. 1 und Abs. 2 und den **qualifizierten** des Abs. 3, die nur in Betracht kommen, wenn der Betrieb nicht betriebsplanpflichtig gem. § 51 ist.

3

3. Als **anzeigepflichtige Maßnahmen** kommen nach § 50 in Betracht
– die Errichtung (Abs. 1)
– die Aufnahme (Abs. 1)
– die wesentliche Änderung des Abbauplanes (Abs. 3)
– die Einstellung, wobei hier noch zwischen der geplanten, geregelten Stillegung (Abs. 2) und der unvorhergesehenen, notfallbedingten Stillegung i. S. § 57 Abs. 1 S. 2 zu unterscheiden ist. Bei ersterer ist eine vorherige, bei letzterer eine nachträgliche Anzeige erforderlich.

4

Die betrieblichen Maßnahmen müssen Aufsuchungsbetriebe j. S. § 4 Abs. 1, Gewinnungsbetriebe i. S. § 4 Abs. 8 i. V. § 4 Abs. 2 oder Aufbereitungsbetriebe i. S. § 4 Abs. 3 betreffen, wobei als „Betrieb" die erweiterte Definition des § 2 Abs. 1 maßgebend ist.

5

Die Anzeige ist für die **Errichtung** und die **Aufnahme** der Betriebe einzureichen. Im Gegensatz dazu sind Betriebspläne nur für die Errichtung aufzustellen. Der Gesetzgeber will durch die Anzeigepflicht der Betriebsaufnahme erreichen, daß der Beginn bergbaulicher Tätigkeit auch dann der Bergbehörde zur Kenntnis gelangt, wenn ein Betrieb aufgenommen wird, ohne zuvor von dem Unternehmer errichtet worden zu sein (z. B. Betriebsübernahme).

Zweites Kapitel: Anzeige, Betriebsplan **6–10 § 50**

6
4. **Verpflichtet** zur Anzeige ist der **Unternehmer** i. S. § 4 Abs. 5. Er kann diese Verpflichtung gem. § 62 Nr. 1 nicht delegieren. Das wird damit begründet, daß die Errichtung und Aufnahme eine Reihe von Rechtsfolgen auslösen wie etwa die Verpflichtung zur Beschäftigug verantwortlicher Personen gem. § 58 Abs. 1, die Zuständigkeit der Bergbehörde gem. § 69, die Betriebsplanpflicht gem. § 51, so daß diese Anzeige dem Unternehmer vorbehalten worden ist. Ob das sinnvoll war, erscheint insofern zweifelhaft, als die Pflicht zur Erstellung von Betriebsplänen zu recht delegierbar ist.

7
Die Verletzung der Anzeigepflicht ist gem. § 145 Abs. 1 Nr. 4 bzw. Nr. 5 eine **Ordnungswidrigkeit**.

8
Dem Unternehmer obliegen außer der Anzeigepflicht nach § 50 noch eine Reihe **anderer Anzeigen** an die Bergbehörde. Sie stehen **nebeneinander** und sind jeweils bei Erfüllung der Voraussetzungen zusätzlich zu erfüllen. Abweichungen vom Betriebsplan sind gem. § 57 Abs. 1 S. 2, besondere Betriebsereignisse gem. § 74 Abs. 3 Nr. 1 und 2, bestimmte Arbeiten sowie die Errichtung, Herstellung und Inbetriebnahme bestimmter Einrichtungen oder die Vornahme von Änderungen gem. VO i. S. § 65 Nr. 1, die Bestellung, Änderung oder das Ausscheiden verantwortlicher Personen gem. § 60 Abs. 2, die Aufrechterhaltung von alten Bergbauberechtigungen und Verträgen gem. § 149, und die Unterstellung früher nicht unter Bergaufsicht stehender Betriebe gem. § 169 Abs. 1 Nr. 1 anzuzeigen.

9
Auch die **Anzeigepflichten aus anderen Gesetzen** (z. B. § 80 Abs. 2 BauO NW für Errichtung, Änderung, Nutzungsänderung oder Abbruch baulicher Anlagen, § 14 SprengG für die Aufnahme von Betrieben, die mit explosionsgefährlichen Stoffen umgehen, bzw. die Bestellung oder Abberufung von verantwortlichen Personen, § 67 Abs. 2 BImSchG für genehmigungsbedürftige Anlagen, die nach früherem Recht keiner Genehmigung bedurften, § 4 Abs. 1 EnergieWG für Bau, Erneuerung, Erweiterung oder Stillegung von Energieanlagen, § 11 Abs. 3 AbfG für Betreiber von Anlagen, in denen Abfälle anfallen, die nicht mit den in Haushaltungen anfallenden Abfällen beseitigt werden, bestehen selbständig neben der Anzeigepflicht nach § 50.

10
5. Die Anzeige ist spätestens zwei Wochen vor Beginn der beabsichtigten Tätigkeit einzureichen. Entscheidend ist der Zugang bei der Bergbehörde. Bei Stillegungen ist der Termin der Einstellung des Gewinnungsbetriebes maßgebend, nicht der „Beginn der Stillegungsmaßnahmen" i. S. der Richtlinien über die Gewährung von Beihilfen für Arbeitnehmer des Steinkohlenbergbaus, die von Maßnahmen i. S. Art. 56 § 2 des Montanunionvertrages betroffen werden (BAnz. Nr. 34 vom 19. 2. 1970), d. h. nicht der letzte Tag des Arbeitsverhältnisses bezogen auf den ersten von der Stillegungsmaßnahme betroffenen entlassenen Arbeitnehmer.

11

6. Die **Anzeigepflicht entfällt**, wenn ein Betriebsplan nach § 52 eingereicht wird. Damit ist in erster Linie der Hauptbetriebsplan i. S. § 52 Abs. 1 gemeint, aber auch der Rahmenbetriebsplan und der Sonderbetriebsplan gem. Abs. 2 Allerdings kann für diese letzteren nicht entscheidend sein, daß sie „auf Verlangen der zuständigen Behörde" eingereicht wurden. Der Zweck des § 50 Abs. 1 S. 3, die umfassende Kenntnis der Bergbehörde von betrieblichen Vorhaben auf andere Art als durch eine Anzeige, wird durch jeden Betriebsplan erreicht, nicht nur durch von der Bergbehörde verlangte.

12

Bei Einstellung eines Betriebes ist ein **Abschluß**betriebsplan gem. § 53 Abs. 1 aufzustellen. Obwohl diese Vorschrift in § 50 nicht erwähnt ist, wird man annehmen müssen, daß bei Betriebseinstellungen auch dieser Betriebsplan die Anzeigepflicht aufhebt. Die „entsprechende" Anwendung des Abs. 1 auf die Fälle der Betriebseinstellung des Abs. 2 muß so verstanden werden, daß das Einreichen eines Abschlußbetriebsplanes gem. § 53 insoweit an die Stelle des dort wörtlich erwähnten „Betriebsplanes nach § 52" treten muß (wohl auch BT-Drucksache 8/1315, 105 = Zydek, 231). Es besteht kein einleuchtender Grund, Abschlußbetriebsplänen insoweit nicht die gleichen Wirkungen wie anderen Betriebsplänen zuzubilligen. Damit ergibt sich im Gegensatz zu der bisher durch § 71 Abs. 1 ABG NW bestimmten Rechtslage, daß bei Einstellungen des Bergwerksbetriebes die Pflicht zur Anzeige 3 Monate vor der Stillegung neben dem Abschlußbetriebsplan entfallen ist.

13

Die Anzeigepflicht tritt zunächst **neben** die Betriebsplanpflicht. Sie **entfällt** erst, wenn ein Betriebsplan eingereicht wurde. Allerdings muß der Betriebsplan innerhalb derselben **Frist** eingereicht werden, wie sie für die Anzeige besteht. Es dürfte nicht ausreichen, wenn die Frist zum Einreichen der Anzeige versäumt wurde und danach der Betriebsplan eingereicht wird. Man wird vielmehr die Frist des § 50 Abs. 1 S. 1 (zwei Wochen vor Beginn der Tätigkeit) auch für die Erfüllung des § 50 Abs. 1 S. 3 voraussetzen müssen.

14

Ein Betriebsplan, der nicht die Voraussetzungen der §§ 51 ff erfüllt, kann als Anzeige i. S. § 50 umgedeutet werden (Ebel-Weller § 67, 1 g).

15

7. Einer **qualifizierten Anzeigepflicht** unterstehen diejenigen Betriebe, für die Betriebspläne nach § 51 nicht einzureichen sind. Während bei den übrigen Betrieben die Anzeige als wesentlicher Bestandteil nur den Tag des Beginns der Betriebsaufnahme oder -einrichtung zu enthalten hat, muß hier ein **Abbauplan** beigefügt werden. Im Gegensatz zu den betriebsplanpflichtigen Betrieben bedürfen hier auch wesentliche Änderungen des Abbauplanes der unverzüglichen Anzeige.

Zweites Kapitel: Anzeige, Betriebsplan §§ 50, 51

16
Der Betriebsplanpflicht unterliegen nicht die besonderen Aufsuchungsbetriebe des § 51 Abs. 2 oder die nach § 51 Abs. 3 auf Antrag von der Bergbehörde befreiten Betriebe von geringer Gefährlichkeit und Bedeutung. Nun schließt allerdings § 51 Abs. 3 S. 2 die Möglichkeit, sich von der Betriebsplanpflicht befreien zu lassen, gerade für die anzeigepflichtigen Tatbestände „Errichtung" und „Einstellung des Betriebes" in § 50 aus. Die Befreiung bleibt nach § 51 Abs. 3 nur für das Führen des Betriebes möglich. Die Betriebe des § 51 Abs. 3 haben daher für die Errichtung und Einstellung einen Betriebsplan vorzulegen. Insoweit entfällt ihre Anzeigepflicht gem. § 50 Abs. 1 S. 3. Für wesentliche Änderungen des Abbauplanes aber besteht für diese Betriebe eine Anzeigepflicht gem. § 50 Abs. 3.

17
Für Betriebe im Bereich des Festlandsockels besteht stets Betriebsplanpflicht, da wegen § 51 Abs. 3 S. 2 eine Befreiung hiervon nicht möglich ist. Eine qualifizierte Anzeigepflicht entfällt. Sofern aufgrund einer Verordnung gem. § 65 Nr. 2 bestimmte Arbeiten unter Befreiung von der Betriebsplanpflicht nur einer Genehmigung bedürfen, ist eine qualifizierte Anzeigepflicht nach § 50 Abs. 3 schon vom Wortlaut her nicht gegeben, weil der sich nur auf Fälle des § 51 beschränkt.

18
Nach § 127 Abs. 1 sind die §§ 50 ff bei bestimmten Bohrungen entsprechend anzuwenden. Als Bohrung wird hier der technische Vorgang verstanden, nicht die Nutzung des geschaffenen Bohrloches. Bei Bohrungen sind im Rahmen der Anzeige- und Betriebsplanpflicht die für Aufsuchungsbetriebe maßgebenden Anforderungen zu stellen.

19
Zuständige Behörde für die Entgegennahme der Anzeige ist gem. § 1 Abs. 3 Nr. 2 der VO über Zuständigkeiten v. 5. 1. 1982 (GuV NW, 2) das Bergamt.

§ 51 Betriebsplanpflicht

(1) Aufsuchungsbetriebe, Gewinnungsbetriebe und Betriebe zur Aufbereitung dürfen nur auf Grund von Plänen (Betriebsplänen) errichtet, geführt und eingestellt werden, die vom Unternehmer aufgestellt und von der zuständigen Behörde zugelassen worden sind. Zum Betrieb gehören auch die in § 2 Abs. 1 bezeichneten Tätigkeiten und Einrichtungen. Die Betriebsplanpflicht gilt auch für die Einstellung im Falle der Rücknahme, des Widerrufs oder der Aufhebung einer Erlaubnis, einer Bewilligung oder eines Bergwerkseigentums sowie im Falle des Erlöschens einer sonstigen Bergbauberechtigung.

(2) Absatz 1 gilt nicht für einen Aufsuchungsbetrieb, in dem weder Vertiefungen in der Oberfläche angelegt noch Verfahren unter Anwendung maschineller Kraft, Arbeiten unter Tage oder mit explosionsgefährlichen oder zum Sprengen bestimmten explosionsfähigen Stoffen durchgeführt werden.

(3) Die zuständige Behörde kann Betriebe von geringer Gefährlichkeit und Bedeutung auf Antrag des Unternehmers ganz oder teilweise oder für einen bestimm-

ten Zeitraum von der Betriebsplanpflicht befreien, wenn der Schutz Beschäftigter und Dritter und das Wiedernutzbarmachen der Oberfläche nach diesem Gesetz und der auf Grund dieses Gesetzes erlassenen Rechtsverordnungen auch ohne Betriebsplanpflicht sichergestellt werden können. Dies gilt nicht für die Errichtung und die Einstellung des Betriebes und für Betriebe im Bereich des Festlandsockels.

1
1. **Grundsätzliches.** Die in § 51 festgelegte Betriebsplanpflicht des Unternehmers ist eines der wichtigsten Instrumente der **präventiven** und laufenden **Betriebskontrolle** durch die Bergbehörde. Sie ist ein Teil des gesamten staatlichen Überwachungssystems des Bergbaus, das mit der Erteilung der Bergbauberechtigung gem. §§ 6 ff beginnt, sich über die Möglichkeit zu Verboten und Beschränkungen gem. § 48, zu Anordnungen gem. § 71, zur Untersagung der Fortsetzung der bergbaulichen Tätigkeit gem. § 72 oder der Beschäftigung einzelner Personen gem. § 73 bis hin zum Erlaß von Bergverordnungen gem. §§ 65 ff erstreckt.

2
Der Gesetzgeber hat in der Betriebsplanpflicht ein schon im ABG geregeltes, schon vor dessen Geltung durch bestehende Übung praktiziertes (Isay, § 67 Rn 1) und aus dem französischen Bergrecht (hier wurden die Konzessionen seit einer Ministerial-Instruktion aus dem Jahre 1810 mit Betriebsbestimmungen versehen, die in dem sog. Lastenheft – Cahier des charges – aufgezeichnet waren, Horneffer, Bergrecht und Allgemeines Polizeirecht, Diss. 1969, 84) entwickeltes Institut übernommen (zur Entwicklung im rechts- und linksrheinischen Preußen vgl. Pfadt, Rechtsfragen zum Betriebsplan im Bergrecht, 23), das für das Bergrecht typisch war und die Besonderheiten des Bergbaubetriebes berücksichtigte. Dieser Betrieb ist nämlich dadurch gekennzeichnet, daß er sich bei ununterbrochener Verringerung der Substanz an Bodenschätzen räumlich ständig fortentwickelt und unter dauernder Anpassung an die Erfordernisse der Lagerstätte verändert (BT-Drucksache 8/1315, 105 = Zydek, 232). Für diese dynamische, von der Lagerstätte diktierte Betriebsweise ist es notwendig, daß sich die Betriebsgenehmigung dem fortschreitenden Betrieb anpaßt. Einmalige, auf statische Betriebsweise ausgerichtete Genehmigungen würden diesem Anspruch nicht gerecht. Wenn auch der Unternehmer durch die Bergbauberechtigung das Recht erhält, die Bodenschätze aufzusuchen und zu gewinnen, ist es ihm dennoch verboten, von dieser Berechtigung Gebrauch zu machen, bevor nicht der Betriebsplan aufgestellt und von der zuständigen Behörde zugelassen worden ist. Die positive Entscheidung der Bergbehörde beseitigt das Verbot und stellt sich daher als begünstigender Verwaltungsakt in Form einer Erlaubnis dar (OVG Saarland ZfB 116 (1975), 358, 361). Einzelheiten zur Rechtsnatur der Zulassung § 56, Rn 6 ff. Rechtlich ist das Betriebsplanverfahren als umfassender staatlicher **Erlaubnisvorbehalt** einzuordnen (Weller, Glückauf 1981, 250, 253).

3
Das BBergG hat das Betriebsplanverfahren von zwei Verankerungen gelöst, an die es bisher gebunden war: aus der Zuständigkeit der Bergbehörde leitete sich durch die Verbindung zwischen § 67 ABG und § 196 ABG der Maßstab für die materiellen Gesichtspunkte ab, die im Betriebsplanverfahren zu prüfen waren. Verände-

Zweites Kapitel: Anzeige, Betriebsplan 4–8 § 51

rungen des Zuständigkeitskataloges bedeuteten Veränderungen der zu prüfenden Gesichtspunkte. In Zukunft hat der Umfang der Bergaufsicht nur noch die Bedeutung der Zuständigkeit der Bergbehörde. Das Betriebsplanverfahren war ferner an den Bergwerksbesitzer und damit an wirksam begründetes Bergwerkseigentum gebunden. Das ist durch § 51 Abs. 1 S. 3 weggefallen.

4

2. Die **Besonderheiten des Betriebsplanverfahrens** sind folgende:
a) Es werden nur die in § 55 genannten öffentlich-rechtlichen Gesichtspunkte geprüft: Gefahrenschutz nach den allgemein anerkannten Regeln der Arbeitssicherheit, Einhaltung der geltenden Arbeitsvorschriften, Schutz der Oberfläche, Wiedernutzbarmachung der Oberfläche, Vorsorge dafür, daß die verantwortlichen Personen die erforderliche Eignung haben. Die Auseinandersetzung mit allen anderen öffentlichen Belangen wird entweder dem privat-rechtlichen Mechanismus überlassen, oder anderen öffentlich-rechtlichen Verfahren (H. Schulte NJW 1981, 88, 94). Die Gründe des § 55 lassen sich zum Teil als vom Gesetz konkretisiertes öffentliches Interesse kennzeichnen, der unbestimmte Begriff des öffentlichen Interesses ist dadurch eingeschränkt und justiabel gemacht (Westermann, Freiheit des Unternehmers und Grundeigentümers und ihre Pflichtenbindungen im öffentlichen Interesse nach dem Referentenentwurf eines BBergG, S. 72).

5

b) Sofern die in § 55 bezeichneten Erfordernisse und Belange sichergestellt sind, besteht ein **Anspruch auf Betriebsplanzulassung** (Westermann a.a.O., S. 71; Weller, Glückauf 1981, 250, 253; Kühne ZfB 121 (1980), 58).

6

c) Das Betriebsplanverfahren ist **kein förmliches Verfahren** i. S. §§ 63 ff VwVfG. Das BBergG hat für Betriebsplanverfahren weder eine Verpflichtung zur Anhörung vor der Entscheidung noch eine mündliche Verhandlung angeordnet. Dasselbe galt schon für die Betriebsplanverfahren nach bisherigem ABG (VG Gelsenkirchen = Glückauf 1981, 1511).

7

d) Das Betriebsplanverfahren ist **kein Planfeststellungsverfahren** i. S. §§ 72 ff VwVfG. Der Bergbaubetrieb ist auf kurzfristige behördliche Entscheidungen angewiesen. Sowohl die Produktion als auch die Grubensicherheit erfordern ein flexibles Verfahren. Das starre System des Planfeststellungsverfahren wäre auch bei Kleinbetrieben zu langwierig und risikoreich, so daß der Gesetzgeber sich bewußt gegen die Ausgestaltung des Betriebsplanverfahrens als Planfeststellungsverfahren entschieden hat (Protokoll der 13. Sitzung der Arbeitsgruppe BBergG des BT-Ausschusses Wirtschaft, S. 106).

8

e) Das Betriebsplanverfahren hat demzufolge **keine Konzentrationswirkung** wie etwa Planfeststellungsverfahren oder die Genehmigung nach § 13 BImSchG (II.

Schulte NJW 1981, 88, 94). Es ersetzt andere behördliche Entscheidungen nicht. Umgekehrt sind Betriebspläne auch für solche Maßnahmen einzureichen, die nach anderen gesetzlichen Vorschriften genehmigungspflichtig durch andere Behörden sind.

9
f) Das Betriebsplanverfahren ist im Gegensatz zum früheren Recht stärker **formalisiert** worden. Während früher es für die Zulassung keinen Unterschied machte, ob sie durch bloße Nichteinlegung eines Einspruchs binnen 14 Tagen gegen den vorgelegten Betriebsplan (§ 68 Abs. 1 ABG) oder – nach erhobenem Einspruch – durch Abschluß des Verfahrens nach Verhandlung und Einigung zwischen Bergamt und Bergwerksbesitzer (§ 68 Abs. 2 ABG) oder ohne Verständigung durch Beschluß des Oberbergamtes (§ 68 Abs. 3 ABG; § 68 Abs. 4 NW) zustande kam (OVG Saarland ZfB 116 (1975), 358, 361), bedarf es heute einer formellen schriftlichen Zulassung (Levin, Der Kompaß 1980, 364; BT-Drucksache 8/1315, 105 = Zydek, 233).

10
Außerdem ist bedauerlicherweise das von den Bergbauunternehmern lebhaft gewünschte und im Interesse der auf kurzfristige Entscheidungen angewiesenen Betriebe notwendige Entscheidungsrecht der Bergbehörde nach 3 Monaten (früher § 68 Abs. 3 ABG NW) nicht übernommen worden, so daß auch aus diesem Grunde eine längere Verfahrensdauer zu befürchten ist.

11
3. Das **Verhältnis** des Betriebsplanes **zu den Bergbauberechtigungen** ist unter zwei Gesichtspunkten von Interesse:

12
a) Die Berechtigungen gewähren grundsätzlich nur die Aufsuchung und Gewinnung von Bodenschätzen, geben aber nicht das Recht, diese Arbeiten tatsächlich durchführen und die Anlagen betreiben zu können. Aus den Berechtigungen geht nicht hervor, unter welchen Voraussetzungen der Inhaber seine Berechtigung ausüben darf (Pfadt, Rechtsfragen zum Betriebsplan im Bergrecht, 126). Die Betriebsplanzulassung ergänzt demnach die statische Bergbauberechtigung und gibt ihr die dynamischen Möglichkeiten.

13
b) Schon bei der Erteilung der Bergbauberechtigung ist entscheidend, daß ihr überwiegende öffentliche Interessen nicht entgegenstehen (§ 11 Nr. 10 für die Erlaubnis, § 12 Abs. 1 S. 1 für die Bewilligung und damit gem. § 13 Nr. 1 für das Bergwerkseigentum). Es stellt sich damit für das auch mit öffentlichen Interessen (§§ 48 Abs. 2, 55) befaßte Betriebsplanverfahren die Frage nach dem Verhältnis der jeweils zu berücksichtigenden öffentlichen Interessen. Im Betriebsplanverfahren muß die Bergbehörde die **durch die Bergbauberechtigung geschaffene Rechtsposition hinnehmen**. Das Verfahren ist nicht dazu da, durch Grundsatzfragen, die im Berechtigungsverfahren bereits zu prüfen waren, diese Erteilung wieder in

Frage zu stellen oder zu korrigieren. Auch das durch die §§ 149 ff BBergG aufrechterhaltene Bergwerkseigentum darf inhaltlich nicht durch Grundsatzentscheidungen im Betriebsplanverfahren eingeengt werden (Westermann, Freiheit des Unternehmers, S. 71). Zwar ist das Gewinnungsrecht von vornherein damit belastet, daß seine Ausübung der Betriebsplanpflicht gem. § 51 unterliegt, doch muß die Betriebsplanzulassung das erteilte Gewinnungsrecht respektieren und darf nur der Bestimmung der Ausübung des dem Grundsatz nach feststehenden Rechts dienen (Westermann a.a.O., S. 72). Grundsatzfragen über das Verhältnis von Raumrecht und Gewinnungsrecht gehören nicht in das Betriebsplanverfahren.

14
4. Betriebsplanpflicht besteht für bestimmte Betriebe und bestimmte Betriebshandlungen.

15
a) Betriebsplanpflichtige Betriebe sind die **Aufsuchungsbetriebe** i. S. § 4 Abs. 1. Allerdings ist hier die **Ausnahme** des § 51 Abs. 2 zu beachten, wonach eine Betriebsplanpflicht für die dort näher beschriebenen Aufsuchungsbetriebe kraft Gesetzes entfällt, ohne daß es eines Antrages des Unternehmers bedarf. Bei diesen Betrieben treten die besonderen Gefahren oder Beeinträchtigungen des typischen Bergbaubetriebes nicht auf. Hierzu zählen: Handbohrungen, geoelektrische oder geochemische Verfahren, Anfertigung von Luftaufnahmen, Seismik (auch bei Durchführung mit KfZ), ferner Tätigkeiten, bei denen zum Eingraben von Gegenständen nur wenig Erdreich abgegraben und wieder aufgeschüttet wird. Keine gesetzliche Befreiung besteht, wenn Vertiefungen in der Oberfläche z. B. Löcher, Schürfgräben angelegt werden.

16
Betriebsplanpflichtige Betriebe sind ferner alle **Gewinnungsbetriebe** i. S. § 4 Abs. 8, i. V. Abs. 2 und alle Aufbereitungsbetriebe i. S. § 4 Abs. 3 einschließlich Vergasen und Verflüssigen von Kohle. Dadurch wird insbesondere das betriebsinterne Verladen, Befördern, Lagern betriebsplanpflichtig, nicht jedoch das Verladen, Befördern und Abladen von Bodenschätzen, Nebengestein und sonstigen Massen, sofern sie in den in § 2 Abs. 4 genannten Weise vorgenommen werden (Hoppe, DVBl 1982, 101; Sondermann, Braunkohle 1982, 14). Dabei gehören alle in § 2 Abs. 1 bezeichneten Tätigkeiten zum Betrieb, also auch das Verladen, Befördern, Lagern, soweit es im unmittelbaren betrieblichen Zusammenhang mit dem Aufsuchen, Gewinnen, Aufbereiten geschieht. Betriebsplanpflichtig ist das Niederbringen einer Thermalwasserbohrung, das Verlegen einer Thermalwasserleitung und der erforderlichen Stromkabel (AG Freiburg, ZfB 122 (1981), 463, 464), sowie die Wiedernutzbarmachung der Erdoberfläche während und nach der bergbaulichen Tätigkeit.

17
Betriebsplanpflichtig sind die Betriebe der Grubenanschlußbahn (Erlaß in ZfB 55 (1914), 298), Energieerzeugungsanlagen im Bergwerksbetrieb, soweit sie der

Eigenerzeugung dienen, Versorgungsleitungen auf dem Betriebsgrundstück bis zur Übergabestation, Rohrleitungen die nicht durch § 2 Abs. 4 Nr. 5 von der Geltung des BBergG ausgeschlossen sind, Zechenhäfen, Werksstraßen, Betriebe zum Verkoken, Verflüssigen und Verölen von Bodenschätzen gem. § 4 Abs. 3 Nr. 2.

18

aa) Eine **Ausnahme von der Betriebsplanpflicht** für fast alle Betriebe – nicht für die im Festlandsockel – macht § 51 Abs. 3, wenn der Unternehmer eines Betriebes von geringer Gefährlichkeit und Bedeutung einen Antrag auf Befreiung stellt und die Bergbehörde ihn genehmigt. Allerdings müssen auch bei diesen Betrieben die Errichtung und die Stillegung betriebsplanmäßig zugelassen werden, so daß die Befreiung nur für das Führen des Betriebes ausgesprochen werden kann. Die Regelung des § 51 Abs. 3 hat ihr Vorbild wohl in § 6 Abs. 2 Buchst. b der VO über die Aufsuchung und Gewinnung mineralischer Bodenschätze v. 31. 12. 1942 (RGBl 1943, 17), die jetzt durch § 175 Nr. 4 aufgehoben ist.

19

bb) Eine weitere Ausnahme von der Betriebsplanpflichtigkeit kann durch VO gem. § 65 Nr. 2 insofern gemacht werden, als für bestimmte Maßnahmen statt des Betriebsplanes eine **Genehmigung** einzuholen ist (nach VO'en in NRW bisher für elektr. Anlagen, Seilfahrtanlagen, Grubenbahnen).

20

b) Betriebsplanpflichtige **Maßnahmen** sind das Errichten, Führen und Einstellen der Betriebe. Sie stehen nebeneinander und bedürfen der betriebsplanmäßigen Zulassung unabhängig davon, ob eine von ihnen bereits zugelassen ist. Die genannten betrieblichen Maßnahmen sind Sammelbegriffe; das Führen eines Betriebes setzt sich aus einer erheblichen Zahl einzelner Handlungen zusammen. Der Eigenart des Betriebsplanverfahrens als eines Instrumentes kontinuierlicher Betriebsüberwachung durch die Behörde entspricht es, daß nicht die Gesamtmaßnahme „Führen des Betriebes", sondern die **Vielzahl der Einzelmaßnahmen** betriebsplanpflichtig ist. Insofern spielt es keine Rolle, ob die Einzelmaßnahme außerhalb des Gewinnungsbetriebes bzw. außerhalb der Bergaufsicht genehmigungspflichtig wäre oder nicht. In den Bergbaubetrieben sind wegen der besonderen Gefährlichkeit und wegen der besonderen ständigen Betriebsaufsicht viele Maßnahmen betriebsplanpflichtig, die in anderen Betrieben genehmigungsfrei sind.

21

Das Betriebsplanverfahren unterscheidet sich durch die Vielzahl der zuzulassenden Maßnahmen grundsätzlich von anderen Genehmigungsverfahren, in denen ein dauerhafter Sachverhalt – z. B. nach § 4 BImSchG der Betrieb einer Anlage, nach § 2 WHG die Benutzung eines Gewässers – durch eine einmalige Genehmigung sanktioniert wird.

Zweites Kapitel: Anzeige, Betriebsplan   **22–28 § 51**

22
Allerdings bedarf auch die Betriebsplanpflicht bergbaulicher Maßnahmen der **Einschränkung.** Denn es muß vermieden werden, daß der Unternehmer in unvergleichlich größerem Maße an behördliche Genehmigungen gebunden ist als Unternehmer anderer gewerblicher Betriebe. Auch im Bergwerksbetrieb gibt es viele Maßnahmen, die nicht betriebsplanfähig sind. Zur Begrenzung bieten sich zwei Gesichtspunkte an:

23
Betriebspläne sind für die „**Führung**" von Betrieben einzureichen. Es muß sich demnach um Maßnahmen von einiger Bedeutung für den Gewinnungsbetrieb handeln. **Untergeordnete Tätigkeiten,** deren Zusammenhang zum Gewinnungsbetrieb nur zufällig ist und die in jedem anderen nicht bergmännischen Betrieb selbstverständlich und ohne behördliche Überwachung ausgeführt werden können, gehören nicht zur Führung des Betriebes (z. B. Malerarbeiten, Maurer- und Instandsetzungsarbeiten, Reinigung).

24
Die Betriebsplanpflicht dient dem **Zweck,** der Bergbehörde die Möglichkeit laufender **Betriebsüberwachung** insbesondere **im Hinblick auf die in § 55 genannten Gesichtspunkte** zu geben. Es würde dem Zweck widersprechen, wenn man Betriebspläne auch für bergmännische Maßnahmen fordern würde, die diese von der Bergbehörde allein zu prüfenden Gesichtspunkte überhaupt nicht berühren können. Auf der gleichen Linie liegt es, wenn der Bundesgesetzgeber als Ziel eines modernen Betriebsplanverfahrens ansieht, daß es auf die Darstellung und Prüfung allein des für die Errichtung oder Führung des Betriebes wesentlichen Funktions- und Organisationszusammenhangs ankommt (BT-Drucksache 8/1315, 106 = Zydek 237).

25
Diese Gesichtspunkte gelten für alle Arten von Betriebsplänen, so daß sie dazu dienen sollten, auch das **Unwesen von Sonderbetriebsplänen einzudämmen.**

26
5. Der Betriebsplan muß vom **Unternehmer** aufgestellt werden. Er ist auch für die Aufstellung verantwortlich, wenn die Arbeiten von selbständigen Unternehmerfirmen im Bergwerksbetrieb durchgeführt werden (Ebel-Weller § 67, 1).

27
Der Unternehmer ist betriebsplanpflichtig **auch für fremde Anlagen,** die auf dem Bergwerksgelände errichtet oder gehalten werden (Kabel, Leitungen, Transformatorenhaus).

28
Der Unternehmer kann die **Pflicht,** Betriebspläne aufzustellen, nach § 62 Nr. 1 auf verantwortliche Personen **übertragen.**

29

Ausnahmsweise war durch landesgesetzliche Regelung eine **Körperschaft des öffentlichen Rechts**, die „**Gemeinschaftskasse** zur Sicherung der Rekultivierung im Rheinischen Braunkohlengebiet", betriebsplanpflichtig im Rahmen ihres Aufgabenbereichs, der Rekultivierung von durch Abbau des Braunkohlenbergbaues beeinträchtigten Geländes. Die Betriebsplanvorschriften fanden hier im Verhältnis zwischen zwei Trägern öffentlicher Gewalt Anwendung (Pfadt, Rechtsfragen zum Betriebsplan im Bergrecht, 62). Inzwischen ist die Gemeinschaftskasse aufgelöst (Gesetz v. 16.02.1982, GuV NW 74).

30

6. Der vom Unternehmer einzureichende Betriebsplan ist das einzige Mittel, um die Zulassungsfähigkeit eines bergbaulichen Vorhabens und die Bedingungen bzw. Auflagen in Erfahrung zu bringen. Der Unternehmer hat keinen Anspruch auf Bescheidung einer **Voranfrage**, ob und unter welchen Sicherheitsvorkehrungen ein Abbau von Steinkohle unter einer Raffinerie zugelassen werden kann (OVG Münster ZfB 119 (1978), 224).

31

7. Eine **Ausnahme** von der Betriebsplanpflicht gem. § 51 macht § 167 Abs. 1 Nr. 1 für die **am 01.01.1982 zugelassenen Betriebspläne** für die Dauer ihrer Laufzeit. Sie gelten weiter, bei zeitlich unbeschränkten Betriebsplänen schafft das BBergG keine Beschränkung.

32

8. Betriebsplanpflicht ist außerdem angeordnet worden für
– Untersuchungen des Untergrundes auf seine Eignung für die Untergrundspeicherung (§ 126 Abs. 1)
– Untergrundspeicher (§ 126 Abs. 1)
– Anlagen zur Lagerung, Sicherstellung oder Endlagerung radioaktiver Stoffe (§ 126 Abs. 3)
– bestimmte Bohrungen und die dazugehörigen Betriebseinrichtungen (§ 127)
– Aufsuchen und Gewinnen mineralischer Rohstoffe in verlassenen Halden (§ 128)
– Versuchsgruben (§ 129 Abs. 1)
– bergbauliche Ausbildungsstätten in bestimmten Fällen (§ 129 Abs. 1)
– Besucherbergwerke, Besucherhöhlen (§ 129 Abs. 1)
– Maßnahmen an unterirdischen Hohlraumbauten (§ 130).

33

Die Betriebsplanpflicht besteht auch für den Bereich des **Festlandsockels** (§ 51 Abs. 3 S. 2), in dem sogar insofern eine Verschärfung eintritt, als Ausnahmen von der Betriebsplanpflicht, die im Festlandsbereich nach § 51 Abs. 3 S. 1 möglich sind, hier gesetzlich ausgeschlossen sind. Betriebsplanpflichtig sind schließlich Untersuchungen des Untergrundes auf seine Eignung zur Gewinnung von Erdwärme und Betriebe zur Gewinnung von Erdwärme (§ 3 Abs. 3 Nr. 2 b)

Zweites Kapitel: Anzeige, Betriebsplan §§ 51, 52

34
Zuständig für die Durchführung des Betriebsplanverfahren nach §§ 51–57 ist nach § 1 Abs. 3 Nr. 3 der VONW über die Zuständigkeiten nach dem BBergG (GuV NW, 2) das Bergamt (= ZfB 123 (1982), 153, 154 ebenso Hessen gem. VO vom 18.1.1982, GuV, 27 = ZfB 123 (1982), 152, Schlesw.-Holst. gem. VO vom 11.8.1981, GuV, 247 = ZfB 123 (1982), 57). Die **Gebühren** richten sich nach den Verordnungen der Länder (Bad.-Württ. VO vom 19.12.1981, GBl 610, NRW VO vom 23.12.1981, GuV 2011, Saarland VO vom 11.12.1981, Amtsbl. 1018, Nds. VO vom 18.9.1982, GuV 385).

§ 52 Betriebspläne für die Errichtung und Führung des Betriebes

(1) Für die Errichtung und Führung eines Betriebes sind Hauptbetriebspläne für einen in der Regel zwei Jahre nicht überschreitenden Zeitraum aufzustellen. Eine Unterbrechung des Betriebes für einen Zeitraum bis zu zwei Jahren gilt als Führung des Betriebes, eine längere Unterbrechung nur dann, wenn sie von der zuständigen Behörde genehmigt wird.

(2) Auf Verlangen der zuständigen Behörde sind
1. für einen bestimmten längeren, nach den jeweiligen Umständen bemessenen Zeitraum Rahmenbetriebspläne aufzustellen, die allgemeine Angaben über das beabsichtigte Vorhaben, dessen technische Durchführung und voraussichtlichen zeitlichen Ablauf enthalten müssen;
2. für bestimmte Teile des Betriebes oder für bestimmte Vorhaben Sonderbetriebspläne aufzustellen.

(3) Für Arbeiten und Einrichtungen, die von mehreren Unternehmen nach einheitlichen Gesichtspunkten durchgeführt, errichtet oder betrieben werden müssen, haben die beteiligten Unternehmer auf Verlangen der zuständigen Behörde gemeinschaftliche Betriebspläne aufzustellen.

(4) Die Betriebspläne müssen eine Darstellung des Umfanges, der technischen Durchführung und der Dauer des beabsichtigten Vorhabens sowie den Nachweis enthalten, daß die in § 55 Abs. 1 Satz 1 Nr. 1 und 3 bis 13 bezeichneten Voraussetzungen erfüllt sind. Sie können verlängert, ergänzt und abgeändert werden.

(5) Für bestimmte Arbeiten und Einrichtungen, die nach einer auf Grund dieses Gesetzes erlassenen Rechtsverordnung einer besonderen Genehmigung bedürfen oder allgemein zuzulassen sind, kann in Haupt- und Sonderbetriebsplänen an Stelle der nach Absatz 4 Satz 1 erforderlichen Darstellung und Nachweise der Nachweis treten, daß die Genehmigung oder Zulassung vorliegt oder beantragt ist.

1
1. **Vorbemerkung:** Aus den §§ 52, 53 ergibt sich das System der Betriebsplanarten. Für die Errichtung und Führung der Betriebe wird zwischen **Hauptbetriebsplänen**, **Rahmenbetriebsplänen** und **Sonderbetriebsplänen** unterschieden, für die Einstellung des Betriebes muß ein **Abschlußbetriebsplan** aufgestellt werden. Das BBergG knüpft damit an bisherige Regelungen an (§ 67 Abs. 1 ABG Saarl., § 67 Abs. 2 ABG NW und aufgehobener Min. RdErl. v. 09.02.1966, MBl NW 1003, überholte Richtl. des LOBA für die Handhabung des Betriebsplanverfahrens v. 20.03.1972, früher SBl LOBA, Nr. A 7).

2

2. **Hauptbetriebspläne** sind die wichtigste Form der verschiedenen Betriebsplanarten. Sie sollen in bestimmten Zeitabständen – in der Regel zwei Jahre – einen Überblick über die geplanten Arbeiten und Anlagen vermitteln. Dabei gilt der Zwei-Jahres-Zeitraum nur als Regel, die länger- oder kürzerfristige Ausnahmen zuläßt. Nach Fristablauf verliert der Betriebsplan seine Gültigkeit. Er muß entweder gem. § 52 Abs. 4 S. 2 verlängert oder gem. § 51 Abs. 1 neu aufgestellt werden. In der sehr kurzen Befristung der Hauptbetriebspläne zeigt sich ein wesentlicher Unterschied zu den anderen Betriebsplänen und zu den immissionsschutzrechtlichen Genehmigungen: Während die Genehmigung nach § 12 Abs. 2 BImSchG nur auf Antrag befristet erteilt werden kann (Sellner, Immissionsschutz und Industrieanlagen, Rn 230), sind die Sonderbetriebspläne und die Rahmenbetriebspläne auf längere Zeiträume befristet. Die Zwei-Jahresfrist verpflichtet den Unternehmer nicht zur Durchführung der betriebsplanpflichtigen Maßnahmen innerhalb dieser Frist, sondern erfaßt nur die Planungsvorstellungen.

3

Eine Besonderheit enthält § 52 Abs. 1 S. 2, der eine **Unterbrechung des Betriebes für bis zu 2 Jahren** als „Führung des Betriebes" fingiert. Hierdurch wird eine Abgrenzung zur Einstellung des Betriebes und dadurch notwendigen Aufstellung eines Abschlußbetriebsplanes erreicht. Während der Unterbrechungszeit gilt der Hauptbetriebsplan und seine Nebenbestimmungen weiter bzw. besteht Betriebsplanpflicht nach § 52, nicht nach § 53.

4

3. **Rahmenbetriebspläne** werden für die Neuerrichtung eines Bergwerkes oder wesentlicher Teile aufgestellt. Sie werden insbesondere in planerischer Hinsicht geprüft. Sie können aber auch die Vorhaben des Hauptbetriebsplanes in einem größeren zeitlichen Zusammenhang darstellen.

5

Der Rahmenbetriebsplan über das Abteufen eines neuen Schachtes wird Angaben über die Grundgedanken der Planung, über die Lage des Planungsraumes und die Berechtsamsverhältnisse, über die bisherigen Aufschlußergebnisse und Lagerstättenverhältnisse, eine Darstellung der bergtechnischen Planung und der Funktion der Schächte, Angaben über Betriebseinrichtungen, bauliche Anlagen, Versorgungs- und Entsorgungspläne, Verkehrsplanung, zu Umwelt- und Landschaftsschutzgesichtspunkten und zur Einordnung des Vorhabens in die regionale und überregionale Planung enthalten müssen.

6

Die Zulassung von Rahmenbetriebsplänen durch die Bergbehörde setzt in der Regel voraus, daß zuvor eine **Vielzahl von Behörden beteiligt** werden. Sie können hier nur beispielsweise und für NRW angegeben werden: Auf der Ebene des Regierungspräsidenten sind es der Bezirksplaner und der Bezirksplanungsrat, die verschiedenen Fachdezernate für Landschaft, Siedlungsstruktur, Wasserwirtschaft, Gesundheit. Ferner die Landwirtschaftskammer, Höhere Forstbehörde

Zweites Kapitel: Anzeige, Betriebsplan   7,8 § 52

bzw. Forstamt, Kommunalverband Ruhrgebiet, Geologisches Landesamt, Landschaftsverband, Landesstraßenbauamt, Wasserverband, Staatliches Amt für Wasser- und Abfallwirtschaft, Landesamt für Agrarordnung, auf der Kreisebene die Oberkreisdirektoren, einschließlich Kreistag und Landschaftsbeirat, auf der Gemeindeebene die Stadtdirektoren einschließlich Gemeinderat und Ausschüsse, möglicherweise auch die zuständigen Fachministerien und die oberste Planungsbehörde.

7

Rahmenbetriebspläne sind nach dem Wortlaut des Gesetzes **auf Verlangen** der zuständigen Behörde aufzustellen. § 52 regelt indes nur die Pflicht zur Aufstellung von Rahmenbetriebsplänen (. . .„sind"). Das schließt nicht aus, daß der Unternehmer ohne Pflichtigkeit einen Rahmenbetriebsplan vorlegt und die Bergbehörde hierüber zu entscheiden hat. Der Unternehmer hat an der Aufstellung von Rahmenbetriebsplänen nämlich ein besonderes berechtigtes Interesse aus § 110 Abs. 1. Diese Vorschrift knüpft die Anpassungspflicht des Bauherrn daran, daß ‚zumindestens ein Rahmenbetriebsplan' für den Gewinnungsbetrieb vorliegt. Nun wird man diese Bestimmung zwar dahin auslegen müssen, daß auch andere Betriebspläne, z. B. Hauptbetriebspläne, ausreichend sind, um die Folgen des § 110 herbeizuführen. Aber der Rahmenbetriebsplan ist der früheste Zeitpunkt, die Anpassungspflicht zu erreichen, so daß der Unternehmer durch Vorlegen eines Rahmenbetriebsplanes **auch ohne ausdrückliches Verlangen** der Bergbehörde diese Rechtsfolgen herbeiführen kann. Dasselbe Interesse zur Aufstellung von Rahmenbetriebsplänen hat der Unternehmer im Hinblick auf § 124 Abs. 2. Bei betriebsplanmäßig zugelassenem Abbau hat der Träger der öffentlichen Verkehrsanlage die Kosten der Anpassung und der Sicherungsmaßnahmen zu tragen. § 124 Abs. 2 ist nicht auf eine bestimmte Betriebsplanart begrenzt, auch Rahmenbetriebspläne befassen sich mit dem Abbau von Bodenschätzen (unklar H. Schulte, NJW 1981, 88, 93).
Das Verlangen ist ein Verwaltungsakt der Bergbehörde. Es ist von den Voraussetzungen des § 52 Abs. 2 Nr. 1 und planungsrechtlich relevanten Maßnahmen abhängig und auf Ermessensfehler gerichtlich überprüfbar. Ein Anspruch Dritter auf das Verlangen besteht nicht.

8

Der aufgestellte Rahmenbetriebsplan wird von der Bergbehörde (nur) nach den Gesichtspunkten des § 55 mit Ausnahme des Satz 1 Nr. 2 geprüft (§ 55 Abs. 1 S. 2). Dabei ist zu beachten, daß die Bergbehörde nicht vorzuvollziehen hat, ob die der Durchführung des Rahmenvorhabens dienenden Einzelbetriebspläne genehmigungsfähig sein werden (VG Gelsenkirchen, Glückauf 1981, 1511; OVG Münster, Glückauf 1982, 240) oder der Rahmenbetriebsplan wegen einer entgegenstehenden Landschaftsschutz-VO ausgeführt werden kann (OVG Münster, ZfB 114 (1973) 319, 332). Dieser Gedanke ist auf alle außerbergrechtlichen öffentlichen Interessen anwendbar (§ 56 Rn 143 f). Der Rahmenbetriebsplan hat nur als Vorstufe zum Hauptbetriebsplan Bedeutung und hat durch dessen Zulassung nur noch nachrichtlichen Charakter. Die Bestandskraft des Hauptbetriebsplans hat eine im gerichtlichen Verfahren gegen den Rahmenbetriebsplan zu beachtende Feststellungswirkung (OVG Münster, ZfB 123 (1982), 246, 250, insoweit nicht in Glückauf 1982, 240 abgedruckt).

9

4. Sonderbetriebspläne behandeln besondere Arbeiten und Anlagen, die sich nicht für die Aufnahme in den Hauptbetriebsplan eignen. In ihnen sind Maßnahmen mit eigenständiger Bedeutung zu behandeln, die zwar Ausfluß des Hauptbetriebsplanes sind sich aber nicht auf zwei Jahre begrenzen lassen. In der Praxis werden beispielsweise in Sonderbetriebsplänen behandelt: Errichtung einer kleinen oder mittleren Seilfahrtsanlage, Errichtung von Sprengstofflagern, Abbau unter den Kanälen oder anderen Wasserstraßen (vgl. BVO v. 20. 02. 1970 des LOBA NW für den Abbau unter Schiffahrtsstraßen: Hauptbetriebsplan für 5 Jahre über den geplanten Abbau im Schutzbezirk, Sonderbetriebsplan für alle Arbeiten bis Jahresende bei erstmaligem Abbau im Schutzbezirk, ZfB 111 (1970), 393, 387), Errichtung eines Lärmschutzwalles, Zulassung eines Bohrturmes im Erdölbergbau, Zulassung eines Fahrzeuges im Kalibergwerk, Maßnahmen der Ersatzwasserbeschaffung im Braunkohlebergbau, Verfüllen und Abdecken eines stillgelegten Tagesschachtes (vgl. Richtl. LOBA NW v. 05. 11. 1979, ZfB 121 (1980), 105, 117) Bohrungen zur Erforschung der Lagerstätte, wasserwirtschaftliche Maßnahmen, Rekultivierungsmaßnahmen.

Die Zulassung eines Sonderbetriebsplanes ist ebenfalls nur von den Voraussetzungen des § 55 abhängig, nicht etwa davon, daß bei einem Vorhaben mit planerischem Gewicht (z. B. Abteufen eines Schachtes) zuvor ein Rahmenbetriebsplan eingereicht und zugelassen ist. Die Zulassung des Sonderbetriebsplanes ohne Rahmen- oder Hauptbetriebsplan ist nicht rechtswidrig. Unabhängig davon kann die Bergbehörde von ihrem Ermessen auf Verlangen eines Rahmenbetriebsplanes Gebrauch machens (vgl. Rn 7).

Sonderbetriebspläne können nur für bestimmte Teile des Betriebes oder für bestimmte Vorhaben verlangt werden. Dabei muß es sich um technische Maßnahmen handeln, bei denen die Prüfung der Bergbehörde nach den Gesichtspunkten des § 55 einen Sinn hat. Das ist nicht der Fall für rechtliche oder verwaltungsmäßige Folgewirkungen einer betrieblichen Maßnahme, wie z. B. auf Einhaltung von gesetzlichen Bestimmungen, nachträglich erlassener Verordnungen oder Richtlinien.

10

Im Gesetzgebungsverfahren hat es erhebliche Diskussionen über den Sonderbetriebsplan und darüber gegeben, ob er nicht nur in Fällen besonderer Gefahren für die Sicherheit der Beschäftigten in Betracht kommen könne. Man hat sich für eine uneingeschränkte Beibehaltung des Instituts des Sonderbetriebsplanes ausgesprochen. Wenn damit die vom Bergbau geforderte Konzentration auf den Hauptbetriebsplan nicht eingetreten ist, hat dieser Regelung für ihn auch Vorteile: die zeitliche Beschränkung des Hauptbetriebsplanes entfällt, der Hauptbetriebsplan bleibt spezifisch bergtechnisch und damit weitgehend vom Beteiligungsverfahren nach § 54 Abs. 2 befreit, das mehr in Sonderbetriebsplanverfahren anzuwenden ist. Die gewünschte Abmagerung der Zahl der Sonderbetriebsplanverfahren muß mit Hilfe der zu § 51 Rn 22 ff vorgetragenen Gesichtspunkte erfolgen.

Zweites Kapitel: Anzeige, Betriebsplan **11–14 § 52**

11

Außerdem ist hier noch auf folgendes hinzuweisen: Das System des Betriebsplanverfahrens geht davon aus, daß der Betriebsplan grundsätzlich vom Unternehmer in eigener Verantwortung aufgestellt wird. Das Verlangen der Bergbehörde nach § 52 Abs. 2 ist in diesem System ein Ausnahmefall. Diese ausnahmsweise Befugnis der Bergbehörde darf nicht dazu führen, in den Betriebsablauf einzugreifen. Es bleibt Sache des Unternehmers, die Art und den Ablauf der bergbaulichen Arbeiten und damit den Inhalt und die Art des Betriebsplanes selbst zu bestimmen (Ebel-Weller § 67, 1 h). Das Betriebsplanverfahren, insbesondere das Verlangen nach Sonder- und Rahmenbetriebsplänen, kann nicht dazu führen, Anordnungen nach § 71 zu ersetzen.

12

5. In der bisherigen Praxis gab es noch den **Einzelbetriebsplan** (Nr. 2.3 der überholten Richtl. des LOBA NW für die Handhabung des Betriebsplanverfahrens v. 20.03. 1972, früher SBl LOBA A 7), in dem die regelmäßig wiederkehrenden Betriebsvorgänge im Rahmen des Hauptbetriebsplanes ausführlich darzustellen waren. Sie ergänzten den Hauptbetriebsplan und behandelten solche Arbeiten und Anlagen, für die im Hauptbetriebsplan die erforderlichen Einzelangaben nicht gemacht wurden. Das BBergG erwähnt sie nicht mehr. Da es sich die Konzentration auf die Darstellung und Prüfung aller für die Errichtung und Führung des Betriebes wesentlichen Funktions- und Organisationszusammenhänge zum Ziel gemacht hat (BT-Drucksache 8/1315, 106 = Zydek, 237), muß man davon ausgehen, daß die Darstellung der Arten von Betriebsplänen in § 52 abschließend ist und der Einzelbetriebsplan **weggefallen** ist. Sachverhalte, die bisher in Einzelbetriebsplänen geregelt wurden, können jedoch in Zukunft in Sonderbetriebsplänen behandelt werden, wenn die Voraussetzungen hierfür vorliegen.

13

6. Der **gemeinschaftliche Betriebsplan** i.S. § 52 Abs. 3 kommt nur in Betracht, wenn mehrere Unternehmer an den bergbaulichen Arbeiten und Einrichtungen beteiligt sind. Er unterscheidet sich insofern von dem Betriebsplan, der zwei Betriebe desselben Unternehmers betrifft. Das Verlangen der Bergbehörde auf einen gemeinsamen Betriebsplan ist auch hier nicht ausschließliche Voraussetzung (§ 52 Rn 7). In der Praxis werden gemeinschaftliche Betriebspläne in Betracht kommen für Wiedernutzbarmachung größerer Flächen, Verlegung von Verkehrs- und Versorgungsanlagen, Zentralhalden und Erzielung eines gleichmäßig hohen Kippniveaus, Schaffung geordneter Vorflutverhältnisse in einem größeren Bereich, Verteilung des Abraumes auf ausgekohlte Tagebaue verschiedener selbständiger Unternehmer (Ebel-Weller § 67, 1 i).

14

7. Der notwendige **Inhalt** eines jeden Betriebsplanes sind die Darstellung von Umfang, technischer Durchführung, Dauer des Vorhabens und der Zulassungsvoraussetzungen des § 55 mit Ausnahme der Tatsachen des § 55 Abs. 1 Nr. 2 (Zuverlässigkeit u.a. vom Unternehmer und verantwortlichen Personen). Die

§ 52 15   Dritter Teil: Aufsuchung, Gewinnung und Aufbereitung

Richtlinien des LOBA NW zur Handhabung des Betriebsplanverfahrens v. 20.11. 1981 (SBl LOBA Abschn. A 7 = Glückauf 1982, 45, 46) fordern hierzu: Zur Erläuterung der Textangaben sind erforderlichenfalls Auszüge aus dem Grubenbild, parallelperspektivische Darstellungen, Zeichnung, Tabellen, Kataloge, Berechnungen oder Verzeichnisse beizufügen. Soweit die beigefügten Unterlagen eine ausreichende Prüfung nach § 55 erlauben, kann auf einen Text verzichtet werden. Alle Anlagen sind mit einem Zugehörigkeitsvermerk zu versehen und von dem für den Inhalt Verantwortlichen zu unterzeichnen.

Zu den **Grubenbildauszügen** heißt es: Grubenbildauszüge müssen für den dargestellten Bereich hinsichtlich Vollständigkeit und Lagegenauigkeit mit den entsprechenden Darstellungen im Grubenbild übereinstimmen. Das gilt für alle Rißarten des Grubenbildes, wie dem Abbau-, Sohlen-, Seiger- und Schnittrisse.

Grubenbildauszüge müssen als solche gekennzeichnet sein. Die dem jeweiligen Grubenbildauszug entsprechenden Blätter des Grubenbildes sind auf dem Auszug anzugeben.

Grubenbildauszüge als Anlagen zu Betriebsplänen, die das Auffahren von Grubenbauen oder das Herstellen von Bohrlöchern betreffen, müssen auch folgende Darstellungen enthalten:

- Geplante Grubenbaue und Bohrlöcher, die als solche zu kennzeichnen sind,
- Grenzen der Schutzbereiche um Standwasser,
- Abbaukanten und Festpfeiler, in deren Einwirkungsbereich Grubenbaue aufgefahren werden sollen,
- sämtliche Grubenbaue desselben oder eines anderen Bergwerksbetriebes im Umkreis von mindestens 100 m um geplante Grubenbaue oder Bohrlöcher.

Sofern außerhalb des 100-m-Bereiches vorhandene Grubenbaue die in § 55 BBergG genannten Rechtsgüter beeinflussen können, sind die Betriebsplanunterlagen entsprechend zu ergänzen.

Bei parallelperspektivischen Plänen müssen die Darstellungen der Grubenbaue den Eintragungen im Grubenbild entsprechen. In Wetterführungsplänen müssen die offenen Grubenbaue vollständig eingetragen sein; das gilt nicht für den Nichtkohlenbergbau, soweit die offenen Wetterwege nicht mehr befahrbar sind.

Die Übereinstimmung des Grubenbildauszuges mit dem Grubenbild innerhalb des dargestellten Bereiches und die Vollständigkeit des Grubenbildauszuges sind durch den für die Anfertigung und Nachtragung des Grubenbildes verantwortlichen Markscheider (grubenbildführender Markscheider) auf dem Grubenbildauszug durch Unterschrift zu bestätigen. Auf jedem Grubenbildauszug ist zu vermerken, zu welchem Betriebsplan er gehört.

15

Die Angabe über die **Dauer des Vorhabens** bedeutet nicht, daß der Betriebsplan in dieser Zeit ausgeführt sein muß. Nur verliert nach Zeitablauf der Betriebsplan seine Gültigkeit und muß verlängert werden (Isay, § 67, Rn 3). Soweit es sich bei den Voraussetzungen des § 55 Abs. 1 um **generelle Zulassungsvorausetzungen** handelt, wird ein **einmaliger Nachweis** und eine Bezugnahme auf diesen Nachweis ausreichend sein. Der in § 52 Abs. 4 dargestellte Inhalt des Betriebsplanes gilt für alle Betriebsplanarten des § 52, wobei Umfang und Gewichtigkeit der Nachweise jeweils unterschiedlich sein kann.

Zweites Kapitel: Anzeige, Betriebsplan **16–23 § 52**

16
Der vom Unternehmer aufzustellende Betriebsplan muß den **Nachweis** enthalten, daß die Voraussetzungen der Zulassung erfüllt sind. Im Gegensatz zum früheren Recht, wonach umgekehrt die Bergbehörde den vorgelegten Betriebsplan nur versagen konnte, wenn er gegen die Voraussetzungen des § 196 ABG verstieß, liegt jetzt die Nachweispflicht beim Unternehmer. Im Betriebsplanverfahren ist z. B. nachzuweisen, daß gemeinschädliche Einwirkungen nicht zu erwarten sind.

17
8. § 52 Abs. 4 S. 2 eröffnet die Möglichkeit der **Verlängerung, Ergänzung** oder **Abänderung** von Betriebsplänen, um hierdurch sich ständig an veränderte betriebliche und zeitliche Abläufe anzupassen.

18
Verlängerungen betreffen die zeitliche Dauer des Betriebsplanes, ohne daß der Inhalt geändert wird.

19
Ergänzungen betreffen den Inhalt des Betriebsplanes, der aufrechterhalten, aber erweitert wird.

20
Abänderungen lassen auch den bisherigen Inhalt des Betriebsplanes nicht unberührt.

21
Zwar gilt insofern die gleiche rechtliche Behandlung wie bei erstmaligen Betriebsplänen. Für Form und Inhalt der wiederum erforderlichen Zulassung gelten gem. § 56 Abs. 3 auch hier die Vorschriften der §§ 56 Abs. 1 und Abs. 2.

22
Gleichwohl erscheint es als unbegründete Überspitzung, die Verlängerung ihrem Wesen nach als Neuerteilung anzusehen und mit dieser Begründung die gleichen verfahrensrechtlichen und materiellen Anforderungen wie für Neuerteilungen zu verlangen. Die gesetzliche Regelung einer **Verlängerung** unabhängig von der ohnehin bestehenden Möglichkeit eines neuen Verfahrens kann nur den Sinn haben, die **Weitergeltung unter erleichterten Voraussetzungen** zuzulassen (VG Karlsruhe DVBl 1981, 232 betr. Planfeststellungsbeschluß). Die Überprüfung der zu verlängernden Zulassung beschränkt sich daher auf wesentliche Änderungen der Sach- und Rechtslage der Zulassung.

23
Der Unternehmer kann hinsichtlich der Darstellung des Inhaltes und der notwendigen Nachweise auf den bereits eingereichten Betriebsplan Bezug nehmen und sich auf die Schilderung der neuen Tatsachen beschränken.

24

Die Einreichung des Betriebsplanes muß gem. § 54 Abs. 1 vor Beginn der Arbeiten erfolgen.

25

§ 52 Abs. 4 S. 2 regelt nur die Veränderungen des bereits zugelassenen Betriebsplanes **durch den Unternehmer**. Ihm obliegt es nach § 51 Abs. 1, den Betriebsplan aufzustellen und damit auch zu verändern. **Nicht** geregelt ist hier der Eingriff der **Bergbehörde** in bereits zugelassene Betriebspläne (§ 56 Abs. 1 S. 2 und § 56 Rn 101 ff).

26

9. Nach § 65 Nr. 2 können bestimmte Arbeiten durch **Verordnung** unter Befreiung von der Betriebsplanpflicht einer **Genehmigung** unterworfen werden, nach § 65 Nr. 3 können bestimmte Stoffe und Einrichtungen **allgemein zugelassen** werden. Für diese Fälle sieht § 52 Abs. 5 eine Erleichterung der Nachweise und Darstellungen in den Betriebsplänen durch Nachweis der Genehmigung oder Zulassung oder der entsprechenden Anträge vor. Nun fragt man sich, wieso es eines eingeschränkten Nachweises gem. § 52 Abs. 5 überhaupt bedarf, wenn nach § 65 Nr. 2 die Genehmigung unter Befreiung von der Betriebsplanpflicht vorgesehen werden kann. Man wird die Vorschrift des § 52 Abs. 5 nur sinnvoll dahin interpretieren können, daß sie in den Fällen anzuwenden ist, in denen die Verordnung zwar die Genehmigung, nicht aber gleichzeitig die Befreiung von der Betriebsplanpflicht zugelassen hat.

27

Umgekehrt steht durch §§ 65 Nr. 2, 52 Abs. 5 auch fest, daß die nach den Verordnungen erforderlichen Genehmigungen durch den Betriebsplan nicht ersetzt werden (BT-Drucksache 8/1315, 108 = Zydek, 240).

28

10. Das LOBA NW hatte **Richtlinien** für alle Bergämter des Landes herausgegeben, um eine einheitliche Handhabung des Betriebsplanverfahrens zu gewährleisten (Richtlinien v. 20.03.1972, SBl LOBA A 7). Sie traten an die Stelle des aufgehobenen (RdErl. v. 21.03.1972, MBl NW, 860) ministeriellen Runderlasses v. 09.09.1966. Inzwischen gelten die mit Verfügung v. 20.11.1981 (Sammelbl LOBA, Abschn. A 7 = Glückauf 1982, 45) erlassenen neuen Richtlinien für die Handhabung des Betriebsplanverfahrens, die sich mit der Betriebsplanpflicht, den Formen, dem Inhalt und der Zulassung von Betriebsplänen befassen. Den Richtlinien kommt kraft Organisationsgewalt zwar Bindungswirkung für den **Innenbereich** zu, sie haben jedoch **keine** mit **Außenwirkung** versehene Selbstbindungskraft der Verwaltung (hierzu § 54 Rn 2).

29

11. Das **Verlangen** der Behörde gem. § 52 Abs. 2, einen Rahmen- oder Sonderbetriebsplan aufzustellen, ist ein Verwaltungsakt. Er ist anfechtbar, an keine bestimmte Form gebunden, kann schon bei der Zulassung des Hauptbetriebsplanes ausgesprochen werden.

Zweites Kapitel: Anzeige, Betriebsplan §§ 52, 53

12. **Verordnungen**, die eine Verpflichtung zur Vorlage von Sonderbetriebsplänen für bestimmte Tätigkeiten ausgesprochen haben, verstoßen insoweit gegen das BBergG und sind unwirksam, als das Verlangen nur noch im Einzelfall durch Verwaltungsakt zulässig ist.

§ 53 Betriebsplan für die Einstellung des Betriebes, Betriebschronik

(1) Für die Einstellung eines Betriebes ist ein Abschlußbetriebsplan aufzustellen, der eine genaue Darstellung der technischen Durchführung und der Dauer der beabsichtigten Betriebseinstellung, den Nachweis, daß die in § 55 Abs. 1 Satz 1 Nr. 3 bis 13 und Absatz 2 bezeichneten Voraussetzungen erfüllt sind, und in anderen als den in § 55 Abs. 2 Satz 1 Nr. 3 genannten Fällen auch Angaben über eine Beseitigung der betrieblichen Anlagen und Einrichtungen oder über deren anderweitige Verwendung enthalten muß. Abschlußbetriebspläne können ergänzt und abgeändert werden.

(2) Dem Abschlußbetriebsplan für einen Gewinnungsbetrieb ist eine Betriebschronik in zweifacher Ausfertigung beizufügen. Diese muß enthalten
1. den Namen des Gewinnungsbetriebes mit Bezeichnung der Gemeinde und des Kreises, in denen der Betrieb liegt,
2. Name und Anschrift des Unternehmers und, wenn dieser nicht zugleich Inhaber der Gewinnungsberechtigung ist, auch Name und Anschrift des Inhabers dieser Berechtigung,
3. die Bezeichnung der gewonnenen Bodenschätze nebst vorhandenen chemischen Analysen, bei Kohlen- und Kohlenwasserstoffen unter Angabe des Heizwertes, eine Beschreibung der sonst angetroffenen Bodenschätze unter Angabe der beim Betrieb darüber gewonnenen Kenntnisse sowie Angaben über Erschwerungen des Betriebes in bergtechnischer und sicherheitstechnischer Hinsicht,
4. die Angaben über den Verwendungszweck der gewonnenen Bodenschätze,
5. eine Beschreibung der technischen und wirtschaftlichen Betriebsverhältnisse und, soweit ein Grubenbild nicht geführt wurde, eine zeichnerische Darstellung des Betriebes,
6. die Angaben des Tages der Inbetriebnahme und der Einstellung des Gewinnungsbetriebes sowie der Gründe für die Einstellung,
7. eine lagerstättenkundliche Beschreibung der Lagerstätte nebst einem Verzeichnis der Vorräte an Bodenschätzen einschließlich der Haldenbestände,
8. eine Darstellung der Aufbereitungsanlagen (Art, Durchsatzleistung und Ausbringung an Fertigerzeugnissen nebst vorhandenen chemischen Analysen [Angabe des Metallgehaltes in den Abgängen]),
9. eine Darstellung der Verkehrslage und der für den Abtransport der Verkaufserzeugnisse wesentlichen Verhältnisse des Gewinnungsbetriebes.
Satz 1 gilt nicht bei Gewinnungsbetrieben, die in Form von Tagebauen betrieben wurden, es sei denn, daß der Lagerstätte nach Feststellung der zuständigen Behörde noch eine wirtschaftliche Bedeutung für die Zukunft zukommen kann.

1
1. Abschlußbetriebsplan: Das BBergG mißt, mehr als ABG – das bei Stillegungen ursprünglich nur eine Anzeige gem. § 71 Abs. 1 ABG vorsah – oder die Ergänzungen durch die Länder (in NW und im Saarland war die übliche Praxis eines

261

Abschlußbetriebsplanes durch § 71 Abs. 3 ABG auch gesetzlich festgeschrieben worden), dem Abschlußbetriebsplan eine wichtige und selbständige Bedeutung bei. Es geht davon aus, daß ein ohne besondere Vorkehrungen eingestellter und keiner Kontrolle mehr unterliegender Betrieb besondere Gefahrenquellen für Personen und Sachgüter schaffen könnte. Dagegen soll der Abschlußbetriebsplan das geeignete Mittel sein und die präventive Prüfung der Behörde ermöglichen. Allerdings ist die früher nach § 71 Abs. 1 ABG erforderliche Stillegungsanzeige, die neben dem Abschlußbetriebsplan einzureichen war, weggefallen (vgl. § 50 Rn 12).

2
2. Der Abschlußbetriebsplan tritt im BBergG als **selbständige Betriebsplanart** neben Haupt-, Sonder- und Rahmenbetriebsplan auf. Er ist für alle Arten eines Betriebes, d. h. für Aufsuchungs-, Gewinnungs- und Aufbereitungsbetriebe aufzustellen, wie sich aus einem Vergleich der Formulierungen des Abs. 1 und Abs. 2 ergibt. Nur für Gewinnungsbetriebe gilt das Erfordernis der Betriebschronik.

3
Die Pflicht, einen Abschlußbetriebsplan aufzustellen, ergibt sich schon aus § 51 Abs. 1, die Vorschrift des § 53 konkretisiert diese Pflicht, indem sie den Inhalt des Abschlußbetriebsplanes festlegt. Auslösende betriebliche Handlung ist die **Einstellung** des Betriebes oder eines Teiles des Betriebes. Der Begriff wird auch erfüllt, wenn der bisherige Betrieb einer anderen Zweckbestimmung zugeführt wird (z. B. Besucherbergwerk, Abfallbeseitigungsanlage, Speicherung von Stoffen).

4
3. Der **Inhalt** des Abschlußbetriebsplanes besteht aus bis zu fünf Teilen:
– Darstellung der technischen Durchführung
– Darstellung der Dauer der beabsichtigten Betriebseinstellung
– Nachweis der Erfüllung der Voraussetzungen des § 55 Abs. 1 S. 1 Nr. 3 bis 13
– Nachweis der Erfüllung der Voraussetzungen des § 55 Abs. 2, wobei bei Betrieben außerhalb des Festlandsockels und der Küstengewässer Angaben über die Beseitigung der betrieblichen Anlagen und Einrichtungen oder über ihre anderweitige Verwendung genügen.
– bei Gewinnungsbetrieben (ausgenommen die in Abs. 2 S. 3 genannten Tagebaue) das Beifügen einer Betriebschronik, die wiederum aus den in Abs. 2 S. 2 Nr. 1–9 genannten Teilen besteht.

5
Dabei sind die vorgenannten Teile des Abschlußbetriebsplanes vergleichbar mit dem Inhalt eines Betriebsplanes nach § 52 Abs. 4, eine Besonderheit ist vor allem die beizufügende **Betriebschronik**. Sie hat mehrere Zwecke: Information über die mögliche zukünftige wirtschaftliche Bedeutung des stillgelegten Vorkommens, Beurteilung künftiger Bergschäden und sonstiger Haftungsgrundlagen aus dem früheren Betrieb, Planungsunterlage zukünftiger Baumaßnahmen.

Zweites Kapitel: Anzeige, Betriebsplan   6–9 § 53

6
4. Die nachzuweisende Erfüllung der **Voraussetzungen des** § 55 Abs. 1 S. 1 Nr. 3 bis 13 wird durch § 55 Abs. 2 in einigen Punkten **modifiziert**: neben den in Nr. 3 aufgenommenen Vorsorgegrundsatz gegen Gefahren für Leben und Gesundheit und den Grundsatz des Schutzes für Sachgüter, Beschäftigte und Dritte im Betrieb tritt nach Stillegung der Schutz Dritter vor Gefahren, die auch nach Einstellung des Betriebes auftreten (§ 55 Abs. 2 Nr. 1). Anstelle der **Vorsorge** zur Wiedernutzbarmachung gemäß Nr. 7 ist jetzt die **Sicherstellung** der **Wiedernutzbarmachung** der vom eingestellten Betrieb in Anspruch genommenen Fläche gefordert (§ 55 Abs. 2 Nr. 2, im einzelnen § 55 Rn 72 ff, 142), bei betrieblichen Einrichtungen im Bereich des Festlandsockels und der Küstengewässer auch die Sicherstellung ihrer vollständigen Beseitigung (§ 55 Abs. 2 Nr. 3).

7
Diese Modifizierung des § 55 Abs. 1 durch § 55 Abs. 2 gilt für die Zeit nach Stillegung des Betriebes. Der Abschlußbetriebsplan enthält aber auch bergmännische Maßnahmen, die erforderlich sind, um die Stillegung einzuleiten, vorzubereiten und bergmännisch ordnungsgemäß abzuwickeln. Hier fragt sich, ob auch für diese Arbeiten § 55 Abs. 1 Nr. 3 durch § 55 Abs. 2 Nr. 1 abgelöst werden soll. Das würde bedeuten, daß gerade für diese mit erheblichen Gefahren verbundenen bergmännischen Vorbereitungsmaßnahmen der Stillegung die Schutzvorschrift der Nr. 3 für Sachgüter, Beschäftigte und Dritte im Betrieb nicht anzuwenden wäre. Dieses Ergebnis kann vom Gesetzgeber nicht gewollt sein, so daß die „entsprechende" Anwendung des Abs. 1 Nr. 3, wie sie § 55 Abs. 2 vorsieht, nur dahin zu verstehen ist: bis zur Einstellung des Betriebes gilt § 55 Abs. 1 Nr. 3, nach Einstellung des Betriebes § 55 Abs. 2 Nr. 1. Beide Vorschriften müssen daher im Abschlußbetriebsplan daraufhin geprüft werden, ob die Erfüllung ihrer Voraussetzungen nachgewiesen ist.

8
5. Inhalt des Abschlußbetriebsplanes ist auch die **Dauer der Betriebseinstellung**. Aus § 52 Abs. 1 folgt die **Abgrenzung zur Betriebsunterbrechung**, die keines Abschlußbetriebsplanes bedarf. Danach liegt eine Einstellung nicht vor, wenn der Betrieb für weniger als zwei Jahre, nach Genehmigung der Bergbehörde auch darüber hinaus, nicht geführt wird.

9
6. Von der Dauer der beabsichtigten Betriebseinstellung zu unterscheiden ist die **Frist zur Erfüllung des Abschlußbetriebsplanes**. § 53 sieht, im Gegensatz zu § 52 Abs. 4 S. 2, nur vor, daß **Abschlußbetriebspläne** ergänzt und abgeändert, **nicht** daß sie **verlängert** werden können. Doch kann der zugelassene Betriebsplan insofern abgeändert werden, als die Dauer der beabsichtigten Betriebseinstellung verlängert werden kann, wohl auch insofern, als der Beginn der Einstellung oder die Beendigung einer im Abschlußbetriebsplan vorgesehenen Maßnahme verschoben wird. Allerdings sind die **Arbeiten**, die der Abschlußbetriebsplan vorsieht, **nicht notwendigerweise zu befristen**. Das BBergG sieht Zeiträume nur bei den Hauptbetriebsplänen des § 52 Abs. 1 und bei den Rahmenbetriebsplänen des § 52

§ 53 10,11 Dritter Teil: Aufsuchung, Gewinnung und Aufbereitung

Abs. 2 Nr. 1 vor, allenfalls über § 52 Abs. 4 (Dauer des Vorhabens) noch bei Sonderbetriebsplänen.

10
7. Inhalt des Abschlußbetriebsplanes sind auch Angaben über eine **Beseitigung** der betrieblichen Anlagen und Einrichtungen oder über deren **anderweitige Verwendung**. Voraussetzung hierfür ist, daß es sich nicht um betriebliche Einrichtungen im Bereich des Festlandsockels und der Küstengewässer handelt. Diese sind nämlich nach § 55 Abs. 2 Nr. 3 vollständig zu beseitigen, so daß hier Angaben über die Beseitigung oder anderweitige Verwendung nicht genügen. Aus dem Umkehrschluß aus § 55 Abs. 2 Nr. 3 folgt für alle anderen betrieblichen Anlagen, daß das BBergG für sie keine Beseitigungspflicht des Unternehmers festlegt. Vielmehr werden nur „Angaben" über die Beseitigung, die einen vorherigen freien Entschluß des Unternehmers voraussetzen, verlangt. Vielmehr wird außerdem eine anderweitige Verwendung der Gebäude ausdrücklich zugelassen.

11
Das BBergG befindet sich damit im Einklang mit der bisherigen Rechtsprechung und dem BBauG. Nach der Rechtsprechung haben die Bergbehörden im Abschlußbetriebsplanverfahren zwar über den Abbruch übertägiger Gebäude und die Rekultivierung des Geländes zu entscheiden, wenn der Abbruch allein aus bauplanerischen Gründen erforderlich wird (VG Gelsenkirchen ZfB 119 (1978), 443, 445; OVG Münster ZfB 118 (1977), 361, 363, das insofern das Urteil OVG Münster ZfB 114 (1973), 315, 318, wonach für Abbruchverfügungen die Bauaufsichtsbehörde zuständig ist, weil sie schon die Errichtung der baulichen Anlagen zu genehmigen hatte, nicht mehr billigt). Aber es ist sachgerecht, wenn die Bergbehörde den Abschlußbetriebsplan zuläßt, ohne den Abbruch zu gewerblichen Zwecken nutzbarer Steingebäude zur Auflage zu machen oder anzuordnen, wenn damit nur der Zweck verfolgt wird, die Errichtung anderer gewerblicher Gebäude freier planen zu können (VG Gelsenkirchen ZfB 119 (1978), 441, 448). Die Zuständigkeit der Bergbehörde zieht nicht zwangsläufig auch ihre Entscheidung nach sich, daß abzubrechen ist. Denn die Bergbehörde ist auch an die allgemeinen baurechtlichen Grundsätze gebunden (Einzelheiten vgl. Rapp, BauR 1983, 126 ff.). Danach ist für die **formelle und** für die **materielle Baurechtswidrigkeit** die Rechtslage entscheidend, die im Zeitpunkt der Errichtung bzw. Änderung des Bauwerkes gilt (BVerwGE 3, 351). Ein materiell illegaler Bau ist rechtlich zunächst solange geschützt, als die erteilte Baugenehmigung wirksam ist. Ein Abbruch kann wohl dann verlangt werden, wenn die bauliche Anlage unter Verstoß gegen öffentlich rechtliche Bestimmungen errichtet wurde und ein rechtmäßiger Zustand auf andere Weise nicht herbeizuführen ist, d. h. auch nach dem Grundsatz der Verhältnismäßigkeit der Mittel die Möglichkeit eines Dispenses ausgeschöpft wurde (Ernst-Hoppe, Das öffentliche Bau- und Bodenrecht, Raumplanungsrecht, 396). Ein nur formell baurechtswidriges Vorhaben ist ohnehin nicht abzubrechen. Schließlich haben § 43 StBau FG und § 39 d BBauG die Verpflichtung des Eigentümers zum Abbruch von Gebäuden an eine Reihe von Voraussetzungen und an die Zahlung einer, wenn auch modifizierten, Entschädigung geknüpft, so daß die Bergbehörde diese Regelung im Abschlußbetriebsplan-

Zweites Kapitel: Anzeige, Betriebsplan   12–17 § 53

verfahren nicht übergeben kann. Wesentlich ist in § 39 d BBauG vor allem, daß die bauliche Anlage im Bereich eines Bebauungsplanes liegt und ihm widerspricht.

12
Anders ist die Rechtslage allerdings – aber nur dann – wenn von der baulichen Anlage **Gefahren für** die **Gesundheit** oder Sicherheit von Personen ausgehen (OVG Münster ZfB 106 (1965) 482, 496; 114 (1973) 315, 319).

13
Aus den dargestellten Gründen ist auch den Ansichten von Klinkhardt (ZfB 110 (1969), 71) nicht zu folgen (vgl. noch § 69 Rn 11), der zu folgenden Ergebnissen kommt: (hiergegen auch VG Gelsenkirchen ZfB 119 (1978), 441, 446)
– Die Bergbehörde könne vom Bergwerksbesitzer den Abbruch sämtlicher Betriebsanlagen fordern, die die zukünftige Verwendung des Zechengeländes erschweren. Die Gemeinden hätten einen Anspruch darauf, daß die Bergbehörden bei der Zulassung des Abschlußbetriebsplanes dem Bergwerksbesitzer aufgeben, sein Betriebsgelände in einen der kommunalen Bauleitplanung gemäßen Zustand zu versetzen.
– Die Gemeinden könnten gegen die Zulassung eines Abschlußbetriebsplanes, der dies nicht berücksichtigt, Verwaltungsklage erheben.
Richtig ist lediglich Klinkhardts Erkenntnis, daß ein Anspruch der Gemeinde gegen den Bergwerksbesitzer, alte Betriebsanlagen zu beseitigen und das Zechengelände zu rekultivieren, aus dem Bergrecht nicht besteht (a.a.O., 73).

14
In Abschlußbetriebsplänen früherer Praxis wurde oft zwischen **bergbautypischen-** und **allgemein nutzbaren baulichen** Anlagen unterschieden. Die Abgrenzung ist ohnehin im Einzelfall problematisch und nach dem BBergG überholt.

15
Für den Abbruch baulicher Anlagen ist der RdErl. v. 23. 06. 1981 (MinBl 1528) in NW zu beachten (vgl. § 56 Rn 253 ff). Zur Zuständigkeit der Bergbehörde, zur Abbruchanzeige bzw. -genehmigung vgl. § 56 Rn 253.

16
8. Im Abschlußbetriebsplan ist auch Sorge zu tragen für den **Schutz der Oberfläche im Interesse der persönlichen Sicherheit** (§§ 53 Abs. 1, 55 Abs. 1 Nr. 5). Damit sind die Sicherheitsmaßnahmen für Schächte und Grubenbaue des stillgelegten Bergwerks angesprochen.

17
Grubenbaue, unterirdische Strecken und **Schächte** sind **wesentliche Bestandteile des Bergwerkseigentums** (RG ZfB 80/81 (1939/1940), 145, 146–148; OVG Münster ZfB 114 (1973), 429, 436; VG Gelsenkirchen Glückauf 1976, 1253). Für das nach § 149 Abs. 1 Nr. 1 aufrechtzuerhaltene Bergwerkseigentum hat sich hieran nichts geändert. Die Stillegung hebt den Zusammenhang zum Bergwerkseigentum ebenso wenig auf (OVG Münster ZfB 114 (1973), 429, 437) wie das Verfüllen des Schachtes.

18

Die Bergbehörde wird die Maßnahmen zur Sicherheit vor abgeworfenen Grubenbauen und nicht mehr benutzten Schächten grundsätzlich im Abschlußbetriebsplan regeln. Nach § 127 BVOSt LOBA NW sind **Tagesschächte**, ausgehende Grubenbaue, die abgeworfen werden sollen, vom tiefsten Punkt bis zur Tagesoberfläche **zu verfüllen und abzudecken**. Grubenbaue zwischen Tagesoberfläche und 50 m Teufe, die aufgegeben werden sollen, sind ebenfalls zu verfüllen. Einzelheiten enthalten die **Richtlinien** des LOBA NW **über das Verfüllen** und Abdecken von Tagesschächten v. 05.11.1979 (SBl LOBA NRW Abschnitt A 2.26, erläutert in Glückauf 1980, 142 = ZfB 121 (1980), 105).

19

Sofern eine Regelung im Abschlußbetriebsplan nicht erfolgte, bleibt der Bergbehörde im Falle der Einstellung des Betriebes ohne zugelassenen Abschlußbetriebsplan die Möglichkeit der **Anordnung** nach § 71 Abs. 3, im übrigen nach Abs. 1. Hierbei waren in der Vergangenheit die Zuständigkeit der Bergbehörde (vgl. § 69 Rn 22 ff), die Störeigenschaft und die Angemessenheit der Maßnahme Gegenstand des Streites. Einzelheiten für **Anordnungen nach Durchführung des Abschlußbetriebsplanes** regelt der Runderlaß vom 18.03.1977 (MBl NW 378 = ZfB 118 (1977) 370).

20

Für die **Zuständigkeit** der Bergbehörde ist jetzt § 69 Abs. 2 maßgebend. Zur **Störeigenschaft** (vgl. grundsätzlich § 71 Rn 23 ff) hat die Rechtsprechung deutlich gemacht, daß sowohl Bergwerkseigentümer (als Zustandsstörer) als auch Bergwerksbesitzer (als Handlungsstörer) verantwortlich sein können (OVG Münster ZfB 105 (1964), 100, 102; 114 (1973), 429, 436) und daß es nicht ermessenswidrig ist, wenn die Bergbehörde sich an den Zustandsstörer wendet, obwohl der gefährliche Zustand durch den Handlungsstörer herbeigeführt wurde (OVG Münster, a.a.O., 437).

21

Die **anzuordnenden Maßnahmen** sind in einer sehr kasuistischen Rechtsprechung überprüft worden. Danach ist die Anordnung zum Einbau einer Stahlbetonplatte nicht ermessensfehlerhaft, da Zäune eine zu kurze Lebensdauer haben und häufig zerstört werden (OVG Münster ZfB 114 (1973), 429, 435; VG Arnsberg Glückauf 1976, 1201). Die Anordnung zur Errichtung eines 2 m hohen Maschendrahtzaunes wurde ebenso als rechtmäßig angesehen (VG Gelsenkirchen Glückauf 1974, 715) wie das Verfüllen eines nicht mehr benutzten Tagesschachtes, weil eine Umzäunung der Grubenöffnungen durch Kinder leicht zerstört werden kann (OVG Koblenz ZfB 107 (1966), 334, 337, VG Arnsberg, ZfB 123 (1982), 112, 115). Zu unbestimmt ist allerdings die Anordnung, den Schacht in einem Umkreis von 12 m vom Schachtmittelpunkt zu umzäunen, wenn Art und Höhe des Zaunes nicht festgesetzt wurden (VG Gelsenkirchen Glückauf 1971, 1009). Wenn die Gefahr für die öffentliche Sicherheit allerdings durch einen Zaun beseitigt werden kann, ist der Bergwerkseigentümer nicht verpflichtet, Schachtkopfsicherungen einzubauen (LG Bochum im unveröff. Urt. v. 14.01.1976 – 4 O 310/75). Es ist auch nicht rechtsfehlerhaft, wenn die Bergbehörde den Abbruch einer überdeckenden Halle zum Anlaß nimmt, die Schachtabdeckung zu verlangen, obwohl das Grundstück seit langem an einen Bergbaufremden veräußert wurde und der Schacht über 50 Jahre außer Betrieb ist (VG Gelsenkirchen Glückauf 1974, 715). Zur Erfüllung seiner Verkehrssicherungspflicht ist der Unternehmer verpflichtet, einen Schacht jedenfalls abzusperren und durch Hinweisschilder zu kennzeichnen (OLG Köln ZfB 105 (1964), 376, 381).

22
9. Zivilrechtlich trifft den Bergwerksbesitzer (Unternehmer) hinsichtlich der von ihm gebauten Schächte die allgemeine **Verkehrssicherungspflicht** neben der Haftung für Bergschäden (OLG Köln a.a.O.). Dabei entlastet ihn nicht die Prüfung durch die Bergbehörde im Abschlußbetriebsplan. Er muß dennoch Hinweisschilder aufstellen und geeignete Sicherungsmaßnahmen treffen. Diese Haftung tritt neben die des Grundstückseigentümers für den verkehrssicheren Zustand seines Grundstücks.

23
10. Eine Gemeinde, die einen Schacht verfüllt und mit einer Schachtkopfsicherung versieht, hat gegen den Bergwerkseigentümer **keinen Anspruch auf Erstattung der Kosten nach den Grundsätzen der Geschäftsführung ohne Auftrag**, wenn das Grundstück mit einem **Bergschadensverzicht** belastet ist (LG Bochum im unveröff. Urt. v. 14. 01. 1976 – 4 O 310/75).

24
11. In der Praxis ist es üblich, den Abschlußbetriebsplan **aufzuteilen** in den für **untertägige** und den für **übertägige Maßnahmen**, da die von ihnen berührten Behörden unterschiedlich sind. Diese Praxis kann weiterhin beibehalten werden. Zwar ist nach § 53 Abs. 1 **ein** Abschlußbetriebsplan aufzustellen, das schließt aber nicht aus, ihn in **zwei Teilen** aufzustellen.

25
12. Im Abschlußbetriebsplan zu berücksichtigen sind **Verordnungen**, die gem. § 66 Nr. 7 zur Verhütung von Gefahren für Leben und Gesundheit Dritter oder gem. § 66 Nr. 8 über Vorsorge- und Durchführungsmaßnahmen zur Wiedernutzbarmachung der Oberfläche erlassen werden.

26
Die Durchführung des Abschlußbetriebsplanes ist gem. § 69 Abs. 2 maßgebendes Kriterium über das Ende der Bergaufsicht (vgl. § 69 Rn 30 ff).

27
Die Betriebschronik muß die in Abs. 2 Nr. 1–9 im einzelnen aufgeführten Angaben enthalten. Dabei wird man den allgemeinen Grundsatz aufstellen müssen, daß der Unternehmer diese Angaben nur im Rahmen des Zumutbaren machen kann. Sofern die Angaben bzw. Unterlagen nicht vorhanden sind, darf die tatsächliche oder wirtschaftliche Unmöglichkeit der Beschaffung nicht dazu führen, den Ab-

schlußbetriebsplan wegen Unvollständigkeit der Betriebschronik nicht zuzulassen. Auch der Umfang der Darstellungen und Unterlagen muß sich an dem Zweck der Bestimmung ausrichten.

28

In Nr. 8 werden Aufbereitungs**anlagen** genannt, obwohl die Betriebschronik nur für den Gewinnungsbetrieb aufzustellen ist. Man wird daher als Aufbereitungsanlage im Sinne der Nr. 8 nur diejenige verstehen können, die nicht zu einem selbständigen Aufbereitungs**betrieb** i. S. § 4 Abs. 3 gehört.

29

13. Durch die Einstellung eines Gewinnungsbetriebes wird häufig zugleich die **Wasserhaltung** einer Zeche **eingestellt**. Dadurch wird das Gleichgewichtsverhältnis im Gesamtwasseraufkommen empfindlich gestört. Den benachbarten Feldern fließen die Grubenwasser in vermehrtem Maße zu. Die Bergbehörde hat hier grundsätzlich keine Möglichkeiten, den stillegenden Unternehmer zum Weiterbetrieb seiner Wasserhaltung zu veranlassen. Wie die Erfahrung bei Zechenstillegungen gezeigt hat, können die erhöhten Wasserzuflüsse im Regelfall durch eine verstärkte Wasserhaltung in der beeinträchtigten Nachbarzeche aufgefangen werden, so daß sie keine Gefahr für die Sicherheit eines zulässigerweise bereits geführten Betriebes i. S. § 55 Abs. 1 Nr. 8 sind (Schröder, Die Gefährdung der Steinkohlenbergwerke durch Wasserzuflüsse aus stillgelegten Nachbarbergwerken als Rechtsproblem, Diss. Münster 1965, 36).

30

a) Anordnungen nach § 71 kann die Bergbehörde nicht gegen den Stilleger als Störer richten.

31

Eine **Verhaltenshaftung** gem. § 17 OBG NW ist zu verneinen, weil die Unterlassung der Wasserhaltung nur dann eine Störung im ordnungsrechtlichen Sinne darstellt, wenn eine Rechtspflicht zum Handeln bestehen würde. Diese Pflicht gibt es unter benachbarten Bergbautreibenden nicht, weil wegen der Natur des Bergbaus Nachbarn im Bergwerkseigentum die sich aus dem Nebeneinanderbestehen notwendig ergebenden Gefahren hinnehmen müssen (RGZ 161, 203, 208). Handeln und Unterlassen innerhalb der eigenen Berechtigung werden nicht dadurch widerrechtlich, daß schädliche Einwirkungen auf Nachbarfelder vorauszusehen sind (RGZ 72, 303; RG 1915, 528).

32

Auch eine **Zustandshaftung** des stillegenden Bergwerkseigentümers ist nicht gegeben. Soweit dem Nachbarwerk Wasser zufließt, das ihm schon eher zugeflossen wäre, wenn der Stilleger es nicht während der Betriebsdauer gehoben hätte, fehlt es schon an der Verursachung durch den stillegenden Unternehmer. Die Stillegung hat die Gefahr, die in dem Betrieb des Nachbarbergwerkes selbst liegt, erst akut gemacht. Bei den Mehrmengen, die durch den Abbau der stillegenden Zeche erst zusätzlich gelöst worden sind, wird eine Zustandshaftung im Regelfall ausscheiden, weil zwei nebeneinanderliegende Bergwerke sich gegenseitig stören und diese Störung grundsätzlich dulden müssen (Lantzke ZfB 101 (1960), 78).

33
Eine **Ausnahme** wird man nur machen können, wenn wegen der besonderen Gegebenheiten unter den Nachbarn ein **Ausgleichsanspruch aus dem Rechtsverhältnis nachbarlicher Gemeinschaft** besteht (hierzu Schröder, Die Gefährdung der Steinkohlenbergwerke durch Wasserzuflüsse aus stillgelegten Nachbarbergwerken als Rechtsproblem, Diss. Münster 1965, 23, 32). Im Regelfall jedoch werden die Voraussetzungen hierfür, die nachfolgend (vgl. Rn 37) näher beschrieben werden, nicht vorliegen.

34
b) Die Bergbehörde kann dann zwar gem. § 19 OBG gegen den **Stilleger als Nichtstörer** vorgehen. Allerdings setzt das voraus, daß der von den Zuflüssen bedrohte Nachbar weder technisch noch wirtschaftlich in der Lage ist, ein Bergwerk selbst zu schützen. Dem Stilleger kann dabei jedoch nur aufgegeben werden, den Schacht offen zu halten, zur Verfügung zu stellen und die Pumpeinrichtungen nicht zu entfernen. Über das unbedingt notwendige Maß des Eingriffs würde es hinausgehen, dem Stilleger die Wasserhaltung selbst aufzuerlegen.

35
Gem. § 43 Abs. 1 OBG hat der **Nichtstörer** einen **Anspruch auf Ersatz des Schadens**, der ihm durch die Maßnahmen der Bergbehörden entstanden ist, d. h. auf Ersatz der zur Erfüllung der bergbehördlichen Anordnung gemachten Aufwendungen.

36
c) **Zivilrechtlich** bestehen **keine Ansprüche des Nachbarn gegen den Stilleger auf Unterlassung** der Beeinträchtigung seines Bergwerkseigentums durch die Aufgabe der Wasserhaltungsmaßnahmen. Ein Anspruch aus § 1004 Abs. 1 BGB scheitert daran, daß eine allgemeine Rechtspflicht zum Schutze des Bergwerkseigentums eines Nachbarn nicht besteht, so daß die Stillegung die tatbestandlichen Voraussetzungen dieser Vorschrift nicht erfüllt. Aus früheren Abbaumaßnahmen läßt sich der Anspruch ebenfalls nicht herleiten, selbst wenn diese erst das Zufließen von Wasser in die Nachbargrube bewirkt haben. Denn insoweit ist der Anspruch durch § 1004 Abs. 2 BGB ausgeschlossen: jeder Bergwerkseigentümer hat Beeinträchtigungen durch Abbaumaßnahmen des Nachbarn zu dulden (RGZ 161, 203, 208). Dieser Gesichtspunkt liegt auch dem § 114 Abs. 2 Nr. 2 zugrunde.

37
Eine **Ausnahme** kann nur gelten, wenn der **Stilleger Betriebspläne oder Anordnungen der Bergbehörde nicht beachtet** (Lantzke ZfB 101 (1960), 78, 85) oder in rücksichtsloser Weise allgemeine oder individuelle Belange nur geringwertiger eigener Vorteile wegen außer Acht läßt (RGZ a.a.O.) oder die Grenzen seines Rechts überschreitet.

38

d) Ein **Schadensersatzanspruch** des Nachbarn gegen den Stilleger ist ebenfalls grundsätzlich **nicht gegeben**. Ein Bergschadensanspruch aus § 114 Abs. 1 scheidet wegen § 114 Abs. 2 Nr. 2 aus, ein Anspruch aus § 823 Abs. 1 BGB, weil der Bergbauunternehmer rechtmäßig handelt, solange er abbaut oder wenn er seinen Betrieb stillegt (Schröder, die Gefährdung der Steinkohlenbergwerke durch Wasserzuflüsse aus stillgelegten Nachbarbergwerken als Rechtsproblem, Diss. Münster 1965, 20), ein Ausgleichsanspruch aus § 906 Abs. 2 S. 2 BGB, weil diese Vorschrift auf das Verhältnis zweier Bergwerkseigentümer nicht angewendet werden kann (RGZ 72, 303, 305 Lantzke, a.a.O., 82). Ein **Ausgleichsanspruch** kann lediglich in den oben beispielsweise genannten besonders gelegenen Einzelfällen aus dem Gesichtspunkt des **nachbarlichen Gemeinschaftsverhältnisses**, der auch auf Kollisionsfragen zwischen benachbarten Bergwerken anzuwenden ist und zu einem angemessenen Ausgleich – nicht etwa zum vollen Ersatz – von Schäden und widerstreitenden Interessen führt (Schröder a.a.O., 29).

39

14. Der Stilleger eines Gewinnungsbetriebes insbesondere von Steinkohle muß außer § 53 noch eine **Vielzahl anderer Vorschriften** beachten, die wegen ihrer praktischen Bedeutung kurz erwähnt werden sollen:

40

– Gem. der Entscheidung Nr. 22/66 v. 16. 11. 1966 (Amtsblatt der Europäischen Gemeinschaften v. 29. 11. 1966, 3728) ist die Stillegung spätestens 3 Monate vor Außerbetriebsetzung an die Hohe Behörde **mitzuteilen**.

41

– Gem. § 3 Abs. 2 KohleG (BGBl 1968, 365 = Glückauf 1968, 436) sind bis zum 31. 12. die im folgenden Kalenderjahr zu erwartenden Entlassungen, Verlegungen von Arbeitnehmern an den Bundesbeauftragten (seit 01. 01. 1978: Bundesminister für Wirtschaft) zu **melden**.

42

– Nach den Richtlinien über die Gewährung von Prämien für die Stillegung von Steinkohlenbergwerken und die Veräußerung von Grundstücken aus Bergbaubesitz v. 22.03. 1967 (BAnz. Nr. 59 v. 29.03. 1967 i. d. F. BAnz. Nr. 186 v. 03. 10. 1979) muß die Stillegung entweder mit dem **Bundesminister für Wirtschaft abgestimmt** (§ 2 Abs. 3 a.a.O.) oder bei der **Aktionsgemeinschaft Deutsche Steinkohlenreviere angemeldet** und der Stillegungszeitpunkt vorher vereinbart werden (§ 2 Abs. 1 Ziff. 4), wenn der Stilleger **Prämien** nach diesen Richtlinien beantragen will.

43

– Gem. § 4 Abs. 1 EnWG ist eine **Anzeige** an den Minister für Wirtschaft, Mittelstand und Verkehr über die Stillegung von Stromerzeugungsanlagen, Dampfkesselanlagen oder Gasanlagen zur Speicherung oder Weitergabe an Dritte erforderlich.

Zweites Kapitel: Anzeige, Betriebsplan **§§ 53, 54**

44
- Nach § 8 AFG ist dem Präsidenten des Landesarbeitsamtes über bevorstehende **Massenentlassungen Mitteilung** zu machen.

45
- Nach § 17 KSchG ist eine Anzeige an das Arbeitsamt über **Massenentlassungen** zu richten.

46
- Nach § 112 Abs. 1 Betr. VG und nach § 7 Abs. 1 KohleG muß mit dem Betriebsrat ein wirtschaftlicher **Interessenausgleich** oder ein **Sozialplan** (vgl. Gesamtsozialplan v. 15.05. 1968 BAnz. Nr. 94 v. 18.05. 1968, neueste Fassung bei Zydek-Heller, Energiemarktrecht, Ziff. 4.11) vereinbart und gem. § 102 BetrVG die **Mitbestimmung** des Betriebsrates bei Kündigungen eingeholt, bei Massenentlassungen gem. § 17 KSchG der Betriebsrat rechtzeitig unterrichtet werden.

47
- In den Sonderfällen der **Schwerbehinderten** oder der **Bergmannsversorgungsschein-Inhaber** sind die Verfahren nach §§ 12, 18 SchwerbehG, §§ 11, 12 des Gesetzes über den Bergmannsversorgungsschein erforderlich.

48
- Schließlich können Anträge auf Gewährung der **Stillegungsprämie** gem. den o. a. Richtl. v. 22.03. 1967 bei der Aktionsgemeinschaft Deutsche Steinkohlenreviere, auf **steuerliche Maßnahmen** und **Finanzierungshilfe** gem. §§ 30, 37 des Gesetzes zur Förderung der Rationalisierung im Steinkohlenbergbau (BGBl 1963, 549 = ZfB 104 (1963), 404) wegen **Anpassungsbeihilfen** gem. Art. 56 MUV an die Bundesregierung/Hohe Behörde (Richtl. v. 13.02. 1970 des Bundes, BAnz. Nr. 34 v. 19.02. 1970; Richtl. v. 03.05. 1966 des Landes NW, SMBl NW 814), sowie auf **Anpassungsgeld** gem. § 24 ff KohleG und der hierzu ergangenen Vorschriften (2. Abfindungsgeld-VO v. 08.07. 1968, BGBl 799 und Richtl. über die Gewährung von Anpassungsgeld v. 13.12. 1971 BAnz. Nr. 233 v. 15.12. 1971 = Zydek-Heller, a.a.O., Ziff. 4.17) gestellt werden.

49
- Zur Abtragung brennender oder schwelender Halden vgl. § 128 Rn 7.

§ 54 Zulassungsverfahren

(1) Der Unternehmer hat den Betriebsplan, dessen Verlängerung, Ergänzung oder Abänderung vor Beginn der vorgesehenen Arbeiten zur Zulassung einzureichen.

(2) Wird durch die in einem Betriebsplan vorgesehenen Maßnahmen der Aufgabenbereich anderer Behörden oder der Gemeinden als Planungsträger berührt, so sind diese vor der Zulassung des Betriebsplanes durch die zuständige Behörde zu beteiligen. Die Landesregierungen können durch Rechtsverordnung eine weitergehende Beteiligung der Gemeinden vorschreiben, soweit in einem Betriebsplan

§ 54 1–3   Dritter Teil: Aufsuchung, Gewinnung und Aufbereitung

Maßnahmen zur Lagerung oder Ablagerung von Bodenschätzen, Nebengestein oder sonstigen Massen vorgesehen sind. Satz 2 gilt nicht bei Gewinnungsbetrieben, die im Rahmen eines Planes geführt werden, in dem insbesondere die Abbaugrenzen und Haldenflächen festgelegt sind und der auf Grund eines Bundes- oder Landesgesetzes in einem besonderen Planungsverfahren genehmigt worden ist.

1
1. Das **Zulassungsverfahren** beginnt mit der Einreichung des Betriebsplanes durch den Unternehmer. Sie muß so rechtzeitig vor Beginn der Arbeiten erfolgen, daß der Bergbehörde die ordnungsgemäße Prüfung der Zulassungsvoraussetzungen und die nach Abs. 2 vorgesehene Beteiligung anderer Behörden oder der Gemeinden als Planungsträger möglich ist. Die Verfahrensdauer geht demnach zu Lasten des Unternehmers. Leider wurde die der **Verfahrensbeschleunigung** dienende frühere Vorschrift des § 68 Abs. 3 ABG NW, wonach die Bergbehörde nach eigenem Ermessen entscheiden konnte, wenn innerhalb von 3 Monaten ein Einvernehmen mit den anderen Behörden nicht erreicht wurde, trotz der Forderung der Bergbauwirtschaft nicht wieder aufgenommen. Sie wurde aus dem Regierungsentwurf – die Frist war sogar auf 1 Monat verkürzt – gestrichen, weil sie entbehrlich sei (Zydek, 248), was nur bedeuten kann, daß die Bergbehörde sich ohnehin bemühen muß, den Vorstellungen des Regierungsentwurfes Rechnung zu tragen. Die unbedingt notwendige Beschleunigung der Verfahren ergibt sich aus den Besonderheiten des ständig fortschreitenden, mit wechselnd neuen Situationen konfrontierten Bergbaus und dem Zweck des Betriebsplanes als laufendes Betriebsführungs- und Überwachungsinstrument ohnehin.

2
2. Die Verwaltungspraxis des Zulassungsverfahrens wird durch **Richtlinien** kanalisiert (in NRW z. Z. Richtl. LOBA für die Handhabung des Betriebsplanverfahrens v. 20. 11. 1981, SMBl A 7 = Glückauf 1982, 45). Sie sind für alle Bergämter des Landes NW herausgegeben, um eine einheitliche Handhabung des Verfahrens zu gewährleisten. Sie haben daher zunächst Bindungswirkung für den **Innenbereich**. Da die Richtlinien lediglich Weisungen zur Auslegung von Tatbestandsmerkmalen enthalten, die Zulassung des Betriebsplanes keine Ermessensentscheidung der Bergbehörde ist, ist den Richtlinien keine anspruchsbegründende **Außenwirkung** aus dem Gesichtspunkt der Selbstbindung der Verwaltung zuzusprechen (Pfadt, Rechtsfragen zum Betriebsplan im Bergrecht, 49). Diese kommt nur den Ermessensrichtlinien zu. Das hat für den Unternehmer zur Folge, daß die Richtlinien für ihn nur reflektierend wirken, ohne seine Rechte und Pflichten unmittelbar zu bestimmen (BVerwGE 34, 278, 281).

3
3. **Änderungen des Betriebsplanes**
Nach § 54 Abs. 1 bedürfen auch **Verlängerungen**, **Ergänzungen** oder **Abänderungen** des Betriebsplanes der Zulassung. Das Gesetz hat als Bezugspunkt für die Ergänzungen oder Abänderungen den Betriebsplan fixiert, ohne ausdrücklich festzustellen, wann eine Ergänzung oder Abänderung des Betriebsplanes durch Änderung des Aufsuchungs-, Gewinnungs- oder Aufbereitungsbetriebes veranlaßt wird. Das ist deshalb für den Unternehmer mißlich, weil das Recht zur

Verlängerung, Ergänzung und Abänderung des Betriebsplanes gleichzeitig wegen § 51 Abs. 1 zur Pflicht des Unternehmers bei entsprechenden Veränderungen wird.

4
Die bergrechtliche Regelung unterscheidet sich von den anderen Wirtschaftsverwaltungsgesetzen. Nach § 7 Abs. 1 AtG bedarf beispielsweise der Genehmigung, wer „die Anlage oder ihren Betrieb wesentlich verändert", nach § 25 Abs. 1 S. 3 GewO a. F. war die Genehmigung erforderlich bei wesentlichen Veränderungen in dem Betrieb einer der unter § 16 GewO a. F. fallenden Anlagen; nach § 15 Abs. 1 BImSchG bedarf die wesentliche Änderung der Lage, Beschaffenheit oder des Betriebs einer genehmigungsbedürftigen Anlage der Genehmigung. Dabei wird für den Begriff der „Wesentlichkeit" darauf abgestellt, ob eine Änderung Anlaß zu einer erneuten Überprüfung gibt, weil sie mehr als nur offensichtlich unerhebliche Auswirkungen auf das Sicherheitsniveau der Anlage haben kann." (BVerwG NJW 1958, 1011 zu § 25 Abs. 1 GewO; BVerwG NJW 1977, 1932 und NJW 1978, 64, 65 zu § 15 Abs. 1 BImSchG; Ossenbühl DVBl 1981, 65, vgl. auch § 4 Abs. 2 der Atomrechtlichen Verfahrensordnung (BGBl 1982, 413).

5
Das **Attribut der „wesentlichen" Änderung fehlt in der berggesetzlichen Regelung**, vielmehr ergibt sich aus § 51 Abs. 1, daß alle Maßnahmen, die zum Führen des Betriebes gehören, betriebsplanpflichtig sind und aus § 52 Abs. 4, S. 1, daß Betriebsplaninhalte der Umfang, die technische Durchführung, die Dauer des Vorhabens und die Zulassungsvoraussetzungen des § 55 Abs. 1 Nr. 1, 3 bis 13 sind. Obwohl dem Berggesetz die Begrenzung auf „wesentliche" Änderungen fehlt, folgt daraus nicht, daß sämtliche betrieblichen Änderungen, d. h. auch die unwesentlichen, eine Änderung des Betriebsplanes nach sich ziehen. Aus dem Zusammenhang von §§ 51 Abs. 1 und 54 Abs. 4 S. 1 folgt vielmehr, daß Änderungen den Betriebsplaninhalt des § 52, Abs. 4 S. 1 betreffen und dem Begriff der „Betriebsführung" (vgl. § 51 Rn 23) zugeordnet werden müssen. Dadurch wird zwar noch nicht erreicht, daß nur „wesentliche" Maßnahmen wie in den genannten Gesetzen zu einer Änderung oder Ergänzung des Betriebsplanes führen. Man kommt auch nicht einmal zu einer Gleichstellung mit dem für das gewerbliche Änderungsverfahren von der Rechtsprechung entwickelten Grundsatz, daß die Möglichkeit eines Einflusses auf die Genehmigungsvoraussetzungen ausreicht und es nicht darauf ankommt, ob und in welchem Ausmaß derartige Auswirkungen von der geplanten Veränderung tatsächlich zu erwarten sind (BVerwG NJW 1958, 1011). Man kann aber daraus folgern, daß nur solche betrieblichen Maßnahmen zu Änderungen des Betriebsplanes führen müssen, die den betriebsplanmäßig geprüften Regelungsinhalt durch ihre Bedeutung, ihr Gewicht und Ausmaß verändern.

6
4. Beteiligung anderer Behörden
Andere **Behörden** sind vor der Zulassung im Betriebsplanverfahren zu beteiligen, wenn ihr Aufgabenbereich berührt wird.

7

Diese Beteiligungsnorm spricht das aus, was an sich schon durch die Zuständigkeit mehrerer Behörden für Verwaltungsverfahren verschiedener Art begründet ist: das Recht der beteiligten Behörde, sich als mitzuständige Behörde in das Verfahren einzuschalten, wenn in ihren Zuständigkeitsbereich fallende Gegenstände behandelt werden (Pfadt, Rechtsfragen zum Betriebsplan im Bergrecht, 82). Die wesentlichste Aussage betrifft daher die Intensität des Zusammenwirkens.

8

Die **Voraussetzung** für die Mitwirkung anderer Behörden ist aus der bisherigen Verwaltungspraxis (Begründung zum Gesetz zur Änderung berggesetzlicher Vorschriften NW vom 25. 04. 1950, ZfB 91 (1950), 190) und aus § 68 Abs. 3 ABG NW übernommen. Sie entspricht § 10 Abs. 5 BImSchG und § 73 Abs. 2 VwVfG, wo für die Einschaltung anderer Behörden ebenfalls vorausgesetzt ist, daß ihr Aufgabenbereich durch das Vorhaben „berührt" wird.

9

Man wird sich daher bei der Auslegung des Begriffes „berührt" auf die dort gefundenen Ergebnisse berufen können. Danach sind „berührt" alle Behörden, die für ein Teilproblem, das sich im Zusammenhang mit dem betriebsplanmäßig beantragten Aufsuchungs-, Gewinnungs- oder Aufbereitungsbetrieb stellt, zuständig sind (Stich, BImSchG, § 10 Rn 24). Es sind ferner alle Behörden, die neben der Betriebsplanzulassung eine selbständige Entscheidung in bezug auf den Betrieb zu treffen haben oder für die Durchführung der öffentlich-rechtlichen Vorschriften zuständig sind, die bei den vorgesehenen Maßnahmen zusätzlich zum BBergG Anwendung finden (Sellner, Immissionsschutzrecht und Industrieanlagen, Rn 148). Letzteres ist die Folge aus § 48 Abs. 2 und seiner Bedeutung als Tor zum Betriebsplanverfahren (vgl. § 55 Rn 144).

10

Der Begriff der von den Maßnahmen in ihrem Aufgabenbereich berührten Behörde deckt sich **nicht** mit dem des **Trägers öffentlicher Belange** i. S. § 2 Abs. 5 BBauG – er umfaßt auch privatrechtliche Organisationen (Stellen) – und nicht mit demjenigen, dessen rechtliches Interesse durch den Ausgang eines Verwaltungsverfahrens i. S. § 13 Abs. 2 VwVfG berührt werden kann.

11

Zum **Begriff der Behörde** vgl. die Legaldefinition in § 1 Abs. 4 VwVfG.

12

Je nach Lage des Einzelfalles kommen als einzuschaltende Behörden beispielsweise in Betracht: die für die Landesplanung und Raumordnung zuständigen Landesbehörden, die Bauaufsichtsbehörde, die Wasserbehörde, die für die Abfallbeseitigung zuständige Behörde, die Forstbehörde, die untere Landschaftsbehörde, Straßenbaubehörde, Straßenverkehrsbehörde, Bundesbahn, Bundespost, Standortgemeinde als Behörde, nicht jedoch als Planungsträger – hierfür gilt die 2. Alternative – (vgl. zur Vielfalt der einzuschaltenden Behörden auch die Begründung zu § 68 Abs. 3 ABG NW, ZfB 91 (1950), 190). Zu Einzelheiten über die verwaltungsrechtlichen Zusammenhänge der Beteiligung der jeweiligen Behörden vgl. § 56 Rn 115 ff.

13
Grundlegend geändert hat sich gegenüber dem bisherigen Recht dagegen die **Folge**, die aus dem Berühren des Aufgabenbereichs anderer Behörden zu ziehen ist. Während nach § 68 Abs. 3 ABG NW die Bergbehörde stets Einspruch gegen den Betriebsplan einzulegen, das Einvernehmen mit der Fachaufsichtsbehörde herzustellen hatte und nach drei Monaten selbst entscheiden konnte, fehlt in der bundesberggesetzlichen Regelung sowohl das Erfordernis des Einvernehmens als auch das Recht zur eigenen Entscheidung nach einer bestimmten Frist.

14
Statt des „**Einvernehmens**" ist jetzt die „**Beteiligung**" gefordert, ohne daß festgelegt wurde, was hierunter zu verstehen ist. Aus dem Unterschied der Sätze 1 („beteiligen") und 2 („weitergehende Beteiligung") des Abs. 2 ist nur zu entnehmen, daß die Beteiligung eine vergleichsweise schwache Form der Mitwirkung sein soll. Da der Gesetzgeber die teilweise in anderen Gesetzen gebräuchlichen Ausdrücke „Zustimmung" (z. B. § 36 Abs. 1 BBauG), „im Benehmen" (z. B. § 37 Abs. 2 S. 3 BBauG), „im Einvernehmen" (z. B. §§ 14 Abs. 2, 19 Abs. 4, 36 Abs. 1 BBauG und früher § 68 Abs. 3 ABG NW) oder „Stellungnahme" (z. B. § 10 Abs. 5 BImSchG) nicht verwendet hat, folgt hieraus, daß etwas anderes gemeint sein soll. Materiell scheiden damit die völlige Willensübereinstimmung zwischen Bergbehörde und Beteiligungsbehörde (so für das „Einvernehmen" nach § 36 BBauG BVerwGE 11, 200), die bloße Fühlungnahme zwischen den Behörden (so für das „Benehmen "VGH Bad.-Württ., VerwRspr 4, 402) und eine nicht mit Bindungswirkung ausgestattete Erklärung der Beteiligungsbehörde über ihre Rechtsansicht (so für die „Stellungnahme" nach § 10 Abs. 5 BImSchG und für die ihr ähnelnde „Anhörung" Gusy, BauR 1978, 336) für die Ausfüllung des Begriffes „Beteiligung" aus.

15
Anknüpfungspunkt können aber die Beteiligungsvorschriften im BBauG sein. Das Gesetz kennt die Beteiligung der Träger öffentlicher Belange (§ 2 Abs. 5 BBauG) sowie die vorgezogene (§ 2 a Abs. 2–5 BBauG) und die förmliche (§ 2 a Abs. 6 BBauG) Beteiligung der Bürger.

16
Die Beteiligung wird dort verstanden als ein Sammelbegriff, der der Ausfüllung bedarf. Sie bedeutet Mitteilung des Vorhabens und Entgegennahme, Prüfung und auf Verlangen Erörterung der vorgetragenen Wünsche (Grauvogel, Kohlhammer-Kommentar zum BBauG, § 2 V. 4 a). Man wird diese Begriffsbestimmung auf § 54 Abs. 2 übertragen können. Der Bundesgesetzgeber ging bei der Aufnahme dieses Begriffes in Anlehnung an das BBauG davon aus, daß die „Beteiligung" sich deutlich abheben sollte vom Einvernehmen zwischen Bergbehörde und Beteiligungsbehörde (BT-Drucksache 8/1315, 109 = Zydek, 246: unzulässige Misch

verwaltung zwischen Bundes- und Landesbehörden). Er mußte sich auf eine weniger qualifizierte Mitwirkung anderer Behörden auch deshalb beschränken, weil das Betriebsplanverfahren nicht als Planfeststellungsverfahren ausgestaltet wurde und eine Lösung der von den Beteiligungsbehörden im Betriebsplanverfahren vorgetragenen öffentlich-rechtlichen Gesichtspunkte gar nicht zu erwarten ist, sondern daneben laufenden anderen Verfahren vorbehalten bleibt.

17
Die Beteiligung führt folglich zwar zu einer Unterrichtung der anderen Behörden, nicht jedoch dazu, daß die Bergbehörde an deren Stellungnahmen gebunden ist (vgl. Pfadt, Rechtsfragen zum Betriebsplan im Bergrecht, 146: „unverbindliche Stellungnahme"). Die Bergbehörde muß vielmehr die Stellungnahme prüfen und im Rahmen ihrer Zuständigkeit ermessensfehlerfrei werten. Nimmt sie irrigerweise an, an die Stellungnahme gebunden zu sein, ist ihre Entscheidung ermessensfehlerhaft (OVG Münster ZfB 114 (1973), 319, 332; VG Köln ZfB 117 (1976), 345, 352).

18
Zum Grundsatz kann auch jetzt noch festgestellt werden, daß die Bergbehörde nach eigenem Ermessen über Gesichtspunkte entscheidet, die in die Zuständigkeit von anderen Behörden fallen (Pfadt, a.a.O., 105; VG Gelsenkirchen ZfB 119 (1978), 441, 446), allerdings mit der Einschränkung, daß dies nicht für die durch gesonderte Verfahren belegten Gesichtspunkte gilt.

19
Die Prüfung der von den Beteiligungsbehörden abgegebenen Äußerungen hat die Bergbehörde mit dem **Maßstab der Voraussetzungen** der §§ 55, 48 Abs. 2 durchzuführen. Gesichtspunkte die nicht darunter einzuordnen sind, kann die Bergbehörde nicht berücksichtigen, auch wenn sie von Beteiligungsbehörden vorgetragen wurden. Wenn andererseits die Bergbehörde vorgetragene Gesichtspunkte, die den Rahmen der §§ 55, 48 Abs. 2 nicht sprengen, ohne Wertung außer Acht läßt, kann darin ein zum Ermessensfehler führendes Abwägungsdefizit liegen.

20
Die Mitwirkungshandlungen dieser beteiligten Behörden sind **keine selbständig anfechtbaren Verwaltungsakte** dieser Behörden. Das gilt sowohl für den Fall, in dem die Behörde eine Stellungnahme abgibt, die Bergbehörde ihr aber nicht folgt, als auch in dem Fall, in dem die Behörde eine Stellungnahme abgibt, die Bergbehörde sie in die Zulassung übernimmt, nach Meinung des Unternehmers oder Dritter sich ihr aber nicht anschließen durfte. Selbst das früher notwendige Einvernehmen nach § 68 Abs. 3 ABG NW wurde als interner Verwaltungsvorgang ohne den Charakter eines Verwaltungsaktes und ohne selbständige Anfechtbarkeit angesehen (Ebel-Weller, § 68 Anm. 5, Horneffer, Bergrecht und Allgemeines Polizeirecht, Diss. 1969, Göttingen, S. 88; zur Rechtsnatur des „Einvernehmens"grundsätzlich BVerwG NJW 1968, 905; BGH DÖV 1971, 319). Umso eher werden seit langem die schwächeren Spielarten des „Benehmens", der „Anhörung" und der „gutachtlichen Stellungnahme" als verwaltungsinternes Geschehen ein-

geordnet (Schuegraf, NJW 1966, 177). In diese Kategorie ist die „Beteiligung" ebenfalls einzustufen. Es fehlt ihr an der Außenwirkung und an der Bindung der Aussage für die Bergbehörde.

21
Fehlt es an der Beteiligung der in ihrem Aufgabenbereich berührten Behörden oder der Gemeinden als Planungsträger, ist die **Zulassung** des Betriebsplanes **nicht nichtig.** Das folgt einerseits aus § 44 Abs. 3 Nr. 4 VwVfG und andererseits daraus, daß nicht einmal bei den stärkeren Mitwirkungsrechten als der Beteiligung die Rechtsprechung nicht Nichtigkeit, sondern nur Anfechtbarkeit annimmt (BVerwGE 11, 195; Redeker-von Oertzen, VWGO, 7. Aufl. § 42 Rn 87). Andererseits kann man nicht zu dem Ergebnis kommen, die Verletzung des Beteiligungsgebotes zeige überhaupt keine Wirkungen. Es könnte dann nämlich ohne Folgen verletzt werden (Schuegraf NJW 1966, 177, 180).

22
Die **Anfechtbarkeit** einer Zulassung **bei unterbliebener Beteiligung** ist nur im Rahmen des § 46 VwVfG gegeben, d. h. zur Verletzung der Verfahrensvorschrift muß hinzukommen, daß eine andere Entscheidung in der Sache hätte getroffen werden können. Insofern ist zu beachten, daß auf die Betriebsplanzulassung wegen § 55 ein Anspruch besteht und ein gebundener Verwaltungsakt vorliegt.

23
Nach § 45 Abs. 1 Nr. 5 VwVfG können zwar Verfahrensfehler geheilt werden, indem die Mitwirkung der anderen Behörde nachgeholt wird. Doch ist § 45 Abs. 1 Nr. 5 VwVfG durch den Wortlaut der vorrangigen Vorschrift des § 54 Abs. 2 S. 1 ausgeschlossen: die **Beteiligung** hat **vor** der **Zulassung** zu erfolgen.

24
Prozessual haben weder die Behörde, noch Unternehmer oder Dritte gegen die verwaltungsinternen Aussagen der Behörden ein Klagerecht.

5. **Die Beteiligung der Gemeinden**

25
a) Nach dem ABG war eine direkte **Beteiligung der Gemeinden** nicht vorgesehen. Die Bergbehörden waren zunächst der Auffassung, daß die Gemeinden **keine Fachaufsichtsbehörden** i. S. § 68 Abs. 3 ABG NW seien. Das Einvernehmen mit diesen Fachaufsichtsbehörden sollte die Anhörung der durch Maßnahmen des Bergbautreibenden betroffenen Gemeinden einschließen. Der Regierungspräsident, dem für seinen Bezirk die Kommunalaufsicht obliegt, sollte nach seinem Ermessen die Stellungnahmen der Gemeinden und Kreise einholen (Reiners, Landschaft im Wandel, S. 7).

26
Später ging die Bergbehörde bei lokalen Gesichtspunkten dazu über, die Gemeinden direkt anzuhören, wenn durch die Zulassung eines Betriebsplanes die **Planungshoheit** einer Gemeinde berührt wurde (Reiners, a.a.O.; auch frühere Richtlinien des LOBA für die Handhabung des Betriebsplanverfahrens v. 20. 03. 1972/

§ 54   27–29   Dritter Teil: Aufsuchung, Gewinnung und Aufbereitung

12. 06. 1978, früher SBl A 7, Ziff. 4.2.9: Bergämter übersenden den Betriebsplan der Gemeinde zur Kenntnisnahme. Beteiligung der Gemeinden im Betriebsplanverfahren wurde offengelassen von OVG Münster, ZfB 116 (1975), 245, 249). Diese Beteiligung im Betriebsplanverfahren von besonderer örtlicher Bedeutung (z. B. Aufschüttungen, Abgrabungen) sollte nicht aus § 68 Abs. 3 ABG (so zwar unveröff. Urteil VG Gelsenkirchen vom 05.03. 1981 – 8 K 4471/79, a. A. VG Köln, Glückauf 1980, 1250 = ZfB 122 (1981), 470 477, OVG Münster ZfB 95 (1954), 460, 463, offengelassen OVG Münster Glückauf 1982, 111 = ZfB 123 (1982), 238, 240), sondern unabhängig hiervon aus dem verfassungsrechtlich garantierten Recht zur örtlichen Planung folgen (Pfadt, Rechtsfragen zum Betriebsplan im Bergrecht, 82, OVG Münster, ZfB 116 (1975), a.a.O., hiergegen jedoch § 56 Rn 209 ff).

27

b) Angesichts dieser Entwicklung war ein besonders heiß umstrittenes Problem im **Gesetzgebungsverfahren** die Beteiligung der Gemeinden im Betriebsplanverfahren. Im **1. Referentenentwurf** (Stand 01. 12. 1970) war im damaligen § 64 Abs. 9 nur vorgesehen, daß über die Zulassung eines Rahmenbetriebsplanes die Gemein011017 unterrichten sind, in deren Gebiet die vorgesehenen Arbeiten durchgeführt werden sollen. Diese Regelung enthielt auch der **Regierungsentwurf von 1977** (BR-Drucksache 350, 75). In § 53 Abs. 2 des **Regierungsentwurfes** (BT-Drucksache 8/1315) findet sich die Lösung, daß die Gemeinden vor der Zulassung zu beteiligen sind, wenn sie als Planungsträger von den vorgesehenen Maßnahmen berührt werden. In der Beschlußempfehlung des **Ausschusses für Wirtschaft** des Deutschen Bundestages (Drucksache 8/3965) vom 30. 04. 1980 ist dann noch die Möglichkeit der weitergehenden Beteiligung hinzugekommen und später Gesetz geworden.

28

c) Die Beteiligung der Gemeinden im Betriebsplanverfahren ist abgestuft: Als **Planungsträger** sind sie, soweit sie von im Betriebsplan vorgesehenen Maßnahmen berührt werden, zu **beteiligen**. Dasselbe gilt, soweit sie aufgrund von Gesetzen staatliche Verwaltungsaufgaben als untere Landesbehörde wahrnehmen (z. B. Bauordnungsrecht). Bei Betriebsplänen, die Maßnahmen für **Bergehalden** vorsehen, können sie durch **Rechtsverordnungen** der Länder **weitergehend beteiligt** werden, es sei denn, es handelt sich um Halden auf Flächen, die durch gesetzlich vorgeschriebene Planungsverfahren festgelegt sind. Dabei wird sich die Beteiligung der Gemeinden im wesentlichen auf den Rahmenbetriebsplan konzentrieren. Ist sie dort beteiligt, ist eine spätere Beteiligung beim Hauptbetriebsplan nicht mehr erforderlich.

29

d) Die Auslegung des Begriffes „**als Planungsträger berührt**" muß ansetzen bei der verfassungsmäßig begründeten Planungshoheit der Gemeinde, die Ausgangspunkt für die neue Beteiligungsvorschrift war (BT-Drucksache 8/3965, S. 137). Dieses Recht zur örtlichen Planung äußert sich unter anderem darin, daß sie der Gemeinde auch Beteiligungsrechte gegenüber allen sie berührenden fremden Planungen gibt (Ernst-Hoppe, Das öffentliche Bau- und Bodenrecht, Raumplanungsrecht, 76). Diese allgemeine Aussage ist in § 54 Abs. 2 verfassungsrechtlich wirksam (Art. 28 Abs. 2 GG – „im Rahmen der Gesetze", Art 70 ff GG stehen nicht

Zweites Kapitel: Anzeige, Betriebsplan   **30, 31   § 54**

entgegen BVerf VerwRspr 32, 513, 514 betr. Fluglärmgesetz) dahin eingeschränkt, daß nicht bei allen, sondern nur bei den sie als Planungsträger berührenden Planungen eine Beteiligung stattfinden muß. Damit scheidet eine Beteiligung in jedem Falle aus, wenn die Gemeinde nur als Grundstückseigentümerin aus finanziellen Gründen, wegen ihrer aus Art. 18 Abs. 2 Verf NW folgenden Aufgabe für den Denkmals-, Naturdenkmals- und Landschaftsschutz, oder wegen ihrer aus § 1 Abs. 1 S. 2 der Gemeindeordnung NW folgenden Pflicht, das Wohl der Einwohner zu fördern (hier lehnt OVG Münster DVBl 1967, 203 zu Recht eine Klagebefugnis der Gemeinde gegen einen straßenrechtlichen Planfeststellungsbeschluß ab), oder zum Schutz der Bevölkerung vor Immissionen (bayr. VGH Glückauf 1980, 623 = DVBl 1979, 673) oder Bergschäden berührt ist.

30

Der Begriff „**Planungsträger**" findet sich schon in den §§ 4, 7 BBauG, so daß hieran bei der Auslegung des § 54 Abs. 2 angeknüpft werden kann. Er wird dort verstanden als diejenige juristische Person, der kraft Gesetzes eine die Bodennutzung betreffende Planung zukommt (Schlez, BBauG, § 4 Rn 1). Praktisch sind es diejenigen, die die erwähnte Planungshoheit ausüben.

31

Als Planungsträger **berührt** wird daher die Gemeinde, wenn der zuzulassende Betriebsplan die Planungshoheit der Gemeinde berührt. Dabei wird man das „Berühren" nicht gleichstellen können mit der Beeinträchtigung der Planungshoheit, die im Rahmen der Prüfung der Anfechtungsklage einer Gemeinde gegen die Betriebsplanzulassung (§ 56 Rn 14 ff) eine wesentliche Rolle spielt (OVG Münster ZfB 116 (1975), 245, 250 betr. Errichtung einer Bergehalde; OVG Saarland ZfB 116 (1975), 358, 365 betr. Tagebau im Staatsforst; VG Gelsenkirchen ZfB 119 (1978), 441, 445 betr. Abbruch von Gebäuden; VG Köln Glückauf 1980, 1250 = ZfB 122 (1981), 470, 476 OVG Münster ZfB 123 (1982) 238 betr. Quarzsandabbau im Tagebau), insbesondere für die Frage, ob die Gemeinde durch die Zulassung eines Vorhabens in ihren Rechten beeinträchtigt ist. Man wird vielmehr für das Berühren geringe Anforderungen stellen, obwohl im Gegensatz zu § 13 Abs. 2 VwVfG („berührt werden können") es darauf ankommt, daß der Planungsträger tatsächlich berührt wird.

Kollisions- und Berührungsfälle sind in verschiedener Ausgestaltung denkbar: Bergbau und Gemeinde wollen **dieselbe Fläche** mit unterschiedlichen Nutzungen überplanen, die Planung des Bergbaus hat **unmittelbar** rechtliche Auswirkungen auf die Beplanung anderer Flächen durch die Gemeinde oder sie hat nur **faktische** Auswirkungen auf diese Flächen (ähnlich Steinberg, DVBl 1982, 13, 15 für höherstufige staatliche Planungsentscheidungen). Nun ist zunächst festzustellen, daß die Zulassung eines Betriebsplanes keine unmittelbare rechtliche Auswirkung auf die kommunale Planungshoheit hat. Eine Zulassung hat auch nicht etwa einen Vorrang nach § 38 BBauG gegenüber der Bauleitplanung. Die Standortgemeinde ist weder gehindert, für die vom Bergbau genutzte Fläche einen Bebauungsplan aufzustellen, der eine andersartige Nutzung vorsieht (anders bei verbindlichen Standorten aus der Landesplanung gem. § 1 Abs. 4 BBauG), bei Bauvorhaben im Außenbereich bleibt die Zustimmung nach § 36 BBauG erforderlich (Steinberg, a.a.O., 16 für Genehmigung nach AtG). Es bleiben folglich von den denkbaren Kollisionsfällen die der faktischen planerischen Auswirkungen auf die Betriebs- und die Nachbarflächen.

32
Die wesentlichste Ausgestaltung der Planungshoheit der Gemeinde hat sie in § 2 Abs. 1 BBauG durch die Pflicht und das damit korrespondierende Recht zur Aufstellung von Bauleitplänen in eigener Verantwortung erfahren.

33
Da der **Bebauungsplan** die verbindliche, ausführende und eingreifende Festsetzung für die städtebauliche Ordnung ist, wird die Gemeinde von den Maßnahmen nicht berührt, wenn sie dem Bebauungsplan entsprechen, andererseits jedoch berührt, wenn sie ihm widersprechen.

34
Der **Flächennutzungsplan** ist zwar vorbereitend und nur die Gemeinde bindend. Er hat aber auf andere Planungsträger die Wirkung der Anpassungspflicht nach § 7 BBauG. Nun ist die Bergbehörde im Betriebsplanverfahren kein Planungsträger i. S. § 7 BBauG, doch ist der Flächennutzungsplan Ausdruck der gemeindlichen Planungshoheit mit erheblicher Zukunftsbedeutung (Schütz-Frohberg, BBauG, 3. Aufl., § 5 Anm. I 2), die im Betriebsplanverfahren dazu führen muß, daß Gemeinden jedenfalls berührt sind, wenn das bergbauliche Vorhaben dem **Flächennutzungsplan nicht entspricht**. Das hat nichts damit zu tun, daß die materiellen Wirkungen des Flächennutzungsplanes möglicherweise nicht eintreten, weil die Bergbehörde die von der Rechtsprechung entwickelten Grundsätze über die Auswirkungen von Flächennutzungsplänen in unbeplanten Bereichen zu berücksichtigen hat. Danach stellen Flächennutzungspläne keinen im Baugenehmigungsverfahren bedeutsamen öffentlichen Belang bei nichtbeplanten Innenbereichen und bei privilegierten Vorhaben (§ 35 Abs. 1 BBauG) im Außenbereich (§ 56 Rn 233, Gelzer, Bauplanungsrecht, Rn 122 OVG Münster ZfB 123 (1982) 238, 242) dar. Das Beteiligungsrecht nach § 54 Abs. 2 ist nämlich unabhängig von den Fragen, ob den Vorstellungen der Gemeinde gefolgt werden muß oder ein „öffentlicher Belang" dem bergbaulichen Vorhaben widerspricht.

35
Sofern andererseits das Vorhaben dem **Flächennutzungsplan entspricht**, ist damit noch nicht eine Beteiligung der Gemeinde im Betriebsplanverfahren ausgeschlossen. Flächennutzungspläne sind grobmaschige Darstellungen der sich aus der beabsichtigten städtebaulichen Entwicklung ergebenden Art der Bodennutzung in den Grundzügen (§ 5 Abs. 1 BBauG). Sie geben keine sichere Auskunft über die planungsrechtliche Zulässigkeit des Einzelvorhabens. Zu beachten ist auch, daß der Gemeinde sogar ein Klagerecht gegen Planungen anderer Planungsträger zugebilligt wurde, wenn diese Planungen zwar dem bestehenden Flächennutzungsplan, nicht aber den inzwischen gewandelten neuen planerischen Entscheidungen der Gemeinde entspricht (BVerwG DVBl 1971, 187; Grauvogel, Kohlhammer BBauG, § 2, I 1 b). Berücksichtigt man außer diesen „Schwächen" des

Zweites Kapitel: Anzeige, Betriebsplan 36–38 § 54

Flächennutzungsplanes noch, daß § 54 Abs. 2 lediglich davon spricht, daß die Gemeinde als Planungsträger „berührt", d. h. nicht „betroffen" sein muß, wird man zu dem Ergebnis kommen müssen, daß die Gemeinde auch dann zu beteiligen ist, wenn die vorgesehenen Maßnahmen dem Flächennutzungsplan entsprechen. Dafür spricht schließlich noch, daß Flächennutzungspläne das ganze Gemeindegebiet umfassen (§ 5 Abs. 1 BBauG) und damit auch Haldenflächen abdecken, § 54 Abs. 2 S. 2 für Halden aber eine „weitergehende Beteiligung" der Gemeinden in Aussicht stellt. Diese Intensivierung der Beteiligung setzt als Grundlage eine Beteiligung im Normalfall voraus.

36

Von dieser Aussage, die nur die Beteiligung betrifft, ist zu unterscheiden, ob die Bergbehörde den Stellungnahmen der Gemeinden folgen muß. Sie hat hier in ihrer Eigenschaft als bergbauliche Planungsbehörde (OVG Münster ZfB 114 (1973), 319, 328 betr. Planungen im Braunkohlenbergbau: VG Köln ZfB 120 (1979), 243, 252 und Glückauf 1980, 1250; bestätigt OVG Münster Glückauf 1982, 111 = ZfB 123 (1982), 238, betr. Quarzsandtagebau, allerdings mit der Einschränkung, daß eine materielle Zuständigkeitsübertragung der Planungshoheit durch § 29 Satz 4 BBauG nicht stattgefunden hat, VG Gelsenkirchen ZfB 119 (1978), 441, 445 betr. Abbruch aus planerischen Gründen; Bartsch, ZfB 118 (1977), 104, 107; VG Gelsenkirchen in unveröff. Urt. v. 05.03. 1981 – 8 K 4471/79 betr. Bergehalde) selbständig zu prüfen, welche Wirkungen der bestehende Flächennutzungsplan auf die betriebsplanmäßig vorgesehenen Maßnahmen hat. Dabei wird zu berücksichtigen sein, daß die Frage der Zulässigkeit von übertägigen Vorhaben grundsätzlich von der Baugenehmigungsbehörde im Baugenehmigungsverfahren zu beurteilen ist (VG Köln, ZfB 117 (1976), 345, 350; OVG Münster Glückauf 1982, 240), während bei allen mit dem Untertagebetrieb zusammenhängenden Vorhaben einschließlich des Schachtstandorts an der Erdoberfläche (VG Köln, ZfB 120 (1979), 243, 252) und bei Bergehalden (Bartsch, a.a.O. 108) die Bergbehörde über die planungsrechtliche Zulassung entscheidet (hierzu § 56 Rn 209 f).

37

Hieran hat sich nichts dadurch geändert, daß der Katalog des früheren § 196 ABG heute nicht mehr Maßstab für die Prüfung des Betriebsplanes ist, sondern der abschließende Prüfungsinhalt sich aus § 55 ergibt. Man wird dem § 54 Abs. 2 nicht nur formellen Charakter zusprechen müssen, sondern auch materiell-rechtlichen insofern, als er § 55 über die Brücke des § 48 ergänzt um die Gesichtspunkte des Planungsrechtes, die über § 54 in das Betriebsplanverfahren einfließen (§ 56 Rn 210). Denn eine Beteiligung ohne materiell-rechtlichen Anknüpfungspunkt zum Verfahrensergebnis – das in den Händen der Bergbehörde liegt – ist sinnlos.

38

Sofern im Gemeindegebiet weder ein Bebauungsplan noch ein Flächennutzungsplan Aussagen über die Planungsabsichten der Gemeinde an dem vom Bergbaubetrieb erfaßten Grundstück machen, ist damit nicht eine Beteiligung der Gemeinde im Betriebsplanverfahren ausgeschlossen. In der Gemeinde können planerische

Vorstellungen bestehen, die einer Bauleitplanung nicht bedürfen (BVerwG DVBl 1970, 577), z. B. an der vorgegebenen Art der Bodennutzung nichts zu ändern. Auch ist die Verfahrensbeteiligung der Gemeinde in Baugenehmigungs- und anderen Verfahren eine Sicherung der Planungshoheit und eine Auswirkung aus § 2 Abs. 1 BBauG (BVerwG DÖV 1970, 349; Grauvogel, BBauG, § 2 Anm. T 1 a), die gerade Ausgangspunkt für § 54 Abs. 2 und dessen obiger Auslegung waren. Die Zulassung eines Betriebsplanes kann nämlich im Ergebnis eine Planungsmaßnahme darstellen, indem das geplante Vorhaben gebilligt und in bestimmter Weise über das Grundstück verfügt wird (OVG Münster ZfB 116 (1975), 245, 250, ZfB 123 (1982), 238, 239).

39

Nicht berührt sind die Gemeinden in ihrer Planungshoheit bei Betriebsplänen, die Maßnahmen **untertage** betreffen. Das Bauplanungsrecht erfaßt bergbauliche Planungen, die unter der Erdoberfläche stattfinden, nicht (VG Köln ZfB 117 (1976), 345, 350).

40

e) Die **weitergehende Beteiligung** der Gemeinden ist auf Betriebspläne über Maßnahmen zur Lagerung der in § 54 Abs. 2 S. 2 genannten Gegenstände beschränkt. Die Verordnung wird zu berücksichtigen haben, daß die weitergehende Beteiligung nicht zu Ergebnissen führt, die den Zielen der Raumordnung und Landesplanung, insbesondere den Gebietsentwicklungsplänen, widersprechen. Die weitergehende Beteiligung betrifft nur die Rechtsfolge des § 54 Abs. 2 S. 1, nämlich die Beteiligung mit ihren dargestellten eingeschränkten Wirkungen. Die Verordnung wird jedoch nicht die Voraussetzung des § 54 Abs. 2 S. 1 erweitern können, d. h. den Gemeinden über ihre Eigenschaft als Planungsträger hinaus im Betriebsplanverfahren Mitwirkungsrecht zubilligen.

41

Die Ausnahme des § 54 Abs. 2 S. 3 von der Erweiterung der Beteiligungsrechte rechtfertigt sich daraus, daß in dem dort beschriebenen genehmigten Planungsverfahren die Gemeinden bereits an der Erarbeitung beteiligt sind (§ 24 Abs. 3 LPlG NW). Erfaßt werden durch § 54 Abs. 2 S. 3 die Braunkohlepläne nach dem Landesplanungsgesetz NW. Die im BBergG geforderte Genehmigung ergibt sich aus §§ 31, 16, 24 Abs. 4 LPlG. Nicht unter die Ausnahme des § 54 Abs. 2 S. 3 fallen Gebietsentwicklungspläne, da in ihnen regionale Ziele und nicht die Abbaugrenzen und Haldenflächen festgelegt werden.

42

Die Regelung des § 54 Abs. 2 und die hier gefundene Auslegung sind insgesamt mit Art. 28 Abs. 2 GG vereinbar. Diese Vorschrift verbürgt den Gemeinden ohnehin nicht die Selbstverwaltungsrechte in allen Einzelheiten, gesetzliche Beschränkungen der Selbstverwaltung sind mit Art. 28 Abs. 2 GG vereinbar, wenn und soweit sie deren Kernbereich unangetastet lassen (BVerfG NJW 1981, 1659, 1660, st. Rspr. seit BVerfG NJW 1960, 1755). Ist schon umstritten, ob und in welchem Umfang die Planungshoheit der Gemeinden zum unantastbaren Kernbereich

Zweites Kapitel: Anzeige, Betriebsplan 43–48 § 54

gehört (dagegen BVerf BBauBl 1958, 381, 382, zum Meinungsstand vgl. BVerf NJW 1981, 1659, 1660), so ist doch klar, daß eine Einschränkung der Planungshoheit erlaubt ist, wenn und soweit bei der vorzunehmenden Güterabwägung sich ergibt, daß schutzwürdige überörtliche Interessen diese Einschränkung erfordern. Als solches Interesse ist das an einer einheimischen Kohleförderung anzusehen und anerkannt.

43
6. Die Bergbehörde kann sowohl den zu beteiligenden Behörden als auch der Gemeinde eine angemessene **Verschweigungsfrist** setzen (so für das Planfeststellungsverfahren Stelkens-Bonk-Leonhardt, VwVfG, § 73 Rn 20).

44
Schon nach bisheriger Praxis hatte die Bergbehörde die Fachaufsichtsbehörde darauf hingewiesen, daß das Einvernehmen nach bestimmtem Fristablauf unterstellt werde, sofern bis dahin keine anderslautende Äußerung vorliege (Ziff. 4.2.8 der früheren Richtlinien des LOBA NW für die Handhabung des Betriebsplanverfahrens vom 20.03.1972, SMBl LOBA, A 7).

45
Die zu beteiligende Behörde kann auch darauf hingewiesen werden, daß ihre Stellungnahme nur soweit Berücksichtigung finden kann, als sie sich auf die von ihr wahrzunehmenden Belange bezieht (Richtlinien, a.a.O.).

46
7. Während § 54 Abs. 2 die Beteiligung von Behörden oder Gemeinden als Planungsträger regelt, findet sich in § 13 VwVfG eine grundsätzliche Bestimmung derer, die am Verwaltungsverfahren beteiligt sind. Wegen § 1 Abs. 1 VwVfG geht die Regelung des § 54 Abs. 2 der des § 13 VwVfG jedenfalls insoweit vor, als es um die in § 54 Abs. 2 genannten Körperschaften geht (a. A. Pfadt, Rechtsfragen zum Betriebsplan im Bergrecht, 85, 87 und 146). Insoweit enthält § 54 Abs. 2 eine abschließende Regelung, die die Beteiligung anderer nicht genannter Körperschaften ausschließt.

47
Die Beteiligung anderer Personen und Vereinigungen richtet sich dagegen nach § 13 Abs. 2 VwVfG. Hierzu § 56 Rn 64 f. Auch die Beteiligung des Betriebsrates beruht hierauf (Pfadt, Rechtsfragen zum Betriebsplan im Bergrecht, 87, Fn 120), hierzu § 54 Rn 48 ff.

48
8. **Beteiligung des Betriebsrates**
Nicht geregelt in § 54 ist die Beteiligung des Betriebsrates an Betriebsplänen. Nach § 89 Abs. 1 BetrVG hat der Betriebsrat die für den Arbeitsschutz zuständigen **Behörden** durch Anregung, Beratung und Auskunft **zu unterstützen**, gem. § 89 Abs. 2 BetrVG sind die Arbeitgeber und diese Behörden verpflichtet, den **Betriebsrat** bei allen im Zusammenhang mit dem Arbeitsschutz und der Unfallverhütung

stehenden Besichtigungen und Fragen und bei Unfalluntersuchungen **hinzuzuziehen.** Alle den Arbeitsschutz und die Unfallverhütung betreffenden Auflagen sind dem Betriebsrat mitzuteilen. Außerdem hat der Betriebsrat gem. § 87 Abs. 1 Nr. 7 BetrVG ein Mitbestimmungsrecht in Fragen der Verhütung von Arbeitsunfällen und Berufskrankheiten sowie des Gesundheitsschutzes.

49
Obwohl die früher in § 77 Abs. 1 ABG NW geregelte Befahrungs- und Auskunftspflicht des Betriebsrates nicht in § 70 aufgenommen wurde – sie ergibt sich schon aus § 89 Abs. 1 BetrVG – ist die Anhörung des Betriebsrates bei Betriebsplänen, deren Ausführung sicherheitliche Belange berührt (z. B. Sonderbetriebspläne über neue Abbau- oder Vortriebsverfahren, Einsatz neuartiger maschineller Einrichtungen, Abweichung von geltenden Richtlinien, Erlaubnisse und Ausnahmebewilligungen in bezug auf Arbeitsschutz und Unfallverhütung) weiterhin geboten (vgl. Richtl. des LOBA NW v. 22. 08. 1972 ZfB 114 (1973), 200 = SMBl Nr. A 7, Richtl. v. 22. 09. 1969 des Saarl. Ministers für Wirtschaft, Verkehr und Landwirtschaft, ZfB 111 (1970), 214, Richtl. Bad-Württ. v. 11. 12. 1973 = ZfB 115 (1974), 345, 347) und durch § 13 Abs. 2 VwVfG ermöglicht.

50
Nach den Richtlinien der Länder-Bergbehörden ist bei Betriebsplänen, die für den Arbeitsschutz und die Unfallverhütung von Bedeutung sind, der **Betriebsrat** vor der Zulassung **zu hören.** Es reicht hier für die Zulassung aus, wenn der Unternehmer auf dem Betriebsplan vermerkt, daß der Betriebsrat **unterrichtet** ist **und** daß von ihm **keine Bedenken geäußert** worden sind (in Bad.Württ.: welche Stellungnahme er abgegeben hat).

51
9. Soweit das BBergG keine Regelungen über das Zulassungsverfahren enthält, gilt subsidiär gem. § 5 das VwVfG, und zwar nach dem Grundsatz des Vorranges der Landesverfahrensgesetze in § 1 Abs. 3 VwVfG das des jeweiligen Landes. Liegt ein LVwVfG vor, haben die Landesbehörden nur dieses anzuwenden, ohne daß es darauf ankäme, welcher Art das anzuwendende materielle Recht ist (Meyer-Borgs, VwVfG, 2. Aufl. 1982, § 1 Rn 20). Dasselbe gilt von dem VerwKostG der Länder. Danach hat die Bergbehörde die für die Zulassung maßgeblichen Tatsachen von **Amts wegen** zu **ermitteln,** hat die in § 26 VwVfG genannten Beweismittel (Auskünfte, Anhörung von Beteiligten und Zeugen, Urkunden, Augenschein) zur Verfügung und soll bei fehlerhaften Anträgen nach § 25 VwVfG auf Ergänzung, Berichtigung oder Klarstellung hinwirken. Obwohl die in § 68 Abs. 2 ABG geregelte **Erörterung** zwischen Bergbehörde und Bergwerksbesitzer nicht mehr bergrechtlich ausdrücklich vorgesehen ist, ergibt sich auch aus § 25 VwVfG oder, wenn das Bergamt den Betriebsplan nur mit Nebenbestimmungen, gegen Sicherheitsleistung oder gar nicht zulassen will, aus § 28 VwVfG (Sondermann, E.T 1981, 612, 613, Richtlinien LOBA NW v. 20. 11. 1981, Glückauf 1982, 45, 48).

§ 55 Zulassung des Betriebsplanes

(1) Die Zulassung eines Betriebsplanes im Sinne des § 52 ist zu erteilen, wenn
1. für die im Betriebsplan vorgesehene Aufsuchung oder Gewinnung von Bodenschätzen die erforderliche Berechtigung nachgewiesen ist,
2. nicht Tatsachen die Annahme rechtfertigen, daß
   a) der Unternehmer, bei juristischen Personen und Personenhandelsgesellschaften eine der nach Gesetz, Satzung oder Gesellschaftsvertrag zur Vertretung berechtigten Personen, die erforderliche Zuverlässigkeit und, falls keine unter Buchstabe b fallende Person bestellt ist, auch die erforderliche Fachkunde oder körperliche Eignung nicht besitzt,
   b) eine der zur Leitung oder Beaufsichtigung des zuzulassenden Betriebes oder Betriebsteiles bestellten Personen die erforderliche Zuverlässigkeit, Fachkunde oder körperliche Eignung nicht besitzt,
3. die erforderliche Vorsorge gegen Gefahren für Leben, Gesundheit und zum Schutz von Sachgütern, Beschäftigter und Dritter im Betrieb, insbesondere durch die den allgemein anerkannten Regeln der Sicherheitstechnik entsprechenden Maßnahmen, sowie dafür getroffen ist, daß die für die Errichtung und Durchführung eines Betriebes auf Grund dieses Gesetzes erlassenen oder geltenden Vorschriften und die sonstigen Arbeitsschutzvorschriften eingehalten werden,
4. keine Beeinträchtigung von Bodenschätzen, deren Schutz im öffentlichen Interesse liegt, eintreten wird,
5. für den Schutz der Oberfläche im Interesse der persönlichen Sicherheit und des öffentlichen Verkehrs Sorge getragen ist,
6. die anfallenden Abfälle ordnungsgemäß beseitigt werden,
7. die erforderliche Vorsorge zur Wiedernutzbarmachung der Oberfläche in dem nach den Umständen gebotenen Ausmaß getroffen ist,
8. die erforderliche Vorsorge getroffen ist, daß die Sicherheit eines nach den §§ 50 und 51 zulässigerweise bereits geführten Betriebes nicht gefährdet wird,
9. gemeinschädliche Einwirkungen der Aufsuchung oder Gewinnung nicht zu erwarten sind und

bei einem Betriebsplan für einen Betrieb im Bereich des Festlandsockels oder der Küstengewässer ferner,
10. der Betrieb und die Wirkung von Schiffahrtsanlagen und -zeichen nicht beeinträchtigt werden,
11. die Benutzung der Schiffahrtswege und des Luftraumes, die Schiffahrt, der Fischfang und die Erhaltung der lebenden Meeresschätze nicht unangemessen beeinträchtigt werden,
12. das Legen, die Unterhaltung und der Betrieb von Unterwasserkabeln und Rohrleitungen sowie ozeanographische oder sonstige wissenschaftliche Forschungen nicht mehr als nach den Umständen unvermeidbar beeinträchtigt werden und
13. sichergestellt ist, daß sich die schädigenden Einwirkungen auf das Meer auf ein möglichst geringes Maß beschränken.

Satz 1 Nr. 2 gilt nicht bei Rahmenbetriebsplänen.

(2) Für die Erteilung der Zulassung eines Abschlußbetriebsplanes gilt Absatz 1 Satz 1 Nr. 2 bis 13 mit der Maßgabe entsprechend, daß
1. der Schutz Dritter vor den durch den Betrieb verursachten Gefahren für Leben und Gesundheit auch noch nach Einstellung des Betriebes sowie

§ 55 1–3　　　　Dritter Teil: Aufsuchung, Gewinnung und Aufbereitung

2. **die Wiedernutzbarmachung der Oberfläche in der vom einzustellenden Betrieb in Anspruch genommenen Fläche und**
3. **im Bereich des Festlandsockels und der Küstengewässer die vollständige Beseitigung der betrieblichen Einrichtungen bis zum Meeresuntergrund sichergestellt sein müssen. Soll der Betrieb nicht endgültig eingestellt werden, so darf die Erfüllung der in Satz 1 genannten Voraussetzungen nur insoweit verlangt werden, als dadurch die Wiederaufnahme des Betriebes nicht ausgeschlossen wird.**

Zulassung des Betriebsplanes

1. Vorbemerkungen und Grundsätze

1
1. **Bisheriges Recht:** Maßstab für die Prüfung des vorgelegten Betriebsplanes waren die Kriterien, die für die Ausübung der Bergaufsicht maßgebend waren. Nach § 67 Abs. 2 ABG (= § 67 Abs. 4 ABG NW) hatte sich die Prüfung der Bergbehörde auf die in § 196 ABG beschriebenen Gesichtspunkte zu beschränken. § 196 Abs. 2 ABG zählte jedoch diese nicht erschöpfend auf („insbesondere"). Die Zuständigkeit der Bergbehörde erfaßte auch andere Aufgaben, die im Bergwerksbetrieb ihre Ursache hatten (§ 55 Rn 146 ff). Die Bergbehörde hatte bei der Betriebsplanzulassung ganz allgemein darauf zu achten, daß die vom Bergwerksbesitzer beabsichtigten Maßnahmen keine Gefahr für die öffentliche Sicherheit oder Ordnung darstellen (Ebel-Weller, § 68 Anm. 3). Sie hatte beispielsweise zu prüfen, ob nach Vorschriften außerhalb des Bergrechts eine Genehmigung erforderlich war und vorlag. Anderenfalls wurde der Betriebsplan nur vorbehaltlich der Erteilung der zusätzlichen Genehmigung zugelassen.

2
2. Das BBergG hat die Verknüpfung zwischen Zuständigkeit der Bergaufsicht und Zulassungsvoraussetzungen für den Betriebsplan aufgegeben und **eigene Kriterien für die Zulassung** geschaffen. Der Betriebsplan sollte in der Praxis nicht länger ausschließlich als ein Instrument der Bergaufsicht angesehen werden (BT-Drucksache 8/1315, 110 = Zydek, 252). Stattdessen ist die Aufzählung der Gesichtspunkte des früheren § 196 Abs. 2 ABG bei der Regelung der Zuständigkeit der Bergaufsicht in § 69 Abs. 1 entfallen.

3
§ 55 enthält außerdem zwei wesentliche Neuerungen: er regelt die Voraussetzungen für die Zulassung von Betriebsplänen **abschließend** (§ 55 Rn 143; BT-Drucksache 8/1315, 109 = Zydek, 252 und Drucksache 8/3965, 138 = Zydek, 260, Sondermann, Energiewirtschaftliche Tagesfragen, 1981, 612, 613, Weller, Glückauf 1981, 250, 253; Hoppe, DVBl 1982, 101, 111) und er gibt bei Sicherstellung der als Voraussetzungen normierten Erfordernisse und Belange einen **Rechtsanspruch** („ist zu erteilen") auf Zulassung (Kühne ZfB 121 (1980), 59, Weller,

Zweites Kapitel: Anzeige, Betriebsplan   4–7 § 55

Glückauf 1981, 250, 253; Drucksache 8/3965, a.a.O., Sondermann Braunkohle 1982, 14, 16).

4
Inwieweit diese Aussage durch die §§ 48 Abs. 2, 54 Abs. 2 ergänzt werden muß, vgl. Rn 3, 12 zu § 48, Rn 37 zu § 54 und Rn 144 zu § 55.

5
In keinem Fall ist es zulässig, über den Gesichtspunkt der „**Natur der Sache**" (Willecke-Turner, Grundriß des Bergrechts, 2. Aufl., 150, offengelassen OVG Münster, ZfB 114 (1973), 319, 329) eine Erweiterung des Prüfungskataloges des § 55 zu schaffen (hiergegen schon für das frühere Recht Pfadt, Rechtsfragen zum Betriebsplan im Bergrecht, 78).

6
3. Der Katalog des § 196 Abs. 2 ABG hatte seine **Wurzeln im klassischen Polizeibegriff**, wie er aus § 10 II 17 ALR hervorging (hierzu § 69 Rn 1, Isay, Vorbem. zu § 196, Rn 1 ff). Aus dem ursprünglichen Katalog des § 196 Abs. 2 ABG ergibt sich, daß das Aufsichtsrecht des Staates und damit die Zulassung des Betriebsplanes auf die Einhaltung der öffentlichen Sicherheit und Ordnung, also auf sicherheitspolizeiliche Gesichtspunkte, beschränkt war (Willecke ZfB 113 (1972), 151, 155). Diese ursprüngliche Identität des Polizeibegriffes des ABG mit dem des pr. ALR ging im Laufe der Rechtsentwicklung verloren. Der erste Einbruch war die Aufnahme des „Schutzes der Lagerstätte" in den Katalog. Hier wurde ein Teil der lenkenden Wirtschaftsverwaltung in den Aufgabenkreis der Bergbehörde und damit in das Betriebsplanverfahren aufgenommen. Fortgesetzt wurde das Aufweichen des klassischen Polizeibegriffes durch die Zuweisung der „Sicherung und Ordnung der Oberflächennutzung" und der „Gestaltung der Landschaft". Hier wurden das volkswirtschaftliche Interesse, die betreffenden Grundstücke zu rekultivieren, und das Interesse an einer ästhetischen Gestaltung von Betriebsanlagen und Bergehalden als Gesichtspunkte der Wohlfahrtspflege in das Betriebsplanverfahren aufgenommen (Nebel ZfB 102 (1961), 411, 415, Wilke ZfB 110 (1969), 189, 199; Willecke ZfB 113 (1972), 151, 157). In Bayern kam noch „der Schutz der Allgemeinheit oder der Nachbarschaft vor Gefahren oder vor erheblichen Nachteilen und Belästigungen" (Art. 243 Abs. 3 Bayr. BG) hinzu, im Saarland wurde in die Prüfung des Betriebsplanes noch die ordnungsgemäße Abgrenzung der Aufgaben und Befugnisse der verantwortlichen Personen einbezogen (§ 67 Abs. 3 Saarl. ABG), die über polizeiliche Gesichtspunkte hinausgehen (Wilke, a.a.O., 193). In Hessen wurde der Bergbehörde schließlich noch die Wahrung der Erfordernisse der Raumordnung und Landesplanung zugeteilt (§ 196 Abs. 2 ABG Hess., Heller-Lehmann, Deutsche Berggesetze, HE 140, S. 37).

7
Diese Entwicklung ist im Katalog des § 55 Abs. 1 weiter zu verfolgen. Die Nr. 1 (Nachweis der Berechtigung) Nr. 2 (Zuverlässigkeit von Unternehmer und verantwortlicher Personen) Nr. 4 (Beeinträchtigung von Bodenschätzen) Nr. 7 (Vorsorge zur Wiedernutzbarmachung der Oberfläche) und den Meeres- und Meeresanla-

genschutz bei Betrieben des Festlandsockels wird man nicht mehr unter den klassischen Polizeibegriff der Abwehr von Gefahren für die öffentliche Sicherheit und Ordnung subsumieren können.

8

4. Die in § 55 aufgezählten Voraussetzungen lassen sich nicht nur an den dargestellten polizeirechtlichen, ordnungsrechtlichen Kriterien messen, sondern sind unterscheidbar in **bergbauinterne** und **bergbauexterne** Belange (H. Schulte NJW 1981, 88, 94, Pfadt, Rechtsfragen zum Betriebsplan im Bergrecht, 149). Als bergbauinterne wird man ansehen können: die Bergbauberechtigung als Grundlage des Gewinnungsbetriebes (Nr. 1), die Gewährleistung fachmännischer Durchführung des Betriebes (Nr. 2), Betriebssicherheit und Arbeitsschutz (Nr. 3). Externe Belange dagegen sind Lagerstätten- (Nr. 4), Umwelt- (Nr. 6, Nr. 9) und Oberflächenschutz (Nr. 5), Bodenordnung (Nr. 7), Sicherheit anderer Betriebe (Nr. 8) sowie Meeres- und Meeresanlagenschutz bei Betrieben im Bereich des Festlandsockels.

9

5. Die Zulassungsvoraussetzungen gelten grundsätzlich **für alle Arten** von Betriebsplänen, allerdings mit der Einschränkung, daß bei Rahmenbetriebsplänen die Zuverlässigkeit des Unternehmers und des Betriebsleiters nach § 55 Abs. 1 Nr. 2a und 2b nicht zu prüfen ist.

10

6. Das Gesetz unterscheidet neben den allgemeinen Voraussetzungen der Zulassung eines Betriebsplanes für die Aufsuchung, Gewinnung und Aufbereitung die besonderen für Betriebspläne der Betriebe im Bereich des Festlandsockels oder der Küstengewässer (hier gelten zusätzlich die Anforderungen nach Nr. 10–13) und für Abschlußbetriebspläne (§ 55 Abs. 2). Zu den Besonderheiten des § 55 Abs. 2 vgl. § 53 Rn 6.

2. Voraussetzungen für die Zulassung des Betriebsplanes

11

1. **Nachweis der Berechtigung** (§ 55 Abs. 1 Nr. 1). Die durch den Betriebsplan zuzulassenden Aufsuchungs- und Gewinnungsmaßnahmen sind nach der Systematik des Gesetzes nur aufgrund von Bergbauberechtigungen möglich. Die Zulassung wird vom Nachweis dieser Berechtigung abhängig gemacht. Insofern prüft die Bergbehörde bei Zulassung des Betriebsplanes ausnahmsweise privatrechtliche Rechtsstellungen.

12

Als **Berechtigung** in diesem Sinne sind alle Rechtstitel des 2. Teils des BBergG anzusehen: Erlaubnis, Bewilligung, Bergwerkseigentum alter und neuer Art, Befugnis bei grundeigenen Bodenschätzen, Gewinnungsberechtigung nach Zulegung. Als nachweisbare Berechtigung ist auch das Bergwerkseigentum alter Art anzusehen, solange es nicht angezeigt (§ 149 Abs. 1 b) wurde oder solange es innerhalb der Dreijahresfrist des § 149 Abs. 5 nicht erloschen ist (§ 149 Rn 5).

13
Für den Begriff der „Berechtigung" **unerheblich** sind die **Eigentumsverhältnisse** an dem für die Aufsuchungs- und Gewinnungsmaßnahmen benötigten **Grundstück**. Bei Fremdeigentum ist daher nicht das Einverständnis des Grundeigentümers oder eine Grundabtretung nachzuweisen. Schon nach früherem Recht wurde vorherrschend die Meinung vertreten, daß die Bergbehörde nicht die Frage zu prüfen hatte, ob durch den Betriebsplan Privatrechte Dritter verletzt werden (Isay, § 67, Rn 5; Ebel-Weller § 67, 3; OBA Halle ZfB 36 (1895), 410, RB ZfB 48 (1907), 422 und ZfB 72 (1931), 637; a. A. Klostermann-Thielmann, § 67, 6). Nur wenn gleichzeitig ein in § 196 Abs. 2 ABG genanntes öffentliches Interesse vorlag, konnte die Bergbehörde die Zulassung des Betriebsplanes von der Klärung der privatrechtlichen Fragen abhängig machen (OVG Münster ZfB 94 (1953), 362: 2 Betriebspläne, die beide auf den Abbau desselben Bergwerksfeldes gerichtet sind, können aus sicherheitlichen Gründen nicht zugelassen werden, weil mangels Trennung der Wetter- und Wasserführung Gefahren für die im Betrieb Beschäftigten eintreten, schon RB ZfB 7 (1866) 126: Keine Zulassung, wenn feststeht, daß beabsichtigter Betrieb sich nicht in den Feldesgrenzen hält; anders RB ZfB 14 (1873), 260 wenn Streit über die Grenzen besteht).

14
Der **Nachweis** der Berechtigung dürfte nicht in jedem Einzelfall eines Betriebsplanes erneut notwendig sein. Vielmehr ist für den Nachweis keine Form vorgeschrieben. Es muß daher genügen, wenn der Nachweis einmal geführt wurde und danach darauf Bezug genommen wird **(Generalnachweis)**, um unnötigen Formalismus zu vermeiden.

15
So wird beim Bergwerkseigentum genügen, auf die Eintragung im Berggrundbuch zu verweisen. Insofern enthält § 149 Abs. 2 Nr. 2 einen allgemeinen Grundsatz (Sondermann, Braunkohle 1982, 14, 15).

16
Der Nachweis der Berechtigung ist **nicht erforderlich** bei Betriebsplänen, die das Aufbereiten von Bodenschätzen betreffen.

2. Zuverlässigkeit des Unternehmers und der Aufsichtspersonen (§ 55 Abs. 1 Nr. 2)

17
a) Eine **Verknüpfung** der Verantwortlichkeit von Unternehmer und Aufsichtspersonen **mit der Betriebsplanzulassung** kannte das ABG nicht. § 55 Abs. 1 Nr. 2 zieht die allgemeinen Anforderungen an verantwortliche Personen jetzt in das Betriebsplanverfahren ein.

18

Während nach den §§ 58, 59, 62 der Unternehmer und die von ihm bestellten verantwortlichen Personen für die Erfüllung der sich aus zugelassenen Betriebsplänen ergebenden Pflichten zu sorgen haben und die erforderliche Zuverlässigkeit, Fachkunde und körperliche Eignung besitzen müssen, wird hier die Qualifikation der Verantwortlichen für die Zulassung vorausgesetzt. Sofern eine Gewähr für die zur Durchführung des Betriebsplanes erforderliche Qualifikation nicht besteht, ist es sinnlos, den Betriebsplan zuzulassen. Die Bergbehörde übernimmt durch die Zulassung eine gewisse Mitverantwortung für die Qualifikation der Aufsichtspersonen, die sie nach Aufgabe des früheren Anerkennungsgrundsatzes in den Ländern NW und Saarland weitgehend nicht mehr hatte.

19

Die Vorverlagerung der Qualifikationsansprüche in das Zulassungsverfahren ist allerdings eingeschränkt. Die Bergbehörde ist weder berechtigt noch verpflichtet, eine grundsätzliche Prüfung durchzuführen. Nur wenn der Behörde Tatsachen bekannt werden, die ausreichende Anhaltspunkte für Unzuverlässigkeit, fehlende Fachkunde oder körperliche Eignung abgeben, ist sie zur Versagung der Zulassung oder zur Zulassung unter Auflagen berechtigt. Der Unternehmer ist nach § 52 Abs. 4 nicht verpflichtet, den Nachweis für die Zuverlässigkeit zu führen.

20

Nr. 2 gilt nicht für **Rahmenbetriebspläne**, da sie nicht Grundlagen für konkrete betriebliche Maßnahmen sind (§ 55 Abs. 1 S. 2).

21

Leitungs- und Aufsichtspersonen i. S. §§ 58 Abs. 1 Nr. 2, 55 Abs. 1 Nr. 2 b müssen die erforderliche Zuverlässigkeit, Fachkunde und körperliche Eignung haben, Unternehmer im Regelfall nur die erforderliche Zuverlässigkeit, es sei denn, sie haben keine Leitungs- und Aufsichtspersonen bestellt. Zu den Begriffen Unternehmer, Zuverlässigkeit, Fachkunde und körperliche Eignung vgl. § 59, Rn 3 ff.

22

Zweifel an der Zuverlässigkeit müssen sich gerade für die betreffende zuzulassende Maßnahme ergeben. Sie können sich in erster Linie aus Verstößen gegen Arbeitsschutzvorschriften, aber auch aus Verstößen gegen anerkannte Regeln der Technik herleiten.

3. Gesundheits- und Sachgüterschutz (§ 55 Abs. 1 Nr. 3)

23

a) Die Prüfung der Bergbehörde erstreckte sich nach den §§ 196 Abs. 2, 67 Abs. 4 ABG im Betriebsplanverfahren auf die „Sicherheit der Baue" und die „Sicherheit des Lebens und der Gesundheit der Arbeiter". Diese mancher Interpretation bedürftigen und überholten Formulierungen hat das BBergG nicht übernommen, wohl aber in § 55 Abs. 1 Nr. 3 den Gedanken dieses aus dem Gesichtspunkt der Abwendung von Gefahren für die Allgemeinheit oder für Einzelne geborenen

Zweites Kapitel: Anzeige, Betriebsplan   24–28   § 55

althergebrachten Grundsatzes bergbehördlicher Tätigkeit (Isay, Vorbem. zu § 196, Rn 2).

24
b) Es wird hier in vierfacher Weise das aus dem Immissionsschutzrecht bekannte **Vorsorgeprinzip** eingeführt, wie das im übrigen auch in den Nr. 7 und 8 geschieht. Die Vorsorge geht dahin, daß Maßnahmen gegen Gefahren für Leben, Gesundheit und Sachgüter in dem noch darzustellenden Umfang (vgl. Rn 30 ff) getroffen werden, und daß Arbeitsschutzvorschriften eingehalten werden (vgl. Rn 39 ff).

25
c) Die Vorschrift ist sprachlich restlos mißlungen, was das Verständnis sehr erschwert. Die in Nr. 3 genannten Aufgaben der Unfallverhütung und des Gesundheitsschutzes sind traditionell die wichtigste Aufgabe der Bergbehörde (Ebel-Weller, § 196, 3 b), so daß man sich hier eine klarere Formulierung anstelle dieses Satzungeheuers gewünscht hätte. Insbesondere dem mit einem Komma von dem Wort „Sachgüter" getrennten Anhängsel „Beschäftigter und Dritter im Betrieb" haben die verschiedenen Redaktionen im Laufe der Entwürfe nicht gut getan. Versucht man dennoch eine Ordnung, wird man zu folgendem Ergebnis kommen:

26
d) Die Prüfung im Betriebsplanverfahren befaßt sich damit, ob „Vorsorge" gegen Gefahren für bestimmte Rechtsgüter – Leben, Gesundheit, Sachgüter – und für die Einhaltung bestimmter Vorschriften getroffen ist. Vorsorge bedeutet, daß Maßnahmen zur Verhinderung des Eintritts der Gefahr getroffen wurden (Feldhaus DÖV 1974, 613, 616: „Verhindern, daß Gefahrenquellen entstehen", ist Zweck der Vorsorge gegen schädliche Umwelteinwirkungen). Dadurch soll nicht etwa erst der Eintritt des Schadens, sondern schon der Eintritt der Gefahr für diese Rechtsgüter vermieden werden. Der Schutz dieser Rechtsgüter ist also sehr weit vorverlagert.

27
e) Diese Vorsorge muß „erforderlich" sein, d. h. sie muß dem in § 15 OBG verankerten Grundsatz der Verhältnismäßigkeit entsprechen.

28
Der Gesetzgeber hat einige dieser Vorsorgemaßnahmen in § 55 Abs. 1 Nr. 3 aufgeführt und dadurch die „Erforderlichkeit" der Vorsorgemaßnahme gesetzlich festgeschrieben:
– Maßnahmen entsprechen den allgemein anerkannten Regeln der Sicherheitstechnik
– Maßnahmen, daß die Vorschriften zur Errichtung und Durchführung des Betriebes eingehalten werden
– Maßnahmen, daß die sonstigen Arbeitsschutzvorschriften eingehalten werden.
Sie sind kraft gesetzlicher Entscheidung zur Vorsorge „erforderlich", sind es jedoch nicht abschließend und allein. Aus dem Wort „insbesondere" ergibt sich, daß hier nur die wichtigsten Maßnahmen angesprochen sind. Diese anderen

Maßnahmen sind dann aber unter dem Kriterium der „Erforderlichkeit" besonders zu messen.

29
Von mehreren in Betracht kommenden Mitteln zur Vorsorge ist dasjenige zu wählen, das den einzelnen und die Allgemeinheit am wenigsten beeinträchtigt. Auch die geringstmögliche Vorsorgemaßnahme darf nicht zu einem Schaden führen, der zu dem beabsichtigten Erfolg, der Vorsorge gegen die genannten Gefahren, außer Verhältnis steht.

30
f) Die **geschützten Rechtsgüter** sind Leben, Gesundheit und Sachgüter. Sie werden in Nr. 3 in unterschiedlicher Weise behandelt: während für die nicht ersetzbaren Güter Leben und Gesundheit eine „Vorsorge gegen Gefahren", d. h. schon gegen die Wahrscheinlichkeit ihrer Beeinträchtigung, getroffen werden muß und daher die Vorsorge weit vorgezogen ist, ist bei Sachgütern nur eine Vorsorge zum „Schutz" gefordert, nicht zum „Schutz vor Gefahren" für Sachgüter. Die Formulierung unterscheidet sich – so muß unterstellt werden – bewußt von der an anderer Stelle gebrauchten, wonach „Gefahren für Leben, Gesundheit und Sachgüter" zu schützen sind (vgl. § 61 Abs. 1 Nr. 1 a) und der, wo es auf den „Schutz von Leben, Gesundheit und Sachgütern" (vgl. § 71 Abs. 1) ankommt. Wenn mit diesen Formulierungen dasselbe gemeint sein sollte, hätte sich eine einheitliche Fassung angeboten.

31
g) Die geschützten **Rechtsgüter werden „Beschäftigten und Dritten im Betrieb" zugeordnet**. Auch mit dieser Formulierung tut man sich bei der Auslegung schwer. Der Gesetzgeber hat den Begriff des „Dritten" an erstaunlich vielen Stellen gerade im Dritten und Fünften Teil verwandt. Im Regelfall tritt der Dritte in der Kombination „Beschäftigter oder Dritter" auf (§§ 51 Abs. 3; 57 Abs. 1; 61 Abs. 1 Nr. 1 a; 61 Abs. 1 Nr. 2; 71 Abs. 1; 71 Abs. 2; 74 Abs. 1; 74 Abs. 3 Nr. 2), vereinzelt alleine (§§ 55 Abs. 2 Nr. 1, 66 Nr. 7, 69 Abs. 2) und in einem weiteren Ausnahmefall mit dem Zusatz „im Betrieb" auf (§ 66 Nr. 6). Aus diesen unterschiedlichen Formulierungen ergibt sich: Dritte sind alle Rechtspersonen, die nicht Beschäftigte des Unternehmers sind, der den Betriebsplanantrag stellt. Dritte „im Betrieb" sind nur diejenigen, die sich in dem Betrieb, für den der Betriebsplan beantragt wird, aufhalten. Maßgebend ist der Begriff des Aufsuchungs-, Gewinnungs- und Aufbereitungsbetriebes und seiner gesetzlichen Bestimmung in § 2, bei Tagesanlagen kann hierfür ein Anhaltspunkt die Einfriedigung gem. § 3 BVOSt sein.

32
Als „Dritte im Betrieb" wird man demnach ansehen können: Beschäftigte von Fremdunternehmern, Zulieferanten, Spezialfirmen; Besucher; Angehörige der Bergbehörden.

33

Die andere Auslegung, als zu schützende Rechtsgüter nebeneinander Gefahren für Leben und Gesundheit einerseits und den Schutz von Sachgütern, Beschäftigten und Dritten im Betrieb andererseits zu sehen, würde zwar dem „Komma" zwischen „Sachgütern" und „Beschäftigten" gerechter, nicht aber dem Grundgedanken dieser Vorschrift. Schon der Wortlaut wäre noch unverständlicher, denn es ist kein Grund ersichtlich, warum der Gesetzgeber die Gefahren für Leben und Gesundheit einerseits allgemein und den Schutz der Beschäftigten und Dritter im Betrieb nochmals im besonderen ansprechen sollte. Auch vom Grundsätzlichen her ist der Sachgüterschutz ohne jede Beschränkung auf ihm zugeordnete Subjekte nicht Aufgabe der Bergbehörden oder des Betriebsplanes. Das würde der gesetzgeberischen Grundentscheidung der §§ 110 ff, insbesondere über die hinzunehmenden unvermeidbaren Bergbaueinwirkungen (Rn 45), widersprechen.

34

Der **außerbetriebliche Sachgüterschutz** wird traditionell schadensersatzrechtlich oder durch andere Umweltschutzgesetze (z. B. BImSchG) geregelt, nicht jedoch durch öffentlich-rechtliche Betriebsplanverfahren. Schließlich spricht die Begründung (BT-Drucksache 8/1315, 110 = Zydek, 254) dafür, daß nur der innerbetriebliche Sachgüterschutz Zweck des § 55 Abs. 1 Nr. 3 ist. Typischer Fall der Bestimmung: Markscheidesicherheitspfeiler (auch Rn 97).

35

Aus diesem innerbetrieblichen Sachgüterschutz herausgefallen sind die Sachgüter des Unternehmers. Während der frühere Ausdruck „Sicherheit der Baue" in § 196 Abs. 2 ABG nicht nur die untertägigen betrieblichen Anlagen erfaßte (Ebel-Weller, § 196, 3 a), ist jetzt der Unternehmer nicht „Dritter" im Sinne § 55 Abs. 1 Nr. 3 und sind damit seine Sachgüter nicht geschützt. Etwas anderes gilt, wenn die Sachgüter des Unternehmers (z. B. Grubenbaue, Schachtgebäude, Gerüste, Aufbereitungsanlagen) zugleich dem Schutz der Beschäftigten oder Dritter gegen Gefahren für Leben und Gesundheit dienen oder wenn der Schutz von Sachgütern des Unternehmers zu Belangen der Allgemeinheit wird, die in den übrigen Nr. 4–9 geregelt sind.

36

Andererseits ist der Sachgüterschutz gegenüber der bisherigen Rechtslage erweitert, weil er alle Sachgüter umfaßt und nicht nur die nach früherem Recht als „Baue" angesehen wurden (Pfadt, Rechtsfragen zum Betriebsplan im Bergrecht, 151).

37

h) Zur Vorsorge gegen die bezeichneten Gefahren dienen insbesondere Maßnahmen, die den **allgemein anerkannten Regeln der Sicherheitstechnik** entsprechen.

38

Die Vorsorge muß sich auch darauf erstrecken, daß die Arbeitsschutzvorschriften eingehalten werden, die der Gesetzgeber aufteilt in die aufgrund des BBergG erlassenen, die aufgrund des BBergG geltenden und die sonstigen.

39

Arbeitsschutzvorschriften sind alle diejenigen, die dem Schutz des Arbeitnehmers dienen. Sie sind so zahlreich und speziell, daß eine Aufzählung in diesem Rahmen nicht möglich ist. Der Arbeitsschutz umfaßt die Sachgebiete (Einzelheiten vgl. Mertens, Bundesarbeitsbl. 1982, 36)
- Arbeitsstätten einschließlich Betriebshygiene
- Maschinen, Geräte, technische Anlagen
- gefährliche Arbeitsstoffe und Strahlen
- Arbeitszeitregelungen
- Schutz besonderer Personengruppen (Mutter- und Jugendschutz)
- Arbeitsschutzorganisation im Betrieb

Überblicksweise kann auf folgendes hingewiesen werden:

40

Erlassene Arbeitsschutzvorschriften i. S. § 55 Abs. 1 Nr. 3 sind vor allem diejenigen, für die §§ 65–67 die Ermächtigungsgrundlage geschaffen haben.

41

Aufgrund des BBergG geltende Arbeitsschutzvorschriften (hierzu Levin, Der Kompass 1980, 364) sind die, in denen das Gesetz selbst den Schutz regelt (z. B. §§ 51, 52 Abs. 3–5, 58 ff, 131) und diejenigen, die durch §§ 167 Abs. 1, 76 Abs. 3 weiter fortgelten.

42

Die sonstigen Arbeitsschutzvorschriften ergeben sich aus einer Vielzahl von Gesetzen, von denen hier zu erwähnen sind: die Arbeitszeitordnung und die VO über die Arbeitszeit in Kokereien und Hochofenwerken vom 20. 1. 1925 (RGBl I, 5), Gewerbeordnung (z. B. §§ 105, 120 a), Jugendarbeitsschutzgesetz, Schwerbehindertengesetz. Dann die Arbeitsstättenverordnung und Arbeitsstoffverordnung (vgl. zu beiden § 174 Abs. 1 Nr. 3, wonach diese Verordnungen auf Tagesanlagen und Tagebaue des Bergwesens ausgedehnt werden können, durch die 1. VO zur Änd. der VO über Arbeitsstätten v. 2. 1. 1982, BGBl 1 und die 2. VO zur Änderung der VO über gefährliche Arbeitsstoffe v. 11. 2. 1982, BGBl. 140, ist das inzwischen erfolgt). In den der Bergaufsicht unterstehenden Betrieben gelten im übrigen anstelle der Arbeitsstoff-VO die Richtlinien des LOBA NW v. 20. 11. 1981 (SMBl LOBA NW, A 2.4 = ZfB 123 (1982), 122) für den **Umgang mit gefährlichen Arbeitsstoffen**, wobei für Umgang mit Sprengstoff oder mit radioaktiven Stoffen wiederum Spezialvorschriften Vorrang haben. Ferner das Gesetz über Betriebsärzte, Sicherheitsingenieure und andere Fachkräfte für Arbeitssicherheit (hier ist allerdings § 17 Abs. 3 ASiG zu beachten: das Gesetz findet keine Anwendung, soweit das Bergrecht diesem Gesetz gleichwertige Regelungen enthält, hierzu § 58 Rn 83), Druckluftverordnung, Bundesurlaubsgesetz, Strahlenschutzverordnung. Zur eingeschränkten Geltung des § 55 Abs. 1 Nr. 3 bei Abschlußbetriebsplänen beachte § 55 Abs. 2 Nr. 1 und § 53 Rn 6 f.

Zweites Kapitel: Anzeige, Betriebsplan   43–45   § 55

4. Lagerstättenschutz (§ 55 Abs. 1 Nr. 4)

43

a) Seit der Aufnahme des Lagerstättenschutzes in das Erdölgesetz vom 12. 5. 1934 (GS 257) und in das ABG (Ges. v. 9. 6. 1934, GS 303) kannte das frühere Recht den Lagerstättenschutz als von der Bergbehörde zu prüfenden Belang, soweit er im „allgemeinwirtschaftlichen" Interesse liegt. Inhaltlich nichts anderes ist durch § 55 Abs. 1 Nr. 4 geregelt, wenn es jetzt auf das „öffentliche Interesse" ankommt. Auch heute ist die Verhinderung von Raubbau und der Schutz des wirtschaftlichen Abbaues anderer Bodenschätze die wesentliche Aufgabe dieser Vorschrift. Ihr Zweck ist nicht die klassische Gefahrenabwehr im Sinne der Aufrechterhaltung der öffentlichen Sicherheit und Ordnung, sondern „Wohlfahrtspflege", lenkende Verwaltung, Wirtschaftsverwaltung (Willecke ZfB 113 (1972), 151, 157). Hier geht es allein um den Schutz der Bodenschätze, nicht um den Schutz der Interessen des Bergwerkseigentümers, Betriebsinhabers, Unternehmers.

b) Zum Begriff des Bodenschatzes vgl. § 3 Abs. 1.

44

c) Schon nach § 11 Nr. 9 ist die Erteilung der Bergbauberechtigung zu versagen, wenn Bodenschätze beeinträchtigt wurden, deren Schutz im öffentlichen Interesse liegt. Da die Gründe, die zur Versagung der Bergbauberechtigung nicht ausreichen, im Betriebsplanverfahren nicht zur Versagung der Zulassung führen dürfen (§ 51 Rn 13), wird § 55 Abs. 1 Nr. 4 Bedeutung vor allem bei der Zulassung von Bergbau auf grundeigene Bodenschätze haben, weniger jedoch bei bergfreien (Pfadt, Rechtsfragen zum Betriebsplan im Bergrecht, 153).

5. Schutz der Oberfläche im Interesse der persönlichen Sicherheit und des öffentlichen Verkehrs (§ 55 Abs. 1 Nr. 5)

45

Die Ausübung des Bergwerkseigentums, der Abbau der Mineralien, führt **zwangsläufig** dazu, daß die Erdoberfläche **beeinträchtigt** werden kann (BT-Drucksache 8/1315, 137 = Zydek, 411). Wären Bergbehörde oder Grundeigentümer befugt, allein wegen der Möglichkeit einer Beeinträchtigung der Oberfläche die bergbaulichen Einwirkungen zu verbieten, wäre Bergbau nicht möglich. Das Verhältnis zwischen Bergbau und Grundeigentum war daher schon nach der Konzeption des ABG unter anderem dadurch gekennzeichnet, daß die Grundeigentümer verpflichtet sind, durch den Bergbaubetrieb verursachte Schäden in vollem Umfang zu dulden (BGH ZfB 111, (1970), 446, 449 = Staatshaftung = BGHZ 53, 226, 233), wobei gegebenenfalls die völlige Entwertung oder Vernichtung des Eigentums erfolgen kann (RGZ 98, 79). An diese Grundsatzaussage war auch die Bergbehörden gebunden. Sie waren nicht befugt, im Interesse einzelner Grundeigentümer bergaufsichtliche Anordnungen gegen den Bergbautreibenden zu erlassen und auf diese Weise den Grundeigentümer über das gesetzlich vorgesehene Maß hinaus zu schützen (Miesbach-Engelhardt, Anm. 8 zu Art. 253 bayr. BergG = §§ 196, 196 a ABG, wohl auch OVG Münster ZfB 115 (1974) 443, 447). Ausgehend von dem Polizeibegriff des § 10 II 17 ALR, wonach zu den Aufgaben der Polizei die Erhaltung der öffentlichen Ruhe, Sicherheit und Ordnung sowie die

Abwendung der dem Publikum oder einzelnen Mitgliedern drohenden Gefahren gehörte, war der Schutz der Oberfläche grundsätzlich nicht Aufgabe der Bergbehörden.

46

Sieht man von den gemeinschädlichen Einwirkungen des Bergbaus auf die Oberfläche ab (§ 55 Rn 102 ff), war dieser Grundsatz lediglich in zwei Ausnahmefällen durchbrochen. Wenn die Beschädigung der Oberfläche den öffentlichen Verkehr oder Personen gefährden, sind die obengenannten Rechtsgüter „öffentliche Sicherheit und Ordnung" (hier: öffentlicher Verkehr) und „dem Publikum oder einzelnen drohende Gefahren" (hier: Gefahr für Personen) betroffen und lösen die Tätigkeit der Bergaufsicht, gegebenenfalls im Betriebsplanverfahren, aus. Im Grunde gilt die Sorge selbst in diesen Fällen nicht dem Schutz der Oberfläche, sondern dem der gefährdeten Personen und des öffentlichen Verkehrs (Isay, § 196, Rn 8). Der Schutz der Oberfläche dient als Mittel zur Erreichung dieses Zwecks.

47

In ihrer Grundaussage ist § 196 Abs. 2 ABG im wesentlichen wörtlich in § 55 Abs. 1 Nr. 5 übernommen worden. Angesichts der gewandelten Anschauungen über Grundeigentum und Bergbau (hierzu grundlegend BT-Drucksache 8/1315, 138 = Zydek, 412) muß umso mehr gelten, daß die Bergbehörde sich grundsätzlich nicht um die unvermeidlichen Veränderungen an der Erdoberfläche durch den Bergbau zu kümmern hat, indem sie das ihr gegebene öffentlich-rechtliche Instrumentarium anwendet. Von diesem Grundsatz gibt es weiterhin zwei Ausnahmen: sofern Gefahren für die **persönliche Sicherheit** und für den **öffentlichen Verkehr** durch Einwirkungen auf die Oberfläche zu besorgen sind. Dabei müssen nicht beide Ausnahmetatbestände gleichzeitig oder nebeneinander vorliegen. Statt des Verbindungswortes „und" wäre ein „oder" richtiger gewesen (Ebel-Weller § 196, 3 e, OVG Koblenz, ZfB 107 (1966) 334, 337). Nicht nur die persönliche Sicherheit in öffentlichen Verkehrsanstalten ist hier zu besorgen (RB ZfB 15 (1874), 98).

48

Im Betriebsplanverfahren reicht es aus, wenn für den Schutz der Oberfläche „Sorge getragen" wird. Eine absolute Garantie, daß die Beeinträchtigungen der Oberfläche nicht dennoch zu Gefährdungen von Personen oder öffentlichem Verkehr führen werden, ist dadurch nicht gegeben. Mittels Betriebsplan kann nur Sorge getragen werden für den Schutz der Oberfläche, wenn ausnahmsweise besondere Anhaltspunkte vorliegen, die auf Gefährdungen von Personen oder öffentlichem Verkehr schließen lassen.

49

Die Sorge für den Schutz der Oberfläche im Interesse der persönlichen Sicherheit setzt die **Gefahr eines Personenschadens** voraus. Beispiele: die Gefahren, die von einem nicht oder schlecht verfüllten oder nicht abgedeckten (VG Gelsenkirchen, Glückauf 1974, 715) ehemaligen Schacht ausgehen (OVG Münster ZfB 114 (1973), 429, 434; VG Arnsberg, Glückauf 1981, 976; Richtl. LOBA NW für das Verfüllen und Abdecken von Tagesschächten vom 5. 11. 1979 ZfB 121 (1980) 105 = SBl LOBA NW, Abschnitt A 2.26), die Gefahren, die durch einen unverfüllten Stollen

Zweites Kapitel: Anzeige, Betriebsplan 50–52 § 55

verursachte Veränderungen der Oberfläche bilden (OVG Koblenz ZfB 107 (1966), 334, 337) oder sonstige verlassene ehemalige Grubenbaue (Runderl. NW vom 18. 3. 1977, ZfB 118 (1977), 370), die Gefahren, die durch Reste von Tagesanlagen, z. B. einer Waschkaue, entstehen können (OVG Münster ZfB 106 (1965), 482, 494). Der Schutz der Oberfläche oder von Gebäuden und sonstigen baulichen Anlagen gegen Bergschäden ist nicht im Betriebsplanverfahren zu regeln (Rn 47). Insbesondere spielen Privatinteressen des Oberflächeneigentümers in diesem Zusammenhang keine Rolle (Ebel-Weller, § 196, 3 e, RB ZfB 15 (1874), 97). Etwas anderes gilt ausnahmsweise, wenn infolge Abbaueinwirkungen und hinzutretender Umstände (z. B. Erdtreppe, Bruchkante) ein Gebäude einsturzgefährdet ist.

50

Durch die 2. Alternative des § 55 Abs. 1 Nr. 5 wird der **öffentliche Verkehr** jeder Art, d. h. auf Schienen, Straßen und Wasserstraßen geschützt. Beispiele: Gefahren für Straßen und Wege durch bergbauliche Einwirkungen (Ebel-Weller § 196, 3 e) oder durch Fundamente eines früheren Waschkauengebäudes, die von einem steilen Abhang auf die Straße abzurutschen drohen (OVG Münster, ZfB 106 (1965), 482, 494), die Gefahr für die Schiffahrtsstraßen durch bergbauliche Einwirkungen (hierzu BVO des OBA Dortmund vom 18. 12. 1964 **zum Schutz der Schiffahrtsstraßen**, Amtsblatt RP Arnsberg S. 530 = ZfB 107 (1966), 174, wonach in den **Schutzbezirken** für die westdeutschen Kanäle Abbau nur mit Erlaubnis des OBA betrieben werden darf. Die Schutzbezirke werden begrenzt an der Tagesoberfläche durch die Linien, die bei den Schiffahrtsstraßen in einem Abstand von 60 m von der Mittellinie und bei den Bauwerken in einem Abstand von 30 m um die äußeren Begrenzungen des Bauwerkes verlaufen, unter Tage durch die Flächen, die von den Grenzlinien an der Tagesoberfläche mit einem Böschungswinkel von 72 g (65°) landseitig in die ewige Teufe gehen).

51

Zum öffentlichen Verkehr i. S. § 55 Abs. 1 Nr. 5 wird man die **Fernmeldeanlagen** der Deutschen Bundespost zählen müssen. Die Begründung zu § 127 Abs. 7 des Entwurfes, der als „öffentliche Verkehrsanlagen" alle ortsfesten Anlagen, die dem öffentlichen Verkehr dienen und gewidmet sind, ansah und im Laufe des Gesetzgebungsverfahrens als entbehrlich gestrichen wurde, stellte das ausdrücklich fest (BT-Drucksache 8/1315, 149 = Zydek, 472). Materiell hat sich durch die Streichung der Definition nichts geändert.

52

Eine wesentliche Rolle im Rahmen der Prüfung des Betriebsplanes unter den Gesichtspunkten des § 55 Abs. 1 Nr. 5 spielt das Verhältnis zwischen Bergbau und **öffentlichen Verkehrsanlagen**, für die das Gesetz im § 124 eine besondere Regelung getroffen hat. Dieses Verhältnis ist lange Zeit Gegenstand heftiger Meinungsstreites gewesen (Kühne ZfB 107 (1966), 276, Westermann „Das Verhältnis zwischen Bergbau und öffentlichen Verkehrsanstalten als Gegenstand richterlicher und gesetzgeberischer Bewertung, 1966, Vowinckel ZfB 108 (1967), 261 und dort Fußn. 2 Genannten RGZ 28, 344; 58, 147, 148, BGHZ 50, 180, 185; 57, 375, 378; ZfB 119 (1978), 81 = NfW 1977, 1967, zuletzt OVG Münster unveröff. Urt.

vom 25.05.1981 – GA 2560/79). Bei allen Meinungsverschiedenheiten über Umfang, Ausgestaltung und Grundlagen der beiderseitigen Rechte und Pflichten bleibt als Substrat in öffentlich-rechtlicher Hinsicht doch die Erkenntnis, daß die Bergbehörde aus § 196 ABG die Legitimation herleiten könnte, zum Schutze der Oberfläche zugunsten des öffentlichen Verkehrs polizeiliche Anordnungen (z. B. Anwendung besonders aufwendiger Abbauverfahren, Vollversatz, Stehenlassen von Sicherheitspfeilern) zu erlassen (Kühne ZfB 107 (1966), 276, 281, Vowinckel ZfB 108 (1967), 261, 317 OVG Münster, aaO).

53
Inzwischen haben sich für die Bewertung des Schutzes der Oberfläche im Interesse des öffentlichen Verkehrs neue Gesichtspunkte ergeben. In tatsächlicher Hinsicht ist festzustellen, daß trotz des immer dichter werdenden Netzes öffentlicher Verkehrsanlagen diese Anlagen bei geeigneten Sicherungsvorkehrungen oder besonderen Schutzmaßnahmen beim Abbau der Bodenschätze in der Regel aufrechterhalten und verkehrssicher betrieben werden können (BT-Drucksache 8/1315, 148 = Zydek, 469). Die Sorge der Bergbehörde um die Sicherheit des öffentlichen Verkehrs wird sich auf diese Maßnahmen konzentrieren und nicht die Einstellung des Abbaus zur Folge haben können. Eine Ausnahme kann nur im Falle des § 124 Abs. 3 eintreten, wenn der Betrieb der öffentlichen Verkehrsanlage nicht gleichzeitig neben dem Gewinnungsbetrieb durchgeführt werden kann und die übrigen Voraussetzungen dieser Vorschrift vorliegen (OVG Münster, aaO offengel. in BGH ZfB 119 (1978) 81, 85, 86).

54
Der andere Gesichtspunkt folgt aus § 124 selbst, denn bei der „Sorge" für die Sicherheit des öffentlichen Verkehrs ist die gesetzgeberische Grundentscheidung zum Verhältnis zwischen Bergbau und öffentlichen Verkehrsanlagen nicht außer Acht zu lassen. Dieses Verhältnis ist durch das gesetzgeberische Gebot der gegenseitigen Rücksichtnahme bei der Planung und Durchführung der öffentlichen Verkehrsanlage und des Gewinnungsbetriebes bestimmt und durch eine Anpassungspflicht des Trägers der Verkehrsanlage an Beeinträchtigungen der Oberfläche gekennzeichnet. Es wird allerdings auch charakterisiert durch den Vorrang der öffentlichen Verkehrsanlage bei Unvereinbarkeit mit dem Gewinnungsbetrieb und fehlendem überwiegenden öffentlichen Interesse an der Gewinnung der Bodenschätze. So fließen durch § 124 aus der speziellen Regelung vorrangige Gesichtspunkte in die Betriebsplanzulassung ein. Erst wenn trotzdem eine Gefahr für die sichere Durchführung des öffentlichen Verkehrs zu besorgen ist, sind Auflagen aufgrund § 55 Abs. 1 Nr. 5 zu deren Beseitigung zulässig. Ein privatrechtlicher Bergschadensverzicht (Grunddienstbarkeit) schafft für die Bergbehörde keine öffentlich-rechtlichen Bindungen, wie er auch nicht dadurch hinfällig werden kann, weil Bergschäden beseitigt werden müssen, um die Sicherheit des Verkehrs zu gewährleisten (BGH ZfB 119 (1978), 81, 85 und OLG Hamm unveröff. Urt. v. 17.1.1975, 6 U 250/74 OVG Münster, unveröff. Urt. vom 25.05.1981 – 9 A 2560/79; vgl. Rn 121 zu § 55).

Zweites Kapitel: Anzeige, Betriebsplan **55–57 § 55**

55
Die **Bergverordnung über Einwirkungsbereiche** gem. § 67 Nr. 7 legt den Bereich fest, in dem durch untertägige Gewinnungsbetriebe Veränderungen der Oberfläche eintreten, die zu Gefahren für die persönliche Sicherheit oder den öffentlichen Verkehr oder zu Beeinträchtigungen baulicher Anlagen führen können. Sie konkretisiert damit den Bereich, in dem Anlaß zur Prüfung des Schutzes der Oberfläche i. S. § 55 Abs. 1 Nr. 5 im Betriebsplanverfahren gegeben ist, führt aber andererseits nicht dazu, daß der Betriebsplan für den Abbau in diesen Bereichen nicht zulassungsfähig ist. In den Einwirkungsbereichen sind die genannten Gefahren theoretisch denkbar, die Zulassung richtet sich aber nach den tatsächlichen Verhältnissen, den Möglichkeiten wie Notwendigkeiten, aufgrund der konkreten Situation im Einzelfall für den Schutz der Oberfläche Sorge zu tragen.

56
Die **Zulassung** des Betriebsplanes unter den Gesichtspunkten des § 55 Abs. 1 Nr. 5 hat nach § 124 Abs. 2 eine materiell bedeutsame **Folge**. Sofern Aufwendungen für die Anpassung und Sicherungsmaßnahmen getroffen wurden zur Verringerung oder Vermeidung von Bergschäden aus einem betriebsplanmäßig zugelassenen Abbau, hat der Träger der öffentlichen Verkehrsanlage diese Kosten zu tragen. Sie hat nach § 110 Abs. 1 außerdem die Folge, daß der Bergbauunternehmer bei Errichtung, Erweiterung oder wesentlichen Veränderungen einer baulichen Anlage das Anpassungsverlangen stellen kann, uU. mit der Kostenfolge des § 114 Abs. 2 Nr. 5.

6. Abfallbeseitigung (§ 55 Abs. 1 Nr. 6)

57
a) Abfälle, die beim Aufsuchen, Gewinnen, Aufbereiten und Weiterverarbeiten von Bodenschätzen in den der Bergaufsicht unterstehenden Betrieben anfallen, unterlagen bis zum 31. 3. 1982 nach § 1 Abs. 3 Nr. 3 **nicht** den Vorschriften des AbfG. Das galt auch für die Abfallstoffe aus bergbaulichen Betrieben, die den vom Bergrecht geregelten Bereich verlassen haben (BR-Drucks. 131/81 v. 8. 5. 1981, Ziff. 1). Durch das 2. Gesetz zur Änderung des AbfG v. 4. 3. 1982 (BGBl., 281) ist diese Ausnahme teilweise aufgehoben worden. Für die bergbaulichen Abfälle gilt, daß sie einer **Einsammlungs- und Beförderungsgenehmigung** nach § 12 AbfG bedürfen.
Die Genehmigung ist zu erteilen unter Berücksichtigung des Wohls der Allgemeinheit, der Zuverlässigkeit von Antragsteller und Verantwortlichen und der geordneten Beseitigung. Das Wohl der Allgemeinheit i. S. des AbfG ist in § 2 AbfG definiert, die geordnete Beseitigung muß in allen 5 Phasen der Abfallbeseitigung, nämlich beim Einsammeln, Befördern, Behandeln, Lagern und Ablagern gegeben sein. Die Genehmigung soll sicherstellen, daß Abfälle durch einen zuverlässigen Beförderer an eine zugelassene Anlage gebracht werden. Dabei spielen verkehrsrechtliche Gesichtspunkte (Transportwege, Immissionen) keine Rolle, sie können nicht durch Auflagen in der Genehmigung geregelt werden, sondern nur mit den Mitteln des Verkehrsrechts (so für Gen. nach GüKG bzw. Freistellungs-VO: Hoschützky-Kreft, Recht der Abfallwirtschaft, § 12 AbfG, Anm. 1.7).

§ 55   58, 59   Dritter Teil: Aufsuchung, Gewinnung und Aufbereitung

Der Grund für die Einbeziehung des bergbaulichen Abfalls in die Genehmigung nach § 12 AbfG ist eine Lückenergänzung. Zwar kennt die betriebsplanmäßige Lösung des § 55 Abs. 1 Nr. 6 keine geographische Begrenzung. Die ordnungsgemäße Beseitigung aller im bergbaulichen Betrieb „anfallenden" Abfälle muß sichergestellt sein unabhängig davon, wo sie eingesammelt, behandelt oder abgelagert werden und ob diese Flächen unter Bergaufsicht stehen oder nicht. Die i. S. § 55 anfallenden Abfälle verlassen den Rechtskreis des Bergrechts nicht, es der denn, sie werden im Kraftfahrzeugverkehr auf öffentlichen Wegen oder Plätzen, der nicht zum Geltungsbereich des BBergG gehört (§ 2 Abs. 4 Nr. 2), transportiert. In diesen Fällen soll die Einsammlungs- und Transportgenehmigung des § 12 AbfG die bergbaulichen Abfälle erfassen.
Nach der ab 1. 4. 1982 geltenden Rechtslage sind folgende Fallgestaltungen zu unterscheiden:
Fällt Abfall im Bergbaubetrieb an, wird über die der Bergaufsicht unterstehende Werksbahn auf die der Bergaufsicht unterstehende Deponie transportiert, regelt sich die Beseitigung einschließlich nach § 55 Abs. 1 Nr. 6 und im Betriebsplanverfahren.
Fällt Abfall im Bergbaubetrieb an, wird über öffentliche Straßen auf eine der Bergaufsicht unterstehende Deponie oder Tagebaubetrieb gefahren, bedarf es neben der Betriebsplanzulassung für das Behandeln, Lagern oder Ablagern der Abfälle der Genehmigung nach § 12 AbfG für das Einsammeln und Befördern. Die Genehmigung erteilt nach §§ 12 Abs. 2 AbfG, 18 LAbfG nicht das Bergamt, weil die Abfälle in einem der Bergaufsicht unterliegenden Betrieb beseitigt, d. h. befördert werden, sondern der Regierungspräsident gem. § 17 LAbfG.
Fällt Abfall im Bergbaubetrieb an, wird über öffentliche Straßen auf eine öffentliche Deponie, auf eine der Gewerbeaufsicht oder dem AbgrG (Sand- oder Kiesgrube) unterstehende Betriebsstätte transportiert, bedarf es neben der Betriebsplanzulassung für das Lagern im Bergbaubetrieb der Genehmigung nach § 12 AbfG, die nach § 17 AbfG NW der Regierungspräsident erteilt.

58
§ 55 Abs. 1 Nr. 6 sieht vor, daß die ordnungsmäßige Beseitigung der „anfallenden Abfälle" im **Betriebsplanverfahren** geregelt wird. Dabei ist der Begriff „Abfall" kein eigener, sondern der Definition des § 1 AbfG entlehnt. Es gilt auch hier der subjektiv-objektive Abfallbegriff. Er ist maßgebend dafür, ob überhaupt abfallrechtliche Regelungen im Betriebsplanverfahren getroffen werden können und ob die Transportgenehmigung nach § 12 AbfG erforderlich ist.

59
b) Als „**anfallende**" Abfälle im Sinne des § 55 Abs. 1 Nr. 6 müssen zunächst **alle bergbauspezifischen** angesehen werden. Das sind solche, die in den der Bergaufsicht unterstehenden Betrieben im Rahmen des technischen Betriebsablaufes anfallen: Kraftwerksasche, Flotationsabgänge, Kalkschlämme aus Kokereien, Bleischlämme, verbrauchte Hydraulikflüssigkeiten, Rückstandssalze und beim Abbruch von Betriebsanlagen angefallener Bauschutt.

60

Häufig werden **Abraummassen, Grob- und Waschberge** und sonstiges Material für Halden als Abfälle angesehen (Hoschützky-Kreft, Recht der Abfallwirtschaft, § 1 Anm. 3.3 und RdVerf. 1.25.4 I.g LOBA NW v. 7.4.1975 betr. Abfallbeseitigung, Ziff. 2, wohl auch Sondermann, Braunkohle 1982, 14, 15). Das ist jedoch sehr vom Einzelfall abhängig und dem kann so allgemein nicht zugestimmt werden. Nach dem **subjektiv-objektiven Abfallbegriff** kommt es auf den subjektiven Entledigungswillen des Besitzers oder auf den objektiven Gesichtspunkt an, daß eine geordnete Beseitigung zur Wahrung des Wohls der Allgemeinheit geboten ist (Zwangsabfall, OLG Düsseldorf NVwZ 1982, 157). An der subjektiven Seite wird es fehlen, wenn der Bergwerksunternehmer die Materialien auf eine bergbaueigene Zwischendeponie befördert. Von dort werden die Materialien möglicherweise z. B. zum Straßenbau, zu Geländeauffüllungen, zum Deichbau oder zur Landgewinnung weiterverwendet, wenn das auch nicht zeitlich unmittelbar nachfolgend erreicht wird. Wie Erdaushub, Muttererde und wiederverwendete Bodenmassen (OLG Köln, MDR 1981, 518; OLG Zweibrücken, NVwZ 1983, 188) ist das Bergematerial jedenfalls in diesen Fällen kein Abfall. Zwar kann die Zwischenlagerung betriebsplanpflichtig sein, nicht jedoch sind die Maßstäbe des § 55 Abs. 1 Nr. 6 anzuwenden. Auch die Betriebsplanpflicht kann entfallen, wenn das Material einem Dritten zur selbständigen weiteren Verwendung übereignet wird.
Sofern Waschberge Abfall sind, werden sie als Erdaushub i. S. § 12 Abs. 1 Satz 2 AbfG n. F. angesehen, so daß das Einsammeln und Befördern keiner Genehmigung nach § 12 Abs. 1 AbfG n. F. bedarf.
Der Begriff **„Bodenschatz"** i. S. des **AbgrG** schließt den des „Abfalls" aus (VG Gelsenkirchen ZfB 119 (1978), 230, 236). Bei schwankendem Marktwert oder unterschiedlicher Transportlage kann ein und dieselbe Sache einmal Wirtschaftsgut sein, zur anderen Zeit Abfall (Hochützky-Kreft, Recht der Abfallwirtschaft, § 1 Anm. 1.2). Alte Bergehalden, in denen Kohle und Wegebaumaterial enthalten sind, können je nach Konjunkturlage Abfall gewesen und mit steigender wirtschaftlicher Bedeutung nicht mehr in den Abfallbegriff einzuordnen sein (so richtig VG Gelsenkirchen ZfB 119 (1978), 230, 236).

61

Auch wenn die Haldenmassen im Einzelfall „Abfall" sind, kann sich in der Betriebsplanzulassung die Frage nach der Anwendung der bauplanungsrechtlichen Gesichtspunkte des BBauG (hierzu § 55 Rn 144; § 54 Rn 36, § 56 Rn 190, 194) bei der Einrichtung neuer Berghalden stellen.

62

Die Eigenschaft des Abfalls als betriebsplanpflichtig i. S. § 55 Abs. 1 Nr. 6 **„angefallen"** geht nicht dadurch verloren, daß er für eine **Zwischenbehandlung** vorübergehend das Gelände des Bergbaubetriebes verlassen hat (z. B. verbrauchte Gasreinigungsmassen aus Kokereien werden in einem nicht der Bergaufsicht unterstehenden Betrieb abgeröstet und dann auf eine Berghalde gebracht), oder wenn er das Bergwerksgelände endgültig verlassen soll (z. B. Kalkschlamm aus einer Kokerei wird zunächst auf dem Bergwerksgelände deponiert und dann in eine öffentliche Deponie gebracht). Anders, wenn er dem nicht unter das BBergG fallenden Verkehr i. S. § 2 Abs. 4 übergeben wird.

63

c) Im Betriebsplanverfahren werden nur die „anfallenden" Abfälle behandelt. Obwohl **nicht** ausdrücklich gesagt ist, wo diese Abfälle **anfallen**, ist der Bezug zur Betriebsplanpflicht des § 51 und den dort genannten Aufsuchungs-, Gewinnungs- und Aufbereitungsbetrieben gegeben. Damit scheiden Abfälle, die in einem nicht der Bergaufsicht unterstehenden Betrieb angefallen sind (fremde Abfälle), aus der Behandlung im Betriebsplanverfahren aus.

64

Sofern allerdings **fremde Abfälle** auf Gelände, das der Bergaufsicht untersteht, gelagert werden, ist zu unterscheiden, ob der Bergwerksunternehmer, ein bergbaufremder Dritter (§ 3 Abs. 4 AbfG) oder der Kreis bzw. die kreisfreie Stadt (§ 3 Abs. 2 AbfG i. V. § 17 Abs. 2 LAbfG NW) beseitigungspflichtig ist. Grundsätzlich sind Abfälle der beseitigungspflichtigen Körperschaft zu überlassen. Sofern jedoch der an sich zuständige (§ 1 LAbfG NW) Kreis bzw. die kreisfreie Stadt die Abfälle nach §§ 3 Abs. 3 AbfG 17 LAbfG NW mit Zustimmung des Regierungspräsidenten wegen ihrer besonderen Art oder Menge von der Beseitigung ausgeschlossen hat, sind die Besitzer nach § 3 Abs. 4 AbfG beseitigungspflichtig. Es ist dann im Einzelfall zu prüfen, ob der Bergwerksbetreiber oder ein Dritter Besitzer i. S. § 3 Abs. 4 AbfG ist.

65

Wenn der Bergwerksbesitzer gem. § 3 Abs. 4 AbfG verpflichtet ist, kommen zwei **Verwaltungsverfahren** in Betracht. Das Verfahren nach § 4 Abs. 2 AbfG, wonach das Bergamt als gem. § 18 LAbfG NW zuständige Behörde eine Ausnahme von dem Grundsatz zulassen kann, daß Abfälle in Abfallbeseitigungsanlagen beseitigt werden müssen, und das selbständige Verfahren nach § 7 AbfG (Planfeststellungsverfahren) durch das LOBA (§ 18 LAbfG).

66

Im Rahmen des Betriebsplanverfahrens interessiert nur die Ausnahme nach § 4 Abs. 2 AbfG, die die Voraussetzung dafür schafft, fremde Abfälle in diesem Verfahren zu behandeln. Sie ist anzuwenden, wenn mit Bergen oder Abraummassen andere Abfälle, die zu keiner Gefährdung führen können, in verhältnismäßig geringer Menge beseitigt werden.

67

d) Ein weiteres Problem ist die Behandlung des **hausmüllähnlichen Abfalles** im Betriebsplanverfahren. Nach § 1 Abs. 3 AbfG sind sie bei Bergbaubetrieben nicht von der Behandlung nach den Vorschriften des AbfG ausgeschlossen, weil sie nicht beim Aufsuchen, Gewinnen, Aufbereiten und Weiterverarbeiten anfallen. Es sind die Abfälle aus Kantinen, Kauen, Verwaltungsgebäuden und Wohnheimen, auch Bauschutt und Erdaushub, wenn sie nicht im Rahmen des technischen Betriebes angefallen sind oder für Rekultivierungs- und Wegebauarbeiten verwandt werden.

68

Sofern die Voraussetzungen des Abfalles und der Abfallbeseitigung gegeben sind, stellt sich die Frage, ob diese hausmüllähnlichen Abfälle nach BBergG oder AbfG zu behandeln sind. Vor Erlaß des BBergG bestand kein Zweifel, daß für sie nur Abfallrecht galt. Dabei bleibt es. § 55 Abs. 1 Nr. 6 sieht zwar vor, daß die Beseiti-

Zweites Kapitel: Anzeige, Betriebsplan 69–72 § 55

gung der anfallenden Abfälle in den Betriebsplan aufzunehmen ist, ohne zu sagen, wo diese Abfälle anfallen müssen. Man wird aber aus dem Zusammenhang, daß Betriebspläne für Betriebe (§ 51 Abs. 1) des Aufsuchens, Gewinnens und der Aufbereitung gelten, folgern müssen, daß nur Abfälle aus diesen Betrieben in § 55 Abs. 1 Nr. 6 gemeint sein können. Dafür spricht noch die Begründung zu § 55 Abs. 1 Nr. 6, wonach diese Vorschrift erforderlich sei, weil das AbfG bergbauliche Abfälle nach § 1 Abs. 3 Nr. 3 (Rn 58) nicht erfassen (BR-Drucksache 260/1/77 vom 4. 10. 1977, S. 32 = Zydek, 258). Nach der bergrechtlichen Vorschrift sollten nur solche Abfälle, die durch die abfallrechtliche Regelung nicht angesprochen wurden, betriebsplanpflichtig werden.

69
Hausmüllartiger Abfall **aus nicht bergbaulichen Bereichen** ist daher nach § 3 AbfG zu behandeln. Die Deponie auf dem der Bergaufsicht unterstehenden Gelände kann nur in Betracht kommen, wenn dem Bergamt ein entsprechender Bescheid des Kreises/der kreisfreien Stadt vorgelegt wird, wonach der Abfall von der Beseitigung nach § 3 Abs. 3 AbfG ausgeschlossen und der Bergbautreibende als Besitzer nach § 3 Abs. 4 AbfG selbst zur Beseitigung verpflichtet ist.

70
e) Der Begriff „ordnungsgemäße" in § 55 Abs. 1 Nr. 6 ist nicht definiert, findet sich aber schon in § 5 Nr. 3 BImSchG. Er erinnert an § 4 AbfG, dessen Überschrift „Ordnung der Beseitigung" lautet. § 1 Abs. 1 AbfG kennt den Begriff „geordnete Beseitigung". Das spricht dafür, als ordnungsgemäße Abfallbeseitigung i. S. § 55 Abs. 1 Nr. 6 jedenfalls die anzusehen, die sich nach den Vorschriften des AbfG, insbesondere nach den §§ 2–4, vollzieht. In diesem Sinne wird der ähnliche Wortlaut in § 5 Nr. 3 BImSchG ebenfalls verstanden.

71
Eine weitere Frage ist, ob „ordnungsgemäß" eine Beseitigung ist, die nicht in jeder Hinsicht den Bestimmungen des AbfG entspricht. Da das BBergG nicht das AbfG für in bergbaulichen Betrieben anfallende Abfälle verbindlich zitiert, ist durch den Begriff „ordnungsgemäß" ein gewisser Freiraum gegeben. Auch die Sonderregelung in § 1 Abs. 3 Nr. 3 AbfG und ihre Begründung sprechen dafür, daß bergrechtliche „Ordnungsmäßigkeit" und abfallrechtliche gesetzliche Regelung nicht völlig deckungsgleich sein müssen. Die Abfälle des Bergbaus wurden nämlich aus dem AbfG ausgeklammert, weil für sie ausreichende berggesetzliche Vorschriften bestehen und die laufende Überwachung durch die Bergbehörde intensiver ist als Maßnahmen in vergleichbaren Betrieben (Hoschützky-Kreft, a.a.O. § 1, Anm. 3.3). Danach wird der Begriff „ordnungsgemäß" auch erfüllt, wenn der Zweck des AbfG, wie er insbesondere im Grundsatz des § 2 zum Ausdruck kommt, erreicht wird.

7. Vorsorge zur Wiedernutzbarmachung der Oberfläche

72
a) Die Wiedernutzbarmachung der Oberfläche während und nach der bergbaulichen Tätigkeit wird ein integrierter Teil bergbaulicher Tätigkeit und ist schon

durch § 2 Abs. 1 Nr. 2 besonders hervorgehoben. Mehr noch als die frühere Formulierung in § 196 Abs. 2 ABG „Sicherung und Ordnung der Oberflächennutzung und Gestaltung der Landschaft während des Bergwerksbetriebes und nach dem Abbau" wird hierdurch die Sorge um die Gestaltung der Oberfläche zum **Teil der betrieblichen Aufgabe** gemacht. Dieser Gedanke erscheint in Verfolg des programmatischen Satzes in § 2 an verschiedenen Stellen des Gesetzes: die Definition in § 4 Abs. 4, im Betriebsplanverfahren für betriebene (§ 55 Abs. 1 Nr. 7) und für stillgelegte (§ 55 Abs. 2 Nr. 2) Betriebe und in § 66 Nr. 8 als Ermächtigungsnorm für Verordnungen über die zu treffenden Vorsorge- und Durchführungsmaßnahmen.

73

b) Zur Erläuterung der Legaldefinition des Betriffes „Wiedernutzbarmachung" in § 4 Abs. 4 sind **drei Abgrenzungen** erforderlich.

74

aa) Zunächst zu § 39 Abs. 3. Danach ist nach Abschluß der Aufsuchungsarbeiten der frühere Zustand fremder Grundstücke wiederherzustellen. Um eine solche **„Wiederherstellung"** handelt es sich bei der „Wiedernutzbarmachung" nicht. Nicht der vor Beginn des Abbaus bestehende Zustand der Oberfläche ist das Ziel der Maßnahmen, sondern eine geplante Nutzung des Grundstückes zu landwirtschaftlichen, forstwirtschaftlichen oder Erholungszwecken (BT-Drucks. 8/1315, 76 = Zydek, 55).

75

bb) Danach zum bisherigen § 196 Abs. 2 ABG NW – der seinen Vorgänger in § 2 Abs. 2 der sog. Silvester-VO beim Grundeigentümer – Bergbau hatte – und der **Sicherung und Ordnung der Oberflächennutzung und Gestaltung der Landschaft** während des Bergwerksbetriebes und nach dem Abbau. Diese Vorschrift wurde bezüglich des Steinkohlenbergbaus von der Rechtsprechung einschränkend ausgelegt. Sie sollte der Bergbehörde nur ermöglichen, die durch Tagebau entstellte Landschaft wieder zu einem harmonischen Gesamtbild zusammenzufügen (OVG Münster ZfB 95 (1954), 456 und 458; Thiel ZfB 94 (1953), 269 rechneten dann aber im stilliegenden Tagebau sogar das Verkippen von Müll hierzu). Nicht gedeckt wurden Anordnungen zur Beseitigung von Tagesanlagen (OVG Münster, ZfB 114 (1973), 315, 318 im Anschluß an OVG Münster ZfB 96 (1955), 81 = OVGE 9, 191; anders OVG Münster ZfB 118 (1977), 361, 363 betr. Abbruch von Betriebsgebäuden und Wiederherstellung des ehemaligen Zechenplatzes im Abschlußbetriebsplan, VG Gelsenkirchen ZfB 119 (1978), 441, 445 für Abbruch übertägiger Gebäude und Rekultivierung des Geländes aus bauplanerischen Gründen). An diesen Ursprung der Wiedernutzbarmachung, eingeführt in NW durch Gesetz vom 25. 4. 1950 (GVBl, 73) für den Tagebau des Braunkohlenbergbaus (Krautschneider, Glückauf 1957, 1028, Weller ZfB 106 (1965), 224), muß die Erfassung der gesetzlichen Definition in § 4 Abs. 4 anknüpfen. Die Wiedernutzbarmachung soll nämlich im Hinblick auf den Umfang der Inanspruchnahme von Flächen durch den Tagebau das bergbehördliche Instrumentarium verankern und fortentwickeln (BT-Drucksache 8/1315, 69 = Zydek, 37).

76

Bisher wurde unter Wiedernutzbarmachung die Überführung des für Abbau- und Kippzwecke des Bergbaus in Anspruch genommenen Geländes in land-, forst- oder wasserwirtschaftliche Nutzflächen, in Siedlungs-, Industrie- oder Verkehrsflächen verstanden (Heller, Die Entschädigungsansprüche des Bergbautreibenden gegen den Staat oder einen Begünstigten wegen bergbehördlicher Maßnahmen im Betriebsplanverfahren, Diss. Bonn 1965, 78). Sie wurden in **Erstmaßnahmen** (getrennte Aushaltung gesondertes Verstürzen der kulturmäßigen Abraummassen, Einebnen der Schlußkippen, Regulierung der Vorflut) und **Folgemaßnahmen** (Zuführung zur Dauernutzung) unterschieden, wobei die Bergbehörde und das Betriebsplanverfahren sich auf die **Rekultivierung** beschränken müssen und sich **nicht** auf **Kultivierungsmaßnahmen** ausdehnen dürfen (Heller, a.a.O., 79, 86).

77

cc) Die Wiedernutzbarmachung ist im BBergG nur erfaßt als Teil **bergbaulicher Tätigkeit**. Alle die Nutzung der Oberfläche als solche regelnden Vorschriften greifen in das Betriebsplanverfahren nicht ein. Entsprechend der Gesamtkonzeption des BBergG bleiben die Vorschriften für Landschaftspflege, Raumordnung, Landesplanung und Städtebau unberührt (BT-Drucksache 8/1315, 76 = Zydek, 56).

78

c) Die Wiedernutzbarmachung betrifft nur die **in Anspruch genommene Oberfläche**. Das sind nicht nur die fremden, die der Unternehmer im Sprachgebrauch des BBergG „benutzt" (vgl. § 39 Abs. 1, 77 Abs. 1), sondern auch die eigenen Grundstücke. Es sind aber nur die Flächen, die der Bergbau für seine Maßnahmen in Besitz genommen hat. Damit scheiden insbesondere die Flächen aus, an denen Bergschäden i. S. § 114 verursacht worden sind. Für diese gilt die schadensersatzrechtliche Lösung und die bergrechtliche Grundsatzaussage über das Verhältnis zwischen Bergbau und Grundeigentum mit dem Ergebnis der behutsamen und zumutbaren Einschränkungen für den Grundeigentümer. Die öffentlich-rechtliche Vorschrift des § 4 Abs. 4 will die Bergschadensvorschriften nicht „unterlaufen".

79

d) Die ordnungsgemäße Gestaltung knüpft weder an den vor Aufnahme der bergbaulichen Tätigkeit noch an den während des Bergbaubetriebes bestehenden Zustand an. Die Grundstücke sollen vielmehr neu gestaltet werden.

80

e) Die Gestaltung hat unter „Beachtung des öffentlichen Interesses" zu erfolgen.

81

Der Begriff „**öffentliches Interesse**" ist gleichzusetzen mit dem Begriff des „**öffentlichen Belanges**" (Schlez, BBauG, § 1 Rn 68, VGH Mannheim VerwRspr 20, S. 158, 161), wie er beispielsweise in § 1 BBauG und verschiedenen anderen Vorschriften des Bauplanungsrechts vorkommt. In den Gesetzesmaterialien (BT-Drucksache 8/3965, 133) werden beide Begriffe im Zusammenhang mit der Wiedernutzbarmachung gleichwertig nebeneinander gebraucht („. . . den Belangen, die bei einer

Wiedernutzbarmachung zu beachten sind, durch ... Hinweis auf ... öffentliche Interessen besser Rechnung getragen ...").

82

Als Beispiele für „öffentliche Interessen" sollten herausgehoben werden die Ziele und Erfordernisse der Raumordnung und Landesplanung, des Naturschutzes, der Landschaftspflege und der Erholung. Zwar ist die endgültige Gesetzesfassung diesem Vorschlag des Bundesrates (Zydek, 89) nicht gefolgt, doch sind diese Gesichtspunkte unbestritten „öffentliche Interessen" i. S. § 4 Abs. 4.

83

Man wird andererseits nicht die aus §§ 1 Abs. 6, 35 Abs. 3 BBauG zur Verfügung stehenden Kataloge öffentlicher Belange auf § 4 Abs. 4 übertragen können. Ausgangspunkt für die Berücksichtigung öffentlicher Belange muß immer der Zweck des § 4 Abs. 4, seine Entstehung aus den Bedürfnissen des Tagebaues und der für eine Auslegung nützliche, aber nicht Gesetz gewordene Katalog des Bundesratsvorschlages sein. Eine ähnliche, an dem Zweck der einzelnen Vorschrift gemessene Auslegung hat die Rechtsprechung bereits bei der Berücksichtigung der öffentlichen Belange in § 34 BBauG (§ 56 Rn 232 f) und § 35 Abs. 1 BBauG (§ 56 Rn 240) vollzogen.

84

Als öffentliches Interesse wird man sehen müssen die Ausweisung in einem rechtskräftigen **Bebauungsplan**, weil er nach Abwägung der verschiedenen öffentlichen und privaten Belange verbindlich, ausführend und eingreifend ist.

85

Der **Flächennutzungsplan** dagegen dürfte bei bebauten Zechengrundstücken noch nicht das „öffentliche Interesse" i. S. § 4 Abs. 4 darstellen. Ihm kommt keine Wirkung nach außen zu, er enthält weder eine endgültige noch eine in alle Einzelheiten gehende Darstellung, er hat keine vollziehende Wirkung gegenüber Grundeigentümern. Lediglich bei nicht privilegierten Baumaßnahmen im Außenbereich wird ihm die Eigenschaft des „öffentlichen Belanges" zugestanden, gegenüber bestehenden baulichen Anlagen und Zuständen hat er keine Wirkung. In diese – im übrigen durch Art. 14 GG geschützte – Ausgangslage wollte § 4 Abs. 4 nicht eingreifen, sondern überläßt die Regelung den speziellen Rechtsmaterien.

86

Dieses Ergebnis gilt erst recht, wenn schon der Flächennutzungsplan das Gelände einer ehemaligen Schachtanlage als „gewerbliche Baufläche" darstellt. Die Gemeinde kann hier aus § 4 Abs. 4 nicht Abbruchverpflichtungen für bestehende Tagesanlagen herleiten (VG Gelsenkirchen ZfB 119, (1978), 441, 447 zum früheren Recht).

87

Anders wird ein Flächennutzungsplan im Gebiet von Tagebauen zu beurteilen sein. Dort steht der raumordnende Gesichtspunkt im Vordergrund, Gebäudenutzung und Bestandsschutz treten schon wegen des fortschreitenden Abbauverfahrens zurück, die bergbauliche Nutzung der Grundstücke ist von vornherein zeitlich begrenzt. In diesem Sinne ist § 166 BVO Br i. d. F. v. 20. 11. 1981 (Amtsbl.

RP Münster v. 19.12.1981, Sonderbeil. 5) auszulegen, wonach bei der Gestaltung der Flächen die vorgesehene künftige Nutzung zu berücksichtigen ist. Eine weitergehende Auslegung des Begriffes „vorgesehen" würde mit § 4 Abs. 4 nicht vereinbar sein.

88

Als öffentliche Interessen wird man nicht ansehen können Planungsvorstellungen der Gemeinde, die nicht ausreichend konkretisiert sind (Gelzer, Bauplanungsrecht, 1228), das gemeindliche Interesse, sich Planungsmöglichkeiten offenzuhalten (VG Köln Glückauf 1980, 1250 = ZfB 122 (1981), 470, 478) und Vorschriften aus Gesetzen, die mit einem eigenen rechtlichen Instrumentarium ausgestaltet sind und in die das BBergG nicht eingreifen wollte (BT-Drucksache 8/1315, 76), wie z.B. Landschaftsschutz-VO, Wasserrecht, Immissionsschutzrecht, Bauordnungsrecht.

89

Das „öffentliche Interesse" ist ein **unbestimmter Rechtsbegriff** (Westermann, Freiheit des Unternehmers, 72).

90

Das öffentliche Interesse ist indes nur zu „beachten", es ist nicht allein entscheidend. Es ist einer von mehreren Gesichtspunkten, die bei der Wiedernutzbarmachung zu berücksichtigen sind. Das wichtigste andere Interesse ist – obwohl nicht ausdrücklich genannt – das **private Interesse des Unternehmers** und des Grundstückseigentümers. Hier hat folglich eine Abwägung nicht nur der verschiedenen öffentlichen Gesichtspunkte untereinander, sondern auch des daraus herauskristallisierten öffentlichen Interesses mit den privaten Interessen stattzufinden.

91

f) Gegenstand der Prüfung im Betriebsplanverfahren ist nicht die Wiedernutzbarmachung selbst, sondern die **Vorsorge** hierzu. Im Abschlußbetriebsplanverfahren muß dann nach § 55 Abs. 2 Nr. 2 die Wiedernutzbarmachung sichergestellt werden.

92

Die Vorsorge ist zweifach eingeschränkt. Sie muß **erforderlich** sein, und sie ist nur in dem **nach den Umständen gebotenen Ausmaß** zu treffen. Selbst wenn die Vorsorge erforderlich erscheint, kann ihr Ausmaß den Umständen nach nur eingeschränkt geboten sein, wobei zu den Umständen auch wirtschaftliche Gesichtspunkte gehören. In Betriebsplänen, die nur untertägige Maßnahmen oder zwar übertägige, aber nicht oberflächenrelevante Maßnahmen zum Inhalt haben, ist die Vorsorge schon nicht erforderlich. Die Vorschrift geht auch nicht soweit, bei der betriebsplanmäßigen Zulassung von baulichen Anlagen im Übertagebereich deren späteren Abbruch bei Beendigung des Gewinnungsbetriebes zu fordern. Bauliche Anlagen beeinträchtigen die Wiedernutzbarmachung der Oberfläche nicht notwendigerweise, der Umfang des Abbruchs ist kein Anliegen des Bergrechts, sondern regelt sich nach Bauordnungs- und Bauplanungsrecht. Im übrigen

§ 55 93–95   Dritter Teil: Aufsuchung, Gewinnung und Aufbereitung

ist Vorsorge ausreichend durch § 16 BVOSt für den Bereich des LOBA NW dadurch getroffen, daß hiernach Tagesanlagen und bauliche Einrichtungen, die bergbaulichen Zwecken gedient haben, nach Stillegung zu beseitigen sind, sofern sie nicht nachweislich weiter genutzt werden. Allerdings erscheint gerade diese Vorschrift verfassungsrechtlich nicht unbedenklich und von der gesetzlichen Ermächtigung in diesem Umfang wohl kaum gedeckt.

93
Erfaßt werden von der Vorsorge im **Steinkohlenbergbau** im wesentlichen die Aufschüttung und Gestaltung von Bergehalden, ferner bei **Erdöl- und Erdgasgewinnungsbetrieben** die Rekultivierung von Bohrplätzen, Förder- und Aufbereitungsplätzen, Schlammgruben (Richtl. OBA Clausthal-Zellerfeld für die Wiedernutzbarmachung der vom Bergbau nicht mehr benötigten Flächen v. 26. 6. 1974 ZfB 116 (1975), 145).

94
Den mit Abstand weitesten Umfang nimmt die Vorsorge für die Wiedernutzbarmachung im **Tagebau**, insbesondere von Braunkohle, an. Dort sind kulturfähige Bodenschichten sorgfältig zu bewirtschaften (§ 165 Abs. 1 BVOBr), wird die Unterbringung von Abraum geregelt (§ 166 BVOBr), sind die neu entstandenen Flächen auf Innen- und Außenkippen unverzüglich zur Nutzung herzurichten (§ 167 BVOBr), sind die zur land- und forstwirtschaftlichen Nutzung oder als Siedlungsland bestimmten Flächen in ausreichender Mächtigkeit mit kulturfähigem Material zu bedecken (§ 168 Abs. 1 BVOBr). Das LOBA NW hat ferner **Richtlinien** für das Aufbringen von kulturfähigem Bodenmaterial **bei landwirtschaftlicher** Rekultivierung v. 22. 1. 1973 (SBl LOBA NW A 2.29) **und** bei **forstwirtschaftlicher Rekultivierung** v. 12. 11. 1973 (SBl LOBA NW A 2.29) erlassen. Zwischen Bergbauunternehmen und Landesregierung NW wurde außerdem das sog. **Lößabkommen** v. 20. 2. 1961 über die Lößschutthöhe auf den wirtschaftlich zu rekultivierenden Flächen abgeschlossen (Reiners, Landschaft im Wandel, S. 10). Zur Sicherung der Rekultivierung wurde, soweit sie nicht einzelnen Bergbautreibenden obliegt, durch das Gesetz über die Errichtung einer **Gemeinschaftskasse** im Rheinischen Braunkohlengebiet v. 25. 4. 1950 (GV NW 73) eine Kasse aller Bergbautreibenden im Braunkohlengebiet errichtet. Das LOBA konnte Rekultivierungsarbeiten zu Gemeinschaftsaufgaben erklären und die durchzuführenden Einzelmaßnahmen bestimmen. Inzwischen ist die Gemeinschaftskasse aufgelöst (Gesetz v. 16.02.1982, GuV NW 74)

8. Sicherheit anderer Betriebe

95
Die Vorschrift erfüllt zu einem Teil den Programmsatz des § 1 Nr. 2. Sie dient der Sicherheit benachbarter Betriebe und damit der Sicherheit der Bergleute im Nachbarbetrieb. Sie läuft parallel zu dem Schutz der Beschäftigten und Sachgüter im betriebsplanpflichtigen Betrieb selbst gem. § 55 Abs. 1 Nr. 3.

Zweites Kapitel: Anzeige, Betriebsplan   96–103   § 55

96
Im früheren § 196 Abs. 2 ABG steckte der Nachbarschutzgedanke mit in den Worten „Sicherheit der Baue" (RG ZfB 80/81 (1939), 145; Ebel-Weller § 196, 3 a; Isay, § 196 Rn 5) wobei unter „Baue" nicht nur die Grubenbaue unter Tage, sondern auch die Betriebseinrichtungen über Tage einschließlich Aufbereitungsanlagen zu verstehen waren (KG ZfB 46 (1905), 532, ZfB 52 (1911), 146 = Schachtgerüste). Im BBergG wurde der Nachbarschutz durch § 55 Abs. 1 Nr. 8 verselbständigt und moderner formuliert.

97
Wesentliche Anwendungsbereiche dieser Bestimmung sind die **Markscheidesicherheitspfeiler** (auch Rn 34): Nach § 122 Abs. 3 BVOSt NW vom 20. 2. 1970 (Sonderbeilage Nr. A des Amtsbl. RP Arnsberg, 14) dürfen innerhalb eines Bereichs von 20 m an Markscheiden, Pachtfeldgrenzen und sonstigen Grenzen zwischen benachbarten Bergwerksbetrieben Grubenbaue und Bohrungen nicht hergestellt werden, es sei denn, das Bergamt bewilligt eine Ausnahme.

98
Eine andere Anwendung kann im Einzelfall (§ 53 Rn 30 ff, 37) die Grubenwasserhaltung in stillgelegten Bergwerken zum Schutz von betriebenen Bergwerken gegen das Überlaufen von Grubenwasser sein.

99
Die Vorsorge betrifft nur bereits **geführte, nicht** erst in Aussicht genommene **zukünftige Betriebe**. Die Vorsorge betrifft außerdem nur die Sicherheit von Aufsuchungs-, Gewinnungs- und Aufbereitungsbetrieben, nicht jedoch andere, nicht hierzu gehörende Betriebe.

100
Nicht entscheidend sind die Eigentumsverhältnisse der benachbarten Betriebe. Auch wenn beide Betriebe demselben Unternehmer gehören, gilt § 55 Abs. 1 Nr. 8.

101
Der Vorrang des bereits geführten Betriebes gilt sowohl für den nach § 50 angezeigten als auch für den nach § 51 betriebsplanmäßig zugelassenen.

9. Gemeinschaden (§ 55 Abs. 1 Nr. 9)

102
Eine weitere Voraussetzung für die Zulassung des Betriebsplanes ist, daß **gemeinschädliche Einwirkungen** der Aufsuchung und Gewinnung **nicht zu erwarten** sind.

103
a) Der Gesetzgeber hat damit einen für das bisherige Bergrecht besonders markanten Begriff, den der „gemeinschädlichen Einwirkungen", übernommen und als eine wesentliche Zulassungsvoraussetzung für den Betriebsplan aufrechterhalten. Nach § 196 Abs. 2 ABG war der „Schutz gegen gemeinschädliche Einwirkungen

des Bergbaus" Aufgabe der Bergbehörde. Ausgehend von der grundsätzlichen Aufgabe der Abwehr von Gefahren für die öffentliche Sicherheit und Ordnung war Voraussetzung des Schutzes gegen gemeinschädliche Einwirkungen das Bestehen einer unmittelbar bevorstehenden, bestimmt erkennbaren und auf andere Weise nicht anwendbaren Gefahr (Voelkel ZfB 56 (1915), 315, 332). Hierdurch wurde eine Abgrenzung zu dem nicht polizeilichen Begriff der Wohlfahrtspflege gefunden, wenn man auch die Anforderungen an die „Gefahr" bei der Bergbehörde aus Gründen der Verschärfung ihrer Funktion als Sicherheitspolizei nicht so streng formulierte wie bei anderen Polizeibehörden.

104

b) Der Gedanke der Gefahrenabwehr aus § 196 Abs. 2 ABG wurde bei den **genehmigungspflichtigen Anlagen** des BImSchG noch verschärft. Während für die betriebsplanmäßige Zulassung ausreichend war, daß die konkrete Gefahr einer Störung besteht, d. h. im Einzelfall mit hinreichender Wahrscheinlichkeit die Gefahr des Schadenseintritts bevorstand, muß hier nach § 5 Nr. 1 BImSchG die Anlage so betrieben werden, daß schädliche Umwelteinwirkungen nicht hervorgerufen werden **können**. Dies wird durch § 6 BImSchG verstärkt, weil die Erfüllung dieser Pflicht sichergestellt sein muß. Aus §§ 5 Nr. 1, 6 Nr. 1 BImSchG folgt, daß nach dem Erkenntnisstand zum Zeitpunkt der Entscheidung die Möglichkeit eines Eintritts schädlicher Umwelteinwirkungen bei diesen Anlagen ausgeschlossen ist (Feldhaus, Bundesimmissionsschutzrecht § 5 Anm. 3; Sellner, Immissionsschutzrecht und Industrieanlagen, S. 25).

105

c) Die Regelung des § 55 Abs. 1 Nr. 9 geht einerseits um Nuancen über § 196 Abs. 2 ABG hinaus, bleibt in ihren Anforderungen andererseits hinter der immissionsschutzrechtlichen zurück. Sie führt den aus anderen Umweltschutzgesetzen, z. B. dem Wasserrecht (§ 6 WHG: „Beeinträchtigung . . . zu erwarten") bekannten Begriff des „Erwartens" in das Bergrecht ein und will sicherstellen, daß gemeinschädliche Einwirkungen **nicht „zu erwarten"** sind. Das bedeutet, daß die bloße Möglichkeit oder Besorgnis nicht genügt (BVerwG ZfW 1974, 309 zu § 31 WHG). Andererseits ist eine an Gewißheit grenzende Wahrscheinlichkeit oder eine konkrete Gefahr im ordnungsrechtlichen Sinne nicht erforderlich (OVG Münster ZfW – Sonderheft – 1970 II 3 zu § 6 WHG).

106

Die Einwirkungen sind **zu erwarten**, wenn sie nach allgemeiner Lebenserwartung oder anerkannten fachlichen Regeln wahrscheinlich und ihrer Natur nach annähernd voraussehbar sind. Die Voraussehbarkeit ist nach objektiven Kriterien zu beurteilen und unabhängig von der Stärke der Beeinträchtigung des Wohls der Allgemeinheit. Auch bei starken Beeinträchtigungen ist der Maßstab an den Grad der Wahrscheinlichkeit derselbe wie bei schwächeren (zu weitgehend Bayr. VGH DVBl 1977, 933 im Wasserrecht). Jede Möglichkeit des Eintritts eines Gemeinschadens muß jedoch im Gegensatz zur Regelung nach §§ 5 Nr. 1, 6 Nr. 1 BImSchG nicht ausgeschlossen werden.
Zu den Folgen, wenn gemeinschädliche Einwirkungen schon eingetreten sind, vgl.

Zweites Kapitel: Anzeige, Betriebsplan **107–110 § 55**

Rn 129, 132, und wenn solche Einwirkungen zwar noch nicht zu erwarten, aber dennoch durch Nebenbestimmungen geregelt werden, vgl. § 56 Rn 45).

107
d) Der Begriff „gemeinschädliche Einwirkungen" ist im Verwaltungsgerichtsverfahren als **„unbestimmter Rechtsbegriff"** nachprüfbar (Ebel-Weller, § 196, 3 g).

108
e) Das BBergG definiert wie seine Vorgänger, den Begriff des „Gemeinschadens"nicht, allerdings geht die Begründung davon aus, daß seine Definition „im wesentlichen als gesichert gelten kann" (BT-Drucksache 8/1315, 111 = Zydek, 257).

109
Die Wurzeln des Begriffes liegen schon im frühen Verwaltungspolizeirecht. Nach § 10 II 17 ALR war eine der klassischen polizeilichen Aufgaben, „die nötigen Anstalten zur Abwendung der dem Publico bevorstehenden Gefahr zu treffen". Das ABG konkretisierte diese Aufgabe als „Schutz gegen gemeinschädliche Einwirkungen des Bergbaus und übernahm einen Begriff, den schon das ALR nicht konsequent benutzte (Voelkel ZfB 56 (1915), 315, 331 unter Hinweis auf Rosin, VerwArch Bd. 3, 309 Anm. 177) und der im ABG nicht definiert wurde. Selbst in der Begründung wurden nur wenige Beispiele aufgeführt. Die Hinzufügung dieser bergpolizeilichen Aufgabe sollte eine Lücke der bisherigen Gesetzesbestimmungen ausfüllen, „in dem dieser Schutz, z. B. wenn es sich um die Verhütung gemeingefährlicher Tagebrüche, um Verunreinigung fließender Gewässer usw. handle, recht eigentlich zu den Gegenständen der Bergpolizei gehöre" (ZfB 6 (1865), 198).

110
Schon früh begannen daher die Versuche für eine allgemeingültige Definition. Nach Baron (ZfB 18 (1877), 46) sollten als „gemeinschädlich" im Anschluß an den strafrechtlichen Begriff der „Gemeingefährlichkeit" nur die Einwirkungen anzusehen sein, die eine unbestimmte Zahl von Personen und Sachen treffen. Arndt (8. Aufl., 235) meinte, gemeinschädlich seien Einwirkungen, bei welchen der durch den Bergbau erwachsene Nutzen für die Gesamtheit durch den Schaden überwogen wird, welchen der Bergbau verursacht (ebenso Isay, § 196, Rn 9; Ebel-Weller § 196, 3 g; Boldt, § 196, 4 f; h. M.). Klostermann-Fürst-Thielmann (6. Aufl., S. 578) sehen als Gemeinschaden kasuistisch an: wenn er an Gegenständen eintrifft, die vom Gesichtspunkt des öffentlichen Interesses aus einen nicht in Geld zu schätzenden Wert besitzen, oder wenn die drohende Beschädigung außer Verhältnis zu den Mitteln des Bergwerksbesitzers steht oder wenn die schädliche Einwirkung in ihren Folgen die öffentliche Sicherheit gefährdet (ebenso Oppenhoff, S. 270). Brassert-Gottschalk (2. Aufl., S. 831) sehen als gemeinschädlich an, wenn die Einwirkungen das Gemeinwohl erheblich benachteiligen oder gefährden (so auch Schlüter-Hense, 2. Aufl., 514) und bringen hierdurch wieder allgemeine Begriffe anstelle einer klaren Definition. Die preußische Regierung hat 1876 den Begriff in einer Landtagsverhandlung wie folgt definiert: „Ein Gemeinschaden ist das Ge-

genteil von Gemeinwohl. Eine Handlung oder ein Ereignis, wodurch das Gemeinwohl geschädigt wird, ist ein Gemeinschaden" (ZfB 17 (1876), 462). Nach Voelkel schließlich (ZfB 56 (1915), 315, 329) läßt sich zur Begriffsbestimmung nur das Wort „gemeinschädlich" in die Worte „dem Gemeinwohl schädlich" auflösen und abgrenzen von den Begriffen „öffentliches Interesse" und „öffentliches Wohl". Danach ist der Begriff „öffentliches Interesse" von diesen dreien der weitestgehende, indem er jedes berechtigte Interesse der Allgemeinheit im Auge hat. Andererseits sollen „öffentliches Wohl" und „Gemeinwohl" sehr nahe nebeneinanderstehen, weil zwischen „gemein" und „öffentlich" kein sachlicher Unterschied besteht. An das „Wohl" wiederum sind strengere Anforderungen zu stellen als an das „Interesse" (vgl. § 49 pr. WG „überwiegende Rücksichten des öffentlichen Wohles", jetzt § 6 WHG „Wohl der Allgemeinheit", zwischen denen sachliche Identität besteht, Gieseke-Wiedemann-Czychowski, WHG, § 6 Rn 20).

111

f) Da der Begriff „Gemeinschaden" schwer greifbar ist, erscheint es zweckmäßig, ihm zunächst durch Beispiele aus der Praxis Konturen zu geben. Bei Wertung von Rechtsprechung und Verwaltungspraxis zu diesem Problem ergibt sich, daß es im Grunde zwei große Kategorien sind, in denen die Frage nach dem Gemeinschaden auftritt. Da es sich stets um Einwirkungen des Bergbaus auf die Erdoberfläche handelt, erscheint es sinnvoll, die Erfassung nach dem beschädigten Objekt auf der Erdoberfläche durchzuführen und in folgender Reihenfolge zu behandeln:
– Beschädigung von privaten Sachen
– Beschädigung von öffentlichen Sachen, wobei an Verwaltungsvermögen und Sachen im Gemeingebrauch zu denken ist.

112

aa) Bei Beschädigungen von **privaten Sachen** ist ein Gemeinschaden sehr selten anerkannt worden. Schon früh wurde festgestellt (von Brunn ZfB 15 (1874), 77, 99 unter Hinweis auf RB vom 29. 8. 1868), daß die Bergbehörde bei Beschädigungen der Erdoberfläche nur aus Gründen des öffentlichen Interesses und nicht im Privatinteresse der Eigentümer einschreiten kann. Gemeinschädlich war demnach, daß die Außenbezirke und die Altstadt von Essen durch teilweise vollständigen, teils schachbrettartigen Abbau so erheblichen Bodensenkungen ausgesetzt war, daß die Häuser teilweise Totalschaden erlitten (von Brunn a.a.O., S. 81). Bei der bergbehördlichen Anordnung und ihrer Bestätigung im Rekursverfahren spielte eine mitentscheidende Rolle, daß sie auch der Sicherung einiger Straßen und einer Kirche diente (v. Brunn a.a.O., S. 88). Als gemeinschädlich wurde ein Abbau unter der Kruppschen Gußstahlfabrik angesehen (RB ZfB 15 (1874), 97), wobei hier aber maßgebend war, daß zahlreiche Gebäude mit ausgedehnten Arbeitsräumen bereits erheblich beschädigt waren und daß die Gefahr des Einsturzes von Schornsteinen und eines Wasserturmes bestand, bei dem mehrere Menschen verschüttet werden konnten und schließlich, daß ein erhebliches öffentliches Interesse an der Erhaltung der Betriebsanlagen mit vielen tausend Arbeitsplätzen bestand. Die Annahme des Gemeinschadens bei der – nach heutigen Umweltschutzbestimmungen nicht mehr denkbaren – schädlichen Gesamteinwirkung durch Flugstaubverwehungen aus der Brikettfabrik eines Braunkoh-

Zweites Kapitel: Anzeige, Betriebsplan   113   § 55

lenbergwerks (RB ZfB 37 (1896), 505) hatte ihre besonderen Gründe. Die reichlichen Mengen Staub setzten sich auf Felder, Wälder, Gärten. Bewohner in größerer Entfernung waren noch Belästigungen ausgesetzt. Dem privaten Eigentümer eines Wasserschlosses, das bergbaulichen Einwirkungen ausgesetzt ist, wurde ein Anspruch auf Einschreiten gegen gemeinschaftliche Einwirkungen nicht zugebilligt, sondern er mußte seine Bergschadensansprüche zivilrechtlich geltend machen (OVG Münster Glückauf 1973, 597 – Wasserschloß).

113
bb) Reichhaltiger ist die Fallgestaltung bei Beschädigungen von **öffentlichen Sachen**. Die Begründung zu § 196 Abs. 2 ABG gab schon einen Anhaltspunkt durch das Stichwort „Verunreinigung fließender Gewässer" (ZfB 6 (1865), 198). Gemeinschädlich waren Einwirkungen auf Wasserläufe (RB ZfB 9 (1868), 226, ZfB 21 (1880), 403, MinErl. ZfB 79 (1938), 624), auch durch Aufbereitungsarbeiten (Oppenhoff, S. 270), nicht jedoch das Einleiten von Stollenwasser in Gewässer mit geringer Fischzucht (RG ZfB 37 (1896), 116; hierzu Klostermann-Fürst-Thielmann S. 579: es ist nicht zutreffend, daß jede Verunreinigung fließender Gewässer als gemeinschädliche Einwirkung des Bergbaus zu betrachten ist). Gemeinschädlich war die Beeinflussung des **Grundwasserstandes**, wenn die landwirtschaftliche Erzeugung eines größeren Gebietes beeinträchtigt wurde oder mit einer das öffentliche Wohl berührenden Auswirkung der Schädigung zu rechnen war (MinErl. ZfB 79 (1938), 624). Ferner die Grundwasserentziehung bei einer Wasserversorgungsanlage (RG ZfB 19 (1878), 137) wobei allerdings hier der Gemeinschaden aufgehoben werden kann, wenn der Bergbaubetreiber eine künstliche Wasserleitung erstellt (RB ZfB (1876, 124, Klostermann-Fürst-Thielmann, S. 578), schließlich die Gefährdung von Heil- und Mineralquellen (Boldt § 196, 4, Voelkel ZfB 56 (1915) 313, 334). Gemeinschaden wurde bei bergbaubedingten **Vorflutstörungen** angenommen. Die verschlammten Senkungsgebiete, stagnierenden Gewässer, ausufernden Bachläufe, nicht abfließenden Abwässer bildeten einen Gemeinschaden (RB ZfB 38 (1897), 208 und 210). Allerdings ist durch die Gründung und Tätigkeit der Emschergenossenschaft (Trainer ZfB 38 (1897), 190) und anderer öffentlich-rechtlicher Wasserverbände (LINEG, Lippeverband) hier der Gemeinschaden aufgehoben, weil es gesetzliche Aufgabe dieser sondergesetzlichen Wasserverbände ist, die Vorflutstörungen in ihrem Verbandsgebiet zu beseitigen (§§ 1 Abs. 1 EGG, 2 Abs. 1 Nr. Lippe-Gesetz, 1 Abs. 1 LINEG-Gesetz). Dasselbe gilt für die Pflicht zum Ausgleich der Wasserführung (§ 87 Abs. 3 LWG NW) und die Gewässerunterhaltung (§ 91 Abs. 2 LWG NW), die ebenfalls den Wasserverbänden bzw. in verbandsfreien Bereichen den Kreisen bzw. Gemeinden obliegt und wo rechtzeitige Informationen dieser Körperschaften über Abbaueinwirkungen gemeinschädliche Einwirkungen nicht erwarten lassen. Bei zu erwartenden bergbaulichen Einwirkungen auf **Deiche** ist zur Vermeidung des zu erwartenden Gemeinschadens der nach § 108 Abs. 2 LWG NW zuständige Unterhaltungspflichtige, z. B. der Deichverband oder die nach § 108 Abs. 4 LWG NW zuständige Gemeinde, so rechtzeitig zu informieren, damit die erforderlichen Deichbaumaßnahmen dem notwendigen Planfeststellungsverfahren durchgeführt werden können. Gemeinschädlich sind auch die **Grundwasserabsenkungen** durch den Braunkohlenbergbau im **Erftgebiet**, die erforderlich werden, um die Tagebaue von

Wasser freizuhalten und ihre Böschungen gegen Wassereinbrüche und Rutschungen zu sichern (vgl. Willing ZfB 101 (1960), 44, 45). Neben den Verpflichtungen der Braunkohlenbergwerke aus § 55 Abs. 1 Nr. 9 und auf Bergschadensersatz nach §§ 114 ff besteht aber das Recht des Erftverbandes, von sich aus Maßnahmen zum Schutze des öffentlichen Wohles zu ergreifen (zur Verfassungsmäßigkeit des ErftVG BVerfG NW 1960, 1675 = BVerfGE 10, 89). Wenn auch die ordnungsrechtliche Haftung des Bergwerksunternehmers durch das **ErftVG** nicht berührt wird (Willing, a.a.O., 49), garantiert die Tätigkeit des Verbandes doch, daß gemeinschädliche Einwirkungen i. S. § 55 Abs. 1 Nr. 9 nicht zu erwarten sind. Eine **Konkretisierung** des § 55 Abs. 1 Nr. 9 ist durch § 12 Abs. 1 des ErftVG vorgegeben. Danach sind unterirdische Wasser derartig zu fördern, zu gewinnen, zu benutzen, zu behandeln und abzuleiten, daß der Verband seine Aufgabe erfüllen und die ihm zustehenden Befugnisse in zweckmäßiger Weise ausüben kann (zur Verfassungsmäßigkeit vgl. Willing, a.a.O., 61). Bei Erfüllung der Verpflichtung aus § 12 Abs. 1 ErftVG ist zugleich für § 55 Abs. 1 Nr. 9 davon auszugehen, daß gemeinschädliche Einwirkungen nicht zu erwarten sind. Neu zu überdenken ist allerdings die **entschädigungslose Widerruflichkeit des Betriebsplanes** nach § 12 Abs. 1 Satz 5 ErftVG aufgrund der Erfordernisse der geordneten Wasserversorgung und Wasserwirtschaft angesichts der vom BBergG angestrebten Loslösung des Betriebsplanes von außerbergrechtlichen Gesichtspunkten und der auch den Widerruf einschränkenden Bestimmung des § 56 Abs. 1 Satz 2 (§ 56 Rn 35 ff).

114

Für die Annahme eines „Gemeinschadens" bei bergbaulichen Einwirkungen auf öffentliche Sachen waren häufig **Sicherheits- und Versorgungsgesichtspunkte** entscheidend. So mußte der Abbau unter den Bassins der städtischen Wasserversorgungsanstalt eingestellt werden, ohne daß der Bergbau sich darauf berufen konnte, die Wasserversorgung könne von einem anderen Ort aus betrieben werden (RB von Brunn, ZfB 15 (1874), 101). Abbau unter Eisenbahnanlagen mußte schachbrettartig geführt (RB von Brunn, ZfB 15 (1874), 90) oder wegen der Gefährdung von Bahnhöfen sogar eingestellt (RB ZfB 16 (1875), 256) werden. Anders, wenn durch rechtzeitiges Heben und Unterstopfen der Schwellen und Schienen eine rechtzeitige Ausgleichung der zu erwartenden Senkungen stattfindet (RB ZfB 16 (2875), 258; Kein Gemeinschaden). Die Anordnung nur schachbrettförmigen Abbaus zum Schutze von Straßen (RB von Brunn, ZfB 15 (1874), 88) hatte mehr die Gesichtspunkte des „Schutzes der Oberfläche im Interesse des öffentlichen Verkehrs" im Auge als die der gemeinschädlichen Einwirkungen. Dort wird man das in den Motiven (ZfB 6 (1865), 198) genannte Beispiel „Verhütung gemeingefährlicher Tagebrüche" schon einzuordnen haben, so daß ein Gemeinschaden nicht vorliegt.

115

Festzustellen ist, daß die Beschädigung öffentlichen Vermögens nicht grundsätzlich gemeinschädlich ist (Ebel-Weller, § 196, 3 g OLG Hamm ZfB 117 (1976), 467, 476 betr. Brücke, Fernstraßen). Die gesetzgeberische Grundentscheidung, daß bergbaulicher Abbau ohne Rücksicht auf die Auswirkungen an der Erdoberfläche zulässig ist, gilt auch hier. Die Betreiber von öffentlichen Schwimmbädern,

Müllverbrennungsanlagen, Krankenhäusern, Schulen, Ver- und Entsorgungssystemen, Erholungs- und Sportanlagen sind grundsätzlich auf die Bergschadensregelungen der §§ 110 ff zu verweisen, wenn ihre Anlagen bergbaulichen Einwirkungen ausgesetzt sind. Eine Beschädigung der städtischen Gasanstalt ist nicht gemeinschädlich, wenn der Gasometer so konstruiert ist, daß größere Gasmengen, die zu seiner Explosion führen können, nicht entweichen können (RB von Brunn, ZfB 15 (1874), 101).

116
In zwei Fallgruppierungen sind von diesem Grundsatz Ausnahmen gemacht worden: Bei der drohenden Zerstörung unwiederbringlicher Kulturgüter und bei Störungen von immateriellen Werten.

117
Unwiederbringliche Kulturgüter, unter Denkmalschutz stehende Gebäude, unter Denkmalschutz stehende Kirchen, bedürfen eines besonderen Schutzes gegen Schädigungen und Zerstörungen. Hier führt schon das einmalige schädigende Ereignis zu über den materiellen Wert hinausgehenden Verlusten.

118
Bei anderen **immateriellen Werten**, etwa religiösen Gefühlen und Friedhofsruhe, kann ebenfalls die einmalige Verletzung nicht mehr reparable Auswirkungen haben. So wurde die Schießarbeit unter einem Kirchhof untersagt, weil sie die Friedhofsruhe störte (MinErl. ZfB 25 (1894), 140, Klostermann-Fürst-Thielmann, S. 580). Der Totalschaden an einem Friedhof oder einer Kirche kann ein Gemeinschaden sein. Andererseits ist der reparable Bergschaden an einzelnen Gräbern oder einer Kirche kein Gemeinschaden, selbst wenn die Reparaturarbeiten einige Zeit dauern und für die kirchlichen Veranstaltungen ein Ersatzraum benutzt werden muß. Die Erholungsfunktion eines Staatsforstes ist ein immaterielles Gut, dessen Zerstörung gemeinschädlich sein kann (OVG Saarland ZfB 116 (1975), 358). Zur Gemeinschädlichkeit infolge Verletzung von Interessen des Naturschutzes Beschl.WirtschMin. Rh-Pfalz, ZfB 90 (1949), 420).

119
g) Die Beurteilung des Begriffes „gemeinschädigende Einwirkungen" i.S. § 55 Abs. 1 Nr. 9 ist zunächst auf der gesetzgeberischen **Grundentscheidung zum Verhältnis Bergbau-Grundeigentum** aufzubauen. Diesen Interessenkonflikt hat der Gesetzgeber generell entschieden. Er hat ein öffentliches Interesse an der Aufsuchung und Gewinnung von Bodenschätzen bejaht, es gegenüber dem Interesse an der Unversehrtheit der Oberfläche abgewogen und ihm den Vorzug vor letzterem gegeben. Die Befugnis aus dem Gewinnungsrecht erfährt grundsätzlich keine Einschränkung unter dem Gesichtspunkt der Bergschadensverursachung. Diese Maßnahmen bleiben selbst dann zulässig, wenn mit Sicherheit mit dem Auftreten von Bergschäden als Folge der bergbaulichen Maßnahmen zu rechnen ist (BGH ZfB 111 (1970), 446, 452 – Ersatzhaftung des Staates). An dieser gesetzlichen Interessenbewertung hat § 55 grundsätzlich und § 55 Abs. 1 Nr. 9 im besonderen nichts geändert (Westermann, Freiheit des Unternehmers, 1973,

S. 82). Nachdem der Gesetzgeber grundsätzlich in den §§ 110 ff zwischen Grundstückseigentum und Bergbau abgewogen hat, kann die Behörde diese Abwägung nicht nochmals im Betriebsplanverfahren durchführen. Die Auslegung des Begriffes „Gemeinschaden" kann demnach nicht dazu führen, diese Grundentscheidung des Gesetzgebers wieder rückgängig zu machen oder auszuhöhlen. Für die Begriffsbestimmung des „Gemeinschadens" bedeutet das, daß sie oberhalb der Schwelle des Bergschadens anzusiedeln ist, und zwar unabhängig davon, ob es sich um private oder öffentliche Sachen handelt.

120

aa) Bei **privaten Sachen** wird die Duldungspflicht des Grundstückseigentümers gegenüber bergbaulichen Einwirkungen im Regelfall so gewichtig sein, daß die Beschädigung eines Privatgrundstücks oder einer privaten baulichen Anlage regelmäßig nicht gemeinschädlich ist (Ebel-Weller § 196, 3 g; Isay, § 196, Rn 9, von Brunn ZfB 15 (1874), 77, 98; Westermann ZfB 106 (1965) 132, Freiheit des Unternehmers, 1973, S. 82 Fn. 69, OVG Münster, Glückauf 1973, 597 – Wasserschloß). Auch der Totalschaden eines Hauses oder die Addition mehrerer Bergschäden führt nicht notwendigerweise dazu, daß ein Gemeinschaden vorliegt.

121

Man wird hier fast soweit gehen können, eine – allerdings widerlegbare – Vermutung für die bergschadensrechtliche privatrechtliche Abwicklung anzunehmen und gegen den Gemeinschaden. Folgerichtig sieht die Begründung zu § 55 Abs. 1 Nr. 9 (früher E § 54 S. 1 Nr. 8, vgl. Zydek, 257) einen Gemeinschaden nicht schon darin, wenn ein einzelner geschädigt wird, sondern es muß ein Schaden in einem solchen Umfang drohen, daß er sich auf das Allgemeinwohl auswirkt. Daraus folgt weiter, daß einerseits der privatrechtliche Verzicht auf Bergschadensansprüche nicht im Interesse der Durchsetzung öffentlich-rechtlicher Bindungen aus § 55 Abs. 1 Nr. 9 hinfällig oder gem. § 134 BGB nichtig ist. Andererseits sind die öffentlich-rechtlichen Vorschriften des § 55 trotz eines bestehenden Bergschadensverzichtes anwendbar und durchsetzbar (OLG Hamm ZfB 117 (1976), 467, 476, bestätigt vom BGH ZfB 119 (1978), 81). Zum Einfluß der Bergverordnung über Einwirkungsbereiche gem. § 67 Nr. 7 auf die Beurteilung der gemeinschädlichen Einwirkungen vgl. § 55 Rn 55.

122

Andererseits spielt es, wenn eine gemeinschaftliche Einwirkung im Einzelfall angenommen werden muß, keine Rolle, ob Bergschadensansprüche gem. §§ 110 ff bestehen und durchgesetzt werden können.

123

Der Bergwerksunternehmer kann sich nicht darauf berufen, daß ein Bergschadensanspruch wegen der Einschränkungen des § 117 Abs. 1, wegen Verjährung gem. § 117 Abs. 2, wegen mitwirkenden Verschuldens gem. § 118 oder aus anderen Gründen nicht gegeben wäre (so schon RB bei von Brunn ZfB 15 (1874), 94 betr. Ausschluß des Anspruches gem. § 150 ABG).

Zweites Kapitel: Anzeige, Betriebsplan   124–127   § 55

124
Ein Gemeinschaden setzt gerade bei Beschädigung von privaten Sachen voraus, daß er nicht durch Ersatzmaßnahmen vermeidbar ist. Hier wird zu prüfen sein, ob die gemeinschädlichen Einwirkungen durch andere Maßnahmen, etwa durch Anpassungs- oder Sicherungsmaßnahmen, durch Gestaltung der Abbauführung, durch Maßnahmen Dritter – z. B. Wasserverbände – oder durch Ersatzmaßnahmen vermieden werden kann.

125
bb) Bei **öffentlichen Sachen** gilt grundsätzlich derselbe Grundgedanke wie bei den privaten. Auch hier ist vorrangig die gesetzgeberische Grundsatzentscheidung über die Duldungspflicht des Grundstückseigentümers bei schädigenden Einwirkungen des Bergbaus. Sie wird allerdings eingeschränkt zugunsten einer Annäherung an die Erfüllung der Voraussetzungen des Gemeinschadensbegriffes bei unwiederbringlichen Kulturgütern und bei der Verletzung immaterieller Werte oder außergewöhnlicher Interessen der Allgemeinheit (z. B. Verteidigungsinteressen).

126
cc) **Unerheblich** ist die **Größe des Betriebes**, von dem die Einwirkungen herrühren. Es kommt ausschließlich auf die Einwirkungen an, nicht darauf, ob sie von einem bedeutenden oder kleinen Betrieb verursacht wurden (a. A. Isay, § 196, Rn 9). „Gemeinschaden" wird nur anzunehmen sein, wenn die schädigenden Auswirkungen des Abbaus von erheblicher Bedeutung sind (RB ZfB 37 (1896), 116, Ebel-Weller § 196, 3 g).

127
dd) Die hier vertretene Auffassung steht auf der Basis der letztlich überwiegenden Meinung des jüngeren Schrifttums (Isay, § 196 Rn 9, Ebel-Weller, § 196, 3 g, Boldt § 196, 4 f, Althaus, Die Einwirkungen der Bergaufsicht auf das Bergwerkseigentum nach dem ABG, Diss. Münster, 1970, S. 40), wonach Einwirkungen als gemeinschädlich anzusehen sind, wenn der entstehende Nachteil für die Gesamtheit größer ist, als der durch die Betriebshandlung für sie erwachsende Vorteil. Nur diese Ansicht kann nämlich der Gesetzgeber gemeint haben mit der Aussage, der Begriff „sei gesichert" (Rn 108). Allerdings ist er auf der Basis der gesetzgeberischen Grundentscheidung (Rn 119) begrenzt worden, damit er in der Praxis kalkulierbarer für Bergbehörde und Betroffene wird, damit die subjektiven Elemente der Vermögenslage des Verursachers aus dem Spiel bleiben, damit die Erwägung, ob im Einzelfall der Abbau mit Ausgleich der Nachteile Dritter oder die Einstellung des Abbaus wirtschaftlicher ist, dem Bergbauunternehmer überlassen bleibt und damit die gesetzgeberische Abwägung, daß die volkswirtschaftliche Bedeutung des Bergbaus vorrangig ist vor den durch ihn verursachten Nachteilen, als Fundament für die gegenüber dem Gesetzgeber untergeordneten behördlichen und gerichtlichen Abwägungen aufgebaut wird.

128

Bei der Auslegung des Begriffes „Gemeinschaden" wird man sich anlehnen können an die moderne Definition des Begriffes „Gemeingefahr" in § 2 Abs. 2 der Störfall-VO (12. BImSchV v. 27.6. 1980, BGBl 772) – bei Berücksichtigung der unterschiedlichen Zwecke von Störfall-VO und BBergG und des Unterschiedes zwischen „Schaden" und „Gefahr". Jedenfalls soll durch das Kriterium des Gemeinschadens – wie der Gemeingefahr in § 2 Abs. 2 Störfall-VO (Amtl. Begr. bei Feldhaus, Bundesimmissionsschutzrecht, zu § 2 der 12. BImSchV) – die behördliche Tätigkeit von der Überschreitung einer ganz erheblichen Gefahrenschwelle abhängig sein.

129

Die Zulassung des Betriebsplanes befaßt sich nur mit zu **erwartenden** gemeinschaftlichen Einwirkungen. Die Bergbehörde kann demnach nur vorbeugend wirken. Ist der gemeinschädliche Erfolg schon eingetreten, ohne daß die Ursache fortdauert, liegt ein Grund zur Versagung des Betriebsplanes oder zur Erteilung mit einschränkenden Auflagen nicht vor (Oppenhoff, S. 270). Die Wiederherstellung eines eingetretenen Gemeinschadens ist ein bergschadensrechtliches Problem, kein öffentlich-rechtliches. Die Prüfung, ob gemeinschädliche Einwirkungen zu erwarten sind, hat nicht soweit zu gehen, künftige, noch nicht vorhandene bauliche Anlagen und den zukünftigen Benutzerkreis zu schützen (Ebel-Weller, § 196, 3g, ZfB 32 (1881) 134). Die Bergbehörde hat im Betriebsplanverfahren nur zu prüfen, ob gemeinschädliche Einwirkungen aus Aufsuchungs- oder Gewinnungs-, nicht jedoch aus Aufbereitungsbetrieben herrühren. Für letztere sind die Vorschriften des BImSchG zu beachten (§ 56 Rn 255 ff).

130

Gemeinschaden hat ausschließlich Bezug zur **Außenwelt** des Bergbaus (Althaus a.a.O., 45). Nicht jeder Betriebsplan ist auf seine gemeinschädlichen Folgen zu prüfen, sondern normalerweise nur der Abbaubetriebsplan und außenwirksame Übertagebetriebspläne.

131

h) Der Begriff der „gemeinschädlichen Einwirkungen" ist abzugrenzen von den **anderen öffentlich-rechtlichen Gesichtspunkten**, die Gegenstand der Prüfung im Betriebsplanverfahren sind. Er wurde leider schon in den Motiven zum ABG (ZfB 6 (1865), 198) mit der Lückenbüßerfunktion versehen, die die ständige Versuchung mit sich brachte, ihn als Auffangtatbestand für nicht eindeutig in § 196 Abs. 2 ABG genannte andere öffentliche Interessen zu verwenden. Dieser Gefahr muß um der Rechtssicherheit des Betriebsplanverfahrens willen vorgebeugt werden. Man wird davon ausgehen müssen, daß die Gesichtspunkte, die durch die Nr. 1–8 des § 55 erfaßt werden sollten, nicht nochmals der § 55 Nr. 9 zuzuordnen sind. Ein öffentlich-rechtlicher Gesichtspunkt der Nr. 1–8, der nach Prüfung durch die Bergbehörde der Zulassung des Betriebsplanes nicht entgegensteht, kann nicht in Form der gemeinschädlichen Einwirkung zu einem Grund für die Versagung des Betriebsplanes oder für Auflagen werden. Diese Abgrenzungsregel gilt insbesondere für das Verhältnis der Nr. 5–7. Wenn gemeinschädliche Einwirkungen nicht zu erwarten, sondern schon eingetreten sind, kommt eine betriebsplanmäßige Regelung nicht mehr in Betracht (§ 55 Rn 105 f, 129). Hier kann die Bergbehörde nur über eine Anordnung nach § 71 vorgehen.

132
i) Eine Pflicht der Bergbehörde, gegen gemeinschädliche Einwirkungen des Bergbaus außerhalb der Betriebsplanzulassung durch **Anordnungen** gem. § 71 einzuschreiten, besteht grundsätzlich nicht (OVG Münster, Glückauf 1973, 597 = Wasserschloß = ZfB 115 (1974), 443, 448 m.w.N.). Die Prüfung, ob diese Einwirkungen zu erwarten sind, ist durch das BBergG in das Zulassungsverfahren für den Betriebsplan gleichsam „vorverlagert", so daß spätere Anordnungen zunächst die Vermutung des zugelassenen Betriebsplanes, daß gemeinschädliche Einwirkungen nicht zu erwarten sind, widerlegen müssen. Außerdem steht der Bergbehörde ein Ermessen zu, ob sie Anordnungen gem. § 71 erlassen will (§ 71 Rn 47). Dabei müssen Standortgebundenheit des Bergbaus (§§ 18, 24 Abs. 4 LEPRO NRW), energiepolitische Grundaussagen („Kohle-Vorrang-Politik", § 1 BBergG) Grundsätze über Widerruf oder Rücknahme von Betriebsplänen (hierzu § 56 Rn 33 ff.), der Grundsatz des § 56 Abs. 1 Satz 2 und die Entschädigungsfragen bei Eingriffen in Betriebspläne bzw. Bergwerkseigentum in die Prüfung ebenso einbezogen werden wie eine umfangreiche Sachverhaltsaufklärung als Voraussetzung für fehlerfreie Ermessensausübung.

133
Angesichts des weiten Spielraumes des Begriffes „gemeinschädliche Einwirkungen" und der schwierigen Abgrenzungsproblematik zum Bergschadensrecht wird eine Entscheidung der Bergbehörde, nicht gegen derartige Einwirkungen Anordnungen zu treffen, grundsätzlich nicht zu einer sog. „Ermessensschrumpfung auf Null" und damit zu einem Anspruch eines Dritten gegen die Bergbehörde auf Erlaß dieser Anordnungen führen.

134
Eine Verweisung auf einen **Rechtsschutz vor den Zivilgerichten** ist grundsätzlich nicht zu beanstanden (BVerwG DVBl 1969, 586, BVerwGE 37, 112, 115; OVG Münster a.a.O., 448).

10. Betriebsplan für Betriebe im Bereich des Festlandsockels oder der Küstengewässer (§ 55 Abs. 1 Nr. 10–13)

135
Die zusätzlichen Erfordernisse für die Zulassung von Betriebsplänen im Bereich des Festlandsockels oder der Küstengewässer sind – sofern Nr. 10–12 betroffen sind – Folgerungen aus den Art. 4 und 5 der **Genfer Konvention über den Festlandsockel**.

136
Schon die **Aufsuchung** auf dem Festlandsockel und innerhalb der Küstengewässer ist durch § 49 beschränkt. Die dort in Nr. 1–3 genannten Versagungsgründe für

die Aufsuchung stimmen mit denen des § 55 Abs. 1 Nr. 10–12 wörtlich überein und finden sich wieder in § 132 Abs. 2 Nr. 1–3 als Versagungsgründe für die Genehmigung von Forschungshandlungen auf dem Festlandsockel.

137
Die Ausdehnung der besonderen Zulassungsvoraussetzungen für Betriebe auf dem Festlandsockel auf solche im Bereich der Küstengewässer findet seine Begründung in der Ausweitung auf eine 12-Seemeilen-Zone (BT-Drucksache 8/1315, 178 = Zydek, 227).

138
Die Formulierung der Zulässigkeitsvoraussetzungen läßt erkennen, daß sie einen **Ausgleich** der **Interessen** des Bergbaus mit denen von Schiffahrt und Fischerei herbeiführen sollen („nicht unangemessen", „nicht mehr als nach den Umständen unvermeidbar", „möglichst geringes Maß"). Ein absolutes Beeinträchtigungsverbot besteht im Falle Nr. 10, bei allen übrigen Zulässigkeitsvoraussetzungen müssen die Interessen des Bergbaus in die Entscheidung miteinfließen.

11. **Abschlußbetriebsplan** (§ 55 Abs. 2 Nr. 1–3)

139
Auf Zulassung eines Abschlußbetriebsplanes besteht ebenfalls ein **Rechtsanspruch**.

140
Nicht zu den Zulassungsvoraussetzungen gehört der **Nachweis der Berechtigung** gem. § 55 Abs. 1 Nr. 1. Geändert sind die Voraussetzungen des § 55 Abs. 1 Nr. 3 durch Abs. 2 Nr. 1 und der § 55 Abs. 1 Nr. 7 durch Abs. 2 Nr. 2 und Nr. 3.

141
Einzelheiten zur Auslegung des § 55 Abs. 2 Nr. 1 : § 53 Rn 6 f.

142
Im Gegensatz zu § 55 Abs. 1 Nr. 7 ist für die Wiedernutzbarmachung der Oberfläche **nicht** nur **Vorsorge** zu treffen, **sondern** sie ist **sicherzustellen**. Der Abschlußbetriebsplan muß Aussagen machen, welche Maßnahmen der bergrechtlichen Wiedernutzbarmachung in dem in § 4 Abs. 4 definierten und in § 55 Rn 72 ff erläuterten Sinne durchgeführt werden. Aus dem Vergleich zu § 55 Abs. 2 Nr. 3, wonach betriebliche Einrichtungen im Festlandsockel vollständig beseitigt werden müssen, folgt für die Wiedernutzbarmachung i. S. § 55 Abs. 2 Nr. 2, daß eine derartige Beseitigung aus bergrechtlicher Sicht nicht Gegenstand des Abschlußbetriebsplanes ist.

12. **Sonstige Zulassungsvoraussetzungen**

143
§ 55 Abs. 1 und 2 regeln die Zulassungsvoraussetzungen für alle in § 52 genannten Arten von Betriebsplänen grundsätzlich **abschließend** (Weller, Glückauf 1981, 250, 253, § 55 Rn 3).

Zweites Kapitel: Anzeige, Betriebsplan **144 § 55**

144

Eine gewisse **Einschränkung** ergibt sich allerdings aus § 48 für verplante Grundstücke mit öffentlicher Zweckbestimmung oder wenn der Aufsuchung oder Gewinnung überwiegende öffentliche Interessen entgegenstehen (§ 48 Rn 3 ff). § 48 schafft zwar **keine zusätzlichen Zulassungsvoraussetzungen**, denn er ist gesetzessystematisch nicht im 2. Kapitel mit der Überschrift „Betriebsplan"eingeordnet und es fehlt in den Vorschriften über das Betriebsplanverfahren, insbesondere in § 55, jeder Bezug auf § 48. Wenn § 48 demnach gegenüber dem Betriebsplanverfahren **selbständigen Charakter** hat und der Betriebsplan bei Vorliegen der Voraussetzungen des § 55 zuzulassen ist, selbst wenn sich aus anderen öffentlich-rechtlichen Vorschriften Beschränkungen ergeben, so muß er doch gleichsam als Tür zu § 55 verstanden werden. Die der Bergbehörde durch § 48 eingeräumte Befugnis könnte sie – ungeachtet zunächst einer rechtlichen Wertung und entsprechend dem allgemeinen Charakter der Vorschrift und des sie tragenden 1. Kapitels – vor, während und nach der Betriebsplanzulassung ausüben. Die Verbote und Beschränkungen „höhlen" den Anspruch auf Zulassung damit aus: Es erscheint verwaltungsökonomisch nicht sinnvoll, den Betriebsplan einerseits zuzulassen, ihm andererseits wegen überwiegender öffentlicher Interessen den Boden durch Beschränkung oder Untersagung wieder zu entziehen (ähnlich für das Verhältnis der Genehmigung des § 4 BImSchG zur nachträglichen Anordnung nach § 17 BImSch VG Düsseldorf DVBl 1982, 37, 39). Durch die theoretisch denkbare Zusammenfassung von Zulassung und versagender Anordnung in derselben Sekunde wäre dem Unternehmer nicht gedient, so daß auch der verfassungsrechtliche Verhältnismäßigkeitsgrundsatz für die Auslegung spricht, daß die Bergbehörde das Recht und die damit korrespondierende Pflicht zur Berücksichtigung des § 48 Abs. 2 im Betriebsplanverfahren hat. Das gilt allerdings nicht für **Aufbereitungsbetriebe**, für die § 48 nach seinem Wortlaut nicht unmittelbar oder entsprechend anzuwenden ist, weil hier die Vorschriften des BImSchG Vorrang haben. Das führt allerdings nicht dazu, daß in anderen Gesetzen geregelte und von anderen Behörden zu prüfenden Belange (z. B. BImSchG, WHG, BauO) durch die Pforte des **überwiegenden öffentlichen Interesses** i. S. **§ 48 Abs. 2** Einzug in das Betriebsplanverfahren halten (so wohl Nordalm, Agrarrecht 1981, 209, 210). Die Prüfungs- und Entscheidungskompetenz aus § 48 Abs. 2 wird für die Bergbehörde nur insoweit begründet, als die Belange nicht im Rahmen eines förmlichen Verfahrens von einer insoweit kompetenteren Fachbehörde einer speziellen Prüfung unterzogen werden (Henseler, DVBl 1982, 390, 392 für Gen. nach AtG im Anschluß an BVerwG DVBl 1980, 165 = NJW 1980, 1406 betr. Auslegung des „Wohls der Allgemeinheit" in § 8 WHG, Bayr. VGH, Bayr. VBl 1978, 179 (180) betr. andere öff.-rechtl. Vorschriften i. S. BauO; OVG Münster, BRS 33, 162 betr. Verhältnis Baugen. – sonstige Genehmigungen OVG Lüneburg DVBl 1978, 67, 70 zum Verhältnis AtG – Wasserrecht und DVBl 1983, 185 zum Verhältnis Baugenehmigung – Nutzungsgenehmigung nach AtG; vgl. auch § 56 Rn 249). Wenn allerdings die außerbergrechtlich geregelten öffentlichen Interessen zugleich in § 55 einzuordnen sind, muß man das Prüfungsrecht bei der Bergbehörde ansiedeln, weil sie über die Gesamtmaßnahme in grundsätzlicher Hinsicht entscheidet (ähnlich Henseler, DVBl 1982, 390, 394 „die Behörde, mit deren Genehmigung die größte Bedrohung des Naturhaushaltes einhergeht").

Die vorstehenden Grundsätze gelten auch für **Auflagen** im Betriebsplanverfahren. Sie sind zwar nicht stets „Beschränkungen der Gewinnung" i. S. § 48 Abs. 2, aber doch nach dem Grundsatz der Verhältnismäßigkeit des Mittels vorrangig gegenüber Beschränkungen und Untersagungen i. S. § 48 Abs. 2.

145
Eine weitere Einschränkung ergibt sich aus § 54 Abs. 2 insofern, als dieser Vorschrift nicht nur formelle Beteiligungsrechte der Gemeinde als Planungsträger, sondern auch materiell-rechtliche Bedeutung zuerkannt wurde (§ 54 Rn 36 f).

146
Nach dem früheren § 196 Abs. 2 hatte die Bergbehörde auch **andere**, in dem Katalog nicht ausdrücklich genannte Gesichtspunkte der Gefahrenabwehr zu prüfen (§ 69 Rn 1). Dabei wurde das Wort „insbesondere", das diese Möglichkeiten eröffnete, jedoch dahin verstanden, daß es Maßnahmen der Gefahrenabwehr, nicht andere hiermit nicht im Zusammenhang stehende abdeckte (Willecke ZfB 113 (1972), 151, 158, Wilke ZfB 110 (1969) 199; OVG Münster ZfB 106 (1965), 360, 367; anders OVG Münster ZfB 114 (1973) 319, 328).

147
Es bedurfte daher einer ausdrücklichen Aufnahme in den Katalog des § 196 Abs. 2 ABG, wenn die Bergbehörde **Lagerstättenschutz, Raumordnung, Landesplanung** wahrzunehmen und im Betriebsplanverfahren zu prüfen hatte. Das schloß nicht aus, daß die Prüfung eines Betriebsplanes sich auf die Vereinbarkeit mit den **Plänen** aufgrund des **Braunkohlengesetzes** zu erstrecken hatte (OVG Münster ZfB 114 (1973), 319, 329), weil durch die Bindung aller Behörden an einen für verbindlich erklärten Plan bergbauliche Betriebspläne mit den Planungen nach dem Braunkohlegesetz in Einklang zu bringen sind. Das schloß ferner nicht aus, daß aus der Zuweisung der Sorge für die Ordnung der Oberflächennutzung und Gestaltung der Landschaft eine Verpflichtung zur Berücksichtigung von **bauplanerischen Gesichtspunkten** bei der Zulassung eines Abschlußbetriebsplanes (VG Gelsenkirchen ZfB 119 (1978), 441, 445 gegen OVG Münster ZfB 114 (1973) 315, 318, wonach Abbruchverfügungen in die Zuständigkeit der Bauordnungsbehörde fallen, wenn nicht Gefahren i. S. § 196 Abs. 2 ABG – so wie im Urteil OVG Münster ZfB 106 (1965), 482 – zu besorgen sind) oder bei der Zulassung eines Betriebsplanes für Vorhaben i. S. § 29 Satz 3 BBauG oder sogar für Übertageanlagen (OVG Münster Glückauf 1982, 240) entnommen wurde. Auch **andere öffentlich-rechtliche Gesichtspunkte**, die in den Zuständigkeitsbereich anderer Behörden fielen, konnte die Bergbehörde bei ihrer Entscheidung berücksichtigen (VG Gelsenkirchen, a.a.O., S. 446), es wurde sogar als Ermessensfehler angesehen, wenn die Bergbehörde sich irrigerweise an ein angebliches Einvernehmen der Fachaufsichtsbehörde gebunden fühlte (OVG Münster OVGE 5, 165, 170; Glückauf 1973, 288 = ZfB 114 (1973), 319, 332). Es war zulässig, daß die Bergbehörde einen Betriebsplan nicht zuließ oder zumindest mit Nebenbestimmungen versah, wenn die am Verfahren zu beteiligende Bauaufsichtsbehörde den Standpunkt vertrat, daß die Errichtung der Übertagebauten gegen das Bauplanungsrecht verstößt (OVG Münster Glückauf 1982, 240). Das hat sich durch § 55 BBergG grundsätzlich geändert, wird jedoch durch den Grundsatz der Verwaltungsökonomie für Fälle des § 48 (vgl. Rn 144) oder § 24 BIMSchG (vgl. Rn 156) zu modifizieren sein.

Zweites Kapitel: Anzeige, Betriebsplan　　　　　148–151　§ 55

148

Schon nach früherem Recht konnte der Bergbehörde allerdings einen **Rahmenbetriebsplan** aus Gründen des **Landschaftsschutzes**, insbesondere wegen einer entgegenstehenden Landschaftsschutzverordnung, nicht ablehnen. Die Landschaftsgestaltung war erst „während des Bergbaubetriebes" Aufgabe der Bergbehörde, der Rahmenbetriebsplan ist erst Voraussetzung für eine Betriebsaufnahme (OVG Münster ZfB 114 (1973), 319, 332).

149

Noch weitergehend die Rechtslage nach dem BBergG: Bei Betriebsplänen aller Art ist eine Versagung wegen einer entgegenstehenden Landschaftsschutz-VO unzulässig. Ferner erstreckt sich die bergrechtliche Zulassung nicht auf entgegenstehende naturschutzrechtliche Hindernisse, kann daher auch keine Befreiungen von ihnen geben (so schon zum früheren Recht BVerwG ZfB 117 (1976), 330, 336; Schlüter, Glückauf 1939, 892, 893, vgl. aber § 56 Rn 375 ff.).

150

Im Zulassungsverfahren ist die **privatrechtliche** Rechtslage nicht zu prüfen (Ausn.: Berechtigung i. S. § 51 Abs. 1 Nr. 1). Das gilt für das BBergG mit den in § 55 aufgezählten Zulassungsvoraussetzungen noch mehr als nach der früheren Rechtslage, wo immerhin über das Wort „insbesondere" in § 196 Abs. 2 ABG und die Ausdehnung des Begriffes der „Abwehr von Gefahren für die öffentliche Sicherheit und Ordnung" auch für den Schutz privater Rechte hier gelegentlich andere Auffassungen vertreten wurden (nach VG Oldenburg ZfB 121 (1980), 83, 88 hat die Bergbehörde bei der Erteilung einer Erlaubnis für das Aussolen von Kavernen die privaten Abbaurechte des Grundstücksnachbarn durch die Auflage von Sicherheits-Salzfesten zu berücksichtigen, nach Rek.Besch. ZfB 72 (1931), 637, Schlüter, Glückauf 1939, 892, 893 zulässig die Auflage, ein Tagesabhauen erst nach Erwerb der Tagesoberfläche anzusetzen).

151

Wenn für ein und dasselbe Bergwerksfeld nicht zwei auf den Abbau des ganzen Feldes gerichtete Bergbaubetriebe betriebsplanmäßig zuzulassen sind (OVG Münster ZfB 94 (1953), 362), beruhte das nicht auf privatrechtlichen, sondern auf sicherheitlichen Gründen. Im gleichen Beschluß wird nämlich für zulässig gehalten, wenn zwei benachbarte Betriebe für bestimmte Betriebsanlagen dasselbe Grundstück benutzen wollten (ferner RB ZfB 48 (1907). Schon wenn nur Zweifel über die privatrechtliche Lage oder wenn Streit über die Rechtslage bestand, konnte und kann die Bergbehörde die Zulassung nicht versagen (OVG Münster ZfB 106 (1965) 360, 367). Der Schutz privater Rechte ist im BBergG aus dem Betriebsplanverfahren ausgeklammert. Sieht der Betriebsplan die Benutzung fremder Grundstücke vor oder muß der Bergbauberechtigte seine Schächte auf fremdem Grundstück gegen eine Gefahrenlage sichern (OVG Münster ZfB 114 (1975) 429, 437), steht das der Zulassung nicht entgegen.

152

Nachteilige Auswirkungen des Kohleabbaus auf das Grundeigentum oder dahinter zurückbleibende Rechtspositionen berechtigen nicht zur Versagung der Zulassung (VG Gelsenkirchen, Urteil vom 15. 1. 1981 – 8 K 4419/78 = Glückauf 1981, 1511, bestätigt OVG Münster, Glückauf 1982, 239, 240). Zweifel an der privatrechtlichen Berechtigung zum Haldenabbau können nicht zur Ablehnung des Betriebsplanes führen.

153

Auflagen sind aus **privatrechtlichen** Gründen nicht zulässig. Entscheidungen über den Betriebsplan „vorbehaltlich der Genehmigung durch den Grundstückseigentümer" oder mit der Auflage des „Nachweises der privatrechtlichen Berechtigung" sind rechtswidrig. Davon zu unterscheiden ist die zulässige Auflage (Schlüter, Glückauf 1939, 892, 893) auf Leistung einer Sicherheit zur Verhütung gemeinschädlicher bergbaulicher Einwirkungen.

154

Dem Betriebsplan kommt auch keine **immissionsschützende Funktion** zu (H. Schulte NJW 1981, 88, 95; a. A. wohl Nordalm Agrarrecht 1981, 209, 210, 211), jedenfalls nicht über die in § 55 Abs. 1 genannten Einzelbereiche hinaus. Elemente des Immissionsschutzes sind in den Nr. 3 (Personenschutz), Nr. 5 (Schutz der persönlichen Sicherheit und des öffentlichen Verkehrs), Nr. 8 (Sicherheit anderer Betriebe) und Nr. 9 (Gemeinschädliche Einwirkungen) enthalten. Im übrigen hat das BBergG den Immissionsschutz in das BImSchG und in den dortigen Rahmen für Anlagen des Bergwesens verlagert. Ansätze, den Immissionsschutz zum Gegenstand des Betriebsplanverfahrens zu machen, wurden am Ende des Gesetzgebungsverfahrens fallengelassen (ausführlich § 56 Rn 256).

155

Wenn nun der Immissionsschutz nur noch in dem begrenzten Umfang Gegenstand der Prüfung im Betriebsplanverfahren sein kann, ist davon zu unterscheiden, ob der Unternehmer die Pflichten nach § 22 BImSchG, die Bergbehörde die Rechte zu Anordnungen (§ 24 BImSchG), Untersagung (§ 25 BImSchG), Überwachung (§ 52 BImSchG) bei Anlagen des Bergwesens hat.

156

Man wird davon ausgehen müssen, daß die Anlagen des Bergwesens im Umfange des § 4 Abs. 2 BImSchG nur von der Genehmigungspflicht und den damit zusammenhängenden Bestimmungen ausgenommen sind, nicht von den **übrigen Vorschriften** des BImSchG. § 4 Abs. 2 BImSchG ist eine über den Wortlaut hinaus nicht erweiterungsfähige Ausnahmebestimmung (§ 56 Rn 310). Dem kann nach weitgehendem Ausschluß des Immissionsschutzes im Betriebsplanverfahren nicht mehr mit dem Argument (VG Gelsenkirchen ZfB 123 (1982, 107, 110) begegnet werden, das Betriebsplanverfahren biete eine Gewähr für die strenge Überwa-

Zweites Kapitel: Anzeige, Betriebsplan §§ 55, 56

chung der bergbaulichen Anlagen, so daß der Weg zur Anwendung der §§ 22 ff BImSchG auf diese Anlagen versperrt sei (hiergegen schon Feldhaus, Bundesimmissionsschutzrecht, Anm. 2 zu § 22 BImSchG und zur früheren Rechtslage Reiners, Landschaft im Wandel, 8, wonach die Gesichtspunkte des § 22 BImSchG im Betriebsplanverfahren zu prüfen und demzufolge die Richtlinien des LOBA NW zum Schutz der Nachbarschaft oder der Allgemeinheit vor Gefahren, erheblichen Nachteilen oder erheblichen Belästigungen durch Immissionen aus Tagebauen vom 7. 5. 1974 (SBl LOBA NW A 2.25) erlassen waren). Das bedeutet gleichzeitig, daß die §§ 24, 25 und 52 BImSchG ebenfalls auf nicht genehmigungsbedürftige Anlagen des Bergwesens anwendbar sind.

157
Nicht Gegenstand des Betriebsplanverfahrens ist auch der **öffentliche Straßenverkehr**. Sobald Lastwagen das Betriebsgelände verlassen haben, gehören sie nicht mehr zum Bergwerksbetrieb und endet die Zuständigkeit der Bergbehörde (Schlüter, Glückauf 1939, 892, Nordalm, Agrarrecht 1981, 209).

13. Verwaltungsgebühren

158
Für die Prüfung und Zulassung des Betriebsplanes werden **Verwaltungsgebühren** erhoben, die sich in NRW nach Ziff. 3.3.1 der Allgemeinen Verwaltungsgebührenordnung (i. d. F. der 2. VO zur Änderung der AVwGebO v. 15. 12. 1981, GuV NW 2011) richten. Dasselbe gilt für Entscheidungen über die Befreiung von der Betriebsplanpflicht und über die Verlängerung, Ergänzung oder Änderung eines Betriebsplanes. Vgl. auch § 51, Rn 34 wegen anderer Bundesländer-GebO.

§ 56 Form und Inhalt der Zulassung, Sicherheitsleistung

(1) Die Zulassung eines Betriebsplanes bedarf der Schriftform. Die nachträgliche Aufnahme, Änderung oder Ergänzung von Auflagen ist zulässig, wenn sie
1. für den Unternehmer und für Einrichtungen der von ihm betriebenen Art wirtschaftlich vertretbar und
2. nach den allgemein anerkannten Regeln der Technik erfüllbar
sind, soweit es zur Sicherstellung der Voraussetzungen nach § 55 Abs. 1 Satz 1 Nr. 2 bis 13 und Absatz 2 erforderlich ist.

(2) Die zuständige Behörde kann die Zulassung von der Leistung einer Sicherheit abhängig machen, soweit diese erforderlich ist, um die Erfüllung der in § 55 Abs. 1 Satz 1 Nr. 3 bis 13 und Absatz 2 genannten Voraussetzungen zu sichern. Der Nachweis einer entsprechenden Versicherung des Unternehmers mit einem im Geltungsbereich dieses Gesetzes zum Geschäftsbetrieb zugelassenen Versicherer darf von der zuständigen Behörde als Sicherheitsleistung nur abgelehnt werden, wenn die Deckungssumme nicht angemessen ist. Über die Freigabe einer gestellten Sicherheit entscheidet die zuständige Behörde.

(3) Die Absätze 1 und 2 gelten für die Verlängerung, Ergänzung oder Änderung eines Betriebsplanes entsprechend.

I. Schriftform

1
Die nach § 56 Abs. 1 S. 1 erforderliche Schriftform für die Zulassung wird damit begründet, daß der Betriebsplan die entscheidende Grundlage für die betriebliche Tätigkeit ist. § 56 Abs. 1 S. 1 **schließt** damit die **Regelung des § 37 Abs. 1 VwVfG aus**, wonach ein Verwaltungsakt auch „in anderer Weise" erlassen werden kann.

2
Die Regelung des BBergG steht damit im Gegensatz zum früheren Recht: nach § 68 Abs. 1 ABG NW konnte ein Betriebsplan zugelassen werden durch stillschweigende Zulassung oder Rücknahme eines eingelegten Einspruchs des Bergamtes (bestr., ob durch Stillschweigen eine Erlaubnis, Verwaltungsakt, erteilt wurde, bejahend OVG Saarland ZfB 116 (1975), 358, 361, Franke, Die Bergaufsichtsbehörde in ihrer Funktion als Erlaubnisbehörde, Diss. Münster 1966, Schulte Glückauf 1953, 564; Weller ZfB 106, (1965), 228 gegen KG ZfB 57 (1916), 283; pr. OVG ZfB 72 (1931), 289, LVG Gelsenkirchen ZfB 95 (1954), 468 Ebel-Weller § 68, 2).

3
Die Schriftform ist nach § 37 Abs. 3 VwVfG **gewahrt**, wenn die erlassende Behörde erkennbar ist und die Unterschrift oder die Namenswiedergabe (z. B. auch Faksimilestempel, OLG Frankfurt NJW 1976, 308) des Behördenleiters, Vertreters oder Beauftragten auf der Urschrift der Zulassung enthalten ist.

4
Fehlt auf der Zulassung die Unterschrift, liegt wohl **keine Nichtigkeit** vor (Stelkens-Bonk-Leonhard, § 44 Rn 16), da die Schriftform des § 56 Abs. 1 S. 1 **Beweisfunktion** erfüllen soll und daher Schutzgründe eine Nichtigkeit nicht erfordern. Fehlende Schriftform berechtigt im Rahmen des § 46 VwVfG zur Anfechtung der Zulassung. Ein Nachholen der Unterschrift bedeutet nicht Heilung des Mangels, da der Katalog des § 45 VwVfG das nicht vorsieht, sondern Erlaß einer neuen Betriebsplanzulassung.

5
Ist dagegen die zulassende Behörde nicht erkennbar, führt das zur Nichtigkeit der Zulassung gem. § 44 Abs. 2 Nr. 1 VwVfG.

II. Rechtsnatur der Zulassung

6
1. Die Zulassung des Betriebsplanes wurde früher teilweise als **„Genehmigung"** bezeichnet (Boldt § 68, 1, 3, 4; Isay § 67 Rn 1; Klostermann-Fürst-Thielmann § 68 Anm. 2, uneinheitlich Miesbach-Engelhardt Art. 71 Bayr. BG, 5). Dem kann schon

deshalb nicht gefolgt werden, weil im Betriebsplanverfahren keine Rechte Dritter vernichtet werden (Horneffer, Bergrecht und Allgemeines Polizeirecht, Diss. Göttingen, 1969, 91).

7

2. Die Zulassung wurde auch als generelle **Erlaubnis mit Verbotsvorbehalt** bezeichnet (grundsätzlich zum Begriff OVG Lüneburg DVBl 1970, 514; Pfadt, Rechtsfragen zum Betriebsplan im Bergrecht, 88). Das Recht zur Aufsuchung und Gewinnung verliehener Mineralien bestehe schon aus dem Bergwerkseigentum, so daß die Betriebsplanzulassung keinen begünstigenden Verwaltungsakt darstelle (Weller ZfB 106 (1965), 218, 228, anders jetzt Glückauf 1981, 250, 253). Dem steht aber entgegen, daß § 51 die Errichtung, Führung und Einstellung von der Betriebsplanzulassung abhängig macht und Bergwerkseigentum nur ausgeübt werden kann „nach den Vorschriften dieses Gesetzes" (§ 9 Abs. 1).

8

3. Die Betriebsplanzulassung wird rechtlich richtigerweise als **präventives Verbot mit Erlaubnisvorbehalt** (grundsätzlich BVerfGE 20, 150, 157) eingestuft (OVG Saarland ZfB 116 (1975), 358, 361; VG Oldenburg ZfB 121 (1980), 83, 86; Horneffer, Bergrecht und Allgemeines Polizeirecht, Diss. Göttingen, 1969, 92; Pfadt, a.a.O., 90). Das Aufsuchen, Gewinnen und Aufbereiten von Bodenschätzen sind nicht – wie die Kriterien für das **repressive Verbot mit Befreiungsvorbehalt** – generell für die Allgemeinheit gefährlich und daher grundsätzlich nicht gestattet, sondern sind sozial anerkennungswürdig, zumindestens wertneutral. Hier genügt es, wenn von der Bergbehörde lediglich ein vorbeugendes Kontrollrecht ausgeübt wird.
Beim präventiven Verbot mit Erlaubnisvorbehalt ist die **Erteilung der Erlaubnis der Normalfall**. Die Einschaltung der Bergbehörde in Form der Zulassung des Betriebsplanes hat daher nur den Zweck, im Interesse anderer zu schützende Rechte und Rechtsgüter ein vorbeugendes Kontrollinstrument einzuräumen.

9

4. Die Zulassung ist ein **Verwaltungsakt** i. S. §§ 35 VwVfG; 42 VwGO (OVG Münster, ZfB 114 (1973), 319; ZfB 116 (1975), 245, 250; ZfB 118 (1977), 361, 365; OVG Saarland, ZfB 116 (1975), 358, 361; VG Köln, Glückauf 1980, 1250).

10

Die positive Entscheidung hat die rechtlichen Merkmale eines in Form einer Erlaubnis gekleideten **begünstigenden** Verwaltungsaktes i. S. § 48 Abs. 1 VwVfG. Sie hat den Charakter einer „**Unbedenklichkeitsbescheinigung**", ggf. sogar einer „planerischen Unbedenklichkeitsbescheinigung" (VG Köln, Glückauf 1980, 1250) und bringt zum Ausdruck, daß die in § 55 Abs. 1 genannten verwaltungsrechtlichen Hindernisse nicht entgegenstehen (Franke, Die Bergaufsichtsbehörde in ihrer Funktion als Erlaubnisbehörde, Diss. Münster 1965, 20). Nach Westermann ist sie ein konstitutiver Staatshoheitsakt („Freiheit", 71).

§ 56 11–16   Dritter Teil: Aufsuchung, Gewinnung und Aufbereitung

11
Die Betriebsplanzulassung hebt das Verbot auf, vor Erteilung mit der betriebsplanpflichtigen Maßnahme zu beginnen. Sie hat daher **nicht nur deklaratorischen Charakter** in dem Sinne, daß bergrechtliche Gesichtspunkte, insbesondere die des § 55, der bergbaulichen Maßnahmen nicht entgegenstehen, sondern schafft auch eine **konstitutive Rechtsstellung**, weil sie gesetzliche Schranken öffnet.

12
5. Fraglich ist, ob die Zulassung einen Verwaltungsakt mit **Doppelwirkung** darstellt, in dem der Unternehmer begünstigt und Dritte belastet werden. Das hängt vom Einzelfall ab.

13
a) Den §§ 70 (jetzt 72), 196 (jetzt 55) ABG schrieb die frühere Rechtsprechung (OVG Münster ZfB 115 (1973), 443, 446; VG Gelsenkirchen ZfB 119 (1978), 242, 246 = Glückauf 1978, 89) nicht grundsätzlich ab, daß sie zumindestens auch die Belange einzelner schützen wollten.

14
b) Die bergrechtliche Rechtsprechung bejahte die Doppelwirkung bisher nur sehr vorsichtig und den Einzelfall abwägend bei Sachlagen, in denen sich **Gemeinden** unter Berufung auf ihre kommunale Planungshoheit gegen oberirdische bergbauliche Vorhaben wandten (Gemeinde gegen Errichtung einer Bergehalde, OVG Münster ZfB 116 (1975), 245, 250; allerdings noch vor Änderung des § 29 BBauG zum 31.12.1976; unveröff. Urteil VG Gelsenkirchen v. 5.3.1981 8 K 4471/79; a. A. für die Rechtslage ab 1.1.1977 Bartsch, ZfB 118 (1977), 104, 108, hierzu § 56 Rn 199, 209; Gemeinde gegen Betriebsplan zur Anlegung eines Tagebaues auf dem Gelände eines Staatsforstes, OVG Saarland, ZfB 116 (1975), 358, 364; Gemeinde gegen Bohrschlammgrube zur Erdölgewinnung in der Nähe eines Naherholungsgebietes, VG Neustadt, OVG Rheinland-Pfalz ZfB 119 (1978), 228, 227; Gemeinde gegen Rahmenbetriebsplan zum Tagebau von Quarzsand im Außenbereich, VG Köln Glückauf 1980, 1250 = ZfB 122 (1981), 470, 476, OVG Münster, Glückauf 1982, 111) = ZfB 123 (1982) 238 oder gegen Abschlußbetriebsplan mit Festlegung von Abbruch oder Fortbestand von bergbaulichen Tagesanlagen (VG Gelsenkirchen ZfB 119 (1978), 441, 445.

15
In der bergrechtlichen **Literatur** hatten schon Thiel (ZfB 94 (1953), 269, 272) bei betriebsplanmäßiger Zulassung der Verkippung von Müll in einer Tagebaugrube im Gemeindegebiet und Klinkhardt (ZfB 110 (1969), 71, 82) bei Beeinträchtigung der gemeindlichen Bauleitplanung durch einen Abschlußbetriebsplan ein Klagerecht der Gemeinden angenommen.

16
Voraussetzung der Drittwirkung war, daß die Gemeinde sich auf Vorschriften stützte, die nicht nur im öffentlichen Interesse, sondern zumindestens auch in ihrem individuellen Interesse erlassen wurden. Allen Fällen gemeinsam war, daß

Zweites Kapitel: Anzeige, Betriebsplan 17 § 56

die Gemeinden sich auf ihre durch Art. 28 Abs. 2 GG geschützte **Planungshoheit** berufen haben, die durch die Verwirklichung der betriebsplanmäßig zugelassenen Maßnahmen insofern eingeschränkt werde, als damit über Planungsflächen verfügt wird. Im Gegensatz dazu kann die Gemeinde sich nicht auf Belange des Wasser- und Umweltschutzes oder der Landespflege berufen, deren Schutz den dafür zuständigen Fachbehörden obliegt (VG Neustadt ZfB 119 (1978), 228 und OVG Rheinland-Pfalz ZfB 119 (1978), 227. Ebenso sind nicht Ausfluß der Selbstverwaltungsbefugnis: Ziele des LEP, GEP, Landschaftsrahmenplan, Landschafts- und Naturschutz (OVG Münster) ZfB 123 (1982) 238, 242. Zum BImSchG mit demselben Ergebnis VGH Mannheim, DVBl 1977, 346 OVG Münster, aaO und Sellner, Immissionsschutzrecht und Industrieanlagen, 356). Ebensowenig kann sich die Gemeinde zum Sachwalter der Belange einzelner Bürger machen oder sich auf alle von ihr „aggregierten Interessen" berufen (VG Köln Glückauf 1980, 1250, 1251 = ZfB 122 (1981), 470, 479; OVG Münster, Glückauf 1982, 111 = ZfB 123 (1982) 238, 240; VGH Bad-Württ. DVBl 1977, 345; Bayr. VGH Bayr. VBl. 1979, 625, 626 gegen Pfaff, VerwArch 1979, 1).

17
Es lassen sich gegen diese frühere bergrechtliche Rechtsprechung, wonach den Gemeinden in begrenzten Einzelfällen bei Berufung auf ihr Recht zur Selbstverwaltung ein Klagerecht gegen die Betriebsplanzulassung zugestanden wurde, manche Bedenken anmelden. Es fragt sich nämlich, ob die allgemeine Rechtsprechung der Verwaltungsgerichte, die gemeindliche Klagerechte (Zusammenfassend BVerwG NVwZ 1982, 311) bei Planungskollisionen zwischen Gemeinden, bei unterbliebener Abstimmung gem. § 2 Abs. 4 BBauG (BVerwG, DVBl 1973, 35), bei Verletzung ortsplanerischer Interessen durch bevorrechtigte Planungsträger i. S. § 38 BBauG (BVerwG, DÖV 1969, 853, DÖV 1970, 387), bei der Verletzung von Beteiligungsrechten in gesetzlichen Planungsverfahren nach dem BBahnG, FStrG, LuftVG (Redeker-von Oertzen VwGO, 7. Aufl., § 42 Rn 104), bei Beeinträchtigung der ortsbezogenen Planungshoheit durch Entscheidungen im atomrechtlichen Genehmigungsverfahren (bejahend VG Freiburg DVBl 1976, 807, Bayr. VGH DVBl 1979, 674 = Glückauf 1980, 673; aber mit der wesentlichen Einschränkung, daß keine grundsätzliche Rechtsstellung besteht, Bürger vor Gefahren neu zu genehmigender technischer Anlagen zu bewahren, verneinend Bayr. VGH Rechtsbeilage der Elektrizitätswirtschaft 1975, 17) betrifft, anwendbar ist in ihren Grundgedanken auf das bergrechtliche Betriebsplanverfahren. Man kann daran zweifeln, ob hier durch das Recht und die Pflicht der Bergbehörde zur alleinigen Entscheidung nach § 68 Abs. 3 ABG bei fehlendem Einvernehmen mit der Gemeinde nicht eine besondere Rechtslage bestand (ablehnend allerdings VG Gelsenkirchen unveröff. Urteil v. 5. 3. 1981, 8 K 4471/79: § 68 ABG ist im Lichte des Art. 28 Abs. 2 S. 1 GG dahingehend auszulegen, daß die Gemeinde als Trägerin der Planungshoheit notwendig am Betriebsplanverfahren zu beteiligen ist, OVG Münster, Glückauf 1982, 111 = ZfB 123 (1982) 238, 240: Recht auf Anhörung bei überörtlichen, aber ortsrelevanten Planungen auch unabhängig von ausdrücklicher gesetzlicher Regelung) und ob der Wortlaut des § 68 Abs. 3 S. 1 ABG („Behörden", „Fachaufsichtsbehörden") auch die Beteiligung von Gemeinden zuließ (offengel. OVG Münster, a.a.O.). Das VG Köln ZfB 117 (1976), 345, 351 im

Anschluß an OVG Münster ZfB 114 (1973) 319, 327; offengel. VG Köln ZfB 122 (1981), 470, 477; a. A. Klinkhardt ZfB 110 (1969), 71, 82) hat jedenfalls dem fehlenden Einvernehmen der sich auf Verletzung ihrer Planungshoheit berufenden Gemeinde nicht den Rang beigemessen, daß die Bergbehörde nicht dennoch nach § 68 Abs. III S. 2 ABG NW nach eigenem Ermessen entscheiden könnte. Man kann auch zweifeln, ob hier nicht das Prinzip der Einheit der Verwaltung Klagen der Gemeinden gegen andere Behörden, die kraft gesetzlicher Regelung (§ 68 Abs. 3 ABG NW) zu eigener Entscheidung bei fehlendem Einvernehmen befugt waren, ausschließt (a. A. Klinkhardt a.a.O.).

18

d) Nach neuem Recht (vgl. hierzu ausführlich § 54 Rn 25 ff) wird man bei dieser Kritik die unter Berufung auf Art. 28 Abs. 2 GG erfolgte ausdrückliche Beteiligung der Gemeinden als Planungsträger in Betriebsplanverfahren berücksichtigen müssen (§ 54 Abs. 2). Die dort geforderte Mitwirkung ist unterschiedlich: grundsätzlich ist es die Beteiligung, bei Betriebsplänen zur Ablagerung von Bodenschätzen oder sonstigen Massen kann unter den in § 54 Abs. 2 S. 2 besonders dargestellten Voraussetzungen eine weitergehende Beteiligung in Betracht kommen. Die bloße Beteiligung einer Gemeinde dürfte noch nicht ausreichen, der Betriebsplanzulassung Doppelwirkung zuzubilligen. Die bloße Statuierung des **Einvernehmens** oder sonstiger Mitwirkungsakte hat **nicht notwendig die Klagebefugnis** der Stelle **zur Folge**, deren Einvernehmen vorgeschrieben ist (BVerwG DVBl 1973, 217). Auch insofern ist stets vorausgesetzt, daß hinter einer vorgesehenen Mitwirkungsbefugnis ein eigenes Recht der Beteiligten steht.

19

Die Berufung auf die Selbstverwaltungsgarantie der Gemeinde aus Art. 28 Abs. 2 S. 1 GG gibt ihr nicht automatisch ein Klagerecht im Betriebsplanverfahren. Zwar wird der Gemeinde ein Klagerecht gegen die **Aushöhlung der Selbstverwaltungsgarantie** durch den Staat zugebilligt (BVerfG DÖV 1979, 135, st. Rspr.), aber die Selbstverwaltung beschränkt sich auf örtliche Angelegenheiten. Geschützt ist nicht die Selbstverwaltung als solche, sondern einzelne ihrer Ausprägungen, ihr Kernbereich (Bayr. VGH DVBl 1979, 673 = Glückauf 1980, 623, VGH Baden-Württ. DVBl 1977, 345), der in der örtlichen Gemeinde wurzelt und von ihr eigenverantwortlich und selbständig erledigt werden kann (BVerfGE 8, 121). Zu diesem Kernbereich gehören Gebietshoheit, Finanz-, Personal- und Organisationshoheit (BVerfGE 52, 95, 117). Zweifel bestehen schon bei der Planungshoheit (ablehnend OVG Lüneburg OVGE 15, 433; offengelassen, aber m. w. N. BVerfG VerwRspr. 32, 513, 515 = NJW 1981, 1659, 1660 betr. Fluglärm-Gesetz; hierzu ausführlich Blümel, Verw. Arch. 1982, 329, 339 m. w. N Nach h. M. ist wohl die Bebauungsplanung, nicht aber die Flächennutzungsplanung in die Kernbereichsgarantie hineingewachsen, vgl. auch Rn 20). Keinesfalls ausreichend sind jedoch die Sorge um die Sicherheit der Bevölkerung vor Kraftwerksimmissionen, die Gefahrenabwehr auf den verschiedensten Sachgebieten (Bayr. VGH a.a.O.), oder die allgemeine Überwachung des Vollzuges von Vorschriften, die zum Schutz von Natur und Landschaft erlassen wurden (Redeker-von Oertzen VwGO, 7. Aufl., § 42, Rn 103; VGH Baden-Württ. DVBl 1977, 345; Bayr. VGH DVBl 1975, 199). Hierzu § 54 Rn 29 f.

Zweites Kapitel: Anzeige, Betriebsplan

Nicht zum geschützten Selbstverwaltungsbereich gehören das Kosteninteresse oder im Vordergrund stehende privatrechtliche Interessen der Gemeinde (BVerwG DÖV 1969, 428).

20

Die Planungshoheit der Gemeinde kollidiert in verschiedener Ausgestaltung mit Planungsentscheidungen anderer staatlicher Stellen: Der Betriebsplan kann **erstens dieselbe Fläche** wie die Gemeinde mit dem Ziel unterschiedlicher Nutzungen überplanen. Der Betriebsplan kann **ferner unmittelbare** rechtliche **Auswirkungen** für die Beplanung einer **anderen Fläche** mit sich bringen. Er kann schließlich **drittens faktische Auswirkungen** für die kommunale Planung einer anderen Fläche haben (ähnlich Steinberg, DVBl 1982, 13, 14, vgl. § 54 Rn 31 betr. „berührt"). In den ersten beiden Fällen wird man dem Betriebsplan mit Rücksicht auf die Planungshoheit der Gemeinde und in Anknüpfung an die sich immer mehr verfestigende bergrechtliche Rechtsprechung (OVG Münster, ZfB 116 (1975), 245, 250; Glückauf 1982, 111 = ZfB 123 (1982), 238; OVG Saarland, ZfB 116 (1975), 355, 364; OVG Rheinland-Pfalz, ZfB 119 (1978), 228, 227) Doppelwirkung zusprechen müssen (so auch Steinberg, DVBl 1982, 13, 17 m. w. N. BVerwG NVwZ 1982, 310 bei Widerspruchsentscheidung über Festsetzungen eines B-Plans hinweg). Das trifft vor allem in den Fällen zu, in denen bei Vorhaben i. S. § 29 Satz 3 BBauG allein die Bergbehörde auf die Einhaltung der bauplanungsrechtlichen Vorschriften zu achten hat (OVG Münster, Glückauf 1982, 111 = ZfB 123 (1982), 238, 241 und Urt. v. 1. 12. 1981, 12 A 689/81, vgl. § 56 Rn 209 f). Bezüglich einer Anfechtungsklage ist damit nur über ihre Zulässigkeit, nicht über ihre Begründetheit (hierzu Rn 21 und 81) entschieden.
Bei der genannten Fallgestaltung der faktischen Auswirkungen des Betriebsplanes ist davon auszugehen, daß die Gemeinde Veränderungen ihrer Planungsdaten als Folge einer sich wandelnden Umwelt hinnehmen muß. Von jedem größeren Vorhaben gehen unüberschaubare faktische Veränderungen der vorgegebenen Situation aus, durch die sich allenfalls Rechtsreflexe ergeben, die nicht die Rechtsstellung der Gemeinde beeinflussen können (BVerfG DVBl 1981, 374; Steinberg, DVBl 1982, 13, 18). Eine Doppelwirkung wird daher nur anzunehmen sein, wenn die Beeinträchtigung der Planungshoheit ähnlich wie bei der Nachbarklage „schwer und unerträglich" ist (Lerche in Festschrift zum 100jährigen Bestehen des Bayr. VerfGH, 1979, 233 f; Jarass, DVBl 1976, 735).
Das Selbstverwaltungsrecht der Gemeinde ist auch bei Verunstaltung des Ortsbildes der Gemeinde (OVG Rheinl-Pfalz, VerwRspr. 26, 414) oder wenn gemeindliche Einrichtungen oder Grundstücke betroffen sind (Bayr. VGH DVBl 1975, 199) als subjektiv-öffentliche Rechtsposition geeignet, der Betriebsplanzulassung den Charakter eines Verwaltungsaktes mit Doppelwirkung zu verschaffen, der die Zulässigkeit einer Anfechtungsklage der betroffenen Gemeinde mit sich bringt.

21

d) Auch die Zubilligung der Doppelwirkung im Einzelfall bedeutet nicht, daß der zugelassene Betriebsplan als rechtswidrig aufzuheben ist. Die **Planungshoheit** kann durch Betriebsplanzulassungen **nur verletzt** sein, **wenn** ausgewiesene Planungen oder **hinreichend konkretisierte planerische Vorstellungen** vorliegen.

Dafür reichen sicherlich erlassene Bauleitpläne aus (VG Köln Glückauf 1980, 1250 = ZfB 122 (1981), 470, 478), wohl auch verfahrensförmig verfestigte Bauleitpläne. Planerische Vorstellungen dagegen müssen hinreichend bestimmt sein. Dazu genügt ein Gemeindeentwicklungsplan oder ein Beschluß des gemeindlichen Planungs- und Verkehrsausschusses nicht (VG Köln a.a.O.), zumal wenn es sich um privilegierte Vorhaben gem. § 35 Abs. 1 BBauG handelt (OVG Münster ZfB 123 (1982), 238, 243). Die Prüfung der Rechtswidrigkeit des Betriebsplanes wegen Verstoßes gegen das Selbstverwaltungsrecht hat sich streng auf die Gesichtspunkte dieses Rechts zu beschränken. Es scheiden daher von vornherein alle anderen öffentlichen Interessen aus, die einer überörtlichen Fachplanung (Ziele der Raumordnung und Landesplanung, Landesentwicklungsprogramm, GEP, Landschaftsrahmenplan) oder anderen staatlichen Angelegenheiten (Agrarstruktur, Immissionsschutz, Landschafts- und Naturschutz, OVG Münster Glückauf 1982, 111 = ZfB 123 (1982) 238, 242) zuzuordnen sind. Bei privilegierten Vorhaben des § 35 Abs. 1 BBauG ist ferner zu berücksichtigen, daß schon die Planungshoheit gesetzlichen Beschränkungen unterliegt. Die Privilegierung stellt einen Planersatz auf der Ebene eines Bebauungsplanes dar, so daß der gemeindlichen Planungsvorstellungen demgegenüber das Durchsetzungsvermögen fehlt (OVG Münster, a.a.O.).

22

e) Ein Verwaltungsakt mit Doppelwirkung ist in der Betriebsplanzulassung nicht zu sehen, wenn sich ein einzelner **Bürger** auf **öffentlich-rechtliche** Gesichtspunkte beruft, etwa indem er sich gegen die Zulassung eines Abteufbetriebsplanes für einen neuen Schacht wendet mit der Begründung, der Schacht verletze die Erholungsfunktion des Gebietes, verunstalte die Landschaft und den Wald, zerstöre Biotope. Eine Privatperson hat keinen durch Rechtsnormen geschützten Anspruch darauf, den Schutz der Landschaft, des Waldes oder der Gewässer im eigenen Namen als eigenes Interesse geltend zu machen (OVG Lüneburg NJW 1970, 774, OVG Münster ZfB 115 (1974), 443, 446; Beschl. VG Gelsenkirchen ZfB 119 (1978), 242, 246 = Glückauf 1978, 89; bestätigt im Urteil Glückauf 1981, 1511 und OVG Münster, Glückauf 1982, 239) = ZfB 123 (1982), 246, 249. Dasselbe gilt für den Einwand, das betriebsplanmäßig zugelassene Vorhaben sei bauplanungsrechtlich unzulässig (VG Gelsenkirchen a.a.O., 248 und OVG Münster a.a.O.). Zuständig für die Verhinderung oder Zulassung von Übertagebauten sind allein die Bauaufsichtsbehörden gem. § 77 BauO NW oder die Gewerbeaufsicht in den Fällen der §§ 13, 19 Abs. 2 BImSchG.

23

Ein zur Anfechtungsklage berechtigender Verwaltungsakt mit Doppelwirkung liegt insofern nicht vor, als sich **Verbände, Interessengemeinschaften oder Bürgerinitiativen** gegen die Zulassung wenden, selbst wenn es sich um einen gem. § 29 Abs. 2 BNatSchG anerkannten Verband handelt. Nach überwiegender Meinung (VGH Mann NJW 1972, 1101 – Verein gegen Bebauungsplan, Bayr. VGH Bayr. VBl. 1973, 211 – Naturschutzverein, Eyermann-Fröhler VwGO 7. Aufl., § 42 Rn 85) steht ihnen eine Klagebefugnis nicht zu. Eine bloße verfahrensrechtliche Beteiligung oder aus dem Demokratiegebot herzuleitende Beteiligungsrechte schaffen noch kein subjektiv-öffentliches Recht, wie es für die Klagebefugnis erforderlich ist (BVerfGE 53, 30, 65). Zum Recht auf Akteneinsicht vgl. Rn 62 ff).

Zweites Kapitel: Anzeige, Betriebsplan   **24–26 § 56**

24
Einzelne Bürger, Verbände oder Vereine können sich gegenüber der Betriebsplanzulassung nicht auf die Verletzung **privater Rechte** berufen. Die Betriebsplanzulassung erfolgt unbeschadet der privaten Rechte Dritter. Dritte haben mit dieser Begründung kein Klagerecht, der Zulassung fehlt es insoweit an der Doppelwirkung.

25
Der Katalog des § 55 Abs. 1, der den Maßstab für die bergbehördliche Prüfung des Betriebsplanes setzt, hat grundsätzlich nicht nachbarschützenden Charakter. Dritte können sich z. B. nicht darauf berufen, daß sie in der Nähe der bergbaulichen Anlage wohnen bzw. arbeiten und durch Lärmimmissionen oder Luftverunreinigungen beeinträchtigt werden. Die Betriebsplanzulassung schränkt privatrechtliche Ansprüche von Nachbarn nicht ein wie § 14 BImSchG, wird nicht ausdrücklich mit dem Schutzobjekt „Nachbarschaft" in Beziehung gestellt wie der Schutzgrundsatz des § 5 Nr. 1 BImSchG und enthält nicht zugleich die Baugenehmigung mit Nachbarschutzcharakter, hat in dieser Hinsicht keine Elemente des Genehmigungsverfahrens nach dem BImSchG (zum Nachbarschutz im BImSchG: differenziert Sellner, Immissionsschutzrecht, Rn 58, 61, 357; OVG Münster DVBl 1976, 790 = möglicher Einwirkungskreis der Anlage, der bei Lärm- und Staubimmissionen unterschiedlich ist, Breuer in von Münch, Bes.Verw.R., 6. Aufl., 1982, 720, 723, 726: nachbarschützend sind Schutzgrundsatz i. S. § 5 Nr. 1 und nachträgliche Anordnungsbefugnis gem. § 17, nicht jedoch Vorsorgegrundsatz nach § 5 Nr. 2 BImSchG) oder nach dem AtG. Ausnahme von diesem Grundsatz könnte im Einzelfall der Nachbarschutz des § 55 Abs. 1 Nr. 8 sein.

26
Eine andere Frage ist, ob sich Nachbarn auf Art. 14 GG als Schutznorm gegen Betriebsplanzulassungen stützen können. Hier ist grundsätzlich zu berücksichtigen, daß der eigentumsrechtliche Nachbarschutz es in der Regel nicht verbietet, daß durch Vorgänge, die auf anderen Grundstücken stattfinden, die gegebene Nutzbarkeit eines Grundstückes geändert wird und daß mittelbare Auswirkungen, die nicht schwer und unerträglich sind, als Folge der Situationsveränderung hingenommen werden müssen (OVG Münster, Glückauf 1982, 239, 240 = ZfB 123 (1982), 246, 250, unter Hinweis auf st. Rspr. BVerwG).
Der Grundeigentümer, dem bei Ausführung des Betriebsplanes ein **Schaden droht**, ist im Betriebsplanverfahren unbeteiligter Dritter (Willecke-Turner, Grundriß des Bergrechts, 2. Aufl., 103; Ebel-Weller § 68 Anm. 6; LVG Gelsenkirchen ZfB 95 (1954), 468). Das gilt auch, wenn ein Gemeinschaden durch bergbauliche Einwirkungen behauptet wird. Der einzelne Bürger kann nicht Interessen der Allgemeinheit für sich im Klagewege reklamieren.
Der Eigentümer eines Wasserschlosses kann sich nicht darauf berufen, daß durch bergbauliche Einwirkungen der kulturhistorische Wert seines Schlosses gemindert werde und insofern ein Gemeinschaden eingetreten sei. Der Schutz von Baudenkmälern ist nicht Gegenstand rechtlich geschützter individueller Interessen, sondern Aufgabe der jeweils zuständigen Behörden. Allerdings ist der Eigentümer klagebefugt, wenn er drohende weitere Schäden an seinem Schloß behaup-

tet, weil er sich insofern auf ein Individualinteresse, den Schutz seines Eigentums, beruft (OVG Münster ZfB 115 (1974), 443, 447, das die Vornahmeklage allerdings wegen fehlender materiell-rechtlicher Begründetheit abwies). Doch genügt hierzu nicht jeder Bergschaden. Es muß sich um ein gegenüber der Betriebsplanzulassung und der gesetzlichen Grundregelung des Verhältnisses Grundeigentum – Bergbau (BT-Drucksache 8/1315, 138 und § 55 Rn 45) höherwertiges Abwehrrecht des Grundstückseigentümers aus Art. 14 GG handeln. Das ist nur anzunehmen, wenn es sich um einen schweren und unerträglichen Eingriff in das Eigentum handelt (Urt. VG Gelsenkirchen v. 15.1. 1981, Glückauf 1981, 1511 und OVG Münster Glückauf 1982, 240) = ZfB 123 (1982), 246, 251. Dieselben Gesichtspunkte gelten für hinter dem Eigentum zurückbleibende Rechtspositionen, z. B. Dienstbarkeiten (VG Gelsenkirchen und OVG Münster ZfB 123 (1982), 246, 250, anders wohl noch der in derselben Sache ergangene VG-Beschl. ZfB 119 (1978), 242 = Glückauf 1979, 89).

27
Bei einem **Rahmenbetriebsplan** fehlt es an der Doppelwirkung der Zulassung noch eher als bei anderen Betriebsplanarten. Er enthält im wesentlichen allgemeine Angaben über das Vorhaben (§ 52 Abs. 2), während der Bau der oberirdischen Anlagen, die Gestaltung und die Umweltschutzmaßnahmen Haupt- oder Sonderbetriebsplänen vorbehalten bleiben (VG Gelsenkirchen, a.a.O.; OVG Münster, ZfB 123 (1982), 246, 250, insofern nicht in Glückauf 1982, 240 übernommen; vgl. § 52 Rn 8).

III. Wirkung der Zulassung

28
1. Die Zulassung des Betriebsplanes begründet für den Unternehmer keine neuen Rechte (Ebel-Weller § 68 Anm. 6). Sie öffnet ihm lediglich die bestehende öffentlich-rechtliche Schranke, daß er nach § 51 Abs. 1 Aufsuchungs-, Gewinnungs- und Aufbereitungsbetriebe nur aufgrund von Betriebsplänen errichten, führen oder einstellen darf.

29
2. Durch die Zulassung des Betriebsplanes **erlöschen Rechte Dritter nicht** (pr. OVG ZfB 72 (1931), 278, 291, RB ZfB (1931), 327 betr. Einziehung eines öffentlichen Weges für Betriebszwecke; Ebel-Weller § 68 Anm. 6; Willecke-Turner, Grundriß des Bergrechts, 103). Es fehlt der Bergbehörde die gesetzliche Ermächtigung, in konstitutiver oder rechtsvernichtender Weise in diejenigen Rechte einzugreifen, die den beabsichtigten Maßnahmen des Unternehmers entgegenstehen. Es fehlt im Betriebsplanverfahren der Interessenausgleich zwischen Unternehmer und Inhaber von privaten Rechten.

30

3. Davon zu unterscheiden ist die Frage, ob die Bergbehörde einen Betriebsplan zulassen darf, bei dem feststeht, daß er zu einer Beeinträchtigung der Rechte Dritter führt (vgl. § 55 Rn 150).

31

4. Im bergrechtlichen Grundabtretungsverfahren gem. §§ 77 f ist der zugelassene Betriebsplan die notwendige planrechtliche und betriebstechnische **Festlegung** (§ 77 Abs. 2) des Objektes, dessen Durchführung durch die enteignende Maßnahme ermöglicht wird (OVG Münster ZfB 119 (1978), 221, 222).

32

Im bergrechtlichen Grundabtretungsverfahren ist die **Grundabtretungsbehörde** an den zugelassenen Betriebsplan **gebunden**. Auflagen und Ergänzungen des Betriebsplanes sind im Grundabtretungsverfahren nicht mehr möglich (OVG Münster a.a.O.).

33

Aus der Funktion des Betriebsplanes als Festlegung i.S. § 77 Abs. 2 folgt für das Grundabtretungsverfahren eine Abhängigkeit des Grundabtretungsbeschlusses zum zugelassenen Betriebsplan **auch in zeitlicher Hinsicht**. Ist er befristet, kann die Grundabtretung nicht über diese Frist hinausgehen (VG Aachen ZfB 119 (1978), 382, 386).

34

Die Zulassung des Betriebsplanes hat in dem von den Bergbehörden zulässigerweise und zuständigkeitshalber geprüften öffentlich-rechtlichen Rahmen **Tatbestandwirkung** gegenüber Verwaltungsakten anderer Behörden. Sofern die Bergbehörde als Sonderordnungsbehörde die ihr anvertrauten öffentlichen Interessen entschieden hat, kann nicht die allgemeine Ordnungsbehörde durch eine dieser Entscheidung entgegengesetzte Ordnungsverfügung Gegenteiliges anordnen (Thiel, ZfB 94 (1953), 269, 271). Dabei wurde z.B. die Zuständigkeit der Bergbehörde für den Schutz der Oberflächengestaltung und gegen gemeinschädliche Einwirkungen des Bergbaues allumfassend und sehr weitgehend ausgelegt. In diesem Rahmen sollten auch geprüft werden: ob eine Gefährdung des Grundwasserstroms eintritt, ob Gesundheitsgefahren für die Bevölkerung durch Staubentwicklung bestehen und die Gefahr eines Brandes von Kohlenflözen eintreten kann (OVG Münster ZfB 95 (1954), 459). Auf diese Gesichtspunkte kann daher eine Ordnungsverfügung der allgemeinen Ordnungsbehörde nicht mehr gestützt werden, wenn der Betriebsplan zugelassen ist (OVG Münster a.a.O., 463).

35

6. Die Zulassung des Betriebsplanes gibt dem Unternehmer **kein unwiderrufliches Recht**, die Arbeiten auszuführen. Die Bergbehörde kann auch später noch, wenn sich herausstellt, daß weitere Maßnahmen erforderlich werden, Anordnungen nach § 71 treffen, selbst wenn dadurch der zugelassene Betriebsplan undurchführbar wird (RB ZfB 32 (1891), 136 ZfB 48 (1907), 432; LVG Arnsberg ZfB 94

(1953), 362, 364 = ZfB 95 (1954), 464, 465 betr. nachträgliche Kaution; OVG Koblenz DVBl 1955, 780 betr. Anordnung gegen Nachbargrundeigentümer auf Zusammenschluß zu einer Betriebsgemeinschaft zum Aufsuchen und Vertreiben von Klebesand, Ebel-Weller, § 68, 3). Das ergibt sich aus der Natur der von der Bergbehörde bei der Zulassung anzustellenden Prüfung. Danach hat eine Subsumtion eines hypothetischen Geschehens, des künftigen Vorhabens, unter die bergrechtlichen Normen zu erfolgen. Weicht später das tatsächliche Geschehen von dem Gedachten ab, entspricht es nicht mehr der behördlichen Billigung (Horneffer, Bergrecht und Allgemeines Polizeirecht, Diss. Göttingen 1969, 90).

36
Allerdings gilt diese Aussage nicht mehr generell, sondern ist durch § 71 Abs. 1 S. 2 eingeschränkt auf Anordnungen, die zum Schutz der dort genannten Rechtsgüter erforderlich sind. In allen Fällen, die nicht dem § 71 Abs. 1 S. 2 zuzuordnen sind, schafft die Betriebsplanzulassung eine gesicherte Rechtsgrundlage, die nur im Rahmen des § 56 Abs. 1 S. 2 durch nachträgliche Auflagen oder im Rahmen der Zulässigkeit nachträglicher Rücknahme von Erlaubnissen in seiner Bestandskraft angreifbar ist. Denn eine bergbehördliche Anordnung ist, wenn dadurch der Betriebsplan undurchführbar wird, zugleich die Rücknahme des Betriebsplanes (Horneffer, a.a.O., 123). Zum Sonderfall des Widerrufes eines Betriebsplanes nach § 12 Abs. 1 S. 5 ErftVG vgl. § 55 Rn 113.

37
Mit der grundsätzlichen Widerruflichkeit ist noch nicht entschieden, ob eine Rücknahme oder ein Widerruf im Einzelfall zulässig ist. Das richtet sich nach den §§ 5 i. V. 48, 49 VwVfG, bei der Anordnung nachträglicher Auflagen nach § 56 Abs. 1 S. 2.
Dabei ist die Zulassung als begünstigender Verwaltungsakt, durch den keine Geld- oder Sachleistung gewährt wird, grundsätzlich bei Rechtswidrigkeit **rücknehmbar**(§ 48 Abs. 3 VwVfG; über die Einschränkung der Rücknahme durch § 56 Abs. 1 S. 2 vgl. § 56 Rn 100), allerdings gegen Ersatz des Vermögensnachteils. Sofern die Zulassung rechtmäßig ist, kann sie nur unter den besonderen Voraussetzungen des § 49 VwVfG und gegen Entschädigung **widerrufen** werden. Hierzu Rn 51 ff. Von Widerruf und Rücknahme zu unterscheiden ist, ob der Bergbautreibende wirksam angehalten werden kann, seinen zugelassenen Betriebsplan zu ändern. Die Bergbehörde kann den Bergbautreibenden nicht zur nachträglichen Anpassung zwingen. Eine **Anpassungspflicht** (vgl. hierzu § 25 Abs. 5 S. 2 LPlG NW, § 56 Rn 130) **besteht nicht** (Hoppe, DVBl 1982, 101, 111).

38
Die **Entschädigung** im Falle der Rücknahme bzw. des Widerrufs richtet sich nach §§ 48 Abs. 3, 49 Abs. 5 VwVfG, nachdem durch Art. I Nr. 7 des 2. Gesetzes zur Änderung des OBG vom 27. 3. 1979 (GV NW 122) der § 45 OBG, der für das Gebiet der Bergaufsicht einen Entschädigungsanspruch bei Widerruf von Verwaltungsakten ausdrücklich und verfassungsrechtlich bedenklich (Franke, Die Bergaufsichtsbehörde in ihrer Funktion als Erlaubnisbehörde, Diss. Münster, 1966, 135, Althaus a.a.O., 63) ausschloß, aufgehoben wurde (Glückauf 1979, 500).

39
Allerdings hat die Entschädigungsregelung für den Unternehmer nur eine geringe Bedeutung. Wegen der zeitlichen Befristung der Zulassung besteht grundsätzlich kein langfristiges Recht aus der Zulassung (Pfadt, Rechtsfragen zum Betriebsplan im Bergrecht, 166). Zur Höhe siehe auch Rn 61.

40
7. Eine besondere Bedeutung erhält der zugelassene Betriebsplan durch den LEP V, in dem **Gebiete für den Abbau von Lagerstätten** festgelegt sind. Maßgebend für die Aufnahme in die Kategorie I (Gebiete für die mittelfristige Rohstoffversorgung) ist nämlich im wesentlichen, ob die Abbauflächen betriebsplanmäßig zugelassen sind (Reiners, Landschaft im Wandel, 66).

41
8. Der Betriebsplan ist gem. § 14 Abs. 2 WHG für die Zuständigkeit der Bergbehörde zur Erteilung einer wasserrechtlichen Erlaubnis maßgebend, wenn er die Benutzung eines Gewässers vorsieht. Der Betriebsplan hat insofern **zuständigkeitsbegründende Bedeutung** für die Bergbehörden in **wasserrechtlichen Angelegenheiten**. Zur Wirkung des **Rahmenbetriebsplanes** im Rahmen der Anpassungspflicht (§ 110 Abs. 1) und bei Anpassungs- und Sicherungsmaßnahmen an öffentlichen Verkehrsanlagen (§ 124 Abs. 2 S. 1) siehe § 52 Rn 7.

IV. Nebenbestimmungen in der Zulassung

42
1. Nach der Rechtsprechung zum ABG war das **Bergamt** nicht befugt, eine Betriebsplanzulassung unter Bedingungen oder Auflagen auszusprechen (OVG Münster ZfB 118 (1977), 361, 365 = Glückauf 1977, 101 gegen Horneffer, Bergrecht und Allgemeines Polizeirecht, Diss. Göttingen, 1969, 97 Fußn. 2). Lediglich das **Landesoberbergamt** hatte gem. § 68 Abs. 4 ABG NW die Möglichkeit, die Ausführung des Betriebsplanes von Bedingungen, Auflagen und Änderungen abhängig zu machen und diese festzusetzen. Das Bergamt hatte, sofern es Änderungen oder Ergänzungen des Betriebsplanes für erforderlich hielt, nur die Möglichkeit, Einspruch einzulegen und zu erörtern. Diese Rechtslage ist durch das BBergG nicht mehr gegeben, da die zweistufige und mit unterschiedlicher Befugnis ausgestattete Zuständigkeit nicht aufgenommen wurde. Nebenbestimmungen kann demnach die jeweils für die Zulassung zuständige Bergbehörde in diesem gesetzlichen Rahmen aufnehmen.

2. Hinsichtlich der **Zulässigkeit von Nebenbestimmungen** ist zu unterscheiden:

43
a) Das **BBergG selbst** regelt in § 56 zwei Fälle von Nebenbestimmungen, so daß insoweit die bergrechtlichen den allgemeinen Vorschriften des VwVfG vorgehen: die Zulässigkeit nachträglicher Nebenbestimmungen und die Zulässigkeit von Sicherheitsleistungen.

44

b) Die **Vorschriften des VwVfG** über Nebenbestimmungen sind auf über die dargestellten berggesetzlich geregelten Fälle hinausgehend anzuwenden. Aus dem Fehlen einer diesbezüglichen Regelung in den Vorschriften über das Betriebsplanverfahren ist nicht das Gegenteil zu schließen. Der Regierungsentwurf enthielt in § 55 Abs. 1 S. 2 die ausdrückliche Bestimmung, daß die Zulassung des Betriebsplanes zur Sicherstellung ihrer gesetzlichen Voraussetzungen mit Nebenbestimmungen versehen werden kann. Sie ist nur deshalb nicht in das Gesetz aufgenommen worden, weil sich das bereits aus den VwVfG'en des Bundes und der Länder ergibt (BT-Drucksache 8/3965, S. 138, 134 = Zydek, 264, 132). Damit sind auf Nebenbestimmungen der Betriebsplanzulassung, die nicht nachträglichen Charakter haben, § 36 Abs. 1, Abs. 3 VwVfG anzuwenden.

45

Hinsichtlich der Nebenbestimmungen bedeutet das: da gem. § 55 Abs. 1 ein Anspruch auf Zulassung des Betriebsplans bei Vorliegen der dort genannten Voraussetzungen besteht, darf er mit Nebenbestimmungen nur versehen werden, wenn sie sicherstellen sollen, daß diese gesetzlichen Voraussetzungen für die Zulassung erfüllt werden. Sie sind an die Voraussetzungen des § 55 Abs. 1 S. 1 Nr. 2–13 und Abs. 2 gebunden, wie das § 56 Abs. 1 S. 2 für nachträgliche Auflagen ausdrücklich festlegt. Dieser Gedanke ist ein Ausfluß des Grundsatzes der Verhältnismäßigkeit, wonach die Behörde prüfen muß, ob der Verwaltungsakt durch geeignete Auflagen geschützt werden kann, bevor er sonst abgelehnt werden müßte. Zur Unzulässigkeit von Nebenbestimmungen mit privatrechtlichem Inhalt § 55 Rn 153, aus außerbergrechtlichen öffentlichen Interessen § 55 Rn 144. Nebenbestimmungen dürfen nicht die Bestandskraft und die nur beschränkte Zulässigkeit von nachträglichen Auflagen nach § 56 Abs. 1 S. 2 unterlaufen. Liegen die Voraussetzungen des § 55 Abs. 1–9 bei Zulassung vor, kann eine Nebenbestimmung nicht die Zulassung des Betriebsplanes dahingehend einschränken, daß für den Fall des Wegfalls dieser Voraussetzungen Auflagen erteilt werden (z. B. unzulässig die Auflage: „Falls gemeinschädliche Abbaueinwirkungen zu erwarten sind . . ."). Demgegenüber ist der Schluß nicht zwingend, aus § 56 Abs. 1 S. 2 folge, daß die ursprüngliche Aufnahme von Auflagen bei der Betriebsplanzulassung auch dann zulässig sei, wenn sie nicht dem Schutz der in § 55 Abs. 1 Nr. 2–13 erwähnten Rechtsgüter dient. Denn in § 56 Abs. 1 S. 2 sei nur die **nachträgliche** Aufnahme von Auflagen geregelt (VG Düsseldorf, unveröff. Urt. v. 19.10 1982, 3 K 1329/80). Der Fehler dieser Auffassung folgt schon aus § 36 Abs. 1 VwfG und der begrifflichen Einordnung der Auflage als Mittel zur Durchsetzung der gesetzlichen Voraussetzungen der Betriebsplanzulassung, aber auch nur dieser Voraussetzungen.

46

Sie müssen ferner sicherstellen, daß sie dem Zweck des Verwaltungsaktes nicht zuwiderlaufen. (Nach OVG Münster, Urteil v. 13. 1. 1972 – X A 188/71 –, dürfen die Auflagen nicht faktisch auf eine Untersagung des genehmigten Betriebes hinauslaufen.) Außerdem sind **sachwidrige Koppelungen mehrerer Interessen** nicht zulässig (BGH NJW 1972, 1657; Stelkens-Bonk-Leonhardt, VwVfG, § 36 Rn 33) und dürfen **ressortfremde öffentliche Interessen** nicht in die Nebenbestim-

Zweites Kapitel: Anzeige, Betriebsplan 47–50 § 56

mung aufgenommen werden (VG Köln Schrifttum u. Respr. d. Wasserrechts 1977, 50: Zulässig sind die Auflagen zur Schadensverhütung nur, wenn sie der Abwehr von Gefahren dienen, die gerade von der erlaubten Tätigkeit ausgehen). Schließlich müssen die Nebenbestimmungen **bestimmt** genug und **tatsächlich** (vgl. § 44 Abs. 2 Nr. 4 VwVfG) und **rechtlich möglich** sein.

47
Die Zulassung muß gem. § 37 VwVfG inhaltlich hinreichend **bestimmt** sein. Das bezieht sich auf **Adressat**, auch auf die **Anordnung** selbst (nach Ebel-Weller § 68 Anm. 6 und § 198 Anm. 9 c nicht zulässig: „Geräusch einer Maschine auf ein erträgliches Maß herabzusetzen", „einen ordnungsgemäßen Zustand herzustellen", „für eine ausreichende Bewetterung zu sorgen", allgemeiner Hinweis auf VDE-Vorschriften. Schlüter, Glückauf 1939, 892, 893: Zu unbestimmt die Auflage, wegen der Beseitigung der Abwässer eine besondere Regelung mit der Gemeinde zu treffen. Nach OLG Köln NJW 1971, 1712 nicht ausreichend „alle lärmverursachenden Arbeiten, insbesondere die Benutzung der Motorsäge auf dem Holzplatz, während der Zeit von 12 bis 15 Uhr einzustellen", da nur die Geräuschquelle ausreichend bestimmt ist, nicht jedoch die untersagten Betriebsarbeiten, verbotenen Geräuschquellen und einzuhaltenen Grenzwerte. Nach OVG Münster DVBl 1976, 800 = BB 1976, 106 nicht ausreichend die Anordnung „Luftverunreinigungen möglichst zu vermeiden" und nicht nach OVG Münster OVGE 16, 270: „geräuscharm" beim Ventilator. Ausreichend dagegen die Aufforderung, das Mundloch eines bestimmten Schachtes freizulegen und mit einer Stahlbetonplatte gem. Ziff. 7 der Richtlinien des OBA Dortmund v. 7.3. 1969 abzudecken (OVG Münster ZfB 114 (1973), 429, 435), ferner auf das **Mittel** (bestr., so OVG Münster OVGE 9, 98, 103, bayr. VGH Bayr. VBl. 1967, 171; Stelkens-Bonk-Leonhardt, VwVfG § 37 Rn 12 gegen BVerwGE 31, 15 (18), Stumpp DVBl 1968, 330, 333, Meyer-Borgs, VwVfG, 2. Aufl. 1982, § 37 Rn 10) und schließlich die **Nebenbestimmungen** (OVG Lüneburg DVBl 1979, 197 f: Die Bezeichnung von einschlägigen Rechtsvorschriften oder ihre inhaltliche Wiedergabe genügt nicht). Ausreichend die Auflage, in einer bestimmten Wohnung nach 22 Uhr keine Lärmimmissionen von mehr als in einer in DIN-Phon ausgedrückten bestimmten Stärke zu verursachen (BVerwG NJW 1971, 1475; BVerwGE 31, 15 (18); a. A. Bayr. VGH, a.a.O.).

48
Die Vorschrift des § 37 Abs. 2 VwVfG (Form des Verwaltungsaktes) ist nicht anwendbar, weil § 56 Abs. 1 S. 1 für die Zulassung und § 56 Abs. 3 für Verlängerung, Ergänzung oder Änderung des Betriebsplanes eine besondere Regelung getroffen hat.

49
Eine **Begründung** i. S. des § 39 Abs. 1 VwVfG wird in den überwiegenden Fällen durch § 39 Abs. 2 VwVfG entbehrlich sein, sie kann erforderlichenfalls gem. § 45 Abs. 1 Ziff. 2 VwVfG nachgeholt werden.

50
3. Ist der Unternehmer mit der Nebenbestimmung nicht einverstanden, stellt sich die Frage nach ihrer **isolierten Anfechtung**. Teilweise wird die Auffassung vertre

ten, im Rahmen der gebundenen Verwaltung (d. h. z. B. bei der Betriebsplanzulassung) sei jede Nebenbestimmung gleich welcher Art selbständig anfechtbar (Meyer-Borgs, VwVfG 2. Aufl., 1982, Laubinger, Verw. Arch. 1982, 345, 368, § 36 Rn 46). Überwiegend wird nach der Art der Nebenbestimmung differenziert. Eine isolierte Anfechtung ist bei einer echten Auflage (BVerwGE 36, 145, 153), nicht aber bei Befristung (aA. neuerdings BVerwG DVBl 1982, 263, Bayr. VGH Bayr. VDl 1982, 49, Laubinger, aaO, 368), Bedingung, Widerrufsvorbehalt, modifizierender Auflage (BVerwG DÖV 1974, 380 und 563) und Auflagenvorbehalt zulässig (Stelkens-Bonk-Leonhardt, VwVfG § 36 Rn 20, 24, Einzelheiten vgl. Laubinger, Verw Arch. 1982, 345 m. w. N.). Vgl. auch § 56 Rn 75 f.

51
Es stellt sich noch das Problem, ob Eingriffe der Bergbehörde in den zugelassenen Betriebsplan, sei es durch Rücknahme oder nachträgliche Einschränkung der Zulassung, durch nachträgliche Auflagen zur Betriebsplanzulassung, durch in die Ausübung des Bergwerkseigentums eingreifende Bergverordnung oder durch bergbehördliche Anordnung oder sonstige Ordnungsverfügung eine **entschädigungspflichtige** Enteignung des Bergwerkseigentums oder der Bewilligung sind.

52
a) Während der Gültigkeit des ABG war diese Frage umstritten (im einzelnen Meyer ZfB 102 (1961), 216).

53
Das ältere Schrifttum vertrat die Auffassung, das Bergwerkseigentum sei von vornherein durch die Möglichkeit behördlichen Eingreifens eingeschränkt (Klostermann-Fürst-Thielmann, ABG, 6. Aufl. 1911, § 196, 15).

54
Später waren verschiedene Autoren der Meinung, der Bergwerkseigentümer habe unter bestimmten Voraussetzungen einen Entschädigungsanspruch (Arndt, ZfB 55 (1914), 497; Isay, ABG § 196 Rn 20; Völkel ZfB 56 (1915), 380).

55
Das RG hatte zunächst Beschränkungen des Abbaurechts als entschädigungslos zu dulden angesehen, wenn sie auf einer Bergverordnung beruhen, bei besonderen Auflagen, die nur eine generelle gesetzliche Grundlage hatten, Entschädigung zugesprochen (RG ZfB 51 (1910), 155, ZfB 55 (1914), 233). Später hat es unter Aufgabe dieser Meinung (RG ZfB 74 (1933), 342) zwischen den „gewöhnlichen", ohne Entschädigung zu duldenden Anordnungen der Bergaufsicht, und den entschädigungspflichtigen „außergewöhnlichen" Eingriffen in den regelmäßigen Inhalt des Bergwerkseigentums, insbesondere die einer teilweisen oder gänzlichen Entziehung des Rechts gleichkommen, unterschieden (RGZ 70, 387 = ZfB 51 (1910), 155 betr. Hand- und Spülversatz unter Hochwasserbehälter eines Wasserwerkes, RGZ 87, 391, 401 = ZfB 57 (1916), 203, 212 betr. Abbau unter einer Festung).

56

Im neueren Schrifttum finden sich auf der Grundlage der Rechtsprechung des RG differenzierte Aussagen (Meyer ZfB 102 (1961), 216, 227; Heller, Die Entschädigungsansprüche des Bergbautreibenden gegen den Staat oder einen Begünstigten wegen bergbehördlicher Maßnahmen im Betriebsplanverfahren, Diss. Bonn; Althaus, Die Einwirkungen der Bergaufsicht auf das Bergwerkseigentum nach dem ABG, Diss. Münster, 1970). Danach ist zu unterscheiden zwischen Maßnahmen der Bergbehörde,

57

– die im Interesse der Sicherheit der Baue, des Arbeitsschutzes und zum Schutz der Oberfläche im Interesse der persönlichen Sicherheit lediglich die Ordnungspflicht als Form der Sozialbindung konkretisieren („Innenschutz").

58

– zum „Außenschutz", z. B. Stehenlassen von Sicherheitspfeilern, Anordnung eines besonderen Abbauverfahrens (Bergeversatz, Schlammversatz, kombinierter Hand- und Spülversatz), die nur ausnahmsweise entschädigungspflichtig sind, wenn bei Einrichtung dieser Anlagen die Abbauabsicht hinreichend konkretisiert war. Soweit diese Maßnahmen nicht dem Schutz der Oberfläche im Interesse der persönlichen Sicherheit und des öffentlichen Verkehrs dienen, sondern auf gemeinschädlichen Einwirkungen beruhen, sollte allerdings der Entschädigungsanspruch ausgeschlossen sein (Meyer, ZfB 102 (1961), 216 hiergegen zu Recht Althaus, a.a.O., 152: der Bergwerksbetreiber ist kein Störer, wenn er gemeinschädliche Einwirkungen verursacht, ähnlich RGZ 70, 387 (Festungsanlage), RGZ 87, 391 (Wasserwerksbehälter).

59

– zum Schutze von Nachbarwerken, die sozialbindend sind, wenn diese Maßnahmen der Grubensicherheit dienen und

60

– zur Ordnung der Oberflächennutzung und Gestaltung der Landschaft, die sozialbindend sind, wenn es sich nicht um Beschränkungen aus Gründen der Landesplanung handelt (weitergehend Althaus, a.a.O., 158, wonach bergbehördliche Maßnahmen zum Schutz der Außenwelt grundsätzlich entschädigungspflichtig sind). Wenn ein Abbau aus landesplanerischen Gründen wesentlich eingeschränkt oder unmöglich gemacht wird, liegt ein besonders schwerer Eingriff in das Bergwerkseigentum vor, der zur Entschädigung verpflichtet (Heller a.a.O., 94, betr. Untersagung des Abbaus aufgrund der Bindung der Bergbehörde an den GEP oder an die Verbindlichkeitserklärung nach dem früheren Gesamtplanungs-Gesetz im Rheinischen Braunkohlenplangebiet).

61

b) Im BBergG sehen die §§ 8, 9 vor, daß Bewilligung und Bergwerkseigentum Rechte nur „nach den Vorschriften dieses Gesetzes" gewähren. Aber schon nach § 54 Abs. 1 ABG war die Befugnis aus dem Bergwerkseigentum an die „Bestimmungen des gegenwärtigen Gesetzes" geknüpft. Darunter wurde ein Hinweis auf die selbstverständliche Bindung jedes Rechtes an die Schranken der Rechtsordnung verstanden (Isay, § 54 Rn 2). Eine Einschränkung erfolgt, ähnlich wie durch die gleiche Formulierung in § 903 BGB für das Sacheigentum, nur in bezug auf die Ausübung des Bergwerkseigentums, nicht jedoch von Entschädigungsansprüchen (RG ZfB 57 (1916), 203 = RGZ 87, 391, 401). Die Begründung zu §§ 8, 9 sagt zu diesem, durch die Rechtsprechung seit langem bekannten Problem nichts Gegenteiliges. Man hätte das erwarten müssen, wenn durch die Formulierung des BBergG etwas anderes zum Ausdruck gebracht werden sollte als die Rechtsprechung dem ähnlichen Wortlaut des § 54 Abs. 1 ABG bisher entnommen hat. Die oben dargestellten Grundsätze (Rn 57–60) sind auf das BBergG übertragbar; zur Widerruflichkeit der Betriebsplanzulassung siehe Rn 35 ff. Feststeht, daß es für den Entschädigungsanspruch nicht darauf ankommt, ob die bergbehördliche Anordnung rechtmäßig oder rechtswidrig ist, weil das Merkmal der Rechtmäßigkeit des Eingriffs nicht zum Wesen der Enteignung gehört (Althoff, a.a.O., 147) oder in welcher Form die Bergbehörde tätig wurde (RG ZfB 74 (1933), 342, Althoff a.a.O., 109). Bei der Höhe der Entschädigung sind die durch die Maßnahme ersparten Bergschadensaufwendungen vorteilsausgleichend zu berücksichtigen. Im übrigen vgl. § 56 Rn 38 ff zur Höhe der Entschädigung bei Widerruf.

V. Akteneinsicht, Einsicht in zugelassenen Betriebsplan

62
1. Das Recht auf **Einsicht in die Betriebsplanakten** richtet sich nach § 29 VwVfG. Danach steht das Recht nur „**Beteiligten**" des Betriebsplanverfahrens zu.

63
Wer Beteiligter des Verfahrens ist, regelt § 13 VwVfG. Dazu gehören im wesentlichen der Antragstellende, d. h. den Betriebsplan einreichende Unternehmer, und diejenigen, die nach § 13 Abs. 2 VwVfG zu dem Verfahren hinzugezogen worden sind.

64
Die Bergbehörde kann aufgrund dieser Vorschrift eine Bürgerinitiative, die sich z. B. gegen die Zulassung eines Rahmenbetriebsplanes in einem Landschaftsschutzgebiet wendet, nicht zum Verfahren hinzuziehen. Die Zulassung des Betriebsplans hat für die Bürgerinitiative (eingetragener Verein, nicht rechtsfähiger Verein) keine rechtsgestaltende Wirkung, die einen Anspruch gem. § 13 Abs. 2 S. 2 VwVfG ergeben würde. Sie berührt auch nicht rechtliche Interessen (VG Gelsenkirchen ZfB 119 (1978), 242, 246; Urt. Glückauf 1981, 1511; RdVerf. LOBA v. 12. 7. 1977 in SBl LOBA, A 7), die der Bergbehörde die Möglichkeit („kann") der Hinzuziehung gem. § 13 Abs. 2 S. 1 VwVfG geben würden.

65
Allgemeine Rechtsnormen, die den Schutz der Natur bezwecken, haben keine Drittwirkung (OVG Lüneburg NJW 1970, 773, 774: Natur- und Landschafts-

schutz sind gerade keine Rechte, die einzelnen eingeräumt sind; Hess. VGH DVBl 1975, 911, 912: Aus dem Landschaftspflegegesetz und seiner Zielsetzung ergeben sich keine subjektiv-öffentlichen Rechte einzelner; Bayr. VGH, Bayr. Verf. GHE 21, 197: Grundrecht auf Naturgenuß und Erholung gibt kein Klagerecht; zu weitgehend OVG Berlin, NJW 1977, 2283: allgemeines Klagerecht gegen Einengung des Erholungsraumes in Berlin durch Kraftwerk; BVerwG DVBl 1977, 897: Umwandlung eines Waldstückes in Gewerbegelände berührt Recht eines Landschafts- und Naturschutzvereins nicht; Thieme, NJW 1976, 705: Kein subjektives Recht auf Erhaltung einer schönen Landschaft; Eyermann-Fröhler, VwGO, 8. Aufl. § 42 Anm. 98: Kein Individualrecht auf saubere Umwelt).
Zum Verwaltungsakt mit Doppelwirkung bei öffentlich-rechtlichen Gesichtspunkten, auf die sich Bürger bzw. Vereine berufen, vgl. Rn 22 ff.

66
2. Sofern eine **Behörde** oder eine **Gemeinde** als **Planungsträger** gem. § 54 Abs. 2 S. 1 oder S. 2 zu beteiligen oder weitergehend zu beteiligen sind, werden sie gem. § 13 Abs. 2 VwVfG Beteiligte, wenn die Bergbehörde sie zu dem Betriebsplanverfahren hinzuzieht.

67
3. Wer prüfen will, ob er von dem Betriebsplanverfahren betroffen ist, oder wer feststellen will, daß er nicht vom Betriebsplan betroffen ist, hat nur Anspruch darauf, daß die Bergbehörde ermessensfehlerfrei über sein Begehren entscheidet (Redeker -von Oertzen, VwGO, 7. Aufl., § 42 Rn 123).

68
4. Zu unterscheiden von der Einsicht in Betriebsplanunterlagen ist das Recht auf Einsicht in die Akten des **Genehmigungsverfahrens nach dem BImSchG**, das nach der Neufassung des § 4 Abs. 2 BImSchG (durch § 174 Abs. 5 BBergG) auch für übertägig errichtete und betriebene Anlagen des Bergwesens durch eine entsprechende VO anwendbar werden kann, sofern nicht Tagebau- oder Wetterführungsanlagen zur Erörterung stehen.

69
Das Verfahren ist öffentlich **bekanntzumachen**, damit wird die Auslegung des Antrags und der Unterlagen eingeleitet. Während der Auslegungsfrist gem. § 10 Abs. 1 S. 2 der 9. BImSchVO vom 18. 2. 1977 (BGBl S. 274) sind Antrag und Unterlagen bei der Genehmigungsbehörde in den Dienststunden **auszulegen**. Da nach § 10 Abs. 3 S. 2 BImSchG jeder – auch ohne rechtliches Interesse – Einwendungen erheben kann, steht die Einsicht in die ausgelegten Vorgänge jedem zu. Nach § 10 Abs. 4 dieser VO kann die Bergbehörde Akteneinsicht weitergehend, d.h. über den tatsächlich und zeitlich in § 10 Abs. 1 der VO geregelten Umfang hinaus (Sellner, Immissionsschutz und Industrieanlagen Rn 144), nach pflichtgemäßem Ermessen gewähren, ohne daß es auf die Voraussetzung der Beteiligteneigenschaft i. S. §§ 29, 13 VwVfG ankommt.

§ 56 70–74   Dritter Teil: Aufsuchung, Gewinnung und Aufbereitung

70
Ferner wird in § 10 Abs. 2 der 9. BImSchVO das Recht auf Abschrift oder Vervielfältigung der Kurzbeschreibung der Anlage bestätigt.

71
5. Sonderfälle
a) Einem Grundstückseigentümer, der gegen einen **Teilplan** nach dem inzwischen aufgehobenen Gesetz über die Gesamtplanung im Rheinischen Braunkohlengebiet vom 25. 4. 1950 (Braunkohlengesetz) Einwendungen erhoben hatte, stand ein Einsichtsrecht in die Akten des Teilplanverfahrens nicht zu. Der aufzustellende Teilplan war Teil der Landesplanung zur Sicherstellung einer geordneten Raumgestaltung im Rheinischen Braunkohlengebiet und hatte keine unmittelbare Rechtswirkung gegenüber dem Bürger. Die Aufstellung und Verbindlichkeitserklärung war weder ein Verwaltungsverfahren nach § 9 VwVfG noch ein Planfeststellungsverfahren gem. § 72 VwVfG (OVG Münster ZfB 119 (1978) 86; VG Köln ZfB 119 (1978), 87). Dasselbe wird man von den nach dem LPlG NW aufzustellenden **Braunkohlenplänen** sagen müssen, die den Gesamtplan bzw. den Teilplan abgelöst haben. Obwohl hier die Bürgerbeteiligung erheblich erweitert wurde, ist die Entscheidung des Braunkohlenausschusses eine Festlegung der Ziele der Raumordnung und Landesplanung, die keine unmittelbare Rechtswirkung äußert, sondern Planvorstellungen festlegt.

72
b) Der von einem **Grundabtretungsverfahren Betroffene** hat ein Recht auf Einsicht in den Betriebsplan, der für das Grundabtretungsverfahren und das Enteignungsrecht die planungsrechtliche und betriebstechnische Grundlage und notwendige Voraussetzung des enteignenden Eingriffs ist (OVG Münster ZfB 119 (1978), 221, 222; wohl auch VG Aachen ZfB 116 (1975), 454, 460).

VI. Rechtsschutz

73
1. Rechtsschutz des Unternehmers
Wird der Betriebsplan ganz oder teilweise von der Bergbehörde **abgelehnt**, steht dem Unternehmer nach dem Widerspruch die **Verpflichtungsklage** zur Verfügung. Gleichzeitig wird als Nebenfolge die Aufhebung des ablehnenden Bescheides erreicht.

74
Dieselbe Klageart kommt in Betracht, wenn die Zulassung entgegen dem Antrag **befristet** oder **bedingt** erfolgt. Diese Nebenbestimmungen können nur zusammen mit der Zulassung angegriffen werden (BVerwGE, 29, 261, 265, neuerdings aber BVerwG NJW 1978, 1018: selbständige Anfechtung und Verpflichtungsklage.).

75
Wendet sich der Unternehmer dagegen, daß der Zulassung belastende **Auflagen** oder ein **Widerrufsvorbehalt** beigefügt wurden, kommt die **Anfechtungsklage** gem. § 42 VwGO mit dem Antrag auf Aufhebung der Auflage in Betracht (Redeker-von Oertzen, VwGO, 7. Aufl. § 113 Rn 2). Auflagen können – im Gegensatz zu anderen Nebenbestimmungen – selbständig angefochten werden (hierzu § 56 Rn 50, Stelkens-Bonk-Leonhardt, VwVfG, § 36 Rn 20). Die Auflagen und die Anfechtungsklage lassen die Zulassung als Verwaltungsakt unberührt. Der Unternehmer genügt daher trotz der Anfechtungsklage der Verpflichtung aus § 51 Abs. 1, den Betrieb nur aufgrund eines zugelassenen Betriebsplanes zu führen oder einzustellen.

76
Anders ist die Rechtslage bei den **übrigen Nebenbestimmungen** (hiergegen Laubinger, Verw. Arch. 1982, 345, 363) und bei den sog. **modifizierten Auflagen** (Stelkens-Bonk-Leonhardt, VwVfG § 36 Rn 22, hiergegen Laubinger, Verw. Arch. 1982, 345, 363), die in einem derart engen Verhältnis zur Zulassung stehen, daß ihre getrennte Aufhebung sie inhaltlich verfälschen würde (BVerwGE 24, 129, 132; BVerwG DÖV 1974, 380). Hier ist die **Verpflichtungsklage** zu erheben, weil sie sich im Grunde gegen die inhaltliche Beschränkung der Zulassung wendet (Redeker-von Oertzen, VwGO, 7. Aufl. § 108 Rn 24). Der Antrag geht dahin, die Zulassung des Betriebsplanes in der Gestalt des Widerspruchsbescheides hinsichtlich der Nebenbestimmung aufzuheben und die Bergbehörde zu verpflichten, die beantragte Betriebsplanzulassung ohne die Nebenbestimmung zu erteilen. Zwischen gerichtlicher Aufhebung und Erlaß der neuen Zulassung durch die Bergbehörde liegt eine Zulassung nicht vor.

77
2. Rechtsschutz Dritter
Sofern es sich bei der Zulassung im Einzelfall um einen Verwaltungsakt mit Doppelwirkung handelt (§ 56 Rn 22 ff; zum Recht auf Akteneinsicht § 56 Rn 65), sind für den Dritten Rechtsschutzmöglichkeiten vor und nach der Betriebsplanzulassung zu unterscheiden:

78
a) **Vor der Betriebsplanzulassung** stehen ihm in Sonderfällen (z. B. Ankündigung der Zulassung durch die Bergbehörde oder entsprechend schlüssiges Handeln) die **vorbeugende Unterlassungsklage** und die **vorbeugende Feststellungsklage** zur Verfügung (st. Rspr., Redeker-von Oertzen, VwGO 7. Aufl. § 42 Rn 162). Allerdings wird hierfür nur selten das erforderliche Rechtsschutzinteresse gegeben sein, das nur bejaht wird, wenn dem Kläger ausnahmsweise nicht zumutbar erscheint, den Erlaß des Verwaltungsaktes abzuwarten (BVerwG DVBl 71, 746 – abgelehnt für Klage auf Unterlassen der Erteilung einer Baugenehmigung an den Nachbarn – a. A. OVG Lüneburg OVGE 21, 370).

79

b) Sofern der Unternehmer die Aufsuchungs-, Gewinnungs- oder Aufbereitungsmaßnahmen **vor Entscheidung** über den Betriebsplan beginnt, kann der Drittbelastete zwar nach erfolglosem Vorverfahren **Verpflichtungsklage** mit dem Ziel der Untersagung ungenehmigter Arbeiten erheben (Gelzer, Bauplanungsrecht, Rn 870 betr. Baugenehmigung). Auch hier wird der Dritte aber im Regelfall nicht erfolgreich vortragen können, daß die Vorschriften über das Betriebsplanverfahren zumindestens auch seinen Interessen dienen und er dadurch, daß das Betriebsplanverfahren noch nicht durchgeführt wurde, betroffen ist (§ 56 Rn 22 ff; § 56 Rn 65).

80

c) **Gegen die Betriebsplanzulassung** hat der Drittbelastete die Möglichkeit, nach erfolglosem Widerspruchsverfahren **Anfechtungsklage** auf Aufhebung der Zulassung zu erheben.

81

Dabei kann der Bescheid nur anhand solcher Bestimmungen untersucht werden, die dazu bestimmt sind, den Kläger zu schützen. (Zur Frage des Verwaltungsaktes mit Doppelwirkung, Nachbarschutzes, Klagebefugnis vgl. Rn 12 ff, 25 ff.). Steht die Maßnahme hiermit in Einklang ist es für den Erfolg der Klage grundsätzlich ohne Bedeutung, ob sie auch den übrigen, ausschließlich im Interesse der Allgemeinheit erlassenen Vorschriften entspricht. Ebenso ist es unmaßgeblich, ob subjektive Rechte anderer Personen als des Klägers durch die angefochtene Zulassung verletzt werden (OVG Münster DVBl 1976, 790, VG Gelsenkirchen, ZfB 123 (1982), 91, 94) und ob Form- und Verfahrensvorschriften verletzt worden sind (§ 46 VwVfG; BVerfG NJW 1980, 759 und VG Gelsenkirchen a.a.O.), wenn die Entscheidung in der Sache nicht auf dieser Verletzung beruht.
Problematisch ist ferner die Klagebefugnis von Verbänden, Interessengemeinschaften, Bürgerinitiativen (§ 56 Rn 23 ff), Gemeinden (§ 56 Rn 14 ff), Gemeindeverbänden oder Dritter, die in einer bestimmten Entfernung vom Bergwerksbetrieb wohnen oder arbeiten. Man wird heute nicht mehr darauf abstellen können, ob diese im Betriebsplanverfahren Beteiligte waren (richtig Pfadt, Rechtsfragen zum Betriebsplan im Bergrecht, 110 gegen Ebel-Weller, § 68 Anm. 6 a. E. und Miesbach-Engelhardt, Art. 71 (= § 68 ABG), Anm. 5, offengelassen in OVG Münster ZfB 116 (1975), 245, 250). In vielen Fällen wird die Befugnis nach dem oben Ausgeführten (§ 56 Rn 22 ff, § 56 Rn 65) aber fehlen, weil im Sinne der herrschenden Möglichkeitstheorie (BVerwGE 36, 192, 199 und 39, 345) diesen Gruppen nicht offensichtlich nach irgendeiner Betrachtungsweise die behaupteten Rechte zustehen können. Bei Gemeinden wird eine faktische Beeinträchtigung der Planungshoheit teilweise nur für ausreichend gehalten, wenn sie „schwer und unerträglich" ist (Jaras, DVBl 1976, 735). Sofern die Zulässigkeit der Klage bejaht werden muß, weil bestehende Zweifel an der behaupteten Rechtsstellung zur Unzulässigkeit nicht ausreichen, wird die Anfechtungsklage häufig unbegründet sein, weil die Rechtsverletzung aus den dargestellten Gründen tatsächlich nicht vorliegt (Steinberg, DVBl 1982, 13, 19).

Zweites Kapitel: Anzeige, Betriebsplan

82
Für eine **Verpflichtungsklage** gegen die Bergbehörde, dem Unternehmer bestimmte Maßnahmen aufzugeben (z. B. Betriebsplan zu ergänzen, bestimmte Tagesanlagen abzubrechen, Gelände zu rekultivieren, Betrieb zu untersagen, bestimmte Tagesanlagen, Halden nicht zu errichten oder den Betriebsplan nur unter bestimmten Auflagen zuzulassen), wird es im Regelfall daran fehlen, daß der Dritte in seinen Rechten verletzt ist, weil er keinen Rechtsanspruch auf konkrete Maßnahmen der Bergbehörde hat (§ 71 Rn 43 ff). Selbst bei bergrechtlichen Anordnungen nach § 198 ABG hat die Rechtsprechung entgegen dem Wortlaut („hat... zu treffen") das Opportunitätsprinzip für das Einschreiten der Bergbehörde festgelegt mit der Folge, daß ein Rechtsanspruch auf Erlaß einer Anordnung nur bestand, wenn im Falle einer Gefahr für die in § 196 ABG bezeichneten Gegenstände jede andere Entscheidung ermessensfehlerhaft war (OVG Münster ZfB 115 (1974), 441, 448).

83
3. Aufschiebende Wirkung von Widerspruch und Anfechtungsklage
Widerspruch und Anfechtungsklage des Dritten haben nach heute im wesentlichen anerkannter Auffassung die in § 80 Abs. 1 S. 1 VwGO angeordnete aufschiebende Wirkung (BVerwG DVBl 1966, 275; NJW 1969, 202; Redeker-von Oertzen, VwGO, 7. Aufl. § 80 Rn 10, Eyermann-Fröhler, VwGO, 8. Aufl., § 80 Rn 11; Finkelnburg, Vorläufiger Rechtsschutz im Verwaltungsstreitverfahren, 2. Aufl. Rn 329 ff, 645 m. w. N.; für Betriebsplan OVG Saarland ZfB 116 (1975), 358, 364; a. A. OVG Lüneburg NJW 1970, 963; DVBl 1977, 733; NJW 1980, 253 betr. Nachbarklage gegen Baugenehmigung; wie hier jedoch OVG Lüneburg DVBl 1977, 732 für Genehmigung nach § 4 BImSchG).

84
Eine Einschränkung ist bei **unzulässigen Rechtsbehelfen** zu machen. Sie haben keine aufschiebende Wirkung (OVG Münster NJW 1975, 794; Redeker-von Oertzen VwGO, 7. Aufl. § 80 Rn 16; bestr. a. A. OVG Saarland ZfB 116 (1975), 358, 365).

85
Das bedeutet noch nicht zwingend, daß der begünstigte Unternehmer allein aufgrund der Rechtsbehelfseinlegung vorläufig, d. h. bis zur Unanfechtbarkeit des Bescheides oder bis zur Anordnung seiner sofortigen Vollziehung gem. § 80 Abs. 2 Nr. 4 VwGO von der Betriebsplanzulassung keinen Gebrauch machen darf (hierzu § 56 Rn 87 ff).

86
4. Einstweiliger Rechtsschutz
Die Behörde hat die aufschiebende Wirkung durch Stillegungsanordnung durchzusetzen. Erfolgt das nicht, stellt sich für den Drittbelasteten die Frage nach der Durchsetzung des Suspensiveffektes. Sie wird von den Gerichten, teilweise sogar von den Senaten einzelner Gerichte, höchst unterschiedlich beantwortet (Lüke, NJW 1978, 81; Papier, VerwArch 64, 283).

§ 56 87–89　　　　　Dritter Teil: Aufsuchung, Gewinnung und Aufbereitung

87

a) Als wohl knapp überwiegend kann diejenige Meinung bezeichnet werden (Papier, BauR 1981, 151, 152 m. w. N.), die dem Dritten vorläufigen Rechtsschutz über § 123 VwGO und dem Weg der **einstweiligen Anordnung** gewährt. Durch die aufschiebende Wirkung des Rechtsmittels gegen die Betriebsplanzulassung tritt nicht ein automatisches Verbot der betrieblichen Maßnahme ein. Hierzu ist vielmehr eine gesonderte Stillegungsmaßnahme erforderlich, die zu erlassen die Bergbehörde nicht in jedem Falle verpflichtet ist. Mit der einstweiligen Anordnung gem. § 123 VwGO wird daher begehrt, daß die Bergbehörde die Durchführung der betriebsplanmäßig erfaßten Arbeiten verhindert (OVG Berlin DÖV 1967, 174; OVG Bremen BRS 24 Nr. 181; OVG Münster NJW 1966, 2181 = OVGE 22, 247; BRS 29 Nr. 157, st. Rspr. in baurechtlichen Verfahren; wohl auch in bergrechtlichen Verfahren: ZfB 116 (1975), 245, betr. Antrag, der Bergbehörde aufzugeben, dem Unternehmer die Ausführung eines zugelassenen Haldenbetriebsplanes zu untersagen; anders in OVGE 29, 113 = BauR 1974, 265 für gewerberechtl. Verfahren; Hess. VGH NJW 1966, 2183; BauR 1976, 415; VG Gelsenkirchen ZfB 119 (1978), 243, 245, wenn neben der durch die Bergbehörde anzuordnenden Stillegungsverfügung auch die Durchsetzung ihrer aufschiebenden Wirkung begehrt wird; Meyer NJW 1964, 710; weitere Nachweise bei Papier, BauR 1981, 152, Fn 11).

88

b) Eine nahezu ebenso häufig vertretene andere Meinung gewährt den Drittbelasteten Rechtsschutz durch Anordnung nach § 80 Abs. 5 VwGO. Die Bergbehörde wird durch gerichtlichen Beschluß verpflichtet, eine Anordnung gegen den Unternehmer zu erlassen, von der Betriebsplanzulassung keinen Gebrauch zu machen, bis über sie rechtskräftig entschieden ist. Die aufschiebende Wirkung des Rechtsbehelfs kommt den Nachbarn zugute (BGH NJW 1981, 349, 350 unter Berufung auf BVerwG DVBl 1966, 174, 175, ferner VGH Baden-Württ. BRS 17 Nr. 128, BRS 28 Nr. 135 u. 136; Bayr. VGH BRS 30, Nr. 148; OVG Rheinland-Pfalz NJW 1977, 593 gegen frühere Auffassung, OVG Saarland NJW 1976, 1911; NJW 1977, 2092; im Bergrecht ZfB 116 (1975), 358, 366: Antrag auf Feststellung gem. § 80 Abs. 5 VwGO, daß Klage aufschiebende Wirkung hat; Redeker-von Oertzen, VwGO, 7. Aufl. § 80 Rn 8 f gegen 4. Aufl. § 80 Rn 7 f und § 123 Rn 2 f; Papier, BauR 1981, 152). Damit wird zwar dem Dritten nur das Recht der Beschwerde gegen einen ablehnenden Beschluß gegeben statt des ausgiebigeren Rechtszuges nach § 123 VwGO (Antrag auf mündliche Verhandlung, Berufung, Beschwerde, Antrag auf Fristsetzung zur Erhebung der Klage in der Hauptsache), dafür besteht nicht die Gefahr der Schadensersatzpflicht nach §§ 123 Abs. 3 VwGO, 945 ZPO (so noch Papier, a.a.O., 155, jetzt aber BGH NJW 1981, 349, 350, die Ersatzpflicht verneinend). Der Unternehmer wird vor den Folgen offensichtlich unbegründeter Rechtsmittel dadurch abzusichern sein, daß Betriebsplanzulassungen großzügig für sofort vollziehbar erklärt werden.

89

c) Eine dritte Meinung (OVG Lüneburg, DVBl 1966, 275; NJW 1972, 663, st. Rspr. in Baurechtssachen) gewährt zwar vorläufigen Rechtsschutz nach § 80

Zweites Kapitel: Anzeige, Betriebsplan **90–93 § 56**

VwGO, sieht aber in der Aushändigung der Zulassungsurkunde (Bauschein) eine Vollziehungsanordnung, so daß Sofortmaßnahmen nicht automatisch, sondern nur nach dem Tätigwerden eines Verwaltungsgerichts wirksam werden.

90
d) Schließlich wenden einige Vertreter der Meinung, die grundsätzlich die Anwendung des § 123 VwGO ablehnen, diese Vorschrift jedenfalls dann an, wenn Nachbarn **Ansprüche** gegen die Behörde wegen angeblich **ungenehmigter, aber genehmigungspflichtiger Vorhaben** geltend machen (VGH München GewA 1974, 351; OVG Münster DÖV 1977, 336; Bender-Dohle, Nachbarschutz, 165; Redeker-von Oertzen, VwGO, 7. Aufl., § 123 Rn 2).

91
e) Der den Betriebsplan einreichende Unternehmer kann **Antrag** gem. § 80 Abs. 2 Nr. 4 VwGO bei der Widerspruchsbehörde **auf Anordnung der sofortigen Vollziehung** stellen oder beim Verwaltungsgericht entsprechend § 80 Abs. 5 VwGO die sofortige Vollziehung beantragen (BGH BB 1981, 517 betr. Genehmigung nach § 4 BImSchG). Dabei kann die Widerspruchsbehörde auch ohne Antrag des Bergbauunternehmers nach § 80 Abs. 2 Nr. 4 VwGO tätig werden, während für die gerichtliche Entscheidung ein Antrag vorliegen muß. Zwar sieht § 80 Abs. 5 VwGO eine Anordnung nicht ausdrücklich vor, doch folgt ihre Zulässigkeit aus der Anwendung des § 80 VwGO auf den Verwaltungsakt mit Doppelwirkung (BVerwG NJW 1969, 202; VGH Mannheim NJW 1975, 462; Redeker-von Oertzen, VwGO, 7. Aufl., § 80 Rn 12, bestr.).

92
Die Anordnung der sofortigen Vollziehung gem. § 80 Abs. 2 Nr. 4 VwGO ist zulässig im **öffentlichen Interesse** oder im **überwiegenden Interesse eines Beteiligten**. Hierbei wird die Bergbehörde den in § 1 dargestellten Zweck des BBergG ebenso zu berücksichtigen haben wie die in der 2. Fortschreibung des Energieprogrammes der Bundesregierung vom 14. 12. 1977 erneut betonte Notwendigkeit der vorrangigen Nutzung der deutschen Kohle und die Kohle-Vorrang-Politik des Landes NRW (hierzu Landesentwicklungsbericht NW 1979, 54).

93
Als öffentliches Interesse in diesem Sinne sind außerdem angesehen worden: Maßnahmen zur Verbesserung der wirtschaftlichen und sozialen Struktur in Gebieten, die nicht mehr krisenfest sind (OVG Münster OVGE 26, 244), Verringerung der bisherigen Immissionen bei sofortiger Inbetriebnahme (OVG Münster DVBl 1972, 461; Eyermann-Fröhler, VwGO, 8. Aufl., § 80 Rn 28), Verringerung von Gefahr für die Umwelt, Sicherung des Energiebedarfs der Bevölkerung aufgrund vorliegender Bedarfsprognosen bei Energieversorgungsanlagen (VGH Mannheim DÖV 1972, 864; DÖV 1975, 745; Bayr. VGH DVBl 1975, 199). Die im Allgemeininteresse liegende Gewinnung und Verwertung der Bodenschätze rechtfertigt nicht nur, sondern gebietet es geradezu, das ihr der Vorrang vor den Interessen der vom Bergbau betroffenen Grundeigentümer eingeräumt wird (BGH ZfB 111 (1970), 446, 450 = BGHZ 53, 226, 235). Nach OVG Münster (ZfB

116 (1975), 245, 254) ist ein öffentliches Interesse an der Sicherung der Versorgung mit einheimischer Energie und damit an der Errichtung einer Bergehalde anzuerkennen. Dem öffentlichen Interesse an der Sicherung der Energieversorgung (Erdölgewinnung) ist der Vorrang zu geben vor dem einer Gemeinde, wonach ein nahegelegenes Waldgebiet der Naherholung dienen soll (OVG Rheinland-Pfalz ZfB 119 (1978), 227 und VG Neustadt 228 betr. sofortige Vollziehung des Betriebsplanes für eine Bohrschlammgrube).

94
Als **überwiegende private Interessen** sind anerkannt: das wirtschaftliche Interesse, nicht auf unabsehbare Zeit an dem Betrieb der Anlage gehindert zu sein (Bayr. VGH GewArch 1974, 55) oder die wirtschaftlichen Nachteile des Stillstandes (VGH Mannheim DVBl 1976, 538; OVG Koblenz DVBl 1977, 730).

95
f) Gegen diese Anordnung hat der Drittbelastete die Möglichkeit, gem. § 80 Abs. 5 VwGO die **aufschiebende Wirkung** durch das zuständige Verwaltungsgericht ganz oder teilweise **wiederherstellen zu lassen** (OVG Rheinland-Pfalz ZfB 119 (1978), 227; VG Neustadt ZfB 119 (1978), 228 betr. für sofort vollziehbar erklärte Zulassung einer Bohrschlammgrube). Bei der Interessenabwägung sind die Erfolgsaussichten der späteren Anfechtungsklage nur ausnahmsweise zu berücksichtigen, wenn sie offensichtlich sind oder wenn die Vollziehung zu vollendeten oder zumindestens schwer rückgängig zu machenden Tatsachen führen würde (Einzelheiten Breuer NJW 1977, 1025, 1030; Sellner, Immissionsschutzrecht und Industrieanlagen Rn 402 ff). Im übrigen sind die Interessen des Drittbelasteten mit dem öffentlichen Interesse an der Sicherung der Energieversorgung und dem wirtschaftlichen Interesse des Unternehmers abzuwägen. Der Antrag geht dahin, die aufschiebende Wirkung des Rechtsbehelfs gegen die Zulassung des Betriebsplanes wiederherzustellen.

96
g) Gegen die Wiederherstellung der aufschiebenden Wirkung hat entgegen dem Wortlaut des § 80 Abs. 6 VwGO der Betroffene, d. h. der Bergwerksunternehmer, das **Beschwerderecht** (BVerfGE 35, 263 = NJW 1973, 1491).

VII. Nachträgliche Auflagen

97
1. Der zugelassene Betriebsplan hat im Rahmen der Vorschriften der §§ 56 Abs. 1 S. 2 BBergG, 43 ff VwVfG **beschränkte** materielle **Bestandskraft**. Diese Bestandskraft regelt das BBergG selbst nicht unmittelbar, so daß die Verbindlichkeit der Zulassung im Verhältnis zwischen Behörde und Betroffenen nach den allgemeinen Vorschriften bestimmt ist (zu Widerruf, Rücknahme vgl. § 56 Rn 35 ff).

Zweites Kapitel: Anzeige, Betriebsplan 98–101 § 56

98

2. Er hat auch die Tatbestands- und Feststellungswirkungen in bezug auf Entscheidungen anderer Behörden: soweit es durch Rechtsvorschrift vorgeschrieben ist, sind sie an die Betriebsplanzulassung gebunden (BVerwGE 21, 312 zum allgem. Verwaltungsgrundsatz). Dabei besteht die Bindung im Normalfall an die Existenz der Zulassung (**Tatbestandswirkung** § 56 Rn 34), kaum auch an ihre rechtliche und tatsächlichen Feststellungen (Feststellungswirkung).

99

3. Die Betriebsplanzulassung als gebundener Verwaltungsakt kann nach § 36 Abs. 1 VwVfG nur mit einer Nebenbestimmung versehen werden, wenn sie sicherstellen soll, daß einzelne noch fehlende gesetzliche Voraussetzungen für die Zulassung nach ihrer Bekanntgabe vom Unternehmer verwirklicht werden (§ 56 Rn 43 ff). Im übrigen können Nebenbestimmungen nur aufgenommen werden, wenn das Gesetz das ausdrücklich zuläßt oder vorsieht. Das BBergG hat das in § 56 für zwei Fälle geregelt: für nachträgliche Auflagen (§ 56 Abs. 1 S. 2) und für Sicherheitsleistungen (§ 56 Abs. 2).

100

4. Die Bestimmung schränkt einerseits den Grundsatz der bindenden Bestandskraft ein (Pfadt, Rechtsfragen zum Betriebsplan im Bergrecht, 169). Sofern die Voraussetzungen des § 56 Abs. 1 S. 2 gegeben sind, kann die Bergbehörde sich von der bindenden Wirkung der Zulassung lösen. Die Bestimmung drängt andererseits die Regelungen der §§ 48, 49 VwVfG über Rücknahme und Widerruf von Verwaltungsakten zurück, weil sich das mittelbar aus der Zweckbestimmung (Stelkens-Bonk-Leonhardt, VwVfG, § 48 Rn 2) des § 56 Abs. 1 S. 2 ergibt. Die Möglichkeit zu nachträglichen Auflagen schränkt nämlich zunächst weitergehende Maßnahmen, die in die Bestandskraft des zugelassenen Betriebsplanes eingreifen, ein. Angesichts der an die 3 Einschränkungen des § 56 Abs. 1 S. 2 gebundenen Ermächtigung der Behörde, die Bestandskraft der Zulassung auszuschalten, ist davon auszugehen, daß die noch schwerwiegendere Maßnahme der Rücknahme oder des Widerrufes vom Gesetzgeber des BBergG nur zugelassen ist, wenn nachträgliche Auflagen als das mildere Mittel ausscheiden. Aus den strengen Maßstäben für nachträgliche Auflagen folgt noch zusätzlich, daß auch für den Widerruf und Rücknahme strenge Maßstäbe anzuwenden sind.

101

Schließlich enthält § 56 Abs. 1 S. 2 eine abschließende Regelung der Voraussetzungen für **nachträgliche Auflagen**. Liegen die Voraussetzungen nicht vor, sind nachträgliche Auflagen unzulässig. Andere Nebenbestimmungen (Befristung, Widerrufsvorbehalt) können nach § 56 Abs. 1 S. 2 überhaupt nicht nachträglich aufgenommen werden. Die Vorschrift hat auch bei Anordnungen gem. § 71 (hierzu § 71 Rn 18) und anderen gesetzlichen Vorschriften (hierzu § 71 Rn 56) Bedeutung, wenn sie nach Betriebsplanzulassung ergehen.

§ 56   102–104   Dritter Teil: Aufsuchung, Gewinnung und Aufbereitung

102

5. In Fortentwicklung des früheren § 25 Abs. 3 S. 3 GewO und in Anlehnung an § 17 Abs. 2 S. 1 BImSchG sind wesentliche sachliche Einschränkungen für die Aufnahme, Änderung und Ergänzung von nachträglichen Auflagen festgestellt worden. Sie werden an drei Voraussetzungen geknüpft: wirtschaftliche Vertretbarkeit, Erfüllbarkeit, Erforderlichkeit zur Sicherstellung der gesetzlichen Voraussetzungen der Zulassung.

103

a) Die **wirtschaftliche Vertretbarkeit** der Auflage wird an zwei kumulativ nebeneinander stehenden Kriterien gemessen. Sie muß sowohl für den Unternehmer als auch für Einrichtungen der von ihm betriebenen Art vorliegen. Hier ist zunächst ein wesentlicher Unterschied zu § 17 Abs. 2 S. 1 BImSchG festzustellen: während dort die nachträgliche Anordnung nicht erlassen werden darf, wenn sie wirtschaftlich für Betreiber und Vergleichsanlage **nicht vertretbar** ist, kann die Bergbehörde nach § 56 Abs. 1 S. 2 nur vorgehen, wenn die Auflagen für beide wirtschaftlich **vertretbar** sind. Diese Formulierung bringt für den Bergbautreibenden zwei Vorteile: Nach der immissionsschutzrechtlichen Regelung genügt es zur Rechtswidrigkeit der Auflage nicht, wenn die Auflage individuell unvertretbar, für Anlagen der betriebenen Art jedoch vertretbar ist. Beide Voraussetzungen – Unvertretbarkeit hier und da – müssen gegeben sein. Nach der bergrechtlichen Regelung reicht es dagegen aus, wenn Unvertretbarkeit entweder im individuellen oder im generellen Bereich des Durchschnittsunternehmens dieser Betriebsart festzustellen ist: die Auflage ist schon dann unzulässig. Ein zweiter Unterschied besteht in bezug auf die Beweislast: Während in § 17 Abs. 2 S. 1 BImSchG die Behörde die nachträgliche Anordnung nicht treffen darf, wenn sie wirtschaftlich nicht vertretbar ist und damit die – doppelte – Beweislast für Zweifel an der Vertretbarkeit beim Betreiber liegt (vgl. Sellner, Immissionsschutzrecht und Industrieanlagen Rn 442 und dort in Fußnote 49 Genannte; Hoppe, NJW 1977, 1849, 1853), ist die berggesetzliche Regelung positiv gefaßt. Da § 56 Abs. 1 S. 2 eine Ausnahme von der grundsätzlichen Bestandskraft der Zulassung bedeutet, muß die Behörde die Voraussetzungen für ihr Einschreiten durch nachträgliche Auflagen beweisen.

104

Der Begriff „wirtschaftliche Vertretbarkeit" ist praktisch kaum zu greifen. Anhaltspunkte ergeben sich durch die Runderlasse des Arbeits- und Sozialministers NW vom 18. 3. 1963 (MBl NW 376) und vom 21. 9. 1964 (MBl NW 1447). Ausgangspunkt für die Ermittlung sind betriebswirtschaftliche Kriterien (Hoppe, BB 1966, 1572, 1574; Wirtschaftliche Vertretbarkeit im Rahmen des BImSchG, Schriftenreihe des Bundesministeriums des Innern, Bd. 8, 2. Aufl., 1977, 57 ff; DVBl 1982, 20), ist nicht erst die Unzumutbarkeit, Beachtung des Übermaßverbotes oder gar erst die Eigentumsgarantie (so aber Soell bei Hoppe, a.a.O., 20, Fn 2). Maßstab ist das Gewinnerzielungsprinzip. Dementsprechend muß ein angemessener Gewinn nachhaltig erzielt werden können (Sellner, a.a.O., Rn 449). Nicht vertretbar sind kostenmäßige Belastungen, bei denen ein vergleichbares Unternehmen einen angemessenen Gewinn nachhaltig nicht mehr erzielen kann (OVG Münster, DVBl 1973, 963). Eine nachträgliche Auflage ist nicht wirtschaftlich vertretbar, wenn sie eine ohnehin fehlende Kapitalrentabilität noch weiter verschlechtert (Hoppe, Wirtschaftliche Vertretbarkeit im Rahmen des Bundes-Immissionsschutzgesetzes, Rechtsgutachten 1977, S. 162, These 24). Andererseits ist die wirtschaftliche Vertretbarkeit solange gegeben, wie die Rentabilität des Unternehmens nicht gefährdet wird (OVG Münster, DVBl 1973, 962). Die Vertretbarkeit für Einrichtungen der vom Unternehmer „betriebenen Art" ist nicht auf die einzelne Einrichtung zu beziehen, auf die sich die nachträgliche Auflage bezieht, sondern auf den zu dieser Einrichtung gehörenden Gesamtbetrieb, sofern er technisch und wirtschaftlich untrennbar damit verbunden ist (OVG Münster, BB 1966, 1371 betr. § 25 Abs. 3 GewO).

105
b) Die Auflage muß ferner nach den **allgemein anerkannten Regeln der Technik erfüllbar** sein. Dieser Begriff wird wörtlich gleich in § 16 Abs. 3 Nr. 2 verwandt, im BBergG aber nicht definiert. Der Vergleich zum BImSchG und den in § 17 Abs. 2 festgelegten Voraussetzungen für nachträgliche Anordnungen zeigt wiederum einen wesentlichen Unterschied: Während es dort auf den „Stand der Technik" ankommt, sind im BBergG die „Allgemein anerkannten Regeln der Technik" maßgebend. § 3 Abs. 6 BImSchG definiert den **Stand der Technik** als „den Erstentwicklungsstand fortschrittlicher Verfahren, Einrichtungen und Betriebsweisen, der die praktische Eignung einer Maßnahme zur Begrenzung von Emissionen gesichert erscheinen läßt. Bei der Bestimmung des Standes der Technik sind insbesondere vergleichbare Verfahren, Einrichtungen oder Betriebsweisen heranzuziehen, die mit Erfolg im Betrieb erprobt worden sind". Die Voraussetzungen des Standes der Technik sind durch diese Definition vom Stadium der Betriebserprobung als dem an sich für den Betrieb des Standes der Technik üblichen (Krause-Pillat-Zander, Arbeitssicherheit, Gruppe 11, S. 133) auf das Stadium des Entwicklungsstandes fortschrittlicher Verfahren vorverlagert (Sellner, Immissionsschutz und Industrieanlagen, Rn 62) worden.

106
Der Begriff „allgemein anerkannte Regeln der Technik" dagegen wird im Gesetz nicht umschrieben, sondern als bekannt vorausgesetzt. Die Rechtsordnung kennt ihn beispielsweise in § 1 a Abs. 1 S. 3 HaftpflG; § 3 Abs. 1 MschSchG; § 6 Abs. 1 Dampfkessel-VO; §§ 7 a Abs. 1, 18 b, Abs. 1, 19 g Abs. 3 WHG.

107
Allgemein anerkannt sind die Regeln nur, wenn sie in der praktischen Anwendung erprobt worden sind und von den einschlägigen Fachkreisen für richtig gehalten werden. Die Formel beinhaltet die Summe aller Erfahrungen der jeweiligen Technik, die dann allgemein anerkannt sind, wenn ihre sicherheitstechnische Bewährung in der Praxis feststeht und die Mehrheit der Fachleute in der Bundesrepublik, die sie anzuwenden haben, davon überzeugt ist, daß die betreffenden Regeln den technischen Anforderungen der Arbeitssicherheit entsprechen (Krause-Pillat-Zander, Arbeitssicherheit, Gruppe 11, S. 134). Im Grunde wird ein schon weitgehend bestehender de-facto-Zustand für rechtlich verbindlich erklärt. Meistens werden die Regeln in schriftlicher Form wiedergegeben, etwa in Vorschriften der Berufsgenossenschaften, in denen des Deutschen Normenausschusses (DIN),

in Lehrbüchern, Kommentaren oder Fachaufsätzen, in Rundverfügungen des LOBA oder ministeriellen Runderlassen. Die Komponente der Wirtschaftlichkeit spielt hier unmittelbar nicht nochmals eine Rolle, doch wird man feststellen können, daß Unwirtschaftliches sich nicht als allgemein anerkannte Regel der Technik durchsetzen kann.

108
Bei den allgemein anerkannten Regeln der Technik handelt es sich um einen **unbestimmten Rechtsbegriff**. Er stellt gegenüber dem Stand der Technik, bei dem eine allgemeine Anerkennung nicht erforderlich ist und der nach den §§ 3 Abs. 6, 17 Abs. 2 BImSchG in Verfahren gefordert wird, die dem BImSchG unterliegen, die für den Unternehmer leichter einzuhaltende Voraussetzung auf.

109
c) Nachträgliche Auflagen müssen schließlich **erforderlich** sein, um die Zulassungsvoraussetzungen des § 55 sicherzustellen. Die nachträgliche Aufnahme, Änderung oder Ergänzung von Auflagen ist dadurch an die Voraussetzungen des § 55 Abs. 1 S. 1 Nr. 2–13 und Abs. 2 gebunden (Hoppe, DVBl 1982, 101, 111). Die Vorschrift knüpft damit an § 36 Abs. 1 VwVfG an, der Nebenbestimmungen zum Verwaltungsakt nur zuläßt, wenn sie sicherstellen, daß die gesetzlichen Voraussetzungen des Verwaltungsaktes erfüllt werden. Die „Erforderlichkeit" ist als unbestimmter Rechtsbegriff verwaltungsgerichtlich nachprüfbar.

110
6. Die Aufnahme, Änderung oder Ergänzung von nachträglichen Auflagen liegt im Ermessen der Bergbehörde, die darüber zu entscheiden hat, ob sie die Auflage auferlegen will **(Erschließungsermessen)** und welche Auflage sie erlassen will **(Auswahlermessen).** Dabei muß § 40 VwVfG beachtet werden, wonach die Bergbehörde die gesetzlichen Grenzen des Ermessens einhalten muß. Solche sind beispielsweise der Gleichheitsgrundsatz, insbesondere auch in Fällen der Selbstbindung der Verwaltung durch Verwaltungsvorschriften (BVerwGE 34, 278, 280), der Grundsatz der Sozialstaatlichkeit (BVerwGE 42, 148, 157) und der Grundsatz der Verhältnismäßigkeit (Stelkens-Bonk-Leonhardt VwVfG, § 40 Rn 27 und dort zitierte Rechtsprechung; Ebel-Weller § 68 Anm. 6).

111
7. Die Bergbehörde konnte bereits nach § 68 Abs. 5 ABG NW den Betriebsplan nur gegen Leistung einer **Sicherheit** zulassen. Diese Möglichkeit hat § 56 Abs. 2 aufgegriffen. Die Sicherheitsleistung darf nur zur Erfüllung der in § 55 Abs. 1 S. 1 Nr. 3–13 und Abs. 2 genannten Voraussetzung der Zulassung des Betriebsplanes dienen, nicht dagegen zur Sicherung privatrechtlicher Schadensersatzansprüche (Ebel-Weller § 68 Anm. 6). Ihr Zweck ist die Erfüllung des Grundsatzes der Verhältnismäßigkeit: wenn die beantragte Zulassung versagt werden müßte, soll die Bergbehörde nach ihrem Ermessen prüfen, ob die Versagungsgründe durch Leistung einer Sicherheit ausgeräumt werden können. Andererseits kommt eine Sicherheitsleistung nur in Betracht, wenn der Betriebsplan sonst nicht zulassungsfähig wäre. Die Entscheidung, ob und welche Art der Sicherheitsleistung verlangt

Zweites Kapitel: Anzeige, Betriebsplan 112–116 § 56

wird, steht im Ermessen der Bergbehörde. Dabei ist zu berücksichtigen, daß die Stellung der Sicherheit für den Unternehmer im Einzelfall erhebliche Kosten verursachen und seinen Kreditrahmen anspannen kann. Die Bergbehörde kann jede geeignete Sicherheit (Bankbürgschaft, Garantie, Konzernbürgschaft, Versicherung) verlangen, die Beschränkungen der §§ 232 ff BGB gelten hier nicht (anders früher § 68 Abs. 5 ABG NW).

112

Die Möglichkeit, die Forderung nach Sicherheitsleistung zu erheben, entfällt nicht, wenn die Wirtschaftlichkeit des Unternehmers unzweifelhaft ist (so früher § 68 Abs. 4 Saarländ. ABG). Es kann jedoch an der Erforderlichkeit i. S. § 56 Abs. 2 S. 1 fehlen oder ermessensfehlerhaft sein, wenn Sicherheitsleistung von einem kapitalkräftigen und zuverlässigen Unternehmer verlangt wird.

113

Die Erforderlichkeit einer Sicherheit kann sich andererseits im Einzelfall aus allgemeinen Erfahrungen oder aus der wirtschaftlichen Gesamtsituation ergeben (BT-Drucksache 8/1315, 112; Zydek, 263).

114

Nach Zulassung des Betriebsplanes kann eine Sicherheitsleistung nur bei Verlängerung, Ergänzung oder Änderung des Betriebsplanes oder unter den Voraussetzungen des § 56 Abs. 1 S. 2 gefordert werden.

VIII. Sonstige Rechtsgebiete, die von im Betriebsplan vorgesehenen Maßnahme berührt werden

115

Das Betriebsplanverfahren wurde **nicht** als **Planfeststellungsverfahren** ausgestaltet, in dem durch eine Stelle in einem Verfahren eine die öffentlichen und privaten Belange untereinander und gegenseitig abwägende Gesamtentscheidung über die öffentlich-rechtliche Zulässigkeit des Vorhabens einschließlich der notwendigen Folgemaßnahmen ergeht. Es kann daher **nicht** die **Konzentrations-** oder Einheitswirkung dieser Verfahren haben (§ 51 Rn 7, 8; BT-Drucks. 8/1315, 109 = Zydek, 246). Es sind daher die von den betriebsplanmäßig zuzulassenden Maßnahmen betroffenen sonstigen Rechtsgebiete mit ihrem für den Bergbau wesentlichen Inhalt in komprimierter Form darzustellen, und zwar in dieser Reihenfolge:

116

1. **Raumordnung und Landesplanung (NW)**
   a) Landesentwicklungsprogramm
   b) Landesentwicklungspläne
   c) Gebietsentwicklungspläne
2. **Bauleitplanung**
   a) Flächennutzungsplan
   b) Bebauungsplan

3. **Baurecht**
   a) untertägige Anlagen
   b) übertägige Anlagen
      - Anlagen, auf die die Bauordnung NW keine Anwendung findet
      - Anlagen, auf die die Bauordnung NW anzuwenden ist
4. **Immissionsschutzrecht**
   a) genehmigungspflichtige Anlagen
   b) nicht genehmigungspflichtige Anlagen
5. **Wasserrecht**
   a) Benutzung von Gewässern
   b) Ausbau von Gewässern
6. **Naturschutz und Landschaftspflege**
7. **Grubenanschlußbahnen**
8. **Weitere Verfahren** neben der Zulassung des Betriebsplanes
   a) Erlaubnisse aufgrund gewerblicher Verordnungen
   b) Anzeigepflicht bei Energieanlagen
   c) Genehmigung der Umwandlung von Wald
   d) Erlaubnis nach dem Sprengstoffgesetz
   e) Genehmigung für Abgrabungen

1. Raumordnung und Landesplanung

117
Aufgabe ist die übergeordnete, überörtliche und zusammenfassende Planung für eine den Grundsätzen der Raumordnung entsprechende Landesentwicklung.

118
Nach § 35 des Landesplanungsgesetzes NW (LPlG) vom 28.11.1979 (GV NW, 878) hat das **Landesoberbergamt** der **Bezirksplanungsbehörde** alle zu ihrer Kenntnis gelangten Maßnahmen und Vorhaben, die für die Raumordnung und Landesplanung Bedeutung haben können, frühzeitig **mitzuteilen**. Als Maßnahmen in diesem Sinne sind zu verstehen: Standortverlegung größerer Wirtschaftsunternehmen, Zweckentfremdung größerer landwirtschaftlicher Flächen.

119
Die Grundsätze und Ziele der Raumordnung und Landesplanung werden in NRW im Landesentwicklungsprogramm, in Landesentwicklungsplänen und in Gebietsentwicklungsplänen dargestellt. Der Bergbau hat hier viele Berührungspunkte (Winter-Sagolla, ZfB 123 (1982), 347 ff. zu Einzelheiten).

120
a) Das **Landesentwicklungsprogramm** wurde als Gesetz beschlossen und enthält Grundsätze und allgemeine Ziele der Raumordnung und Landesplanung für die Gesamtentwicklung des Landes und für alle raumbedeutsamen Planungen und

Maßnahmen. Es ist von den Bergbehörden schon als gesetzliche Regelung zu beachten und nicht erst unter die Beteiligung der Planungsträger nach § 54 Abs. 2 einzuordnen. So enthält § 18 des Gesetzes zur Landesentwicklung (LEPRO) vom 19. 3. 1974 (GV NW 96) den landesplanerischen Grundsatz: „Werden durch raumbedeutsame Planungen und Maßnahmen Flächen betroffen, unter denen sich nutzbare Lagerstätten befinden, so sind unter Berücksichtigung der Standortgebundenheit der Mineralgewinnung die wirtschaftlichen, sozialen und kulturellen Erfordernisse untereinander sowie insbesondere mit den Erfordernissen des Städtebaus, des Verkehrs, der Wasserwirtschaft, der Landschaftsentwicklung, der Erholung und des Umweltschutzes abzuwägen."

121

In § 26 dieses Gesetzes wird eine ausreichende, sichere und möglichst preisgünstige Energieversorgung zum Planungsgrundsatz erhoben. In einer langfristigen Planung sind Standorte, die Auslegung von Erzeugungsanlagen und Leitungstraßen der großräumigen Verbundnetze festzulegen.

122

Nach § 25 Abs. 4 LEPRO ist ferner ein allgemeines Ziel der Raumordnung und Landesplanung, im Interesse einer ausreichenden Versorgung der gewerblichen Wirtschaft und der Energiewirtschaft mit mineralischen Rohstoffen bei raumbedeutsamen Planungen und Maßnahmen die Standortgebundenheit der Mineralgewinnung zu berücksichtigen. Das Landesgesetz hat hier eine Erwartung des Bundesgesetzgebers bereits vorweggenommen. In der Begründung zum BBergG (BT-Drucksache 8/1315, 67 = Zydek, 32) heißt es: „Die besondere gesamtwirtschaftliche Bedeutung des Bergbaus und das Allgemeininteresse an der Aufsuchung, Gewinnung und Aufbereitung von Bodenschätzen auch aus Gründen der Rohstoffversorgung stehen außer Frage. Die Sicherung einer künftigen bergbaulichen Nutzung bekannter Vorkommen mineralischer Rohstoffe gewinnt zwar zunehmend an Bedeutung. Die zu diesem Zweck notwendigen vorsorgenden Maßnahmen gehören jedoch zu den Aufgaben von Raumordnung und Landesplanung."

123

Der in § 25 Abs. 4 LEPRO und auch in § 1 Nr. 1 BBergG auftretende Begriff der **„Standortgebundenheit"** ist janusköpfig. Er umfaßt einmal die Bindung an die vorgefundene Lagerstätte, zum anderen den Zwang zu einer ständigen räumlichen Fortentwicklung, den die Ausbeutung der Lagerstätte den bergbaulichen Betrieben diktiert. Beim Tagebau ist das ohne weiteres einsehbar. Beim Untertagebergbau sind die Abhängigkeiten zwischen Abbau der Bodenschätze und Auswirkungen auf die Erdoberfläche jedoch in gleichem Maße vorhanden. Das Statische der Bergwerksanlagen verdeckt jedoch die eigentliche Dynamik des Betriebes. Die Standortbindung führt zu einer eingeschränkten Flexibilität bei der Standortwahl der jeweiligen übertägigen Anlagen. Die Tagesanlagen können nicht an jeder beliebigen Stelle, sondern nur dort errichtet werden, wo es die betrieblichen Zusammenhänge untertage und Lagerstättenverhältnisse gebieten. Diese mehrdimensionale Standortgebundenheit geht in ihrer extremen Ausprägung über die

der sonstigen Industrie hinaus: der Bergbau ist besonders „planungsempfindlich" (Westermann, Freiheit des Unternehmers, 17 (Fn 24), Hoppe, DVBl 1982, 101, 109.)
Aus dieser Standortgebundenheit in doppeltem Sinne resultieren Raumansprüche des Bergbaus:

124
Es sind die flächenverzehrenden Ansprüche des **Braunkohlenbergbaus**, dargestellt in den **Braunkohlenplänen** gem § 24 LPlG, in denen Grundzüge der Oberflächengestaltung und Wiedernutzbarmachung in Abbau- und Anschüttungsgebieten, ferner Abbaugrenzen, Haldenflächen, Umsiedlungsflächen, Verkehrswege, Bahnen aller Art, Energie- und Wasserleitungen darzustellen sind. Die Braunkohlenpläne werden vom **Braunkohlenausschuß** gem. § 28 LPlG aufgestellt.

125
Dieser Sonderausschuß des Bezirksplanungsrates beim Regierungspräsidenten Köln setzt sich zusammen aus zehn zu wählenden Vertretern der Kreise und kreisfreien Städte des Braunkohlenplangebietes, aus zehn Mitgliedern des Bezirksplanungsrates und je einem Vertreter der Industrie- und Handelskammern, der Handwerkskammern, der Landwirtschaftskammer, der Arbeitgeberverbände, der Gewerkschaften und der Landwirtschaft, nicht jedoch aus Vertretern des Bergbautreibenden, die jedoch in den Unterausschüssen zur Vorbereitung der Beschlußfassung des Braunkohlenausschusses sitzen. Mit beratender Befugnis nehmen u. a. der Vertreter des Landesoberbergamtes und des Großen Erftverbandes teil.

126
Die Änderung des LPlG NW (Neufassung vom 28. 11. 1979 GV NW, 878) im Jahre 1979 hob das Gesetz über die Gesamtplanung im Rheinischen Braunkohlengebiet vom 25. 4. 1950 (**Gesamtplanungsgesetz**, GS NW, 450) auf, das die Aufstellung eines Gesamtplanes zur Sicherstellung einer geordneten Raumgestaltung des Rheinischen Braunkohlengebietes durch den **Planungsausschuß für das Rheinische Braunkohlengebiet** vorsah (Reiners, Landschaft im Wandel, 24).

127
In diesem Planungsausschuß saßen auch Vertreter des Landesoberbergamtes, der Braunkohlen-Bergbautreibenden, der Industriegewerkschaft Bergbau und der Energiewirtschaft.

128
Der **Rechtscharakter** und die Verbindlichkeit **des Gesamtplanes** – der ohnehin noch nicht erstellt war – und der verbindlichen Teilpläne (47 aufgestellt, davon 39 verbindlich erklärt) war noch nicht geklärt.
Die Pläne wurden einerseits als **Rechtsnormen** angesehen (Ebel-Weller, § 3 Abs. 3 BrkG, Anm. 4 = S. 587; Hoppe, Die Planung nach dem Braunkohlengesetz im System der nordrhein-westfälischen Landesplanung, Materialien zum Siedlungs- und Wohnungswesen und zur Raumplanung, Münster 1978, Band 19, 109),

Zweites Kapitel: Anzeige, Betriebsplan   **129, 130   § 56**

andererseits als **neue**, eigene **Rechtskategorie des Verwaltungshandelns** (Niemeier-Dahlke-Lowinski, Landesplanungsrecht Nordrhein-Westfalen, Essen 1977, § 13 LPlG, Anm. 25).

129
Die Verbindlichkeitserklärung machte den Plan für alle Behörden und öffentlich-rechtlichen Körperschaften des Plangebietes beachtlich, Betriebspläne der im Plangebiet gelegenen bergbaulichen Betriebe sowie der Flächennutzungs- und Bebauungsplan der Gemeinden waren mit dem Gesamtplan/Teilplan in Einklang zu bringen. Nach überwiegender Auffassung waren die Pläne **für den Bürger nicht verbindlich** (Reiners a.a.O., 44), die **Anpassungspflicht** für Betriebspläne dagegen sollte nicht nur **für die Bergbehörde** gelten, sondern auch **für den Bergwerksunternehmer** (Ebel-Weller, a.a.O., 588).

130
Die Braunkohlenplanung ist nunmehr Teil der Regionalplanung (hierzu Erbguth DVBl 1982, 1 m.w.N. in Anm. 3, Hoppe, DVBl 1982, 101). Die Pläne werden als durch die fachlichen Erfordernisse der Braunkohlenplanung geprägte Gebietsentwicklungspläne besonderer Art bezeichnet (Dahlke, Städte- und Gemeinderat, 1980, 98, 102 (Fn 3). Im Gegensatz zum GEP ist eine Bürgerbeteiligung und eine fachliche Überprüfung bei der Genehmigung des Braunkohlenplanes (langfristige Energieversorgung, Umweltschutz) gesetzlich vorgeschrieben. Das Braunkohlengebiet ist durch die 4. DVO zum LPlG v. 27.11.1979 (GuV NW 806) i.S. § 25 Abs. 2 LPlG abgegrenzt. Die Braunkohlenpläne selbst bestehen aus textlichen und zeichnerischen Darstellungen (Maßstab 1 : 10000). Sie sind auf der Grundlage des LEPRO und der LEP zu erstellen und mit den GEP abzustimmen.
Da sie Ziele der Raumordnung und Landesplanung enthalten (§ 24 Abs. 1 LPlG), kommt ihnen nach § 24 Abs. 5 S. 1 LPlG eine **untersagensähnliche Wirkung** für Abbauvorhaben im Braunkohlenplangebiet zu, sofern und solange sie nicht aufgestellt und genehmigt sind (Erbguth, DVBl 1982, 1, 7, a.A. Hoppe, DVBl 1982, 101, 110, wonach infolge verfassungskonformer Auslegung die Versagung des Betriebsplanes nicht auf das Fehlen eines Braunkohlenplans gestützt werden kann). Die **Sperrwirkung** erfolgte bisher über das Betriebsplanverfahren (§ 68 Abs. 3 ABG, 24 Abs. 5 S. 1 LPlG und früher Erlaß Min. für Wirtschaft und Verkehr v. 8.2.1958, I A 2–12–42). Sie bedeutete einen generellen Planungsvorbehalt bergrechtlicher Art und eine Sperrwirkung gegenüber der Bergbehörde und gegenüber den Bergbautreibenden (anders der Versuch verfassungskonformer Auslegung von Hoppe, DVBl 1982, 101, 110: nur Gebot für den Braunkohlenausschuß, Braunkohlenpläne so rechtzeitig in Angriff zu nehmen, daß sie vor Beginn eines Abbauvorhabens aufgestellt und genehmigt sind). Die Sperrwirkung des § 24 Abs. 5 S. 1 LPlG für unterlassene Pläne verträgt sich nicht mehr mit den eingeschränkten planungsrechtlichen Voraussetzungen des § 55 und dem Rechtsanspruch auf Zulassung nach dem höherrangigen BBergG. Auch aus § 54 Abs. 2 S. 1 BBergG folgt nichts anderes (anders Erbguth, DVBl 1982, 1 8 vorsichtig und ohne Begründung). Wohl können Braunkohlenpläne überwiegende öffentliche Interessen i.S. § 48 Abs. 2 sein, so daß sie auf diesem Wege zwar in die Beurteilung des Abbauvorhabens eingehen können, wenn Pläne verbindlich, nicht aber, wenn sie noch nicht erlassen sind. § 24 Abs. 5 S. 1 LPlG ist daher unter besonderer Betonung

der „Soll-Bestimmung" verfassungstreu dahingehend auszulegen, daß eine Sperrwirkung im Betriebsplanverfahren nicht eintritt (Hoppe, a.a.O., 110), oder die Vorschrift ist nach Art. 31 GG mit Erlaß des BBergG unwirksam geworden (Erbguth, a.a.O.).

Wegen der Verknüpfung von Braunkohlenplanung und Betriebsplan ist auch die Anpassungspflicht des § 24 Abs. 5 LPlG verfassungsmäßig nicht mehr zu halten. Danach sind Betriebspläne mit Braunkohlenplänen in Einklang zu bringen. Damit hat der Bergbautreibende die Pflicht, seine Betriebspläne an Braunkohlenpläne anzupassen und trifft die Bergbehörde das Verbot der Zulassung von Betriebsplänen bei Unterlassen der Anpassung (Erbguth, a.a.O., 7; a. A. verfassungskonforme Auslegung von Hoppe, a.a.O., 111; Keine einseitige Anpassungspflicht, sondern Gebot der wechselseitigen Abstimmung). Das verstößt gegen Art. 74 Nr. 11 i. V. Art. 72 Abs. 1, 2 GG, weil die Landesrechtliche Regelung des Bergrechts nicht mehr zulässig ist, nachdem der Bund von seiner konkurrierenden Gesetzgebungszuständigkeit Gebrauch gemacht hat (Erbguth, a.a.O., 11 mit weiterem Nachweis, daß § 24 Abs. 5 LPlG auch gegen § 7 ROG und das Gebot der Normklarheit verstößt) und die Pläne bundesrechtlich nur noch über § 48 Abs. 2 für das Betriebsplanverfahren Bedeutung haben können.

Auch der **Inhalt der Braunkohlenpläne** bedarf der verfassungskonformen Abgrenzung zum Betriebsplan. Die Festlegung der Abbaugrenzen gem. § 24 Abs. 2 S. 3 LPlG darf die Nutzung der Bergbauberechtigung nicht in enteignender Weise einschränken oder in fremde Felder verlegen. Der Braunkohlenplan muß sich auf landesplanerische Festlegungen beschränken und darf nicht Detailregelungen treffen, die im Betriebsplan zu regeln sind. Er kann weder wasserrechtliche noch immissionsrechtliche Maßnahmen treffen und schon gar keine Kostenregelungen, die Dritte belasten, oder Entschädigungs- und Ausgleichsmaßnahmen treffen (Hoppe, DVBl 1982, 101, 111).

131

Die Neufassung des Planungsrechts im Braunkohlenbergbau hat die Mitwirkungsrechte der vom Braunkohlenbergbau unmittelbar betroffenen Bürger durch eine gesetzlich geregelte Bürgerbeteiligung (Bedenken und Anregungen nach öffentlicher Auslegung in den betroffenen Gemeinden) stark erweitert.

132

Es sind ferner die Ansprüche des **Steinkohlenbergbaues** auf raumordnende Sicherstellung der Lagerstätten und der Betriebsflächen für bestehende und neue Betriebsanlagen (hierzu Sauer, Das Markscheidewesen, 1982, 19, Rawert, Das Markscheidewesen 1979, 31, Winter-Sagolla, ZfB 123 (1982), 347 ff.). Während teilweise mit einer Fläche von 2 qm für jede Tonne Jahresförderung gerechnet wurde (Treptow, Glückauf 1959, 108, 113), wird man auch heute noch trotz aller Rationalisierung und eines teilweisen „Rückzuges des Bergbaus aus der Fläche" mit 1,6 qm/Tonne Jahresförderung oder 100–150 ha Betriebsfläche für ein modernes Bergwerk (Rawert bei Winter-Sagolla, aaO, 348 rechnen müssen, weil erhöhtes Umweltschutzbedürfnis und die damit im Zusammenhang stehenden größeren Produktions-, Lager-, Mantel- und Erweiterungsflächen diesen Geländebedarf fordern.

Andererseits besteht die Tendenz insbesondere in Ballungsgebieten, den nicht

Zweites Kapitel: Anzeige, Betriebsplan   133–137   § 56

vermehrbaren Raum intensiv zu verplanen. Wo keine Industrie-, Gewerbe- oder Wohnungsbauflächen vorgesehen sind, wird der verbleibende Raum für Land- und Fostwirtschaft oder für Erholungs- und Freizeitflächen beansprucht. Es entsteht zwangsnotwendig ein Raumnutzungskonflikt mit dem Bergbau, dessen Lösung unter Berücksichtigung des § 18 LEPRO zu erfolgen hat.

133
Für den Bergbau von Bedeutung sind noch die Bestimmungen des § 32 Abs. 7 bis 10 LEPRO. Sie regeln die Zusammenfassung von Abgrabungen, die Anpassung von Abgrabungen in die Landschaft, die Eingliederung von Aufschüttungen in die Landschaft durch Formgebung, Sicherung der Hangflächen und Begrünungsmaßnahmen und stellen die Forderung nach verbindlicher Festlegung der Herrichtung des Abbau- und Betriebsgeländes vor Beginn des Abbauvorhabens auf.

134
b) Die **Landesentwicklungspläne** (LEP) stellt die Landesplanungsbehörde, d. h. in NRW der Minister für Landes- und Stadtentwicklung (Bekanntmachung vom 22.2. 1981 GV, 134) auf. Sie legen gem. § 13 LPlG auf der Grundlage des Landesentwicklungsprogrammes die Ziele der Raumordnung und der Landesplanung für die Gesamtentwicklung des Landes fest. Der bekanntgemachte LEP ist gem. § 13 Abs. 6 LPlG von den öffentlichen Planungsträgern, den Behörden, Gemeinden und den der Aufsicht des Landes unterstehenden Körperschaften und Anstalten des öffentlichen Rechts bei raumbedeutsamen Planungen und Maßnahmen zu beachten (Brocke, DVBl 1979, 184: zwingender Charakter). Seine Transformation in das Bergrecht erfolgt über § 48 Abs. 2.

135
In NRW sind inzwischen fünf Landesentwicklungspläne im Ministerialblatt bekanntgemacht und sind daher Ziele der Raumordnung und Landesplanung. Der für den Bergbau bedeutsame LEP V — „**Festlegung von Gebieten für den Abbau von Lagerstätten**" gem. § 35 Buchst. g LEPRO – ist noch in Bearbeitung. (Entwurf 27.4.1982)

136
Für die Bergbehörde sind vor allem die **LEP III „Gebiete mit besonderen Freiraumfunktionen — Wasserwirtschaft und Erholung**" (MBl NW 1976, 1288) und **LEP VI — „Festlegung von Gebieten für flächenintensive Großvorhaben**" (MBl NW 1978, 1878, vgl. Brocke DVBl 1979, S. 184) zu beachten, nach seinem Erlaß auch der LEP V – Lagerstätten (vgl. Rn 138 ff).

137
Der LEP III will die Entscheidung über im Einzelfall konkurrierende Raumansprüche aufgrund seiner generellen räumlichen Bestellung nicht vorwegnehmen. Diese kann vielmehr erst bei der Aufstellung der Gebietsentwicklungspläne erfolgen (vgl. Ziff. 2.4 LEP III).
Für den Bergbau ist der **LEP III** insofern von Bedeutung, als er **Vorranggebiete für die Wasserwirtschaft** — unterteilt nach Grundwasser und Oberflächenwasser –

§ 56 138–140   Dritter Teil: Aufsuchung, Gewinnung und Aufbereitung

und **Erholungsräume** enthält, die mit bergbaulichen Vorhaben kollidieren können. Das gilt insbesondere bei bergbaulichen **Tagesanlagen** in diesen Vorranggebieten, wenn dieser Vorrang durch Wasserschutzgebiete und entsprechende Verordnungen gem. § 14 LWG untermauert wird. Zwar bedarf nach § 14 Abs. 1 S. 3 LWG die Festsetzung des Einvernehmens des Landesoberbergamtes, wenn in dem festzusetzenden Gebiet abbauwürdige Mineralien anstehen. Dahinter steht aber das Problem, daß nach § 19 Abs. 2 WHG in Wasserschutzgebieten bestimmte Handlungen verboten oder beschränkt werden können, wozu auch das Aufsuchen, Gewinnen und Aufbereiten von Bodenschätzen und alle damit zusammenhängenden Handlungen gehören können (z. B. Schichten zerreißender Abbau, nicht aber Lagerung von Waschbergen, Szelag, Das Markscheidewesen 1982, 30). In geringerem Umfang werden für den Bergbau Kollisionsprobleme in den Vorranggebieten bei **untertägigen Maßnahmen** auftreten. Vom technischen Grundsatz her sind insofern Untertage – Steinkohlenbergbau und Wassergewinnung nebeneinander möglich (Sauer, Das Markscheidewesen 1982, 19, 24).

138

Der **LEP V** (hierzu Sauer, Das Markscheidewesen 1982, 19, 23, Winter-Sagolla, ZfB 123 (1982) 347, 355; Reiners, Erzmetall 1981, 274, 279) wird die **räumliche Verbreitung der abbauwürdigen und landesbedeutsamen Lagerstätten** enthalten. Wegen des Umfanges und der Langfristigkeit der Lagerstättensicherung werden Gebiete mit Lagerstätten für die mittelfristige Rohstoffversorgung und für die langfristige Rohstoffsicherung dargestellt (Landesentwicklungsbericht NW 1979, S. 204). Hier: Fortsetzung gemäß Rn 138 des Schreibens Bienschmidt vom 17.8.1982.

139

In dem LEP V sind die Lagerstätten in ihrer Gesamtheit erfaßt ungeachtet der Art ihrer Gewinnung. Sie werden abgestuft dargestellt als Gebiete für gegenwärtige (Kategorie I a), für die mittelfristige Rohstoffversorgung (Kategorie I b) und die langfristige Rohstoffsicherung (Kategorie II).

140

Gebiete der Kategorie I a enthalten den sog. **Bestand**, d. h. genehmigte und angezeigte Abgrabungen gem. § 3 und 14 Abs. 1 AbgrG, zugelassene Betriebspläne (Haupt-Rahmen-, Sonder- und aus altem Recht übergeleitete Betriebspläne) und genehmigte Braunkohlenpläne für Abbauflächen (§ 24 i. V. 31, 13 LPlG) unter Einbezug der rechtsverbindlichen Pläne nach dem Gesetz über die Gesamtplanung im Rheinischen Braunkohlengebiet. Soweit hier Gebiete festgelegt werden, für die Verwaltungsentscheidungen bereits getroffen worden sind, ist die erforderliche planerische Abwägung bereits durchgeführt. Sie hat das Ergebnis gebracht, daß die Verwendung dieser Flächen für die Gewinnung von Bodenschätzen den Zielen der Landesplanung entspricht (Reiners, Landschaft im Wandel, 61). Tagebaubereiche sind daher im GEP darzustellen, bei Untertagebau mit dem Ziel, andere Raumansprüche nicht oder vermindert zu beeinträchtigen.

141

Für die **übrigen Gebiete** mit abbauwürdigen Lagerstätten (Kategorie I b, **Kategorie II**) ist diese Abwägung noch durchzuführen, etwa bei Änderung oder Ergänzung des Planes, bei Neuaufstellung oder bei der Erarbeitung des Gebietsentwicklungsplanes (Reiners, a.a.O.). Dabei erfassen die Kategorie I b Lagerstätten, deren Abbau wegen ihrer besonderen qualitativen und quantitativen Merkmale und aufgrund der abbau- und verkehrsgünstigen Situation je nach Bedarf mittelfristig erwartet werden kann, und die Gebiete der Kategorie II solcher Lagerstätten, die nach Ausdehnung, Inhalt und Qualität weitgehend bekannt sind, jedoch aus bergtechnischen und wirtschaftlichen Gründen oder wegen der derzeit weniger günstigen Verkehrs- und Marktlage oder aus landesplanerischen Gründen noch nicht abgebaut werden, aber wegen ihrer Qualitätsmerkmale grundsätzliche Bedeutung haben oder in Zukunft erlangen können. Die Kategorie I b ist im Tagebaubereich im GEP unter Abwägung mit konkurrierenden Raumansprüchen, im untertägigen Abbaubereich mit dem Ziel des Ausschlusses oder der Verminderung von gegenseitigen Beeinträchtigungen. Die Kategorie II erscheint im GEP zur Beachtung, daß Bodenschätze unter Tage vorhanden sind.

142

Der **LEP VI** hat für den Bergbau **standortbegründende und standortabwehrende Funktion**. Einerseits besteht für ihn das Interesse an der Festlegung von Standorten für Steinkohlenkraftwerke im Einzugsbereich von Schachtanlagen zur Absatzsicherung. Andererseits besteht die Notwendigkeit, Kernkraftwerke im Bereich der Kohleförderung und der Abbaueinwirkungen zu verhindern und bergschadensempfindliche Großvorhaben im Abbaubereich auszuschließen.

143

Nach Ziff. 4.3 hat der LEP VI ein **Darstellungsprivileg**: Zukünftig dürfen nur solche für die Ansiedlung von flächenintensiven Großvorhaben, d. h. solche mit einer nutzbaren zusammenhängenden Fläche von 200 ha, bestimmte Gebiete im Gebietsentwicklungsplan als Gewerbe- und Industrieansiedlungsbereich dargestellt werden, die auch im LEP VI enthalten sind. Dieses Darstellungsprivileg gilt wegen der Besonderheiten des Energiemarktes nicht für Kraftwerkstandorte.

144

Für die Behörden, die nicht Träger der Planung sind, hat der LEP VI nur abwehrenden Charakter. Sie dürfen keine Entscheidungen treffen oder zulassen, die eine Verwirklichung der Standortziele unmöglich machen oder wesentlich erschweren.

145

Der LEP VI enthält **keine Festlegungen über derzeit betriebene** Kraftwerk- und Großvorhaben**standorte und** über **Erweiterungsmöglichkeiten** an diesen Standorten. Die Aufnahme in den LEP VI besagt auch nichts über die Möglichkeit der tatsächlichen Inanspruchnahme sowie über Art, Umfang und Zeitpunkt konkreter Ansiedlungsfälle (vgl. Ziff. 2 Abs. 4 Erläuterungsbericht). Kurz- und mittelfristig erforderliche Vorhaben sind über den LEP VI nicht zu realisieren.

146

Die Unternehmen erwerben mit den Darstellungen des Planes **keinen Rechtsanspruch auf die Errichtung** einer Anlage auf der jeweiligen Fläche, da deren endgültige Eignung erst im fachbezogenen Genehmigungsverfahren zur Errichtung einer Anlage nachgewiesen werden kann (Landesentwicklungsbericht 1976, 73). Es handelt sich um einen **Angebotsplan,** der eine hinreichende Anzahl von Alternativstandorten enthält (Landesentwicklungsbericht 1979, 206).

147

Die Landesentwicklungspläne unterliegen in ihrem Verhältnis zueinander keiner hierarchischen Ordnung. Unterschiede ergeben sich jedoch durch den Maßstab der zeichnerischen Darstellung, durch den Konkretisierungsgrad und die Art der Darstellung. Flächendeckende Funktionsräume werden sowohl im LEP III als auch im LEP V festgehalten, doch ist der Maßstab 1 : 500 000 des LEP III gegenüber dem Maßstab 1 : 200 000 des LEP V stark generalisierend. Im Einzelfall kann daher die Konkretisierung dazu führen, daß eine Kollision mit dem LEP V gar nicht besteht. Andernfalls muß eine Abwägung zwischen konkurrierenden Zielen durch den Träger der Regionalplanung erfolgen (Reiners, a.a.O., 60).

148

Die Ziele der Landesentwicklungspläne werden zunächst in Gebietsentwicklungspläne umgesetzt. Sie werden durch Bauleitpläne, die gem. § 1 Abs. 4 BBauG den Zielen der Raumordnung und Landesplanung anzupassen sind, durch ein Verlangen der Landesregierung gem. § 21 LPlG auf Anpassung oder Aufstellung der Bauleitpläne, durch die Untersagung raumordnungswidriger Planungen und Maßnahmen gem. § 22 LPlG und die Zurückstellung von Baugesuchen gem. § 23 LPlG, 15 BBauG weiterverfolgt.

149

c) Die **Gebietsentwicklungspläne** (GEP) werden nach § 15 Abs. 3 LPlG vom Bezirksplanungsrat beim Regierungspräsidenten aufgestellt und bedürfen der Genehmigung der Landesplanungsbehörde. Sie legen die regionalen Ziele der Raumordnung und Landesplanung für die Entwicklung der Regierungsbezirke und für alle raumbedeutsamen Planungen und Maßnahmen im Planungsgebiet fest. Sie gehen von einem Planungshorizont von 10 Jahren – gerechnet ab Genehmigung – aus (§ 15 Abs. 4 LPlG). Die **Darstellungen** im Plan erfolgen zeichnerisch oder textlich.

150

Die 3. DVO v. 5. 2. 1980 zum LPlG (GV NW 149) legt in § 2 Abs. 5 Einzelheiten für die **zeichnerischen Darstellungen** fest. Danach sind für den Bergbau von Bedeutung: Gewerbe- und Industrieansiedlungsbereiche unter besonderer Darstellung der Bereiche für standortgebundene Anlagen (Ziff. 2), Bereiche für die oberirdische Gewinnung von Bodenschätzen (Ziff. 8), Bereiche für Aufschüttungen größeren Umfanges (Ziff. 9).

151
Dargestellt werden sollen, wie diese Beispiele zeigen und der frühere § 15 LPlG 1962 (GVBl. S. 229) es ausdrückte, die „künftige Struktur des Gebietes und die geordnete Nutzung des Bodens in den Grundzügen". Der GEP ist mithin nicht projektbezogen, sondern regelt Grundzüge. Bergbauliche Vorhaben bedürfen nur einer Darstellung im GEP, wenn sie raumbedeutsame Dimensionen haben (hierzu Sauer, Das Markscheidewesen, 1982, 19, 24). Das sind Bergehalden – wobei die GEP für den Regierungsbezirk Münster, Teilabschnitt Bergehalden im Nördlichen Ruhrgebiet, und für den Regierungsbezirk Düsseldorf, Teilabschnitt Bergewirtschaft, von einer Mindestkapazität von 5 Mio. to, was einem Raummaß von ca. 2,5 Mio. cbm entspricht, ausgehen –, Förderschächte für Personen oder Material, Kohlenmischanlagen, Werksbahnen, Kokereien und schließlich die Abwägungsbereiche des Steinkohlenbergbaus aus dem LEP V, weil sie Verkehrs- und Raumordnungsprobleme nach sich ziehen und auf längere Zeiträume ausgerichtet sind. Kleinere Aufhöhungen, Anschüttungen oder Verfüllungen bedürfen nicht der regionalplanerischen Absicherung.

152
Sehr eingehend befaßt sich der **GEP** (Entwurf 1982) für den **Regierungsbezirk Arnsberg** – Teilabschnitt Dortmund-Unna-Hamm –, in dem zur Zeit etwa ein Viertel der gesamten Steinkohlenförderung des Ruhrgebietes zu Tage gezogen wird, mit den Planungsproblemen des Steinkohlenbergbaus. Für die **Haldenaufschüttungen** des Bergbaus werden vier **grundsätzliche Ziele** aufgestellt:

153
– Im Interesse des im Ruhrgebiet ohnehin knappen Freiraumes ist es das wichtigste Ziel für die Bergewirtschaft des Steinkohlenbergbaus, den Anteil der Überschußberge am gesamten Bergeanfall zu **reduzieren** (Ziel 97, S. 200).

154
– Für die Unterbringung des zu deponierenden Bergeanteils sind **landschaftschonende Konzepte** alternativ zur bisherigen Aufhaldungspraxis zu entwerfen bzw. weiterzuentwickeln (Ziel 98, S. 202).

155
– Für die im Plangebiet anfallenden Bergemengen ist eine langfristig ausreichende **Haldenkapazität planerisch abzusichern.** Bei der bergrechtlichen Zulassung ist zu prüfen, ob alle Möglichkeiten anderweitiger Bergeverbringung ausgenutzt sind (Ziel 99, S. 203).

156
– Bei der **Auswahl von Bereichen** für Aufschüttungen sowie bei der Anlage und dem Betrieb von Bergehalden sind folgende **Grundsätze** beachtet (Erläuterung Ziel 99, S. 204ff).:
– Die Wahl der Haldenstandorte wie auch der Transportwege und -mittel muß den Bedürfnissen der betroffenen Bevölkerung im Hinblick auf die Erhaltung der Lebensqualität Rechnung tragen.

§ 56 157–159 Dritter Teil: Aufsuchung, Gewinnung und Aufbereitung

- Wenige großräumige Zentralhalden sind vielen kleinen Einzelstandorten vorzuziehen.
- Zechennahen Standorten ist nach Möglichkeit der Vorrang einzuräumen.
- Die wasserwirtschaftlichen, ökologischen und landschaftlichen Belange sind zu beachten.
- Ziel der Rekultierung muß es sein, eine gegenüber dem vorherigen Zustand vergleichbare ökologische Leistungsfähigkeit wiederherzustellen. Die Rekultivierung muß bereits während der Schüttung eingeleitet werden. Der gesamte Haldenkörper muß einer sinnvollen Folgenutzung zugeführt werden.

Es werden dann noch verschiedene einzelne Haldenstandorte für die Sicherstellung der Bergentsorgung bestimmter Bergwerke festgelegt.

157
Ähnliche Ziele enthält auch der GEP (Entwurf 1981) für den **Regierungsbezirk Münster**, Teilabschnitt Bergehalden im Nördlichen Ruhrgebiet, der davon ausgeht, daß in den nächsten 20 Jahren etwa 70% des Bergeanfalls über Tage zu verbringen sind. Auch hier ist als „Allgemeines Ziel" grundsätzlich festgeschrieben: „Die Kohleförderung im Ruhrgebiet ist langfristig in bedarfsgerechtem Umfang zu sichern. Die geordnete Lagerung der verbleibenden Überhangberge darf in größeren Mengen nur auf den im Plan ausgewiesenen Bereichen erfolgen und erst nach Erteilung einer entsprechenden Genehmigung erfolgen."

158
Auch der Entwurf Mai 1982 des GEP „Teilabschnitt Bereiche für Aufschüttungen des Steinkohlenbergbaus – Bergewirtschaft" des **Regierungspräsidenten Düsseldorfs** steckt die Ziele ähnlich und betont besonders die vorrangige alternative Verwendung des Bergematerials (Ziel 1) durch Verfüllen von Abgrabungen, Versatz unter Tage, Auffüllen von Geländesenkungen, Aufbau von Immissionsschutzwällen, Verwendung im Straßenbau und Baugewerbe anstelle des ohnehin knappen Bodenschatzes Kies und Sand.

Die Darstellungen in den GEP enthalten die Aufschüttungen, die sich in Betrieb, Erweiterung oder Planung befinden. Die verschiedenen mit einer Flächensicherung verbundenen Belange wurden gegeneinander im Sinne einer regionalplanerischen Vorprüfung abgewogen. Ob, in welchem Umfang und unter welchen Auflagen diese Flächen letztlich vom Steinkohlenbergbau zur Unterbringung von Bergen innerhalb des landesplanerisch vorgegebenen Rahmens genutzt werden dürfen, bleibt der Prüfung und Entscheidung nach den fachgesetzlichen Verfahren vorbehalten (Entwurf RP Düsseldorf, S. 4).

159
Raumbedeutsame Dimensionen haben auch die **Wohnsiedlungsbereiche des Bergbaus**. Hier ist im erwähnten Teilplan des GEP Arnsberg die Bestanderhaltung und Sicherung der Arbeitersiedlungen als bauliche geschlossene und abgrenzbare Wohnquartiere ein Planungsziel. Die Qualität dieser in der Nähe der betrieblichen Anlagen befindlichen Siedlungen wird in ihrem Traditionswert und in der sozialen Funktion für die Bewohner gesehen.

Zweites Kapitel: Anzeige, Betriebsplan   **160–164 § 56**

160

Zur optimalen Nutzung der nur begrenzt verfügbaren Flächen wird eine standortgemäße Nutzung angestrebt, die der Großindustrie, dem Bergbau und der Energiewirtschaft bestimmte Bereiche mit primärer Funktionseignung zuweist. Dabei wird berücksichtigt, daß beim Bergbau Lage und Abbauwürdigkeit der Kohlenfelder sowie betriebsorganisatorische Notwendigkeiten weitgehend das komplexe System von Schächten und sonstigen oberirdischen Betriebsanlagen bestimmen (Entwurf RP Düsseldorf, S. 145).

161

Bei allen in § 2 Abs. 5 der 3. DVO zum LPlG nicht ausdrücklich genannten Fällen kommt nur die **textliche Darstellung** in Betracht. Das sind jedoch nicht einzelne Wetterschächte oder Kohlen- oder Kokslager, weil ihnen im Regelfall die raumplanerische Dimension fehlt. Anders kann es im Einzelfall liegen, wenn geplanter Bergbau in einem im GEP als Freizone, land- oder forstwirtschaftlicher Bereich, Erholungsbereich, dargestellten Gebiet stattfinden soll (Landesentwicklungsbericht NW 1976, S. 74 betr. Abbau unter dem Waldgebiet „Die Haard") und durch den GEP Beschränkungen für Aufschüttungen von Kohle- und Bergematerial und für Kohleförderung ausgesprochen werden sollen.

162

Der Text wird **ergänzt durch Erläuterungen**. Sie dienen der Begründung und der näheren Bestimmung der Ziele. Rechtsverbindlichkeit, wie die zeichnerischen und textlichen Darstellungen, besitzen die Erläuterungen nicht.

163

Die bergbaulichen Belange wurden insbesondere im **GEP 1966,** den der damalige **Siedlungsverband Ruhrkohlenbezirk** für sein Verbandsgebiet aufgestellt hat, sachgemäß berücksichtigt. Es heißt dort programmatisch: „Der Standortgebundenheit des Bergbaus ist Rechnung zu tragen. Er bleibt im Hinblick auf den Umfang und die langfristige Überschaubarkeit seiner räumlichen Bedürfnisse ein wesentliches und spezifisches Grundelement der regionalen Planung im Ruhrgebiet. Dies gilt insbesondere hinsichtlich des für die bergbaulichen Anlagen benötigten Geländes, sei es für die Erschließung neuer Grubenfelder, für die Zusammenlegung zu Zentralschachtanlagen oder sonstigen Rationalisierungsmaßnahmen der Bergwerksunternehmen und für die Errichtung von Kraftwerken." (S. 33)

164

An diesen grundsätzlichen planerischen Erkenntnissen hat sich bis heute nichts geändert. Denn ebenso deutlich heißt es im GEP des Regierungsbezirkes Arnsberg – Teilabschnitt Dortmund-Unna-Hamm: „Die Stabilisierung der Entwicklung in der auch heute noch für die Wirtschaftsstruktur des Plangebietes bestimmenden Montanindustrie durch eine gezielte Verbesserung ihrer Standortvoraussetzungen sowie der Ausbau des Energiekomplexes auf der Grundlage neuer Technologien bei Vorrang der heimischen Kohle sind regionale Aufgaben ersten Ranges." (Ziel 15, S. 67)

§ 56   165–168   Dritter Teil: Aufsuchung, Gewinnung und Aufbereitung

165

Der für die Aufstellung des GEP zuständige **Bezirksplanungsrat** wird von den Vertretungen der kreisfreien Städte und Kreise nach Maßgabe des § 5 LPlG gewählt. Der Bergbau hat nur über die beratenden Mitglieder i. S. § 6 LPlG, d. h. insbesondere über die Industrie- und Handelskammer, die Arbeitgeberverbände und Gewerkschaften, die Möglichkeit, seine Interessen vorbringen zu lassen. Außerdem sind das Landesoberbergamt, der Kommunalverband Ruhrgebiet, die Industrie- und Handelskammern und die Wasserwirtschaftlichen Verbände Beteiligte gem. § 1 der 2. DVO zum LPlG vom 5. 2. 1980 (GV NW s. 147) im Verfahren zur Erarbeitung des GEP.

166

Nach § 16 Abs. 3 LPlG sind die genehmigten und bekanntgemachten GEP **Ziele der Raumordnung und Landesplanung.** Sie sind von den dort genannten Behörden, Gemeinden und Körperschaften des öffentlichen Rechts bei raumbedeutsamen Planungen und Maßnahmen zu beachten und haben insofern dieselbe Verbindlichkeit wie die Landesentwicklungspläne. Insbesondere bilden sie eine wesentliche Grundlage für die nach § 1 Abs. 4 BBauG und §§ 20, 21 LPlG erforderliche Anpassung der Bauleitpläne der Gemeinden an die Ziele der Raumordnung und Landesplanung. Seine Einbeziehung in das Bergrecht erfolgt über § 48 Abs. 2.

167

Aufgrund von Fachgesetzen erfüllen die GEP zusätzliche planungsrechtliche Aufgaben:
Nach § 15 des Landschaftsgesetzes vom 26. 6. 1980 (GV NW, 754) wird ihnen die Funktion eines Landschaftsrahmenplanes zugewiesen, gem. § 7 Landesforstgesetzes vom 24. 4. 1980 (GV NW 546) die Funktion eines forstlichen Rahmenplanes nach § 7 Bundeswaldgesetz.

2. Bauleitplanung

168

Das BBauG sieht als gestaltende Instrumente der Bauleitplanung den Flächennutzungsplan als vorbereitenden und den Bebauungsplan als verbindlichen Bauleitplan vor. Dabei gehören zum Bauleitplan die Summe der Zeichnungen, Farben, Schriften und Texte.
In bezug auf das Verhältnis von Planungsrecht und Umweltschutz bei der Aufstellung von Bauleitplänen hat NRW den sogen. **Planungserlaß** (betr. Berücksichtigung von Emissionen und Immissionen bei der Bauleitplanung sowie bei der Genehmigung von Vorhaben, vom 8.7.1982, MinBl 1366), den sogen. **Beteiligungserlaß** (betr. Beteiligung an der Bauleitplanung, vom 18.7.1982, MinBl. 1375) und den sogen. **Abstandserlaß** (betr. Abstände zwischen Industrie- bzw. Gewerbegebieten und Wohngebieten im Rahmen der Bauleitplanung, vom 9.7.1982, MinBl 1376) herausgegeben.
Zu Grundsätzen des Verhältnisses zwischen Immissionsschutz und Planung Stich, ZfBR 1978, 58; Söfker, ZfBR 1979, 10; Weyreuther UPR 1982, 33, Schlichter NuR 1982, 121; Gehrmann UPR 1982, 319, VGH München NfW 1983, 297.

169

a) **Flächennutzungsplan** (F-plan)
Er ist der umfassende gemeindliche Entwicklungsplan, der die Art der Bodennutzung nach voraussehbaren Bedürfnissen der Gemeinde in den Grundzügen darstellt. Er transformiert die landesplanerischen Ziele in den örtlichen Bereich. Die Ziele des LEP sind wegen der Anpassungspflicht gem. § 1 Abs. 4 BBauG Mindestanforderungen an die Bauleitplanung und strikt zu befolgen (VGH BadWürtt DBVl. 1981, 269). Die Umsetzung des F-planes ins Bergrecht erfolgt gegebenenfalls über § 48 Abs. 2: seine Darstellungen sind noch nicht allgemeinverbindliche Festsetzungen, Widmungen oder Interessenschutz i. S. § 48 Abs. 1, sondern das Ergebnis der Abwägung öffentlicher und privater Interessen und können damit ggf. überwiegende öffentliche Interessen i. S. § 48 Abs. 2 sein.

170

Der F-plan ist rechtlich eine **hoheitliche Maßnahme** eigener Art (Grauvogel, Kohlhammer, BBauG, § 5, X 2 d), keine Rechtsnorm und kein Verwaltungsakt. Er unterliegt nicht der abstrakten Normenkontrolle gem. § 47 VwGO. Seine Darstellungen binden nur die Gemeinde und die übrigen Planungsträger, für den Grundstückseigentümer kündigt er die späteren verbindlichen Feststellungen erst an. Er enthält weder eine endgültige noch eine in alle Einzelheiten gehende Darstellung. Allerdings zeigt er vereinzelte mittelbare Wirkungen: er ist Maßstab für eine geordnete städtebauliche Entwicklung bei Teilungsgenehmigungen (§ 20 Abs. 1 Nr. 3 BBauG; VG Gelsenkirchen ZfB 119 (1978), 441, 447) und steht als öffentlicher Belang nicht privilegierten Vorhaben im Außenbereich entgegen. Andererseits kann aus den Darstellungen des F-planes ein Anspruch auf Erteilung einer Baugenehmigung nicht hergeleitet werden, geben sie keine Grundlage für eine Veränderungssperre (Grauvogel a.a.O., § 14, I 2 c) und – abgesehen von dem Ausnahmefall der benachteiligenden **Vorwirkung** auf später erlassene Bebauungspläne (BGH DVBl 1978, 378; Schütz-Frohberg, BBauG, 3. Aufl., § 5 I 2) – keine Ansprüche auf Enteignungsentschädigung.

171

Bei der Aufstellung des F-planes ist das **Bergamt** als Behörde, die **Trägerin öffentlicher Belange** ist, **zu beteiligen** (RdErl. über die Beteiligung an der Bauleitplanung = Beteiligungserlaß NW vom 16.7.1982, MinBl 1375).

172

Vom **Inhalt** des F-planes ist der Bergbau in vielerlei Weise betroffen. Seine Belange sind teils zugreifender, teils abwehrender Natur.

173

Einerseits muß er sich die planungsrechtliche **Grundlage** für seine **Betriebe** schaffen. Das berücksichtigt § 1 Abs. 6 BBauG, indem die **Belange** „zur Sicherung der natürlichen Lebensgrundlagen, insbesondere des Bodens einschließlich mineralischer Rohstoffvorkommen" und der „Wirtschaft, der Energie- und Wärmeversorgung" zu berücksichtigen vorgeschrieben wird. Sie sind neben den anderen öffentlichen und den privaten Belangen – die der Bergbauunternehmer außerdem geltend machen kann – gegeneinander und untereinander abzuwägen, wobei die Grundsätze der Rechtsprechung (BVerwG DÖV 1970, 277; DVBl 1974, 767) über

§ 56 174, 175   Dritter Teil: Aufsuchung, Gewinnung und Aufbereitung

Abwägungsfehler (Abwägungsausfall, -defizit, -fehleinschätzung, -disproportionalität) und die grundsätzliche Gleichwertigkeit öffentlicher und privater Belange (BVerwG BauR 1975, 35; über die Gewichtung der berührten Belange beim Planen vgl. Weyreuther, UPR 1981/2, 33, 37) berücksichtigt werden müssen.

174
Andererseits muß er sich **abwehrend** aus Umweltschutz- oder Bergschadensgründen gegen Planungen in seiner Einflußsphäre wenden, die den Bestand oder die Wirtschaftlichkeit seines Betriebes gefährden oder zu volkswirtschaftlichen Fehlinvestitionen führen können. Allerdings ist in Bezug auf den Schadensersatz die frühere Rechtslage, wonach der Bergbau zu haften hatte für Nachteile, die Grundstückseigentümern durch gemeindliche Planungsentscheidungen mit Rücksicht auf die Lagerstätte oder den Bergbaubetrieb entstanden (BGH ZfB 114 (1973), 65 für Ablehnung eines B-planes im Außenbereich wegen zu erwartender Bergschäden), durch den Ausschluß dieser Ansprüche in § 114 Abs. 2 Nr. 4 erheblich verändert worden. Auch wird dem Erwerber eines in unmittelbarer Zechennähe gelegenen Zechenwohnhauses ein Entschädigungsanspruch gem. § 906 BGB wegen des vom ständig sich erweiternden Zechenbetrieb und seiner Werksbahn ausgehenden Lärms untersagt, wenn der Zechenbetrieb dem Wohnbezirk das Gepräge gibt und Lärmschutzmaßnahmen wegen finanziellen Aufwandes unzumutbar sind (LG Dortmund ZfB (1981), 459, 461). In dem aufgestellten F-plan finden sich die Belange des Bergbaus wieder als Flächen für die Forstwirtschaft, bei der Darstellung von Abschirmungsflächen (B VerwG BauR 1980, 46), als Flächen für Aufschüttungen, Abgrabungen oder für die Gewinnung von Steinen, Erden und anderen Bodenschätzen (§ 5 Abs. 2 Nr. 8 BBauG) und als Flächen, unter denen der Bergbau umgeht oder die für den Abbau von Mineralien bestimmt sind (§ 5 Abs. 4 BBauG, hierzu ausführlich Peter, Die Regelung bergbaulicher Einwirkungen, Diss. Bochum 1977). Erstere sind **Darstellungen**, die den planerischen Willen der Gemeinde zum Ausdruck bringen, letztere nur **Kennzeichnungen**, die für Grundeigentümer, Baugenehmigungsbehörde und Gemeinde den Hinweis enthalten, daß die besondere Beschaffenheit der Fläche zu beachten ist. Dagegen können weder Bergschadensflächen von jeglicher Bebauung freigehalten werden noch der Einbau von Sicherungen konstitutiv vorgeschrieben werden (Peter, aaO, 17).

175
b) **Bebauungsplan** (B-plan)
Er verdichtet die Festlegungen des F-planes und verschafft ihnen als Satzung materiellrechtliche Bindungskraft gegenüber jedermann (Ernst-Hoppe, Das öffentliche Bau- und Bodenrecht, Bauplanungsrecht, Rn 187). Seine rechtliche Umsetzung in das Betriebsplanverfahren erfolgt über die Bindung der Verwaltung an Recht und Gesetz (Art. 20 Abs. 3 GG) und über § 48 Abs. 1 S. 1, wonach Aufsuchungs- und Gewinnungstätigkeiten auf gewidmeten oder zweckgeschützten Grundstücken verboten oder beschränkt sein können. Die Festsetzungen in B-plänen sind von der Bergbehörde im Betriebsplanverfahren zu beachten (H. Schulte, NJW 1981, 88, 95, Nordalm, Agrarrecht 1981, 209, 210: Keine Halde, wenn Bauleitplanung Wohngebiet ausweist).

Zweites Kapitel: Anzeige, Betriebsplan **176–179 § 56**

176
Der B-plan ist rechtliche Grundlage für Maßnahmen, die das BBauG vollziehen oder die Bauleitplanung sichern sollen, z. B. für die Veränderungssperre, die Zurückstellung von Baugesuchen, die Teilungsgenehmigung, das Vorkaufsrecht, die Erteilung einer Bebauungsgenehmigung nach § 30 BBauG, die Bau-, Pflanz-, Nutzungs- und Abbruchgebote und schließlich die Entschädigungen nach §§ 40 ff BBauG für nachteilige Festsetzungen.

177
Die Festsetzungen im B-plan gehen über die Aussagen des F-planes hinaus bzw. konkretisieren sie. Er setzt sowohl die bauliche Nutzung der Baugrundstücke (§ 9 Abs. 1 Nr. 1–9 BBauG), der sonstigen Nutzung der nicht baulich zu nutzenden Grundstücke, (§ 9 Abs. 1 Nr. 10–19, 21–24, 26 BBauG) und der Bepflanzung (§ 9 Abs. 1 Nr. 25 BBauG) fest. Dabei werden die Festsetzungen über die bauliche Nutzung durch die **BaunutzungsVO** vom 15. 9. 1977 (BGBl I, 1763) genau umschrieben. Der Bergbau wird – außer der **Festsetzung** der Baugrundstücke (Nr. 1–10, hierzu gehören auch Kohlenlagerplätze) – durch die Festsetzungen von Flächen, die von Bebauung freizuhalten sind (Nr. 10), für Versorgungs- (Nr. 12), Elektrizitäts-, Umspann- und Schaltanlagen, Gas- und Fernheizanlagen, für Versorgungsleitungen (Nr. 13), für Aufschüttungen, Abgrabungen, oder für Gewinnung von Steinen, Erden und anderen Bodenschätzen (Nr. 17), sowie der von der Bebauung freizuhaltenden Schutzflächen und Immissionsschutzflächen (Nr. 24) betroffen. Wie im F-plan, sollen auch im B-plan die **Bergbauflächen gekennzeichnet** werden (§ 9 Abs. 5 BBauG). Die Kennzeichnung dient dem Schutz künftiger baulicher Anlagen, nicht anderen Belangen (Grauvogel, Kohlhammer, BBauG § 9, IV 1). Sie soll keine Ersatzansprüche gegen den Bergbauberechtigten ausschließen oder niedrig halten, so daß bei Verletzung der Kennzeichnungspflicht keine Ersatzansprüche des Bergauunternehmers gegen die Gemeinde bestehen (LG Frankfurt, Glückauf 1974, 1000).

178
Der B-plan wird **wirksam**, wenn seine Genehmigung sowie Ort und Zeit seiner Auslegung ortsüblich bekanntgemacht worden ist. Bis dahin bleibt er Entwurf.

179
Den rechtskräftigen B-plan kann jedermann im Rahmen eines **Normenkontrollverfahrens** gem. § 47 VwGO auf seine Gültigkeit überprüfen lassen, sofern er durch die Rechtsvorschrift oder deren Anwendung einen Nachteil erlitten oder in absehbarer Zeit zu erwarten hat. Das ist der Fall, wenn Interessen betroffen sind, die als private Interessen in der Abwägung des B-planes berücksichtigt werden müssen (BVerwG BauR 1980, 36, z. B. Änderung der Verkehrsverhältnisse vor dem Grundstück, Herabstufung Industriegebiet – Gewerbegebiet, Ausweisung von allgemeinem Wohngebiet in unmittelbarer Nähe von Gewerbegebiet). Gegenstand der Überprüfung ist sowohl das formelle Zustandekommen (Nichtigkeit, sofern §§ 155 a und b BBauG nicht anzuwenden sind) als auch der materielle Inhalt des B-planes. Dabei erstreckt sich die materielle Prüfung uneingeschränkt auf die Planungsgrundsätze des § 1 Abs. 6, Abs. 7 und des § 9 BBauG, im übrigen ist sie

beschränkt auf die Überschreitung der Grenzen des Planungsermessens (BVerwG DVBl 1970, 414), hierzu Rn 173.

Die Rüge, daß Verfahrens- und Formvorschriften bei der Aufstellung von F-plänen oder B-plänen verletzt worden sind, ist unbeachtlich, wenn sie nicht schriftlich innerhalb eines Jahres seit Bekanntmachung des Planes gegenüber der Gemeinde geltend gemacht worden ist (§ 155 a Abs. 1 BBauG). Eine Verletzung der Vorschriften über die Beteiligung von Bürgern ist nur in der zweiten Planungsphase, bei Verfahrensfehlern bei der Auslegung des Planentwurfes und der Entgegennahme von Bedenken und Anregungen beachtlich (§ 155 a, Abs. 2 BBauG). Einzelheiten vgl. Breuer, NVwZ 1982, 273).

Ein Anspruch auf Aufstellung, Änderung, Ergänzung oder Aufhebung von Bauleitplänen besteht dagegen gem. § 2 Abs. 7 BBauG nicht.

3. Baurecht

180

Das Erfordernis der Bauerlaubnis richtet sich nach den einzelnen Vorschriften der Länderbauordnungen. In § 80 Abs. 1 S. 1 BauO NW ist der Grundsatz der **Genehmigungspflicht für das Errichten, Ändern,** die **Nutzungsänderung** und den **Abbruch baulicher Anlagen** aufgestellt. Dieser Grundsatz wird durchbrochen durch die §§ 80 Abs. 2 (nur Anzeige statt Genehmigung), 81 Abs. 1 (Anzeige- und Genehmigungsfreiheit) und § 98 BauO NW (Anzeige und Genehmigungsfreiheit bei Verkehrs-, Versorgungs- und Abwasserbeseitigungsanlagen, Wasserbauten, wenn sie der staatlichen Aufsicht nach anderen Rechtsvorschriften unterliegen). Bei bergbaulichen Anlagen ist zu unterscheiden zwischen untertägigen und übertägigen Anlagen.

181

a) **Untertägige Anlagen**
aa) Die untertägigen Anlagen des Bergbaues unterliegen materiell-rechtlich und verfahrensrechtlich allein den Vorschriften des Bergrechtes und der Zuständigkeit der Bergbehörden (Gädtke, BauO NW, 5. Aufl., S. 8). Sie werden nach § 1 Abs. 2 Nr. 2 BauO NW und ähnlichen Vorschriften in den Bauordnungen anderer Bundesländer **vom Bauordnungsrecht nicht erfaßt**.

182

bb) Sie werden außerdem nach § 1 Abs. 1 BBauG vom **Bauplanungsrecht nicht betroffen.** Es erfaßt lediglich die „bauliche und sonstige Nutzung der Grundstücke". Hierzu gehören bergbauliche Maßnahmen nur insoweit, wie sie – z. B. als bauliche Anlagen, Aufschüttungen oder Abgrabungen – die Gestaltung der Erdoberfläche verändern. Nicht erfaßt werden vom Bauplanungsrecht daher alle Maßnahmen, die unter der Erdoberfläche stattfinden (VG Köln ZfB 117 (1976) 345, 350). Das Bauplanungsrecht macht lediglich in den §§ 5 Abs. 4 (F-plan) und 9 Abs. 5 (B-plan) BBauG Ausnahmen für Flächen, unter denen Bergbau umgeht oder die für den Abbau von Mineralien bestimmt sind. Sie sollen in den Bauleitplänen gekennzeichnet werden, ohne daß jedoch hierdurch die bauplanungsrechtliche Zulässigkeit des einzelnen Vorhabens überprüft wird. Für die nicht beplanten Bereiche folgt aus § 29 Satz 1 BBauG die Unanwendbarkeit für die untertägigen Vorhaben.

Zweites Kapitel: Anzeige, Betriebsplan 183–185 § 56

183
cc) Daraus folgt, daß für untertägige Anlagen weder eine **Baugenehmigung** noch eine **Anzeige** erforderlich ist. Daraus folgt ferner, daß für untertägige Maßnahmen ein Einvernehmen mit der Gemeinde nach § 36 Abs. 1 BBauG über die Zulässigkeit von Vorhaben nicht in Betracht kommt. Weiterhin, daß diese Maßnahmen im einzelnen nicht Gegenstand der Darstellung in Bauleitplänen sein können, sieht man von der oben beschriebenen flächendeckenden Erfassung nach §§ 5 Abs. 4, 9 Abs. 5 BBauG ab. Schließlich wird hierdurch die verfahrensrechtliche Stellung Dritter begrenzt: die Gemeinde ist in ihrer Bauplanungshoheit durch bergbauliche Maßnahmen unter der Erdoberfläche nicht berührt (VG Köln ZfB 117 (1976), 345, 350), Dritte können sich bei Klagen gegen die betriebsplanmäßige Zulassung dieser Vorhaben nicht darauf berufen, es sei unter bauplanungs- oder bauordnungsrechtlichen Gesichtspunkten unzulässig (VG Gelsenkirchen ZfB 119 (1978) 242, 248).
Wenn zwar bei den übertägig in Erscheinung tretenden untertägig bedingten Anlagen die planungsrechtliche Zulässigkeit von der Bergbehörde zu beurteilen ist (VG a.a.O., VG Gelsenkirchen, a.a.O.), so ist im Betriebsplanverfahren bei rechtlich relevanten Vorhaben (Grauvogel, Kohlhammer, BBauG, § 36 Rn 5) über Zulässigkeit von Vorhaben nach §§ 33–35 BBauG gem. § 36 Abs. 1 S. 2 BBauG im Einvernehmen mit der Gemeinde zu entscheiden. Das planverfahren ist ein „anderes Verwaltungsverfahren" im Sinne dieser Vorschrift. § 36 Abs. 1 S. 2 BBauG wird nicht durch die jüngere, spezielle Vorschrift des § 54 Abs. 2 überholt, weil die bergrechtliche Vorschrift nur eine Mindestbeteiligung der Gemeinden sichern wollte, ohne weitergehende Rechtspositionen zu verkürzen.

184
dd) Zu den untertägigen Anlagen gehören nicht nur alle bergbaulichen unterhalb der Erdoberfläche (z. B. Auffahren von Strecken, VG Köln ZfB 117 (1976), 345, 349). Hierzu gehört schon das **Abteufen von Schächten** (VG Gelsenkirchen ZfB 119 (1978), 242, 248), und zwar auch dann, wenn an der Austrittsstelle des Bergbauschachtes bauliche Anlagen übertage errichtet werden müssen. Daran ändert nichts, daß mit der Errichtung der untertägigen Anlagen erheblicher **Förder- und Transportverkehr** verbunden sein kann, der auch durch Wohngebiete führt. Selbst in diesem Fall entscheidet die Bergbehörde im Betriebsplanverfahren über die planungsrechtliche Zulässigkeit eines Bergbaubetriebes an einem en Ort der Erdoberfläche bzw. über die Lage der Durchbruchstelle zur läche (VG Köln ZfB 120 (1979) 243, 252 = Glückauf 1979, 134).

185
ee) Nicht der Zuständigkeit der Baubehörde unterliegen auch **Maßnahmen, die unmittelbar mit** dem **Schachtabteufen** in Zusammenhang stehen. Eine Förderanlage über dem Schachtloch ist in verschiedenen Landesbauordnungen (§ 1 Abs. 2 Nr. 2 Hess. BauO vom 31. 8. 1976; § 1 Abs. 2 Nr. 2 des Saarl. Baugesetzes vom 27. 12. 1974 und Art. 104 Nr. 3 der Bayr. Bauordnung) ausdrücklich von den baurechtlichen Vorschriften ausgenommen und dem bergrechtlichen Betriebsplanverfahren unterstellt. Man wird in NRW, wo eine ausdrückliche Bestimmung insofern fehlt, zu dem Ergebnis kommen müssen, daß allein die Bergbehörde über

§ 56 186–190   Dritter Teil: Aufsuchung, Gewinnung und Aufbereitung

die Durchbruchstelle von unter- nach übertage und damit über den zulässigen Ort an der Erdoberfläche für die übertägigen bergwerklichen Anlagen entscheidet und die Bauordnungsbehörde das bei Entscheidungen über genehmigungspflichtige Anlagen hinzunehmen hat. (VG Köln ZfB 120 (1979), 252). Nur die Bergbehörde vermag zu beurteilen, an welchen Stellen der Erdoberfläche ein standortgebundener Bergbaubetrieb überhaupt technisch und betriebswirtschaftlich sinnvoll angesiedelt werden kann (VG Köln ZfB 120 (1979), 243, 254). Das rechtfertigt sich aus den bergbaulichen Notwendigkeiten: die Planung erfolgt von dem Zwang der Lagerstätte aus, gleichsam von untertage nach übertage. Davon zu unterscheiden ist, daß in NRW auch die bergbaulichen schachtbedingten Anlagen (Fördergerüst, Trafo-Haspel-Förderhäuser, Grubenwasserbecken) der Baugenehmigung dürfen (VG Köln ZfB 117 (1976), 345, 350, ZfB 120 (1979), 243, 250).

186
ff) Im bauaufsichtlichen Verfahren für die Übertageanlage ist wegen des Verbots der Doppelzuständigkeit von Behörden nicht nochmals zu prüfen, ob der mit dem betriebsplanmäßig zugelassenen Bau und Betrieb eines Förderschachtes verbundene Förder- und Transportverkehr zulässig ist (VG Köln ZfB 120 (1979), 243, 255), d. h. sich planungsrechtlich mit der Umgebung vereinbaren läßt. Denn der Transport wird nicht durch die baulichen Anlagen übertage, sondern durch die bergaufsichtlich genehmigte Förderung zum Zwecke des Abtransportes verursacht.

187
b) **Übertägige Anlagen**
Bei den übertägigen baulichen Anlagen ist zu unterscheiden zwischen denen, die gem. § 1 Abs. 2 Nr. 2 BauO NW und ähnlichen Bestimmungen in anderen Ländern von der BauO nicht erfaßt werden und den übrigen bergbaulichen Anlagen, für die die BauO gilt.

188
aa) **Die nicht unter die Bauordnung fallenden Anlagen**
Nicht der BauO, sondern allein dem Bergrecht unterliegen Anschüttungen, Abgrabungen und der Aufsicht der Bergbehörde unterliegende Geräte.

189
Anschüttungen in diesem Sinne sind in der Hauptsache die Bergehalden und die Aufschüttungen der im Bergbau gewonnenen Mineralien zur vorübergehenden Lagerung (Gädtke, BauO für das Land NRW, 5. Aufl., § 1 zu Nr. 2, S. 6; VG Köln ZfB 120 (1979), 243, 253).

190
Bergehalden sind Anschüttungen i. S. § 1 Abs. 2 Nr. 2 der BauO NW. Soweit sie der Aufsicht der Bergbehörde unterliegen, bedarf es für sie keiner Anzeige gem. § 80 Abs. 2 Nr. 2 BauO NW. Über ihre Zulassung entscheidet die Bergbehörde im Betriebsplanverfahren. Hierbei ist für NRW der gemeinsame Runderlaß über die Zulassung von Bergehalden in Bereich der Bergaufsicht vom 4. 9. 1967 (MBl. NW

Zweites Kapitel: Anzeige, Betriebsplan 191–194 § 56

1968 = ZfB 109 (1968), 95) i. d. F. v. 21. 2. 1972 (MBl NW 583 = ZfB 113 (1972), 353) bzw. sind die Richtlinien für die Zulassung von Bergehalden im Bereich der Bergaufsicht v. 5. 2. 1973 (SBl LOBA A 2.19) zu beachten.

191
Kohlen- und Kokshalden sind baurechtlich Anschüttungen i. S. § 1 Abs. 2 Nr. 2 BauO NW und werden daher nicht von den Vorschriften der BauO NW erfaßt. Nach Gädtke (Komm. zur BauO NW, 5. Aufl., S. 7) sollen sie als Vorratsläger zugleich „Lagerplätze" i. S. § 2 Abs. 2 BauO NW sein und daher als bauliche Anlagen fingiert werden. Ihre Herstellung, Änderung, Beseitigung und Nutzungsänderung bedarf dann nach § 81 Abs. 1 Nr. 28 und Nr. 29 BauO NW grundsätzlich einer Anzeige bzw. Genehmigung, es sei denn, der Lagerplatz umfaßt nur bis zu 100 qm. Es erscheint allerdings zweifelhaft, ob diese Ansicht richtig ist. Die Fiktion des § 2 Abs. 2 BauO NW ist durch die vorrangige Vorschrift des § 1 Abs. 2 BauO NW ausgeschlossen. Der Aufsicht der Bergbehörde unterliegende Anschüttungen können nicht zugleich als bauliche Anlagen gelten, weil die BauO insgesamt nicht für sie gilt. Im übrigen bedürfte es bei Kohlen- und Kokshalden der Auslegung, wann sie „hergestellt" werden i. S. § 81 Abs. 1 BauO. Denn diese Halden sind dadurch charakterisiert, daß sie ständigen Bewegungen durch Aufkippen und Abhalden unterliegen. Zurecht sieht daher Ziff. 3.3. des gemeinsamen Runderlasses vom 17. 10. 1972 (MinBl NW 1814 = ZfB 114 (1973), 218) nur die Anwendung der Vorschriften der BauO NW vor, wenn aus Anlaß der Anschüttung oder Erweiterung der Halde bauliche Anlagen errichtet werden. Die Zulassung von Kohlen- und Kokshalden wird allein im Betriebsplanverfahren entschieden.

192
Allerdings kann bei Anschüttungen zusätzlich ein wasserrechtliches Erlaubnisverfahren in Betracht kommen. Hierzu § 56 Rn 335 f.

193
Soweit Anschüttungen nicht der Bergaufsicht unterliegen, wird die **Fiktion** des § 2 Abs. 2 BauO NW von Bedeutung, wonach diese **Anschüttungen als bauliche Anlagen gelten**. Wenn etwa durch Beendigung der Bergaufsicht gem. § 69 Abs. 2 die Zuständigkeit der Bergbehörde nicht mehr gegeben ist, die Halde „aus der Bergaufsicht entlassen ist", gilt für sie das Bauordnungsrecht. Für die anzeigepflichtigen Anschüttungsvorhaben muß dann geprüft werden, ob öffentlich-rechtliche Vorschriften außerhalb der BauO NW ihnen entgegenstehen oder berücksichtigt werden müssen. Hier kommen in Betracht das LG NW v. 26. 06. 1980 (GV NW S. 733), das LForstG NW v. 24. 04. 1980 (GV NW S. 546), das LWG NW v. 04. 07. 1979 (GV NW S. 488). Die zuständige Baubehörde kann hier von ihrem Recht Gebrauch machen, gem. §§ 89 Abs. 2 BauO NW die Rechtmäßigkeit des Vorhabens zu sichern oder das Vorhaben zu untersagen.

194
Beide rechtlich unterschiedlichen Arten von **Aufschüttungen**, die der Bergaufsicht unterliegenden und damit bauordnungsrechtlich nicht mehr erfaßten i. S. § 1 Abs. 2 Nr. 2 BauO NW und die nicht der Bergaufsicht, dafür aber bauordnungs-

§ 56   195–199   Dritter Teil: Aufsuchung, Gewinnung und Aufbereitung

rechtlich zu behandelnden, bleiben jedoch dem **Bauplanungsrecht unterworfen**- (Gädtke, BauO für das Land NW, 5. Aufl., S. 6 und 25 unter Hinweis auf Landtag NW, 6. Wahlperiode, Band 7, Drucksache Nr. 1075, S. 34).

195
Bauplanungsrechtlich ist zunächst von Bedeutung, daß es sich um eine „**Aufschüttung größeren Umfangs**" i. S. § 29 S. 3 BBauG handelt (Gelzer, Bauplanungsrecht, 3. Aufl. Rn 154, a. A. Bielenberg-Dyong, Das neue Bundesbaugesetz 1977, Rn 139 zu § 29: die Größe hat keinen Einfluß auf die bauplanerische Prüfungspflicht gem. §§ 30 ff BBauG).

196
Der bauordnungsrechtliche Begriff der „Anschüttung" korrespondiert hier mit dem planungsrechtlichen Begriff der „Aufschüttung", worunter künstliche Erhebungen eines bestehenden natürlichen Zustandes der Erdoberfläche (Grauvogel, Kohlhammer BBauG, § 29, Anm. 3 b, aa) zu verstehen sind. Bergehalden erfüllen beide Begriffe. Anhaltspunkt dafür, welche Aufschüttungen solche „größeren Umfanges" sind, sollten die bodenrechtliche Bedeutung des Vorhabens und die bauordnungsrechtliche Genehmigungs- oder Anzeigepflicht sein (Gelzer, Bauplanungsrecht, 3. Aufl. Rn 471), d. h. 30 qm Grundfläche und mehr als 2 m Höhe. Die modernen Bergehalden, insbesondere Zentralbergehalden, erfüllen diese Voraussetzung immer.

197
Für die Aufschüttungen und Abgrabungen i. S. § 29 S. 3 BBauG galten nach der bis zum 31. 12. 1976 gültigen Fassung die §§ 30–37 mit Ausnahme des § 35 BBauG sinngemäß. Der **Ausschluß des § 35 BBauG** (Zulässigkeit dieser Vorhaben im Außenbereich) bedeutete, daß für Aufschüttungen, Abgrabungen und Ausschachtungen im Außenbereich keine planungsrechtliche Vorschrift bestand (Bartsch ZfB 118 (1977), 104), sie vielmehr zulässig waren und auch auf dem Umweg über ein bauordnungsrechtliches Verfahren § 35 BBauG nicht zu prüfen war, weil der Ausschluß dieser Vorschrift durch § 29 S. 3 BBauG generell zu beachten war (BVerwG BauR 1972, 100 = DVBl 1972, 225). Das galt auch für die Prüfung des Vorhabens im Betriebsplanverfahren (Bartsch a.a.O., 105). Die Vorhaben des § 29 S. 3 BBauG konnten nach S. 4 nur aus Gründen des Natur- und Landschaftsschutzes oder des Bauordnungsrechts, wo es anzuwenden war, ausgeschlossen sein (Grauvogel, Kohlhammer, BBauG, § 29, 3 a, bb).

198
Gemeinden sahen sich veranlaßt, unter Berufung auf ihre Planungshoheit gegen die Zulassung von Betriebsplänen, in denen die Gesichtspunkte des § 35 BBauG nicht zu berücksichtigen waren, Anfechtungsklagen zu erheben (OVG Münster ZfB 114 (1973), 319; ZfB 116 (1975), 245; Einzelheiten § 56 Rn 14).

199
Seit dem 1. 1. 1977 sind bei allen der Bergaufsicht unterliegenden Vorhaben im Außenbereich die **Belange des § 35 BBauG zu berücksichtigen**. Auf Aufschüttun-

Zweites Kapitel: Anzeige, Betriebsplan   200–203   § 56

gen und Abgrabungen finden die §§ 30–37 BBauG, ausgenommen gem. § 29 S. 4 BBauG der § 36 BBauG, Anwendung. Das bedeutet:

200
Im Bereich von **Bebauungsplänen** sind diese Aufschüttungen planungsrechtlich nur zulässig, wenn sie mit der festgesetzten Nutzungsart des Baugebietes in Einklang stehen (Industriegebiete gem. § 9 BauNVO, allenfalls noch in Gewerbegebieten gem. § 8 BauNVO). Andererseits besteht bei entsprechenden Festsetzungen im B-plan ein Rechtsanspruch auf Durchführung der Aufschüttungen und Abgrabungen, wenn die übrigen Voraussetzungen erfüllt sind (Bartsch ZfB 118 (1977), 104).

201
Im **unverplanten Innenbereich** sind sie nur zulässig, wenn ihre Ausführung mit § 34 BBauG vereinbar ist. Hierbei wird gerade bei Bergehalden zu berücksichtigen sein, daß je größer die unbebaute Fläche ist, um so weniger von einem im Zusammenhang bebauten Ortsteil gesprochen werden kann (BVerwG DÖV 1973, 347 = MDR 1973, 785 und DVBl 1974, 768) oder je weniger es möglich sein wird, das Vorhaben als in die Eigenart der näheren Umgebung sich einfügend zu bewerten (BVerwG DVBl 1978, 815 = NJW 1978, 2564: Vorbildwirkung für bodenrechtlich beachtliche Spannungen). Vgl. hierzu § 56 Rn 224 ff.

202
Die weitaus meisten bergbaulichen Vorhaben liegen im **Außenbereich**. Für die Zulässigkeit von Aufschüttungen und Abgrabungen im Außenbereich ist entscheidend, ob sie zu den privilegierten Vorhaben gehören. Diese sind nämlich bereits zulässig, wenn öffentliche Belange nicht entgegenstehen, während sonstige Vorhaben schärferen Beschränkungen unterliegen. Sie dürfen öffentliche Beschränkungen unterliegen. Sie dürfen öffentliche Belange nicht beeinträchtigen (Gelzer, Bauplanungsrecht, 3. Aufl., Rn 1113).

203
Bergehalden sind Teil des Bergwerksbetriebes und dienen einem ortsgebundenen gewerblichen Betrieb i. S. § 35 Abs. 1 Nr. 4 BBauG (Bartsch ZfB 118 (1977) 104, 106 zu § 35 Abs. 1 Nr. 3 BBauG a. F.). Die von der Rechtsprechung (BVerwG DÖV 1974, 398 = NJW 1975, 55) entwickelten Merkmale, daß der Betrieb seinem Wesen nach und nicht nur aus Gründen der Rentabilität an der bestimmten Stelle im Außenbereich betrieben werden kann, treffen hier zu (anders wohl Urteil VG Arnsberg vom 20.7.1973 – 5 L 166/73, zitiert bei Gädtke, BauO NW, 5. Aufl., S. 7, das aber durch OVG Münster ZfB 116 (1975), 245 aufgehoben wurde. Das VG Arnsberg hatte die Bergehalde als nicht privilegiertes, sonstiges Vorhaben i. S. § 35 Abs. 2 BBauG angesehen). Bergehalden müssen aus betriebstechnischen und Umweltschutzgründen in Zechennähe eingerichtet werden; sie teilen die Ortsgebundenheit des sonstigen Zechenbetriebes. Im GEP für den Regierungsbezirk Arnsberg, Teilabschnitt Dortmund-Unna-Hamm, heißt es (Ziel 116): „Zechennahen Standorten ist nach Möglichkeit der Vorrang einzuräumen".

§ 56 204–209   Dritter Teil: Aufsuchung, Gewinnung und Aufbereitung

204
Für andere Bergbaubetriebe wie Kiesgruben, Anlagen für Erdöl- und Erdgasgewinnung, Steinbruch, Torf- und Sandgewinnungsbetrieb wurde die Ortsgebundenheit ebenfalls bejaht (BVerwG a.a.O. Gelzer, Bauplanungsrecht, 3. Aufl. Rn 1171, VG Köln ZfB 122 (1981), 470 479 für Quarzsandbetrieb: § 35 Abs. 1 Nr. 5 BBauG; OVG Münster Glückauf 1982, 111 wendet § 35 Abs. 1 Nr. 5 an; vgl. § 56 Rn 237 ff).

205
Die Privilegierung der Bergehalden als Teile eines ortsgebundenen gewerblichen Betriebes führt dazu, daß dem Vorhaben entgegenstehende F-pläne nicht als öffentliche Belange i. S. § 35 Abs. 3 BBauG anzusehen sind. Die grundsätzliche Verweisung der privilegierten Bauvorhaben in den Außenbereich ist höher zu bewerten als die Aussagekraft eines F-planes (BVerwG NJW 1968, 1105 und DVBl 1969, 256; Gelzer, Bauplanungsrecht, 3. Aufl. Rn 1224; Bartsch ZfB 118 (1977), 104, 106). Ebenso sind Veränderungssperren, die lediglich auf den Entwurf eines F-planes gestützt sind (OVG Münster ZfB 116 (1975), 245, 254), Stellungnahmen und Planungsvorstellungen der Gemeinde keine entgegenstehenden öffentlichen Belange i. S. § 35 Abs. 3 BBauG. Zu weiteren Fragen des öffentlichen Belanges vgl. Rn 240.

206
Abgrabungen sind oberirdische Gewinnungen von Bodenschätzen wie Kies, Sand, Ton, Lehm, Kalkstein, Moorschlamm und Torf. Sofern sie im Verfügungsrecht des Grundeigentümers stehen und **nicht der Aufsicht der Bergbehörde unterliegen**, gilt für sie das AbgrG NW v. 23. 11. 1979 (GV NW 920). Sie bedürfen einer **Genehmigung nach § 3 AbgrG** (hierzu § 56 Rn 421).

207
Abgrabungen, die der **Aufsicht der Bergbehörde** unterliegen, bedürfen einer **betriebsplanmäßigen Zulassung**. In beiden Fällen sind jedoch die bauordnungsrechtlichen Vorschriften gem. § 1 Abs. 2 Nr. 2 BauO NW nicht anzuwenden. Bauplanungsrechtlich kann auf die Ausführungen zu den Anschüttungen verwiesen werden (vgl. § 56 Rn 194 ff).

208
Als **Geräte** i. S. § 1 Abs. 2 Nr. 2 BauO, die ebenso wie untertägige Anlagen ausschließlich nach bergrechtlichen Vorschriften zu beurteilen sind, kommen insbesondere die ortsveränderlichen Großgeräte in Tagebauen in Betracht: Eimerkettenbagger, Absetzer (nach VG Köln, ZfB 120 (1979), 243, 253 auch Transportbänder, Grubenbahnen, Kraftfahrzeuge). Abraumförderbrücken gelten nicht als Großgeräte, Bunkerbagger nur bedingt (Gädtke, BauO NW, 5. Aufl., S. 8).

209
Durch § 29 S. 4 BBauG ist die Anwendung des § 36 BBauG, d. h. die **Beteiligung der Gemeinde** im bauaufsichtlichen Verfahren, **ausgeschlossen**, soweit es sich um Aufschüttungen, Abgrabungen größeren Umfanges sowie um Ausschachtungen,

Ablagerungen handelt, die der Bergaufsicht unterliegen (insofern richtig unveröff. Urteil VG Gelsenkirchen vom 5.3. 1981 – 8 K 4471/79 –, VG Köln ZfB 122 (1981), 470, 477 für Quarzabbau). Wer anstelle der Gemeinde die Zulässigkeit der Vorhaben im Außenbereich zu prüfen hat, ist im Gesetz nicht ausdrücklich geregelt gewesen. Es war jedoch allgemeine Praxis und Meinung, daß nach dem Willen des Gesetzgebers des BBauG die Prüfung der Kriterien des § 35 BBauG in das Betriebsplanverfahren einbezogen werden und von der Bergbehörde mitentschieden werden sollte (Bartsch ZfB 118 (1977), 104, 107; VG Köln ZfB 120 (1979), 243, 252, hier sogar für baugenehmigungspflichtige Übertagebauten des Bergbaubetriebes, ebenso OVG Münster Glückauf 1982, 240 = ZfB 123 (1982), 238, 241 und ZfB 123 (1982), 246, 251 für Vorhaben i. S. § 29 S. 3 BBauG und für Übertagebauten, dies allerdings nur mit der Maßgabe, daß die Baugenehmigungsbehörde an die Würdigung über die bauplanungsrechtliche Zulässigkeit durch die Bergbehörde nicht gebunden war, VG Köln, a.a.O. für Quarzabbau, VG Gelsenkirchen a.a.O. und Rd. Verfg. des LOBA v. 29.11. 1976 – 1.24 – 1 – 38 in SMBl LOBA NW A 6, OVG Münster ZfB 123 (1982), 246, 252, gegen VG Köln zu einem anders gelagerten Fall ZfB 120 (1979), 250, 252). Aus dieser Zuständigkeitsübertragung auf die Bergbehörde ergab sich, daß der Betriebsplan über die Errichtung einer Halde im Außenbereich die Geschäftsbereiche der Baugenehmigungsbehörde und der Gemeinde gar nicht mehr berühren konnte (Bartsch a.a.O., 108 anders VG Gelsenkirchen und OVG Münster Glückauf 1982, 111). Damit war weder ein Einspruch der Bergbehörde gem. § 68 Abs. 3 ABG zur Herstellung des Einvernehmens mit der Gemeinde rechtlich zulässig noch hatten die Gemeinden gegen Entscheidungen der Bergbehörden Klagebefugnisse wegen behaupteter Verletzung ihrer Planungshoheit (Bartsch, a.a.O., 108, insoweit anders VG Gelsenkirchen a.a.O. OVG Münster, VG Köln, a.a.O. wegen Quarzabbau und die vor Änderung des § 29 BBauG ergangenen Entscheidungen OVG Münster ZfB 116 (1975), 245, 250 betr. Bergehalde; OVG Saarland ZfB 116 (1975), 358, 365 betr. Tagebau auf dem Gelände eines Staatsforstes). Die Planungshoheit der Gemeinden konnte nicht durch bergbauliche Vorhaben i. S. § 29 S. 3 BBauG verletzt werden, wenn die Bergbehörde als gesetzlich zuständige Behörde entschied. Vielmehr hatte der Gesetzgeber des BBauG die Planungshoheit insofern schon zulässigerweise (Art. 28 Abs. 2 GG „im Rahmen der Gesetze ...") eingeschränkt. Dem läßt sich nicht entgegenhalten, das Mitwirkungsrecht des § 36 BBauG sei in das des § 68 Abs. 3 ABG verlagert worden (VG Gelsenkirchen a.a.O.), denn der Gehalt der älteren bergrechtlichen Vorschrift hat durch § 29 S. 4 BBauG keine Änderung erfahren.

210

Durch das BBergG hat sich **bauplanungsrechtlich** insofern **nicht geändert**, als § 29 S. 4 BBauG weiterhin ein Einvernehmen mit der Gemeinde nicht erforderlich macht, soweit das Vorhaben zu denen des § 29 S. 3 BBauG gehört. Die **planungsrechtliche Entscheidung** trifft in diesen Fällen auch in Zukunft die Bergbehörde (so richtig unveröff. Urt. VG Gelsenkirchen v. 5.3. 1981 – 8 K 4471/79 –), und zwar durch Anwendung des § 48. Der Anwendung des § 48 Abs. 2 auf das Lagern von Nebengestein steht § 2 Abs. 1 Nr. 1 nicht entgegen. Dort ist zwar das Lagern neben das Gewinnen von Bodenschätzen gestellt, dennoch ist der Begriff „Gewinnung"

i. S. § 48 Abs. 2 durch § 4 Abs. 2 in dem herkömmlichen umfassenden Sinne bergbaulicher Tätigkeit zu verstehen. Das Planungsrecht der Bergbehörde in diesen Fällen rechtfertigt sich aus mehreren Gründen: Die Übertragung des Gedankens des § 48 Abs. 2 in das Betriebsplanverfahren ist geboten, weil es nicht sinnvoll ist, zunächst den Betriebsplan zuzulassen und dann das Zugelassene durch eine Anordnung nach § 48 Abs. 2 wieder zu entziehen. Das Planungsrecht der Bergbehörde läßt sich dann aus der intensiven Beteiligungspflicht der Bergbehörde von Planungsträgern i. S. § 54 Abs. 2 und deren Einbeziehung in den Entscheidungsprozeß über den Betriebsplanantrag herleiten, was sonst überflüssig wäre. Vor Zulassung ist zu prüfen, ob sie den Aufgabenbereich der Gemeinden als Planungsträger berührt (§ 54 Abs. 2 S. 1) oder eine weitergehende Beteiligung der Gemeinden bei Maßnahmen zur Lagerung oder Ablagerung von Bodenschätzen, Nebengestein oder sonstigen Massen geboten ist (§ 54 Abs. 2 S. 2). In diesen Fällen sind, anders als bei der sich aus § 68 Abs. 3 ABG ergebenden oben (Rn 209) erwähnten Rechtslage, durch das BBergG die Planungsträger beteiligt. Die Intensivierung der Zusammenarbeit zwischen Bergverwaltung und Kommunen im Rahmen des Betriebsplanverfahrens war ein zentrales Thema der Beratungen des BBergG (Zydek, 248). Einzelheiten hierzu § 54 Rn 29 ff, 36 ff. Schließlich: Da bergbauliche Vorhaben der Zuständigkeit der allgemeinen Bauaufsicht entzogen sein können (§ 56 Rn 184, 188), ist das Betriebsplanverfahren in diesen Fällen das einzige, in dem die planungsrechtliche Zulässigkeit geprüft wird (VG Neustadt ZfB 119 (1978), 228, VG Köln ZfB 120 (1979), 243; VG Köln ZfB 122 (1981), 470, 476; OVG Münster Glückauf 1982, 240 für Vorhaben i. S. § 29 Satz 3 BBauG). Diese Feststellung hat selbstverständlich nur in den Fällen Bedeutung, in denen bei bergbaulichen Vorhaben Planungsrecht überhaupt anwendbar ist, nicht z. B. im Untertagebetrieb (§ 56 Rn 182).

211
Eine andere Rechtslage ergibt sich bei den Vorhaben, die nicht von den Sondervorschriften des § 29 S. 3 und 4 BBauG erfaßt werden, sondern als **Vorhaben** i. S. § 29 **S. 1** BBauG anzusehen sind:

212
Soweit sie gem. § 1 Abs. 2 Nr. 2 BauO NW als der Aufsicht der Bergbehörde unterstehende **untertägige Anlagen** aus dem Anwendungsbereich der BauO ausgenommen sind und über die planungsrechtliche Zulässigkeit zu entscheiden ist (§ 56 Rn 184), geschieht das im Betriebsplanverfahren durch die Bergbehörde.

213
Soweit Vorhaben durch § 1 Abs. 2 BauO NW **nicht von der Anwendung der BauO NW ausgenommen** sind und einer Baugenehmigung oder Anzeige bedürfen, entscheidet die Bergbehörde im Betriebsplanverfahren nicht über die planungsrechtliche Zulässigkeit (§ 55 Rn 147, § 56 Rn 249).

Zweites Kapitel: Anzeige, Betriebsplan 214–219 § 56

bb) **Unter die Bauordnung fallende bauliche Anlagen**

214
Übertägige Anlagen, für die die Bauordnung gilt, bedürfen grundsätzlich der Baugenehmigung, in weniger wichtigen Fällen sind sie anzeigepflichtig.

215
Die **Baugenehmigung** hebt das Verbot auf, vor ihrer Erteilung mit der baulichen Maßnahme zu beginnen und enthält die Erklärung, daß dem beabsichtigten Vorhaben Hindernisse nach dem Bauordnungsrecht nicht entgegenstehen. Sie gewährt insofern einen gewissen Bestandsschutz für die genehmigte Anlage, als sie die weitere Benutzung auch dann gestattet, wenn neue Vorschriften die Genehmigung ausschließen würden (Ernst-Hoppe, Das öffentliche Bau- und Bodenrecht, Raumplanungsrecht, 393; über die Geltung der §§ 48–50 VwVfG NW anstelle der zum 11. 4. 1979 aufgehobenen §§ 88 Abs. 5 BauO NW und 24, 44 OBG NW für Rücknahme und Widerruf von Baugenehmigungen vgl. Stelkens, BauR 1980, 7).

216
Die Baugenehmigung ist demnach nicht nur deklaratorisch, sondern konstitutiv. Sie ist eine gebundene Erlaubnis; der Bauherr hat einen Anspruch auf ihre Erteilung, wenn die bauliche Maßnahme materiell den öffentlich-rechtlichen Vorschriften entspricht und die formellen Voraussetzungen des Verfahrens erfüllt sind. Es besteht eine Amtspflicht gegenüber dem Bauherrn, ihm in angemessener Frist die Baugenehmigung zu erteilen, wenn die Voraussetzungen vorliegen (BGHZ 60, 112). Die rechtswidrige Versagung einer Baugenehmigung und die Verzögerung ihrer Erteilung kann ein enteignungsgleicher Eingriff sein, der zur Entschädigung verpflichtet, wenn dadurch die wirtschaftliche Nutzung des Grundstücks nicht nur unerheblich beschränkt wurde (BGH NJW 65, 1912; Werbeanlage).

217
Die Baugenehmigung hat sowohl die planungsrechtlichen Voraussetzungen nach dem BBauG wie auch die bauordnungsrechtlichen nach den Landesbauordnungen zu berücksichtigen.

218
Während die **bauordnungsrechtlichen** Bestimmungen die Ausführung des Bauvorhabens auf dem Grundstück im Einzelfall regeln, sind die **planungsrechtlichen** für den Bergbau von grundsätzlicher Bedeutung. Auch hiervon sind es weniger die planmäßigen (§ 30 BBauG) oder die planabweichenden (§ 31 BBauG) Baugenehmigungen als die aufgrund gesetzlichen Planersatzes (§§ 33–35 BBauG), die Fragen für den übertägigen Bergbaubetrieb aufwerfen.

219
In den nichtbeplanten Gebieten ist durch das Bundesbaugesetz im nichtbeplanten Innenbereich des § 34 BBauG und im Außenbereich des § 35 BBauG gesetzlich geplant worden.

220

Der **nichtbeplante Innenbereich**, in dem gegenüber dem Außenbereich noch eine gewisse Baufreiheit herrscht, bestimmt sich räumlich nach den Kriterien des Ortsteils und der zusammenhängenden Bebauung und setzt sachlich das Fehlen eines qualifizierten Bebauungsplanes voraus. Dabei ist für den Bebauungszusammenhang entscheidend, daß die aufeinanderfolgende Bebauung trotz vorhandener Baulücken den Eindruck der Geschlossenheit vermittelt (BVerwG DVBl 1969, 262 und DÖV 1972, 827, Gelzer, Bauplanungsrecht, 951).

221

Zum **Bebauungszusammenhang** gehören bebaute Grundstücke, unbebaute Grundstücke als Baulücken in engerem Sinne und Grundstücke, die wegen ihrer Beschaffenheit oder Zweckbestimmung einer Bebauung entzogen sind (BVerw BRS 18 Nr. 23: z. B. stehende oder fließende Gewässer, Sportplätze, Erholungsflächen). Der im Zusammenhang bebaute Ortsteil endet mit der letzten Bebauung. Die sich ihr anschließenden Flächen gehören bereits in der Regel zum Außenbereich (BVerwG BauR 1974, 41).
Die Beseitigung des letzten zum Bebauungszusammenhang gehörenden Gebäudes zum Zwecke der alsbaldigen Errichtung eines Ersatzbauwerkes bewirkt aber nicht, daß die Innenbereichsqualität verlorengeht und für den Neubau Außenbereichsmaßstäbe gelten (BVerwG DÖV 1980, 922).
Für die großflächigen Bauvorhaben des Bergbaus ist von Bedeutung, daß freie, noch landwirtschaftlich genutzte Flächen, die den Eindruck des Außenbereichs vermitteln, den Zusammenhang unterbrechen können (OVG Lüneburg DÖV 1964, 392).
Ebenso wird der Eindruck der Geschlossenheit aufgehoben, wenn eine Freifläche so groß ist, daß sie von der Bebauung in ihrer Umgebung nicht mehr geprägt wird (**„Außenbereich im Innenbereich"**; BVerwG DÖV 1973, 347: ein zu bebauendes 1,5 ha großes Teilstück einer 6 ha großen Freifläche hebt den Zusammenhang auf, OVG Münster BRS 22 Nr. 39: 2,5 ha große Fläche ist nicht nach § 34 BBauG zu beurteilen; anders BVerwG BauR 1974, 104: Bebauung eines Flurstücks von 23 000 qm aus einer Freifläche von 9,3 ha kann unter § 34 fallen, OVG Lüneburg BRS 25, Nr. 91: für 23 000 qm große Fläche in Großstadtnähe). Je größer die unbebauten Flächen sind, desto eher ist der Bebauungszusammenhang unterbrochen (BVerwG DÖV 1970, 748).

222

Die Zulässigkeit eines im nichtbeplanten Innenbereich zu errichtenden Vorhabens setzt weiter voraus:
— Kein Widerspruch zu einem schlichten Bebauungsplan,
— Sich-Einfügen in die Eigenart der näheren Umgebung (Lenz, BauR 1978, 329), d. h. das Bauvorhaben muß ihr positiv entsprechen (§ 34 Abs. 1 BBauG). Wenn die nähere Umgebung des Vorhabens einem der Baugebiete der BauNVO entspricht, sieht § 34 Abs. 3 BBauG eine entsprechende Anwendung der BauNVO für Innenbereichs-Vorhaben vor.
— Gesicherte Erschließung.
— Keine entgegenstehenden öffentlichen Belange.

223

Von besonderer Bedeutung für bergbauliche Vorhaben sind die Merkmale des „Sich-Einfügens" und des „öffentlichen Belanges" (zum Verhältnis beider Weyreuther BauR 1981, 1, 6).

224

Die Auslegung des Begriffes „**sich einfügen**" durch die Rechtsprechung schließt bergbauliche Vorhaben im Innenbereich nicht grundsätzlich aus.
Das Einfügen ist gegeben, wenn ein Vorhaben sich in jeder Hinsicht (Art und Maß der baulichen Nutzung, Bauweise, überbaubare Grundstücksfläche) innerhalb des von der Umgebung hervorgerufenen Rahmens hält (BVerwG NJW 1978, 2564 = BauR 1978, 276) oder wenn es diesen Rahmen zwar überschreitet, jedoch weder bodenrechtlich beachtliche Spannungen begründet oder vorhandene erhöht (BVerwG, a.a.O.).
Damit stellen sich jeweils die Fragen nach den Auswirkungen des Vorhabens auf die Umgebung und nach den Einwirkungen vorhandener Nutzungen in der Umgebung auf das Vorhaben (BVerwG ZfBR 1981, 36; DÖV 1981, 874, 875).

225

Entscheidend ist der **Charakter der näheren Umgebung**. Dabei sind beispielsweise Bergehalden den baulichen Anlagen nicht gleichgestellt. Sie unterbrechen zwar nicht den Bebauungszusammenhang, sind aber auch nicht Teil der Bebauung, die den Eindruck der Geschlossenheit und Zusammengehörigkeit vermittelt (OVG Münster, unveröff. Urteil vom 29. 8. 1978 – X A 1304/77). Bei einer Umgebung mit unterschiedlichen Elementen wie Kokereien, Eisenbahnlinie, Wohnbebauung fehlt es für ein Wohngebäude in diesem Bereich an der Prägung durch die Umgebung (VG Gelsenkirchen, unveröff. Urteil vom 7. 10. 1977, 5 K 1424/77). Andererseits soll die Vorbelastung eines Wohngebietes durch eine Eisenbahnanlage nicht dazu führen, daß stärkere Geräuschbelastungen als sonst zulässig durch einen Industriebetrieb verursacht werden können (OVG Lüneburg GewArch. 1979, 345).

226

Sofern die Umgebung den Charakter eines **Mischgebietes** i. S. § 6 Abs. 1 BauNVO hat, sollen allerdings genehmigungsbedürftige Anlagen i. S. § 4 der 4. BImSchVO unzulässig sein, ohne daß es auf den Grad der von den Betrieb tatsächlich ausgehenden Immissionen ankommt (BVerwG BauR 1975, 396; OVG Münster BB 1972, 65; Breuer, NJW 1977, 1025, 1031). Es reicht aus, daß diese Anlagen in besonderem Maße schädliche Umwelteinwirkungen hervorrufen können. Ebenso sollen diese Betriebe grundsätzlich nicht in Gebieten mit dem Rahmen eines **Gewerbegebietes** sich einfügen können, sondern nur ausnahmsweise unter Befreiung zulässig sein (BVerwG NJW 1975, 460). Doch hiergegen wird zu Recht geltend gemacht, es müsse der Nachweis gestattet sein, daß im Ausnahmefall eine Störung nicht drohe und daß insbesondere bei Anlagen mit minderer Immissionsgefährlichkeit, vor allem denen des vereinfachten Genehmigungsverfahrens,

§ 56 227–230   Dritter Teil: Aufsuchung, Gewinnung und Aufbereitung

durch Lärmschutz – oder Luftfilteranlagen eine Störung der Nachbarschaft ausgeschlossen werden könne (Krause, BauR 1980, 318, 325, hierzu auch: BVerw BRS 24 Nr. 15, BGH NJW 1982, 1394, 1396, Schlichter NuR 1982, 121, 126).

227
Sofern der Rahmen einer beachtlichen **Umgebung vom Mischgebiet bis zum Industriegebiet** reicht, können hier Grundstücke sowohl zu Wohnzwecken als auch für jede Art von Gewerbebetrieben genutzt werden (BVerwG NJW 1975, 460 = BauR 1975, 29 und NJW 1978, 2564 = DVBl 1978, 815). Das Erfordernis des Einfügens soll nicht als starre Festlegung auf den gegebenen Rahmen allen individuellen Ideenreichtum blockieren, es hindert nicht, den vorgegebenen Rahmen zu überschreiten (BVerwG a.a.O.). Sofern die Umgebung von den Elementen eines Industriegebietes geprägt ist und die ohnehin vorhandene Geräuschvorbelastung nicht erhöht wird, ist die Anlage zulässig (BVerwG DVBl 1977, 194).

228
In den traditionellen Industriegebieten ist der Bergbau häufig von dem Problem der sog. **Gemengelagen**, den sich gegenseitig beeinträchtigenden Nutzungen von Wohnen und dem Betrieb emittierender Anlagen, betroffen. Damit sind für die Prüfung der Voraussetzungen des § 34 BBauG vor allem drei Gesichtspunkte angesprochen: der Umfang des „Rahmens" der maßgeblichen Umgebung, das Erfordernis des Sich-Einfügens unter besonderer Berücksichtigung des Gebotes der Rücksichtnahme und der öffentliche Belang der „allgemeinen Anforderungen an gesunde Wohn- und Arbeitsverhältnisse".

229
Die maßgebliche Umgebung umfaßt in Gemengelagen regelmäßig sowohl die schutzwürdige Nutzung als auch vorhandene emittierende Anlagen. Man kann folglich schon hier zu einem **Rahmen** kommen, in den sich eine neue Industrieanlage zwanglos einfügen läßt.

230
Das Erfordernis des „Einfügens" wird in diesen Fällen maßgeblich vom **Gebot der Rücksichtnahme** bestimmt (BVerwG BauR 1981, 354). Es hat zwei Aspekte: es verpflichtet erstens den Emittenten zur Rücksichtnahme auf eine schutzwürdige Nutzung im Auswirkungsbereich des Vorhabens (BVerwG DÖV 1980, 919 (Schweinemast) und BauR 1980, 47 (Unternehmen des Holzbaus) OVG Lüneburg BauR 1981, 51; OVG Münster Urteil vom 18. 1. 1980 – 11 A 1520/77, zitiert bei Roters DÖV 1980, 701, 706 Fn. 36; OVG Berlin BauR 1979, 225; sowie Müller NJW 1979, 2378 und Roters, a.a.O.). Allerdings wird das Gebot der Rücksichtnahme nicht verletzt, wenn die vorhandene Bebauung keinen Bestandsschutz genießt (qualitativ oder quantitativ wesentliche Änderungen werden nicht geschützt) und auch nicht mehr die schutzwürdige Rechtsposition einer früher erteilten Baugenehmigung besteht (BVerwG BauR 1980, 47). Zum zweiten ist zugunsten des Vorhabens die **Vorbelastung** durch bereits vorhandene Anlagen in dem betreffenden Bereich zu berücksichtigen (BVerwG DVBl 1976, 214; DVBl 1977, 722, 724;

Zweites Kapitel: Anzeige, Betriebsplan **231 § 56**

OVG Saarland BauR 1978, 467; Gelzer, Bauplanungsrecht, Rn 1095). In dem Gemengebereich müssen Nachteile hingenommen werden, die außerhalb nicht hinzunehmen wären. In solchen Gebieten Wohnende können sich nur darauf verlassen, daß es auf Dauer nicht zu stärkeren Belästigungen kommt, als sie bei Entstehen der Wohnhäuser üblich waren. Dabei kann es auch eine Rolle spielen, in welcher zeitlichen Reihenfolge die Nutzungen entstanden sind (z. B. Zeche vor Wohnbebauung). Grenze für die Rücksichtnahme sind enteignende Auswirkungen (BVerwG DVBl 1975, 492, 497; BauR 1978, 383) und Auswirkungen, die das Ausmaß des § 5 Nr. 1 BImschG annehmen (BVerwG DVBl 1975, 492, 496). Hinzuweisen ist in diesem Zusammenhang auf die Rspr. zur **Situationsgebundenheit** von Grundstücken die durch Einbeziehung der faktischen Lage des Grundstücks zu einer nicht entschädigungspflichtigen Inhaltsbestimmung des Eigentums führt (Gassner, NVwZ 1982, 165; BGH NJW 1957, 538 = Grünflächenurteil; NJW 1973, 628 = Hofstellen-Urteil; NJW 1967, 1855 = Hinterhaus-Urteil; BVerwG NJW 1975, 766 = Lavaausbeutung). Zu berücksichtigen bei der Beurteilung der Auswirkungen des Vorhabens auf die Umgebung sind Maßnahmen, die der Bauherr auf dem Baugrundstück zur Verminderung der Emmissionen vornimmt (sog. Innenplanung: BVerwG BauR 1974, 311 = DVBl 1974, 767 – Flachglas-Fall).

231

Schließlich bedarf in Gemengelagen der öffentliche Belang der „**Anforderung an gesunde Wohn- und Arbeitsverhältnisse**" der Auslegung. Der planerische Grundsatz für die Aufstellung von Bauleitplänen, daß wegen der Berücksichtigung der allgemeinen Anforderungen an gesunde Wohn- und Arbeitsverhältnisse (§ 1 Abs. 6 BBauG) ein Nebeneinander von Wohnen und Industrie nicht zulässig ist (§ 50 BImSchG; BVerwG BauR 1974, 311, BauR 1980, 146; einschr. Bayr. VGH BauR 1981, 172: Festsetzung eines Wohngebietes in der Nähe von Gewerbegebiet im F-plan ist nicht stets ein Abwägungsfehler), bedarf in den Innenbetriebsgebieten mit gewachsenen Gemengelagen der Modifikation. Zunächst dadurch, daß eine Überschreitung der Werte der TA-Lärm, der TA-Luft und von Abstandserlassen noch nicht den Schluß rechtfertigt, die Anforderungen an gesunde Arbeits- und Lebensverhältnisse seien nicht gewahrt. Denn der Immissionsschutzstandard ist höher angesetzt als der städtebauliche (Roters DÖV 1980, 701, 707). Außerdem dadurch, daß diese Anforderungen nur dann nicht gewahrt sind, wenn sich die Auswirkungen der Immissionen auf die Gesundheit der Menschen der Schwelle der Polizeigefahr nähern (BGH DVBl 1976, 165, 169; BGHZ 48, 193, Stich, GewArch 1979, 41). Weiter dadurch, daß dieser öffentliche Belang einen Bebauungsanspruch aus § 34 BBauG nicht gänzlich vernichtet, sondern nur in seiner konkreten Ausgestaltung betrifft (Roters a.a.O.). Schließlich dadurch, daß die Gewichtung im Rahmen der Prüfung, ob Belange entgegenstehen, in Gemengelagen häufig das Vorhandene und das Gebot der Rücksichtnahme (OVG Saarlouis NJW 1977, 2092, VGH Mannheim NJW 1978, 1821, OVG Lüneburg NJW 1978, 1822) in die Waagschale zu legen hat. Das OVG Münster (BRS 32 Nr. 49 – Bahnstrecke – ähnl. Urt. v. 18.1. 1980 – 11 A 1520/77) will allerdings das Entstehen ständig neuer Gemengelagen – Situationen durch heranahende Wohnbebauung an einen Emissionsbetrieb dadurch verhindern, daß die

"Wahrung gesunder Wohnungsverhältnisse" auch dann nicht erfüllt ist, wenn das Vorhaben selbst nicht emittiert, sondern Immissionen ausgesetzt ist (hiergegen Roters, DÖV 1980, 701, 707 und DÖV 1982, 71, a. A. Wegener, DÖV 1982, 66 "Umweltschutz vor Baufreiheit").

232
Sonstige öffentliche Belange dürfen dem bergbaulichen Vorhaben nicht entgegenstehen. Sie sind nicht generell dem § 35 Abs. 3 BBauG zu entnehmen (OVG Münster NJW 1978, 2314). Der Gesetzgeber geht nämlich in § 34 BBauG von der Zulässigkeit der Bebauung aus, und zwar noch mehr als in § 35 Abs. 1 BBauG (BVerwG DVBl 1978, 610). Zu den Belangen gehören nach dem Gesetzeswortlaut "Anforderungen an gesunde Wohn- und Arbeitsverhältnisse".
Gesichtspunkte des Umweltschutzes sind "öffentliche Belange", wenn sie nicht schon den Wohn- und Arbeitsbereich berühren oder im Verfahren nach dem BImSchG geprüft werden (Gelzer, Bauplanungsrecht, Rn 1074, Dolde NJW 1979, 889, 895).
Die öffentlichen Belange werden stark zurückgedrängt durch das Erfordernis des Sich-Einfügens. Ein Vorhaben fügt sich nur ein, wenn es auch den sich in der Umgebung niederschlagenden öffentlichen Belangen gerecht wird (Weyreuther BauR 1981, 1, 6). Was beim Sich-Einfügen nicht gegen das Vorhaben durchschlägt, darf bei der Prüfung der sonstigen öffentlichen Belange nicht nochmals geprüft werden (Weyreuther, a.a.O., 5).
In jedem Falle müssen die öffentlichen Belange **"entgegenstehen"**, d. h. nach Abwägung mit anderen Belangen überwiegen. Hierbei sind insbesondere die Grundentscheidung des Gesetzgebers in § 1, die Standortgebundenheit des Bergbaus, die fehlende Möglichkeit der Verlagerung des gesamten Bergwerksbetriebes oder des Ausweichens auf andere Betriebsflächen und die Tatsache, daß gerade Bergbaubetriebe häufig ihre gesamte Umgebung ("Zechenlandschaft") mitgeprägt haben, in die Abwägung einzubeziehen. Selbst etwaige entgegenstehende Belange berühren nicht den Anspruch auf Bebauung dem Grunde nach, sondern allenfalls in seiner konkreten Ausgestaltung (Seewald, NJW 1978, 345, 347; m. w. N., Schmidt-Eichstaedt JZ 1978, 16; Roters DÖV 1980, 701, 707; a. A. Dohle NJW 1977, 1372, 1374).

233
Keine öffentlichen Belange i. S. § 34 Abs. 1 BBauG sind: Vorschriften, die auf anderen mit einem eigenen Genehmigungsverfahren ausgestatteten Gesetzen oder Rechtsverordnungen (Landschaftsschutz-VO, hierzu BVerwG NJW 1970, 1939 = DVBl 1970, 827 zu § 34 a. F., NJW 1978, 773; a. A. OVG Münster RdL 1979, 203 (204), Dohle NJW 1977, 1372, 1375 und NJW 1979, 895 zu § 34 n. R., BImSchG, BBergG, Wasserrecht) beruhen (BVerwG NJW 1978, 733, DÖV 1980, 690; Gelzer, Bauplanungsrecht, Rn 1066), Landschaftsschutz, Schutz des Ortsbildes (BVerwG BauR 1980, 449, BauR 1981, 351, 353), Waldschutz (OVG Lüneburg BauR 1979, 260), Darstellungen im Flächennutzungsplan (BVerwG BauR 1981, 351, 353; NJW 1970, 1939 VGB Bad-Württ. BauR 1978, 458; Seewald, NJW 1978, 345; Dohle, NJW 1977, 1372, 1373; Hoppe, Das öffentliche Bau- und Bodenrecht, Raumplanungsrecht, Rn 388; a. A. Finkelnburg, NJW 1977, 840, 842), Pläne der

Raumordnung, Landesplanung, Landesentwicklung (OVG Lüneburg BRS 33 Nr. 58, a. A. Dohle NJW 1977, 1372, 1374, wohl auch Seewald a.a.O., 346: rechtsverbindlicher LEP muß mit anderen Belangen abgewogen werden), Planungsabsichten der Gemeinde (Dolde, NJW 1979, 889, 895; Weyreuther, BauR 1981, 1, 13) oder anderer Planungsträger; das Erfordernis einer förmlichen Planung bei Großvorhaben (Gelzer, Bauplanungsrecht, Rn 1080, Dyong in Ernst-Zinkhahn-Bielenberg, BBauG, § 34 Rn 63; Weyreuther, BauR 1981, 1, 12 unter Hinweis auf BVerwG, BauR 1973, 99; BVerwG ZfBR 1981, 34 (36) DVBl 1981, 401, 402; Dolde NJW 1980, 1660 f, jetzt auch Hoppe DVBl 1982, 913 allerdings mit dem Hinweis, daß bei Großvorhaben das „Einfügen" nicht gegeben sei; a. A. Bosch BauR 1978, 275; OVG Münster, NJW 1978, 2314 betr. 19 Reiheneigenheime und 8 Doppelwohnhäuser), denn in den Fällen des § 34 BBauG plante der Gesetzgeber durch die gesetzlichen Tatbestandsmerkmale selbst und generell.

234

Zum **Außenbereich** gehören alle von den §§ 30, 34 BBauG nicht erfaßten Grundstücke (vgl. § 19 Abs. 1 Nr. 3 BBauG; BVerwG DÖV 1973, 347). Zu unterscheiden sind die privilegierten Vorhaben des § 35 Abs. 1 BBauG und die sonstigen Vorhaben des § 35 Abs. 2 BBauG.

235

Die Rechtsstellung des Bauherrn, der ein kraft Gesetzes privilegiertes Vorhaben errichten will, ist bei der Durchsetzung gegenüber öffentlichen Belangen erheblich stärker als bei sonstigen Vorhaben. Während erstere schon zulässig sind, wenn öffentliche Belange **nicht entgegenstehen**, dürfen „sonstige Vorhaben" öffentliche Belange **nicht beeinträchtigen**.

236

Von den Privilegierungstatbeständen kommen für bergbauliche Vorhaben die des § 35 Abs. 1 Nr. 4 (öffentliche Versorgung oder ortsgebundener Betrieb) und Nr. 5 (besondere Anforderungen an die Umgebung) BBauG in Betracht.

237

Ortsgebundenheit i. S. von § 35 Abs. 1 Nr. 4 BBauG wird angenommen, wenn das betreffende Gewerbe unmittelbar nach seinem Gegenstand und seinem Wesen und nicht nur aus Gründen der Rentabilität hier und so nur an der fraglichen Stelle betrieben werden kann, weil ein Betrieb dieser Art, wenn er nicht seinen Zweck verfehlen soll, auf die geographische oder geologische Eigenart dieser Stelle angewiesen ist (BVerwG DÖV 1974, 398 = NJW 1975, 550). Angenommen wurde das für Kies- und Torfgruben, OVG Lüneburg, Natur und Recht 1981, 137, Dohle NJW 1982, 1793, Zechenanlagen, Anlagen für Erdöl- und Erdgasgewinnung (BVerwG, a.a.O.), Steinbrüche, Ziegeleien. Ebenso für eine im Tagebau abzubauende Quarzsandgrube (Grauvogel, Kohlhammer, BBauG, § 35, 3 d, OVG Münster, Glückauf 1982, 111; a. A. VG Köln, Glückauf 1980, 1250, 1251, das § 35 Abs. 1 Nr. 5 BBauG anwendet).
Auch Kraftwerke sind nach Nr. 4 privilegiert, weil für Anlagen der öffentlichen Elektrizitätsversorgung eine Ortsgebundenheit nach dem Wortlaut des Gesetzes

§ 56 238, 239   Dritter Teil: Aufsuchung, Gewinnung und Aufbereitung

zunächst einmal nicht vorausgesetzt wird (Römermann NJW 1978, 2286; UPR 1982, 373; Ottmann BauR 1979, 297; Meyer-Wöhse UPR 1982, 112, Dolde NJW 1983 792; aA. OVG Lüneburg ZfBR 1982, 93 betr. Zwischenlager Gorleben, § 35 Abs. 1 Nr. 5 BbauG ist anzuwenden; a. A. Hoppe NJW 1978, 1229, 1230, DVBl 1982, 913, 919; Söfker, Raumordnungs- und bauplanungsrechtliche Fragen bei der Verwirklichung überörtlich bedeutsamer Vorhaben, 1982, 256 ff mit der Maßgabe, daß mit landesplanerischen Festlegungen zugleich die Ortsgebundenheit i. S. § 35 Abs. 1 Nr. 4 BBauG entschieden ist).

Darüber hinaus wird man aber Kraftwerke zur Verstromung von fossilen Brennstoffen am Ort der Förderung (Braunkohle- Torf- oder Ballastkohlenkraftwerke) zu den standortgebundenen Kraftwerken zählen müssen, weil sich bei ihnen ein Transport über weite Entfernungen nicht rechtfertigt und sie daher üblicherweise als technisches Gesamtwerk geplant und betrieben werden (Buch, Planung und Standortwahl von Kraftwerken, S. 56).

238
Auch **Nebenanlagen** oder Betriebszweige von ortsgebundenen Betrieben fallen unter § 35 Abs. 1 Nr. 4 BBauG, wenn sie in ihrer Bedeutung den gesamten ortsgebundenen Betrieb mit prägen, und zwar nicht nur aus wirtschaftlicher Zweckmäßigkeit, sondern aus technischem Erfordernis (BVerwG DVBl 1972, 685 und DÖV 1976, 565 = NJW 1977, 119 nicht bei Kiesabbaubetrieb mit Transportbetonanlage; OVG Lüneburg BRS 22, Nr. 67 bejahend für Hartsteinwerk im Zusammenhang mit Sandausbeute, wirtschaftliche Gründe reichen aus; VGH Bad-Württ. BRS 24 Nr. 62 bejahend für Anlage zur Zerkleinerung von Kies und Mischung mit Sand). Ortsgebunden sind Betriebe, die im Außenbereich Bodenschätze ausbeuten, und zwar auch insoweit, als sie die ausgebeuteten Bodenschätze aufbereiten und verarbeiten (VGH Bad-Württ. a.a.O., weitergehend noch Wilhelm, DÖV 1964, 541). Überwiegt aber das für die Nebenanlage des ortsgebundenen Betriebs zusätzlich benötigte Material mengenmäßig das gewonnene, spricht vieles für eine nicht ortsgebundene Nebenanlage (Gelzer, Bauplanungsrecht, Rn 1175). Bei den bergbaulichen Anlagen wird sich der Umfang der standortgebundenen (§ 1 Nr. 1) Anlagen und Nebenanlagen mit Hilfe des § 2 Abs. 1 ermitteln lassen, in dem der technische Funktionszusammenhang des Bergwerksbetriebes erfaßt wurde (§ 56 Rn 203 ff).

239
Als Anlagen i. S. § 35 Abs. 1 Nr. 5 BBauG, die besondere Anforderungen an die Umgebung stellen, werden auch die nach dem BImSchG genehmigungspflichtigen Vorhaben angesehen, wenn sie wegen ihrer nachteiligen Wirkungen auf die Umgebung in Gewerbe- und Industriegebieten nicht zugelassen sind (Gelzer, Bauplanungsrecht, Rn 1180). Sie verlangen einen von der Wohnbebauung abgeschiedenen Standort. Allerdings sind industrielle Anlagen nur privilegiert, wenn die zur Begründung des Außenbereichsstandortes angeführten Emissionen nach dem Stand der Technik unvermeidbar sind (BVerwG DÖV 1978, 406 = NJW 1978, 1818).

Zweites Kapitel: Anzeige, Betriebsplan 240 § 56

240
Dem Vorhaben gem. § 35 Abs. 1 Nr. 4 und 5 BBauG dürfen **öffentliche Belange nicht entgegenstehen.** Sie sind in § 35 Abs. 3 BBauG beispielhaft aufgezählt und decken sich wegen der unterschiedlichen Rechtsposition des Bauwilligen im Innenbereich von der im Außenbereich nicht mit den „sonstigen öffentlichen Belangen" des § 34 Abs. 1 BBauG (Seewald NJW 1978, 343, 347 m. w. Nachw.). Auch lassen sich die Aufzählungen in § 35 Abs. 3 BBauG nicht grundsätzlich auf die im Außenbereich privilegierten Vorhaben übertragen. Für sie sind Darstellungen im F-plan, in § 35 Abs. 3 BBauG als öffentlicher Belang aufgeführt, unbeachtlich, weil die grundsätzliche Verweisung der privilegierten Bauvorhaben in den Außenbereich höher zu bewerten ist als die Aussagen eines F-planes (BVerwG DÖV 1968, 579 = NJW 1968, 1105; DVBl 1969, 256). Auch das **Plangebot für Großanlagen** (ausf. Hoppe, DVBl 1982, 913 ff.), für die Fälle des § 35 Abs. 2 BBauG als „öffentlicher Belang" anerkannt (BVerwG DVBl 1969, 359; DVBl 1971, 588; DVBl 1974, 767 (Floatglas) 769; OVG Berlin NJW 1977, 2283, 2286; Hoppe, Das öffentliche Bau- und Bodenrecht, Raumplanungsrecht, Rn 401) gilt nicht für privilegierte Vorhaben (OVG Münster ZfB 123 (1982), 238, 244, Römermann NJW 1978, 2268, Ottmann, BauR 1979, 297, 298 gegen Bosch, BauR 1978, 268, 275, Hoppe NJW 1978, 1229, 1233, DVBl 1982, 913, 1915, hier mit der Maßgabe, im Tatbestand des § 35 Abs. 1 Nr. 5 BBauG sei ein ausschließlich durch B-plan zu erfüllendes Planungserfordernis enthalten. Hiergegen Schmidt-Assmann, Das bebauungsrechtliche Planungserfordernis bei §§ 34, 35 BBauG, 1982, S. 25 ff. Differenziert Dolde NJW 1983, 792, 796 und Weyreuther BauR 1981, 10, im Anschluß an BVerwG BauR 1981, 50: kein Plangebot bei Außenkoordination, u. U. aber bei Koordinationsbedürfnis der Intressen nach innen durch amtliche Abwägung. Zunächst: Die besondere Größe eines im Außenbereich liegenden Grundstücks rechtfertigt noch nicht die Zulassung eines sonstigen Vorhabens von einer entsprechenden Bauleitplanung abhängig zu machen (BVerwG, BRS 32 Nr. 1), OVG Lüneburg DVBl 1978, 67, 71 betr. Kernkraftwerk Brockdorf, anders jetzt ZfBR 1982, 93, 94 betr. radioaktiven Abfall. Primär löst der Umfang des zur Genehmigung gestellten Vorhabens und nicht die gesamte Freifläche das Erfordernis der Bauleitplanung aus. Ferner: Ein Planungszwang der Gemeinde ist mit dem gesetzlichen „Ersatzplan" des § 35 Abs. 1 BBauG nicht vereinbar (ähnlich Gelzer, Bauplanungsrecht, Rn 1180; Dolde aaO; a. A. Hoppe NJW 1978, 1229, 1234), so daß die Gemeinde ihr Einvernehmen gem. § 36 BBauG ohne vorherigen Bebauungsplan erteilen kann.
Öffentlicher Belang ist aber, daß das Bauvorhaben nicht „schädliche Umwelteinwirkungen hervorrufen kann oder ihnen ausgesetzt wird". Für belastend oder gefährlich emittierende Betriebe bedeutet das nicht etwa, daß sie im Außenbereich unzulässig sind, weil dieses Ergebnis die gesetzgeberische Grundsatzentscheidung, diese Betriebe dem Außenbereich zuzuordnen, zunichte machen würde. Diese Betriebe sollen durch diesen Belang vielmehr zusätzlich geschützt werden, weil er herannahende Wohnbebauung mit dem privilegierten Vorhaben für nicht vereinbar erklärt (Gelzer, Bauplanungsrecht, Rn 1233).
Öffentlicher Belang ist das Gebot der Rücksichtnahme (BVerwG BauR 1977, 244; BauR 1980, 47), das sogar drittschützende Wirkung haben kann und bei Verletzung zur Klageberechtigung führt, (BVerwG BauR 1981, 354), während es bei Innenbereichsvorhaben das Merkmal des „Einfügens" mitbestimmt (Rn 230 zu § 56). Eine im Außenbereich rechtmäßig ausgeübte privilegierte Nutzung steht einer geplanten weiteren Bebauung im Außenbereich als öffentlicher Belang

entgegen, wenn die vorhandene privilegierte Nutzung in Frage gestellt wird (Hess. VGH BauR 1981, 177).

241
Die öffentlichen Belange dürfen dem Vorhaben i. S. § 35 Abs. 1 BBauG „nicht entgegenstehen". Hier ist, ähnlich wie nach § 1 Abs. 7 BBauG, eine umfassende Abwägung der entgegenstehenden Belange mit dem privaten Interesse an der Durchführung des Vorhabens (BVerwG DVBl 1969, 256) und den für das Vorhaben sprechenden öffentlichen Belangen (Hoppe, Das öffentliche Bau- und Bodenrecht, Raumplanungsrecht, Rn 396) erforderlich. Dabei wirkt sich die Privilegierung dahin aus, daß sie den Vorhaben eine öffentlichen Belangen gegenüber grundsätzlich stärkere Stellung verleiht (Seewald, NJW 1978, 343, 346, OVG Münster, ZfB 123 (1982), 238, 246 betr. Abwägung Vorhaben – Schutz des Orts- und Landschaftsbildes). Als öffentlicher Belang, der für das Vorhaben spricht, ist hier wiederum die berggesetzliche Grundentscheidung des § 1 zu berücksichtigen.

242
Alle anderen Vorhaben, die § 35 Abs. 1 BBauG nicht erfaßt, sind als **„sonstige Vorhaben"** i. S. § 35 Abs. 3 BBauG zu behandeln. Sie **sind** (BVerwGE 18, 247, 250; BVerwG BauR 1981, 357) zuzulassen, wenn bei ihrer Ausführung oder Nutzung öffentliche Belange nicht nur „nicht entgegenstehen", sondern „nicht beeinträchtigt" werden. Während bei den Vorhaben des Abs. 1 die Privilegierung gebührend in Rechnung gestellt werden muß, sollen „sonstige Vorhaben" im Gegenteil im Außenbereich nicht ausgeführt werden (BVerwG NJW 1968, 1105, Roters, DÖV 1980, 701, 707).
Der Gesichtspunkt des öffentlichen Belanges regelt auch das Verhältnis zwischen privilegierten und sonstigen Vorhaben. Bauliche Anlagen, die als sonstige Vorhaben i. S. § 35 Abs. 2 BBauG einzuordnen sind, werden mit der besonderen Situation des Außenbereichs belastet, wonach privilegierte Betriebe gerade hier anzusiedeln sind. Die sonstigen Vorhaben müssen die durch privilegierte Betriebe vorbelastete Situation hinnehmen, auch wenn sie baurechtlich genehmigt wurden (VGH Bad-Württ. ZfW 1981, 163, 168).

243
Die **öffentlichen Belange**, die den sonstigen Vorhaben entgegenstehen, ergeben sich beispielhaft aus § 35 Abs. 3 BBauG. Zu diesen Belangen gehören weder das Interesse einer Gemeinde, Planungsmöglichkeiten offenzuhalten, noch die nicht ausgeübte gemeindliche Planungshoheit (BVerwG BauR 1980, 51 = NJW 1980, 1537). Bei noch nicht wirksam gewordenen Bauleitplänen sollen die Planungsvorstellungen in einem noch nicht in Kraft getretenen F-plan als öffentlicher Belang anzusehen sein (Hess. VGH BauR 1978, 41; Grauvogel, Kohlhammer, BBauG § 35, 6 c (7)), auch das Planungserfordernis bei umfangreichen Vorhaben mit erheblichen Auswirkungen (BVerwG BauR 1977, 104, 241; 1981, 48 und 55) nicht jedoch ein in der Aufstellung befindlicher B-plan (OVG Rheinl.-Pfalz BauR 1978, 42).

244
In den Fällen der §§ 34, 35 BBauG kann die Baugenehmigungsbehörde die Baugenehmigung bzw. den Bauvorbescheid nur im **Einvernehmen mit der Ge-**

Zweites Kapitel: Anzeige, Betriebsplan **245–248 § 56**

meinde erteilen, bei nicht privilegierten Vorhaben im Außenbereich zusätzlich noch nur mit Zustimmung der höheren Verwaltungsbehörde. Dabei ist das Einvernehmen jedoch nur bei planungsrechtlich relevanten Vorhaben (nicht z. B. Umbau bestehender Anlagen) und auf planungsrechtliche Gesichtspunkte beschränkt (Grauvogel, Kohlhammer, BBauG, § 36 Rn 19). Bei Vorhaben im unbeplanten Innenbereich steht die Entscheidung über das Einvernehmen nicht im Ermessen der Gemeinde und kann daher nicht vom Abschluß eines Folgekostenvertrages mit der Gemeinde abhängig gemacht werden (BVerwG DÖV 1981, 269). Entsprechendes gilt in den privilegierten Fällen des § 35 Abs. 1 BBauG.
Zuständig für die Erteilung des Einvernehmens ist der Gemeinderat (Schlez, BBauG, § 36, Rn 7, so auch VG Gelsenkirchen, unveröff. Urteil vom 5. 3. 1981 – 8 K 4471/79 – bezüglich Einvernehmen gem. § 68 Abs. 3 ABG NW, das bei Bergehalden an die Stelle des Einvernehmens gem. § 36 BBauG treten soll), wenn keine Übertragung auf die Verwaltung erfolgte. Das Einvernehmen ist auch bei anderen Verfahren, in denen über die Zulässigkeit in den Fällen der §§ 34, 35 BBauG entschieden wird, erforderlich (§ 36 Abs. 1 S. 2 BBauG). Hierzu gehört das Genehmigungsverfahren nach §§ 4 ff BImSchG.

245
Für Aufschüttungen und Abgrabungen größeren Umfanges sowie für Ausschachtungen, Ablagerungen einschließlich Lagerstätten, die der Bergaufsicht unterliegen (§ 29 S. 4 i. V. S. 3 BBauG), findet die Einvernehmens-Vorschrift des § 36 Abs. 1 S. 2 BBauG (andere Verwaltungsverfahren) ebenso keine Anwendung (§ 36 Abs. 1 S. 2, 2. Halbsatz, VG Köln ZfB 122 (1981), 470, 477) wie die des § 36 Abs. 1 S. 1 BBauG (Baugenehmigungsverfahren, § 29 S. 4 BBauG). Stattdessen galt bisher nach der Rspr. (vgl. § 56 Rn 209 ff und § 54 Rn 26) § 68 Abs. 3 ABG NW, in Zukunft gilt § 54 Abs. 2.

246
Inwieweit bei Vorhaben, die durch § 1 Abs. 2 BauO NW **nicht von der Anwendung der BauO NW ausgenommen** sind und einer Baugenehmigung oder Anzeige bedürfen, die Bergbehörde im Betriebsplanverfahren über die planungsrechtliche Zulässigkeit entscheidet, vgl. § 56 Rn 213, zu der Umsetzung des Bauplanungsrechtes bei den **nicht unter die BauO fallenden** Anlagen ins Bergrecht vgl. § 56 Rn 210.

247
Eine Ausnahme ist nur gemacht worden, wenn die Übertagebauten eine zwingende Folge der Auswirkungen des unterirdischen Betriebes auf die Erdoberfläche sind. In diesen Fällen erscheint es sachnäher, wenn über Untertagebetrieb und Förderung einschließlich Abtransport übertage einheitlich von der Bergbehörde entschieden wird und diese Entscheidung nicht nochmals im bauaufsichtlichen Genehmigungsverfahren von der Bauaufsichtsbehörde bzw. Gemeinde wiederholt oder überprüft wird (VG Köln ZfB 120 (1979), 243, 256), § 56 Rn 184.

248
Verhältnis Baugenehmigung — Betriebsplanzulassung. Soweit bauliche Anlagen einer bauaufsichtlichen Genehmigung bedürfen, wird diese nicht durch die berg-

§ 56 249–252   Dritter Teil: Aufsuchung, Gewinnung und Aufbereitung

rechtliche Betriebsplanzulassung ersetzt (pr OVG ZfB 72 (1931), 275, LVG Gelsenkirchen Glückauf 1959, 1648; OVG Münster ZfB 114 (1973), 315, 318; VG Köln ZfB 117 (1976), 340, 350; VG Gelsenkirchen ZfB 119 (1978), 242, 248; Art. 253 bayr. BergG (§§ 196, 196 a ABG) Rn 6 b; a. A. Tengelmann Glückauf 1957, 1483).

249
Der von der Bergbehörde zugelassene Betriebsplan kann daher in seiner Ausführung daran scheitern, daß die nebenher erforderliche bauaufsichtliche Genehmigung aus bauplanungsrechtlichen Gründen versagt wird (VG Köln ZfB 117 (1976), 340, 350; OVG Münster, Glückauf 1982, 240; § 56 Rn 213; Ebel-Weller, § 68 Anm. 4 i, allerdings wird nach der Rechtslage des BBergG die dort vorgeschlagene Möglichkeit, den Betriebsplan unter der Voraussetzung zuzulassen, daß vor Beginn der Maßnahme die Baugenehmigung vorliegt, ebenso nicht mehr zulässig sein, wie die nach OVG Münster, a.a.O., zulässige Versagung des Betriebsplanes oder Versehung mit Nebenbestimmungen, wenn die Bauaufsichtsbehörde im Betriebsplanverfahren den Standpunkt vertritt, die Errichtung der Übertagebauten verstoße gegen Bauplanungsrecht, vgl. § 55 Rn 147).
Die Bauaufsichtsbehörde kann die Baugenehmigung nicht von bergrechtlichen Gesichtspunkten abhängig machen, indem sie sich darauf beruft, das Bauvorhaben müsse den öffentlich-rechtlichen Vorschriften entsprechen (§ 88 Abs. 1 BauO NW). Die Prüfung dieser Vereinbarkeit mit öffentlichem Recht steht nämlich unter dem Vorbehalt, daß die Belange nicht in einem anderen Verfahren von einer insoweit kompetenteren Fachbehörde einer speziellen Prüfung unterzogen werden (OVG Lüneburg, DVBl 1983, 185; Henseler DVBl 1982, 390, 392). Allerdings kann die Baubehörde die Baugenehmigung unter Vorbehalt der noch erforderlichen sonstigen Genehmigungen erteilen (OVG Lüneburg, a.a.O., 186), d. h. unter Vorbehalt der Betriebsplanzulassung.

250
Eine andere Rechtslage ergibt sich, wenn die Bergbehörde im Betriebsplanverfahren über die Zulässigkeit eines Schachtes und seiner übertägigen Folgen rechtmäßigerweise entschieden hat. Die bauplanungsrechtliche Ortsgebundenheit i. S. § 35 Abs. 1 Nr. 4 BBauG ist dann von der Baubehörde anzunehmen, da die Tagesanlagen auf die geologische oder geografische Eigenart des Schachtstandortes angewiesen sind (Weyreuther, Bauen im Außenbereich, 371 ff).

251
Eine Gemeinde kann nicht im Wege der einstweiligen Anordnung gegen die Zulassung des Betriebsplanes vorgehen, wenn die baulichen Anlagen außerdem noch einer Baugenehmigung bedürfen, die ihr Einvernehmen nach § 36 Abs. 1 BBauG voraussetzt (VG Köln ZfB 117 (1976), 345, 351).

252
Eine baurechtliche **Veränderungssperre** hebt bestehende Rechtspositionen nicht auf, sondern schließt lediglich zeitlich begrenzt ihre Realisierung aus. Eine Veränderungssperre wirkt nicht gegen die Befugnis anderer Behörden, Rechtspositionen zu gewähren. Die Bergbehörde kann daher trotz einer Veränderungssperre einen Betriebsplan zulassen (OVG Münster ZfB 116 (1975), 245, 254) Veränderungssperren wirken auch nicht gegenüber bereits vorher ausgesprochenen Betriebsplanzulassungen.

Zweites Kapitel: Anzeige, Betriebsplan   253–255   § 56

253
Der **Abbruch von Gebäuden** und Gebäudeteilen bedarf nach § 80 Abs. 1 BauO grundsätzlich der Genehmigung oder Anzeige. Zuständig ist die Bauordnungsbehörde. Das schließt nicht aus, daß die Abbrucharbeiten an allen Tagesanlagen, die während des Betriebes der Bergaufsicht unterstanden, vom Bergamt beaufsichtigt werden. (Ebel-Weller, § 68, 4 i).
Die Zuständigkeit der Bergbehörde für den Abbruch von Tagesanlagen nach Zulassung des Abschlußbetriebsplanes war lange umstritten, vgl. zur Dauer der Bergaufsicht § 69 Rn 22 ff. Mit Rücksicht auf § 69 Abs. 2 und § 51 Abs. 5 OBG NW wird man heute zu dem Ergebnis kommen, daß für Abbruchverfügungen bis zum Ende der dort genannten Zeiträume die Bergbehörde zuständig ist, nach diesem Zeitraum die allgemeine Ordnungsbehörde. Für den Abbruch selbst ist der Rderl. v. 23. 6. 1981 (MinBl NW 1528) zu beachten (§ 53 Rn 15).

254
Im Baugenehmigungsverfahren kann der Bergbauunternehmer auch passiv beteiligt sein. Einem emittierenden Hüttenwerk steht im Baugenehmigungsverfahren für ein in der Nähe zu errichtendes Einfamilienhaus ein Anspruch darauf, daß eine Auflage auf passiven Schall hinzugefügt wird, nicht zu. Der Geräuschpegel ist ohnehin vor dem geöffneten Fenster zu messen (Nr. 2.421, 1 a Abs. 3 Nr. 2 TA Lärm), zum Schutzbereich bei freistehenden Einfamilienhäusern gehört auch der Außenwohnbereich (OVG Münster, BRS 36, Nr. 184). Dem Gebot der Rücksichtnahme (§ 56, Rn 230, 240) kann im Außenbereich drittschützende Wirkung zukommen und aus ihm ein Abwehranspruch eines Industriebetriebes gegen heranrückende Wohnbebauung folgen (BVerwG DVBl 1971, 746 = BRS 24, Nr. 166). Ein im Außenbereich angesiedelter Immissionsbetrieb kann sich dagegen nicht gegen eine Wohnbebauung in einem benachbarten, lange vorhandenen Innenbereich wehren mit der Begründung, es seien nachträgliche Anordnungen nach § 17 BImSchG zu erwarten. Das Gebot gegenseitiger Rücksichtnahme kann nicht zum Ausschluß des Innenbereichsvorhabens führen (OVG Bremen, BRS 36, Nr. 67). Generell zu den Abwehrrechten emittierender Gewerbebetriebe gegen heranahende Wohnbebauung Gehrmann, UPR 1982, 319; OVG Münster BRS 25, 31ff, VGH Kassel, Gew. Arch. 1981, 31, VGH München, NJW 1983, 297. Geschützt ist auch das Interesse an einer zukünftigen Betriebserweiterung (BVewG BRS 24, 257).

4. Immissionsschutzrecht

Das Bundesimmissionsschutzrecht unterscheidet in genehmigungsrechtlicher Hinsicht genehmigungspflichtige und nicht genehmigungspflichtige Anlagen.

255
a) **Genehmigungspflichtige Anlagen**
Bis zum Inkrafttreten des BBergG bedurften nach § 4 Abs. 2 BImSchG keiner Genehmigung alle Anlagen des Bergwesens, soweit sie der Aufsuchung oder Gewinnung von Bodenschätzen dienen. Diese Vorschrift ist nunmehr durch § 174 Abs. 5 dahingehend geändert worden, daß **Anlagen des Bergwesens** oder Teile dieser Anlagen **genehmigungspflichtig** sind, wenn sie **über Tage** errichtet und betrieben werden. **Keiner Genehmigung** bedürfen **Tagebaue** und die zum Betrieb

393

§ 56   256, 257   Dritter Teil: Aufsuchung, Gewinnung und Aufbereitung

eines Tagebaues erforderlichen und schließlich die **zur Weiterführung unerläßlichen Anlagen.**

256
Diese Bestimmung war eine der meist diskutiertesten und besonders stark umstrittenen des BBergG. Zunächst sahen die Entwürfe die Regelung des Kollisionsproblems Immissionsschutz − Bergbau im Betriebsplanverfahren vor. Allerdings enthielt der **Referenten-Entwurf** vom 1.12.1970 noch keine neue Kollisionsregelung, sondern beließ es bei der bestehenden gesetzlichen Regelung des § 4 Abs. 2 BImSchG. In § 61 des **Regierungsentwurfes** (BR-Drucks. 350/75) vom 5.9.1975 jedoch fand sich folgende Vorschrift: „Die Zulassung eines Betriebsplanes i. S. § 58 ist zu erteilen, wenn gewährleistet ist, daß schädliche Umwelteinwirkungen im Sinne des BImSchG nicht hervorgerufen werden können und Vorsorge gegen solche Einwirkungen getroffen wird, soweit dies nicht andere Vorschriften dieses Absatzes sicherstellen." Der **Referenten-Entwurf** vom 4.1.1977 veränderte diesen Wortlaut dahin, daß nach § 49 Abs. 3 Nr. 3 b eine Betriebsplanzulassung zu erteilen ist, wenn die erforderliche Vorsorge getroffen ist, „damit schädliche Umwelteinwirkungen im Sinne des BImSchG nicht hervorgerufen werden können." Auch nicht Gesetz geworden ist die noch im **Entwurf** v. 9.12.1977 vorgesehene Fassung des § 54 Abs. 1 Nr. 8, wonach Voraussetzung für die Betriebsplanzulassung sein sollte, daß „dem Betrieb überwiegende öffentliche Interessen... nicht entgegenstehen" (BT-Drucks. 9/1315, 111 = Zydek, 256: „Nach dieser Vorschrift darf das in einem Betriebsplan vorgesehene Vorhaben nicht zugelassen werden, wenn etwa tangierte öffentliche Interessen, z. B. Immissionsschutz, bedeutsamer sind als das allgemeine volkswirtschaftliche Interesse an der Aufsuchung und Gewinnung der Bodenschätze"). Zwar hatte der **Bundesrat** noch eine ähnliche Fassung vorgeschlagen (Drucks. 260/1/77 v. 4.10.1977, S. 34 „dem Betrieb andere öffentlich-rechtliche Interessen nicht entgegenstehen"), und hierbei insbesondere an die Bestimmungen des Immissionsschutzrechtes gedacht, aber auch sie ist nicht in die endgültige Gesetzesfassung aufgenommen worden. Alle diese früheren Vorschläge einer betriebsplanmäßigen Lösung wurden abgelöst durch die immissionsschutzrechtliche. Gem. § 174 Abs. 5 des letzten Entwurfes sollte nun § 4 Abs. 2 BImSchG geändert werden, allerdings noch nicht in den jetzt geltenden Wortlaut, sondern noch mit dem Unterschied, daß nach § 4 Abs. 2 S. 2 BImSchG keiner Genehmigung die „Tagebaue" und „Anlagen in Tagebauen"bedürfen. Begründet wurde die Herausnahme der Kollisionsregelung aus dem Bergrecht in das Immissionsrecht mit einer systemgerechten Abgrenzung beider Rechtsgebiete und einer notwendigen materiell-rechtlichen Entlastung des Bergrechts (BT-Drucksachen 8/1315, 171 = Zydek, 631 und 8/3965, 147 = Zydek, 639). Obwohl der **Bundesrat** sich für eine Streichung dieser Vorschrift ausgesprochen hatte (BT-Drucksache 8/1315, 186 = Zydek, 634), weil sie dem standortgebundenen Bergbau nicht Rechnung trage, wurde sie schließlich in geringfügig veränderter Form als § 174 Abs. 5 Gesetz. Statt „Anlagen in Tagebauen" sind jetzt nach § 4 Abs. 2 S. 2 BImSchG genehmigungsfrei die „zum Betrieb eines Tagebaues erforderlichen" sowie die „zur Wetterführung unerläßlichen Anlagen".

257
Die Bedeutung dieser neuen Regelung liegt nicht bei den Anlagen zur Aufberei-

Zweites Kapitel: Anzeige, Betriebsplan **258–262 § 56**

tung von Bodenschätzen (z. B. Kokereien einschl. Nebenanlagen, Teerdestillationen, Brikettfabriken, Kohleverflüssigungsanlagen, Kohlevergasungsanlagen, Zechenkraftwerke, Wirbelschicht-Feuerungsanlagen, VG Gelsenkirchen ZfB 123 (1982), 91, 35, für die § 4 Abs. 2 BImSchG a. F. ohnehin schon keine Ausnahme von der Genehmigungspflicht gemacht hatte.

258
Man wird bei den Anlagen des Bergwesens i. S. § 4 Abs. 2 BImSchG n. F. jetzt **drei Arten** zu unterscheiden haben, denen unterschiedliche Rechtsfolgen zugeordnet wurden:

259
– die Anlagen des Bergwesens oder Teile dieser Anlagen, die **untertage errichtet und betrieben werden.**
Für sie kommt eine **Genehmigungspflicht** nach § 4 Abs. 2 BImSchG **nicht** in Betracht. Für Schächte zur Personenbeförderung, Material- oder Kohleförderung ist in diesem Zusammenhang die Rechtsprechung der Verwaltungsgerichte zum Bauordnungs- und Bauplanungsrecht von Bedeutung, wonach es sich beim Abteufen dieser Schächte um bergbauliche Maßnahmen handelt, die unter der Erdoberfläche stattfinden und vom Bauplanungsrecht nicht erfaßt werden (VG Köln ZfB 117 (1976), 345, 349; VG Gelsenkirchen ZfB 119 (1978), 242, 248; VG Köln ZfB 120 (1979), 243, 252).

260
– **Tagebaue**, zum Betrieb eines Tagebaues erforderliche Anlagen und die zur **Wetterführung** unerläßlichen Anlagen. Für sie kommt gem. § 4 Abs. 2 S. 2 BImSchG ebenfalls **keine Genehmigung** in Betracht. Hierunter fallen beispielsweise Kohlenbunker im Braunkohlentagebau und Grubenlüfter, (Dapprich-Franke, Leitfaden des Bergrechts, 173 VG Gelsenkirchen ZfB 123 (1982) 107, 109) er dient als notwendige Voraussetzung der Kohleförderung und organisatorisch nicht verselbständigter Teil des Bergwerkes der Gewinnung von Bodenschätzen), Wetterschächte sowie sonstige Anlagen zur Wetterführung, und zwar auch dann, wenn sie gleichzeitig anderen bergmännischen Zwecken dienen.

162
– Anlagen des Bergwesens oder Teile davon, soweit sie **übertage errichtet und betrieben** werden.
Für sie kommt eine Genehmigungspflicht in Betracht, allerdings bedürfen sie zuvor der spezifizierten Aufnahme in die nach § 4 Abs. 1 S. 3 BImSchG erlassene 4. DVO zum BImSchG. Hierfür ist nicht schon die Tatsache ausreichend, daß es sich um Anlagen des Bergwesens handelt. Es muß sich um Anlagen handeln, die nach ihrer Art generell in besonderem Maße geeignet sind, aufgrund ihrer Beschaffenheit oder ihres Betriebes schädliche Umwelteinwirkungen hervorzurufen oder in anderer Weise die Allgemeinheit oder die Nachbarschaft zu gefährden, erheblich zu belästigen oder erheblich zu benachteiligen. Das ist bei Anlagen des Bergwesens nur der Fall, wenn Anlagen gleicher Art anderer Gewerbe- und Industriezweige in gleicher Weise einzustufen sind.

262
Wenn man die Gesetzesänderung zu § 4 Abs. 2 BImSchG richtig würdigen will, muß man berücksichtigen, daß auch Betreiber von nicht genehmigungsbedürfti-

gen Anlagen die in § 22 BImSchG geregelten Grundpflichten haben. Ob diese Pflichten den Unternehmer von Anlagen des Bergwesens, die der Aufsuchung und Gewinnung von Bodenschätzen dienten, trafen, war umstritten (bejahend Feldhaus, Bundesimmissionsschutzrecht, § 22 Anm. 2, verneinend VG Gelsenkirchen ZfB 123 (1982), 107, 110, hierzu insgesamt § 55 Rn 156, § 56 Rn 310). Die Änderung des § 4 Abs. 2 BImSchG betrifft den Bergbautreibenden jedenfalls insoweit, als die Pflichten für genehmigungsbedürftige Anlagen, insbesondere nach § 5 BImSchG, über die bei nicht genehmigungsbedürftigen hinausgehen. Das bedeutet im wesentlichen: für den Betreiber nicht genehmigungspflichtiger Anlagen gilt nur, daß schädliche Umwelteinwirkungen verhindert werden, die nach dem Stand der Technik vermeidbar sind, und nicht darüber hinausgehend, daß schädliche Umwelteinwirkungen gänzlich vermieden werden müssen. Bei genehmigungsbedürftigen Anlagen muß der Schutz vor schädlichen Umwelteinwirkungen immer erreicht werden, die Emissionsbegrenzung nach dem Stand der Technik ist eine darüber hinausgehende Maßnahme der Vorsorge (Feldhaus, BImSch-Recht, § 22 Anm. 7) die bei nicht genehmigten Anlagen keine Rolle spielt. Im übrigen zum Unterschied genehmigungsbedürftige – nicht genehmigungsbedürftige Anlage (§ 56, Rn 311 ff).

263
Die 4. DVO zum BImSchG unterscheidet Anlagen, die in förmlichen Verfahren zu genehmigen sind (§ 2) und solche, bei denen ein vereinfachtes Verfahren ausreichend ist (§ 4). Beide Verfahren treten neben das Betriebsplanverfahren. Dies regeln §§ 13 BImSchG (förmliches Verfahren) und 19 Abs. 2, 13 BImSchG (vereinfachtes Verfahren) ausdrücklich.

264
Für NRW regelt der Runderlaß vom 26. 8. 1977 (MBl S. 1380) Auslegungsfragen der 4. DVO zum BImSchG. Außerdem stellt der Planungserlaß vom 8.7.1982 (MinBl 1366) Grundsätze für die Berücksichtigung von Emissionen und Immissionen bei der Genehmigung von Vorhaben auf (vgl. auch Rn 168).

265
Einzelfälle, in denen für Maßnahmen im Zusammenhang mit Bergbau die **Genehmigung im förmlichen Verfahren** in Betracht kommt: Feuerungsanlagen für feste Brennstoffe (Zechenkraftwerke, Wirbelschicht-Feuerungsanlage zur Verbrennung von Flotationsbergen, Teichschlämmen und inerten Schüttgut auf Zechengelände, VG Gelsenkirchen ZfB 123 (1982), 91) gem. § 2 Nr. 1 der 4. BImSchVO, Anlagen der Industrie der Steine und Erden gem. § 2 Nr. 3, Anlagen zur Kohleverflüssigung gem. § 2 Nr. 17 (Gässler-Sander, Taschenbuch Betrieblicher Immissionsschutz, S. 146); Anlagen zur Kohledruckvergasung und Kokereien gem. § 2 Nr. 29 (für Kokereien ist dann Ziff. 3.29.1 – besondere Anforderungen an Anlagen zur Trockendestillation von Steinkohle – der TA-Luft v. 28. 8. 1974 in GMinBl S. 426, 451, abgedruckt bei Stich, Bundesimmissionsgesetz I. B zu beachten), Teergewinnung und -verarbeitung gem. § 2 Nr. 30 und Brikettfabriken gem. § 2 Nr. 34 dieser 4. BImSchVO.

266
Das **vereinfachte** Genehmigungsverfahren kommt für folgende bergbauliche Anlagen in Betracht: Kleine Feuerungsanlagen i. S. § 4 Nr. 1, Umspannanlagen i. S.

Zweites Kapitel: Anzeige, Betriebsplan   267–269   § 56

§ 4 Nr. 30; Gasspeicheranlagen i. S. § 4 Nr. 31, ortsfeste Umschlaganlagen i. S. § 4 Nr. 32 der 4. BImSchVO für staubende Güter (z. B. Erze, Bauxit, Kohle) durch Kippen von Wagen und Behältern oder unter Verwendung von Baggern, Schaufelladegeräten, Greifern und ähnlichen Einrichtungen an offenen Umschlagstellen. Das Umschlagen muß Hauptzweck der Anlage sein, ortsfest ist sie nur, wenn sie nicht nur auf begrenzte Zeit betrieben wird. Zu den Umschlaganlagen sind im Regelfall weder Bergehalden noch Koks- oder Kohlenhalden zu rechnen. Sofern bei Halden der Hauptzweck in der Lagerung der Güter ohne eine nach der Verkehrsanschauung enge Verbindung mit An- und Abtransport besteht, sind die Halden nicht genehmigungsbedürftig. Eine Aufhaldung beim Erzeuger wird deshalb in der Regel nicht den Begriff des „Umschlagens" erfüllen (Gässler-Sander, Taschenbuch Betrieblicher Immissionsschutz, S. 198). Eine weitere Frage stellt sich, ob Rohwaschkohlen-Mischanlagen oder Kohlemisch- und Vergleichmäßigungsanlagen unter § 4 Nr. 32 der 4. BImSchVO fallen. Dies kann nach der Änderung des § 4 Abs. 2 BImSchG nicht mehr mit der Begründung verneint werden, derartige Anlagen gehörten zum Gewinnungsbetrieb, weil eine Gewinnung ohne Lagerung von Kohle mit Pufferfunktion zwischen Gewinnen und Absatz nicht denkbar sei. Das Gewinnungsprivileg des früheren § 4' Abs. 2 BImSchG ist für oberirdische Bergwerksanlagen dieser Art weggefallen. Auch erfüllen derartige Lager den Anlagenbegriff i. S. § 3 Abs. 5 Nr. 3 BImSchG. Es kommt demnach im Einzelfall darauf an, ob es sich um eine offene Umschlagstelle handelt. Dazu zählen sowohl nur teilweise umschlossene Umschlagteile, etwa unter einer Überdachung, als auch Anlagen, bei denen nur der Beginn des Umschlagens im Freien stattfindet (Gässler-Sander, Taschenbuch Betrieblicher Immissionsschutz, S. 198). Andererseits entfällt die Genehmigungspflicht, wenn die Umschlagstelle ganz umschlossen ist. Bei offenen Anlagen ist der Begriff des „Umschlagens" nicht erfüllt, wenn der Hauptzweck auf die Be- und Verarbeitung der staubenden Güter gerichtet ist oder es sich um Verkaufsläger handelt. Umschlagen erfordert vielmehr einen zeitlichen Zusammenhang zwischen zweckgerichtetem An- und Abtransport.

267
Das vereinfachte Genehmigungsverfahren verzichtet auf die Bekanntmachung, Auslegung und Erörterung des Antrages. Es entfallen Teilgenehmigung und Vorbescheid, nicht mehr jedoch die Konzentrationswirkung des förmlichen Genehmigungsverfahrens (§ 56 Rn 303). Privatrechtliche Ansprüche Dritter werden nicht ausgeschlossen.

268
Der Unternehmer hat jedoch nicht die Möglichkeit, zwischen dem vereinfachten oder dem förmlichen Genehmigungsverfahren zu wählen. Die 4. BImSchVO regelt die Zuordnung zu dem einen oder anderen Verfahren abschließend und nicht disponierbar.

269
Die abschließende Aufzählung der **Genehmigungsvoraussetzungen** enthält § 6 BImSchG. Die speziellen immissionsschutzrechtlichen Genehmigungsvorausset-

zungen ergeben sich aus §§ 6 Nr. 1 i. V. mit 5 BImSchG. Die Errichtung und der Betrieb dürfen nicht die Gefahr schädlicher Umwelteinwirkungen und sonstiger Gefahren, erhebliche Nachteile und erhebliche Belästigungen für die Allgemeinheit und die Nachbarschaft herbeiführen (§ 5 Nr. 1 BImSchG), es muß Vorsorge gegen schädliche Umwelteinwirkungen, insbesondere durch Maßnahmen zu Emissionsbegrenzungen, getroffen werden (§ 5 Nr. 2 BImSchG) und die Reststoffverwertung oder ordnungsgemäße Abfallbeseitigung sichergestellt sein (§ 5 Nr. 3 BImSchG). Die Voraussetzungen des § 5 BImSchG enthalten stark zukunftsgerichtete Aspekte.

270
Schon nach § 5 Nr. 1 BImSchG (**Schutzgrundsatz**) dürfen schädliche Umwelteinwirkungen nicht hervorgerufen werden „können", d. h. es muß eine begründete Möglichkeit ausgeschlossen sein, daß die Genehmigungsanlage schädliche Umwelteinwirkungen hervorrufen wird (Feldhaus, BImSchRecht § 5 Anm. 3). Allerdings hat die Rechtsprechung diese Forderung dahingehend relativiert, daß nicht jedes denkbare Risiko ausgeschlossen werden muß (Martens, DVBl 1981, 597, 598). Risiken müssen nur mit hinreichender, dem Verhältnismäßigkeitsgrundsatz entsprechender Wahrscheinlichkeit ausgeschlossen sein (BVerwGE 55, 250, 254 = Voerde-Urteil, zust. Breuer DVBl 1978, 598; vgl. zur normativen Begrenzung des Restrisikos neuerdings Störfall-VO (12. BImSchV v. 27. 6. 1980, BGBl 772). Auch kommt es nicht auf die Emissionen, sondern allein auf die Abwehr von Immissionen an (BVerwGE 55, 250 = NJW 1978, 1450; OVG Münster DVBl 1976, 790). Die Vorschrift enthält den Gedanken vorbeugenden Immissionsschutzes. Wenn aber die zu genehmigende Anlage keine Gefahren in Form schädlicher Umwelteinwirkungen verursachen darf, folgt daraus, daß die Genehmigungsbehörde schon die Möglichkeit einer künftigen Beeinträchtigung der Nachbarschaft in Betracht zu ziehen hat. Auf diese Weise kann ein bestimmter Raum, in den die genehmigungspflichtige Anlage hineinwirken könnte, gefahrenfrei gehalten werden (Roters DÖV 1980, 701, 704). Über den Schutz vor Gefahren hinaus wird der Schutz vor Nachteilen und Belästigungen bezweckt, sofern sie den unbestimmten Rechtsbegriff der Erheblichkeit erfüllen. Das ist der Fall, wenn sie die Allgemeinheit oder die Nachbarschaft unzumutbar beeinträchtigen (BVerwG DVBl 1977, 770, 772), wodurch ein differenzierter Interessenausgleich nach der Schutzwürdigkeit (Bestandsschutz) und Schutzbedürftigkeit der Umgebung erreicht wird.

271
Über diesen vorbeugenden Immissionsschutz aus dem Gesichtspunkt der Gefahrenabwehr geht die **Vorsorgepflicht** des § 5 Nr. 2 BImSchG noch hinaus (Roters, a.a.O.). Durch die Vorsorgepflicht tritt ein umweltplanerisches Moment in den Vordergrund („Freiräume"). Obwohl der Betreiber zunächst keine schädlichen Umwelteinwirkungen hervorruft, soll Vorsorge gegen spätere Umwelteinwirkungen getroffen werden, wenn später eine vom Betreiber nicht beeinflußbare Immissionssituation entstehen kann (Feldhaus DÖV 1974, 613, 615, DVBl 1980, 133, Roters, a.a.O., vgl. auch Sellner, NJW 1980, 1255, 1257; aA Rengeling DVBl 1982, 622, 625; Vorsorge ist ein dem Gefahrenschutz vorgelagerter Bereich, der hinsichtlich Rechtsgutbeeinträchtigung und Eintrittswahrscheinlichkeit nach

denselben Kriterien zu beurteilen ist). Veränderungen durch Wohnbebauung oder Industrieansiedlung sollen möglich bleiben, ohne schädlichen Umwelteinwirkungen infolge technisch vermeidbarer Emissionen ausgesetzt zu sein (Martens, a.a.O.). So wird dem Vorsorgegrundsatz, im Gegensatz zum Schutzprinzip (OVG Hamburg DVBl 1975, 207; OVG Münster, DVBl 1976, 790), kein nachbarschützender Charakter zuerkannt Sellner, a.a.O., Rn 61, Feldhaus DVBl 1980, 132; Breuer in von Münch, Bes.VerwR, 6. Aufl., 1982, 723, a. A. OVG Münster NJW 1976, 2360; offengel. VG Gelsenkirchen, ZfB 123 (1982), 91, 97). Grenzen des Vorsorgeprinzips: es wirkt nur bei schädlichen Umwelteinwirkungen, nicht als Schutz vor anderen Gefahren, erheblichen Nachteilen oder Belästigungen. Es ist nicht anwendbar, wenn zwar keine Gefahr droht, aber ein Gefahrenverdacht dargelegt wird (Martens, DVBl 1981, 597, 602, gegen OVG Lüneburg, GewArch. 1980, 200, 205, Breuer DVBl 1978, 829, 836; Papier DVBl 1979, 162). Es kann nicht als Notlösung herhalten, wenn die Aufwendung des Schutzprinzips des § 5 Nr. 1 BImSchG aus tatsächlichen oder rechtlichen Gründen nicht zum Zuge kommt. Andererseits kann die Vorsorge im Einzelfall über den Stand der Technik hinausgehen (Feldhaus, BImSchRecht, § 5 Anm. 7, wobei allerdings der Hinweis auf VGH Bad-Württ. DÖV 1974, 699, 706 nicht überzeugt).

272
Im Hinblick auf die Art und Weise der Ermittlung vorhandener Immissionen und der Festlegung von Immissionswerten, bei deren Überschreitung erfahrungsgemäß schädliche Umwelteinwirkungen zu befürchten sind, sind die Anforderungen des § 5 Nr. 1 BImSchG konkretisiert worden durch die nach § 48 BImSchG erlassene Technische Anleitung zur Reinhaltung der Luft – **TA Luft** – v. 28. 8. 1974 (GemMinBl 1974, 426) Neufassung vom 23. 2. 1983 (GemMinBl 1983, 94) und durch die nach § 66 Abs. 2 BImSchG zunächst fortgeltende Technische Anleitung zum Schutz gegen Lärm – **TA Lärm** – v. 16. 7. 1968 (Beilage BAnz. Nr. 137 v. 26. 7. 1968, nachrichtlich bekanntgegeben in MBl NW 1968, 1861).

273
Die Pflichten des Betreibers ergeben sich nicht unmittelbar aus den Technischen Anleitungen. Adressaten sind vielmehr die zum Vollzug des BImSchG bestimmten Behörden (Dreißigacker-Sarendorf-Weber, Umwelt 1975, S. 10, 11, 13). Die Technischen Anleitungen werden nur über die mit der Genehmigung verbundenen Auflagen und Bedingungen gegenüber dem Betreiber wirksam. Ebenso wenig ziehen die allgemeinen Verwaltungsvorschriften Grenzlinien zwischen zulässigen und unzulässigen Immissionen für die betroffenen Personen (Krebs VerwArch 1979, 259, 261). Die Frage, welche Bedeutung die TA Luft und TA Lärm in Verwaltungs- und Verwaltungsrechtsverfahren haben, ist Gegenstand umfassenden Meinungsstreites (vgl. Sellner, Immissionsschutzrecht und Industrieanlagen Rn 45).

274
Einvernehmen besteht zunächst allerdings darüber, daß im Genehmigungsverfahren **kein Ermessensspielraum** besteht (v. Mettenheim BB 1980, 1777), weil der Betreiber bei Erfüllung der Voraussetzungen der §§ 5, 6 BImSchG einen Genehmi-

gungsanspruch hat (anders der Ermessensspielraum bei nachträglichen Anordnungen gem. § 17 BImSchG).

275
Einheitlich werden die Merkmale der §§ 6 Nr. 1, 5 BImSchG als unbestimmte Rechtsbegriffe angesehen, die durch die TA-Luft und TA-Lärm konkretisiert wurden. Beide Technischen Anleitungen geben darüber Auskunft, bei welcher Überschreitung von Immissionswerten erfahrungsgemäß schädliche Umwelteinwirkungen i. S. § 5 Nr. 1 BImSchG zu befürchten sind (Stich, BImSchG, § 5 Rn 8) und wann nach dem Stand der Technik i. S. § 5 Nr. 2 BImSchG Vorsorge gegen schädliche Umwelteinwirkungen zu treffen ist (Feldhaus DVBl 1981, 165, 167).

276
Die **Bindung der zuständigen Behörden** an die Verwaltungsvorschriften und Immissionswerte in TA Lärm und TA Luft ist dort schon ausgesprochen (vgl. jeweils Nr. 1). Sie ergibt sich auch aus der Bindung der Behörden an den Gleichheitssatz. Das schließt nicht aus, daß die Behörden in begründeten Einzelfällen nach der einen oder anderen Seite von den Anleitungen abweichen können und eine allzu schematische Anwendung rechtsfehlerhaft sein kann.

277
Zu den Betreiber begünstigenden **Korrekturen** kann im Einzelfall der **Grundsatz der Verhältnismäßigkeit** führen, der bei der Ermittlung des Standes der Technik zu beachten und bei der TA-Luft weitgehend berücksichtigt ist (Feldhaus DVBl 1981, 165, 172). Zu einer für ihn ungünstigen Korrektur kann nicht führen, daß der Stand der Technik sich inzwischen weiterentwickelt habe und daher schärfere Emissionsbegrenzungen als die der TA-Luft anzuwenden seien. Der Emissionswert ist kein Fixpunkt in der technischen Entwicklung, sondern das Ergebnis mehrfacher Abwägungen. Er kann nur überholt sein, wenn feststeht, daß er auch unter Berücksichtigung dieser Abwägungen keine zutreffende Konkretisierung des Standes der Technik mehr darstellt (Feldhaus, a.a.O.).

278
Die Bedeutung der TA-Luft und der TA-Lärm erschöpft sich nicht in der Bindung der Verwaltung. Inwieweit sie auch die Verwaltungsgerichte binden, daran entzündete sich ein lebhafter Streit.

279
Zunächst gingen die Gerichte von einer **uneingeschränkten Überprüfbarkeit** aus (OVG Hamburg DVBl 1975, 207 – Reynolds-Fall – nur „Beweisanzeichen"; OVG Lüneburg GewA 1975, 303 – Dow-chemical-Fall). Das OVG Münster (NJW 1976, 2360 m. Anm. Meyer-Abich = DVBl 1976, 793 – STEAG-Kraftwerk Voerde) hatte die TA-Luft nur als Orientierungshilfe zur Ermittlung der Schädlichkeit von Emissionen angesehen („**Bandbreiten-Theorie**"). Eine Genehmigung konnte in stark vorbelasteten Gebieten auch versagt werden, wenn die Einhaltung der Immissionswerte feststand. Die Genehmigungsvoraussetzungen sind danach unbestimmte Rechtsbegriffe ohne Beurteilungsspielraum und uneingeschränkt verwaltungsgerichtlich nachprüfbar.

Zweites Kapitel: Anzeige, Betriebsplan   280–283 § 56

280
Demgegenüber wurde versucht, eine quasi-gesetzliche Qualität der TA-Luft herzustellen (Ule, BB 1976, 446, sog. **Vertretbarkeits-Theorie**). Den Genehmigungsbehörden wurde ein administrativer Beurteilungsspielraum bei der Anwendung der unbestimmten Rechtsbegriffe zugebilligt. Die Gerichte waren näher an die Immissionswerte der TA-Luft und TA-Lärm gebunden.

281
Das BVerwG wertet nunmehr die Verwaltungsvorschriften der TA-Luft und TA-Lärm als **antizipiertes Sachverständigen-Gutachten** (NJW 1978, 1450, m. Anm. Horn = BVerwGE 55, 250; 256, ebenso für TA-Lärm jetzt OVG Münster, NJW 1979, 772, 773, ferner Breuer DVBl 1978, 34; Sellner BauR 1980, 391, 399; ähnlich Krebs, VwArch 1979, 259, 272: außenwirksame Verwaltungsvorschrift, zweifelnd v. Mettenheim BB 1980, 1777 unter Hinweis auf Doppelnatur der Immissionswerte: sachverständiges und politisch-wertendes Element). Danach sind die Immissionswerte nicht lediglich Indikatoren für eine gewisse Bandbreite zwischen schädlichen und unschädlichen Einwirkungen, sondern legen die Grenzwerte der noch unschädlichen Umwelteinwirkungen fest und binden die Gerichte „weitgehend" (Sellner, a.a.O.). Die Einhaltung der Immissionswerte der TA-Luft spricht die Vermutung dafür aus, daß schädliche Umwelteinwirkungen nicht auftreten.

282
Die **TA-Lärm** enthält Vorschriften zum Schutz gegen Lärm außerhalb des Betriebsgeländes (für das Werksgrundstück selbst gilt Arbeitsschutz, nicht Nachbarschutz) und ist zu beachten bei Anträgen auf Genehmigung zur Errichtung und zum Betrieb einer Anlage, (§ 6 BImSchG) sowie zur wesentlichen Änderung der Lage, der Beschaffenheit oder des Bereichs einer Anlage (§ 15 BImSchG), bei Anträgen auf Erteilung eines Vorbescheides (§ 9 BImSchG), bei nachträglichen Anordnungen (§ 17 BImSchG) sowie bei Verfahren nach § 26 BImSchG. Sie gilt für alle genehmigungsbedürftigen Anlagen, wobei es unerheblich ist, ob ein förmliches oder ein vereinfachtes Verfahren anzuwenden ist. Nach dem Beschluß des Länderausschusses für Immissionsschutz v. 3. 6. 1977 (Bethge/Meurers, TA-Lärm, 3. Aufl., C. 5, S. 234) können die Grundsätze der TA-Lärm im Baugenehmigungsverfahren als sachverständige Aussagen von Bedeutung sein, da § 22 BImSchG auch Anforderungen an die Errichtung und die Nutzung baulicher Anlagen enthält (§ 56 Rn 317; anders für Betriebsplanverfahren § 56 Rn 314). Außer durch den genannten Beschluß des Länderausschusses wird die TA-Lärm durch weitere Verwaltungsvorschriften (Gemeins. Rderl. v. 6. 2. 1975 MinBl. NW 1975, 234) interpretiert.

283
Die Immissionsrichtwerte werden entscheidend von der Zuordnung des Einwirkungsbereichs einer Anlage zu den in Ziff. 2.321 genannten **Gebieten** bestimmt. Diese Gebiete stimmen mit den Begriffen der BauNVO nicht überein, die neben der Schutzbedürftigkeit vor Lärmeinwirkungen auch andere städteplanerische Erfordernisse zu berücksichtigen hat. Der Länderausschuß für Immissionsschutz

401

§ 56 284, 285 Dritter Teil: Aufsuchung, Gewinnung und Aufbereitung

hat in seinem Beschluß v. 2./3. 6. 1977 (Bethge/Meurers, TA-Lärm, 3. Aufl., C 5, S. 234) eine Zuordnung der Gebiete nach Nr. 2.321 der TA-Lärm zur BauNVO vorgenommen: Gebiete, in denen nur gewerbliche oder industrielle Anlagen untergebracht sind, (a) sollen Industriegebieten gem. § 9 BauNVO, Gebiete, in denen vorwiegend gewerbliche Anlagen untergebracht sind (b), sollen Gewerbegebieten gem. § 8 BauNVO, Gebiete mit gewerblichen Anlagen und Wohnungen, in denen weder vorwiegend gewerbliche Anlagen noch vorwiegend Wohnungen untergebracht sind (c), sollen Kerngebieten (§ 37 BauNVO) oder Mischgebieten (§ 6 Bau NVO) und schließlich Gebiete, in denen vorwiegend Wohnungen untergebracht sind (d), sollen dem Allgemeinen Wohngebiet (§ 4 BauNVO) entsprechen.

284
Die TA-Lärm gilt sowohl in Gebieten, für die ein Bebauungsplan aufgestellt ist, als auch in **unbeplanten Gebieten**. In letzteren ist die tatsächliche Bebauung und die vorhersehbare Entwicklung zugrundezulegen (Ziff. 2.322 TA-Lärm). Der F-plan ist nur bei der Beurteilung der künftigen baulichen Nutzung von Bedeutung, allerdings nachrangig gegenüber den tatsächlichen Verhältnissen (Bayr. VGH BayrVBl 1971, 66; Feldhaus, Bundesimmissionsschutzrecht Fn 2 und 3 zu Ziff. 2.322 TA-Lärm).

285
Gerade in Ballungsräumen wird immer wieder das Problem der **grenzüberschreitenden Emissionen** auftreten. Die TA-Lärm hat zwar Immissionsrichtwerte für Gebiete mit industriellen Anlagen oder mit Wohnungen festgelegt, nicht jedoch den Fall unmittelbar angrenzender Industrie- und Wohnbereiche. In diesen Fällen finden nach der Rechtsprechung (BVerwG DVBl 1976, 214) die Immissionsrichtwerte der TA-Lärm in den tatsächlichen Verhältnissen ihre Grenzen und sind nicht schematisch anzuwenden. Nach VG Berlin (Umwelt 1973, 68) ist beim Aufeinanderfolgen verschieden ausgewiesener Baugebiete in einer Übergangszone ein Zwischenwert zu bilden. Davon gehen auch Ziff. 3.3.1 der VDI-Richtlinie 2058 und Abschnitt 5) der DIN 18005 aus. Konkretisiert hat diese Grundaussage der Beschluß des Länderausschusses für Immissionsschutz v. 2./3. 6. 1977 (Bethge/Meurers, TA-Lärm, 3. Aufl. S. 234). In einem Gebiet, in dem ausschließlich Wohnungen untergebracht sind (Buchstabe c), können gleiche Werte hingenommen werden wie in Gebieten, in denen vorwiegend Wohnungen untergebracht sind (Buchstabe d). In diesem Gebiet, das die Qualifikation nach Buchstabe d) hat, reicht aus, wenn Immissionswerte für ein Gebiet mit gewerblichen Anlagen und Wohnungen (Buchstabe c) erreicht werden. Darüber hinaus wird man, da die vorhandenen Immissionen nicht weggedacht werden können, folgende Unterscheidung machen müssen und zu erträglichen Ergebnissen kommen können: Entspricht die Kennzeichnung im B-plan als „reines Wohngebiet" nicht den tatsächlichen Verhältnissen, weil sich an der Grenze des Gebietes bereits lautstarke industrielle Anlagen befinden, kann im Bereich des Wohngebietes ein Übergangsgebiet mit mittlerer Qualifikation (z. B. Gebiet mit gewerblichen Anlagen und Wohnungen) fingiert werden. Befindet sich die lautstarke industrielle Anlage andererseits so weit von der Grenze zum reinen Wohngebiet entfernt, daß in dem

ausgewiesenen Wohngebiet die entsprechenden Immissionsrichtwerte nicht überschritten werden, ist es gerechtfertigt, das Übergangsgebiet innerhalb des Industriegebietes zu verlegen (Bethge-Meurers, TA-Lärm, 3. Aufl., 126).

286
Im übrigen haben Ziff. 2.323, S. 3 und 4 den für die Industrie wichtigen Grundsatz festgeschrieben, daß es beim **Heranwachsen von Wohngebieten** bei den Werten verbleibt, die zum Zeitpunkt der Errichtung der Anlage galten (zweifelnd Feldhaus, BImSchRecht, Anm. zu Ziff. 2.323 TA-Lärm). Hierdurch wird sichergestellt, daß sich durch spätere Änderungen der Gebietsausweisung oder durch herannahende Wohnbebauung die Immissionsrichtwerte nicht ändern (Bestandsschutz). Anders sind – und hier liegt die große Gefahr der herannahenden Wohnbebauung für die Industrieanlage – die Anforderungen allerdings bei nachträglichen Anordnungen. Nach Ziff. 2.323 S. 4 TA-Lärm bleibt insofern Ziff. 2.232 anwendbar, d. h. es ist anzustreben, daß der Anlageninhaber Maßnahmen zum Schutz gegen Lärm trifft, die sich im Rahmen der für neue Anlagen festgelegten Grundsätze halten.

287
Der Betreiber einer Anlage wird von der Verpflichtung, die Immissionswerte einzuhalten, nicht dadurch entbunden, daß im Einwirkungsbereich der Anlage **Fremdgeräusche** vorhanden sind, selbst wenn diese stärker als die Anlagengeräusche sind (Feldhaus, BImSchR, Anm. zu 2.21 TA-Lärm, BVerwG DÖV 1968, 778). Allerdings kann hier die Einhaltung der Immissionswerte durch sonstige Maßnahmen (größerer Abstand, Schallmauer, Bepflanzungen, Nutzungsbeschränkung in Form von Grunddienstbarkeit) sichergestellt werden. Bei ständig einwirkenden Fremdgeräuschen kann jedoch nach Ziff. 2.213 der TA-Lärm von der Durchführung von Lärmschutzmaßnahmen für eine bestimmte Zeit abgesehen werden. Dadurch können Investitionen vermieden werden, die den Lärmschutz ohnehin nicht verbessern. Bei Straßen ist allerdings der verminderte Verkehr während der Nachtstunden zu berücksichtigen (Ziff. 1.5 Runderl. NW v. 6. 2. 1976 MBl, 234).

288
Die TA-Lärm sieht außerdem noch **Abweichungsmöglichkeiten** vor, die im **Einzelfall** angewandt werden können. So sind keine Schutzmaßnahmen zu fordern, wenn keine Störungen zu erwarten sind, obwohl die Immissionswerte überschritten werden. So sind bei Grundstücken des Außenbereichs, für die die TA-Lärm keine Schutzwerte festsetzt, bei denen aber nach Ziff. 2.211 Lärmschutzmaßnahmen nach dem jeweiligen Stand der Technik denkbar sind, im Einzelfall keine Schutzmaßnahmen vorzusehen, wenn weder Nachbarn noch Dritte gestört werden (Bethge-Meurers, TA-Lärm, 3. Aufl. S. 84).

289
Von der Rechtsprechung werden als Bewertungskriterien für schädliche Umwelteinwirkungen auch die **DIN 18005 „Schallschutz im Städtebau"** und die **VDI-Richtlinien 2058 Blatt 1** – Ausgabe Juni 1973 – **„Beurteilung von Arbeitslärm in der Nachbarschaft"** (Feldhaus, Bundesimmissionsschutzrecht, Anhang 4) und **Blatt 2 „Beurteilung und Abwehr von Arbeitslärm"** als grundsätzlich zutreffende

Festlegung von Immissionswerten anerkannt (BVerwG GewArch 1977, 385 m. w. N.).

290
Die VDI-Richtlinie ist zwar weder eine Rechts- noch eine Verwaltungsvorschrift, sie hat aber den Charakter einer allgemeinen Sachverständigenäußerung und ist deshalb im Genehmigungsverfahren wie ein Einzelgutachten als Erkenntnisquelle zur Klärung schwierig zu beurteilender Sachverhalte heranzuziehen (Runderl. NW v. 6. 2. 1975, Ziff. 2.1 zu Nr. 2.422.5, MBl 1975, 254). Die Gebietseinteilung und die Immissionsrichtwerte der VDI-Richtlinie 2058 stimmen in der Basis mit Einteilung und Werten der Ziff. 2.321 Buchstabe a)–f) der TA-Lärm überein. Inwieweit von der TA-Lärm anderweitige abweichende Regelungen der VDI-Richtlinie 2058 herangezogen werden können, ergibt sich für NW aus dem Runderl. v. 6. 2. 1975 Ziff. 2.2 zu Nr. 2.422.5 (MinBl 254).

291
Bei Divergenzen zwischen der TA-Lärm und der VDI-Richtlinie 2058 genießt im Zweifel das jüngere Regelwerk Vorrang. Das bedeutet, daß in der Regel die VDI-Richtlinie 2058 mit möglicherweise im Ergebnis geringerem Immissionsrichtwert anzuwenden ist (OVG Münster, NJW 1979, 772).

292
Die **TA-Luft** enthält Vorschriften zur Reinhaltung der Luft, die die zuständigen Behörden zu beachten haben bei allen Anträgen und Maßnahmen nach dem BImSchG. Sie befaßt sich vor allem mit Luftverunreinigungen durch Rauch, Staub, Gase, Aerosole, Dämpfe oder Geruchsstoffe.

293
Die Genehmigungsvoraussetzungen nach § 6 BImSchG sind aus Gründen der Luftreinhaltung als erfüllt anzusehen, wenn **erstens** die Anlage mit den nach dem Stand der Technik entsprechenden Einrichtungen zur Begrenzung der Emissionen ausgerüstet ist, **zweitens** die festgesetzten Immissionswerte im Einwirkungsbereich der Anlage durch den Betrieb nicht überschritten werden und **drittens** eine Verteilung der Emissionen über Schornsteine mit einer festgelegten Mindesthöhe erfolgt.

294
Für die Prüfung dieser Voraussetzungen ist zunächst auszugehen von den von der Anlage ausgehenden **Emissionen**. Sind die in der TA-Luft enthaltenen Grenzwerte für Emissionen beachtet, und entspricht die Anlage insgesamt mit ihren Einrichtungen zur Emissionsbegrenzung dem Stand der Technik, ist festzustellen, ob die **Immissionswerte** der TA-Luft im Einwirkungsbereich der Anlage nicht überschritten werden (Sellner, Immissionsschutzrecht und Industrieanlagen, Rn 33). Dabei ist die vorhandene Immissionsbelastung (Vorbelastung) unter Hinzuziehung der zu erwartenden Zusatzbelastung aus der zu genehmigenden Anlage oder durch andere genehmigte, demnächst in Betrieb gehende Anlagen zu einer Gesamtbelastung (Langzeit- und Kurzzeitwert) zusammenzufassen. Der hiernach

Zweites Kapitel: Anzeige, Betriebsplan   295–298   § 56

gefundene Wert ist mit den Immissionswerten der TA-Luft zu vergleichen, die im Gegensatz zur TA-Lärm weder nach Gebietsarten gestaffelt noch nach Tages- und Nachtwerten aufgeteilt sind.

295
Wo die TA-Luft Immissionswerte nicht festsetzt, ist ergänzend auf die in der VDI-Richtlinie 2058 festgelegten **MIK-Werte** (Maximale Immissionskonzentrationen) zurückzugreifen (Sellner, a.a.O., Rn 40; Feldhaus, Bundesimmissionsschutz, Anm. 5 zu § 5).

296
Unerheblich ist für die Frage, ob schädliche Umwelteinwirkungen hervorgerufen werden können, und nicht zu den Genehmigungsvoraussetzungen des § 6 BImSchG gehört der sog. **Abstandserlaß** NW 9.7.1982 (MinBl NW S. 1376), genauer Runderlaß über Abstände zwischen Industrie- bzw. Gewerbegebieten und Wohngebieten im Rahmen der Bauleitplanung. Nach Ziff. 4 ist die Abstandsliste im Genehmigungsverfahren nicht anzuwenden, nach Ziff. 2.23 sind aus der Abstandsliste keine Rückschlüsse auf vorhandene Immissionssituationen gezogen worden. Der bloße Hinweis auf die Abstandsunterschreitung rechtfertigt nicht ein Einschreiten der Aufsichtsbehörde nach den immissionschutzrechtlichen Vorschriften gegen Bergbaubetriebe.

297
Die zweite materiell-rechtliche Genehmigungsvoraussetzung folgt aus § 6 Nr. 2 BImSchG, wonach Errichtung und Betrieb der Anlage auch **nach anderen öffentlich-rechtlichen Vorschriften bedenkenfrei** sein muß. Diese Voraussetzung ist in Verbindung zu der Folge der Konzentrationswirkung des § 13 BImSchG zu sehen. Daher sind öffentlich-rechtliche Gesichtspunkte, die im nicht von der Konzentrationswirkung erfaßten bergrechtlichen Betriebsplanverfahren (§ 51 Rn 8 und § 56 Rn 304) oder im wasserrechtlichen Verfahren zu beurteilen sind, für die immissionsschutzrechtliche Genehmigung nicht zu prüfen (Feldhaus, Bundesimmissionsschutzrecht, § 6 Anm. 6, allerdings inkonsequent für die Fälle abgelehnter oder noch nicht erteilter Betriebsplanzulassungen, in denen eine Ablehnung oder Aufschiebung der Genehmigung zulässig sein soll).

298
Die **Zuständigkeit** für die Erteilung der Genehmigung richtet sich in NRW nach der VO zur Regelung von Zuständigkeiten auf dem Gebiet des Arbeits-, Immissions- und technischen Gefahrenschutzes v. 18.3.1975 (GV NW S. 235 = ZfB 117 (1976), 133). Danach ist für die Entscheidung über die Genehmigung zur Errichtung und zum Betrieb sowie zur wesentlichen Änderung von genehmigungsbedürftigen Anlagen das Landesoberbergamt bei Betrieben, die der Bergaufsicht unterstehen, zuständig. Dabei macht es keinen Unterschied, ob es sich um Anlagen handelt, für die das förmliche oder das vereinfachte Genehmigungsverfahren anzuwenden ist.

299

Für das **Verfahren zur förmlichen Genehmigung** der Errichtung, des Betriebes oder der wesentlichen Änderung genehmigungsbedürftiger Anlagen (§§ 4, 10 BImSchG) und das vereinfachte Genehmigungsverfahren (§ 19 BImSchG) wurde die 9. BImSchVO v. 18. 2.1977 (BGBl S. 274, Stich, BImSchG, I. A) erlassen. Das Land NRW hat zusätzlich Verwaltungsvorschriften zum Genehmigungsverfahren nach dem BImSchG (vgl. Gem. RdErl. v. 6.12.1977, MinBl NW 1977, S. 2034; Stich, BImSchG III, NW 6), herausgegeben, die für das förmliche und das vereinfachte Verfahren anzuwenden sind.

300

Da die immissionsschutzrechtliche Genehmigung nach § 13 S. 1 BImSchG – außer den dort genannten Ausnahmen, z. B. wasserrechtliche Erlaubnisse, bergrechtliche Betriebspläne – alle anderen die Anlage betreffenden Entscheidungen, insbesondere öffentlich-rechtliche Genehmigungen, Erlaubnisse u. a. einschließt, sind im Genehmigungsverfahren deren tatsächliche und rechtliche Voraussetzungen mit zu prüfen (Sellner, Immissionsschutzrecht und Industrieanlagen, Rn 66). Das sind vor allem die planungsrechtlichen, bauordnungsrechtlichen, arbeitsschutzrechtlichen Vorschriften und die Grundsätze der Raumordnung und Landesplanung.

301

Die in die Konzentrationswirkung des § 13 BImSchG eingeschlossenen öffentlich-rechtlichen Entscheidungen sind insbesondere die Baugenehmigung, ferner die Ausnahmegenehmigung für den Natur- und Landschaftsschutz und die Erlaubnis nach der Dampfkessel-VO bzw. nach § 115 Abs. 2 BVOSt.

302

Die Konzentrationswirkung ersetzt jedoch nicht ein fehlendes **Einvernehmen der Gemeinde** nach § 36 Abs. 1 BBauG. Das war schon vor der Ergänzung des § 36 Abs. 1 BBauG überwiegende Meinung (Feldhaus, BImSchRecht, § 13 Anm. 5 und die dort in Fn. 22 Genannten, insbesondere Gusy BauR 1978, 336; a. A. BVerwG DVBl 1977, 770 m. Anm. Schrödter = NJW 1978, 64), gilt aber jetzt kraft gesetzlicher Regelung des § 36 Abs. 1 S. 2 BBauG. In nicht beplanten Bereichen der §§ 33–35 BBauG genügt für genehmigungsbedürftige Anlagen daher nicht nur eine Stellungnahme, die einem Anhörungsrecht gleichkommt, der Gemeinde gem. § 10 Abs. 5 BImSchG, sondern kann die Genehmigung nur im Einvernehmen gem. § 36 Abs. 1 S. 2 BBauG erteilt werden.

303

Nach § 19 Abs. 2 BImSchG i. d. F. v. 4. 3.1982 (BGBl. 282) gilt in dem vereinfachten Genehmigungsverfahren nunmehr auch das in § 13 BImSchG enthaltene Konzentrationsprinzip für behördliche Entscheidungen aller Art. Allerdings war schon durch § 80 Abs. 3 BauO NW geregelt, daß eine Genehmigung nach §§ 4, 15 Abs. 1 BImSchG, die im vereinfachten Verfahren erteilt wird, auch die Baugenehmigung einschließt.

Zweites Kapitel: Anzeige, Betriebsplan 304–307 § 56

304
Nicht von der Konzentrationswirkung erfaßt werden neben Planfeststellungen **Zulassungen im bergrechtlichen Betriebsplanverfahren.** Die Betriebsplanzulassung ist neben der ggf. erforderlichen Genehmigung nach dem BImSchG erforderlich, und zwar unabhängig davon, ob sie im förmlichen oder im vereinfachten Genehmigungsverfahren erteilt wird. Dies hat seinen Grund in den Besonderheiten des Betriebsplanverfahrens, z. B. der Notwendigkeit einer Wiederholung von Zulassungen in bestimmten Zeitabständen (Feldhaus, BImSchRecht, § 13 Anm. 7).

305
Die Rechtsposition der erteilten unanfechtbaren Genehmigung ist neben der einfachgesetzlichen Regelung des Immissionsschutzrechtes durch Art. 14 GG geschützt. Durch diesen **Bestandschutz** sind erfaßt: nicht wesentliche Änderungen der Lage, der Beschaffenheit und des Betriebes der Anlage sowie Reparatur- und Erweiterungsarbeiten. Nicht geschützt sind erhebliche Erweiterungen, Ersatzeinrichtungen nach Beseitigung des alten Zustandes sowie Funktions- und Nutzungsänderungen nach Aufgabe der ursprünglich genehmigten Funktion der Nutzung (zum Anspruch auf Genehmigung aus dem Gesichtspunkt des „überwirkenden Bestandsschutzes" vgl. BVerwG DVBl 1976, 214, 219 („Tunnelofen"), BauR 1975, 29 („Fallhammer"), Sellner, Immissionsschutz und Industrieanlagen Rn 207 ff).

306
Begrenzungen der Rechtsposition aus der Genehmigung können sich aus Bedingungen und Auflagen (§ 12 Abs. 1 BImSchG), aus nachträglichen Anordnungen (§ 17 Abs. 1 BImSchG, hier wird nachbarschützender Charakter angenommen, Sellner, a.a.O., Rn 465 m.w.N.), aus der Untersagung des Betriebes gem. § 20 Abs. 1 BImSchG, aus dem Widerruf der Genehmigung gem. § 21 BImSchG ergeben.

307
Eingriffe aufgrund ordnungsbehördlicher Generalklausel sind daneben und darüber hinaus unzulässig. Das BVerwG begründet das mit der Legalisierungswirkung der Genehmigung (BVerwGE 55, 118, 122). Bei nicht unmittelbar betriebsbezogenen Maßnahmen (Kühlturm-Fall des OVG-Münster, DVBl 1962, 68: Anordnung der Streupflicht bei Glatteisbildung auf Straßen infolge Dampfschwadenniederschlag; Bodenuntersuchungen in der Nachbarschaft eines Chemiewerkes trotz Einhaltung der Auflagen für Immissions- und Emissionswerte) ist darauf zu verweisen, daß ein Unternehmer, der die Genehmigung einhält, nicht Störer ist (Martens, DVBl 1981, 597, 605). Allerdings gilt die Legalisierungswirkung nur, soweit die Konzentrationswirkung der Genehmigung reicht. Das bergrechtliche Betriebsplanverfahren wird von ihr nicht erfaßt, bei Verstößen gegen Auflagen und Bedingungen des Betriebsplans wird eine bergbehördliche Anordnung gem. § 71 demzufolge zulässig sein, auch wenn für die Anlage eine Genehmigung nach § 4 BImSchG vorliegt.

b) Nichtgenehmigungspflichtige Anlagen

308

Gesetzestechnisch sind die in den §§ 4–21 BImSchG enthaltenen Vorschriften über die Genehmigungsbedürftigkeit von Anlagen Ausnahmebestimmungen, obwohl ihnen in der Praxis erhebliche Bedeutung zukommt (Stich, BImSchG, Vorb I. 2 vor §§ 4–21). Das **Genehmigungsbedürfnis** besteht nur bei solchen Anlagen, die aufgrund ihrer Beschaffenheit oder ihres Betriebes in besonderem Maße geeignet sind, schädliche Umwelteinwirkungen oder sonstige Gefahren, erhebliche Nachteile oder erhebliche Belästigungen hervorzurufen (sog. Großemittenten). Im Gegensatz dazu stehen die in den §§ 22–25 BImSchG angesprochenen **nicht genehmigungsbedürftigen Anlagen**, die in erster Linie aufgrund ihrer Zahl und ihrer Verteilung über größere Gebiete und erst in zweiter Linie wegen der von ihnen ausgehenden Emissionen eine Gefahr für die Umwelt darstellen.

309

Für diese Anlagen hat § 22 BImSchG drei **Grundpflichten** begründet, die eine Vermeidung schädlicher Umwelteinwirkungen oder jedenfalls eine Reduzierung auf ein zuträgliches Maß bezwecken. Der Betreiber muß **erstens** vermeidbare schädliche Umwelteinwirkungen verhindern, **zweitens** unvermeidbare schädliche Umwelteinwirkungen auf ein Mindestmaß beschränken und **drittens** Vorkehrungen für die schadlose Beseitigung von Abfällen treffen.

310

Diese Grundpflichten und die anderen Vorschriften über nicht genehmigungsbedürftige Anlagen gelten **auch für die Anlagen des Bergwesens**, sofern sie den Begriff der Anlage i. S. § 3 Abs. 5 BImSchG erfüllen. § 4 Abs. 2 BImSchG betrifft nämlich nur die Genehmigungsbedürftigkeit von Anlagen und ist als Ausnahmevorschrift nicht auf nicht genehmigungsbedürftige **übertägige Anlagen** anzuwenden (hierzu § 55 Rn 156 und BT-Drucks. 8/1315, 186 = Zydek 634 gegen VG Gelsenkirchen, ZfB 123 (1982) 107, 109). Der **Anlagenbegriff** in § 3 Abs. 5 BImSchG ist sehr umfassend. Hierzu gehören auch **Grundstücke**, selbst wenn sich auf ihnen keine Betriebsstätten und sonstigen ortsfesten Einrichtungen oder Maschinen, Geräte und sonstige ortsveränderlichen Einrichtungen befinden, sofern nur die anderen Voraussetzungen – Lagerung von Stoffen oder Durchführung von Arbeiten, die Emissionen verursachen können – der Nr. 3 gegeben sind. Anlagen sind somit **Lagerplätze, Zechenplätze, Kohlenhalden** (Sellner, Immissionsschutzrecht und Industrieanlagen, Rn 13). Sofern der Begriff der Anlage erfüllt ist, wird der Begriff des Betriebes in § 22 BImSchG sehr weit ausgelegt. Auch der LKW-Verkehr auf dem Betriebsgrundstück ist ihm zuzurechnen unabhängig davon, ob eigene oder fremde Fahrzeuge eingesetzt werden. LKW-Geräusche müssen daher nach dem Stand der Technik (z. B. VDI-Richtlinie 2058 – Beurteilung von Arbeitslärm in der Nachbarschaft) auf ein Mindestmaß beschränkt werden (OVG Münster, BauR 1978, 30; anders VG Gelsenkirchen, ZfB 123 (1982), 91, 97 für den KFZ-Verkehr zur Anlage außerhalb des Betriebsgrundstückes).

Aus der Neufassung des § 4 Abs. 2 BImSchG könnte zwar im Umkehrschluß folgen, daß **Anlagen des Bergwesens**, die **unter Tage** errichtet und betrieben werden, nicht der Genehmigungspflicht, wohl aber den Voraussetzungen für nicht genehmigungsbedürftige Anlagen gem. § 22 BImSchG unterliegen. Zulässig erscheint dieser Schluß indes nicht. Zweck des § 174 Abs. 5 und damit der Änderung des § 4 Abs. 2 BImSchG war, die Möglichkeit zu schaffen, „alle Anlagen und Anlageteile des Bergwesens über Tage in die Genehmigungspflicht nach § 4 Abs. 1 BImSchG, soweit erforderlich, einzubeziehen" (BT-Drucks. 8/1315, 171 = Zydek, 631). Im übrigen sollte die „bisher geltende Regelung nicht nur für untertägige Anlagen, sondern auch für Tagebaue und Anlagen in Tagebauen wegen der bergbauspezifischen Gegebenheiten aufrechterhalten bleiben" (BT-Drucks. 8/1315, 197 = Zydek, 637). Nun unterliegt der Anlagenbegriff des § 22 BImSchG ohnehin „kasuistischen Abgrenzungsproblemen" (Breuer in von Münch, Bes. VerwR 6. Aufl., 1982 728). Dann hätte man vom Gesetzgeber einen Hinweis erwarten dürfen, wenn die Gesetzesänderung durch § 174 Abs. 5 auch die fundamentale unterschiedliche rechtliche Behandlung zwischen oberirdischem und untertägigem Immissionsschutz auflösen wollte. Da das nicht geschah, ist nur folgender Schluß möglich: Aus § 3 Abs. 5 BImSchG ergibt sich, daß das Gesetz sich nur mit übertägigen Anlagen befaßt. Wesentliche Schnittfläche für den Geltungsbereich ist das Grundstück, die Erdoberfläche. Sie ist die Basis für „ortsfeste" Einrichtungen i. S. § 3 Abs. 3 Nr. 1 und für „ortsveränderliche" technische Einrichtungen i. S. § 3 Abs. 3 Nr. 2 BImSchG. Andererseits hat das BImSchG gerade das Betriebsplanverfahren und die Besonderheiten des standortgebundenen Bergbaus in besonderer Weise anerkannt (§§ 4 Abs. 2, 13 BImSchG). Auch wenn das BBergG weitgehend auf eine Regelung des Immissionsschutzes im Betriebsplanverfahren verzichtet hat (§ 55 RN 154), so bleibt für den Untertagebereich die weiter bestehende bergrechtliche Regelung des Immissionsschutzes (§ 55 Abs. 1 Nr. 3, 5, 9) als spezielle abschließende Lösung und geht der des § 22 BImSchG vor. Insofern ist dem VG Gelsenkirchen zuzustimmen, daß der Verzicht auf das Genehmigungserfordernis nur dort den Weg zu § 22 ff BImSchG eröffnet, wo keine spezielle Regelung der materiellen Anforderungen besteht (ZfB 123 (1982), 107, 111).

311

Der **Umfang der Grundpflicht** des § 22 BImSchG bleibt in mehrfacher Hinsicht hinter § 5 BImSchG zurück (Feldhaus, BImSchRecht, Anm. 4 zu § 22, § 56 Rn 262). Während § 5 BImSchG die Errichtung einer genehmigungsbedürftigen Anlage, die schädliche Umwelteinwirkungen hervorrufen wird, schlechthin verbietet, nimmt § 22 Abs. 1 Nr. 1 BImSchG Umwelteinwirkungen, die nach dem Stand der Technik unvermeidbar sind, hin. Dafür haben genehmigungsbedürftige Anlagen den besonderen Bestandsschutz aus § 17 Abs. 2 BImSchG, da bei nachträglichen Anordnungen für nicht genehmigungsbedürftige Anlagen wirtschaftliche Belange nur im Rahmen des Grundsatzes der Verhältnismäßigkeit zu würdigen sind. Im Gegensatz zu den genehmigungsbedürftigen Anlagen erfaßt die Regelung des § 22 BImSchG nur schädliche Umwelteinwirkungen, nicht auch sonstige Gefahren, erhebliche Nachteile und erhebliche Belästigungen (Martens, DVBl 1981, 597, 606).

312

Insbesondere genügt es zur Erfüllung der Pflichten beim Betrieb einer nicht genehmigungsbedürftigen Anlage, daß keine schädlichen Umwelteinwirkungen auftreten. Die Ermittlung der umweltrelevanten Störzone erfolgt bei den genehmigungsbedürftigen Anlagen durch Immissionswerte der Nr. 2.4 TA-Luft oder Nr. 2.321 TA-Lärm. Diese Immissionswerte gelten nach dem Wortlaut dieser Technischen Anleitungen nicht unmittelbar für nicht genehmigungsbedürftige Anlagen (vgl. jeweils Ziff. 1 der TA-Luft und der TA-Lärm). Eine entsprechende Anwendung dieser und anderer technischer Normen wie der VDI-Richtlinie 2058 und der DIN 18005 (Schallschutz im Städtebau) auf nicht genehmigungsbedürftige Anlagen wird man nicht grundsätzlich annehmen können (a. A. Feldhaus, BImSchRecht, § 22 Anm. 6, Martens, DVBl 1981, 597, 601, OVG Lüneburg GewArch 1975, 275, BVerwG DÖV, 1978, 49, 51: „geeigneter Maßstab"), weil für diese Anlagen kraft Gesetzes festgestellt wurde, daß sie in der Regel „nicht in einem Maße geeignet sind, schädliche Umwelteinwirkungen hervorzurufen, daß sie einer eingehenden Prüfung in einem Genehmigungsverfahren bedürfen" (Begründung zu § 20 (= § 22) BImSchG, BT-Drucks. 7/179, 38). Verschiedenheit der Anlagen, rasch fortschreitende technische Entwicklung und örtlich sehr unterschiedliche Gegebenheiten zeichnen diese Anlagen aus, so daß eine grundsätzliche Anwendung der genannten relativ starren Verwaltungsvorschriften, technischen Richtlinien und Normen gerade diese Ausgangslage nicht berücksichtigt. Das schließt nicht aus, daß im Einzelfall bei gleichen Verhältnissen wie bei genehmigungsbedürftigen Anlagen diese Regelwerke zur Ermittlung der Schädlichkeit herangezogen werden können.

313
Die Pflichten aus § 22 BImSchG gelten für den **Betrieb** von Anlagen, aber auch für ihre **Errichtung**. Da diese Anlagen gerade keiner immissionsschutzrechtlichen Genehmigung bedürfen, muß die Durchsetzung des § 22 BImSchG in anderen öffentlich-rechtlichen Verfahren erfolgen (Stich, BImSchG, § 22 Anm. VII; Schrödter DVBl 1974, 363).

314
Es wurde bereits nachgewiesen, daß der **Betriebsplan** kein Verfahren zur Prüfung der immissionsschutzrechtlicher Pflichten des Betreibers nicht genehmigungsbedürftiger Anlagen i. S. § 22 BImSchG ist (§ 55 Rn 154).

315
Dies gilt allerdings mit der Klarstellung, daß in den Fällen, in denen sich die Hauptpflichten des § 22 BImSchG mit denen des § 55 Abs. 1 Nr. 1–9 inhaltlich decken, diese im Betriebsplanverfahren zu prüfen sind. So müssen nach § 55 Nr. 6 die „anfallenden Abfälle ordnungsgemäß beseitigt werden", nach § 22 Abs. 1 Nr. 3 BImSchG „die beim Betrieb der Anlagen entstehenden Abfälle ordnungsgemäß beseitigt werden können". Die auf den Beseitigungserfolg orientierte bergrechtliche Vorschrift geht über die immissionsrechtliche in ihren Anforderungen hinaus, die nur den Zweck hat, daß auf die Errichtung und den Betrieb von Anlagen eingewirkt werden soll mit dem Ziel, technische Vorkehrungen zu treffen, die es ermöglichen, anfallende Abfälle ordnungsgemäß nach dem AbfG zu beseitigen (Stich, BImSchG, § 22 Anm. 10 und Wortlaut . . . „beseitigt werden können"). In der weitergehenden Vorschrift des BBergG ist die engere BImSchG ohnehin enthalten.

316

Des weiteren können zu den in § 48 Abs. 2 genannten überwiegenden öffentlichen Interessen, die der Bergbehörde das Recht geben, die Aufsuchung oder Gewinnung zu beschränken oder zu untersagen, im Einzelfall auch Gründe des Immissionsschutzes gehören. Eine ähnliche Möglichkeit zur Untersagung des Betriebes einer Anlage besteht nach § 25 Abs. 2 BImSchG, allerdings unter dort näher konkretisierten Voraussetzungen. Man wird diese zur Auslegung des Begriffes „überwiegendes öffentliches Interesse" in § 48 Abs. 2 mit heranziehen können.

317

Schließlich sind gerade bei oberirdischen baulichen Anlagen neben der Betriebsplanzulassung Baugenehmigungen erforderlich (§ 56 Rn 248). Baugenehmigungen können nur erteilt werden, wenn ihnen Hindernisse aus dem geltenden öffentlichen Recht nicht entgegenstehen (§ 88 Abs. 1 BauO NW). Bei nicht genehmigungsbedürftigen Anlagen i. S. § 22 BImSchG werden die dort festgelegten Hauptpflichten über andere öffentlich-rechtliche Bestimmungen in anderen Verfahren geprüft und durchgesetzt (Stich, BImSchG, § 22 Anm. 16). Die Pflichten des § 22 BImSchG sind als öffentlich-rechtliche Vorschriften i. S. § 88 BauO NW im Baugenehmigungsverfahren anzusehen (Schrödter, DVBl 1974, S. 363; Feldhaus, BImSchRecht, § 22 Anm. 10; Stich a. a. O.; dagegen Sellner, NJW 1976, 265, 267), so daß auf diesem Wege ihre Anwendung bei neuen bergbaulichen Vorhaben sichergestellt werden kann.

318

Für die Durchsetzung der Anforderungen des § 22 BImSchG stehen die Anordnung im Einzelfall (§ 24 BImSchG) und die Untersagung des Betriebes der Anlage gem. § 25 Abs. 1 BImSchG zur Verfügung (§ 55 Rn 156). Daneben ist eine auf das **allgemeine Ordnungsrecht** der Länder gestützte Ordnungsverfügung grundsätzlich unzulässig, weil das Recht der nicht genehmigungsbedürftigen Anlagen im BImSchG umfassend kodifiziert werden sollte (Martens, DVBl 1981, 597, 607). Nur andere als betriebsbezogene Maßnahmen lassen sich auf Landesordnungsrecht stützen. Die Anforderungen an nicht genehmigungspflichtige Anlagen nach § 22 BImSchG haben im Übertagebereich nachbarschützenden Charakter (Feldhaus, a. a. O., § 22 Anm. 10; Schrödter, DVBl 1974, 363, Breuer in von Münch, Bes. VerwR, 6. Aufl., 1982, 728 gegen Sellner, NJW 1976, 265; zum Untertagebereich vgl. § 56 Rn 310).

319

Während genehmigte und anzeigepflichtige Anlagen einen besonderen Bestandsschutz genießen und nur unter den besonderen Voraussetzungen des § 17 BImSchG, insbesondere der wirtschaftlichen Vertretbarkeit und der Erfüllbarkeit nach dem Stand der Technik, **nachträgliche Anordnungen** getroffen werden können, sind diese strengen Anforderungen bei nicht genehmigungsbedürftigen Anlagen im allgemeinen nicht zu erfüllen. Hier genügt es nach § 24 BImSchG, daß die allgemeinen Pflichten des § 22 BImSchG oder die besonderen einer aufgrund § 23 BImSchG erlassenen Rechtsverordnung nicht eingehalten wurden.

320

Allerdings gilt das nicht selbstverständlich bei nicht genehmigungsbedürftigen Anlagen, die betriebsplanmäßig zugelassen sind, wenn die Anordnung sich auf Gesichtspunkte stützt, die im Betriebsplanverfahren zu prüfen waren. Hier müßte die neuere und speziellere Bestimmung des § 56 Abs. 1 S. 2 vorgehen, weil in ihr den betriebsplanmäßig zugelassenen Anlagen ein über § 24 BImSchG hinausgehender besonderer Bestandsschutz zugebilligt wurde. Da aber Gesichtspunkte des Immissionsschutzes nur in geringem Umfang (§ 55 Rn 154) Gegenstand des Betriebsplanes sind, werden Anordnungen nach § 24 BImSchG häufig neben der Betriebsplangenehmigung zulässig sein.

5. Wasserrecht

321

a) Entwicklung des Verhältnisses von Bergrecht und Wasserrecht
Die Verknüpfungen zwischen Bergrecht und Wasserrecht sind traditionsgemäß und seit alters her sehr eng. Die Beziehungen waren von Anfang an naturgegeben. Der Bergmann traf beim Abbau auf das sog. Bergwasser, das er einsammeln und ableiten mußte, um Bergbau überhaupt betreiben zu können. Aus dieser Zwangslage ergaben sich schon früh zwei **Sonderrechte** des Bergbaus: das der Wasserabführung in Bäche und Flüsse und die freie Verwendung der beim Abbau angetroffenen Grubenwasser, der sog. erschrotenen Wasser.

322

Besonders begünstigt hat die Entwicklung des Bergbaus, daß ihm schon früh die **freie Nutzung des fließenden Wassers** zugebilligt wurde. Bereits die Bergfreiheit für die Silbergrube Fischbach im Jahre 1426 legte fest: „Auch sollen die obgedachten Stupfen und Fichtel all unser Wald und Wasser, wo die gelegen und zu den Perckwercken fuglich sind, alle Zeit offen und frey sein" und Graf Wilhelm von Nassau-Katzenelnbogen hatte in der Bergordnung von 1559 bestätigt: „Es sollen auch diejenigen, so sich der Bergwerck halben unter Uns zu wohnen begehren werden ... Wasser ... nach Bergwercks Gewohnheit, unverhindert, männiglich, gemein und frei haben und halten" (Brassert, Bergordnungen der Preußischen Lande, S. 5).

323

Aber auch bei der **Nutzung des erschrotenen Wassers** hatte der Bergbautreibende das Sonderrecht, über das erschrotene Wasser verfügen zu können, und zwar nicht nur unter der Erdoberfläche, sondern auch über Tage bis zu ihrer Einmündung in einen natürlichen Wasserlauf (Achenbach, Das gemeine deutsche Bergrecht, S. 151), insbesondere auch als Antriebskraft für Fördermaschinen (Voelckel, ZfB 54 (1913), 383; Oberste-Brink, WaWi 1953/54, 57).

324

Über die Gründe für diese Sonderstellung ist viel argumentiert worden. Nach einer Auffassung (Achenbach, a. a. O., 69) war entscheidend, daß sich der frühe

Zweites Kapitel: Anzeige, Betriebsplan 325–327 § 56

Bergbau in der markengenossenschaftlichen Allmende entwickelte, an dem alle Markengenossen ein gleiches Interesse hatten. Andere sahen den entscheidenden Anlaß in den Großgrundbesitzern, die aus der Vergabe von Grundstücken zum Abbau von Mineralien eine einträgliche Einnahmequelle machten (Karsten, Grundriß der deutschen Bergrechtslehre, S. 332), während richtigerweise wohl das Interesse der Regalherren an der Förderung des Bergbaus zum Wohle des eigenen Einkommens aus den Abgaben entscheidend war (Westhoff-Schlüter, ZfB 50 (1909), 27; Arndt (ausf.) Kommentar zum ABG, S. 37; ZfB 54 (1913), 120).

325
Diese ursprünglichen Sonderrechte des Bergbaus wurden in der Folgezeit mehr und mehr eingeschränkt. Schon nach dem Allgemeinen Landrecht für die Preußischen Staaten vom 1.6.1794 (ALR) bedurfte die Wassereinleitung in öffentliche Flüsse der Muthung und Verleihung gem. § 80 II 16 ALR, in Privatflüsse eines besonderen Rechtsgrundes gegen den Eigentümer am Wasserlauf, den sich der Bergbautreibende notfalls durch Abtretung des Rechts zur Wasserableitung gem. § 109 II 16 ALR beschaffen mußte.

326
Durch § 12 ABG wurde schließlich die nach verschiedenen Bergordnungen bestehende frühere Möglichkeit der Muthung und Verleihung von fließendem Wasser abgeschafft. Bei Einleitungen in **öffentliche Gewässer** war zwar keine Grundabtretung nach §§ 135 ff ABG zulässig (so allerdings Westhoff, Bergbau und Grundbesitz nach preußischem Recht, Band 1, S. 224; Arndt (ausf. Komm. zum ABG, § 135, 5), aber die Rechtsprechung gab dem Eigentümer des öffentlichen Gewässers kein Widerspruchsrecht gegen die Einleitungen von Grubenwasser, wenn ohne Einleitungsmöglichkeit der Bergwerksbetrieb eingestellt werden mußte (RG ZfB 37 (196), 104, 106; Isay, Komm. zum ABG, Anhang zum 5. Titel, Rn 5 und 12). Bei Einleitungen in **Privatflüsse** galt dieser Grundsatz neben dem Recht des Bergbautreibenden aus § 135 ABG auf Abtretung des Rechts zur Benutzung von Wasserläufen (RG ZfB 24 (1883) 239, 246; 32 (1891) 121, 123; 48 (1907), 288, 290).

327
Das **Preußische Wassergesetz** vom 7.4.1913 regelte die Kollision zwischen Berg- und Wasserrecht in § 396 prWG. Danach blieben die Vorschriften des ABG zwar grundsätzlich durch das Wasserrecht unberührt. Soweit es sich um Benutzungen von Wasserläufen handelte und keine bergrechtliche Enteignung vorlag, ging bei Widersprüchen zwischen beiden das prWG vor. Praktisch bedeutete das: für neue Wassereinleitungen mußte der Bergbaubetrieb sich entweder die schwache Rechtsstellung aus der **Unbedenklichkeitserklärung** des § 23 Abs. 4 prWG oder die eines Inhabers der **Verleihung** gem. §§ 46 Abs. 1 Nr. 2, 40 Abs. 2 Nr. 1 und Nr. 2 prWG, wodurch er sich gegenüber dem Flußeigentümer die Berechtigung besorgte, Wasser oder andere flüssige Stoffe aus Wasserläufen abzuleiten bzw. in sie einzuleiten, verschaffen. Neben der wasserrechtlichen Verleihung stand die Möglichkeit, das **Grundabtretungsverfahren** nach §§ 135 ff ABG, allerdings gegen sämtliche Anlieger, Eigentümer, Benutzungsberechtigten (Wiesner, Die bergwirtschaftliche Bedeutung des preußischen Wassergesetzes, 27; Fischer, Die Rechts-

§ 56 328–331　　　Dritter Teil: Aufsuchung, Gewinnung und Aufbereitung

verhältnisse an den bergbaulichen Abwässern, Diss. Marburg 1931, 51) einzuleiten, und zwar nunmehr auch bei Wasserläufen 1. Ordnung. Daneben mußte die Einleitung durch **Betriebsplan** zugelassen werden (Isay, ABG, Anhang zum 5. Titel, Rn 33).

328
Die Bedeutung des Verhältnisses von Wasserrecht zum Bergrecht ist seither nicht geringer geworden (Sondermann, Glückauf 1957, 803: je Tonne Kohle müssen 1,3 m³ erschrotenes Grubenwasser zu Tage gefördert und 3 m³ Wasser verbraucht werden, bei Koks je Tonne sogar 5 m³, Grundsätzliches vgl. auch Szelag, Das Markscheidewesen 1982, 30). Das WHG und das LWG NW 1979 haben dieses Verhältnis jedoch auf neue Grundlagen gestellt. Auch § 3 BBergG hat zur Abgrenzung zwischen Berg- und Wasserrecht beigetragen. Nach Abs. 1 wird Wasser ausdrücklich vom Begriff des Bodenschatzes und damit vom Geltungsbereich des BBergG ausgenommen (vgl. § 3 Rn 3), andererseits durch Abs. 3 die **Sole von Salzen** in die bergrechtliche Regelung aufgenommen. Ob danach § 169 LWG NW, wonach auf Solquellen § 16 LWG NW über wassergefährdende Stoffe Anwendung findet, noch verfassungsgemäß ist, erscheint zweifelhaft. Alle übrigen wasserrechtlichen Vorschriften finden ohnehin nach § 169 LWG NW auf Solquellen keine Anwendung.

b) Benutzungen von Gewässern

329
Nach dem Grundsatz des § 2 WHG bedürfen alle Benutzungen von Gewässern der Erlaubnis oder Bewilligung, wenn nicht ausnahmsweise bundes- oder landesrechtlich etwas anderes bestimmt ist. Den Begriff der **Benutzung** erfüllt der Bergbau in vielfältiger Weise (hierzu Szelag, a. a. O.).

330
aa) Er kommt zunächst mit dem **Grundwasser** in Berührung. Das erschrotene Grubenwasser darf der Bergbauunternehmer privatrechtlich aufgrund Gewohnheitsrechtes für betriebliche Zwecke unter Tage nutzen (OVG Koblenz ZfW 1978, 240, Isay, ABG, Anhang zum 5. Titel, Rn 35; Klostermann-Thielmann, Komm. zum ABG, 6. Aufl. § 54, Anm. 6), jedoch gehört es dem Grundstückseigentümer, wenn es für sonstige gewerbliche Zwecke zutagegefördert wird. Das Recht zur Benutzung des erschrotenen Grubenwassers für **betriebliche Zwecke** ist in § 7 Abs. 2 ErftVG ausdrücklich geregelt, wobei sich die Frage stellt, ob die Verwendung des Wassers zum Ausgleich von Bergschäden ein betrieblicher Zweck ist und ob das Fördern des Wassers durch Brunnengalerien ein „Erschroten" ist (Willing, ZfB 101 (1960), 44, 59). Das **zutage geförderte** und nicht für betriebliche Zwecke benötigte Wasser steht nach § 7 Abs. 2 ErftVG dem Verband zur Verfügung.

331
Das Erschroten, d. h. das Anfallen oder Erschließen des Grundwassers anläßlich der Abbautätigkeit, ist keine Benutzung i. S. § 3 WHG (Franke ZfW 1971, 130). Es fehlt an der unmittelbaren, zweckbestimmten Einwirkung auf das Grundwasser.

Dasselbe gilt, solange das erschrotene Wasser durch ausreichendes Gefälle in den Grubenbauen zu einem Sammelpunkt abfließt. Lediglich wenn das Grubenwasser aus seinem natürlichen Zusammenhang gelöst und gezielt, etwa durch Rohrleitungen, weggeleitet wird, kommt der Tatbestand des Ableitens von Grundwasser i. S. § 3 Abs. 1 Nr. 6 WHG in Betracht (Sieder-Zeitler, WHG, § 3 Rn 24 a; Gieseke-Wiedemann-Czychowski, WHG, 3. Aufl. § 3, 9 a). Eine Benutzung liegt vor, wenn das am Stollenmund ausfließende Grubenwasser entnommen wird (OVG Koblenz, a. a. O., 242).

332
In bezug auf das Grundwasser sind als **Benutzung** anzusehen: das Zutagefördern des Grubenwassers durch Wasserhaltungspumpen; das Fördern von Grundwasser als unvermeidliche Nebenerscheinung der Erdölgewinnung (Czychowski, ZfW 1967, 3 und Gieseke-Wiedemann-Czychowski, a. a. O.), das Einpressen von Gas oder Wasser in den Untergrund als sekundäre Förderungsmaßnahme bei der Erdöl- oder Erdgasförderung, das Einpressen von Gas zur behälterlosen unterirdischen Speicherung (Sieder-Zeitler, a. a. O., Rn 19 a), überhaupt die behälterlose unterirdische Speicherung von Gas (Willeke, DVBl 1970, 376).

333
Keine Benutzungen sind dagegen das Niederbringen von Bohrungen, auch wenn wasserführende Schichten durchstoßen werden oder eine Bohrflüssigkeit verwendet wird, das Entstehen von Teichen infolge bergbaulicher Einwirkungen an der Oberfläche, das Absenken von Grundwasser durch bergbauliche Maßnahmen (auch der unechte Benutzungstatbestand des § 3 Abs. 2 Nr. 1 WHG ist insofern nicht erfüllt: weder der übertägige Abbau von Braunkohle noch der untertägige Abbau von Steinkohle schafft Anlagen, die zum Absenken von Grundwasser bestimmt oder geeignet sind. Ähnlich Czychowski DVBl 1976, 123, 134: Kiesgrube ist keine Anlage i. S. § 3 Abs. 2 Nr. 1), wenn aus einem stillgelegten Bergwerk Wasser zutage tritt (Dappich-Franke, Leitfaden des Bergrechts, 189) oder wasserhaltige Bodenschätze gefördert werden.

334
Als **Grundwasserbenutzungen gelten** kraft gesetzlicher Fiktion die Tatbestände des § 3 Abs. 2 WHG, bei denen das Grundwasser zwar nicht unmittelbar genutzt, aber doch unmittelbar auf das Grundwasser eingewirkt wird. Zu den in § 3 Abs. 2 Nr. 2 WHG genannten Maßnahmen, die geeignet sind, schädliche Veränderungen der Wasserbeschaffenheit herbeizuführen, werden beispielsweise gerechnet: das Verlegen von Kabeln, oder die Verfüllung von Kiesgruben (Gieseke-Wiedemann-Czychowski, a. a. O., § 3 Rn 11 a gegen VG Düsseldorf, ZfW, Sb. 1972 II 4). Exemplarisch für die Kasuistik der echten und unechten Benutzungstatbestände ist der **Kiesabbau** als Beispiel einer oberirdischen Gewinnung von Bodenschätzen (hierzu ausführl. Czychowski, ZfW 1973, 169 und DVBl 1976, 132, jetzt auch BVerf NJW 1982, 745, 747). Die **Trockenauskiesung** (oberhalb des Grundwasserspiegels) ist nicht als Benutzung i. S. § 3 Abs. 1 WHG anzusehen (unstr.). Sie ist aber auch nicht als sonstige Einwirkung i. S. § 3 Abs. 2 Nr. 2 WHG erlaubnispflichtig, auch wenn dem Grund-

wasser durch Entfernung der Bodendeckschicht der natürliche Bodenfilter entzogen werden sollte (BVerwG ZfW 1978, 363, 364; ZfW 1978, 371, 372; VG Münster, ZfW Sb. 1966 II Nr. 3 Gieseke-Wiedemann-Czychowski, a. a. O., § 3, 9b m. w. N. gegen Bayr. VGH ZfW Sb 1967, II Nr. 1 OVG Münster, ZfW Sb 1972 II Nr. 77 und ZfW Sb 1970 II Nr. 3; Czychowski DVBl 1976, 132, 133 m. w. N.). Die **Naßauskiesung** (im oder unterhalb des Grundwasserspiegels) wird teilweise als Zutagefördern von Grundwasser i. S. § 3 Abs. 1 Nr. 6 WHG gewertet, weil Wasserflächen (Baggerseen) von erheblichem Ausmaß geschaffen werden (BGH ZfW 1973, 155 mit abl. Anm. Czychowski, 168 = NJW 1973, 625; ZfW 1975, 45; Hess. VGH ZfW 1974, 362, 366), teilweise als unechte Benutzung i. S. § 3 Abs. 2 Nr. 2 WHG angesehen (OVG Münster ZfW Sb 1971, II Nr. 4; VG Düsseldorf ZfW Sb 1970, II Nr. 9 und ZfW Sb 1972 II Nr. 4). Richtig erscheint dagegen die Auffassung, daß kein Benutzungstatbestand, sondern der Ausbau eines Gewässers vorliegt (BVerwG ZfW 1978, 363, 364, ZfW 1978, 371, 372; OVG Koblenz ZfW 1973, 173 betr. Sandausbeute, ZfW 1974, 368 betr. Kies VGH Bad-Württ. ZfW 1977, 168; Czychowski, DVBl 1976, 132, 135). Das wird durch die gezielte Änderung des Wortlautes des § 31 WHG noch gestützt, wodurch auch Maßnahmen erfaßt werden sollten, die die Herstellung eines Gewässers als ungewollten Nebenzweck bewirken (BT-Drucks. 7/888, S. 20 und BT-Drucks. 7/1088, S. 17).

335
Als bergbautypische Betriebshandlung bedarf das Anlegen einer **Bergehalde** einer näheren wasserrechtlichen Untersuchung. Nach Ziff. 3.511 des RdErl. v. 4.9.1967 über die Zulassung von Bergehalden im Bereich der Bergaufsicht (MBl NW 1968 = ZfB 109 (1968), 95) ist für die Errichtung einer Bergehalde eine wasserrechtliche Erlaubnis erforderlich, weil sie generell zu schädlichen Grundwasserverunreinigungen geeignet sei (§ 3 Abs. 2 WHG). In dieser Allgemeinheit ist das nicht zutreffend. Zu unterscheiden ist zwischen dem Auffangen und Ableiten von Niederschlagswasser durch einen oberirdischen **Haldenrandgraben** sowie dem sich mit dem Grundwasser vermischenden **Haldensickerwasser**. Das oberirdisch von der Halde ablaufende und über einen Haldenrandgraben gefaßte und abgeleitete Niederschlagswasser wird zielgerichtet behandelt und erfüllt daher den Benutzertatbestand des § 3 Abs. 1 Nr. 4 (Einleiten von Stoffen) WHG, wenn es einem Gewässer zugeführt wird. Diesen Sachverhalt behandeln die Richtlinien in Ziff. 3.531.

336
Das **Sickerwasser**, das mit dem Grundwasser in Berührung kommt, wird zweckgerichtet in Grundwasser eingeleitet, wenn **Sickerschächte** oder **Dränagen** angelegt werden, und ist daher nach § 3 Abs. 1 Nr. 5 (Einleiten von Stoffen in das Grundwasser) WHG als Benutzung anzusehen (Schreier, ZfW 1981, 142, 144).

337
Sickerwasser, das **nicht über Sickerschächte** oder Dränagen zum Grundwasser gelangt, sondern natürlich durchsickert, ist nicht nach § 3 Abs. 1 Nr. 5 WHG zu beurteilen, da es an einem zweckgerichteten Verhalten fehlt (Berendes-Winter, Das neue Abwasserabgabengesetz, 33, Schreier, a. a. O., a. A. Kohlfs, ZfW 1981,

Zweites Kapitel: Anzeige, Betriebsplan   338, 339 § 56

149, Keune ZfW 1981, 151 mit dem Hinweis, daß dennoch eine Abgabepflicht entfällt, da Sickerwasser kein Abwasser ist). Teilweise wird es nach § 3 Abs. 2 Nr. 2 WHG behandelt (Gieseke-Wiedemann-Czychowski, a. a. O., Rn 11 a unter Hinweis auf das – allerdings nicht bergbaubezogene – Mülldeponie-Urteil OVG Münster, WLBetr 1967, 544), doch erscheint diese Auffassung als zu sehr vom Gedanken des Vorsorgeprinzips bestimmt. Richtig ist eine auf die Gefährdung des Grundwassers im Einzelfall abzielende konkrete Betrachtungsweise, die nicht von der generellen Gefahr durch Bergehalden ausgeht (Schreier, a. a. O. unter Hinweis auf BVerwG ZfW 1981, 87 zu § 34 Abs. 2 WHG). Diese Richtigstellung verlangt schon der Tatbestand des § 3 Abs. 2 Nr. 2 WHG, wonach nur schädliche sowie dauernd feststellbare oder erhebliche Veränderungen erfaßt werden (Sieder-Zeitler, a. a. O., Rn 29).
Bei diesem Sickerwasser wird auch der Tatbestand der Abwasserbeseitigungspflicht i. S. § 18 a WHG, 53 LWG NW nicht erfüllt, weil es nicht von bebauten oder befestigten Flächen i. S. § 51 Abs. 1 LWG NW abfließt.

338

bb) Auch **an der Oberfläche** erfüllt der Bergbau die **Benutzungstatbestände** in vielfacher Weise. Er entnimmt aus Gewässern Wasser zu Kühlzwecken, als Löschwasser für Kokereien, als Kohlenwaschwasser; er leitet es ab durch Kanäle, Rohre, Gräben und erfüllt in der Praxis besonders häufig den Tatbestand des § 3 Abs. 1 Nr. 4 WHG (Einbringen und Einleiten von Stoffen). Vgl. auch Dappich-Franke, Leitfaden des Bergrechts, 188.

339

Entscheidend ist bei allen oberirdischen Benutzungstatbeständen, daß sie sich auf ein „**Gewässer**" i. S. § 1 (direkte Einleitung) WHG beziehen müssen und nicht auf eine Entwässerungsanlage (indirekte Einleitung). Diese Abgrenzung hat Bedeutung für Erlaubnispflicht, Anwendung aller wasserrechtlichen Bestimmungen, vor allem des § 7 a WHG, Zuständigkeit der Wasserbehörden, Abwasserabgabepflicht, Finanzierungshilfen des Landes NW gem. § 93 LWG NW einerseits und die Entwässerungsgebührenpflicht (Gäßler, ZfW 1982, 272; OVG Münster, OVGE 33, 1; 34, 111) und Anschluß- und Benutzungszwang andererseits. Allerdings wird auch die indirekte Einleitung von Abwasser über Kanalisationen mehr und mehr zum wasserrechtlichen Regelungsobjekt (Henseler DVBl 1981, 668). Eine Brücke zwischen den Begriffen Gewässer und Entwässerungsanlage läßt sich nicht mit der sog. **Zwei-Naturen-Theorie** schlagen, wonach eine Wasserführung zugleich Gewässer und Bestandteil der Kanalisation sein könne (OVG Lüneburg OVGE 8, 385; VGH Kassel ES VGH 13, 115, Czychowski und unveröff. RdErl. NW v. 11.11.1969 RdErl. NW 1974, 292, RdErl. NW v. 15.3.1973, MBl 508, zu Fn 2, wohl auch Breuer, NJW 1976, 1622, 1623: doppelfunktionaler Wasserlauf), die jedoch abzulehnen ist (h. M. OVG Münster ZfW 1974, 251 = E-Bach, OVG Münster, ZfW Sh 1974, II Nr. 124 = offene Gräben in W., insofern durch die aufhebenden Urteile BVerwG ZfW 1976, 282 und 287 unbeanstandet geblieben; VG Darmstadt KStZ 1961, 83; OVG Rheinl.-Pfalz Verw Rspr. 31, 981, 982, Abt ZfW 1964, 211, Salzwedel ZfW 1974, 279, 284 und dort Rspr., 290, Külz ZfW 1981, 129, 130, Gäßler ZfW 1982, 272, 276, Gieseke-Wiedemann-Czychowski, WHG, 3. Aufl § 1

417

Rn 2 b; Sieder-Zeitler, WHG, § 1 Rn 9 b). Damit kommt es ausschließlich darauf an, ob an der Einleitungsstelle die Merkmale des § 1 Abs. 1 Nr. 1 WHG für ein Gewässer vorliegen. Dabei konnte bis zum 25. 7.1979 in NRW ein Nachweis für die Gewässereigenschaft aus der aufgrund § 2 Abs. 1 Nr. 2 LWG NW erlassenen VO v. 18. 7.1962 (GV NW 1962, 473 i. d. F. GV NW 1965, 48) **über Gewässer 2. Ordnung** hergeleitet werden, eine Vermutung in beschränktem Umfang ergibt sich heute aus den **Einzugsbereichs-VO'en** für Flußkläranlagen § 69 Abs. 2 LWG (Emscher-Mündungsklärwerk, Kleine Emscher, Alte Emscher = Amtsbl. RP Düsseldorf, Sonderbeil. v. 18. 12.1980; Flußkläranlagen Dattelner Mühlenbach, Dorsten-Holsterhausen, Herten-Westerholt Picksmühlenbach = Amtsbl. RP Münster v. 20. 12.1980, Seseke, Herringer Bach, Hamm = Amtsbl. RP Arnsberg v. 27. 12.1980). Ein wesentliches Tatbestandsmerkmal ist das **Gewässerbett**, das nicht gegeben ist, wenn Wasser **vollständig** in einer Rohrleitung gefaßt wird und in seinem ganzen Verlauf bis zur Einmündung in den nächsten Vorfluter vom unmittelbaren Zusammenhang mit dem natürlichen Wasserkreislauf abgesondert bleibt (BVerwG ZfW 1976, 282, 286 = BVerwGE 49, 300 = NJW 1976, 723 „E-Bach"). Eine **teilweise Verrohrung** eines Gewässers, sei es, daß nur der Oberlauf von der Quelle bis zum Mittellauf, der Unterlauf bis zur Mündung oder der Mittellauf verrohrt werden, ändert die Gewässereigenschaft nicht (BGH ZfW 1976, 279, 280 m. v. V. OVG Rheinl-Pfalz VwRspr. 31, 981, Gieseke-Wiedemann-Czychowski, a. a. O., Rn 2). Der Bezug zum Wasserkreislauf wird durch seitliche Dränrohre aufrechterhalten, läßt sich durch Linien gleicher Grundwasserströme nachweisen, ergibt sich bei ausgebauten Gewässern aus der verstärkten Hochwasserschutzfunktion dieser Gewässer im Gegensatz zu den Kanalisationen. Dabei ist gleichgültig, ob die ober- oder unterirdischen Teilstrecken überwiegen (Gieseke-Wiedemann-Czychowski, a. a. O., § 1 Rn 2) und ob in das Gewässer in starkem Maße Abwasser eingeleitet wird (Sieder-Zeitler, a. a. O., § 1 Rn 9 b). § 3 Abs. 1 S. 2 LWG NW steht dem nicht entgegen, denn diese Vorschrift wollte und konnte keinen neuen Gewässerbegriff schaffen, sondern nur deklaratorisch die Rechtsprechung zu § 1 WHG wiedergeben (LT-Drucksache 8/2388, 95) § 3 Abs. 1 S. 2 LWG NW trifft nur zu, wenn bauliche Anlagen ausschließlich der Ableitung von Abwasser dienen. Die Auslegung des Bettes mit **Sohlschalen** ändert die Gewässereigenschaft ebensowenig (OVG Münster v. 4. 6.1981 – 2 A 1069/77) wie das Einführen des Gewässers in **Düker** oder **Tunnel** (BVerwG ZfW 1976, 282, 285).

340

Die vollständige Verrohrung eines Gewässers nach dem Inkrafttreten des WHG am 1. 3.1960 bedarf als Beseitigung eines Gewässers der Durchführung eines Planfeststellungsverfahrens oder einer Plangenehmigung (§ 31 Abs. 1 WHG). Der faktische Ausbau eines Gewässers ist ohne diese rechtliche Begleitung rechtswidrig, die Gemeinden können keine Entwässerungsgebühren erheben (OVG Münster ZfW 1974, 251, 253, KStZ 1978, 139, VG Saarlouis ZfW Sh 1981, 59; Gäßler ZfW 1974, 203, 206; Salzwedel, ZfW 1974, 279; Breuer, NJW 1976, 1622, 1623; a. A. Gieseke-Wiedemann-Czychowski, a. a. O. § 1 Rn 2 b, Czychowski ZfW 1974, 292, 294, offengel. OVG Rheinl-Pfalz VerwRspr. 31, 981, 983). Außerdem bedarf die Einbeziehung des verrohrten Baches in die städtische Entwässerungsanlage einer – nicht formgebundenen – Widmung (OVG Münster, KStZ 1978, 139). Bei teilweiser Verrohrung liegt im Regelfall eine planfeststellungsbedürftige wesentliche Umgestaltung eines Gewässers vor (VGH Bad-Württ. ZfW 1981, 170, 171; Czychowski ZfW 1974, 293 m. w. N., a. A. Salzwedel ZfW 1974, 280). Dagegen ist ein Planfeststellungsverfahren auf Widerruf, „Entwidmung" oder Aufhebung der Gewässereigenschaft nicht zulässig. Vor Geltung des WHG konnte ein Gewässer nicht durch bloße faktische Eingliederung in die städtische Entwässerungsanlage entstehen, weil sie gegen die Befugnisse des Eigentümers und Nutzungsberechtigten und gegen die erforderliche Zustimmung der Wasserbehörde verstieß. Auch eine Verrohrung hob die Gewässereigenschaft nicht auf (OVG Münster, Urt. v..14.12.1977 – II A 235/76 wegen E-Bach). Allerdings konnte ein bereits verrohrter Wasserlauf **mit Geltung des WHG** seine rechtlichen Eigenschaften verlieren, wenn die übrigen Voraussetzungen für den Verlust gegeben waren. Das WHG hat einen neuen Gewässerbegriff geschaffen, so daß die Qualifikation des Wasserlaufes nach diesem Gesetz zu beurteilen ist (BVerwG ZfW 1976, 282, 284, OVG Münster, a. a. O., beide wegen E-Bach), wobei für die Einbeziehung in die städtische Kanalisation noch die Widmung (u. U. durch konkludentes Handeln) hinzukommen muß und fremdes Allein- oder Miteigentum an dem einzubeziehenden Streckenabschnitt die Widmung anfechtbar, aber nicht nichtig werden läßt (OVG Münster, a. a. O.).

341

cc) Wird die Einleitung über das Rohr, die Kanalisation, einen Graben ohne Gewässereigenschaft oder die Leitung eines Dritten vollzogen, ist zweifelhaft, wer Einleiter ist. Für den Tatbestand des Einleitens ist ein auf das Gewässer gerichtetes zweckgerichtetes Verhalten und nicht nur die bloße Verursachung des Hineingelangens in das Gewässer (BVerwG ZfW 1974, 297 m. w. N. und Zust. Stortz, S. 302, OLG Celle ZfW 1972, 316) notwendig. Eine unmittelbare Einleitung in ein Gewässer wird nicht durch die genannten Zwischenstücke Dritter ausgeschlossen (OVG Lüneburg ZfW Sh 1973 II. Nr. 3 (L)), auf die Eigentumsverhältnisse kommt es nicht an. Einleiter ist in jedem Fall der Träger der Kanalisation, des Grabens. Das schließt nicht aus, daß bei unterscheidbaren Abwässern daneben auch der Zuleiter an diesem Werkskanal Einleiter in den Wasserlauf ist.

342

Davon ist zu unterscheiden die Frage, ob mittelbare Einleiter gem. § 22 WHG **schadenersatzpflichtig** (bejahend BGHZ 57, 257, 260 und BGH ZfW 1974, 356, 358 m. w. N., VersR 1981, 652 = NJW 1981, 2416, zweifelnd BGHZ 55, 180, 184, bei Wasserverbänden verneinend ZfW 1974, 356, 361) oder gem. § 38 WHG strafrechtlich verantwortlich sind (bejahend OLG Hamm ZfW Sh 1974 Nr. 53, OLG Celle, ZfW 1972, 316).

343

c) **Erlaubnis**
Benutzungen bedürfen gem. § 2 WHG der **Erlaubnis**. Zuständig für ihre Erteilung ist gem. §§ 14 Abs. 1 WHG, 30 Abs. 1 Nr. 4 LWG NW das LOBA, wenn ein bergrechtlicher Betriebsplan die Benutzung von Gewässern vorsieht (Gem. RdErl v. 20.10.1966 – MBl NW, 1886 über Zuständigkeit des LOBA für die wasserrecht

liche Erlaubnis). Dasselbe gilt – auf Antrag **und** mit Einvernehmen der Wasserbehörde (doppelte Mitwirkung!) – für Beschränkung, Rücknahme und Widerruf von Erlaubnissen (§ 14 Abs. 5 WHG) und für die Ausübung des Vorbehaltes aus § 5 WHG (VG Aachen Glückauf 1978, 1110), nach dem Wortlaut des § 14 Abs. 5 WHG jedoch nicht für nachträgliche Entscheidungen gem. § 10 WHG (arg. § 14 Abs. 4 WHG).

344
Die Erlaubnis wird **nicht durch die betriebsplanmäßige** Zulassung ersetzt (Nebel ZfB 101 (1960), 349, 354; v. Wick, Glückauf 1962, 861, 863 und ZfB 106 (1965), 278, 282, Bartsch ZfW 1963, 141, 145 gegen Heller, Braunkohle, Wärme und Energie 1959, 308, 310, Witzel, WHG, 1. Aufl. § 14 Anm. 3).

345
Die Bergbehörde bedarf zur Erteilung der Erlaubnis des Einvernehmens der nach § 30 LWG NW für das Wasser zuständigen Behörde. Hier ist durch einen juristischen Zirkelschluß in § 30 Abs. 6 LWG als Einvernehmensbehörde wiederum das LOBA (§ 30 Abs. 1 Nr. 3 LWG) zuständig, in der Praxis wird jedoch wie bisher der Regierungspräsident eingeschaltet und das Redaktionsversehen durch sinngemäße Auslegung geheilt.

346
Wird ein Einvernehmen nicht erzielt, kann die Bergbehörde zwar den Betriebsplan – nach Beteiligung der Wasserbehörde gem. § 54 Abs. 2 S. 1 BBergG – zulassen, sofern keiner der Gesichtspunkte des § 55 Abs. 1, insbesondere nicht gemeinschädliche Einwirkungen entgegenstehen, nicht aber die Erlaubnis erteilen. Die Ansicht von Gieseke-Wiedemann (WHG, 1. Aufl. § 14 Rn 4), die Bergbehörde könne in entsprechender Anwendung des § 68 Abs. 3 ABG nach drei Monaten über die Erlaubnis entscheiden, hatte sich nicht durchgesetzt und ist durch das BBergG gegenstandslos geworden.

347
Die Bergbehörde ist nicht an die Verweigerung des Einvernehmens gebunden (a. A. Kaiser ZfW 1962/63, 208, 219), sondern kann die Entscheidung der gemeinsamen Oberbehörde (Kabinett in NW) herbeiführen (v. Wick, Glückauf 1962/63, 219; Gieseke-Wiedemann-Czychowski, a. a. O., § 14 Rn 4a). Eine Rahmenerlaubnis für alle wasserwirtschaftlichen Maßnahmen eines Bergwerksbetriebes ist nicht zulässig (Bartsch, a. a. O., 145 gegen Weller, Bergbau 1960, 165, 168). Es bleibt jede einzelne Benutzung erlaubnispflichtig.

d) **Bewilligung**

348
Eine Bewilligung scheidet wegen § 8 Abs. 2 S. 2 WHG für Abwassereinleitungen des Bergbaus aus. Sofern ausnahmsweise eine Bewilligung nach § 8 WHG zulässig ist, gilt die Sonderregelung des § 14 Abs. 2 WHG nicht.

349
In **Bewilligungsverfahren Dritter** kann der Bergwerkseigentümer nachhaltige Einwirkungen auf sein Recht geltend machen, wenn Abbaumaßnahmen durch eine fremde Gewässerbenutzung erschwert oder verteuert werden (v. Wick ZfB 106 (1965), 278, 284; Gieseke-Wiedemann-Czychowski, a. a. O., § 8 Rn 10 d; Sieder-Zeitler, a. a. O., § 8 Rn 27 gegen Bartsch, ZfW 1963, 141, 146; Breuer, öffentliches und privates Wasserrecht, S. 112, Rn 155, OVG Koblenz, ZfW 1978, 240, 243 und Urt. v. 12. 2.1970, 1 A 74/68 – Schrifttum u. Rspr. des Wasserrechts, 1971, II Nr. 37, wonach der Bergwerksbesitzer einer Bewilligung nicht widersprechen kann, weil sie die Festsetzung eines Wasserschutzgebietes und damit die Stillegung des Bergwerksbetriebes nach sich ziehe).

350
e) **Erlaubnisfreie Benutzungen**
Die Einleitung von Abwasser ist keine im Rahmen des **Gemeingebrauchs** zulässige Nutzung (§§ 23 Abs. 1 WHG, 33 Abs. 1 LWG NW).

351
Der Kreis der **alten Rechte und Befugnisse**, die gem. § 15 WHG erlaubnisfrei sind, ist einengend dahin festgelegt worden, daß bei Erteilung der Aufrechterhaltung dieser Rechte eine irgendwie geartete öffentlich-rechtliche Überprüfung der Wasserrechte in wasserrechtlicher Sicht stattgefunden hat (nicht: das Recht des Eigentümers auf Zutagefördern von Grundwasser, das durch § 379 prWG aufrechterhalten wurde, BVerwG ZfW 1972, 165; zweifelnd OVG Münster ZfW 1976, 296: nicht: das Recht des Grundstückseigentümers zur Grundwasserbenutzung bei Naßauskiesung, BVerfG NJW 1982, 745, 747; nicht: Bergwerkseigentum, VG Gelsenkirchen ZfW Sh 1969, II, 22). In jedem Fall muß die Rechtsposition die Einleitung nach Menge und Beschaffenheit decken. Bei dynamischen Betrieben wie dem Bergbaubetrieb besteht ohnehin kein Anspruch auf Bestandsschutz aller sich aus der Natur der Sache ergebenden Veränderungen (BVerfG a. a. O., 753).

352
f) **Erlaubnisverfahren und Erlaubnisbescheid**
Während in vielen Bundesländern die Erlaubnis in einem **förmlichen Verfahren** (z. B. Bad-Württ., Bayern, Saarland) erteilt wird, ist in NW nur unter den besonderen Voraussetzungen des § 25 Abs. 1 LWG eine ortsübliche öffentliche Bekanntmachung vorgesehen.

353
Die Erlaubnis besteht nach Geltung des Abwasserabgabengesetzes (AbwAG) v. 13. 9.1976 (BGBl 2721) und seiner Umsetzung in den Landeswassergesetzen bei Abwassereinleitungen aus dem **wasserrechtlichen** und dem **abgaberechtlichen** Teil. Die Erlaubnis ist der „die Abwassereinleitung zulassende Bescheid" i. S. § 4 Abs. 1 AbwAG. Der Bescheid ist Verwaltungsakt mit Doppelwirkung. Er hat begünstigenden und belastenden Charakter. Er ist zustimmungsbedürftiger Verwaltungsakt und darf keine höhere Erlaubnis gewähren als beantragt wurde. Auf ihn kann (teilweise) verzichtet werden. Er wird wegen des Zusammenhanges von

§ 56 354, 355   Dritter Teil: Aufsuchung, Gewinnung und Aufbereitung

Einleitung und Abwasserbeseitigungspflicht in § 52 Abs. 1 c LWG NW nur dem Abwasserbeseitigungspflichtigen erteilt (Czychowski, WuB 1980, 233; OVG Münster, Urt. v. 9.6.1981, 11 A 1268/80 = RdL 1981, 304 = Schrifttum und Rspr. des Wasserrechts 1981, Nr. 172 hiergegen Henseler BauR 1982, 2). Bergbaubetriebe müssen sich daher – wenigstens in bezug auf das Einleiten i. S. § 18 a WHG von Abwasser, d. h. nicht bei Grubenwasser, Haldensickerwasser – die Abwasserbeseitigungspflicht nach § 53 Abs. 4 LWG übertragen lassen, wenn sie die Erlaubnis beantragen, und nicht eine öffentlich-rechtliche Körperschaft (Gemeinde, Abwasserverband) beseitigungspflichtig ist oder die Beseitigungspflicht übernommen hat (§§ 53, 54 LWG NW). Dasselbe gilt für die Umstellung der Bescheide auf die Erfordernisse des AbwAG (§ 69 Abs. 1 LWG) und für nachträgliche Festsetzungen nach § 52 Abs. 2 LWG NW.

354

Im **wasserrechtlichen Teil** wird die Befugnis erteilt, Abwasser an einer festgelegten Einleitungsstelle widerruflich, möglicherweise befristet (§ 7 Abs. 1 WHG), in ein Gewässer einzuleiten. Zur Charakterisierung des einzuleitenden Abwassers wird eine schematische Darstellung der Betriebseinheiten, die zur Einleitungsstelle entwässern, der Abwasserführung und -behandlungsanlagen, der Meßpunkte und Probenahmestellen beigefügt. Schmutzwasserquellen, die zur Einleitungsstelle entwässern, werden einschließlich ihrer Entstehung erfaßt. Im Steinkohlenbergbaubetrieb können an Abwasser anfallen: Belegschaftsabwasser (Kauenwasser), Kohlenwaschwasser, Kokereiabwasser, Mischwasser (hierzu Schmidt, Glückauf 1979, 1067), Kühlschlammwasser, sonstiges Kühlwasser (z. B. Durchlaufkühlwasser) nur, wenn es in seinen Eigenschaften verändert wird (zu allgemein Czychowski, WuB 1980, 231, Kanowski, Korrespondenz Abwasser 1980, 604, 605), erwärmtes Kühlwasser (VG Köln, ZfW Sh 1981, 48), Niederschlagswasser, das von bebauten oder befestigten Flächen stammt und aus diesen Bereichen gesammelt und fortgeleitet wird. Problematisch ist, ob die Festlegungen für Jahresschmutzwassermenge, Regel- und Höchstwerte auch Angaben und Beschränkungen der sog. **Teilströme** vor der Einleitungsstelle enthalten können. WHG und AbwAG beziehen sich auf die Einleitungsstelle, im Ausnahmefall der Flußkläranlagen ist für die Abgabe die Beschaffenheit am Ablauf der Anlage maßgebend (§ 4 Abs. 2 AbwAG). Das schließt nicht aus, daß Bezugspunkt für die Verwaltungsvorschriften nach § 7 a Abs. 1 S. 3 WHG der Ablauf einer Abwasserbehandlungsanlage vor der Einleitungsstelle ist, insofern Messungen von Teilströmen zweckmäßig sind (Berendes-Winter, a. a. O., S. 63) und davon ein Wert für die Einleitungsstelle ermittelt wird. Dem Einleiter kommt daher die Verdünnung und Mischung durch die Teilströme zugute (h. M. Berendes-Winter, a. a. O., 62, Junker in IWL-Forum 80-II, S. 62).

355

Kein Abwasser ist das erschrotene, gepumpte und abgeleitete Grubenwasser, da es nicht durch Gebrauch in seinen Eigenschaften verändert ist (§ 51 Abs. 1 LWG NW). Kein Abwasser ist auch das in Halden versickernde Niederschlagswasser, weil es nicht von bebauten oder befestigten Flächen abfließt.

356

Im wasserrechtlichen Teil wird die Befugnis begrenzt durch Festlegung der Höchstwassermenge (in $m^3/2\,Std$) und der Konzentration. Daneben muß die Höchstmenge des zutagegeförderten und einzuleitenden Grubenwassers angegeben werden.

357

Zur Überwachung der Konzentration gelten die für verschiedene Parameter festgesetzten **Überwachungswerte**:
- absetzbare Stoffe (Probe: geschöpft, Konzentration: ml/l,
- Chemischer Sauerstoffbedarf (CSB) Probe: 2 h-Mischprobe, Konzentration: mg/l, Fracht: kg,
- Biochemischer Sauerstoffbedarf (BSB$_5$), wenn biologische Abwasserbehandlung vorhanden. Dann siehe CSB.
- Quecksilber (wenn mindestens 1 kg/a zu erwarten) in mg/l,
- Cadmium (wenn mindestens 10 kg/a zu erwarten) in mg/l,
- Giftigkeit des Abwassers, wenn zu erwarten. Begrenzt durch Verdünnungsfaktor.
- sonstige Parameter, wenn die Qualität des Abwassers es erfordert.

358

Die Überwachungswerte werden ermittelt als Ergebnis der allgemein anerkannten Regeln der Technik i. S. § 7 a Abs. 1 WHG (hierzu Salzwedel-Preusker, Korrespondenz Abwasser 1981, 470). Sie ergeben sich im Anwendungsbereich von allgemeinen Verwaltungsvorschriften nach § 7 a Abs. 1 S. 3 WHG aus diesen Mindestanforderungen oder aus unmittelbar dem § 7 a Abs. 1 S. 1 WHG zu entnehmenden Anforderungen, möglicherweise in entsprechender Anwendung oder durch Mittelung von vorhandenen Mindestanforderungen. Für den Bergbau von Bedeutung sind die **1. SchmutzwasserVwV** v. 24. 1. 1979 (GMBl 40) seit dem 1. 1. 1983 die **1. Abwasser VwV** (GMBl 1982, 744) für **kommunales** Schmutzwasser, die **2. AbwasserVwV** über Mindestanforderungen an das Einleiten von Abwasser in Gewässer v. 10. 1. 1980 (GMBl 1980, 111), die für Abwasser aus der Braunkohle-Brikettfabrikation einschließlich der damit verbundenen Kraftwerke gilt, und die 16. AbwasserVwV v. 15. 1. 1982 (GMBl 56, MinBl NW 1982, 625) für das aus der Steinkohlenaufbereitung und der damit verbundenen Steinkohle-Brikettfabrikation stammende Abwasser.

359

Die Überwachungswerte können verschärft werden aufgrund verbindlicher internationaler oder supranationaler Emissionsnormen oder gem. §§ 6, 36 b WHG aus dem Bewirtschaftungsplan für ein in Anspruch genommenes Gewässer.

360

Der Überwachungswert ist kein absoluter Höchstwert, sondern er gilt auch als eingehalten, wenn das arithmetische Mittel der letzten 5 Untersuchungen nach § 120 LWG diesen Wert nicht überschreitet (vgl. Ziff. 2.4 der 1. AbwasserVwV, vgl. auch Ziff 2.3 der Mischabwasser VwV [Min. Bl NW 1982, 1298]). Überschreitun

gen bei den ersten Stichproben können bis zur 5. Probenahme noch ausgeglichen werden wie auch die Überschreitung bei der 5. Probe wegfallen kann, wenn sie vorher ausgeglichen war. Der Überwachungswert hat daher eine Warnfunktion (Rudolphi, ZfW 1982, 197, 206; Bickel, ZfW 1979, 141 und NuR 1982, 214, 216). Allerdings bleiben Untersuchungen, die länger als 3 Jahre zurückliegen, unberücksichtigt.
Wird das arithmetische Mittel der letzten 5 Untersuchungen überschritten, hat das Folgen: gegen den Einleiter kann eine Ordnungsverfügung ergehen (vgl. Rn 366), die Erlaubnis kann widerrufen oder mit nachträglichen Auflagen versehen werden. Die Halbierung der Abwasserabgabe für den nicht eingehaltenen Parameter kann im Jahre der Überschreitung gem. § 9 Abs. 5 AbwAG wegfallen (Engelhardt, ZfW 1980, 336). Strafrechtliche Folgen hat daher nicht schon die Überschreitung des Einzelwertes, denn die Erlaubnis hat insofern rechtfertigenden Charakter (Rudolphi, a. a. O., 205), wohl aber die Überschreitung des arithmetischen Mittelwertes (bestr., so h. M. Berendes-Winter, Das neue Abwasserabgabengesetz, S. 62; a. A. Rudolphi, a. a. O., 207 Bichel, NuR 1982, 215).

361
Der wasserrechtliche Teil enthält ferner Festlegungen der Bestimmungsverfahren der Parameter, Nebenbestimmungen für die Überwachung der Einleitung (Mengenmeßstelle, Probenahmestelle), Selbstüberwachung (Art und Häufigkeit der Proben), Gewässeruntersuchung.

362
Der **abgaberechtliche Teil** erfaßt die nach § 4 Abs. 1 AbwAG geforderten Mindestangaben über Jahresschmutzwassermenge, Regelwerte und Höchstwerte. Von ihm ist der Festsetzungsbescheid des Landesamtes für Wasser und Abfall, der gem. § 77 LWG NW die Höhe der Abgabe konkretisiert, zu unterscheiden.

363
Die **Jahresschmutzwassermenge** (bei Trockenwetterabfluß, daher ohne Niederschlagswasser, § 2 Abs. 1 AbwAG) ist begrifflich weder die tatsächlich eingeleitete Menge des vorangegangenen Jahres, die Durchschnittsmenge der letzten Jahre oder die zu erwartenden Mengen der nächsten Jahre, sondern die im Bescheid festgelegte, anhand der betrieblichen Verhältnisse geschätzte zukünftige Einleitungsmenge. Ihre Überschreitung hat wasserrechtlich keine Folge, abgabenrechtlich erhöhen sich die aus den Faktoren Menge und Regelwert bestehenden Schadeinheiten und damit die Abwasserabgabe (Sander WuB, 1978, 299, Engelhardt, IWL-Mitt. 1978, 1, 11). Allerdings muß zunächst der Bescheid gem. § 69 Abs. 1 LWG NW nachträglich geändert werden (Dahme ZfW 1980, 278, 285). Ein Wegfall der Halbierung gem. § 9 Abs. 5 AbwAG tritt nicht ein.

364
Der **Regelwert** enthält als Mittelwert die im Jahresdurchschnitt eingeleitete Schadstoffkonzentration und gibt Auskunft über den ordnungsgemäßen Betrieb der Abwassereinleitung („Soll-Wert"). Er wird nicht selbst überwacht, sondern nach Kontrollmessungen zum Jahresende als Durchschnittswert errechnet. Über-

365

Der **Höchstwert** ist als absoluter Grenzwert („Mängelwert") stets größer als der Regelwert und der Überwachungswert (Sander, ZfW 1980, 345) und wird durch jedes Meßergebnis aus der Kontrolle des Überwachungswertes überwacht (hierzu Engelhardt, ZfW 1980, 343). Seine Überschreitung hat abgaberechtliche Wirkung erst beim zweiten Mal im Jahr (§ 4 Abs. 4 AbwAG), sie führt zur Neuberechnung des Bezugswertes (erhöhter Wert ist das arithmetische Mittel aller festgestellten Überschreitungen) und damit für das laufende Jahr zu höherer Abgabe. Unterschreitungen der Höchstwerte bringen keine Abgabeneinsparungen. Die wasserrechtliche Bedeutung wird teils verneint (Engelhardt, IWL-Mitt. 1978, 1, 10) andererseits die bereits einmalige Überschreitung des Höchstwertes für strafbar gem. § 38 WHG oder für ordnungswidrig gem. § 41 Abs. 1 Nr. 1 WHG gehalten (Dahme, a. a. O., 282, Berendes-Winter, Das neue Abwasserabgabengesetz, S. 66, 71, wonach sogar die Abgabenhalbierung nach § 9 Abs. 5 AbwAG verlorengehen kann, weil in der Überschreitung des Höchstwertes zugleich ein Verstoß gegen den Überwachungswert liegen kann). Kein Höchstwert wird für die Jahresschmutzwassermenge festgesetzt.

366

Die Benutzung ohne Erlaubnis ist zwar formell und materiell rechtswidrig, jedoch nicht „inhaltlich rechtswidrig". Erst eine nachgewiesenermaßen erlaubnisunfähige Gewässerbenutzung ist inhaltlich rechtswidrig und rechtfertigt behördliches Einschreiten gegen die Benutzung ohne Verstoß gegen den Grundsatz der Verhältnismäßigkeit des Mittels (BVerwG ZfW 1978, 373, Bickel ZfW 1979, 101, einschr. Salzwedel ZfW 1979, 106). Trotz bestehender Erlaubnis können nach § 5 Abs. 1 Nr. 1 Abs. 2 WHG zusätzliche Anforderungen an die Beschaffenheit des Abwassers gestellt werden oder gem. § 4 Abs. 1 S. 2 AbwAG die Bescheide an die neue Rechtslage durch das AbwAG angepaßt werden.

g) Sonstige wasserrechtliche Pflichten des Bergbauunternehmers und Zuständigkeiten

367

Für die Errichtung und den Betrieb von Rohrleitungen zum **Befördern wassergefährdender Stoffe** bedarf der Bergbauunternehmer gem. § 19 a WHG einer **Genehmigung**. Sie wird gem. § 19 f Abs. 1 S. 2 WHG von der Bergbehörde im Einvernehmen mit der Wasserbehörde erteilt, wenn die Errichtung oder der Betrieb im Betriebsplan vorgesehen sind. Der Betriebsplan tritt neben die Genehmigung.

368

Nach § 99 LWG NW bedarf die Errichtung oder wesentliche Veränderung von **Anlagen in oder an Gewässern** keiner Genehmigung, wenn sie in einem Betriebsplan zugelassen werden.

369

Nach § 58 Abs. 2 LWG NW ist die Bemessung, Gestaltung und der Betrieb von **Abwasserbehandlungsanlagen** genehmigungspflichtig. In den der Bergaufsicht unterstehenden Betrieben ist das LOBA für die Genehmigung zuständig.

370

Wasserschutzgebiete werden durch ordnungsbehördliche Verordnung festgesetzt, die nach § 14 Abs. 1 LWG NW nur im Einvernehmen mit dem LOBA erlassen werden kann, wenn in dem festzusetzenden Gebiet abbauwürdige Mineralien anstehen. Ebenso sind Verordnungen zum **Heilquellenschutz** nach § 16 Abs. 1 LWG NW nur im Einvernehmen mit dem LOBA zu erlassen.

371

Die jährliche **Wasserschau** nach § 121 LWG NW und die Aufgaben der **Gewässeraufsicht** sind in den der Bergaufsicht unterstehenden Betrieben dem Bergamt im Zusammenwirken mit der Erlaubnisbehörde übertragen (§ 116 Abs. 2 LWG NW, Rn 345 zu § 56).

h) Gewässerausbau

372

Von den Benutzungen abzugrenzen sind nach § 3 Abs. 3 WHG der Ausbau eines oberirdischen Gewässers, d. h. die Schaffung eines neuen Dauerzustandes durch wesentliche Umgestaltung, und die Unterhaltung von Gewässern.

373

Der Begriff **Gewässerausbau** ist in § 31 Abs. 1 WHG als Herstellung, Beseitigung oder wesentliche Umgestaltung eines Gewässers oder seiner Ufer definiert, Deich- und Dammbauten, die den Hochwasserabfluß beeinflussen, sind gleichgestellt. Der Begriff wird erfüllt durch Anlegen von Kanälen oder Durchstichen, Freilegen von Grundwasser bei der Kiesgewinnung, Errichtung von Bachpumpwerken, Rückhaltebecken, je nach Lage des Einzelfalles, Verrohrung eines Gewässers, nicht jedoch nur die Errichtung von Rohrdurchlässen, Dükern, wohl dagegen die Vertiefung, Schaffung von verlorener Vorflut.

374

Der Ausbau ist nur über ein **Planfeststellungsverfahren** gem. §§ 31 Abs. 1 S. 1 WHG, 152 LWG NW, 72 VwVfG oder ein Plangenehmigungsverfahren gem. § 31 Abs. 1 S. 3 WHG zulässig. Ausbauunternehmer ist der Bergbauunternehmer nur, wenn eine Wasserverbandsmaßnahme nicht vorliegt. Zuständig für die Durchführung des Planfeststellungsverfahrens ist gem. § 104 Abs. 1 S. 2 LWG NW das LOBA in den der Bergaufsicht unterstehenden Betrieben und die für die Genehmigung der Abgrabung zuständige Behörde (§ 8 AbgrG: Regierungspräsident), wenn durch die Gewinnung von Bodenschätzen ein Gewässer entsteht.

6. Naturschutz und Landschaftspflege

375
Gesichtspunkte des Naturschutzes und der Landschaftspflege sind zwar nach dem Katalog des § 55 Abs. 1 im Regelfall **nicht Voraussetzung für die Zulassung des Betriebsplanes** (vgl. § 55 Rn 143 f), wenn sie nicht im Einzelfall den Begriffen „Wiedernutzbarmachung der Oberfläche" oder Verhinderung von „gemeinschädlichen Einwirkungen" zuzuordnen sind. Auch war schon nach früherem Recht die Auflage im Betriebsplan, die Baustoffe für die Tagesanlagen so zu wählen, daß eine einwandfreie Einpassung in das Landschaftsbild gewährleistet wird, unzulässig (Schlüter, Glückauf 1939, 892, 893). Dennoch können diese Gesichtspunkte Beschränkungen nach § 48 Abs. 1 oder überwiegende entgegenstehende öffentliche Interessen i. S. § 48 Abs. 2 darstellen (H. Schulte NJW 1981, 88, 94). Die zuständige Landschaftsbehörde kann gem. § 54 Abs. 2 im Betriebsplanverfahren zu beteiligen sein, Naturschutz und Landschaftspflege können öffentliche Belange sein, die bergbaulichen Vorhaben entgegenstehen (§§ 34, 35 BBauG).

376
Der Bergbau erfüllt den Tatbestand des Eingriffs in Natur und Landschaft i. S. § 8 BNatSchG in verschiedenen Gestaltungen. Tagebergbau, Abbau von Sand, Kies, Ton, Steinen, Torf sowie Aufschüttungen von Abraum und bauliche Anlagen in der freien Landschaft können als Eingriffe in Betracht kommen.

377
Die **Ziele des Naturschutzes** und der **Landschaftspflege** werden durch das Aufstellen von Grundsätzen und durch Schutz vor Eingriffen in Natur und Landschaftsplanung verfolgt.

378
a) Einer der Grundsätze des Naturschutzes und der Landschaftspflege ist nach § 2 Nr. 5 des Landschaftsgesetzes NW (LG), beim Abbau von Bodenschätzen die **Vernichtung wertvoller Landschaftsteile zu vermeiden** und dauernde Schäden des Naturhaushaltes zu verhüten. Dieser Grundsatz gilt jedoch nur bei **vermeidbaren** Beeinträchtigungen und steht zusätzlich unter dem Vorbehalt des Übermaßverbotes: Verpflichtungen zur Unterlassung müssen im Einzelfall erforderlich und verhältnismäßig sein (Breuer, Natur und Recht 1980, 89, 93). Er hebt auch die Zulässigkeit von Vorhaben nicht grundsätzlich auf, sondern verbietet nur die konkrete Ausgestaltung (Art und Umfang) des Eingriffs in Natur und Landschaft. Ob Beeinträchtigungen vermeidbar sind, beurteilt sich in den fachspezifischen Verfahren (Breuer, a. a. O.), hier das der § 51 und § 48 Abs. 2 BBergG, soweit deren Prüfungsrahmen den Natur- und Landschaftsschutz umfaßt (§ 56 Rn 375). Andererseits wird das für Maßnahmen nach § 48 Abs. 2 erforderliche überwiegende öffentliche Interesse kaum gegeben sein, wenn schon die Vermeidbarkeit i. S. des Natur- und Landschaftsschutzrechts nicht vorliegt.

379

b) **Unvermeidbare Beeinträchtigungen** dagegen, zu denen Abbau von Bodenschätzen, Aufschüttungen oder Abgrabungen, die Errichtung von baulichen Anlagen, Straßen und Wegen und Versorgungsleitungen im Außenbereich als mit dem Bergbaubetrieb zwangsläufig verbundene Veränderungen von Natur und Landschaft zu rechnen sind, heben die Zulässigkeit von Vorhaben nach den spezialgesetzlichen Vorschriften nicht auf, sondern **müssen ausgeglichen werden** durch landschaftsgerechte Wiederherstellung (für Bergehalden vgl. Holhorst-Eich, Glückauf 1981, 666, 667, Richtlinien des LOBA NW für die Zulassung von Bergehalden im Bereich der Bergaufsicht v. 4. 9. 1967 (ZfB 109 (1968) 95 i. d. F. v. 21. 2. 1972, ZfB 113 (1972), 353: Umpflanzung während der Schüttung; Begrünung nach Fertigstellung gem. landschaftspflegerischem Begleitplan; jährlicher Forst- und Kulturplan; zur Funktion der Haldenbegrünung auch VG Gelsenkirchen ZfB 119 (1978), 230, 240). Die Ausgleichsmaßnahmen dürfen nicht über das Maß des objektiv Erforderlichen hinausgehen, auch sie unterliegen dem Übermaßverbot (Breuer, Natur und Recht 1980, 89, 94).

380

c) Zum besonderen Schutz gegen Eingriffe in Natur und Landschaft sind gem. § 4 Abs. 5 LG Maßnahmen zu **untersagen**, wenn die Belange des Naturschutzes und der Landschaftspflege im Einzelfall vorrangig sind, oder es können Auflagen auf **Ersatzmaßnahmen** nach § 5 LG gemacht werden. Die Vorschrift des § 4 Abs. 5 LG enthält die Rechtspflicht der Behörde („ist zu untersagen"), hier stellen sich vor allem zwei Probleme: einmal des Verhältnisses der Untersagungsbefugnis des § 4 Abs. 5 LG NW und der Auflagenermächtigung des § 5 LG NW zu der des § 48 Abs. 2, zum anderen der Realisierung des Rechtsanspruches aus § 55 aus dem Blickfeld des Naturschutzes und der Landschaftspflege.

§ 48 Abs. 2 läßt „andere öffentlich-rechtliche Vorschriften" ausdrücklich unberührt („unbeschadet"). Das versteht sich nicht nur formell für die Zuständigkeit anderer Behörden nach anderen Vorschriften, sondern auch materiell. Für Eingriffe in die Gewinnung ist § 48 Abs. 2 Auffangermächtigung aus überwiegenden öffentlichen Interessen, allerdings mit der Maßgabe, daß zu diesen von der Bergbehörde zu prüfenden öffentlichen Interessen nur solche gehören, die nicht schon kraft anderweitig geregelter Aufgabenverteilung von anderen Behörden zu behandeln sind. Unberührt bleiben demnach auch § 4 Abs. 5 und § 5 LG NW mit der Folge, daß die Untersagungspflicht („ist" in § 4 Abs. 5 LG) vorrangig ist vor der Ermessensvorschrift des § 48 Abs. 2 („kann").

Der Rechtsanspruch aus § 55 auf Zulassung des Betriebsplanes bei Vorliegen der dort genannten Voraussetzungen – zu denen der Naturschutz und die Landschaftspflege im Regelfall nicht gehören – steht unter dem „Vorbehalt", daß trotz der bergrechtlichen Zulassung eine Untersagung nach § 4 Abs. 5 LG NW angeordnet werden kann, wenn sich diese Anordnung bzw. Auflagen auf Ersatzmaßnahmen „hineinschieben" in das Betriebsplanverfahren im Sinne einer zeitlichen Kongruenz. Zeitlich inkongruenten Anordnungen dürfte dagegen die Bindung an das jeweilige Zulassungsverfahren durch § 6 LG NW und die Bestandkraft des Betriebsplanes gem. §§ 56 Abs. 1 Satz 2, 71 Abs. 1 Satz 2 entgegenstehen.

Zweites Kapitel: Anzeige, Betriebsplan **381 § 56**

Bei alledem ist § 4 LG NW (vgl. auch § 8 Abs. 3 BNatSchG) interpretatorisch zu reduzieren. Denn ein justitiabler Vorrang der Belange des Naturschutzes und der Landschaftspflege und damit eine Rechtspflicht zur Untersagung des Eingriffs besteht nur, wenn die Zulassung des Eingriffes trotz unvermeidlicher und nicht auszugleichender Beeinträchtigungen von Natur und Landschaft auf einem Abwägungsfehler (Abwägungsausfall, -defizit, -fehleinschätzung, -disproportionalität) beruhen würde (Breuer, Natur und Recht, 1980, 89, 95 unter Hinweis auf BVerwGE 48, 56 für Planfeststellungen und BVerwGE 34, 301 für Bauleitplanung).
Voraussetzung für eine Untersuchung nach § 4 Abs. 5 LG NW oder für die Auflage einer Ersatzmaßnahme nach § 5 LG oder auf Ausgleich der unvermeidbaren Beeinträchtigung nach § 4 Abs. 4 LG ist, daß für den Eingriff nach anderen Rechtsvorschriften eine behördliche Entscheidung vorgeschrieben ist (§ 6 LG). Diese Voraussetzung ist auch nach Aufhebung des § 196 ABG NW und Geltung des § 55 BBergG gegeben. Maßgebend ist nämlich, nach dem Gesetzeswortlaut, daß für den Eingriff eine andere Erlaubnis - d.h. die Betriebsplanzulassung - vorgeschrieben ist, nicht daß diese Erlaubnis auch unter Gesichtspunkten von Natur und Landschaftsschutz geprüft werden muß. Im übrigen schließt das BBergG die Prüfung dieser Gesichtspunkte im Betriebsplanverfahren auch nicht völlig aus (§ 56, Rn 375; § 55 Rn 143f).
Nach § 17 **des Nieders. Naturschutz-G** v. 20. 3. 1981 (Nieders. GVBl 31) steht der Abbau von Bodenschätzen wie Kies, Sand, Mergel, Ton, Lehm, Moor, Steinen unter dem **Genehmigungsvorbehalt der Naturschutzbehörde** und dem Vorbehalt des sog. Restflächenabbaus durch diese Behörde gem. § 22. Für **Abbauvorhaben, die eines Betriebsplanes bedürfen,** gelten diese Regelungen nicht. Auch hier hat sich durch das BBergG nichts geändert. Es reicht aus, daß eine Betriebsplanzulassung erforderlich ist, ohne daß es darauf ankommt, ob in der Zulassung Gesichtspunkte des Natur- und Landschaftsschutzes generell oder nur in Ausnahmefällen zu prüfen sind. Eine andere Rechtslage ergibt sich nach § 6 Abs. 12 des **Hessischen Naturschutz-G** v. 19. 9. 1980 (GVBl, 309). Danach ist die bei Eingriffen in Natur und Landschaft erforderliche **Genehmigung Bestandteil der Betriebsplanentscheidung.** Dies ist nach § 55 BBergG nicht mehr möglich (Zydek, ZfB 123 (1982), 134). Man wird diese Vorschrift nunmehr verfassungskonform so auslegen müssen, daß **neben** der Betriebsplanzulassung die Genehmigung von Eingriffen nach § 6 Abs. 1 Hess. NatSchG erforderlich ist. Die Verpflichtungen nach §§ 4 Abs. 4 (Ausgleich), 4 Abs. 5 (Untersagung) oder 5 (Ersatzmaßnahme) LG NW spricht gem. § 6 Abs. 1 S. 2 LG NW die **Bergbehörde** im Benehmen mit der Landschaftsbehörde ihrer Verwaltungsebene aus (ähnlich § 12 Abs. 1 Naturschutz-G Saarl. v. 31. 1. 1979, AmtsBl, 147 und § 13 Abs. 1 Naturschutz-G Nieders. v. 20. 3. 1981, Nieders. GVBl, 31).

381
d) Grundlage der **Landschaftsplanung** sind die §§ 5, 6 BNatSchG. Hiernach sind **Landschaftsprogramme** (überörtliche Erfordernisse und Maßnahmen zur Verwirklichung der Ziele des Naturschutzes und der Landschaftspflege unter Beachtung der Grundsätze und Ziele der Raumordnung und Landesplanung), **Landschaftsrahmenpläne** (für Teile des Landes) und **Landschaftspläne** (örtliche Erfor-

§ 56 382–385   Dritter Teil: Aufsuchung, Gewinnung und Aufbereitung

dernisse und Maßnahmen zur Verwirklichung der o. a. Ziele) aufzustellen. Hiervon zu unterscheiden sind der Fachplan und der **landschaftspflegerische Begleitplan** i. S. § 8 Abs. 4 BNatSchG, die bei Eingriffen in Natur und Landschaft aufgrund von nach öffentlichem Recht vorgesehenen Fachplänen gefordert werden. Das Betriebsplanverfahren ist kein Fachplan, der Bergbauunternehmer und die Bergbehörde sind keine Planungsträger i. S. § 8 Abs. 4 BNatSchG. Dagegen müssen bei der Genehmigung von Abgrabungen nach dem AbgrG Abgrabungspläne, bestehend aus Übersichtskarte, Lageplan, Abbauplan und **Herrichtungsplan** vorgelegt werden (Techn. Richtl. zur Herrichtung von Abgrabungsflächen, RdErl NW v. 22. 3.1976, MBl 965), von denen der Herrichtungsplan im wesentlichen die an den landschaftspflegerischen Begleitplan zu stellenden Anforderungen erfüllt.

382
Grundlage der **forstlichen Planung** ist gem. § 7 Bundeswaldgesetz der forstliche Rahmenplan, in dem die Sachverhalte und Erfordernisse der Forststruktur und der Waldfunktionen zu berücksichtigen sind.

383
In NW erfüllt das **Landesentwicklungsprogramm** – LEPro – die Aufgaben des Landschaftsprogrammes i. S. § 5 Abs. 1 BNatSchG, so daß ein zusätzliches Programm nicht zu erstellen ist. Nach § 15 LG erfüllt der **Gebietsentwicklungsplan** die Funktion eines Landschaftsrahmenplanes, nach § 7 des Landesforstgesetzes NW (LFoG) erfüllt er auch die Funktion eines forstlichen Rahmenplanes i. S. § 7 BWaldG, während die landesplanerische Ebene bereits durch den Landesentwicklungsplan III (Gebiete mit besonderer Bedeutung für Freiraumfunktionen) abgedeckt ist.

384
Die **Landschaftspläne** werden von den Kreisen/kreisfreien Städten als Satzung beschlossen und in Zusammenarbeit mit der Bergbehörde als fachlich beteiligter Behörde aufgestellt (§ 27 Abs. 3 LG). Sie sind außerhalb der im Zusammenhang bebauten Ortsteile und von Bebauungsplangebieten die flächendeckende Grundlage für die Entwicklung, den Schutz und die Pflege der Landschaft und ihrer Bestandteile (§ 16 LG). Sie können Naturschutzgebiete, Landschaftsschutzgebiete, Naturdenkmale, geschützte Landschaftsbestandteile und Zweckbestimmung für Brachflächen festsetzen. Der Landschaftsplan gliedert sich in die Grundlagenkarten I und II, die Entwicklungs- und Festsetzungskarte, den Text und Erläuterungsbericht.

385
Die **Wirkungen** von Landschaftsplänen sind unterschiedlich: die Entwicklungsziele sollen bei allen behördlichen Maßnahmen im Rahmen der für sie geltenden gesetzlichen Vorschriften berücksichtigt werden. Hierzu ist nicht das Betriebsplanverfahren zu rechnen, denn das BBergG gibt dem Unternehmer einen Rechtsanspruch auf Zulassung, sofern die Voraussetzungen des § 55 – in denen der Landschaftsschutz nicht ausdrücklich angesprochen ist (§ 56 Rn 375) – vorliegen.

Zweites Kapitel: Anzeige, Betriebsplan   386–389 § 56

Diesen Rechtsanspruch kann das landesrechtliche Landschaftsgesetz NW nicht einschränken. Bedeutung kann die landesrechtliche Vorschrift nur im bundesrechtlichen Rahmen der §§ 48 Abs. 2, 54 Abs. 2 haben.

386
In **Naturschutzgebieten** sind Handlungen verboten, die zu einer Zerstörung, Beschädigung oder Veränderung des geschützten Gebietes führen können. In **Landschaftsschutzgebieten** sind ebenfalls Handlungen verboten, hier jedoch, sofern sie den Charakter des Gebietes verändern können oder dem besonderen Schutzzweck zuwiderlaufen (§ 34 Abs. 2 LG). Bei **Brachflächen** sind den Festsetzungen der Zweckbestimmung widersprechende Grundstücksnutzungen verboten.

387
Bei der **Erstellung** des Landschaftsplanes sind nach § 16 Abs. 2 LG die Ziele und Erfordernisse der Raumordnung und Landesplanung, die Darstellungen in Flächennutzungsplänen und bestehende oder eingeleitete planerische Verfahren anderer Fachplanungsbehörden zu beachten. Hierzu gehört ein zugelassener Betriebsplan nicht. Die Bergbehörde ist keine Fachplanungsbehörde, der Betriebsplan kein planerisches Verfahren. Dennoch sind bergbauliche Interessen, ausgedrückt durch zugelassene Betriebspläne, bei der Landschaftsplanung zu berücksichtigen. Wesensbestand jeder Planung ist die Abwägung von Belangen. Die Rechtsprechung hat – für die verschiedensten Planbereiche – wiederholt entschieden, daß sich das Gebot, die von einer Planung berührten öffentlichen und privaten Belange gegeneinander und untereinander gerecht abzuwägen, unabhängig von einer gesetzlichen Positivierung aus dem Wesen einer rechtsstaatlichen Planung ergibt und dementsprechend allgemein gilt (Ernst-Hoppe, Das öffentliche Bau- und Bodenrecht, Raumplanungsrecht, Rn 283, BVerwGE 41, 67; 48, 56, 63). Angedeutet wird das auch in § 18 Abs. 2 LG, wonach u. a. die wirtschaftlichen Funktionen der Grundstücke, z. B. bergwirtschaftliche Zweckbestimmung, zu berücksichtigen sind bei der Darstellung der Entwicklungsziele. Sofern daher in den Landschaftsplan die Belange der Wirtschaft, des Bergbaus, der Grundsätze des § 1 BBergG oder der §§ 18, 26 LEPro bzw. des LEP V oder des Grundstückseigentümers nicht eingestellt und abgewogen sind, leidet der Plan an einem Abwägungsdefizit und ist fehlerhaft.

388
Das LG NW hat auf bergbauliche Maßnahmen unterschiedliche Auswirkungen, je nachdem ob eine LandschaftsschutzVO alten Rechts (§ 73 Abs. 1 LG sieht ihren Fortbestand bis zum Inkrafttreten des Landschaftsplanes vor), ein Landschaftsplan oder keine Festsetzungen bestehen.

389
Sofern eine **Landschaftsschutz-Vo alten Rechts** besteht, die allerdings einem Vorhaben im unbeplanten Innenbereich nicht als öffentlicher Belang entgegenstehen kann (BVerwG NJW 1978, 773: Vorrang des § 34 BBauG vor Landesrecht vgl. § 56 Rn 233), sondern deren Bauverbot nur ein Vorhaben im Außenbereich

verhindern kann (§ 35 Abs. 3 BBauG, BVerwG BauR 1979, 122 für privilegierte Vorhaben i. S. § 35 Abs. 1 BBauG; Gelzer, Bauplanungsrecht, Rn 1206) muß der Unternehmer gem. § 69 Abs. 5 LG Antrag auf Befreiung von den Geboten und Verboten bei der unteren Landschaftsbehörde stellen (Henseler, DVBl 1982, 390, 393 für Baugen. und Gen. nach AtG). Dabei muß er sich darauf berufen, daß eine nicht beabsichtigte Härte im Einzelfall besteht oder überwiegende Gründe des Wohls der Allgemeinheit die Befreiung erfordern. Das bedeutet, daß **neben** dem **Betriebsplanverfahren** ein gesondertes landschaftsschutzrechtliches Dispensverfahren durchgeführt werden muß.

390
Sofern ein **Landschaftsplan** besteht, der die Festsetzung eines Naturschutz- oder Landschaftsschutzgebietes enthält, ist ein Antrag nach § 69 Abs. 1 LG oder auf Befreiung von den Verbotsvorschriften des Landschaftsplanes notwendig, wenn ein konkretes Verbot überschritten wird und es bauplanungsrechtlich als öffentlicher Belang dem Vorhaben entgegensteht (Gelzer, a. a. O., Rn 1206).

391
Wenn dagegen **keine planerischen Festsetzungen** bestehen oder der Landschaftsplan die genannten Gebiete nicht ausweist und die bergbauliche Maßnahme als Eingriff in Natur und Landschaft angesehen werden muß (z. B. Bergehalde, Abteufen eines Wetter- und Seilfahrtschachtes), ist entsprechend dem oben Gesagten die untere Landschaftsbehörde, die ihrerseits bei wichtigen Entscheidungen den Beirat einzuschalten hat, im Betriebsplanverfahren gem. § 54 Abs. 2 zu beteiligen. Das führt nach dem in Rn 16 ff zu § 54 Gesagten praktisch darauf hinaus, daß die Landschaftsbehörden ähnlich wie in § 9 Abs. 2 Satz 2 LG zu unterrichten und anzuhören sind, nicht jedoch Entscheidungen (wie in § 5 Abs. 1 LG) „im Benehmen" mit ihnen zu fällen sind.

392
Sofern Baugenehmigungen für bergbauliche Vorhaben im **Außenbereich** erforderlich sind, kann der (optische) Landschaftsschutz im engeren Sinne („Belange des Natur- und Landschaftsschutzes ... Landschaftsbild„) oder (funktionelle) Landschaftsschutz „natürliche Eigenart der Landschaft oder ihre Aufgabe als Erholungsgebiet" als öffentlicher Belang dem Bauvorhaben entgegenstehen (RdErl NW über Zusammenarbeit zwischen Landschaftsbehörden und Bauaufsichtsbehörden vom 25.8.1982, Ziff. I 2, MinBl NW 1562 f; Winter-Sagolla ZfB 123 (1982) 347, 357), nicht jedoch bei Bauvorhaben im unbeplanten **Innenbereich**(BVerwG BauR 1978, 378: Uferbauverbot). Über die Zusammenarbeit Baugenehmigungsbehörde – Landschaftsbehörde vgl. RdErl. NW, aaO.

7. Grubenanschlußbahnen
393
Die öffentlichen Rechtsverhältnisse der nicht zum Netz der Deutschen Bundesbahn gehörenden Eisenbahnen und der Anschlußbahnen sind in NW durch das

Zweites Kapitel: Anzeige, Betriebsplan   394–397 § 56

Landeseisenbahngesetz (LEG NW) vom 5.2.1957 (GV NW S.11) geregelt. Aus bergbaulicher Sicht sind hier zu unterscheiden: Anschlußbahnen, Grubenanschlußbahnen und Grubenbahnen.

394
Anschlußbahnen sind nach § 33 LEG NW Eisenbahnen, die den Verkehr eines einzelnen Unternehmens oder mehrerer Unternehmen von und zu Eisenbahnen des öffentlichen Verkehrs vermitteln und mit ihnen derart in unmittelbarer oder mittelbarer Gleisverbindung stehen, daß ein Übergang von Betriebsmitteln stattfinden kann. Ihr Bau und Betrieb bedarf nach § 34 Abs.1 LEP der **Erlaubnis**, wesentliche Erweiterungen oder Änderungen bedürfen der vorherigen Zustimmung der höheren Verwaltungsbehörde gem. § 34 Abs.5 LEG.

395
Grubenanschlußbahnen dagegen sind Anschlußbahnen, die Zubehör eines Bergwerks sind, wobei hierfür dem Wortlaut nach noch die Vorschriften des ABG maßgebend sind. Der Bau und Betrieb von Grubenanschlußbahnen bedarf gem. § 36 Abs.1 LEG NW keiner Erlaubnis, auch die Zustimmung zu wesentlichen Änderungen und Erweiterungen gem. § 34 Abs.5 LEG NW entfällt. Stattdessen besteht **Betriebsplanpflicht** nach §§ 51 ff. In Tagebauen verlegte Gleisanlagen sind keine Grubenanschlußbahnen (Rn 402).

396
Die eisenbahntechnische Aufsicht über Grubenanschlußbahnen regelt sich nach § 28 LEG NW. Sie wird vom Minister für Wirtschaft, Mittelstand und Verkehr ausgeübt, der sie aufgrund des Verwaltungsabkommens zwischen dem Land NW und der Deutschen Bundesbahn vom 28.11./11.12.1951 (MinBl NW 1952, S.93) auf die Präsidenten der für NW zuständigen Bundesbahndirektionen als „**Landesbevollmächtigte für Bahnaufsicht**" (LfB) übertragen hat. Die Bundesbahn tritt den Bergwerksgesellschaften in dieser Eigenschaft nicht als Eisenbahnunternehmer und Vertragspartner gegenüber, sondern als eisenbahntechnische Aufsicht. Die eisenbahntechnische Aufsicht umfaßt die betriebsfähige und betriebssichere Unterhaltung der Bahnanlagen und der Betriebsmittel sowie die sichere und ordnungsgemäße Durchführung des Eisenbahnbetriebes. Die Zusammenarbeit zwischen Bergbehörde und Landesbevollmächtigten für Bahnaufsicht regelt der Erlaß vom 22.10.1959 (MinBl NW S.2771), in dem auch nähere Anweisungen für die Durchführung des Betriebsplanverfahrens bei der Zulassung von Grubenanschlußbahnen enthalten sind.

397
Zur Grubenanschlußbahn gehören alle Bahnanlagen, die für den eigentlichen Übergangsverkehr zur öffentlichen Eisenbahn gebraucht werden, und alle anderen Bahnanlagen des Zechenbetriebes, d.h. alle von der Anschlußweiche ohne Unterbrechung erreichbaren Punkte der normalspurigen Gleisanlagen einer Zeche (Genrich, Glückauf 1957, 1469, 1470). So sind die Eisenbahnstrecken, die zu Zechenhäfen, Landabsatzstellen, zentralen Aufbereitungsanlagen, Kokereien, Kraftwerken, Halden und sonstigen Betriebsstellen der Zeche führen, Grubenan-

schlußbahnen. Alle Gleise, die der Verbindung zwischen diesen Betriebsstellen, der Zufuhr von Bergwerksmaterialien und der Abfuhr der geförderten oder aufbereiteten Mineralien dienen, sind Zubehör zum Bergwerk (Arg. § 97 BGB und § 135 pr.ABG).

398
Auch die Bahnverbindung zwischen mehreren Zechen eines Unternehmens oder zwischen Zeche und Kraftwerk, die verschiedenen Unternehmen gehören, sind Grubenanschlußbahnen (Genrich, Glückauf 1957, 1469, 1471 gegen Vowinckel, Bundesbahn 1957, 165, 167). Diese Auffassung ist durch § 2 Abs. 1 Nr. 1 jetzt noch stärker zu begründen. Danach unterliegt dem Bergrecht auch das Befördern von Bodenschätzen, sofern es mit dem Gewinnen in unmittelbarem betrieblichen Zusammenhang steht. Der Begründung ist zu entnehmen (BT-Drucks. 8/1315, 75), daß der Gesetzgeber hier das Recht der Grubenanschlußbahn von dem des Schienenverkehrs der Eisenbahnen des öffentlichen Verkehrs i. S. von § 2 Abs. 4 Nr. 1 abgrenzen wollte, und den betrieblichen Zusammenhang sehr weit auslegte (z. B. größere Entfernung zwischen Zeche und zentralem Haldenbetrieb) und nicht reduzieren wollte auf einen engen räumlichen Zusammenhang.

399
In technischer Hinsicht sind bei der Zulassung von Betriebsplänen für Grubenanschlußbahnen außer den bergrechtlichen Vorschriften die **Verordnung über den Bau und Betrieb von Anschlußbahnen** (BoA, NW vom 31.10.1966, GuV 488) zu berücksichtigen, die sich mit Einzelheiten der Beschaffenheit von Bahnanlagen, Fahrzeugen und maschinellen Anlagen und mit der Durchführung des Bahnbetriebes befassen. Die Erfüllung der Vorschriften der BoA ist ihm Rahmen des § 55 Abs. 1 Nr. 3 bei der Betriebsplanzulassung zu prüfen. Aus der BoA ergibt sich auch, daß der Anschlußinhaber einen **Eisenbahnbetriebsleiter** bestellen muß, der der Bestätigung durch das Bergamt bedarf (vgl. § 58 Rn 82).

400
Zu unterscheiden von dieser öffentlich-rechtlichen Seite sind die **privatrechtlichen Rechtsverhältnisse** zwischen der Deutschen Bundesbahn und den Inhabern von Privatgleisanschlüssen (Anschließer), die durch **Gleisanschlußverträge** auf der Grundlage der allgemeinen Bedingungen für Privatgleisanschlüsse (Fassung 1968) geregelt werden. Die Mitbenutzung durch andere wird dann wiederum üblicherweise durch einen **Gleisnebenanschlußvertrag** zwischen Hauptanschließer und Nebenanschließer vereinbart.

401
Grubenbahnen sind alle dem Bergwerksbetrieb dienenden Bahnen, die im Gegensatz zu den Grubenanschlußbahnen keine Gleisverbindung zu einer Eisenbahn des öffentlichen Verkehrs haben. Sie sind Teil des Gewinnungsbetriebes und unterliegen nur den bergrechtlichen Bestimmungen. Die Grenzen zwischen Gruben- und Grubenanschlußbahn sind von der Bergbehörde im Einvernehmen mit dem LfB festzulegen.

Zweites Kapitel: Anzeige, Betriebsplan 402–405 § 56

402
Grubenbahnen kraft Gesetzes sind Gleisanlagen, die in einem **Tagebau** verlegt sind, auch wenn eine mittelbare Gleisverbindung zu einer Eisenbahn des öffentlichen Verkehrs besteht (§ 36 Abs. 3 LEG NW). Als „in einem Tagebau verlegt" gelten Gleisanlagen, die auf der eigentlichen Tagebausohle, den Innen- oder Außenkippen, den Strossen oder auf der Schräge, die zu diesen führt, verlegt sind (Ebel-Weller, ABG, § 68 Anm. 5 i).

8. Weitere Verfahren neben der Zulassung des Betriebsplanes
a) Erlaubnisse aufgrund gewerberechtlicher Verordnungen

403
Der Erlaubnis bedürfen nach § 10 der **Dampfkesselverordnung** die Errichtung und der Betrieb einer Dampfkesselanlage, nach § 7 der **Acetylenverordnung** die Errichtung und der Betrieb einer Acetylenanlage und nach § 6 der **Verordnung über brennbare Flüssigkeiten** Anlagen zur Lagerung von brennbaren Flüssigkeiten, Rohrleitungen der dort genannten Art und Fernleitungen. Diese Verordnungen (BGBl 1980, 173 = ZfB 121 (1980), 126) gelten jedoch nicht für die Anlagen in Unternehmen des Bergwesens, so daß sich aus den genannten Vorschriften eine Rechtsgrundlage für eine Erlaubnis im Bergbaubetrieb nicht ergibt (vgl. § 174, Rn 2).

404
In NW wurde jedoch § 115 Abs. 2 der BVOSt mit Wirkung vom 6.10.1980 dahingehend geändert, daß Dampfkesselanlagen nur mit schriftlicher Erlaubnis des Landesoberbergamtes errichtet, betrieben und geändert werden dürfen. Nach § 115 Abs. 3 der BVOSt gelten Genehmigungen zum Anlegen eines Dampfkessels oder Erlaubnisse zur Errichtung und zum Betrieb dieser Anlagen, die nach den bisherigen Vorschriften erteilt wurden, als Erlaubnisse i. S. § 115 Abs. 2 BVOSt. Für Dampfkessel, Acetylenanlagen und brennbare Flüssigkeiten im Braunkohlenbergbau gilt die geänderte BVOBr (i. d. F. v. 20.11.1981, Amtsblatt RP Münster v. 19.12.1981, Sonderbeil).

b) Anzeigepflicht bei Energieanlagen

405
Der Bau, die Erneuerung, die Erweiterung oder die Stillegung von **Energieanlagen** ist gem. § 4 Abs. 1 des Energiewirtschaftsgesetzes dem Landeswirtschaftsminister **anzuzeigen**. Diese Anzeigepflicht tritt neben die Betriebsplanpflicht. Ihr Zweck ist, der Energieaufsichtsbehörde die Möglichkeit zu geben, zu prüfen, ob die Gesichtspunkte der qualitativen und quantitativen Sicherheit und Preiswürdigkeit der Versorgung genügend berücksichtigt sind (Eiser-Riederer, Energiewirtschaftsrecht, § 4 Anm. 1 a).

§ 56 406–410 Dritter Teil: Aufsuchung, Gewinnung und Aufbereitung

406

Die Anzeigepflicht trifft **Energieversorgungsunternehmen** und nach § 1 der Ausführungsbestimmungen zu § 2 der 3. DVO vom 8.11.1938 (BGBl I, S. 1612) auch Unternehmen, die nicht Energieversorgungsunternehmen sind, d. h. praktisch die **Eigenerzeuger** von Elektrizität und Gas. Die Anzeigepflicht obliegt dem Unternehmen, das die Maßnahme durchführen will, ohne daß es auf die Eigentumsverhältnisse ankommt.

407

Die Anzeigepflicht gilt für Unternehmen und Betriebe, die nicht Energieversorgungsunternehmen sind, nach den Ausführungsbestimmungen des RWM zu § 2 der 3. DVO zum EnergG vom 24.11.1938 (RAnZ 1938, S. 276) nur für bestimmte Anlagen, nämlich für Energieanlagen, d. h. Eigenanlagen zur Erzeugung oder Verteilung von Elektrizität oder Gas; Erzeugungsanlagen für elektrische Energie oder Gas, wenn sie eine installierte Leistung von mehr als 50 KW oder eine Leistungsfähigkeit von insgesamt mehr als 2 Mio.WE/h besitzen; Anlagen zum Bezug elektrischer Energie, die für eine Spannung von 20 kV und darüber ausgelegt sind, Gasbezugsanlagen, soweit es sich nicht um Niederdruckanlagen handelt. Dabei sind Gasanlagen in Betrieben, die der bergbehördlichen Aufsicht unterliegen, gem. § 2 der genannten Ausführungsbestimmungen des RWM ohnehin von der Anzeigepflicht ausgenommen.

408

Die Anzeigen sind an den **Landeswirtschaftsminister** mit Durchdruck an das Bergamt zu richten (Ebel-Weller, ABG, § 68 Anm. 5 l). Sie müssen den Umfang des Vorhabens angeben und seine Notwendigkeit begründen, so daß der Energieaufsichtsbehörde eine umfassende Beurteilung der technischen und wirtschaftlichen Zusammenhänge möglich ist. Nach erfolgter Anzeige kann der Landesminister das Vorhaben beanstanden und untersagen, wobei die in § 4 Abs. 2 EnWG genannten Fristen durch die sog. Vereinfachungs-VO v. 27.9.1939 (RGBl I, 1950) aufgehoben sind, so daß sich die Frage stellt, ob anzeigepflichtige Vorhaben erst dann in Angriff genommen werden können, wenn der Wirtschaftsminister erklärt hat, daß er das Vorhaben weder beanstande noch untersage (bejahend u. a. OVG Münster RBeil zur E-Wirtschaft 1959/2 verneinend u. a. BVerwG RBeil zur E-Wirtschaft 1958, 77, Einzelheiten vgl. Eiser-Riederer, Energiewirtschaftsrecht, § 4 Rn 3 c unter Hinweis auf den Erlaß des BMW v. 3.11.1953 – Nr. III B 1 – 43714/53, wonach die Energieaufsichtsbehörden die Fristen der früheren Fassung des § 4 tunlichst einhalten sollen).

c) Genehmigung der Umwandlung von Wald

410

Nach § 2 des Bundeswaldgesetzes (BWaldG) vom 2.5.1975 (BGBl 1037) ist Wald jede mit Forstpflanzen bestockte Grundfläche, nicht dagegen in der Flur oder im bebauten Gebiet gelegene kleinere Flächen, die mit einzelnen Baumgruppen, Baumreihen oder mit Hecken bestockt sind.

Zweites Kapitel: Anzeige, Betriebsplan

411
Eine Haldenbestockung ist nach dieser Begriffsbestimmung im Regelfall Wald, auch das völlige Beseitigen einer Halde zum Zwecke der gewerblichen Nutzung der entstehenden Fläche ist eine Umwandlung von Wald (VG Gelsenkirchen in ZfB 119 (1978) 230, 239).

412
Nach § 39 Abs. 1 Landesforstgesetz NW (LForstG) vom 24. 4. 1980 (GV NW S. 546) ist jede Umwandlung von Wald in eine andere Nutzungsart **genehmigungspflichtig** durch die Forstbehörde. Das Gesetz stellt damit den Grundsatz des Verbots einer solchen Umwandlung ohne Genehmigung auf. Die Erteilung der Genehmigung ist an eine Abwägung zwischen den Zielen und Erfordernissen der Landesplanung, zwischen den Rechten, Pflichten und wirtschaftlichen Interessen des Waldbesitzers und den Belangen der Allgemeinheit geknüpft. Bei dieser Abwägung ist zu prüfen, welche Nutzungsart auf die Dauer für das Gemeinwohl von größerer Bedeutung ist. Bei bergbaulichen Vorhaben werden die Ziele der Landesplanung, die durch die Landesentwicklungspläne und Gebietsentwicklungspläne umgesetzt werden, eine besondere Rolle spielen. Dasselbe gilt auch für den Programmsatz des § 1 Nr. 1 und das öffentliche Interesse an der notwendigen Sicherung der Versorgung mit einheimischer Energie (OVG Münster ZfB 116 (1975), 245, 254). Von Bedeutung sind in diesem Zusammenhang auch die Interessen des Waldbesitzers an einer wirtschaftlicheren Nutzung seines Grundstücks, etwa durch gewerbliche Nutzung.

413
Einer Genehmigung bedarf es nach § 43 Abs. 1 LForstG **nicht**, wenn in einem Landschaftsplan, in einem Planfeststellungsbeschluß oder in einem Braunkohlenplan eine anderweitige Nutzung vorgesehen ist.

414
Die Genehmigung soll nach § 39 Abs. 3 LForstG versagt werden, wenn die Erhaltung des Waldes im überwiegenden öffentlichen Interesse liegt und dieser Nachteil nicht durch die Verpflichtung zu ausgleichenden Ersatzpflanzungen ganz oder zum überwiegenden Teil abgewendet werden kann. Ein überwiegendes Interesse in diesem Sinne liegt auch vor, wenn der Wald als Schutz gegen schädliche Umwelteinwirkungen im Sinne des BImSchG dient. Dabei kann auf die Legaldefinition des § 3 Abs. 1 BImSchG zurückgegriffen werden.

415
Die Umwandlungsgenehmigung wird gem. § 42 LForstG von der **Forstbehörde** (untere Forstbehörde – Forstamt gem. §§ 61, 57 LForstG) **im Benehmen mit der Bezirksplanungsbehörde**, dem Kreis oder der kreisfreien Stadt und dem Amt für Agrarordnung erteilt. Sie läßt gem. § 42 Abs. 3 LForstG die Verpflichtung zur Einreichung eines Betriebsplanes unberührt, wie auch umgekehrt die betriebsplanmäßige Zulassung nicht die Umwandlungsgenehmigung entbehrlich macht (so schon zu § 3 des früheren Gesetzes zum Schutz des Waldes vom 31. 3. 1950 Ebel-Weller § 68 Anm. 5 m).

416

Eine **Abgrabungsgenehmigung** gem. § 3 AbgrG NW schließt jedoch gem. § 7 Abs. 3 AbgrG NW die **Umwandlungsgenehmigung mit ein.** Der Grund hierfür ist, daß der Abgrabungsgenehmigung ein behördlich geprüfter Abgrabungsplan zugrunde liegt. Allerdings folgt daraus, daß die Abgrabungsgenehmigung zu versagen ist, wenn die Genehmigungsvoraussetzungen des § 39 LForstG nicht vorliegen (VG Gelsenkirchen ZfB 119 (1978), 230, 239, insofern richtig, obwohl aus anderen Gründen aufgehoben durch OVG Münster, ZfB 121 (1980), 73). Das kann der Fall sein, wenn eine alte Zechenhalde bewaldet ist und eine wichtige Schutzfunktion zwischen Industriebereich und anschließender Wohnbebauung erfüllt (VG Gelsenkirchen, a. a. O.).

d) **Erlaubnis nach dem Sprengstoffgesetz**

417

Der Umgang, der Verkehr und das Befördern von explosionsgefährlichen Stoffen bedarf, sofern es gewerbsmäßig, selbständig im Rahmen einer wirtschaftlichen Unternehmung erfolgt, der **Erlaubnis nach § 7 SprengG.** Dabei wird im praktischen Bergbaubetrieb häufig der Tatbestand des „Umganges" mit explosionsgefährlichen Stoffen erfüllt sein, den § 3 Abs. 5 SprengG als Herstellen, Bearbeiten, Verarbeiten, Wiedergewinnen, Aufbewahren, Verwenden, Vernichten, Befördern, Überlassen und Empfangnehmen innerhalb der Betriebsstätte definiert.

418

Die Erlaubnis ist eine **Personalerlaubnis.** Träger können auch juristische Personen sein, wobei als Antragsteller die nach Gesetz, Satzung oder Gesellschaftsvertrag berufenen Personen gelten. Sofern der Antragsteller alle persönlichen Voraussetzungen erfüllt, hat er einen **Rechtsanspruch** auf Erteilung der Erlaubnis (Keusgen ZfB 111 (1970), 408, 417).

419

Die Erlaubnis ist nach der VO zur Regelung von Zuständigkeiten auf dem Gebiet des Sprengstoffrechtes vom 5.5.1970 (GuV NW, 338 = ZfB 111 (1970) 401) in Betrieben, die der Bergaufsicht unterliegen, von den **Bergämtern** zu erteilen. Sie ist neben der betriebsplanmäßigen Zulassung zu beantragen (so schon für die früheren Sprengstofferlaubnisse aufgrund landesrechtlicher Vorschriften Ebel-Weller, § 68, 4 f).

420

Von der Erlaubnis nach § 7 SprengG ist zu unterscheiden die **Zulassung von explosionsgefährlichen Stoffen** gem. § 5 SprengG. Es handelt sich um eine Stoffmuster- oder Bauartzulassung für explosionsgefährliche Stoffe und Sprengstoffzubehör, bei der die Zusammensetzung, Beschaffenheit und Bezeichnung geprüft wird und die als Voraussetzung für das Vertreiben, Überlassen und Verwenden von Sprengstoffen in gewerblichen Betrieben einschließlich denen, die unter Bergaufsicht stehen, anzusehen ist. Die Zulassung wird erteilt von der Bundesanstalt für Materialprüfung, wobei die Bergämter im Einzelfall weitergehende

Zweites Kapitel: Anzeige, Betriebsplan   421–425 § 56

Anforderungen stellen können (VO vom 5.5.1972, GuV NW 338 = ZfB 111 (1970), 401).

e) Genehmigung für Abgrabungen

421
Das Abgrabungsgesetz NW vom 23.11.1979 sieht für **Abgrabungen** eine **Genehmigung** nach § 3 Abs. 1 AbgrG vor. Der Begriff der danach genehmigungspflichtigen Abgrabungen wird in § 1 Abs. 1 Nr. 1 AbgrG NW gesetzlich als oberirdische Gewinnung von Bodenschätzen definiert, wobei § 1 Abs. 2 AbgrG als solche „insbesondere" – d.h. nicht abschließend – Kies, Sand Ton, Lehm, Kalkstein, Dolomit, sonstige Gesteine, Moorschlamm und Torf aufführt und § 1 Abs. 1 Nr. 1 AbgrG die Anwendbarkeit noch zusätzlich davon abhängig macht, daß diese Bodenschätze im Verfügungsrecht des Grundeigentümers stehen. Die Abgrabungsgenehmigung wird gem. § 8 AbgrG NW vom Regierungspräsidenten erteilt. Die Abgrenzung zu den BBergG unterliegenden bergfreien Bodenschätzen Quarz, Quarzit, Ton folgt aus § 3 Abs. 4 Nr. 1 BBergG und dem Merkmal „Eignung zur Herstellung von feuerfesten Erzeugnissen".

422
Die Kollisionsregelung zum bergrechtlichen Betriebsplan enthält § 1 Abs. 3 AbgrG. Abgrabungen, die der Aufsicht der **Bergbehörden** unterliegen, werden von den Bestimmungen des Abgrabungsgesetzes und damit **von der Genehmigungspflicht** des § 3 AbgrG NW **nicht erfaßt**.

423
Bei alten Bergehalden (vgl. auch § 128 Rn 1 ff), die teilweise Abraum, teilweise Wegematerial (Gesteine) und teilweise Kohleanteile enthalten, ist die Zuordnung oft problematisch (hierzu Stemplewski ZfB 123 (1982), 200). Die Kohleanteile gehören nicht zu den Bodenschätzen i.S. § 1 Abs. 2 AbgrG, da sie als solche durch die Verbindung zu § 1 Abs. 1 Nr. 1 AbgrG nur angesehen werden können, wenn sie im Verfügungsrecht des Grundeigentümers stehen (VG Gelsenkirchen ZfB 119 (1978), 230, 237). Kohle gehört jedoch gem. § 3 Abs. 3 zu den bergfreien Bodenschätzen. Auch das Abraummaterial dieser alten Bergehalden ist nicht als Bodenschatz i.S. § 1 Abs. 1 Nr. 1 AbgrG anzusehen, wie sich aus dem begrifflichen Gegensatz Abraum – Bodenschatz in § 4 Abs. 2 AbgrG NW ergibt.

424
Schließlich ist auch das aus Gesteinen bestehende Wegebaumaterial kein „Bodenschatz" i.S. § 1 Abs. 2 AbgrG (OVG Münster, Glückauf 1979, 1119 = ZfB 121 (1980), 73 gegen VG Gelsenkirchen a.a.O. = Glückauf 1977, 1190). Als Bodenschatz sind nur natürliche Ablagerungen oder Ansammlungen zu verstehen, nicht jedoch die bereits gewonnenen und auf Bergehalden angehäuften Gesteinsmassen. Sie sind selbständige bewegliche Sachen (BGH ZfB 95 (1954), 445).

425
Die Abtragung einer Bergehalde mit den verschiedenen Bestandteilen Kohle, Bergegestein, Abraum bedarf keiner Genehmigung nach dem AbgrG (OVG Münster a.a.O. gegen VG Gelsenkirchen a.a.O.), zumal eine Abtragung der

Halde nicht zu einer Veränderung in ihrer natürlichen Beschaffenheit führt, sondern eine früher ebenfalls von Menschen geschaffene Veränderung wieder rückgängig macht.

426
Die Abgrabungsgenehmigung schließt die in § 7 Abs. 3 AbgrG genannten Genehmigungen mit ein. Sie darf daher nur erteilt werden, wenn die Voraussetzungen für diese eingeschlossenen Genehmigungen ebenfalls vorliegen (VG Gelsenkirchen a.a.O., für die Waldumwandlungsgenehmigung nach § 41 LForstG vgl. § 56 Rn 416, wohl auch anwendbar auf erforderliche Ausnahmegenehmigungen für verbotene Maßnahmen nach gemeindlichen Satzungen zum Schutz des Baumbestandes, die für im Zusammenhang bebaute Ortsteile und für Geltungsbereiche von Bebauungsplänen gem. § 45 Abs. 4 des LG NW aufgestellt werden können).

427
Die Abgrabungsbetriebe, die der Genehmigung nach § 3 AbgrG unterliegen, können andererseits die besonderen Rechtsvorschriften, die für Betriebe unter Bergaufsicht gelten (hierzu § 69 Rn 17), nicht in Anspruch nehmen. So gilt für sie das AbfG, werden wasserrechtliche Erlaubnisse nicht durch die Bergbehörde erteilt.

428
Eine besondere Abgrabungsgenehmigung nach § 3 AbgrG entfällt, sofern das Abgrabungsvorhaben einer Planfeststellung oder Plangenehmigung nach § 31 WHG bedarf, weil es sich um den Ausbau eines Gewässers handelt (z. B. beim Kies- und Sandabbau, Rn 333 f, 373). Die Konzentrationswirkung des von der für die Genehmigung der Abgrabung zuständigen Behörde (§ 104 LWG NW, Rn 374) zu erlassenden Planfeststellungsbeschlusses bzw. der zu erteilenden Plangenehmigung umfaßt die Erteilung der Abgrabungsgenehmigung mit.

§ 57 Abweichungen von einem zugelassenen Betriebsplan

(1) Kann eine Gefahr für Leben oder Gesundheit Beschäftigter oder Dritter nur durch eine sofortige Abweichung von einem zugelassenen Betriebsplan oder durch sofortige, auf die endgültige Einstellung des Betriebes gerichtete Maßnahmen abgewendet werden, so darf die Abweichung oder die auf die Einstellung gerichtete Maßnahme auf ausdrückliche Anordnung des Unternehmers bereits vor der Zulassung des hierfür erforderlichen Betriebsplanes vorgenommen werden. Der Unternehmer hat der zuständigen Behörde die Anordnung unverzüglich anzuzeigen.

(2) Werden infolge unvorhergesehener Ereignisse zur Abwendung von Gefahren für bedeutende Sachgüter sofortige Abweichungen von einem zugelassenen Betriebsplan erforderlich, so gilt Absatz 1 entsprechend mit der Maßgabe, daß die Sicherheit des Betriebes nicht gefährdet werden darf.

(3) Die Zulassung der infolge der Abweichung erforderlichen Änderung des Betriebsplanes oder des für die Einstellung erforderlichen Betriebsplanes ist unverzüglich zu beantragen.

Zweites Kapitel: Anzeige, Betriebsplan   1–5   § 57

1
In § 57 hat der Gesetzgeber dringenden Bedürfnissen zur Beseitigung von Gefahren **ohne vorherige betriebsplanmäßige Zulassung** Rechnung getragen. Dieser Notwendigkeit war § 69 ABG NW schon gefolgt in der Erkenntnis, daß die betriebsplanmäßige Zulassung notwendigerweise die betrieblichen Erfordernisse nicht ständig begleiten kann, sondern im Einzelfall durch den bürokratischen Ablauf Zeit braucht.

2
Die Möglichkeit, in Ausnahmefällen ohne Betriebsplan oder abweichend vom Betriebsplan zunächst zu handeln, hat sich für den Unternehmer **immer mehr eingeschränkt.** Das pr. ABG v. 24. 6. 1865 (pr.GS NW S. 164 SGV NW 75) sah es noch als ausreichend an, wenn infolge unvorhergesehener Ereignisse sofortige Abänderungen des Betriebsplanes erforderlich waren. Der Betriebsführer konnte dann die Abänderungen innerhalb von vierzehn Tagen der Bergbehörde anzeigen. In NW galt zunächst seit dem 1. Gesetz zur Änderung berggesetzlicher Vorschriften v. 25. 10. 1950 (GS NW S. 694), daß die Anzeige „unverzüglich" erstattet werden mußte. Das 3. Gesetz zur Änderung berggesetzlicher Vorschriften v. 8. 12. 1964 (GV NW S. 412) regelte dann das Verfahren strenger, das bei Abweichung vom Betriebsplan einzuhalten war. Denn bis dahin war gesetzlich nichts gesagt, ob und wielange abweichend vom zugelassenen Betriebsplan gearbeitet werden durfte. Das BBergG hat jetzt die Zügel noch enger gezogen: es legt die Voraussetzungen für das Abweichen genauer fest.

3
Das Gesetz unterscheidet zwei Fälle, bei denen die Voraussetzungen für ein sofortiges Handeln ohne betriebsplanmäßige Zulassung möglich ist:

4
Bei **Gefahren für Gesundheit oder Leben** ist die Abweichung vom Betriebsplan in jedem Fall möglich, unabhängig davon, ob die Gefahr vorhersehbar oder verschuldet war oder auf welchen Ursachen sie beruht. Zu eng erscheint die Formulierung des Gesetzes insofern, als es auch bei Lebens- und Gesundheitsgefahren darauf ankommen soll, daß eine Gefahr „nur durch eine sofortige Abweichung" abgewendet werden kann. Hier soll offenbar eine Rolle spielen, daß die Abweichung vom Betriebsplan das einzige taugliche Mittel zur Behebung der Gefahr ist. Das Risiko, ein untaugliches oder nur vermeintlich geeignetes Mittel gewählt zu haben, liegt danach offenbar beim Unternehmer. Eine gerade in Gefahrensituationen nicht unbedingt handlungsfördernde Erkenntnis, zumal eine Fehlentscheidung als Ordnungswidrigkeit oder sogar als Straftat mit strafrechtlichen Konsequenzen bedroht ist (§ 57 Rn 10).

5
Die zweite Fallgestaltung findet sich in § 57 Abs. 2: **Gefahren für bedeutende Sachgüter** können durch sofortige Abweichungen vom Betriebsplan abgewendet werden. Auch hier wurde durch eine unerträgliche Häufung von unbestimmten Rechtsbegriffen das Interesse am betriebsplanmäßigen Zulassen von bergmänni-

§ 57 6–10 Dritter Teil: Aufsuchung, Gewinnung und Aufbereitung

schen Handlungen zu stark in den Vordergrund gerückt. Es müssen Gefahren für „**bedeutende**" Sachgüter vorliegen. Dabei fehlt jede Aussage darüber, wofür die Sachgüter bedeutend sein sollen, ob es auf ihren Wert ankommt, wo die Unbedeutsamkeit endet. Die Begründung nennt (BT-Drucks. 8/1315, S. 113) Fördertürme und Verkehrsanlagen als Sachgüter in diesem Sinne und hätte sich diese Erläuterung wegen ihrer Selbstverständlichkeit sparen können. Das nächste Auslegungsproblem bietet der Begriff „**unvorhergesehene Ereignisse**", wobei zur Klarstellung erwähnt werden muß, daß es nicht auf „unvorhersehbare Ereignisse" ankommt. Schließlich muß die Abweichung vom Betriebsplan „**erforderlich**" sein und letztlich darf „**die Sicherheit des Betriebes nicht gefährdet** werden". Hier sind so viele Abwägungen im Augenblick der Gefahr zu treffen, daß der Zweck der Gesetzesbestimmung, die sofortige Gefahrenabwehr, bei kleinlicher Handhabung in Zweifeln erstickt wird. Verfahrensmäßig ist folgender Weg einzuhalten:

6

Die **Anordnung** des Unternehmers **zur Abweichung** vom zugelassenen Betriebsplan. Diese Anordnungsbefugnis ist in § 62 Nr. 2 erwähnt, so daß der Unternehmer sie auf verantwortliche Personen übertragen kann.

7

Ferner hat der Unternehmer die **Anordnung** der Behörde **unverzüglich anzuzeigen** (§ 57 Abs. 1 S. 2). Unverzüglich bedeutet „ohne schuldhaftes Zögern" i. S. von § 121 Abs. 1 BGB. Diese Pflicht des Unternehmers kann gem. § 62 Nr. 1 auf verantwortliche Personen übertragen werden. Die Anzeige kann auch mündlich erfolgen, wie sich aus dem Umkehrschluß aus § 56, wo Schriftform ausdrücklich vorgeschrieben ist, ergibt.

8

Schließlich muß der Unternehmer oder die verantwortliche Person, der er diese Pflicht gem. § 62 Nr. 1 übertragen hat, die **Zulassung der Änderung** des Betriebsplanes unverzüglich **beantragen**. Auch dieser Antrag kann im Grunde aus denselben Gesichtspunkten wie die Anzeige mündlich gestellt werden. Das ergibt sich auch aus § 10 VwVfG, wonach Verwaltungsverfahren an bestimmte Formen nicht gebunden sind. Ein förmliches Verfahren i. S. § 22 VwVfG ist das Betriebsplanverfahren ohnehin nicht.

9

Für die Zulassung des Betriebsplanes sind dann die Voraussetzungen des § 55 zu prüfen. Das Recht, nach § 57 zu verfahren, besteht bis zur Zulassung oder Ablehnung des Betriebsplanes fort (zum bisherigen Recht Isay, ABG, § 69 Anm. 1).

10

Nach § 145 Abs. 1 Nr. 9 handelt **ordnungswidrig**, wer die Anordnung gem. § 57 Abs. 1 S. 2 nicht, nicht richtig, nicht vollständig oder nicht unverzüglich anzeigt. Das Anordnen von Abweichungen von einem Betriebsplan, ohne daß die Voraussetzungen des § 57 Abs. 1 S. 2 oder § 57 Abs. 2 vorliegen, ist nach § 145 Abs. 1 Nr. 6 eine Ordnungswidrigkeit. Sie ist nach § 145 Abs. 4 mit Geldbuße bis zu fünfzigtau-

Drittes Kapitel: Verantwortliche Personen §§ 57, 58

send Mark bedroht. Sofern Leben oder Gesundheit eines anderen oder fremde Sachen von bedeutendem Wert gefährdet sind, liegt sowohl im Falle des § 145 Abs. 1 Nr. 6 als auch bei Nr. 9 eine Straftat gem. § 146 vor.

**Drittes Kapitel
Verantwortliche Personen**

§ 58 Personenkreis

(1) Verantwortlich für die Erfüllung der Pflichten, die sich aus diesem Gesetz, den auf Grund der §§ 65 bis 67 erlassenen oder nach § 176 Abs. 3 aufrechterhaltenen Bergverordnungen, aus Verwaltungsakten und aus zugelassenen Betriebsplänen für die ordnungsgemäße Errichtung, Führung und Einstellung eines Betriebes ergeben (verantwortliche Personen), sind, soweit dieses Gesetz oder eine dieses Gesetzes erlassene Rechtsverordnung nichts anderes bestimmt,
1. der Unternehmer, bei juristischen Personen und Personenhandelsgesellschaften die nach Gesetz, Satzung oder Gesellschaftsvertrag zur Vertretung berechtigten Personen, und
2. die zur Leitung oder Beaufsichtigung des Betriebes oder eines Betriebsteiles bestellten Personen im Rahmen ihrer Aufgaben und Befugnisse.

(2) Ist der Betrieb eingestellt, so ist verantwortliche Person auch der Inhaber der Aufsuchungs- oder Gewinnungsberechtigung, es sei denn, daß er zur Erfüllung der in Absatz 1 genannten Pflichten rechtlich nicht in der Lage ist. Ist die Berechtigung zur Aufsuchung oder Gewinnung nach Inkrafttreten dieses Gesetzes erloschen, so tritt an die Stelle des Inhabers dieser Berechtigung die Person, die im Zeitpunkt des Erlöschens Inhaber der Berechtigung war.

I. Verantwortliche Personen

1. Entwicklung

1
Die Gefahren, die mit dem Abbau von Bodenschätzen in der Regel verbunden sind, und die ständige Ausdehnung der einzelnen Betriebe im Laufe der technischen Fortentwicklung des Bergbaues machten es schon seit langem notwendig, daß der Bergwerksbetrieb nur unter Leitung sachkundiger Personen geführt werden konnte. Das Recht dieser sog. Aufsichtspersonen hat eine wechselvolle Entwicklung genommen.

2
Bis zur Mitte des 19. Jahrhunderts oblag der **Bergbehörde** nicht nur die Beaufsichtigung, sondern auch die **Leitung des Bergwerksbetriebes**. Diese als **Direktionsprinzip** bezeichnete Machtstellung der Bergbehörde leitete sich aus den alten Bergverordnungen Sachsens her, wurde von den preußischen Bergverordnungen

übernommen und auch in § 82 II, 16 ALR (1794) festgeschrieben, wonach jeder Beliehene sein Bergwerkseigentum den Grundsätzen der Bergpolizei gemäß benutzen mußte und sich dabei der Direktion des Bergamtes nicht entziehen konnte (Weller ZfB 106 (1965), 218). Der Bergwerksbesitzer hatte nur geringen Einfluß. Die oberste Leitung des Betriebes lag bei der Bergbehörde, die Betriebsführung wurde den vom Bergamt bestellten, von ihm ohne Anhörung der Gewerken zu entlassenden, und ihm verantwortlichen „Schichtmeister" (Generalbevollmächtigter der Gewerken) und „Steigern" übertragen.

3
Das Miteigentümergesetz vom 12.5. 1851 (GS 1851, S. 265) und das Gesetz vom 21.5. 1860 (GS 1860, Nr. 16, S. 201) waren Schritte zum **Inspektionsprinzip**. Die Gewerkschaften erhielten in den Repräsentanten und Grubenvorständen Organe für die Verwaltung ihrer Angelegenheiten. Die Schichtmeister werden zu untergeordneten Rechnungsführern (Oversohl, Die Rechtsstellung der Aufsichtspersonen in den Bergwerksbetrieben, Diss. Münster 1968, 31). Die Anstellung der mit dem Grubenbetrieb befaßten technischen Grubenbeamten oblag dem Bergwerksbesitzer. Die Qualifikation dieser Beamten mußte aber der Bergbehörde nachgewiesen und von ihr anerkannt werden (Weller, a.a.O., 232).

4
Das **Allgemeine Berggesetz** für die preußischen Staaten vom 24.6. 1865 (GS 1865, S. 705 und ZfB 6 (1865), 235) in seiner ersten Fassung stellte in Anlehnung an das frühere Recht den Grundsatz auf, daß der Bergwerksbetrieb nur unter der Leitung von Personen erfolgen dürfe, deren Befähigung hierzu von der Bergbehörde anerkannt war. Diese Personen mußten die volle Verantwortung für den Betrieb tragen.

5
In der **Berggesetznovelle** vom 28.7. 1909 (ZfB 50 (1909), 318 auch PrGS NW S. 164, SGV 75) wurde die Verantwortlichkeit des Betriebsführers auf ein angemessenes Maß zurückgeführt. Der Gesetzgeber berücksichtigte die stürmische Entwicklung des Bergbaus und die Vielzahl der Verantwortungsbereiche in einer mehr und mehr arbeitsteiligen Betriebswelt, indem er die Beschränkung der Verantwortlichkeit auf einen bestimmten Geschäftskreis als Teil des Betriebes ermöglichte (§ 74 Abs. 1 ABG: „ . . . unter Angabe des eines jeden zu übertragenden Geschäftskreises . . ."). Seither sprach das Bergrecht von „Aufsichtspersonen", während in § 58 dieser Begriff jetzt durch die Formulierung „verantwortliche Personen" ersetzt wurde.

6
Die Befähigung der Aufsichtspersonen bedurfte weiterhin der **schriftlichen Anerkennung durch** die **Bergbehörde**, wobei sich die Prüfung einerseits auf die Vorbildung und den Charakter, andererseits auf den Geschäftskreis erstreckte (Ausführungsanweisung vom 13.10. 1909, ZfB 51 (1910), 2). Die Verweigerung der Anerkennung konnte durch Verwaltungsklage angefochten werden.

Drittes Kapitel: Verantwortliche Personen   **7–10 § 58**

7
Die Berggesetznovelle vom 28. 7. 1909 führte außerdem die **Verantwortlichkeit** der nicht behördlich anzuerkennenden **Bergwerksbesitzer**, seiner Vertreter (Grubenvorstand, Repräsentant, Vorstand) und der den Aufsichtspersonen vorgesetzten „höheren Beamten" des Betriebes ein, begrenzte sie allerdings auf zwei Tatbestände: die Verpflichtung zur Innehaltung des Betriebsplanes und der gesetzlichen Vorschriften sowie auf eine begrenzte Pflicht des Werksbesitzers, die Aufsichtspersonen zu beaufsichtigen. Die Beaufsichtigungspflicht trat nämlich nur ein, wenn der Werksbesitzer von einer bevorstehenden Verletzung des Betriebsplanes oder gesetzlicher Vorschriften Kenntnis hatte oder wenn ihre tatsächliche Stellung zum Betrieb derart war, daß sich daraus eine Aufsichtspflicht ergab. Diese Verantwortlichkeit wird durch die Verantwortlichkeit der Aufsichtspersonen nicht ausgeschlossen. Dasselbe gilt umgekehrt für die Verantwortlichkeit der Aufsichtspersonen (Betriebsführer, Steiger, technische Aufseher).

8
Das Recht der Aufsichtspersonen wurde dann in einigen **Bundesländern** (z. B. NW durch das 3. Bergrechtsänderungsgesetz vom 8. 12. 1964 GV NW S. 412 und Saarland durch Änderungsgesetz vom 5. 7. 1967, ABl. S. 637) völlig neu gestaltet. Die verantwortliche Leitung des Betriebes wurde Aufgabe des Bergwerksbesitzers, d. h. desjenigen, für dessen Rechnung der Betrieb geführt wird. Zur verantwortlichen Leitung gehören sämtliche Leitungsfunktionen, wie etwa die Planung der betrieblichen Vorhaben, die Bereitstellung der zu ihrer Durchführung notwendigen Betriebsmittel, die Erteilung von Weisungen, die Einstellung des erforderlichen und geeigneten Personals, die Regelung seiner Zusammenarbeit im Betrieb sowie die Überwachung des Betriebes und der darin Beschäftigten (Amtl.Begr. I. Drucksache NW Nr. 370, S. 7).

9
Während noch die 1. Fassung des ABG eine Verantwortlichkeit des Werksbesitzers und seiner höheren Mitarbeiter nicht vorgesehen hat, nicht einmal dann, wenn sie in den Betrieb eingriffen (nach LG Beuthen, ZfB 48 (1906), 404 konnte sich der Werksbesitzer sogar bei Eingriffen in den Betrieb strafbar machen), wird jetzt die Verantwortlichkeit genau umgekehrt. Der Unternehmer haftet umfassend, er hat jedoch die Möglichkeit, „soweit erforderlich" sogar die Pflicht, an der Wahrnehmung seiner Aufgaben und Befugnisse andere Personen zu beteiligen. Bei der Bestellung dieser Aufsichtspersonen bleiben dem Unternehmer zwei wesentliche Pflichten: er hat die Pflicht zur eindeutigen und lückenlosen Abgrenzung der Aufsichtsbereiche (Koordinierungspflicht) und trägt die Verantwortung für die Eignung und Zuverlässigkeit der von ihm bestellten Aufsichtspersonen. Dabei war er in NW keinen gesetzlichen und behördlichen Regeln unterworfen (anders VO über die Voraussetzungen für die Bestellung von Personen nach § 74 des ABG vom 20. 9. 1967 im Saarland (ABl. S. 778).

10
Im Gegensatz zur früheren Rechtslage **entfiel** die **Anerkennung der Befähigung oder ihre Aberkennung**. Die Bergbehörde war lediglich berechtigt, durch Ord-

nungsverfügung vom Bergwerksbesitzer die Abberufung der Aufsichtsperson zu verlangen, wenn Tatsachen für die Unzuverlässigkeit und Ungeeignetheit einer Aufsichtsperson vorlagen. Hierdurch wurde einerseits die primäre Verantwortlichkeit des Bergwerksbesitzers herausgestellt, andererseits jeder Anschein vermieden, daß die Bergbehörde anstelle des Unternehmers die Verantwortung für die richtige Auswahl der betrieblichen Aufsichtsperson trage.

11
Das BBergG knüpft an die letzte Entwicklung des Rechtes der Aufsichtspersonen an, erweitert jedoch die Verpflichtung des Unternehmers und die Prüfungspflicht der Bergbehörde durch Einbeziehung der Gesichtspunkte der Zuverlässigkeit, Fachkunde und körperlichen Eignung der verantwortlichen Personen in das Betriebsplanverfahren (§ 55 Abs. 1 Nr. 2). Der Unternehmer trägt die alleinige Verantwortung für die Auswahl der verantwortlichen Personen. Der Einfluß der Bergbehörde ist dadurch gewahrt, daß sie unter den Voraussetzungen des § 73 Abs. 1 die Beschäftigung nicht qualifizierter Personen untersagen kann (Dapprich, Kompaß 1980, 441, 444). Außerdem wird die Zuverlässigkeit des Unternehmers und die Qualifikation der verantwortlichen Personen gem. § 55 Abs. 1 Nr. 2 im Betriebsplanverfahren geprüft, die Anforderungen an die Fachkunde können durch VO gem. § 66 Nr. 9 festgelegt werden.

2. Grundsätze der Regelung der Verantwortlichkeit

12
§ 58 Abs. 1 enthält die wichtigsten Grundsätze der neuen Verantwortlichkeit. Er regelt die Abgrenzung des verantwortlichen Personenkreises und den Umfang der Verantwortung.

13
Der verantwortliche Personenkreis ist **abgestuft**: umfassend verantwortlich ist der Unternehmer und die unternehmerähnlichen Personen i.S. § 58 Abs. 1 Nr. 1, begrenzt verantwortlich auf den Rahmen der ihnen übertragenen Aufgaben und Befugnisse sind die bestellten Personen i.S. § 58 Abs. 1 Nr. 2. Ergänzt wird der Kreis der Verantwortlichen noch um den Sonderfall des Inhabers der Aufsuchungs- oder Gewinnungsberechtigung, wenn der Betrieb eingestellt ist (§ 58 Abs. 2).
Die Regelung des § 58 ist nicht abschließend in dem Sinne, daß andere, hier nicht genannte Personen nicht die Vorschriften des BBergG oder der erlassenen bzw. aufrechterhaltenen Bergverordnungen einzuhalten haben. Die Vorschrift regelt nur die besondere unternehmerische Verantwortlichkeit, neben der selbstverständlich die allgemine Pflicht zur Einhaltung gesetzlicher Bestimmungen steht.

14
Der Begriff des Unternehmers ist in § 4 Abs. 4 definiert. Entscheidend ist, daß der Unternehmer die in § 2 Abs. 1 Nr. 1 und 2 genannten bergbaulichen Tätigkeiten auf eigene Rechnung durchführt oder durchführen läßt.

Drittes Kapitel: Verantwortliche Personen **15–20 § 58**

Inwieweit die Begriffe „auf eigene Rechnung" und „die in § 2 Abs. 1 Nr. 2 genannten Tätigkeiten einer Auslegung bedürfen, vgl. § 4 Rn 8. Inwieweit Betriebsführungsgesellschaften Konzernmuttergesellschaften bzw. -tochtergesellschaften oder Bergbauspezialgesellschaften den Unternehmerbegriff erfüllen, vgl. § 4 Rn 8.

15
Auf eigene Rechnung können tätig sein: der Inhaber einer Erlaubnis oder Bewilligung, Bergwerkseigentümer, Pächter, Nießbraucher von Grubenfeldern.

16
Sofern der Aufsuchungs-, Gewinnungs- oder Aufbereitungsbetrieb nicht von einer natürlichen, sondern von einer juristischen Person (AG, GmbH, KGaA) oder Personenhandelsgesellschaft (BGB-Gesellschaft, OHG, KG, stille Gesellschaft) betrieben wird, sind die nach Gesetz, Satzung oder Gesellschaftsvertrag **vertretungsberechtigten Personen Unternehmer.**

17
Die Aktiengesellschaft wird gem. § 78 AktG vom Vorstand gerichtlich und außergerichtlich vertreten. Bei einem mehrgliedrigen Vorstand gilt, auch wenn er einen Vorsitzer hat, der Grundsatz der Gesamtvertretung. Die Satzung oder mit ihrer Ermächtigung der Aufsichtsrat können aber bestimmen, daß einzelne Vorstandsmitglieder allein oder zu zweien oder in Gemeinschaft mit einem Prokuristen vertretungsberechtigt sind. Der **Prokurist** wird hierdurch allerdings nicht zum „Unternehmer" i. S. § 58 Abs. 1, da seine Vertretungsmacht auf rechtsgeschäftlicher Erteilung, nicht auf Gesetz, Satzung oder Gesellschaftsvertrag beruht. Bei der GmbH ist gem. § 35 GmbHG der oder die **Geschäftsführer**, bei der KG und OHG der Komplementär bzw. persönlich haftende Gesellschafter (§ 125 HGB) mangels abweichender Bestimmung im Gesellschaftsvertrag vertretungsberechtigt.

18
Durch Geschäftsverteilungsplan des Vorstandes kann der Gesamtvorstand das technische Vorstandsmitglied zur verantwortlichen Person ernennen. Dadurch wird dieses Vorstandsmitglied zwar nicht allein Unternehmer i. S. § 58 Abs. 1, wohl aber das zweite und umfassendste Glied in der Verantwortungskette von oben nach unten (für das frühere Recht Oversohl, die Rechtstellung der Aufsichtspersonen in den Bergwerksbetrieben, Diss. Münster 1968, 90).

19
Im Rahmen ihrer Aufgaben und Befugnisse sind die nach § 58 Abs. 1 Nr. 2 bestellten Personen verantwortlich. Wer bestellt werden kann, regelt § 59, wie bestellt wird, § 60, welche Pflichten delegiert werden können, § 62. Zum Begriff Aufgaben und Befugnisse vgl. § 59 Rn 15.

20
Die Vorschrift des § 58 Abs. 1 regelt die **verwaltungsrechtliche** Verantwortlichkeit des Unternehmers und der von ihm bestellten Personen (BT-Drucksache 8/1315,

114 = Zydek, 269). Sie erstreckt sich auf die in § 58 Abs. 1 abschließend geregelten Pflichten: das BBergG, die aufgrund dieses Gesetzes erlassenen Rechtsverordnungen, die aufrechterhaltenen Rechtsverordnungen, die Verwaltungsakte und zugelassenen Betriebspläne einzuhalten.

21
Auch diese Rechtsgrundlagen bestimmen nicht umfassend die Pflichten der verantwortlichen Personen, sondern nur, soweit sie die ordnungsgemäße Errichtung, Führung und Einstellung eines Betriebes festlegen.

22
Es handelt sich bei der in den §§ 58 ff normierten Verpflichtung nur um eine speziell **bergrechtliche**. Die Verantwortung für die Einhaltung anderer, im Katalog nicht genannter Gesetze ergibt sich nicht aus diesen Bestimmungen.

23
Die verwaltungsrechtliche Verantwortung kann, sofern sie nicht erfüllt wird, eine **strafrechtliche** bzw. ordnungswidrigkeitsrechtliche Verantwortlichkeit nach sich ziehen. Die Nichterfüllung der in § 58 Abs. 1 genannten gesetzlichen und verwaltungsrechtlichen Forderungen zieht, sofern ausdrücklich gesetzlich geregelt, die Konsequenz einer Straftat oder Ordnungswidrigkeit nach sich. Die Bedeutung des § 58 Abs. 1 liegt darin, daß sie die für die Strafbarkeit von Unterlassungen erforderliche Rechtspflicht zum Handeln begründet. Für die verantwortlichen Personen wird eine eigene Pflicht zur Befolgung der genannten Rechtsgrundlagen im Rahmen ihres Aufgabenbereiches geschaffen. Die Ordnungswidrigkeit selbst wird sich häufig aus § 145 Abs. 1 Nr. 6 ergeben. Wer gegen einen zugelassenen Betriebsplan oder seine Auflagen verstößt, handelt ohne Betriebsplan (OLG Hamm, Glückauf 1971, 503, OLG Düsseldorf ZfB 112 (1971), 438, 440).

24
Die strafrechtliche Verantwortlichkeit setzt allerdings **Vorsatz oder Fahrlässigkeit** voraus. Bei den bestellten Personen ist wegen der besonderen Voraussetzungen an ihre Qualifikation ein besonderer Maßstab zur Erfüllung der im Verkehr erforderlichen Sorgfalt anzulegen. Fahrlässig handelt, wer ohne Betriebsplan betriebsplanpflichtige Maßnahmen durchführt, obwohl er von der Bergbehörde wiederholt auf die fehlende Zulassung hingewiesen wurde (AG Freiburg ZfB 122 (1981), 463, 464). Die mit der Leitung oder Beaufsichtigung von Betriebsteilen beauftragten Personen müssen sich ständig über die Gefahrenquellen auf dem laufenden halten. Es entbindet sie nicht von der eigenen Prüfung, daß die Anlage bergbehördlich zugelassen oder überwacht ist oder technisch überholt ist (Ebel-Weller, § 76, 2a). Die bestellte Person ist vielmehr dafür verantwortlich, daß ein Unfall, der in seinem Geschäftskreis bei pflichtgemäßer Aufmerksamkeit voraussehbar war, nicht eintritt. Dabei genügt es nicht, daß er die Arbeiter vor einer besonders gefährlichen Stelle warnt, vielmehr muß er sich über die Einhaltung der Warnung vergewissern und, sofern sie nicht befolgt wird, verhindern, daß an der gefährlichen Stelle weitergearbeitet wird (RG ZfB 47 (1906), 258). Erkennen Aufsichtspersonen, daß Pflichten von den ihnen unterstellten Mitarbeitern bestimmungswid-

rig nicht eingehalten werden, müssen sie wirksam eingreifen und sicherstellen, daß alsbald betriebsplanmäßig verfahren wird (OLG Düsseldorf ZfB 112 (1971), 438, 442). Die Aufsichtspersonen dürfen sich dabei nicht mit bloßen Erklärungen unterstellter Personen abfinden, sondern müssen den Vollzug von Betriebsplänen und ihrer Auflagen persönlich kontrollieren und ggf. die vorläufige Stundung des Abbaues anordnen (OLG Düsseldorf, a.a.O.). Die Verantwortlichkeit einer bestellten Aufsichtsperson verpflichtet einerseits dazu, auf die Beseitigung eines vorhandenen vorschriftswidrigen Zustandes zu drängen und für eine einwandfreie Beschaffenheit der unterstellten Betriebseinrichtungen zu sorgen (KG ZfB 46 (1905), 395). Andererseits ist die Aufsichtsperson darüber hinaus gehalten, geeignete Maßnahmen zu treffen, wenn die Verhältnisse die bevorstehende Verletzung von Vorschriften nahelegen. Sie darf mit dem Einschreiten nicht warten, bis sie die Übertretung wahrnimmt (so die aber wohl überzogenen Anforderungen des OLG Hamm ZfB 104 (1963), 473).

25

§ 58 Abs. 1 stellt die Verantwortlichkeit von Unternehmer und bestellten Personen nebeneinander (Arg. „und" in § 58 Abs. 1 Nr. 1). Diese Aussage hat jedoch einen mehr grundsätzlichen Charakter, und wird in ihrer praktischen Bedeutung spezifiziert durch § 62 S. 2. Nach dieser Vorschrift bleibt nämlich die Verantwortlichkeit des Unternehmers nur in bezug auf die Sicherheit und Ordnung im Betrieb und auf die Unternehmerpflichten gem. § 61 Abs. 1 S. 2 Nr. 1–3 bestehen, nicht jedoch andere delegierte Verantwortung. Insofern bedarf auch die Aussage Dapprichs (Kompaß 1980, 441, 444) der Präzisierung, wonach primär der Bergbauunternehmer im Rahmen seiner Obliegenheiten und Befugnisse für Sicherheit und Ordnung im gesamten Betrieb verantwortlich sei, die verantwortlichen Personen nur in ihrem Aufgabenbereich. Die Restverantwortung des Unternehmers ergibt sich aus den nicht delegierbaren Unternehmerpflichten und aus den trotz Delegation erhalten gebliebenen Pflichten der §§ 62 S. 2 i. V. 61 Abs. 1 S. 1, Halbs. 2 und S. 2. Insofern ist das Nebeneinander der Verpflichtungen i. S. § 58 konkretisiert worden.

26

Die Verantwortlichkeit der Aufsichtspersonen wird nicht dadurch ausgeschlossen, daß zugleich die Verantwortlichkeit des Unternehmers gegeben ist (Isay, ABG, § 76 Anm. A. I. 2). Vielmehr kann sich eine Aufsichtsperson, die gegen Unfallverhütungsvorschriften verstoßen hat, nicht damit entschuldigen, sie habe darauf vertraut, daß die anderen Verantwortlichen ihre Pflichten sorgsam erfüllen würden und dadurch die Sicherheit des Betriebes noch ausreichend gewährleistet sei (OLG Hamm ZfB 110 (1969), 470, 472). Trifft ein Unternehmer oder eine ihm gleichgestellte Person eine Anordnung, die nach Auffassung der Aufsichtsperson gegen den Betriebsplan oder die Sicherheit und Ordnung im Betrieb verstößt, darf sie die Anordnung nicht ausführen. Die Pflichten der höhergestellten verantwortlichen Person entlasten aber in gewissem Rahmen die Untergebenen. Nach BGH (Glückauf 1972, 963) werden z. B. in Fällen der fahrlässigen Tötung die Verantwortlichen häufig zu weit unten gesucht.

27

Bergwerksdirektor und Betriebsdirektor sind in eigener Verantwortung für die Sicherheit und Ordnung im Betrieb zuständig. Wenn sie zur Wahrnehmung ihrer Aufgaben andere Personen beauftragt haben, bedeutet das nicht, daß sie damit von jeder Verantwortung frei sind. Sie bleiben weiterhin z. B. dafür verantwortlich, die nötigen technischen Betriebsmittel bereitzustellen und den Einsatz zu überwachen (OLG Düsseldorf ZfB 112 (1971), 438, 442). Sie trifft die umfassende Zuständigkeit für die Leitung und Beaufsichtigung des Betriebes, sie haben die Befugnis, jederzeit mit Anordnungen in den Betrieb einzugreifen. Der einfache Hauer unter Tage muß sich darauf verlassen können, daß die verantwortlichen Aufsichtspersonen alles tun, um seine Sicherheit in der Grube so gut wie irgend möglich zu gewährleisten. Der einfache Schichtsteiger muß darauf bauen können, daß die Bergwerksleitung bei ihrem größeren Überblick und ihrer umfassenderen Erfahrung die Gefahren richtig einschätzt und daß Unterlassungen nicht zu einer Gefährdung der Hauer führen (BGH Glückauf 1972, 963).

28

Schließlich regelt § 58 Abs. 1 mittelbar auch die **zivilrechtliche** Verantwortlichkeit. Wird durch eine schuldhafte Nichtbefolgung der in § 58 Abs. 1 vorausgesetzten Pflichten ein Schaden angerichtet, hat der Geschädigte bei Vorliegen der übrigen Voraussetzungen des § 823 Abs. 2 BGB einen Schadensersatzanspruch gegen die verantwortliche Person oder gem. § 831 BGB gegen den Unternehmer, ggf. gegen beide als Gesamtschuldner (§ 840 BGB).

29

Nach Einstellung des Betriebes ist neben dem Unternehmer und den von ihm bestellten Personen auch der Inhaber der Aufsuchungs- und Gewinnungsberechtigung verantwortlich für die Erfüllung der Pflichten des § 58 Abs. 1. Neben dem Pächter ist der Verpächter verantwortlich. Der Gedanke des § 58 Abs. 1 Nr. 1, daß bei juristischen Personen- und Personenhandelsgesellschaften die zur Vertretung berechtigten Personen verantwortlich sind, dürfte hier entsprechend gelten.

30

Wenn die **Berechtigung** zur Aufsuchung oder Gewinnung erlischt, bleibt der letzte Inhaber der Berechtigung verantwortlich, sofern das Erlöschen erst nach Inkrafttreten des BBergG rechtswirksam wurde. Hiermit ist nicht nur das Erlöschen aufrechterhaltenen Bergwerkseigentums gem. § 149 Abs. 1, 5 gemeint, sondern auch der Widerruf gem. § 18 und die Aufhebung gem. § 20 von Bergwerkseigentum.

31

Nach § 58 Abs. 1 Nr. 2 können nur Personen bestellt werden zur **Leitung** oder **Beaufsichtigung** des Betriebes oder eines Betriebsleiters. Hieraus ist zweierlei zu entnehmen: verantwortliche Personen müssen **leitende Funktionen** haben und verantwortliche Personen müssen ihre **Aufgaben im Betrieb**, d. h. im technischen Bereich des Unternehmens haben.

Drittes Kapitel: Verantwortliche Personen **32–35 § 58**

32

Leitende Funktionen haben im Betrieb Beschäftigte nur, wenn sie ihrerseits andere Personen zu beaufsichtigen haben, Weisungsbefugnisse haben und wenn ihnen ein technischer Organismus (Isay, ABG, Rn 2 zu § 73) anvertraut ist. § 74 ABG in der Fassung von 1909, die in NW bis zum 3. Bergrechtsänderungsgesetz vom 8.12.1964 galt, zählte als typische Aufsichtspersonen den Betriebsführer, Steiger, technischen Aufseher auf. Als Aufsichtspersonen anerkannt waren Lampenmeister und Fahrhauer, die bei der Führung des Steigerreviers in Vertretung des Steigers in der Nachtschicht tätig waren (Ebel-Weller, § 73, 2).

33

Nach dem im Steinkohlenbergbau des Ruhrreviers heute weitgehend zugrundeliegenden organisatorischen Aufbau (hierzu Oversohl, Die Rechtsstellung der Aufsichtspersonen in den Bergwerksbetrieben, Diss. Münster 1968, 88 im Anschluß an Burckhardt, Glückauf 1955, 1257) wird man als verantwortliche Personen ansehen müssen: Technisches Vorstandsmitglied, Leiter des Bergwerks (Bergwerksdirektor), Leiter des Bergwerksbetriebes (Betriebsdirektor), Leiter des Betriebes unter Tage (Grubenbetriebsführer), Leiter des Betriebes über Tage (Tagesbetriebsführer), Obersteiger, Fahrsteiger (z. B. Gruben-, Elektro-, Maschinen-, Vermessungsfahrsteiger), Reviersteiger, Grubensteiger, daneben die sog. Funktionssteiger wie Schieß-, Brand-, Wetter- oder Staubsteiger, die teilweise aus der grundlegenden BVOSt ihren Aufgabenkreis herleiten. Diese Aufzählung ist nicht abschließend. Hinzu kommen noch die Sonderfälle der Leiter verschiedener Spezialbetriebe (z. B. Transport-, Material-, Elektrobetrieb) und des nach § 56 BVOSt zu bestellenden **Leiters des Sicherheitsdienstes**, der nicht mit den Sicherheitsbeauftragten gem. § 719 RVO (hierzu § 58 Rn 95 ff) zu verwechseln ist und den Bergwerksbesitzer bei der Planung und Überwachung des Betriebes im Hinblick auf Unfallverhütung und Arbeitsschutz zu unterstützen hat (Oversohl, a.a.O., 100) und dem die sog. Sicherheitsmänner, teilweise auch die Staubbeauftragten (§ 24 BVOSt) und Staubsteiger (§ 18 BVOSt) zugeordnet sind.

34

Markscheidern dagegen sind durch § 64 eigenständige Aufgaben ausdrücklich übertragen worden. Insofern werden sie ebensowenig zur Leitung oder Beaufsichtigung „bestellt", wie sich nach früherem Recht der Bergwerksbesitzer ihrer „bediente" (Oversohl, a.a.O., 104). Dasselbe gilt für den **Werkssachverständigen**, der als Angestellter des Bergbauunternehmers vom LOBA anerkannt wird und bestimmte neue elektrische Anlagen vor Inbetriebnahme elektrotechnisch zu untersuchen hat (§§ 60, 62 BVOE i. V. Anlage 6, Ziff. II). Bei diesen Untersuchungen nimmt der Werkssachverständige keine Aufgaben und Befugnisse des Unternehmers war. Soweit dagegen Markscheidern und Werkssachverständigen über die eigenen gesetzlichen Aufgaben hinaus weitere übertragen werden, sind sie verantwortliche Personen i. S. § 58 Abs. 1 Nr. 2.

35

Eine besondere Problematik stellt sich bei den Leitern der **Stabsstellen** auf den Zechen, deren Aufgabenbereich teilweise sehr unterschiedlich gestaltet ist. Ihnen werden Leitungsaufgaben im Betrieb nicht zuerkannt (Oversohl, a.a.O., 94). Das ist richtig, soweit diese Stabsstellen mit material- und betriebswirtschaftlichen Aufgaben betraut sind und planerische Funktionen haben. Das bedarf jedoch der Korrektur, wenn diese Stabsstellen zugleich Leitungs- oder Beaufsichtigungsbefugnisse im Bergwerksbetrieb zugewiesen wurden, wie es häufig geschieht.

36
Einen Anhaltspunkt dafür, welche Personen nicht als verantwortlich i. S. des § 58 Abs. 1 Nr. 2 anzusehen sind, kann auch heute noch die inzwischen gegenstandslos gewordene Ausführungsanweisung zu dem Gesetz vom 28. 7. 1909 vom 13. 10. 1909 (HMBl S. 453 und ZfB 51 (1910), 2) geben. Danach sind Personen, die nebenbei zur Unterstützung im Aufsichtsdienst herangezogen werden, wie Wettermänner, Schießmeister, Ortsälteste, keine Aufsichtspersonen. Als Aufsichtspersonen sind ferner von den Bergbehörden nicht anerkannt worden: Baggermeister, Lokomotivführer, Zugführer, Rangiermeister, Kippmeister, Schießhauer, Fördermaschinisten. Ein Fahrhauer, der nur zur Unterstützung des Steigers tätig ist, um den Gang der Förderung zu regulieren, ist ebensowenig verantwortliche Person wie der Förderaufseher und Personen, die mit der Annahme, Lagerung, Ausgabe und Rücknahme von Sprengstoffen beauftragt sind (Ebel-Weller, § 73, 2). Wird ein im Betrieb Beschäftigter lediglich mit bestimmten Aufgaben beauftragt, handelt es sich demnach nicht um eine Bestellung i. S. § 58 Abs. 1 Nr. 2, wenn diese Arbeiten der Betriebsüberwachung (z. B. Messungen) dienen (Ebel-Weller, Erg.band, § 74, 1 b).

37
Nicht erforderlich sind die Merkmale des **leitenden Angestellten** i. S. § 5 Abs. 3 BetrVG für eine verantwortliche Person.

38
Gem. § 66 Nr. 10 kann durch Bergverordnung festgelegt werden, daß bei Tätigkeiten, die für die **Betriebssicherheit** von besonderer Bedeutung sind, zu verantwortlichen Personen auch solche bestellt werden können, die keine Leitungs- und Aufsichtsfunktionen haben. Andererseits sind eine Reihe von Personen, die aufgrund bisheriger Länder-VO'en Verantwortung für die Erfüllung bestimmter Pflichten getragen haben, nicht verantwortliche Personen i. S. § 58 (z. B. Ortsältester, Hilfsträger beim Schießmeister).

39
Zum **Betrieb** i. S. § 58 Abs. 1 Nr. 2 gehört nur der technische Bereich, in dem die besonderen Gefahren, die mit dem Aufsuchen, Gewinnen und Aufbereiten verbunden sind, mit besonderer qualifizierter Aufsicht gemeistert werden müssen. Nicht jeder Vorgesetzte ist daher Aufsichtsperson. Büroleiter und Verwaltungsdirektoren kommen ebensowenig in Betracht wie Aufseher, die für Ordnung im Betrieb zu sorgen haben (Ebel-Weller, § 73, 2, BezVerwG Koblenz ZfB 98 (1957), 261, Aufseher ist keine verantwortliche Aufsichtsperson für verlassenen Erdbruch). Nicht zum Betrieb gehören solche Arbeiten, die in so losem Zusammenhang mit dem Gewinnungsbetrieb stehen, daß die Besonderheiten des Berg-

Drittes Kapitel: Verantwortliche Personen 40–43 § 58

baus weit in den Hintergrund treten und es nicht zweckentsprechend erscheint, wenn hierfür Aufsichtspersonen namhaft gemacht werden sollen (z. B. Tapezieren der Steigerstube durch Gehilfen eines selbständigen Malermeisters, Ebel-Weller, § 73, 2).

40
Durch den Begriff des Betriebes werden auch erfaßt die Betriebsanlagen und Betriebseinrichtungen, die i. S. § 2 Abs. 1 Nr. 3 **überwiegend** dem Aufsuchen, Gewinnen und Aufbereiten dienen (z. B. Werksbahnen, Leitungen).

41
Unerheblich ist, ob die zu bestellende verantwortliche Person in einem Arbeitsverhältnis zum Unternehmer steht oder zu einem anderen Unternehmen. Wesentlich ist jedoch, daß die verantwortliche Person eine **natürliche Person** ist. Die Bestellung einer juristischen Person, z. B. einer Unternehmerfirma für bergbauliche Spezialarbeiten, ist nicht zulässig, wie sich aus den speziellen Voraussetzungen des § 59 (Zuverlässigkeit, Fachkunde, körperliche Eignung) ergibt.

42
Verantwortliche Personen müssen auch bei den sog. **Unternehmerarbeiten** im Bergbau bestellt werden. Zwar hatte das LG Saarbrücken (ZfB 60 (1919), 267) noch eine Anwendung der Vorschriften des Rechts der Aufsichtspersonen auf nichtbergmännische und vorübergehende Arbeiten von selbständigen Gewerbebetrieben abgelehnt (kritisch Ebel-Weller § 73, 2), doch bedarf diese Auffassung aus heutiger Sicht einer Berechtigung. Unternehmerarbeiten unterliegen der Bergaufsicht und gehören zum Betrieb i. S. § 58 Abs. 1 Nr. 2. Auszunehmen sind nur noch Arbeiten, die ihrer Natur nach überhaupt nicht bergbaulicher Art sind und mit dem Bergwerksbetrieb nicht verbunden sind (z. B. Tapezieren von Büroräumen). Grundsätzlich müssen jedenfalls alle Arbeiten, die von Unternehmerfirmen in Bergwerksbetrieben ausgeführt werden, von verantwortlichen Personen geleitet werden. Diese Personen werden, da die Arbeiten der Unternehmerfirmen häufig besondere Spezialkenntnisse voraussetzen, aus dem Kreis der Angestellten der Unternehmerfirma bestellt, die ohnehin die ordnungsgemäße Durchführung der Arbeiten im eigenen Interesse überwachen (z. B. Richtmeister, Montage- oder Bauführer). Auch hier müssen die Besonderheiten des § 59 beachtet werden. Besondere Aufmerksamkeit wird auf die Abgrenzung des Geschäftskreises zu den übrigen betrieblichen Geschäftskreisen zu legen sein, erforderlichenfalls ist ein eindeutiges Unterstellungsverhältnis unter eine verantwortliche Person des Bergbauunternehmens zu bevorzugen (vgl. den teilweise inzwischen überholten Runderl. NW vom 12. 4. 1961 betr. Beaufsichtigung der Arbeiten von Unternehmerfirmen in Bergwerksbetrieben, MBl. NW S. 771).

43
Die fachliche und charakterliche Eignung der bestellten Personen des Spezialunternehmens hat der Bergwerksdirektor oder die von ihm bestellte Person des Zechenbetriebes **in eigener Verantwortung** zu prüfen (Oversohl, Die Rechtsstellung der Aufsichtspersonen in den Bergwerksbetrieben, Diss. Münster, 1968, 115; a. A. Weller, ZfB 106 (1965), 437, 443).

44

Als **Übergangsregelung** für Aufsichtspersonen, die nach den Vorschriften des früheren Rechts anerkannt oder der Bergbehörde namhaft gemacht wurden, sind § 167 Abs. 1 Nr. 2 und 3 zu beachten (§ 167 Rn 6 ff).

II. Beauftragte des Unternehmers aufgrund gesetzlicher Bestimmungen außerhalb des Bundesberggesetzes

45

Außer den bergrechtlich verantwortlichen Personen muß der Unternehmer gegebenenfalls nach verschiedenen anderen Gesetzen Personen verpflichten, die ihn bei der Erfüllung gesetzlicher Pflichten unterstützen. Es sind dies der bzw. die
– Immissionsschutzbeauftragte gem. § 53 BImSchG (1)
– Betriebsbeauftragte für Abfall gem. § 11 a AbfG (2)
– Gewässerschutzbeauftragte gem. § 21 a WHG (3)
– verantwortliche Betriebsbeauftragte gem. § 4 Abs. 2 Nr. 2 WHG (4)
– verantwortlichen Personen gem. § 19 SprengG (5)
– Strahlenschutz-Verantwortliche gem. § 29 Abs. 1 StrlSchV (6)
– Strahlenschutzbeauftragter gem. § 29 Abs. 2 StrlSchV (7)
– Eisenbahnbetriebsleiter gem. § 2 der Verordnung über den Bau und Betrieb von Anschlußbahnen (BOA) vom 31. 10. 1966 (GuV NW S. 488) (8)
– Fachkräfte für Arbeitssicherheit und Betriebsärzte nach §§ 5, 2 des Gesetzes über Betriebsärzte, Sicherheitsingenieure und andere Fachkräfte für Arbeitssicherheit (9)
– Sicherheitsbeauftragte gem. § 719 RVO (10)
– Personen, denen Unternehmerpflichten gem. § 9 Abs. 2 OWiG übertragen wurden (11)
– Datenschutzbeauftragte gem. § 28 Abs. 1 Bundesdatenschutzgesetz (BDSG) (12)

1. Immissionsschutzbeauftragte

46

Von Bedeutung ist zunächst die nach § 53 BImSchG unter den dort genannten besonderen Voraussetzungen erforderliche Bestellung eines **Betriebsbeauftragten für Immissionsschutz**. Die Pflicht zur Bestellung kann folgen aus der VO über Immissionsschutzbeauftragte (5. BImSchVO vom 14. 2. 1975, BGBl. I, S. 504, berichtigt S. 727), in der die genehmigungsbedürftigen Anlagen (Kraftwerke, Anlagen zur Trockendestillation von Steinkohle und Braunkohle = Kokereien, Anlagen zum Brikettieren von Braun- oder Steinkohle) aufgeführt sind, für die Immissionsschutzbeauftragte zu bestellen sind, oder aus einer behördlichen Anordnung, die gegen Betreiber genehmigungsbedürftiger, in der 5. BImSchVO nicht genannter Anlagen oder auch gegen Betreiben nicht genehmigungsbedürftiger Anlagen im Einzelfall gem. § 53 Abs. 2 BImSchG ergeben kann. Auf Konzernebene ist oft auch noch ein Immissionsschutzbeauftragter für Konzerne (§ 5 der 5. BImSchVO) zu bestellen.

Drittes Kapitel: Verantwortliche Personen 47–52 § 58

47

In Betrieben, die der Bergaufsicht unterstehen, ist in NW gem. Ziff. 9, 171 der VO zur Regelung von Zuständigkeiten auf dem Gebiet des Arbeits-, Immissions- und technischen Gefahrenschutzes (4. Änderung in GuV NW 1974, 184) das **Landesoberbergamt** für die Anordnung zuständig. Sie ist in einem schriftlichen Bescheid mit Begründung und Rechtsmittelbelehrung zu treffen und setzt die Erfüllung der Voraussetzungen des § 53 Abs. 1 BImSchG voraus.

48

Andererseits ist auch im Einzelfall Befreiung von der durch Verordnung festgelegten Verpflichtung zur Bestellung eines Beauftragten zu erteilen (§ 6 der 5. BImSch-VO), wenn die Bestellung nicht erforderlich ist.

49

Immissionsschutzbeauftragte müssen **fachkundig und zuverlässig** sein, wobei die Anforderungen im Gegensatz zu den Betriebsbeauftragten für Gewässerschutz oder Abfall nicht im Einzelfall zu beurteilen sind, sondern durch die **Verordnung** über die Fachkunde und die Zuverlässigkeit der Immissionsschutzbeauftragten (6. BImSchVO vom 12. 4. 1975 BGBl I, S. 957) geregelt sind.

50

Immissionsschutzbeauftragte können auch nach anderen gesetzlichen Vorschriften im Umweltschutz für den Unternehmer tätig sein (vgl. § 58 Rn 64).

51

Die **Aufgaben** des Immissionsschutzbeauftragten sind in § 54 BImSchG geregelt. Im wesentlichen haben sie **hinzuwirken, mitzuwirken,** zu **überwachen** und **aufzuklären**. Das Überwachen erstreckt sich auf die Einhaltung der Vorschriften des BImSchG, aller darauf beruhenden Rechtsverordnungen und die Erfüllung von Bedingungen und Auflagen aus Genehmigungsbescheiden. Er muß festgestellte Mängel mitteilen und Vorschläge über Maßnahmen zur Beseitigung dieser Mängel machen. Er muß dem Unternehmer jährlich einen Bericht über seine Tätigkeit vorlegen. Seine Hinwirkungspflicht bezieht sich auf die Entwicklung umweltfreundlicher Verfahren und Erzeugnisse. Er hat im übrigen gem. § 56 BImSchG zu Investitionsentscheidungen, die für den Umweltschutz bedeutsam sein können, eine Stellungnahme abzugeben. Investitionen in diesem Sinne sind der Bau, die Änderung oder Erweiterung von Anlagen i. S. § 3 Abs. 5 BImSchG.

52

Die Änderung des § 4 Abs. 2 BImSchG durch § 174 Abs. 5 hat auf die Bestellung von Immissionsschutzbeauftragten solange keine Bedeutung, als die 4. und 5. BImSchVO nicht auf oberirdische Gewinnungsbetriebe für Mineralien ausgedehnt wurde. Allerdings kann die Bergbehörde wie bisher für nicht genehmigungsbedürftige Anlagen Anordnungen gem. § 53 Abs. 2 BImSchG treffen.

§ 58 53–56   Dritter Teil: Aufsuchung, Gewinnung und Aufbereitung

53

Der Immissionsschutzbeauftragte ist **nicht Beauftragter der Behörde** im Betrieb, so daß sie ihm weder Weisungen erteilen noch mit Erzwingungsmaßnahmen gegen ihn vorgehen kann. Für die Erfüllung der Verpflichtungen aus dem BImSchG, der Auflagen und Anordnungen ist allein der Betreiber verantwortlich. Das gilt auch hinsichtlich der strafrechtlichen wie der zivilrechtlichen Verantwortlichkeit. Davon zu unterscheiden ist die Verletzung einer ihm gegenüber dem Betreiber bestehenden Pflicht aus den §§ 53 ff BImSchG, die zur Verantwortlichkeit aus Ordnungswidrigkeit oder strafbarer Handlung führen kann (§§ 325 StGB i. V. 9 Abs. 2 S. 1 OWiG, 14 Abs. 2 S. 1 StGB). Da Umweltschutzdelikte in der Regel durch Unterlassen begangen werden, setzt die Strafbarkeit im Einzelfall eine Garantenpflicht, die Möglichkeit, den Erfolg zu verhindern und die Zumutbarkeit der Verhinderung voraus.

54

Die **Bestellung** zum Immissionsschutzbeauftragten muß schriftlich erfolgen und ist in den der Bergaufsicht unterstehenden Betrieben dem **Bergamt** anzuzeigen (Ziff. 9. 172 der 4. VO zur Änderung der VO über Zuständigkeiten vom 11.6. 1974, MinBl NW 184). Die Anzeige muß mindestens enthalten: Namen, Angabe über Fachkunde (Feldhaus, a.a.O., § 55 Anm. 2).

2. Betriebsbeauftragte für Abfall

55

Da durch § 1 Abs. 3 Nr. 3 AbfG das Abfallbeseitigungsgesetz für **bergbauliche Abfälle** weitgehend **nicht anwendbar** ist, kommt auch die Bestellung von Betriebsbeauftragten für Abfall gem. § 11 a AbfG nur insoweit in Betracht, als es sich um Abfälle handelt, die nicht beim Aufsuchen, Gewinnen, Aufbereiten und Weiterverarbeiten von Bodenschätzen und nicht in den der Bergaufsicht unterstehenden Betrieben anfallen. Aufgaben und Befugnisse, Anforderungen an die Qualifikation des Beauftragten, schriftliche Bestellung und Anzeige der Bestellung sind ähnlich ausgestattet wie bei den anderen Umweltbeauftragten für Immissionsschutz oder Wasser (vgl. § 58 Rn 46 ff und 56 ff). Der Betriebsbeauftragte für Abfall nimmt Aufgaben der innerbetrieblichen Selbstüberwachung wahr, Adressat für behördliche Maßnahmen und für Auskunftserteilungen bleibt auch hier der Anlagenbetreiber (Hoschützky-Kreft, Recht der Abfallwirtschaft, § 11 Anm. 1.5).

3. Gewässerschutzbeauftragte

56

Die **Bestellung** des Gewässerschutzbeauftragten kann auf drei verschiedene Arten begründet werden: kraft Gesetzes sind die Benutzer von Gewässern verpflichtet, die an einem Tag mehr als 750 Kubikmeter Abwasser einleiten dürfen (§ 21 a Abs. 1 WHG), kraft besonderer behördlicher Anordnung (gem. § 62 Nr. 1 LWG NW der Bergämter) sind andere Einleiter von Abwasser in Gewässer oder in

Drittes Kapitel: Verantwortliche Personen

Abwasseranlagen verpflichtet (§ 21 a Abs. 2 WHG) und kraft gesetzlicher Fiktion gelten vor dem 1.10. 1976 bestellte Betriebsbeauftragte für das Einleiten von Abwasser als Gewässerschutzbeauftragte (§ 21 a Abs. 3 WHG).

57
Die Bestellung von Gewässerschutzbeauftragten kommt grundsätzlich nur beim **Einleiten von Abwasser** (§ 51 Abs. 1 AbwAbgG: Schmutzwasser und Niederschlagswasser) in ein Gewässer in Betracht, auf behördliche Anordnung auch beim Einleiten von Abwasser in eine Abwasseranlage, insbesondere also in Anlagen einer Gemeinde oder eines Abwasserverbandes (sog. mittelbare Einleitungen). Andere Benutzungstatbestände des § 3 WHG, wie etwa das Entnehmen von Wasser oder Grundwasser, das Zutagefördern und Ableiten von Grundwasser oder die Maßnahmen, die eine schädliche Veränderung der Beschaffenheit des Wassers i.S. § 3 Abs. 2 WHG herbeiführen können, lösen nicht die Pflicht zur Bestellung von Gewässerschutzbeauftragten aus, sondern ggf. durch Auflagen gem. § 4 Abs. 2 Nr. 2 WHG die Bestellung von verantwortlichen Betriebsbeauftragten (Rn 65 ff).

58
Die unmittelbar aus dem Gesetz folgende Verpflichtung zur Bestellung von Gewässerschutzbeauftragten gem. § 21 a Abs. 1 WHG richtet sich nicht nach der Menge, die eingeleitet **wird** (so Gässler, WHG, 1977, Anm. 2 zu § 21 a), sondern die eingeleitet werden **darf** (Sieder-Zeitler, WHG, § 21 a Rn 12 zu § 21 a, Gieseke-Wiedemann-Czychowski, WHG, § 21 a, Rn 7). Dabei genügt es, wenn die Menge an Spitzenzeiten überschritten werden darf. Mehrere räumlich und funktionell zusammenhängende Einleitungen in dasselbe Gewässer sind zusammenzuzählen, auch wenn dafür verschiedene Erlaubnisse erteilt sind (Gieseke-Wiedemann-Czychowski, a.a.O., Rn 6).

59
Die **Aufgaben** des Gewässerschutzbeauftragten lassen sich aufteilen in Durchführungsaufgaben, Kontrollaufgaben und gelegentlich wahrzunehmende Aufgaben und ergeben sich aus § 21 b, d und e WHG.

60
Zu den **Durchführungsaufgaben** gehören beispielsweise: Messen des Abwassers nach Menge und Eigenschaften und Aufzeichnung der Kontroll- und Meßergebnisse, Mitteilung von festgestellten Mängeln an die Werksleitung und die zuständigen Fachabteilungen; Gutachten und Mitwirken im Hinblick auf umweltfreundliche Produktionen.

61
Zu den **Kontrollaufgaben** gehört die weitaus überwiegende Tätigkeit des Gewässerschutzbeauftragten: Überwachung der Durchführung von Maßnahmen, die dem Gewässerschutz dienen, Kontrolle der Abwasseranlagen im Hinblick auf Funktionsfähigkeit, ordnungsmäßigen Betrieb und Wartung, Stellungnahme zu Investitionsentscheidungen, die für den Gewässerschutz bedeutsam sein können, Überwachung der Einhaltung von Vorschriften und Auflagen.

§ 58   62–65   Dritter Teil: Aufsuchung, Gewinnung und Aufbereitung

62

Zu den **gelegentlich wahrzunehmenden Aufgaben** gehören Unterrichtung der Betriebsangehörigen über die in dem Betrieb verursachten Gewässerbelastungen und über die Einrichtungen und Maßnahmen zu ihrer Verhinderung, jährliche Berichterstattung an die Werksleitung über getroffene und beabsichtigte Maßnahmen auf dem Gebiet des Gewässerschutzes.

63

Auch für den Gewässerschutzbeauftragten besteht das Erfordernis, daß er die erforderliche **Fachkunde** und **Zuverlässigkeit** besitzen muß. Er ist **schriftlich** gem. § 21 c WHG zu **bestellen**, die Bestellung ist gem. § 21 c Abs. 1 S. 2 WHG i. V. § 62 Nr. 3 LWG NW dem **Bergamt** in den der Bergaufsicht unterstellten Betrieben **anzuzeigen**, im übrigen gem. § 62 Nr. 3 i. V. § 30 Abs. 1 LWG NW der zuständigen Wasserbehörde.

64

Der Gewässerschutzbeauftragte ist **innerbetrieblicher Beauftragter** des Benutzers, nicht Beauftragter der Wasserbehörde beim Benutzer. Seine Verantwortlichkeit beschränkt sich auf seine gesetzlich festgelegten Aufgaben, er ist nicht Ansprechpunkt der Behörden für alle gewässerbezogenen betrieblichen Maßnahmen, sondern verlängerter Arm und Berater des Betriebsinhabers in bezug auf den Gewässerschutz. Er ist nicht notwendigerweise hauptamtlich im Gewässerschutz tätig. Neben den Aufgaben des Gewässerschutzbeauftragten können ihm andere betriebliche Aufgaben übertragen werden, er kann nach anderen gesetzlichen Bestimmungen ebenfalls zum Unternehmerbeauftragten bestellt werden. Obgleich das nur für den Betriebsbeauftragten für Abfall durch § 11 c Abs. 3 S. 3 AbfG gesetzlich geklärt ist, ist hierin ein allgemeiner Grundsatz für alle Umweltbetriebsbeauftragten zu sehen (Gässler-Sander, Taschenbuch Betrieblicher Immissionsschutz, S. 250).

4. Verantwortliche Betriebsbeauftragte nach Wasserrecht

65

Durch die Pflicht zur Bestellung des Gewässerschutzbeauftragten ist die Bedeutung des verantwortlichen Betriebsbeauftragten i. S. § 4 Abs. 2 Nr. 2 WHG erheblich geringer geworden. Soweit verantwortliche Betriebsbeauftragte vor dem 1. 10. 1976 für das Einleiten von Abwasser bestellt worden sind, gelten sie als Gewässerschutzbeauftragte gem. § 21 a Abs. 3 WHG. Es bleibt jedoch die Möglichkeit, durch Auflagen in Erlaubnisbescheiden die Bestellung eines verantwortlichen Betriebsbeauftragten für die übrigen Benutzungsarten des § 3 WHG anzuordnen. Es bleiben ferner die Auflagen aus Erlaubnisbescheiden zu erfüllen, in denen bereits vor dem 1. 10. 1976 Betriebsbeauftragte für andere Benutzungstatbestände als das Einleiten von Abwasser gefordert wurden. Insofern bestehen die Aufgaben von Gewässerschutzbeauftragten und Betriebsbeauftragten i. S. § 4 Abs. 2 Nr. 2 WHG nebeneinander. Die Aufgaben des Betriebsbeauftragten und die Qualifikation der zu bestellenden Person sind gesetzlich nicht geregelt und sollten sich aus der Auflage ergeben.

Drittes Kapitel: Verantwortliche Personen   **66–70** **§ 58**

66

Der Betriebsbeauftragte ist wie der Gewässerschutzbeauftragte **nicht Beauftragter der Wasserbehörde im Betrieb**, sondern des Unternehmers. Staatliche Behörden haben ihm gegenüber keine Weisungs- und Informationsrechte. Sie müssen sich an den Inhaber der Erlaubnis halten (Gieseke-Wiedemann-Czychowski, WHG, § 4 Rn 11 d). Die Zuständigkeit für die Auflage nach § 4 WHG ergibt sich aus §§ 14 Abs. 2 WHG, 30 Abs. 1 Nr. 3 LWG NW, d. h. bei Gewässerbenutzungen, die in bergrechtlichen Betriebsplänen vorgesehen sind, ist das Landesoberbergamt zuständig.

5. Verantwortliche Personen nach dem Sprengstoffgesetz

67

Das SprengG kannte den Begriff der „verantwortlichen Personen", der jetzt in das BBergG aufgenommen wurde, schon seit 1969.

68

a) Der **Kreis** der verantwortlichen Personen ist in § 19 SprengG abschließend bestimmt. Hierzu gehört nach Nr. 1 der **Erlaubnisinhaber** oder der Inhaber des Betriebes, wenn er in den gesetzlich festgelegten Fällen ausnahmsweise keiner Erlaubnis bedarf. Bei juristischen Personen ist das die nach Gesetz, Satzung oder Gesellschaftsvertrag zur Vertretung berufene Person, wenn sie mit der Gesamtleitung des Umgangs, des Verkehrs mit oder der Beförderung von explosionsgefährlichen Stoffen beauftragt wurde (§ 8 Abs. 3 SprengG).

69

b) Ferner gehören hierzu nach Nr. 2 die mit der **Leitung des Betriebes beauftragten** Personen.
c) In Betrieben, die der Bergaufsicht unterliegen, sind kraft der Sonderregelung des § 19 Abs. 1 Nr. 4 SprengG neben diesen genannten Personen diejenigen verantwortlich, die zur **Beaufsichtigung** aller mit explosionsgefährlichen Stoffen umgehenden Personen **bestellt** sind oder diese Stoffe empfangen oder überlassen dürfen. In der Praxis werden das häufig Betriebsführer, Obersteiger, Schießsteiger sein (Keusgen ZfB 111 (1970), 408, 420). Sie bedürfen jedoch für ihre Tätigkeit eines behördlichen **Befähigungsscheines**, der die Feststellung der Qualifikation, nicht jedoch die Berechtigung im Sinne einer Erlaubnis enthält.

70

d) In den bergbaulichen Betrieben sind ferner ohne behördlichen Befähigungsschein verantwortlich die zum **Überlassen** von explosionsgefährlichen Stoffen an andere oder **zum Empfang** dieser Stoffe von anderen **bestellten Personen**. Eine besondere Form der Bestellung ist nicht vorgeschrieben. Die Namen der verantwortlichen Personen i. S. § 19 Abs. 1 Nr. 4 SprengG sind der zuständigen Behörde (in NW gem. Ziff. 7.143 der VO vom 6. 2. 1973 i. d. F. vom 22. 3. 1977 über Zuständigkeiten = GuV 1977, 140 = ZfB 118 (1977), 279 das Bergamt) ebenso unverzüglich gem. § 21 Abs. 4 SprengG mitzuteilen wie das Erlöschen der Bestel-

§ 58 71–74   Dritter Teil: Aufsuchung, Gewinnung und Aufbereitung

lung. Die Namen der verantwortlichen Personen nach § 19 Abs. 1 Nr. 1 (vertretungsberechtigte Person) und Nr. 2 (Leiter des Betriebes) sind schon nach § 14 S. 3 SprengG bei Bestellung oder Abberufung unverzüglich anzuzeigen.

71

e) Die **Verantwortlichkeit** der verschiedenen Personengruppen ist abgestuft: der Erlaubnisinhaber ist grundsätzlich für die Einhaltung aller Pflichten verantwortlich, die in den Abschnitten IV bis VI des SprengG aufgestellt werden. Da jedoch in den der Bergaufsicht unterstehenden Betrieben im wesentlichen der Umfang (d. h. das Herstellen, Be- und Verarbeiten, Wiedergewinnen, Aufbewahren, Verwenden, Vernichten sowie das Befördern, Überlassen und die Empfangnahme von explosionsgefährlichen Stoffen innerhalb der Betriebsstätte) von praktischer Bedeutung ist, dieser Tatbestand jedoch in diesen Betrieben gem. § 1 Abs. 4 Nr. 3 SprengG von der Geltung des Gesetzes weitgehend ausgenommen ist, bleiben für den Erlaubnisinhaber nur die Einhaltung der **Pflichten der §§ 20.—22 im IV. Abschnitt des SprengG**. Dasselbe gilt für die mit der Leitung des Betriebes beauftragten Personen. Die Verantwortlichkeit der nach § 19 Abs. 1 Nr. 4 SprengG bestellten Personen beurteilt sich nach dem ihnen konkret erteilten Auftrag (Keusgen ZfB 111 (1970), 420).

6. Strahlenschutzverantwortliche

72

a) Nach § 3 Abs. 1 StrlSchV bedarf derjenige, der mit sonstigen radioaktiven Stoffen (§ 2 Abs. 1 Nr. 2 AtG), ausgenommen radioaktiver Mineralien, umgeht oder kernbrennstoffhaltige Abfälle beseitigt, **der Genehmigung**. Ferner sind in den §§ 16 (Betrieb von Anlagen zur Erzeugung ionisierender Strahlen) und 20 a (Unternehmertätigkeit in fremden Anlagen) StrlSchV Genehmigungspflichten statuiert.

73

b) Nur einer **Anzeige** nach § 4 Abs. 1 StrSchV bedarf, wer mit radioaktiven Stoffen der in der Anlage II zur StrlSchV genannten Art umgeht. Dasselbe gilt nach § 17 Abs. 1 StrlSchV für den, der eine der dort genannten Anlagen betreibt oder so ändert, daß der Strahlenschutz beeinflußt werden kann.

74

c) **Strahlenschutzverantwortlicher** ist, wer einer Genehmigung in diesem Sinne bedarf oder Anzeige zu erstatten hat oder wer radioaktive Mineralien aufsucht, gewinnt oder aufbereitet. Bei juristischen Personen sind diese die Strahlenschutzverantwortlichen, die Pflichten werden vom Vorstand wahrgenommen, der sich zur Durchführung dieser Pflichten anderer Personen, nämlich des Strahlenschutzbeauftragten oder sonstiger Bevollmächtigter (§ 58 Rn 75, 77), bedienen kann, ohne allerdings seine Pflichten auf diese Personen abwälzen zu können (Rosenbaum, Die neue Strahlenschutzverordnung 1977, 56).

Drittes Kapitel: Verantwortliche Personen

75

d) In großen Bergbauunternehmen bedeutet das, daß der strahlenschutzverantwortliche Vorstand auf den Ebenen der Betriebsführungsgesellschaft und der Werksdirektion außer den durch § 29 Abs. 2 StrlSchV vorgesehenen Beauftragten (§ 58 Rn 77) noch **Bevollmächtigte** (des Strahlenschutzverantwortlichen) bestellt, deren Aufgaben außer den in den §§ 28, 30, 31 StrlSchV für den Beauftragten vorgesehenen Rechten und Pflichten auch die Bestellung einer ausreichenden Anzahl von **Strahlenschutzbeauftragten** und die Bereitstellung der zur Durchführung der Schutzmaßnahmen erforderlichen Gegenstände sind.

76

e) Die **Aufgaben** des Strahlenschutzverantwortlichen sind bis ins einzelne gehend in § 31 StrlSchV geregelt. Selbst wenn diese Pflichten sich teilweise mit denen des Strahlenschutzbeauftragten decken, bleibt die selbständige und unabhängige Verpflichtung des Verantwortlichen unberührt von der Übertragung auf andere Personen (Rosenbaum, Die neue Strahlenschutzverordnung, 1977, 61).

7. Strahlenschutzbeauftragte

77

a) Der Strahlenschutzverantwortliche hat für die Leitung oder Beaufsichtigung der genehmigungs- oder anzeigebedürftigen Tätigkeiten Strahlenschutzbeauftragte zu bestellen (§ 29 Abs. 2 StrlSchV).

78

b) Die **Bestellung** muß schriftlich unter Festlegung des innerbetrieblichen Entscheidungsbereichs erfolgen und ist – ebenso wie das Ausscheiden – von dem Strahlenschutzverantwortlichen **anzuzeigen**. Für den Bereich des Bergbaus ist die zuständige Behörde grundsätzlich in NW der Minister für Wirtschaft, Mittelstand und Verkehr, für Anzeigen aber, die mit Umgang und Verkehr mit radioaktiven Stoffen i. S. StrlSchV zusammenhängen, das Bergamt (Nr. 8.241 a i. V. Nr. 8.143 der VO zur Regelung der Zuständigkeiten auf dem Gebiet des Arbeits-, Immissions- und technischen Gefahrenschutzes vom 6. 2. 1973, Heller-Lehmann, Deutsche Berggesetze, NW 320).

79

c) In großen Bergbauunternehmen werden mehrere Strahlenschutzbeauftragte bestellt, und zwar jeweils auf der Ebene der Betriebsführungsgesellschaft und der Werksdirektion.

80

d) Der Strahlenschutzbeauftragte hat dafür zu sorgen, daß die Strahlenschutzgrundsätze nach § 28, die Schutzvorschriften des § 31 der VO sowie die behördlichen Auflagen eingehalten werden. Die Stellung zum Strahlenschutzverantwortlichen, zum Betriebsrat und zu den Fachkräften für Arbeitssicherheit ist in § 30 der VO geregelt.

81

e) Sofern Strahlenschutzbeauftragte **für die Aufsuchung, Gewinnung oder Aufbereitung** radioaktiver Mineralien zu bestellen sind, müssen sie außerdem für den ihnen übertragenen Geschäftskreis als verantwortliche Personen nach dem BBergG bestellt worden sein (§ 29 Abs. 6 StrlSchV formuliert noch „nach den Berggesetzen der Länder . . . anerkannt").

8. Eisenbahnbetriebsleiter

82

Grubenanschlußbahnen bedürfen nach § 2 BOA eines vom Anschlußinhaber bestellten Eisenbahnbetriebsleiters. Er muß persönlich und fachlich geeignet sowie betriebserfahren sein. Seine Aufgabe ist, für die Erhaltung der Vorschriften der BOA zu sorgen, wobei die Verantwortlichkeit des Anschlußinhabers, die Vorschriften der BOA einzuhalten, daneben bestehen bleibt. Im Gegensatz zu anderen Unternehmer-Aufsichtspersonen bedarf die Bestellung des Eisenbahnbetriebsleiters und dessen Geschäftsanweisung **behördlicher Bestätigung bzw. Zustimmung**. Für beide ist das Bergamt zuständig, in dessen Bezirk die Betriebsleitung der Bahn ihren Sitz hat (§ 2 Abs. 5 BOA). Sie entscheidet im Einvernehmen mit dem Landesbevollmächtigten für Bahnaufsicht (RdErl NW vom 22. 10. 1959, MinBl NW 1959, 2771).

9. a) Fachkräfte für Arbeitssicherheit

83

Der Arbeitgeber hat gem. § 5 des Gesetzes über Betriebsärzte, Sicherheitsingenieure und andere Fachkräfte der Arbeitssicherheit (Arbeitssicherheitsgesetz – ASiG) Fachkräfte für Arbeitssicherheit (Sicherheitsingenieure, -techniker, -meister) schriftlich zu bestellen. Für die unter das Bergrecht fallenden Betriebe ist das **Arbeitssicherheitsgesetz** gem. § 17 ASiG **nicht anzuwenden**, soweit das Bergrecht gleichwertige Regelungen enthält.

84

Im Bereich des LOBA NW ist das die **Bergverordnung** über einen arbeitssicherheitlichen und betriebsärztlichen Dienst (BVOASi) v. 8. 10. 1974 (ZfB 116 (1975), 62, 64, dort auch der meist gleichlautende Text der übrigen Landes-VO), geändert am 16. 7. 1976 und 2. 11. 1981 (Amtsblatt RP Münster, 246).

85

Danach hat der Unternehmer zu seiner Entlastung bei der Wahrnehmung seiner Aufgaben und zur Verbesserung des Arbeitsschutzes und der Unfallverhütung im Betrieb einen **arbeitssicherheitlichen Dienst** einzurichten und dem Bergamt hierüber einen Betriebsplan vorzulegen. Dieser Dienst besteht in personeller Hinsicht aus Fachkräften für Arbeitssicherheit, d. h. aus Sicherheitsingenieuren, -technikern, -meistern und sonstigen Sicherheitsfachkräften sowie aus Aufsichtspersonen für besondere sicherheitliche Aufgaben. Die Fachkräfte bedürfen besonderer arbeitssicherheitlicher Fachkunde, wobei die Bergbehörde den Ausbildungsplan genehmigen muß. Wesentliche Voraussetzung für die Bestellung ist außerdem eine mehrjährige praktische Tätigkeit. Die BVOASi legt ferner die Einsatztage der jeweiligen Fachkräfte für Arbeitssicherheit in Abhängigkeit von der Anzahl der Beschäftigten des Betriebes fest.

86
Die **Aufgaben** der Fachkräfte regelt § 3 der VO. Die wesentlichste Verpflichtung ist die Unterstützung des Unternehmers und der Aufsichtspersonen beim Arbeitsschutz und bei der Unfallverhütung. Dabei fallen ihnen Beratungs-, Überprüfungs-, Beobachtungs- und Auswertungspflichten zu. Die Beratungspflicht betrifft die Planung, Ausführung und Instandhaltung von Betriebsanlagen, die Beschaffung von Betriebseinrichtungen, Betriebsmitteln, persönlichen Schutzausrüstungen.

87
Der Katalog des § 3 der VO deckt sich nicht mit dem des § 6 des ASiG, doch wird man ihn als **gleichwertige** Regelung i. S. § 17 Abs. 3 ASiG ansehen müssen, so daß § 6 des ASiG insoweit nicht anwendbar ist.

88
Für die **Rechtsstellung** der Fachkräfte für Arbeitssicherheit ist wesentlich, daß sie bei der Anwendung ihrer sicherheitstechnischen Aufgaben weisungsfrei sind, ein arbeitsrechtliches Unterstellungsverhältnis im übrigen aber nicht ausgeschlossen ist.

89
Bei der Frage der Garantenpflicht und der strafrechtlichen Verantwortlichkeit der Sicherheitsfachkräfte ist zu unterscheiden:

90
Soweit, wie im Regelfall, die Fachkräfte ein **Entscheidungsrecht** über durchzuführende Maßnahmen **nicht** haben, fehlt es an der Garantenpflicht (AG Duisburg-Ruhrort vom 25. 10. 1967, 10 Ds 176/67, Neumann in Krause-Pilkat-Zander, Arbeitssicherheit, Gruppe 11, S. 88). Indes trägt die Fachkraft im Rahmen ihres Arbeitsvertrages Mitverantwortung für die betriebliche Unfallverhütung. Sie hat Rechtspflichten aus § 3 der VO: mitzuteilen, vorzuschlagen, hinzuwirken.

91
Wenn diese eigenverantwortlichen Mitwirkungspflichten für die Arbeitssicherheit nicht erfüllt werden, ist auch nach der oben genannten amtsgerichtlichen Entscheidung der strafrechtliche Vorwurf der Fahrlässigkeit begründet.

92
Fachkräfte für Arbeitssicherheit sind neben den Sicherheitsbeauftragten (§ 58 Rn 95 ff) und den verantwortlichen Personen im bergrechtlichen Sinne zu bestel-

§ 58 93–97 Dritter Teil: Aufsuchung, Gewinnung und Aufbereitung

len, wobei die Bestellung gem. § 5 Abs. 4 der VO **schriftlich** unter Bezeichnung der übertragenen Aufgaben und Befugnisse vorzunehmen ist und gem. § 9 Abs. 3 ASiG der **Zustimmung des Betriebsrates** bedarf.

b) Betriebsärzte

93
Die BVOASi regelt auch die Einrichtung eines betriebsärztlichen Dienstes und ist als gleichwertige Regelung i. S. § 17 Abs. 3 ASiG anzusehen. Betriebsärzte haben den Unternehmer und die Aufsichtspersonen zu beraten, die Beschäftigten zu untersuchen und arbeitsmedizinisch zu beurteilen, die Durchführung des Arbeits- und Gesundheitsschutzes sowie der Unfallverhütung zu beobachten, die Beschäftigten über Gesundheitsgefahren zu belehren und bei der Schulung des betriebsärztlichen Hilfspersonals mitzuwirken (§ 8 BVOASi).

94
Im übrigen kann weitgehend auf die Ausführungen zu den Fachkräften verwiesen werden, die den Bereich der Arbeitssicherheit betreuen, d. h. derjenigen Belange des Arbeitsschutzes im Betrieb, die aus nicht medizinischer Erkenntnis beurteilt werden können.

10. Sicherheitsbeauftragte

95
Neben den Fachkräften für Arbeitssicherheit hat der Unternehmer Sicherheitsbeauftragte gem. § 719 RVO zu bestellen. Sie haben den Unternehmer bei der Durchführung des Unfallschutzes zu **unterstützen**, insbesondere sich von dem Vorhandensein und der ordnungsgemäßen Benutzung der vorgeschriebenen Schutzvorrichtungen fortlaufend zu überzeugen.

96
Stellung, Anforderungen und Aufgaben der ehrenamtlich tätigen Sicherheitsbeauftragten sind in der RVO und in der Unfallverhütungsvorschrift „Allgemeine Vorschriften" (VBG 1) im einzelnen geregelt und werden durch das ASiG nicht berührt. Sicherheitsbeauftragte sind daher keine Fachkräfte für Arbeitssicherheit i. S. des ASiG (Graeff, Gesetz über Betriebsärzte, Sicherheitsingenieure und andere Fachkräfte für Arbeitssicherheit, S. 44).

97
Der Sicherheitsbeauftragte ist im wesentlichen Helfer der Verantwortlichen bei der Erfüllung der Aufgabe, alle Arbeitsbereiche möglichst unfallsicher zu gestalten. Er soll seine Kollegen für die Sicherheit gewinnen, ihr Sicherheitsbewußtsein wecken und vertiefen. Er ist weder als Sicherheitsbeauftragter Vorgesetzter noch hat er Weisungsbefugnisse. Er ist frei von Verantwortung für Arbeitssicherheit, kann nicht in den Betrieb durch eigene Anordnungen eingreifen, sondern ist auf Empfehlungen beschränkt.

Drittes Kapitel: Verantwortliche Personen 98–103 § 58

98
Durch die Sicherheitsbeauftragten wird die Verantwortung aller anderen für die Sicherheit zuständigen Unternehmerpersonen (Sicherheitsfachkräfte, berggesetzliche verantwortliche Personen) nicht geschmälert. Sie behalten innerhalb ihres Aufsichtsbereichs die Verantwortung für die Sicherheit des Betriebes uneingeschränkt (Ebel-Weller, § 73, 2).

99
Die Bestellung des Sicherheitsbeauftragten, der möglichst keine Vorgesetztenfunktionen im Betrieb haben sollte, erfolgt unter **Mitwirkung des Betriebsrates**. Die „Mitwirkung" ist eine schwächere Form der Beteiligung als die „Mitbestimmung", sie ist jedoch mehr als die bloße „Anhörung". Der Arbeitgeber hat die Bestellung mit dem Betriebsrat eingehend zu erörtern, um eine Verständigung zu erreichen (Fitting-Auffahrt-Kaiser, BetrVerfG, 7. Aufl. § 89 Anm. 18). Das Mitwirkungsrecht des Betriebsrates ist auf die Abberufung und auf die Anzahl der Sicherheitsbeauftragten auszudehnen (Fitting-Auffahrt-Kaiser, a.a.O.).

100
Von dem Sicherheitsbeauftragten zu unterscheiden ist der **Beauftragte des Unternehmers**, der nach § 719 Abs. 4 RVO anstelle des Unternehmers mit dem Sicherheitsbeauftragten im **Sicherheitsausschuß** regelmäßig zusammenkommen soll. Zu unterscheiden ist ferner der nach § 56 BVOSt zu bestellende **Leiter des Sicherheitsdienstes** (§ 58 Rn 33).

101
Die **strafrechtliche Verantwortlichkeit** des Sicherheitsbeauftragten wird von der Rechtsprechung einhellig **verneint**. Er hat keine Garantenstellung und eigenständige Verantwortung für Arbeitssicherheit, da er rechtlich nicht in der Lage ist, eventuelle Sicherheitsmaßnahmen gegenüber dem Betriebsinhaber durchzusetzen (LG Trier, Urt. v. 29. 9. 1967 Az. 7 MS 14/67 – II 59/67, OLG Düsseldorf, Urt. v. 29.4. 1976, Az. 3 Sa (OWi) 1469/75).

102
Für alle im Sicherheitswesen tätigen bestellten Personen (Sicherheitsfachkräfte, Betriebsärzte, Sicherheitsbeauftragte) gilt, daß der Unternehmer seine Verantwortung für die Durchführung der Unfallverhütung nicht übertragen kann.

11. Übertragung der Unternehmerpflichten zur Unfallverhütung

103
In den Bereichen, die **nicht der Bergaufsicht unterstehen** (Verwaltungsgebäude, aus der Bergaufsicht „entlassene" frühere Betriebsflächen, Laboratorium, Ausbildungszentrum, zentraler ärztlicher Dienst), besteht die Möglichkeit – in Großbetrieben sogar die Pflicht – des Unternehmers, gem. § 9 Abs. 2 Nr. 1 OWiG Personen zu beauftragen, den Betrieb ganz oder zum Teil zu leiten oder gem. § 9 Abs. 2 Nr. 2 OWiG Personen zu beauftragen, in eigener Verantwortung Pflichten zu erfüllen, die an sich dem Inhaber des Betriebes obliegen.

104

Sofern **Personen** i. S. § 9 Abs. 2 Nr. 1 OWiG **beauftragt** sind (Betriebsleiter, Direktoren, Prokuristen), haben sie schon aus diesem Grunde eigenständige Pflichten auf dem Gebiet der Unfallverhütung, soweit der Betrieb reicht. Einer zusätzlichen Pflichtenübertragung bedarf es nicht, wobei es allerdings darauf ankommt, daß der Betriebsbereich örtlich und sachlich klar abgegrenzt und zugeordnet ist.

105

Sofern eine **Verantwortung kraft besonderer Stellung** im Betrieb gem. § 9 Abs. 2 Nr. 1 OWiG **nicht** vorliegt oder ein örtlicher Bereich außerhalb des Betriebes von dieser Verantwortlichkeit nicht erfaßt wird, kann der Unternehmer jede ihm obliegende Pflicht gem. § 9 Abs. 2 Nr. 2 OWiG auf jede geeignete Person übertragen.

106

Im früheren § 775 Abs. 1 RVO (seit 1. 1. 1975 außer Kraft) war die Pflichtenübertragung ausdrücklich gesetzlich geregelt: Der Unternehmer konnte die ihm von der RVO auferlegten Pflichten durch schriftliche Erklärung auf andere im Betrieb übertragen, gem. § 708 Abs. 1 Nr. 1 RVO wurden die **übertragbaren Pflichten eingegrenzt**, als nicht alle übertragbar waren, sondern nur die in der RVO begründeten Pflichten, insbesondere die in Unfallverhütungsvorschriften geforderten „Einrichtungen, Anordnungen und Maßnahmen" zu treffen.

107

Nach der Aufhebung des § 775 RVO fehlt es an einer ausdrücklichen gesetzlichen Regelung der Pflichtenübertragung. Es gilt weiterhin, daß der Unternehmer die oberste Verantwortung für Arbeitssicherheit, die eigentliche Führungsaufgabe der Produktion unter dem Gesichtspunkt der Sicherheit, nicht delegieren kann. Es gilt ferner, daß eine wirksame Pflichtenübertragung gem. § 708 Abs. 1 Nr. 1 RVO i. V. § 12 der Unfallverhütungsvorschrift „Allgemeine Vorschriften" (VBG 1) **schriftlich** erfolgen muß und darin der **Verantwortungsbereich** und die **Befugnisse** zu beschreiben sind. Der Verpflichtete hat gegenzuzeichnen. Hinzu kommt, wie sich aus § 9 Abs. 2 Nr. 2 OWiG ergibt, daß eine „ausdrückliche" Beauftragung die Erfüllung der Pflichten „in eigener Verantwortung" beinhaltet.

108

Die ordnungsgemäße Pflichtenübertragung bewirkt, daß **neben** dem allein in der Unfallverhütungsvorschrift angesprochenen Unternehmer nunmehr der Beauftragte verantwortlich ist. Neben dem Beauftragten bleibt der Unternehmer, wenn auch in geminderter Form, weiterhin verantwortlich (§ 130 OWiG), er muß insbesondere im notwendigen Umfang beaufsichtigen, führen, kontrollieren, eingreifen und die oberste Verantwortung für die Sicherheit tragen.

Drittes Kapitel: Verantwortliche Personen §§ 58, 59

12. Beauftragter für den Datenschutz

109
Gesellschaften, die personenbezogene Daten (z. B. Personaldaten, Kontokorrentdaten, Marketingdaten, Einkaufsdaten, Inkassodaten, zum Begriff § 2 Abs. 1 BDSG) automatisch verarbeiten, haben nach § 28 Abs. 1 BDSG einen Beauftragten für den Datenschutz schriftlich zu bestellen.

110
Die **Aufgaben** des Datenschutzbeauftragten sind in § 29 BDSG geregelt. Er hat grundsätzlich die Ausführung des BDSG sowie anderer Vorschriften über den Datenschutz sicherzustellen. Zu den Beratungs- und Überwachungsaufgaben kommt als besonders bedeutsame Aufgabe hinzu, eine Übersicht über die Art der gespeicherten personenbezogenen Daten, die mit ihnen verbundenen Geschäftszwecke und Ziele und über die Empfänger zu führen. Außerdem muß er eine Übersicht über die Art der eingesetzten automatisierten Datenverarbeitungsanlagen führen.

111
Der Datenschutzbeauftragte muß besondere **persönliche Voraussetzungen** für seine Aufgabe erfüllen und hat im Unternehmen eine besondere, unmittelbar dem Vorstand unterstellte Position. Eine Anmeldung gem. § 39 BDSG bei der zuständigen Aufsichtsbehörde (gem. VO vom 10. 1. 1978, GV NW S. 16, in NW Regierungspräsident Arnsberg bzw. Köln) wird im Regelfall nicht in Betracht kommen, weil eine geschäftsmäßige Datenverarbeitung für fremde Zwecke bei Bergbaugesellschaften nicht vorliegen wird.

§ 59 Beschäftigung verantwortlicher Personen

(1) Als verantwortliche Personen im Sinne des § 58 Abs. 1 Nr. 2 dürfen nur Personen beschäftigt werden, die die zur Erfüllung ihrer Aufgaben und Befugnisse erforderliche Zuverlässigkeit, Fachkunde und körperliche Eignung besitzen.

(2) Verantwortliche Personen im Sinne des § 58 Abs. 1 Nr. 2 sind in einer für die planmäßige und sichere Führung des Betriebes erforderlichen Anzahl zu bestellen. Die Aufgaben und Befugnisse der verantwortlichen Personen sind eindeutig und lückenlos festzusetzen sowie so aufeinander abzustimmen, daß eine geordnete Zusammenarbeit gewährleistet ist.

1
1. **Grundsätzliches**: Der Unternehmer kann sich bei der Leitung und Beaufsichtigung seines Betriebes dritter Personen bedienen, hat dann aber nach §§ 59 ff mehrere **Hauptpflichten**:
– er darf nur an nach Zuverlässigkeit, Fachkunde und Eignung qualifizierte Mitarbeiter delegieren (Qualitätspflicht)
– er muß eine ausreichende Anzahl von Mitarbeitern bestellen (Quantitätspflicht)
– er muß die Aufgabenbereiche eindeutig und lückenlos festsetzen (Funktionalisierungspflicht)

§ 59 2–7   Dritter Teil: Aufsuchung, Gewinnung und Aufbereitung

— er muß die Aufgabenbereiche aufeinander abstimmen (Koordinierungspflicht)
— er muß die Bestellung der Bergbehörde anzeigen (Nominierungspflicht)
— er muß den bestellten Personen alle Verwaltungsakte, insbesondere alle Betriebspläne, zur Kenntnis geben (Informationspflicht).
Diese Pflichten treffen nicht nur den Unternehmer, sondern jede verantwortliche Person, die ihrerseits weiterdelegiert. Dem steht nicht entgegen, daß diese Pflichten nicht bei den übertragbaren Unternehmerpflichten des § 62 genannt sind. Daraus ist nicht zu schließen, daß sie unübertragbar sind. Denn § 62 betrifft nur Unternehmerpflichten. Es ist aber im BBergG nirgends festgelegt, daß ausschließlich der Unternehmer die verantwortlichen Personen bestellen muß.

2
2. Die **Qualifikation** der verantwortlichen Personen wird mit Begriffen umschrieben, die im BBergG selbst nur hinsichtlich der Fachkunde definiert sind. Sie fanden sich teilweise jedoch schon in § 74 Abs. 1 ABG NW (Eignung, Zuverlässigkeit), so daß auf die dortigen Begriffsbestimmungen zurückgegriffen werden kann.

3
Zuverlässigkeit bezieht sich danach auf charakterliche Eigenschaften.

4
Eignung ist die körperliche Fähigkeit zur Erfüllung der übertragenen Aufgaben. Seh- und Hörfähigkeit sowie das Reaktionsvermögen spielen bei bestimmten Aufgaben eine entscheidende Rolle.

5
Fachkunde umfaßt technische und rechtliche Kenntnisse im Hinblick auf die beabsichtigte Tätigkeit (BT-Drucks. 8/1315, 110 = Zydek, 254). Der Begriff ist auch in § 66 Nr. 9 in diesem Sinne definiert, wonach die fachlichen Anforderungen bestimmter verantwortlicher Personen durch Rechtsverordnung festgelegt werden können (vgl. für das Saarland VO über die Voraussetzungen für die Bestellung von Personen nach § 74 ABG vom 20. 9. 1967, ABl. S. 778). Bei Absolventen bergmännischer Ausbildungsanstalten ist für den Unternehmer die Beurteilung der Fachkunde durch Vorlage der Zeugnisse eindeutig möglich. Die Angabe der Vorbildung ist dann für das Namhaftmachen gegenüber der Bergbehörde gem. § 60 Abs. 1 ausreichend. Hat die zu bestellende Person keine Ausbildungsstätte absolviert, bedarf die Befähigung, insbesondere bei sog. Unternehmeraufsichtspersonen, besonders sorgfältiger Prüfung durch den bestellenden Unternehmer.

6
Die Qualifikation der verantwortlichen Personen muß während der gesamten Beschäftigungszeit vorliegen, nicht nur zu Beginn der Tätigkeit.

7
Sofern die **Qualifikationsmerkmale nicht** oder nicht mehr gegeben sind, hat das folgende Konsequenzen: der Unternehmer darf diese Person nicht mehr im Rahmen der ihr übertragenen Aufgaben und Befugnisse beschäftigen, er muß sie

Drittes Kapitel: Verantwortliche Personen   8–11 § 59

abberufen. Andernfalls kann die Bergbehörde gem. § 73 Abs. 1 Nr. 2 dem Unternehmer im Wege einer unselbständigen Ordnungsverfügung die Beschäftigung der Person, gegebenenfalls die Fortführung des Betriebes gem. § 73 Abs. 1 S. 2 untersagen. Die Ordnungsverfügung kann im Verwaltungsvollstreckungswege durchgesetzt werden und ist sowohl vom Unternehmer als auch von der Aufsichtsperson als Drittbelasteter verwaltungsgerichtlich anfechtbar (Weller, ZfB 106 (1965), 437, 446).

8
Liegt sogar in der Weiterbeschäftigung der unqualifizierten Person eine Tatsache vor, die die Annahme der fehlenden eigenen Zuverlässigkeit oder Fachkunde des Unternehmers rechtfertigt, kann die Bergbehörde gem. § 73 Abs. 2 die Fortführung des Betriebs auch aus diesem Grunde zeitweise untersagen. Schließlich ist durch die Verknüpfung der Betriebsplanzulassung mit der Qualifikation verantwortlicher Personen in § 55 Abs. 1 Nr. 2 b ein Widerruf der Zulassung gem. § 49 Abs. 2 Nr. 3 VwVfG möglich, da die Bergbehörde aufgrund nachträglich eingetretener Tatsachen berechtigt wäre, den Betriebsplan nicht zu erlassen und außerdem das öffentliche Interesse gefährdet würde. Schließlich kann eine Ordnungswidrigkeit gem. § 145 Abs. 1 Nr. 10 vorliegen.

9
Die Qualifikationsmerkmale sind als unbestimmte Rechtsbegriffe verwaltungsgerichtlich nachprüfbar (Oversohl, Die Rechtsstellung der Aufsichtspersonen in den Bergwerksbetrieben, Diss. Münster, 1968, 142).

10
3. Sofern es die planmäßige und sichere Führung des Betriebes erfordert, ist die **Bestellung** von verantwortlichen Personen nicht nur ein Recht, sondern eine **Pflicht des Unternehmers.** In diesen Fällen gehört es auch zur planmäßigen und sicheren Führung des Betriebes, für jede bestellte Person im Falle ihrer Verhinderung (Urlaub, Krankheit) einen ständigen **Vertreter** namhaft zu machen. Für diesen Vertreter gelten dieselben Voraussetzungen wie für den Vertretenen. Auch die Bestellung oder Abberufung des Vertreters bedarf der Mitteilung an die Bergbehörde.

11
4. Die **eindeutige und lückenlose Festlegung** der Betriebsbereiche und die Koordinierung der Aufsichtstätigkeit im Bergwerksbetrieb ist eine in der Praxis wichtige und bei der gesamten Delegation von Verantwortung ganz entscheidende Unternehmerpflicht. Sie erfordert eine klare **örtliche und sachliche Zuordnung des Verantwortungsbereiches,** eine Klarstellung aller an andere Personen übertragenen Sonderaufgaben und eine Abgrenzung zu allen Nachbarbereichen. Zwar fordert § 59 Abs. 2 nur eine „eindeutige und lückenlose" Festsetzung der Aufgaben und Befugnisse, doch hatte sich in NRW schon nach der Novellierung des § 74 ABG die Auffassung durchgesetzt, daß eine sachliche und örtliche Abgrenzung erforderlich ist auch im Hinblick auf § 50 BVOSt, wonach Aufsichtspersonen ihre Tätigkeit erst ausüben dürfen, nachdem sie in ihre Aufgaben sachlich und örtlich

eingewiesen sind. Bei Aufsichtspersonen mit wechselnden Revieren kann das erfolgen durch den Hinweis in der schriftlichen Bestellung: „Die örtlichen Grenzen ergeben sich aus dem Schichtenzettel" und der zusätzlichen jeweiligen Einweisung nach § 50 BVSt gegen Unterschrift (Oversohl, a. a. O., 83).

12

Die Geschäftskreise dürfen nur so groß sein, daß die **damit** verbundenen Pflichten erfüllt werden können (Ebel-Weller, S. 159, KG ZfB 54 (1913), 150).

13

Unklarheiten bei der Formulierung des Bestellungsschreibens gehen zu Lasten des Bestellers. Er kann sich nicht auf die Übertragung seiner Obliegenheiten berufen, eine Entlastung tritt insofern nicht ein (v. Schlütter, Glückauf 1965, 50, 51).

14

Die Pflichten aus § 59 gelten für denjenigen, der eine verantwortliche Person bestellt. Es läge in der Praxis nahe, diese Pflichten auf denjenigen zu übertragen, der verantwortlich bestellt wird, weil er den Umfang seines Geschäftsbereiches und die damit verbundenen Abgrenzungsschwierigkeiten am besten kennt. Indes sieht § 62 eine Übertragung der Funktionalisierungs- und Koordinierungspflicht auf verantwortliche Personen nicht vor. Sie bleiben beim Unternehmer und denjenigen verantwortlichen Personen, die ihrerseits delegieren, und treffen die in der Hierarchie darunter stehenden verantwortlichen Personen als eigene gesetzliche Verpflichtung aus § 59 ohnehin.

15

5. Der übertragene Geschäftskreis besteht aus **Aufgaben und Befugnissen** (§§ 58 Abs. 1 Nr. 2, 59 Abs. 1, Abs. 2, 60 Abs. 1, 61 Abs. 2), einem Begriffspaar, das schon in §§ 74 Abs. 1–3, 75 ABG NW enthalten war und in §§ 61, 62 in bewußten Gegensatz gestellt ist zu dem Begriff der **„Pflichten" des Unternehmers**. Die Aufgaben und Befugnisse sind die Konkretisierung der übertragenen Verantwortung. In der Praxis hat es sich als zweckmäßig erwiesen, einen Katalog allgemeiner Grundsätze den speziellen, auf den Einzelfall bezogenen Übertragungen in dem schriftlichen Bestellungsschreiben vorauszustellen. Es sind dies: die Verantwortung für Sicherheit und Ordnung im Betrieb (§ 61 Abs. 1 S. 1); die Sorge für eine ordnungsgemäße Errichtung und einen ordnungsgemäßen Ablauf des Betriebes (§ 61 Abs. 1 S. 2 Nr. 1) unter Erfüllung der Pflichten aus dem BBergG, einschlägigen anderen Gesetzen, Vorschriften, Verwaltungsakten, aus zugelassenen Betriebsplänen; das Befolgen von Weisungen der Vorgesetzten und das unverzügliche Melden von nicht sogleich behebbaren Schwierigkeiten bei der Erfüllung der Aufgaben; die Sorge für eine eindeutige und lückenlose Abgrenzung der Aufgaben und Befugnisse der Untergebenen; das Überwachen der Tätigkeit der Untergebenen; das Ergreifen von sofortigen geeigneten Maßnahmen bei Gefahren und Unglücksfällen (§ 61 Abs. 1 S. 2 Nr. 2); das Einvernehmen mit den anderen Geschäftskreisinhabern, wenn sich diese Kreise berühren oder berühren können und die unverzügliche Benachrichtigung des Vorgesetzten, die Durchführung von Aufgaben Untergebener, die an der Erfüllung gehindert sind und keinen Vertreter

Drittes Kapitel: Verantwortliche Personen **§§ 59, 60**

haben. Diesen allgemeinen Aufgaben und Befugnissen folgt dann der besondere, individuelle Teil für die jeweilige verantwortliche Person.

16
6. Ordnungswidrig handelt gem. § 146 Abs. 1 Nr. 12, wer verantwortliche Personen unter Verstoß gegen die Voraussetzungen des § 59 Abs. 1 beschäftigt.

17
7. Durch **Verordnung** gem. § 66 Nr. 9 kann festgelegt werden, welchen Maßstab der Unternehmer an die erforderliche Fachkunde der von ihm bestellten verantwortlichen Personen zu stellen hat (z. B. Wettersteiger, Sprengmeister, Elektrofachkräfte). Ebenso können die Nachweispflicht und die Überprüfung durch die Bergbehörde geregelt werden. Die Vorschrift ermöglicht aber nur, für bestimmte Bereiche, nicht für sämtliche, Anforderungen zu treffen. Der Erlaß einer solchen Verordnung bedeutet für die Aufsichtspersonen, deren Bestellung gem. § 167 Abs. 1 Nr. 2 oder 3 übergangsweise weitergilt, das Ende der fortgeltenden Bestellung (§ 167 Abs. 2).

18
8. Zur Auskunftspflicht der verantwortlichen Personen gegenüber der Bergbehörde § 70, Rn 8.

§ 60 Form der Bestellung und Abberufung verantwortlicher Personen, Namhaftmachung

(1) Die Bestellung und Abberufung verantwortlicher Personen sind schriftlich zu erklären. In Fällen, die nach § 57 Abs. 1 Satz 1 und Absatz 2 eine Abweichung von einem zugelassenen Betriebsplan rechtfertigen, kann die Erklärung auch mündlich erfolgen; sie ist unverzüglich schriftlich zu bestätigen. In der Bestellung sind die Aufgaben und Befugnisse genau zu beschreiben; die Befugnisse müssen den Aufgaben entsprechen.

(2) Die verantwortlichen Personen sind unter Angabe ihrer Stellung im Betrieb und ihrer Vorbildung der zuständigen Behörde unverzüglich nach der Bestellung namhaft zu machen. Die Änderung der Stellung im Betrieb und das Ausscheiden verantwortlicher Personen sind der zuständigen Behörde unverzüglich anzuzeigen.

1
Die **Schriftform** für die Bestellung und Abberufung von verantwortlichen Personen ist im Interesse der Rechtssicherheit und Rechtsklarheit geboten. Da das Bestellungsschreiben eine genaue Beschreibung der Aufgaben und Befugnisse enthalten muß, bezieht sich die Schriftform auch auf diese Beschreibung.

2
Die schriftliche Erklärung hat **konstitutive** Wirkung: ohne sie ist die verantwortliche Person weder bestellt noch abberufen. Bis zum Zugang einer formgerechten Benachrichtigung bleibt die bestellte Person verantwortlich mit allen Rechten und Pflichten. Beim Eingreifen der Bergbehörde wegen Unzuverlässigkeit der bestell-

§ 60 3–7   Dritter Teil: Aufsuchung, Gewinnung und Aufbereitung

ten Person entfällt die Verantwortlichkeit nicht schon mit der Ordnungsverfügung gegen den Bergwerksunternehmer, sondern erst mit Erfüllung der Voraussetzung des § 60 Abs. 1 S. 1.

3
Die Bestellung einer verantwortlichen Person ist **kein einseitiger Akt** des Unternehmers bzw. des bestellten Vorgesetzten. Die Tatsache, daß nach § 59 Abs. 2 eine Pflicht zur Bestellung von Aufsichtspersonen bei einer für den Unternehmer selbst nicht mehr beherrschbaren Betriebsgröße besteht, führt noch nicht dazu, daß die Bestellung durch einseitige Erklärung des Vorgesetzten, möglicherweise sogar gegen den Willen der bestellten Aufsichtsperson, erfolgen kann (so auch für Sicherheitsbeauftragte BSG vom 28. 5. 1974 – 2 RU 79/72 – und vom 9. 3. 1977 – 2 RU 131/75 –). Etwas anderes kann sich jedoch durch ausdrücklich eingegangene, besondere Verpflichtung im Arbeitsvertrag ergeben (BSG, a. a. O.). Wer in einem Bergwerksbetrieb in leitender Stellung (Betriebsdirektor, Betriebsführer, Obersteiger, Fahrsteiger u. a.) eingestellt wird, ist kraft Stellung und Arbeitsvertrag verpflichtet, aufsichtliche Tätigkeiten im Sinne des Bergrechts auszuüben. Durch seine Unterschrift unter das Bestellungsschreiben bestätigt der Bestellte die Kenntnis der sachlichen und örtlichen Grenzen des Geschäftskreises, die Kenntnis von den übertragenen Aufgaben und Befugnissen und das Einverständnis mit dem Inhalt des Bestellungsschreibens.

4
Die **Abberufung** ist durch **einseitige Willenserklärung** möglich, da dem Vorgesetzten und allen nachgeordneten Personen nicht zugemutet werden kann, die abzuberufende Aufsichtsperson bis zu ihrem Einverständnis mit der Abberufung weiter verantwortlich zu beschäftigen.

5
Die Schriftform ist in den Fällen, in denen bei juristischen Personen mehrere Personen zur Vertretung berechtigt sind (Gesamtvertretung), nur durch Unterschrift aller erfüllt. Allerdings ist das Modell denkbar, daß alle Vertretungsberechtigten einen aus ihrer Mitte (techn. Vorstand) bestellen und dieser dann die weiteren Delegationen der 2. Ebene allein ausführt und unterschreibt.

6
Wird die Schriftform nicht gewahrt, kann sich der Vorgesetzte nicht auf eine Übertragung seiner Aufgaben und Befugnisse berufen, sondern bleibt insoweit selbst verantwortlich. § 60 Abs. 1 S. 2 läßt allerdings ausnahmsweise eine mündliche Erklärung in den besonderen Fällen des § 57 Abs. 1 S. 1 und Abs. 2 zu.

7
Einen fundamentalen Grundsatz aller Delegation enthält § 60 Abs. 1 S. 3 letzter Halbsatz, in dem das Verhältnis von Aufgaben und Befugnissen festgelegt wird. Wem Aufgaben (Pflichten) zugeteilt werden, dem müssen entsprechende Befugnisse (Rechte) übertragen werden. Sofern dieser Grundsatz nicht erfüllt wird, ist die Delegation ebenfalls unwirksam. Es empfiehlt sich daher aus Gründen der Rechts-

Drittes Kapitel: Verantwortliche Personen   §§ 60, 61

sicherheit, zwischen dem Besteller und dem Befugten hierüber schriftliches Einvernehmen zu dokumentieren.

8
Das **Namhaftmachen** der verantwortlichen Personen versetzt die Bergbehörde in die Lage, die im Bergwerksbetrieb für die Erfüllung der gesetzlichen Vorschriften und Verwaltungsakte Verantwortlichen jederzeit anzusprechen. Eine Pflicht, die Erfüllung der Voraussetzungen einer wirksamen Bestellung zu überprüfen, ist damit nicht verbunden. Ebensowenig ist die Anzeige Wirksamkeitsvoraussetzung für eine rechtmäßige Bestellung oder Abberufung.

9
In der Praxis erfolgt die Benennung der bestellten Personen nicht in jedem Einzelfall, sondern durch eine **listenmäßige Aufstellung**, in der die erforderlichen Angaben enthalten sind, mit Beifügen eines Organisationsplanes des Bergwerksbetriebes.

10
Zuständig für die Entgegennahme nach § 60 Abs. 2 ist das Bergamt (§ 1 Abs. 3 Nr. 4 der VO über Zuständigkeiten v. 5. 1. 1982, GuV NW, 2).

11
Ordnungswidrig handelt gemäß § 146 Abs. 1 Nr. 10, wer die Voraussetzungen des § 60 Abs. 1 bei der Bestellung und Abberufung verantwortlicher Personen nicht erfüllt, z. B. die Person nicht schriftlich bestellt, ihre Aufgaben und Befugnisse nicht genau beschreibt, oder ihnen Aufgaben zuweist, denen die Befugnisse nicht entsprechen. Ordnungswidrig handelt gem. § 146 Abs. 1 Nr. 10 auch derjenige, der gegen § 60 Abs. 2 verstößt und verantwortliche Personen nicht namhaft macht oder die Anzeige ihrer Bestellung oder ihres Ausscheidens unterläßt.

§ 61 Allgemeine Pflichten

(1) Der Unternehmer ist für die ordnungsgemäße Leitung des Betriebes verantwortlich; ihm obliegt die Sicherheit und Ordnung im Betrieb. Er ist verpflichtet,
1. für die ordnungsgemäße Errichtung des Betriebes und den ordnungsgemäßen Betriebsablauf zu sorgen, insbesondere
   a) unter Beachtung der allgemein anerkannten sicherheitstechnischen, arbeitsmedizinischen und arbeitshygienischen Regeln sowie der sonstigen gesicherten arbeitswissenschaftlichen Erkenntnisse die erforderlichen Maßnahmen und Vorkehrungen zu treffen, um Beschäftigte und Dritte vor Gefahren für Leben, Gesundheit und Sachgüter zu schützen, soweit die Eigenart des Betriebes dies zuläßt,
   b) durch innerbetriebliche Anordnungen sicherzustellen, daß die verantwortlichen Personen ihre Aufgaben erfüllen und ihre Befugnisse wahrnehmen können,
2. bei Zuständen oder Ereignissen im Betrieb, die eine unmittelbare Gefahr für Leben oder Gesundheit Beschäftigter oder Dritter herbeizuführen geeignet sind oder herbeigeführt haben, die zur Abwehr der Gefahr oder zur Rettung von Verunglückten geeigneten Maßnahmen zu treffen,

§ 61 1–4   Dritter Teil: Aufsuchung, Gewinnung und Aufbereitung

3. bei Zuständen oder Ereignissen im Sinne der Nummer 2 in benachbarten Betrieben anderer Unternehmen im Rahmen seiner Möglichkeiten die erforderliche sachkundige Hilfe durch Einsatz eigener Beschäftigter und Geräte zu leisten.

(2) Der Unternehmer ist ferner verpflichtet, den verantwortlichen Personen von allen die Errichtung, Führung oder Einstellung des Betriebes betreffenden Verwaltungsakten einschließlich der dazugehörigen Unterlagen unverzüglich insoweit Kenntnis zu geben, als deren Aufgaben und Befugnisse betroffen werden. Er hat dafür zu sorgen, daß Betriebspläne und deren Zulassung von den verantwortlichen Personen jederzeit eingesehen werden können.

1
1. Während das ABG 1865 eine Verantwortlichkeit des Werksbesitzers zunächst nicht vorsah, hatte die Novelle von 1909 eine Verantwortlichkeit konstituiert, die von der Erfüllung bestimmter Voraussetzungen (vgl. § 76 Abs. 2 ABG i. d. F. von 1909) abhängig war und neben die Verantwortung der bestellten Aufsichtspersonen trat. Die Änderung des Rechtes der Aufsichtspersonen in einigen Bundesländern (vgl. § 73 ABG NW von 1964, ABG Saarland von 1967 später auch Bad. Württ., Bayern, Hessen, Niedersachsen, Rhl.-Pfalz) hatte dem Bergwerksbesitzer die Sorge und Verantwortung für die Sicherheit und Ordnung auferlegt (§ 58 Rn 8 ff).

2
2. An diese Regelung knüpft § 61 an. Dabei werden fünf allgemeine Pflichten für den Unternehmer festgelegt, die zu den besonderen Pflichten bei der Delegation von Aufgaben auf verantwortliche Personen (§ 59 Rn 1) hinzukommen. Es sind dies die Pflichten
– der ordnungsgemäßen Leitung (a)
– der Sorge für Sicherheit und Ordnung im Betrieb (b)
– der ordnungsgemäßen Errichtung des Betriebes (c)
– der Sorge für den ordnungsgemäßen Betriebsablauf (d)
– der Information von verantwortlichen Personen (e).

3
a) Die Pflicht der **ordnungsgemäßen Leitung des Betriebes** ist oberste und typische Unternehmerpflicht. Sie findet sich aktienrechtlich in § 76 AktG, wonach der Vorstand unter eigener Verantwortung die Gesellschaft zu leiten hat. Allerdings liegt die besondere Betonung der bergrechtlichen Leitungspflicht auf dem Wort „ordnungsgemäß", das gerade bei den festgelegten allgemeinen Pflichten des Unternehmers immer wiederkehrt und konkretisiert wird.

4
Der **Begriff der Leitung** ist weder im ABG, das ihn in der novellierten Fassung des § 73 NRW schon kannte, noch im BBergG definiert. Man wird aber auf die Begründung im 3. Bergrechtsänderungsgesetz NW vom 8. 12. 1964 zurückgehen können, durch das der Begriff der „verantwortlichen Leitung des Betriebes" eingeführt wurde. Danach gehören die Planung der betrieblichen Vorhaben, die Bereitstellung der zu ihrer Durchführung notwendigen Betriebsmittel, die Ertei-

lung von Weisungen, die Einstellung des erforderlichen und geeigneten Personals, die Regelung der Zusammenarbeit im Betrieb sowie die Überwachung des Betriebes und der darin Beschäftigten (Amtl. Begr. LT-Drucks. Nr. 370, S. 7). Die amtliche Begründung (BT-Drucksache 8/1315, 115, Zydek, 276) zum BBergG versteht unter „Leitung" die Verantwortung für die Schaffung der wirtschaftlichen, planerischen und organisatorischen Voraussetzungen für die Führung des Betriebes.

5
Wegen ihres **höchstpersönlichen** Charakters ist die Leitungspflicht gem. § 61 S. 1 nicht delegierbar. Davon zu unterscheiden ist die Betriebsführungspflicht gem. § 61 S. 2, die gem. § 62 Nr. 1 auf andere Personen übertragen werden kann. Die besondere Erwähnung der Betriebsführungspflicht beruht auf den Erfordernissen des modernen Großbergbaues, wo Leitung und Betriebsführung oft auseinanderfallen. Für das Verhältnis der beiden Pflichten zueinander hat der Gesetzgeber den an sich definitionsmäßig allumfassenden Begriff der Leitungsverantwortung aufgespalten und aus Gründen der Delegationsmöglichkeit andere Pflichten danebengestellt. Durch diese Abkopplung werden die Sorge für die Sicherheit und Ordnung (2. Halbsatz) und für die ordnungsgemäße Betriebsführung (Satz 2) nicht Teil der Leitungsfunktion, sondern delegierbar. Anderenfalls wären, da die Leitung vom Begriff her höchstpersönliche Pflicht des Unternehmers sein muß, die anderen Pflichten als Teile dieser Pflicht ebenfalls notwendigerweise höchstpersönlich zu erfüllen gewesen.

6
b) Die Sorge für Sicherheit und Ordnung im Betrieb beinhaltete schon zur Zeit der Geltung des § 73 ABG NW die Verpflichtung, Betriebspläne einzuhalten und die berggesetzlichen, bergbehördlichen und sonstigen Sicherheitsvorschriften zu befolgen. Es wurde eine ausreichende und sachgemäße Betriebsüberwachung erwartet (Ebel-Weller, Erg.Band S. 24/25). Hieran hat sich durch § 61 nichts geändert. Allerdings wird die Sorge für Sicherheit und Ordnung – an sich eine selbstverständliche Leitungsaufgabe – verselbständigter Teil der Leitung, um ihm besondere Geltung zu verschaffen und ihn delegierbar zu machen. Zur Sorge für Sicherheit und Ordnung gehört die Beachtung der allgemein anerkannten sicherheitstechnischen, arbeitsmedizinischen und arbeitshygienischen Regeln sowie der sonstigen gesicherten arbeitswissenschaftlichen Erkenntnisse (Boldt, RdA 1981, 1, 5).

7
c) Die **Betriebserrichtung** und **Betriebsführung** werden ebenfalls an dem Begriff „ordnungsgemäß" gemessen. In § 61 Abs. 1 Nr. 1 werden die hierzu erforderlichen Maßnahmen aufgeführt, allerdings nicht abschließend (vgl. „insbesondere"). Zum ordnungsgemäßen Betriebsablauf gehören noch von der Leitungsaufgabe schwer abzugrenzende und teilweise von ihr abzuleitende Aufgaben wie die Planung der betrieblichen Vorhaben, die Einstellung des erforderlichen geeigneten Personals, die Regelung der Zusammenarbeit im Betrieb, die Erteilung von Weisungen und die Überwachung des Betriebes und der Beschäftigten neben den in Nr. 1 a und b beschriebenen Pflichten (BT-Drucks. 8/1315, 115, Zydek, 276).

8

d) Der **ordnungsgemäße Betriebsablauf** fordert vom Unternehmer den Schutz der Beschäftigten und Dritten vor Gefahren für Leben, Gesundheit und Sachgütern. Hieraus ist keine Verpflichtung zur Verhinderung jedes Sachschadens auch außerhalb des Betriebes, z. B. durch bergbauliche Einwirkungen, herzuleiten. § 61 Abs. 1 regelt nur den betriebsbezogenen Pflichtenkreis des Unternehmers. Mittel zur Erreichung des Schutzes der Beschäftigten und Dritter vor den Gefahren für die genannten Rechtsgüter sind nur die Beachtung der in Nr. 1 a genannten Regeln und nicht darüber hinausgehende Produktionsbeschränkungen, und schließlich stehen diese Verpflichtungen unter dem Vorbehalt, daß die Eigenart des Betriebes den Schutz der Rechtsgüter zuläßt. Gerade bei bergbaulichen Tätigkeiten ist der Schaden Dritter bei bergbaulichen Einwirkungen durch die Eigenart des Bergbaubetriebes bedingt.

9

Die Pflicht zur **Abwehr von Gefahren** und zur Rettung von Verunglückten gehört bereits zum ordnungsgemäßen Betriebsablauf, ist aber wegen ihrer besonderen Bedeutung in Nr. 2 besonders aufgeführt.

10

Anders ist es mit der in Nr. 3 formulierten Pflicht zur **Nachbarschaftshilfe**, die zwar im Bergbau seit langem selbstverständlich ist, jedoch nicht zum ordnungsgemäßen Ablauf des eigenen Betriebes gehört. Hier bedurfte es einer ausdrücklichen Regelung. Sie ist dem früheren § 205 Abs. 3 ABG angepaßt.

11

Ausdrücklich geregelt ist in § 61 Abs. 1 Nr. 3 nur die Hilfe in benachbarten Betrieben anderer Unternehmen. In den benachbarten Betrieben des eigenen Unternehmens folgt die Pflicht zur sachkundigen Hilfeleistung bereits aus § 61 Abs. 1 Nr. 1 und gehört zum ordnungsgemäßen Betriebsablauf.

12

Das BBergG enthält keine Regelung wie früher § 206 ABG, wonach der Besitzer des betreffenden Bergwerks die Kosten der Rettungsmaßnahmen zu tragen hatte. Dieses Ergebnis folgt heute aus der Rechtssprechung zu § 683 BGB. Sofern der Unternehmer der Pflicht zur Hilfe nach § 61 Abs. 1 Nr. 3 nicht nachkommt, kann die Bergbehörde eine Anordnung gem. § 71 erlassen.

13

§ 61 Abs. 1 Nr. 2 und 3 befassen sich nur mit dem **innerbetrieblichen Rettungswesen**. (Hierzu auch § 131 Rn 2). Es wird im übrigen durch das Betriebsplanverfahren und die Bergverordnungen gem. § 66 Nr. 5 geregelt. Zum innerbetrieblichen Rettungswesen gehören die **Grubenwehren**, die aufgrund der Bergverordnungen auf jeder fördernden Schachtanlage zu bilden sind, und die **Gasschutzwehr**, die auf jeder Kokerei vorhanden sein muß (z. B. § 65 Abs. 1 BVOSt NW).

Drittes Kapitel: Verantwortliche Personen §§ 61, 62

14

Ausbildung, Aufstellung, Ausrüstung, Einsatz und Überwachung der Gruben- und Gasschutzwehren müssen sich in NRW nach Plänen vollziehen. Die erforderliche Zustimmung des LOBA zum **Plan für das Grubenwesen** des Steinkohlenbergbauvereins erfolgte durch Verfügung vom 18. 4.1973 (SMBl A 4.6). Aufgabe der Grubenwehr ist nach diesem Plan der Einsatz unter Tage zur Bergung von Menschen und zur Erhaltung von Sachwerten nach Explosionen sowie bei Grubenbränden und anderen Ereignissen, bei denen eine Gefährdung durch schädliche Gase oder Sauerstoffmangel eintreten kann. In dem Plan werden Einzelheiten über Planstärke, Zusammensetzung, Aufnahme in der Grubenwehr, Ausbildung, Nachschulung, Aufgaben des Oberführers und der Mitglieder der Grubenwehr, die Einsatzleitung und die Beteiligung der Hauptstelle für das Grubenrettungswesen geregelt (§ 131, Rn 2).

15

e) Die **Informationspflicht** des Unternehmers ist stufenweise aufgebaut: er muß den verantwortlichen Personen **Kenntnis** geben, d. h. aktiv tätig werden, bei allen Verwaltungsakten, die ihre Aufgaben und Befugnisse betreffen. Verwaltungsakte sind nicht nur die Betriebsplanzulassungen, sondern auch Ordnungsverfügungen, Erlaubnisse und Genehmigungen außerhalb des Bergrechts. Er muß die **Einsichtnahme ermöglichen**, kann insofern passiv sein, als es sich um sonstige Betriebsplanzulassungen handelt, d. h. um solche, die nicht die Aufgaben und Befugnisse der verantwortlichen Personen betreffen.

16

Der Unternehmer kann die Informationspflicht an andere entäußernd delegieren und sich dadurch freizeichnen (Arg. § 62 Satz 2).

§ 62 Übertragbarkeit bestimmter Pflichten und Befugnisse

Der Unternehmer kann
1. **die sich aus § 51 Abs. 1, §§ 52, 54 Abs. 1, § 57 Abs. 1 Satz 2 und Absatz 2, § 61 Abs. 1 Satz 1 2. Halbsatz, Satz 2 und Absatz 2 sowie § 74 Abs. 3 ergebenden Pflichten sowie**
2. **die sich aus § 57 Abs. 1 und 2 sowie aus dieser Vorschrift ergebenden Befugnisse auf verantwortliche Personen übertragen. Die Pflichten des Unternehmers nach § 61 Abs. 1 Satz 1 zweiter Halbsatz und Satz 2 bleiben bestehen, auch wenn verantwortliche Personen bestellt worden sind.**

1

1. Die Vorschrift soll klarstellen, daß Pflichten und Befugnisse übertragen werden können und zieht damit die Konsequenz aus § 59 Abs. 2, wonach der Unternehmer für die planmäßige und sichere Führung des Betriebs andere Personen bestellen muß. Allerdings ist gerade diese für die Praxis wichtige Vorschrift durch das penible Paragraphengestrüpp sehr schwer lesbar und für die Praktiker kaum verständlich.

§§ 62 2–7 Dritter Teil: Aufsuchung, Gewinnung und Aufbereitung

2
Systematisch lassen sich die Pflichten und Befugnisse wie folgt einordnen:
- übertragbare, bei denen die Verantwortung des Unternehmers bleibt (Rn 11)
- übertragbare, bei denen die Verantwortung des Unternehmers mit der Übertragung entfällt (§ 61 Rn 15, § 62 Rn 3, 4)
- nicht übertragbare (Rn 8).

3
2. **Übertragbar** sind die **Pflichten**: Betriebspläne aufzustellen (§ 51 Abs. 1), Haupt-, Rahmen- und Sonderbetriebspläne aufzustellen (§ 52), Verlängerungen, Ergänzungen und Abänderungen von Betriebsplänen einzureichen (§ 54 Abs. 1), Anordnungen zur Abweichung vom Betriebsplan anzuzeigen (§ 57 Abs. 1 S. 2 und § 57 Abs. 2), für Sicherheit und Ordnung im Betrieb zu sorgen (§ 61 Abs. 1 S. 1 Halbs. 2), für die ordnungsgemäße Errichtung des Betriebes und den ordnungsgemäßen Betriebsablauf zu sorgen, geeignete Maßnahmen zur Abwehr von Gefahren und zur Rettung von Verunglückten zu treffen und sachkundige Hilfe im Gefahrenfalle bei benachbarten Betrieben zu leisten (§ 61 Abs. 1 S. 2), die verantwortlichen Personen von Verwaltungsakten zu unterrichten (§ 61 Abs. 2 S. 1), und schließlich die besonderen Betriebsereignisse unverzüglich anzuzeigen (§ 74 Abs. 3).

4
3. **Übertragbar** sind die ausdrücklich genannten **Befugnisse**: von einem Betriebsplan in besonderen Fällen abzuweichen oder den Betrieb einzustellen (§ 57 Abs. 1 und Abs. 2) und die Delegationsbefugnis des § 62 selbst. Durch letztere Übertragungsmöglichkeit wird erreicht, daß die vom Unternehmer bestellte verantwortliche Person selbst wieder mit der abgeleiteten Übertragungsbefugnis ausgestattet ist und sie auf die in der Verantwortungskette nächste Person weiterübertragen kann, so daß die Pflichten und Befugnisse des § 62 Nr. 1 und Nr. 2 bei der untersten verantwortlichen Person vorhanden sind.

5
Eine praktische Frage ist es demgegenüber, ob von der Übertragung der Delegationsbefugnis Gebrauch gemacht werden sollte oder ob es nicht zweckmäßiger und übersichtlicher ist, wenn nur der Leiter des Bergwerks mit der Bestellungsaufgabe betraut wird (Oversohl, Die Rechtsstellung der Aufsichtspersonen in den Bergwerksbetrieben, S. 106).

6
4. Für die Übertragung ist eine Form nicht vorgeschrieben, doch ist es aus Beweisgründen zweckmäßig, sie im Rahmen der schriftlichen Bestellung gem. § 60 zu erklären.

7
Die Übertragung kann nur auf verantwortliche Personen erfolgen, nicht auf juristische Personen.

Viertes Kapitel: Bestimmungen für den Betrieb §§ 62, 63

8
5. **Nicht übertragbar** ist die oberste Leitungspflicht des Unternehmers, da sie nur höchstpersönlich erfüllt werden kann. Zum Umfang der Leitungspflicht § 61 Rn 3.

9
Nicht geregelt ist die Übertragung aller Pflichten, die ihn im Falle der Bestellung verantwortlicher Personen treffen (§ 59 Rn 1). Diese Pflichten müssen die jeweiligen verantwortlichen Personen einhalten, so daß es einer Übertragung insoweit nicht bedarf.

10
6. Der Zweck des § 62 S. 2 ist die Klarstellung der Verantwortlichkeit in Delegationsfällen, wie § 24 SprengG und § 29 Abs. 2 S. 4 der StrahlSchVO das bereits geregelt haben.

11
Aus § 62 S. 2 folgt zweierlei für die Verantwortlichkeit des Unternehmers, der Pflichten delegiert hat: Einmal bleiben bei ihm die Pflichten, für die Sicherheit und Ordnung im Betrieb (§ 61 Abs. 1 S. 1 Halbs. 2) und für die ordnungsgemäße Errichtung des Betriebes und den ordnungsgemäßen Betriebsablauf zu sorgen, (§ 61 Abs. 1 S. 2 Nr. 1) geeignete Maßnahmen zur Gefahrenabwehr und zur Rettung von Verunglückten im eigenen Betrieb zu treffen (Nr. 2), und bei besonderen Gefahren Nachbarschaftshilfe zu leisten (Nr. 3). In diesen aufgeführten Fällen besteht trotz Übertragung eine mehrfache Verantwortung. Zum anderen folgt aus § 62 S. 2, daß die Delegation aller übrigen Pflichten (§ 62 Rn 3, 4) dazu führt, den Unternehmer in vollem Umfang von diesen Pflichten zu entlasten.

12
7. Die Regelung, daß trotz Bestellung von Aufsichtspersonen der Bergwerksbesitzer für die Sicherheit und Ordnung im Betrieb verantwortlich bleibt, bestand schon in den Ländern, die das Recht der Aufsichtspersonen des ABG novelliert hatten und ist insofern nicht neu (Ebel-Weller, Erg.Band, S. 25). In bergbaulichen Großunternehmen schwieriger zu erfüllen ist für den Unternehmer die trotz Delegation bei ihm verbleibende Sorge für den ordnungsgemäßen Betriebsablauf. Man wird diese Verantwortung nur zumutbar, erfüllbar und gesetzeskonform erhalten können, indem man ihre Ausführungskomponente loslöst und die Sorge des Unternehmers für den ordnungsgemäßen Betriebsablauf inhaltlich auf Überwachungs- und Organisationspflichten beschränkt.

**Viertes Kapitel
Sonstige Bestimmungen für den Betrieb**

§ 63 Rißwerk

(1) Der Unternehmer hat für jeden Gewinnungsbetrieb und untertägigen Aufsuchungsbetrieb ein Rißwerk in zwei Stücken anfertigen und in den durch Rechtsverordnung nach § 67 vorgeschriebenen Zeitabständen nachtragen zu lassen. Für

§ 63 1,2   Dritter Teil: Aufsuchung, Gewinnung und Aufbereitung

Aufsuchungsbetriebe über Tage gilt dies nur, soweit es durch Rechtsverordnung nach § 67 vorgeschrieben wird. Durch Rechtsverordnung nach § 67 können Ausnahmen von Satz 1 zugelassen werden, wenn es sich um Betriebe von geringer Gefährlichkeit und Bedeutung handelt, die Aufsuchung oder Gewinnung einen geringen Umfang hat und das Wiedernutzbarmachen der Oberfläche nach den Vorschriften dieses Gesetzes und auf Grund dieses Gesetzes erlassenen oder aufrechterhaltenen Vorschriften auch ohne Rißwerk sichergestellt werden kann.

(2) Zum Rißwerk zählen
1. das Grubenbild und
2. sonstige Unterlagen wie Risse, Karten und Pläne.

Inhalt und Form des Rißwerkes sowie die nach Art des Betriebes erforderlichen Unterlagen im Sinne des Satzes 1 Nr. 2 ergeben sich aus einer Rechtsverordnung nach § 67.

(3) Ein Stück des Rißwerkes ist der zuständigen Behörde einzureichen, das andere an einem geeigneten Ort im Betrieb oder in dessen Nähe aufzubewahren. Mit Zustimmung der zuständigen Behörde kann von der Einreichung der in Absatz 2 Satz 1 Nr. 2 genannten Unterlagen abgesehen werden.

(4) Wer der zuständigen Behörde gegenüber glaubhaft macht, daß er von einem Bergschaden betroffen sein kann, ist zur Einsichtnahme in den entsprechenden Teil des bei der Behörde befindlichen Stückes des Grubenbildes berechtigt. Dem Unternehmer ist Gelegenheit zu geben, bei der Einsichtnahme zugegen zu sein.

1
Zu den Pflichten des Unternehmers gehört es, für **jeden Gewinnungsbetrieb** und für **Aufsuchungsbetriebe unter Tage** ein **Rißwerk** in zwei Stücken anzufertigen und es in den von einer VO nach § 67 Nr. 5 anzuordnenden Zeitabständen nachtragen zu lassen (§ 63 Abs. 1 S. 1). Für **Aufsuchungsbetriebe über Tage** muß diese Verpflichtung in einer RechtsVO nach § 67 Nr. 6 ausdrücklich vorgeschrieben werden. Für Betriebe von geringer Gefährlichkeit und Bedeutung (§ 51 Abs. 3 – vgl. dort Rn 18) können Ausnahmen von der Verpflichtung nach S. 1 zugelassen werden, wenn Aufsuchung und Gewinnung dieser Betriebe einen geringen Umfang haben und insbesondere die Wiedernutzbarmachung sich nach dem BBergG auf den aufgrund seiner Ermächtigungen erlassenen Rechtsverordnungen auch ohne Rißwerk sicherstellen läßt (Abs. 1 S. 3).

2
Das Rißwerk muß zunächst ein **Grubenbild** enthalten. Dieses besteht aus den rißlichen Darstellungen, die nötig sind, um ein klares, übersichtliches und vollständiges Bild von den jeweiligen Verhältnissen eines Bergwerkes unter und über Tage zu geben, und zwar nicht nur hinsichtlich der Grubenbaue selbst, sondern auch hinsichtlich der Gegenstände an der Erdoberfläche, auf deren Schutz und Erhaltung beim Betrieb Rücksicht genommen werden muß (Völkel, 197; Isay, I, § 72 Rn 1; Ebel-Weller, § 72 Anm. 3). Das Grubenbild ist, da es von einem konzessionierten Markscheider angefertigt wird, entsprechend § 415 ZPO eine öffentliche Urkunde. Es begründet also vollen Beweis; jedoch ist nach § 415 Abs. 2 ZPO der Gegenbeweis zulässig. **Neben dem Grubenbild** gehören nach Abs. 2 Nr. 2 die **Risse, Karten und Pläne** zum Rißwerk, die erforderlich sind, um den Betrieb

Viertes Kapitel: Bestimmungen für den Betrieb §§ 63, 64

ordnungsgemäß zu führen und hierüber Auskunft zu geben. **Inhalt und Form des Rißwerkes** sowie die nach Art des Betriebes erforderlichen Unterlagen außer dem Grubenbild soll eine **RechtsVO** nach § 67 festlegen. Diese RechtsVO ist noch nicht erlassen.

3
Wie schon nach bisherigem Recht (§ 72 Abs. 3 ABG) – zur geänderten Fassung in NRW siehe Ebel-Weller, Ergänzungsband, § 72 Anm. 1 – ist von den beiden Ausfertigungen des Rißwerkes eines der zuständigen Behörde zur Ausübung ihrer Aufsicht einzureichen, während das andere Exemplar beim Unternehmer verbleibt. In Ausnahmefällen kann mit Zustimmung der zuständigen Behörde auf die Einreichung des Rißwerkes verzichtet werden (Abs. 3 S. 2).

4
Das **Einsichtrecht** nach Abs. 4 enthielt in vergleichbarer Form bisher schon § 72 Abs. 5 des ABG Saarland. Allerdings sieht Abs. 4 eine Einschränkung insoweit vor, als das Einsichtrecht nur in die für das **Geltendmachen eines Bergschadensersatzanspruches** erforderlichen Teile des Grubenbildes gegeben ist. Das Recht der Einsichtnahme ist andererseits nicht mehr, wie etwa nach § 72 Abs. 4 ABG NW, auf einen bestimmten Personenkreis begrenzt (Ebel-Weller, Ergänzungsband, § 72 Anm. 2 b) und erfordert auch nicht mehr die Darlegung eines berechtigten Interesses. Allerdings erstreckt sich die nach Abs. 4 geforderte **Glaubhaftmachung** auf sämtliche Elemente des Anspruches, also nicht nur auf die Tatsache der Beschädigung, sondern auch auf den ursächlichen Zusammenhang zwischen dem Schaden und dem Betrieb des betreffenden Bergwerkes (Ebel-Weller, § 72 Anm. 4). Zur Glaubhaftmachung gehört auch der Nachweis, daß der Einsichtnehmende Eigentümer oder Nutzungsberechtigter des Grundstückes ist oder von einem Berechtigten bevollmächtigt wurde. Es müssen außerdem Unterlagen vorgelegt werden, aus denen sich ergibt, daß der Einsichtnehmende durch einen Bergschaden betroffen sein kann (Lichtbilder, Sachverständigengutachten). Die Berufung auf die Bergschadensvermutung nach § 120 reicht nicht aus.

5
Der allgemeinen Vorschrift zur Akteneinsicht nach § 29 VwVfG geht § 63 Abs. 4 eine spezialgesetzliche Regelung vor.

§ 64 Markscheider

(1) Das für untertägige Aufsuchungs- oder Gewinnungsbetriebe vorgeschriebene Rißwerk muß von einem von der zuständigen Behörde anerkannten Markscheider angefertigt und nachgetragen werden. Für andere Betriebe vorgeschriebene sonstige Unterlagen im Sinne des § 63 Abs. 2 Satz 1 Nr. 2 können auch von anderen Personen, die von der zuständigen Behörde dafür anerkannt sind, angefertigt und nachgetragen werden.

(2) Die Markscheider sind bei Anwendung ihrer Fachkunde weisungsfrei. Der Markscheider ist befugt, innerhalb eines Geschäftskreises Tatsachen mit öffentlichem Glauben zu beurkunden.

§ 64 1–4 Dritter Teil: Aufsuchung, Gewinnung und Aufbereitung

(3) Die Länder können Vorschriften über die Voraussetzungen erlassen, unter denen eine Person als Markscheider tätig werden kann.

1
Nach bisher geltendem Recht (vgl. etwa § 72 Abs. 1 ABG NW) war die **Anfertigung** der für bergmännische Zwecke erforderlichen **rißlichen Darstellungen**, Karten und sonstigen Unterlagen für untertägige Aufsuchungs- und Gewinnungsbetriebe **konzessionierten oder amtlich anerkannten Markscheidern vorbehalten.** Für die anderen Bereiche konnten daneben andere Personen wie öffentlich bestellte Vermessungsingenieure, aber auch Katasterbehörden, tätig werden. Das bestimmte jedoch das jeweilige Landesrecht (vgl. dazu die Hinweise bei Mäßenhausen, Das Markscheidewesen, 89 (1982), 4).

2
Das BBergG enthält ebenso wie das bisherige Recht keine umfassende Aussage über die Arbeiten, die nur von einem Markscheider ausgeführt werden dürfen. Selbst wenn man die Begriffsbestimmungen der Markscheiderzulassungsgesetze und der preußischen Markscheiderordnung, wonach derjenige, der „für bergmännische Zwecke Aufnahmen und rißliche Darstellungen über und unter Tage herstellt (Markscheider)" einer Erlaubnis, Konzession oder Zulassung bedarf, als „Vorbehaltsklausel" zugunsten des Markscheiders verstehen wollte, ist ein Rückgriff auf diese Bestimmungen nach Inkrafttreten des BBergG nicht mehr möglich (vgl. Mäßenhausen, a. a. O.). Der **„Geschäftskreis"** des Markscheiders ist demnach aus dem **BBergG** selbst und den in ihm enthaltenen **Verordnungsermächtigungen zu ermitteln.**

3
Für den den Markscheidern **vom Gesetz übertragenen Aufgabenkreis**, wie er in § 64 Abs. 1 festgelegt ist, gilt folgendes:

4
Die dem Unternehmer in § 63 Abs. 1 auferlegte Pflicht, ein **Rißwerk für jeden Gewinnungsbetrieb und untertägigen Aufsuchungsbetrieb vorzulegen,** kann nach § 64 Abs. 1 nur mit Hilfe eines Markscheiders erfüllt werden. Dabei legt allerdings § 64 die Frage nahe, ob auch Rißwerke einschl. des Grubenbildes **übertägige Gewinnungsbetriebe** weiterhin zwingend von einem Markscheider angefertigt werden müssen. Dazu heißt es bei Mäßenhausen (a. a. O., 5): „Unabhängig von der Frage, ob dies sachlich gerechtfertigt ist, wird man die §§ 63 und 64 so auslegen müssen, daß auch die Rißwerke für Tagebau von anerkannten Markscheidern anzufertigen und nachzutragen sind. Anderenfalls würde eine Gesetzeslücke entstehen, weil das Gesetz einerseits für die Tagebaue Rißwerke einschl. Grubenbild und sonstiger Unterlagen verlangt, andererseits aber anderen anerkannten Personen nur die Ausfertigung sonstiger Unterlagen zubilligt (§ 64 Abs. 1 S. 2) und über die Anfertigung des Grubenbildes für Tagebaue keine Arbeitszuweisung enthält."

Viertes Kapitel: Bestimmungen für den Betrieb   5–8   § 64

5
Nach bisherigem Recht (vgl. etwa § 17 ABG NW) war der Markscheider neben dem öffentlich bestellten Vermessungsingenieur auch mit der Anfertigung von Rissen, die zur Erlangung von Bergbauberechtigungen notwendig sind, betraut. Nach § 13 Abs. 4 ist dies künftig nur noch beim Antrag auf Verleihung des Bergwerkseigentums ausdrücklich angeordnet.

6
Neben dem gesetzlich zugewiesenen **Aufgabenkreis** können **durch BergVO** nach dem BBergG bestimmte Aufgabenbereiche den Markscheidern vorbehalten werden. Die BergVO über die Einwirkungsbereiche, die Bemessungsmaßstäbe zur Festlegung des Einwirkungsbereiches bei untertägigen Gewinnungsbetrieben aufstellt, sieht vor, daß in diesem Zusammenhang durchgeführte Messungen der Oberfläche nur von einem anerkannten Markscheider durchgeführt werden können (vgl. § 4 EinwirkungsBV und § 68, Rn 17 ff.). Soweit in BergVO der Länder den Markscheidern Aufgaben übertragen werden, bleiben diese Regelungen bis zur ausdrücklichen Aufhebung weiter in Kraft, es sei denn, daß sie zu den Bestimmungen des BBergG in Widerspruch stehen (§ 176 Abs. 3).

7
Innerhalb des bisher noch **unvollständig** durch den Gesetz- und Verordnungsgeber **umschriebenen Geschäftskreises** hat der Markscheider wie bisher das Recht, Tatsachen mit öffentlichem Glauben zu beurkunden (§ 64 Abs. 2). Da der Markscheider auch Arbeiten ausführen kann, die eigentlich nur staatlichen Stellen vorbehalten sind, und diesen Arbeiten öffentliche Qualität zugebilligt wird, muß dieser Aufgabenbereich von vornherein eindeutig abgrenzbar sein. Anderenfalls würde der **Umfang des Geschäftskreises** auch von den innerdienstlichen Anweisungen und der Aufgabenverteilung des Unternehmers abhängig sein. Es ist deshalb Aufgabe des Gesetz- und Verordnungsgebers zu entscheiden, an welchen Arbeiten – nicht zuletzt aus Sicherheitsgründen – ein so großes öffentliches Interesse besteht, daß diese nur von einem Markscheider ausgeführt werden können (Mäßenhausen, a. a. O., 6).

8
Bezüglich des **öffentlichen Glaubens der Markscheider** ist folgendes zu bemerken: Das BBergG bezieht den öffentlichen Glauben auf Tatsachen. Das Markscheiderzulassungsgesetz spricht dagegen von Arbeiten. Die Aufgaben, die dem Markscheider durch Gesetz oder Verordnung zugewiesen werden, beziehen sich mit Rissen, Grubenbild und Messungen auf die Feststellung und Darstellung bestehender Situationen – also Tatsachen –. Berechnungen über voraussichtliche Veränderungen der Oberfläche führt der Markscheider zwar auch durch, jedoch kann diesen kein öffentlicher Glaube zugebilligt werden, da sie keine öffentlichen Urkunden darstellen. Öffentliche Urkunden dienen nämlich u. a. als Beweismittel in Prozessen. Beweis kann aber nur über **eingetretene Ereignisse – Tatsachen –** erhoben werden. Soweit der Markscheider **Aussagen über zukünftige Entwicklungen** macht, tritt er als **Sachverständiger** auf; seine Aussagen genießen in diesem Fall keinen öffentlichen Glauben. Die Bezugnahme des BBergG auf Tatsachen ist

somit nur als Klarstellung des bereits heute geltenden Rechtszustandes anzusehen. Den von anderen anerkannten Personen angefertigten sonstigen Unterlagen i. S. des § 63 Abs. 2 Nr. 2 wird man keinen öffentlichen Glauben aufgrund des BBergG zubilligen können. Unberührt bleiben die durch andere Vorschriften verliehenen Rechte, Tatsachen mit öffentlichem Glauben zu beurkunden.

9
Wie bisher schon bedarf der Markscheider zur Aufnahme seiner Tätigkeit einer besonderen **Anerkennung**. Der Begriff Anerkennung ist als Sammelbezeichnung für die bisher nach Landesrecht verschiedenen Akte der Erlaubnis, Zulassung oder Konzession zu verstehen (BT-Ds. 8/1315, 117 = Zydek, 284). Nach § 64 Abs. 3 können die Länder bestimmen, unter welchen Voraussetzungen jemand als Markscheider tätig werden kann, d. h. anerkannt wird. Die bisherige Regelung des § 34 Abs. 5 GewO wurde gestrichen (§ 174 Abs. 1 Nr. 2). Dieser Wechsel der gesetzlichen Rechtsgrundlage führt aber nicht dazu, daß die in den Markscheiderzulassungsgesetzen aufgeführten persönlichen Voraussetzungen für die Tätigkeit als Markscheider mit Inkrafttreten des BBergG ungültig geworden sind. Denn abgesehen davon, daß den Ländern auf diesem Gebiet weiterhin die ausschl. Regelungsbefugnis verbleibt, stehen diese Bestimmungen nicht in Widerspruch zum BBergG und bleiben somit bis zu ihrer ausdrücklichen Aufhebung für die Anerkennung von Markscheidern maßgebend. Die bisher erteilten **Erlaubnisse, Zulassungen und Konzessionen** für die Markscheiderarbeiten **gelten** auch nach Inkrafttreten des BBergG **als Anerkennung weiter**. Obwohl das BBergG das Bergrecht bundeseinheitlich regelt, wird die Anerkennung wohl nur innerhalb des räumlichen Zuständigkeitsbereiches der Anerkennungsbehörde gelten können. Allerdings erkennen die Länder ihre Anerkennungen gegenseitig an. Die Voraussetzungen für die **Anerkennung anderer Personen** für markscheiderische Arbeiten wird vom Bundesminister für Wirtschaft in einer RechtsVO geregelt werden (§ 67 Nr. 2). Die Anerkennung wird von den zuständigen Landesbehörden bei Vorliegen dieser Voraussetzungen ausgesprochen werden, wobei sich die Anerkennung in der Praxis auf bestimmte Betriebe beschränken dürfte.

10
Schon nach bisher geltendem Recht unterlagen die Markscheider einer besonderen **Aufsicht** (Ebel-Weller, § 72 Anm. 3). Das gilt auch für das BBergG (§ 69 Abs. 3). Die Aufsicht erstreckt sich nicht nur auf markscheiderische Arbeiten, die dem Markscheider aufgrund von Gesetzen oder Verordnungen vorbehalten sind. Dadurch, daß § 69 Abs. 2 nicht nur auf (anerkannte) Markscheider abstellt, sondern auch auf die **Ausführung der markscheiderischen Arbeiten** i. S. des § 64 Abs. 1, wird sichergestellt, daß der Aufsicht nicht nur anerkannte Markscheider, sondern auch die anderen für die Anfertigung markscheiderischer Unterlagen anerkannten Personen unterliegen.

11
Um Kollisionen zwischen Anweisungen der Aufsichtsbehörde und des Unternehmers zu vermeiden, ist der Markscheider bei **Anwendung seiner Fachkunde** bei gesetzlich zugewiesenen Aufgaben **weisungsfrei** (§ 64 Abs. 2 S. 1). Der Sinn dieser

Viertes Kapitel: Bestimmungen für den Betrieb   **12, 13** **§ 64**

Vorschrift verbietet es, die Stellung anderer anerkannter Personen bei der Erfüllung derselben Aufgaben anders zu beurteilen (Mäßenhausen, a. a. O., 6).

12
Die bisherigen Verordnungen über die Geschäftsführung der Markscheider – **Markscheiderordnungen** – bleiben solange und soweit in Kraft, bis der Bundesminister für Wirtschaft von der ihm zustehenden Ermächtigung zum Erlaß entsprechender Verordnungen Gebrauch macht (§ 67 Nr. 3 und 4). Als Ausfluß der bergbehördlichen Aufsicht ist die in § 70 Abs. 1 niedergelegte **Auskunftspflicht** anzusehen, wonach der Markscheider und die anderen für markscheiderische Arbeiten anerkannten Personen der Bergbehörde die für die Bergaufsicht erforderlichen Auskünfte zu erteilen und Unterlagen vorzulegen haben.

13
Neben den **gesetzlich zugewiesenen Aufgaben** nimmt der Markscheider auch „**privatrechtliche**" Tätigkeiten wahr, die ihm als Angestellten des Bergwerksunternehmers übertragen sind. Diese Arbeiten, zu denen insbesondere die **Bergschadensbearbeitung** zählt, genießen **keinen öffentlichen Glauben**. Im einzelnen zu diesen Aufgaben und zu den Messungen nach § 125 vgl. Mäßenhausen, a. a. O., 7 ff.

Vierter Teil
Ermächtigungen zum Erlaß von Bergverordnungen

§ 65 Anzeige, Genehmigung, allgemeine Zulassung, Prüfung

Zum Schutze der in § 55 Abs. 1 Satz 1 Nr. 3 und 4 bezeichneten Rechtsgüter und Belange kann, soweit im Hinblick auf eine ordnungsgemäße und sichere Führung der Betriebe eine Vereinfachung oder Entlastung bei der Zulassung von Betriebsplänen notwendig oder zweckmäßig ist, durch Rechtsverordnung (Bergverordnung) bestimmt werden,
1. daß bestimmte Arbeiten sowie die Errichtung, Herstellung und Inbetriebnahme bestimmter Einrichtungen, die Vornahme von Änderungen und sonstige sie betreffende Umstände anzuzeigen und welche Unterlagen den Anzeigen beizufügen sind,
2. daß bestimmte Arbeiten sowie die Errichtung oder Herstellung bestimmter Einrichtungen, ihr Betrieb und die Vornahme von Änderungen unter Befreiung von der Betriebsplanpflicht einer Genehmigung bedürfen,
3. daß nach einer Bauart- oder Eignungsprüfung durch eine in der Bergverordnung zu bezeichnende Stelle oder durch einen von der zuständigen Behörde anerkannten Sachverständigen bestimmte Einrichtungen und Stoffe allgemein zugelassen werden können, welche Anzeigen bei allgemeiner Zulassung zu erstatten und welche Unterlagen diesen Anzeigen beizufügen sind,
4. daß bestimmte Einrichtungen einer Prüfung oder Abnahme vor ihrer Inbetriebnahme und nach Instandsetzung, regelmäßig wiederkehrenden Prüfungen und Prüfungen auf Grund einer Anordnung der zuständigen Behörde durch eine in der Bergverordnung zu bezeichnende Stelle, durch eine besonders zu bestimmende verantwortliche Person oder durch einen von der zuständigen Behörde anerkannten Sachverständigen unterliegen,
5. daß Genehmigungen und allgemeine Zulassungen im Sinne der Nummern 2 und 3 von bestimmten persönlichen und sachlichen Voraussetzungen abhängig zu machen sind,
6. daß die Anerkennung einer Person oder Stelle als Sachverständiger im Sinne der Nummern 3 und 4 von bestimmten persönlichen und sachlichen Voraussetzungen abhängig zu machen, insbesondere welche Anforderungen an die Ausbildung, die beruflichen Kenntnisse und Fähigkeiten, an Zuverlässigkeit und Unparteilichkeit zu stellen sind und welche Voraussetzungen im Hinblick auf die technische Ausstattung und auf die Zusammenarbeit verschiedener Sachverständiger oder Stellen erfüllt werden müssen.

§ 66 Schutzmaßnahmen, Wiedernutzbarmachung, Fachkunde

Zum Schutze der Beschäftigten und Dritter vor Gefahren im Betrieb und zur Wahrung der in § 55 Abs. 1 Satz 1 Nr. 2 bis 13 und Absatz 2 bezeichneten Rechtsgüter und Belange kann durch Rechtsverordnung (Bergverordnung) bestimmt werden,
1. daß Einrichtungen der in § 2 Abs. 1 Nr. 3 genannten Art hinsichtlich
   a) der Wahl des Standortes und
   b) der Errichtung, Ausstattung, Unterhaltung und des Betriebes
   bestimmten Anforderungen genügen müssen,

Vierter Teil: Ermächtigungen zum Erlaß von Bergverordnungen § 66

2. welche Anforderungen an Aufsuchungs-, Gewinnungs- und Aufbereitungsverfahren zu stellen sind,
3. daß und welche Sicherheitszonen im Bereich des Festlandsockels und der Küstengewässer und Betriebe zu errichten, wie sie anzulegen, einzurichten und zu kennzeichnen sind,
4. daß
    a) die Beschäftigung bestimmter Personengruppen mit bestimmten Arbeiten nicht oder nur unter Einschränkungen zulässig ist,
    b) die Beschäftigung an bestimmten Betriebspunkten unter Tage eine bestimmte Höchstdauer nicht überschreiten darf,
    c) ein arbeitsmedizinischer Dienst einzurichten ist und welche Aufgaben er wahrzunehmen hat,
    d) die Beschäftigung von Personen mit Arbeiten unter oder über Tage nur nach Maßgabe einer Bescheinigung eines mit den Arbeitsbedingungen im Bergbau vertrauten Arztes erfolgen darf, daß, in welchem Umfang und in welchen Zeitabständen Nachuntersuchungen bei diesen Personen und bei einer Änderung der Tätigkeit von Beschäftigten durchzuführen sind und daß für die Aufzeichnung der Untersuchungsbefunde und Bescheinigungen bestimmte Vordrucke zu verwenden sind,
    e) Aufwendungen für die ärztlichen Untersuchungen nach Buchstabe d, soweit sie nicht von Sozialversicherungsträgern übernommen werden, von dem Unternehmer zu tragen sind, in dessen Betrieb die untersuchte Person beschäftigt werden soll oder beschäftigt ist,
5. welche Maßnahmen verantwortliche Personen in Erfüllung der sich aus § 61 ergebenden Pflichten zu treffen haben, insbesondere
    a) welche Vorsorge- und Überwachungsmaßnahmen im Hinblick auf die Regelung eines den zugelassenen Betriebsplänen entsprechenden Arbeitsablaufs zu treffen sind,
    b) daß die Beschäftigten vor Beginn der Beschäftigung über die Unfall- und Gesundheitsgefahren, denen sie bei der Beschäftigung ausgesetzt sind, sowie über die Schutzeinrichtungen und Maßnahmen zur Abwendung dieser Gefahren zu belehren und in welchen Zeitabständen die Belehrungen zu wiederholen sind,
6. daß ein sicherheitstechnischer Dienst einzurichten ist und welche sonstigen Vorsorge- und Überwachungsmaßnahmen zum Schutz der Beschäftigten und Dritter im Betrieb zu treffen sind und wie sich diese Person im Betrieb zur Vermeidung von Gefahren zu verhalten haben,
7. welche Vorkehrungen und Maßnahmen bei und nach Einstellung eines Betriebes zur Verhütung von Gefahren für Leben und Gesundheit Dritter zu treffen sind,
8. welche Vorsorge- und Durchführungsmaßnahmen zur Wiedernutzbarmachung der Oberfläche während und nach der Aufsuchung, Gewinnung und Aufbereitung zu treffen und welche Anforderungen an diese Maßnahmen zu stellen sind,
9. welche fachlichen Anforderungen an die technischen und rechtlichen Kenntnisse (Fachkunde) bestimmter verantwortlicher Personen nach der Art der ihnen zu übertragenden Aufgaben und Befugnisse unter Berücksichtigung des jeweiligen Standes der Technik gestellt werden müssen, welche Nachweise hierüber zu erbringen sind und auf welche Weise die zuständige Behörde das Vorliegen der erforderlichen Fachkunde zu prüfen hat,
10. daß
    a) die Verantwortung für die Erfüllung bestimmter Pflichten auch anderen als

§§ 66, 67 Vierter Teil: Ermächtigungen zum Erlaß von Bergverordnungen

den in § 58 Abs. 1 bezeichneten Personen übertragen werden kann,
b) mit der Durchführung bestimmter gefährlicher Arbeiten oder mit besonderer Verantwortung verbundener Tätigkeiten nur Personen betraut werden dürfen,

die den hierfür in der Bergverordnung festgesetzten persönlichen und fachlichen Anforderungen genügen, welche Nachweise hierüber zu erbringen sind und auf welche Weise die zuständige Behörde das Vorliegen der festgesetzten Anforderungen zu prüfen hat,

11. unter welchen Voraussetzungen und in welcher Weise die aus Anzeigen nach § 74 gewonnen Erkenntnisse, ausgenommen Einzelangaben über persönliche und sachliche Verhältnisse, zum Zwecke der Verbesserung der Sicherheit und Unfallverhütung durch in der Bergverordnung zu bezeichnende Stellen veröffentlicht werden dürfen.

Die Regelung über Sicherheitszonen (Satz 1 Nr. 3) läßt § 27 des Bundeswasserstraßengesetzes vom 2. April 1968 (BGBl. II S. 173), zuletzt geändert durch Artikel 5 des Gesetzes vom 10. Mai 1978 (BGBl. I S. 613), und § 9 des Gesetzes über die Aufgaben des Bundes auf dem Gebiet der Seeschiffahrt vom 24. Mai 1965 (BGBl. II S. 833) in der Fassung der Bekanntmachung vom 30. Juni 1977 (BGBl. I S. 1314), geändert durch Artikel 1 des Gesetzes vom 10. Mai 1978 (BGBl. I S. 613), unberührt.

§ 67 Technische und statistische Unterlagen, Markscheidewesen

Soweit es zur Durchführung der Bergaufsicht, der Vorschriften über Erteilung, Verleihung und Aufrechterhaltung von Bergbauberechtigungen und zum Schutze der in § 11 Nr. 8 und 9 oder § 66 genannten Rechtsgüter und Belange erforderlich ist, kann durch Rechtsverordnung (Bergverordnung) bestimmt werden,

1. daß bestimmte rißliche und sonstige zeichnerische Darstellungen über Tätigkeit im Sinne des § 2 Abs. 1 Nr. 1 und 2 und über Einrichtungen im Sinne des § 2 Abs. 1 Nr. 3 einzureichen und nachzutragen, daß bestimmte Listen, Bücher und Statistiken über Beschäftigte und betriebliche Vorgänge zu führen und vorzulegen, Anzeigen zu erstatten und den Anzeigen bestimmte Unterlagen beizufügen sind,
2. unter welchen Voraussetzungen eine Person im Sinne des § 64 Abs. 1 Satz 2 anerkannt werden kann,
3. welche Anforderungen an die Geschäftsführung von Markscheidern einschließlich der technischen Ausstattung zu stellen sind,
4. welchen Anforderungen markscheiderische und sonstige vermessungstechnische Arbeiten genügen müssen,
5. welche Risse, Karten, Pläne und Unterlagen zum Rißwerk gehören und in welchen Zeitabständen das Rißwerk nachzutragen ist,
6. für welche Arten von Betrieben unter welchen Voraussetzungen der Unternehmer zur Anfertigung eines Rißwerks verpflichtet ist,
7. in welcher Weise der Bereich festzulegen ist, in dem durch einen Gewinnungsbetrieb auf die Oberfläche eingewirkt werden kann (Einwirkungsbereich),
-8. daß und für welchen Zeitraum die Unterlagen, Darstellungen, Listen, Bücher und Statistiken aufzubewahren sind.

Vierter Teil: Ermächtigungen zum Erlaß von Bergverordnungen 1–3 § 68

§ 68 Erlaß von Bergverordnungen

(1) Bergverordnungen auf Grund der §§ 65 bis 67 werden, soweit sich aus Absatz 2 nichts anderes ergibt, von den Landesregierungen erlassen. Diese können die Ermächtigung durch Rechtsverordnung auf andere Stellen übertragen.

(2) Der Bundesminister für Wirtschaft erläßt Bergverordnungen,
1. soweit sie auf Grund des § 65 Nr. 3, 6 und 5 in Verbindung mit Nr. 3, des § 66 Satz 1 Nr. 4 Buchstabe a, b, d und e und des § 67 ergehen,
2. soweit sie Tätigkeiten im Sinne des § 2 im Bereich des Festlandsockels betreffen und
3. soweit für gleichartige Verhältnisse der Schutz der in den §§ 65 bis 67 bezeichneten Rechtsgüter und Belange durch Bergverordnungen nach Absatz 1 nicht gleichwertig sichergestellt wird.

(3) Bergverordnungen nach Absatz 2 ergehen mit Zustimmung des Bundesrates und
1. Bergverordnungen auf Grund der §§ 65 und 66 Satz 1 Nr. 1, 2, 4 bis 7, 9 und 10 im Einvernehmen mit dem Bundesminister für Arbeit und Sozialordnung, soweit sie Fragen des Arbeitsschutzes betreffen,
2. Bergverordnungen auf Grund des § 66 Satz 1 Nr. 1 Buchstabe a und Nr. 8 im Einvernehmen mit den Bundesministern des Innern, für Ernährung, Landwirtschaft und Forsten und für Raumordnung, Bauwesen und Städtebau,
3. Bergverordnungen auf Grund des § 66 Satz 1 Nr. 3 sowie alle anderen Bergverordnungen, soweit sie Tätigkeiten im Sinne des § 2 Abs. 1 im Bereich des Festlandsockels und der Küstengewässer betreffen, im Einvernehmen mit dem Bundesminister für Verkehr.

(4) In den Bergverordnungen kann wegen technischer Anforderungen auf Bekanntmachungen sachverständiger Stellen unter Angabe der Fundstelle verwiesen werden.

1

1. Die Vorschriften der §§ 65–67 enthalten die Ermächtigungen zum Erlaß von Rechtsverordnungen (Bergverordnungen), § 68 regelt die Zuständigkeit zum Erlaß dieser Verordnungen. Hiernach sind zu unterscheiden Verordnungen

2

– die von den **Landesregierungen** oder von ihnen ermächtigten anderen Stellen (in NRW aufgrund VO v. 16. 12. 1980, MBl. 1091 = ZfB 122 (1981), 347 das LOBA, im Saarland gem. VO v. 10. 6. 1981 Amtsbl. 350 = ZfB 122 (1981), 409 das Oberbergamt für das Saarland und das Land Rheinl.-Pfalz ebenso in Hessen gem. VO vom 3. 12. 1981 (ZfB 123 (1982), 326 und Bayern gem. VO v. 1. 12. 1981 (ZfB aaO, 393) das Min. für Wirtschaft in Bad. Württ. gem. VO v. 13. 1. 1982 (ZfB 123 (1982), 381

3

– die vom **Bundesminister für Wirtschaft** mit Zustimmung des Bundesrates und im Einvernehmen mit bestimmten in § 68 Abs. 3 Nr. 1–3 genannten Bundesministerien erlassen werden.

§ 68　4–8　Vierter Teil: Ermächtigungen zum Erlaß von Bergverordnungen

4

2. Die §§ 65–67 müssen als zur Erlassung von Rechtsverordnungen ermächtigende Gesetzesnormen hinsichtlich Inhalt, Zweck und Ausmaß der Ermächtigung bestimmt sein oder bestimmt werden können (BVerfGE 7, 272; 8, 307; 10, 51). Nicht erst aus der Verordnung, sondern bereits aus der Ermächtigung muß erkennbar und vorhersehbar sein, was vom Unternehmer gefordert wird. Der Gesetzgeber darf nicht das Wesentliche dem Verordnungsgeber überlassen (BVerfGE 19, 362, Maunz-Dürig-Herzog, GG, Art. 80, Rn 28). An diesen Voraussetzungen gemessen sind die Ermächtigungsnormen des §§ 65 ff. verfassungskonform, wobei allerdings Zweifel bei § 67 bestehen (vgl. Rn 18).

5

3. Bergverordnungen enthalten Rechtsnormen, sie wenden sich an die Allgemeinheit und gelten für jedermann. Sie stellen **generelle** Regeln des Verhaltens auf und enthalten **abstrakte Tatbestände**, die auf unbestimmte Dauer ausgelegt sind.

6

4. Sofern die Verordnung vom Bundesminister erlassen ist, handelt es sich um eine **Bundesrechts-VO**, für die das Gesetz über die **Verkündung von Rechtsverordnungen** v. 30. 1. 1950 (BGBl., 23) gilt.
Eine von der Landesbehörde erlassene Rechts-VO ist auch dann eine **Landesrechts-VO**, wenn sie auf bundesgesetzlicher Ermächtigung beruht (BVerfG DÖV 1965, 418). Sie muß in Einklang stehen mit Landesstaatsgewalt und Landesgesetzgebung. Für ihre Verkündung gelten Art. 71 Abs. 2, 3 Verf. NW, im übrigen **subsidiär** die §§ **26 ff. OBG NW**, soweit das BBergG als „besonderes Gesetz" i. S. § 25 S. 2 OBG NW zum Erlaß ordnungsbehördlicher Verordnungen ermächtigt und nichts anderes vorsieht.

7

5. Die besonderen Anforderungen an die Rechtsverordnung folgen aus Art. 80 GG. Sie folgen ferner aus dem Grundsatz der Gesetzmäßigkeit der Verwaltung und dem daraus entstehenden Zwang, daß sie mit **Verfassung** und den **Gesetzen in Einklang** steht. Fehlt eine **Ermächtigung**, wird sie überschritten oder steht die VO mit ihr in Widerspruch, ist sie nichtig. Dabei kann Teilnichtigkeit eintreten, wenn die VO auch ohne den nichtigen Teil sinnvoll bleibt und ohne ihn erlassen worden wäre. Einzelne Vorschriften von Verordnungen können wegen Verletzung des **Grundsatzes der Verhältnismäßigkeit** oder aus dem **Gesichtspunkt des Übermaßes** ungültig sein (OVG Münster ZfB 111 (1970), 319, 325). Hierbei ist aber zu beachten, daß besondere Härten häufig durch die Möglichkeit gemindert werden, Ausnahmen aufgrund gesetzlicher oder verordnungsrechtlicher Bestimmung zu bewilligen.

8

6. Dem Gedanken des § 29 OBG entsprechend müssen Verordnungen in ihrem *Inhalt bestimmt* sein. Sie dürfen nicht lediglich den Zweck haben, den Bergbehörden obliegende Aufsicht zu erleichtern. Desgleichen enthält § 30 OBG NW Formvorschriften, die bei ordnungsbehördlichen VO'en des Bergrechts anzuwenden sind, sofern keine andere gesetzliche Regelung besteht.

Vierter Teil: Ermächtigungen zum Erlaß von Bergverordnungen   **9–14 § 68**

9

7. Die Rechtsverordnungen unterliegen verwaltungsgerichtlichen Nachprüfungen in formeller (gesetzliche Ermächtigung, Verkündung, Form) und materieller (inhaltliche Übereinstimmung mit Gesetzen) Hinsicht. Sie können nach § 47 VwGO in den Ländern, in denen das ausdrücklich bestimmt ist, (Bad.-Württ., Bayern, Bremen, Hessen, Niedersachsen, Schl.-Holstein und Rheinl.-Pfalz) im Wege der Normenkontrolle überprüft werden, soweit es sich um Landes-VO handelt (Rn 6).

10

8. Im übrigen kann die Rechts-VO durch **Feststellungsklage** überprüft werden mit dem Antrag, festzustellen, daß die Bergbehörde nicht berechtigt ist, von der Klägerin zu verlangen oder zu erzwingen, die VO, d. h. eine bestimmte Vorschrift der VO einzuhalten. Hierfür besteht das Feststellungsinteresse, wenn schlüssig vorgetragen wird, daß die Bestimmung der VO ungültig ist (OVG Münster, ZfB 111 (1970) 319, 322).

11

Sie ist auch mit der vorbeugenden **Unterlassungsklage** angreifbar, d. h. mit dem Antrag, „die Bergbehörde zu verurteilen, es zu unterlassen, die Einhaltung der VO, d. h. der bestimmten Vorschrift der VO zu verlangen". Auch diese Klage ist nur bei schlüssigem Vortrag über die Ungültigkeit der Bestimmung zulässig (OVG Münster, a.a.O.).

12

Sie kann schließlich im Rahmen einer Anfechtung eines auf die Verordnung gestützten Verwaltungsaktes oder eines Ordnungswidrigkeitsverfahrens überprüft werden.

13

9. Der Bundesminister für Wirtschaft hat am 30. 11. 1982 (BGBl, 1553 = ZfB 124 (1983), 1 ff.) die Verordnung über bergbauliche Unterlagen, Einwirkungsbereiche und die Bergbau-Versuchsstrecke vom 11. 11. 1982 verkündet. In der Artikel-Verordnung sind zusammengefaßt die Bergverordnungen über
– vermessungstechnische und sicherheitliche Unterlagen
– Einwirkungsbereiche
– Anwendung von Vorschriften des BBergG auf die Bergbau-Versuchsstrecke.
Die sich aus dieser VO ergebenden Zuständigkeiten sind landesrechtlich geregelt (NRW vgl. VO vom 12. 1. 1983, GuV NW, 44)

14

10. **Die Bergverordnung über vermessungstechnische und sicherheitliche Unterlagen (UnterlagenBergV)** faßt folgende Regelungskomplexe zusammen:
– Anforderungen an Karten und Lagerisse für Bergbauberechtigungen,
– Mitteilungen über Beschäftigte und betriebliche Vorgänge und die Führung von Nachweisen.

§ 68 15, 16   Vierter Teil: Ermächtigungen zum Erlaß von Bergverordnungen

15

a) Die Anforderungen an Karten und Lagerisse haben ihre Rechtsgrundlage in § 67 Nr. 1 und 4 und tragen dem Umstand Rechnung, daß nach den §§ 11 Nr. 2, 12 Abs. 1 Nr. 2, 13 Nr. 4 Buchst. b, 25 Nr. 2, 28 S. 2, 29 S. 2 Anträge auf Erlaubnis, Bewilligung oder Bergwerkseigentum (einschl. Vereinigung, Teilung, Austausch) zu versagen sind, wenn die mit dem Antrag eingereichte Karte oder der beigefügte Lageriß nicht den Anforderungen einer Bergverordnung entsprechen. Außerdem ist die VO bei Unterlagen gem. § 35 Nr. 6 Buchst. a für die Zulegung maßgebend. Die bisher einschlägigen Vorschriften der Markscheider-VO der Länder treten außer Kraft. Durch die Verordnung wird festgelegt, daß grundsätzlich die amtlichen Karten der Landesvermessung oder des Liegenschaftskatasters zu verwenden sind, welcher Maßstab zu benutzen ist, daß Feldeseckpunkte in Gauß-Krügerischen Koordinaten festzulegen sind, wie der Flächeninhalt des Feldes zu berechnen ist, wie Karten und Lagerisse zu bezeichnen sind und wie Fundstellen zu bestimmen und darzustellen sind und enthält schließlich noch Sondervorschriften für Karten und Lagerisse im Bereich des Festlandsockels und der Küstengewässer. Eintragungen in den Karten und Lagerissen, die für die Nachprüfung der richtigen und vollständigen Darstellung eines Feldes erforderlich sind, dürfen grundsätzlich nicht entfernt werden, bei Änderungen müssen diese besonders kenntlich gemacht werden.

16

b) Die **Mitteilungen** werden mit Gründen des Arbeits- und Gesundheitsschutzes des Schutzes der Lagerstätten oder der Bergaufsicht gerechtfertigt und auf § 67 Nr. 1 gestützt. Sie betreffen z. B. Förder- und Aufbereitungsmengen, abgeteufte Bohrmeter im Erdöl- und Erdgasbergbau, Zahl der Beschäftigten, geleistete Arbeitszeit, Anzahl der untertägigen heißen oder lärmintensiven Betriebspunkte und der dort verfahrenen Schichten, eingesetzte, sicherheitstechnisch wichtige Betriebsmittel, Stand der Aus- und Vorrichtung und Gewinnung, der Staub- und Silikosebekämpfung, die Betriebsflächen für Tagebaue, die wieder nutzbar gemachten bzw. die für Halden genutzten Flächen in einer Größe von über 1 ha, sowie die Stärke und Zusammensetzung der Gruben- und Gasschutzwehren. Hierbei erscheint zweifelhaft, ob die Angaben über Betriebsflächen und wieder nutzbar gemachte Flächen erforderlich sind für die in § 67 genannten Zwecke. Die Angaben sollen dazu beitragen, daß die Forderung nach Wiedernutzbarmachung der Oberfläche erfüllt wird und für bestimmte betriebliche Zwecke Flächen zur Verfügung stehen (BR-Drucks. 378/82, S. 30). Für beide Zwecke scheint die Flächenangabe nicht geeignet zu sein.
Der Unternehmer braucht diese Mitteilungen nicht selbst zu machen, sondern kann sie über Gemeinschaftsorganisationen erfüllen. Über die **Anzeigepflicht** nach § 74 Abs. 3 für bestimmte Betriebsereignisse hinaus müssen nach der VO alle Unfälle mitgeteilt werden, durch die **Personen mehr als 3 Tage ganz oder teilweise arbeitsunfähig** werden. Die Regelung stützt sich auf § 67 Nr. 1 und tritt zurück, wenn Anzeigen schon nach § 74 Abs. 3 erforderlich werden. Andererseits konkretisiert sie die nicht abschließende (vgl. „Anzeigen" in § 67 Nr. 1) und vom Gesetzgeber generalisierend formulierte (BT-Drucksache 8/1315, 124 = Zydek, 329) Anzeigepflicht des § 74 Abs. 3.
Die Anzeigepflicht nach der VO tritt ferner zurück hinter die Anzeigepflicht nach

Vierter Teil: Ermächtigungen zum Erlaß von Bergverordnungen **17–19** **§ 68**

§§ 1552, 1553 Abs. 1 RVO, wonach bei Unfällen – mit nachfolgender Arbeitsunfähigkeit von mehr als 3 Tagen – in Unternehmen, die der Aufsicht der Bergbehörde unterstehen, eine Anzeige dem Versicherungsträger und der Bergbehörde erstattet werden muß.
Schließlich wird dem Unternehmer die Pflicht zum Nachweis über Beschäftigte auferlegt.

17

11. **Die Bergverordnung über Einwirkungsbereiche (Einwirkungs-BergV)** regelt die Festlegung dieser Bereiche (hierzu auch Regelmann, Das Verhältnis zwischen Bergbau und Grundbesitz, Dortmund, 1983, S. 47, allerdings verschiedentlich abweichend und ohne Begründungen, Keusgen, ZfB 124 (1983), 95, 106 ff.). Ein gewisses Vorbild hatte die EinwirkungsBergV in der **BVO des OBA Dortmund** v. 18.12.1964 **zum Schutz der Schiffahrtsstraßen** (ZfB 107 (1966), 174), vgl. § 55 Rn 50. Diese BVO begrenzt die Schutzbezirke für bestimmte Wasserstraßen an der Tagesoberfläche und unter Tage. Dabei werden die untertägigen Begrenzungen durch die Flächen, die von den Grenzlinien an der Tagesoberfläche mit einem Böschungswinkel von 72 g (65 °) landseitig in die ewige Teufe gehen, festgestellt. Diese Begrenzungen sind andere als die der EinwirkungsBergV, so daß sich die Frage stellt, ob die alte BVO weiterhin Geltung beanspruchen kann. Aufgehoben wurde sie durch den nach §§ 176 Abs. 3 Satz 3, 68 Abs. 2 zuständigen Bundesminister für Wirtschaft nicht. Zur Aufhebung bestand auch kein Anlaß, denn die Regelungsinhalte beider VO'en sind nicht identisch. Die Einwirkungs-BergV beschränkt weder den Abbau noch macht sie ihn von einer besonderen Erlaubnis abhängig, sie verlangt keine markscheiderischen Festlegungen von Bauwerken in und an Kanälen und nicht den jährlichen Nachweis der Einwirkungen des Abbaus durch markscheiderische Messungen. Diese Regelungen sind aber für die BVO charakteristisch. Wohl stellt sich jedoch die Frage, ob die BVO nicht zweckmäßigerweise an das BBergG angepaßt werden sollte, zumal die Erlaubnispflicht wegen des ähnlich ausgestalteten Betriebsplanverfahrens des BBergG nicht mehr zeitgemäß erscheint.

18

Der **Begriff des Einwirkungsbereiches** ergibt sich aus § 67 Nr. 7: er ist der Bereich, in dem durch einen Gewinnungsbetrieb auf die Erdoberfläche eingewirkt werden kann. Dieser Begriff ist durch das Gesetz vorgegeben, die VO kann ihn nicht erweitern. Die VO hat allerdings ihren Geltungsbereich **beschränkt** auf den Bereich des **untertägigen** Gewinnungsbetriebes. Bohrungen auf Erdöl, Erdgas, Aufsuchungsbetriebe. Tagebau von Braunkohle unterliegen z. B. der VO nicht. Die VO hat ihre Geltung dann außerdem bei untertägigen Gewinnungsbetrieben beschränkt auf in der Anlage zur VO **festgelegte Bergbauzweige und -bezirke**.

19

Schon die **Ermächtigung** für die VO ist schwer verständlich und hat bereits vor -Erlaß der VO zu mehreren Entwürfen und Kontroversen zwischen den verschiedenen beteiligten Stellen geführt. Zweifel sind an der verfassungsmäßig gebotenen Bestimmtheit der Ermächtigung angebracht. Die unübersichtliche Verweisungs-

493

§ 68 20, 21 Vierter Teil: Ermächtigungen zum Erlaß von Bergverordnungen

technik – zum Kern der Ermächtigung stößt man erst über die Brücke des § 66 vor – und die schrankenlose Öffnung „zur Durchführung der Bergaufsicht" in der Ermächtigung schränken die Voraussehbarkeit und Erkennbarkeit stark ein. Die Ermächtigung verlangt nämlich, daß es zum Schutze der in § 66 genannten Rechtsgüter und Belange erforderlich sein muß, in welcher Weise der Einwirkungsbereich festzulegen ist. Daraus ergibt sich: die Einwirkungsbereichs-VO befaßt sich nur damit, **wie** der Einwirkungsbereich festzulegen ist. Es ergibt sich ferner: maßgebend ist der Schutz der in § 66 genannten Rechtsgüter, d. h. der Schutz der Beschäftigten und Dritten vor Gefahren im Betrieb (Innenschutz) und der **Rechtsgüter und Belange des § 55 Abs. 1 Satz 1 Nr. 2 – 13 und Abs. 2** (Innen- und Außenschutz). Von den Belangen des § 55 sind dadurch vor allem angesprochen: Lagerstättenschutz i. S. Nr. 8; Gemeinschaden, wovon die VO jedoch nur die oberflächenbezogenen Nr. 5 und 9 erfaßt. Feststeht jedenfalls durch die Ermächtigung, daß die VO vor allem ein Instrument der Bergaufsicht ist, wobei allenfalls im Hinblick auf § 120 (Bergschadensverhütung) gewisse Reflexwirkungen ausgehen (§ 120 Rn 7).

20
Durch die Ermächtigungskette der §§ 67 Nr. 7, 66, 55 Abs. 1 ist freilich nicht vorausempfunden, daß Abbauen im Einwirkungsbereich stets gemeinschädliche Einwirkungen erwarten läßt und daher betriebsplanmäßig nicht oder nur mit Auflagen zulässig ist. Die VO regelt nur, wie der Einwirkungsbereich festzulegen ist. Der daraus ermittelte Einwirkungsbereich besagt dann im Sinne einer Grobauslese nur, daß ohne Bezug auf bauliche Anlagen auf die Oberfläche eingewirkt werden **kann,** was nicht deckungsgleich ist mit dem für § 55 Abs. 1 Nr. 9 wesentlichen Kriterium, daß gemeinschädliche Einwirkungen **zu erwarten sind.** Hierfür bedarf es der Zuordnung der Einwirkungen zur Oberflächensituation im Einzelfall (so auch Begr. zur VO, BR-Drucks. 378/82, I. 2, S. 35).

21
Daraus ergeben sich für die Behandlung der Einwirkungsbereiche im Betriebsplanverfahren folgende Konsequenzen: Nicht jedes **Betriebsplanverfahren** ist mit der Frage der Auswirkung bergbaulicher Abbaueinwirkungen auf die Erdoberfläche und damit mit dem Nachweis der Einwirkungsbereiche gem. § 52 Abs. 4 belastet, sondern nur diejenigen, die Abbaumaßnahmen betreffen. Diese dann auch nur, wenn die Abbaue im Einzelfall infolge der Art der Oberflächennutzung und der Abbauführung zu gemeinschädlichen Einwirkungen führen können. Denkbar ist das vor allem bei **Rahmen- und Hauptbetriebsplänen** von unterirdischen Gewinnungsbetrieben, nicht für Vorrichtungsbetriebe, nicht bei solchen Maßnahmen, in denen in überschaubarer Zeit mit Bodensenkungen i. S. § 2 Abs. 2 der VO, d. h. über 10 cm, nicht gerechnet werden muß, im Regelfall seltener bei Sonderbetriebsplänen. Geeignet für die nach § 6 VO beizufügenden zeichnerischen Darstellungen des Einwirkungsbereichs und der Bereiche besonderer Anlagen sind vor allem die Rahmenbetriebspläne untertägiger Gewinnungsbetriebe, die teilweise bereits 1980 im Zusammenhang mit der Erstellung des LEP V NW – Teilabschnitt Steinkohle – für große Abbaubereiche aufgestellt und zugelassen worden sind. Sie -können gem. § 52 Abs. 4 um die zeichnerischen Darstellungen

Vierter Teil: Ermächtigungen zum Erlaß von Bergverordnungen 22–25 § 68

nach der VO -ergänzt werden und dann kann in den Hauptbetriebsplänen auf diese Angaben verwiesen werden.

22
Die Angaben über den Einwirkungsbereich und die Auswirkungen des Abbaus unterliegen der fachlichen, bergtechnischen Prüfung allein durch die Bergbehörde und berühren daher nicht den Aufgabenbereich anderer Bergbehörden. Die Unterlagen bezüglich der Einwirkungsbereiche als betriebsplanmäßige Nachweise i. V. mit § 52 Abs. 4 sind daher **nicht an andere Behörden oder Gemeinden** im Rahmen des Beteiligungsverfahrens nach § 54 Abs. 2 **weiterzuleiten**. Die Zeichnung der Tagessituation und Eintragung der Linie des Winkels ist insofern selbständiger Teil des Betriebsplanes.

23
Ebenso haben **Bergbaugeschädigte** im Rahmen von Anpassungs-, Sicherungs- und Bergschadensersatzansprüchen **kein Einsichtsrecht** in die Unterlagen über Einwirkungsbereiche. Das BBergG konstituiert ein derartiges Recht nicht, die EinwirkungsBergV verpflichtet den Unternehmer zur Beifügung der Darstellungen nur im Betriebsplanverfahren und ein Einsichtsrecht in Betriebsplanakten nach § 29 VwVfG besteht für privatrechtliche Anspruchsstellen nicht (vgl. Einzelheiten § 56, Rn 62 ff). Insofern regeln die §§ 110 die Rechte und Pflichten von Unternehmer und Anspruchsberechtigten sowie die §§ 63 Abs. 4, 125 Abs. 1, S. 3 die Einsichtsrechte in Unterlagen der Bergbehörde abschließend.

24
Der Einwirkungsbereich der untertägigen Betriebsteile eines Bergbaubetriebes kann Bedeutung erlangen als eine der Voraussetzungen für die **Bergschadensvermutung** des § 120. Allerdings ist hier eine Klarstellung durch die Ermächtigungsnorm des § 67 geboten: Zweck der Einwirkungs-VO ist danach die Durchführung der Bergaufsicht und der Schutz der in §§ 66, 55 genannten Rechtsgüter, nicht jedoch die Durchsetzung privatrechtlicher Bergschadensansprüche. Die Einwirkungs-VO gibt allerdings das Instrumentarium, mit dessen Hilfe der Einwirkungsbereich als Ergebnis errechnet wird. Auf der Basis dieses Ergebnisses baut dann die Bergschadensvermutung des § 120 auf (hierzu BT-Drucksache 8/1315, 121, 144 = Zydek, 303, 446; Nölscher NJW 1981, 2039, 2040; vgl. auch § 120, Rn 17 ff).

25
Keine Bedeutung hat der Einwirkungsbereich für die **Verjährung** des Bergschadensersatzanspruches gem. § 117 Abs. 2.
Einwirkungsbereiche geben eine von mehreren Voraussetzungen ab für eine widerlegbare Vermutung, daß entstandene Schäden ihrer Art nach Bergschäden sein können. Sie verschaffen dem Ersatzberechtigten jedoch keine Kenntnis vom Schaden und vom Ersatzpflichtigen, zumal fahrlässige Unkenntnis nicht ausreicht (vgl. § 117, Rn 13). Demnach hat auch der Ablauf der zeitlichen Begrenzung des Einwirkungsbereichs für die Verjährung gem. § 117 Abs. 2 keine Bedeutung, sondern nur für den Wegfall der Vermutung gem. § 120.

§ 68 26–30 Vierter Teil: Ermächtigungen zum Erlaß von Bergverordnungen

26
Die Einwirkungsbereiche haben keinen **Einfluß auf** die **Darstellungen im Landesentwicklungsplan V** von NRW – Festlegung von Gebieten für den Abbau von Lagerstätten –. Er ist lagerstättenbezogen, enthält die räumliche Verbreitung von abbauwürdigen und landesbedeutsamen Lagerstätten und hat raumordnenden planerischen Vorsorgecharakter. Die Einwirkungsbereiche sind abbaubezogen, ihnen fehlt die raumordnende planerische Dimension, sie sollen ein Hilfsmittel zur Lösung von kollidierenden Ansprüchen auf Grundstücksnutzungen im Einzelfall anhand geben.
Andererseits dienen die rahmenbetriebsplanmäßig vorgelegten zeichnerischen Darstellungen der Einwirkungsbereiche der Bergbehörde für die Geltendmachung von Belangen des Bergbaus im Rahmen von Planungsverfahren Dritter im Rahmen der Anhörung als Träger öffentlicher Belange.

27
Der Einwirkungsbereich wird nach der VO **räumlich und zeitlich begrenzt.**

28
Die **räumliche** Begrenzung geschieht durch festgelegte **Einwirkungswinkel.** Dieser Winkel ist nicht identisch mit dem **Grenzwinkel,** der den Nullrand der durch untertägige Abbaumaßnahmen eingetretenen Veränderung der Erdoberfläche angibt. Er ist auch nicht mit dem **Bruchwinkel** zu verwechseln, der auf die Bruchkante an der Erdoberfläche bezogen ist. Der Einwirkungswinkel ist vielmehr eine bergrechtliche Neuschöpfung, die in § 2 Abs. 2 der VO definiert wird und davon ausgeht, daß für die Größe des Winkels die Bodensenkung maßgebend ist. Dabei wird eine **Bodensenkung von 10 cm toleriert,** weil bei Senkungen unter diesem Wert die Erfahrung gezeigt hat, daß Schäden an Normalbauwerken nicht eintreten. (Keusgen, ZfB 124 (1983), 95, 108)

29
Die auf 10 cm Senkungstoleranz bezogenen Einwirkungswinkel gelten nicht bei sonders **bergschadensempfindlichen Anlagen** und Einrichtungen (z. B. Flachglasfabrik, Knotenpunkt- oder Rangierbahnhöfe, Schleusen, Hebewerke, größere Brückenbauwerke, schnellaufende Turbinen), wobei vom Schutzzweck der VO bauliche Anlagen und maschinelle Einrichtungen in Betracht kommen. Hier wird der Einwirkungsbereich mit Hilfe des Grenzwinkels bestimmt, der in der VO nicht definiert wird, durch die Fachwissenschaft aber hinreichend bekannt ist und dessen freier Schenkel dier Erdoberflächen nicht bei einer Bodensenkung von 10 cm durchdringen wird, sondern an den Punkten, an denen die Bodensenkungen beginnen werden.

30
Die **zeitliche** Begrenzung des Einwirkungsbereiches beginnt mit dem Erreichen der -Bodensenkung von 10 cm, hilfsweise mit Aufnahme des Abbaus im Gewinnungsbetrieb, und endet, wenn Bodensenkungen nicht mehr gemessen werden oder nicht mehr zu erwarten sind.

Vierter Teil: Ermächtigungen zum Erlaß von Bergverordnungen 31–35 § 68

31
Nach der VO ist die Festlegung des Einwirkungsbereiches Aufgabe des **Unternehmers**. Dem Betriebsplan auf Zulassung des Abbaus ist, sofern ein Nachweis i. S. § 52 Abs. 4 erforderlich ist (vgl. Rn 20 f), die zeichnerische Darstellung des Einwirkungsbereiches beizufügen. Der Ersatzberechtigte oder die Behörde haben keine Befugnis, Einwirkungsbereiche festzulegen und die erforderlichen Messungen mit den Wirkungen des § 120 durchzuführen.

32
Eine fehlerhafte Messung oder Berechnung des Einwirkungsbereiches ist inzidenter im Bergschadenersatzprozeß oder im Wege der Feststellungsklage vor den ordentlichen Gerichten überprüfbar (Nölscher, NJW 1981, 2039, 2040).

33
Abzugrenzen und streng zu trennen sind die Messungen und Festlegungen des Einwirkungsbereiches von **Messungen des § 125**, die dem **vorbeugenden Personenschutz** und **Schutz von bedeutenden Sachgütern** dienen. Diese Messungen betreffen zu erwartende und eingetretene bergbauliche Einwirkungen aus übertägigem und untertägigem Bergbau und liegen im öffentlichen Interesse. Sie werden auf Anforderung der Bergbehörde in von ihr festgelegten Bereichen durchgeführt, in denen **bauliche Anlagen** beeinträchtigt werden können. Bei den Einwirkungsbereichen des § 67 Nr. 7 ist dagegen der Bezug zu baulichen Anlagen nicht gegeben, einer besonderen Aufforderung in jedem Einzelfall durch die Bergbehörde und einer Festlegung der Gebiete bedarf es nicht, erfaßt werden nur eingetretene Einwirkungen infolge untertägigen Abbaus, nicht die zu erwartenden.

34
12. Durch die VO über die Anwendung von Vorschriften des BBergG auf die Bergbau-Versuchsstrecke (**Bergbau-VersuchsstreckenV**) hat der Bundesminister für Wirtschaft von der Ermächtigung des § 129 Abs. 2 Gebrauch gemacht und hat die nach § 129 Abs. 1 für Versuchsgruben geltenden Vorschriften auch für die Versuchsstrecke in Dortmund-Deusen entsprechend anwendbar erklärt. Diese Versuchsstrecke wird von der Westfälischen Berggewerkschaftskas se als Forschungsanlage für Explosionsschutz betrieben. Die VO stellt sicher, daß auf die Tätigkeiten der Bergbau-Versuchsstrecke die Vorschriften über das Anzeige- und Betriebsplanverfahren, die verantwortlichen Personen und die Bergaufsicht anzuwenden sind.

35
11. Die Bergverordnung über den Schutz der Gesundheit gegen ungünstige Einwirkungen durch Klima in untertägigen Betrieben (**Klima-Bergverordnung**)- löst bestehende Landesregelungen (z. B. Klima-VO des LOBA NRW für den Steinkohlenbergbau v. 3. 2. 1977, Beil Amtsbl. Nr. 7 RP Arnsberg, Münster = ZfB 118 (1977), 299; Klima-VO des OBA Clausthal-Zellerfeld für den Erz- und Salzbergbau v. 10. 12. 1976, Nds. MinBl., 1938 = ZfB 117 (1976), 252) ab und tritt an die Stelle der früheren §§ 93 c, d ABG NW und vergleichbarer landesrechtlicher Vorschriften. Sie dient dem Schutz der in untertägigen Betrieben Beschäftigten gegen ungünstige klimatische Einflüsse.

36

Die Verordnung stützt sich auf §§ 66 Satz 1 Nr. 4 a, b, 66 Satz 1 Nr. 4 d, e, 67 Nr. 1 und 8 und ist durch drei Grundzüge gekennzeichnet:

37

Zunächst und vorrangig wird der Unternehmer verpflichtet, die **Möglichkeiten in technischer und organisatorischer Hinsicht auszuschöpfen**, um die klimatischen Verhältnisse unter Tage zu optimieren. Maßstab sind die allgemein anerkannten Regeln der Sicherheitstechnik, der Arbeitswissenschaft und der Arbeitsmedizin. Die Durchsetzung erfolgt vor allem über die Betriebsplanzulassung. Die Begründung zu § 3 der VO nennt als Maßnahmen in diesem Sinne: Erhöhung der Wettermenge oder der Wettergeschwindigkeit, bestimmte Arten der Bewetterung oder des Versatzes, Verwendung von Kühlmaschinen, Kühlkabinen, Beschränkung des Elektro- oder Dieselbetriebes.

38

Der zweite Grundzug der VO ist, daß bei bestimmten Temperaturwerten, die sich trotz der vorrangigen technischen und organisatorischen Maßnahmen ergeben, die **Beschäftigungszeiten eingeschränkt** werden und **zusätzliche Pausen** zu gewähren sind. Dieser Bereich wird durch Überschreiten von zwei Temperaturwerten gekennzeichnet: einer Trockentemperatur von 28°C oder einer Effektivtemperatur von 25°C, wobei beide Begriffe in § 3 der VO definiert werden. Maßgebend ist der zuerst überschrittene Temperaturwert.
Die VO hat damit aus § 93 c ABG zwar die Trockentemperaturgrenze von 28°C übernommen, sie aber für den Nichtsalzbergbau um den Wert der Effektivtemperatur von 25°C erweitert. Hierdurch werden zusätzlich Betriebspunkte mit niedrigen Wettergeschwindigkeiten und hohen relativen Luftfeuchtigkeiten erfaßt. In der Diskussion um die VO war weniger die Einführung der Effektivtemperatur als die Beibehaltung des 28°-Wertes für Trockentemperatur umstritten. Von seiten der Bergbauunternehmer wurde darauf hingewiesen, daß dieser Wert mit arbeitsphysiologischen Erkenntnissen nicht vereinbar und daher zum Schutz der Beschäftigten und Dritter vor Gefahren nicht erforderlich sei. Die Festlegung sei durch die Ermächtigungsnorm des § 66 nicht gedeckt.
Eingeschränkt wird an heißen Betriebspunkten die Beschäftigungszeit. Hierzu zählt nach § 2 Ziff. 4 der VO auch die Zeit der nicht maschinellen Fahrung (An- und Abmarsch) durch warme Betriebspunkte und der Ruhepausen unabhängig davon, wo sie verbracht werden. Auch hier wiesen die Unternehmer des Bergbaus darauf hin, daß die Ermächtigung des § 66 Abs. 4 b nur Regelungen über die Beschäftigungszeit an bestimmten Betriebspunkten deckt, nicht jedoch über Fahrungen zu und von heißen Betriebspunkten.

39

Schließlich werden **obere Temperatur** bzw. **Klimawerte** für den Salzbergbau (52°C Trocken-, 27° Feuchttemperatur) und den übrigen Bergbau (30°C Effektivtemperatur) festgesetzt, bei deren Überschreitung Personen nicht beschäftigt werden dürfen.
Dadurch wird der in der Niedersächs. Klima-VO v. 10. 12. 1975 (ZfB 117 (1976),

Vierter Teil: Ermächtigungen zum Erlaß von Bergverordnungen   **39** § 68

252) festgelegte erlaubnispflichtige Grenzwert von 55° C Trockentemperatur für den Salzbergbau aufgehoben und verringert, für den übrigen Bergbau, insbesondere den Steinkohlenbergbau, wird das in der Klima-VO für den Steinkohlenbergbau v. 3.2.1977 (ZfB 118 (1977), 299) festgelegte Beschäftigungsverbot bis 32° C Effektivtemperatur auf die Obergrenze von 30° C Effektivtemperatur geändert. Sie soll nach der Begründung zur VO bei einer Wettergeschwindigkeit von 2 m/s einer Trockentemperatur von 38° C mit einer Feuchttemperatur von 32° C entsprechen. In Sonderfällen können Beschäftigte unter besonderen Voraussetzungen in den Klimabereichen zwischen 30° C und 32° C Effektivtemperatur mit Ausnahmebewilligung der Bergbehörde tätig werden, während eine Beschäftigung im Bereich über 32° C absolut verboten, wenn nicht ein Notfall vorliegt, und ordnungswidrig ist.

Die Bergbauunternehmer hatten auch hier erhebliche Zweifel, ob die Grenze von 30° C Effektivtemperatur arbeitsphysiologisch begründet ist und der Ermächtigung des § 66 entspricht.

Fünfter Teil
Bergaufsicht

§ 69 Allgemeine Aufsicht

(1) Der Bergbau unterliegt der Aufsicht durch die zuständige Behörde (Bergaufsicht).

(2) Die Bergaufsicht endet nach der Durchführung des Abschlußbetriebsplanes (§ 53) oder entsprechender Anordnungen der zuständigen Behörde (§ 71 Abs. 3) zu dem Zeitpunkt, in dem nach allgemeiner Erfahrung nicht mehr damit zu rechnen ist, daß durch den Betrieb Gefahren für Leben und Gesundheit Dritter, für andere Bergbaubetriebe und für Lagerstätten, deren Schutz im öffentlichen Interesse liegt, oder gemeinschädliche Einwirkungen eintreten werden.

(3) Der Aufsicht der zuständigen Behörde unterliegen die Markscheider und die Ausführung der markscheiderischen Arbeiten im Sinne des § 64 Abs. 1.

1. Entwicklung

1
Der heute fast selbstverständliche Satz des § 69 Abs. 1 ist der Endpunkt einer langen Entwicklung (im einzelnen Schlüter, ZfB 76 (1935), 293, Krautschneider, ZfB 103 (1962), 26, Voelkel ZfB 56 (1915), 315, Weller, ZfB 106 (1965), 218). Sie begann zur Zeit des **Freiberger Bergrechts** Mitte des 14. Jahrhunderts, als bereits Bergbeamte des Landesherrn wöchentlich die Gruben befahren mußten, um für die Zweckmäßigkeit des Betriebes zu sorgen. Sie setzte sich zu Zeiten des sog. Direktionsprinzips und der partikularen Bergordnungen fort über § 82 II 16 und § 10 II 17 pr. ALR. Nach ersterer Vorschrift mußte jeder Beliehene sein Bergwerkseigentum den Grundsätzen der Bergpolizei gemäß benutzen, die zweite legte fest, daß es „Amt der Polizei" sei, „die nötigen Anstalten zur Erhaltung der öffentlichen Ruhe, Sicherheit und Ordnung und zur Abwendung der dem Publico oder einzelnen Mitgliedern desselben bevorstehenden Gefahr zu treffen" (Einzelheiten Isay, ABG, Vorbem. § 196). Es folgte der allmähliche Abbau des Direktionsprinzips, zunächst durch zwei Vor-Gesetze zum ABG, das „**Gesetz über die Verhältnisse der Miteigentümer** eines Bergwerks für den ganzen Umfang der Monarchie mit Ausnahme der auf dem linken Rheinufer gelegenen Landesteile-"vom 12.05. 1851 (GS 265) und durch das „Gesetz, die **Aufsicht der Bergbehörden** über den Bergbau **und** das **Verhältnis der Berg- und Hüttenarbeiter** betreffend", vom 21.05. 1860 (GS 201, ZfB 1 (1860), 1). Dieses Gesetz von 1860 legte fest, daß der Bergbau der bergbehördlichen Einwirkung künftig nicht weiter unterworfen werde, als zur Wahrung der Nachhaltigkeit des Bergbaus, der Sicherheit der Baue, der Oberfläche im Interesse des Privat- und öffentlichen Verkehrs, des Lebens und der Gesundheit der Arbeiter notwendig sei (Weller, ZfB 106 (1965), 218, 220). Schließlich setzte § 196 AGB die Entwicklung fort: der Bergbau stand unter der polizeilichen Aufsicht der Bergbehörden. Durch das Attribut „polizeilich" wurde

Fünfter Teil: Bergaufsicht　　　　　　　　　　　　　　　　**2　§ 69**

die Aufsicht der rechtlichen Entwicklung entsprechend wesentlich eingeschränkt. Hier wurde „Polizei" nicht mehr als allumfassender Begriff für die gesamte innere Staatsverwaltung verstanden, sondern für die bereits durch § 10 II 17 ALR eingeschränkten Aufgaben der Erhaltung der öffentlichen Ruhe, Sicherheit und Ordnung. Zur Klarstellung wurde in § 196 Abs. 2 ABG ein **Aufgabenkatalog** beigefügt, der zunächst eine **abschließende** Regelung enthielt und dessen Gliederungsprinzipien auf § 10 II 17 ALR zurückzuführen waren: Zur Erhaltung der öffentlichen Ruhe, Sicherheit und Ordnung hatte die Bergbehörde zu sorgen, für die Aufrechterhaltung der guten Sitten und des Anstandes durch die Errichtung des Betriebes sowie zum Schutze der Oberfläche im Interesse des öffentlichen Verkehrs. Zur Abwendung der dem Publikum oder einzelnen seiner Mitglieder drohenden Gefahren hatte sie die Aufgaben der Sicherheit der Baue, der Sicherheit des Lebens und der Gesundheit der Arbeiter, des Schutzes der Oberfläche im Interesse der persönlichen Sicherheit, und des Schutzes gegen gemeinschädliche Einwirkungen des Bergbaues. Weggefallen waren einige noch in früheren Zeiten des Direktionsprinzips selbstverständliche Aufgaben: die Aufsicht über die Nachhaltigkeit des Bergbaus und der Schutz von Privatinteressen gegenüber dem Bergbau.
Eine weitere Klarstellung bergpolizeilicher Aufgaben erfolgte durch das **Preußische Polizeiverwaltungsgesetz** vom 01.06.1931 (GS 77 = ZfB 72 (1931), 31), insbesondere durch § 14 PVG. Die Zuständigkeit der Bergpolizei wird auf sicherheitspolizeiliche Gesichtspunkte beschränkt, es soll nicht ihre Aufgabe sein, auf Kosten des Bergbaus Wohlfahrtspflege zu betreiben (Hammans ZfB 72 (1931), 162, 170). Durch Gesetz v. 09.06.1934 (GS 303, ZfB 75 (1934), 92) wird das wichtige Wort **„insbesondere"** in § 196 Abs. 2 ABG eingefügt und dadurch der bis dahin abschließende Katalog der Aufgaben erweitert um andere nicht ausdrücklich genannte Aufgaben zur Abwehr von Gefahren für die öffentliche Sicherheit und Ordnung. Die Bergbehörde hatte seitdem auch andere Gesichtspunkte zur Abwehr von Gefahren für die öffentliche Sicherheit und Ordnung zu berücksichtigen, soweit diese ihre Ursache im Bergwerksbetrieb haben (Ebel-Weller, § 197, 2 c, Willecke, ZfB 113 (1972), 151, 153 unter Bezugnahme auf die Gesetzesbegr. in ZfB 75 (1934), 95). Dabei ist die Rechtsprechung vereinzelt (VG Oldenburg, ZfB 121 (1980), 83, 89) sogar soweit gegangen, daß zum Schutz der öffentlichen Sicherheit trotz der Subsidiarität des Rechtsschutzes durch ordnungsbehördliche Verfügungen auch der Schutz subjektiver Rechte und Rechtsgüter des einzelnen gehöre (ferner § 55 Rn 146 ff). Wesentlich ist in jedem Falle, daß durch das Wort „insbesondere" nicht eine Vielzahl ungeschriebener Aufgaben der Bergbehörde zufielen, sondern das „insbesondere" nur Aspekte der Gefahrenabwehr umfaßte (Willecke ZfB 113 (1972), 151, 157 Fußn. 55).

2

Nach dem 2. Weltkrieg ist die Entwicklung der Aufgabenstellung der Bergbehörde weiter fortgeschritten, insbesondere in NW und im Saarland. Durch das **1. Gesetz zur Änderung berggesetzlicher Vorschriften** wurde „die Sicherung und Ordnung der Oberflächennutzung und Gestaltung der Landschaft während des Bergwerksbetriebes und nach dem Abbau" als bergpolizeiliche Aufgabe in den Katalog des § 196 Abs. 2 ABG aufgenommen. Damit war zweierlei geschehen: der enge Rah-

§ 69   3–7 Fünfter Teil: Bergaufsicht

men der polizeilichen Aufsicht wurde in bezug auf die Landschaftsgestaltung um eine Aufgabe, die nicht der eigentlichen Gefahrenabwehr dient, verlassen (Wilke ZfB 110 (1969) 189, 199) und die Formulierung „nach dem Abbau" gab Anlaß zu einer Vielzahl von Rechtsstreitigkeiten über die Zuständigkeit der Bergbehörde (§ 69 Rn 29).

3
Im **Gesetz zur Bereinigung** des in NW geltenden **preußischen Rechts** vom 07.11. 1961 (GV NW 325 = ZfB 103 (1962), 137) wurde der Begriff „Bergpolizei" entsprechend dem § 55 OBG durch die Formulierung „Bergaufsicht" ersetzt, die sich jetzt in § 69 Abs. 1 wiederfindet.

4
Das 4. **Bergrechtsänderungsgesetz NW** vom 11.06.1968 (GV NW 201) hat auch für den Aufgabenbereich „Schutz der Oberfläche im Interesse der persönlichen Sicherheit und des öffentlichen Verkehrs" die Ergänzung „während des Bergwerksbetriebs und nach dem Abbau" gebracht (ähnlich das BayrBG und die ABG in Hessen, Rheinl-Pfalz, Saarl.; anders in Niedersachsen das Gesetz vom 10.03. 1968 (GVBl 253): Die Bergaufsicht endet nicht mit der Durchführung des Abschlußbetriebsplanes. Das Bergamt hat auch danach die erforderlichen Maßnahmen zur Abwehr durch den Bergwerksbetrieb verursachter Gefahren und Beeinträchtigungen zu treffen) und damit die rechtlichen Zweifel am Ende der Bergaufsicht (OVG Münster, Glückauf 1977, 102 betr. Abbruch des Betriebsgeländes einer stillgelegten Kleinzeche, OVG Münster, Glückauf 1977, 148 betr. Abdeckung eines vor 50 Jahren abgeworfenen Maschinenschachtes, Zeiler, ZfB 119 (1978), 57) aus dem Oberflächen- und Landschaftsschutz des § 196 Abs. 2 ABG hierher übertragen.

5
Die Entwicklung hat ihren derzeit letzten Punkt in NW durch das 2. Gesetz zur **Änderung des OBG** vom 27.03.1979 (GV NW 122) erreicht, durch das § 51 Abs. 5 OBG eingeführt wurde. Nach dieser Vorschrift sind die Bergbehörden zuständig für Maßnahmen zur Abwehr von Gefahren aus verlassenen Grubenbauen, die nicht mehr der Bergaufsicht unterliegen (Tagesbruch-Verfüllung, VG Arnsberg, ZfB 123 (1982), 112, 115).

6
Diese Vorschrift ergänzt § 69 und ist trotz der bundesrechtlichen Regelung des Endes der Bergaufsicht in § 69 Abs. 2 erhalten geblieben. Sie knüpft an das Ende der Bergaufsicht nach § 69 Abs. 2 an und damit an einen Bereich, den die bergrechtliche Regelung nicht erfaßt (Glückauf 1979, 500).

7
Rechtsgrundlage für die Maßnahmen der Bergbehörden ist insoweit nicht das BBergG, sondern das OBG NW. Voraussetzung für ein Einschreiten gem. § 51 Abs. 5 OBG ist allerdings, daß es sich um Grubenbaue handelt, die früher einmal unter Bergaufsicht gestanden haben (Arg. „nicht mehr").

Fünfter Teil: Bergaufsicht **8–13 § 69**

8
2. Die neue Bestimmung des § 69 Abs. 1 enthält nicht mehr wie sein Vorgänger, der § 196 ABG, eine Aufzählung der Funktionen der Bergbehörde im einzelnen. Schon zu Zeiten des früheren Rechtes hatte sich gezeigt, daß eine abschließende Auflistung der einzelnen Gesichtspunkte, deren Prüfung der Bergbehörde oblag, gar nicht möglich war. Das spätere Hinzufügen des Wortes „insbesondere" hatte hierin seine Ursache. Die Bergbehörde müsse die Möglichkeit haben, ohne allzu starre Bindung an die in § 196 Abs. 2 ABG angeführten Gesichtspunkte diejenigen polizeilichen Aufgaben zu erfüllen, die im Bergwerksbetrieb ihre Ursache hätten (Begr. zum Gesetz vom 09. 06. 1934, ZfB 75 (1934), 96). Noch konsequenter hatte später Weller (ZfB 106 (1965), 218, 225) gefordert, die Pflichten des Bergwerksbetreibers gesetzlich zu verankern und die Aufgabe der Bergbehörde darauf zu beschränken, die Einhaltung der bestehenden Vorschriften zu überwachen.

9
Diese Vorstellungen werden in § 69 Abs. 1 insoweit verwirklicht. Der Zweck des § 69 Abs. 1 ist, den Bergbau unter Aufsicht einer Behörde zu stellen. In NW bedeutet das, daß der Bergbehörde Aufgaben einer **Sonderordnungsbehörde** i. S. § 12 OBG übertragen worden sind, und zwar teilweise „Aufgaben der Gefahrenabwehr", teilweise „andere Aufgaben" i. S. dieser Vorschrift. Daraus folgt gem. § 12 Abs. 2 OBG, daß die Vorschriften des OBG in NW anzuwenden sind, soweit nicht durch Gesetz oder Verordnung (nach Ebel-Weller Anm. 5 vor § 196 auch aus der „Natur der Sache") sich etwas anderes ergibt.

10
Neben den Vorschriften des BBergG sind die des **VwVfG** vorrangig vor denen des OBG anzuwenden, soweit sie voneinander abweichen. Insofern ergibt sich nämlich „durch Gesetz" – § 5 – etwas anderes.

11
§ 196 Abs. 2 ABG wurde teilweise als materiell-rechtliche Ordnungspflicht verstanden (Klinkhardt, ZfB 110 (1969) 71, 74 vgl. § 53 Rn 13 etwa in dem Sinne, daß diese Vorschrift vom Bergwerksbesitzer die Sicherung und Ordnung der Oberflächennutzung fordert. Diesen Schluß läßt § 69 in Zukunft nicht mehr zu, da er als Zuordnungs- und Zuständigkeitsregelung **keine materiell-rechtlichen Verpflichtungen** enthält.

12
Der Umweg, die bergrechtlichen Verpflichtungen des Unternehmers über die Zuständigkeit der Bergbehörde zu ermitteln, ist nach neuem Recht weggefallen. Damit ist jedoch nicht verbunden, daß die früher in § 196 Abs. 2 ABG aufgeführten Aufgaben nicht mehr bestehen. Sie gehen lediglich in dem allgemeinen Grundsatz „Aufsicht durch die zuständige Behörde" auf.

13
Bergaufsicht bedeutet nach wie vor, daß die zuständige Behörde darüber zu wachen hat, ob die Vorschriften des BBergG, die daraufhin erlassenen Verordnun-

gen, bergrechtlichen Anordnungen und zugelassenen Betriebspläne eingehalten werden (BT-Drucksache 8/1315, 121, Zydek, 316).

14

Der **Begriff „Bergbau"** als maßgebendes Abgrenzungskriterium zur Zuständigkeit der Bergbehörde fand sich schon in § 196 Abs. 1 ABG. Er wurde als umfassender angesehen im Vergleich zu dem des „Bergwerksbetriebes" (Ebel-Weller, § 196 Anm. 1), weil hierzu nicht nur der Betrieb i. s. der Aufsuchung und Gewinnung von verliehenen oder staatsvorbehaltenen Mineralien verstanden wurde, sondern alle für den Bergbaubetrieb, einschließlich des Absatzes, bestimmte Anlagen und Vorrichtungen, d. h. auch alle Nebenbetriebe (Boldt, ABG § 196 Anm. 3). Nicht hierzu gehörte das Aufsuchen noch nicht verliehener Mineralien (Zeiler ZfB 119 (1978), 57, 66).

15

Der Begriff „Bergbau" wurde in der Rechtsprechung mehr und mehr zum entscheidenden Maßstab für die zeitliche Dauer der Bergaufsicht. Nachdem die Zusätze „nach dem Abbau" im Katalog des § 196 Abs. 2 ABG nur so verstanden wurden, daß sie der Bergbehörde das Recht und die Verpflichtung gaben, bei den bergaufsichtlichen Maßnahmen auch Vorsorge für die Zeit nach dem Abbau zu treffen (OVG Münster ZfB 118 (1977), 110, 117, OVG Münster, ZfB 118 (1977), 361, 364; VG München, ZfB 121 (1980) 330, 335), wurde für die zeitliche Begrenzung der Bergaufsicht der Ansatzpunkt im Begriff des „Bergbaues" gesehen. So wurden zwar Rekultivierungsmaßnahmen noch als zum „Bergbau" gehörend angesehen, nicht jedoch sicherheitliche Anordnungen in bezug auf eine seit 64 Jahren nicht mehr betriebene Abraumhalde (VG München, a.a.O., bestätigt durch Bayr. VGH ZfB 122 (1981) 465, 469 = Glückauf 1981, 1572, ähnlich OVG Münster, ZfB 96 (1955), 81: eine an den Grundstückseigentümer zur Ausbeutung überlassene Halde ist nicht mehr Teil des Bergwerksbetriebes). Der Abbruch von Betriebsgebäuden wurde als nicht mehr zum Begriff „Bergbau" gehörend angesehen, wenn er nicht im Abschlußbetriebsplan vorgesehen war, selbst wenn die Betriebsgebäude mit dem Bauplanungs- und Bauordnungsrecht unvereinbar sind (OVG Münster ZfB 118 (1977), 361, 364, VG Gelsenkirchen, ZfB 119 (1978), 441, 446). Nicht mehr zum „Bergbau" gehört das Abdecken eines verfüllten Schachtes, wenn es sechs Jahre nach Abwerfen des Schachtes notwendig wird und im Abschlußbetriebsplan nicht vorgesehen war (OVG Münster, ZfB 118 (1977), 110, 114).

16

Es muß bezweifelt werden, ob der Gesetzgeber des BBergG gut beraten war, diesen mit vielen kasuistischen Auslegungsfragen behafteten Begriff des „Bergbaus" in § 69 Abs. 1 zu übernehmen (Horneffer, Bergrecht und Allgemeines Polizeirecht, Diss. Göttingen 1969, S. 58: „Das Bergpolizeirecht kennt keinen einheitlichen Bergbaubegriff"). Zwar hat er in § 69 Abs. 2 eine Auffangvorschrift für das Ende der Bergaufsicht geschaffen, doch bleibt der Begriff „Bergbau", seine Abgrenzung zum Bergbaubetrieb i. S. § 114 Abs. 1, zum Aufsuchungs- oder Gewinnungsbetrieb bzw. Betrieb zur Aufbereitung i. S. § 51 auslegungsbedürftig. Man wird ihn am ehesten definieren können unter Hinzunahme des § 2 Abs. 1 und feststellen,

Fünfter Teil: Bergaufsicht 17, 18 § 69

daß er alle Tätigkeiten, Einrichtungen und Anlagen erfaßt, die in § 2 Abs. 1 aufgeführt sind. Die zeitliche Begrenzung folgt dann aus § 69 Abs. 2: nach diesem Zeitpunkt ist gesetzlich fingiert, daß „Bergbau" nicht mehr vorhanden ist.

17
Verschiedene gesetzliche Vorschriften knüpfen an die Tatsache, daß ein **Betrieb unter Bergaufsicht** steht, verschiedene **Folgen**. Abfälle, die beim Aufsuchen, Gewinnen, Aufbereiten und Weiterverarbeiten von Bodenschätzen in den der Bergaufsicht unterstehenden Betrieben anfallen, unterliegen gem. § 1 Abs. 3 **AbfG** nicht den Vorschriften dieses Gesetzes (mit Ausnahme des § 12 AbfG und der sich hierauf beziehenden Bußgeldvorschriften). Nach § 1 Abs. 1 **AbgrG** werden Abgrabungen, die der Aufsicht der Bergbehörde unterliegen, durch das AbgrG nicht berührt. § 19 Abs. 1 Nr. 4 **SprengG** sieht eine Sonderregelung für verantwortliche Personen im Umgang und Verkehr mit explosionsgefährlichen Stoffen für Betriebe, die der Bergaufsicht unterliegen, vor. Nach § 116 Abs. 2 **LWG NW** nimmt in den der Bergaufsicht unterstehenden Betrieben das Bergamt die Gewässeraufsicht im Zusammenwirken mit der Wasserbehörde wahr. Nach § 1 Abs. 2 **BauO NW** gilt diese nicht für der Aufsicht der Bergbehörde unterliegende Anschüttungen, Abgrabungen, Geräte und untertägige Anlagen. Nach § 69 Abs. 2 BauO NW sind zu Bauanträgen für bauliche Anlagen, die für gewerbliche Betriebe bestimmt sind, die Bergämter zu hören, wenn die baulichen Anlagen der Bergaufsicht unterliegen. Nach § 18 Abs. 1 **LAbfG** NW ist zum Vollzug des AbfG und des LAbfG das Bergamt zuständig, soweit Abfälle in einem der Bergaufsicht unterliegenden Betrieb beseitigt werden. Nach § 14 Abs. 2 **LImSchG NW** sind bei Anlagen, die der Bergaufsicht unterstehen, die Bergämter die zur Durchführung des LImSchG zuständigen Behörden. Die Vorschriften über den Umgang mit gefährlichen Arbeitsstoffen gelten gem. § 11 Abs. 2 der **Arbeitsstoff-VO** vom 29. 07. 1980 (BGBl 1071 = ZfB 121 (1980), 394 i. d. F. v. 11. 02. 1982, BGBl 145 = ZfB 123 (1982), 302) nicht in Betrieben, die der Bergaufsicht unterliegen, ausgenommen in Tagesanlagen und Tagebaue des Bergwesens. Schließlich sind die Zuständigkeiten der Bergbehörde auf den Gebieten des Arbeits-, Immissions- und technischen Gefahrenschutzes (VO NW, GV NW 1973, 66 = ZfB 114 (1973), 261, VO Nds vom 23. 04. 1980, Nds GuV, 87 = ZfB 121 (1980), 261, zu denen auch die Zuständigkeiten nach der GewO, im Sprengstoffrecht und nach den StrSchV'en gehören, entscheidend davon abhängig, daß es sich um Betriebe handelt, die der Bergaufsicht unterliegen. Nicht auf die Bergaufsicht stellt demgegenüber die **Arbeitsstätten-VO** in der neuesten Fassung (ZfB 123 (1982), 299) ab. Sie gilt für Tagebaue und Tagesanlagen des Bergwesens (§ 174 Abs. 1 Nr. 3 i. V. § 120 e Abs. 4 GewO i. V. § 1 Abs. 1 S. 2 Arbeitsstätten-VO).

18
Soweit nach diesen nicht abschließend dargestellten Vorschriften der Bergbehörde Aufgaben aus anderen Rechtsgebieten als denen des Bergrechts zugewiesen wurden, handelt es sich nicht um Aufgaben der Bergaufsicht (Weller, ZfB 106 (1965), 218, 226, Brassert-Gottschalk, S. 819). Die Bergbehörde ist daher nicht an die Eingriffsmöglichkeiten des BBergG gebunden, sondern kann insoweit dieselben Vorschriften anwenden wie die an sich zuständige Behörde.

§ 69 19–23 Fünfter Teil: Bergaufsicht

19

Das BBergG enthält in § 69 keine ausdrückliche Aussage über den Beginn der Bergaufsicht, wohl aber – im Gegensatz zu seinen Vorgängern – über das Ende der Bergaufsicht.

20

Der **Beginn der Bergaufsicht** läßt sich nur mit Hilfe des Wortes „Bergbau" In § 69 Abs. 1 bestimmen. Damit wird der sachliche und räumliche Geltungsbereich gem. § 2 angesprochen. Schon das Aufsuchen, d. h. die auf Entdeckung von Bodenschätzen gerichtete Tätigkeit gehört zum „Bergbau". Nach bisherigem Recht war unbestritten, daß der Bergaufsicht nach der Verleihung des Bergwerkseigentums alle Arbeiten unterstanden, die dazu dienten, das verliehene Mineral an seiner natürlichen Lagerstätte aufzusuchen und zu gewinnen (z. B. Vermessungs- oder Planierarbeiten, Auffahren von Strecken, Abteufen von Schächten, Abraumarbeiten in der Braunkohle; Ebel-Weller, Vorb. § 196, 11, Zeiler, ZfB 119 (1978) 57, 58).

21

Auch die Tätigkeiten, die dazu dienen, eine Erlaubnis, Bewilligung oder Verleihung des Bergwerkseigentums zu beantragen und zu bewirken, unterliegen der Bergaufsicht (so früher für das Schürfen vor Verleihung des Bergwerkseigentums Ebel-Weller a.a.O.).

22

Das **Ende der Bergaufsicht** war in § 196 ABG nicht exakt festgelegt, sondern für die Aufgaben „Schutz der Oberfläche im Interesse der persönlichen Sicherheit und des öffentlichen Verkehrs" und „Sicherung und Ordnung der Oberflächennutzung und Gestaltung der Landschaft" durch die Worte „nach dem Abbau" begrenzt, im übrigen jedoch überhaupt nicht beschrieben.

23

Andererseits hat die Frage der Zuständigkeit der Bergbehörde in vielen Fallgestaltungen erhebliche praktische Bedeutung: Verfügung des Bergamtes auf Planierung einer Halde eines stillgelegten Bergbaubetriebes (OVG Münster, ZfB 96 (1955), 81 = OVGE 9, 191), auf Beseitigung von Ruinenteilen der Waschkaue eines stillgelegten Betriebes (OVG Münster, ZfB 106 (1965), 482), auf Verfüllen eines stillgelegten Schrägstollens (OVG Koblenz, ZfB 107 (1966), 334, 337) eines Tagesbruchs (VG Arnsberg ZfB 123 (1982) 112 ff), zur Sicherung des Schachtes eines stillgelegten Bergwerks (OVG Münster, ZfB 114 (1973), 429), bzw. zu seiner Abdeckung (OVG Münster, ZfB 118 (1976), 361 = Glückauf 1977, 148), zum Abbruch ehemaliger Betriebsgebäude (OVG Münster, ZfB 118 (1976), 110 = Glückauf 1977, 101), auf Sicherung einer seit mehr als 60 Jahren abgelagerten Berghalde gegen Abrutschen (VG München ZfB 121 (1980), 330 und Bayr. VGH ZfB 122 (1981), 465, 469 = Glückauf 1981, 1572). Schließlich Zuständigkeit der Bergbehörde für ein abfallrechtliches Planfeststellungsverfahren zur Errichtung einer Mülldeponie in dem stillgelegten Teil einer Tongrube (VG Darmstadt ZfB 121 (1980), 90 = Glückauf 1979, 434; Hess. VGH, Glückauf 1980, 807 ZfB 121 (1980), 76 ff)).

Fünfter Teil: Bergaufsicht 24–28 § 69

24
Die Unsicherheit über die Auslegung des § 196 ABG in bezug auf das Ende der Bergaufsicht bestand gleichermaßen in der Literatur, bei den Behörden und den Gerichten.

25
In der **Literatur** sind vier verschiedene Meinungen über das Ende der Bergaufsicht zu erkennen. Nach einer Ansicht (so schon RB ZfB 13 (1872), 293, RB ZfB 27 (1886), 116, 118, ferner Horneffer, Bergrecht und Allgemeines Polizeirecht, Diss. Göttingen, 1969, 57, Störle. Die zeitliche Begrenzung der Bergaufsicht nach dem geltenden Recht und dem Referentenentwurf eines BBergG, Diss. Münster, 1973, 75; Willecke-Turner, S. 85, Zeiler, ZfB 119 (1978), 57, 68) kann man von einer „ewigen" Aufsicht der Bergbehörden sprechen, denn der Bergbaubegriff bezieht auch den schon lange eingestellten Betrieb ein. Die Aufsicht der Bergbehörde besteht immer, wenn es sich um die Abwehr von Gefahren handelt, die in einem Bergwerksbetrieb ihre Ursachen haben.

26
Eine andere Ansicht sah als äußersten Zeitpunkt für die Dauer der Bergaufsicht das Erlöschen des Bergwerkseigentums an (Klostermann-Thielmann ABG § 196, Anm. 13, S. 580; Boldt ABG § 196, Anm. 5, Ebel-Weller Vorbem. 12 zu § 196; Miesbach-Engelhardt ABG § 196 Anm. 2 h 1).

27
Nach anderer Meinung (Nebel, ZfB 102 (1961), 411, 418) ist die Bergaufsicht eine reine Betriebsaufsicht, ihre Zuständigkeit erschöpft sich in der Regelung des Bergwerksbetriebes und ist danach beendet. Diese Ansicht wurde dahin ergänzt, daß die Bergaufsicht nach Ausführung des Abschlußbetriebsplanes beendet sei, sofern ein Abschlußbetriebsplan vorgelegt wurde (Nebel a.a.O., 418).

28
Bei den **Behörden** läßt sich die Unsicherheit darüber, wie lange die Bergaufsicht reicht, an den verschiedenen Erlassen nachvollziehen. Nach dem Runderlaß vom 10.11.1965 (MinBl NW 1682 = ZfB 107 (1966), 235) sollte die Bergbehörde nach Erfüllung der Auflagen des Abschlußbetriebsplanes die Aufsicht über die stillgelegten Schächte der örtlichen Ordnungsbehörde übergeben, soweit die Schächte nicht auf dem Gelände eines noch betriebenen Bergwerks liegen. In dem Runderlaß vom 18.07.1968 (MinBl NW 1407 = ZfB 110 (1969), 245) wurde festgestellt, daß die Bergämter auch nach Durchführung des Abschlußbetriebsplanes die erforderlichen Maßnahmen anzuordnen haben, wenn sich aus dem vorangegangenen Bergbau noch Gefahren für die persönliche Sicherheit und den öffentlichen Verkehr ergeben sollten. In dem Runderlaß vom 18.03.1977 (MinBl NW 378 = ZfB 117 (1977), 370) wird davon ausgegangen, daß die Bergaufsicht nach dem Abbau nur bis zur Beendigung der Maßnahmen aufgrund des Abschlußbetriebsplanes einschließlich der Sorge für die Erfüllung der darin festgesetzten Auflagen reicht. Danach geht die Zuständigkeit zur Abwehr von Gefahren aus dem stillgelegten Bergwerksbetrieb grundsätzlich auf die allgemeinen Ordnungsbehörden über.

29

Die **Rechtsprechung** bietet ein ebenso buntes Bild. Einerseits soll die Bergaufsicht noch für die Folgen des Bergbaus gelten, die erst nach der Stillegung eintreten (OVG Münster ZfB 114 (1973), 429, 434) und erst mit Aufhebung des Bergwerkseigentums enden (OVG Koblenz ZfB 107 (1966), 334, 335). Andererseits wurde entschieden, daß die Bergaufsicht sich in der Regelung des Bergwerksbetriebs erschöpft und durch die Zusätze „nach dem Abbau" keine zeitliche Erweiterung der Zuständigkeit, sondern nur der Wirkung der anzuordnenden Maßnahmen bezweckt sei (OVG Münster ZfB (1955), 81 = OVGE 9, 191; OVG Münster ZfB 118 (1977), 110, 114; OVG Münster ZfB 118 (1977), 361, 364, Bayr. VG München ZfB 121 (1980), 330, 335 und Bayr. VGH ZfB 122 (1981), 465, 469 = Glückauf 1981, 1572). Die Bergaufsicht ende daher, wenn die Maßnahmen aus dem Abschlußbetriebsplan abgewickelt seien (OVG Münster ZfB 106 (1965), 482 = OVGE 21, 76).

30

Entgegen dem bisherigen Recht enthält § 69 Abs. 2 nunmehr eine ausdrückliche Bestimmung über das Ende der Bergaufsicht. Hiermit ist zwar der Versuch gemacht worden, einen Schlußstrich unter die von allen Seiten immer wieder aufgestellte Frage nach dem Ende der bergbehördlichen Zuständigkeit zu ziehen. Allerdings muß bezweifelt werden, ob § 69 Abs. 2 den langen Weg der Suche nach einem Ende der Bergaufsicht tatsächlich abschließen wird. Das Konzept des Gesetzgebers ist zwar erkennbar: die Bergbehörde soll **Betriebsaufsicht** sein und ihre Spezialtätigkeit mit dem Ende der betrieblichen Tätigkeit ebenfalls beenden. Die Auslegungsschwierigkeit wird jedoch dadurch eintreten, daß nicht die Durchführung des Abschlußbetriebsplanes, die als klar bestimmbarer Zeitpunkt für eine sichere Zuständigkeitsabgrenzung gesorgt hätte, sondern ein danach liegender und mit vielen Unwägbarkeiten verbundener Zeitpunkt das Ende der Bergaufsicht bestimmen soll. Schon die Voraussetzungen „nach allgemeiner Erfahrung" und „nicht mehr zu rechnen ist" sind auslegungsbedürftig. Auch die Vielzahl der Kriterien, die zu einer Fortführung der Zuständigkeit der Bergbehörde nach Durchführung des Abschlußbetriebsplanes führen können, führt zu Unsicherheit und Auslegungsfragen. Die Bergaufsicht verlängert sich, wenn gemeinschädliche Einwirkungen durch den stillgelegten Betrieb eintreten werden. Sie verlängert sich ferner, wenn durch den Betrieb Gefahren für verschiedene Rechtsgüter – für Leben und Gesundheit Dritter, für andere Bergbaubetriebe, für Lagerstätten, deren Schutz im öffentlichen Interesse liegt – eintreten werden.

31

Dabei werden häufig die angesprochenen Gesichtspunkte bereits bei der Zulassung des Abschlußbetriebsplanes zu prüfen und zu beurteilen sein, so daß er Maßnahmen gegen die dargestellten Gefahren enthalten wird. Der Abschlußbetriebsplan berücksichtigt beispielsweise Gefahren für Leben und Gesundheit von Beschäftigten und Dritten im Betrieb sowie nach § 55 Abs. 2 Nr. 1 den Schutz Dritter nach Einstellung des Betriebes. § 69 Abs. 2 erfaßt den darüber hinausgehenden Gefahrenzeitraum: selbst wenn zu diesen Gefahren im Abschlußbetriebsplan nichts gesagt ist, endet die Bergaufsicht solange nicht, bis die Gefahr für

Fünfter Teil: Bergaufsicht 32–35 § 69

Leben und Gesundheit Dritter objektiv fortbesteht. Hier ist zu denken an die Gefahr von Tagesbrüchen bei oberflächennahem Abbau, an die Gefahren durch Schachtöffnungen, Grubenbaue, Ruinen von Betriebsgebäuden.
Aus § 169 Abs. 2 folgt eine Einschränkung des § 69 Abs. 2 für **bei Inkrafttreten des BBergG stillgelegte Betriebe**. Sofern sie in diesem Zeitpunkt nicht der Bergaufsicht unterstanden, konnte durch § 69 Abs. 2 die Zuständigkeit der Bergbehörde nicht begründet werden.

32
Der Abschlußbetriebsplan befaßt sich nach § 55 Abs. 1 Nr. 4 damit, daß eine **Beeinträchtigung von Bodenschätzen** nicht eintreten kann; die Bergaufsicht soll solange nicht enden, wie eine **Gefahr für Lagerstätten** eintreten kann. Ob es in diesem Zusammenhang notwendig war, den aus § 3 Abs. 1 hervorgehenden Unterschied zwischen Bodenschatz und Lagerstätte in die gesetzliche Regelung über das Ende der Bergaufsicht hineinzuformulieren, muß bezweifelt werden.

33
Es ist schon die Frage gestellt worden, ob § 69 Abs. 2 wegen des Bestimmtheitsgrundsatzes **verfassungsgemäß** ist (Störle, Die zeitliche Begrenzung der Bergaufsicht nach dem geltenden Recht und dem Referentenentwurf eines BBergG, Diss. Münster, 1973, 150). Man wird die Verfassungsmäßigkeit bejahen müssen (Zeiler, ZfB 119 (1978), 57, 69). Wegen der landesrechtlichen Anschlußlösung an § 69 Abs. 2 in NRW vgl. Rn 5–7.

34
§ 69 Abs. 3 unterstellt die **Markscheider** und die Ausführung der markscheiderischen Arbeiten für das Anfertigen und Nachtragen des Rißwerkes der Bergaufsicht und knüpft damit an die Regelung des § 190 Abs. 2 ABG an.
Aus der Vorschrift folgt einerseits eine weite Erstreckung der bergaufsichtlichen Befugnisse: sie binden sich nicht nur an den (anerkannten) Markscheider, sondern auch an die Ausführung der markscheiderischen Arbeiten i. S. § 64 Abs. 1. Andererseits schränkt § 69 Abs. 3 ein: die Aufsicht erstreckt sich nur auf markscheiderische Arbeiten, die dem Markscheider aufgrund von Gesetzen oder Verordnungen vorbehalten sind. In anderen Tätigkeitsbereichen, die ihm als Angestellter des Bergwerksunternehmens im privatrechtlichen Bereich (z. B. Bergschadenssachbearbeitung) zugewiesen sind, genießen seine Arbeiten weder öffentlichen Glauben noch sind sie von § 69 Abs. 3 erfaßt.

35
Das Verhältnis von Markscheider zur Bergbehörde hatte eine wechselvolle Entwicklung. Bis zum Jahre 1856 waren die Markscheider unmittelbar dem Landesherrn in einem beamtenähnlichen Verhältnis unterstellt (Ebel-Weller § 190, 3). Sie wurden von da ab als **Gewerbetreibende** behandelt. Seit 1869 konnten nach § 34 GewO Landesgesetze Bestimmungen enthalten, daß das Gewerbe der Markscheider nur von Personen betrieben werden darf, die als solche geprüft und konzessioniert sind.

36

Die Bestimmung ist jetzt durch § 174 Abs. 1 Nr. 2 aufgehoben, weil in § 64 Abs. 3 eine **bergrechtliche Ermächtigung** für die Regelung des Zugangs zu diesem bergbautypischen Beruf vorgezogen wurde. Entfallen ist nach § 64 Abs. 3 die Verbindung der Tätigkeit des Markscheiders mit dem Begriff des Gewerbes, wie sie in § 34 Abs. 5 GewO formuliert war. Der Gesetzgeber hat hier der Entwicklung in den letzten Jahrzehnten Rechnung getragen. Sie brachte es mit sich, daß die größeren Bergbauunternehmen nicht mehr freiberuflich tätige Markscheider beauftragen, sondern eigene Markscheider als Angestellte in ihre Betriebe aufnahmen, die ein selbständiges Gewerbe nicht mehr betreiben (Ebel-Weller § 190, 3). Durch die Aufhebung des § 34 Abs. 5 Halbs. 2 GewO ist die ungeklärte Frage, ob selbständige Markscheider ein Gewerbe ausüben, dahin entschieden, daß sie freiberuflich – ähnlich wie öffentlich bestellte Vermessungsingenieure – tätig sind (Schulz-Kuhnt, ZfB 119 (1978), 374, 376).

37

Die Aufsicht der Bergbehörde gem. § 69 Abs. 3 erstreckt sich sowohl auf die **angestellten** Markscheider als auch auf den **selbständigen**. Sie ist einerseits personenbezogen: Der Markscheider unterliegt der Bergaufsicht. Andererseits ist sie tätigkeitsbezogen: Die Ausführung markscheiderischer Arbeiten unterliegt der Bergaufsicht. Die personenbezogene Fassung alleine hätte rechtsstaatlichen Erfordernissen der Konkretisierung von Ermächtigungsvorschriften wohl nicht genügt, so daß sie der Ergänzung durch die tätigkeitsbezogene Formulierung bedurfte (so schon 4. Gesetz zur Änderung berggesetzlicher Vorschriften NW vom 11.06. 1968, Begr. ZfB 109 (1968), 381 zu § 190 Abs. 2).

38

§ 69 Abs. 3 schafft nämlich die Grundlage für die Ermächtigung zum Erlaß von Bergverordnungen auf dem Gebiet des Markscheidewesens gem. § 67. Die meisten der dort genannten Inhalte von Rechtsverordnungen betreffen den Tätigkeitsbereich des Markscheiders. Personenbezogen ist dagegen § 67 Nr. 2, d. h. die Ermächtigung zur Festlegung der Voraussetzungen für die Anerkennung von nicht markscheiderischen Personen i. S. § 64 Abs. 1 S. 2.

39

In Ausfüllung bisheriger Ermächtigungen (§ 34 Abs. 5 GewO, vgl. Rn 36) wurden bereits in der Vergangenheit Vorschriften über die Voraussetzungen und Ausübung des Berufes des Markscheiders erlassen: Zunächst regelte daraufhin die **Preußische Markscheiderordnung** v. 23.03. 1923 (PrGS NW S. 186 = ZfB 65 (1924), 184) in § 1: „Das Gewerbe der Markscheider darf nur von Personen betrieben werden, die als solche von einem Preuß. Oberbergamt konzessioniert sind. Nur diese sind berechtigt, die Berufsbezeichnung „Markscheider" zu führen." Später wurde diese Ordnung in NW aufgehoben, weil sie kein Gesetzescharakter hatte (Ebel-Weller, S. 773), und durch das **Gesetz über die Zulassung der Markscheider** v. 27.07. 1961 (GV NW 240) i. d. F. v. 11.06. 1968 (GV NW 201), sowie durch die Markscheiderordnung v. 25. 10. 1977 (GuV NW 410 = ZfB 120 (1979), 265 ersetzt. Die beiden wichtigsten Bestimmungen des Gesetzes sind die

Fünfter Teil: Bergaufsicht **40, 41 § 69**

§§ 1 und 3 Abs. 2. § 1 lautet: Wer für bergmännische Zwecke Aufnahmen und rißliche Darstellungen über und unter Tage bestellt (Markscheider), bedarf hierzu einer **Erlaubnis**" (über die Verfassungsmäßigkeit vgl. Schulz-Kuhnt, a.a.O., 376). Nach § 3 Abs. 2 dieses Gesetzes (eingeführt durch das 4. Bergrechtsänderungsgesetz v. 11.06. 1968, ZfB 109 (1968), 375) genießen die Markscheider hinsichtlich der durch Gesetz oder Verordnung veranlaßten markscheiderischen Arbeiten **öffentlichen Glauben**. Das hat gem. §§ 415, 418 ZPO zur Folge, daß die von ihnen in der vorgeschriebenen Weise angefertigten Urkunden den vollen Beweis der darin bezeugten Tatsachen erbringen. Ähnliche Vorschriften gelten im Saarland (Gesetz v. 22.04. 1964, ABl 354, i. d. F. v. 25. 11. 1968, ABl, 822), in Hessen (Gesetz v. 17. 11. 1973, Hess GVBl, 469), Bayern (Markscheider-VO v. 22.09. 1978, Bayr. GuV, 734 = ZfB 120 (1979), 257) und Niedersachsen (Markscheider-Zulassungsgesetz v. 10.03. 1978, NS GVBl., 269, hierzu Schulz-Kuhnt ZfB 119 (1978), 374 und Markscheiderordnung v. 08.02. 1979, NS GVBl, 39 = ZfB 120 (1979), 269).

40

Die **Markscheiderordnung** NW enthält Vorschriften über die Geschäftsführung der Markscheider und die technische Ausführung der Markscheiderarbeiten (Einzelheiten vgl. Scharf, Markscheiderordnung, 1978). Sie regelt die Verantwortlichkeit des Markscheiders. Nach § 10 der Markscheiderordnung trägt er für die von ihm und seinen Mitarbeitern durchgeführten Arbeiten die Verantwortung und muß sich an den Arbeiten seiner Mitarbeiter in einem solchen Umfang beteiligen, daß ihre Richtigkeit, Genauigkeit und Vollständigkeit gewährleistet ist. Arbeiten, bei denen das nicht gewährleistet ist, sind unter Angaben des Grundes zu kennzeichnen.
Durch § 13 der Unterlagen-BergV, v. 11. 11. 1982 (BGBl 1553, 1556, sind die Landes-VO'en über die Geschäftsleitung der Markscheider und die technische Ausführung der Markscheiderarbeiten (Bad-Württ. v. 6. 2. 1974; Bayern v. 20. 9. 1978; Hessen v. 7. 1. 1974, Nds. v. 8. 2. 1979, NRW v. 25. 10. 1977, Rh.-Pf. v. 7. 8. 1974; Saarl. v. 3. 9. 1968) teilweise aufgehoben (§ 176 Abs. 3 Satz 3).

41

Die **Landesgesetze über die Zulassung der Markscheider gelten** gem. § 176 Abs. 1 nach Erlaß des BBergG, soweit ihre Gegenstände weder im BBergG geregelt sind noch ihm widersprechen. Problematisch kann das im Hinblick auf § 64 Abs. 1 sein. Während nach dem Zulassungsgesetz NW das Herstellen **auch** der rißlichen Darstellungen **über Tage** nur von einem zugelassenen Markscheider zu erfolgen hat, sieht § 64 Abs. 1 das nur für das untertägige Rißwerk vor. Allerdings schafft § 64 Abs. 1 eine ausfüllungsbedürftige Gesetzeslücke, weil es für **obertägige Aufsuchungs- und Gewinnungsbetriebe** („andere Betriebe") eine Zuweisung an Markscheider nur beim Anfertigen und Nachtragen „sonstiger Unterlagen i. S. § 63 Abs. 2 S. 1 Nr. 2" festlegt, d. h. für „sonstige Unterlagen wie Risse, Karten und Pläne", nicht aber für das Grubenbild i. S. § 63 Abs. 2 S. 1 Nr. 1, das der Unternehmer jedoch bei Gewinnungsbetrieben ebenfalls anfertigen und nachtragen lassen muß (§ 63 Abs. 1 S. 1). Insofern ist das Adjektiv „untertägig" zweckmäßigerweise dahin auszulegen, daß es sich nur auf den „Aufsuchungsbetrieb", nicht jedoch auf den „Gewinnungsbetrieb" bezieht. Auch das für übertägige Gewinnungsbetriebe

erforderliche Rißwerk muß demnach von einem anerkannten Markscheider angefertigt und nachgetragen werden (v. Mäßenhausen, Das Markscheidewesen, 1982, 4, 5). Das Zulassungsgesetz widerspricht insofern nicht dem BBergG.
Allerdings können künftig im gesamten Bundesgebiet nach Anerkennung auch **andere Personen** als zugelassene Markscheider (z. B. öffentlich bestellte Vermessungsingenieure) Risse, Karten und Pläne außerhalb des Grubenbildes anfertigen und nachtragen (§ 64 Abs. 1 S. 2). Insofern widersprechen sich allerdings das Zulassungsgesetz NW und das BBergG (wohl auch v. Mäßenhausen, a.a.O.) mit der Folge, daß das Zulassungsgesetz in dieser Hinsicht außer Kraft getreten ist, obwohl es in der Aufzählung der gesetzlichen Bestimmungen nicht ausdrücklich erwähnt ist (Arg. „insbesondere").

42

Die **Markscheiderordnung NW** und **preuß. Markscheiderordnung** von 1923 in den Ländern, in denen sie noch gültig war, sowie die übrigen Landes-VO'en über die Geschäftsführung der Markscheider sind durch § 176 Abs. 3 weitergeltendes Recht soweit sie nicht durch § 13 der Unterlagen BergV (vgl. Rn 40) aufgehoben wurden.

43

Die Bergaufsicht nach § 69 Abs. 3 erstreckt sich auf die markscheiderischen Arbeiten i. S. § 64 Abs. 1, d. h. insbesondere auf das Anfertigen und Nachtragen des Rißwerkes im untertägigen Aufsuchungs- und Gewinnungsbetrieb. Nicht im BBergG geregelt ist, welches **Rißwerk** vorgeschrieben ist. Das wird Verordnungen nach § 67 überlassen oder ergibt sich aus den bedingt weitergeltenden Markscheiderordnungen. Nach allgemeiner Praxis gehören dazu: Risse, Karten und Pläne der Bergbauberechtigungen, Zulegrißwerke, Grubenrißwerke mit Grubenbildern, den Lagerstättenarchiven und den betrieblichen Plänen für die der Bergaufsicht unterstehenden Gewinnungsbetriebe, Risse, Karten, Pläne für Sonderwerke (z. B. Boden- und Gebirgsbewegungsvorgänge, lagerkundliche Risse und Karten). Jedenfalls ist dadurch, daß sich die Verpflichtung des Unternehmers nicht auf das Grubenbild, sondern auf das Rißwerk bezieht, das neben dem Grubenbild auch sonstige Unterlagen umfaßt, die Verpflichtung des Unternehmers und damit des Markscheiders erweitert worden (v. Mäßenhausen, Das Markscheidewesen, 1982, 4). Die Bergaufsicht kann sich hinsichtlich der übrigen Tätigkeiten des Markscheiders bei der bergmännischen Planung, der Beurteilung von Abbaueinflüssen oder der Feststellung von bergbaulichen Einwirkungen auf die Erdoberfläche bereits aus §§ 69 Abs. 1, 58 ergeben.

44

Die Bergaufsicht über die Markscheider bringt mit sich, daß für die öffentliche Bestellung und **Vereidigung von Markscheidern als Sachverständige** im Rahmen des § 36 GewO auf dem Gebiet des Bergwesens das LOBA NW zuständig ist (VO v. 21. 02. 1961, GV NW S. 133 i. d. F. VO v. 15. 09. 1964, GV NW S. 288).
Ausfluß der bergbehördlichen Aufsicht sind einige aufsichtsbegleitende Vorschriften: Um Kollisionen zwischen Anweisungen der Aufsichtsbehörde und dem Unternehmer zu vermeiden, ist der Markscheider bei Anwendung seiner Fachkunde bei gesetzlich zugewiesenen Aufgaben **weisungsfrei** (§ 64 Abs. 2 S. 1). Gem. § 70 Abs. 1

Fünfter Teil: Bergaufsicht　　　　　　　　　　　　　§§ 69, 70

trifft den Markscheider und die für markscheiderische Arbeiten anerkannten Personen eine **Auskunftspflicht** gegenüber der Bergbehörde.

45
Eine Haftung des Staates für Fehler des Markscheiders ist bei nicht beamteten Markscheidern nur anzunehmen, wenn das zuständige Landesoberbergamt es an einer pflichtgemäßen Aufsicht fehlen ließ und der Schaden durch die Aufsicht hätte vermieden werden können (Ebel-Weller § 190, 3, OLG Hamm ZfB 72 (1931), 310).

46
Zuständige Behörde i. S. § 69 Abs. 1 und 2 ist nach § 1 Abs. 3 Nr. 8 der VO über Zuständigkeiten v. 05. 01. 1982 (GuV NW, 2 = ZfB 123 (1982), 153) das Bergamt, für die Aufsicht nach § 69 Abs. 3 das LOBA gem. § 1 Abs. 2 Nr. 12.
Ebenso im Saarland VO v. 17. 2. 1982 (ABl, 198 = ZfB 123 (1982) 345), Niedersachsen RdErl. v. 11. 12. 1981 (Nds. MinBl. 1982, 120 = ZfB a.a.O., 341).

47
Welche Rechtsfolgen **Zuständigkeitsmängel** der Bergbehörde haben, muß im Einzelfall je nach der Schwere des Fehlers und seiner Offenkundigkeit entschieden werden. Sofern das Bergamt anstelle des an sich zuständigen LOBA entschieden hatte, soll das zur Nichtigkeit des Verwaltungsaktes führen (OVG Münster, ZfB 118 (1977), 361, 366). Bei nicht zweifelsfreien Kompetenzregelungen kann Anfechtbarkeit angenommen werden (BVerwGE, 30, 138). Sofern das Bergamt anstelle der an sich zuständigen allgemeinen Ordnungsbehörde eine Ordnungsverfügung erlassen hatte, wurde nur Anfechtbarkeit angenommen (OVG Münster, ZfB 118 (1977), 110, 118).

§ 70 Allgemeine Aufsichtsbefugnisse, Auskunfts- und Duldungspflichten

(1) Wer zur Aufsuchung oder Gewinnung von bergfreien oder grundeigenen Bodenschätzen berechtigt ist, ferner die verantwortlichen Personen, die in § 64 Abs. 1 bezeichneten und die dem arbeitsmedizinischen oder sicherheitstechnischen Dienst angehörenden sowie die unter § 66 Satz 1 Nr. 10 fallenden Personen (Auskunftspflichtige) haben der zuständigen Behörde die zur Durchführung der Bergaufsicht erforderlichen Auskünfte zu erteilen und Unterlagen vorzulegen.

(2) Die von der zuständigen Behörde mit der Aufsicht beauftragten Personen (Beauftragte) sind befugt, Betriebsgrundstücke, Geschäftsräume und Einrichtungen des Auskunftspflichtigen sowie Wasserfahrzeuge, die der Unterhaltung oder dem Betrieb von Einrichtungen im Bereich des Festlandsockels dienen oder zu dienen bestimmt sind, zu betreten, dort Prüfungen vorzunehmen, Befahrungen durchzuführen und gegen Empfangsbescheinigung auf Kosten des Unternehmers Proben zu entnehmen sowie die geschäftlichen und betrieblichen Unterlagen des Auskunftspflichtigen einzusehen. Zur Verhütung dringender Gefahren für die öffentliche Sicherheit und Ordnung dürfen die genannten Grundstücke und Räumlichkeiten auch außerhalb der üblichen Arbeits- und Betriebszeiten und auch dann betreten werden, wenn sie zugleich Wohnzwecken dienen; das Grundrecht der Unverletzlichkeit der Wohnung (Artikel 13 des Grundgesetzes) wird insoweit eingeschränkt. Die

§ 70 2,3   Fünfter Teil: Bergaufsicht

Beauftragten sind, soweit der Unternehmer nicht ausdrücklich darauf verzichtet, verpflichtet, einen Teil der Probe amtlich verschlossen oder versiegelt zurückzulassen; sie sind berechtigt, Gegenstände vorübergehend sicherzustellen, soweit dies zur Überprüfung von Unfallursachen notwendig ist oder soweit in diesem Zusammenhang die Erlangung neuer Erkenntnisse zur Unfallverhütung zu erwarten ist. Die Auskunftspflichtigen haben die Maßnahmen nach den Sätzen 1 und 2 zu dulden. Sie sind bei Befahrungen verpflichtet, die Beauftragten auf Verlangen zu begleiten.

(3) Der Auskunftspflichtige kann die Auskunft auf solche Fragen verweigern, deren Beantwortung ihn selbst oder einen der in § 383 Abs. 1 Nr. 1 bis 3 der Zivilprozeßordnung bezeichneten Angehörigen der Gefahr strafgerichtlicher Verfolgung oder eines Verfahrens nach dem Gesetz über Ordnungswidrigkeiten aussetzen würde.

(4) Die Absätze 1 bis 3 gelten auch für Personen, bei denen Tatsachen die Annahme rechtfertigen, daß sie eine der in § 2 Abs. 1 Nr. 1 bezeichneten Tätigkeiten ohne die erforderliche Berechtigung ausüben oder ausgeübt haben.

1. Grundsätzliches

1

Die Vorschriften der §§ 70 ff geben der Bergbehörde ein umfangreiches Instrumentarium zur Erfüllung ihrer bergaufsichtlichen Verantwortung an die Hand. Dieses Instrumentarium schränkt notwendigerweise die individuelle Freiheit ein und ergänzt die bergbehördlichen Befugnisse, die das BBergG zur Verfügung stellt. Diese **Befugnisse** lassen sich **in 4 Gruppen** einteilen (Horneffer, Bergrecht und allgemeines Polizeirecht, Diss. Göttingen, 1969):

2

Zunächst sind die Vorschriften zu berücksichtigen, die schon in einem frühen Stadium bergbaulicher Aktivität die rechtlichen Grundlagen des Bergbaubetriebes begrenzen. Die Bergbehörde kann unter bestimmten Voraussetzungen die **Bergbauberechtigung** versagen, mit Nebenbestimmungen versehen, widerrufen (§§ 11 ff).

3

Eine weitere Gruppe bilden die Vorschriften des **Betriebsplanverfahrens**, die der Bergbehörde die präventive Kontrolle aller relevanten betrieblichen Maßnahmen ermöglicht. Die unternehmerischen Freiheiten werden hierdurch insofern eingeschränkt, als die Absichten des Bergbaubetreibers auf ihre Durchführbarkeit insbesondere in sicherheitsmäßiger Hinsicht geprüft werden. In diese Gruppe sind auch die bergbehördlichen **Anordnungsbefugnisse** der §§ 71–74 zur Abwehr von Gefahren im Einzelfall und die Befugnis zum Erlaß von **Bergverordnungen** gem. §§ 65 ff als generelle und abstrakte Möglichkeit zum Schutze bestimmter Rechtsgüter und Belange einzureihen.

Fünfter Teil: Bergaufsicht 4–7 §70

4
Bald ebenso gewichtig ist die Gruppe der Bestimmungen, die die Organisationsfreiheit des Unternehmers beschränken, indem sie ihm die Beschäftigung ausreichend **qualifizierter Personen** für bestimmte Aufgaben vorschreiben (§§ 58 ff). Denn ohne diese Personen kann Bergbau nicht betrieben werden.

5
In die letzte Gruppe lassen sich die Vorschriften zusammenfassen, die zur Erleichterung der Bergaufsicht **Anzeige- oder Mitteilungspflichten** verschiedenartigsten Inhaltes begründen. Hierfür ist § 70 die wesentlichste Grundlage.

6
2. Die Vorschrift schafft einerseits einen Pflichtenkatalog der Unternehmerseite (Abs. 1, Abs. 2 Sätze 4, 5), andererseits eine Liste von Rechten für die Behördenseite (Abs. 2, Sätze 1–3), wobei umgekehrt der Gegenseite jeweils nicht ausdrücklich bezeichnete Rechte und Pflichten zustehen.
Im einzelnen sind es:
– die Pflicht zur **Auskunftserteilung** und damit das Recht auf Auskunft (Abs. 1).
– die Pflicht zur **Vorlage von Unterlagen** und damit das Recht auf Vorlage (Abs. 1).
– die Befugnis zum **Betreten** von Betriebsgrundstücken, Geschäftsräumen, Einrichtungen und die Pflicht, das Betreten zu dulden (Abs. 2 S. 1, 4).
– die Befugnis, **Prüfungen** vorzunehmen, **Befahrungen** durchzuführen, **Proben** zu nehmen, geschäftliche und betriebliche Unterlagen einzusehen und die Pflicht, diese Tätigkeiten zu dulden (Abs. 2 S. 1, 4).
– bei dringender Gefahr für die öffentliche Sicherheit und Ordnung die Befugnis, Grundstücke und Räume auch **außerhalb der Arbeitszeit** und ungeachtet etwaiger Wohnzwecke **zu betreten** und die Pflicht, das du dulden (Abs. 2 S. 2, 4).
– die Berechtigung, Gegenstände vorübergehend **sicherzustellen** (Abs. 2 S. 3), wobei auch hiermit eine Duldungspflicht des Eigentümers verbunden ist, obwohl sie in Abs. 2 S. 4 nicht ausdrücklich erwähnt wurde, sondern nur die Sätze 1 und 2.
– die Pflicht, bei **Befahrungen** auf Verlangen zu begleiten (Abs. 2 S. 5), korrespondierend damit ein Recht der Bergbehörde, die Begleitung zu verlangen.

7
3. Die Auskunftspflicht von Aufsichtspersonen war schon in § 77 ABG enthalten. Sie bezieht sich auf die zur Durchführung der Bergaufsicht erforderlichen Tatsachen. Die Auskunft setzt eine vorherige **Anfrage der Bergbehörde** voraus. Diese Anfrage steht im Ermessen der Behörde (Horneffer, Bergrecht und allgemeines Polizeirecht, Diss. Göttingen, 1969, 72), während die Frage, welche Auskünfte zu erteilen sind, von der Auslegung des verwaltungsgerichtlich voll nachprüfbaren unbestimmten Rechtsbegriffes „zur Durchführung der Bergaufsicht erforderlich" abhängt.
Das **Verlangen auf Auskunft** ist eine mündliche erlassene, unselbständige ordnungsbehördliche **Verfügung**.

8

4. Die Vorschrift legt den **Kreis der Auskunftspflichtigen** fest. Es sind: der Inhaber einer Aufsuchungs- oder Gewinnungsberechtigung, die Markscheider oder ihnen gleichgestellte anerkannte Personen gem. § 64 Abs. 1, die verantwortlichen Personen i. S. § 58, d. h. der Unternehmer und die von ihm bestellten Personen, die dem arbeitsmedizinischen und die dem sicherheitstechnischen Dienst angehörenden Personen sowie die aufgrund einer Verordnung nach § 66 Nr. 10 zu bestimmten Aufgaben besonders befugten Personen.

9

5. Die Auskunftspflicht **beschränkt** sich für alle Pflichtigen auf ihren **Zuständigkeitsbereich**. Das ist zwar durch den Wortlaut des Gesetzes nicht ausgedrückt, folgt jedoch aus der Knüpfung der Auskunftspflicht an die Funktionen der genannten Personen.

10

Aus dem gleichen Grunde beschränkt sich die Pflicht zur Vorlage von Unterlagen auf die dem jeweiligen Pflichtenkreis entsprechenden Vorgänge.

11

6. Die Auskunftserteilung erfolgt **mündlich**, zu schriftlichen Auskünften besteht keine Verpflichtung, weil das Gesetz sie nicht vorsieht.

12

7. Die Erfüllung der Pflichten aus § 70, insbesondere der Auskunfts- und Begleitpflicht, ist nicht ausdrücklich **auf die üblichen Arbeits- und Betriebszeiten** beschränkt. Doch wird man diese Begrenzung aus dem Umkehrschluß des Abs. 2 S. 2 entnehmen müssen, der diese Schranken nur für den Sonderfall der Verhütung dringender Gefahren aufhebt.

13

8. Die Verletzung der Pflichten des § 70 stellt eine **Ordnungswidrigkeit** gem. § 145 Abs. 1 Nr. 14, 15 dar.

14

9. Zuständig für Maßnahmen nach §§ 70–74 ist das Bergamt (§ 1 Abs. 3 Nr. 9 der VO über Zuständigkeiten v. 05.01. 1982, GuV NW, 2 = ZfB 123 (1982), 153), es sei denn, es handelt sich um markscheiderische Arbeiten. Wegen der Zuständigkeit in anderen Bundesländern vgl. § 69, Rn 46.

§ 71 Allgemeine Anordnungsbefugnis

(1) Die zuständige Behörde kann im Einzelfall anordnen, welche Maßnahmen zur Durchführung der Vorschriften dieses Gesetzes, der auf Grund dieses Gesetzes erlassenen und der nach § 176 Abs. 3 aufrechterhaltenen Rechtsverordnungen zu treffen sind. Dabei können Anordnungen, die über die auf Grund einer Rechtsverordnung oder eines zugelassenen Betriebsplans gestellten Anforderungen hinausge-

Fünfter Teil: Bergaufsicht **1,2 § 71**

hen, nur getroffen werden, soweit dies zum Schutz von Leben, Gesundheit und Sachgütern Beschäftigter oder Dritter erforderlich ist.

(2) Führt ein Zustand, der diesem Gesetz, einer auf Grund dieses Gesetzes erlassenen Rechtsverordnung, einem zugelassenen Betriebsplan, einer Nebenbestimmung der Zulassung, einer nachträglichen Auflage oder einer Anordnung nach Absatz 1 widerspricht, eine unmittelbare Gefahr für Beschäftigte oder Dritte herbei, so kann die zuständige Behörde anordnen, daß der Betrieb bis zur Herstellung des ordnungsgemäßen Zustandes vorläufig ganz oder teilweise eingestellt wird, soweit sich die Gefahr auf andere Weise nicht abwenden läßt oder die Einstellung zur Aufklärung der Ursachen der Gefahr unerläßlich ist. § 51 Abs. 1 gilt nicht.

(3) Im Falle der Einstellung des Betriebes ohne zugelassenen Abschlußbetriebsplan kann die zuständige Behörde die erforderlichen Maßnahmen anordnen, um die Erfüllung der in § 55 Abs. 2 bezeichneten Voraussetzungen sicherzustellen.

1
1. Die Anordnungsbefugnis ist neben dem Recht, Betriebspläne zuzulassen und dem Recht, Bergverordnungen zu erlassen, das wichtigste Instrument der Bergbehörde zur Erfüllung ihrer Aufsichtspflicht. Zu unterscheiden sind die „**allgemeine Anordnungsbefugnis**" des Abs. 1, die auch in der Überschrift zu § 71 genannt ist, und die **besonderen** Anordnungsbefugnisse (§§ 71 Abs. 2, 72–74).

a) Die Vorschriften des § 71 Abs. 1 und Abs. 2 haben gemeinsam, daß sie **nicht** zu einer **endgültigen Einstellung des Betriebes** führen können. Während § 71 Abs. 2 zu „vorläufigen" Einstellungen berechtigt, sind nach § 71 Abs. 1 Anordnungen auf Einstellung überhaupt nicht zulässig.

b) Insofern unterscheiden sich aber auch die Absätze 1 und 2: aus dem Vergleich des Wortlautes bei den Bestimmungen folgt, daß die Bergbehörde nur bei den gegebenen Voraussetzungen des Abs. 2 eine Anordnung auf Betriebsstillegung treffen kann. Nach **Abs. 1** sind demgegenüber nur **sonstige „Maßnahmen"** anzuordnen (VG Düsseldorf, unveröft. Urteil v. 19. 10. 1982, 3 K 1329/80), dies gilt sowohl für Satz 1 als auch für Satz 2.

c) Ein weiterer Unterschied der einzelnen Bestimmungen des § 71 ergibt sich aus den Abstufungen in den Voraussetzungen: während § 71 Abs. 1 Satz 1 Anordnungen im Rahmen bestehender Rechtsverordnungen und Betriebspläne gestattet, ermöglicht § 71 Abs. 1 Satz 2 Anordnungen, die über Rechtsverodnungen und Betriebsplanzulassungen hinausgehen, und berechtigt § 71 Abs. 2 zu Anordnungen, die über Rechtsverodnungen und Betriebsplanzulassungen hinausgehen und unmittelbaren Gefahren für Beschäftigte oder Dritte begegnen sollen.

d) § 71 Abs. 2 stellt sich sogar bei besonderer Fallgestaltung als zweite Anordnungsstufe dar, als in einer der Alternativen ein der voraufgegangenen Anordnung nach Abs. 1 widersprechender Zustand vorausgesetzt wird.

e) Innerhalb des § 71 Abs. 1 ist Satz 1 nicht dem Satz 2 aus dem Gesichtspunkt des Regel-Ausnahmeverhältnisses übergeordnet. Satz 1 enthält nicht den generalklauselartigen Grundsatz, der durch Satz 2 erweitert oder eingeschränkt wird (so allerdings VG Düsseldorf, unveröff. Urteil vom 19. 10. 1982, 3 K 1329/80). § 71 Abs. 1 **Satz 2** ist vielmehr gegenüber § 71 Abs. 1 Satz 1 eine selbständige Eingriffsgrundlage mit **eigenständigen Voraussetzungen und Folgen**.

Bei den **Voraussetzungen** erfaßt nämlich Satz 1 den ordnungsrechtlichen Grundfall der Sicherstellung rechtlicher Vorschriften, während dem Satz 2 stattdessen andere, gesteigerte Anforderungen zugrunde liegen. Ein Eingriff nach Satz 1 steht unter dem allgemeinen Vorbehalt des mit Verfassungsrang ausgestatteten Übermaßverbotes (§ 71, Rn 40), eine Anordnung nach Satz 2 unter dem besonderen Vorbehalt gesetzlich festgelegter Erforderlichkeit mit erweiterter Warnfunktion für die Behörde, nämlich den auffallend zahlreichen Einschränkungen dieses Satzes 2 („nur", „soweit", „erforderlich"). Nicht diese gesetzlich ausdrücklich vorgegebene Erforderlichkeit ist freilich das materiell Besondere an Satz 2 im Vergleich zu Satz 1, weil jede ordnungsbehördliche Anordnung „erforderlich" zur Erreichung ihres Zweckes sein muß, sondern die Aufzählung der Schutzgüter Leben, Gesundheit, Sachgüter, die in Satz 1 fehlt. Es verbietet sich daher, diese Schutzgüter des Satzes 2 auch als solche des Satzes 1 anzusehen (a.A. VG Düsseldorf, unveröff. Urteil v. 19. 10. 1982, 3 K 1329/80).

Den besonders erwähnten Schutzgütern entsprechen in den besonderen Gefahrensituationen des Satzes 2 die dort der Behörde zugestandenen stärkeren **Folgen**, nämlich, daß ausnahmsweise in durch Rechtsverordnung oder Betriebsplan gesicherte Rechtsbestände eingegriffen werden kann.

2

2. Der Ausdruck „**Anordnung**" ist dem früheren Recht entnommen und führt diesen für das Bergrecht typischen, von der „Verordnung" abgegrenzten Begriff weiter, obwohl nach heutigem Verständnis der Ausdruck „Ordnungsverfügung"(vgl. Teil II Abschnitt 1 OBG NW) richtiger wäre. Im übrigen ist § 71 sehr stark, teilweise wörtlich, § 32 SprengG nachgebildet.

3

Entscheidendes Abgrenzungskriterium zum Begriff „Bergverordnung" ist das Wort „**Einzelfall**" in § 71 Abs. 1. Während die Bergverordnung für eine unbestimmte Zahl von Fällen gilt und an eine unbestimmte Anzahl von Personen gerichtet ist, regelt die bergbehördliche Anordnung die Abwehr einer im Einzelfall bestehenden Gefahr für die öffentliche Sicherheit und Ordnung. Im Gegensatz zum Betriebsplan, der nur präventive Maßnahmen erfaßt, werden Anordnungen überwiegend vergangene, aber noch fortwirkende Tatbestände betreffen.

4

3. Die sehr knappe gesetzliche Regelung läßt eine Vielzahl von Fragen offen.
a) Zunächst fragt sich, ob § 71 Abs. 1 die Voraussetzungen für eine bergrechtliche Anordnung abschließend regelt oder ob **ergänzend die allgemeinen landesrechtlichen Vorschriften des Polizei- und Ordnungsbehördenrechts** herangezogen werden müssen.

5

Diese Frage wurde für §§ 198, 199 ABG nicht einheitlich beantwortet. Einerseits sollte es sich um eine erschöpfende Regelung handeln (Hammans ZfB 72 (1931),

Fünfter Teil: Bergaufsicht **6–11 § 71**

162, 187; Schlüter ZfB 76 (1935), 293, 346), nach anderer Meinung sollten ergänzend die Vorschriften des allgemeinen Ordnungsrechts anzuwenden sein (Ebel-Weller, § 198, Anm. 9; Krautscheider ZfB 98 (1957), 391, 403 und ZfB 99, 473; Harnisch ZfB 110 (1969), 209; OVG Münster ZfB 105 (1964), 100; ZfB 106 (1965), 482, 492).

6

Man wird auch für § 71 zu dem Ergebnis kommen müssen, daß er keine abschließende Regelung enthalten kann. Dafür enthält er zuwenig Substanz, viele ordnungsrechtliche Fragen sind offengeblieben (vgl. Rn 4–47 zu § 71), so daß die Vorschrift geradezu auf die Ergänzung durch ein geschlossenes System ordnungsrechtlicher Vorschriften angewiesen ist. Auch aus § 12 Abs. 2 OBG NW folgt, daß für die Bergaufsicht als Sonderordnungsbehörde ergänzend die Vorschriften des OBG gelten. Der Bundesgesetzgeber hätte gem. Art. 70 GG auch nicht die Kompetenz gehabt, durch § 71 die traditionellen Ordnungs- und Polizeivorschriften der Länder auszuschließen für den Bereich des Bergrechts.

7

b) Danach stellt sich die Frage, welche **ordnungsbehördlichen Vorschriften** anzuwenden sind. Nach § 38 Buchst. a OBG NW finden auf Anordnungen, die an eine bestimmte Person gerichtet sind, die §§ 14, 21 OBG keine Anwendung. Doch sind die bergbehördlichen „Anordnungen" nicht solche i. S. § 38 Buchst. a OBG NW (Ebel-Weller § 198, Anm. 3; a. A. Krautscheider ZfB 98 (1957), 391, 405 und ZfB (1958), 473; offengelassen von OVG Münster ZfB 106 (1965), 482, 492), weil hierunter nur die Anordnungen zu verstehen sind, die nicht den Charakter von Ordnungsverfügungen haben. Anzuwenden sind daher **alle Bestimmungen** über Ordnungsverfügungen, soweit nicht gesetzlich etwas anderes geregelt ist.

8

Zu Einzelheiten über die Durchführung des OBG NW vgl. Verwaltungsvorschrift v. 4. 9. 1981 (MinBl 2114).

9

c) Das BBergG enthält keinen Hinweis darauf, ob Anordnungen nach § 71 Abs. 1 den selbständigen oder unselbständigen Ordnungsverfügungen zuzurechnen sind.

10

Selbständige Ordnungsverfügungen haben ihre Rechtsgrundlage in § 14 OBG NW, zu ihrem Erlaß bedarf es im Einzelfall einer konkreten Gefahr oder Anscheinsgefahr (Sachlage, die bei verständiger Betrachtung objektiv den Anschein oder den dringenden Verdacht einer Gefahr erweckt).

11

Unselbständige Ordnungsverfügungen dienen der Ausführung einer speziellen ordnungsbehördlichen Rechtsnorm (Gesetz, Verordnung, nicht jedoch Richtlinien, anerkannte Regeln der Technik). Um sie zu erlassen, ist eine konkrete Gefahr im Einzelfalle nicht nachzuweisen.

12

Nach dem zu den §§ 198 ABG vertretenen Meinungsstand waren alle auf Außerachtlassung von gesetzlichen Vorschriften, auf bergbehördlichen Verordnungen, bereits erlassenen Anordnungen oder auf Bestimmungen des Betriebsplanes beruhenden Verfügungen unselbständig (Ebel-Weller § 198, Anm. 9 b). Die Möglichkeit, eine unselbständige Verfügung zu erlassen, schloß einen Eingriff auf der Grundlage der §§ 198 ff ABG aus (Krautscheider ZfB 98 (1957), 391, 405; OVG Münster ZfB 106 (1965), 482, 491).

Verfügungen, die auf §§ 198 ff ABG gestützt waren, wurden als selbständige eingeordnet, weil die Anordnungen nach dieser Vorschrift an die Stelle der unmittelbar auf § 14 Abs. 1 OBG beruhenden Maßnahmen traten (OVG Münster a. a. O., 492; Ebel-Weller § 198, 9 a).

13

Für Verfügungen, die auf § 71 gestützt sind, wird man das nicht mehr sagen können. Sie sind den **unselbständigen** zuzurechnen. § 71 enthält eine spezielle Ermächtigung zum Erlaß von Verfügungen, die als Bundesrecht andersartig ist als die des § 14 OBG NW. Während § 14 OBG NW eine bestehende Gefahr voraussetzt, kommt es in § 71 Abs. 1 nicht darauf an. Hier zeigt sich ein wesentlicher Unterschied auch zu § 198 ABG, der eine „Gefahr in Beziehung auf die im § 196 ABG bezeichneten Gegenstände" erforderte.

14

Das bedeutet gleichzeitig, daß für die Bergbehörde der Weg über die selbständige Ordnungsverfügung hilfsweise eröffnet bleibt, sofern die bundesrechtliche Ermächtigung des § 71 in ihren tatsächlichen Voraussetzungen eine Anordnung nicht trägt.

15

Zum **Verhältnis** zwischen beiden gilt folgendes: ist eine ordnungsbehördliche Aufgabe spezialgesetzlich geregelt, so können auf § 14 Abs. 1 OBG gestützte Ordnungs-Verfügungen weitergehende Anordnungen nur dann stellen, wenn die gesetzliche Regelung hierzu eine Ermächtigung enthält – was in § 71 nicht der Fall ist – oder wenn im Einzelfall ein Tatbestand gegeben ist, der von der gesetzlichen Regelung nicht erfaßt wird (Verwaltungsvorschrift zur Durchführung des OBG NW vom 4. 9. 1980, MinBl 2114, Ziff. 14.2). § 71 verdrängt damit grundsätzlich als sonderordnungsrechtliche Vorschrift die allgemeine Ermächtigungsgrundlage für ordnungbehördliches Einschreiten, § 140 BG (VG Düsseldorf, unveröff. Urt. vom 19. 10. 1982, 3 K 1329/80).

16

d) Eine Anordnung nach § 71 Abs. 1 Satz 1 setzt voraus, daß sie der Durchführung der Vorschriften des BBergG oder der dazu erlassenen oder aufrechterhaltenen Rechtsverordnungen dient. Diese Voraussetzungen gehen als Spezialregelung der subsidiären des § 14 Abs. 1 OBG NW vor, so daß **nicht** zusätzlich **noch eine bestehende Gefahr** für die öffentliche Sicherheit oder Ordnung bestehen muß. Die Vorschriften des BBergG und die Verordnungen abstrahieren gleichsam die

Fünfter Teil: Bergaufsicht   **17,18   §71**

Gefahr für die öffentliche Sicherheit und Ordnung, so daß die Durchführung jener gleichzeitig dem Zweck der Gefahrenabwehr dient. Nach bisherigem Recht konnte die Beseitigung eines bereits eingetretenen Schadens, der seinerseits nicht eine weitere Gefahr mit sich brachte, nicht Grundlage einer Anordnung nach § 198 ABG sein (Althaus, Die Einwirkungen der Bergaufsicht auf das Bergwerkseigentum nach dem ABG, 77). Jetzt ist die weitere Gefahr nicht mehr erforderlich, sondern nur, daß die Maßnahme zur Durchführung der in § 71 genannten Vorschriften zu treffen ist.
Vorschriften des BBergG und **Rechtsverordnungen,** deren Durchführung die Maßnahmen nach § 71 Abs. 1 S., 1 dienen, sind diejenigen, die zum Rechten- und Pflichtenkreis des Unternehmers, der Unternehmerpersonen und zum bergaufsichtlichen Instrumentarium gehören. Hierzu zählen **nicht die privatrechtlichen Vorschriften** über das Verhältnis von Bergbau und Grundbesitz, über das Bergschadensrecht und über den Zweck des Gesetzes (§ 1). Insbesondere ist auch § 1 Ziff. 3 keine Vorschrift in diesem Sinne (a.A. VG Düsseldorf, unveröff. Urteil v. 18.10.1982, 3 K 1329/80). Sie enthält einen allgemeinen Programmsatz ohne Eingriffsermächtigung für die Behörde (§ 1 Rn 18), dem im Einzelfall nur Qualitäten eines Auslegungsmaßstabes zukommen. Dabei hat der Gesetzgeber durch § 1 Ziff. 3 ersichtlich nur der Neuordnung des Bergschadensrechts entsprechen wollen, wie sich aus der Gesetzesbegründung ergibt (BT-Drucks. 8/3965, 132, Zydek, 50). Auch der zu Mißverständnissen Anlaß gebende Begriff der „Vorsorge gegen Gefahren aus bergbaulicher Tätigkeit" wendet sich nicht an die Behörde, sondern nimmt den Vorsorgegedanken der §§ 110, 111 des Bergschadensrechts vorweg (§ 1 Rn 16).

17

Eine erweiterte Befugnis gibt § 71 Abs. 1 S. 2, indem sie zu Anordnungen über Rechtsverordnungen und Betriebsplanzulassungen hinaus ermächtigt. Diese Ausnahmebefugnis steht unter dem Vorbehalt der **besonderen gesetzlichen Beschränkungen** des § 71 Abs. 1 S. 2, die den verfassungsrechtlichen Grundsatz des Übermaßverbotes (§ 71, Rn 40) ergänzen.

18

Zusätzlich zu den normierten Einschränkungen ergeben sich aus allgemeinen berg- und verwaltungsrechtlichen Grundsätzen Begrenzungen der Befugnis aus § 71 Abs. 1 S. 2: Ähnlich wie bei nachträglichen Auflagen oder Änderung von Auflagen zu einem zugelassenen Betriebsplan muß in Anwendung des Gedankens des § 56 Abs. 1 S. 2 die **technische Erfüllbarkeit** und die **wirtschaftliche Vertretbarkeit** für den Bergwerksbetreiber und für Einrichtungen der von ihm betriebenen Art berücksichtigt werden (VG Düsseldorf, unveröff. Urt. v. 19.10.1982, 3 K 1329/80).
Sofern sich übrigens eine Anordnung gem. § 71 Abs. 1 S. 1 rechtlich oder tatsächlich als nachträgliche Auflage zum zugelassenen Betriebsplan darstellt, gilt das im Rahmen dieser Vorschrift ebenfalls.

Eine Anordnung nach § 71 Abs. 1 S. 2 kann sich als **Widerruf** eines **rechtmäßigen begünstigenden Verwaltungsaktes,** der Betriebsplanzulassung, darstellen, für den der Gesichtspunkt des § 49 Abs. 2 Nr. 3 VwVfG anzuwenden ist. Danach müssen die Tatsachen, die zur Anordnung berechtigen, nachträglich eingetreten sein. Zusätzlich muß ohne Widerruf das öffentliche Interesse gefährdet sein. Dabei ist das öffentliche Interesse durch § 71 Abs. 1 S. 2 auf die dort genannten Schutzgüter beschränkt. Sofern der Widerruf zu recht erfolgt, wäre zu prüfen, ob ein **Entschädigungsanspruch** gem. § 49 Abs. 5 VwVfG in Betracht kommt.

19

Insgesamt sind an den unbestimmten Rechtsbegriff „**erforderlich**" in § 71 Abs. 1 S. 2 besonders strenge Anforderungen zu stellen. Der Gesetzgeber hat den Eingriff in durch Verordnungen und Zulassungen gefestigte Rechtspositionen erkennbar als von vielen einschränkenden Voraussetzungen abhängige Ausnahmebefugnis verstanden. Die **Abwägung** im Rahmen der Prüfung der „Erforderlichkeit" durch die Bergbehörde hat einerseits die Gefährdung des Schutzgutes zu berücksichtigen – bei Lebens- oder Gesundheitsgefahr ist eine Anordnung eher erforderlich als bei Gefährdung von Sachgütern, bei diesen wiederum wird man wertmäßig abstufen – und andererseits die Auswirkung der Anordnung für den Betrieb in Rechnung zu stellen (vgl. auch § 71, 49, 54).

20

e) **Nicht** mehr erforderlich ist für eine Anordnung nach § 71 Abs. 1 Satz 1, daß sie dem **Schutz bestimmter Rechtsgüter** dient. Nach dem früheren § 198 ABG setzte die Anordnung voraus, daß eine Gefahr „für die in § 196 ABG bezeichneten Gegenstände" bestand, d. h. für einen dort zwar nicht abschließend, aber immerhin im wesentlichen beschriebenen Kreis von Rechtsgütern. Da eine Bezugnahme auf § 55 fehlt, gilt diese Beschränkung nicht mehr.

Das bedeutet indes nicht, daß die Bergbehörde jedwedes Rechts- oder Schutzgut aus dem weitgefächerten Katalog der öffentlichen Sicherheit (d. h. Staat, öffentliche Einrichtungen, Individualgüter des einzelnen, geschriebenes Recht) oder der öffentlichen Ordnung (d. h. der ungeschriebenen Regel, deren Befolgung nach der jeweils herrschenden Anschauung unerläßliche Voraussetzung für ein menschliches Zusammenleben ist), für Anordnungen reklamieren kann. Erwartet werden muß vielmehr eine **Kongruenz** zwischen rechtlicher Vorschrift und angeordneter Maßnahme in dem Sinne, daß die **Maßnahme „zur Durchführung" dieser Vorschrift** dient und nicht die Vorschrift als Alibi für eine mit ihr in keinem Zusammenhang stehende Maßnahme „vorgeschoben" wird. Als Vorschriften kommen auch nur die des BBergG und seiner Verordnungen in Betracht, von diesen auch nur diejenigen, die einen öffentlich-rechtlichen Charakter haben. Zur Regelung privatrechtlicher Rechtsverhältnisse darf die Bergbehörde keine Bestimmungen des BBergG als Vorwand für Anordnungen nach § 71 Abs 1 S. 1 heranziehen. Das gilt vor allem für die bergschadensrechtlichen Vorschriften des §§ 110 ff. Daher gilt der Schutzgüterkatalog des § 71 Abs. 1 S. 2 für S. 1 nicht, insbesondere berechtigt bei auftretenden bergbaulichen Einwirkungen nicht die Überleitung des Schutzgutes „Sachgüter Beschäftigter oder Dritter" (a. A. VG Düsseldorf, unveröff. Urt. v. 19.10.1982, 3 K 1329/80) zu Anordnungen nach § 71 Abs. 1 S. 1, ganz unabhängig davon, wie dieser Begriff zu interpretieren ist (hierzu § 71, Rn 20). **Bestimmte Rechtsgüter** sind dagegen in § 71 Abs. 1 S. 2 genannt und ihr Schutz für Anordnungen nach dieser Vorschrift erforderlich. Dazu zählen auch

„Sachgüter Beschäftigter oder Dritter". Hierdurch wird indes der Bergbehörde nicht eine Anordnungsbefugnis zum Eingriff in das privatrechtliche Rechtsverhältnis des Grundeigentümers zum Bergbauunternehmer bei bergbaulichen Einwirkungen auf die Erdoberfläche zugesprochen. Der Schutz dieser Sachgüter ist schon bei der Zulassung des Betriebsplanes nicht Gegenstand bergbehördlicher Prüfung, kann es dann umso weniger bei nachträglichen Anordnungen sein. Wenn mit dieser Formulierung eine gegenüber dem bisherigen Bergrecht grundlegende systemwidrige Abweichung gewollt wäre, hätte das sicherlich einer eingehenden Begründung oder jedenfalls eines Hinweises in der Begründung bedurft. Stattdessen findet sich in der Amtl. Begründung (BT-Drucks. 8/1315, 122 = Zydek, 320) im Gegenteil die deutliche Aussage, die Anordnungsbefugnis sei „dem geltenden Recht entnommen". Das aber kannte ein Eingriffsrecht aus Bergschadensgründen nicht. Vielmehr sollte nach den gesetzgeberischen Motiven der schwerwiegende Eingriff nach § 71 Abs. 1 S. 2 nur gerechtfertigt sein, wenn „eine unmittelbare Gefahr für Beschäftigte oder Dritte vorliegt" (Zydek, 321). Man wird daher in dem Begriff „Sachgüter Beschäftigter oder Dritter" das Anhängsel „Dritter" nicht überbetonen können im Sinne eines umfassenden Eigentumsschutzes vor Auswirkungen des Bergbaus, sondern in Anlehnung an die Funktion der Bergbehörde als „Betriebspolizei" im Sinne eines innerbetrieblichen Sachgüterschutzes zu verstehen haben. Schon die Reihenfolge in der Formulierung „Beschäftigter oder Dritter" spricht dafür, daß der Sachgüterschutz Dritter für noch unbedeutender als der ohnehin schon mit geringer praktischer Bedeutung ausgestattete Sachgüterschutz Beschäftigter angesehen wurde. Sachgüter Dritter werden demnach vor allem die der unternehmensfremden Beschäftigten oder der im Betrieb tätigen Fremdunternehmer oder Bergbau-Spezialunternehmen sein.

21

f) § 71 macht auch **keine Aussage** darüber, wer **Adressat** bergbehördlicher Verfügungen sein kann. Gerade eine genaue zweifelsfreie Bezeichnung des Adressaten der Ordnungsverfügung ist aber von entscheidender Bedeutung, weil die Verfügung anderenfalls nichtig ist (LVG Arnsberg ZfB 97 (1956), 89). Nicht maßgebend ist der Adressat dagegen für die Zuständigkeit der Bergbehörde für Anordnungen nach § 71 (Rn 44).

22

Der Wortlaut des § 198 ABG, in dem der „Bergwerksbesitzer oder sein Repräsentant" ausdrücklich genannt waren, gab zu der Frage Anlaß, ob auch andere Personen durch Anordnungen der Bergbehörde in Anspruch genommen werden können. Das wurde einerseits verneint: solange das Bergwerk von einem anderen betrieben wurde, sollte eine Haftung des Bergwerkseigentümers nicht in Betracht kommen (Ebel-Weller, § 198, Anm. 6, OVG Münster, ZfB 105 (1964), 100, 102). Andererseits sollte der Bergwerkseigentümer als Zustandsstörer neben dem Bergwerksbesitzer als Handlungsstörer haften (OVG Münster, ZfB 114 (1973), 429, 436; Harnisch ZfB 110 (1969), 209, 211).

23

Die Schwelle des Wortlautes des § 198 ABG besteht durch den Wortlaut des § 71 Abs. 1 nicht mehr. Es steht daher nichts entgegen, die Frage des Adresaaten nach allgemeinen ordnungsrechtlichen Grundsätzen zu entscheiden. Danach haftet der Handlungsstörer (§ 17 Abs. 1 OBG NW) neben dem Zustandsstörer, wenn eine Gefahr von einer Sache ausgeht (§ 18 Abs. 1 OBG NW).

24

Dabei ist der **Handlungsstörer** derjenige, der durch sein eigenes Verhalten oder pflichtwidriges Unterlassen die Gefahr verursacht hat, aber auch, wer für das Verhalten – nicht Unterlassen – anderer (z. B. Verrichtungsgehilfen gem. § 831 BGB; allerdings unter Ausschluß der Exkulpation gem. § 831 Abs. 1 S. 2 BGB im Ordnungsrecht) eintreten muß. Wer selbst niemals Bergbau betrieben hat, ist nicht Handlungsstörer, auch wenn er Bergwerkseigentümer ist (OVG Münster, ZfB 105 (1964), 100, 103). Andererseits ist der Betreiber eines Bergwerks für alle Veränderungen der Tagesoberfläche ordnungsrechtlich verantwortlich, die im Zusammenhang mit den von ihm angelegten Grubenbauen entstehen, auch wenn er im Rahmen des Betriebsplanes handelte (VG Arnsberg, Glückauf 1981, 976, 977 = ZfB 123 (1982), 112, 116). Das gilt bei Anordnungen zum Schutz der Oberfläche im Interesse der **persönlichen Sicherheit** und des öffentlichen Verkehrs, weil hier die Bergbehörde stets berechtigt und verpflichtet ist, entsprechende Anordnungen zu treffen. Anders ist bei **gemeinschädlichen** Einwirkungen des Bergbaus zunächst eine Abwägung zwischen Vor- und Nachteilen der Betriebshandlung vorzunehmen, bevor die Störeigenschaft feststeht. Bei **nicht gemeinschädlichen** bergbaulichen Einwirkungen kann eine Anordnung nicht auf § 71 gestützt werden, weil der Gesetzgeber nach seiner, die Behörden bindenden grundsätzlichen Wertung vom Primat des Bergbaus gegenüber dem Anspruch auf ungestörte Nutzung der Erdoberfläche ausgeht (§ 55 Rn 45, 119 ff). Zur Frage der Entschädigungspflichtigkeit § 56 Rn 51 ff.

25

Ob die Bergbehörde den Handlungs- oder den Zustandsstörer in Anspruch nehmen will, bleibt grundsätzlich ihrem **pflichtgemäßen Ermessen** überlassen (a. A. VG Schleswig, NJW 1976, 820, LG Bochum unveröff. Urt. v. 14. 1. 1976, 4 O 310/75, Drews-Wacke, Allgemeines Polizeirecht, 7. Aufl., § 15 Anm. 8 b mit zahlr. Nw.: Grundsätzlich ist der Handlungsstörer vor dem Zustandsstörer heranzuziehen). In eindeutigen Fällen liegt es nahe, sich an denjenigen zu halten, der die Gefahr durch sein Handeln verursacht hat (OVG Münster DVBl 1962, 68 und JZ 1964, 368) oder an denjenigen, der sowohl Verhaltens- als auch Zustandsstörer ist (OVG Berlin NJW 1953, 198). Die neuere Rechtsprechung und Literatur neigt dazu, in der Regel zunächst den Verhaltensstörer heranzuziehen, soweit dadurch eine wirksame und schnelle Gefahrenbeseitigung nicht in Frage gestellt wird (BGH DÖV 1981, 843). Als Richtlinie bei der Auswahl des Störers kommt zunächst die größere Nähe zur Gefahr in Betracht, ebenso sind wirtschaftliche, persönliche und sachliche Leistungsfähigkeit und Eignung des Heranzuziehenden von Bedeutung (Harnisch, a. a. O., S. 211). Die Bergbehörde kann von mehreren mitursächlichen Handlungsstörern denjenigen auswählen, dessen Mitverursachung am sichersten nachweisbar ist (VG Arnsberg, Glückauf 1981, 976 = ZfB 123 (1982), 112, 117).

26

Dennoch besteht nicht etwa ein Anspruch darauf, zunächst den anderen in Betracht kommenden Störer heranzuziehen. Der Bergwerksbesitzer kann gegen eine Ordnungsverfügung auf Beseitigung von Ruinenteilen und Fundamenten eines ehemaligen Waschkauengebäudes nicht einwenden, der Eigentümer des Grundstücks sei hierfür ordnungspflichtig (OVG Münster ZfB 106 (1965), 482, 494; ebenso VG Gelsenkirchen Glückauf 1974, 715 betr. Verfügung gegen Bergwerkseigentümer wegen Einbruch eines LKW in unzulänglich abgedeckten Schacht). Eine Ausgleichspflicht zwischen mehreren polizeilichen Störern besteht nicht, insbesondere ist § 426 BGB nicht anzuwenden (BGH DÖV 1981, 843, 844).

27

Nach Betriebseinstellung muß die Bergbehörde, um den durch die Duldungspflicht gegenüber Abbaumaßnahmen ohnehin benachteiligten Grundstückseigentümer nicht weiter zurückzusetzen, in erster Linie den letzten Bergbauunternehmer als Verhaltensstörer in Anspruch nehmen (Horneffer, Bergrecht und Allgemeines Polizeirecht, Diss. Göttingen 1969, 126).
Ordnungspflichtig für den **Zustand** des Gebäudes eines stillgelegten Bergwerks ist nicht der Bergwerkseigentümer, wenn er selbst nicht Bergbau betrieben hat, und nicht Grundstückseigentümer war. Denn der ordnungswidrige Zustand geht vom Oberflächeneigentum des Grundstücks aus (OVG Münster ZfB 105 (1964) 100, 103).

28

Im Rahmen der Prüfung der Haftung des Eigentümers für den Zustand seiner Sachen spielt die **Rechtslage nach dem bürgerlichen Recht** oft eine entscheidende Rolle. Ein Schacht verliert seine Eigenschaft als Bestandteil des Bergwerkseigentums (RG ZfB 80/81 (1939/40), 145, 146) nicht dadurch, daß er stillgelegt, verfüllt und seit fünfzig Jahren nicht mehr benutzt worden ist. Wesentliche Bestandteile bleiben erhalten, solange sie mit der Bergwerksanlage fest verbunden sind. Die Lage der Ausgangsöffnung an der Erdoberfläche im Gelände eines Dritten ändert daran nichts (VG Gelsenkirchen Glückauf 1976, 1253). Die Stillegung hebt diesen Verbund nicht auf (OVG Münster ZfB 114 (1973), 429, 437). Eine Ordnungsverfügung auf Umzäunung oder Nachverfüllung des Schachtes kann daher nicht gegen den Grundstückseigentümer gerichtet werden, sondern nur gegen den Bergwerkseigentümer. Bei einer wesentlichen Veränderung des Charakters des Grubenbaus durch eine umgestaltende bergbaufremde Nutzung kann allerdings die Bestandteileigenschaft verloren gehen (Rundvfg. LOBA vom 8. 1. 1975, Glückauf 1975, 302). Ebenso sind Abraumhalden bewegliche Sachen i. S. § 97 BGB und Zubehör des Bergwerks und Eigentum des Bergbauberechtigten auch auf fremdem Grundstück (BGH ZfB 95 (1954), 444; auch § 128 Rn 6), so daß bergbehördliche Anordnungen sich insofern an ihn und nicht an den Grundstückseigentümer wenden müssen. Dagegen wird die Halde wesentlicher Bestandteil des Grundstücks, wenn sie viele Jahrzehnte unberührt bleibt, von Gräsern, Sträuchern und Bäumen bewachsen und dadurch mit dem Grund und Boden fest verbunden ist (Bayr. VG München ZfB 121 (1980), 330, 337; bayr. VGH ZfB (1981) 465, 469 = Glückauf, 1981, 1572; ähnlich OVG Münster ZfB 96 (1955), 81, wonach eine an den

Grundstückseigentümer zur Ausbeutung überlassene Halde nicht mehr Gegenstand des Bergwerkseigentums ist). Die Ordnungsverfügung hat sich dann gegen den Grundstückseigentümer zu richten. Zur Rechtslage alter Halden § 128 Rn 6.

29
Ebenso ist die Rechtslage, wenn das **Bergwerkseigentum aufgehoben** wird. Entsprechend § 12 Abs. 3 ErbbauVO ist davon auszugehen, daß dann der Schacht wesentlicher Bestandteil des Grundstückes wird und damit unter die Sachherrschaft des Grundeigentümers gerät (Horneffer, a. a. O., 122). Außerdem haften der frühere Bergwerkseigentümer entsprechend dem novellierten § 18 Abs. 3 OBG NW, wenn das Bergwerkseigentum aufgehoben (§ 20), widerrufen (§ 18) oder erloschen (§ 149 Abs. 5) ist (a. A. noch nach früherer Rechtslage, Horneffer, a. a. O., 121), als Zustandsstörer und der letzte Bergbaubetreibende als Verhaltensstörer. Die entsprechende Anwendung des § 18 Abs. 3 OBG NW auf Bergwerkseigentum folgt zwar noch nicht aus § 9 Abs. 1, weil dort nur die Vorschriften des Bürgerlichen Gesetzbuches über Grundstücke genannt sind. Sie folgt aber aus dem Gedanken des § 18 Abs. 3 OBG NW, die Ordnungspflicht für aufgegebene Rechtspositionen zu erhalten.

30
Bergbehördliche Anordnungen nach § 71 Abs. 1 können sich in Form einer **Allgemeinverfügung** auch an einen bestimmten Personenkreis, z. B. „an alle Bergwerksunternehmer des Bergamtsbezirks", richten (Ebel-Weller § 198, 9 c).

31
Eine weitere Frage ist, ob sich die Anordnungen nach § 71 Abs. 1 **gegen Dritte**, die im Auftrage des Bergbauunternehmers handeln (Bergbau-Spezialfirmen, Bauunternehmen, Transportunternehmen) richten können. § 71 macht hierzu keine Einschränkungen, weil er zum Adressaten der Anordnung überhaupt nichts aussagt. Das Problem wird daher nicht über § 71 zu lösen sein, sondern stellt sich als Zuständigkeitsfrage. Entscheidend ist daher, ob es sich um Tätigkeiten handelt, die in den sachlichen und räumlichen Geltungsbereich des § 2 und als „Bergbau" i. S. § 69 einzuordnen sind. Solange die Adressaten der Anordnung sich im Aufsuchungs-, Gewinnungs- oder Aufbereitungsbetrieb aufhalten, wird die Bergbehörde Anordnungen gem. § 71 auch gegen diese Dritten erlassen können (z. B. Anordnung eines allgemeinen Rauchverbotes). Bei Transportarbeiten auf dem Bergbaugelände oder im Bergaufsichtsbereich gem. § 2 gilt das ebenso, nicht allerdings bei Transporten auf öffentlichen Straßen wegen § 2 Abs. 4 Nr. 2. Anders als früher § 198 ABG beschränkt § 71 die Anordnungsbefugnis nicht gegen den Bergwerkseigentümer oder -besitzer. Anordnungen **nach Durchführung des Abschlußbetriebsplanes** kann die Bergbehörde wegen § 69 Abs. 2 weder gegen den früheren Bergwerkseigentümer, Inhaber des früheren Bergwerksbetriebes noch gegen den Grundstückseigentümer erlassen (vgl. aber Rn 56). § 71 Abs. 3 eröffnet nur bergrechtlichen Anordnungen bei Betriebseinstellung **ohne zugelassenen Abschlußbetriebsplan** eine rechtliche Grundlage. Dabei sind die Anordnungen nicht zeitlich unbegrenzt zulässig. § 71 Abs. 3 soll nämlich sicherstellen, daß der Betrieb ordnungsgemäß abgeschlossen wird, obwohl der Unternehmer einen

Abschlußbetriebsplan nicht vorgelegt hat oder der vorgelegte Abschlußbetriebsplan nicht zulassungsfähig ist. Der fehlende Abschlußbetriebsplan soll daher durch die Anordnung „ersetzt" werden können, nicht jedoch die Möglichkeit eröffnen, Anordnungen zu erlassen, die in keinem unmittelbaren zeitlichen Zusammenhang mit der Einstellung des Betriebes stehen (sog. Alt-Stillegungen).

32
Andererseits wird auch nach § 71 Abs. 1 ein Einschreiten der Bergbehörde **gegen private Grundstückseigentümer**, die nicht funktionell oder räumlich in den Aufsuchungs-, Gewinnungs- oder Aufbereitungsbetrieb einzuordnen sind, nicht zulässig sein. (So schon Ebel-Weller § 198, Anm. 9 a). Für die nicht zum „Bergbau" i. S. § 69 gehörenden Gefahren sind die allgemeinen Ordnungsbehörden zuständig, § 71 findet keine Anwendung (vgl. aber Rn 56).

33
Eine Ordnungsverfügung, die bezüglich eines im **Miteigentum** (Gesamthandseigentum) stehenden Bergwerks oder sonstigen Gegenstandes nicht gegen alle Miteigentümer (Gesamthandseigentümer) gerichtet wird, ist nicht von vornherein rechtswidrig. Die Bergbehörde kann eine Leistungs- oder **Duldungsverfügung** gegen den bisher nicht herangezogenen Eigentümer vor der Vollstreckung nachschieben (OVG M0nster, OVGE 26, 141).

34
Von Bedeutung ist auch die Frage, ob nach **Veräußerung des Bergwerkseigentums** oder Fusion der Eigentümer die Ordnungspflicht endet und beim Erwerber des Eigentums neu begründet werden muß.

35
Nach früher überwiegender Ansicht sind sowohl die Handlungs- als auch die Zustandshaftung höchstpersönliche Pflichten gewesen, die mit dem Eintritt der Rechtsnachfolge enden (BVerwG NJW 1960, 1588; OVG Münster OVGE 24, 91; Bayr. VGH, BayrVBl 1970, 329; Hurst DVBl 1963, 804; Harnisch ZfB 110 (1969), 209, 214).

36
Inzwischen hat sich eine zu Recht differenzierte Meinung gebildet. Insbesondere bei einer Gesamtrechtsnachfolge soll eine gegenüber dem Vorgänger erlassene Anordnung zu Lasten des Nachfolgers wirken, wenn sie auf eine **Zustandshaftung** gegründet ist (BVerw NJW 1971, 1624 betr. Widerruf einer Baugenehmigung und Anordnung auf Beseitigung des Bauwerkes; Ossenbühl NJW 1968, 1993; Ihmel DVBl 1972, 481; OVG Saarland, BRS 22 Nr. 215; von Mutius VerwArch 63 (1972) 87; VGH BadWürtt BauR 1979, 232: Abbruchanordnung wirkt gegen Gesamtrechts- und Einzelnachfolger, Ersteher sowie gegen Ehegatten als bloßen Mitbesitzer der ehelichen Wohnung des Eigentümers; OVG Rheinland-Pfalz, DÖV 1980, 654 betr. Verfügung an Tiefbaubetrieb, Abgrabung von Sand einzustellen).

37

Das gilt auch für eine Einzelrechtsnachfolge im Anschluß an eine Konkretisierung der Zustandshaftung des Bergwerkseigentümers durch eine bergrechtliche Anordnung (OVG Münster ZfB 114 (1973), 429, 433 = DVBl 1973, 226).

38

Die Haftung aus dem **Verhalten** von Personen ist dagegen auch nach dieser Auffassung **höchstpersönlich** (anders wohl VG Arnsberg ZfB 123 (1982), 112, 116 betr. Handlungsstörung bei Tagesbrüchen). Etwas anderes und damit Übertragbarkeit gilt allerdings, wenn sie bereits dadurch vermögensrechtlichen Charakter angenommen hatte, daß die Bergbehörde Ersatzvornahme anordnete und die Kosten der Ersatzvornahme streitig sind (Harnisch ZfB 110 (1969), 209, 215).

39

Fest steht in jedem Fall, daß Adressaten bergbehördlicher Anordnungen nicht die verantwortlichen Personen i. S. § 58 Abs. 1 Nr. 2 sein können, selbst wenn sie im Einzelfall strafrechtlich verantwortlich sind. Die Ordnungspflicht trifft den Unternehmer (Horneffer, a. a. O., 87).

40

g) Die bergrechtlichen Anordnungen unterliegen dem mit Verfassungsrang ausgestatteten **Übermaßverbot** (Grundsatz der Verhältnismäßigkeit im weiteren Sinne), das nach der Rechtsprechung des Bundesverfassungsgerichts (Nachweise bei Leibholz-Rinck, GG, 5. Aufl. Art. 20 Rn 27) drei Regelungsgehalte hat (OVG Münster, NJW 1980, 2210 = Glückauf 1981, 55): Die Anordnung muß zur Erreichung des erstrebten Zieles **geeignet** sein (Prinzip der Geeignetheit des Mittels), sie muß **erforderlich** sein, d. h. das Ziel darf nicht auf andere, weniger belastende Weise ebensogut zu erreichen sein (§ 15 Abs. 1 OBG NW: Prinzip des geringstmöglichen Eingriffs = Erforderlichkeit) und das **Verhältnis von Mittel und Zweck muß angemessen sein**, d. h. die Maßnahme darf keinen Nachteil herbeiführen, der zu dem beabsichtigten Erfolg erkennbar außer Verhältnis steht (§ 15 Abs. 2 OBG NW, Grundsatz der Verhältnismäßigkeit im engeren Sinne = Angemessenheit). Der Grundsatz der Verhältnismäßigkeit bezieht sich auf ein **zeitliches Übermaß**: wenn zeitlich begrenzte Anordnungen die Gefahr abwehren können, sind sie Anordnungen mit Dauerwirkung vorzuziehen (Ziff. 15 der Verwaltungsvorschrift zur Durchführung des OBG NW vom 4. 9. 1980 MinBl, 2114, § 15 Abs. 3 OBG NW). In § 71 Abs. 1 Satz 2 und Abs. 2 ist der Grundsatz des Übermaßverbots teilweise gesetzlich verankert („soweit", „erforderlich").

41

Beim Prinzip des **geringstmöglichen Eingriffs** ist abzustellen auf die den einzelnen und die Allgemeinheit am wenigsten beeinträchtigenden Maßnahmen. Wenn die Belastungen unterschiedlich sind, muß eine gerechte Abwägung der widerstreitenden Interessen stattfinden (OVG Münster NJW 1980, 2211 = Glückauf 1981, 55), wobei diese Ermessensentscheidung gerichtlich nur hinsichtlich der Einhaltung der Grenzen nachprüfbar ist. Es verstößt nicht gegen diesen Grundsatz, wenn die Bergbehörde einen Tagesbruch, der durch Nachsacken des Füllgutes eines

Fünfter Teil: Bergaufsicht   42–46 §71

bereits zweimal verfüllten Tagesüberbaues entstanden ist, erneut verfüllen läßt (VG Arnsberg, Glückauf 1981, 976 = ZfB 123 (1982), 112, 115), wohl aber die Anordnung eines Abbauverbotes, wenn ein Sicherheitspfeiler oder eine bestimmte Versatzart ausreicht (Althaus a. a. O., 175) oder wenn die völlige Sanierung eines brüchigen abgedeckten Schachtes innerhalb der Neubautrasse einer Straße verlangt wird, obwohl das Straßengrundstück mit einem Bergschadensverzicht belastet ist und die Absperrung durch einen Zaun die Gefahr beseitigt hätte (LG Bochum unveröff. Urt. v. 14. 1. 1976, 4 O 310/75).

42
h) Die Anordnungen der Bergbehörde müssen den allgemeinen Anforderungen an ordnungsbehördliche Verfügungen entsprechen.

43
Sie müssen **geeignet** sein zur Durchführung der Vorschriften des BBergG und seiner Verordnungen.

44
Die Ausführung des angeordneten Mittels muß dem Adressaten **rechtlich und tatsächlich möglich** sein. Dabei kann ein rechtliches Hindernis durch einen Dritten ausgeräumt werden. Sowohl die Bergbehörde im Falle ihrer Zuständigkeit gem. § 69 BBergG, § 51 Abs. 5 OBG NW – als auch die allgemeine Ordnungsbehörde durch Erlaß einer Duldungsverfügung – wenn die ordnungsrechtlichen Voraussetzungen auch zur Inanspruchnahme des Dritten vorliegen oder durch die Einholung der Zustimmung des Berechtigten – können die Unmöglichkeit beseitigen (sog. relative Unmöglichkeit), so daß Ordnungsverfügungen gegen den Bergwerksbesitzer auf Maßnahmen am Eigentum Dritter nicht rechtswidrig sind (VG Gelsenkirchen, Glückauf 1971, 1009, VG Arnsberg ZfB 123 (1982), 112, 117, anders OVG Münster ZfB 105 (1964), 100, 103 bei Verweigerung der Zustimmung durch den Grundstückseigentümer).

45
Die Anordnung muß **inhaltlich bestimmt** sein. Der Bergwerksunternehmer muß klar erkennen können, welche Maßnahme ihm abverlangt werden soll. Die Maßnahme muß so präzisiert sein, daß sie Grundlage zur Vollstreckung sein kann (Ebel-Weller, § 198, 9 c; Einzelheiten vgl. § 56 Rn 45 ff.). Für Anordnungen nach § 71 folgt das aus §§ 5 BBergG i. V. 37 VwVfG, für Ordnungsverfügungen nach § 14 OBG NW nicht mehr aus § 20 Abs. 2 S. 1 OBG NW, sondern aus § 37 VwVfG NW.

46
Die Anordnung darf schließlich **nicht** ergehen, um der Bergbehörde **lediglich** ihre ordnungsbehördliche **Aufsicht zu erleichtern** (§ 20 Abs. 2 S. 1 OBG NW). Sie darf nicht etwas untersagen, weil sie die Vorgänge schlecht überwachen kann oder etwas anordnen, damit sie die Maßnahmen besser überwachen kann.

47

Die Bergbehörde entscheidet im Einzelfall nach pflichtgemäßem Ermessen, ob sie tätig wird (**Entschließungsermessen**) und welche Maßnahmen sie ergreift (**Auswahlermessen**). Der Wortlaut des § 71 Abs. 1 („kann") hat die sich aus der Fassung des § 198 ABG ("hat . . . zu treffen") ergebende Frage, ob die Anordnungsbefugnis der Bergbehörde dem Opportunitätsprinzip unterliegt, nunmehr eindeutig bejaht und hat damit die hierzu trotz des früheren Wortlautes ergangene Auslegung durch die Rechtsprechung (OVG Münster ZfB 115 (1974), 443, 448) bestätigt.

48

Allerdings bedarf die Aussage, die Wahl der Maßnahmen liege im Ermessen der Bergbehörde, einer Präzisierung. Ein Ermessensspielraum steht der Bergbehörde nur zu, wenn die Mittel gleich geeignet und gleich belastend für den Betroffenen und die Allgemeinheit sind. Sind mehrere taugliche Mittel für die Allgemeinheit gleich belastend, treffen sie den Einzelnen aber unterschiedlich hart, muß die Behörde das mildeste Mittel auswählen (OVG Münster NJW 1980, 2211). Die Bergbehörde kann sich nicht darauf berufen, es sei dem Einzelnen überlassen, gem. § 21 S. 2 OBG NW Antrag auf Anwendung des milderen Mittels zu stellen.

49

i) Aus dem Opportunitätsprinzip folgt, daß die Bergbehörde zum Erlaß einer allgemeinen Anordnung nach § 71 Abs. 1 nur **verpflichtet** ist, **wenn** im Einzelfall **jede** andere Entscheidung als **ermessensfehlerhaft** erscheinen würde (OVG Münster a. a. O.). Eine derartige Ermessensverdichtung ist wohl eher anzunehmen, wenn besonders wichtige Rechtsgüter wie Leben, Körper, Gesundheit oder Freiheit unmittelbar gefährdet sind oder wenn ein besonders umfangreicher Schaden droht (BVerwGE 11, 95, 97; a. A. OLG Celle DÖV 1972, 244, wonach Nachteile zu berücksichtigen sind, die bei dem Störer und in der Öffentlichkeit durch ein Eingreifen entstehen können). Eine behördliche Verpflichtung zum Einschreiten gegen einen Dritten entfällt vor allem, wenn der Antragssteller auf Rechtsschutz vor den Zivilgerichten verwiesen und dadurch die Gefahr wirksam behoben werden kann und dieser Rechtsweg auch zuzumuten ist (BVerwG, DVBl 1969, 586; BVerwGE 37, 112, 115; OVG Münster DVBl 1967, 546, 548; ZfB 115 (1974), 443, 448 = Glückauf 1973, 587). Die Pflicht zum Einschreiten hängt von der Stärke der Gefahr, der Bedeutung des Schutzgutes, der Aussicht der Beseitigung der Gefahr, von den Nachteilen durch die Anordnung ab. Man wird auch unterscheiden müssen zwischen Anordnungen nach Satz 1 und Satz 2: die Begrenzungen in Satz 2 führen dazu, daß danach die Pflicht zum Tätigwerden in selteneren Fällen anzunehmen ist als nach Satz 1.

50

j) Die **Form der Anordnungen** ist in § 71 ebenfalls nicht geregelt und richtet sich daher nach § 5 BBergG i. V. § 37 Abs. 2 VwVfG. Sie können schriftlich, mündlich oder in anderer Form erlassen werden, wobei mündliche Anordnungen auf unverzügliches Verlangen des Betroffenen schriftlich zu bestätigen sind. Anders die Rechtslage bei Ordnungsverfügungen gem. § 14 OBG NW. Hier ist gem. § 20 Abs. 1 OBG NW Schriftform vorgeschrieben (Ausnahme bei Gefahr im Verzuge).

Fünfter Teil: Bergaufsicht 51–54 §71

51
Eine **Rechtsbehelfsbelehrung** verlangt das VwVfG für Anordnungen nach §71 nicht. Die Folge für unterlassene Belehrungen regeln in Verfahren, die der verwaltungsgerichtlichen Kontrolle unterliegen, jedoch §§70 Abs.2, 58 Abs.2 VwGO (Stelkens-Bonk Leonhardt, §37 Rn 8). Sie sind innerhalb 1 Jahres nach Zustellung angreifbar. Ordnungsverfügungen nach §14 OBG NW müssen dagegen gem. §20 Abs.2 OBG NW mit einer Rechtsmittelbelehrung versehen sein.

52
4. Grundsätzlich ist es für Anordnungen ohne Bedeutung, ob der Bergwerksbetrieb in Einklang mit einschlägigen bergrechtlichen Vorschriften angelegt und betrieben wird. Die Rechtswidrigkeit eines Verhaltens ist nicht notwendige Voraussetzung für dessen Polizeiwidrigkeit (VG Arnsberg ZfB 123 (1982), 112, 116; Drews-Wacke-Vogel-Martens, Gefahrenabwehr Band 2, 8.Aufl. 1977, S.173 m.w.N.). Aus §71 folgen aber zwei grundsätzliche **Beschränkungen** der Anordnungsbefugnisse nach §71 Abs. 1 Satz 1: die anzuordnenden Maßnahmen dürfen grundsätzlich nicht über die Anforderungen der Rechtsverordnungen oder des zugelassenen Betriebsplanes hinausgehen und sie dürfen zweitens grundsätzlich nicht dazu führen, daß der Betrieb ganz oder teilweise eingestellt wird (vgl. auch §71, Rn 1).

53
a) Die **Beschränkung** der Anordnung nach §71 Abs. 1 Satz 1 **auf die Anforderungen** der ihr zugrundeliegenden **Rechtsverordnungen** ist eine Folge des Grundsatzes der Gesetzmäßigkeit der Verwaltung. Die Beschränkung der Anordnung nach §71 Abs. 1 S. 1 auf Maßnahmen innerhalb des zugelassenen Betriebsplanes ist eine Folge der Bestandskraft des Verwaltungsaktes. Beide grundsätzlichen Beschränkungen folgen aus dem Umkehrschluß aus §71 Abs. 1 S. 2, wo sie ausdrücklich nicht gelten.
b) Die Beschränkung der Anordnung nach §71 Abs. 1 S. 1 und S. 2 auf Maßnahmen, die nicht zur Stillegung führen, folgt aus dem Umkehrschluß aus §71 Abs. 2 (VG Düsseldorf, unveröff. Urt. v. 19.10.1982, 3 K 1329/80).

54
Auch für die Anordnungen (vgl. §71, Rn 19) nach §71 Abs. 1 S. 2 und Abs. 2 gelten neben der „Erforderlichkeit" zum Schutz der Rechtsgüter die anderen Voraussetzungen für eine bergrechtliche Anordnung nach §71 Abs.1 S.1, wie sie oben (Rn 4–51 zu §71) dargestellt wurden. Wenn allerdings die Gefährlichkeit einer Anlage vom Verordnungsgeber bejaht wurde, brauchen im allgemeinen keine besonderen Ermittlungen über die Gefährlichkeit der konkreten Anlage angestellt zu werden. Dem einzelnen Betreiber bleibt es überlassen, besondere Tatsachen für die Ungefährlichkeit seiner Anlage geltend zu machen (BVerwG Glückauf 1974, 257 = DVBl 1973, 857 bezüglich Gefahr einer Aufzugsanlage, die wegen Stichtagsregelung nicht unter die Verordnung fiel).

55

Aus § 71 Abs. 2 letzter Satz folgt, daß für angeordnete Maßnahmen nach § 71 Abs. 1 S. 1 und 2 Betriebspläne bei der Bergbehörde einzureichen sind. Denn § 71 Abs. 2 letzter Satz hebt ausdrücklich hervor, daß die Pflicht zur Beantragung von Betriebsplänen nur bei Anordnungen auf Einstellung des Betriebes nach § 71 Abs. 2 entfällt. Das wäre überflüssig, wenn grundsätzlich bei angeordneten Maßnahmen Betriebspläne nicht einzureichen wären.

56

5. Nicht auf § 71, sondern allein auf die Vorschriften des OBG NW sind Maßnahmen der Bergbehörde zu stützen, die **nach** dem **Ende der bergbehördlichen Zuständigkeit** i. S. § 69 Abs. 2 getroffen werden und sich auf die Sonderzuständigkeit des § 51 Abs. 5 OBG NW gründen.

Das gleiche gilt für Anordnungen, die nicht zur Durchführung von bergrechtlichen Bestimmungen erlassen werden, etwa auf wasserrechtliche, immissions- oder abfallrechtliche Vorschriften geschützt werden. In diesen Fällen ist die Subsidiarität der Generalermächtigung des § 14 OBG NW aufgehoben (vgl. § 71 Rn 15), weil § 71 diese Fälle nicht erfaßt. Es bleibt dann die wohl wegen des Grundsatzes der Einheitlichkeit des Verwaltungsrechts zu bejahende Frage, ob für Anordnungen nach § 14 OBG auch die beschränkenden Gesichtspunkte aus dem § 71 Abs. 1 S. 2 gelten (vgl. § 71 Rn 1, 53). Andernfalls würde der berggesetzliche Schutz vor Eingriffen in den betriebsplanmäßig zugelassenen Bergbaubetrieb durch Anwendung außerbergrechtlicher Eingriffsermächtigungen unterlaufen.

57

6. Die Rechtsprechung (OVG Münster, ZfB 106 (1965), 482) hat die **Umdeutung** einer bergbehördlichen Anordnung in den sofortigen Vollzug früherer Betriebsplanauflagen für zulässig erachtet.

58

7. Für die **Kosten**, die dadurch entständen, daß die Bergbehörde vor Erlaß der Anordnung Ermittlungen anstellen mußte, um festzustellen, ob eine Gefahr vorliegt oder gegen wen die Anordnung zu richten ist, haftete nach früherem Recht der Bergwerkseigentümer nicht. Dabei kam es nicht darauf an, ob die Ermittlungen der Bergbehörde das Vorliegen einer objektiven Gefahr bestätigten oder nicht (Harnisch ZfB 110 (1969), 209, 217). Nunmehr ergibt sich zumindestens für Probenahmen die Kostentragungspflicht des Unternehmers aus § 70 Abs. 2 S. 1.

59

8. Zuständig für Maßnahmen nach § 71 ist das Bergamt (§ 70 Rn 14). Die Kosten richten sich nach den VO'en der Länder (Bad-Württ. GBl 1981, 610, NRW GuV 1981, 2011; Saarl. ABl 1981, 1018).

§ 72 Verhinderung unerlaubter Tätigkeiten, Sicherstellung

(1) Wird die Aufsuchung oder Gewinnung bergfreier Bodenschätze ohne die erforderliche Berechtigung ausgeübt oder wird ein Betrieb ohne die nach § 51

Fünfter Teil: Bergaufsicht 1–4 §72

notwendigen und zugelassenen Betriebspläne oder ohne eine Genehmigung, allgemeine Zulassung oder Prüfung durchgeführt, die nach den Vorschriften der auf Grund dieses Gesetzes erlassenen oder aufrechterhaltenen Rechtsverordnungen erforderlich ist, so kann die zuständige Behörde die Fortsetzung der Tätigkeit untersagen. Im Bereich des Festlandsockels und der Küstengewässer ist im Falle der Untersagung die Beseitigung der Einrichtungen anzuordnen, die der Ausübung der Tätigkeit zu dienen bestimmt sind.

(2) Die zuständige Behörde kann explosionsgefährliche und zum Sprengen bestimmte explosionsfähige Stoffe, Zündmittel, Sprengzubehör sowie sonstige Gegenstände sicherstellen und verwerten, wenn diese Gegenstände zur Verwendung in den der Bergaufsicht unterliegenden Betrieben nicht zugelassen sind oder wenn es erforderlich ist, um ihre unbefugte Verwendung zu verhindern. Der Erlös aus der Verwertung tritt an die Stelle der sichergestellten Gegenstände.

1
1. Die Vorschriften der §§ 72–74 **ergänzen** die **allgemeine Anordnungsbefugnis** der Bergbehörde gem. § 71 und geben der Behörde unter den besonders beschriebenen Voraussetzungen weitergehende Befugnisse bis hin zur Anordnung der Einstellung des Betriebes. Während die allgemeine Anordnungsbefugnis des § 71 ihre Grenze im Regelfall durch Rechtsverordnungen oder zugelassene Betriebspläne hat, spielt dieser Rahmen in den §§ 72–74 keine Rolle.

2
Anordnungen, die sich auf die §§ 72–74 stützen, sind wie die auf § 71 beruhenden sog. **unselbständige Ordnungsverfügungen** (für das bisherige Recht Ebel-Weller, § 70, Anm. 1). Es ist nicht erforderlich, daß eine Gefahr i. S. des OBG NW vorliegt, die Anordnung stützt sich allein auf die Voraussetzungen der §§ 72–74.

3
Die Befugnisse der Bergbehörde aus den §§ 72–74 gehören zum Netz bergaufsichtlicher Funktionen des BBergG. Sie verknüpfen die Pflichten des Unternehmers, den Betrieb nur aufgrund zugelassener Betriebspläne zu führen und qualifizierte Personen mit der Betriebsführung zu beauftragen, mit den behördlichen Machtmitteln und schaffen dadurch ein wichtiges **Instrument zum Vollzug** dieser Pflichten. Die Befugnisse stehen neben denen der Bergbehörde, im Betriebsplanverfahren die Zulassung wegen der fehlenden Voraussetzungen des § 55 zu versagen.

4
2. Die Befugnisse der Bergbehörde aus den §§ 72–74 sind an im einzelnen beschriebene Voraussetzungen gebunden und lassen sich am Maßstab der Schwere des Eingriffs in den Bergbaubetrieb wie folgt darstellen:
- Sicherstellung und Verwertung nicht zugelassener explosionsfähiger Stoffe (§ 72 Abs. 2).
- Anordnung notwendiger Rettungsmaßnahmen (§ 74 Abs. 1) und Verpflichtung zur Hilfe gem. § 74 Abs. 2.
- Untersagung der Beschäftigung bestimmter Personen (§ 73 Abs. 1).
- Untersagung der Fortführung des Betriebes (§ 73 Abs. 1 S. 2 und Abs. 2) bzw. der Fortsetzung der Tätigkeit (§ 72 Abs. 1).

– Untersagung der Fortsetzung der Tätigkeit und Anordnung der Beseitigung von Einrichtungen im Festlandsockelbereich (§ 72 Abs. 1).

5

3. Das **Untersagen der Fortsetzung des Betriebes** hat sein Vorbild in § 70 ABG NW, wonach die Bergbehörde befugt war, den ohne Betriebsplan geführten Betrieb einzustellen. Vergleichbares ist für **genehmigungsbedürftige Anlagen** in § 20 BImSchG geregelt, wobei diese Vorschrift auf Anlagen des Bergwesens i. S. § 4 Abs. 2 BImSchG anzuwenden und insoweit vorrangig vor § 72 Abs. 1 ist, als sie weitergehend ist.

6

Im Vergleich zu § 20 BImSchG ist in §§ 72 Abs. 1, 73 Abs. 1 S. 2 und in § 73 Abs. 2 nur die Untersagung der Fortsetzung der Tätigkeit bzw. der Fortführung des Betriebes geregelt § 20 BImSchG enthält in Abs. 2 dagegen sowohl ein Recht, die **Beseitigung** der Anlage nach pflichtgemäßer Ermessensausübung anzuordnen (Satz 1), als auch eine Pflicht der Behörde, unter den dort genannten Voraussetzungen die Beseitigung anzuordnen (Satz 2). Lediglich im Festlandsockelbereich kann auch nach § 72 Abs. 1 die Beseitigung angeordnet werden.

7

4. Die Bergbehörde **kann** die Fortsetzung der Tätigkeit bzw. die Fortführung des Betriebes untersagen. Die Anordnung unterliegt der pflichtgemäßen Ermessensausübung. Insbesondere ist der **Grundsatz der Verhältnismäßigkeit** zu beachten. Er gilt zunächst für die Entscheidung, ob überhaupt eine Anordnung nach § 72 Abs. 1 getroffen werden soll. Im Einzelfall ist zu berücksichtigen, ob die formelle Illegalität des Betriebes schwerwiegend ist, ob sie in Kürze geheilt werden kann, wenn etwa der Abschluß des Betriebsplanverfahrens alsbald zu erwarten ist (OVG Münster, BB 1974, 1813, für Genehmigungsverfahren nach BImSchG) oder ob die Vollziehung von Auflagen in der Betriebsplanzulassung oder die nachträgliche Aufnahme, Änderung oder Ergänzung von Auflagen gem. § 56 Abs. 1 S. 2 denselben Zweck erreichen wie die Anordnung der Stillegung.

8

Der Grundsatz der Verhältnismäßigkeit des Mittels bestimmt auch den **Umfang der Anordnung** und die Auslegung, was im Einzelfall unter Untersagung der „Fortsetzung der Tätigkeit" bzw. der „Fortführung des Betriebes" zu verstehen ist. Auch hier muß der geringste Eingriff gewählt werden. Es widerspricht dem Grundsatz der Verhältnismäßigkeit, die gesamte Schachtanlage stillzulegen, wenn ein Betriebsplan für einen Abbaubetrieb nicht vorliegt.
Es ist vielmehr stets nur die Tätigkeit zu untersagen, die in unmittelbarem Zusammenhang mit der Betriebsplanpflicht steht. Die Untersagung der Fortführung des Betriebes gem. § 73 Abs. 1 S. 2 kommt nur in Betracht, als es sich um den Aufgabenbereich der ungeeigneten Person handelt. Das ergibt sich schon daraus, als die Untersagung gem. § 73 Abs. 1 S. 2 die zweite, verstärkte Sanktionsstufe zu § 73 Abs. 1 S. 1 ist und daher der Bezug zum Aufgabenbereich der ungeeigneten verantwortlichen Person besteht.

Fünfter Teil: Bergaufsicht 9–15 §72

9
Der Grundsatz der Verhältnismäßigkeit bestimmt auch die **Dauer** der Untersagung. Sobald der Grund für die Untersagung weggefallen ist, die Berechtigung, die Betriebsplanzulassung, Genehmigung erteilt ist, eine geeignete Person benannt ist, entfällt bei einer mit auflösenden Bedingungen versehenen Untersagungsverfügung diese automatisch oder sie ist anderenfalls durch Bescheid aufzuheben.

10
5. § 72 Abs. 1 knüpft die Untersagung der Fortsetzung der Tätigkeit allein an die formelle Illegalität des Betriebes. Dabei kommt es nicht darauf an, ob der Betrieb auch materiell illegal ist, ob die Voraussetzungen des § 55 für eine Betriebsplanzulassung vorliegen oder nicht, ob ein Betriebsplan bereits eingereicht wurde, ob Gefahren für die öffentliche Sicherheit und Ordnung zu befürchten sind. Allerdings können diese Gesichtspunkte im Rahmen der Ausübung des Ermessens eine Rolle spielen (Rn 7).

11
6. Die Untersagungsverfügung bedarf eines **schriftlichen** Bescheides (§ 20 OBG NW). Die Vorschriften des OBG NW sind auf Anordnungen, die auf die §§ 72 ff. gestützt sind, ebenso subsidiär anwendbar wie auf allgemeine nach § 71 (§ 71 Rn 6).

12
Vor Erlaß der Anordnung ist gem. § 28 VwVfG der Unternehmer **anzuhören**.

13
7. Die **Vollstreckung** der Untersagungsanordnung erfolgt nach dem Verwaltungsvollstreckungsgesetz, das setzt Vollziehbarkeit voraus. Nach § 80 Abs. 2 Nr. 4 VwGO kann die Behörde die sofortige Vollziehung anordnen, wenn der Unternehmer einen Rechtsbehelf eingelegt hat.

14
8. Die Rechtsprechung hat die **Anordnung der Stillegung** als einen anfechtbaren Verwaltungsakt angesehen (BVerwG DÖV 1972, 425). Davon zu unterscheiden ist die **Mitteilung** der Bergbehörde, daß nach ihrer Auffassung die Voraussetzungen der §§ 72 Abs. 1, 73 Abs. 1 S. 2 oder 73 Abs. 2 vorliegen. Hier kommt im äußersten Fall eine vorbeugende Feststellungsklage oder vorbeugende Unterlassungsklage des Unternehmers in Betracht (Sellner, Immissionsschutzrecht und Industrieanlagen, Rn 494 für das BImSch).

15
9. Die §§ 72 ff. haben **keine nachbarschützende Funktion**. Sie geben der Bergbehörde das notwendige Instrumentarium zur Durchsetzung sicherheitlicher Belange im Bergbaubetrieb. Nachbarn haben daher aus §§ 72 ff. keinen Anspruch gegen die Bergbehörde auf Untersagung der Fortsetzung der Tätigkeit des Unternehmers (§ 71 Rn 49).

16

Das gilt auch, soweit ausnahmsweise einzelne Bestimmungen des Kataloges des § 55 über Zulässigkeitsvoraussetzungen des Betriebsplanes nachbarschützende Wirkung haben. Denn §§ 72 ff. stellen die Anordnungen in das Ermessen der Bergbehörde. Insofern besteht nur ein **Anspruch auf fehlerfreie Ermessensausübung.**

17

10. Der Unternehmer hat **keinen Anspruch auf Entschädigung** in Höhe der mit der Stillegung verbundenen Kosten, denn in den Fällen des § 72 Abs. 1 wird in eine ordnungswidrige Position eingegriffen.

§ 73 Untersagung der Beschäftigung verantwortlicher Personen

(1) Die zuständige Behörde kann dem Unternehmer die Beschäftigung einer der in § 58 Abs. 1 Nr. 2 genannten verantwortlichen Personen in dem ihr übertragenen Aufgabenbereich untersagen, wenn
1. diese Person vorsätzlich oder grob fahrlässig gegen Pflichten verstoßen hat, für deren Erfüllung sie verantwortlich ist, und dieses Verhalten trotz Verwarnung durch die zuständige Behörde fortsetzt oder sonst Tatsachen die Annahme rechtfertigen, daß die Person die erforderliche Zuverlässigkeit nicht besitzt,
2. Tatsachen die Annahme rechtfertigen, daß die Person die erforderliche Fachkunde oder körperliche Eignung nicht besitzt.

Kommt der Unternehmer einer Anordnung nach Satz 1 nicht nach, so kann die zuständige Behörde die Fortführung des Betriebes bis zur Befolgung der Anordnung untersagen.

(2) Liegen Tatsachen vor, die die Annahme rechtfertigen, daß der Unternehmer die zur Gewährleistung von Sicherheit und Ordnung im Betrieb erforderliche Zuverlässigkeit oder Fachkunde nicht besitzt, so kann die zuständige Behörde die Fortführung des Betriebes bis zur Bestellung einer mit der Gesamtleitung beauftragten verantwortlichen Person untersagen und, wenn der Unternehmer der Untersagung nicht nachkommt, verhindern. Dies gilt entsprechend, wenn bei juristischen Personen und Personenhandelsgesellschaften die Voraussetzungen des Satzes 1 bei einer der nach Gesetz, Satzung oder Gesellschaftsvertrag zur Vertretung berechtigten Person vorliegen.

1

Die Vorschrift gibt der Bergbehörde ein abgestuftes Instrumentarium zur Entfernung ungeeigneter oder unzuverlässiger Personen aus dem Betrieb. Die Bergbehörde kann durch **unselbständige Ordnungsverfügung** gegenüber dem Unternehmer
– die **Beschäftigung** verantwortlicher Personen **untersagen** (Abs. 1, S. 1)
– die **Fortführung des Betriebes untersagen**, wenn er der Aufforderung nach Abs. 1, S. 1 nicht nachkommt (Abs. 1, S. 2) oder selbst die Zuverlässigkeit oder Fachkunde nicht besitzt (Abs. 2, S. 1).

Fünfter Teil: Bergaufsicht 2–7 §73

2
Das BBergG hat damit an ähnliche Regelungen in anderen Gesetzen (z. B. BImSchG, GaststG, LebensmittelG, SprengG) und an die bergrechtlichen in § 76 ABG NW und § 76 ABG Saarl. angeknüpft. Die Vorschrift enthält nur die Ermächtigungsgrundlage, die im Einzelfall der Ausfüllung unter besonderer Berücksichtigung des Grundsatzes der Verhältnismäßigkeit bedarf.

3
Die Bergbehörde kann die Fortführung des Betriebes nur untersagen, wenn die Ordnungsverfügung auf Untersagung der Beschäftigung vom Unternehmer nicht beachtet wurde. Obwohl im Falle des Abs. 2 (Unzuverlässigkeit des Unternehmers) eine vorherige Ordnungsverfügung gegen den Unternehmer auf Untersagung der Leitung des Bergbaubetriebes nicht – im Gegensatz zum früheren § 76 ABG NW und Saarl. – gesetzlich vorgesehen ist, gebietet der Grundsatz der Verhältnismäßigkeit die Anwendung dieses zunächst milderen Mittels.

4
§ 73 gibt der Bergbehörde die Möglichkeit des Einschreitens („kann"). Ob die Bergbehörde von ihr Gebrauch macht, steht in ihrem pflichtgemäßen **Ermessen**. Der Unternehmer kann sich jedenfalls nicht darauf berufen, die Bergbehörde sei nach § 73 Abs. 1 nicht vorgegangen, so daß er sich die Unzuverlässigkeit der verantwortlichen Person nicht zurechnen zu lassen brauche. Verantwortlich für die bestellten Personen bleibt trotz § 73 Abs. 1 der Unternehmer.

5
Die Ordnungsverfügung richtet sich gegen den Unternehmer, sie kann im **Verwaltungsvollstreckungswege** durchgesetzt werden. Die Bergbehörde kann die Vollstreckung zwar nach dem Gesetzeswortlaut neben der Anordnung nach Abs. 1 S. 2 auf Untersagung in Angriff nehmen, doch kann im Einzelfall der Grundsatz der Verhältnismäßigkeit die Durchführung zunächst des Vollstreckungsverfahrens vor der Untersagung des Betriebes erfordern. Der verantwortlichen Person steht als Drittbelasteter ein eigenes Recht zur Anfechtung der Ordnungsverfügung zu (Oversohl, Die Rechtsstellung der Aufsichtspersonen in den Bergwerksbetrieben, Diss. Münster, 1968, 138, Weller, ZfB 106 (1965), 437, 446).

6
Nach dem bisherigen Recht konnte die „Abberufung" von Aufsichtspersonen verlangt werden (§ 76 Abs. 3 ABG NW), während § 73 Abs. 1 zur Untersagung der „Beschäftigung in dem ihr übertragenen Aufgabenbereich" berechtigt. In beiden Fällen ist dasselbe gemeint: es wird nicht die Entlassung der verantwortlichen Person, sondern nur eine andere Aufgabenzuweisung verlangt.

7
Die Untersagungsverfügung muß das letzte der denkbaren Mittel sein. Alle weniger einschneidenden Mittel müssen vorher erfolglos ergriffen worden sein, und zwar sowohl im Falle des Abs. 1 S. 2 als auch im Falle des Abs. 2. Dazu gehören z. B. die Versagung der Betriebsplanzulassung gem. §§ 52 Abs. 4, 55 Abs. 1 Nr. 2

oder das Ordnungswidrigkeitsverfahren gem. § 145 Abs. 1 Nr. 16, die neben der Anordnung nach § 73 zulässig sind. Wegen des **Verhältnismäßigkeitsgrundsatzes** sind beide Anordnungen schon kraft Gesetzes befristet, nämlich „bis zur Befolgung der Anordnung" (Abs. 1) bzw. „bis zur Bestellung einer mit der Gesamtleitung beauftragten verantwortlichen Person" (Abs. 2.).

8
Die Untersagungsanordnung stellt trotz ihres erheblichen Eingriffs in den Bergwerksbetrieb keine entschädigungspflichtige Enteignung dar, sondern eine zulässige inhaltliche Bestimmung des Bergwerkseigentums (Oversohl, a.a.O., S. 141, Weller ZfB 106 (1965), 437, 445), denn der Unternehmer hat hierzu eine wesentliche Veranlassung gegeben.

§ 74 Hilfeleistung, Anzeigepflicht

(1) Bei Betriebsereignissen, die eine Gefahr für Beschäftigte oder Dritte herbeigeführt haben oder herbeizuführen geeignet sind, kann die zuständige Behörde, soweit erforderlich, die zur Abwehr der Gefahr oder zur Rettung Verunglückter oder gefährdeter Personen notwendigen Maßnahmen anordnen.

(2) Der Unternehmer und auf Verlangen der zuständigen Behörden auch die Unternehmer anderer bergbaulicher Betriebe haben unverzüglich die zur Ausführung der nach Absatz 1 angeordneten Maßnahmen erforderlichen Arbeitskräfte, Geräte und Hilfsmittel zur Verfügung zu stellen. Aufwendungen, die den Unternehmern anderer bergbaulicher Betriebe entstehen, hat der Unternehmer zu tragen, in dessen Betrieb die zur Verfügung gestellten Arbeitskräfte, Geräte und Hilfsmittel eingesetzt worden sind.

(3) Der Unternehmer hat der zuständigen Behörde
1. Betriebsereignisse, die den Tod oder die schwere Verletzung einer oder mehrerer Personen herbeigeführt haben oder herbeiführen können, und
2. Betriebsereignisse, deren Kenntnis für die Verhütung oder Beseitigung von Gefahren für Leben und Gesundheit der Beschäftigten oder Dritter oder für den Betrieb von besonderer Bedeutung ist,

unverzüglich anzuzeigen.

1
Während in § 61 Abs. 1 Nr. 2 die geeigneten Maßnahmen zur Abwehr von Gefahren oder zur Rettung von Verunglückten bereits zu den allgemeinen Aufgaben des Unternehmers gerechnet werden, schafft § 74 eine über § 71 hinausgehende Ermächtigung zu bergbehördlichen Anordnungen. Die gefährlichen Betriebsereignisse i. S. § 74 sind folglich sowohl in die ordnende Hand des Unternehmers wie die der Bergbehörde überantwortet. Die Maßnahmen der Behörden unterliegen nicht den Voraussetzungen des § 71, es handelt sich vielmehr um unselbständige Ordnungsverfügungen gem. § 74.

2
Vorgänger hatte § 74 schon in §§ 204, 205 ABG. Über das frühere Recht hinausgehend schafft § 74 eine Ermächtigung nicht nur für Betriebsereignisse, die Gefahren

Fünfter Teil: Bergaufsicht 3–6 § 74

für Personen herbeigeführt haben, sondern auch für solche, die Gefahren herbeizuführen geeignet sind.

3
Die Bergbehörde hat nach pflichtgemäßem Ermessen („kann") zu entscheiden, ob und wie sie einschreiten will. Ein Einschreiten wird nicht erforderlich sein, wenn der Unternehmer bereits seiner Verpflichtung aus § 61 Abs. 2 Nr. 2 nachgekommen ist.

4
Die Anwendung des Abs. 2 setzt voraus, daß eine Anordnung nach Abs. 1 vorausgegangen ist. Das gilt sowohl für die Hilfeleistungsmaßnahmen des Unternehmers als auch die des Unternehmers anderer bergbaulicher Betriebe. Das Verlangen zur Hilfeleistung an den anderen Betrieb ist ein selbständig anfechtbarer Verwaltungsakt. Er hat insofern drittbelastende Wirkung, als der unterstützte Unternehmer die Kosten nach § 74 Abs. 2 S. 2 zu tragen hat und er den gleichen Erfolg mit eigenen Mitteln wirtschaftlicher erreicht hätte. Der Aufwendungsersatzanspruch nach § 74 Abs. 2 S. 2 ist privatrechtlicher Natur und vor dem Zivilgericht einklagbar.

5
§ 74 Abs. 1 ist mit der Untersuchung von Unfällen nicht in Zusammenhang zu bringen. Soweit sich eine derartige Befugnis nicht aus den Aufgaben und Mitteln der Bergaufsicht als solcher ergibt, kann sie aus §§ 1559 ff. RVO folgen (BT-Drucksache 8/1315, 124 = Zydek, 329).

6
In § 74 Abs. 3 werden bestimmte Betriebsereignisse für anzeigepflichtig erklärt. Die dort genannten Tatbestände sind sehr umfassend und damit unbestimmt gehalten, was bedenklich ist, weil gem. § 145 Abs. 1 Nr. 18 ordnungswidrig handelt, wer ein Betriebsereignis nicht, nicht richtig, nicht vollständig oder nicht unverzüglich anzeigt. Gerade unter diesem Aspekt wäre es erforderlich gewesen, nicht derart auslegungsbedürftige Begriffe wie „schwere Verletzung ... herbeiführen können" oder „Betriebsereignisse, deren Kenntnis für die Verhütung von Gefahren ... für den Betrieb von besonderer Bedeutung ist" zu verwenden. Die Gesetzesbegründung spricht selbst von erforderlicher Konkretisierung durch Verwaltungsvorschriften (BT-Drucksache 8/1315, 124 = Zydek, 329). Bis dahin wird die Anzeigepflicht mit vielen Unklarheiten behaftet bleiben.

Sechster Teil
Berechtsamsbuch, Berechtsamskarte

§ 75 Anlegung und Führung des Berechtsamsbuchs und der Berechtsamskarte

(1) Bei der zuständigen Behörde werden ein Berechtsamsbuch und eine Berechtsamskarte angelegt und geführt.

(2) In das Berechtsamsbuch sind einzutragen
1. Erlaubnisse, Bewilligungen, Bergwerkseigentum und nach § 149 aufrechterhalteaufrechterhaltene Bergbauberechtigungen,
2. Änderungen der in Nummer 1 genannten Bergbauberechtigungen durch Vereinigung, Teilung, Austausch oder Zulegung.

(3) In der Berechtsamskarte sind einzutragen
1. die Felder, auf die sich die in Absatz 2 Nr. 1 genannten Bergbauberechtigungen beziehen,
2. die Veränderungen der Felder, die sich aus den in Absatz 2 Nr. 2 genannten Änderungen ergeben,
3. Baubeschränkungsgebiete.

(4) Die Eintragungen in das Berechtsamsbuch und die Berechtsamskarte werden von Amts wegen vorgenommen.

(5) Erloschene Bergbauberechtigungen sind im Berechtsamsbuch zu löschen. Auf der Berechtsamskarte ist das Erlöschen in geeigneter Weise zu kennzeichnen.

1
Das BBergG bringt durch die Neuordnung des Berechtsamswesens eine gewisse Unübersichtlichkeit bei aufrechterhaltenen und neuen Berechtigungen mit sich. Deshalb ordnet § 75 das **Anlegen und Führen eines Berechtsamsbuches** an, das einen Überblick über den Bestand an alten und neuen Rechten geben soll. Wegen der Gebietsbezogenheit der Berechtigungen ist auch die **Führung einer Berechtsamskarte** vorgesehen. Berechtsamsbuch und Berechtsamskarte sind **von Amts wegen anzulegen und zu führen** (Abs. 4).

2
Während in das Berechtsamsbuch grundsätzlich alle aufrechterhaltenen oder neuen Berechtigungen und ihre Änderungen einzutragen sind (Abs. 2), hat die Berechtsamskarte als Instrument der schnellen Orientierung die Aufgabe, über die Felder, ihre Veränderungen und über behördlich festgelegte Baubeschränkungsgebiete i. S. der §§ 107 bis 109 Auskunft zu geben (Abs. 3).

3
Berechtsamsbuch und Berechtsamskarte genießen **keinen öffentlichen Glauben**. Die in ihnen gemachten Eintragungen haben keine konstitutive Wirkung für den Bestand oder die Änderung der Berechtigungen. Die jeweils rechtsbegründenden, rechtshindernden oder sonst rechtsgestalteten Akte bleiben durch die Eintragungen unberührt.

Sechster Teil: Berechtsamsbuch, Berechtsamskarte §§ 75, 76

Berechtsamsbuch und Berechtsamskarte begründen auch keine Verpflichtung des Unternehmers zu Änderungsmeldungen, da die Eintragungen oder Nachträge Tatbestände dokumentieren, die der zuständigen Behörde von Amts wegen bekannt sind.

Erlöschen Berechtigungen, so sind die auch im Berechtsamsbuch zu löschen; auf der Berechtsamskarte ist das Erlöschen in geeigneter Weise zu kennzeichnen (Abs. 5).

§ 76 Einsicht

(1) Die Einsicht in das Berechtsamsbuch, in die Berechtsamskarte und in Urkunden, auf die in der Eintragung Bezug genommen wird, ist jedem gestattet, der ein berechtigtes Interesse darlegt. Ausgenommen sind Urkunden, die Geschäfts- oder Betriebsgeheimnisse enthalten.

(2) Soweit die Einsicht gestattet ist, können Auszüge gefordert werden, die auf Verlangen zu beglaubigen sind.

1
§ 76 räumt jedem, der ein **berechtigtes Interesse** darlegen kann, ein **Recht auf Einsicht** in das Berechtsamsbuch, die Berechtsamskarte und in solche Urkunden ein, auf die die Eintragungen Bezug nehmen. Ein berechtigtes Interesse i. S. dieser Vorschrift ist jedes nach vernünftiger Erwägung durch die Sachlage gerechtfertigtes, schutzwürdiges Interesse am Gegenstand der Eintragung. Dieses Interesse kann sowohl rechtlicher (privat- oder öffentlich-rechtlicher) wie wirtschaftlicher oder sogar ideeller Natur sein (Kopp, VwVfG, § 9 Rn 12). Es ist zu unterscheiden einerseits vom rechtlichen Interesse (vgl. etwa § 29 VwVfG), andererseits vom rechtlichen geschützten Interesse, das ausdrücklich eingeräumten Rechten gleichsteht. (Zu den rechtlichen Interessen vgl. Kopp, VwVfG, § 9 Rn 14, 15, zum rechtlich geschützten Interesse § 9 Rn 6 ff.)

2
Begrenzt ist das Einsichtrecht bei solchen Urkunden, die Geschäfts- oder Betriebsgeheimnisse enthalten. Die Entscheidung über das Einsichtrecht und seine Begrenzung liegt im pflichtgemäßen Ermessen der zuständigen Behörde.
3. Im Umfang des gewährten Einsichtrechts können Auszüge gefordert werden, die auf Verlangen des Einsichtsberechtigten zu beglaubigen sind. Für die Beglaubigung gilt § 34 VwVfG.

Siebenter Teil
Bergbau und Grundbesitz, öffentliche Verkehrsanlagen

Erstes Kapitel
Grundabtretung

Erster Abschnitt
Zulässigkeit und Voraussetzungen der Grundabtretung

§ 77 Zweck der Grundabtretung

(1) Nach den Vorschriften dieses Kapitels kann auf Antrag des Unternehmers eine Grundabtretung durchgeführt werden, soweit für die Errichtung oder Führung eines Gewinnungsbetriebes oder Aufbereitungsbetriebes einschließlich der dazugehörigen, in § 2 Abs. 1 Nr. 1 bis 3 bezeichneten Tätigkeiten und Einrichtungen die Benutzung eines Grundstücks notwendig ist.

(2) Die Benutzung ist insbesondere dann notwendig, wenn das Vorhaben einer technisch und wirtschaftlich sachgemäßen Betriebsplanung oder Betriebsführung entspricht und die Bereitstellung von Grundstücken des Unternehmers für diesen Zweck nicht möglich oder deshalb nicht zumutbar ist, weil die Benutzung solcher Grundstücke für andere Zwecke der in Absatz 1 bezeichneten Art unerläßlich ist.

(3) Vorschriften über die Enteignung zu anderen als den in Absatz 1 bezeichneten Zwecken bleiben unberührt.

I. Einführung

1. Zweck und Notwendigkeit der Grundabtretung.

1
Unter Grundabtretung wird die Befugnis des Bergbautreibenden verstanden, für Zwecke des Bergbaus fremden Grund und Boden in Anspruch zu nehmen. Das Recht auf Grundabtretung ist eng verknüpft mit dem Prinzip der Bergbaufreiheit, d. h. der rechtlichen Trennung der Bodenschätze von dem Grundeigentum. Ohne die Befugnis zur Benutzung fremder Grundflächen wäre die Bergbauberechtigung weitgehend ein inhaltsloses Recht; denn der Bergbautreibende muß sich den Zugang zu seiner Lagerstätte entweder durch Abräumen der überlagernden Deckgebirgsschichten verschaffen (Abbau im Tagebau) oder tiefer liegende Mineralvorkommen durch ein System von Schächten, Stollen und untertägigen Grubenbauen erschließen (Abbau im Tiefbergbau). Unabhängig von dem gewählten Abbauverfahren, das sich jeweils nach dem Bodenschatz sowie Art und Mächtig

Siebenter Teil: Bergbau und Grundbesitz, öffentl. Verkehrsanlagen 2,3 § 77

keit der Deckgebirgsschichten richtet, besteht ein weiterer Grundflächenbedarf für die eigentlichen Gewinnungsbetriebe, deren Nebeneinrichtungen und für Aufbereitungsanlagen.

2

Wegen der strikten Bindung des Bergbaus an die vorhandene Lagerstätte kann er nicht darauf angewiesen sein, die für die Aufnahme oder Fortführung seiner Betriebe notwendigen Grundflächen im Wege eines freihändigen Erwerbs zu beschaffen. Seit jeher hat daher der Bergbautreibende die Befugnis, die Grundabtretung notfalls auch gegen den Willen des Grundeigentümers mit Hilfe staatlicher Stellen zu erzwingen (zur geschichtlichen Entwicklung des Grundabtretungsrechts: Vgl. Ebel-Weller, ABG, vor § 135 Anm. 1 m. N.).

2. Grundabtretung nach dem ABG.

3

War für den Betrieb des Bergbaus die Benutzung eines fremden Grundstücks notwendig, mußte der Grundbesitzer, sei er Eigentümer oder Nutzungsberechtigter, dasselbe an den Bergwerksbesitzer abtreten. Die Anlagen und Vorrichtungen, welche eine Verpflichtung zur Grundabtretung begründeten, wurden in § 135 ABG im einzelnen aufgeführt. Das Ziel war eine feste Begrenzung der Privilegien des Bergbaus nach Zweck und Gegenstand (Motive ZfB 6 (1865), 164 f.). Das Grundabtretungsrecht war in erster Linie auf **Benutzung** gerichtet; nur bei bebauten Grundstücken konnte nach einer Novelle zum ABG aus dem Jahre 1937 (ZfB 78 (1937), 162) auch die Grundabtretung zu Eigentum gefordert werden (§ 136 Abs. 2 ABG), sofern eine übergeordnete Behörde (in der Regel der Wirtschaftsminister) hierzu aus überwiegenden Gründen des öffentlichen Interesses ihre Zustimmung erteilt hatte. Eine Grundabtretung durfte nach § 136 Abs. 1 ABG nur aus überwiegenden Gründen des öffentlichen Interesses versagt werden. Das Gesetz ging also davon aus, daß die Inanspruchnahme fremden Grund und Bodens wegen der überragenden Bedeutung der Mineralgewinnung für die Volkswirtschaft von übergeordnetem Interesse sei, so daß im Einzelfalle die Frage nach dem öffentlichen Interesse oder Allgemeinwohl nicht mehr gestellt zu werden brauchte. Zum Ausgleich der Inanspruchnahme war der Bergwerksbesitzer verpflichtet, dem Grundbesitzer für die entzogene Nutzung jährlich im voraus vollständige Entschädigung zu leisten und das Grundstück nach beendeter Nutzung zurückzugeben (§ 137 Abs. 1 ABG). Bei einer mehr als drei Jahre dauernden Benutzung konnte der Grundbesitzer vom Bergwerksbesitzer die Übernahme des Grundstücks verlangen (§ 138 ABG). Bei der Rückgabe des Grundstücks hatte der Bergwerksbesitzer nach Wahl des Eigentümers einen verbliebenen Minderwert zu ersetzen oder das Grundstück zu übernehmen (§ 137 Abs. 2 ABG). Bei wirtschaftlicher Entwertung des Restbesitzes als Folge der Grundabtretung war die Entschädigung entsprechend zu erweitern oder – wiederum auf Verlangen des Grundbesitzers – der Restbesitz zu übernehmen (§ 139 ABG). Die das Grundabtretungsrecht des ABG prägende Verbindung von Entschädigung, Minderwertersatz oder Anspruch auf Übernahme durch den Bergwerksbesitzer – jeweils nach Wahl und Entscheidung des Grundbesitzes – war tendenziell eigentums freundlich ausgestaltet und darauf ausgerichtet, die wirtschaftlichen Folgen der erzwungenen Einbuße an Nutzungsrechten so erträglich wie möglich zu gestalten. Im Grundsatz ging das Recht der §§ 135 ff ABG von einer Einigung der Beteiligten aus. Im Bedarfsfalle standen die zuständigen Behörden bereit, sowohl dem Bergwerksbesitzer als auch dem Grundeigentümer bei der Durchsetzung ihrer jeweiligen Ansprüche zu helfen (§§ 142 ff ABG). Die Rechtsnatur der berggrechtlichen Grundabtretung war bis zum Inkrafttreten des BBergG umstritten. In zunehmendem Maße hatte sich die Auffassung durchgesetzt, daß es sich bei der Grundabtretung um eine Enteignung handle (vgl. § 79 Rn 2).

II. Grundzüge der Grundabtretung nach dem BBergG

4

1. Das Recht der Grundabtretung in den §§ 77 bis 106 übernimmt im Grundsatz das bisher geltende Recht. Es ist jedoch **konsequent enteignungsrechtlich ausgestaltet**, wobei sich die Vorschriften systematisch und in ihrer Wortfassung eng an die Bestimmungen des BBauG (und teilweise des Landbeschaffungsgesetzes) anlehnen. Der **gesetzlich vermutete Vorrang der Mineralgewinnung** (§ 136 Abs. 1 ABG) als Grundlage für die Grundabtretungsbefugnis des Bergwerksbesitzers und als Bestandteil seines Gewinnungsrechts ist zugunsten einer Einzelfallprüfung aufgegeben. Künftig muß in jedem einzelnen Falle gefragt werden, ob die Grundabtretung dem Wohl der Allgemeinheit dient (vgl. § 79 Rn 1, 4). Praktisch und rechtlich steht im Vordergrund der erzwungenen Grundabtretung die **Begründung eines dinglichen Nutzungsrechts**; die **Entziehung des Eigentums** erscheint als **Ausnahme** und kommt im wesentlichen nur in Betracht bei einem entsprechenden Verlangen des Grundeigentümers (vgl. § 81 Rn 1 f). Das Grundabtretungsverfahren schließt mit dem **Grundabtretungsbeschluß** ab (vor § 91 Rn 3 ff), der erst ergehen kann, wenn der Betriebsplan zugelassen ist und alle sonst etwa erforderlichen öffentlich-rechtlichen Verwaltungsakte vorliegen (§ 81 Rn 3 f). Im Grundabtretungsbeschluß wird der vorgesehene neue Rechtszustand eindeutig umschrieben; ihm wird sodann in einer gesonderten **Ausführungsanordnung** (§ 92) Wirksamkeit verliehen. Die sich anschließende Eintragung in das Grundbuch dient lediglich noch der Berichtigung (vgl. § 81 Rn 1; § 92 Rn 1 f, 10).

5

2. Die Regelungen der Grundabtretung gelten auch für Betriebe, in denen **grundeigene Bodenschätze** gewonnen werden. Jedoch kann mit Hilfe der Grundabtretung keine Gewinnungsberechtigung erlangt oder die eigene aus dem Eigentum am Grund und Boden abgeleitete Berechtigung räumlich ausgedehnt werden. In solchen Fällen kommt möglicherweise eine Zulegung nach §§ 35 ff in Betracht, die ähnlichen Regeln folgt.

6

3. **Entsprechend anwendbar** ist das Recht der Grundabtretung bei der **Untergrundspeicherung** (§ 126) sowie bei der **Aufsuchung und Gewinnung minerali-**

Siebenter Teil: Bergbau und Grundbesitz, öffentl. Verkehrsanlagen 7, 8 § 77

scher Rohstoffe in alten Halden (§ 128). Auch bei diesen Tätigkeiten kann eine im Einzelfall bestehende Zugangsnot mit Hilfe der Grundabtretung überwunden werden. Das förmliche Verwaltungsverfahren nach den §§ 64 VwVfG oder den Parallelvorschriften der Bundesländer ist nicht durchzuführen (da § 105 jeweils nicht als entsprechend anwendbar zitiert wird; vgl. § 126 Abs. 1, § 128 Abs. 1).

III. Voraussetzungen der Grundabtretung

7

1. Eine Grundabtretung kann nur durchgeführt werden, wenn die Benutzung eines Grundstücks notwendig ist, um einen Gewinnungs- oder Aufbereitungsbetrieb zu errichten oder zu betreiben. Im einzelnen werden die Zwecke, für die eine Grundabtretung zulässig ist, unter Rückgriff auf die Legaldefinition der Gewinnung (§ 4 Abs. 2), der Aufbereitung (§ 4 Abs. 3) mit dem dort geforderten betrieblichen oder räumlichen Zusammenhang sowie auf die sonstigen in § 2 Abs. 1 Nr. 1 bis 3 bezeichneten Nebeneinrichtungen und -tätigkeiten umschrieben. Neben der erstmaligen Errichtung und Führung eines Gewinnungsbetriebes wird auch die Fortführung solcher Betriebe, sofern sie zu einem späteren Zeitpunkt einen erneuten Flächenbedarf erfordert, vom Grundabtretungszweck gedeckt: Im Tiefbergbau kann wegen Erschöpfung von Lagerstättenteilen im Kernfeld einer Schachtanlage nach einigen Jahrzehnten die Errichtung von neuen Wetter- und Seilfahrtschächten (Anschlußbergwerke) erforderlich werden. Der – technisch unvermeidbare – Anfall unverwertbarer Nebengesteine beim Teufen von Schächten, bei der Auffahrung untertägiger Strecken und bei der Aufbereitung nötigt von Zeit zu Zeit zur Bereitstellung neuer Haldenplätze.

8

Die bergbaulichen Anlagen sind baurechtlich als „ortsgebundene Betriebe" privilegiert (§ 35 Abs. 1 Nr. 4 BBauG). Die nach dieser Vorschrift notwendige Sicherung einer ausreichenden Erschließung kann der Unternehmer bei Errichtung neuer Gewinnungsbetriebe oder Anschlußbergwerke erforderlichenfalls im Wege der Grundabtretung in Verbindung mit einem gegenüber den zuständigen Körperschaften abgegebenen Angebot auf Abschluß von Erschließungsverträgen herstellen. Auf diese Weise lassen sich etwa der Anschluß an das öffentliche Wegenetz sowie die Schaffung sonstiger Infrastruktureinrichtungen flächenmäßig vorbereiten (zur Verdichtung der allgemeinen Erschließungspflicht zu einer aktuellen Erschließungspflicht vgl. BGH NJW 1980, 1683). Ohne eine auch nur erschöpfende Aufzählung ist eine Grundabtretung möglich für das Abräumen der Oberfläche im Tagebau, für das Herstellen von Schächten und Stollen, die Errichtung von Tagesanlagen einschließlich Anlegung von Parkplätzen für die Belegschaft, ferner die Schaffung von Wegen zum Gewinnungsbetrieb oder von Einrichtungen zum Abtransport der geförderten Bodenschätze (z. B. Grubenbahnen, Seilbahnen, Rohrleitungen). Mit dem Gewinnungsbetrieb in unmittelbarem betrieblichen Zusammenhang stehen ferner Lagerplätze für das bei der Gewinnung unvermeidbar anfallende taube Gestein (Berghalden) sowie Lagerplätze, auf denen die gewonnenen Mineralien abgelagert werden können, bis sie verkaufsfähig sind. Bei den zuletzt genannten Beispielsfällen rechtfertigt sich die Unterstellung unter § 77 mit der Überlegung, daß die Mineralgewinnung empfindlich gestört wird, wenn Haldenplätze für Bergematerial oder Produkte nicht vorhanden sind (vgl. auch VG Aachen ZfB 119 (1978), 382). Schließlich ist eine Grundabtretung auch möglich für Zwecke der Rekultivierung (§ 2 Abs. 1 Nr. 2). Dies gilt insbesondere zur Durchführung der ordnungsgemäßen Einbettung bergbaulicher Anlagen in die Umgebung entsprechend landschaftsschutzrechtlichen Vorschriften.

9
2. Mit Hilfe der Grundabtretung kann nur die **Aufnahme** oder der **Bestand** von Gewinnungsbetrieben auf der Grundlage der bestehenden Gewinnungsberechtigungen gesichert werden. Daraus folgt, daß durch Grundabtretung keine Gewinnungsberechtigung erlangt oder die eigene Berechtigung räumlich ausgedehnt werden kann. Diese Einschränkung hat Bedeutung für das Recht zur **Gewinnung grundeigener Bodenschätze**.

10
3. Die Benutzung eines fremden Grundstücks ist nur zulässig, wenn sie für die in Abs. 1 umschriebenen Zwecke **notwendig** ist. Beispielhaft („insbesondere") führt **Abs. 2** auf, daß das Vorhaben einer technisch und wirtschaftlich sachgemäßen Betriebsplanung und Betriebsführung entsprechen muß. Obwohl nach der Amtl. Begr. (BT-Ds. 8/1315, 125 = Zydek, 336) hiermit gegenüber der im Rahmen des ABG ausgebildeten Praxis, die auf eine technische und wirtschaftlich „regelrechte"Betriebsführung auch unter Gesichtspunkten der Zweckmäßigkeit abstellte (Ebel-Weller, § 135 Anm. 5 m. N.), eine Einschränkung vorgenommen werden sollte, ist der Unterschied nicht recht erkennbar. Die Notwendigkeit einer Inanspruchnahme fremder Grundstücke ergibt sich in der Regel aus bergtechnischen und bergwirtschaftlichen Zwängen. Daß der Antragsteller sein Vorhaben sachlich begründet und nachvollziehbar die Inanspruchnahme von Fremdgrundstücken darlegt, ist selbstverständlich. Es dürfte nicht Aufgabe der Enteignungsbehörde sein, alle erdenklichen technischen und wirtschaftlichen Alternativen im einzelnen zu prüfen. Insoweit dürfte eine Art Beurteilungsspielraum in Betracht kommen, wobei darauf hinzuweisen ist, daß sich die konkreten Zwänge in der Regel aus der jeweiligen Situation der Lagerstätte, der Struktur des Bergbaubetriebs und anderen – praktisch vorgegebenen – Faktoren ableiten. Die Notwendigkeit der Grundabtretung wird in der Regel zu bejahen sein, wenn der für das Vorhaben erforderliche Betriebsplan oder eine nach sonstigen öffentlich-rechtlichen Vorschriften notwendige Gestattung, Zulassung oder Genehmigung oder ein sonstiger Verwaltungsakt erlassen ist, bei dem auch die Frage etwa entgegenstehender öffentlicher Belange oder Interessen geprüft worden ist (vgl. § 48).

11
Eine Grundabtretung ist **nicht zulässig**, wenn der Unternehmer zur Verwirklichung des Vorhabens **eigene Grundstücke bereitstellen** kann. Ob dieser Einschränkung in der Praxis Bedeutung zukommt, erscheint fraglich. Schon aus Gründen der Vorsorge wird jeder Bergbauunternehmer zunächst versuchen, sich

bereits möglichst frühzeitig diejenigen Grundstücksflächen zu beschaffen, die für die Errichtung oder Fortführung seines Betriebes oder etwaiger Nebenanlagen benötigt werden. Die Pflicht zur vorrangigen Bereitstellung eigener Grundstücke hat daher nur die Funktion, offensichtlichen Mißbräuchen entgegenzuwirken.

12
4. Die Grundabtretung setzt einen **Antrag des Unternehmers** voraus. Der Antrag ist nach § 105 i. V. mit § 64 VwVfG bzw. den entsprechenden Vorschriften der Bundesländer **schriftlich oder zur Niederschrift** zu stellen. Der Antrag hat die Tatsachen zu enthalten, die die Grundabtretungsbehörde benötigt, um das bergbauliche Vorhaben umfassend beurteilen zu können. Er wird im einzelnen enthalten (vgl. RegEntwurf 1975, BR-Ds. 350/75 zu § 99; ferner Ebel-Weller, ABG, § 142 Anm. 3):
- Name und Anschrift des Antragstellers, des Grundabtretungspflichtigen und sonstiger Nebenberechtigter,
- Darstellung des Grundabtretungszwecks und des Gegenstandes der Grundabtretung mit Begründung; hierzu kann ein Exemplar des eingereichten oder beabsichtigten Betriebsplans beigefügt werden.
- die von dem Antrag betroffenen Grundstücke oder Grundstücksteile nach ihrer grundbuchmäßigen, katastermäßigen und sonst üblichen Bezeichnung,
- Angaben darüber, aus welchen Gründen eine rechtsgeschäftliche Einigung mit dem Grundabtretungspflichtigen nicht zustande gekommen ist (vgl. § 79 Abs. 2 Nr. 1),
- glaubhafte Angaben darüber, daß das Grundstück innerhalb angemessener Frist zu dem vorgesehenen Zweck verwendet werden wird (§ 79 Abs. 2 Nr. 2),
- die voraussichtliche Dauer der Benutzung.

13
Als **Unterlagen** sind dem Antrag beizufügen:
- Ein Lageplan, aus dem sich die Lage der Grundstücke ergibt, auf die sich der Antrag bezieht, mit Einzeichnung der geplanten Anlage,
- eine beglaubigte Abschrift des Grundbuchblattes des beanspruchten Grundstücks sowie weitere unbeglaubigte Abschriften für die Verfahrensbeteiligten,
- Katasterzeichnung der begehrten Flurstücke oder eine von einem konzessionierten Markscheider oder öffentlich bestellten Vermessungsingenieur angefertigte Zeichnung, aus der sich die genaue Größe, Lage und Katasterbezeichnung der Flurstücke ergibt,
- Auszug aus dem Liegenschaftsbuch,
- Unterlagen über den vergeblichen Versuch einer rechtsgeschäftlichen Einigung mit dem Grundabtretungspflichtigen oder sonstigen Nebenberechtigten,
- Nachweis einer etwaigen Vertretungsbefugnis.

14
Der Antrag muß so **vollständig** sein, daß die zuständige Behörde alle Unterlagen zur Verfügung hat, um die Beteiligten des Verfahrens zu der obligatorischen mündlichen Verhandlung zu laden (§ 67 VwVfG), die mündliche Verhandlung durchzuführen und den Grundabtretungsbeschluß (vgl. vor § 91 Rn 4 ff) zu erlas-

sen. Dem Antragsteller ist Gelegenheit zu geben, unvollständige Unterlagen zu ergänzen oder, falls aus der Sicht der Grundabtretungsbehörde erforderlich, weitere Unterlagen nachzureichen.

15

Aus dem Formerfordernis des § 64 VwVfG folgt, daß der Antrag handschriftlich zu unterzeichnen ist, bei juristischen Personen also von Zeichnungsberechtigten. Es entspricht verbreiteter Übung, daß auch die **weiteren Antragsunterlagen** jeweils als zum Antrag gehörend gekennzeichnet und ebenso wie der eigentliche Antrag von Unterschriftsberechtigten unterschrieben werden.

16

Die Anzahl der Antragsexemplare richtet sich nach der Zahl der am Grundabtretungsverfahren Beteiligten. Die zuständige Behörde hat auch insoweit aufgrund ihrer Beratungs- und Auskunftspflicht nach § 25 VwVfG auf Vervollständigung hinzuwirken.

17

Das **Ergebnis** des Grundabtretungsverfahrens ist entweder die Entziehung des Eigentums oder die Begründung eines **dinglichen Nutzungsrechts**. Wesentlicher **Inhalt des Grundabtretungsantrags** ist daher die genaue **Formulierung** insbesondere des **begehrten Nutzungsrechts**, das den rechtlich vorgegebenen Typen dinglicher Rechte des Sachenrechts des BGB entsprechen muß (vgl. § 81 Rn 1; vor § 91 Rn 6 bis 10).

18

Antragsbefugt ist der **Unternehmer** (vgl. § 4 Abs. 5). Einen Antrag auf Grundabtretung können daher auch der Pächter oder Nießbraucher eines Bergwerks oder Bergwerksfeldes stellen.

19

5. **Abs. 3** stellt das Verhältnis der bergrechtlichen Enteignung (Grundabtretung) zur Enteignung nach anderen Gesetzen klar. Die Enteignung für die in Abs. 1 genannten Zwecke ist durch das BBergG **abschließend geregelt**. Bei sonstigen Betriebsmaßnahmen kommen andere Enteignungsregelungen (z. B. nach Landesenteignungsgesetzen) weiterhin infrage. Bedeutung kann dies insbesondere erlangen bei Aufbereitungsanlagen, die den Voraussetzungen des § 4 Abs. 3 nicht entsprechen, sowie bei Weiterverarbeitungs- oder Nebengewinnungsanlagen im Sinne des § 4 Abs. 3 S. 2. Zur Geltung verschiedener Enteignungsvorschriften: vgl. BVerfG NJW 1981, 1257.

§ 78 Gegenstand der Grundabtretung

Durch Grundabtretung können
1. **das Eigentum einschließlich aus § 34 sich ergebender Befugnisse, der Besitz und dingliche Rechte an Grundstücken,**
2. **persönliche Rechte, die zum Erwerb, zum Besitz oder zur Nutzung von Grundstücken berechtigen oder deren Benutzung beschränken,**

Siebenter Teil: Bergbau und Grundbesitz, öffentl. Verkehrsanlagen 1–3 § 78

entzogen, übertragen, geändert, mit einem dinglichen Recht belastet oder sonst beschränkt werden.

1

1. Die – § 86 Abs. 1 BBauG nachgebildete – Vorschrift regelt **abschließend** die **Gegenstände der Grundabtretung**. Die Rechtsänderungen im Grundabtretungsverfahren, also die Entziehung des Eigentums oder Belastung mit einem dinglichen Recht (vgl. § 81 Rn 1 ff), werden im **Grundabtretungsbeschluß** genau umschrieben und **durch gesonderte Ausführungsanordnung** wirksam (vgl. § 92 Rn 1 ff). Mit Unanfechtbarkeit der Ausführungsanordnung und der in dieser gesonderten Entscheidung geregelten Rechtsänderung (§ 92 Abs. 1 S. 4) wird der bisherige Rechtszustand durch den im Grundabtretungsbeschluß geregelten Rechtszustand ersetzt. Das Grundbuch ist anschließend lediglich noch zu berichtigen (vgl. § 92 Rn 3). Grundstück nach § 77 ff ist das **Grundstück im Rechtssinne**, d. h. ein räumlich abgegrenzter Teil der Erdoberfläche, der im Bestandsverzeichnis eines Grundbuchblattes ohne Rücksicht auf die Art seiner Nutzung unter einer besonderen Nummer eingetragen ist.

2

2. a) Objekt der Grundabtretung ist nach Nr. 1 das Eigentum in seinen verschiedenen Erscheinungsformen (Miteigentum, Gesamthandseigentum sowie Wohnungs- und Teileigentum nach dem WEG). Die Verweisung auf § 34 soll klarstellen, daß die sich aus dieser Vorschrift ergebenden Befugnisse neben dem Eigentum keine selbständige Rechtsposition darstellen können (BT-Ds. 8/1315, 125 = Zydek, 339). Damit wird verdeutlicht, daß sich die Grundabtretung auch auf **grundeigene Bodenschätze** (§ 3 Abs. 4) erstreckt, soweit das beabsichtigte Vorhaben nur dadurch zu verwirklichen ist, daß gleichzeitig solche Bodenschätze freigelegt und mitgewonnen werden. Das gleiche gilt, wenn ein bergbauliches Vorhaben auf Bodenschätze stößt, die nicht dem BBergG unterliegen. Auch in solchen Fällen darf der Grundabtretungsbegünstigte das Vorhaben durchführen, auch wenn dadurch die Gewinnung dieser Bodenschätze vereitelt wird (z. B. Anlegung einer Bergehalde über einem Kiesvorkommen). Dem Eigentum am Grundstück steht das Eigentum an Grundstücksteilen sowie das Erbbaurecht als grundstücksgleiches Recht gleich (§ 83 Abs. 1). **Dingliche Rechte** sind alle privatrechtlichen Rechte, mit denen das Eigentum an einem Grundstück belastet oder beschränkt werden kann, also insbesondere Dienstbarkeiten, Nießbrauch sowie die Rechte nach §§ 20 bis 42 WEG (wegen der Vielzahl der denkbaren dinglichen Rechte wird auf Kommentierungen zu §§ 873, 874 BGB verwiesen).

3

b) Ausdrücklich erwähnt in Nr. 1 ist ferner der **Besitz**, weil „im Rahmen bergbaulicher Zwecke der Besitz häufiger als die Entziehung des Eigentums Gegenstand der Grundabtretung sein wird" (BT-Ds. 8/1315, 126 = Zydek, 339). Bei dieser Äußerung in der Gesetzesbegründung scheint es sich um ein **Mißverständnis** zu handeln. Üblicherweise wird im Enteignungsbeschluß das künftige Nutzungsrecht möglichst genau umschrieben, das durch die Ausführungsanordnung (vgl. § 92 Rn 1 ff) Wirksamkeit erlangt. Mit der Ausführungsanordnung ist in der Regel

549

§§ 78,79 Erstes Kapitel:Grundabtretung

die Besitzeinweisung des Enteignungsbegünstigten verbunden (vgl. § 117 Abs. 6 BBauG; § 52 LBG). Diese Folgewirkung der Ausführungsanordnung nach § 92 fehlt im BBergG – etwa im Gegensatz zu einer entsprechenden Regelung bei der vorzeitigen Besitzeinweisung (§ 100 Abs. 1 S. 2). Zudem ist der Besitz nach § 854 BGB kein Recht, sondern tatsächliche Sachherrschaft. Er bezieht seine Legitimation aus dinglichen oder persönlichen Rechten **an dem Gegenstand** der Grundabtretung. Die praktische Bedeutung dieser Ergänzung besteht angesichts des Umstandes, daß in § 92 eine § 117 Abs. 6 BBauG entsprechende Regelung fehlt, im wesentlichen darin, daß bereits **im Grundabtretungsbeschluß** zu bestimmen ist, daß der Grundabtretungsbegünstigte mit der durch die Ausführungsanordnung nach § 92 angeordneten Rechtsänderung in den Besitz des Grundstücks eingewiesen wird (vgl. auch § 92 Rn 8; vor § 91 Rn 17).

4
c) Zu den **persönlichen Rechten** nach § 78 Abs. 2 gehören alle Rechte oder schuldrechtlichen Vereinbarungen, die in irgendeiner Weise Erwerbs-, Besitz- oder Nutzungsrechte an Grundstücken begründen. Es kann sich um ein Erwerbsrecht (§ 313 BGB), Vorkaufsrechte, Miet- oder Pachtrechte oder um vom gesetzlichen Typus abweichende Rechte handeln.

5
3. Die bergrechtliche Grundabtretung richtet sich primär auf die **Begründung eines Nutzungsrechts**. Im Vordergrund steht daher die Belastung des Eigentums mit dinglichen Nutzungsrechten zugunsten des Unternehmers, insbesondere mit Dienstbarkeiten, einem Nießbrauch, Erbbaurechten sowie möglicherweise anderen dinglichen Rechten, die eine dauerhafte Nutzbarkeit eines Grundstücks sichern. Stellt der Eigentümer den Antrag auf Entziehung des Eigentums, besteht die Rechtsänderung in der Übertragung des Eigentums. Die Belastung des von der Grundabtretung betroffenen Grundstücks mit Grundpfandrechten oder Reallasten dürfte weitgehend ausscheiden; diese sind nicht geeignet, den Grundabtretungszweck zu fördern. Bei der Formulierung des Grundabtretungsbeschlusses (vgl. vor § 91 Rn 6 f) muß darauf geachtet werden, daß die in dem Beschluß umschriebene Rechtsänderung einen eintragungsfähigen Inhalt erhält.

6
4. **Bewegliche Sachen unterliegen der Grundabtretung nicht.** Wesentliche Bestandteile (§§ 93, 94 BGB) teilen das Schicksal des Grundstücks. Scheinbestandteile (§ 95 BGB) und Zubehör (§ 97 BGB) werden in die Grundabtretung nur auf Verlangen des Eigentümers, Pächters oder Nießbrauchers einbezogen (§ 82 Abs. 5; § 82 Rn 7).

§ 79 Voraussetzungen für die Zulässigkeit der Grundabtretung

(1) Die Grundabtretung ist im einzelnen Falle zulässig, wenn sie dem Wohle der Allgemeinheit dient, insbesondere die Versorgung des Marktes mit Rohstoffen, die Erhaltung der Arbeitsplätze im Bergbau, der Bestand oder die Verbesserung der Wirtschaftsstruktur oder der sinnvolle und planmäßige Abbau der Lagerstätte gesichert werden sollen, und der Grundabtretungszweck unter Beachtung der

Siebenter Teil: Bergbau und Grundbesitz, öffentl. Verkehrsanlagen **1,2 § 79**

Standortgebundenheit des Gewinnungsbetriebes auf andere zumutbare Weise nicht erreicht werden kann.

(2) Die Grundabtretung setzt voraus, daß der Grundabtretungsbegünstigte
1. sich ernsthaft
   a) um den freihändigen Erwerb des Grundstücks zu angemessenen Bedingungen, insbesondere, soweit ihm dies möglich und zumutbar ist, unter Angebot geeigneter anderer Grundstücke aus dem eigenen Vermögen, oder
   b) um die Vereinbarung eines für die Durchführung des Vorhabens ausreichenden Nutzungsverhältnisses zu angemessenen Bedingungen
   vergeblich bemüht hat und
2. glaubhaft macht, daß das Grundstück innerhalb angemessener Frist zu dem vorgesehenen Zweck verwendet werden wird.

(3) Die Abtretung eines Grundstücks, das bebaut ist oder mit einem bebauten Grundstück in unmittelbarem räumlichen Zusammenhang steht und eingefriedet ist, setzt ferner die Zustimmung der nach Landesrecht zuständigen Behörde voraus. Die Zustimmung darf nur aus überwiegenden öffentlichen Interessen unter Berücksichtigung der Standortgebundenheit des Vorhabens erteilt werden.

I. Zulässigkeit der Grundabtretung und Wohl der Allgemeinheit

1

1. Nach § 79 Abs. 1 ist die Grundabtretung im Einzelfalle zulässig, wenn sie dem Wohl der Allgemeinheit dient und der Grundabtretungszweck unter Berücksichtigung der Standortgebundenheit des Gewinnungsbetriebs auf andere zumutbare Weise nicht erreicht werden kann. Der Begriff „Grundabtretung" steht hier – wie im gesamten Grundabtretungsrecht des BBergG – für **Enteignung im Sinne des Art. 14 Abs. 3 GG.** Eine enteignungsrechtliche Regelung der Kollision war ausdrücklich gewollt (vgl. BT-Ds. 8/1315, 124 f = Zydek, 335 f; WiA/BT-Ds. 8/3965, 139 = Zydek, 343). Angesichts ihres Enteignungscharakters kann eine Grundabtretung daher nur bei Vorliegen eines öffentlichen Interesses verlangt werden, das dem Bestandsschutzinteresse des Grundeigentümers vorgeht. Notwendig ist eine **Abwägung der Interessen der Allgemeinheit,** die mit dem konkreten Vorhaben verfolgt werden sollen, mit dem Einzelinteresse der von der Grundabtretung betroffenen Grundeigentümer oder sonstigen Berechtigten. Als Kriterien dieser besonderen Zulässigkeitsvoraussetzung führt Abs. 1 beispielhaft auf: Sichere Versorgung des Marktes mit Rohstoffen, Erhaltung von Arbeitsplätzen im Bergbau, Sicherung des Bestandes oder der Verbesserung der Wirtschaftsstruktur sowie – erst während der Gesetzesberatungen eingefügt (vgl. WiA/BT-Ds. 8/3965, 139 = Zydek, 343 f) – Sicherung des sinnvollen und planmäßigen Abbaus der Lagerstätte (kritisch zu dem beschäftigungs- und strukturpolitisch intendierten Zielen: H. Schulte, ZRP 1979, 169, 171).

2

2. a) Die **Rechtsnatur** der Grundabtretung nach den §§ 135 ff ABG war umstritten. Es standen sich die Auffassung, wonach die Grundabtretung – jedenfalls unter

der Herrschaft des Art. 14 GG – eine Enteignung sei, und die Ansicht gegenüber, daß die Grundabtretung als bloße Inhaltsbeschränkung des Grundeigentums ein privatrechtliches, nachbarrechtliches Institut darstellt (Amtl. Begr., BT-Ds. 8/1315, 125 = Zydek, 335; im einzelnen H. Schulte, ZfB 106 (1965), 161, 165; ders. Eigentum und öffentliches Interesse, 288, jeweils m. N.). Die Rechtsprechung der Verwaltungsgerichte hat ausnahmslos die enteignungsrechtliche Auffassung vertreten (vgl. VG Aachen ZfB 105 (1963), 103; 116 (1975), 454; OVG Münster ZfB 119 (1978), 221; offengelassen BVerwG ZfB 101 (1960), 89 m Anm. Zydek). Der BGH hat zwar anklingen lassen, die Befugnis, Grundabtretung zu verlangen, ergebe sich ebenso wie die Befugnis zur Schädigung fremder Grundstücke aus dem Bergwerkseigentum (BGHZ 53, 226, 233; hierzu H. Schulte, ZfB 113 (1972), 166, 176); er hat sich hierzu in der jüngsten einschlägigen Entscheidung vom 3. 6. 1982 – III ZR 189/80 = NVwZ 1982, 579 jedoch bewußt nicht geäußert. Nach seiner Auffassung soll aber das Grundabtretungs**verfahren** „nach richtiger Ansicht"ein Enteignungsverfahren sein, weil die Bergbehörden in einem förmlichen Verfahren im öffentlichen Interesse durch Verwaltungsakt die Verpflichtung des Grundeigentümers begründen, in bestimmtem Umfang und zu bestimmten Bedingungen Einwirkungen des Bergwerkseigentümers zu dulden. Es erscheine deshalb gerechtfertigt, die zur enteignungsrechtlichen Entschädigung entwickelten Grundsätze zur Auslegung der Entschädigungsregelung des § 137 ABG heranzuziehen (vgl. auch § 89 Rn 2 f).

3

b) Nach Auffassung des BGH scheint es nicht generell ausgeschlossen, daß eine privatrechtliche – dogmatisch als Inhaltsbestimmung zu wertende – Einwirkungsbefugnis des Bergwerkseigentümers oder Bewilligungsinhabers den strengeren Anforderungen des Enteignungsrechts unterstellt wird, ohne daß deshalb dem materiellen Gehalt nach ein Fall der Enteignung vorläge. Aktualität könnten solche Überlegungen dadurch erhalten, daß das „ausschließliche Recht", eine „Grundabtretung zu verlangen" (ähnlich wie in § 64 ABG) nach § 8 Abs. 1 Nr. 4, § 9 Abs. 1, § 151 Abs. 1 Nr. 5 als Bestandteil der Rechtsposition des Bewilligungsinhabers sowie des Bergwerkseigentümers nach neuem und altem Recht betont wird. Der Wirtschaftsausschuß (WiA/BT-Ds. 8/3965, 133 = Zydek, 103) hatte diese Ergänzung „entsprechend einer Anregung der Wirtschaft" mit der Begründung als „angebracht" bezeichnet, daß nach geltendem Recht zum gesetzlich umschriebenen Inhalt von Gewinnungsberechtigungen auch die Möglichkeit gehöre, nach den Vorschriften des jeweiligen Berggesetzes die Grundabtretung verlangen zu können. Angesichts der in § 77 statuierten Antragsbefugnis muß diese Ergänzung in der Tat zunächst als „dogmatische Inkonsequenz" (H. Schulte, NJW 1981, 88, 92 Fußn. 21) erscheinen; denn es ist zumindest schwer vorstellbar, aus den genannten Vorschriften einen Anspruch auf Grundabtretung (= Enteignung) ableiten zu wollen. Dieser Widerspruch läßt sich nur dadurch auflösen, daß in Fällen einer notwendigen Kollision von Rechten (d. h. insbesondere bei echter „Zugangsnot" wie bei Tagebaubetrieben oder Anlagen des Tiefbergbaus, die zur Fortführung des Abbaus schlechthin unvermeidbar sind wie etwa Wetter- und Seilfahrtschächte oder Bergehalden) gerade die Interessen des jeweiligen Gewinnungsbetriebs bei der nach § 79 Abs. 1 gebotenen Abwägung in besonderer Weise

Siebenter Teil: Bergbau und Grundbesitz, öffentl. Verkehrsanlagen 4 § 79

in die Waagschale geworfen werden sollen. Insoweit unterstreicht die ausdrückliche Erwähnung eines „Rechts auf Grundabtretung" das in § 79 Abs. 1 enthaltene Kriterium, wonach die Standortgebundenheit des Gewinnungsbetriebs (besonders) zu beachten ist (vgl. auch § 1 Nr. 1). Bei dem fortschreitenden Abbau handelt es sich immer um die bloße Fortsetzung, nicht aber um die Erweiterung eines bestehenden – verfassungsrechtlich geschützten – Gewerbebetriebs (vgl. Hoppe DVBl. 1982, 101, 109 f). Die Versagung der Grundabtretung kann daher im einzelnen Falle durchaus zur faktischen Entziehung der Bergbauberechtigung führen, da die Ausübung dieses Rechts stets eindimensional auf die Gewinnung von Bodenschätzen ausgerichtet ist und eine Sperre – mag sie in planerischen Vorbehalten oder in der Versagung der Grundabtretung bestehen – die Nutzung der Bergbauberechtigung in ihrer gesamten Dimension auszuschließen vermag (Hoppe, aaO). Die Versagung der Grundabtretung im einzelnen Falle darf daher nicht dazu führen, daß der Gewinnungsberechtigte seinerseits „enteignet" wird (vgl. hierzu P. Heinemann, ZfB 103 (1962), 306, 312 f; Krems, Gesetzgebungslehre, 212 Fußn. 25).

4
3. a) Zulässigkeitsvoraussetzung für eine Grundabtretung ist ein **konkretes öffentliches Interesse**. Die Erforderlichkeit der Grundabtretung ist in jedem einzelnen Falle zu prüfen. Sie kann unzulässig sein, wenn andere rechtlich und wirtschaftlich vertretbare Lösungen zur Verfügung stehen, mit denen der gleiche Zweck erreicht werden kann (BVerfGE 24, 267, 405; BVerfG NJW 1977, 2349, 2350). Das **allgemeine volkswirtschaftliche Interesse** an der Mineralgewinnung und an der Erhaltung leistungsfähiger Gewinnungsbetriebe reicht danach für sich allein nicht aus, obwohl die in § 79 Abs. 1 angeführten Kriterien – sowohl einzeln als auch zusammen – in der Regel genügen werden, um den Eingriff zu legitimieren. Immerhin bedarf es aber des **Nachweises**, welche Nachteile zu erwarten sind, wenn der beantragten Grundabtretung nicht stattgegeben wird. Dem Grundsatz der Verhältnismäßigkeit entsprechend hat die Grundabtretungsbehörde diesen Belangen des Unternehmers die Nachteile gegenüberzustellen, die sich für die Betroffenen aus dem Eingriff ergeben (vgl. BGH NJW 1977, 955). Jeweils auch zu prüfen ist, ob der Eingriff gerade im **konkreten Zeitpunkt** erforderlich ist (BGH BauR 1976, 274). Allerdings hat die Behörde im Grundabtretungsbeschluß die Verwendungsfrist so festzusetzen, daß dem Grundabtretungsbegünstigten der nötige Spielraum zur Verwirklichung des Vorhabens verbleibt. Zu beachten ist im übrigen, daß zahlreiche bergbauliche Vorhaben, wie etwa das Abteufen eines Wetter-, Seilfahrt- oder Versorgungsschachtes, technisch so schwierig und risikoreich sind, daß längere Vorlaufzeiten benötigt werden. Sobald sich ein Bedarf für eine solche Anlage herausstellt, das Vorhaben also notwendig ist im Sinne des § 77 Abs. 2, muß deshalb nach dem Scheitern der Vorverhandlungen (§ 79 Abs. 2) das Grundabtretungsverfahren eingeleitet werden, damit unmittelbar nach der Zulassung des maßgeblichen Betriebsplans mit den Arbeiten begonnen werden kann. Die dynamische auf Verzehr der Lagerstätte gerichtete Betriebsweise des Bergbaus begründet zeitliche und sachliche Zwänge, wie sie bei anderen im Enteignungswege verfolgbaren Vorhaben nicht in gleicher Weise vorliegen.

5

b) Die Grundabtretung ist daher **nicht planakzessorisch** (vgl. § 81 Rn 3 f). Grundabtretungsverfahren und Betriebsplanverfahren sind unterschiedliche Verfahren mit unterschiedlicher Zielsetzung und verschiedenem Prüfungsinhalt. Würde ein Grundabtretungsverfahren erst nach bestandskräftiger Betriebsplanzulassung eingeleitet werden können, würden sich in zahlreichen Fällen Verzögerungen ergeben, die den Gewinnungsbetrieb in seiner Existenz zu gefährden vermöchten. Nicht von ungefähr wird deshalb bei der vor der Entscheidung vorzunehmenden Abwägung im Gesetz darauf abgehoben, daß die Standortgebundenheit des Gewinnungsbetriebs zu beachten, d. h. wohl **besonders zu berücksichtigen**, ist. Insoweit steht das Grundabtretungsrecht des BBergG nicht in der Rechtstradition der Enteignungsgesetze, die die Einleitung von Enteignungsverfahren zunächst von der Zulassung der Enteignung (oder der Verleihung des Enteignungsrechts etwa durch Beschluß der Landesregierung; vgl. § 2 prEnteignG) abhängig machen. Für diese Verfahren wird jeweils gesetzlich zum Ausdruck gebracht, daß es einer weiteren Feststellung der Zulässigkeit der Enteignung nicht bedürfe und der festgestellte Plan dem Enteignungsverfahren zugrunde zu legen und für die Enteignungsbehörde bindend sei (vgl. § 19 BFStrG, § 31 PBefG, § 37 BbG, § 44 WaStrG). Im Gegensatz zu diesen Regelungen wird dem Unternehmer (Gewinnungsberechtigten) ein „Enteignungsrecht" nach Maßgabe der in den §§ 77 ff näher geregelten Voraussetzungen bereits vom Gesetz eingeräumt. Die Feststellung des Plans, der nicht ein Betriebsplan im Sinne der §§ 51 ff sein muß, wohl aber das Vorhaben erschöpfend zu beschreiben hat, und die Feststellung der Zulässigkeit der Grundabtretung können daher in einem Verwaltungsakt zusammengefaßt werden. In der Mehrzahl der Fälle wird freilich der Betriebsplan die Funktion übernehmen, die betriebstechnische und bergwirtschaftliche Zweckmäßigkeit (§ 77 Abs. 2) zu belegen, während anhand des Allgemeinwohlerfordernisses zu prüfen ist, ob sich das konkrete beabsichtigte Vorhaben gegenüber der verfassungsrechtlich geschützten Position des Eigentümers im konkreten Zeitpunkt durchzusetzen vermag. Vgl. auch Anz, Braunkohle 1982, 49, 50.

II. Angemessenes Angebot (Abs. 2).

6

1. Vor Einleitung des Grundabtretungsverfahrens muß sich der Antragsteller (Unternehmer) ernsthaft um den **Erwerb des Grundstücks** oder die **Vereinbarung eines Nutzungsverhältnisses zu angemessenen Bedingungen** bemühen (vgl. auch § 87 Abs. 2 BBauG). Der Betroffene soll nicht überrascht werden, sondern Gelegenheit erhalten, sich auf privater Ebene mit dem Unternehmer zu einigen. Einigungsversuche sind daher entbehrlich, wenn der Grundabtretungspflichtige schon vorher zu erkennen gegeben hat, er werde jedes Angebot ablehnen (BGH NJW 1966, 2012). Die Angebote müssen **ernsthaft** sein, dürfen also nicht mit Einschränkungen (z. B. Genehmigungsvorbehalten) versehen sein, die ihre Verbindlichkeit infrage stellen. Bei Kaufangeboten für Grundstücke ist eine notarielle Beurkundung nicht erforderlich, weil im Grundstücksverkehr unüblich.

Siebenter Teil: Bergbau und Grundbesitz, öffentl. Verkehrsanlagen **7–9 § 79**

7
2. Die Einigungsversuche müssen auf einen **Ankauf**, einen **Tausch mit eigenen Grundstücken** oder auf die **Begründung eines Nutzungsverhältnisses** gerichtet sein. Die auf einen Erwerb des Grundstücks abzielenden Bemühungen sollen von dem Angebot geeigneter anderer Grundstücke aus dem Vermögen des Unternehmers begleitet sein. Erfaßt wird der Grundbesitz des Antragstellers im Zeitpunkt der Abgabe des Kaufangebots. Eine Verpflichtung, geeignetes Ersatzland durch Zukauf zu beschaffen, besteht nicht. Maßgebend ist allein das Grundvermögen des Unternehmers selbst, so daß auch das Vermögen selbständiger Tochtergesellschaften unberührt bleibt. Unzumutbar ist etwa die Gestellung von Ersatzland aus dem eigenen Vermögen, sofern jenes vorsorglich für künftige andere Projekte des Unternehmers angeschafft worden ist oder für solche Vorhaben bereitgehalten wird. Angesichts der Langfristigkeit bergbaulicher Planungen gilt dies auch dann, wenn mit einer Verwirklichung solcher Vorhaben erst in Jahrzehnten zu rechnen ist (z. B. größerer Grundbesitz im Bereich von Reservefeldern). § 79 Abs. 2 Nr. 1 Buchst. a ist angelehnt an eine frühere Fassung des § 87 Abs. 2 Nr. 1 BBauG. Die BBauG-Novelle vom 18. 8. 1976 (BGBl. I S. 2256) hat die Verpflichtung zur Ersatzlandgestellung im städtebaulichen Bereich wegen der erheblichen praktischen Schwierigkeiten wesentlich abgemildert.

8
3. Das Angebot kann auch auf die **Vereinbarung eines Nutzungsverhältnisses** gerichtet sein (Abs. 2 Nr. 1 Buchst. b). Dies wird der Regelfall sein, da mit der Grundabtretung primär nur die Einräumung dinglicher Nutzungsrechte verlangt werden kann (§ 81 Rn 1 ff). Der Unternehmer kann den Versuch einer gütlichen Einigung als gescheitert betrachten und den Antrag auf Zwangsgrundabtretung stellen, wenn der Eigentümer – aus welchen Gründen auch immer – der Eintragung eines Nutzungsrechts in das Grundbuch nicht zustimmt. Ein schuldrechtliches „Nutzungsverhältnis" (in der Form der Miete oder Pacht) erscheint allenfalls dann als ausreichend, wenn das Grundstück nur für kürzere Zeit, etwa bis zur Dauer von drei Jahren, benötigt wird. Hat der Eigentümer bereits in der Vorverhandlung ernsthaft zum Ausdruck gebracht, er werde die Ausdehnung der Grundabtretung nach § 82 verlangen, wird der Unternehmer schon im eigenen Interesse bestrebt sein, alternativ dem Angebot auf Abschluß eines Nutzungsverhältnisses auch den Ankauf des benötigten Grundstücks anzubieten, damit für den Fall des Verlangens der Ausdehnung die nötigen Unterlagen vorliegen und die Wertsteigerungssperre des § 90 Abs. 1 Nr. 3 ausgelöst wird (vgl. unten Rn 11; § 90 Rn 4 f). Eine **Verpflichtung zur Abgabe alternativer Angebote besteht nicht**, wenn nach Lage der Dinge allein ein Nutzungsrecht in Betracht kommt; in diesen Fällen ist dann auch kein Ersatzland anzubieten.

9
4. a) Die auf eine gütliche Einigung abzielenden Angebote müssen **angemessen** sein. Ein angebotener Kaufpreis muß dem **Verkehrswert** des Grundstücks (§ 85) entsprechen. Werden aus dem Vermögen des Unternehmers Tauschgrundstücke angeboten, muß zwischen den Verkehrswerten der zu tauschenden Grundstücke annähernd Deckungsgleichheit bestehen. Differenzen sind durch Zuzahlung eines

Geldbetrages auszugleichen. Ist das zum Tausch angebotene Grundstück höherwertig als das benötigte Grundstück, kann der Unternehmer seinerseits den angebotenen Tausch mit einem Verlangen auf Geldausgleich in Höhe der Differenz verbinden oder die Verrechnung dieser Differenz mit der Entschädigung sonstiger Vermögensnachteile (§ 84 Abs. 2 Nr. 2, § 86) anbieten, falls eine zusätzliche Entschädigung voraussichtlich zu erwarten ist. Bei der Beurteilung der Angemessenheit solcher Tauschangebote ist allein der Verkehrswert der Grundstücke maßgeblich, nicht etwa die Höhe der sog. Bodenwertzahlen als Maßstab der Bonität landw. Grundstücke (die sich in der Regel in den Verkehrswerten niederschlagen) oder das häufig bei landwirtschaftlichen Grundstücken zu beobachtende Verlangen eines flächenbezogenen Tausches im Verhältnis 1 : 2 oder 1 : 3 zugunsten des Eigentümers. Würden dem Eigentümer bei Annahme des Tauschangebotes Wirtschaftserschwernisse (z. B. wegen längerer Fahrtwege zur Hofstelle) entstehen, vermögen solche Nachteile nicht zusätzliche Entschädigungsansprüche zu begründen, da sie ursächlich nicht auf die mögliche Grundabtretung, sondern die Annahme des Tauschangebots zurückzuführen sind.

10

b) Im übrigen muß sich das Angebot auch auf die **Abgeltung sonstiger Vermögensnachteile** beziehen, die durch eine Grundabtretung entstehen können, weil es andernfalls nicht angemessen wäre. Im Angebot muß in etwa enthalten sein, was der Eigentümer (oder sonstige Nutzungsberechtigte) im Grundabtretungsfalle fordern könnte (BGH NJW 1966, 2012). Eine genaue Übereinstimmung der im Angebot einer freihändigen Einigung enthaltenen Entschädigungsbeträge mit den Feststellungen einer späteren Grundabtretung ist oft deshalb nicht möglich, weil der Unternehmer die betriebswirtschaftlichen Strukturen etwa eines landwirtschaftlichen Betriebs nicht übersieht und deshalb die Auswirkungen des jeweiligen Flächenverlustes nicht zu beurteilen vermag. Nachteile und Erschwernisse, die in den Verhandlungen nicht zur Sprache gekommen sind, können in den Angeboten auch nicht berücksichtigt werden. In diesen Fällen muß inkauf genommen werden, daß das Angebot notwendigerweise nicht vollständig ist. Überdies gehen der Abgabe des Angebots häufig schwierige Bewertungsfragen voraus, z. B. über die Frage einer Bauerwartung, der Möglichkeit, ein vorhandenes Vorkommen an Bodenschätzen in absehbarer Zeit auszubeuten usw. Ein Angebot ist auch dann als angemessen im Sinne des § 79 Abs. 2 anzusehen, wenn der Unternehmer solche erweiterten Nutzungs- oder Verwertungsmöglichkeiten mit vertretbarer Begründung im Zeitpunkt der Angebotsabgabe als nicht realistisch betrachtet und sein Angebot entsprechend einschränkt.

11

c) Nach § 90 Abs. 1 Nr. 3 (vgl. auch § 95 Abs. 2 Nr. 3 BBauG) bleiben solche Werterhöhungen außer Betracht, die nach dem Zeitpunkt eintreten, in dem der Betroffene ein angemessenes Angebot im Sinne des § 79 Abs. 2 hätte annehmen können. An die Voraussetzungen dieser sog. **Wertsteigerungssperre** werden von der Rechtsprechung strengere Anforderungen gestellt als an den Angebotsinhalt als Grundlage einer Grundabtretung. Gibt der Unternehmer ein großzügigeres Angebot unter der Bedingung ab, daß es bis zu einem bestimmten Tage angenom-

Siebenter Teil: Bergbau und Grundbesitz, öffentl. Verkehrsanlagen **12, 13** **§ 79**

men sein müsse und bei Nichtannahme verfalle, wird eine Wertsteigerungssperre nicht ausgelöst (vgl. BGH NJW 1976, 1255); wohl aber dann, wenn das eingeschränkte Angebot, das nach Ablauf der Frist gelten soll, noch als angemessen im Sinne des § 79 Abs. 2 zu betrachten ist (im einzelnen § 90 Rn 4 f).

12
5. Die vorstehenden Ausführungen gelten sinngemäß auch für ein **Angebot zum Abschluß eines Nutzungsverhältnisses** (§ 79 Abs. 2 Nr. 1 Buchst. b; vgl. oben Rn 8). Da die nach § 89 Abs. 1 S. 1 für die Begründung eines (dinglichen) Nutzungsrechts festzusetzende Entschädigung sich daran zu orientieren hat, welchen Erlös diese Nutzung dem Eigentümer (oder sonstigen Nutzungsberechtigten) nachhaltig gebracht haben würde, ist ein Angebot ausreichend, wenn es diese Einbußen in etwa abdeckt (zur Entschädigung nach § 89 Abs. 1 im einzelnen: § 89 Rn 2 bis 10). Gerade in solchen Fällen läßt sich die bei einer Grundabtretung zu zahlende Entschädigung fast nie ohne Einschaltung von Sachverständigen und ohne Mitwirkung des Eigentümers selbst bestimmen. Es ist deshalb ausreichend, wenn angeboten wird, eine Nutzungsentschädigung nach Maßgabe der Feststellung eines Sachverständigen zu zahlen, wenn greifbare Anhaltspunkte für eine eigenständige Bemessung des Ertragsverlustes durch den anbietenden Unternehmer nicht vorhanden sind. Da die Nutzungsentschädigung nach § 89 Abs. 1 **nicht in der Verzinsung des Verkehrswerts** des Grundstücks besteht (§ 89 Rn 4 f), braucht sich das Angebot auch nicht an einem solchen Hilfsmaßstab zu orientieren. Andere durch die wiederkehrenden Zahlungen nicht auszugleichende Vermögensnachteile sind nach § 89 Abs. 1 S. 2 in Einmalbeträgen zu entschädigen. Das Angebot hat sich auch hierauf zu erstrecken, sofern solche Nachteile im Zeitpunkt der Angebotsabgabe erkennbar sind (z. B. Verlegung von Hofzufahrten, Ersatz von Aufwuchs usw.).

13
6. Die auf freihändigen Erwerb gerichteten Verhandlungen werden in der Regel „zur Abwendung eines bergbaulichen Grundabtretungsverfahrens" geführt werden. Gleichwohl wird daraus nicht geschlossen werden können, bereits das Ergebnis der Verständigung zwischen Unternehmer und Grundstückseigentümer sei ein öffentlich-rechtlicher Vertrag im Sinne der §§ 54 ff VwVfG (so Palm ZfB 122 (1981), 415, 421). Das Enteignungsrecht kann eingesetzt werden, wenn eine dem Gemeinwohl dienende Aufgabe nicht mit den üblichen von der Rechtsordnung zur Verfügung gestellten Mitteln verwirklicht werden kann (BVerfGE 38, 175, 180 f). Dadurch wird das Ziel, zu deren Verwirklichung das hoheitliche Zwangsrecht eingesetzt wird, nicht selbst zu einer öffentlichen Aufgabe; noch ändert sich aufgrund des staatlichen Zwangseingriffs die rechtliche Qualität des Rechts selbst. Es erfährt lediglich insgesamt oder hinsichtlich einzelner aus ihm abzuleitender Befugnisse eine andere (sachenrechtliche) Zuordnung (BVerfG NJW 1977, 2349, 2353 f). Eine ohne Einschaltung staatlicher Stellen getroffene Einigung zwischen Privatrechtssubjekten kann daher schwerlich dem öffentlichen Recht angehören. Allerdings ist einzuräumen, daß bei der Vereinbarung eines Nutzungsrechts zur Abwendung einer Grundabtretung – unbeschadet seines Inhalts im übrigen – diejenigen Rechtsvorschriften des Grundabtretungsrechts zur Auslegung heran

zuziehen sind, die anzuwenden wären, wenn das Nutzungsrecht im Zwangswege durch Grundabtretung begründet worden wäre. Hierzu rechnen etwa die Vorschriften über die Rückgabe und Wiederherstellung (§ 81 Abs. 3), eine Anpassung bei wesentlicher Veränderung der Verhältnisse (§ 89 Abs. 3) sowie sonstige Regelungen, die mit Rücksicht auf den Charakter des Nutzungsrechts als eines Dauerschuldverhältnisses gesetzlich verankert sind (z. B. Ausgleich eines Minderwerts bei Rückgabe). Sie gelten mit der üblichen Klausel „zur Abwendung eines Grundabtretungsverfahrens" als zusätzlich vereinbart, es sei denn, besondere Vertragsbestimmungen würden diese Regelung eindeutig ablösen (vgl. auch § 82 Rn 14). Zur Rechtsnatur der **Einigung im Grundabtretungsverfahren**: Vgl. vor § 91 Rn 22. Siehe ferner BGHZ 84, 1 (ergänzende Vertragsauslegung und Rückübereignung).

14
7. Nach **Abs. 2 Nr. 2** muß der Antragsteller die **Verwendung** des Grundstücks innerhalb angemessener Frist **glaubhaft machen**. Er muß Tatsachen vortragen, aus denen sich die alsbaldige Verwendung des Grundstücks zu dem vorgesehenen Zweck ergibt. Erforderlichenfalls sind Aussagen zur Kreditwürdigkeit oder Finanzkraft notwendig. § 294 ZPO ist nicht entsprechend anwendbar, insbesondere scheiden Eid und eidesstattliche Versicherung als Mittel der Glaubhaftmachung aus, da eine gesetzliche Grundlage im Verwaltungsverfahren fehlt. Welche Frist im Einzelfall angemessen ist, richtet sich nach Art und Umfang des Vorhabens. Mit der Angabe einer Frist soll insbesondere verhindert werden, daß Grundstücke dem Vorhaben zeitlich weit vorauseilend gleichsam auf Vorrat unter Androhung künftiger Zwangsmittel beschafft werden. Es ist jedoch nicht notwendig, mit der Einleitung des Grundabtretungsverfahrens solange zu warten, bis die Inanspruchnahme des Grundstücks dringend erforderlich wird. Insbesondere wenn sich nach vergeblichen Bemühungen der Einigung ein besonders hartnäckiger Widerstand des Betroffenen ankündigt, die Einlegung von Rechtsmitteln und damit Verzögerungen zu erwarten sind, die für den notwendigerweise dynamischen, auf Verzehr der Lagerstätte ausgerichteten Bergbau schwere Rückschläge bis zur Einstellung des Betriebs auslösen können, kann eine frühe Einleitung des Grundabtretungsverfahrens geradezu existenznotwendig werden. Die **Verwendungsfrist** wird ohnehin im Grundabtretungsbeschluß festgelegt (§ 81 Abs. 1 S. 2; vgl. auch vor § 91 Rn 5 sowie § 95 Rn 1 f).

III. Grundabtretung bebauter Grundstücke.

15
1. Abs. 3 begründet einen besonderen Zustimmungsvorbehalt anderer (meist nächsthöherer) Landesbehörden bei der Abtretung bebauter Grundstücke. Die Vorschrift entspricht insoweit § 136 Abs. 2 ABG. Nach ihrer Entstehungsgeschichte (vgl. ZfB 78 (1937), 162) führte die Vorschrift allerdings zu einer Erweiterung der Grundabtretungsbefugnis des Bergwerksbesitzers, der nach der ursprünglichen Fassung des § 136 Abs. 2 ABG nicht berechtigt war, die Grundabtretung gegen den Willen des Grundbesitzers auf bebaute Grundstücke auszudehnen. Da

Erstes Kapitel: Grundabtretung §§ 79–81

die Abtretung nach § 136 Abs. 1 ABG nur aus überwiegenden Gründen des öffentlichen Interesses versagt werden durfte, bildete das Zustimmungserfordernis eine notwendige Schranke, um im Einzelfalle eine Abwägung der Interessen zwischen Bergbau und Grundbesitzer vornehmen zu können.

16
2. Angesichts der konsequent enteignungsrechtlichen Ausgestaltung des Grundabtretungsrechts erscheint die Bedeutung des Abs. 3 gering; denn eine Grundabtretung ist nach Abs.1 im einzelnen Falle nur zulässig, wenn sie vom Wohl der Allgemeinheit (Art. 14 Abs. 3 GG) gefordert wird. Ob neben dem hiernach erforderlichen „Wohl der Allgemeinheit" noch Raum für die Feststellung eines „überwiegenden öffentlichen Interesses" ist, dürfte zweifelhaft sein. Abs. 3 hat daher wohl eher die Bedeutung einer zusätzlichen (verwaltungsinternen) Kontrollmöglichkeit der nächsthöheren Behörde gegenüber der Grundabtretungsbehörde. Das Zustimmungserfordernis eröffnet allenfals die Möglichkeit, zusätzliche – möglicherweise auch politisch intendierte – Zielsetzungen in die nach Abs. 1 notwendige Abwägung einzubringen. Auffallend ist die gegenüber § 136 Abs. 2 ABG restriktive Fassung („darf nur aus überwiegenden öffentlichen Interessen ... erteilt werden"). Vgl. auch Anz., Braunkohle 1982, 49, 50.

§ 80 Grundabtretungsbegünstigter und -pflichtiger

(1) Grundabtretungsbegünstigter ist der Unternehmer, für dessen Vorhaben ein Grundabtretungsverfahren durchgeführt wird.

(2) Grundabtretungspflichtige sind der Eigentümer des von der Grundabtretung betroffenen Grundstücks oder sonstigen Gegenstandes und die Inhaber der Rechte, die entzogen, übertragen, geändert, belastet oder sonst beschränkt werden sollen.

(3) Nebenberechtigte sind die Personen, denen dingliche oder persönliche Rechte am oder in bezug auf den Gegenstand der Grundabtretung zustehen.

1
Die Vorschrift enthält Begriffsbestimmungen der Rechtssubjekte, die an einem Grundabtretungsverfahren beteiligt sein können. Während § 78 die Objekte der Grundabtretung beschreibt, differenziert § 86 nach der rechtlichen Zuordnung. Die Abgrenzung zwischen Grundabtretungspflichtigen als Rechtsinhabern (Abs. 2) und Nebenberechtigten (Abs. 3) ist flüssig. Die praktische Bedeutung der Vorschrift erscheint gering. Vgl. zu den Nebenberechtigten nach Abs. 3 auch § 87.

§ 81 Umfang der Grundabtretung

(1) Die Grundabtretung darf nur in dem Umfang durchgeführt werden, in dem sie zur Verwirklichung des Grundabtretungszweckes erforderlich ist. Die Frist, innerhalb der der Grundabtretungszweck verwirklicht werden muß, ist von der zuständigen Behörde festzusetzen.

(2) Die Entziehung des Eigentums an Grundstücken ist nur zulässig, wenn
1. die Grundstücke bebaut sind oder mit bebauten Grundstücken in unmittelbarem räumlichem Zusammenhang stehen und eingefriedet sind,

§ 81 **1** Siebenter Teil: Bergbau u. Grundbesitz, öffentl. Verkehrsanlagen

2. im Zeitpunkt der Grundabtretung damit zu rechnen ist, daß die Grundstücke auf Grund behördlich angeordneter Maßnahmen zur Wiedernutzbarmachung der Oberfläche eine Wertsteigerung erfahren werden oder
3. der Eigentümer die Entziehung des Eigentums nach § 82 verlangt.

Reicht in den in Satz 1 Nr. 1 genannten Fällen die Belastung des Eigentums an Grundstücken mit einem dinglichen Nutzungsrecht zur Verwirklichung des Grundabtretungszweckes aus, so ist die Grundabtretung hierauf zu beschränken. In den Fällen des Satzes 1 Nr. 2 ist die Entziehung des Eigentums nicht zulässig, wenn der Eigentümer sich verpflichtet, nach Beendigung der Benutzung des Grundstücks die durch die Maßnahme zur Wiedernutzbarmachung der Oberfläche eingetretene Werterhöhung in Geld auszugleichen.

(3) Der Grundabtretungsbegünstigte ist, soweit nicht die Entziehung des Eigentums an einem Grundstück oder einer in § 82 Abs. 5 bezeichneten Sache Gegenstand der Grundabtretung ist, verpflichtet, nach Beendigung der Benutzung der abgetretenen Sachen zu dem vorgesehenen Zweck oder, wenn das Grundstück danach einem Zweck zugeführt wird, der eine Grundabtretung rechtfertigen würde, nach Beendigung der Benutzung zu diesem Zweck,
1. den Zustand des Grundstücks oder der Sachen in dem Zeitpunkt des Wirksamwerdens der Grundabtretung wiederherzustellen, es sei denn, daß die Wiederherstellung mit unzumutbaren Aufwendungen verbunden oder eine vom früheren Zustand abweichende Anordnung der zuständigen Behörde zur Wiedernutzbarmachung der Obefläche erlassen worden ist und
2. den abgetretenen Gegenstand dem betroffenen Grundabtretungspflichtigen wieder zur Verfügung zu stellen.

1
1. a) Die Vorschrift hat neben § 82 eine **zentrale Stellung** innerhalb des Grundabtretungsrechts. **Grundabtretung ist die durch hoheitlichen Akt** (Grundabtretungsbeschluß) **bewirkte zwangsweise Abgabe von Grundstücken zu Eigentum oder zur Nutzung**. Die Abgabe erfolgt frei von Rechten Dritter, sofern deren Aufrechterhaltung mit dem beabsichtigten Vorhaben nicht zu vereinbaren ist (§ 87 Rn 2). In Übereinstimmung mit den § 135 ff. ABG kann der Unternehmer **pinzipiell nur die Begründung eines Nutzungsrechts beantragen**, das durch den Grundabtretungsbeschluß (vgl. vor § 91 Rn 6 f) eindeutig zu umschreiben ist, durch die Ausführungsanordnung (vgl. § 92 Rn 1 ff) Wirksamkeit erlangt und – lediglich noch im Rahmen einer Berichtigung – in das Grundbuch einzutragen ist (vgl. § 92 Abs. 3; § 92 Rn 10). Die Funktion des Grundabtretungsverfahrens besteht darin, bei Scheitern einer freihändigen Vereinbarung (§ 79 Abs. 2) die privatrechtlichen Erwerbsformen und Erwerbsmodalitäten durch Staatsakt zu ersetzen. Das Ergebnis der Grundabtretung als Enteignung ist die zwangsweise Übertragung des Eigentums auf den Grundabtretungsbegünstigten oder die Begründung eines bürgerlich-rechtlichen dinglichen Nutzungsrechts. Durch Grundabtretungsbeschluß können daher nur solche dinglichen (Nutzungs-)Rechte begründet werden, die den festen Rechtstypen des Sachenrechts entsprechen (vgl. hierzu im einzelnen BVerfG NJW 1977, 2349, 2353 f).

Erstes Kapitel: Grundabtretung **2,3 § 81**

2

b) Der **Vorrang der Grundabtretung zur Benutzung** folgt aus dem Zusammenhang der §§ 81 und 82: Allein in **zwei eng begrenzten Ausnahmefällen** kann der Unternehmer die **Entziehung des Eigentums** beantragen (§ 81 Abs. 2). Im übrigen ist eine Entziehung des Eigentums nur zulässig, wenn der Eigentümer dies unter den in § 82 genannten Voraussetzungen verlangt. Die gesamte Regelung steht unter dem Verfassungsgebot des geringstmöglichen Eingriffs (ebenso § 79 Abs. 1: Nichterreichbarkeit des Grundabtretungszwecks auf andere zumutbare Weise). Ausprägungen dieses Gebots sind ferner die in § 81 Abs. 1 S. 2 und 3 enthaltenen Ausschlußtatbestände einer Eigentumsentziehung. Während in anderen Enteignungsgesetzen jeweils ausdrücklich die Eigentumsentziehung als unzulässig erklärt wird, wenn anstelle des Vollrechtsentzugs die Belastung mit einem Nutzungsrecht zur Verwirklichung des Zwecks ausreicht (vgl. § 92 Abs. 1 S. 2 BBauG, § 12 Abs. 2 LBG), erhebt das BBergG die Begründung des Nutzungsrechts zu dem nahezu allein zulässigen Fall der Enteignung und deklariert damit die Grundabtretung zur Nutzung als ausreichend im Sinne des genannten Verfassungsgebots. Dies dient der Rechtsklarheit und läßt die Tendenz erkennen, das Grundeigentum gegenüber den notwendigen Eingriffen des Bergbaus so wenig wie möglich zu beeinträchtigen.

3

2. Abs. 1 S. 1 **schränkt** die Enteignung (Grundabtretung) in **räumlicher Beziehung** ein.
a) Die zwangsweise Inanspruchnahme darf nur in dem zur Durchführung des bergbaulichen Vorhabens unerläßlichen Umfang erfolgen. Die **Grundabtretung nach dem BBergG ist** – anders als die Enteignung nach dem BBauG zur Durchführung der Nutzungen eines Bebauungsplans (vgl. § 85 BBauG) oder zur Verwirklichung planfestgestellter Vorhaben – **nicht planakzessorisch**. Sie folgt damit in etwa dem System des LBG, das zwar ein gesondertes Verfahren der Planprüfung (§§ 31 ff. LBG) kennt, die Entscheidung über die Ergebnisse der Planprüfung bei mangelnder Einigung der Beteiligten jedoch dem eigentlichen Enteignungsbeschluß überantwortet (§ 47 LBG). Ein Grundabtretungsverfahren kann vom Unternehmer beantragt und von der zuständigen Behörde durchgeführt werden, ohne daß zuvor die öffentlich-rechtliche Seite des Vorhabens durch einen Verwaltungsakt abschließend und bindend geregelt worden wäre. Das Betriebsplanverfahren vermag eine solche Bindungswirkung nicht zu begründen, weil es in erster Linie polizeilich (ordnungsbehördlich) orientiert ist, sich die Prüfung auf die in § 55 bezeichneten Gegenstände beschränkt und eine Beteiligung Dritter weder während des Verfahrens noch bei der endgültigen Entscheidung vorgesehen ist. Zudem können neben der Betriebsplanzulassung weitere zusätzliche Erlaubnis-, Zustimmungs- oder Mitwirkungsakte nach bau- und planungsrechtlichen, bauordnungs-, immissionsschutz-, landschaftsschutzrechtlichen sowie weiteren Bestimmungen erforderlich werden. **Dem Betriebsplan fehlt** mithin die – gerade etwa für einen Planfeststellungsbeschluß typische – **Konzentrationswirkung** als Folge und Ergebnis einer umfassenden Prüfung aller betroffenen öffentlichen und privaten Belange einschließlich ihrer verfassungsrechtlich gebotenen Abwägung.

4

b) Bei ihrer Entscheidung über einen Grundabtretungsantrag kann sich daher die zuständige Behörde nicht nach dem Verlauf oder Ergebnis des Betriebsplanverfahrens richten; vielmehr muß sie ihre Entscheidung anhand der Prüfungsmaßstäbe der § 77 Abs. 2, § 79 Abs. 1 **selbständig und unmittelbar** nach dem Grundabtretungsantrag und dem Ergebnis des förmlichen Grundabtretungsverfahrens (insbesondere der mündlichen Verhandlung) treffen. Der Unternehmer wird in der Regel seinem Grundabtretungsantrag einen (meist den bereits eingereichten) Betriebsplan beifügen, sich auf diesen beziehen oder die Maßnahmen in dem gebotenen Umfang im Antrag selbst beschreiben. Ein **zugelassener** Betriebsplan begründet jedoch in hohem Maße die Vermutung, daß durch Konsens aller beteiligten Behörden die notwendige planungsrechtliche und betriebstechnische Festlegung des Objekts erfolgt ist (OVG Münster, ZfB 119 (1978), 221, 222). Die Grundabtretungsverpflichteten haben deshalb auch ein Recht auf Einsicht in den Betriebsplan. **Solange der maßgebliche Betriebsplan nicht zugelassen** ist oder andere etwa zur Durchführung des Vorhabens erforderliche öffentlich-rechtliche Gestattungen nicht erteilt sind, ist die zuständige Behörde **gehindert, den Grundabtretungsbeschluß zu erlassen.** Die Grundabtretungsbehörde muß aber das Verfahren so weit fördern, daß der Grundabtretungsbeschluß alsbald nach erfolgter Betriebsplanzulassung ergehen kann (vgl. insoweit auch § 109 Abs. 1 S. 2 BBauG). Einigen sich die Beteiligten im Verhandlungstermin, steht die Einigung unter der Bedingung der Betriebsplanzulassung.

5

c) In der Regel wird das Grundabtretungsverfahren erst eingeleitet werden, wenn die Betriebsplanzulassung erteilt und sonstige behördliche Entscheidungen ergangen sind. Aber auch wenn diese Voraussetzungen vorliegen, ist die Grundabtretungsbehörde nicht ihrer Verpflichtung enthoben, sorgfältig zu prüfen, ob der im zugelassenen Betriebsplan enthaltene Flächenbedarf entsprechend **Abs. 1 S. 1** auch tatsächlich zur Verwirklichung des Grundabtretungszwecks notwendig ist. Hierbei ist zu berücksichtigen, daß sich aus bau- und planungsrechtlichen sowie aus Vorschriften des Landschaftsschutzrechts ein Flächenbedarf ergeben kann, der über die unmittelbar benötigte eigentliche Betriebsfläche hinausgeht (z. B. Abschirmungen zur Einbindung bergbaulicher Anlagen in die Umgebung). Der im Rahmen der Betriebsplanzulassung zu berücksichtigende Belang der Wiedernutzbarmachung (vgl. § 55 Abs. 1 S. 1 Nr. 7; § 4 Abs. 4; hierzu § 55 Rn 72 ff.) fordert die Gestaltung der Betriebsfläche unter Beachtung des öffentlichen Interesses. Gerade landschaftsschutzrechtliche Vorschriften verfolgen den Zweck, etwaige mit der bergbaulichen Nutzung verbundene Eingriffe in die Landschaft so weit wie möglich auszugleichen. Allerdings sind der gestalterischen Freiheit in diesem Punkte auch wegen der verfassungsrechtlich vorgegebenen räumlichen Beschränkung des Grundabtretungseingriffs rechtliche Schranken gesetzt, die im einzelnen zu einer sorgfältigen Prüfung nötigen.

6

d) Nach **Abs. 1 S. 2** ist die Frist, innerhalb deren der Grundabtretungszweck verwirklicht werden muß, im Grundabtretungsbeschluß festzusetzen. Diese **Ver**

Erstes Kapitel: Grundabtretung 7, 8 § 81

wendungsfrist beginnt nach § 95 Abs. 1 mit dem Eintritt der Rechtsänderung, also der Überführung des Eigentums in die Hand des Grundabtretungsbegünstigten bei der Eigentumsentziehung oder der Belastung des Grundstücks mit einem dinglichen Recht aufgrund der **Ausführungsanordnung** (§ 92 Abs. 1 S. 4). Diese Ausführungsanordnung kann erst nach Unanfechtbarkeit des Grundabtretungsbeschlusses oder einer Vorabentscheidung nach § 91 sowie im Falle einer Einigung der Beteiligten im Verfahren ergehen (§ 92 Abs. 1); sie setzt ferner den Nachweis der Erfüllung der festgesetzten Zahlungen und der Hinterlegungen voraus. Die Verwendungsfrist kann verlängert werden (§ 95). Wird das Vorhaben nicht innerhalb der Verwendungsfrist ausgeführt, kann der Betroffene die Aufhebung der Grundabtretung verlangen (§ 96 Abs. 1 Nr. 1 Buchst. a).

7
3. a) Die Fälle der zulässigen **Eigentumsentziehung** regelt bindend und abschließend **Abs. 2**. In Übereinstimmung mit dem bisher geltenden Recht (§ 136 Abs. 2 ABG) kann unter den in Abs. 2 S. 1 Nr. 1 genannten Voraussetzungen bei **bebauten Grundstücken** die Grundabtretung zu Eigentum durchgeführt werden, jedoch gemäß § 79 Abs. 3 nur bei **überwiegendem öffentlichen Interesse**. Reicht die Belastung mit einem dinglichen Nutzungsrecht aus, ist die Grundabtretung hierauf zu beschränken (Abs. 2 S. 2). Bei der hiernach zulässigen Eigentumsentziehung verweist die Gesetzesbegründung auf die großflächige Gewinnung von Bodenschätzen im Tagebau (z. B. Braunkohle), wo die Beseitigung von Gebäuden unerläßlich sein könne (BT-Ds. 8/1315, 127 = Zydek, 348). Die im RegEntwurf 1977 noch vorgesehene Eigentumsentziehung bei voraussichtlich längerer Nutzung als zehn Jahre ist im Gesetzgebungsverfahren als „mit dem Wesen der Grundabtretung nicht vereinbar" gestrichen worden (WiA/BT-Ds. 8/3965, 139 = Zydek, 349). Das entspricht der allgemeinen Zielsetzung des Grundabtretungsrechts, wonach – soweit irgend möglich – die Interessen des Grundstückseigentümers vorgehen und ihm die Wahl zwischen der Entziehung des Eigentums oder der Einräumung des Nutzungsrechts belassen werden soll (vgl. auch § 82 Rn 9 f – Übernahmeanspruch).

8
b) Eine **Eigentumsentziehung** ist nach **Abs. 2 S. 1 Nr. 2** ferner möglich, wenn die Grundstücke aufgrund von Rekultivierungsmaßnahmen eine **Wertsteigerung** erfahren werden. Ob solche Wertsteigerungen eintreten werden, läßt sich in der Regel den maßgeblichen Betriebsplänen und landschaftspflegerischen Begleitmaßnahmen entnehmen, soweit diese beim Zeitpunkt der Grundabtretungsentscheidung bereits vorliegen. Der Verpflichtete kann die Eigentumsentziehung abwenden, wenn er sich **verbindlich bereiterklärt**, bei Beendigung der bergbaulichen Nutzung und Rückgabe des Grundstücks eine etwaige **Werterhöhung in Geld auszugleichen** (Abs. 2 S. 3). Wird eine solche Verpflichtung abgegeben, darf die Grundabtretungsbehörde trotz anderslautenden Antrags nur ein (dingliches) Nutzungsrecht im Grundabtretungsbeschluß umschreiben. Die Erklärung des Grundabtretungsverpflichteten ist in die Niederschrift aufzunehmen. Sie begründet einen **privatrechtlichen Anspruch** des Grundabtretungsbegünstigten, der bei der Rückgabe des Grundstücks fällig wird, sowie ein Zurückbehaltungsrecht gegen

über dem jeweiligen Eigentümer, solange die Ausgleichszahlung nicht erfolgt. Da hier gleichsam der Grundabtretungsbegünstigte als Entschädigungsberechtigter anzusehen ist, spricht vieles dafür, § 89 Abs. 2 für entsprechend anwendbar anzusehen. Einigen sich die Beteiligten nicht über die Höhe der Ausgleichszahlung im Zeitpunkt der anstehenden Rückgabe, ist danach zunächst ein erneutes Entschädigungsverfahren durchzuführen, bevor die ordentlichen Gerichte nach § 144 eingeschaltet werden können.

9
c) Die in **Abs. 2 S. 1 Nr. 3** genannte Entziehung des Eigentums verweist auf den sog. **Ausdehnungsanspruch** des Eigentümers nach § 82.

10
4. a) **Abs. 3** enthält die **Verpflichtungen** des grundabtretungsbegünstigten Unternehmers im Falle einer **Grundabtretung zur Nutzung**. Entkleidet man die Vorschrift aller eingeschlossenen Satzteile, lautet der Kern der Aussage: Der **Grundabtretungsbegünstigte ist verpflichtet, nach Beendigung der Benutzung der abgetretenen Sachen** zu dem vorgesehen Zweck **den Zustand des Grundstücks wiederherzustellen** (Abs. 3 Nr. 1) **und den abgetretenen Gegenstand dem betroffenen Grundabtretungspflichtigen wieder zur Verfügung zu stellen** (Abs. 3 Nr. 2).

11
b) Die **Pflicht zur Wiederherstellung** (Nr. 1) entfällt, wenn hiermit unzumutbare Aufwendungen verbunden wären. Das ist dann der Fall, wenn die Aufwendungen in einem unangemessenen Verhältnis zu dem Wert des Grundstücks oder seiner künftigen Nutzbarkeit stehen. Beseitigungspflichten, die sich bereits aus öffentlich-rechtlichen Regelungen (etwa aus einem Betriebsplan) ergeben, bleiben außer Betracht. Ist der Begünstigte von der Wiederherstellungspflicht entbunden, hat er gleichwohl das Grundstück dem Pflichtigen zurückzugeben. Bei wörtlicher Anwendung der einschlägigen Vorschrift scheint die eigentumsfreundliche Betrachtung des Grundabtretungsrechts hier durchbrochen. So fehlt eine Regelung für den bei Rückgabe eines nicht rekultivierten Grundstücks möglicherweise verbleibenden Minderwert (vgl. § 137 Abs. 2 ABG). Da dies nicht gewollt ist, wird man davon auszugehen haben, daß der Grundabtretungsbegünstigte einen **nach Rückgabe etwa verbleibenden Minderwert** zu ersetzen hat, und zwar im Rahmen der allgemeinen entschädigungsrechtlichen Vorschriften. Es wird daher eine **Ergänzungsentschädigung nach § 89 Abs. 2** festzusetzen sein, falls sich die Beteiligten über die Höhe des Minderwerts nicht einigen können. Bereits unter der Geltung des ABG war umstritten, von welcher Qualität des Grundstücks und von welchem Bewertungsstichtag bei der Rückgabe der Grundstücke auszugehen sei. Überwiegend wurde angenommen, daß die Qualität des Grundstücks nach dem Zustand im Zeitpunkt des Wirksamwerdens des Grundabtretungsbeschlusses zu bestimmen sei, während bei der Ermittlung des Grundstückswertes auf den Zeitpunkt der Rückgabe abgestellt werden müsse (vgl. hierzu Wittus ZfB 54 (1913), 264; Ebel-Weller, § 138 Anm. 1). Dies würde sich insoweit mit den in § 84 Abs. 5, § 85 Abs. 2 genannten Bewertungsstichtagen decken. Wegen der Ergänzungsentschädigung für einen bei der Rückgabe vorhandenen Minderwert kann der Entschädigungs

Erstes Kapitel: Grundabtretung **12–15 § 81**

berechtigte ein Entschädigungsverfahren bei der zuständigen Behörde einleiten, das sich nach den allgemeinen Verfahrensvorschriften richtet (vgl. § 105). Im übrigen kann die zuständige Behörde nach § 89 Abs. 4 bereits bei der Begründung des Nutzungsrechts auf Antrag des Entschädigungsberechtigten die Leistung einer Sicherheit festsetzen, wenn bei der Rückgabe ein Minderwert des Grundstücks zu erwarten ist (so schon § 137 Abs. 2 S. 2 ABG).

12

c) Entsprechend dem bisher geltenden Recht wird der Grundabtretungsverpflichtete auch **berechtigt sein, anstelle einer Entschädigung** für den eingetretenen Minderwert die **Übernahme des Grundstücks** zu fordern (§ 137 Abs. 2 S. 3 ABG). Für den Eigentümer kann es unbillig sein (§ 82 Abs. 2), ein Grundstück zurückzunehmen, für das er keine Verwendung hat und das ihn stattdessen möglicherweise wegen der Verkehrssicherungspflicht oder wegen öffentlicher Geldleistungen sogar belastet. Ein solcher Übernahmeanspruch war zunächst ausdrücklich vorgesehen, ist aber im Gesetzgebungsverfahren gestrichen worden (vgl. § 82 Rn 3). Den Übernahmeanspruch kann der Eigentümer im Wege einer **Enteignung gegen sich selbst** durchsetzen (vgl. § 82 Rn 11).

13

d) Die **Pflicht zur Rückgabe** (Abs. 3 Nr. 2) ist **gehemmt**, wenn sich nach Beendigung einer durch Grundabtretungsbeschluß zugelassenen Benutzung erneut die Notwendigkeit einer bergbaulichen Nutzung ergibt. Es bedarf in diesem Falle nicht der Einleitung eines neuerlichen Grundabtretungsverfahrens. Das Gesetz enthält insoweit eine privatnachbarrechtliche Komponente. Wenn das durch Grundabtretung beschaffte Grundstück (möglicherweise nur eine einzelne Parzelle innerhalb eines überwiegend freihändig zu Eigentum erworbenen Grundbesitzes) vorübergehend für bergbauliche Zwecke nicht mehr benötigt wird, sich eine anschließende Nutzung aber abzeichnet oder eintritt, soll von einem Grundabtretungsverfahren Abstand genommen werden; insbesondere deshalb, weil mit einer Rückgabe auch eine weitgehende Entwertung der dem Unternehmen gehörenden Flächen verbunden sein kann. Die Regelung entspricht deshalb durchaus praktischen Erwägungen und findet in § 96 Abs. 2 eine Parallele.

14

e) Eine **Rückgabepflicht entfällt** im übrigen, wenn das Eigentum an einem Grundstück – sei es nach § 81 Abs. 2 S. 1 Nr. 1 und 2 oder aufgrund eines Übernahmeverlangens des Eigentümers (§ 81 Abs. 2 S. 1 Nr. 3, § 82) – entzogen worden ist. Das gleiche gilt, wenn der Eigentümer, Pächter oder Nießbraucher nach § 82 Abs. 5 die Übernahme zu Eigentum verlangt hat. In diesen Fällen darf der Grundabtretungsbegünstigte die enteigneten Gegenstände zu Eigentum behalten, ohne einem Rückgabeverlangen oder einer „Rückenteignung" ausgesetzt zu sein.

15

f) Die zuständige Behörde **kann** die **Pflicht zur Wiederherstellung** (oben Rn 11) oder zur **Rückgabe bereits in den Grundabtretungsbeschluß** aufnehmen. Notwendig ist dies jedoch nicht, weil sich die in § 81 Abs. 3 genannten Pflichten unmittel-

565

bar aus dem Gesetz ergeben. Ist eine solche Festsetzung unterblieben, können die Wiederherstellungs- und Rückgabepflichten mit Hilfe der zuständigen Behörde durchgesetzt werden. Dies ergibt sich mangels eines hierfür vorgesehenen Verfahrens unmittelbar aus Art. 14 GG (vgl. § 82 Rn 11), insbesondere aus dem verfassungsrechtlichen Grundsatz der „Rückenteignung" (vgl. BVerfG NJW 1975, 37). Wiederherstellung und Rückgabe sollen den Eingriff nach beendeter bergbaulicher Nutzung ungesehen machen und sind deshalb actus contrarius des Zwangseingriffs. Es erscheint deshalb konsequent, daß sich der Eigentümer zur Durchsetzung dieser Ansprüche zunächst der Mithilfe der zuständigen Behörde bedienen kann (vgl. auch § 96 Rn 3).

§ 82 Ausdehnung der Grundabtretung

(1) In den in § 81 Abs. 2 Satz 1 Nr. 1 genannten Fällen kann der Eigentümer anstelle einer anderen beantragten Form der Grundabtretung die Entziehung des Eigentums verlangen.

(2) Der Eigentümer kann ferner die Entziehung des Eigentums an einem Grundstück verlangen, soweit eine andere Form der Grundabtretung für ihn unbillig ist.

(3) Soll ein Grundstück oder ein räumlich oder wirtschaftlich zusammenhängender Grundbesitz nur zu einem Teil Gegenstand der Grundabtretung werden, so kann der Eigentümer die Ausdehnung der Grundabtretung auf das Restgrundstück oder den Restbesitz insoweit verlangen, als das Restgrundstück oder der Restbesitz nicht mehr in angemessenem Umfang baulich oder wirtschaftlich genutzt werden kann.

(4) Wird ein Grundstück durch die Entziehung, Belastung oder Beschränkung eines Rechts an einem anderen Grundstück in seiner Wirtschaftlichkeit wesentlich beeinträchtigt, so kann der Eigentümer die Ausdehnung der Grundabtretung auf das Grundstück verlangen. Die Absätze 1 und 2 gelten entsprechend.

(5) Der Eigentümer, der Nießbraucher oder der Pächter kann verlangen, daß die Grundabtretung auf das Zubehör eines Grundstücks sowie auf Gegenstände im Sinne des § 95 des Bürgerlichen Gesetzbuchs ausgedehnt wird, soweit er das Zubehör oder die Sachen infolge der Grundabtretung nicht mehr wirtschaftlich nutzen oder in anderer Weise angemessen verwerten kann.

1
1. Die bergrechtliche Grundabtretung ist **vorrangig** auf die **Benutzung von Grundstücken**, also die Einräumung von Nutzungsrechten mit grundbuchfähigem Inhalt, gerichtet (§ 81 Rn 1 f). Damit wird das Verfassungsgebot des geringstmöglichen Eingriffs gesetzlich formuliert. Auf der gleichen Linie liegt die Weisung, daß die Grundabtretung nur in dem Umfang durchgeführt werden dürfe, in dem sie zur Verwirklichung des Zwecks erforderlich ist (§ 81 Abs. 1 S. 1). Eine Mißachtung dieser Grundsätze führt zur Rechtswidrigkeit des Grundabtretungsbeschlusses. Da die Beschränkung des Eingriffs in räumlicher und rechtlicher Hinsicht dem subjektiven Interesse des Betroffenen widersprechen kann, gibt § 82 die **Möglichkeit einer Ausdehnung** der Grundabtretung. Dem betroffenen Eigentümer soll die nur teilweise Entziehung seiner Nutzungs- und Verfügungsbefugnis nicht zugemutet werden, wenn die Geldentschädigung den Ausfall nicht hinreichend aus-

Erstes Kapitel: Grundabtretung **2–4 § 82**

gleicht. Ein Vorbild dieser Regelung enthält bereits das ABG (§ 137 Abs. 2: Erwerbspflicht des Bergbaus bei Rückgabe eines im Wert geminderten Grundstücks; § 138: Übernahmepflicht bei einer Benutzung von mehr als drei Jahren; § 139: Erwerb bei Zerstückelung). Zahlreiche weitere Enteignungsvorschriften folgen diesem Prinzip (vgl. Ernst-Zinkahn-Bielenberg, § 92 BBauG, Rdnr. 2). Zum **Zeitpunkt der Stellung des Verlangens** auf Ausdehnung: Vgl. unten Rn 8.

2
2. Nach **Abs. 1** kann der Eigentümer anstelle einer beantragten anderen Form die **Entziehung des Eigentums verlangen**, wenn **bebaute Grundstücke** Gegenstand des Verfahrens sind (§ 82 Abs. 2 S. 1 Nr. 1). Die Vorschrift geht davon aus, daß der Antragsteller seinen Antrag bereits auf die Begründung eines dinglichen Nutzungsrechts beschränkt hat. Hat dagegen der Antragsteller eine Eigentumsentziehung beantragt, hält aber die Grundabtretungsbehörde ein dingliches Nutzungsrecht für ausreichend, ist sie gehalten, den Eigentümer auf seinen Übernahmeanspruch nach Abs. 1 ausdrücklich hinzuweisen. Der Ausdehnungsanspruch des Eigentümers soll den verfassungsrechtlichen Eigentumsschutz ergänzen. Ein auf Begründung eines Nutzungsrechts gerichteter Grundabtretungsbeschluß, der ohne ausdrücklichen Hinweis der Grundabtretungsbehörde ergangen ist, leidet an einem Mangel. Die ausdrückliche Erwähnung eines solchen Hinweises in der Niederschrift über die Verhandlung wird sich daher empfehlen.

3
3. Der Eigentümer hat nach Abs. 2 die Möglichkeit der Erhebung des Ausdehnungsanspruchs, soweit eine **andere Form der Grundabtretung für ihn unbillig ist**. Nach dem RegEntwurf (BT-Ds. 8/1315, 34 = Zydek, 350) sollte der Tatbestand der Unbilligkeit vorliegen, wenn die Benutzung voraussichtlich länger als drei Jahre dauern, eine Wertminderung des Grundstücks eintreten würde oder das Grundstück mit einem Erbbaurecht belastet werden sollte. Dabei waren die Begründung eines Übernahmeanspruchs bei mehr als dreijähriger Benutzung § 138 ABG, bei Erwartung einer Wertminderung im wesentlichen § 137 Abs. 2 nachgebildet, während der Fall der beabsichtigten Erbbaurechtsbestellung § 92 Abs. 2 BBauG entlehnt war. Im Gesetzgebungsverfahren war empfohlen worden, die aufgeführten Beispielsfälle zu streichen, weil die Praktikabilität der Unbilligkeitsregelung dadurch nicht verbessert werde (WiA/BT-Ds. 8/3965, 140 = Zydek, 352). Damit sind indes die Vermutungstatbestände für eine rechtliche und wirtschaftliche Entwertung des Grundstücks, die der Entwurf zur Vermeidung konkreter Nachweispflichten schaffen wollte, weitgehend beseitigt.

4
Es obliegt nun dem **Eigentümer die Darlegungspflicht** dafür, daß und inwieweit ihn die beantragte Form der Grundabtretung wirtschaftlich oder rechtlich mit der Folge der Unbilligkeit trifft. Gleichwohl ist anzunehmen, daß mit der Anregung des Wirtschaftsausschusses keine Verschärfung hinsichtlich der Voraussetzungen eines Übernahmeverlangens beabsichtigt war; es wäre kaum verständlich, daß die Dispositionsbefugnis des Eigentümers, welche das von liberalen Strömungen

§ 82 5   Siebenter Teil: Bergbau u. Grundbesitz, öffentl. Verkehrsanlagen

beherrschte ABG in den genannten Bestimmungen besonders betont hat, aufgehoben werden sollte. Es ist deshalb davon auszugehen, daß gerade im Interesse des Eigentümers weiterhin eine **Übernahme des Grundstücks verlangt** werden kann, wenn die **Benutzung länger als drei Jahre andauert** oder wenn **bei der Rückgabe** des Grundstücks nach Beendigung der Nutzung eine **Wertminderung verbleibt.** Mit der Streichung der „Vermutungstatbestände" sollte zweifellos nicht zum Ausdruck gebracht werden, daß nunmehr in jedem Einzelfall zu prüfen ist, ob die beantragte Form der Grundabtretung – in der Regel also die Grundabtretung zur Nutzung – den Eigentümer wirtschaftlich oder rechtlich mit der Folge der Unbilligkeit trifft. Dies gilt auch deshalb, weil der Begriff der Unbilligkeit gerade an die persönlichen Umstände (Alter, Beruf) anknüpft und die wirtschaftlichen Verhältnisse die jeweils Betroffenen im Vordergrund stehen. Eine länger dauernde, möglicherweise Jahrzehnte während Benutzung für Zwecke des Bergbaus beschränkt den Eigentümer so einschneidend in seinen Dispositionsmöglichkeiten, daß als Ausgleich für die zwangsweise Begründung des bergbaulichen Nutzungsrechts ein Anspruch auf jederzeitige Übernahme des Grundstücks eingeräumt werden sollte (vgl. weiter unten Rn 8 f zum **Zeitpunkt des Verlangens**).

5
4. Eine **weitere Variante** des Ausdehnungsanspruchs begründet Abs. 3 für den Fall einer nach dem Grundabtretungseingriff voraussichtlich verbleibenden **wirtschaftlichen Belastung des Restgrundstücks oder Restbesitzes** (vgl. § 92 Abs. 3 BBauG). Die Vorschrift entspricht § 139 ABG. Danach war bei Abtretung einzelner Teile eines Grundstücks und Unbrauchbarkeit der verbleibenden Grundstücksteile auch für die letzteren eine Entschädigung zu zahlen; gleichzeitig konnte die Übernahme des gesamten Grundstücks verlangt werden. Die Entschädigungsverpflichtung ist nunmehr in § 86 Abs. 2 Nr. 2 geregelt, während der Übernahmeanspruch in Abs. 3 enthalten ist. Der Ausdehnungsanspruch setzt voraus, daß **Restgrundstück oder Restbesitz** als Folge einer Teilenteignung eines Grundstücks oder eine räumlich oder wirtschaftlich zusammenhängende Grundbesitzeinheit nicht mehr angemessen baulich oder wirtschaftlich nutzbar sind. Es ist unerheblich, ob die Grundabtretung auf Entziehung des Eigentums oder auf Einräumung eines Nutzungsrechts gerichtet ist. Sollen etwa Teile eines landwirtschaftlichen Anwesens zur Nutzung entzogen werden, die Wohn- und Wirtschaftsgebäude aber nicht dem Grundabtretungseingriff unterliegen, kann der Betroffene unter den Voraussetzungen des Abs. 3 die Übernahme des Gesamtbetriebs verlangen. Umgekehrt kann er dann, wenn wegen der Hof- und Wirtschaftsgebäude zulässigerweise eine Eigentumsentziehung begehrt wird, die Ausdehnung auf die landwirtschaftlichen Nutzflächen verlangen, da diese mit der Entziehung der Hof- und Wirtschaftsgebäude gleichsam ihren wirtschaftlichen Mittelpunkt verlieren. Der Betroffene ist verpflichtet, eine ihm wirtschaftlich zumutbare Verwertung des Restes zu versuchen, statt sogleich den Übernahmeanspruch geltend zu machen (Schmidt-Aßmann, BauR 1976, 151). Dies nötigt ihn zur sachgerechten Verwendung insbesondere einer Restbesitzentschädigung (§ 86 Abs. 2 Nr. 2) und notfalls zur Vornahme von Umstrukturierungen. Verletzungen dieser Obliegenheiten können zur Minderung, sogar zum Verlust des Übernahmeanspruchs gemäß § 86 Abs. 3 i. V. mit § 254 BGB führen (§ 86 Abs. 3). Die Frage der Angemessenheit der

Erstes Kapitel: Grundabtretung **6–8 § 82**

wirtschaftlichen Nutzungsmöglichkeit ist anhand der persönlichen Umstände des Betroffenen zu ermitteln.

6
5. Abs. 4 regelt den (wohl seltenen) Fall, daß ein Grundstück in seiner Wirtschaftlichkeit dadurch beeinträchtigt wird, daß ein auf einem anderen Grundstück lastendes dingliches Recht entzogen oder beschränkt wird.

7
6. Abs. 5 erweitert zugunsten des Eigentümers, Pächters oder Nießbrauchers den Ausdehnungsanspruch auf Zubehör und bewegliche Sachen im Sinne des § 95 BGB (sog. Scheinbestandteile). Die Vorschrift ist § 92 Abs. 4 BBauG nachgebildet. Zubehör und Scheinbestandteile werden von der Grundabtretung nicht erfaßt. Erhält der Grundabtretungsbegünstigte für ein Grundstück, auf dem sich bestimmte Anlagen dieser Art befinden (z. B. Drainagen, Pumpen, Gatter oder Gebäude zu vorübergehendem Zweck), ein Nutzungsrecht, so kann er die Beseitigung dieser Anlagen von dem Berechtigten verlangen, wenn er durch deren Vorhandensein in der Nutzung gestört wird (§ 1004 BGB i. V. mit §§ 1027, 1065 BGB usw.). Mit der Einweisung in den Besitz als Folge der Ausführungsanordnung (§ 92 Abs. 1 S. 4; vgl. § 92 Rn 8) ist ferner die zuständige Behörde verpflichtet, ihm mit den Mitteln des Verwaltungszwangs den ungestörten Besitz zu verschaffen. Abs. 5 gibt aber den dort genannten Berechtigten die Möglichkeit, selbst die Entziehung des Eigentums hinsichtlich solcher Gegenstände zu verlangen, wenn sie für sie wertlos werden. Gegen eine entsprechende Ausdehnung auch auf den Mieter werden sich keine Bedenken erheben lassen.

8
7. **Zeitpunkt für die Stellung des Übernahmeverlangens**
a) Das Gesetz regelt nicht, bis zu welchem Zeitpunkt ein Übernahme- oder Ausdehnungsverlangen nach Abs. 1 bis 5 gestellt werden muß. Nach § 138 ABG konnte bei einer drei Jahre überschreitenden Nutzung das Übernahmeverlangen jederzeit – also auch noch viele Jahre nach Beendigung des Verfahrens – geltend gemacht und bei Weigerung des Bergbautreibenden in einem **neuen Verfahren** nach § 142 ABG durchgesetzt werden (RG ZfB 39 (1898), 114, 117; Wittus, ZfB 54 (1913), 264, 267; Ebel-Weller, § 138 Anm. 1). Bedenken dagegen, daß das BBergG diese Praxis fortsetzen will, könnten sich aus folgenden Erwägungen ergeben: Die §§ 81, 82 entsprechen in Systematik und Aufbau – wenn auch den Besonderheiten der bergrechtlichen Grundabtretung Rechnung tragend – im wesentlichen der Vorschrift des § 92 BBauG. In § 92 Abs. 5 BBauG ist ausdrücklich vorgesehen, daß ein Verlangen auf Ausdehnung schriftlich oder zur Niederschrift bis zum Schluß der letzten mündlichen Verhandlung geltend zu machen sei. Eine inhaltlich gleichlautende Bestimmung enthielt der RegEntwurf 1975 (BR-Ds. 350/75 zu § 90 Abs. 6). Außerdem fehlt eine § 142 ABG entsprechende Verfahrensvorschrift oder zumindest ein Antragsrecht des betroffenen Eigentümers, die ihm die Durchsetzbarkeit seines Anspruchs auch gegen den Willen des Grundabtretungsbegünstigten in einem gesonderten Verfahren ermöglichen könnten.

9

b) Ob sich allein schon daraus, daß der RegEntwurf 1977 (BT-Ds. 8/1315) in § 82 eine § 92 Abs. 5 BBauG gleichlautende Vorschrift nicht mehr enthält, auf die Absicht des Gesetzgebers schließen läßt, die unter der Geltung des ABG eingebürgerte Praxis aufrecht zu erhalten, erscheint zweifelhaft; denn der RegEntwurf 1977 ist überwiegend von der Tendenz bestimmt, Verfahrensregelungen im Gesetz zugunsten der Anwendung der §§ 64 ff VwVfG zu vermeiden (vgl. § 105).

10

Wohl aber kann die Gewährung eines Ausdehnungsanspruchs auch für die Zeit nach Abschluß des Grundabtretungsverfahrens mit der Erwägung begründet werden, daß der Betroffene durch die Grundabtretung so wenig wie möglich in seinen Rechten und Interessen beeinträchtigt werden soll (§ 81 Rn 2). Hierfür spricht einmal, daß die ursprünglich vorgesehene Eigentumsentziehung bei einer 10 Jahre überschreitenden Nutzungsdauer im Gesetzgebungsverfahren beseitigt worden ist, und zwar mit dem ausdrücklichen Hinweis, diese Regelung sei mit dem Wesen der Grundabtretung nicht vereinbar (WiA/BT-Ds. 8/3965, 139 = Zydek, 349; § 81 Rn 7). Ein weiteres Indiz ist der Umstand, daß die Möglichkeit einer Ausdehnung der Grundabtretung bei einer mehr als drei Jahre dauernden Benutzung nach der ursprünglichen Fassung der einschlägigen Vorschrift stets und unwiderlegbar als unbillig betrachtet wurde (BT-Ds. 8/1315, zu § 81 Abs. 1 S. 2 Nr. 1; aaO, 128 = Zydek, 351). Hier wird sogar darauf hingewiesen, daß in solchen Fällen „die rechtliche und wirtschaftliche Entwertung evident" sei. Der Vorschlag des Wirtschaftsausschusses zielte im wesentlichen darauf ab, die „Praktikabilität" der Unbilligkeitsregelung zu verbessern, wohl aber nicht darauf, dem Grundeigentümer Rechte zu nehmen, die er bei der Grundabtretung nach dem ABG in Gestalt des Übernahmeanspruchs seit jeher hatte (§ 138 ABG). Nicht zuletzt sprechen praktische Erwägungen für die Zulässigkeit eines Übernahmeverlangens auch nach Abschluß des Verfahrens; denn die nach § 89 Abs. 1 zu zahlende Entschädigung hat sich an dem Entzug der konkreten Nutzungsmöglichkeiten zu orientieren, also im wesentlichen am Ertragswert der entzogenen Flächen; die Festsetzung einer „Bodenrente" auf der Grundlage einer Verzinsung des Verkehrswerts ist nicht zulässig (im einzelnen § 89 Rn 2 ff). Wegen der Dynamik seiner Betriebsweise ist der Bergbau zumeist auf eine möglichst schnelle Abwicklung der Grundabtretung angewiesen, weil andernfalls schwere Rückschläge für den Betrieb eintreten und damit auch die in § 79 Abs. 1 genannten öffentlichen Belange gefährdet werden können. Die Überlegungsfrist für die Betroffenen wäre in manchen Fällen zu kurz, wenn sie sich bis zum Abschluß der mündlichen Verhandlung für eine Eigentumsentziehung entscheiden müßten. Das kann die Einlegung von Rechtsmitteln oder die Verzögerung des Verfahrens tendenziell begünstigen. Dagegen würde ein unbefristeter Übernahmeanspruch die Entschädigungsregelung des § 89 Abs. 1 auch unter dem Gesichtspunkt des Art. 14 GG (Verfassungsgebot des geringstmöglichen Eingriffs) ergänzen. Eine längere Benutzung als drei Jahre erscheint daher aus der Sicht des Eigentümers entsprechend der früheren Gesetzesfassung des RegEntwurfs 1977 stets als „unbillig" (vgl. oben Rn 3). In den von § 82 Abs. 3 und 4 erfaßten Fällen wird jeweils im Einzelfall zu prüfen sein, ob und wann die durch die Grundabtretung begründete Belastung für den Betroffenen spürbar wird. Diese Belastung kann auch oder gerade nach

Erstes Kapitel: Grundabtretung **11–13 § 82**

Abschluß des eigentlichen Grundabtretungsverfahrens eintreten.

11
c) Wünscht der Eigentümer die Übernahme des Grundstücks, muß er nach allgemeinen Grundsätzen zunächst versuchen, sich mit dem Grundabtretungsbegünstigten zu einigen. Scheitert der Versuch einer solchen Einigung, kann der Grundeigentümer in Anlehnung an die zu § 40 BBauG entwickelten Grundsätze (BGHZ 63, 240, 254) ein **Enteignungsverfahren gegen sich selbst einleiten**. Das damit eröffnete Verfahren erfüllt den Anspruch des Betroffenen auf einen wirksamen Rechtsschutz, der sich unmittelbar aus der Eigentumsgarantie ergibt (BGHZ 63, 240, 255, zu § 40 BBauG; BVerfGE 35, 348, 361). Der Betroffene muß bei der Grundabtretungsbehörde beantragen, daß ihm das Eigentum unter den Voraussetzungen des § 82 entzogen wird. Mit der Einleitung des Verfahrens vor einer sachkundigen Behörde besteht eine höhere Gewähr dafür, daß sich die Beteiligten ohne Einschaltung der Gerichte zu erträglichen Kosten für den Betroffenen einigen. Für das vom Betroffenen einzuleitende Enteignungsverfahren gegen sich selbst gelten im übrigen die sonstigen Regelungen des Gesetzes; insbesondere ist ein förmliches Verfahren nach §§ 64 ff VwVfG durchzuführen (§ 105 Rn 4). Ein ordentliches Klageverfahren schließt sich erst nach Abschluß des Enteignungsverfahrens an (§ 144).

12
d) Weist das Grundstück nach **beendeter Nutzung bei der Rückgabe** (§ 81 Abs. 3) einen **Minderwert auf**, kann der Eigentümer ebenfalls nach § 82 Abs. 2 ein Übernahmeverlangen geltend machen. Dies entspricht dem bisher geltenden Recht (§ 137 Abs. 2 ABG). Aus dem Umstand, daß der Eigentümer jederzeit ein Übernahmeverlangen geltend machen kann, folgt sinngemäß, daß ihm diese Möglichkeit auch dann noch erhalten bleibt, wenn die Rückgabe unmittelbar bevorsteht. Anstelle einer Ergänzungsentschädigung nach § 89 Abs. 2 kann daher auch noch in diesem Stadium durch Einleitung eines **Enteignungsverfahrens gegen sich selbst** die Übernahme des Grundstücks durchgesetzt werden.

13
e) Bei der Festsetzung der Entschädigung im Falle eines Übernahmeverlangens (oben Rn 8 f.) ist für die **Qualität des Grundstücks** der Zeitpunkt maßgebend, in dem die zuständige Behörde über den Grundabtretungsantrag erstmalig entschieden hat (§ 84 Abs. 3). War also bei der Begründung des Nutzungsrechts das fragliche Grundstück als landwirtschaftliches Grundstück einzustufen, ist hiervon auch bei der Festsetzung der Entschädigung bei der Übernahme auszugehen. **Bewertungsstichtag** ist jedoch der Tag, an dem die Behörde über die Entschädigung für die Übernahme entscheidet. Sie hat also – wenn dies auch nach Jahrzehnten bergbaulicher Nutzung zu Schwierigkeiten führt – zu prüfen, wie sich der Wert des Grundstücks im Zeitpunkt des Zwangseingriffs bis zum Zeitpunkt der Übernahmeentschädigung entwickelt hat (vgl. § 81 Rn 11).

14

8. Der Eigentümer kann unter den vorstehend genannten Voraussetzungen (Rn 8 bis 13) ein **Übernahmeverlangen** an den Grundabtretungsbegünstigten auch dann richten, wenn das Nutzungsrecht nicht durch einen Grundabtretungsbeschluß oder eine Einigung im Grundabtretungsverfahren begründet worden ist, sondern der betroffene Eigentümer das Grundstück **unter dem Druck des drohenden Verfahrens freihändig abgegeben** hat. Dies **gilt** allerdings **dann nicht**, wenn die jeweilige Vereinbarung über die freiwillige Begründung eines Nutzungsverhältnisses (vgl. § 79 Abs. 2 Nr. 1 Buchst. b) ausdrücklich davon ausgeht, daß die gesetzlichen Folgen, wie sie bei Durchführung des Grundabtretungsverfahrens eintreten, ausgeschlossen werden sollen. Die Anwendung der enteignungsrechtlichen Grundsätze auch bei Einigung der Beteiligten außerhalb oder vor Einleitung eines Verfahrens beruht im wesentlichen darauf, daß der um eine Einigung bemühte Eigentümer nicht schlechter gestellt werden darf als derjenige, der es zu einem Verfahren kommen läßt (vgl. auch § 79 Rn 13).

§ 83 Sinngemäße Anwendung von Vorschriften

(1) Soweit nichts anderes bestimmt ist, gelten
1. die für Grundstücke geltenden Vorschriften dieses Kapitels sinngemäß auch für Grundstücksteile und
2. die für das Eigentum an Grundstücken geltenden Vorschriften dieses Kapitels sinngemäß auch für grundstücksgleiche Rechte mit Ausnahme des Bergwerkseigentums und selbständiger Abbaugerechtigkeiten.

(2) Soweit nichts anderes bestimmt ist, sind die für die Entziehung oder Belastung des Eigentums an Grundstücken geltenden Vorschriften dieses Kapitels auf die Entziehung, Übertragung, Änderung, Belastung oder sonstige Beschränkung der in § 78 Nr. 1 und 2 bezeichneten anderen Rechte sinngemäß anzuwenden.

1

Die Vorschrift dient der Klarstellung und gesetzestechnischen Vereinfachung (vgl. auch § 145 BBauG). Da das Gesetz den Begriff „Grundstück" nicht erläutert, ist vom herkömmlichen Grundstücksbegriff, dem Grundstück im Rechtssinne, auszugehen (vgl. § 78 Rn 1). **Abs. 1 Nr. 1** hat im wesentlichen Bedeutung für den Fall, daß für ein bergbauliches Vorhaben nur ein **räumlich** abgegrenzter Teil eines im Grundbuch gesondert geführten Grundstücks benötigt wird oder die Grundabtretung unter den Voraussetzungen des § 81 Abs. 1 S. 1 auf einen Grundstücksteil beschränkt wird. Die Entziehung eines Grundstücksteils zu Eigentum und die damit verbundene Teilung bedürfen nach § 19 Abs. 4 Nr. 1 BBauG nicht der **Teilungsgenehmigung**. Dingliche Rechte, die das Nutzungsrecht des Begünstigten begründen, müssen im Grundabtretungsbeschluß so präzisiert werden, daß über die räumlichen Grenzen hinreichend Klarheit besteht. Dies ist für die Eintragung im Grundbuch unerläßlich.

2

Die in Abs. 1 Nr. 1 genannten grundstücksgleichen Rechte sind solche, für die ein selbständiges Grundbuchblatt anzulegen ist und die wie Grundstücke veräußert

Erstes Kapitel: Grundabtretung §§ 83, 84

und belastet werden (z. B. Wohnungseigentum, Erbbaurecht, Wohnungserbbaurecht usw.). Das Bergwerkseigentum und selbständige Abbaugerechtigkeiten sind ausgeschlossen, da sie (schon nach § 78) nicht Gegenstand der Grundabtretung sein können.

3
Abs. 2 stellt im Anschluß an § 78 Nr. 1 und 2 lediglich erneut klar, daß die dort genannten persönlichen und dinglichen Rechte unter den gleichen Voraussetzungen wie das Eigentum durch Grundabtretung entzogen, geändert oder übertragen werden können.

Zweiter Abschnitt
Entschädigung

§ 84 Entschädigungsgrundsätze

(1) Für die Grundabtretung ist eine Entschädigung zu leisten.

(2) Die Entschädigung wird gewährt für
1. den durch die Grundabtretung eintretenden Rechtsverlust,
2. andere durch die Grundabtretung eintretende Vermögensnachteile.

(3) Entschädigung kann verlangen, wer in seinem Recht durch die Grundabtretung beeinträchtigt wird und dadurch einen Vermögensnachteil erleidet (Entschädigungsberechtigter). Zur Leistung der Entschädigung ist der Grundabtretungsbegünstigte verpflichtet (Entschädigungsverpflichteter).

(4) Die Entschädigung ist in Geld festzusetzen. Sie ist in einem einmaligen Betrag zu leisten, soweit in § 89 nichts anderes bestimmt ist. Einmalige Entschädigungsbeträge sind mit zwei vom Hundert über dem Diskontsatz der Deutschen Bundesbank jährlich von dem Zeitpunkt an zu verzinsen, in dem die zuständige Behörde über den Grundabtretungsantrag entscheidet. Im Falle der vorzeitigen Besitzeinweisung ist der Zeitpunkt maßgebend, in dem diese wirksam wird. Die Sätze 1 bis 4 gelten nicht, soweit sich der Entschädigungsberechtigte und der Entschädigungsverpflichtete über eine andere Art der Entschädigung einigen.

(5) Für die Bemessung der Entschädigung ist der Zustand des Gegenstandes der Grundabtretung in dem Zeitpunkt maßgebend, in dem die zuständige Behörde über den Grundabtretungsantrag entscheidet. In den Fällen der vorzeitigen Besitzeinweisung ist der Zustand in dem Zeitpunkt maßgebend, in dem diese wirksam wird.

1
1. Daß für eine Grundabtretung eine Entschädigung zu leisten ist (Abs. 1), folgt unmittelbar aus Art. 14 Abs. 3 GG. Die §§ 84 bis 90 haben die Funktion, das Junktim zwischen Enteignung und Entschädigung (hierzu BVerfG DVBl. 1978, 53) zu konkretisieren. Die Entschädigungsvorschriften sind denjenigen des BBauG (§§ 93 ff.) nachgebildet. Allerdings ist die Grundabtretung, abgesehen von den Sonderfällen des § 81 Abs. 2 und einem etwaigen Übernahmeverlangen des Eigentümers (§ 82), in erster Linie auf die **Einräumung von Nutzungsrechten** gerichtet. Für diesen Hauptfall der Grundabtretung bestimmt § 89 Abs. 2, daß die

573

§ 84 2–4   Siebenter Teil: Bergbau u. Grundbesitz, öffentl. Verkehrsanlagen

Entschädigung in wiederkehrenden Leistungen zu erfolgen habe. Die Maßstäbe für diese Art der Entschädigung sind dem Gesetz nicht unmittelbar zu entnehmen. Sie müssen daher durch eine an Zweck und Sinn der einschlägigen Entschädigungsvorschrift orientierte Auslegung erschlossen werden (vgl. § 89 Rn 2 f.).

2
Die **Enteignungsentschädigung ist kein Schadensersatz** im Sinne des BGB, sondern ein **angemessener der erlittenen Einbuße entsprechender Wertausgleich**. Sie soll – bildhaft gesprochen – den Betroffenen in die Lage versetzen, sich ein gleichwertiges Objekt zu beschaffen (BGHZ 39, 198). Die Enteignungsentschädigung orientiert sich am Genommenen und nicht an einer gedachten, fiktiven Vermögenslage (BGHZ 59, 250, 258). Sie ist – auch im Bereich der bergrechtlichen Grundabtretung – unter gerechter Abwägung der Interessen der Allgemeinheit und der Beteiligten zu bestimmen, obwohl das Gesetz – im Gegensatz zu § 96 Abs. 1 S. 2 BBauG – keine Aussage in dieser Richtung enthält. Jedoch ergibt sich das Abwägungsprinzip, auch soweit die Enteignung privatnützigen Zwecken dient, aus dem Wesen der Enteignung. Grundsätze des Schadensersatzrechts sind nur anzuwenden, soweit dies – wie beim Mitverschulden – ausdrücklich bestimmt ist (§ 86 Abs. 3) oder wie bei der Anrechnung kausal durch die Enteignung bei dem Betroffenen eintretender Vorteile zur Ermittlung eines gerechten Wertausgleichs selbstverständlich erscheint.

3
2. Nach **Abs. 2** besteht die Grundabtretungsentschädigung aus der **Entschädigung für den Rechtsverlust** und der **Entschädigung für andere Vermögensnachteile**. Dabei wird die erstgenannte Entschädigung in § 85, diejenige für andere Vermögensnachteile in § 86 konkretisiert. Der Rechtsverlust steht in etwa für den objektiven Wert des entzogenen Gegenstandes, während die anderen Vermögensnachteile den subjektiven (individuellen) Nachteil des Enteignungsvorganges erfassen sollen. In beiden Tatbestandsteilen des § 84 Abs. 2 muß sich die Einbuße an Rechten oder Vermögen als erzwungene und unmittelbare Folge der Enteignung darstellen (BGHZ 55, 294, 296). Hiernach muß ein **innerer (adäquater) Zusammenhang zwischen der Enteignung einerseits und dem Rechtsverlust oder den anderen Vermögensnachteilen** andererseits bestehen. Nicht entschädigungsberechtigt ist daher derjenige, gegen den sich der Eingriff nur mittelbar auswirkt.

4
3. Die **Abgrenzung** zwischen Rechts-(Substanz-)Verlust nach Abs. 2 Nr. 1 und den anderen Vermögensnachteilen im Sinne der Nr. 2 (Folgeschäden) läßt sich nicht stets eindeutig treffen. Dies beruht im wesentlichen darauf, daß der Grundstücksmarkt nicht streng nach objektiven oder subjektiven Kriterien unterscheidet, sondern – insbesondere bei der Abtretung von Grundstücksteilen oder Teilen eines räumlich oder wirtschaftlich zusammenhängenden Grundbesitzes (§ 86 Abs. 2 Nr. 2) – auch die in der jeweiligen Situation des Verpflichteten liegenden besonderen Umstände objektiviert und in die Verkehrswertbetrachtung einbezieht. Als Auffangnorm besagt § 84 Abs. 2, daß dem Betroffenen ein vollständiger Ausgleich für das auferlegte Opfer zuteil werden soll; die Bestimmung bringt

Erstes Kapitel: Grundabtretung **5–7 § 84**

anderseits aber auch zum Ausdruck, daß Doppelentschädigungen zu vermeiden sind (BGHZ 55, 294, 297). Das Verbot der Doppelentschädigung, das im übrigen auch im Wortlaut des § 86 Abs. 1 sichtbar wird („soweit diese Vermögensnachteile nicht bei der Bemessung der Entschädigung für den Rechtsverlust berücksichtigt sind"), wirkt insoweit als Korrektiv.

5
4. Abs. 3 bestimmt den **Entschädigungsberechtigten** und den **Entschädigungsverpflichteten** (vgl. § 94 BBauG). Die Vorschrift stellt im Anschluß an Abs. 2 nochmals klar, daß nur derjenige Entschädigung beanspruchen kann, in dessen Rechtsposition die Grundabtretung unmittelbar eingreift und dem **dadurch ein Vermögensnachteil zugefügt wird** (vgl. Rn 4). Im Grundabtretungsrecht hat diese Vorschrift darüber hinaus keine Bedeutung, da entschädigungspflichtig naturgemäß dasjenige Unternehmen ist, das die Grundabtretung beantragt (vgl. §§ 77, 80).

6
5. a) Nach **Abs. 4** ist die Entschädigung in einem **einmaligen Geldbetrag festzusetzen**, soweit in § 89 nichts anderes bestimmt ist. Die zuletzt genannte Vorschrift besagt bindend und abschließend, daß bei **Begründung eines Nutzungsrechts**, bei Auferlegung einer dauernden Nutzungsbeschränkung oder bei sich ständig erneuernden Nachteilen **Entschädigung in wiederkehrenden Leistungen zu entrichten ist**. Da die Grundabtretung in erster Linie auf Einräumung eines Nutzungsrechts gerichtet ist (vgl. § 81 Rn 1 ff.), **bildet § 89 Abs. 2 die zentrale entschädigungsrechtliche Vorschrift**. Damit gilt § 84 Abs. 4, soweit eine Entschädigung für den Rechtsverlust in Betracht kommt, praktisch nur für die Fälle, in denen die Entziehung des Eigentums nach § 81 Abs. 2 Nr. 1 und 2 oder aufgrund eines Ausdehnungsanspruchs des Eigentümers (§ 82) ausgesprochen wird. Etwaige bei der Entschädigung in wiederkehrenden Leistungen nicht abgegoltene andere Vermögensnachteile sind nach § 89 Abs. 1 S. 2 ebenfalls in einem einmaligen Betrag zu entschädigen (vgl. § 89 Rn 10).

7
b) Der einmalige Geldbetrag nach § 84 Abs. 4 ist mit 2 v. H. über dem Diskontsatz der Deutschen Bundesbank jährlich zu verzinsen. Die Zinsen bilden einen Ausgleich dafür, daß der Betroffene eine Zeitlang weder den enteigneten Gegenstand noch die dafür festgesetzte Entschädigung nutzen kann. Sie haben mithin die Funktion eines **abstrakt berechneten Wertausgleichs**. Auch der Eigentümer, der nur mittelbarer Besitzer ist, hat einen Zinsanspruch (BGHZ 37, 269). Es gilt das Verbot der Zinseszinsen nach § 248 Abs. 1 BGB (BGH NJW 1973, 2284). Die Verzinsungspflicht entsteht in dem Zeitpunkt, in dem die zuständige Behörde über den Antrag entscheidet, also nicht erst mit Bestandskraft des Grundabtretungsbeschlusses. Maßgebend ist der **jeweils gültige Diskontsatz** (BGH NJW 1972, 447); Diskontsatzschwankungen sind mithin zu berücksichtigen. Im Falle der **vorzeitigen Besitzeinweisung** (§ 97) beginnt die Verzinsung mit deren Wirksamkeit (Abs. 4 S. 3), also in dem von der Grundabtretungsbehörde im Besitzeinweisungsbeschluß bezeichneten Zeitpunkt (§ 100 Abs. 1 S. 1); eine zusätzliche Besitzeinweisungsentschädigung ist nach § 98 Abs. 1 nur dann zu entrichten, wenn die durch die Besitzeinweisung entstandenen Nachteile nicht durch die Verzinsung ausgegli-

chen werden (§ 98 Rn 1). Eine Verzinsung kommt auch bei einer **Vorabentscheidung** nach § 91 in Betracht, also einer auf Antrag erfolgten Trennung des Verfahrens dem Grunde nach. Die Differenz zwischen der Vorauszahlung und der endgültigen Entschädigung ist vom Zeitpunkt der Vorabentscheidung an ebenfalls mit 2 v. H. über Diskont zu verzinsen.

8

c) Abs. 4 S. 4 eröffnet den Beteiligten die Möglichkeit, sich über eine **andere Art der Entschädigung** zu einigen. Es bleibt ihnen unbenommen, anstelle einer Entschädigung in wiederkehrenden Leistungen (§ 89 Abs. 1) eine einmalige Entschädigung zu vereinbaren oder umgekehrt, die Verzinsung abweichend von § 84 Abs. 4 S. 2 festzusetzen oder anstelle von Geldleistungen Naturalleistungen zu statuieren. Einer ausdrücklichen gesetzlichen Fixierung dieses Grundsatzes bedurfte es an sich nicht, weil auch das Grundabtretungsverfahren wie jedes andere Enteignungsverfahren die Möglichkeit einer vergleichsweisen Regelung der Beteiligten nicht ausschließen kann.

9

6. Abs. 5 legt den Zeitpunkt für die Ermittlung des **Zustandes des Gegenstandes** der Grundabtretung (Zeitpunkt der Qualitätsbestimmung) fest. Maßgeblich ist der Tag, an dem die Behörde über den Grundabtretungsantrag entscheidet. Mit diesem Zeitpunkt ist die Qualität sowohl des Grundabtretungsobjekts als auch die Qualität des durch den hoheitlichen Eingriff bewirkten Verlustes grundsätzlich bestimmt. Hiervon **zu unterscheiden** ist der **Bewertungsstichtag** als Zeitpunkt der Entschädigungsberechnung; auch dies ist grundsätzlich der Tag, an dem über den Grundabtretungsantrag entschieden wird (vgl. § 85 Rn 3). Bei der **vorzeitigen Besitzeinweisung** verschiebt sich der Stichtag für die Qualitätsbestimmung auf den Tag, an dem diese wirksam wird (Abs. 5 S. 2). Mit der Wirksamkeit der Besitzeinweisung (oben Rn 7) wird der Gegenstand der Grundabtretung dem Eigentümer oder sonstigen Nutzungsberechtigten wirtschaftlich entzogen; Qualitätsänderungen können ihn daher nicht mehr berühren.

10

Es bestehen keine Bedenken, eine Vorverlegung des Zeitpunkts der Qualitätsbestimmung unter dem Gesichtspunkt der **enteignungsrechtlichen Vorwirkung** anzunehmen. Im Enteignungsrecht ist allgemein anerkannt, daß ein Grundstück bei einem sich über einen längeren Zeitraum hinziehenden Enteignungsprozeß von der konjunkturellen Weiterentwicklung ausgeschlossen werden kann, sofern vorbereitende Planungsmaßnahmen für die spätere Enteignung ursächlich waren, hinreichend bestimmt sind und die spätere verbindliche Planung, welche die Grundlage der Enteignung bildet, mit Sicherheit erwarten lassen (BGHZ 63, 240, 242; BGH BauR 1978, 213 m. N.). Insbesondere bei großflächigen Bergehaldenprojekten, mehr aber noch bei Tagebauvorhaben, die zunächst den Zugang zur Lagerstätte schaffen sollen, kann die vorgegebene Grundstückssituation bei Bekanntwerden der Planung so nachhaltig geprägt werden, daß der Grundstücksverkehr ab Bekanntwerden diesem Umstand Rechnung tragen wird; dies insbesondere dann, wenn praktisch keine Planungsalternativen mehr bestehen. Eine enteig

Erstes Kapitel: Grundabtretung §§ 84, 85

nungsrechtliche Vorwirkung können danach die Einleitung des Betriebsplanverfahrens, die planerische Berücksichtigung eines bergbaulichen Vorhabens in einem Flächennutzungsplan (BGH BauR 1978, 213) oder – sofern vorgeschrieben – die Einleitung eines Genehmigungsverfahrens nach dem BImSchG entfalten.

11
Der „Zustand" des Gegenstandes der Grundabtretung (§ 84 Abs. 5) entspricht im wesentlichen dem Begriff der „Qualität" in der enteignungsrechtlichen Rechtsprechung. Hierzu rechnen neben den natürlichen Eigenschaften des Grundstücks auch sämtliche wertbildenden Faktoren (Lage, Beschaffenheit, Größe, Form, Erschließung) sowie die Nutzungsfähigkeit im Rahmen der baurechtlichen und sonstigen Ordnung (BGH NJW 1966, 2211). Bloße Aussichten und Erwartungen sind nur dann zu berücksichtigen, wenn ihre Verwirklichung im Zeitpunkt der Enteignung so sicher bevorsteht, daß sie als wertbildende Merkmale anzusehen sind. Sie müssen mithin im gewöhnlichen Geschäftsverkehr bereits preisbildend gewirkt haben (BGH NJW 1966, 497).

12
Beim **freihändigen Grunderwerb** gelten die Grundsätze zur Ermittlung des Grundstückszustandes entsprechend. Hierbei entspricht der Kauf oder Tauschvertrag dem Grundabtretungsbeschluß (BGH MDR 1973, 567). Die **freiwillige vorzeitige Besitzüberlassung** ist mit der Besitzeinweisung identisch. Bei Miet- oder Pachtrechten läßt erst der Verlust des Besitzes das Besitzrecht untergehen und schreibt die rechtlich geschützte Stellung fest, die die Nutzungsberechtigten jeweils hatten. Für die Bestimmung des Umfangs dieses Rechtsverlustes ist daher stets auf den Zeitpunkt abzustellen, in dem der Mieter oder Pächter den Besitz tatsächlich verloren hat (BGH NJW 1972, 528).

13
Zwei **gesetzlich geregelte Fälle** einer enteignungsrechtlichen Vorwirkung enthält § 90 Abs. 1 Nr. 1 und 2 mit dem Ausschluß **spekulativer Werterhöhungen**, die infolge des Gewinnungs- oder Aufbereitungsbetriebs oder infolge der bevorstehenden Grundabtretung eingetreten sind (vgl. § 90 Rn 2, 3).

§ 85 Entschädigung für den Rechtsverlust

(1) Die Entschädigung für den Rechtsverlust bemißt sich nach dem Verkehrswert des Gegenstandes der Grundabtretung.

(2) Der Verkehrswert wird durch den Preis bestimmt, der in dem Zeitpunkt, auf den sich die Ermittlung bezieht, im gewöhnlichen Geschäftsverkehr nach den rechtlichen Gegebenheiten und tatsächlichen Eigenschaften, der sonstigen Beschaffenheit und Lage des Gegenstandes der Wertermittlung ohne Rücksicht auf ungewöhnliche oder persönliche Verhältnisse zu erzielen wäre.

(3) Die auf Grund des § 144 Abs. 1 des Bundesbaugesetzes erlassenen Vorschriften sind entsprechend anzuwenden.

§ 85 1–3 Siebenter Teil: Bergbau u. Grundbesitz, öffentl. Verkehrsanlagen

1
1. Die Vorschrift regelt die Entschädigung für den **Rechtsverlust** (§ 84 Abs. 2 Nr. 1; vgl. § 95 Abs. 1 S. 1 BBauG). Abs. 2 greift die in § 142 BBauG enthaltene **Begriffsbestimmung** für den **Verkehrswert** auf, während Abs. 3 die aufgrund des § 144 Abs. 1 BBauG erlassenen Vorschriften für entsprechend anwendbar erklärt (unten Rn 5).

2
2. Praktische Bedeutung hat § 85 im wesentlichen (nur) in den Fällen, in denen das Eigentum auf Antrag des Unternehmers entzogen wird (§ 81 Abs. 2 S. 1 und 2) oder der Eigentümer selbst die Eigentumsentziehung nach § 82 verlangt. Wird durch Grundabtretungsbeschluß ein (dingliches) Nutzungsrecht festgesetzt, richtet sich die in wiederkehrenden Leistungen anzusetzende Entschädigung nach den besonderen Maßstäben des § 89 Abs. 1 S. 1. Bei der Begründung eines Nutzungsrechts ist es nicht zulässig, die Entschädigung in Form einer am Verkehrswert des Grundstücks orientierten „Bodenrente" festzusetzen (BGH NVwZ 1982, 579, § 89 Rn 4 f.).

3
3. Nicht ausdrücklich geregelt ist der **Bewertungsstichtag** (vgl. § 95 Abs. 1 S. 2 BBauG). In Übereinstimmung mit den allgemeinen Grundsätzen des Enteignungsrechts ist jedoch davon auszugehen, daß auch im Bereich der Grundabtretung der Verkehrswert in dem Zeitpunkt maßgebend ist, in dem die Grundabtretungsbehörde über den Grundabtretungsantrag entscheidet. Sinngemäß das gleiche gilt bei der Festsetzung einer Entschädigung nach § 89 Abs. 1 S. 1 für den Rechtsverlust und den hierfür anzusetzenden Ausgleich. Der **Bewertungsstichtag** ist zu unterscheiden von dem **anderen maßgeblichen Zeitpunkt** (Zeitpunkt der **Qualitätsbestimmung**; vgl. hierzu § 84 Rn 9 ff.). Der **Bewertungsstichtag wird vorverlegt**, wenn der Grundabtretungspflichtige ein auf gütliche Einigung gerichtetes Angebot des Grundabtretungsbegünstigten hätte annehmen können. In diesem Falle bleiben Werterhöhungen unberücksichtigt, die nach Abgabe eines entsprechenden Angebots eingetreten sind (§ 90 Abs. 1 Nr. 3). Allerdings fehlt einem zunächst angemessenen Angebot, von dem der Begünstigte später wieder abrückt, schlechthin die Eignung, den Stichtag für die Preisverhältnisse festzulegen. Daher sind bei der Bemessung der Entschädigung auch die Preisveränderungen zu berücksichtigen, die in dem Zeitraum zwischen dem Zugang des Angebots und seiner Rücknahme oder Einschränkung eingetreten sind (BGH BauR 1976, 276). Auch eine Abschlagszahlung führt zur Vorverlegung des Bewertungsstichtages; etwaige Preissteigerungen wirken sich nur auf den nicht gezahlten Teil der Entschädigung aus (vgl. hierzu Aust/Jacobs, 178 ff.). In **Zeiten schwankender Preis- und Währungsverhältnisse** kann sich der Stichtag für die Preisverhältnisse auf einen **späteren Zeitpunkt verschieben**. Dies gilt insbesondere dann, wenn der Betroffene die im Enteignungsverfahren festgesetzte Entschädigung für zu niedrig hält und im Klagewege angreift und sich im Prozeß herausstellt, daß die Entschädigung objektiv zu niedrig festgesetzt war oder die Auszahlung nicht alsbald nach der Festsetzung der Entschädigung von dem Enteignungsbegünstigten geleistet wird. Im erstgenannten Falle nimmt der Mehrbetrag an zwischenzeitlichen Wertsteigerungen teil; maßgeblich sind die Preisverhältnisse im Zeitpunkt der letzten

Erstes Kapitel: Grundabtretung **4, 5 § 85**

gerichtlichen Tatsachenverhandlung (BGHZ 40, 87, 89; BGHZ 43, 300, 305; Aust/Jacobs, 141 ff. m. N., sog. **Steigerungsrechtsprechung;** BGH MDR 1972, 493).

4
Wird die Entschädigung trotz Festsetzung im Enteignungsverfahren nicht gezahlt, nimmt sie an zwischenzeitlich eintretenden Wertsteigerungen teil. Der Enteignungsbegünstigte muß in Zeiten schwankender Preise den gestiegenen Preis zahlen, soweit er den Betroffenen nicht entschädigt hat (BGHZ 44, 52, 68; BGH BauR 1971, 47). Ein Preisrückgang in der Zeit von der Festsetzung der Entschädigung bis zum Zeitpunkt der Zahlung oder der letzten mündlichen Verhandlung ist zu berücksichtigen (BGH WM 1977, 627, 630). Wird der Grundabtretungsbeschluß von dem Betroffenen wegen Unzulässigkeit angefochten, verschiebt sich der Bewertungsstichtag zugunsten des Betroffenen nicht; denn andernfalls könnte dieser durch unbegründete Anfechtung der Entscheidung den Bewertungsstichtag hinauszögern und sich auf diese Weise zwischenzeitlich eintretende Preissteigerungen zunutze machen (vgl. BGH NJW 1972, 1317; BGH NJW 59, 1915; Aust/Jacobs, 144). Auch eine unter einem Rückzahlungsvorbehalt geleistete Abschlagszahlung auf die noch festzusetzende Enteignungsentschädigung ist grundsätzlich geeignet, den Stichtag für die Preisverhältnisse festzulegen (BGH NJW 1976, 1499). Die vorstehend in Grundzügen wiedergegebene Steigerungsrechtsprechung des BGH stellt einen allgemeinen Grundsatz des Enteignungsrechts dar und gilt für alle Enteignungsentschädigungen (BGHZ 43, 300, 305; BGHZ 44, 52, 56).

5
4. Bei der Ermittlung des Verkehrswertes sind auch die „rechtlichen Gegebenheiten" zu berücksichtigen, insbesondere also auch – unabhängig von der Einschätzung der beteiligten Kreise – etwaige Festsetzungen in Bauleitplänen. Abs. 3 besagt ergänzend, daß die auf der Grundlage des BBauG erlassenen Vorschriften entsprechend anzuwenden sind, d. h. die jeweils geltenden. Damit findet insbesondere die Verordnung über die Grundsätze für die Ermittlung des Verkehrswertes von Grundstücken (WertermittlungsVO – WertV) in der Fassung vom 15. 8. 1972 (BGBl. I S. 1416) Anwendung. In Ergänzung hierzu sind die Richtlinien für die Ermittlung des Verkehrswertes von Grundstücken (Wertermittlungsrichtlinien – WertR) in der Fassung vom 31. 5. 1976 (Beilage zum BAnz. Nr. 146/76) erlassen. Weiterhin bieten Anhaltspunkte für die Verkehrswertermittlung die Richtlinien für die Ermittlung des Verkehrswertes landwirtschaftlicher Grundstücke und Betriebe, anderer Substanzverluste (Wertminderung) und sonstiger Vermögensnachteile (Entschädigungsrichtlinien Landwirtschaft – LandwRL 78) vom 28. 7. 1978 (Beilage zum BAnz. Nr. 181/78) sowie die Richtlinien für die Ermittlung und Prüfung des Verkehrswertes von Waldflächen und für Nebenentschädigungen (Waldermittlungsrichtlinien 1977 – WaldRL 77) vom 25. 3. 1977 (Beilage zum BAnz. Nr. 107/177. Die vorstehend genannten Richtlinien (Abdruck bei Gelzer/Busse, Umfang des Entschädigungsanspruchs, 191, 205) binden zwar nur die nachgeordneten Behörden; sie enthalten jedoch allgemeine Entschädigungsgrundsätze, da sie sich weitgehend an der Rechtsprechung des BGH orientieren. Im übrigen steht § 85 in engem Zusammenhang mit § 90, welcher Sonderre-

§§ 85, 86   Siebenter Teil: Bergbau u. Grundbesitz, öffentl. Verkehrsanlagen

gelungen für die Entschädigungsfestsetzung bei zwischenzeitlich eingetretenen Wertänderungen enthält.

6
5. Die Rechtsprechung des BGH zur Enteignungsentschädigung befaßt sich ganz überwiegend mit Fällen der **Eigentumsentziehung**. Bei der **bergbaulichen Grundabtretung** gelingt es den Unternehmern zumeist, sich die benötigten Grundstücke im Wege des **freihändigen Erwerbs** zu verschaffen. Soweit danach noch Grundabtretungsverfahren durchgeführt werden mußten, endeten diese bisher nahezu ausschließlich mit der Einräumung von Nutzungsrechten. Auch künftig dürfte daher diese Art der Grundabtretung eindeutig im Vordergrund stehen, die Entschädigung in wiederkehrenden Leistungen nach § 89 Abs. 1 also den Regelfall bilden. Deshalb wird auf eine eingehende Schilderung der einschlägigen Rechtsprechung zur Entschädigung bei der Eigentumsentziehung verzichtet. Verwiesen sei in diesem Zusammenhang auf die Aufstellung bei Schlichter/Stich/Tittel, § 95 Rn 7 ff.; ferner auf Aust/Jacobs, Die Enteignungsentschädigung, 1978; Gelzer/Busse, Der Umfang des Entschädigungsanspruchs aus Enteignung und enteignungsgleichem Eingriff, 2. Aufl. 1980 sowie die Nachweise bei Ernst/Zinkahn/Bielenberg, BBauG, Vorbem. §§ 93 bis 103 und § 95 Rdnr. 17 ff.

§ 86 Entschädigung für andere Vermögensnachteile, Mitverschulden

(1) Wegen anderer durch die Grundabtretung eintretender Vermögensnachteile ist eine Entschädigung nur zu gewähren, soweit diese Vermögensnachteile nicht bei der Bemessung der Entschädigung für den Rechtsverlust berücksichtigt sind.

(2) Zu den Vermögensnachteilen im Sinne des Absatzes 1 gehören insbesondere
1. der vorübergehende oder dauernde Verlust, den der Entschädigungsberechtigte in seiner Berufstätigkeit, seiner Erwerbstätigkeit oder in Erfüllung der ihm wesensgemäß obliegenden Aufgaben erleidet, der erforderlich ist, um einen anderen Gegenstand in gleicher Weise wie den abzutretenden Gegenstand zu nutzen oder zu gebrauchen,
2. die Wertminderung, die durch die Abtretung eines Grundstückteiles oder eines Teiles eines räumlich oder wirtschaftlich zusammenhängenden Grundbesitzes bei dem anderen Teil oder durch Abtretung eines Rechts an einem Grundstück bei einem anderen Grundstück entsteht, soweit die Wertminderung nicht schon bei der Festsetzung der Entschädigung nach Nummer 1 berücksichtigt ist,
3. die notwendigen Aufwendungen für einen durch die Grundabtretung erforderlich werdenden Umzug.

(3) Hat bei der Entstehung eines Vermögensnachteiles ein Verschulden des Entschädigungsberechtigten mitgewirkt, so gilt § 254 des Bürgerlichen Gesetzbuchs entsprechend.

1
1. Während § 85 die Entschädigung für den Rechtsverlust näher regelt, befaßt sich § 86 mit **anderen durch die Grundabtretung eintretenden Vermögensnachteilen**. Beide Positionen sind Bestandteil der einheitlichen, auf vollen Wertausgleich gerichteten Entschädigung und lassen sich nicht immer exakt trennen. Allerdings

Erstes Kapitel: Grundabtretung 2,3 § 86

sind die in § 86 genannten anderen Vermögensnachteile eher persönlicher, individueller Art (vgl. Schack, BB 1959, 1259; ders. DB 1967, 495; Schmidt-Aßmann NJW 1974, 1265). Die Wortfassung („soweit") besagt, daß Doppelentschädigungen zu vermeiden sind. § 86 Abs. 1 entspricht § 96 Abs. 1 S. 1 BBauG. Der in § 96 Abs. 1 S. 2 BBauG enthaltene Hinweis, die Entschädigung sei unter gerechter Abwägung der Interessen der Allgemeinheit und der Beteiligten festzusetzen, fehlt in § 86 Abs. 1, ohne daß sich hieraus ein sachlicher Unterschied ergäbe. Das Abwägungsprinzip entspricht dem Wesen der Enteignung und gilt auch dann, wenn die Enteignung – wie bei der Grundabtretung – zugunsten Privater erfolgt (vgl. auch Art. 14 Abs. 3 S. 2 GG).

2

2. **Abs. 2 Nr. 1 bis 3** erläutern nur beispielhaft, welche anderen Vermögensnachteile zusätzlich zu entschädigen sind. Nach **Nr. 1** ist der vorübergehende oder dauernde Schaden zu ersetzen, soweit er nicht durch die Entschädigung für den Rechtsverlust abgegolten ist. Bedeutung hat diese Vorschrift insbesondere für gewerbliche (landwirtschaftliche) Betriebe, denen durch Enteignung ein Grundstück entzogen worden ist und die hierdurch zusätzliche Nachteile erleiden, die als **Folgekosten** zu bewerten und zu erstatten sind (vgl. z. B. BGH WM 1964, 968 (Berghotel); NJW 1966, 493 (Schlachthof); BGHZ 55, 294 (Gärtnerei); im einzelnen Gelzer/Busse Rz. 477 ff.). Die Folgekosten lassen sich aufteilen in Kosten für die Beschaffung und Herrichtung eines Ersatzgrundstücks, Kosten der Verlegung des Betriebs, Einbußen nach der Verlegung, Existenzverlust als Folge der Grundstücksenteignung, Gutachterkosten und Versteuerung der Entschädigungsleistung (Gelzer/Busse, Rz. 482 ff.; vgl. auch Diers BB 1981, 1246). Erstattungsfähig sind auch Rechtsberatungskosten im Rahmen einer zur Abwendung der Grundabtretung getroffenen Einigung (BGH MDR 1975, 275; BGHZ 43, 300); zur Kostenerstattung im Grundabtretungsverfahren vgl. § 103. Zu den anderen Vermögensnachteilen kann auch die durch eine Grundabtretung bewirkte Vereitelung der Ausbeutung eines Kiesvorkommens zählen (vgl. BGH NJW 1973, 275; NJW 1979, 923; BGH BauR 1979, 413). Geschäftliche Chancen, Aussichten oder bloße Erwerbsmöglichkeiten führen nicht zu einer zusätzlichen Entschädigung; es muß sich stets um den Eingriff in eine Rechtsposition des Betroffenen handeln. Im übrigen sind Entschädigungen nur bis zum Betrag des Aufwandes zu leisten, der erforderlich ist, um einen „anderen Gegenstand" in gleicher Weise wie den „abzutretenden Gegenstand" zu nutzen oder zu gebrauchen (gemeint ist das Grundstück: vgl. § 19 Abs. 1 Nr. 1 LBG, § 96 Abs. 1 S. 2 Nr. 1 BBauG).

3

3. **Abs. 2 Nr. 2** regelt die Entschädigung im Falle von Wertminderungen durch Abtretung von Teilen eines Grundstücks oder Teilen eines räumlich oder wirtschaftlich zusammenhängenden Grundbesitzes. Die Entschädigung wird in solchen Fällen üblicherweise nach der Differenzmethode ermittelt: Die Werte des Gesamtbesitzes vor und des Restbesitzes nach der Enteignung sind nach den Verfahren der WertVO (bei unbebauten Grundstücken also grundsätzlich nach dem Vergleichswertverfahren) zu ermitteln (Aust/Jacobs, 122; Gelzer/Busse Rz. 246 m. N.; Vahle MDR 1981, 625). **Nebenschäden** bei landwirtschaftlich

§ 86 4, 5   Siebenter Teil: Bergbau u. Grundbesitz, öffentl. Verkehrsanlagen

genutzten Flächen sind u. a. Betriebserschwernisse als Folge der Abtretung von Teilflächen, Mehraufwendungen für Umwege und Mehrwege sowie eine Restbetriebsbelastung (Resthofschaden). Vgl. Vahle MDR 1981, 625, LandwRL 78 Nr. 3; BGHZ 67, 190; 67, 200).

4
4. a) Die Entschädigungsgrundsätze zu den oben (Rn 2, 3) geschilderten Fallgestaltungen sind von der Rechtsprechung für Sachverhalte der **Eigentumsentziehung** entwickelt worden. Hier ist insbesondere von Bedeutung, ob neben der Entschädigung für den Rechtsverlust, d. h. einer Kapitalentschädigung mit ihren Anlagemöglichkeiten, weitere Folgekosten als zusätzliche Entschädigung geltend gemacht werden können. In der Regel ist der durch den Enteignungseingriff bewirkte Flächenverlust endgültig. Der Betriebsinhaber hat sich darauf einzustellen und die Entschädigung bzw. ihre Nutzungsmöglichkeit (Zinsen) für Umstrukturierungs- und Anpassungsmaßnahmen zu verwenden; nur soweit diese nicht ausreichen, ist eine durch den Landentzug bedingte konkrete Verschlechterung der Wirtschaftslage des Betriebs auszugleichen (BGHZ 67, 190 ff.).

5
b) Diese Grundsätze können nicht ohne weiteres auf die **Grundabtretung zur Nutzung** übertragen werden. Da der betroffene Eigentümer keine Kapitalentschädigung erhält, wenn er nicht ausdrücklich nach § 82 ein Ausdehnungsverlangen stellt, ist die Entschädigung in Fällen des § 89 Abs. 1 nach anderen Kriterien zu bemessen. Da die entzogene Nutzung (als Rechtsverlust) auszugleichen ist, wird das Schwergewicht der Entschädigung in der Regel in dem Ausgleich der subjektiven Einbußen bestehen müssen, die der Betroffene als Folge des Eingriffs in das konkrete Objekt erleidet. Die Differenzierung zwischen Rechtsverlust oder/und Rechtsbeeinträchtigung einerseits und sonstigen Vermögensnachteilen andererseits erscheint in diesen Fällen noch weniger eindeutig als in Fällen der Eigentumsentziehung. Erfaßt die nach § 89 Abs. 1 festgesetzte „wiederkehrende Leistung" die höchstmögliche Nutzung der entzogenen Teilfläche (vgl. § 89 Rn 3 f.), ist danach in der Regel eine Restbetriebsbelastung mit ausgeglichen. Bei zutreffender Bemessung tritt der Geldbetrag an die Stelle des Erlöses aus der entzogenen Teilfläche; er trägt gleichsam die nicht einsparbaren Betriebsaufwendungen (z. B. für Instandhaltung und Versicherung der Gebäude, Maschinen und Geräte) in gleicher Weise mit wie vorher der Ertrag des entzogenen Grundstücks. Ob angesichts des Umstandes, daß dem Grundabtretungsbetroffenen bei einer Grundabtretung zur Nutzung das Eigentum verbleibt, diesem bei einem Teilflächenentzug entsprechend § 86 Abs. 2 Nr. 2 zusätzlich ein Minderwertanspruch nach der Differenzmethode (oben Rn 3) zustehen könnte, erscheint ebenfalls zweifelhaft; denn das für das bergbauliche Vorhaben beanspruchte Grundstück darf nicht gedanklich aus dem Gesamtbetrieb ausgegliedert werden, sondern gehört einschließlich der mit ihm verbundenen Grundabtretungsentschädigung weiterhin dazu. So bemißt sich der Gesamtwert eines landwirtschaftlichen Betriebes nach Entzug einer Teilfläche nach dem Wert des Hofes einschließlich der bergbaulich genutzten Fläche und der mit ihr verknüpften Entschädigungsforderung.

Erstes Kapitel: Grundabtretung §§ 86, 87

6
5. Umzugskosten (Abs. 2 Nr. 3) fallen insbesondere an, wenn Betriebsverlagerungen infrage kommen. Die Höhe der Kosten richtet sich nach den objektiv notwendigen Aufwendungen (vgl. Gelzer/Busse, Rz. 392 f.; Aust/Jacobs, 152 f.).

7
6. Die Anrechnung eines mitwirkenden Verschuldens nach § 254 BGB (Text und Inhalt der Vorschrift: § 118 Rn 1 f.) gilt nicht nur bei den anderen Vermögensnachteilen im Sinne des § 86, sondern auch bei der Entschädigung für den Rechtsverlust (vgl. z. B. § 93 Abs. 3 S. 2 BBauG).

§ 87 Behandlung der Rechte der Nebenberechtigten

(1) Rechte an dem abzutretenden Grundstück sowie persönliche Rechte, die zum Besitz oder zur Nutzung des Grundstücks berechtigen oder die Nutzung des Grundstücks beschränken, können aufrechterhalten werden, soweit dies mit dem Grundabtretungszweck vereinbar ist.

(2) Soweit Rechte nicht aufrechterhalten werden, sind gesondert zu entschädigen
1. Erbbauberechtigte, Altenteilsberechtigte sowie Inhaber von Dienstbarkeiten und Erwerbsrechten an dem Grundstück,
2. Inhaber von persönlichen Rechten, die zum Besitz oder zur Nutzung des Grundstücks berechtigen, wenn der Berechtigte im Besitz des Grundstücks ist,
3. Inhaber von persönlichen Rechten, die zum Erwerb des Grundstücks berechtigen oder den Verpflichteten in der Nutzung des Grundstücks beschränken.

(3) Berechtigte, deren Rechte nicht aufrechterhalten und nicht gesondert entschädigt werden, haben Anspruch auf Ersatz des Wertes ihres Rechts aus der Entschädigung für das Eigentum an dem Grundstück, soweit sich ihr Recht auf dieses erstreckt. Das gilt entsprechend für die Entschädigungen, die für den durch die Grundabtretung eintretenden Rechtsverlust in anderen Fällen oder für Wertminderungen des Restbesitzes nach § 86 Abs. 2 Nr. 2 festgesetzt werden.

1
1. Die Vorschrift entspricht § 97 Abs. 1, 3 und 4 BBauG. Das BBauG geht im Grundsatz davon aus, daß mit der Enteignung eines Grundstücks sowohl die Rechte des bisherigen Eigentümers als auch die Rechte der Nebenberechtigten erlöschen. Rechte der Nebenberechtigten bleiben nur erhalten, wenn sie ausdrücklich aufrechterhalten werden. In der Entscheidung über den Enteignungsantrag ist daher auch darüber zu entscheiden, welche Rechte dieser Art aufrechterhalten bleiben sollen (§ 112 Abs. 3 Nr. 1 BBauG). Der Enteignungsbeschluß muß auch die „sonstigen Rechtsverhältnisse vor und nach der Enteignung" bezeichnen (§ 113 Abs. 2 Nr. 7 BBauG).

2
2. Diese Grundgedanken des § 97 BBauG sind **auf das BBergG übertragen.** Die Aufrechterhaltung von Rechten ist daher nur möglich, soweit dies mit dem Grundabtretungszweck vereinbar ist. Die Grundabtretungsbehörde hat dies im

einzelnen zu prüfen. Die Frage der Vereinbarkeit ist ein unbestimmter Gesetzesbegriff. Im Regelfall wird allerdings eine parallele Nutzung durch den Grundabtretungsbegünstigten und einen Dritten ausscheiden, zumal die Grundabtretung ohnehin nur in dem zur Ausführung des Vorhabens unerläßlichen Umfang durchgeführt werden darf (§ 81 Abs. 1 S. 1). Eine Aufrechterhaltung der Rechte von Nebenberechtigten kommt daher wohl nur in Fällen der Ausdehnung der Grundabtretung (§ 82) in Betracht. Insofern ist hier die Ausgangslage anders als bei § 97 BBauG; denn die Enteignung nach BBauG erfolgt zur Durchsetzung städtebaulicher Zielsetzungen, insbesondere von Bebauungsplänen.

3

3. Ist die Aufrechterhaltung von Rechten mit dem Grundabtretungszweck vereinbar, ist die Grundabtretungsbehörde praktisch gezwungen, die Aufrechterhaltung auszusprechen. Soweit das Wort „können" auf ein **Ermessen** hindeutet (so auch Amtl. Begr., BT-Ds. 8/1315, 129 = Zydek, 361), wird hierfür angesichts des Verfassungsgebots des geringstmöglichen Eingriffs wenig Raum sein. **Verfahrensbestimmungen wie in §§ 112 Abs. 3 Nr. 1, 113 Abs. 2 Nr. 7 BBauG fehlen im BBergG**. Gleichwohl müssen im Grundabtretungsbeschluß entsprechende Entscheidungen getroffen werden (vor § 91 Rn 41 f., 18).

4

Soweit im Grundabtretungsbeschluß Rechte nicht aufrecht erhalten werden, sind die in Abs. 2 aufgeführten Berechtigten gesondert zu entschädigen. In Abs. 2 nicht genannte Rechtsinhaber (z. B. Grundpfandrechtsgläubiger) sind nach Abs. 3 (unten Rn 5) zu entschädigen. Die Aufzählung ist als **abschließend** zu betrachten. Die Höhe der gesonderten Entschädigung richtet sich nach den §§ 84 bis 86 sowie 89. Auch diese Entschädigungen sind im Grundabtretungsbeschluß gesondert auszuweisen (vor § 91 Rn 18).

5

4. Soweit Rechte nach Abs. 1 **nicht aufrecht erhalten** oder nach Abs. 2 **nicht gesondert entschädigt** werden, haben die Berechtigten Anspruch auf Ersatz des Wertes ihres Rechts aus der Entschädigung für das Eigentum an dem Grundstück, soweit sich ihr Recht auf dieses erstreckt (Abs. 3 S. 1). Die Vorschrift hat nur Bedeutung für den Fall der Zulässigkeit der Eigentumsentziehung (§ 81 Abs. 2). Als Berechtigte kommen vor allem Inhaber von Grundpfandrechten in Betracht. Diese erwerben gegenüber dem Hauptberechtigten einen **privatrechtlichen Anspruch**. **Abs. 3 S. 2** behandelt zunächst den Fall, daß nicht das Eigentum an dem Grundstück, sondern ein das Grundstück belastendes Recht (z. B. Erbbaurecht) den Gegenstand der Grundabtretung bildet. Es kann dann z. B. der Hypothekengläubiger Ersatz des Wertes **seines Rechts** aus der Entschädigung für das Hauptrecht verlangen. Der weitere Anwendungsfall des S. 3 betrifft Rechtsverluste aufgrund einer Wertminderung des Restbesitzes nach § 86 Abs. 2 Nr. 2 (z. B. Verschlechterung eines für den Restbesitz bestehenden Grundpfandrechts). Einigen sich die Betroffenen über die Auszahlung nicht, hat der Grundabtretungsbegünstigte die Entschädigung zu hinterlegen, um die Voraussetzungen für die Ausführungsanordnung nach § 92 zu schaffen (vgl. § 93 Rn 1). Aus diesem Grunde sind auch

Erstes Kapitel: Grundabtretung §§ 87–89

Geldentschädigungen, aus denen die unter § 87 Abs. 3 fallenden Betroffenen zu entschädigen sind, im Grundabtretungsbeschluß getrennt auszuweisen (vgl. vor § 91 Rn 18).

§ 88 Schuldübergang bei Entziehung des Eigentums an Grundstücken

Wird das Eigentum an einem Grundstück entzogen und haftet bei einem Grundpfandrecht, das aufrechterhalten wird, der Grundabtretungspflichtige zugleich persönlich, so übernimmt der Grundabtretungsbegünstigte an seiner Stelle die Schuld bis zur Höhe des Grundpfandrechts, jedoch nicht über den Verkehrswert des Grundstücks hinaus.

1
In Anlehnung an § 18 Abs. 9 S. 3 StBFG begründet die Vorschrift einen **gesetzlichen Schuldübergang**, wenn das Eigentum an einem Grundstück (auch bei einem Verlangen des Eigentümers nach § 82) entzogen wird. Im Wege des Schuldnerwechsels übernimmt der Grundabtretungsbegünstigte bei Grundpfandrechten, die nach dem Grundabtretungsbeschluß aufrecht erhalten bleiben (§ 87 Abs. 1), die persönliche Schuld, die das Grundpfandrecht dinglich sichert. Ein der aufrechterhaltenen Forderung des Grundpfandrechtsgläubigers entsprechender, durch den **Verkehrswert des Grundstücks begrenzter Betrag** ist bei der Festsetzung der Entschädigung nach § 90 Abs. 3 zulasten des Eigentümers zu berücksichtigen (vgl. auch die rechtsähnliche Vorschrift des § 98 BBauG).

§ 89 Entschädigungsleistung

(1) Wird im Wege der Grundabtretung ein Nutzungsrecht begründet oder dem Eigentümer oder sonstigen Nutzungsberechtigten eine mit einem dauernden Nutzungsausfall verbundene Beschränkung oder ein anderer sich ständig erneuernder Nachteil auferlegt, so ist die Entschädigung in wiederkehrenden Leistungen zu entrichten. Werden hierdurch die zu entschädigenden Vermögensnachteile nicht abgegolten, so ist insoweit die Entschädigung in einem einmaligen Betrag zu leisten.

(2) Entstehen einem Entschädigungsberechtigten durch die Grundabtretung Vermögensnachteile, die sich im Zeitpunkt der Entscheidung über die Grundabtretung nicht abschätzen lassen, so ist auf Antrag des Entschädigungsberechtigten eine Ergänzungsentschädigung festzusetzen. Der Antrag ist nur zulässig, wenn der Entschädigungsberechtigte nachweist, daß er sich ernsthaft um eine Einigung über die Ergänzungsentschädigung bemüht hat. Die Ergänzungsentschädigung darf nur für die Zeit nach Antragstellung festgesetzt werden.

(3) Ist die Entschädigung nach Absatz 1 Satz 1 in wiederkehrenden Leistungen zu entrichten und tritt eine wesentliche Änderung der Verhältnisse ein, die für die Bemessung der Höhe der Leistungen maßgebend waren, so ist auf Antrag des Entschädigungsberechtigten oder des Entschädigungsverpflichteten die Höhe der wiederkehrenden Leistungen neu festzusetzen; Absatz 2 Satz 2 und 3 gilt entsprechend.

(4) Lassen sich im Zeitpunkt der Entscheidung über die Grundabtretung Vermögensnachteile nicht abschätzen, so kann die zuständige Behörde auf Antrag des

§ 89 1–4 Siebenter Teil: Bergbau u. Grundbesitz, öffentl. Verkehrsanlagen

Entschädigungsberechtigten anordnen, daß der Entschädigungspflichtige Sicherheit zu leisten hat. Über die Freigabe einer Sicherheit entscheidet die zuständige Behörde.

1
1. Die **Grundabtretung zur Nutzung** bildet praktisch und rechtlich den **Hauptanwendungsfall** des bergrechtlichen Zwangsrechts (§ 81 Rn 1 ff.). Die in **§ 89 Abs. 1** angeordnete Entschädigung in **wiederkehrenden Leistungen** ist daher die **zentrale Entschädigungsvorschrift** des Grundabtretungsrechts. Abs. 1 S. 1 befaßt sich mit der **Entschädigung für den Rechtsverlust** und entspricht insoweit § 84 Abs. 2 Nr. 1. **Andere Vermögensnachteile** sind nach S. 2 gesondert – entsprechend § 86 – auszugleichen.

2
a) Abs. 1 übernimmt mit dieser Regelung das bisher geltende Recht (BT-Ds. 8/1315, 130 = Zydek, 364). Nach § 137 Abs. 1 ABG war der Bergwerksbesitzer verpflichtet, dem Grundbesitzer für die entzogene Nutzung jährlich im voraus vollständige Entschädigung zu leisten und das Grundstück nach beendigter Benutzung zurückzugeben (zur Rückgabepflicht vgl. § 81 Rn 13 f.). In seiner Entscheidung vom 3.6. 1982 – III ZR 189/80 = NVwZ 1982, 579 = ZfB 123 (1982), 453 wendet der BGH zur Auslegung des § 137 Abs. 1 ABG nach der Feststellung, bei dem Grundabtretungs**verfahren** handele es sich nach richtiger Auffassung um ein Enteignungsverfahren, die **zur enteignungsrechtlichen Entschädigung entwickelten Grundsätze an** (zugleich unter Hinweis auf RGZ 102, 267 f.; RG ZfB 31 (1900), 250). In der Entscheidung wird wörtlich ausgeführt:

3
„Diese Entschädigung muß sich an dem Verlust orientieren, den die Kläger durch den Entzug der Möglichkeit, ihr Grundstück zu nutzen, erlitten haben. Diese Einbuße soll die Entschädigung angemessen („vollständig") ausgleichen. Hierbei ist zunächst die tatsächliche Nutzung des Grundstücks im Zeitpunkt der Inanspruchnahme zu berücksichtigen und zu fragen, welchen Erlös diese Nutzung den Klägern nachhaltig gebracht haben würde. Sodann sind alle weiteren wirtschaftlich vernünftigen und rechtlich zulässigen Nutzungsmöglichkeiten, von denen die Kläger ernstlich hätten Gebrauch machen können, in Betracht zu ziehen. Würde eine dieser ausnutzbaren Möglichkeiten nachhaltig einen höheren Erlös erbracht haben als die tatsächliche Nutzung im Zeitpunkt der Inanspruchnahme des Grundstücks, so wäre der Berechnung der Entschädigung dieser höhere Erlös zugrunde zu legen (Senatsurteile vom 24. November 1975 – III ZR 113/73 = WM 1976, 277 und vom 29. September 1977 – III ZR 80/74 = WM 1977, 1411).

4
Das Berufungsgericht hat – in Anlehnung an die Entscheidung des Reichsgerichts in RGZ 52, 206 – in einer Veräußerung die beste Nutzungsmöglichkeit und demgemäß die jährlich zu entrichtende Nutzungsentschädigung in einer angemessenen Verzinsung des Verkehrswertes des Grundstücks, nämlich 2 % über Bundesbankdiskont, gesehen.

Erstes Kapitel: Grundabtretung 5–8 § 89

5
Dem kann nicht gefolgt werden (es folgen Ausführungen zum Verkehrswert)- ...Westhoff, Bergbau und Grundbesitz, Bd. II S. 106 und Ebel-Weller aaO § 137 Anm. 4a stimmen der angeführten Entscheidung des Reichsgerichts nur für den Fall zu, daß ein Verkauf des Grundstücks während der Dauer der bergbaulichen Nutzung mit Wahrscheinlichkeit zu erwarten stand. Das bedarf jedoch keiner Erörterung, da schon grundsätzliche Überlegungen einer Berücksichtigung der Verkaufsmöglichkeit bei der Festsetzung der Entschädigung entgegenstehen.

6
Der Beklagten ist das Grundstück nur zur bergbaulichen Nutzung abgetreten worden (§ 135 ABG). Da den Klägern das Eigentum an dem Grundstück verbleibt, ist ihnen – wie dargelegt – nur der Wert der Nutzungen zu ersetzen, die sie im Rahmen der rechtlichen Ordnung ziehen können und die ihnen durch die Belastung mit dem bergbaulichen Nutzungsrecht entzogen werden. Dem Verlust des Eigentums kann der Entzug dieser Nutzungsmöglichkeit – mag sie auch zeitlich nicht befristet sein – nicht gleichgesetzt werden (Senatsurteile 24. November 1975 und 29. September 1977 aaO). Die Kläger können – eben weil sie Eigentümer bleiben – keine Nutzungsentschädigung beanspruchen, die sich am Verkehrswert des Grundstücks orientiert. Andernfalls erhielten sie eine Entschädigung (auch) für einen Vermögenswert, der ihnen nicht entzogen worden ist und den sie realisieren können, indem sie unter den Voraussetzungen des § 138 ABG von der Beklagten die Übernahme des Grundstücks verlangen. Das aber haben sie bisher nicht getan.

7
Den Wert der entzogenen Nutzungen zu ermitteln, ist Sache des Tatrichters, der dabei an ein bestimmtes Bewertungsverfahren nicht gebunden ist. Ob dazu die von Ebel/Weller aaO § 137 Anm. 4a empfohlene Berechnung nach dem Ertragswert (d.h. dem Wert der jährlichen Nutzung, den das Grundstück bei eigener Bewirtschaftung durch den Grundeigentümer als Teil des Gesamtbetriebes hat) geeignet ist, hängt von den Umständen des Einzelfalles ab; denn das vom Tatrichter angewendete Bewertungsverfahren darf nicht zu einer Verzerrung der Wertverhältnisse führen."

8
b) Die in der Entscheidung (oben Rn 3) aufgeführten Urteile vom 24.11.1975 (WM 1976, 277 = LM LandbeschG Nr. 24 = Thiel/Gelzer BRS 34 Nr. 82) sowie vom 29.9.1977 (WM 1977, 1411 = LM LandbeschG Nr. 26 = Thiel/Gelzer BRS 34 Nr. 83) betreffen eine Besitzeinweisung mit nachfolgender Bestellung eines Nießbrauchs und der Entschädigung in Form einer Rente. In beiden Urteilen hat sich der BGH gegen eine „Bodenrente" in Form der Verzinsung des Verkehrswertes der Grundstücke ausgesprochen. Wenn nach dem Gesetz die **Hauptentschädigung** in Form einer „wiederkehrenden Leistung" zu bemessen ist, ist auch die **Besitzeinweisungsentschädigung** nach denselben Modalitäten zu bestimmen; denn Besitzeinweisungsentschädigung und Hauptentschädigung müssen, vom Einfluß verschiedener Preisverhältnisse abgesehen, gleich bemessen werden (BGH vom 29.9.1977,

BRS 34 Nr. 83 S. 159). Das bedeutet, daß die in § 98 Abs. 1 S. 1 angesprochene Verzinsung der Geldentschädigung angesichts dessen, daß die Begründung eines Nutzungsrechts im Rahmen der Grundabtretung den Hauptanwendungsfall bildet, kaum je zur Anwendung gelangen kann (vgl. auch § 98 Rn 2).

9
c) Nach den in der Entscheidung des BGH vom 3. 6. 1982 wiedergegebenen Grundsätzen (oben Rn 3 bis 7) ist die Entschädigung nach dem Verlust der konkreten Nutzungsmöglichkeiten zu bemessen. Seit der Entscheidung RG ZfB 80/81 (1939/1940), 143 wurde die nach § 137 Abs. 1 festzusetzende Entschädigung nach der **Formel** Rohertrag der durch den Bergbau entzogenen Flächen zuzüglich Aufwendungen für Wirtschaftserschwernisse abzüglich ersparter Aufwendungen ermittelt (vgl. Ebel-Weller § 137 ABG Anm. 4 a; vgl. oben Rn 7).

10
Mithin sind die betriebswirtschaftlichen Verluste (insbesondere bei landwirtschaftlichen Betrieben), die sich als unmittelbare Folge des Verlustes der grundabgetretenen Flächen einstellen, möglichst genau – in der Regel durch Sachverständigengutachten – festzustellen. Dabei ist jeweils im Einzelfall genau zu prüfen, in welchem Umfang gerade der Verlust der abgetretenen Flächen im Rahmen des Gesamtbetriebes Nachteile für den Betroffenen mit sich bringt (oben Rn 7). **Sonstige nicht durch die Entschädigung in wiederkehrenden Leistungen ausgeglichene Vermögensnachteile** können nach Abs. 1 S. 2 **gesondert** zu entschädigen sein. Es handelt sich in der Regel um Folgekosten des Eingriffs, die durch die Nutzungsentschädigung nicht ausgeglichen werden können wie z. B. der Verlust von Wirtschaftswegen, Betriebseinrichtungen (vgl. § 82 Abs. 5) oder Sachverständigenkosten. Die **typischen Folgeschäden des Eingriffs sind grundsätzlich in die Entschädigung in Form der wiederkehrenden Leistungen einzurechnen** (vgl. auch § 86 Rn 4 f.). Wird bei einem größeren bergbaulichen Vorhaben ein landwirtschaftlicher Betrieb insgesamt von einer Grundabtretung erfaßt, muß der nachhaltig erzielbare (durch vergleichende Betrachtung auch zurückliegender Jahre zu ermittelnde) Reingewinn gerade des konkret betroffenen Betriebes bei der Entschädigung zugrunde gelegt werden. Besteht das Nutzungsrecht in einer **Leitungsdienstbarkeit** nach § 1090 ff BGB (wegen einer unterirdisch verlegten Leitung oder Überspannung eines Grundstücks mit einer Leitung), werden in der Regel nach Abschluß der Maßnahmen keine Nachteile verbleiben, so daß auch eine Bemessungsgrundlage für die Bestimmung der wiederkehrenden Leistungen fehlt. In diesen Fällen kann es gerechtfertigt sein, dem Betroffenen unter Rückgriff auf den Grundsatz des § 84 Abs. 4 eine Entschädigung in der Form eines einmaligen Betrages zu gewähren, sofern als Folge der Verlegung oder Überspannung eine Wertminderung eintritt. Sonstige Nachteile (z. B. Betriebserschwernisse als Folge der Errichtung von Masten) sind als andere Vermögensnachteile zusätzlich zu entschädigen (vgl. auch Aust/Jacobs, 66 f.).

11
2. Bestimmte Zahlungsmodalitäten sieht Abs. 1 S. 1 im Gegensatz zu § 137 Abs. 1 ABG („jährlich im voraus") nicht vor. Die zuständige Behörde kann im Grundab-

Erstes Kapitel: Grundabtretung

tretungsbeschluß die Zahlungsweise unter angemessener Berücksichtigung der jeweiligen Interessen und Bedürfnisse der Betroffenen bestimmen.

12

3. Die weiter genannten Voraussetzungen der Entschädigungsform des § 89 Abs. 1 („mit einem dauernden Nutzungsausfall verbundene Beschränkungen" sowie „ein anderer ständig sich erneuernder Nachteil") dürften gegenüber der Begründung eines (dinglichen) Nutzungsrechts keine selbständige Bedeutung haben. Diese Tatbestandsvoraussetzungen scheinen sogar geeignet, die Grenze der dem Eigentümer gegenüber dem Bergbau ohnehin auferlegten zivilrechtlichen Duldungspflicht zu verwischen. Ist ein Nutzungsrecht durch den Grundabtretungsbeschluß umschrieben und entsprechend eingetragen, und entstehen dem Betroffenen später derartige Nachteile oder Beschränkungen, die weder vom Inhalt des Nutzungsrechts abgedeckt noch nach der zivilrechtlichen Kollisionsregelung zu dulden sind, kann sie der Betroffene verbieten.

13

4. a) **Entschädigung des Pächters oder Mieters.** Benötigt der Unternehmer für das bergbauliche Vorhaben den **unmittelbaren Besitz** der abzutretenden Flächen, kann das Pacht- oder Mietrecht jedenfalls insoweit nicht aufrecht erhalten werden. Es ist deshalb durch den Grundabtretungsbeschluß zu entziehen (§ 87 Rn 1, 2). Einer Entziehung des Miet- oder Pachtrechts bedarf es verständlicherweise nicht, wenn ausnahmsweise eine Grundabtretung zu Eigentum zulässig ist oder der Eigentümer selbst nach § 82 die Ausdehnung der Grundabtretung beantragt; denn in solchen Fällen kann sich der Grundabtretungsbegünstigte zunächst das Eigentum übertragen lassen, um sodann nach Eintritt in den Miet- oder Pachtvertrag (§ 571 BGB) diese Vertragsverhältnisse fristgemäß aufzulösen. Pächter oder Mieter sind nach § 87 Abs. 2 Nr. 2 **gesondert zu entschädigen.** Etwas anderes gilt allenfalls dann, wenn der Eigentümer etwa nach § 82 Abs. 3 einen Übernahmeanspruch geltend macht und wegen der an sich nicht benötigten Grundstücke Miet- und Pachtrechte aufrecht erhalten bleiben können (§ 87 Rn 2).

14

Nach dem BBergG sollen die von einer Grundabtretung Betroffenen (ebenso wie im BBauG) entschädigungsrechtlich selbständig behandelt werden. Deshalb ist der Nebenberechtigte grundsätzlich nicht mit seinen Ansprüchen an den Hauptberechtigten zu verweisen, wenn sein Recht aufgehoben werden muß (Ausnahme: § 82 Abs. 3). Auch ist der Eigentümer nicht darauf angewiesen, sich zunächst bis zum vertragsgemäß vorgesehenen Ende eines Miet- oder Pachtvertrages wegen seines Miet- oder Pachtzinses an den Mieter oder Pächter zu halten, der dann seinerseits den Zins aus der ihm zu zahlenden Nutzungsentschädigung weiterhin zu bestreiten hätte. Eine solche Regelung mag allenfalls bei einer kurzfristigen Nutzung sinnvoll sein, die es nicht rechtfertigt, bestehende Miet- oder Pachtrechte zu zerschlagen (Gebot des geringstmöglichen Eingriffs). In solchen Fällen ist im Grundabtretungsbeschluß das Miet- und Pachtrecht aufrecht zu erhalten; dem Eigentümer ist ggf. – bis auf einen etwaigen Minderwert – eine Entschädigung zu versagen.

15

b) Der Anspruch des Mieters oder Pächters auf Entschädigung beschränkt sich im Grundsatz auf den Betrag, der ihn im Zeitpunkt der Enteignung in den Stand setzt, ein entsprechendes Miet- oder Pachtrecht unter vergleichsweise ähnlichen Vorteilen, Voraussetzungen und Bedingungen (von anderer Stelle) einzugehen (vgl. BGH NJW 1972, 528; BGHZ 59, 250, 258). Zahlt der Mieter oder Pächter in etwa den **marktüblichen** (ortsüblichen) **Zins**, besteht kein Anlaß für eine gesonderte Aufhebungsentschädigung, da der Betroffene durch die ersparte Miete oder Pacht „bildhaft" in die Lage versetzt wird, sich ein entsprechendes Objekt zu beschaffen, unabhängig davon, ob diese Möglichkeit tatsächlich besteht (Gelzer/Busse, Umfang des Entschädigungsanspruchs, Rz. 605; Aust/Jacobs, 77 f.). War jedoch der Miet- oder Pachtzins niedriger als der marktübliche Zins, so verkörpert dies einen besonderen Wert der Substanz des Miet- oder Pachtrechts. Daher ist die Differenz zwischen dem bisher gezahlten und dem marktüblichen Zins unter Berücksichtigung der Laufzeit der Verträge der Entschädigungsberechnung zugrunde zu legen (vgl. auch LandwRL 1978 Nr. 5).

16

Es ist nicht möglich, bei dem Pächter den Entschädigungsanspruch danach zu berechnen, was er während einer bestimmten Zeit oder der gesamten restlichen Pachtzeit aus dem Pachtobjekt herausgewirtschaftet haben würde. Eine solche Betrachtungsweise wäre Schadensersatz, nicht Entschädigung (BGHZ 59, 250, 258).

17

5. Bei der **Enteignung eines Mietrechts**, das nach dem Mietvertrag jeweils zum Jahresende kündbar war, ist eine Entschädigung wegen anderer Nachteile der Enteignung nur insoweit zu leisten, als in die **rechtlich gesicherte Erwartung** des Mieters auf Fortsetzung des Vertrages eingegriffen worden ist. Außer Betracht bleibt die mehr oder weniger tatsächliche Erwartung, daß das Mietverhältnis ohne die Enteignung noch über Jahre fortgesetzt worden wäre (BGH MDR 82, 464 gegen BGHZ 26, 248; vgl. auch Aust/Jacobs, Enteignungsentschädigung, 106; Gelzer/Busse, Umfang des Entschädigungsanspruchs, Rz. 606).

18

6. a) Eine **Ergänzungsentschädigung nach Abs. 2** kann sowohl im Hinblick auf einen eingetretenen **Rechtsverlust** (§ 84 Abs. 2 Nr. 1) als auch hinsichtlich **anderer Vermögensnachteile** vorbehalten bleiben. Die Vorschrift gilt unabhängig von der Frage, in welcher Form (in Einmalbeträgen oder wiederkehrenden Leistungen) Entschädigung zu leisten ist. Eine Ergänzungsentschädigung kommt nur dann in Betracht, wenn im Zeitpunkt der Grundabtretung zusätzliche Vermögensnachteile gleichsam bereits im Grundabtretungsvorgang angelegt und adäquat-kausal (vgl. § 84 Rn 3) durch den Zwangseingriff verursacht worden sind. Die Ergänzungsentschädigung kann insbesondere nicht beantragt werden mit der Begründung, seit dem Zeitpunkt des Grundabtretungsbeschlusses habe sich die **Qualität des Grundstücks** verändert; der Wert sei zwischenzeitlich gestiegen. Die maßgeblichen Stichtage für die Bestimmung des Zustandes des Grundstücks (§ 84 Abs. 5;

Erstes Kapitel: Grundabtretung

hierzu § 84 Rn 9 ff.) und für die Bewertung (vgl. § 85 Rn 3 f.) bleiben mithin bestehen.

19

b) § 89 Abs. 2 findet insbesondere Anwendung, wenn dem Grundstück bei der Rückgabe nach beendeter Nutzung ein Minderwert verbleibt. Bei der Bemessung des Minderwerts ist die Qualität des Grundstücks im Zeitpunkt des Eingriffs zugrunde zu legen; Bewertungsstichtag ist aber der Zeitpunkt der Entscheidung der Grundabtretungsbehörde über den Antrag auf Festsetzung einer Ergänzungsentschädigung (vgl. § 81 Rn 11; § 82 Rn 12 f.). Die Vorschrift ist entspr. heranzuziehen, wenn der Eigentümer eine vom Unternehmer beantragte Entziehung des Eigentums durch Abgabe einer Verpflichtung zur Leistung einer Ausgleichszahlung bei der Rückgabe nach § 81 Abs. 2 S. 3 abgewendet hat (§ 81 Rn 8). Die Beteiligten müssen vor Einleitung eines neuerlichen Entschädigungsverfahrens den Versuch einer gütlichen Einigung unternehmen (Abs. 2 S. 2). Es ist ein förmliches Verfahren nach den §§ 64 ff. VwVfG durchzuführen. Eine Ergänzungsentschädigung darf nur für die **Zeit nach Antragstellung** festgesetzt werden (Abs. 2 S. 3). Eine rückwirkende Anpassung der Entschädigung findet also auch dann nicht statt, wenn bereits im Grundabtretungsvorgang angelegte Vermögensnachteile erst später abschätzbar sind. Die Grundabtretungsbehörde ist nach Abs. 4 berechtigt, eine Sicherheitsleistung anzuordnen, wenn Vermögensnachteile mit hinreichender Gewißheit absehbar sind, eine Bezifferung aber noch nicht möglich ist. Das Verbot einer rückwirkenden Festsetzung entspricht dem in § 323 Abs. 3 ZPO enthaltenen Gedanken; es soll verhindert werden, daß der Entschädigungspflichtige unzumutbar belastet wird, wenn der Berechtigte mit der Geltendmachung seines Anspruchs zögert (BT-Ds. 8/1315, 130 = Zydek, 365).

20

7. Abs. 3 übernimmt einen ebenfalls in § 323 ZPO enthaltenen Grundsatz. Eine **Anpassung der in wiederkehrenden Leistungen festgesetzten Entschädigung** ist bei **wesentlicher Änderung** der für die Bemessung der Höhe der Leistungen maßgeblichen Verhältnisse vorzunehmen. Das kann insbesondere dann der Fall sein, wenn die Nutzungsentschädigung, die auf der Grundlage der im Zeitpunkt des Grundabtretungsbeschlusses bestehenden konkreten Nutzungsmöglichkeiten festgesetzt worden ist (oben Rn 3 f.), den eingetretenen Rechtsverlust nicht mehr angemessen ausgleicht. Eine mögliche Neufestsetzung kann aber auch zu einer Ermäßigung der Entschädigungsleistung führen, obwohl dies in Zeiten schwankender Preis- und Währungsverhältnisse selten sein dürfte. Ist bei der Berechnung der Entschädigung nach den oben (Rn 3) genannten Maßstäben eine im Verhältnis zu der tatsächlichen Nutzung höherwertige Nutzbarkeit zugrunde gelegt worden (z. B. Einbeziehung eines landwirtschaftlichen Grundstücks in einen Golfplatz), und fällt diese Nutzungsmöglichkeit (wegen der Aufgabe des Golfplatzes) später fort, ist die Entschädigung neu zu bestimmen.

21

8. Nach **Abs. 4** kann für eine etwa nachträglich zu entrichtende Ergänzungsentschädigung (Abs. 2; vgl. oben Rn 18 f.) eine **Sicherheitsleistung** festgesetzt werden.

§§ 89, 90   Siebenter Teil: Bergbau u. Grundbesitz, öffentl. Verkehrsanlagen

Dies kann sowohl im Grundabtretungsbeschluß als auch später geschehen. Voraussetzung ist jedoch, daß überhaupt entsprechende Vermögensnachteile mit einiger Sicherheit zu erwarten sind und die Erfüllung des Anspruchs des Berechtigten gefährdet ist. Über die Freigabe entscheidet die zuständige Behörde (Abs. 4 S. 2).

§ 90 Wertänderungen, Veränderungen, Begründung neuer Rechtsverhältnisse

(1) Bei der Festsetzung der Entschädigung bleiben folgende Wertänderungen unberücksichtigt:
1. Werterhöhungen, die ausschließlich infolge des Gewinnungs- oder Aufbereitungsbetriebes eingetreten sind, zu dessen Gunsten die Grundabtretung durchgeführt wird,
2. Wertänderungen, die infolge der bevorstehenden Grundabtretung eingetreten sind,
3. Werterhöhungen, die nach dem Zeitpunkt eingetreten sind, in dem der Eigentümer oder sonstige Berechtigte zur Vermeidung der Grundabtretung ein Kauf- oder Tauschangebot im Sinne des § 79 Abs. 2 Nr. 1 Buchstabe a oder ein Angebot zum Abschluß einer Vereinbarung im Sinne des § 79 Abs. 2 Nr. 1 Buchstabe b mit angemessenen Bedingungen hätte annehmen können, es sei denn, daß er Kapital oder Arbeit für die Werterhöhung aufgewendet hat,
4. wertsteigernde Veränderungen, die ohne die erforderliche behördliche Anordnung, Genehmigung, Zulassung, Zustimmung, Erlaubnis oder Bewilligung vorgenommen worden sind, es sei denn, daß sie ausschließlich der Erhaltung oder ordnungsgemäßen Bewirtschaftung gedient haben.

(2) Für bauliche Anlagen, deren Abbruch jederzeit auf Grund öffentlich-rechtlicher Vorschriften entschädigungslos gefordert werden kann, ist eine Entschädigung nur zu gewähren, wenn es aus Gründen der Billigkeit geboten ist. Kann der Abbruch entschädigungslos erst nach Ablauf einer Frist gefordert werden, so ist die Entschädigung nach dem Verhältnis der restlichen zu der gesamten Frist zu bemessen.

(3) Wird der Wert des Eigentums an dem abzutretenden Grundstück durch Rechte Dritter gemindert, die aufrechterhalten oder gesondert entschädigt werden, so ist dies bei der Festsetzung der Entschädigung für das Eigentum an dem Grundstück zu berücksichtigen.

(4) Eine Vereinbarung, die mit Rücksicht auf ein in Vorbereitung befindliches Grundabtretungsverfahren oder die nach Einleitung des Grundabtretungsverfahrens getroffen wird und die einen Dritten zum Gebrauch oder zur Nutzung des Gegenstandes der Grundabtretung berechtigt, bleibt bei der Festsetzung der Entschädigung insoweit unberücksichtigt, als sie von üblichen Vereinbarungen in vergleichbaren, nicht von einer Grundabtretung betroffenen Fällen auffällig abweicht und Tatsachen die Annahme rechtfertigen, daß sie getroffen worden ist, um eine Entschädigung zu erlangen.

(5) Ist eine Veränderung an dem Gegenstand der Grundabtretung, die nach Einleitung des Grundabtretungsverfahrens ohne Zustimmung der zuständigen Behörde vorgenommen wird, für dessen neuen Verwendungszweck nachteilig und war dieser Umstand dem Grundabtretungspflichtigen, der die Veränderung vorgenom

Erstes Kapitel: Grundabtretung 1–4 § 90

men hat, bekannt, so kann die zuständige Behörde auf Antrag des Grundabtretungsbegünstigten die Wiederherstellung des früheren Zustandes anordnen.

1
1. Die im wesentlichen § 95 BBauG entsprechende Vorschrift steht in engem Zusammenhang mit § 85 (Entschädigung für den Rechtsverlust). **Abs. 1** hat die Funktion, bestimmte Wertveränderungen bei der Bewertung auszuschalten, die in dem Zeitraum zwischen dem Bekanntwerden des bergbaulichen Vorhabens und dem Bewertungsstichtag (hierzu § 85 Rn 3) eingetreten sind. Da sich bei der Grundabtretung zur Nutzung die Entschädigung in wiederkehrenden Leistungen nicht nach dem Verkehrswert des Grundstücks, sondern nach dem Wert der entzogenen Nutzung richtet (§ 89 Rn 3 ff.), hat die Vorschrift für diesen Bereich keine nennenswerte Bedeutung.

2
2. Abs. 1 Nr. 1 schaltet Werterhöhungen aus, die **ausschließlich** in Erwartung des Gewinnungs- oder Aufbereitungsbetriebs, dem die Grundabtretung dienen soll, eintreten. Die Vorschrift entspricht insoweit § 140 ABG. Sind neben dem künftigen Gewinnungsbetrieb andere Faktoren preisbestimmend, müssen Werterhöhungen bei der Bewertung einbezogen werden.

3
b) **Abs. 1 Nr. 2** soll einerseits spekulativen Werterhöhungen vorbeugen, andererseits aber auch verhindern, daß als Folge des Bekanntwerdens des bergbaulichen Vorhabens Wertverminderungen eintreten (vgl. auch § 95 Abs. 2 Nr. 2 BBauG).

4
c) Die sog. **Wertsteigerungssperre** des Abs. 1 Nr. 3 soll – wie § 95 Abs. 2 Nr. 5 BBauG – verhindern, daß der Eigentümer aus der Verzögerung der auf eine gütliche Einigung abzielenden Verhandlungen dadurch Gewinn zieht, daß er zwischenzeitlich eintretende Werterhöhungen abwartet und diese „mitzunehmen" versucht. Voraussetzung der Wertsteigerungssperre ist ein angemessenes Angebot (vgl. § 79 Rn 11). Die Sperre entfällt, wenn der Enteignungsbegünstigte später von seinem Angebot abrückt, insbesondere im nachfolgenden Grundabtretungsverfahren die Festsetzung einer niedrigeren Entschädigung beantragt (BGHZ 61, 240). Das gleiche gilt, wenn im Verfahren die Festsetzung der Entschädigung wegen Anrechnung eines Vorteilsausgleichs auf Null beantragt wird (BGHZ 68, 100). Bei einem Angebot auf Leistung einer Abschlagszahlung greift § 90 Abs. 2 Nr. 3 ebenfalls nicht ein (BGH NJW 1975, 157). Aus dem Tatbestandsmerkmal „zur Vermeidung der Grundabtretung" folgt, daß die Reduktionsklausel nur dann eingreifen soll, wenn **sicher feststeht**, daß das Grundstück enteignet werden kann (Aust/Jacobs, 4; Ernst/Zinkahn/Bielenberg, BBauG, § 95 Rdnr. 83 a). Erst dann hat der Eigentümer Anlaß, sich ernstlich mit der Enteignung und Überlassung des Grundstücks zu beschäftigen. Erforderlich ist also, daß ein **zugelassener Betriebsplan** vorliegt. In der Regel ist das Angebot **schriftlich** abzugeben, um dem Eigentümer die Möglichkeit der Überprüfung zu geben. Die Beifügung von Bewertungsunterlagen ist nicht erforderlich (Aust/Jacobs, 1 f.).

5

Werterhöhungen des Grundstücks sind ohne Einfluß auf die Bemessung der Entschädigung in wiederkehrenden Leistungen bei Begründung eines Nutzungsrechts, da eine am Verkehrswert orientierte „Bodenrente" nicht festgesetzt werden kann (§ 89 Rn 3ff.). Die Bezugnahme auf § 79 Abs. 2 Nr. 1 Buchst. b hat daher insoweit keine Bedeutung. Wertsteigerungen in der Zeit zwischen der Begründung des Nutzungsrechts und der Geltendmachung eines Übernahmeverlangens (vgl. hierzu § 82 Rn 11 f.) kann der Eigentümer ausnutzen: Wenn nach Lage der Dinge nur eine Grundabtretung zur Nutzung infrage kommt, besteht kein Anlaß, einem Kaufangebot, das alternativ neben einem Angebot auf Einräumung eines Nutzungsverhältnisses abgegeben wird, für alle Zeiten eine Sperrwirkung beizumessen. Werterhöhungen, die der Eigentümer unter Einsatz von Kapital und Arbeit erzielt, sind zu berücksichtigen.

6

d) **Abs. 2 Nr. 4** will bei der Bewertung wertsteigernde Veränderungen ausnehmen, die „entgegen gesetzlichen Vorschriften vorgenommen werden" (Amtl. Begr., BT-Ds. 8/1315, 131 = Zydek, 368). Damit werden sinngemäß die in § 95 Abs. 2 Nr. 4 und 5 BBauG enthaltenen Beschränkungen übernommen. Jedoch ist zu bedenken, daß die genannten Vorschriften des BBauG an besondere Genehmigungsvorbehalte (§ 109 a BBauG) oder etwa eine Veränderungssperre (§§ 14 ff. BBauG) anknüpfen. Die Vorschrift hat daher allenfalls bei baulichen Anlagen Bedeutung, die **materiell-baurechtswidrig** errichtet sind, da entsprechende Genehmigungsvorbehalte zugunsten der Grundabtretungsbehörde fehlen (vgl. jedoch Abs. 5; unten Rn 10).

7

3. **Abs. 2** entspricht wörtlich § 95 Abs. 3 BBauG. Die Voraussetzungen für einen behördlich anzuordnenden Abbruch ergeben sich aus den Landesbauordnungen. Es handelt sich bei S. 1 nicht um eine Enteignungsentschädigung, da derartige Anlagen nicht zu dem von Art. 14 GG geschützten Eigentumsinhalt gehören. Demgegenüber enthält S. 2 eine Entschädigungsberechnung für zeitlich befristete legale Bauten, die am Bewertungsstichtag noch den vollen Eigentumsschutz genießen (vgl. im einzelnen Ernst/Zinkahn/Bielenberg, BBauG, § 95 Rdnr. 102).

8

4. **Abs. 3** steht im Zusammenhang mit § 87 (vgl. zunächst dort Rn 1 bis 5). Die Vorschrift besagt, daß **alle Rechte Dritter**, die aufrecht erhalten oder gesondert entschädigt werden, **bei der Entschädigung für den Rechtsverlust anzurechnen sind**. Ob sie aufrecht erhalten oder gesondert entschädigt werden, ergibt sich aus dem Grundabtretungsbeschluß (vgl. § 87 Rn 3; vor § 91 Rn 14 f., 18). Ansprüche der in § 87 Abs. 3 genannten Nebenberechtigten sind von diesen gegenüber den Hauptberechtigten geltend zu machen (§ 87 Rn 5); sie führen mithin nicht zu einer bei der Hauptentschädigung zu berücksichtigenden Wertminderung. Im einzelnen ist jeweils zu prüfen, inwieweit ein aufrecht erhaltenes Recht oder eine gesonderte Entschädigung tatsächlich eine Wertminderung für das Grundstück bedeutet. Die nach § 90 Abs. 3 zu berücksichtigende Wertminderung braucht nicht

identisch zu sein mit dem Entschädigungsbetrag, den ein Nebenberechtigter wegen Aufhebung seines Rechts erhält (vgl. Ernst/Zinkahn/Bielenberg, BBauG, § 95 Rdnr. 113). Im Bereich des Grundabtretungsrechts hat Abs. 3 im wesentlichen nur Bedeutung für die Fälle der Eigentumsentziehung. Vgl. auch § 88 (gesetzlicher Schuldübergang der persönlichen Schuld).

9
5. **Abs. 4** entspricht gleichartigen Regelungen in § 95 Abs. 2 Nr. 6 BBauG und § 23 Abs. 4 StBauFG. Die Vorschrift soll verhindern, daß im Hinblick auf ein zu erwartendes Grundabtretungsverfahren Vereinbarungen in der Absicht geschlossen werden, überhaupt eine Entschädigung oder eine höhere Entschädigung zu erzielen (BT-Ds. 8/1315, 131 = Zydek, 369). Die Beweislast für die Voraussetzung der Rechtsmißbrauchsklausel trägt der Grundabtretungsbegünstigte, wobei er sich auf die Grundsätze des Anscheinsbeweises berufen kann. Abs. 5 braucht die Entschädigung nicht schlechthin auszuschließen; vielmehr ist lediglich eine Reduzierung („insoweit") auf Entschädigungsbeträge bei „üblichen" Vereinbarungen vorzunehmen (vgl. Ernst/Zinkahn/Bielenberg, BBauG, § 95 Rdnr. 101 a).

10
6. In **Abs. 5** werden die Rechtsfolgen einer ohne Zustimmung der zuständigen Behörde (Grundabtretungsbehörde) vorgenommenen Veränderung an dem Gegenstand der Grundabtretung geregelt, ohne daß ein ausdrückliches Verbot mit Erlaubnisvorbehalt im Gesetz statuiert wäre (vgl. demgegenüber §§ 51, 109a BBauG). Es ist deshalb davon auszugehen, daß § 90 Abs. 5 selbst dieses Zustimmungserfordernis festsetzt. Nach Einleitung eines Grundabtretungsverfahrens lösen danach Veränderungen, die für den neuen Verwendungszweck nachteilig sind, einen Anspruch des Grundabtretungsbegünstigten auf Wiederherstellung aus, sofern dem Grundabtretungspflichtigen diese nachteiligen Auswirkungen bekannt waren. Die Kosten der Wiederherstellung trägt der Grundabtretungspflichtige. Nach der Amtl. Begr. (BT-Ds. 8/1315, 131 = Zydek, 369) entspricht diese Beschränkung der Sozialbindung; sie könne deshalb entschädigungslos bleiben.

Dritter Abschnitt
Vorabentscheidung, Ausführung und Rückgängigmachen der Grundabtretung

Vorbemerkung: Grundabtretungsverfahren, Grundabtretungsbeschluß und Einigung im Verfahren

I. Verfahrensvorschriften

1
1. Für das Grundabtretungsverfahren gelten nach § 105 die Vorschriften über das förmliche Verwaltungsverfahren nach Teil V Abschn. 1 des Verwaltungsverfah-

vor § 91 2, 3 Siebenter Teil: Bergbau u. Grundbesitz, öffentl. Verkehrsanlagen

rensgesetzes. Anzuwenden sind die Verwaltungsverfahrensgesetze der **Bundesländer** (§ 5 Rn 9 ff.). Die Besonderheiten des förmlichen Verwaltungsverfahrens bestehen in der **Formvorschrift für den Antrag** (§ 64 VwVfG), in der **Mitwirkungspflicht von Zeugen und Sachverständigen** (§ 65 VwVfG), in dem **Erfordernis der mündlichen Verhandlung** (§§ 67 und 68 VwVfG), in besonderen Vorschriften über die **Entscheidung** (§ 69 VwVfG) und der **unmittelbaren Zulässigkeit der Klage** ohne Wiederspruchsverfahren nach §§ 68 ff. VwVfGO (§ 70 VwVfG). Zu den **Einzelheiten** des förmlichen Verfahrens: Vgl. § 36 Rn 2 ff. Zum Geltungsbereich des förmlichen Verwaltungsverfahrens im Bereich des Grundabtretungsrechts vgl. § 105.

2
2. Das VwVfG des Bundes und die entsprechenden Landesgesetze haben die Aufgabe, die in zahlreichen Gesetzen enthaltenen und schwer zugänglichen Rechtsvorschriften und Rechtsgrundsätze des allgemeinen Verwaltungsrechts mit dem Ziel der Rechtssicherheit, Rechtsklarheit und Übersichtlichkeit zusammenzufassen (Kopp, VwVfG, vor § 1 Anm. 3 f.). Die Vorschriften über das förmliche Verfahren sind vor allem gedacht für Bereiche, bei denen die Behördenentscheidung schwerwiegende Eingriffe in die Rechtssphäre des Bürgers bewirken kann. Die Fixierung bestimmter Verfahrensgrundsätze gestattet es dem Gesetzgeber künftig, auf entsprechende Detailregelungen in den einzelnen Gesetzen zu verzichten und statt dessen auf diese Regelungen zu verweisen. Auch der Verzicht des BBergG auf verfahrensrechtliche Regelungen im Bereich des Grundabtretungsrechts entspricht dieser Zielsetzung.

3
3. Allerdings muß für den Bereich des Grundabtretungsrechts der Verzicht auf verfahrensrechtliche Regelungen zumindest im Hinblick auf das Fehlen einer Bestimmung über den **Grundabtretungsbeschluß** als Mangel empfunden werden. Da die Grundabtretungsvorschriften der §§ 77 ff. in enger Anlehnung an die Enteignungsregelung der §§ 85 ff. BBauG konzipiert sind und ihnen zu einem großen Teil sogar wörtlich entsprechen, hätte es nahegelegen, im Gesetz wenigstens den notwendigen Inhalt des Grundabtretungsbeschlusses zu regeln. § 69 VwVfG als die für das förmliche Verfahren einschlägige Vorschrift über die Behördenentscheidung stellt lediglich den Grundsatz der freien Beweiswürdigung auf und enthält sonst nur Formvorschriften für den Erlaß, die Begründung und die Zustellung. Da der Grundabtretungsbeschluß im Gesetz keine ausdrückliche Regelung erfahren hat, fehlt gleichsam das „Herzstück" des Grundabtretungsrechts; in den Grundabtretungsbeschluß münden die Anträge der Beteiligten, er umschreibt die künftige Rechtsänderung, enthält die Entschädigungsregelung und bestimmt den Ablauf weiterer Verfahrenshandlungen, insbesondere der Ausführungsanordnung (§ 92).

Erstes Kapitel: Grundabtretung 4–8 vor § 91

II. Inhalt des Grundabtretungsbeschlusses

4
An den **Inhalt** des Beschlusses sind bestimmte Anforderungen zu stellen, damit die Verfahrensbeteiligten erkennen können, welche rechtlichen Regelungen getroffen worden sind und welche Rechtsänderungen als Ergebnis des Verfahrens der hoheitliche Zwangseingriff herbeiführen soll (vgl. hierzu § 113 Abs. 2 BBauG; § 109 RegEntw. 1975 – BR-Ds. 350/75, 43).

5
1. Der **stattgebende Grundabtretungsbeschluß** muß enthalten
– die von der Grundabtretung Betroffenen (§ 80 Abs. 2 und 3) sowie den Grundabtretungsbegünstigten (§ 80 Abs. 1) mit Namen und Anschrift,
– den **Grundabtretungszweck** (das Vorhaben im Sinne des § 77) sowie die **Frist** innerhalb deren der Grundabtretungszweck zu verwirklichen ist (§ 81 Abs. 1 S. 2; vgl. auch § 95).

6
2. a) Da die **Grundabtretung zur Nutzung** praktisch und rechtlich den **Hauptanwendungsfall** der Grundabtretung bildet (vgl. § 81 Rn 1 ff.), muß das **Nutzungsrecht** des Grundabtretungsbegünstigten unter Bezeichnung des Grundstücks nach Größe, grundbuchmäßiger, katastermäßiger oder sonst üblicher Bezeichnung nach **Art, Inhalt und (ggf.) Rang** so genau umschrieben werden, daß es der **Eintragung in das Grundbuch fähig** ist (vgl. § 92 Rn 10). Es ist zwar grundsätzlich Sache des Antragstellers, das gewünschte dingliche Recht so zu beschreiben, daß der Eintragung keine Hindernisse im Wege stehen. Die zuständige Behörde hat aber auch von Amts wegen hierauf zu achten, insbesondere wenn innerhalb des Verfahrens von den Grundabtretungsbetroffenen im Hinblick auf die Inhaltsbestimmung des Rechts Wünsche geäußert werden, die die Eintragungsfähigkeit des Nutzungsrechts infrage stellen könnten.

7
b) Durch Enteignung können nur solche dinglichen Rechte begründet werden, die einer privatrechtlichen Vereinbarung zugänglich sind (vgl. insoweit auch § 113 Abs. 2 Nr. 5 BBauG) und einem der Rechtstypen des Sachenrechts des BGB (numerus clausus der Sachenrechte) angehören. Das System fester Rechtstypen ist dem Enteignungsrecht vorgegeben (BVerfG NJW 1977, 2349, 2354).

8
Für ein **dingliches Nutzungsrecht** zugunsten des Grundabtretungsbegünstigten kommen folgende Rechtstypen in Betracht.
– **Beschränkte persönliche Dienstbarkeit** (§ 1090 BGB),
– **Grunddienstbarkeit** (§ 1018 BGB). Hierbei ist das abgetretene Grundstück das dienende; das oder die Betriebsgrundstücke des Unternehmers sind das „herrschende" Grundstück. Auch das Bergwerkseigentum kann wegen der Geltung der Grundstücksvorschriften des BGB (§ 9 Abs. 1 S. 1 Halbs. 2; § 151 Abs. 2) „herrschendes" Grundstück sein. § 9 Abs. 2 gilt nicht, weil die Bestimmung nur

vor § 91 9–12 Siebenter Teil: Bergbau u. Grundbesitz, öffentl. Verkehrsanlagen

die **Zuschreibung** von **Grundstücken** als Bestandteil des Bergwerkseigentums verbietet.

9
Seltener dürften folgende Nutzungsrechte in Betracht kommen:
– Nießbrauch (§ 1030 BGB),
– Erbbaurecht (ErbbauRVO; vgl. Palandt-Bassenge, nach § 1017 BGB).

10
c) Ob neben den festen Rechtstypen des BGB **weitere dingliche Nutzungsrechte** aufgrund etwaiger Vorbehalte des EGBGB **durch Landesrecht** begründet oder aufrechterhalten werden können (vgl. LG Essen, ZfB 119 (1978), 250), kann angesichts der Kompetenzverteilung für die Gesetzgebung nach dem GG zweifelhaft sein (vgl. BVerfG NJW 1977, 2349, 2354). Vgl. aber Anz., Braunkohle 1982, 49, 51 zu Art. 22 AG BGB NW.

11
4. Es kann ferner **zweckmäßig** sein, den Inhalt des § 81 Abs. 3 (**Wiederherstellung** und **Rückgabe** nach Beendigung der Nutzung) sogleich als **Verpflichtung in den Grundabtretungsbeschluß aufzunehmen** (so RegEntw. 1975, BR-Ds. 350/75 zu § 109 Nr. 6). Notwendig ist dies nicht, da die entsprechenden Pflichten unmittelbar aus dem Gesetz folgen und später mit Hilfe der zuständigen Behörde auch ohne Festsetzung im Beschluß durchgesetzt werden können (vgl. § 81 Rn 15; § 96 Rn 3).

12
5. a) Ist **das Eigentum an einem Grundstück** Gegenstand der Enteignung, ist das Grundstück nach Größe, grundbuchmäßiger, katastermäßiger und sonst üblicher Bezeichnung im Grundabtretungsbeschluß zu benennen. Ist ein **Grundstücksteil** Gegenstand der Grundabtretung zu Eigentum, ist zu seiner Bezeichnung auf Vermessungsschriften (Vermessungsrisse und -karten) Bezug zu nehmen, die von einer zu Fortführungsvermessungen befugten Stelle oder von einem öffentlich bestellten Vermessungsingenieur gefertigt sind (vgl. § 113 Abs. 2 Nr. 4 Buchst. a BBauG). Kann ein Grundstücksteil noch nicht entsprechend bezeichnet werden, kann ihn der Grundabtretungsbeschluß aufgrund fester Merkmale in der Natur oder durch Bezugnahme auf die Eintragung in einen Lageplan bezeichnen (vgl. § 113 Abs. 4 BBauG). Der Lageplan sollte einen hinreichend großen Maßstab haben, wobei ein Maßstab von 1:1000 ausreichend sein dürfte (vgl. hierzu Ernst/Zinkahn/Bielenberg § 113 Rdnr. 7 d ff.). Der Lageplan muß Bestandteil des Grundabtretungsbeschlusses sein und ist den Beteiligten jeweils zusammen mit dem Beschluß zuzustellen (§ 69 VwVfG). Liegt das Ergebnis der Vermessung vor, ist der Grundabtretungsbeschluß entsprechend § 113 Abs. 4 S. 2 BBauG durch einen Nachtragsbeschluß anzupassen, durch den der zuerst ergangene Beschluß inhaltlich geändert wird. Die Ausführungsanordnung nach § 92 kann beantragt werden, ohne daß ein solcher Nachtragsbeschluß unanfechtbar wäre (analog § 117 Abs. 3 S. 2 BBauG).

Erstes Kapitel: Grundabtretung

13
b) Haben die Eigentümer, der Nießbraucher oder der Pächter nach § 82 Abs. 5 verlangt, daß die Grundabtretung auf das Zubehör des Grundstücks oder Gegenstände im Sinne des § 95 BGB ausgedehnt wird (vgl. § 82 Rn 7), sind auch diese Gegenstände im Grundabtretungsbeschluß zu bezeichnen.

14
6. **Nebenberechtigte.** Müssen Rechte von Nebenberechtigten nach § 87 durch den Grundabtretungsbeschluß entzogen werden, weil ihre Aufrechterhaltung mit dem Grundabtretungszweck nicht vereinbar ist, und sind damit diese Rechte Gegenstand einer selbständigen Grundabtretung (besser: Enteignung), müssen auch diese nach Inhalt und grundbuchmäßiger Bezeichnung, sofern es sich um dingliche Rechte handelt, im übrigen nach ihrem Inhalt und dem Grund ihres Bestehens bezeichnet werden (vgl. § 113 Abs. 2 Nr. 4 Buchst. b und c BBauG).

15
Bleiben Rechte der in § 87 bezeichneten Nebenberechtigten **aufrecht erhalten**, sind Ausführungen im Beschluß entbehrlich, weil insoweit Rechtsänderungen nicht eintreten.

16
7. **Insgesamt** müssen aus dem Grundabtretungsbeschluß die Eigentums- und sonstigen Rechtsverhältnisse vor und nach der Grundabtretung hervorgehen (vgl. § 113 Abs. 2 Nr. 7 BBauG).

17
Im Grundabtretungsbeschluß müssen auch für den Fall der Wirksamkeit der Ausführungsanordnung die **Besitzverhältnisse** geregelt werden. Im Beschluß muß daher ausgesprochen werden, daß der unmittelbare und mittelbare Besitzer mit Änderung des bisherigen Rechtszustandes als Folge der Ausführungsanordnung (§ 92 Abs. 1 S. 4) den **Besitz verlieren** und der Grundabtretungsbegünstigte **in den Besitz eingewiesen** wird. Eine solche Festsetzung ist notwendig, weil in § 92 eine § 117 Abs. 6 BBauG entsprechende Regelung über die Besitzeinweisung fehlt (vgl. § 78 Rn 3).

18
8. **Entschädigung.** Der Grundabtretungsbeschluß muß ferner die **Höhe der Entschädigung** angeben, zweckmäßigerweise getrennt nach der Entschädigung für den Rechtsverlust und für andere Vermögensnachteile, sofern dies möglich ist. Geldentschädigungen, aus denen andere von der Grundabtretung Betroffene nach § 87 Abs. 3 zu entschädigen sind, müssen getrennt ausgewiesen werden (vgl. § 113 Abs. 2 Nr. 8 Halbs. 2 BBauG).

19
9. Unter den Voraussetzungen des § 89 Abs. 4 kann auch eine **Sicherheitsleistung** im Grundabtretungsbeschluß angeordnet werden.

vor § 91 20–23
Siebenter Teil: Bergbau u. Grundbesitz, öffentl. Verkehrsanlagen

20
10. Der Grundabtretungsbeschluß ist schließlich zu begründen und den Beteiligten zuzustellen (im einzelnen § 69 VwVfG).

III. Einigung im Verfahren

21
1. Die Einigung im Verfahren steht nach § 92 Abs. 1 S. 3 einem unanfechtbaren Grundabtretungsbeschluß gleich, sofern sie durch eine Niederschrift von der zuständigen Behörde beurkundet worden ist. Die Behörde ist dann, ohne über die beantragte Grundabtretung noch entscheiden zu können, **verpflichtet**, die Ausführungsanordnung nach § 92 zu erlassen. Damit wird der in der Einigung der Beteiligten umschriebene neue Rechtszustand wirksam.

22
2. Bei der Einigung handelt es sich um einen **öffentlich-rechtlichen Vertrag** (§§ 54 bis 59 VwVfG). Sie behandelt einen Gegenstand des öffentlichen Rechts, nämlich die an sich durch Verwaltungsakt zu treffende Entscheidung der Behörde über den Inhalt der Grundabtretung und die Höhe der Entschädigung. Da die Behörde wegen der Ausführungsanordnung weiterhin tätig werden muß, kann darin ein (gesetzlich zulässiger) öffentlich-rechtlicher Vertrag zu Lasten der Grundabtretungsbehörde gesehen werden (im einzelnen Ernst/Zinkahn/Bielenberg, § 110 Rdnr. 8 m. N.). Ohne daß dies – im Gegensatz zu § 110 Abs. 2 S. 2 BBauG – im Gesetz ausdrücklich gesagt wäre, muß die **Niederschrift** über die Einigung hinsichtlich derjenigen Teile, in denen die Entscheidung der Behörde durch verwaltungsrechtlichen Vertrag der Beteiligten ersetzt wird, den **Erfordernissen des Grundabtretungsbeschlusses** entsprechen. Das folgt aus ihrer den Grundabtretungsbeschluß **ersetzenden Funktion**; die Niederschrift bildet auch im Falle der Einigung die Eintragungsunterlage für das Grundbuchamt (§ 92 Abs. 3). Im Umfange der Einigung der Beteiligten ist der Grundabtretungsbeschluß entsprechend zu beschränken (vgl. § 113 Abs. 3 BBauG).

23
3. Eine Einigung steht einem unanfechtbaren Grundabtretungsbeschluß nach § 92 Abs. 1 S. 3 gleich, wenn die Einigung durch eine Niederschrift von der zuständigen Behörde **beurkundet** worden ist. Unter „beurkundeter Einigung" versteht § 110 BBauG die **Aufnahme** der Einigung **in eine Niederschrift** und die **Unterschriftsleistung** der Beteiligten (aaO, Abs. 2 und 3). Demgegenüber sieht § 68 Abs. 4 VwVfG lediglich die Unterzeichnung der Niederschrift durch den Verhandlungsleiter und – bei Hinzuziehung eines solchen – auch des Schriftführers vor. Das müßte an sich ausreichen, weil § 68 Abs. 4 VwVfG **insoweit** die spezialgesetzliche Vorschrift darstellt. Zweckmäßigerweise dürfte jedoch im Verfahren die Einigungserklärung zu verlesen und von den Beteiligten zu unterschreiben sein, zumindest ist die Genehmigung nach dem Verlesen zu vermerken. Ein **Bevollmächtigter** des Eigentümers bedarf einer **öffentlich beglaubigten Vollmacht** (§ 129

Erstes Kapitel: Grundabtretung   **vor § 91, § 91**

BGB), die auch nachgereicht werden kann (§§ 177, 184 BGB); andernfalls können angesichts der Formstrenge der grundbuchrechtlichen Vorschriften Schwierigkeiten auftreten (vgl. insofern auch § 110 Abs. 2 S. 4 BBauG; § 37 Abs. 1 LBG).

24
4. Die vorstehend genannten Ausführungen gelten **entsprechend** für den Fall einer Teileinigung (vgl. § 111 BBauG). Eine solche Teileinigung kann darin bestehen, daß sich die Beteiligten nur über den Übergang oder die Belastung des Eigentums an dem in die Grundabtretung einbezogenen Grundstück einigen, nicht jedoch über die Höhe der Entschädigung. Die Beteiligten sind auch nicht gehindert, sich bereits in der mündlichen Verhandlung über Fragen der Besitzeinräumung zu einigen. Soweit keine Einigung getroffen ist, nimmt das Grundabtretungsverfahren seinen Fortgang.

§ 91 Vorabentscheidung

Auf Antrag des Grundabtretungsbegünstigten, des Grundabtretungspflichtigen oder eines Nebenberechtigten hat die zuständige Behörde vorab über die durch die Grundabtretung zu bewirkenden Rechtsänderungen zu entscheiden. In diesem Fall hat die zuständige Behörde anzuordnen, daß dem Entschädigungsberechtigten eine Vorauszahlung in Höhe der zu erwartenden Entschädigung zu leisten ist. § 84 Abs. 4 Satz 2 und 3 und § 89 gelten entsprechend.

1
1. In Anlehnung an § 112 Abs. 2 BBauG läßt die Vorschrift eine Trennung des Verfahrens über den Grund der Grundabtretung und über die Höhe der Entschädigung zu. Sie dient der **Beschleunigung**, insbesondere in Fällen, in denen zur genauen Höhe der Entschädigung umfangreiche und deshalb zeitraubende Ermittlungen notwendig sind. Voraussetzung für die Entscheidung ist der **Antrag** einer der in § 80 genannten Personen. Die Grundabtretungsbehörde ist dann **verpflichtet**, vorab zu entscheiden, wenn die Zulässigkeitsvoraussetzungen der Grundabtretung erfüllt sind.

2
2. Bei der Vorabentscheidung handelt es sich um einen **gesonderten Enteignungsbeschluß**, der deshalb auch alle Elemente des endgültigen Beschlusses (vgl. vor § 91 Rn 5 bis 17) enthalten muß. Er hat die zu bewirkenden Rechtsänderungen (Übergang des Eigentums in den Fällen des § 81 Abs. 2, Begründung eines Nutzungsrechts, Entziehung der Rechte von Nebenberechtigten) eindeutig aufzuführen. Soweit die Vorabentscheidung solche Festsetzungen nicht enthält, ist davon auszugehen, daß insoweit das Grundabtretungsverfahren fortgesetzt wird.

3
3. Die Grundabtretungsbehörde hat anzuordnen, daß dem Berechtigten eine **Vorauszahlung** in Höhe der zu erwartenden Entschädigung zu leisten ist. Die in S. 2 enthaltene Verweisung auf § 84 Abs. 4 S. 2 und 3 (Verzinsung) und § 89 (Entschädigung bei Einräumung von Nutzungsrechten) ist an sich entbehrlich, da

die Vorabentscheidung als (abgespaltener) Teil des Grundabtretungsbeschlusses ohnehin den Entschädigungsregelungen des Gesetzes zu folgen hat. Bedeutsam ist die als „Vorauszahlung" bezeichnete **voraussichtliche Entschädigung** für die Ausführungsanordnung nach § 92. Eine solche Anordnung, die den Zeitpunkt anzugeben hat, in dem die Rechtsänderung eintreten soll, hat zur Voraussetzung, daß die Vorabentscheidung **unanfechtbar** ist und die in ihr festgesetzten Vorauszahlungen in der in § 92 Abs. 1 S. 1 Nr. 1 und 2 genannten Weise erfüllt sind (vgl. § 92 Rn 4 f.). Aus dem Zweck der Vorabentscheidung (Beschleunigung des Verfahrens) folgt, daß die Vorauszahlung die künftige Entschädigung möglichst genau angeben muß, soweit sich dies im Zeitpunkt der Entscheidung bereits übersehen läßt. Im übrigen nimmt das Verfahren wegen der Höhe der Entschädigung seinen Fortgang.

4
Die Vorabentscheidung ist ein nach § 42 VwGO **anfechtbarer Verwaltungsakt** insoweit, als sie sich über die Zulässigkeit der Grundabtretung verhält. Wegen der Höhe der Vorauszahlung, welche eine vorläufige Entschädigung darstellt, sind die ordentlichen Gerichte zuständig (§ 144). Mit Festsetzung der endgültigen Grundabtretungsentschädigung wird die Vorauszahlung suspendiert. Ergeht eine Entscheidung des ordentlichen Gerichts zur Vorauszahlung, fällt jedoch die endgültig festgesetzte Entschädigung niedriger aus, verliert ein entsprechendes Urteil – weil auf einem vorläufigen (summarischen) Verfahren beruhend – seine Wirkung. Der Berechtigte muß dann erforderlichenfalls erneut nach der Entscheidung über die endgültige Höhe der Entschädigung den Rechtsweg nach § 144 einschlagen.

§ 92 Ausführung der Grundabtretung

(1) Die Ausführung einer Grundabtretung ist nur zulässig, wenn die Entscheidung über den Antrag nach § 77 unanfechtbar geworden ist und der Grundabtretungsbegünstigte
1. **bei Festsetzung einer Entschädigung in einem einmaligen Betrag die Entschädigung gezahlt oder zulässigerweise unter Verzicht auf das Recht der Rücknahme hinterlegt hat,**
2. **bei Festsetzung einer Entschädigung in wiederkehrenden Leistungen die erste Rate gezahlt oder zulässigerweise unter Verzicht auf das Recht der Rücknahme hinterlegt und für weitere drei Raten angemessene Sicherheit geleistet hat.**

Satz 1 gilt entsprechend, wenn die Entscheidung nach § 91 unanfechtbar geworden ist; in diesem Fall kann die zuständige Behörde auf Antrag des Entschädigungsberechtigten die Ausführung der Grundabtretung davon abhängig machen, daß der Grundabtretungsbegünstigte zusätzlich für einen angemessenen Betrag Sicherheit leistet. Einer unanfechtbaren Entscheidung über einen Antrag nach § 77 steht eine Einigung der Beteiligten im Verfahren gleich, wenn die Einigung durch eine Niederschrift von der zuständigen Behörde beurkundet worden ist. Mit Beginn des von der zuständigen Behörde festzusetzenden Tages wird der bisherige Rechtszustand durch den in der Entscheidung über die Grundabtretung geregelten Rechtszustand ersetzt.

(2) Wird die Entscheidung über die Grundabtretung nur wegen der Höhe der Entschädigung von einem oder mehreren Entschädigungsberechtigten angefoch-

Erstes Kapitel: Grundabtretung **1, 2 § 92**

ten, so kann die zuständige Behörde auf Antrag des Grundabtretungsbegünstigten die vorzeitige Ausführung der Grundabtretung anordnen, wenn eine von ihr zur Sicherung der Ansprüche der Anfechtenden für erforderlich erachtete Sicherheit geleistet ist und im übrigen die Voraussetzungen nach Absatz 1 vorliegen. Über die Freigabe einer gestellten Sicherheit entscheidet die zuständige Behörde.

(3) Ist die Ausführung der Grundabtretung zulässig, übersendet die zuständige Behörde dem Grundbuchamt eine beglaubigte Abschrift der Entscheidung über den Antrag nach § 77, der Entscheidung nach § 91 oder der Niederschrift nach Absatz 1 Satz 3 und ersucht es, die Rechtsänderungen in das Grundbuch einzutragen. Mit dem Ersuchen ist dem Grundbuchamt eine beglaubigte Abschrift der Festsetzung nach Absatz 1 Satz 4 und im Fall des Absatzes 2 auch der Anordnung über die vorzeitige Ausführung der Grundabtretung zu übersenden.

1
1. Wichtiges Element jeder Enteignung ist der Zeitpunkt, in dem die durch den Enteignungsbeschluß angeordnete Rechtsänderung eintreten soll. Erst von diesem Zeitpunkt an ist der Berechtigte befugt, den Gegenstand der Enteignung für die eigenen Zwecke zu nutzen. § 92 Abs. 1 regelt die Voraussetzungen, unter denen eine gesonderte von dem eigentlichen Grundabtretungsbeschluß unabhängige **Ausführungsanordnung** der zuständigen Behörde ergehen kann (vgl. § 117 BBauG). Mit der Trennung des eigentlichen Enteignungsbeschlusses von einem weiteren anfechtbaren Verwaltungsakt, der Ausführungsanordnung, folgt das Gesetz einem das gemeindeutsche Enteignungsrecht beherrschenden Prinzip (hierzu eingehend BVerfG NJW 1977, 2349, 2351, 2353).

2
2. Es besteht deshalb kein Zweifel, daß der Grundabtretungsbegünstigte nicht von sich aus mit dem Vorhaben beginnen kann. Vielmehr **hat nach Abs. 1 S. 4 die zuständige Behörde den Tag festzusetzen, an dem der bisherige Rechtszustand durch den im Grundabtretungsbeschluß geregelten Rechtszustand ersetzt wird.** Die Entscheidung wird in der Regel **auf Antrag** eines der am Grundabtretungsverfahren Beteiligten (§ 80) ergehen. Ein **förmlicher Antrag** nach § 64 VwVfG ist, weil vom Gesetz nicht gefordert, **nicht erforderlich.** Es spricht deshalb auch vieles dafür, daß für das gesonderte mit der Ausführungsanordnung abgeschlossene Verwaltungsverfahren nicht die Regelungen über das förmliche Verfahren nach §§ 64 ff. VwVfG gelten sollen. Damit ist insbesondere eine mündliche Verhandlung (§ 67 VwVfG) vor Erlaß der Ausführungsanordnung entbehrlich. Die Ausführungsanordnung ist ein selbständig anfechtbarer Verwaltungsakt, der im Widerspruchsverfahren (§§ 68 VwGO) überprüft werden kann, da mangels Geltung des förmlichen Verfahrens § 70 VwVfG (unmittelbare Zulässigkeit der verwaltungsgerichtlichen Klage) nicht gilt. Vor Erlaß der Ausführungsanordnung ist den Beteiligten Gelegenheit zur Stellungnahme zu geben; in der Regel durch Übersendung eines entsprechenden Antrags auf Erlaß der Anordnung durch einen der Beteiligten. Bei einem Rechtsbehelf gegen die Ausführungsanordnung kann nur überprüft werden, ob die Voraussetzungen dieser gesonderten Behördenentscheidung vorliegen; eine Überprüfung des Grundabtretungsbeschlusses ist nicht möglich.

§ 92 3–8   Siebenter Teil: Bergbau u. Grundbesitz, öffentl. Verkehrsanlagen

3

3. Neben der Voraussetzung der **Unanfechtbarkeit des Grundabtretungsbeschlusses** setzt der Erlaß der Ausführungsanordnung ferner voraus, daß die in Abs. 1 S. 1 genannten Zahlungen, Hinterlegungen oder Sicherheitsleistungen erfolgt sind. Der Grundabtretungsbegünstigte hat dies **nachzuweisen**. Der Grundabtretungsbeschluß muß in **vollem Umfange unanfechtbar** sein. Wird die Entscheidung lediglich wegen der Höhe der Entschädigung angefochten, gilt Abs. 2 (unten Rn 9).

4

a) Nach **Abs. 1 S. 1 Nr. 1** muß bei der Festsetzung der Entschädigung in einem einmaligen Betrag die Entschädigung gezahlt oder „zulässigerweise" unter Verzicht auf das Recht der Rücknahme hinterlegt sein. Wird neben der Entschädigung in wiederkehrenden Leistungen bei Begründung eines Nutzungsrechts eine zusätzliche Entschädigung in Einmalbeträgen angeordnet (§ 89 Abs. 1 S. 2), ist auch diese entsprechend den genannten Erfüllungsmodalitäten neben den in Abs. 1 S. 1 Nr. 2 gesondert erwähnten Raten zu erbringen. „Zulässigerweise" besagt, daß mehrere Personen auf die Geldentschädigung Ansprüche erheben. Ausdrücklich gefordert wird die Hinterlegung nur in Fällen des § 93 (vgl. § 93 Rn 1).

5

b) Bei der typischen Grundabtretungsentschädigung in **wiederkehrenden Leistungen** muß die erste Rate gezahlt oder hinterlegt sein (Abs. 1 S. 1 Nr. 2). Ferner muß für **weitere drei Raten** angemessene **Sicherheit** geleistet werden. Im einzelnen ergeben sich die Zahlungsmodalitäten und damit auch die Ratenzahlungen aus der Entschädigungsregelung des Grundabtretungsbeschlusses. Die **Art der Sicherheitsleistung** richtet sich nach den §§ 232 ff. BGB.

6

4. Im Falle der **Unanfechtbarkeit der Vorabentscheidung** (Abs. 1 S. 2) gilt für die Erfüllung der **Vorauszahlungsansprüche** S. 1 entsprechend (vgl. § 91 Rn 3). Zusätzlich kann die Grundabtretungsbehörde auf Antrag des Entschädigungsberechtigten die Leistung einer zusätzlichen angemessenen Sicherheit verlangen. Die Entscheidung liegt im Ermessen der Behörde. Praktische Bedeutung hat eine zusätzliche Sicherheit nur für den Fall, daß erhebliche Unsicherheiten über die Höhe der endgültigen Entschädigung bestehen.

7

5. Nach Abs. 1 S. 2 steht einem unanfechtbaren Grundabtretungsbeschluß eine **Einigung** der Beteiligten **im Verfahren** gleich. Voraussetzung ist, daß die Einigung durch eine Niederschrift beurkundet worden ist (hierzu vor § 91 Rn 23).

8

6. In der Ausführungsanordnung hat die Grundabtretungsbehörde den **Tag der Rechtsänderung festzusetzen**. Darin besteht der eigentliche Sinn dieser gesonderten Entscheidung (oben Rn 1 f.). Eine Regelung über die Besitzeinweisung fehlt (vgl. § 117 Abs. 6 BBauG). Deshalb wird **im Grundabtretungsbeschluß** sowohl die **Besitzentziehung** als auch die **Einweisung in den Besitz** geregelt werden müssen

Erstes Kapitel: Grundabtretung §§ 92, 93

mit der Maßgabe, daß die Rechtswirkungen mit Erlaß der Ausführungsanordnung eintreten (vgl. § 78 Rn 3; vor § 91 Rn 17).

9
7. **Abs. 2** trifft eine Sonderregelung für den Fall, daß der Betroffene den Grundabtretungsbeschluß nur wegen der Höhe der Entschädigung (nach § 144) angreift. Es steht dann fest, daß die Grundabtretung zulässig ist, so daß der Grundabtretungsbeschluß in diesem Punkte nicht mehr angegriffen werden kann. Da die Klage vor den ordentlichen Gerichten nach § 144 als Anfechtung der Entscheidung über die Höhe der Entschädigung gilt, kann der Grundabtretungsbegünstigte die vorzeitige Ausführung der Grundabtretung beantragen. Neben dem Nachweis, daß die in Abs. 1 S. 1 genannten Zahlungen erfolgt sind, kann die Grundabtretungsbehörde die Leistung einer zusätzlichen Sicherheit verlangen. Die Vorschrift ist § 165 BBauG nachgebildet (Beschluß des Gerichts, daß die Enteignungsbehörde die Ausführung anzuordnen habe).

10
8. **Vollzug durch Grundbuchberichtigung.** Abs. 3 entspricht einem Vorschlag des Bundesrates (BT-Ds. 8/1315, 181 = Zydek, 373). Vgl. auch § 117 Abs. 7 BBauG. Die Vorschrift dient der raschen Berichtigung des Grundbuchs (vgl. § 38 GBO). Sie verdeutlicht insbesondere, daß durch das Grundabtretungsverfahren mangels Einigung der Beteiligten zwangsweise ein **Eigentumswechsel** oder ein **bürgerlichrechtliches dingliches Recht begründet** wird. Die Eintragung in das Grundbuch ist lediglich noch der Vollzug des Ergebnisses eines abgeschlossenen Zwangseingriffs (vgl. hierzu auch § 81 Rn 1; vor § 91 Rn 6 f.).

§ 93 Hinterlegung

(1) Entschädigungen, aus denen Entschädigungsberechtigte nach § 87 Abs. 3 zu befriedigen sind, sind unter Verzicht auf das Recht der Rücknahme zu hinterlegen, soweit mehrere Personen auf sie Anspruch haben und eine Einigung über die Auszahlung nicht nachgewiesen ist. Die Hinterlegung ist bei dem Amtsgericht vorzunehmen, in dessen Bezirk das von der Grundabtretung betroffene Grundstück liegt; § 2 des Gesetzes über die Zwangsversteigerung und die Zwangsverwaltung gilt entsprechend.

(2) Andere Vorschriften, nach denen die Hinterlegung geboten oder statthaft ist, bleiben unberührt.

1
Die Vorschrift entspricht § 118 BBauG. Werden Rechte der Nebenberechtigten nicht aufrechterhalten und erhalten sie auch keine gesonderte Entschädigung, erwerben sie nach § 87 Abs. 3 einen privatrechtlichen Anspruch auf Ersatz des Wertes ihres Rechts aus der Geldentschädigung, die für das Eigentum an einem Grundstück, für den durch die Grundabtretung eintretenden Rechtsverlust oder für andere Vermögensnachteile festgesetzt wird (vgl. § 87 Rn 5). Erheben **mehrere Personen** derartige Ansprüche, muß der Grundabtretungsbegünstigte die (Haupt-) Entschädigung hinterlegen, wenn ihm eine Einigung über die Auszah-

§§ 93, 94   Siebenter Teil: Bergbau u. Grundbesitz, öffentl. Verkehrsanlagen

lung nicht nachgewiesen wird. Die Hinterlegung ersetzt die nach § 92 Abs. 1 S. 1 für den Erlaß der Ausführungsanordnung erforderliche Zahlung. Der Hinweis auf § 2 ZVG dient der Bestimmung des zuständigen Amtsgerichts (Belegenheit eines Grundstücks in mehreren Amtsgerichtsbezirken, Ungewißheit über das zuständige Amtsgericht; Bestimmung durch das höhere Gericht).

2
Für das Hinterlegungsverfahren gelten die Vorschriften der Hinterlegungsordnung vom 10. 3. 1937. Abs. 2 läßt andere Vorschriften, nach denen eine Hinterlegung zulässig ist, unberührt (§§ 372 ff. BGB).

§ 94 Geltendmachung der Rechte an der Hinterlegung, Verteilungsverfahren

(1) Nach Eintritt des neuen Rechtszustandes (§ 92 Abs. 1 Satz 4) kann jeder Beteiligte seine Rechte an der hinterlegten Summe gegen einen Mitbeteiligten, der dieses Recht bestreitet, vor den ordentlichen Gerichten geltend machen oder die Einleitung eines gerichtlichen Verteilungsverfahrens beantragen.

(2) Für das Verteilungsverfahren ist das in § 93 Abs. 1 Satz 2 bezeichnete Amtsgericht zuständig.

(3) Ist die Ausführung vorzeitig angeordnet worden, so ist das Verteilungsverfahren erst zulässig, wenn die Entscheidung über die Grundabtretung unanfechtbar geworden ist.

(4) Für das Verteilungsverfahren gelten die Vorschriften des Gesetzes über die Zwangsversteigerung und die Zwangsverwaltung über die Verteilung des Erlöses im Falle der Zwangsversteigerung mit folgenden Abweichungen entsprechend:
1. Das Verteilungsverfahren ist durch Beschluß zu eröffnen.
2. Die Zustellung des Eröffnungsbeschlusses an den Antragsteller gilt als Beschlagnahme im Sinne des § 13 des Gesetzes über die Zwangsversteigerung und Zwangsverwaltung; ist das Grundstück schon in einem Zwangsversteigerungs- oder Zwangsverwaltungsverfahren beschlagnahmt, so hat es hierbei sein Bewenden.
3. Das Verteilungsgericht hat bei Eröffnung des Verfahrens von Amts wegen das Grundbuchamt um die in § 19 Abs. 2 des Gesetzes über die Zwangsversteigerung und die Zwangsverwaltung bezeichneten Mitteilungen zu ersuchen; in die beglaubigte Abschrift des Grundbuchblattes sind die zur Zeit der Zustellung der Entscheidung über die Grundabtretung an den Grundabtretungspflichtigen vorhandenen Eintragungen sowie die später eingetragenen Veränderungen und Löschungen aufzunehmen.
4. Bei dem Verfahren sind die in § 87 Abs. 3 bezeichneten Entschädigungsberechtigten nach Maßgabe des § 10 des Gesetzes über die Zwangsversteigerung und die Zwangsverwaltung zu berücksichtigen, wegen der Ansprüche auf wiederkehrende Nebenleistungen jedoch nur für die Zeit bis zur Hinterlegung.

(5) Soweit auf Grund landesrechtlicher Vorschriften die Verteilung des Erlöses im Falle einer Zwangsversteigerung nicht von dem Vollstreckungsgericht, sondern von einer anderen Stelle wahrzunehmen ist, kann durch Landesrecht bestimmt werden, daß diese andere Stelle auch für das Verteilungsverfahren nach den Absätzen 1 bis 4 zuständig ist. Wird die Änderung einer Entscheidung dieser anderen

Erstes Kapitel: Grundabtretung §§ 94, 95

Stelle verlangt, so ist die Entscheidung des Vollstreckungsgerichts nachzusuchen. Die Beschwerde findet gegen die Entscheidung des Vollstreckungsgerichts statt.

1
Die Entschädigung muß gezahlt oder hinterlegt worden sein, bevor die Ausführung des unanfechtbaren Grundabtretungsbeschlusses angeordnet werden darf (§ 92 Rn 3 f.). Die in § 93 genannten Berechtigten können nach Eintritt des neuen Rechtszustandes (§ 92 Abs. 1 S. 4) wahlweise vor den ordentlichen Gerichten ihre Rechte geltend machen oder die Einleitung eines gerichtlichen Verteilungsverfahrens beantragen. Die Einzelheiten ergeben sich aus den §§ 105 bis 145 ZVG mit den in Abs. 4 vorgesehenen Abweichungen. Abs. 5 trägt nach der Gesetzesbegründung Besonderheiten der Zuständigkeitsregelungen für das Zwangsversteigerungsverfahren im Lande Baden-Württemberg Rechnung (BT-Ds. 8/1315, 132 = Zydek, 377). Die Vorschrift entspricht § 119 BBauG.

§ 95 Lauf der Verwendungsfrist

(1) Die Frist, innerhalb deren der Grundabtretungszweck nach § 81 Abs. 1 Satz 2 zu verwirklichen ist, beginnt mit dem Eintritt der Rechtsänderung.

(2) Die zuständige Behörde kann diese Frist vor deren Ablauf auf Antrag verlängern, wenn
1. der Grundabtretungsbegünstigte nachweist, daß er den Grundabtretungszweck ohne Verschulden innerhalb der festgesetzten Frist nicht erfüllen kann, oder
2. vor Ablauf der Frist eine Gesamtrechtsnachfolge eintritt und der Rechtsnachfolger nachweist, daß er den Grundabtretungszweck innerhalb der festgesetzten Frist nicht erfüllen kann.

Der frühere Grundabtretungspflichtige ist vor der Entscheidung zu hören.

1
Die Vorschrift ist § 114 BBauG nachgebildet. Die zuständige Behörde hat im Grundabtretungsbeschluß die Frist festzusetzen, innerhalb deren der Grundabtretungszweck zu verwirklichen ist (§ 81 Abs. 1 S. 2). Die Frist ist von **Bedeutung** für die **Aufhebung der Grundabtretung** (§ 96 Abs. 1 Nr. 1). Die Verwendungsfrist beginnt mit dem Eintritt der Rechtsänderung, also dem in der Ausführungsanordnung nach § 92 Abs. 1 S. 4 festgesetzten Termin. Eine **vorläufige Besitzeinweisung** nach § 97 vermag den Lauf der Frist nicht in Gang zu setzen, da sie keine Rechtsänderung bewirkt. „Verwirklichen" bedeutet im übrigen, daß mit dem Vorhaben begonnen worden sein muß (vgl. § 96 Abs. 1 S. 1 Nr. 1 Buchst. a: „Zu dem Grundabtretungszweck verwendet").

2
Eine Fristverlängerung ist unter den **Voraussetzungen des Abs. 2** möglich. Der Grundabtretungsbegünstigte hat nach Nr. 1 den Nachweis zu führen, daß die Erfüllung des Vorhabens ohne Verschulden innerhalb der Frist nicht möglich war. Nach Nr. 2 kann auf Antrag einer Fristverlängerung stattgegeben werden, wenn eine Gesamtrechtsnachfolge eingetreten ist, also etwa ein Erbfall oder Vorgänge, die nach dem AktG eine Gesamtrechtsnachfolge herbeiführen (z. B. Verschmel-

zung, Umwandlungen usw.). Keine Gesamtrechtsnachfolge liegt in Fällen des § 419 BGB (Übergang des gesamten Vermögens durch Vertrag) vor.

3
Über einen Verlängerungantrag muß **vor Fristablauf entschieden** sein. Verstreicht die Verwendungsfrist ungenutzt, erwirbt der Grundabtretungspflichtige unter den Voraussetzungen des § 96 einen Anspruch auf **Aufhebung der Grundabtretung**. Eine **wiederholte Verlängerung** der Frist erscheint mangels gegenteiliger Aussage im Gesetz möglich.

4
Der frühere **Grundabtretungspflichtige** ist vor der Entscheidung **zu hören**. Das Anhörungsrecht besagt zugleich, daß ein förmliches Verfahren (§§ 68 ff. VwVfG) nicht stattfindet.

§ 96 Aufhebung der Grundabtretung

(1) Auf Antrag des früheren Grundabtretungspflichtigen hat die zuständige Behörde vorbehaltlich des Absatzes 2 die durch die Entscheidung über die Grundabtretung bewirkten Rechtsänderungen mit Wirkung für die Zukunft aufzuheben, soweit
1. der Grundabtretungsbegünstigte oder sein Rechtsnachfolger
   a) das Grundstück nicht innerhalb der festgesetzten Frist (§ 81 Abs. 1 Satz 2, § 95) zu dem Grundabtretungszweck verwendet oder
   b) den Grundabtretungszweck vor Ablauf der Frist aufgegeben hat oder
2. der Entschädigungsverpflichtete bei einer Entschädigung in wiederkehrenden Leistungen mit zwei aufeinanderfolgenden Raten in Verzug ist.

Satz 1 Nr. 1 Buchstabe b gilt nur, wenn durch die Grundabtretung das Eigentum an dem Grundstück entzogen worden ist.

(2) In den Fällen des Absatzes 1 Satz 1 Nr. 1 ist die Aufhebung ausgeschlossen, solange das Grundstück einem Zweck zugeführt wird, der eine Grundabtretung rechtfertigen würde.

(3) Die Aufhebung kann nur innerhalb von zwei Jahren seit Entstehung des Anspruchs beantragt werden. Die Frist ist gehemmt, solange der Antragsberechtigte an der Rechtsverfolgung durch höhere Gewalt verhindert wird. In den Fällen des Absatzes 1 Satz 1 Nr. 1 ist der Antrag nicht mehr zulässig, wenn mit der zweckgerechten Verwendung begonnen worden ist.

(4) Wird dem Antrag auf Aufhebung der Grundabtretung stattgegeben, so ist dem von der Aufhebung Betroffenen die geleistete Entschädigung zurückzuerstatten, gemindert um den Betrag, der einer Entschädigung nach Maßgabe der §§ 84 bis 90 für den Zeitraum zwischen dem Wirksamwerden der Grundabtretung und der Aufhebung entsprechen würde. Hinsichtlich der Rückgabe der von der Aufhebung der Grundabtretung betroffenen Sachen gilt § 81 Abs. 3 Nr. 1 entsprechend.

(5) Die Absätze 1 bis 4 gelten für die durch eine Vorabentscheidung bewirkten Rechtsänderungen entsprechend.

(6) § 92 Abs. 3 gilt entsprechend.

Erstes Kapitel: Grundabtretung 1–4 § 96

1
1. Die Vorschrift ist im wesentlichen § 102 BBauG nachgebildet (vgl. auch § 57 LBG). Sie regelt im einzelnen die Voraussetzungen für das Rückerwerbsrecht des früheren Berechtigten (sog. Rückenteignung). Im übrigen folgt ein solches Rückerwerbsrecht – unabhängig von einer ausdrücklichen Gesetzesgrundlage – bereits aus der Eigentumsgarantie des Art. 14 GG (BVerfG NJW 1975, 37).

2
2. a) **Auf Antrag** des früheren Grundabtretungspflichtigen hat die zuständige Behörde die durch den Grundabtretungsbeschluß geregelte und durch die Ausführungsanordnung nach § 92 Abs. 1 S. 4 **bewirkte Rechtsänderung** für die Zukunft **aufzuheben,** wenn der Begünstigte die im Grundabtretungsbeschluß festgesetzte (§ 81 Abs. 1 S. 2) oder nach § 95 verlängerte Frist zur Ausführung des Grundabtretungszwecks ungenutzt verstreichen läßt (Abs. 1 S. 1 Nr. 1 Buchst. a). Das gleiche gilt, wenn der **Grundabtretungszweck vor Ablauf der Frist aufgegeben** wird (aaO, Buchst. b). Die Aufgabe des Grundabtretungszwecks führt jedoch nur dann zur Rückenteignung, wenn durch die Grundabtretung das Eigentum an dem Grundstück nach § 81 Abs. 1 entzogen worden ist (Abs. 1 S. 2). Eine Rückenteignung findet nicht für den Fall der fristgerechten Durchführung des Vorhabens und seiner Beendigung statt (WiA BT-Ds. 8/3965, 140 = Zydek, 383).

3
b) Nach dem insoweit eindeutigen Wortlaut kann die Aufhebung der Grundabtretung nicht beantragt werden, wenn eine Grundabtretung zur Nutzung vorliegt und der Begünstigte den Grundabtretungszweck vor Ablauf der Frist aufgegeben hat. Die Gesetzesbegründung (BT-Ds. 8/1315, 133 = Zydek, 381) verweist zur Erläuterung auf die Rückgabepflicht des § 81 Abs. 3. Damit ist offenbar gemeint, daß bei Aufgabe des Grundabtretungszwecks unmittelbar und sofort die Rückgabepflicht nach § 81 Abs. 3 Nr. 2 einsetzt, es eines förmlichen Aufhebungsverfahrens also nicht bedarf. Voraussetzung wäre allerdings, daß die Rückgabepflicht als solche ausdrücklich in den Grundabtretungsbeschluß aufgenommen worden ist. Sofern dies nicht geschehen ist, kann der Eigentümer die Rückgabe in einem gesonderten Verfahren von der Grundabtretungsbehörde im Wege der „Rückenteignung" durchsetzen (vgl. § 81 Rn 15).

4
c) Nach Abs. 1 S. 1 **Nr. 2** hat die zuständige Behörde ferner die Grundabtretung aufzuheben, also die Rückgabe anzuordnen, wenn der Entschädigungspflichtige bei einer Entschädigung in wiederkehrenden Leistungen – dem typischen Fall der Grundabtretung zur Nutzung – mit zwei aufeinanderfolgenden Raten in Verzug ist. Die Vorschrift wird in der Gesetzesbegründung mit dem Hinweis gerechtfertigt, sie diene „ausschließlich dem Schutz derjenigen Entschädigungsberechtigten, deren Entschädigungsanspruch in wiederkehrenden Leistungen zu erfüllen sei" (BT-Ds. 8/1315, 133 = Zydek, 381). Ferner wird auf die nach § 92 Abs. 1 S. 1 Nr. 2 zu leistende Sicherheit verwiesen.

5

Das deutet darauf hin, daß eine Parallele zu § 120 BBauG gewollt war (Aufhebung des Enteignungsbeschlusses, wenn vor dem Erlaß der Ausführungsanordnung die im Enteignungsbeschluß auferlegten Zahlungen nicht innerhalb eines Monats nach dessen Unanfechtbarkeit geleistet worden sind). Bei diesem Verständnis bestünde aber wegen der unterschiedlichen Zahlungsmodalitäten in § 91 Abs. 1 S. 1 Nr. 1 keine Übereinstimmung. Sollte die Vorschrift als **Sanktion** des Zahlungsverzuges die Aufhebung der Grundabtretung auch dann ermöglichen, wenn mit dem Vorhaben bereits begonnen oder es gar ausgeführt worden ist, erscheint die Vorschrift als nicht durchdacht. Eine zusätzliche Sanktion erscheint unnötig, weil der Grundabtretungspflichtige nach § 104 aus dem Grundabtretungsbeschluß und den dort genannten vollstreckbaren Titeln die Vollstreckung betreiben kann. Die Rückgängigmachung einer Grundabtretung wäre auch kaum praktisch, wenn für eine Großhalde oder Großschachtanlage ein Grundstück im Wege der Grundabtretung zur Nutzung beschafft werden mußte und nunmehr wegen eines relativ geringfügigen Versäumnisses die Aufhebung stattzufinden hätte. Die Grundabtretungsbehörde wäre wohl gezwungen, den Antragsteller zunächst auf die Eintreibung als das weniger einschneidende Mittel zu verweisen.

6

3. Nach **Abs.** 2 kann die Aufhebung der Grundabtretung versagt werden, solange das Grundstück einem Zweck zugeführt wird, der (ebenfalls) eine Grundabtretung rechtfertigen würde (vgl. den gleichen Rechtsgedanken in § 81 Abs. 3). Allerdings wird damit der strenge Prüfungsmaßstab des § 79 Abs. 1 durchbrochen. Im Gesetzgebungsverfahren ist trotz offenbar geltend gemachter Bedenken an der Vorschrift aus Gründen der Verwaltungsvereinfachung festgehalten worden (BT-Ds. 8/3965, 140 = Zydek, 383).

7

4. Der Antrag auf Aufhebung kann nach Abs. 3 nur **innerhalb von zwei Jahren** seit Entstehung des Anspruchs beantragt werden. Die Frist ist bei Vorliegen höherer Gewalt gehemmt (§ 203 Abs. 2 BGB). Der Antrag auf **Aufhebung** ist unzulässig, wenn bei Antragstellung mit der zweckgerechten Verwendung begonnen worden ist. Im Falle der Aufgabe des Grundabtretungszwecks dürfte die Antragsfrist erst mit Kenntniserlangung seitens des früheren Grundabtretungspflichtigen beginnen (Ernst-Zinkahn-Bielenberg, § 102 Rdnr. 34 m. N.; a. A. WiA BT-Ds. 8/3965, 140 = Zydek, 384).

8

5. Nach **Abs.** 4 ist bei der Aufhebung der Grundabtretung die geleistete Entschädigung zurückzuerstatten. Für den Zeitraum zwischen Wirksamwerden der Grundabtretung (d. h. wohl Unanfechtbarkeit des Grundabtretungsbeschlusses, einer Vorabentscheidung oder der Einigung der Beteiligten im Verfahren) und der Unanfechtbarkeit des Aufhebungsbeschlusses sollen dem früheren Grundabtretungspflichtigen die gezahlten Entschädigungsbeträge jedoch im Grundsatz verbleiben. Es ist hypothetisch zu fragen („entsprechen würde"), welche Entschädigung der Berechtigte erhalten hätte, wenn die Grundabtretung nur für den

Erstes Kapitel: Grundabtretung §§ 96, 97

genannten Zeitraum durchgeführt worden wäre. Bei einer Grundabtretung zur Nutzung wird der frühere Grundabtretungspflichtige daher in der Regel die gezahlten Nutzungsentschädigungen behalten dürfen; hat er zugleich eine Entschädigung für andere Vermögensnachteile erhalten, ist diese Entschädigung insoweit zurückzuzahlen, als die Nachteile aufgrund der Aufhebung der Grundabtretung und der Rückgabe des Grundstücks entfallen (vgl. auch § 103 S. 3 BBauG). Grundsätzlich soll der frühere Grundabtretungspflichtige offenbar durch die Aufhebung der Grundabtretung nicht bessergestellt werden als vor dem Zwangseingriff. Im übrigen hat der Betroffene entsprechend § 81 Abs. 3 Nr. 1 bei Rückgabe den Zustand wiederherzustellen, wie er im Zeitpunkt des Wirksamwerdens der Grundabtretung bestand (S. 2).

9

6. Abs. 5 erscheint entbehrlich, da die Vorabentscheidung nach § 91 lediglich einen (abgespaltenen) Teil der Grundabtretungsentscheidung über den Grund enthält. Sie ist damit auch eine Grundabtretung, zumal die Ausführungsanordnung nach § 92 auch nur nach Unanfechtbarkeit der Vorabentscheidung ergehen kann und die Rechtsänderung in dieser gesonderten Entscheidung festgesetzt wird.

10

7. Ist die Grundabtretung aufgehoben worden, ist in entsprechender Anwendung des § 92 Abs. 3 das Grundbuchamt zu ersuchen, das Grundbuch zu berichtigen. Der Aufhebungsbeschluß muß deshalb – als actus contrarius – alle Bestandteile des eigentlichen Grundabtretungsbeschlusses enthalten, also den Eigentümerwechsel oder die Löschung dinglicher Rechte anordnen, die Rückerstattung der Entschädigung nach Abs. 4 im einzelnen regeln usw. (vgl. vor § 91 Rn 4 ff). **Verfahrensrechtlich** gilt das gleiche wie bei der eigentlichen Grundabtretung (förmliches Verfahren, Aufhebungsbeschluß, Ausführungsanordnung entsprechend § 92 usw.). Vgl. hierzu die Vorschrift des § 102 Abs. 6 BBauG, die auf die allgemeinen Verfahrensvorschriften verweist (ferner RegEntwurf 1975, BT-Ds. 350/75, 48, 149 zu § 126). **Wegen der Verfahrenskosten** vgl. § 103 Abs. 3.

Vierter Abschnitt
Vorzeitige Besitzeinweisung

§ 97 Voraussetzungen

Ist die sofortige Ausführung des die Grundabtretung erfordernden Vorhabens aus den in § 79 genannten Gründen des Wohles der Allgemeinheit dringend geboten, so kann die zuständige Behörde den Grundabtretungsbegünstigten auf Antrag schon vor Abschluß des Verfahrens in den Besitz des betroffenen Grundstücks einweisen. Die vorzeitige Besitzeinweisung setzt voraus, daß dem Eigentümer und, wenn ein anderer durch die Besitzeinweisung betroffen wird, auch diesem Gelegenheit zur Stellungnahme gegeben worden ist.

§ 97 1–3   Siebenter Teil: Bergbau u. Grundbesitz, öffentl. Verkehrsanlagen

1
1. Mit Hilfe des Instituts der vorzeitigen Besitzeinweisung kann sichergestellt werden, daß ein bergbauliches Vorhaben auch vor Abschluß eines Grundabtretungsverfahrens begonnen oder fortgesetzt werden kann. Es ist in den Enteignungsgesetzen der Länder sowie in § 116 BBauG und § 38 LBG geregelt. Gerade die „dynamische durch Art, Beschaffenheit und Verlauf der Lagerstätte diktierte Betriebsweise" des Bergbaus (BT-Ds. 8/1315, 105 = Zydek, 231 zu § 50 (Betriebsplan)) verlangt nach einem Verfahren, das dem Unternehmer die Fortsetzung seines Betriebes auch gegen den Willen des Eigentümers oder sonstigen Berechtigten ermöglicht, wenn andernfalls schwere Rückschläge für den Betrieb, Stillstand oder sicherheitliche Belange befürchtet werden müssen. Da das Grundabtretungsverfahren (auch zur Wahrung der Belange der Betroffenen) immer eine gewisse Zeit benötigt, kann mit Hilfe dieses Instituts die sofortige Benutzung benötigter Grundstücke sichergestellt werden.

2
2. Voraussetzung ist, daß die **sofortige Ausführung** aus Gründen des Wohls der Allgemeinheit (§ 79) **dringend geboten** ist. Notwendig ist daher eine Abwägung der beiderseits bestehenden Interessen, wobei die Interessen des Antragstellers diejenigen der Betroffenen an der vorherigen und abschließenden Durchführung eines ordnungsgemäßen Grundabtretungsverfahrens erheblich überwiegen müssen.

3
3. Der **Antrag** auf vorzeitige Besitzeinweisung kann mit dem Antrag auf Durchführung der Grundabtretung (§ 77 Abs. 1) verbunden werden. Dies wird zugleich der früheste Zeitpunkt sein. Der Beschluß über die Besitzeinweisung kann nach S. 1 bereits vor Abschluß des Verfahrens, also in jedem Stadium ergehen (streitig; vgl. Kommentierungen zu § 116 BBauG). Nach S. 2 ist dem Eigentümer oder einem anderen durch die Besitzeinweisung Betroffenen **Gelegenheit zur Stellungnahme** zu geben. Daraus darf nicht geschlossen werden, daß bei dem Nebenverfahren der vorläufigen Besitzeinweisung das von § 105 grundsätzlich angeordnete **förmliche Verfahren** der §§ 64 VwVfG nicht gelten soll. Die vorzeitige Besitzeinweisung ist Teil des einheitlichen Grundabtretungsvorgangs; sie bringt für die Betroffenen einen schweren Eingriff in deren Rechtspositionen mit sich. Deshalb ist – in gleicher Weise wie bei dem eigentlichen Grundabtretungsverfahren – ein förmliches Verfahren durchzuführen, das mit dem Besitzeinweisungsbeschluß abschließt. Das entspricht auch den Erwägungen während der Gesetzesberatung (WiA BT-Ds. 8/3965, 140 = Zydek, 398). Auch im RegEntwurf 1975 (BR-Ds. 350/75, 44 f. zu § 112 ff.) waren für das Besitzeinweisungsverfahren formstrenge, dem öffentlichen Verfahren angenäherte Verfahrensvorschriften vorgesehen. § 97 S. 2 hat daher nur die Funktion eines Hinweises, ersetzt also nicht die nach § 67 VwVfG obligatorische mündliche Verhandlung. Es ist aber nicht erforderlich, daß alle von der Grundabtretung möglicherweise Betroffenen (vgl. § 87) zu der mündlichen Verhandlung geladen werden, sondern die Ladung des Eigentümers und der unmittelbaren Besitzer reicht aus.

Erstes Kapitel: Grundabtretung §§ 97,98

4

Über die vorläufige Besitzeinweisung ergeht ein gesonderter Beschluß der zuständigen Behörde (**Besitzeinweisungsbeschluß**). Dieser Beschluß muß enthalten
- den Zeitpunkt der Wirksamkeit der vorläufigen Besitzeinweisung (§ 100 Abs. 1 S. 1),
- eine Entscheidung darüber, welche Rechte zur Nutzung des Grundstücks aufrechterhalten bleiben (§ 100 Abs. 1 S. 4),
- eine Entscheidung über Art und Höhe der (gesonderten) Besitzeinweisungsentschädigung (§ 98 Abs. 1),
- die Festsetzung einer Sicherheitsleistung in Höhe der voraussichtlichen Entschädigung oder anderen Bedingung (§ 100 Abs. 2).

Form, Begründung und Bekanntgabe der Entscheidung richten sich nach § 69 VwVfG. Eines Widerspruchsverfahrens bedarf es vor Erhebung der verwaltungsgerichtlichen Klage nicht (§ 70 VwVfG), es sei denn, daß landesrechtliche Verwaltungsverfahrensvorschriften auch bei einem förmlichen Verfahren die vorherige Durchführung eines Vorverfahrens vorsehen. Greift der Betroffene nur die Höhe der Besitzeinweisungsentschädigung an, gilt § 144.

§ 98 Besitzeinweisungsentschädigung

(1) Der Grundabtretungsbegünstigte hat für die durch die vorzeitige Besitzeinweisung entstehenden Vermögensnachteile Entschädigung in Geld zu leisten, soweit die Nachteile nicht durch die Verzinsung der Geldentschädigung (§ 84 Abs. 4) ausgeglichen werden. Art und Höhe der Entschädigung sind unter entsprechender Anwendung der §§ 84 bis 90 festzusetzen.

(2) Die Entschädigung für die vorzeitige Besitzeinweisung ist ohne Rücksicht auf die Einlegung eines Rechtsbehelfs zu dem Zeitpunkt fällig, in dem die vorzeitige Besitzeinweisung wirksam wird.

1

1. Die Vorschrift entspricht im wesentlichen § 116 Abs. 4 BBauG. Die Besitzeinweisungsentschädigung soll besondere, mit der vorzeitigen Einweisung verbundene Vermögensnachteile ausgleichen, sofern diese nicht mit der Verzinsung der Geldentschädigung (§ 84 Abs. 4) ausgeglichen sind. Die vorzeitige Besitzeinweisung ist Teil eines einheitlichen Enteignungsvorgangs, der regelmäßig erst mit der Entziehung des Eigentums beendet ist. Hierbei tritt die Entschädigung an die Stelle des Grundstücks. Die Verzinsung der Entschädigung nach § 84 Abs. 4 hat die **Funktion eines abstrakt berechneten Wertausgleichs**, für die durch die Besitzeinweisung vorzeitig, d. h. vor der Festsetzung der Entschädigung, entzogene Nutzung. Folgerichtig ist die Entschädigung nach § 84 Abs. 4 S. 3 vom Zeitpunkt der Wirksamkeit des Besitzeinweisungsbeschlusses an zu verzinsen. Darüber hinaus kann der Eigentümer oder unmittelbare Besitzer besondere Vermögensnachteile erleiden, die gerade in dem Entzug einer **vorübergehenden außergewöhnlichen Nutzungsmöglichkeit** seines Grundstücks bestehen (vgl. BGH NJW 1962, 2051), soweit sich diese bereits als **konkreter Wert** darstellte (typischer Anwendungsfall: Aufwuchsentschädigung bei landwirtschaftlichen Grundstücken).

2

2. **Bei der Grundabtretung zur Nutzung** ist die Entschädigung in **wiederkehrenden Leistungen** zu entrichten (89 Abs. 1 S. 1), die sich an dem Entzug der höchstmöglichen Nutzung orientieren (§ 89 Rn 3 ff.). Mithin ist zu prüfen, ob der Eigentümer oder unmittelbare Besitzer während der Dauer der vorzeitigen Besitzeinweisung aus dem Grundstück einen Gewinn oder Erlös ziehen konnte oder ob als deren Folge Aufwendungen nutzlos geworden sind und deshalb ein nach dem gewöhnlichen Verlauf zu erwartender Gewinn oder Erlös ausbleibt. Im Normalfall der Grundabtretung zur Nutzung wird daher die übliche Entschädigung in wiederkehrenden Leistungen, wie sie im Grundabtretungsbeschluß später festgesetzt ist, auf den Zeitpunkt der Wirksamkeit der Besitzeinweisung vorzuverlegen sein. Ein abstrakt berechneter Wertausgleich in der Form der Verzinsung des Verkehrswerts des Grundstücks findet also nicht statt (vgl. auch § 89 Rn 8). **Sonstige (zusätzliche) Vermögensnachteile** sind nach § 98 Abs. 1 S. 1 jeweils gesondert zu entschädigen.

3

3. Die Entschädigung wird mit Wirksamkeit der vorzeitigen Besitzeinweisung fällig. Dieser Zeitpunkt wird nach § 100 Abs. 1 S. 1 im Besitzeinweisungsbeschluß bezeichnet. Die Fälligkeit tritt unabhängig davon ein, ob gegen den Beschluß ein Rechtsbehelf in Form der Anfechtungsklage eingelegt wurde (vgl. hierzu § 97 Rn 4).

§ 99 Zustandsfeststellung

Auf Antrag des Grundabtretungsbegünstigten, des Besitzers oder des Eigentümers hat die zuständige Behörde den Zustand des Grundstücks vor der Besitzeinweisung festzustellen, soweit er für die Besitzeinweisungs- oder Grundabtretungsentschädigung von Bedeutung ist. Der Zustand des Grundstückes kann auch von Amts wegen festgestellt werden.

1

Die Vorschrift dient der Beweissicherung (vgl. auch § 116 Abs. 5 BBauG). Die Zustandsfeststellung kann **auf Antrag** oder **von Amts wegen** erfolgen. Eine bestimmte Form, wie die Beweissicherung vorzunehmen ist, wird im Gesetz nicht vorgeschrieben. Das förmliche Verfahren nach §§ 64 ff. VwVfG gilt hier nicht. Eine Hinzuziehung der interessierten Beteiligten dürfte sich empfehlen. Ihnen ist auch eine Abschrift der Niederschrift zuzustellen. Im übrigen ist die Niederschrift weder ein Verwaltungsakt noch vermag sie eine sonstige Bindungswirkung zu entfalten. Neue und andere Beweismittel können in das Verfahren später jederzeit eingebracht werden.

§ 100 Wirksamwerden und Rechtsfolgen der vorzeitigen Besitzeinweisung, Sicherheitsleistung

(1) Die Besitzeinweisung wird in dem von der zuständigen Behörde bezeichneten Zeitpunkt wirksam. In diesem Zeitpunkt wird dem Eigentümer des Grundstücks und, wenn ein anderer unmittelbarer Besitzer ist, auch diesem der Besitz entzogen und

Erstes Kapitel: Grundabtretung **1,2 § 100**

der Grundabtretungsbegünstigte Besitzer. Der Grundabtretungsbegünstigte darf auf dem Grundstück das im Grundabtretungsantrag bezeichnete Vorhaben ausführen und die dafür erforderlichen Maßnahmen treffen. Ein Recht zur Nutzung des Grundstücks wird durch die Besitzeinweisung insoweit ausgeschlossen, als die Ausübung der Nutzung mit dem Zweck der Besitzeinweisung nicht vereinbar ist.

(2) Die vorzeitige Besitzeinweisung kann von der Leistung einer Sicherheit in Höhe der voraussichtlichen Entschädigung nach § 98 und von anderen Bedingungen abhängig gemacht werden. Auf Antrag des Inhabers eines Rechts, das zum Besitz oder zur Nutzung des Grundstücks berechtigt, ist die Einweisung von der Leistung einer Sicherheit in Höhe der ihm voraussichtlich zu gewährenden Entschädigung abhängig zu machen.

1
Die zuständige Behörde hat den **Zeitpunkt**, in dem die **Besitzeinweisung wirksam** wird, im **Besitzeinweisungsbeschluß** festzulegen. Mit diesem Zeitpunkt wird dem Besitzer der Besitz entzogen; der Antragsteller wird Besitzer. Der Grundabtretungsbegünstigte darf mit Unanfechtbarkeit des Besitzeinweisungsbeschlusses das im Grundabtretungsantrag bezeichnete Vorhaben ausführen. Die Ausführung kann sogleich erfolgen, falls der Besitzeinweisungsbeschluß nach § 80 Abs. 2 Nr. 4 VwGO für sofort vollziehbar erklärt worden ist. Hindert der bisherige Besitzer den Unternehmer an der Ausführung des Vorhabens, trifft die zuständige Behörde die Verpflichtung, dem Eingewiesenen die Besitzrechte notfalls mit Hilfe des Verwaltungszwangs zu verschaffen. Daneben kann der begünstigte Unternehmer mit Hilfe des § 861 BGB (Besitzstörung) gegen den früheren Besitzer vorgehen. Inwieweit Rechte zur Nutzung des Grundstücks aufrechterhalten bleiben können (S. 4), hat die zuständige Behörde ebenfalls im Besitzeinweisungsbeschluß festzustellen.

2
Mit der in Abs. 2 genannten „voraussichtlichen Entschädigung" ist die **endgültige Entschädigung** nach den §§ 84 bis 90 gemeint. Sie dient der Sicherheit der Betroffenen, wenn der beantragten Grundabtretung später nicht stattgegeben wird. Es obliegt im wesentlichen dem freien Ermessen der zuständigen Behörde, ob und in welcher Höhe eine Sicherheitsleistung (§ 232 BGB) angeordnet wird. **Andere Bedingungen** sind solche, die aufgrund der besonderen Situation, die die Besitzeinweisung antrifft, sinnvoll oder zur Wahrung der Belange der Betroffenen geboten erscheinen (z. B. Herstellung einer Hofzufahrt, Aberntung eines Feldes usw.). Welche Rechtsfolgen eintreten, wenn die Sicherheitsleistungen nicht erbracht und die anderen Bedingungen nicht erfüllt sind, geht aus dem Gesetz nicht hervor (vgl. Ernst/Zinkahn/Bielenberg, § 116 Rdnr. 14f.). Beantragt ein zum Besitz oder zur Nutzung Berechtigter (Mieter, Pächter) die Leistung einer Sicherheit, muß die zuständige Behörde diese im Besitzeinweisungsbeschluß festlegen. Die Höhe dieser Sicherheitsleistung orientiert sich ebenfalls an der voraussichtlich zu erwartenden Entschädigung. Im übrigen unterscheidet sich die in § 98 genannte besondere Besitzeinweisungsentschädigung von der in § 100 Abs. 2 genannten voraussichtlichen Entschädigung (vgl. insoweit § 116 Abs. 4 sowie § 116 Abs. 2 BBauG).

§ 101 Aufhebung und Änderung der vorzeitigen Besitzeinweisung

(1) Die vorzeitige Besitzeinweisung ist aufzuheben, wenn
1. die für die Besitzeinweisung nach § 97 erforderlichen Voraussetzungen nicht mehr gegeben sind,
2. der Antrag nach § 77 zurückgenommen worden ist oder
3. die Entscheidung über die Grundabtretung nicht innerhalb von zwei Jahren erlassen wird, nachdem die Besitzeinweisung wirksam geworden ist.

(2) In den Fällen des Absatzes 1 Nr. 1 kann statt der Aufhebung der Besitzeinweisung die Entscheidung über die Besitzeinweisung geändert werden. Die in Absatz 1 Nr. 3 bestimmte Frist kann von der zuständigen Behörde um längstens ein weiteres Jahr verlängert werden, wenn die Entscheidung über den Antrag nach § 77 aus besonderen, durch das Verfahren bedingten Umständen nicht innerhalb dieser Frist ergehen kann.

(3) Mit dem Zeitpunkt, in dem die Entscheidung über die Aufhebung der vorzeitigen Besitzeinweisung unanfechtbar wird, ist dem Grundabtretungsbegünstigten der Besitz entzogen und der vorherige Besitzer wieder Besitzer.

1
Nach Abs. 1 ist die vorzeitige Besitzeinweisung aufzuheben bei Fortfall der Voraussetzungen für ihren Erlaß (Nr. 1), der Rücknahme des Grundabtretungsantrags (Nr. 2) sowie für den Fall, daß der Grundabtretungsbeschluß nicht innerhalb von zwei Jahren nach Wirksamkeit der Besitzeinweisung ergeht (Nr. 3). Die zuletzt genannte Frist kann nach Abs. 2 S. 2 um längstens ein weiteres Jahr verlängert werden. Um den Fristablauf zu vermeiden, hat der Unternehmer auch die Möglichkeit, eine Vorabentscheidung nach § 91 zu beantragen, wenn die Zulässigkeit der Grundabtretung außer Frage steht und die Verzögerung lediglich auf Schwierigkeiten bei der Feststellung der Entschädigung beruht.

2
Sind die Voraussetzungen für die sofortige Besitzeinweisung nachträglich entfallen, kann statt der Aufhebung der Besitzeinweisung der Besitzeinweisungsbeschluß geändert werden. Eine solche Anpassung kommt in Betracht, wenn dem Unternehmer für ein Tagebauvorhaben die Nutzung eines größeren Gebietes zugewiesen ist, das ganze von der Entscheidung erfaßte Gebiet jedoch nachträglich (etwa durch bindende Betriebsplanzulassung) beschränkt wird (vgl. Amtl. Begr., BT-Ds. 8/1315, 134 = Zydek, 391).

3
Abs. 3 regelt die Wirkungen bei Unanfechtbarkeit der Entscheidung über die Aufhebung der vorzeitigen Besitzeinweisung und entspricht insoweit § 100 Abs. 1 S. 2.

§ 102 Entschädigung bei Aufhebung oder Änderung der vorzeitigen Besitzeinweisung

(1) Wird die vorzeitige Besitzeinweisung aufgehoben oder die Entscheidung über die Besitzeinweisung geändert, so hat der Grundabtretungsbegünstigte

Erstes Kapitel: Grundabtretung §§ 102,103

1. im Falle der Aufhebung für die durch die vorzeitige Besitzeinweisung entstandenen,
2. im Falle der Änderung der Entscheidung über die Besitzeinweisung für die in bezug auf die Änderung entstandenen,

durch die Besitzeinweisungsentschädigung nicht abgegoltenen Vermögensnachteile eine Entschädigung in Geld zu leisten. An Stelle der Entschädigung in Geld hat der Grundabtretungsbegünstigte auf Verlangen der von der vorzeitigen Besitzeinweisung Betroffenen den früheren Zustand wiederherzustellen, es sei denn, daß die Wiederherstellung mit unzumutbaren Aufwendungen verbunden ist oder die zuständige Behörde eine vom früheren Zustand abweichende Wiedernutzbarmachung der Oberfläche angeordnet hat.

(2) Kommt eine Einigung nicht zustande, hat die zuständige Behörde auf Antrag die Höhe der Entschädigung festzusetzen und, wenn die Wiederherstellung des früheren Zustandes zulässigerweise verlangt wird, die Verpflichtung hierzu auszusprechen.

1
Die Vorschrift regelt eigenständig die Entschädigungsfolgen bei Aufhebung der vorläufigen Besitzeinweisung. Eine Entschädigung ist (nur) für die durch die Besitzeinweisungsentschädigung nicht abgegoltenen Vermögensnachteile zu leisten. **Wahlweise kann der Betroffene Wiederherstellung des früheren Zustandes verlangen**, es sei denn, daß dieses Wahlrecht unter den in Abs. 1 S. 2 genannten Voraussetzungen ausgeschlossen ist. Läßt sich der frühere Zustand nicht vollständig wiederherstellen oder ist der Wiederherstellungsanspruch ausgeschlossen, ist eine etwaige Wertminderung nach S. 1 zu entschädigen. Das Gesetz sagt nicht, wer das Verlangen aussprechen kann, nämlich ob der Eigentümer oder der (ehemalige) unmittelbare Besitzer oder beide gemeinsam. Bei unterschiedlicher Auffassung muß zunächst unter den Betroffenen eine Klärung (notfalls gerichtlich) erfolgen. Solange muß sich die zuständige Behörde eine Entscheidung dieser Frage vorbehalten und eine Sicherheitsleistung anordnen (analog § 89 Abs. 2 und 4).

2
Abs. 2 betont die im Grundabtretungsrecht grundsätzlich geltende Verpflichtung des Grundabtretungsbegünstigten, sich auf gütlichem Wege zu einigen. Kommt eine Einigung nicht zustande, ergeht eine Behördenentscheidung. Auch hier wird – eingeleitet durch einen Antrag – im förmlichen Verfahren der §§ 64 ff. VwVfG entschieden.

Fünfter Abschnitt
Kosten, Zwangsvollstreckung, Verfahren

§ 103 Kosten

(1) Der Grundabtretungsbegünstigte hat die Kosten des Verfahrens zu tragen. Soweit Kosten jedoch durch Verschulden oder durch Anträge verursacht werden, die zum Zwecke der Verzögerung gestellt worden sind, können sie dem betreffenden Beteiligten auferlegt werden.

§§ 103,104   Siebenter Teil: Bergbau u. Grundbesitz, öffentl. Verkehrsanlagen

(2) Kosten sind außer den im Verfahren vor der zuständigen Behörde entstehenden Gebühren und Auslagen auch die den Beteiligten aus Anlaß des Verfahrens entstehenden Aufwendungen, soweit sie zur zweckentsprechenden Rechtsverfolgung notwendig waren.

(3) Für das Verfahren nach § 96 gelten die Absätze 1 und 2 mit der Maßgabe entsprechend, daß die Kosten nach Absatz 1 Satz 1 der von der Aufhebung Betroffene zu tragen hat, wenn dem Antrag auf Aufhebung stattgegeben wird.

1

Die Verfahrenskosten werden nach **Abs.** 1 dem Grundabtretungsbegünstigten auferlegt, da der Zwangseingriff im wesentlichen in seinem Interesse erfolgt. Das entspricht dem bisher geltenden Recht (vgl. § 147 ABG). S. 2 übernimmt einen allgemeinen in den §§ 95, 96 ZPO sowie in § 121 Abs. 3 BBauG, § 80 VwVfG enthaltenen Grundsatz.

2

Abs. 2 entspricht im wesentlichen § 121 Abs. 2 BBauG sowie § 80 Abs. 1 VwVfG. Der Grundabtretungsbegünstigte hat hiernach auch die Kosten zu übernehmen, soweit sie zur zweckentsprechenden Rechtsverfolgung notwendig waren. Das sind alle Aufwendungen, die ein verständiger, weder besonders ängstlicher noch besonders unbesorgter Beteiligter im Hinblick auf die Bedeutung oder die rechtliche oder sachliche Schwierigkeit der Sache für erforderlich halten durfte. Für die Gebühren und Auslagen eines Rechtsanwalts gilt sinngemäß das gleiche.

3

Hat der Antrag auf Aufhebung der Grundabtretung nach § 96 Erfolg, trägt nach **Abs.** 3 der unterlegene Unternehmer die Verfahrenskosten. Bei Erfolglosigkeit hat der Antragsteller die entstandenen Kosten zu übernehmen.

4

Die Kosten richten sich nach den landesrechtlichen Vorschriften. Die Kostenentscheidung kann mit der Sachentscheidung verbunden werden, aber auch getrennt ergehen.

§ 104 Vollstreckbarer Titel

(1) **Die Zwangsvollstreckung nach den Vorschriften der Zivilprozeßordnung über die Vollstreckung von Urteilen in bürgerlichen Rechtsstreitigkeiten findet statt**
1. aus der Niederschrift über eine Einigung wegen der in ihr bezeichneten Entschädigungsleistungen,
2. aus einer nicht mehr anfechtbaren Entscheidung über die Grundabtretung und einer nicht mehr anfechtbaren Entscheidung nach § 89 Abs. 2 oder 3, § 91 Satz 2 oder § 96 Abs. 4 oder 5 wegen der darin festgesetzten Entschädigungsleistungen,
3. aus einer Entscheidung über die vorzeitige Besitzeinweisung, deren Änderung oder Aufhebung wegen der darin festgesetzten Leistungen.

(2) **Die vollstreckbare Ausfertigung wird von dem Urkundsbeamten der Geschäftsstelle des Amtsgerichts erteilt, in dessen Bezirk die zuständige Behörde**

ihren Sitz hat und, wenn das Verfahren bei einem Gericht anhängig ist, von dem Urkundsbeamten der Geschäftsstelle dieses Gerichts. In den Fällen der §§ 731, 767 bis 770, 785, 786 und 791 der Zivilprozeßordnung tritt das Amtsgericht, in dessen Bezirk die zuständige Behörde ihren Sitz hat, an die Stelle des Prozeßgerichts.

1
Die Vorschrift ermöglicht nach dem Vorbild des § 122 Abs. 1 BBauG die Vollstreckung (§§ 704 bis 882a ZPO) aus den in Abs. 1 Nr. 2 und 3 im einzelnen aufgeführten Entscheidungen wegen der darin festgesetzten Entschädigungsleistungen. Eine Vollstreckung ist ferner möglich aus einer Niederschrift, soweit diese eine Einigung über eine Entschädigung beurkundet (Abs. 1 Nr. 1). Während bei den in Nr. 2 genannten Entscheidungen Unanfechtbarkeit vorliegen muß, ist dies bei der Entscheidung über die vorzeitige Besitzeinweisung nicht erforderlich. Aus den erstgenannten Entscheidungen kann bereits vor Erlaß der Ausführungsanordnung (§ 92) vollstreckt werden.

2
Abs. 2 S. 2 trifft hinsichtlich der Erteilung der vollstreckbaren Ausfertigung (vgl. §§ 724 ff. ZPO) eine besondere Zuständigkeitsregelung, sofern keine Klage nach § 144 über die Entschädigung anhängig ist.

§ 105 Verfahren

Auf die Grundabtretung sind, soweit sich aus diesem Kapitel nichts anderes ergibt, die Vorschriften über das förmliche Verwaltungsverfahren nach Teil V Abschnitt 1 des Verwaltungsverfahrensgesetzes anzuwenden.

1
1. Anzuwenden sind die Verwaltungsverfahrensgesetze der Länder, soweit sie den §§ 64 ff. VwVfG des Bundes entsprechende Regelungen enthalten (vgl. § 5 Rn 9 ff.; vor § 91 Rn 1 ff.; zu den wesentlichen Verfahrenregelungen des förmlichen Verfahrens siehe § 36 Rn 2 ff.).

2
2. Die Vorschriften über das förmliche Verwaltungsverfahren gelten für
– das eigentliche Grundabtretungsverfahren, d. h. von der Antragstellung bis zum Grundabtretungsbeschluß,
– das Verfahren bei der Aufhebung einer Grundabtretung (§ 96),
– das Verfahren der vorzeitgen Besitzeinweisung (§ 97),
– das Verfahren der Aufhebung oder Änderung der vorzeitigen Besitzeinweisung (§ 102).

3
Bei den auf Erlaß der **Ausführungsanordnung** nach § 92 gerichteten Verfahrenshandlungen gilt das **förmliche Verfahren nicht**. Das ergibt sich mittelbar daraus, daß § 92 ausdrücklich auf einen Antrag verzichtet, mithin davon ausgeht, daß die zur Ausführungsanordnung führenden Verfahrenshandlungen auch auf andere

§§ 105,106   Siebenter Teil: Bergbau u. Grundbesitz, öffentl. Verkehrsanlagen

Weise in Gang gebracht werden können. Es bedarf zudem eines förmlichen Verfahrens nicht, da durch den Grundabtretungsbeschluß, die ihm gleichgestellte Vorabentscheidung nach § 91 sowie durch die Einigung im Verfahren selbst wesentliche Teile des Grundabtretungsverfahrens abgeschlossen sind (vgl. § 92 Rn 2 f.).

4
3. Die Vorschriften des förmlichen Verwaltungsverfahrens sind ferner in den nachstehenden Fällen anzuwenden,
- bei dem **Enteignungsverfahren gegen sich selbst**, das der Eigentümer zur Durchsetzung eines **Übernahmeanspruchs** in Fällen des § 82 auch **zeitlich nach Abschluß des Erstverfahrens** einleiten kann (vgl. § 82 Rn 11),
- bei einem **Übernahmeverlangen** des Eigentümers **nach beendeter Nutzung**, wenn dem Grundstück bei der Rückgabe ein **Minderwert** verbleibt (§ 82 Rn 12),
- bei der **Durchsetzung des Rückgabe- und Wiederherstellungsanspruchs** im Sinne des § 81 Abs. 3 (§ 81 Rn 15)
- bei einem Antrag auf **Festsetzung einer Ergänzungsentschädigung** nach § 89 Abs. 2 oder auf nachträgliche Anordnung einer Sicherheitsleistung nach § 89 Abs. 4; ferner bei Meinungsunterschieden der Beteiligten über die Höhe einer **Ausgleichszahlung** nach § 81 Abs. 2 S. 3 (§ 81 Rn 8),
- bei einem Antrag auf **Anpassung der Entschädigung** in wiederkehrenden Leistungen **aufgrund wesentlicher Änderung der Verhältnisse** nach § 89 Abs. 3.

§ 106 Benachrichtigungen

(1) Die zuständige Behörde teilt dem Grundbuchamt die Einleitung des Grundabtretungsverfahrens mit. Das Grundbuchamt hat die zuständige Behörde von allen Eintragungen zu benachrichtigen, die nach dem Zeitpunkt der Einleitung des Grundabtretungsverfahrens im Grundbuch des betroffenen Grundstücks vorgenommen worden sind und vorgenommen werden.

(2) Ist im Grundbuch die Anordnung der Zwangsversteigerung oder Zwangsverwaltung eingetragen, so gibt die zuständige Behörde dem Vollstreckungsgericht von der Einleitung des Grundabtretungsverfahrens sowie von der Entscheidung über den Grundabtretungsantrag Kenntnis, soweit davon das Grundstück betroffen wird, das Gegenstand des Vollstreckungsverfahrens ist.

1
Die Vorschrift steht im Einklang mit gleichlautenden Regelungen für das Enteignungsverfahren nach dem BBauG (§ 109 Abs. 6 und 7, § 113 Abs. 5 BBauG). Eine Verfügungsbeschränkung entsteht durch die Einleitung des Grundabtretungsverfahrens nicht, da eine § 109 a BBauG entsprechende Genehmigungspflicht im Gesetz fehlt. Abs. 1 bezweckt die ständige Unterrichtung der Grundabtretungsbehörde über den Inhalt des Grundbuches. Abs. 2 begründet eine Unterrichtungspflicht gegenüber dem Vollstreckungsgericht bei Eintragung eines Vermerks gem. § 19 Abs. 1 GBO und § 146 Abs. 1 ZVG.

Zweites Kapitel
Baubeschränkungen

§ 107 Festsetzung von Baubeschränkungsgebieten

(1) Soweit Grundstücke für die Aufsuchung und Gewinnung von Bodenschätzen in Anspruch genommen werden sollen, kann die Landesregierung durch Rechtsverordnung Baubeschränkungsgebiete festsetzen, wenn die Inanspruchnahme wegen der volkswirtschaftlichen Bedeutung der Bodenschätze für die Versorgung des Marktes mit Rohstoffen und wegen der Notwendigkeit einer umfassenden Nutzung der Lagerstätte dem Wohle der Allgemeinheit dient; die Landesregierung kann diese Ermächtigung durch Rechtsverordnung auf andere Stellen übertragen. Die Festsetzung ist nicht zulässig, wenn die bergbauliche Inanspruchnahme der Grundstücke nicht innerhalb von fünfzehn Jahren zu erwarten ist.

(2) Karten und Pläne, die Bestandteil der Rechtsverordnung nach Absatz 1 Satz 1 sind, können dadurch verkündet werden, daß sie bei einer Amtsstelle zu jedermanns Einsicht archivmäßig gesichert niedergelegt werden. In der Rechtsverordnung ist hierauf hinzuweisen.

(3) Das vorgesehene Baubeschränkungsgebiet ist vor Erlaß einer Rechtsverordnung nach Absatz 1 Satz 1 in dem amtlichen Veröffentlichungsblatt der zuständigen obersten Landesbehörde bekanntzumachen. Die Rechtsverordnung darf erst drei Monate nach der Bekanntgabe erlassen werden.

(4) Sind die Voraussetzungen für die Festsetzung eines Baubeschränkungsgebiets ganz oder teilweise entfallen, so ist das Baubeschränkungsgebiet durch Rechtsverordnung aufzuheben oder zu beschränken; Absatz 2 gilt entsprechend.

1
Vorläufer der in den §§ 107 bis 109 getroffenen Regelung ist die Verordnung über Baubeschränkungen zur Sicherung der Gewinnung von Bodenschätzen vom 28. 2. 1939 (RGBl. I S. 381; BGBl. III 213 – 8). Diese sog. BaubeschränkungsVO (vgl. Ebel-Weller, 831) ist nach der Entscheidung des BVerwG vom 14. 7. 1972 (BVerwGE 40, 258) wegen fehlender Übereinstimmung mit Art. 14 GG nichtig (vgl. hierzu auch BGH ZfB 121 (1980), 316). Eine Ersatzregelung wurde für dringend geboten erachtet, da „das Bedürfnis für ein der BaubeschränkungsVO entsprechendes Instrument vor allem bei großflächigen Tagebauvorhaben nach wie vor gegeben ist" (BT-Ds. 8/1315, 136 = Zydek, 401). Mit der Möglichkeit, Baubeschränkungsgebiete festzusetzen, sollte „Vorsorge für die Nutzung inländischer Rohstoffvorkommen getroffen werden" (WiA/BT-Ds. 8/3965, 131 = Zydek, 403). Zu weiteren Instrumentarien, vorhandene Lagerstätten durch Planung zu schützen, vgl. vor § 110 Rn 19f).

2
Die Festsetzung eines Baubeschränkungsgebiets begründet nach § 108 bei baurechtlichen Genehmigungen und vergleichbaren Behördenentscheidungen eine **Mitwirkungsbefugnis der zuständigen Bergbehörde**, die bei ihrer Entscheidung zu prüfen hat, ob die bauliche Anlage die Durchführung bergbaulicher Maßnahmen erschweren würde (§ 108 Abs. 2). Da Baubeschränkungsgebiete nach § 107

§§ 107, 108 Siebenter Teil: Bergbau u. Grundbesitz, öffentl. Verkehrsanlagen

Abs. 1 S. 2 nur festgesetzt werden dürfen, wenn die Inanspruchnahme der Grundstücke innerhalb von 15 Jahren zu erwarten ist, wird die zuständige Behörde zumindest bei umfangreicheren Bauvorhaben wohl immer die Zustimmung versagen müssen, sofern das Baubeschränkungsgebiet der Sicherung von im Tagebau zu gewinnenden Bodenschätzen dient. Die Festsetzung des Gebietes selbst erfolgt durch **RechtsVO der Landesregierung**. Zweck, Inhalt und Ausmaß der Ermächtigung (vgl. Art. 80 Abs. 1 GG) ergeben sich aus § 107 Abs. 1 S. 1. Dabei steht der Satzteil „Versorgung des Marktes" wohl eher für „Versorgung der Volkswirtschaft mit Rohstoffen" (vgl. auch § 1 Nr. 1). Die Übertragung der Ermächtigung auf andere Stellen ist zulässig.

3
Von einer ausdrücklichen Beteiligungsregelung zugunsten der Gemeinden ist nicht zuletzt mit Rücksicht auf verfassungspolitische Bedenken abgesehen worden; zudem sei ohnehin schon nach dem jeweiligen Landesrecht eine Beteiligung der Gemeinden bei Erlaß von Rechtsverordnungen überwiegend vorgesehen (WiA/BT-Ds. 8/3965, 140 = Zydek, 403). Im Hinblick auf die gemeindliche Selbstverwaltungsgarantie des Art. 28 GG wird den Gemeinden vor Erlaß einer RechtsVO ein Anhörungsrecht zugestanden werden müssen (vgl. den Fluglärm-Beschluß des BVerfG, E 56, 298; hierzu eingehend Blümel, VerwArch. Bd. 73 (1982), 329 m. N.).

4
Mit **Abs. 2** wird ein in § 4 Abs. 1 des Gesetzes zum Schutz gegen Fluglärm vom 30. 3. 1971 (BGBl. I S. 282) gewähltes Verfahren übernommen.

§ 108 Wirkung der Festsetzung

(1) In Baubeschränkungsgebieten darf die für die Errichtung, Erweiterung, Änderung oder Nutzungsänderung baulicher Anlagen erforderliche baurechtliche Genehmigung oder Zustimmung oder eine diese einschließende Genehmigung nur mit Zustimmung der nach § 69 zuständigen Behörde erteilt werden.

(2) Die Zustimmung darf nur versagt werden, wenn durch die bauliche Anlage die Durchführung bergbaulicher Maßnahmen erschwert würde. Die Zustimmung gilt als erteilt, wenn sie nicht binnen zwei Monaten nach Eingang des Ersuchens der für die baurechtliche Genehmigung oder Zustimmung zuständigen Behörde versagt wird.

(3) Die Absätze 1 und 2 gelten nicht für bauliche Anlagen, die nur bis zur Inanspruchnahme des in Betracht kommenden Grundstücks einem land- oder forstwirtschaftlichen Betrieb zu dienen bestimmt sind.

1
Die in Abs. 1 genannten Bauvorhaben dürfen nur durchgeführt werden, wenn neben der nach Landesrecht notwendigen baurechtlichen Genehmigung auch die Zustimmung der zuständigen Bergbehörde (Verweisung auf § 69) vorliegt. Einer baurechtlichen Genehmigung steht eine **Anzeige** an die Bauaufsichtsbehörde gleich, da die Anzeige mit Untersagungsmöglichkeit ein vereinfachtes Baugenehmigungsverfahren darstellt (vgl. BVerwGE 20, 12 = DVBl. 1965, 200 m. Anm. v.

Zweites Kapitel: Baubeschränkungen §§ 108,109

Schack; ferner § 29 BBauG). Soweit neben der Genehmigung von einer „Zustimmung" die Rede ist, sind damit öffentliche Bauten des Bundes und der Länder gemeint (vgl. insoweit auch § 29 und § 37 BBauG). Der Zusatz „eine diese einschließende Genehmigung" bezieht sich auf Entscheidungen mit Konzentrationswirkung (z. B. §§ 4, 13 BImSchG). Die Zustimmung der Bergbehörde ist kein selbständiger Verwaltungsakt. Bei Verweigerung der Zustimmung muß daher der Antragsteller bei Ablehnung des Baugesuchs infolge verweigerter Zustimmung der Bergbehörde gegen die zuständige Baugenehmigungsbehörde Verpflichtungsklage erheben.

2
Bauvorhaben größeren Umfangs dürften wohl stets die Durchführung bergbaulicher Vorhaben erschweren. Wenn innerhalb von 15 Jahren die bergbauliche Inanspruchnahme zu erwarten sein muß (§ 107 Abs. 1 S. 2), wäre es volkswirtschaftlich unsinnig, zunächst die Errichtung baulicher Anlagen zuzulassen, die später notfalls im Wege der Grundabtretung wieder beseitigt und entschädigt werden müßten.

3
Abs. 3 enthält eine Ausnahme zugunsten land- und forstwirtschaftlicher Betriebe.

§ 109 Entschädigung

(1) Tritt wegen Versagung der Zustimmung nach § 108 Abs. 2 eine nicht nur unwesentliche Wertminderung des Grundstücks ein, so ist dem Grundstückseigentümer eine angemessene Entschädigung in Geld zu leisten. Der Grundstückeigentümer kann ferner angemessene Entschädigung in Geld verlangen, soweit durch die Versagung der baurechtlichen Genehmigung Aufwendungen für Vorbereitungen zur Nutzung seines Grundstücks an Wert verlieren, die er im Vertrauen auf den Fortbestand der baulichen Nutzungsmöglichkeiten vor Erlaß der Rechtsverordnung nach § 107 Abs. 1 gemacht hat.

(2) Ist dem Grundstückseigentümer wirtschaftlich nicht mehr zuzumuten, das Grundstück zu behalten oder es in der bisherigen oder in einer anderen zulässigen Art zu nutzen, kann er anstelle der Entschädigung nach Absatz 1 die Übernahme des Grundstücks verlangen.

(3) Zur Leistung der Entschädigung ist der durch die Baubeschränkung begünstigte Unternehmer verpflichtet. Die §§ 84 bis 90 gelten mit der Maßgabe entsprechend, daß der Verkehrswert mindestens der Wert ist, der für das Grundstück ohne die Versagung der baurechtlichen Genehmigung gelten würde.

(4) Kommt eine Einigung über die Entschädigung nicht zustande, so entscheidet die zuständige Behörde.

(5) Tritt bereits als Folge der Festsetzung eines Baubeschränkungsgebiets eine nicht nur unwesentliche Wertminderung eines Grundstücks ein, so kann der Grundstückseigentümer Entschädigung durch Übernahme des Grundstücks verlangen. Die Absätze 3 und 4 gelten entsprechend.

§ 109 1–4   Siebenter Teil: Bergbau u. Grundbesitz, öffentl. Verkehrsanlagen

1
Die Vorschrift lehnt sich insbesondere an die §§ 40 ff BBauG an. Für die Entschädigungspflicht kommt es auf die „Schwere und Tragweite des Eingriffs" an, den die Versagung der Zustimmung nach § 108 Abs. 2 und damit die Ablehnung des Baugesuchs auslöst. Die Wertminderung muß ein Ausmaß erreichen, das bei Abwägung der Belange des Betroffenen mit denjenigen der Allgemeinheit (die Baubeschränkungsgebiete dienen der Rohstoffversorgung und nach § 107 dem Wohl der Allgemeinheit!) als unzumutbar erscheint. Zu entschädigen sind im übrigen nur Eingriffe in eine Rechtsposition (vgl. hierzu BGH ZfB 121 (1980), 316 f zur BaubeschränkungsVO 1939). Zur Entschädigung verpflichtet ist nach Abs. 3 der Unternehmer (sofern ein solcher vorhanden ist).

2
Auch der Übernahmeanspruch in **Abs. 2** ist vergleichbaren Instituten des BBauG im Falle von Planungsschäden nachgebildet (vgl. § 40 Abs. 2 Nr. 1 BBauG). Kommt eine Einigung über die Übernahme nicht zustande, kann der Eigentümer ein Enteignungsverfahren gegen sich selbst einleiten (BGHZ 63, 240). Die Regelung erscheint unvollkommen, weil offen bleibt, wer das Grundstück zu übernehmen hat. Da der Übernahmeanspruch als besondere Form der Entschädigung erscheint (vgl. auch Abs. 5), ist offenbar der „begünstigte" Unternehmer zur Übernahme verpflichtet.

3
Die Entschädigungsregelung richtet sich nach den §§ 84 bis 90 (Abs. 3). Mit der „Maßgabe" in S. 2 soll erreicht werden, daß der **Zustand** des Grundstücks für die Wertberechnung zugrunde zu legen ist, wie er sich ergäbe, wenn die Baubeschränkung nicht existierte. Voraussetzung ist naturgemäß, daß das Grundstück – die Baubeschränkung hinweggedacht – überhaupt Baulandqualität besaß.

4
Sinkt der Grundstückswert nicht unerheblich allein schon als Folge der Festsetzung des Baubeschränkungsgebietes, kann der Eigentümer Entschädigung durch Übernahme des Grundstücks verlangen. Zur Übernahme ist der Unternehmer verpflichtet. Weigert er sich, entscheidet nach Abs. 4 die zuständige Behörde. Das Verfahren richtet sich nicht nach dem förmlichen Verfahren der §§ 64 ff VwVfG oder vergleichbarer Regelungen der Bundesländer, da sich § 105 ausdrücklich nur auf das Grundabtretungsverfahren bezieht.

Drittes Kapitel
Bergschaden

Erster Abschnitt
Anpassung

Vorbemerkung

I. Grundzüge des bisherigen Rechts

1
Neben der Grundabtretung, also der Verpflichtung des Grundeigentümers, an den Bergbau für dessen Zwecke Grundstücke zu Eigentum oder zur Benutzung abzutreten, ist auch das **Bergschadensrecht** seit dem Erlaß des preuß. ABG ein wichtiger Teilbereich jeder eigenständigen bergrechtlichen Kodifikation. Das Bergschadensrecht umgreift die Rechtsvorschriften, die sich mit der notwendigen Konfliktlösung raumbezogener Rechte, nämlich der Bergbauberechtigung und des (Oberflächen-)Eigentums, befassen. Die Neuordnung dieses Bereichs war deshalb auch ein wesentliches Anliegen der Bergrechtsreform (BT-Ds. 8/1315, 67, 72, 137 f = Zydek, 38, 43, 410 f). Diese Zielsetzung wird durch die Schadensklausel des § 1 Nr. 3 zusätzlich verdeutlicht (vgl. auch § 1 Rn 15 f).

2
1. **Ausgangspunkt** der Rechtsstellung des Grundeigentums war bisher eine **umfassende Duldungspflicht des Grundeigentümers** gegenüber dem Bergbau. Dies war zwar weder im ABG noch in anderen bergrechtlichen Vorschriften ausdrücklich ausgesprochen, ergab sich aber aus der Grundkonzeption des Rechtsverhältnisses zwischen Bergbau und Grundeigentum (Westermann, Freiheit, 80 f; vgl. auch H. Schulte, ZfB 113 (1972), 166, 167 f). Mit der Verleihung der bergfreien, dem Verfügungsrecht des Grundeigentümers entzogenen Bodenschätze (§ 50 ABG) erhielt der Bergwerkseigentümer die Befugnis, zur Aufsuchung und Gewinnung alle „erforderlichen Vorrichtungen unter und über Tage zu treffen" (§ 54 ABG). Aus dieser (positiv umschriebenen) Berechtigung wurde seit jeher gefolgert, daß der Grundstückseigentümer den Bergwerkseigentümer niemals auf Unterlassung oder Einschränkung von Betriebshandlungen in Anspruch nehmen konnte, auch wenn mit Gewißheit die Gefahr einer Beeinträchtigung des Grundeigentums und (oder) seiner „Zubehörungen" bestand, und zwar selbst bis zu deren völliger Entwertung (RGZ 98, 79). Das volkswirtschaftliche Interesse an der Gewinnung der Bodenschätze führte zu einem generellen Vorrang der rechtlichen Befugnisse des Bergbautreibenden gegenüber dem Interesse des Grundeigentümers an einer ungestörten Nutzung der Oberfläche (RG ZfB 48 (1907), 535; RGZ 130, 356; BGHZ 27, 155; BGHZ 53, 226; ferner Westermann, ZfB 106 (1965), 122, 131; ders., Freiheit, 80 f).

vor §110 3–6 Siebenter Teil: Bergbau u. Grundbesitz, öffentl. Verkehrsanlagen

- 3

Den notwendigen **Ausgleich für die umfassende Duldungspflicht** des Grundeigentümers gegenüber bergbaulichen Einwirkungen bildete § 148 ABG. Nach dieser Vorschrift hatte der „Bergwerksbesitzer" allen Schaden zu ersetzen, der dem Grundeigentum oder dessen „Zubehörungen" durch den Bergwerksbetrieb zugefügt wurde. **Bergwerksbesitzer** war nach der Rechtsprechung des RG (RGZ 71, 152; ZfB 62 (1921), 123; 77 (1936), 162) allein der **Bergwerkseigentümer**, nach Auffassung des BGH (BGHZ 52, 259) aber auch derjenige, der aufgrund eines von dem Bergwerkseigentum hergeleiteten Rechts (Pacht, Nießbrauch) den Bergwerksbetrieb tatsächlich ausübte. Der aus dem preuß. Allgemeinen Landrecht stammende Begriff der „Zubehörung" schloß im wesentlichen Bestandteile (§ 94 BGB) und Zubehör (§ 97 BGB) ein. Ausreichend war die Eigenschaft der „Zubehörung" zu irgendeinem, nicht notwendigerweise selbst geschädigten Grundstück (vgl. BGH DB 1969, 2337 (Kanalbrücke); BGHZ 51, 119 (Wassersammler). Einige Bundesländer haben den Wortlaut des § 148 ABG an die Begriffe des BGB angepaßt (Nordrhein-Westfalen, Gesetz vom 11. 6. 1968, GV. NW S. 201).

4

2. Die von Einwirkungsbefugnissen und Ausgleichspflichten des Bergwerkseigentümers geprägte Regelung der §§ 54, 148 ABG galt sinngemäß auch im Bereich des **echten Staatsvorbehalts**, z. B. Phosphoritgesetz vom 16. 10. 1934, GS. S. 404; Begr. ZfB 75 (1934), 245: Aus der Anwendbarkeit der §§ 148 ff ABG folgte die Duldungspflicht des Grundeigentums, weil dieser Anspruch als Ausgleich für den „an sich" gegebenen, durch Bergrecht aber ausgeschlossenen Abwehranspruch des § 1004 BGB aufgefaßt wurde.

5

Gleiche Grundsätze galten für Vorkommen aus dem Bereich der volkswirtschaftlich bedeutsamen **Steine und Erden**. Diese Grundeigentümermineralien wurden durch Verordnung vom 31. 12. 1942 (RGBl. 1943 I S. 17) – sog. Silvester-Verordnung – den wichtigsten bergrechtlichen Vorschriften unterstellt (Begr., ZfB 83 (1943), 201; Ebel-Weller, 871). Die Betriebe zur Aufsuchung und Gewinnung dieser Bodenschätze wurden als Bergwerksbetriebe behandelt. Ihnen standen damit auch die entsprechenden Einwirkungsbefugnisse mit der Pflicht zum Ausgleich nach § 148 ABG zu (ebenso H. Schulte, Eigentum und öffentliches Interesse, 280 f; abweichend Ebel-Weller, 878 zu § 6 Anm. 4).

6

3. a) Die Beschränkung der Ersatzpflicht auf Schäden am Grundeigentum oder dessen „Zubehörungen" hatte erkennbar den Zweck, den Kreis der Ersatzberechtigten auf diejenigen einzugrenzen, die wegen der räumlichen Nähe ihres Grundeigentums zu den bergbaulichen Anlagen dem vorgezeichneten Konflikt nicht ausweichen konnten. Insoweit war es folgerichtig, daß außer dem Grundeigentum auch die Gegenstände, die infolge ihrer körperlichen oder mechanischen Verbindung oder wegen ihres wirtschaftlichen Zusammenhangs regelmäßig das Schicksal dieser räumlichen Narbarschaftslage teilten, in den Kreis der geschützten Objekte einbezogen wurden. Andererseits war bei **Beschädigung beweglicher Sachen**, die

Drittes Kapitel: Bergschaden   7–10   vor § 110

nicht Zubehör nach § 95 BGB waren, **kein Ersatz** zu leisten. Im einzelnen waren bis zuletzt nicht befriedigend gelöste Fragen nach der zutreffenden Abgrenzung offengeblieben (vgl. H.W. Schulte, ZfB 106 (1965), 171; BGHZ 51, 118, 123, jeweils m. N.), insbesondere hinsichtlich der räumlichen Entfernung zwischen Hauptsache (Grundstück) und Zubehörstück.

7

b) Die Ersatzpflicht nach § 148 ABG galt in erster Linie für **Vermögensschäden,** die sich über **körperliche Beeinträchtigungen des Grundstücks** oder seiner Zubehörungen bei dem Betroffenen einstellten. Die Rechtsprechung gewährte darüber hinaus einen Ersatzanspruch auch bei **drohender Berggefahr,** nämlich dann, wenn der Bergwerksbetrieb die Ursache für eine **Befürchtung bergbaulicher Einwirkungen** darstellte und diese Befürchtung im Grundstücksverkehr zur Minderbewertung eines Grundstücks führte (RGZ 157, 99 = ZfB 79 (1938), 371; BGHZ 59, 139; Nachw. bei Heinemann, Ziff 35). **Berechnungsmittel** für den eingetretenen Minderwert des Grundstücks waren in ständiger Rechtsprechung die **Kosten für Sicherungsmaßnahmen,** mit deren Hilfe die Bebaubarkeit des Grundstücks hätte wiederhergestellt werden können. Da eine **konkrete Bauabsicht** zur Geltendmachung des bei drohender Berggefahr eingetretenen Minderwerts **nicht erforderlich** war, wurden die Sicherungskosten zugrunde gelegt, die bei einer **Bebauung in durchschnittlicher Beschaffenheit** voraussichtlich entstehen konnten (RG ZfB 59 (1918), 392 und 400; RGZ 157, 99 = RG ZfB 79 (1938), 371; BGH ZfB 95 (1954), 450). War der eingetretene Minderwert auf der Grundlage der für eine Bebauung durchschnittlicher Beschaffenheit erforderlichen Sicherungskosten abgegolten, wurde das Grundstück indes später mit einem Bauwerk von überdurchschnittlicher Beschaffenheit versehen, erwarb der Eigentümer einen neuen zusätzlichen Ersatzanspruch (RGZ 157, 99; BGH ZfB 95 (1954), 450; kritisch Heinemann, Ziff 44; Reinicke, ZfB 106 (1965), 181, 188. Vgl. § 111 Rn 3 bis 5).

8

Hatte das fragliche Grundstück nach der Auffassung des Grundstücksverkehrs die **Bauplatzeigenschaft vollständig verloren,** war die gesamte Differenz zwischen dem Wert von Bauland und dem Wert des Grundstücks nach Verlust dieser Eigenschaft zu vergüten (RG ZfB 34 (1893), 514; RG ZfB 39 (1898), 226; ständ. Rspr., Heinemann, Ziff 42 f m. N., vgl. auch BGHZ 59, 139).

9

c) **Keine Ersatzpflicht** nach § 148 ABG bestand bei dem Eintritt von **Personenschäden.** Hier galten die allgemeinen Regelungen der §§ 823 ff (vgl. § 114 Rn 23).

10

4. Die **Bergschadenhaftung** war nach **§ 150 ABG ausgeschlossen,** wenn dem Grundeigentümer zum Zeitpunkt der Errichtung eines Bauwerks bei Anwendung gewöhnlicher Aufmerksamkeit die durch den Bergbau drohende Gefahr nicht unerkannt bleiben konnte. Eine **begründete Warnung** des Bergwerksbesitzers (**Bauwarnung** oder Bergbauwarnung) war möglich, um die den Haftungsausschluß auslösende Kenntnis des Grundeigentümers zu vermitteln. Allerdings hatte eine

vor § 110 11–13
Siebenter Teil: Bergbau u. Grundbesitz, öffentl. Verkehrsanlagen

- solche Warnung nach der Rechtsprechung die konkrete Gefahr genau zu bezeichnen, und die in der Warnung angedeutete Gefahr mußte mit dem späteren Verlauf der Schädigung weitgehend identisch sein. Unterblieb die Bebauung, war in Höhe der eingetretenen Wertminderung Ersatz zu leisten; es sei denn, die Bauabsicht war nur mit dem Ziel der Erlangung des Wertausgleichs kundgetan worden (§ 150 Abs. 2 ABG). Die auf Mitverschuldensüberlegungen beruhende Vorschrift hat eine nennenswerte Bedeutung nicht erlangt (vgl. hierzu § 113 Rn 2 f).

11
5. Eine von den allgemeinen Grundsätzen (oben Rn 2, 3) abweichende **Sonderregelung** bestand für das **Rechtsverhältnis zwischen Bergbau und öffentlichen Verkehrsanstalten** in den §§ 153, 154 ABG. Nach Auffassung der Rechtsprechung (beginnend mit RGZ 28, 341) unterlag die Verkehrsanstalt nicht der umfassenden Duldungspflicht gegenüber bergbaulichen Einwirkungen wie der private Oberflächeneigentümer. Vielmehr wurde von der Rechtsprechung aus den genannten Vorschriften auf eine **Vorrangstellung der öffentlichen Verkehrsanstalten** gegenüber dem Bergbau geschlossen: Abbauhandlungen des Bergbaus, die nach Offenlegung der Verkehrsplanung fortgesetzt wurden, galten als (zumindest objektive) Rechtsüberschreitung. Bei Gefährdung des Bestandes der öffentlichen Verkehrsanlage hatte diese danach einen Unterlassungsanspruch gegenüber dem Bergbau (BGHZ 57, 375; 69, 73 m. N., kritisch Kühne, NJW 1972, 826; H. Schulte, ZfB 113 (1972), 166, zustimmend: Weitnauer, ZfB 116 (1976), 84, 93; Vowinckel, ZfB 108 (1967), 261). Die Kosten für Sicherungsmaßnahmen, die mit Rücksicht auf den nach Planoffenlegung fortgesetzten Abbau erforderlich waren, hatte der Bergbau zu übernehmen (BGHZ 57, 375). Widerspruchsrechte gegen die Trassenführung einer Verkehrsanlage standen ihm nach § 153 ABG nicht zu; es bestand lediglich ein Anhörungsrecht. Der Einwand der mitwirkenden Verursachung (§ 150 Abs. 1 ABG) war dem Bergbau gegenüber öffentlichen Verkehrsanlagen ebenfalls verschlossen (im einzelnen: § 124 Rn 3 ff).

II. Notwendigkeit einer bergrechtlichen Kollisionsregelung

12
1. Die **Tätigkeit des Bergbaus ist raumbezogen** und durch die absolute Standortbindung an die Lagerstätte gekennzeichnet. Der Kollision mit anderen Nutzungsinteressen, insbesondere auf der Erdoberfläche, kann deshalb nicht oder nur beschränkt ausgewichen werden. Daher ist eine **besondere bergrechtliche Kollisionsregelung** – bestehend aus Eingriffsrechten mit Ausgleichsverpflichtungen – **notwendig**, weil andernfalls die im volkswirtschaftlichen Interesse gebotene Aufsuchung und Gewinnung von Bodenschätzen nicht oder nur beschränkt möglich wäre. Dies war Ausgangspunkt des ABG und gilt auch für das BBergG.

13
Besonders deutlich ist die **naturgegebene Konfliktsituation** im Verhältnis zwischen Oberflächennutzung und **unterirdisch betriebenem Flöz-Bergbau**, wie er

Drittes Kapitel: Bergschaden **14–15 vor § 110**

für den **Steinkohlenbergbau** typisch ist. Das Mineral wird in größeren Baufeldern gleichsam schichtweise aus dem Erdkörper gelöst. Die Gebirgsschichten sinken auf die geschaffenen Abbauhohlräume über der Lagerstätte ein, wobei sich diese allmählich wieder schließen. Da mit der Entfernung der Mineralien dem überlagernden Teil des Erdkörpers (Gebirge) die statische Stütze entzogen wird, setzt sich der Senkungsvorgang der überlagernden Gebirgsschichten als Bodenbewegung bis zur Tagesoberfläche fort. Bei dem großflächig untertage betriebenen Bergbau verformt sich die Tagesoberfläche in der Regel zu einer flachtellerartigen Mulde, deren Rand dem Abbau vorausschreitet. Je nach der Beschaffenheit der überdeckenden Erdschichten, der Teufe (Tiefe), in der sich der Abbau bewegt, und weiteren Faktoren sind auch trichter- und grabenförmige Einbrüche, Erdrisse oder Erdstufen nicht ausgeschlossen. **Beeinträchtigungen** der Erdoberfläche entsprechen bei bestimmten Bergbauzweigen des **unterirdisch betriebenen** Bergbaus daher gleichsam naturgesetzlicher Zwangsläufigkeit und **treten** durchweg **regelmäßig** auf. Sie sind auch bei der Gewinnung von Bodenschätzen im Tagebauverfahren, bei dem erst nach Entfernung der überdeckenden Erdschichten der eigentliche Abbau einsetzt, im Vorfeld des Tagebaus zu beobachten.

14

2. a) Eine **besondere bergrechtliche Konfliktregelung** ist deshalb unabhängig davon notwendig, ob die Abbauberechtigung selbst auf einem durch staatlichen Akt verliehenen Privatrecht (z. B. Bergwerkseigentum), einer öffentlich-rechtlichen Konzession oder dem Eigentum beruht, sofern sichergestellt werden soll, daß die Gewinnung der Bodenschätze wegen möglicher schädlicher Auswirkungen nicht an den dem allgemeinen Recht (§ 1004 BGB) gegebenen Abwehrbefugnissen des Eigentümers scheitert. Aus dem **rechtlichen Charakter** der Abbauberechtigung allein lassen sich daher zunächst **keine Rückschlüsse** auf Inhalt und Umfang bergbaulicher Einwirkungsbefugnisse gegenüber dem Grundeigentum ziehen. Die Abbauberechtigung muß vielmehr durch eine normative Regelung ergänzt werden, die – bildhaft gesprochen – den Herrschaftsbereich des Inhabers dieser Berechtigung gegenüber dem Grundeigentum erweitert und die Abwehrinteressen des letzteren geringer einstuft. Erst die **konkrete gesetzliche Ausgestaltung** der Rechts- und Pflichtenstellung des Eigentums im einzelnen und damit korrespondierend der Einwirkungsbefugnisse des Bergbauberechtigten trifft die Entscheidung darüber, ob die solcherart geschaffenen Rahmenbedingungen den Abbau von Bodenschätzen technisch ermöglichen und wirtschaftlich lohnend erscheinen lassen. Ein – auch gesetzlich zum Ausdruck gebrachtes – Bekenntnis zum Bergbau als einem für die Allgemeinheit besonders wichtigen Wirtschaftszweig (vgl. hierzu § 1 Rn 1 f), ist wenig hilfreich, wenn die unerläßliche Kollisionsregelung „nicht stimmt".

15

b) Die Unausweichlichkeit möglicher Konflikte zwischen Bergbau und Grundeigentum aufgrund der Standortbindung des Bergbaus und der vorstehend geschilderten Zwangsläufigkeit von übertätigen Schädigungen bestimmen in Verbindung mit der generellen Bejahung eines öffentlichen Interesses an der Gewinnung der heimischen Bodenschätze zugleich den Gestaltungsspielraum des (einfachgesetzlichen) Gesetzgebers im Rahmen des Art. 14 GG. Da sich Bodenschätze ohne – auch wesentliche – Eingriffe in das Grundeigentum nicht oder nur beschränkt gewinnen lassen, ist der Gesetzgeber befugt, zur Lösung dieses Interessenkonflikts im Wege der Schrankensetzung das Eigentum auch in stärkerem Maße zu belasten. Ansprüche des Betroffenen auf Ersatz (von Bergschäden) sind geboten, sofern eine Konfliktregelung ohne jeglichen Wertausgleich wegen ihrer Schwere und Unerträglichkeit in eine Enteignung (Art. 14 Abs. 3 GG) umschlagen würde oder kein sachgerechter Grund für die Vorenthaltung einer Entschädigung (Übermaßverbot) erkennbar wäre. Bis zu diesen Grenzen ist der Gesetzgeber bei der Ausgestaltung des Konfliktverhältnisses im wesentlichen frei. Er kann Rücksichtnahme- und Anpassungspflichten ebenso festsetzen wie Sanktionen, die an die Verletzung derartiger Verpflichtungen geknüpft sind. Er ist ferner berechtigt, sich bei dem Wertausgleich am Integritätsinteresse (d. h. Naturalrestitution nach § 249 BGB) oder am Wert- oder Summeninteresse (Geldersatz nach § 251 Abs. 1 BGB; vgl. Palandt-Heinrichs, § 251 Anm. 3) zu orientieren oder sich (ähnlich wie in § 906 Abs. 2 S. 2 BGB) auf einen angemessenen Ausgleich zu beschränken (vgl. grundsätzlich neuerdings: Schulze-Osterloh, NJW 1981, 2537; ähnlich Säcker/Paschke, NJW 1981, 1009 zu § 917 BGB, jeweils mit Nachw. zur Rspr. des BVerfG; ferner H. Schulte, NJW 1981, 88, 92 f; Hoppe, DVBl. 1982, 101, 106 ff).

16

c) Auch die Ausübung der erteilten Abbauberechtigung genießt im übrigen den Schutz des Art. 14 GG (Hoppe, DVBl. 1982, 101). Insoweit unterliegt der Gesetzgeber bei der rechtlichen Ausgestaltung des Konfliktverhältnisses den gleichen Schranken wie bei dem Grundeigentum, besitzt aber auch die gleichen Gestaltungsmöglichkeiten. Keine Bedeutung hat in diesem Zusammenhang der Umstand, daß und ob die Bodenschätze dem Verfügungsrecht des Grundeigentums entzogen sind. Denn eine Duldungspflicht muß dem Grundeigentum auch für den Fall gesetzlich auferlegt werden, daß das jeweilige Grundstück lediglich von den Auswirkungen eines Abbaus unter fremden Grundstücken betroffen wird. Dies wird insbesondere bei der Gewinnung grundeigener Bodenschätze deutlich, wo die aus dem Eigentum fließende Befugnis zur Gewinnung der Bodenschätze durch eine bergrechtliche Kollisionsregelung mit Einwirkungsbefugnissen auf fremdes Grundeigentum angereichert werden muß. Auch erscheint der Gedanke nicht tragfähig, daß der Bergbau berechtigte Inhaber eines minderen Rechts sei und als Eindringling zu gelten habe, weil sich das (zivilrechtliche) Eigentum gedanklich bis zum Erdmittelpunkt fortsetze und deshalb naturnotwendig die Bergbauberechtigung hiervon „abgespalten" sei (vgl. Weitnauer ZfB 116 (1975), 84; ders. JZ 1973, 73; dagegen: H. Schulte, ZfB 113 (1972), 166; ferner in ZfB 115 (1974), 12 sowie ZRP 1979, 169, 172; siehe ferner Karpen, AöR 106, 15).

17

d) Das **BBergG** geht von der **prinzipiellen Gleichberechtigung beider Rechtspositionen** aus und löst den Konflikt durch Einführung eines normativ geregelten Nachbarschaftsverhältnisses, wie die Gesetzesbegründung mehrfach betont (BT-Ds. 8/1315 = Zydek, 410). Bei künftigen Diskussionen über Inhalt und Umfang der Bergbauberechtigung einerseits und des Oberflächeneigentums andererseits werden die Grundsätze der Entscheidung des **BVerfG** über die **Grenzen der Grundwassernutzung** (NJW 1982, 745) zu beachten sein. Die Entscheidung ist für den Bereich des Bergrechts auch deshalb von Bedeutung, weil sie der Auffassung, der Eigentumsinhalt im Sinne von Art. 14 GG werde maßgeblich durch den zivilrechtlichen Eigentumsbegriff geprägt, eine Absage erteilt. Welche Befugnisse einem Eigentümer in einem bestimmten Zeitpunkt konkret zustehen, ergibt sich nach Auffassung des BVerfG aus der Zusammenschau aller in diesem Zeitpunkt geltenden, die Eigentümerstellung regelnden gesetzlichen Vorschriften. Zeigt sich hierbei, daß der Eigentümer eine bestimmte Befugnis nicht hat, so gehört diese nicht zu seinem Eigentumsrecht. Wie der Gesetzgeber ihren Ausschluß herbeiführt, ist lediglich eine Frage der Gesetzestechnik. Definiert er die Rechtsstellung zunächst umfassend, um in einer weiteren Vorschrift bestimmte Herrschaftsbefugnisse von ihr auszunehmen, so ist dem Betroffenen von vornherein nur eine in dieser Weise eingeschränkte Rechtsposition eingeräumt (hierzu auch BVerfGE 49, 382, 393; vgl. ferner Rittstieg, NJW 1982, 721). Die Feststellung des BVerfG (aaO, 748), die Vorschriften des BGB und das gem. Art. 65 EGBGB ergangene landesgesetzliche Wasserrecht hätten von Anfang an zwei selbständige und getrennte Rechtsgebiete gebildet, läßt sich – vom Gericht selbst angedeutet – unmittelbar auf das Bergrecht (Art. 67 EGBGB) übertragen. Die Entscheidung bestätigt die von H. Schulte (ZfB 113 (1972), 166, 167 f) schon früher vertretene Auffassung.

18
e) Die durch das BBergG erstmals eingeführte Ersatzpflicht bei Personenschäden oder bei Schäden an beweglichen Sachen, die nicht Bestandteile oder Zubehör eines Grundstücks sind, rundet die Haftung des Bergbautreibenden lediglich ab. Von einer Kollisionsregelung läßt sich hier nur in bezug auf etwaige Duldungspflichten der Eigentümer beweglicher Sachen sprechen; auch diese haben – ebenso wie Grundeigentümer – mögliche bergbauliche Einwirkungen zu dulden, nunmehr nach § 114 Abs. 1 aber gegen Geldausgleich. Von der ihm eingeräumten Möglichkeit, den Geldausgleich inhaltlich zu begrenzen (oben Rn 16), hat der Gesetzgeber durch Beschränkung des Ersatzes auf den gemeinen Wert, also den Ausschluß etwa entgangenen Gewinns, Gebrauch gemacht (§ 117 Abs. 2 Nr. 2). Die Normierung einer **Schadensersatzpflicht bei Personenschäden** entspringt Überlegungen der Billigkeit oder Gerechtigkeit. Hier kann von einer Kollisionsregelung verständlicherweise nicht gesprochen werden. Ist die Verletzung höchstpersönlicher Rechtsgüter als Folge bergbaulicher Betriebshandlungen ernstlich zu besorgen, sind diese – wie in der gesamten RechtsO überhaupt – verboten.

III. Bergbau und Raumordnung

19
1. Der Bergbau wirkt in erheblichem Maße auf den Raum, in dem seine Lagerstätte belegen ist, ein. Beim Tagebergbau muß – je nach Bodenschatz – die Oberfläche in erheblichem Umfang in Anspruch genommen werden; meist wird der gesamte Bereich durch die Wiedernutzbarmachung nach dem Abbau wesent

vor § 110 20,21
Siebenter Teil: Bergbau u. Grundbesitz, öffentl. Verkehrsanlagen

lich umgestaltet. Im Untertagebergbau kann ein grundsätzliches Interesse daran bestehen, die Bereiche künftiger Abbautätigkeit von einer Oberflächennutzung freizuhalten, die durch potentielle Ersatzleistungen einen weiteren Abbau belastet oder gar unmöglich macht. Das BBergG hat keine Regelung getroffen, die sich mit der planerischen Einordnung des Bergbaus in den Raum befaßt. Es enthält lediglich in den §§ 105 ff eine Teilregelung mit der Möglichkeit, durch Rechtsverordnung Baubeschränkungsgebiete festzusetzen, um bei volkswirtschaftlich bedeutsamen Bodenschätzen eine kollidierende Bebauung zu verhindern.

20
Dem Vorschlag des Bundesrates, den Katalog der Planungsziele im Raumordnungsgesetz vom 8. 4. 1965 (BGBl. I S. 306) zu erweitern, um die räumlichen Voraussetzungen entsprechend den Erfordernissen des Bergbaus zu schaffen und zu sichern (BT-Ds. 8/1315, 187 zu Nr. 71), ist im weiteren Gesetzgebungsverfahren nicht zugestimmt worden (BT-Ds. 8/1315, 197). Das Anliegen sollte im Rahmen einer Gesamtnovellierung des Raumordnungsgesetzes weiterverfolgt werden (BT-Ds. 8/3965, 147 f).

21
2. Das Bundesbaugesetz enthält Sonderregelungen zugunsten des Bergbaus in den Vorschriften über die **Bauleitplanung**. So sind im Flächennutzungsplan und Bebauungsplan Flächen für die Gewinnung von „Steinen, Erden und anderen Bodenschätzen" erforderlichenfalls darzustellen (§ 5 Abs. 2 Nr. 8, § 9 Abs. 1 Nr. 17 BBauG). Ferner sollen Flächen, unter denen der Bergbau umgeht, oder die für den Abbau von Mineralien bestimmt sind, in beiden Plänen gekennzeichnet werden (§ 5 Abs. 4, § 9 Abs. 5). Von diesen Möglichkeiten kann nach Inkrafttreten des BBergG verstärkt Gebrauch gemacht werden, da die Befürchtung, derartige Kennzeichnungen könnten Ersatzansprüche auslösen, wegen des ausdrücklichen Haftungsausschlusses in § 114 Abs. 2 Nr. 4 nicht mehr besteht (vgl. § 114 Rn 71). Auf der Ebene der **Landesplanung** enthält in Nordrhein-Westfalen das Gesetz zur Landesentwicklung (Landesentwicklungsprogramm – LEPRO) vom 19. 3. 1974 (GV NW S. 96) in § 19 ein besonderes Abwägungsprinzip, wenn durch raumbedeutsame Planungen und Maßnahmen Flächen betroffen werden, unter denen sich nutzbare Lagerstätten befinden. Als allgemeines Ziel der Raumordnung und Landesplanung fordert § 24 Abs. 4 LEPRO im Interesse einer ausreichenden Versorgung der gewerblichen Wirtschaft und Energiewirtschaft mit mineralischen Rohstoffen die Berücksichtigung der Standortgebundenheit der Mineralgewinnung (vgl. aber auch § 32 Abs. 7 und 8: Landschaftsentwicklung und Bergbau). Ein Landesentwicklungsplan zur Festlegung von Gebieten für den Abbau von Lagerstätten (§ 35 S. 2 Buchst. g LEPRO) ist weitgehend abgeschlossen. Die landesplanerischen Instrumente bezwecken nicht nur die angemessene Berücksichtigung der bergbaulichen Belange bei der Ordnung der Oberfläche; vielmehr sollen sie – wie insbesondere § 19 LEPRO verdeutlicht – auch verhindern, daß die Zukunftsbereiche des unterirdisch betriebenen Bergbaus in einer Weise an andere Nutzungsarten vergeben werden, die eine wirtschaftliche Mineralgewinnung insbesondere wegen der zu erwartenden Bergschadenslasten oder (jetzt nach §§ 110 ff BBergG) Kosten der Schadensvorsorge ausschließen. Sondervorschriften für die Planung im Rheinischen Braunkohlengebiet enthalten die §§ 24 ff LandesplanungsG NW (GV NW 1979, S. 878). Hierzu eingehend: Hoppe, DVBl. 1982, 101.

Drittes Kapitel: Bergschaden **1** **§ 110**

§ 110 Anpassungspflicht

(1) Soweit durch Gewinnungsbetriebe, für die zumindest ein Rahmenbetriebsplan nach § 52 Abs. 2 Nr. 1 vorliegt, Beeinträchtigungen der Oberfläche zu besorgen sind, die den vorbeugenden Schutz baulicher Anlagen zur Verhütung von Gefahren für Leben, Gesundheit oder bedeutende Sachgüter erforderlich machen, hat der Bauherr bei der Errichtung, Erweiterung oder wesentlichen Veränderung einer baulichen Anlage auf Grund eines entsprechenden Verlangens des Unternehmers den zu erwartenden bergbaulichen Einwirkungen auf die Oberfläche durch Anpassung von Lage, Stellung oder Konstruktion der baulichen Anlage Rechnung zu tragen.

(2) Unternehmer im Sinne des Absatzes 1 ist der Unternehmer, dessen Gewinnung die Anpassung erforderlich macht. Ist die Anpassung mit Rücksicht auf die Beeinträchtigung durch eine geplante oder eine bereits eingestellte Gewinnung zu besorgen, so ist Unternehmer derjenige, der die Gewinnung plant oder bis zu ihrer Einstellung betrieben hat und im Einvernehmen mit diesem auch der Inhaber der Gewinnungsberechtigung.

(3) Sind mit der Anpassung unerhebliche Nachteile oder Aufwendungen verbunden, trägt diese der Bauherr. Nachteile und Aufwendungen, die diese Grenze übersteigen, hat der Unternehmer zu ersetzen.

(4) Der Unternehmer hat auf Verlangen des Bauherrn an diesen bei Baubeginn einen angemessenen Vorschuß in Geld für die Aufwendungen zu leisten, die er nach Absatz 3 Satz 2 zu ersetzen hat. Für die Pflicht zum Ersatz der Aufwendungen und zur Vorschußleistung mehrerer Unternehmer gilt § 115 Abs. 2 und 3 entsprechend.

(5) Absatz 1 gilt nicht, wenn die Nachteile oder Aufwendungen, die mit der Anpassung verbunden wären, in einem unangemessenen Verhältnis zu der durch die Anpassung eintretenden Verminderung des Bergschadensrisikos stehen würden.

(6) Die zuständigen Behörden erteilen dem Unternehmer für das von ihm bezeichnete Gebiet Auskunft über alle Anträge auf Erteilung einer baurechtlichen Genehmigung oder Zustimmung oder einer diese einschließende Genehmigung.

I. Motive und Entstehungsgeschichte

1
1. Dem mit „Anpassung" überschriebenen 1. Abschnitt (§§ 110 bis 113) des 3. Kapitels „Bergschaden" widmet der RegEntwurf eine ungewöhnlich eingehende Begründung. In ihr werden die Lösungsansätze des geltenden Rechts analysiert und den gewandelten Positionen jeweils von Bergbauberechtigung und Grundeigentum — vor dem Hintergrund der geänderten wirtschaftlichen und rechtlichen Ausgangslage — gegenübergestellt (BT-Ds. 8/1315, 137 = Zydek, 411 f). Da der Bergbau wegen der Unvermeidbarkeit der Kollision auch künftig berechtigt ist, auf die Tagesoberfläche einzuwirken und — wenn auch gegen Entschädigung — Schäden zu verursachen, wird im Kern an den Prinzipien des bisher geltenden Rechts festgehalten. Diesem von Duldungspflicht und Ersatzanspruch geprägten **Entschädigungsprinzip** werden jedoch der **Vorsorge dienende Anpassungspflich**

633

§ 110 2, 3   Siebenter Teil: Bergbau u. Grundbesitz, öffentl. Verkehrsanlagen

ten des Grundeigentums **vorgeschaltet**. Grundsätzlich neu ist dies zwar nicht; denn schon nach § 150 ABG (hierzu § 113 Rn 2 f) oder aus § 254 BGB (hierzu § 118 Rn 5) konnten sich Obliegenheiten des Grundeigentums zur Anpassung an den Bergbau ergeben. **Neuartig** aber sind die durch §§ 110 bis 113 eingeführten **zielgenaueren Einflußmöglichkeiten** des Bergbaus auf Bauart, Bauweise oder Standort einer baulichen Anlage. Im Einklang mit dem bereits in der Zweckvorschrift des § 1 Nr. 3 betonten Vorsorgeprinzip (vgl. § 1 Rn 15) heißt es hierzu in der Begründung (BT-Ds. 8/1315, 138 = Zydek, 412):

„Die Voraussetzungen für die bei Schaffung des ABG zweifelos vorhandene Überlegung, daß sich eine vernünftige Nutzung innerhalb des vertikalen Nachbarraums schon von selbst einpendeln werde (durch Verzicht des Bergbaus auf Abbau oder durch Einschränkung, wenn die Summe der Ersatzansprüche die Wertschöpfung übersteigt) haben sich grundlegend verändert: Bebauungsverdichtung, größere Intensität der Grundstücksnutzung; Änderung der Abbautechnik, Beschleunigung des Abbaufortschritts. Ein Bundesberggesetz muß diesen Umständen Rechnung tragen. Eine sinnvolle Lösung kann nur in einem – auch gesetzlich anerkannten – Nachbarschaftsverhältnis gesehen werden, das zu normativen Anpassungspflichten beider Teile führt ..."

2

2. Die Anpassungsobliegenheiten des Grundeigentums an die bergbaulichen Verhältnisse werden gerechtfertigt mit der Erwägung, daß der Eigentümer die Nutzung seines Grundbesitzes den Ortsverhältnissen anzupassen und eine Art der Bebauung zu wählen habe, die gegenüber den unvermeidbaren schädlichen Auswirkungen des Bergbaus möglichst wenig anfällig sei. Die für den Grundeigentümer mit dieser Regelung verbundenen Beschränkungen seien hinzunehmen, weil sich dadurch lediglich eine in Bergbaugebieten herrschende Situation in normativen Verpflichtungen auspräge. Es sei im übrigen unbedenklich, wenn eine von zeitnahen und sachgerechten gesetzgeberischen Erwägungen getragene Konfliktlösung gleichzeitig im Wege eines Reflexes privatwirtschaftlich verfaßte Unternehmen begünstige (BT-DS. 8/1315, 138 f = Zydek, 413 f).

3

3. a) Mit der eingehenden Begründung wollte der RegEntwurf erkennbar rechtlichen und praktischen Bedenken entgegentreten, die bereits bei Lösungsansätzen vorhergehender Referentenentwürfe vorgetragen worden waren. Der 1. Referentenentwurf (Stand: 1.12. 1970; nicht veröffentlicht) sah ein öffentlich-rechtlich strukturiertes Anpassungssystem vor. Danach hatte die Landesregierung oder eine von ihr bestimmte Stelle durch RechtsVO Bergschadenschutzgebiete festzusetzen, sofern im öffentlichen Interesse der vorbeugende Schutz baulicher Anlagen vor Bergschäden erforderlich war. Der vom Bauherrn zu übernehmende Eigenanteil anfallender Sicherungskosten sollte bei Wohnbauten 3 v. H. der Gebäudeherstellungskosten, bei gewerblichen Anlagen 10 v. H. und bei öffentlichen Verkehrsanlagen 25 v. H. der Herstellungskosten betragen (§§ 155, 156, 1. Referentenentw.). Damit hätte der Bauherr bei Wohnbauten und gewerblichen Anlagen die Kosten der Sicherung größtenteils allein getragen, da ein Sicherungsaufwand in Höhe der genannten Prozentsätze in der Regel ausreicht.

Drittes Kapitel: Bergschaden 4–7 § 110

4
Die praktischen Nachteile dieser Lösung wurden im wesentlichen darin gesehen, daß bei einer generellen Sicherungsverpflichtung aller Grundeigentümer in zahlreichen Fällen wegen geringer oder abklingender Bodenbewegungen auch entbehrliche Maßnahmen getroffen worden wären. Andererseits hätte es sich mit dieser Lösung nicht verhindern lassen, daß auch extrem bergschadensempfindliche Anlagen an ungeeigneten Standorten errichtet worden wären. Die Kostenbelastung des Bauherrn stieß ebenfalls auf (verfassungs-)rechtliche Bedenken (vgl. hierzu im einzelnen Westermann, Freiheit des Unternehmers, 86f; P.J. Heinemann, DB 1973, 315; Stoßberg, DWW 1971, 409). Auch wäre die der jeweiligen Landesregierung abgenötigte Entscheidung über die Ausweisung von Bergschadenschutzgebieten politisch schwer durchsetzbar gewesen, zumal sich zu jener Zeit gerade die Steinkohlenbergbaugebiete, für welche die Regelung hauptsächlich galt, in durchgreifenden Umstrukturierungsprozessen befanden (vgl. sog. Kohlegesetz vom 15.5.1968, BGBl. I S. 365).

5
b) Ein weiterer 2. Referentenentwurf (Stand: 31.10.1973; nicht veröffentlicht) schlug deshalb eine Art Mittelweg vor: Auch hiernach hatte die Landesregierung durch RechtsVO die räumlichen Bereiche, in denen Sicherungsmaßnahmen bei baulichen Anlagen (Ausnahme: Öffentliche Verkehrsanlagen) vorzunehmen waren, in Form von „Sicherungsgebieten" festzulegen. Notwendigkeit und Umfang im einzelnen Falle sollten jedoch von einer (zu bestimmenden) Behörde festgestellt werden. Ein Verstoß führte zum Verlust des Anspruchs auf Bergschadensersatz. Die Aufwendungen für die Sicherungsmaßnahmen hatten der Bauherr und der Unternehmer jeweils zur Hälfte zu tragen (§§ 155, 156, 2. Referentenentw.).

6
Erstmals der RegEntwurf 1975 (BR-Ds. 350/75) enthielt schließlich die Lösung des Anpassungsproblems, wie sie mit dem RegEntwurf 1977 (BT-Ds. 8/1315) schließlich zum Gesetz erhoben wurde.

II. Grundzüge und Zweck

7
1. Zwischen Bergbau und Grundeigentum besteht ein natürliches **Nachbarschaftsverhältnis**, das allein deshalb bereits gegenseitige **Pflichten zur Rücksichtnahme** begründet. Dies ist in der Rechtsprechung anerkannt (RG ZfB 78 (1937), 448, 457; RGZ 154, 161, 163f; BGHZ 57, 375, 386), wenngleich hieraus bisher kaum praktische Konsequenzen gezogen wurden. Eine Beteiligung des Grundeigentums an den Kosten für Maßnahmen zum Schutz vor schädigenden Einwirkungen künftiger Abbauhandlungen wurde jedenfalls stets abgelehnt (BGHZ 57, 375, 386; betr. öffentliche Verkehrsanstalt, vgl. § 124 Rn 4f).

8

An das Bestehen eines natürlichen Nachbarschaftsverhältnisses knüpft das BBergG an, entwickelt aber die grundsätzlich bestehende Rücksichtnahmepflicht zu einem Anpassungsverhältnis mit festeren rechtlichen Konturen weiter. **Durch ein auf Anpassung und (oder) Sicherung gerichtetes ausdrückliches Verlangen** entsteht zwischen dem Bergbauunternehmer und dem Bauherrn eine **rechtliche Sonderbeziehung**. Diese begründet zwar auf beiden Seiten keine echten Rechtspflichten, aber wegen der angedrohten Nachteile im Falle der Nichtbefolgung nicht weniger wirksame Verhaltensanforderungen (Obliegenheiten). Mit Zugang des Verlangens ist der Bauherr verpflichtet, die beabsichtigte Anlage durch **Lage, Stellung oder Konstruktion** den zu erwartenden bergbaulichen Einwirkungen anzupassen (§ 110 Abs. 1). Reichen solche Maßnahmen nicht aus, sind erforderlichenfalls – wiederum aufgrund eines entsprechenden Verlangens des Unternehmers – zusätzliche bauliche Vorkehrungen (Sicherungsmaßnahmen) zu treffen (§ 111 Abs. 1). Bis auf unerhebliche Nachteile oder Aufwendungen verbleiben die aus der Anpassung entstehenden Kosten beim Unternehmer (§ 110 Abs. 3); den Sicherungsaufwand hat der Unternehmer voll zu übernehmen (§ 111 Abs. 2). Kommt der Bauherr dem Verlangen nicht nach, geht er das Risiko ein, den Ersatzanspruch zu verlieren (§ 112). Mit Hilfe einer schriftlich auszusprechenden Bauwarnung (§ 113) lassen sich bauliche Anlagen verhindern, die nicht oder nur mit einem im Verhältnis zum Bergschadensrisiko unangemessenen Aufwand angepaßt oder gesichert werden können. Ein Verstoß gegen die Bauwarnung führt zum Verlust des Ersatzanspruchs. Eine Verkehrswertminderung als Folge der Bauwarnung ist zu ersetzen. Unter besonderen Bedingungen kann der Eigentümer die Übernahme des Grundstücks durch den Unternehmer sowie den Ersatz der Beschaffungskosten für ein neues Grundstück verlangen (§ 113 Abs. 3).

9

2. **Ziel der Anpassungsregelung** der §§ 110 bis 113 ist die Bewältigung des Konflikts zwischen Bergbau und oberirdischer Nutzung **mit möglichst geringen Gesamtkosten**. Die Regelung bezweckt nicht den weitgehenden **Schutz** baulicher Anlagen **vor Substanzschäden** im Interesse des Bauherrn (Eigentümers), sondern die **Verminderung künftiger Schäden durch geeignete Vorsorgemaßnahmen**. Die **Vermeidung** von Schäden, sofern möglich und mit angemessenem Aufwand durchführbar, und die **Verminderung** sind **gleichwertige Ziele** (vgl. § 124 Abs. 2; vgl. § 124 Rn 14). Das **angestrebte Ergebnis** ist eine **weniger bergbauempfindliche Bebauung** der Erdoberfläche im Einwirkungsbereich des Bergbaus, insbesondere seiner aktuellen oder künftigen Abbauschwerpunkte. Die genannten Vorschriften sollen damit zugleich einen Beitrag zu einer ökonomisch sinnvollen Raumordnung in dem Maße leisten, in dem dies durch gesetzliche Verhaltenssteuerung der Beteiligten mit Hilfe privatrechtlicher Regelungen überhaupt möglich ist (vgl. hierzu H. Schulte, ZfB 120 (1979), 137 f). Wie das bisher geltende Recht gestattet auch das BBergG dem Bergbau Einwirkungen auf das Grundeigentum notfalls bis zu dessen Zerstörung, ebenfalls bei vollem Schutz der Vermögensinteressen des Eigentümers. Die Anpassungsregelung der §§ 110 bis 113 will diese Lösung des natürlichen Interessenkonflikts zwischen Bergbau und Oberflächenbebauung nicht grundsätzlich verändern, sondern vorwiegend **unter gesamtwirtschaftlichen Aspekten verbessern**. Es geht deshalb nicht darum, daß die finanziellen Mittel, die

Drittes Kapitel: Bergschaden 10, 11 § 110

bisher in beträchtlichem Umfange für Schadensersatzleistungen aufgebracht werden mußten, in unveränderter Höhe oder unter dem Aspekt einer möglichst weitgehenden „Schadensverhütung" in größerem Umfange in Maßnahmen der Anpassung und Sicherung umgeleitet werden. Vielmehr sollen die Kosten, mit denen der Bergbau im Rahmen seiner Schadensersatzpflicht belastet war, insgesamt niedriger werden. Dabei wird die das bisherige Recht prägende Überlegung, daß sich eine vernünftige Nutzung innerhalb des vertikalen Nachbarraums schon von selbst durch Abbaubeschränkungen bei zu hohen Ersatzleistungen einpendeln werde (Amtl. Begr.; aaO, oben Rn 1), vom Gesetz auf das Anpassungsverhältnis übertragen. Die gesetzliche Regelung beruht auf der Erwartung des Gesetzgebers, daß sich die Beteiligten schon deshalb vernunftgemäß verhalten, weil sie bestrebt sein werden, finanzielle Nachteile zu vermeiden. Der Unternehmer wird ein Anpassungs- oder Sicherungsverlangen stellen, sofern die abverlangten Maßnahmen gegenüber späteren Ersatzleistungen einen Kostenvorteil versprechen. Die Maßstäbe für eine solche an Aufwand und Nutzen orientierte Betrachtung für den jeweiligen Einzelfall geben § 110 Abs. 5 und § 113 Abs. 1 wieder (vgl. unten Rn 46; § 113 Rn 7 f). Umgekehrt geht das Gesetz davon aus, daß der Bauherr – unbeschadet der Sanktion des § 112 (Verlust des Ersatzanspruchs) – die abgeforderten Maßnahmen auch tatsächlich trifft, weil es unverständlich erscheinen muß, daß sich jemand selbst freiwillig schädigt (vgl. ferner Krems, Gesetzgebungslehre, 175 f, 185 f; H. Schulte, BB 1980, 76, 79 und ZRP 1979, 169, 172).

III. Voraussetzungen für die Entstehung des Anpassungsverhältnisses (Abs. 1).

10
Ein Anpassungsverhältnis zwischen Bauherrn und Unternehmer entsteht nur, wenn ein entsprechendes auf Anpassung und/oder Sicherung gerichtetes Verlangen gestellt wird. Ein solches Verlangen ist nur unter bestimmten, in Abs. 1 im einzelnen aufgeführten Voraussetzungen wirksam. Die §§ 110 ff unterscheiden – anders als die Bergschadensvermutung des § 120 (vgl. 120 Rn 7) – nicht zwischen der untertägigen Gewinnung und der Gewinnung im Tagebau. Beeinträchtigungen der Oberfläche durch Tagebauvorhaben sind nach bisheriger Erfahrung recht selten. Insgesamt deutet die Ausgestaltung der Anpassungsregelung darauf hin, daß sie vornehmlich auf die **Verhältnisse im Untertagebergbau** – insbesondere im **Steinkohlenbergbau** – zugeschnitten ist. Dies rechtfertigt wegen der großen Bedeutung für diesen Bereich eine Darstellung mit Schwergewicht auf den Verhältnissen in diesem Bergbauzweig.

11
1. Ein auf Anpassung oder (und) Sicherung gerichtetes **Verlangen** (hierzu unten Rn 25) des Bergbauunternehmers läßt das Anpassungsverhältnis entstehen. Berechtigt hierzu ist der Unternehmer eines **Gewinnungsbetriebes**. Es wird sich hierbei allgemein um solche bergbaulichen Anlagen handeln, in denen bereits Bodenschätze gelöst oder freigesetzt werden (zur Legaldefinition: § 4 Abs. 2) Nach

637

§ 110   12–14   Siebenter Teil: Bergbau u. Grundbesitz, öffentl. Verkehrsanlagen

§ 110 Abs. 2, ist aber auch der Unternehmer eines **erst geplanten** oder gar **eines bereits eingestellten Gewinnungsbetriebs** zur Stellung eines Anpassungsverlangens berechtigt (unten Rn 18, 19).

12
2. a) Für den Gewinnungsbetrieb muß zumindest ein **Rahmenbetriebsplan nach § 52 Abs. 2 Nr. 1 vorliegen.** Solche Rahmenbetriebspläne sind nach der genannten Vorschrift auf Verlangen der Bergbehörde für einen bestimmten längeren, nach den jeweiligen Umständen bemessenen Zeitraum aufzustellen. Sie müssen allgemeine Angaben über das beabsichtigte Vorhaben, dessen technische Durchführung und voraussichtlichen zeitlichen Ablauf enthalten. Mit der in Abs. 1 gewählten Formulierung wird zugleich zum Ausdruck gebracht, daß ein **Hauptbetriebsplan** (§ 52 Abs. 1 S. 1), der die wesentliche Rechtsgrundlage für die Errichtung und Führung eines Bergbaubetriebes darstellt und in der Regel einen Zwei-Jahres-Zeitraum umfaßt, als **Voraussetzung eines Anpassungsverlangens ausreicht.** Der Hinweis auf den **Rahmenbetriebsplan** wurde erst während der Gesetzesberatungen eingefügt, um eine **Vorverlagerung der Anpassungsobliegenheit** des Bauherrn durch „Einbeziehung des betrieblichen Planungsstadiums ab einem überschaubaren Zeitpunkt" zu erreichen (WiA/BT-Ds. 8/3965, 131, 141 = Zydek, 417, 418). Diese Entscheidung des Gesetzgebers ist sachgerecht: Der Rahmenbetriebsplan ist das geeignete Instrument, auch die voraussichtliche Entwicklung eines Bergwerks innerhalb des verliehenen oder zum Abbau zugewiesenen Feldes (§ 4 Abs. 7) über einen längeren Zeitraum darzustellen.

13
Die eigentliche Gewinnung von Bodenschätzen ist erst möglich, wenn ein oder mehrere Schächte abgeteuft, die notwendigen übertägigen Anlagen erstellt sind und untertage ein weitverzweigtes Netz an Grubenbauen (horizontale und geneigte Strecken sowie ihrer Verbindung dienende Schächte, sog. Blindschächte) geschaffen worden ist. Erst dieses Streckennetz erschließt die Lagerstätte und schafft die unerläßlichen Voraussetzungen für die Gewinnung des Minerals, dessen Beförderung nach übertage, den Personen- und Materialtransport und – aus arbeitssicherheitlichen Gründen besonders wichtig – die Wetterführung. Unter Bewetterung wird die planmäßige Versorgung der Grubenbaue mit Frischluft verstanden. Sie hat ferner die Aufgabe, die auftretenden schädlichen Gase zu verdünnen sowie die Temperatur und die Luftfeuchtigkeit erträglich zu halten. Es bedarf keiner Erwähnung, daß diese besonderen Produktionsbedingungen einen erheblichen Kapitalaufwand erfordern, bevor mit der wirtschaftlichen Verwertung der gewonnenen Mineralien ein Kapitalrückfluß einsetzt.

14
Mit dem eigentlichen Abbau wird die Stubstanz an Bodenschätzen aufgezehrt. Die Betriebe „vor Ort", also vor dem anstehenden Mineral, müssen sich ständig in den Raum untertage fortbewegen mit der unabweisbaren Konsequenz, daß für die Erschließung des Minerals das erforderliche Streckennetz – zeitlich vorauseilend – geschaffen und vorgehalten werden muß. Nach Hereingewinnung des Minerals senken sich die überdeckenden Erdschichten alsbald auf den künstlich geschaffe

Drittes Kapitel: Bergschaden   15,16 § 110

nen Abbauhohlraum ab, so daß sich die Tagesoberfläche in der Regel zu einer flachtellerförmigen Mulde, deren Rand dem Abbau vorauseilt, verformt (vgl. vor § 110 Rn 13). Dem Prinzip der Schadensverminderung entsprechend ist es daher sinnvoll, daß eine weniger bergbauempfindliche Bebauung der Tagesoberfläche auch für die Bereiche angestrebt wird, in denen der Rand jener Mulde, der Bodenverformung ankündigt, erst in einigen – wenn auch überschaubaren Jahren – anlangt.

15
Der Bergbauunternehmer wird sich bei seinen Planungen, die letztlich in den Rahmenbetriebsplan einmünden, in der Regel an der Untertagesituation orientieren. Er kennt die bauwürdigen Bodenschätze, die geologischen Störungen als natürlich vorgegebene Grenzen, die Beschaffenheit des Deckgebirges und andere die bergtechnischen und bergwirtschaftlichen Überlegungen bestimmende Faktoren. Auf der Grundlage dieser Kenntnisse läßt sich eine verläßliche Planung der Zukunftsentwicklung des jeweiligen Bergwerks aufbauen. Da die Bergwerke – schon aus Kostengründen – auf eine gleichmäßige Förderung angewiesen sind, ist jeweils absehbar, wann Lagerstättenteile erschöpft sind und zu welchem Zeitpunkt der Abbau in den Raum fortschreitet und in welcher Richtung. An diese mit dem Bergbau zwangsläufig verbundene Bewegung in den Raum innerhalb des Erdkörpers knüpft § 110 Abs. 1 mit der Berücksichtigung der durch den Rahmenbetriebsplan konkretisierten Planung an. Der Hauptbetriebsplan, der in der Regel lediglich einen Zwei-Jahres-Zeitraum abdeckt (§ 52 Abs. 1 S. 1) und primär arbeitssicherheitlich (oben Rn 13, insbes. im Hinblick auf die Wetterführung und den Einsatz der Betriebsmittel) orientiert ist, vermag die mit dem Gewinnungsbetrieb zwangsläufig verbundene Komponente der Bewegung in den Raum nur beschränkt zu erfassen.

16
b) Ein Rahmenbetriebsplan für einen Gewinnungsbetrieb muß nach Abs. 1 **vorliegen**. Das Gesetz verwendet im Zusammenhang mit der Betriebsplanpflicht sonst nur die Begriffe der **Aufstellung** und **Zulassung** (§ 51 Abs. 1 S. 1). Die Wortwahl „vorliegen" ließe sich damit erklären, daß das Institut des Rahmenbetriebsplans untrennbar mit einem Aufstellungsverlangen der Bergbehörde verbunden sei (§ 52 Abs. 2), so daß auf Eigeninitiative des Unternehmers eingereichte Betriebspläne mit vergleichbarem Inhalt überhaupt nicht zulassungsfähig wären. Dann wäre aber die Konsequenz unabweisbar, daß für die Begründung des Anpassungsverhältnisses bereits ein interner, von der Bergbehörde allenfalls entgegengenommener, von ihr aber nicht beschiedener Rahmenbetriebsplan ausreichen müßte, weil andernfalls die Regelung der § 110 ff leerliefe. Andererseits soll die Anpassung sicher nicht davon abhängig sein, daß die Bergbehörde ein Verlangen auf Aufstellung eines Rahmenbetriebsplans stellt; dazu müßten besondere öffentliche Belange vorliegen, zu denen die Schadensvorsorge durch Anpassung und Sicherung eindeutig nicht zählt. Eine Anpassungsobliegenheit des Bauherrn allein aufgrund eines bloßen Planungsinternums des Unternehmers ohne bergbehördliches Testat der grundsätzlichen Zulässigkeit begegnet Bedenken. Es ist deshalb davon auszugehen, daß der Unternehmer wegen seines berechtigten Interesses

§ 110 17–20 Siebenter Teil: Bergbau u. Grundbesitz, öffentl. Verkehrsanlagen

aus § 110 Abs. 1 Rahmenbetriebspläne selbst einreichen kann und einen Anspruch auf Zulassung unter den entsprechenden Voraussetzungen (§ 55 Abs. 1) erwirbt. Insoweit begründet § 52 Abs. 1 Nr. 1 lediglich eine besondere, auf Aufstellung von Rahmenbetriebsplänen gerichtete **Ermächtigung** der Behörde (vgl. § 52 Rn 7). Im Ergebnis muß also zur Begründung von Anpassungsobliegenheiten mindestens ein **zugelassener** Rahmenbetriebsplan vorliegen.

17

c) Die Rahmenbetriebspläne sollen die längerfristige Entwicklung des Gewinnungsbetriebes aus den oben (Rn 12 f) genannten Gründen beschreiben. Die Begrenzung des vom Rahmenbetriebsplan umfaßten Zeitraums richtet sich nach den Umständen des Einzelfalles, also vornehmlich nach den Besonderheiten des jeweiligen Bergbaubetriebs, der Beschaffenheit der Lagerstätte, der Förderkapazität und weiteren Faktoren. Arbeitsschutzrechtliche Belange spielen bei Rahmenbetriebsplänen – wenn überhaupt – eine untergeordnete Rolle. **Vor Inkrafttreten des BBergG zugelassene Rahmenbetriebspläne gelten** nach § 167 Abs. 1 Nr. 1 für die Dauer ihrer Laufzeit **fort**.

18

d) Auch wenn ein **Gewinnungsbetrieb** erst **geplant** ist, sich aber abzeichnet, daß mit der Aufnahme des Betriebs Beeinträchtigungen der Oberfläche einsetzen werden, können Anpassungspflichten des Bauherrn begründet werden (Abs. 2 S. 2). Wegen der langen Vorlaufzeit ist eine bergbauliche Anlage auch bereits in der Aufbauphase (vgl. oben Rn 13) als Gewinnungsbetrieb zu betrachten, da nach § 4 Abs. 2 das Gewinnen auch die vorbereitenden Tätigkeiten umfaßt. Liegt für die im Aufbau befindliche Anlage mithin ein Rahmen- oder Hauptbetriebsplan vor, setzt die Anpassungspflicht ein, obwohl die eigentliche Gewinnung noch nicht aufgenommen ist. Dies ist auch sachgerecht, weil auf diese Weise vorbeugend die Bebauung oberhalb der Abbaubereiche des künftigen Bergbaubetriebs weniger bergschädenempfindlich gestaltet werden kann.

19

e) Auch bei einer **bereits eingestellten Gewinnung** lassen sich Anpassungsobliegenheiten des Bauherrn begründen (Abs. 2 S. 2). Die Regelung gilt sowohl für endgültig stillgelegte Bergbaubetriebe als auch für den Fall, daß wegen Erschöpfung der Lagerstätte nur bestimmte Feldesteile stillgelegt sind. Da sich die Übergangsvorschrift des § 170 nach ihrem Wortlaut nur auf die **Verursachung** von Bergschäden im Sinne des § 114 bezieht, kann ein Anpassungsverlangen auch bei einer vor Inkrafttreten des Gesetzes eingestellten Gewinnung ausgesprochen werden. Bei einer bereits eingestellten Gewinnung besteht keine Anknüpfung an einen Betriebsplan als Voraussetzung der Anpassungsobliegenheit: Die Aufstellung von Haupt- und Rahmenbetriebsplänen wäre sinnlos; der erforderliche Abschlußbetriebsplan (§ 53, § 55 Abs. 2) befaßt sich mit anderen Belangen.

20

f) Beruft sich der Unternehmer bei Stellung eines auf Anpassung oder Sicherung gerichteten Verlangens auf einen zugelassenen Betriebsplan, hat er den entspre

Drittes Kapitel: Bergschaden **21,22 § 110**

chenden **Nachweis** zu führen. Für das **Einsichtsrecht** bei der Bergbehörde gilt § 63 Abs. 4 entsprechend (vgl. auch § 125 Abs. 1 und 2).

21

3. a) Ein auf Anpassung gerichtetes Verlangen setzt ferner voraus, daß **Beeinträchtigungen** der Oberfläche **zu besorgen** sind, die den vorbeugenden Schutz baulicher Anlagen zur **Verhütung von Gefahren** für Leben, Gesundheit oder bedeutende Sachgüter **erforderlich** machen. Die Voraussetzungen für eine Anpassung scheinen nach diesem Satzteil sehr eng gefaßt, wie auch die Amtl. Begründung (BT-Ds. 8/1315, 139 = Zydek, 415) betont. Indes hätte die Anpassung nach den §§ 110 ff kaum praktische Bedeutung, würden die im Druck hervorgehobenen Begriffe so ausgelegt wie etwa im Polizei-(Ordnungsbehörden-)Recht, dem sie offenbar entnommen sind. In jenem Rechtsgebiet dienen sie der rechtsstaatlich gebotenen Präzisierung behördlicher Eingriffsrechte mit der generellen Tendenz einer Beschränkung des Eingriffs auf das unerläßliche Maß. Es drängt sich der Eindruck auf, als wirkten bei diesen Tatbestandsvoraussetzungen noch Elemente der Bergschadensschutz- oder Sicherungsgebiete der beiden Referentenentwürfe (oben Rn 4 bis 5) nach, die – schon aus Gründen des Art. 80 Abs. 1 S. 2 GG – um eine präzise Umschreibung der Verordnungsermächtigung bemüht sein mußten; wie überhaupt die Durchsicht der einschlägigen Vorschriften der Referentenentwürfe (jeweils § 155 Abs. 1) eine graduelle Verschärfung der Voraussetzungen für den Erlaß der RechtsVO – wohl auch als Folge der Diskussion und daher verständlich – erkennen läßt. Die Begründung zum 2. Referentenentwurf ist jedenfalls mit derjenigen des RegEntwurfs 1975 (BT-Ds. 350/75, 153 zu § 130) und damit auch des RegEntwurfs 1977 (BT-Ds. 8/1315) wörtlich übereinstimmend, obwohl zwischenzeitlich an die Stelle eines Sicherungsgebiets (durch RechtsVO) das mit § 110 Abs. 1 identische Anpassungskonzept getreten war.

22

b) Eine **drohende besondere** (konkrete) **Gefahr** bergbaulicher Einwirkungen im Sinne der Rechtsprechung zu § 150 ABG (vgl. § 113 Rn 2 f) als Voraussetzung einer Anpassung ist **nicht erforderlich**. Der Vorschrift des § 150 ABG lag der Gedanke zugrunde, daß denjenigen, der durch Bebauung des Grundstücks das Schadensersatzrisiko des Bergbautreibenden erhöht, auch eine gesteigerte Sorgfaltspflicht treffen muß; das ABG verlangte von ihm – unter Androhung des Wegfalls seines Entschädigungsanspruchs –, daß er bei Kenntnis der Berggefahr den Bau unterläßt und, falls Anlaß besteht, eine konkrete Berggefahr zu vermuten, vor Baubeginn zunächst einmal Erkundigungen einzieht (BGHZ 24, 337, 342). Die Anpassungsregelung der §§ 110 ff hat demgegenüber einen anderen Ansatz. Zwar werden mit Eingang der auf Anpassung oder Sicherung gerichteten Verlangens oder einer Bauwarnung auch insoweit gesteigerte Sorgfaltspflichten des Bauherrn begründet, die bei Nichtbeachtung zum Verlust des Ersatzanspruchs führen. Ziel der Anpassungsregelung des BBergG ist jedoch eine **Vorsorge in größerem Maßstab.** Neben Gesichtspunkten des Interessenausgleichs zwischen Bauherrn und Unternehmer im Rahmen eines Nachbarschaftsverhältnisses enthält sie auch Elemente „volkswirtschaftlicher Rationalität" (Krems, Gesetzgebungslehre, 186). Einen Beleg hierfür enthält das Gesetz selbst mit der Einbeziehung des betriebli

641

§ 110 **23**   Siebenter Teil: Bergbau u. Grundbesitz, öffentl. Verkehrsanlagen

chen Planungsstadiums in die vorbeugende Schadensverminderung durch Rückgriff auf Rahmenbetriebspläne oder mit der Möglichkeit, eine Anpassung auch bereits bei einer erst geplanten Gewinnung (Abs. 2 S. 2) vorzunehmen. Notwendig ist nicht einmal als Voraussetzung der Anpassung eine **allgemeine Berggefahr.** Hierunter wurde nach der Rechtsprechung zu § 150 ABG die bloße Möglichkeit einer bergbaubedingten Beschädigung eines Bauwerks verstanden und lag etwa vor, wenn in unmittelbarer Nähe Bergbau umging oder Gebäude in der näheren Umgebung verankert wurden (RG ZfB 35 (1894), 373; RG ZfB 36 (1895), 338; RG ZfB 47 (1906), 261). Die Differenzierung zwischen allgemeiner und besonderer Berggefahr ist von der Rechtsprechung erkennbar entwickelt worden, um die Rechtsfolge des § 150 ABG, nämlich den vollständigen Haftungsausschluß bei Kenntnis einer konkreten Berggefahr, abzumildern. Die maßgeblichen Sachverhalte zeichnen sich dadurch aus, daß sich der Eigentümer **nach Eintritt eines Substanzschadens** dem schwerwiegenden Einwand des § 150 ABG gegenübersah. Mit der Anpassung nach §§ 110 ff soll jedoch zu einem **möglichst frühen Zeitpunkt** auf eine Vorsorge hingewirkt werden, wobei der Unternehmer – bis auf einen geringfügigen Eigenanteil im Bereich der eigentlichen Anpassung (§ 110 Abs. 3) – hierfür allein die Kosten trägt. Es ist daher kein vernünftiger Grund ersichtlich, der dazu nötigen könnte, den Bereich der Anpassung (und damit auch Sicherung) einzuschränken, zumal eine dahingehende Vorsorge auch grundsätzlich mit dem Interesse des Bauherrn (Eigentümers) übereinstimmen dürfte.

23
c) Wenn daher die Anpassungsregelung mit Erfolg zu einer weniger bergbauempfindlichen Bebauung beitragen soll, woran angesichts der ausführlichen Begründung im RegEntwurf (oben Rn 1, 2) kein Zweifel bestehen kann, müssen die Voraussetzungen entgegen anderslautenden Äußerungen ebenfalls in der Amtl. Begründung (oben Rn 21) **weit gefaßt** sein: **Beeinträchtigungen der Oberfläche** sind danach zu **besorgen,** wenn die Gewinnung des jeweiligen Bodenschatzes, mit der sich der betreffende Bergbaubetrieb befaßt, nach gesicherter Erkenntnis solche Beeinträchtigungen **generell wahrscheinlich** macht. Bei einem nach bestehendem Erfahrungswissen geringen Grad an Wahrscheinlichkeit können gleichwohl Beeinträchtigungen zu besorgen sein, wenn sich aufgrund **besonderer situationsbedingter oder atypischer Umstände,** insbesondere bei möglicherweise mitwirkenden Faktoren, nicht ausschließen läßt, daß der bergbaubedingte Eingriff in die Unversehrtheit des Erdkörpers zu Folgeerscheinungen auf der Oberfläche führt. Solche mitwirkenden Faktoren können sein: Deckgebirgsaufbau, Grundwasserverhältnisse, verlassene oberflächennahe Grubenbaue, bekannte tektonische Störungen, aber auch bereits vorhandene bauliche Anlagen oder Baumaßnahmen Dritter.
Das Wort „Beeinträchtigungen" enthält hierbei zugleich eine Wertung in dem Sinne, daß **Bodenverformungen von nicht gänzlich unbedeutendem Umfang** wahrscheinlich sein müssen. Solche Einwirkungen müssen tendenziell geeignet sein, zu Schädigungen baulicher Anlagen zu führen. Liegen diese Voraussetzungen vor, ist ein **vorbeugender Schutz baulicher Anlagen,** soweit diese als „bedeutende Sachgüter" gelten können, in der Regel ohne weitere Prüfung auch **erforderlich.** Der eingeschobene Satzteil „zur Verhütung von Gefahren für Leben, Gesund-

Drittes Kapitel: Bergschaden 24 § 110

heit..." überzeichnet die denkbaren Auswirkungen bergbaubedingter Bodenverformungen. Nach der Entstehungsgeschichte ist er durch den 2. Referentenentwurf mit der Konzeption eines Sicherungsgebietes und hälftiger Kostenbeteiligung des Bauherrn eingeführt worden (oben Rn 21). Würde die hiernach notwendige „Gefahr" wörtlich genommen, dürfte Bergbau an sich gar nicht zugelassen werden (vgl. § 55 Abs. 1 S. 1 Nr. 5). Bei Bauten öffentlicher Verkehrsanlagen (insbes. Schnellstraßen oder Bahnstrecken) mag der Hinweis auf das Ziel der Gefahrenabwendung allerdings sinnvoll sein, da bei diesen Anlagen Anpassungs- und Sicherungsmaßnahmen vordringlich das Ziel haben, die Sicherheit des Verkehrs zu gewährleisten. Als **Faustregel** kann gelten: Wo sich zur Haftung nach § 114 führende Bergschäden als Folge der Gewinnung nicht ausschließen lassen, sind – als Schluß von der Wirkung auf die Ursache – auch Beeinträchtigungen der Oberfläche zu besorgen mit der weiteren Folge, daß im Einzelfall Anpassungs- und/oder Sicherungsmaßnahmen erforderlich werden können. Die nötigen Kenntnisse über denkbare Beeinträchtigungen der Oberfläche im einzelnen liefert die Wissenschaft von der Bergschadenskunde, ein Teilfachgebiet des Markscheidewesens. Mit Hilfe der zur Verfügung stehenden wissenschaftlichen Verfahren und in Kenntnis der konkreten Abbauverhältnisse und Abbauabsichten lassen sich die Bodenbewegungselemente ermitteln. In Fällen geringerer Wahrscheinlichkeit treten empirisch gewonnene Erkenntnisse hinzu.

24

4. a) Liegen die vorstehend geschilderten Voraussetzungen vor, kann der Unternehmer durch ein **Verlangen** die Anpassungsobliegenheit des Bauherrn auslösen. Ein solches Verlangen wird in der Regel ausgesprochen werden, wenn dem Unternehmer die konkrete Bauabsicht über eine Auskunft der zuständigen Behörde (§ 110 Abs. 6) oder auf andere Weise bekannt wird. Ein Verlangen braucht nicht in schriftliche Form gekleidet zu sein wie bei der Bauwarnung (§ 113 Abs. 1), gleichwohl dürfte die schriftliche Erklärung die Regel sein. Ein Verlangen braucht auch nicht mit der Bereitschaft verknüpft zu werden, mit der Anpassung verbundene wesentliche Nachteile oder Aufwendungen (Abs. 3) tragen zu wollen, da sich diese Folge aus dem Gesetz ergibt. Ein entsprechender Hinweis dürfte jedoch grundsätzlich zweckmäßig sein. Es ist nicht erforderlich, die Voraussetzungen, die die Anpassungsobliegenheit des Bauherrn auslösen, eingehend unter Hinweis auf Art und Umfang der wahrscheinlichen Beeinträchtigungen und deren Folgewirkungen zu schildern. Nähere Angaben sind ausdrücklich nur für die Bauwarnung (§ 113 Abs. 1 S. 2) vorgesehen. Wären entsprechende Anforderungen auch an den Inhalt eines Anpassungsverlangens nötig, hätte es nahegelegen, dies im Gesetz ausdrücklich auszusprechen. Entbehrlich ist auch ein Hinweis auf das Risiko des Verlustes eines Ersatzanspruchs (§ 112) bei Nichtbefolgen des Verlangens. Bestreitet der Bauherr die Voraussetzung für eine Anpassung, wird der Unternehmer bestrebt sein müssen, nähere Informationen (z. B. über das Vorliegen eines zugelassenen Rahmenbetriebsplans) zu liefern, um den nach § 112 S. 3 möglichen Gegeneinwand der leichten Fahrlässigkeit auf seiten des Bauherrn auszuschalten.

25

b) Verbindet der Unternehmer ein Verlangen mit der gleichzeitigen Erklärung, die durch die Anpassung entstehenden wesentlichen Nachteile und Aufwendungen ersetzen zu wollen, liegt darin grundsätzlich **keine** auf Abschluß eines Vertrages gerichtete **Willenserklärung**. Ein entsprechender rechtlicher Bindungswille wird regelmäßig fehlen. Der Bauherr wird selten bereit sein, anstelle der gesetzlich vorgesehenen Obliegenheit einklagbare Verpflichtungen begründen zu wollen. Dies gilt auch dann, wenn unter den Beteiligten ausdrücklich bestimmte Absprachen getroffen, Protokolle über Besprechungen angefertigt und diese von beiden Beteiligten oder ihren Bevollmächtigten unterzeichnet werden. Insgesamt ist äußerste Zurückhaltung geboten bei Anwendung der Grundsätze über die Annahme von Willenserklärungen durch konkludentes Verhalten. Dies schließt freilich nicht aus, daß schriftlich fixierte Absprachen oder Protokollnotizen, durch die die Anpassungsobliegenheiten auf seiten des Bauherrn konkretisiert sowie Mitwirkungs- oder Überwachungsbefugnisse und Zahlungsmodalitäten seitens des Unternehmers festgelegt werden, insbesondere unter dem Grundsatz von Treu und Glauben (§ 242 BGB) rechtsgeschäftsähnlich zu werten sind.

26

c) Das **Verlangen** des Unternehmers muß **hinreichend konkret** sein. Dies ergibt sich daraus, daß im Gesetzeswortlaut des Abs. 1 von einem „entsprechenden" Verlangen die Rede ist. Das Verlangen muß mithin angeben, welche Anpassungsmaßnahmen im einzelnen vorzunehmen sind; denn es hat für den Bauherrn erkennen zu lassen, wie er den in § 112 angedrohten Rechtsnachteil vermeiden kann. Die in § 110 Abs. 1 enthaltene Anpassungspflicht schließt als Vorstufe die Pflicht zur Aushändigung der Bauunterlagen, die zur Beurteilung des Objekts erforderlich sind, ein. Ein Verstoß des Bauherrn gegen diese Mitwirkungspflicht löst daher ebenfalls die Sanktion des § 112 aus, sofern deshalb zweckmäßige Anpassungsmaßnahmen unterbleiben (unten Rn 49).

27

Mit **Eingang des Verlangens** ist das Anpassungsverhältnis eingeleitet. Zwischen den Beteiligten bestehen gegenseitige Unterrichtungs-, Mitwirkungs- und gesteigerte Sorgfaltspflichten (vgl. hierzu BGHZ 24, 337, 342 zu § 150 ABG). Zugleich liegt eine rechtsähnliche Sonderverbindung vor, die zur Anwendbarkeit des § 278 BGB für Hilfspersonen führt (z. B. bauleitende Architekten; vgl. § 118 Rn 10, 11).

28

5. Gegenstand der Anpassung sind **bauliche Anlagen**. Entsprechend dem Zweck des Anpassungsverhältnisses ist der Begriff **weit zu fassen**. Ein Rückgriff auf gleichlautende Begriffe in den Landesbauordnungen (vgl. z. B. § 2 BauO NW) oder Vorschriften des PlanungsR (§ 29 BBauG) erscheint möglich. Allerdings besteht ein prinzipieller Unterschied darin, ob bauliche Vorhaben der präventiven Kontrolle durch das BauordnungsR unterliegen, ob Belange des PlanungsR berührt werden oder ob bauliche Anlagen vor bergbaulichen Einwirkungen bewahrt werden sollen. Unter einer baulichen Anlage ist nach dem Sprachgebrauch grundsätzlich alles zu verstehen, was im technischen Sinne „gebaut" wird. Bauli-

Drittes Kapitel: Bergschaden

che Anlagen können aus Baustoffen oder Bauteilen (z. B. Fertigbauteile) hergestellt oder zusammengefügt sein. Unerheblich ist, ob die Anlage durch eigene Schwere auf dem Boden ruht, ob die Herstellung oberhalb oder unterhalb der Erdoberfläche stattfindet oder ob die Anlage – bereits fabrikmäßig hergestellt (z. B. Behälter für Öl oder schädliche Flüssigkeiten) – in die Erde fest eingefügt wird. Bauliche Anlagen sind entsprechend der Zweckbestimmung des § 110 Abs. 1 daher ortsfeste Lagerbehälter, Tankstellen, sämtliche Rohrleitungsanlagen (zum Befördern wassergefährdender Stoffe, Produktenleitungen, Leitungen der Fernwärmeversorgung sowie Erdgas-, Gas-, Fern- und sonstige Rohrleitungen). Auch auf ortsfesten Bahnen begrenzt bewegliche Anlagen (Krananlagen) gelten als bauliche Anlagen (vgl. § 2 BauO NW). Maßstab für die Einbeziehung in die Anpassungsregelung ist die **Bergschadensempfindlichkeit** einer Anlage. Dies wird zwar nur für die Sicherung im Gesetz ausdrücklich ausgesprochen (§ 111 Abs. 2 S. 2), gilt aber, da die Sicherung tatbestandsmäßig auf der Anpassung des § 110 Abs. 1 aufbaut, auch für die Anpassung. Daher können auch Anlagen oder Zubehörteile **innerhalb eines Gebäudes** als bauliche Anlagen anzusehen sein. Dies gilt insbesondere dann, wenn die eigentlichen Bergschadensrisiken nicht durch die Fabrikgebäude, sondern durch deren maschinelle Einrichtungen ausgelöst werden. Bei bestimmten Fertigungsanlagen können schon sehr geringe horizontale oder vertikale Verformungen des Baugrundes zu schweren Produktionsstörungen führen. Zu baulichen Anlagen rechnen ferner Anschüttungen (z. B. Dämme für Verkehrsanlagen, Böschungen bei Kanälen oder Wasserläufen).

29

6. Bei entsprechendem Verlangen des Unternehmers setzt die Anpassungsobliegenheit des Bauherrn ein bei der **Errichtung, Erweiterung oder wesentlichen Veränderung** einer baulichen Anlage. Die Aufzählung soll erkennbar alle nicht unerheblichen Änderungen einer baulichen Anlage erfassen, so daß der Begriff „wesentliche Veränderung" als Auffangtatbestand dient. Nicht entscheidend ist, ob die Baumaßnahme nach planungsrechtlichen, bauordnungsrechtlichen, immissionsschutzrechtlichen (vgl. §§ 4, 15 BImSchG) oder sonstigen Vorschriften einer Anzeige, Genehmigung oder eines anderen behördlichen Zulassungsakts bedarf. Maßgeblich ist entsprechend der Zielsetzung der Anpassungsregelung vielmehr, ob die beabsichtigte Anlage selbst gegenüber bergbaulichen Einwirkungen empfindlich ist oder ob sie – bei einer Erweiterung oder Veränderung – allein durch ihr Hinzutreten für die bereits bestehenden Anlagen das Schadensrisiko zu steigern geeignet ist (z. B. Anbauten an vorhandene Gebäude, vgl. unten Rn 31). Anpassungsmaßnahmen kommen daher auch in Betracht, wenn **innerhalb** eines Gebäudes Veränderungen vorgenommen werden (z. B. Austausch von Produktionsanlagen), auch wenn bisher besondere konstruktive Maßnahmen zur Verminderung von Bergschadensrisiken nicht getroffen worden waren. Nach dem Zweck der Anpassungsregelung umfaßt der Begriff der Errichtung auch die **Wiedererrichtung** einer baulichen Anlage nach ihrer vollständigen oder teilweisen Zerstörung durch den Bergbau oder andere Ursachen.

30

7. a) Maßnahmen der Anpassung durch **Lage, Stellung oder Konstruktion** der baulichen Anlage sind den in § 111 Abs. 1 so bezeichneten „zusätzlichen baulichen Vorkehrungen (Sicherungsmaßnahmen)" **vorgeschaltet**. Anpassungsmaßnahmen sollen der Abschwächung der unvermeidbaren Kollision dienen und beruhen nicht zuletzt auf dem Prinzip des Ausweichens. Aus bereits bekannten Schwächezonen (z. B. Erdstufen aus früherem Abbau) muß daher ein Baukörper durch geeignete Anordnung seiner **Lage** verschoben werden. Bei ausgedehnten baulichen Anlagen (Eisenbahnen, Leitungen aller Art) gilt als „Lage" deren gesamter Trassenverlauf. Handelt es sich um öffentliche Verkehrsanlagen, wird der Gedanke des Ausweichens durch ein besonderes Rücksichtnahmeprinzip verstärkt (§ 124 Rn 7 f). Auch für Leitungen der Entsorgung oder Versorgung sind weniger gefährdete Trassen zu suchen, es sei denn, daß der Versorgungszweck dem entgegensteht (Argument aus § 113 Abs. 2 S. 2). Einzelbauwerke im Verlauf ausgedehnter baulicher Anlagen (Schleusen, Kreuzungen, Überführungsbauwerke) müssen den Auswirkungen des großflächigen Abbaus möglichst intensiv angepaßt werden. Ist zu erwarten, daß sich das Baugelände unterschiedlich absenkt, sind langgestreckte Gebäude möglichst parallel zu Linien gleicher Senkung anzuordnen, d. h. rechtwinklig zur Einfallrichtung eines Flözes, es sei denn, daß im Einzelfall mit Rücksicht auf die geologischen Verhältnisse oder die bereits feststehende oder voraussichtliche Abbaurichtung eine andere **Stellung** des Baukörpers zweckmäßig erscheint. Eine Anpassung durch geeignete Stellung der baulichen Anlage kommt auch und gerade für Privatgleisanlagen, Kranbahnen, für bestimmte Fertigungsanlagen innerhalb von Fabrikbauten sowie für Schwimm- und Hallenbäder in Betracht. Eine scharfe begriffliche Trennung der Anpassungsformen Lage und Stellung dürfte nicht immer möglich sein. Grundsätzlich wird als **Lage** der Standort der baulichen Anlage innerhalb der Grenzen des Baugrundstücks zu verstehen sein, während Anpassung durch **Stellung** auf die zweckmäßigste Anordnung der Achsen des Baukörpers verweist. Zur Kombination beider Anpassungsvarianten: unten Rn 32.

31

b) **Anpassung durch Konstruktion** besagt, daß – ausgehend von dem beabsichtigten Zweck der baulichen Anlage und damit ihrer Eigenart – bei Vorhandensein mehrerer bautechnischer Alternativen diejenige vorzuziehen ist, die den bestmöglichen Schutz gegen bergbauliche Einwirkungen (Zerrungen, Pressungen, Senkungen) bietet. Auch Anpassungsmaßnahmen durch Konstruktion richten sich naturgemäß nach Art und Umfang der zu erwartenden Bodenverformungen und nach Bauart, Größe, Form und Bergschadensempfindlichkeit der baulichen Anlage (§ 111 Abs. 1 S. 2). Da ein angepaßtes Bauen in Bergbaugebieten auch nach reparaturfreundlicherer Gestaltung eines Bauobjekts verlangt, sind gleichzeitig konstruktive Maßnahmen zu treffen und Baustoffe auszuwählen, die diesem Anspruch gerecht werden. Hinsichtlich Gestaltung und Größe der Baukörper gilt: Anzustreben sind einfache Baukörper mit möglichst geringer Gliederung. Gebäude sollten die gleiche Gründungstiefe haben, teil- oder halbunterkellerte Geschosse sind problematisch. Anbauten und Verbindungsbauten sollten zweckmäßigerweise unterbleiben; ist dies nicht möglich, sind sie durch ausreichend breite Fugen vom Hauptbauwerk zu trennen. Bauwerke von großer Grundrißausdehnung oder

Drittes Kapitel: Bergschaden

größerer Länge sollten, auch wenn sie in ihrer Stellung zutreffend angeordnet sind (oben Rn 30), zusätzlich in durch Fugen unterteilte Einzelabschnitte zerlegt werden.

32

c) Eine Anpassung soll entsprechend dem Prinzip der Schadensverminderung so weit gehen, wie sie im Einzelfall erforderlich und geboten ist. Die **Formen der Anpassung** können daher auch **kumulativ** zur Anwendung gelangen. So etwa, wenn ein Baukörper aus einer Schwächezone (z. B. Erdtreppen) verschoben wird und gleichzeitig konstruktive Maßnahmen (z. B. Dehnungsfugen) zur Verminderung des Bergschadensrisikos getroffen werden. Die einschlägigen heute noch angewendeten Regeln der Bautechnik für die Ausführung von Bauten im Einflußbereich des untertägigen Bergbaus enthält in Nordrhein-Westfalen ein MinErlaß vom 10. 9. 1963 (MBl NW 1963, 1715). Allerdings werden in diesem Erlaß auch Maßnahmen, die nach § 110 Abs. 1 eindeutig als solche der Anpassung zu betrachten sind, noch als Maßnahmen der Bergschädensicherung angesprochen. Die Praxis des Baufachs sollte bestrebt sein, hierzu für die Zukunft eine klare Abgrenzung zu entwickeln, die den Beurteilungsmaßstäben der §§ 110, 111 entspricht. Insbesondere das Merkmal Anpassung durch **Konstruktion** verweist auf die Auffassung der beteiligten Fachkreise. § 110 Abs. 1 enthält gedanklich insoweit als ungeschriebenes Tatbestandsmerkmal eine Bezugnahme auf die „Regeln der Bautechnik".

33

d) Ein Anpassungsverlangen des Unternehmers kann bisweilen im Widerspruch zu den bauplanungsrechtlichen Vorschriften stehen, vornehmlich wenn ein Bebauungsplan Art und Maß der baulichen Nutzung festsetzt. In solchen Fällen kommt die Erteilung eines Dispenses nach § 31 Abs. 2 BBauG unter den dort genannten Voraussetzungen in Betracht. Im Rahmen des § 34 BBauG (unbeplanter Innenbereich) ist keine Dispenserteilung vorgesehen, es sei denn, es läge ein einfacher Bebauungsplan vor, für den wiederum § 31 Abs. 2 BBauG gilt. § 34 BBauG wird jedoch in der Regel wegen der flexibler zu handhabenden Tatbestandsvoraussetzungen häufig die Lageverschiebung eines Baukörpers zulassen.

IV. Adressat des Verlangens und Zugang

34

Adressat des Anpassungsverlangens ist der **Bauherr**, zumeist also der Eigentümer eines Grundstücks (ebenso Miteigentümer oder Wohnungseigentümer) oder der Erbbauberechtigte. Wird eine bauliche Anlage aufgrund eines obligatorischen oder dinglichen Rechts auf einem fremden Grundstück errichtet, ist Bauherr der Inhaber dieses Rechtes und künftige Eigentümer der Anlage. Im übrigen ist Bauherr **derjenige, der das bauliche Geschehen beherrscht**. In Zweifelsfällen, z. B. bei der Errichtung von Wohnungen durch Bauträgergesellschaften, dürfte es sich empfehlen, das Anpassungsverlangen sowohl an den Bauträger als auch an die künftigen Eigentümer zu richten.

35

Da das Anpassungsverlangen an den Bauherrn (Eigentümer) ein bestimmtes Verhalten abfordert, muß es ihm **zugegangen** sein. Es handelt sich mithin um eine empfangsbedürftige Erklärung, so daß die für die rechtsgeschäftliche Willenserklärung geltenden Vorschriften (§§ 130 ff BGB) entsprechend angewendet werden können. Zugegangen ist eine Willenserklärung dann, wenn sie so in den Machtbereich des Empfängers gelangt ist, daß bei Annahme gewöhnlicher Verhältnisse damit zu rechnen ist, daß dieser von ihr Kenntnis nehmen konnte. Die Aushändigung einer schriftlichen Erklärung reicht stets aus, mag der Empfänger von ihr Kenntnis nehmen oder nicht. Bei einer Abgabe an Dritte ist darauf abzustellen, ob diese nach der Verkehrsanschauung als ermächtigt zur Annahme für den Empfänger gelten können. Architekten oder sonstige mit der eigenverantwortlichen Durchführung des Baus einer Anlage beauftragte Person dürften zur Annahme ermächtigt sein.

V. Unternehmer (Abs. 2)

36

Die **Befugnis**, ein Anpassungsverlangen zu stellen, steht nach Abs. 2 dem Unternehmer zu, dessen Gewinnung die Anpassung erforderlich macht. Nach der gesetzlichen Definition in § 4 Abs. 5 ist die Unternehmereigenschaft davon abhängig, daß die Gewinnungstätigkeit auf **eigene Rechnung** durchgeführt wird. Bei Pachtverhältnissen (Pacht einer Bewilligung, von Bergwerkseigentum oder einer Gewinnungsanlage) ist Unternehmer mithin der Pächter. Bei einer erst **geplanten Gewinnung** ist nach Abs. 2 S. 2 Unternehmer derjenige, der die Gewinnung plant. Sind Unternehmer und Inhaber der Gewinnungsberechtigung nicht identisch, so kann der Unternehmer das Anpassungsverlangen allein stellen, während ein Anpassungsverlangen des Inhabers der Gewinnungsberechtigung nur wirksam ist, wenn der Unternehmer zustimmt. Die Regelung soll verhindern, daß inhaltlich unterschiedliche Anpassungsverlangen ergehen. Das im Privatrecht unübliche Wort „Einvernehmen" dürfte als vorherige und nachträgliche Zustimmung zu verstehen sein. Die gleichen Grundsätze gelten, wenn eine Anpassung mit Rücksicht auf eine **bereits eingestellte Gewinnung** zweckmäßig ist.

VI. Ersatz von Aufwendungen und Nachteilen aus der Anpassung (Abs. 3).

37

1. Die rechtlichen Folgen eines Anpassungsverlangens regelt **Abs. 3**. Der Unternehmer hat die mit der Anpassung verbundenen **erheblichen Aufwendungen und Nachteile zu ersetzen**. Die unerheblichen Aufwendungen und Nachteile verbleiben beim Bauherrn. Bei entsprechender Aufforderung des Bauherrn hat der Unternehmer einen **angemessenen Vorschuß** auf die zu erwartenden Aufwendun

Drittes Kapitel: Bergschaden **38, 39 § 110**

gen zu leisten (Abs. 4). Die Grenzziehung zwischen dem beim Bauherrn verbleibenden Eigenanteil entspricht dem in § 906 Abs. 2 S. 2 BGB für den nachbarrechtlichen Ausgleichsanspruch enthaltenen Gedanken (BT-Ds. 8/1315, 139 = Zydek, 416). In Anlehnung an diese Vorschrift stellt auch Abs. 3 auf Gesichtspunkte der **Zumutbarkeit** ab; jedoch ist der vom Eigentümer (Bauherrn) nach Abs. 3 ersatzlos zu tragende Eigenanteil wohl geringer, da für den nachbarrechtlichen Ausgleichsanspruch anerkannt ist, daß für den von Immissionen betroffenen Eigentümer je nach den die Ortsüblichkeit bestimmenden Umständen selbst aufwendige Maßnahmen zumutbar sein können (BGH NJW 1976, 797, 799). Ein höheres Maß ersatzlos hinzunehmender Aufwendungen oder Nachteile wäre daher unter dem Aspekt des Art. 14 GG zweifellos zulässig gewesen (H. Schulte, NJW 1981, 88, 93). Für die vom Gesetzgeber gewählte Grenzziehung läßt sich aber immerhin anführen, daß dadurch auf seiten des Bauherrn die Bereitschaft zu einer sinnvollen Zusammenarbeit wachsen könnte, während ein höherer Eigenanteil womöglich eine Gegenwehr der Betroffenen im Einzelfall herausfordern würde. Ob andererseits die vorgenommene Lastenverteilung den Bergbauunternehmer von Anpassungsverlangen abhalten könnte, wird die Praxis zeigen müssen.

38
2. a) **Aufwendungen** sind nach allgemeinem Sprachgebrauch anfallende oder angefallene Kosten. Der Bauherr hat es weitgehend selbst in der Hand, den Umfang der Mehrkosten zu bestimmen. Es ist daher eine Grenzziehung geboten. Erstattungsfähig sind nicht sämtliche Aufwendungen, die schlechthin mit der Anpassung „verbunden" sind, sondern nur solche, die nach verständigem Ermessen aufgrund sorgfältiger Prüfung bei Berücksichtigung aller Umstände des Einzelfalles für notwendig gehalten werden konnten und bei Anlegung eines objektiven Maßstabs als angemessen betrachtet werden können (zu Aufwendungen als Schadensposten vgl. v. Caemmerer, VersR 1971, 973, 974). Der Bauherr kann überdies gehalten sein, den Unternehmer wegen des bestehenden Anpassungsverhältnisses über eine zu Beginn nicht übersehbare Kostenentwicklung zu unterrichten (oben Rn 28). Aufgewendete Beträge sind von der Zeit der Aufwendung an in entsprechender Anwendung des § 256 BGB zu verzinsen, sofern kein Vorschuß nach Abs. 4 angefordert wird (Zinshöhe nach § 256 BGB: 4 v. H.). Eine analoge Anwendung des § 257 BGB dürfte nicht in Betracht kommen.

39
b) Nach Abs. 3 zu ersetzende **Aufwendungen** können erhöhte Baukosten sein, die wegen einer Lageverschiebung des Baukörpers in den rückwärtigen Teil des Baugrundstücks durch Verlängerung von Zufahrtswegen oder Leitungen angefallen sind. Hierzu können auch Architektenhonorare rechnen, sofern entsprechende Leistungen zusätzlich nach Stellung eines Anpassungsverlangens angefallen sind und nach den einschlägigen Honorarordnungen befugtermaßen abgerechnet werden können. Grundsätzlich ist davon auszugehen, daß den in Bergbaugebieten tätigen Architekten die Richtlinien für die Ausführung von Bauten im Einflußbereich des untertägigen Bergbaus (oben Rn 33) bekannt sein müssen, insbesondere dann, wenn die Bauleitpläne, wie vielfach üblich, entsprechende Hinweise enthalten. Bei einer Anpassung durch **Konstruktion** können erhöhte Baukosten in

der Verwendung teureren Baumaterials bestehen. Ein etwaiger Mehraufwand wird zweckmäßigerweise durch Gegenüberstellung der tatsächlich erbrachten und derjenigen Kosten ermittelt, die ohne Anpassung aufzubringen gewesen wären (sog. Fiktivkostenrechnung).

40
c) Ein durch Befolgung eines Anpassungsverlangens entstandener **Nachteil** ist mit Hilfe der für das Schadensersatzrecht entwickelten **Differenzhypothese** zu ermitteln. Mithin sind zwei Rechtsgüterlagen gegenüberzustellen: Die tatsächliche Güterlage, wie sie durch Befolgung des Verlangens geschaffen worden ist, und eine unter Ausschaltung dieses Ereignisses gedachte. Der entstandene Nachteil muß adäquat kausal auf das Anpassungsverlangen und dessen Erfüllung zurückzuführen und **in Geld meßbar sein**. Maßgebend ist insoweit, wie im Schadensersatzrecht, eine an der Verkehrsauffassung orientierte wirtschaftliche Beurteilung (vgl. BGHZ 63, 102; 76, 184).

41
3. Für die Abgrenzung zwischen **unerheblichen und erheblichen Aufwendungen und Nachteilen** wird sich kein allgemein gültiger Maßstab finden lassen. Da das Anpassungsverhältnis Ausdruck besonderer Pflichtenbindung im Nachbarraum und damit letztlich Ausfluß der Sozialpflichtigkeit des Eigentums ist (BT-Ds. 8/1315, 139 = Zydek 416 unter Hinweis auf BGHZ 60, 145), liegt es nahe, keine allgemeine Wertgrenze anzunehmen, sondern nach Zumutbarkeitsgesichtspunkten abzustufen. Die Abgrenzung wird bei Industriebauten, Leitungen oder gewerblichen Anlagen aber zwangsläufig anders ausfallen müssen als bei Wohnbauten. Einen brauchbaren Anhaltspunkt der Abgrenzung nach Zumutbarkeitsgesichtspunkten werden in der Regel die Herstellungskosten der baulichen Anlage liefern. Hatte der Unternehmer verlangt, die bauliche Anlage sowohl durch geeignete Anordnung der Lage oder Stellung des Baukörpers als auch durch Konstruktion anzupassen, ist jeweils genau zu ermitteln, welche Aufwendungen oder Nachteile angefallen sind und ob sie – jeweils für sich betrachtet – erheblich oder unerheblich sind. Entstehen also etwa aus einer Lageveränderung unerhebliche Nachteile, wohl aber erhebliche Nachteile aufgrund abgeforderter konstruktiver Maßnahmen (z. B. Mehrkosten), sind nur die letzteren zu ersetzen. Andernfalls würde bei Kumulation der Anpassungsvarianten derjenige Bauherr besser behandelt, dessen Bauwerk in mehrfacher Hinsicht den zu erwartenden baulichen Einwirkungen angepaßt worden ist. Je nach Einzelfall und unter Berücksichtigung der besonderen Umstände dürften ein bis zwei v. H. der Herstellungskosten der baulichen Anlage noch als zumutbarer Eigenanteil gewertet werden können.

42
4. Der Anspruch auf Ersatz erheblicher Nachteile, die aufgrund der Befolgung eines Anpassungsverlangens entstanden sind, ist kein Schadensersatzanspruch, obwohl ein Umkehrschluß aus § 114 Abs. 2 Nr. 5 zu einer solchen Annahme verleiten könnte. Vielmehr handelt es sich um einen durchaus eigenständigen, vom Gedanken der Aufopferung geprägten Anspruch, der dem nachbarrechtlichen Ausgleichsanspruch des § 906 Abs. 2 S. 2 BGB verwandt ist. Insofern erscheint es naheliegend, die zu dieser Vorschrift entwickelten Grundsätze auch bei der Auslegung des § 110 Abs. 3 heranzuziehen (vgl. BGHZ 49, 148, 155; § 114

Drittes Kapitel: Bergschaden   43, 44 § 110

Rn 53). Zur Behandlung des Anspruchs bei Bestehen eines Bergschadenverzichts: Vgl. § 111 Rn 16; § 114 Rn 61.

VII. Vorschußregelung (Abs. 4)

43

1. Der Bauherr wird durch die **Vorschußregelung** des Abs. 4 abgesichert, wenn es nach Stellung eines Anpassungsverlangens zwischen den Beteiligten nicht zu einer Vereinbarung kommt; der Abschluß eines Vertrages dürfte entgegen der Annahme in der Amtl. Begründung (BT-Ds. 8/1315, 139 = Zydek, 416) auch keineswegs die Regel sein. Ein Vorschuß ist **angemessen**, wenn er den überwiegenden Teil der voraussichtlichen Aufwendungen abdeckt, soweit dies bei Baubeginn übersehbar ist. Mit der Anforderung eines Vorschusses gibt der Bauherr seine Bereitschaft zur Befolgung des Anpassungsverlangens zu erkennen. Die beiderseits bestehenden Mitwirkungs- und Sorgfaltspflichten führen dazu, daß dem Unternehmer die Höhe der voraussichtlich anfallenden Aufwendungen darzulegen ist und ihm nach Abschluß der Anpassungsmaßnahmen auch Kontrollmöglichkeiten eröffnet werden müssen. **Bei Baubeginn** bedeutet, daß kein allzu langer Zeitraum zwischen Beginn des Baus und Eingang des Vorschusses liegen darf. Ein Zeitraum bis zu zwei Monaten erscheint – je nach Umfang und damit Dauer der Bautätigkeit – noch als zeitgerecht. Der Vorschuß kann gerichtlich nicht eingefordert werden. Befolgt der Bauherr das Anpassungsverlangen trotz Säumnis oder Zahlungsverweigerung, kann er den Aufwendungsersatzanspruch nach Abs. 3 auch gerichtlich geltend machen. Bei **Aufgabe der Bauabsicht** ist der Vorschuß **zurückzuzahlen.** Kosten der Anpassung verkörpern nach dem Zweck der Anpassungsregelung **keinen Schaden** in Gestalt der Gebrauchswertminderung (vgl. § 111 Rn 7 ff; § 113 Rn 20); entsprechende Geldbeträge sollen nur fließen, wenn die bauliche Anlage auch tatsächlich ausgeführt wird.

44

2. Abs. 4 S. 2 trifft eine Regelung für den Fall, daß **mehrere Unternehmer** verschiedener Gewinnungsbetriebe ein Anpassungsverlangen gestellt haben. Die Unternehmer haften dann nach den Grundsätzen der Gesamtschuld (§ 115 Abs. 2). Der in dieser Vorschrift getroffenen Regelung über das Innenverhältnis dürfte im Rahmen des § 110 kaum praktische Bedeutung zukommen. Stellt der Inhaber einer Gewinnungsberechtigung mit Zustimmung des Unternehmers, der eine Gewinnung plant oder betrieben hat, ein Anpassungsverlangen, haften für den Ersatz von Aufwendungen und Nachteilen beide, da sie als Unternehmer gelten (Abs. 2 S. 2). Da es sich auch bei ihnen um „mehrere" Unternehmer handelt, ist § 115 Abs. 2 und 3 entsprechend anzuwenden.

VIII. Mißbrauchsklausel (Abs. 5)

45

1. Ein „unangemessenes Verhältnis" zwischen Anpassungsaufwand und erzielbarer Verminderung des Bergschadensrisiko läßt nach **Abs. 5** keine Anpassungspflicht entstehen. Dies geböten – so wird in der Amtl. Begr. (BT-Ds. 8/1315, 139 = Zydek, 416) ausgeführt – der mit der Anpassung verfolgte Schutzzweck und der Grundsatz der Verhältnismäßigkeit. § 111 Abs. 5 gilt sinngemäß auch bei Sicherungsmaßnahmen (§ 111 Abs. 3). Schließlich ist auch bei der Bauwarnung nach § 113 von einem solchen Mißverhältnis die Rede. Die Vorschrift ermöglicht eine Korrektur gegenüber einem rechtsmißbräuchlichen Verhalten des Unternehmers insbesondere dann, wenn bei einem **geringen Bergschadensrisiko hohe Aufwendungen** oder **erhebliche Nachteile** entstehen und die Ersatzleistung das dem Bauherrn abgenötigte Opfer im Rahmen einer Gesamtbetrachtung nur unvollkommen ausgleicht. Dazu hätte es allerdings der Aufnahme der Klausel in das Gesetz nicht bedurft, da sich ein rechtsmißbräuchliches Vorgehen des Unternehmers auch unter Rückgriff auf den Grundsatz von Treu und Glauben (§ 242 BGB), der selbstverständlich auch innerhalb eines Anpassungsverhältnisses gilt, hätte verhindern lassen. Zudem enthält das Gesetz selbst den wirkungsvollsten Schutz gegen ein solches Vorgehen, weil kein Unternehmer bei wirtschaftlicher Bewertung wegen geringer Bergschadensrisiken hohe Ersatzleistungen inkauf nehmen dürfte. Es scheint, als sei § 110 Abs. 5 noch von den in den Referentenentwürfen enthaltenden Lösungsmodellen der Ausweisung von Bergschadensschutz- oder Sicherungsgebieten (oben Rn 4 f) beeinflußt. Wegen der generalisierenden Wirkung der durch Verordnung allgemein festgelegten Sicherungspflichten und der seinerzeit zwingend vorgesehenen Kostenbeteiligung des Grundeigentümers war seinerzeit eine spezielle Schutzvorschrift unter dem Aspekt des Grundsatzes der Verhältnismäßigkeit verständlich und geboten.

46

2. Abs. 5 gibt zutreffend die Überlegungen wieder, die der Unternehmer vor einem Anpassungs- oder Sicherungsverlangen anstellen wird. Die zu erwartenden Kosten der Anpassung oder Sicherung sind mit dem Bergschadensrisiko zu vergleichen. Dabei umfaßt der Begriff Bergschadensrisiko sowohl die Fragestellung, ob überhaupt und in welchem Umfange Bodenbewegungen entstehen werden und wie sich diese auf die jeweilige bauliche Anlage auswirken können, ferner mit welchen nach §§ 114, 117 zu ersetzenden Schäden im Rechtssinne gerechnet werden kann. Daß bei dieser Risikobetrachtung wirtschaftliche Maßstäbe angelegt werden, erscheint selbstverständlich und ist auch dem geltenden Recht sonst nicht fremd, wie etwa § 906 Abs. 2 S. 1 BGB, § 14 BImSchG mit den Merkmalen der wirtschaftlichen Zumutbarkeit oder Vertretbarkeit belegen. Einen ähnlichen Gedanken enthält das Schadensersatzrecht (§ 251 Abs. 2 BGB). Unangemessen ist das Verhältnis zwischen Anpassungsaufwand und Verminderung des Bergschadensrisikos immer dann, wenn der Aufwand in keinem wirtschaftlich vernünftigen Verhältnis zu dem erzielbaren Erfolg steht. Diese Konstellation liegt auch dann vor, wenn der Unternehmer erst **nach Stellung eines Anpassungs- oder Sicherungsverlangens** erfährt, daß mit erheblichen Aufwendungen oder Nachtei

len zu rechnen ist, er also bei seiner Kosten-Nutzen-Analyse von unzutreffenden Voraussetzungen ausgegangen ist. Die Möglichkeit des Unternehmers, sich im einzelnen über das Bauprojekt anhand der Genehmigungsunterlagen zu unterrichten, ist gering (unten Rn 48). Den denkbaren Anpassungs- oder Sicherungsaufwand vermag er daher bei Stellung des Verlangens nicht immer von vornherein zu übersehen. Er muß deshalb **berechtigt** sein, ein entsprechendes **Verlangen** auch **zurückzuziehen**, sofern das Bergschädenwagnis deutlich geringer ist als der zu erwartende Aufwand für Schutzvorkehrungen. Insoweit bestehen keine Bedenken, die §§ 119 bis 122 BGB über die Anfechtung von Willenserklärungen entsprechend anzuwenden, dies allerdings mit der Maßgabe, daß ein entsprechender **Vertrauensschaden** des Bauherrn **zu ersetzen** ist.

IX. Auskunftserteilung (Abs. 6)

47
1. Die in **Abs. 6** geregelte Pflicht der zuständigen Behörde, dem Unternehmer auf dessen Verlangen **Auskunft über eingegangene Bau- oder Genehmigungsanträge** zu erteilen, soll ermöglichen, daß der Unternehmer von Bauvorhaben Kenntnis erlangt, damit er seinerseits ein Anpassungs- oder Sicherungsverlangen geltend machen kann. Dem Auskunftsrecht unterliegen zunächst alle Anträge auf Erteilung einer ausdrücklichen baurechtlichen Genehmigung, was sich jeweils aus den Landesbauordnungen ergibt. Soweit hiernach für einzelne Bauvorhaben aus Gründen der Verwaltungsvereinfachung die Baugenehmigungspflicht zu einer Anzeigepflicht mit Untersagungsmöglichkeit abgeschwächt ist, handelt es sich um ein vereinfachtes Baugenehmigungsverfahren (vgl. § 29 BBauG 1976; BVerwGE 20, 12 = DVBl. 1965, 200 m. Anm. v. Schack). Abs. 5 gilt ferner bei der sog. Bebauungsgenehmigung, die einen abgespaltenen Teil der Baugenehmigung darstellt und sich auf die grundsätzliche Zulässigkeit der Bebauung bezieht. Die Bebauungsgenehmigung kann bisweilen Bestandteil des in den Landesbauordnungen vorgesehenen Instituts des Vorbescheids sein (zur Unterscheidung im einzelnen BVerwG 48, 242). Eine baurechtliche Genehmigung wird eingeschlossen bei einigen Genehmigungen mit Konzentrationswirkung. Hierzu zählt insbesondere die immissionsschutzrechtliche Genehmigung nach § 4 BImSchG, wie sich aus § 13 BImSchG ergibt. Eine Konzentrationswirkung hat nicht allein die in einem förmlichen Verfahren ergehende Genehmigung, sondern neuerdings auch die sog. vereinfachte Genehmigung nach § 19 BImSchG (vgl. Art. 2 des 2. Gesetzes zur Änderung des AbfG vom 4. 3. 1982, BGBl. I. 281). Den Katalog der genehmigungspflichtigen Anlagen enthält die 4. BImSchV vom 14. 2. 1975 (BGBl. I. S. 499).

48
2. Die Auskunftspflicht nach § 110 Abs. 6 ist erst durch den RegEntwurf 1977 (BT-Ds. 8/1315) eingeführt worden. Der RegEntwurf 1975 (BR-Ds. 350/75) enthielt noch keine entsprechende Regelung (§ 130 aaO), so daß zweifelhaft war, wie sich der Unternehmer überhaupt die nötige Kenntnis von Baumaßnahmen im

§§ 110, 111   Siebenter Teil: Bergbau u. Grundbesitz, öffentl. Verkehrsanlagen

Einwirkungsbereich seines Betriebs beschaffen sollte. Diesen grundsätzlichen Mangel hat das BBergG in der endgültigen Fassung zwar beseitigt. Jedoch soll die Pflicht zur Erteilung von Auskünften ein **Einsichtsrecht des Bergbauunternehmers** in die Akten der Genehmigungsbehörde **nicht** einschließen. Ein dahingehender Vorschlag ist im Gesetzgebungsverfahren als zu weitgehend und hinsichtlich der praktischen Handhabung problematisch abgelehnt worden (WiA BT-Ds. 8/3965, 141 = Zydek, 418). Wie sich ohne Kenntnis des Bauantrags oder einer Bauanzeige ein konkretes Anpassungs- oder Sicherungsverlangen formulieren läßt, wie es die § 110 Abs. 1, § 111 Abs. 1 S. 2 fordern, bleibt hiernach unklar. Offenbar ist der Gesetzgeber davon ausgegangen, daß der Bauherr dem Unternehmer im Regelfall die nötige Einsicht in die Bauunterlagen freiwillig einräumt. Weigert sich der Bauherr, dem Unternehmer trotz der Mitteilung, das künftige Bauvorhaben unterliege bergbaulichen Einwirkungen, die notwendigen Kenntnisse zu vermitteln, ist ein künftiger Ersatzanspruch dem Einwand des § 254 BGB ausgesetzt, der entsprechend dem Rechtsgedanken des § 112 bis zum völligen Ausschluß der Haftung führt. Es wäre jedenfalls nicht einsichtig, einem Bauherrn, der sich jeder Mitwirkung verschließt, besser zu behandeln als denjenigen, der zunächst die notwendigen Unterlagen zur Verfügung stellt, dann aber die tatsächliche Durchführung der Anpassungs- oder Sicherungsmaßnahmen unterläßt.

49
3. Die **Auskunftspflicht** nach Abs. 6 ist eine **gesetzliche Rechtspflicht** der zuständigen Behörde. Sie muß mindestens enthalten: Name und Anschrift des Antragstellers, Lage und Grundstücksbezeichnung sowie eine Kurzbeschreibung des Bauprojekts; bei genehmigungspflichtigen Anlagen auch die Angabe der einschlägigen Vorschriften der 4. BImSchV (oben Rn 48), aus der sich die Genehmigungspflicht ergibt. Wird die Rechtspflicht von der Behörde nicht oder nur unzureichend erfüllt, kann der Unternehmer den Auskunftsanspruch im Wege der Leistungsklage vor den Verwaltungsgerichten geltend machen (vgl. Redeker-v. Oertzen, VwGO § 42 Anm. 53, 158). Welche Behörde die Auskunft zu geben hat, wird durch **Landesrecht** festgelegt.

§ 111 Sicherungsmaßnahmen

(1) Soweit ein vorbeugender Schutz durch Maßnahmen nach § 110 nicht ausreicht, sind bauliche Anlagen mit den zur Sicherung gegen Bergschäden jeweils erforderlichen zusätzlichen baulichen Vorkehrungen (Sicherungsmaßnahmen) auf Grund eines entsprechenden Verlangens des Unternehmers zu errichten. Die Sicherungsmaßnahmen richten sich nach Art und Umfang der zu erwartenden Bodenverformungen und nach Bauart, Größe, Form und Bergschadensempfindlichkeit der baulichen Anlage. Satz 1 und 2 gilt bei einer Erweiterung oder wesentlichen Veränderung baulicher Anlagen entsprechend.

(2) Die Aufwendungen für Sicherungsmaßnahmen hat der Unternehmer zu tragen. Ist der Bauherr seiner Verpflichtung nach § 110 Abs. 1 ganz oder teilweise nicht nachgekommen, so trägt er den auf seinem Unterlassen beruhenden Teil der Aufwendungen für Sicherungsmaßnahmen.

(3) § 110 Abs. 2, 4 und 5 gilt entsprechend.

Drittes Kapitel: Bergschaden   **1–3   § 111**

1

1. Grundzüge. Zusätzliche bauliche Vorkehrungen (Sicherungsmaßnahmen) sind auf Verlangen des Unternehmers zu treffen, sofern Anpassungsmaßnahmen nach § 110 nicht ausreichen. Nach dem Wortlaut der Vorschrift stehen Anpassungs- und Sicherungsmaßnahmen in einem **Stufenverhältnis**. Entsprechend dem Zweck der Regelung ist eine Sicherung jedoch auch dann vorzunehmen, wenn eine der in § 110 Abs. 1 genannten Anpassungsvarianten aus rechtlichen oder tatsächlichen Gründen nicht möglich ist oder zu einem unangemessenen, weil unwirtschaftlichen Aufwand führen würde. Es sind die „jeweils erforderlichen" Sicherungsmaßnahmen zu treffen. Was im Einzelfall **erforderlich** ist, richtet sich nach dem **Beurteilungsmaßstab** des **Abs. 1 S. 2**. Sicherungsmaßnahmen sind auch dann durchzuführen, wenn bauliche Anlagen **erweitert** oder **wesentlich verändert** werden sollen (Abs. 1 S. 3). In diesen Fällen kann das Sicherungsverlangen nicht darauf erstreckt werden, die bereits bestehende bauliche Anlage gleichfalls durch Vornahme von Schutzmaßnahmen nachträglich zu sichern. Allerdings wird sich der Bauherr einem auf Sicherung der bestehenden Anlage gerichteten Verlangen des Unternehmers kaum entziehen können, wenn sich etwa durch einen Erweiterungsbau das Schadensrisiko für die bestehende bauliche Anlage erhöht und deren nachträgliche Sicherung zumutbar ist, weil er sich andernfalls dem Einwand des mitwirkenden Verschuldens (§ 118) aussetzen würde.

2

2. Bei der **Ermittlung der jeweils erforderlichen Sicherungsmaßnahmen** sind Art und Umfang der zu erwartenden Bodenverformungen und deren Reaktionen auf die beabsichtigte Anlage in die Überlegungen einzubeziehen. Die notwendigen Kenntnisse über die Auswirkungen der Bergbautätigkeit auf die Oberfläche besitzt nur der Unternehmer, weil er allein über die maßgebenden Umstände orientiert ist. Dies sind im einzelnen die Ausbildung der Lagerstätte, die Abbauschwerpunkte, die Abbaurichtung sowie das voraussichtlich angewandte Abbauverfahren; zusätzlich sind Kenntnisse erforderlich hinsichtlich Art und Zusammensetzung des überdeckenden Gebirges, des Verlaufs von Störungen und sonstiger geologischer Faktoren. Nach dem insoweit eindeutigen Wortlaut des Gesetzes sind **Sicherungsmaßnahmen nur dann vorzunehmen, wenn sie ausdrücklich vom Unternehmer verlangt werden.** Einer noch im Gesetzgebungsverfahren vorgebrachten Anregung, die Pflicht zu Sicherungsmaßnahmen auch ohne Verlangen des Unternehmers zu begründen, hat der zuständige Wirtschaftsausschuß entgegengehalten, dieses Ansinnen gehe am Sinn und Zweck der Regelung vorbei. Nur der Unternehmer habe die erforderlichen Kenntnisse über die Auswirkungen seiner Tätigkeit auf die Oberfläche und damit über das Ausmaß der notwendigen und angemessenen Sicherungsmaßnahmen. Darüber hinaus seien auch die Kosten allein dem Unternehmer auferlegt; allein ihn träfen auch die Schadensersatzfolgen einer Fehleinschätzung (BT-Ds. 8/3965, 141 = Zydek, 420).

3

3. a) Nach ständiger Rechtsprechung war bereits die **drohende Gefahr** bergbaulicher Einwirkungen ein nach § 148 ABG zu ersetzender **Bergschaden,** wenn sie die Bewertung eines Grundstücks nachteilig beeinflußte. Der Schaden war in dem

Zeitpunkt entstanden, in dem eine bestimmte „objektive" Gefahr erkennbar geworden und infolgedessen nach der Verkehrsanschauung eine Minderbewertung des Grundstücks – für den Verkauf sowie für den eigenen Gebrauch – eingetreten war. Folglich setzte auch bereits zu diesem Zeitpunkt die dreijährige Verjährungsfrist nach § 151 ABG ein. **Bei Beeinträchtigung der Bebaubarkeit** des Grundstücks errechnete sich der entstandene **Minderwert** anhand der **Kosten**, die für eine **Wiederherstellung der Bebaubarkeit** mit Hilfe besonderer Vorsichtsmaßregeln (Sicherungsmaßnahmen) aufzubringen waren. Maßgeblich waren die Sicherungskosten, die bei einer Bebauung in durchschnittlicher Beschaffenheit voraussichtlich zu erwarten waren. Auf dieses Berechnungsmittel mußte auch deshalb zurückgegriffen werden, weil der Anspruch auf Erstattung eines Minderwerts aus drohender Berggefahr unabhängig von der Bauabsicht des Grundeigentümers entstand und mit Erkennbarkeit der Entwertung die Verjährungsfrist begann (Vorbem. vor § 110 Rn 7 m. N.; Heinemann, Ziff 40, 41; Reinicke, ZfB 106 (1965), 181). Bei späterer Bebauung des entschädigten Grundstücks mit einem Bauwerk von überdurchschnittlicher Beschaffenheit erwarb der Eigentümer einen neuen zusätzlichen Ersatzanspruch (RGZ 157, 99 = ZfB 79 (1938), 371; BGH ZfB 95 (1954), 450).

4
b) Diese auch vom BGH (BGH ZfB 95 (1954), 450; BGHZ 59, 139) bestätigte Rechtsprechung läßt viele Fragen offen. Die praktischen Schwierigkeiten ergaben sich daraus, daß der Eigentümer mit Bekanntwerden der „objektiven" Gefahr und dem dadurch angeblich ausgelösten Eintritt der Minderbewertung im Grundstücksverkehr den Ersatzanspruch wegen Einschränkung der Bebaubarkeit auch ohne Vorliegen einer konkreten Bauabsicht schon deshalb geltend machen mußte, um dem Verjährungseinwand zu entgehen. Erhob er den Anspruch nicht, ging er das Risiko ein, ihn bei einer späteren tatsächlichen Bebauung nicht mehr geltend machen zu können. Bestand keine Bauabsicht, konnte die Berechnung des Schadens nur auf der Grundlage von Durchschnittsmaßstäben erfolgen. Wurde der Eigentümer wegen einer Wertminderung in Höhe der durchschnittlich erforderlichen Sicherungskosten abgefunden, konnte bei einer späteren Bebauung mit einem Bauwerk von überdurchschnittlicher Beschaffenheit (Sonderbauvorhaben) eigentlich kein neuer Schaden des abgefundenen Eigentümers oder eines Rechtsnachfolgers entstehen (so aber RGZ 157, 99, 102 = ZfB 79 (1938), 371, 376). Nimmt man – was zweifellos mehr überzeugt – an, die Schadensberechnung nach Durchschnittsmaßstäben und nach den tatsächlichen Sicherungskosten seien zwei verschiedene Methoden der Schadensberechnung (Weitnauer, Verkehrsanstalten, 41 f), läßt sich der Verjährungseintritt für den abstrakt nach Durchschnittsmaßstäben errechneten Minderwertanspruch nur unter der Annahme vermeiden, daß es sich um einen „verhaltenen Anspruch" handle, der erst mit seiner Geltendmachung fällig werde und von diesem Zeitpunkt ab verjähre (Weitnauer, aaO, und Fußnote 101 mit dem ausdrücklichen Hinweis, daß es sich hierbei um ein schwieriges, wenig erörtertes Problem handle). Wird zunächst nur der abstrakt errechnete Minderwertanspruch geltend gemacht, stellen sich diffizile Fragen der Anrechnung gezahlter Entschädigungsbeträge auf den bei tatsächlicher Bauabsicht später konkret berechneten Anspruch – insbesondere im Falle einer Einzel

Drittes Kapitel: Bergschaden 5 § 111

rechtsnachfolge. Daß der Bergwerksunternehmer zur Vermeidung von Doppelzahlungen die Eintragung eines Bergschadensverzichts in Form einer Dienstbarkeit fordern könnte (so offenbar Heinemann, Ziff 42), läßt sich zumindest für Fälle der Abgeltung eines Minderwerts auf der Grundlage der durchschnittlich erforderlichen Sicherungskosten aus den gesetzlichen Vorschriften nicht unbedingt ableiten; ein eingetragener Bergschadenverzicht führt überdies zu einer weiteren Entwertung, da er nach allgemeiner Auffassung die Beleihungsfähigkeit eines Grundstücks beeinflußt. Schließlich ließ es sich auch nicht umgehen, daß Entschädigungbeträge gezahlt werden mußten, obwohl die Bodenbewegungen vor Errichtung des Bauwerks abklingen konnten, so daß eine zunächst eingetretene Wertminderung wieder ausgeglichen wurde. Nicht ohne Folgerichtigkeit war zwar die Zuerkennung einer Rente anstelle einer Kapitalentschädigung, wenn der endgültige Verlust der Bauplatzeigenschaft nicht feststand (RG ZfB 43 (1902), 355), das Grundstück also – wenn auch mit Sicherungsmaßnahmen – bebaubar blieb, tatsächlich jedoch nicht bebaut, sondern wie bisher weitergenutzt wurde. Indes ergaben sich praktische Schwierigkeiten bei der Errechnung einer solchen Rente, solange sich eine objektive Minderung des Tausch- oder Gebrauchswerts mangels Verkaufs- oder Bauabsicht für den Eigentümer zunächst überhaupt nicht nachteilig auswirkte. Die Zuerkennung einer Rente anstelle einer Kapitalentschädigung war offenbar als Korrektiv gedacht, um bei einer lediglich vorübergehenden Beeinträchtigung der Bauplatzeigenschaft unangemessen hohe Entschädigungszahlungen zu vermeiden.

5
c) Die früheste Rechtsprechung des Reichsgerichts ist erkennbar bemüht, den Begriff der „durch den Bergbau drohenden Gefahr" (§ 150 Abs. 1 ABG) bei Teilentzug der Bebaubarkeit zu präzisieren sowie die für die Annahme eines Minderwerts maßgebenden Bewertungskriterien herauszuarbeiten. So wird der als Folge der Bergbautätigkeit „nicht wiederherstellbare Zusammenhang des Bodens" angeführt oder das „begründete Mißtrauen gegen die Tragfähigkeit desselben"; noch deutlicher – die Gefahr auch sprachlich beschwörend – der Hinweis auf den „vom Bergbau unterwühlten Boden" (RG ZfB 34 (1893), 515). Ferner findet sich die Erwägung, die Erfahrung lehre, daß „die einstweilen zur Ruhe gekommenen Baue durch spätere Ereignisse wieder in Bewegung gesetzt werden könnten" (RG ZfB 37 (1897), 217). Auch ist davon die Rede, „daß der durch den Bergbau gelockerte und seiner Tragfähigkeit beraubte Grund und Boden in absehbarer Zeit nicht die frühere Festigkeit wiedergewinnen" werde (RG ZfB 43 (1902), 355, 357). In allen Fällen dürften Vorschädigungen vorgelegen haben, oder der Bergbau hatte bereits körperliche Einwirkungen auf das Grundstück verursacht. Die Sachverhaltswiedergabe der Entscheidungen läßt im übrigen erkennen, daß sich das Gericht mit für den älteren Bergbau typischen Erscheinungen zu befassen hatte: Oberflächennaher oder Abbau in geringer Teufe, Bergbautätigkeit in einem räumlich enger begrenzten Bereich und – daraus folgend – Dauerhaftigkeit von Substanzschäden bei Weiterführung des Abbaus in unmittelbarer Nähe. Einerseits war voraussehbar, daß die Fortführung der Bergbautätigkeit mit mehr oder weniger großer Wahrscheinlichkeit Bergschäden zur Folge haben könnte; andererseits gab es noch keine wissenschaftlichen Verfahren, die

§ 111 6 Siebenter Teil: Bergbau u. Grundbesitz, öffentl. Verkehrsanlagen

eine zutreffende Voraussage über Bodenverformungen und ihre Folgen ermöglicht hätten. Lagen greifbare Anhaltspunkte dafür vor, daß der vorhandene Bergbau die Bauplatzeigenschaft eines Grundstücks beeinträchtigen würde, konnte der Grundeigentümer einen Ersatzanspruch wegen Wertminderung geltend machen; er mußte dies sogar, um dem Verjährungseinwand des § 151 ABG zu begegnen. Im Gegensatz hierzu hatte der Bergwerksbesitzer wegen der Unsicherheit etwaiger Prognosen über die Folgen von Bodenverformungen und ihrer Auswirkungen im einzelnen kein Interesse daran, bei Bauvorhaben vorbeugend zur Verminderung künftiger Bergschäden seinerseits Sicherungsmaßnahmen anzubieten. Das Risiko, daß entsprechende Investitionen nutzlos und das Angebot einer vorbeugenden Sicherung eine Fülle von Ersatzansprüchen anderer Eigentümer auslösen würde, war zu groß. Folglich ließ er es auch bei einem höheren Grad an Wahrscheinlichkeit künftiger Bergschäden auf eine Bebauung ankommen, um bei Eintritt der Beschädigung mit Hilfe des Einwands aus § 150 Abs. 1 ABG (Bauen trotz Kenntnis der Berggefahr) den Anspruch zu begegnen. Daß sich unter diesen Voraussetzungen ein sinnvolles Miteinander der konkurrierenden Interessen – auch unter dem Gesichtspunkt einer ökonomischen Raumnutzung – nicht entwickeln konnte, liegt auf der Hand. Die praktische Folge war ein Bestand weitgehend ungesicherter Bauvorhaben in den Hauptabbaubereichen. In den Auseinandersetzungen zwischen Bergbau und Grundeigentum entzündete sich der Konflikt an dem Tatbestandsmerkmal der „drohenden Berggefahr", das gleichermaßen für die Anspruchserhebung wie für die Verteidigung gegen den Anspruch nutzbar gemacht werden konnte. Unter diesen Umständen verwundert es nicht, daß sich die höchstrichterliche Rechtsprechung in einer ungewöhnlichen Fülle von Entscheidungen mit den einschlägigen Rechtsfragen zu den §§ 150, 151 ABG zu beschäftigen hatte (Nachw. bei Isay, § 150 Anm. 3, § 151 Anm. 1 ABG; ferner in RGZ 157, 69, 101 = ZfB 79 (1938), 371, 374).

6

d) Für das heutige Rechtsverständnis erscheint es überraschend, daß allein das Vorhandensein eines Bergwerks sowie die durch bestimmte Tatsachen erhärtete Besorgnis künftiger Schäden an baulichen Anlagen einen Ersatzanspruch auslöste. Stand die Gefahr „objektiv" fest, erwarb der Eigentümer zwangsläufig einen Ersatzanspruch, obwohl seine individuelle Vermögensposition mangels Verkaufs- oder Bauabsicht noch nicht betroffen sein mußte. Die frühen Erkenntnisse des RG dürften in Kausaltheorien des 19. Jahrhunderts verhaftet sein, die besondere Zurechnungsmerkmale mit dem Ziel einer wertenden Beurteilung (Adäquanz, Normzweck) nicht kannten, und beruhen auf den schadensersatzrechtlichen Vorschriften des preuß. Allgemeinen Landrechts (ALR), die sich von den §§ 249 ff BGB nicht unerheblich unterschieden (im einzelnen: OLG Düsseldorf, ZfB 120 (1979), 422, 440 ff). Entscheidend war, ob sich nach dem realen oder fiktiven Kausalverlauf ein Schaden, also die Verschlimmerung des Zustandes des Vermögens einer Person ergab (§ 6 Teil I Titel 6 ALR). Die Art und Weise, wie der Kausalzusammenhang zwischen dem Betrieb des Bergwerks und dem Schaden hergestellt wurde, war ohne rechtliche Bedeutung (RG ZfB 34 (1893), 508, 511). Da der Gesetzespositivismus bestrebt war, die Rechtswissenschaft von systematisch nicht erfaßbaren Wertungen freizuhalten, war als Schaden zu ersetzen, was sich logisch

Drittes Kapitel: Bergschaden §111

in den Kausalverlauf einfügte (vgl. Honsell, JuS 1973, 69, 72). Insoweit erschien auch die Minderbewertung durch den Grundstücksverkehr als natürliche Reaktion im Falle der Gefährdung eines Grundstücks durch den umgehenden Bergbau, zumal man auch in § 150 Abs. 2 ABG eine Meinungsäußerung des Gesetzgebers in dieser Richtung festzustellen glaubte. Ein ersatzpflichtiger Schaden trat ein unabhängig davon, ob dem Eigentümer „augenblicklich daraus ein Nachteil erwächst" (RG ZfB 37 (1896), 218). Die spätere Rechtsprechung des RG hat die Ergebnisse der früheren Entscheidungen im wesentlichen unreflektiert übernommen. So wurden die Formeln der frühesten Entscheidung (RG ZfB 34 (1892), 508, 511) einige Jahrzehnte später nahezu unverändert wiederholt (RG ZfB 78 (1937), 460, 464). Es wäre wohl auch im Interesse des Eigentümers wünschenswerter gewesen, wenn die Rechtsprechung den entstandenen Schaden stärker individualisiert und einen Ersatzanspruch erst dann zugesprochen hätte, wenn sich tatsächlich Nachteile bei der Veräußerung des Grundstücks oder bei der Bebauung (durch den Zwang zu Sicherungsmaßnahmen) zeigten. In Konsequenz dieses „aufgezwungenen"Anspruchs lief insbesondere der Eigentümer, der sein Baugelände sukzessive sogar mit Sicherungsmaßnahmen bebaute, Gefahr, seinen Ersatzanspruch wegen Verjährungseintritts nach § 151 ABG zu verlieren, wenn er nicht sogleich bei Errichtung der ersten Bauten einen „klar ersichtlichen Entwertungsschaden mit der Feststellungsklage geltend machte" (RGZ 157, 99, 105 = ZfB 79 (1938), 371, 378 unter Hinweis auf den in der Entscheidung RG ZfB 73 (1932), 516 behandelten Fall). Die Entscheidung RGZ 157, 99 befaßt sich mit der Ersetzung eines 1910 mit Sicherungen errichteten Wasserturms durch einen weit größeren im Jahre 1936. Soweit hier die Entstehung eines neuen Schadens bejaht wird, der durch die Planung des Neubaus und die zu diesem Zeitpunkt neuerlich erkennbare (weitere) Minderung des Gebrauchswerts ausgelöst wird, erscheint dies zumindest grundsätzlich als Schritt in die richtige Richtung: Wenn die Altanlage unbrauchbar geworden ist, eine Neuanlage benötigt wird und die Gefährdung durch den Bergbau anhält, ist es zutreffend, den finanziellen Ausgleich für die fortbestehende Beeinträchtigung des Gebrauchswerts nach den konkret anfallenden Sicherungskosten für den neuen Wasserturm zu bemessen. Auch der Fall der sukzessiven Bebauung wegen Betriebserweiterung (RG ZfB 73 (1932), 516, 524) hätte sich auf die gleiche Weise lösen lassen; freilich ims Wege wertender Beurteilung und nur unter Aufgabe der Rechtsansicht, daß bereits das Bestehen einer konkreten Berggefahr den Eintritt eines Schadens im Rechtssinne und damit den Beginn der Verjährung auslöst. Im Prinzip sind die Sachverhalte gleichgelagert. Das Gericht hat sich offenbar nur wegen des Standortzwangs des Wasserturms, der am höchsten Punkt des Gemeindegebietes errichtet werden mußte, zu einer abweichenden Entscheidung durchgerungen (zur Kritik im einzelnen vgl. Reinicke, ZfB 106 (1965), 181; H. Schulte ZfB 107 (1966), 188, 199; Heinemann, Ziff 44; dagegen durchweg zustimmend Weitnauer, Verkehrsanstalten, 31 ff).

7

4. Sicherungsmaßnahmen sind nach § 111 Abs. 1 (ebenso wie Anpassungsmaßnahmen nach § 110 Abs. 1) nur noch bei einem dahingehenden **Verlangen des Unternehmers** vorzusehen. Der anfallende Aufwand ist nur zu ersetzen, sofern solche Maßnahmen mit den Wünschen des Unternehmers im Einklang stehen.

§ 111 8 Siebenter Teil: Bergbau u. Grundbesitz, öffentl. Verkehrsanlagen

Damit ist der **früheren Rechtsprechung zur drohenden Berggefahr** (oben Rn 3 bis 6) im wesentlichen **der Boden entzogen.** Die Regelung durch das BBergG zieht die Konsequenzen aus der Veränderung sowohl der tatsächlichen Verhältnisse seit Beginn dieser Rechtsprechung als auch aus dem gewandelten Verhalten der Beteiligten und des Grundstücksmarkts. Sie vermeidet damit zugleich die mit ihr verbundenen Schwierigkeiten und Nachteile. Die Regelung über die **Anpassung und Sicherung** in den §§ 110 bis 112 (§ 113 begründet insoweit einen Sonderfall) stellt eine **in sich abgeschlossene, gegenüber der Haftung für Bergschäden** nach §§ 114 ff deutlich **abgehobene Sonderregelung** dar. Unabhängig von der Frage, ob bei Stellung eines solchen Verlangens eine Minderung des Verkehrs- oder Gebrauchswerts überhaupt vorliegt oder vorliegen kann, wird der Anspruch auf Aufwendungsersatz nach §§ 111 Abs. 2, 110 Abs. 3 schon, aber auch erst dann fällig, sobald der Bauherr über die Notwendigkeit einer Anpassung oder Sicherung unterrichtet ist und deshalb entsprechende Aufwendungen angefallen sind oder vom Bauherrn Vorschußleistungen angefordert werden (§ 110 Abs. 4, § 111 Abs. 3). Das Gesetz stellt mithin zur Begründung von Leistungspflichten des Unternehmers **nicht mehr** auf den **Eintritt eines Schadens** im Rechtssinne ab, sondern **allein auf** ein **Anpassungs- oder Sicherungsverlangen bei konkreter Bauabsicht.** Ein etwaiger Ersatzanspruch nach § 114 Abs. 1 wird insoweit durch die Sonderregelung der §§ 110 bis 112 verdrängt.

8

a) Die Veränderung der **tatsächlichen Verhältnisse** ist dadurch gekennzeichnet, daß der Grundstücksverkehr, also die Anschauung bergmännischer Laien, den vorhandenen oder künftigen Bergbau bewertungsmäßig nicht mehr zur Kenntnis nimmt. Ob eine Beeinträchtigung der Bebaubarkeit „droht" oder mit größerer oder geringerer Wahrscheinlichkeit eintreten kann, entzieht sich wegen des in großer Teufe betriebenen Bergbaus der Beurteilung des Grundstücksmarktes. Deshalb reagiert der Grundstücksverkehr nicht mehr auf den umgehenden und künftigen Bergbau in Form von Wertabschlägen, so daß – von seltenen Ausnahmen abgesehen, in denen die mangelnde Eignung eines Grundstücks für eine Bebauung wegen einer eingetretenen und nachwirkenden bergbaulichen Einwirkung offenkundig ist – eine **Minderung des Verkehrswerts nicht eintritt.** Das bloße Vorhandensein von Bergwerken ist kein zu Wertabschlägen führender Faktor; dies selbst dann nicht, wenn der Bergbau seine künftigen Abbauplanungen offenlegt. Vielmehr richtet sich die Grundstücksbewertung in diesen Gebieten ausschließlich wie anderenorts auch nach Angebot und Nachfrage. Die von den Gemeinden aufzustellenden Bodenrichtwertkarteien (§ 143 b BBauG 1976) lassen eine Differenzierung der Bodenpreise für bebauungsfähiges Land nicht einmal dann erkennen, wenn ein Teil des Gemeindegebiets vom Bergbau beeinflußt wird, unter dem anderen Teil Bergbau aber niemals stattgefunden hat oder wegen Erschöpfung der Lagerstätte eingestellt worden ist. Selbst wenn sich in den Bauleitplänen Hinweise auf den umgehenden Bergbau finden (§ 5 Abs. 4, § 9 Abs. 5 BBauG 1976), bleiben die Preise am Grundstücksmarkt hiervon unbeeinflußt.

Drittes Kapitel: Bergschaden 9,10 § 111

9

Es entsprach schon bisher einer in den letzten Jahren weiter verbreiteten, wenn auch nicht durchweg geübten Praxis, daß sich die Bauherren – bisweilen angehalten durch ihre Kreditgeber – bei dem zuständigen Bergbauunternehmen nach der Zweckmäßigkeit von Sicherungsvorkehrungen erkundigten. Bestand aus der Sicht des Bergbaus ein Sicherungsbedürfnis, wurden Art und Umfang der Maßnahmen gemeinsam bei Übernahme der anfallenden Kosten durch den Bergbauunternehmer festgelegt. Die Handlungsweise der Beteiligten war hierbei von schadensersatzrechtlichen Überlegungen weitgehend unbeeinflußt. Wenn der Bergbau die anfallenden Sicherungskosten übernahm, hatte der Eigentümer keine Veranlassung, der Frage nachzugehen, ob damit ein Schadensersatzanspruch erfüllt würde. Abgesehen davon war vielfach unbekannt, daß der Bergbau bei Vorliegen einer konkreten Berggefahr aus schadensersatzrechtlichen Gründen zur Kostenübernahme verpflichtet war. Nach allgemeiner Auffassung erschien die Übernahme der Kosten vielmehr als freiwillige Investition des Unternehmers in vorbeugende Schutzmaßnahmen. Aus der Sicht des Bergbaus wurden Sicherungsmaßnahmen dann getroffen, wenn diese mit Rücksicht auf den künftigen Abbau zweckmäßig oder notwendig erschienen – unabhängig davon, ob eine (zum Schadensersatz verpflichtende) drohende oder nur eine allgemeine Berggefahr vorlag, sofern nur für spätere Jahre mit Einwirkungen des Abbaus zu rechnen war. Entscheidend zu dieser Praxis beigetragen hat auch die Verbesserung der Prognosemöglichkeiten durch Weiterentwicklung der (markscheiderischen) Bergschadenskunde. Als Ergebnis ist festzuhalten, daß allein das Vorhandensein bergbaulicher Betriebe mit der durchaus naheliegenden Möglichkeit, Grundstücke könnten von Abbaueinwirkungen betroffen sein, nach Auffassung des Grundstücksverkehrs einen Vermögensschaden wegen Minderung des Verkehrswerts nicht mehr auslöst. Noch weniger werden Abschläge bei der Bewertung solcher Grundstücke vorgenommen, die die rechtliche Eigenschaft als Bauland noch nicht besitzen, also Bauerwartungsland sind. Es besteht daher auch keine Notwendigkeit, eine entsprechende Ersatzpflicht des Unternehmers zu normieren.

10

b) Die **Anpassungsregelung** der §§ 110 bis 112 **verdrängt** als spezielle Regelung aber auch **einen mit der Minderung des Gebrauchswerts begründeten Ersatzanspruch** im Sinne der bisherigen Rechtsprechung zum drohenden Bergschaden (oben Rn 3 f). Haftungsbegründendes Ereignis ist nach der Haftungsvorschrift des § 114 Abs. 1 die Beschädigung einer Sache (vgl. auch § 117 Abs. 1 Nr. 2). Im Einklang mit den Gefährdungshaftungstatbeständen der §§ 1, 2 HPflG, § 33 LuftVG, § 7 StVG, denen § 114 Abs. 1 ersichtlich nachgebildet wurde, ist unter Beschädigung der Eingriff in die körperliche Unversehrtheit, also in die Substanz einer Sache (eines Grundstücks) zu verstehen. Ein in der Minderung des Gebrauchswerts bestehender Schaden kann danach überhaupt nur vorliegen, wenn nach erfolgter Einwirkung auf das Grundstück weitere Folgen des gleichen Eingriffs (etwa während des Abklingens von Bodenbewegungen) zu erwarten sind oder wenn dem Grundstück ein die Bebaubarkeit dauerhaft beeinträchtigender Mangel verbleibt. Im Wege der Auslegung läßt sich aus der Haftungsnorm des § 114 Abs. 1 nicht ableiten, daß auch eine drohende Berggefahr, also eine erst künftige schadenstiftende Handlung, das Tatbestandsmerkmal einer zur Haftung führenden Sachbeschädigung erfüllt (Vgl. auch § 114 Rn 37 ff).

661

11

c) Abgesehen von der insoweit eindeutigen Fassung des § 114 Abs. 1 kann die **Frage, ob durch den bereits umgehenden oder erst künftigen Abbau der Gebrauchswert** eines Grundstücks **beeinträchtigt** ist oder negativ beeinflußt werden kann, **dahingestellt bleiben.** Grundsätzlich hat die Bebauungsmöglichkeit eines Grundstücks ohnehin zunächst nur einen Einfluß auf dessen Verkehrswert und nicht dessen Gebrauchswert, solange die Bebauung nicht durchgeführt, die bisherige Nutzung etwa als Acker- oder Gartenland also fortgesetzt wird. Eine etwaige Gebrauchswertbeeinträchtigung kann bei wirtschaftlicher Betrachtungsweise, wie sie bei der Ermittlung von Vermögenseinbußen geboten ist, nur unter Zugrundelegung der gerade geübten, nicht einer erst künftigen Nutzung festgestellt werden. Gerade der Begriff des Gebrauchswerts einer Sache stellt im Schadensersatzrecht auf den individuellen Nutzen für den Berechtigten ab. Eine Gebrauchswertminderung läßt sich daher eigentlich nicht abstrakt-allgemein oder nach Durchschnittsmaßstäben ermitteln, wie dies nach der Rechtsprechung zum drohenden Bergschaden (oben Rn 3) geschehen ist (kritisch insbes. Reinicke, ZfB 106 (1965), 181 f). Denkbare Auswirkungen des Bergbaus auf eine noch nicht realisierte Grundstücksnutzung, nämlich die Bebauung, sind vermögensmäßig irrelevant. Die ungestörte Benutzbarkeit für künftige Zwecke bei letztlich auch ungewisser Schädigung verkörpert keinen selbständigen Vermögenswert. Insoweit bestehen durchaus Parallelen zur Rechtsprechung des BGH über den Entzug von Gebrauchsvorteilen (vgl. BGHZ 66, 277; 75, 366; 76, 179). Nachteile entstehen dem Eigentümer auch nach der Verkehrsanschauung frühestens in dem Augenblick, in dem die Nutzungsart geändert werden soll, ein Grundstück also erstmalig oder intensiver bebaut werden soll, wenn gleichzeitig die Besorgnis oder gar Gewißheit besteht, daß das künftige Bauwerk durch Bodenbewegungen beschädigt werden könnte. In diesem Fall mag zur Ermittlung solcher Nachteile der konkret erforderliche Aufwand für eine Anpassung oder Sicherung herangezogen werden, der sich an den Maßstäben des § 110 Abs. 1 und § 111 Abs. 1 S. 2 zu orientieren hat und nicht unverhältnismäßig sein darf. Indes stellt sich eine solche an schadensersatzrechtlichen Überlegungen orientierte Frage nach dem Gesetz nicht, da gerade diese Betrachtung zu den oben (Rn 4) geschilderten Unzuträglichkeiten geführt hat und durch die Anpassungsregelung der §§ 110 bis 112 überwunden werden soll. Eine Anknüpfung finanzieller Ausgleichsfolgen an einen wie auch immer begründeten Schaden verbietet sich gerade bei den hier zu beurteilenden Sachverhalten auch deshalb, weil erst mehrere parallele Handlungsabläufe in ihrem Zusammenwirken einen individuellen Nachteil auslösen können: Die Bauabsicht muß vom Bauherrn ernstlich beabsichtigt sein, der Unternehmer muß den Abbau auch tatsächlich entsprechend seinen Planungen durchführen. Auf beiden Seiten bestehen Unsicherheitsfaktoren: So kann der Bauherr seine Bauabsicht aus eigenem Willen ganz aufgeben, oder er wird aufgrund rechtlicher Schwierigkeiten gehindert, etwa weil er für die beabsichtigte Anlage keine Baugenehmigung erhält oder eine immissionsschutzrechtliche Genehmigung an umweltbedingten Gründen oder der Gegenwehr betroffener Nachbarn scheitert. Der Unternehmer kann andererseits gezwungen sein, seine Abbauplanung wegen der Lagerstättenverhältnisse oder aus unternehmensspezifischen Gründen zu ändern. Die Eignung eines Grundstücks als Baugelände kann daher vorübergehend beschränkt sein, wieder uneingeschränkt bestehen oder zeitweise ganz entfallen – und dies je nach

Drittes Kapitel: Bergschaden **12,13 § 111**

den zu erwartenden Bodenverformungen in wechselnder Folge. Diese Besonderheiten machen den Schadensbegriff als Anknüpfungspunkt finanzieller Ausgleichsfolgen weitgehend unbrauchbar.

12
d) Auf den ersten Blick mag das Recht des Unternehmers, Art und Umfang der Anpassungs- und Sicherungsmaßnahmen anhand des konkret beabsichtigten Bauobjekts bestimmen zu können, einseitig erscheinen. Indes wird es den geschilderten Besonderheiten dieses Nachbarschaftsverhältnisses am ehesten gerecht. Der Anreiz, durch vorbeugende Maßnahmen spätere, stets kostspieligere Schadensregulierungen zu vermeiden oder den Umfang der Schäden geringer zu halten, wird in der Regel so stark sein, daß ein Anpassungs- oder Sicherungsverlangen auch tatsächlich gestellt wird. Verschätzungen oder Fehlprognosen belasten allein den Unternehmer; auch dies ist ein zusätzlicher Anlaß die zu erwartenden Abbaueinwirkungen sorgfältig zu ermitteln und erforderlichenfalls auf eine Anpassung oder Sicherung zu drängen. Zu Recht ist daher an dem alleinigen Bestimmungsrecht des Unternehmers auch noch im Gesetzgebungsverfahren festgehalten worden (oben Rn 2).

13
e) Zum Schutz vor Bergschäden getroffene bauliche Maßnahmen, die der Bauherr **eigenmächtig** ohne Kenntnis der Abbausituation trifft, sind keine Sicherungsmaßnahmen im Sinne des § 111 Abs. 1 S. 2. Die aufgewandten Kosten sind daher auch nicht nach § 111 Abs. 2 erstattungsfähig. Das gleiche gilt für etwaige Aufwendungen einer vom Bauherrn vorgenommenen „Anpassung", obwohl dies kaum praktisch sein dürfte. Es würde dem Wortlaut des Gesetzes und dem Willen des Gesetzgebers widersprechen, wenn der Bauherr in diesen Fällen in Höhe der für eigenmächtig vorgenommene Schutzvorkehrungen aufgewendeten Kosten einen Ersatzanspruch nach § 114 Abs. 1 erwerben könnte (vgl. auch oben Rn 2). Daß die Möglichkeit der Liquidation solcher Aufwendungen gar aus der Eigentumsgarantie des Art. 14 GG folge, kann ernstlich nicht behauptet werden. Ob die Gewinnung von Bodenschätzen zu Bodenverformungen führt, in welchem Umfang Beschädigungen baulicher Anlagen wahrscheinlich sind und welche Schutzvorkehrungen hiergegen zweckmäßig erscheinen, kann ungeachtet eines gleichwohl verbleibenden Prognoserisikos zuverlässig nur vom Unternehmer beurteilt werden. Daß unter diesen Umständen der Unternehmer das alleinige Bestimmungsrecht erhält, weil er letztlich auch mit den finanziellen Folgen einer falschen Vorhersage belastet bleibt, erscheint als sachgerechte Abgrenzung. Jeder andere Lösungsansatz, insbesondere ein paralleles Bestimmungsrecht auch des Bauherrn, müßte erneut auf schadenersatzrechtliche Überlegungen zurückgreifen und würde erneut zu den oben (Rn 3 f) geschilderten Schwierigkeiten führen. Die mit der Anpassungsregelung erstrebte raumordnende Wirkung läßt sich vor allem dann erzielen, wenn die Abbauverhältnisse und die Abbauabsichten planmäßig über längere Zeit hinweg berücksichtigt werden. Allein mit Hilfe des Bestimmungs-

§ 111 14—16 Siebenter Teil: Bergbau u. Grundbesitz, öffentl. Verkehrsanlagen

rechts des Unternehmers läßt sich eine weniger bergbauempfindliche Bebauung im Einwirkungsbereich der aktuellen oder künftigen Hauptabbauräume erzielen. Davon ist auch der Gesetzgeber ausgegangen (oben Rn 2).

14

5. Die Sicherungsmaßnahmen richten sich gem. Abs. 1 S. 2 nach den Besonderheiten der jeweiligen baulichen Anlage und ihrer technischen Funktion. Es gilt hier sinngemäß das gleiche wie bei der Anpassung (§ 110 Rn 30 f). Zum Verlangen vgl. auch § 110 Rn 24 bis 28. Für die Ausführung von Bauten im Einflußbereich des untertägigen Bergbaus und die infragekommenden Sicherungsmaßnahmen enthält ein MinErlaß in Nordrhein-Westfalen vom 10. 9. 1963 (MBl NW 1963, 1715) die maßgeblichen auch heute noch weitgehend gültigen Regeln der Bautechnik (§ 110 Rn 32).

15

6 a) Die **Aufwendungen** für Sicherungsmaßnahmen hat nach Abs. 2 der **Unternehmer zu tragen**. Nach der hier vertretenen Auffassung (oben Rn 7) handelt es sich bei dem Aufwendungsersatzanspruch um einen eigenständigen Anspruch, der einen etwaigen Ersatzanspruch nach § 114 Abs. 1 verdrängt. Bei erst geplanten Gewinnungsbetrieben oder für Bereiche, in denen Bergbau noch nicht umgeht, die aber durch einen Rahmenbetriebsplan für die künftige Gewinnung bereits erfaßt sind (hierzu § 110 Rn 12 f), fehlt es ohnehin an einem Schaden als Anknüpfungspunkt einer Ersatzhaftung. Anders liegen die Dinge, wenn das Grundstück bereits eine körperliche Beeinträchtigung erfahren hat und wegen möglicher Nachwirkungen des Abbaus einer baulichen Anlage eine Beschädigung droht. In diesem Falle kann bei einem Anpassungs- oder Sicherungsverlangen ein Schaden in Gestalt der Gebrauchswertminderung erkennbar werden, so daß die Tatbestandsvoraussetzungen des § 114 Abs. 1 erfüllt sind. Jedoch finden auf der Rechtsfolgeseite nicht die §§ 249 bis 251 BGB Anwendung, sondern die besonderen Anspruchsnormen der § 110 Abs. 3 und § 111 Abs. 2 mit ihren speziellen Voraussetzungen. Im Ergebnis ist der Eigentümer (Bauherr) gehindert, Kosten für eigenmächtig getroffene Sicherungsmaßnahmen, insbesondere einen unangemessen hohen Sicherungsaufwand, unter Berufung auf einen Schadensersatzanspruch hereinzuholen. Das Vermögen des Eigentümers (Bauherrn) wird insgesamt durch die Ersatzpflicht des § 114 Abs. 1 im Falle einer Gebrauchswertminderung nicht weiter geschützt, als dies die speziellen Vorschriften des Anpassungsverhältnisses vorsehen (vgl. hierzu auch Krems, Gesetzgebungslehre, 175 f, 179). Zur Frage der Verjährung vgl. unten Rn 20.

16

b) Ist die Haftung des Unternehmers für Bergschäden gegenüber dem Eigentümer (Bauherrn) durch Rechtsgeschäft ausgeschlossen oder beschränkt (**Bergschadenverzicht**; vgl. § 114 Rn 56 ff), hindert ein solcher Verzicht je nach seinem Inhalt auch die Entstehung eines Anspruchs auf Ersatz von Aufwendungen oder Nachteilen aus der Anpassung (§ 110 Abs. 3) oder aus der Sicherung (§ 111 Abs. 2 S. 1). Derartige Bergschadenverzichte führen zu einer Begrenzung oder zum Ausschluß von Ansprüchen aus der gesetzlichen Haftung und enthalten insoweit über die

Drittes Kapitel: Bergschaden 17–19 § 111

gesetzliche Duldungspflicht hinausgehende Eigentumsbeschränkungen (BGHZ 69, 73, 75 m. N.). Der verzichtbegünstigte Unternehmer braucht in solchen Fällen ein Anpassungs- oder Sicherungsverlangen nicht zu stellen; er kann es auf den Schadenseintritt ankommen lassen. Wenn der künftige Schaden wegen des bestehenden Verzichts nicht ersetzt zu werden braucht, wäre kein vernünftiger Grund ersichtlich, den Unternehmer mit den Kosten von gerade der Abwehr solcher Schäden dienenden Schutzmaßnahmen zu belasten. Auch das Gesetz geht davon aus, daß ein Bergschadenverzicht die Entstehung eines Anspruchs aus dem Anpassungsverhältnis einschränkt oder ausschließt, wie sich aus § 110 Abs. 4 und der dort vorgenommenen Verweisung auf § 115 Abs. 3 ergibt (für Sicherungsmaßnahmen: § 111 Abs. 3 in Verbindung mit § 110 Abs. 4 S. 2).

17
c) Eine Sonderregelung trifft **Abs. 2 S. 2** für den Fall, daß der Bauherr seiner Anpassungspflicht entweder überhaupt nicht oder nur teilweise nachgekommen ist und deshalb vermehrte Aufwendungen für Sicherungsmaßnahmen anfallen. Der auf der Unterlassung der Anpassung beruhende Mehraufwand für Sicherungsmaßnahmen ist hiernach vom Bauherrn zu tragen. Die Vorschrift darf nicht in dem Sinne mißverstanden werden, als könne der Bauherr nach eigenem Belieben wählen, ob dem Anpassungsverlangen des Unternehmers gefolgt wird oder nur einzelne Anpassungsvarianten durchgeführt werden. Gegen ein solches Wahlrecht spricht der Wortlaut des Gesetzes und die auf einer Abstufung von Anpassung und Sicherung beruhende Konzeption. Die Regelung kann daher nur als Hinweis auf die Möglichkeit einer Verständigung zwischen den Beteiligten gewertet werden, als eine Art Austausch des Mittels, wenn auch mit der Konsequenz, daß der Bauherr die mit dem Austausch verbundenen finanziellen Aufwendungen zu tragen hat. Die Regelung dürfte in einem Grenzbereich angesiedelt sein, der dadurch gekennzeichnet ist, daß die abgeforderte Anpassungsmaßnahme noch im Sinne des § 110 Abs. 3 angemessen ist, sich aber in ihrer Auswirkung für den Bauherrn als unangenehm oder lästig darstellt. Auch insoweit mag es dem Rücksichtnahmeprinzip, von dem die Anpassungsregelung der §§ 110 bis 112 geprägt ist, entsprechen, daß sich der Unternehmer begründeten Wünschen des Bauherrn nicht entzieht.

18
§ 111 Abs. 2 S. 2 stellt die damit verbundenen finanziellen Konsequenzen noch einmal klar. Zugleich bestätigt die Vorschrift im Sinne eines zusätzlichen Auslegungshinweises, daß der Konflikt im Einzelfall mit den geringstmöglichen Kosten bewältigt werden soll. Wenn – aus welchen Gründen auch immer – ein Bauherr eine andere und kostspieligere Lösung verwirklicht sehen will, soll dies nicht zulasten des Unternehmers gehen.

19
7. Abs. 3 überträgt durch Verweisung einige für die Anpassung geltende Vorschriften auch auf die Sicherung. § 110 Abs. 2 regelt, welcher Unternehmer ein Anpassungsverlangen stellen kann (vgl. § 110 Rn 36). Die Verweisung hat nur Bedeutung für den Fall, daß ein isoliertes Sicherungsverlangen erhoben wird.

665

Auch für die Sicherungsmaßnahmen gilt, daß der Unternehmer auf Verlangen des Bauherrn einen angemessenen Vorschuß in Geld zu leisten hat (§ 110 Abs. 4 S. 1; vgl. § 110 Rn 43). Anwendbar ist ferner die Vorschrift über die Haftung mehrerer Unternehmer für die Vorschußleistung und den Ersatz von Aufwendungen (§ 110 Abs. 4 S. 2; vgl. § 110 Rn 44). Da auch § 110 Abs. 5 für entsprechend anwendbar erklärt wird, besteht eine Pflicht des Bauherrn zur Vornahme von Sicherungsmaßnahmen dann nicht, wenn die Aufwendungen, die mit der Sicherung verbunden wären, in einem unangemessenen Verhältnis zu der durch die Sicherung eintretenden Verminderung des Bergschadensrisikos stehen würden. Die Vorschrift, die in der Amtl. Begründung als Grundsatz der Verhältnismäßigkeit bezeichnet wird (BT-Ds. 8/1315, 140 = Zydek, 420), dürfte bei der Sicherung noch weniger Bedeutung haben als bei der Anpassung; denn es kann als ausgeschlossen gelten, daß bei geringem Bergschadensrisiko hohe und damit unangemessene Sicherungsvorkehrungen gefordert werden, die zudem noch vom Unternehmer zu bezahlen sind (§ 110 Rn 45). Das Problem, daß mit einer Sicherungsmaßnahme zusätzliche, nicht von § 110 Abs. 3 erfaßte Nachteile verbunden sein könnten, ist vom Gesetzgeber wohl als nicht regelungsbedürftig betrachtet worden. Sofern sich derartige Nachteile unabhängig von Anpassungsmaßnahmen allein als Folge von Sicherungsvorkehrungen herausstellen sollten, sind diese in entsprechender Anwendung des § 110 Abs. 3 S. 2 zu ersetzen, sofern sie die Grenze des Unerheblichen übersteigen.

20

8. Das unter der Geltung des § 148 ABG bestehende Problem der **Verjährung** von Ersatzansprüchen in Fällen drohender Berggefahr (oben Rn 4), ist nach der hier vertretenen Auffassung weitgehend bedeutungslos geworden. Durch die Anpassungsregelung der §§ 110 bis 112 wird der finanzielle Ausgleich von der Schadensersatzpflicht des § 114 Abs. 1 abgekoppelt. Der Eigentümer behält einen Anspruch auf Anpassungs- und Sicherungskosten auch dann, wenn ihm die eingeschränkte Eignung des Grundstücks für eine Bebauung als Folge bergbaulicher Einwirkungen länger als drei Jahre (§ 117 Abs. 2) bekannt war. Wird eine Bauabsicht zunächst gefaßt, nach einem Anpassungs- oder Sicherungsverlangen aber wieder aufgegeben und die bisherige Nutzung fortgesetzt, wird eine etwaige Gebrauchswertminderung wieder beseitigt. Lebt die Bauabsicht bei dem Eigentümer erneut auf, setzt die Anpassungsregelung wieder ein. Der Unternehmer kann daher die Verjährungseinrede nach § 117 Abs. 2 im Ergebnis erst erheben, wenn eine **bestehende bauliche Anlage** von einer **körperlichen Beeinträchtigung** betroffen ist und der Eigentümer oder sonstige Berechtigte von diesem Schaden **Kenntnis erhalten** hat.

§ 112 Verlust des Ersatzanspruchs

Werden bauliche Anlagen unter Verstoß gegen § 110 oder § 111 errichtet, erweitert oder wesentlich verändert, so ist ein Anspruch auf Ersatz eines Bergschadens wegen der Beschädigung dieser Anlagen und der daraus entstandenen Schäden an Personen oder Sachen ausgeschlossen, soweit der Schaden auf die Nichtbeachtung der genannten Vorschriften zurückzuführen ist. Satz 1 gilt nicht, wenn der Unternehmer seiner Pflicht zum Ersatz oder zur Tragung der Aufwendungen oder zur

Drittes Kapitel: Bergschaden 1–3 § 112

Vorschußleistung nach § 110 Abs. 3 und 4 oder nach § 111 Abs. 2 und 3 nicht oder nur teilweise nachgekommen ist. Bei Verstößen des Bauherrn oder Unternehmers, die nicht auf Vorsatz oder grober Fahrlässigkeit beruhen, gilt § 118 entsprechend.

1

1. Durch den **angedrohten Verlust künftiger Ersatzansprüche** soll sichergestellt werden, daß der Bauherr einem auf § 110 Abs. 1 oder § 111 Abs. 1 gestützten Verlangen des Unternehmers auch tatsächlich nachkommt. § 112 enthält Elemente des Mitverursachungsprinzips des § 254 Abs. 1 BGB, schränkt jedoch bei vorsätzlichem oder grob fahrlässigem Verhalten des Bauherrn die Möglichkeit einer Abwägung der Verursachungsbeiträge weitgehend aus (vgl. unten Rn 6). Der Verlust künftiger Ersatzansprüche ist gerechtfertigt, weil ein besonders grober Verstoß gegen die eigenen wohlverstandenen Interessen vorliegt. Darüber hinaus enthält die Sanktion des § 112 wohl auch einen auf generalpräventiven Überlegungen beruhenden Rechtsgedanken. Erst die Summe gesetzeskonformer Verhaltensweisen aller Bauherren, also die möglichst lückenlose Befolgung der Anpassungs- und Sicherungsverlangen, führt zu einer weniger bergbauempfindlichen Bebauung der Tagesoberfläche und erzeugt damit die gewünschte Ordnung des Nachbarraums. Ob die Anpassungsregelung diesen gesetzlich gewollten Zweck zu erfüllen vermag, wird sich aufgrund der Auslegung dieser Vorschrift durch die Praxis, insbesondere durch die Rechtsprechung, erweisen müssen.

2

2. Die **Rechtsfolge** eines Verstoßes gegen ein Anpassungs- oder Sicherungsverlangen des Bauherrn ist der Verlust des Anspruchs „auf Ersatz eines Bergschadens wegen der Beschädigung dieser Anlagen und der daraus entstandenen Schäden an Personen oder Sachen". Die Formulierung kann zu Mißverständnissen Anlaß geben, weil nach der gesetzlichen Definition des § 114 Abs. 1 als Bergschaden die Beschädigung einer Sache, also die Substanzbeschädigung, gilt; gemeint ist wohl, daß die Haftung für den Schaden im Rechtssinne („der daraus entstehende Schaden") ausgeschlossen werden soll. Dieser Schaden im Rechtssinne muß sich über die Beschädigung einer baulichen Anlage (als haftungsbegründendes Erstereignis) vollzogen haben. Demgegenüber betrifft der mit „soweit" eingeleitete Nachsatz wiederum nicht den Schaden im Rechtssinne, sondern das (haftungsbegründende) Erstereignis, also die Beschädigung der baulichen Anlage selbst.

3

3. § 112 ist als **Einwendung** formuliert. Die **Beweislast** für die Tatbestandsvoraussetzungen des Haftungsausschlusses trifft demnach den zum Ersatz verpflichteten Unternehmer. Er kann sich weitgehend des Beweises des ersten Anscheins bedienen. Steht fest, daß Anpassungs- und Sicherungsmaßnahmen in der abgeforderten Weise nicht getroffen worden sind und wird der Nachweis erbracht, daß ein Anpassungs- oder Sicherungsverlangen zugegangen ist, sind in der Regel die Voraussetzungen für den Haftungsausschluß erfüllt.

§ 112   4–6   Siebenter Teil: Bergbau u. Grundbesitz, öffentl. Verkehrsanlagen

4

a) Es muß zunächst ein **Verstoß gegen** § 110 oder § 111 vorliegen. Da die Verhaltensanforderungen nach diesen Vorschriften erst nach einem ausdrücklichen Verlangen des Unternehmers einsetzen, knüpft die Sanktion an die Nichtbeachtung dieser Forderungen an. Ein Verstoß des Bauherrn liegt auch vor, wenn dieser eigenmächtig von einem spezifizierten Verlangen des Unternehmers abgewichen ist, also etwa die Anpassung unterlassen, wohl aber die abgeforderte Sicherung vorgenommen hat.

5

b) Voraussetzung für den Verlust des Anspruchs ist ferner ein **vorsätzliches oder grob fahrlässiges Verhalten**. Dies folgt aus S. 3, wo bei leicht fahrlässigem Verstoß des Bauherrn eine andere Rechtsfolge eingreift, nämlich über § 118 die Anwendung der Mitverursachungsgründe des § 254 Abs. 1 BGB. Die Nichtbeachtung eines Verlangens trotz Kenntnis ist als vorsätzliches Handeln zu bewerten. Ein grob fahrlässiges Verhalten erscheint kaum denkbar.

6

c) Eine **weitere Voraussetzung** besteht darin, daß ein Ersatzanspruch nur ausgeschlossen ist, **soweit der Schaden auf die Nichtbeachtung der genannten Vorschriften** (also der §§ 110 und 111) **zurückzuführen ist**. Mit dieser Einschränkung sollen nach der Gesetzesbegründung ungerechtfertigte Ergebnisse vermieden werden. Der Ausschluß des Bergschadensersatzanspruchs sei deshalb „davon abhängig, ob das Unterlassen von Anpassung oder von Sicherungsmaßnahmen für die Entstehung des Bergschadens ursächlich war oder nicht" (BT-Ds. 8/1315, 140 = Zydek, 422). § 112 S. 1 nimmt im Hinblick auf die Abstufung etwaiger Verursachungsbeiträge beider Beteiligter eine Mittelstellung ein. Während nach S. 3 bei leicht fahrlässigem Verstoß des Bauherrn über § 118 eine Anwendung der Abwägungsprinzipien des § 254 Abs. 1 BGB angeordnet wird, ist die Möglichkeit einer Abwägung bei einem Verstoß gegen eine vom Unternehmer ausgesprochene **Bauwarnung** generell ausgeschlossen; denn bei § 113 Abs. 2 S. 1 fehlt – trotz im übrigen nahezu gleichlautender Formulierung – die Einschränkung durch den erwähnten „Soweit"-Satz. Maßnahmen der Anpassung oder Sicherung vermögen die Entstehung von Bergschäden, verstanden als Substanzschäden an einer baulichen Anlage (§ 114 Abs. 1), selten ganz auszuschließen. Zudem sollen sie grundsätzlich auch nicht mit dem Ziel einer weitgehenden Verhütung solcher Substanzschäden getroffen werden. Wie die Beurteilungsmaßstäbe des § 110 Abs. 1 und § 111 Abs. 1 S. 2 zeigen, sollen die im Einzelfalle zweckmäßigen, wirtschaftlich am potentiellen Schadensrisiko ausgerichteten und deshalb angemessenen Schutzvorkehrungen durchgeführt werden (vgl. § 110 Rn 9, 46 f; § 113 Rn 7 f). Wenn im Regelfall Anpassungs- oder Sicherungsmaßnahmen einen künftigen Schaden nicht völlig ausschließen, sondern nur verringern können, kann es auch umgekehrt die Unterlassung solcher Maßnahmen nur zu einer Vergrößerung des Schadens führen, selten seine Entstehung überhaupt erst bewirken. Wenn in diesem Zusammenhang auch bei bewußter oder grob fahrlässiger Unterlassung seitens des Bauherrn jeweils im Schadensfalle nach dem Kausalbeitrag der Unterlassung für den Gesamtschaden gefragt werden müßte, wäre § 112 S. 1 weitgehend die Sank-

Drittes Kapitel: Bergschaden   7,8 § 112

tionswirkung genommen. Zudem bestünde kein Unterschied zu § 112 S. 3 bei leicht fahrlässigem Verstoß des Bauherrn; denn nach § 254 Abs. 1 BGB, auf den §§ 112 S. 3, 118 verweisen, hängen Schadensersatzverpflichtungen und Haftungsumfang von den Umständen, insbesondere davon ab, „inwieweit der Schaden vorwiegend von dem einen oder dem anderen Teil verursacht worden ist". Die in § 112 vorgenommene Differenzierung der Rechtsfolgen bei groben und leicht fahrlässigen Verstößen des Bauherrn nötigt zu der Annahme, daß der Gesetzgeber die Vergünstigung der Einzelabwägung der Verursachungsbeiträge nur bei leichter Fahrlässigkeit des Bauherrn einräumen wollte. Deshalb ist davon auszugehen, daß der zweifellos als Korrektiv gedachte Nachsatz lediglich eine irgendwie geartete kausale Verknüpfung zwischen Unterlassung und Schadenseintritt oder Vergrößerung des Schadens verlangt. Die maßgebliche Fragestellung lautet also, ob der Eintritt des Schadens oder die Höhe des Schadens durch die Unterlassung von Anpassungs- oder Sicherungsmaßnahmen begünstigt worden ist. Dies führt bei vorsätzlichem oder grob fahrlässigem Verhalten des Bauherrn in der Mehrzahl der Fälle dazu, daß auch ein relativ geringer „Tatbeitrag" die volle Härte der Sanktion auslöst, also den Verlust des Ersatzanspruchs bewirkt. Allerdings muß sich bei dem schädigenden Ereignis gerade das Risiko verwirklicht haben, um dessentwillen die Anpassungsregelung der §§ 110 bis 112 besteht. § 112 hat daher nicht schlechthin pönalen Charakter. Ein Schaden ist auch dann nicht auf die Unterlassung der Anpassung oder Sicherung zurückzuführen, wenn dieser im gleichen Umfange trotz ordnungsgemäßen Verhaltens des Bauherrn entstanden wäre. Insgesamt wird bei vorsätzlichem oder grob fahrlässigem Verhalten des Bauherrn nach § 112 S. 1 eine Haftungsquote zu bilden sein, die überwiegend zum Nachteil des Bauherrn ausschlägt. Dies gilt selbst dann, wenn bei objektiver Betrachtung der eigentliche Verursachungsbeitrag des Bauherrn – gemessen am Gesamtschaden – nur einen relativ geringen Umfang hatte.

7
4. Der Unternehmer kann sich nach S. 2 auf den Ausschluß des Ersatzanspruchs wegen unterlassener Anpassung und Sicherung nur dann berufen, wenn er selbst den Pflichten aus dem Anpassungsverhältnis nachgekommen ist. Dies ist auch einleuchtend, wenn solche Maßnahmen deshalb unterbleiben, weil der Unternehmer trotz Aufforderung des Bauherrn bei Baubeginn keinen angemessenen Vorschuß geleistet hat (§ 110 Rn 43). Das gleiche gilt, wenn der Unternehmer bei Stellung eines Anpassungs- oder Sicherungsverlangens zu erkennen geben sollte, daß er die damit verbundenen Aufwendungen nicht ersetzen werde. Hat der Bauherr dagegen entsprechend dem Anpassungs- und Sicherungsverlangen des Unternehmers die abgeforderten Maßnahmen zunächst auf eigene Kosten getroffen, kann er den hierdurch entstandenen Aufwand nach § 110 Abs. 3 oder § 111 Abs. 2 – notfalls auch klageweise – geltend machen, da die genannten Vorschriften selbständige Ansprüche gewähren. Dann greift § 112 verständlicherweise nicht ein.

8
5. Ob **leichte Fahrlässigkeit** auf seiten des Bauherrn überhaupt vorliegen kann, wenn ihm ein Verlangen nach § 110 oder § 111 zugegangen ist, er also von dessen

669

§ 112 9, 10   Siebenter Teil: Bergbau u. Grundbesitz, öffentl. Verkehrsanlagen

Inhalt eine positive Kenntnis erlangt hat, erscheint zweifelhaft. Zumeist wird in diesen Fällen vorsätzliches, zumindest grob fahrlässiges Verhalten vorliegen. Ein leicht fahrlässiger Verstoß des Bauherrn kann allenfalls infrage kommen, wenn er sich über den Inhalt des Verlangens irrt, sich wegen der Reichweite der Erklärung des Unternehmers unschlüssig ist oder (technische) Begriffe mißdeutet. Der Verursachungsbeitrag im Falle eines Unterlassens ist bei einem leicht fahrlässigen Verhalten im Prinzip der gleiche wie bei einem vorsätzlichen oder grob fahrlässigen Verhalten. Es besteht aber die Möglichkeit, nach § 254 Abs. 1 BGB (über § 118) im Wege der Abstufung auch Verschuldensgesichtspunkte in die Abwägung einzubeziehen; über die Haftungsquote entscheidet das Gericht nach freier Überzeugung (§ 287 ZPO). Das gleiche gilt bei leicht fahrlässigem Verhalten des Unternehmers, wenn dieser seiner Pflicht zur Vorschußleistung bei Baubeginn nicht nachkommt, also entweder nicht rechtzeitig leistet, oder nicht in Höhe eines aus der Sicht des Bauherrn angemessenen Betrages. In diesem Zusammenhang mag auch zu berücksichtigen sein, ob dem Bauherrn bei Differenzen mit dem Unternehmer nicht zuzumuten sein könnte, den Anpassungs- oder Sicherungsaufwand notfalls zunächst fremdzufinanzieren, zumal die insoweit anfallenden Mehrkosten durchaus als angemessen und deshalb als zu ersetzender Aufwand (vgl. hierzu im einzelnen § 110 Rn 38) zu betrachten sind. Ein leicht fahrlässiges Verhalten auf seiten des Unternehmers kann auch vorliegen, wenn dieser einen Anpassungsaufwand im Grenzbereich zwischen Erheblichkeit und Unerheblichkeit unzutreffend bewertet und deshalb die Zahlung eines Vorschusses verweigert.

9
6. § 112 knüpft im Kern an eine **subjektiv vorwerfbare Selbstschädigung** auf seiten des Bauherrn an. Es stellt sich deshalb die Frage, ob der Einwand aus § 112 auch gegenüber einem **Rechtsnachfolger des Bauherrn** eingreift. Die Frage ist nach dem Sinn und Zweck der Vorschrift (oben Rn 1) zu bejahen, weil sich der Bauherr andernfalls allein schon durch die Veräußerung der baulichen Anlage oder des Grundstücks, auf dem sich dieses befindet, dem Einwand des § 112 entziehen könnte. Die Sanktion wäre dann weitgehend wirkungslos, zumal zwischen der Errichtung einer baulichen Anlage und dem tatsächlichen Schadenseintritt längere Zeiträume verstreichen könnten, innerhalb deren erfahrungsgemäß zahlreiche Veräußerungen stattfinden werden. Daß der Einwand des § 112 unabhängig davon eingreift, ob auf seiten des Geschädigten selbst durch Unterlassung von Anpassungs- oder Sicherungsmaßnahmen ein Verursachungsbeitrag gesetzt ist, ergibt sich auch aus der außerordentlich weiten Fassung des Haftungsausschlusses; denn sogar Personenfolgeschäden sind von der Haftung ausgenommen.

10
Die Sanktion des § 112 entspricht insoweit weitgehend derjenigen des § 150 Abs. 1 ABG. Nach dieser Vorschrift kam es für den Haftungsausschluß darauf an, ob der Errichtung eines Gebäudes oder einer sonstigen Anlage dem Grundbesitzer die drohende Berggefahr bekannt oder infolge grober Fahrlässigkeit unbekannt war (vgl. § 113 Rn 2). Hier kam es auf die subjektiven Erkenntnismöglichkeiten des bauenden Grundbesitzers an. Die Kenntnis, daß einer baulichen Anlage durch bergbaubedingte Bodenbewegungen Schäden zugefügt werden könnten, erhält

Drittes Kapitel: Bergschaden §§ 112, 113

der Bauherr nunmehr über ein ausdrückliches Verlangen des Unternehmers. Schon in der früheren Rechtsprechung war anerkannt, daß auch der gutgläubige Erwerber eines bebauten Grundstücks sich entgegenhalten lassen mußte, daß sein Voreigentümer bei der Errichtung des Gebäudes die Berggefahr gekannt oder schuldhaft nicht gekannt hatte (RGZ 34, 268). Schwierigkeiten bereitete die Bestimmung der subjektiven Voraussetzungen in Fällen, in denen ein Käufer vor Eigentumsübergang oder ein Pächter gebaut hatte, sofern die Gebäude nach den vertraglichen Vereinbarungen in das Eigentum des Verpächters fielen oder der Pächter das Grundstück später zu Eigentum übernahm (im einzelnen BGHZ 24, 337). § 112 stellt klar, daß es nunmehr allein auf den Verstoß des Bauherrn ankommt. Wer auch immer Rechtsnachfolger im Besitz oder Eigentum ist, muß den Einwand des § 112 gegen sich gelten lassen.

11

Der Unternehmer kann im Wege der Klage nach § 256 ZPO bereits vor Eintritt des Schadensereignisses das Nichtbestehen der künftigen Haftung wegen etwaiger Schäden an der baulichen Anlage feststellen lassen. Ein Feststellungsinteresse ist zu bejahen, weil zwischen der Errichtung der Anlage und dem Schadenseintritt ein längerer Zeitraum vergehen oder eine Rechtsnachfolge eintreten kann, so daß sich die Chancen, mit dem Einwand des § 112 durchzudringen, insbesondere wegen seiner subjektiven Voraussetzungen von Jahr zu Jahr verschlechtern. Es besteht aus den gleichen Gründen auch ein Interesse an einer alsbaldigen Feststellung. Das Beweissicherungsverfahren nach §§ 485 ff ZPO ist in diesen Fällen nicht anwendbar. Ein rechtskräftiges Urteil wirkt für und gegen die Rechtsnachfolger der Parteien.

12

7. Mit Eingang des Verlangens beim Bauherrn ist das Anpassungsverhältnis eingeleitet. Insoweit besteht eine gesetzliche Sonderbeziehung zwischen den Beteiligten, welche die Anwendung des § 278 BGB rechtfertigt. Der Bauherr verliert den Ersatzanspruch im Geltungsbereich des § 112 daher auch dann, wenn ein mit der Bauleitung beauftragter Architekt oder Bauunternehmer als dessen Erfüllungsgehilfe ein Verlangen des Unternehmers mißachtet (vgl. § 118 Rn 11; § 110 Rn 27).

§ 113 Bauwarnung

(1) Ist der Schutz baulicher Anlagen vor Bergschäden nach § 110 oder § 111 nicht möglich oder stehen Nachteile oder Aufwendungen für eine Anpassung im Sinne des § 110 oder für Sicherungsmaßnahmen im Sinne des § 111 in einem unangemessenen Verhältnis zu der durch diese Maßnahmen eintretenden Verminderung des Bergschadensrisikos, so kann der Unternehmer vor der Errichtung, Erweiterung oder wesentlichen Veränderung einer baulichen Anlage eine schriftliche Bauwarnung gegenüber dem Bauherrn aussprechen. Die Bauwarnung hat Angaben über die Art der zu erwartenden bergbaulichen Beeinträchtigungen der Oberfläche, über die sich daraus ergebenden wesentlichen Einwirkungen auf die bauliche Anlage und über das Vorliegen der Voraussetzungen nach Satz 1 zu enthalten.

(2) Werden bauliche Anlagen entgegen der Bauwarnung errichtet, erweitert oder

§ 113 1,2   Siebenter Teil: Bergbau u. Grundbesitz, öffentl. Verkehrsanlagen

wesentlich verändert, ist ein Anspruch auf Ersatz eines Bergschadens wegen der Beschädigung dieser Anlagen und der daraus entstandenen Schäden an Personen oder Sachen ausgeschlossen. Satz 1 gilt nicht, wenn die Voraussetzungen für das Aussprechen der Bauwarnung nach Absatz 1 Satz 1 nicht vorgelegen haben oder die Errichtung, Erweiterung oder wesentliche Veränderung von Leitungen zur öffentlichen Versorgung oder Entsorgung unvermeidbar ist.

(3) Wenn ausschließlich infolge der Bauwarnung nach Absatz 1 ein Grundstück nicht bebaut oder Art oder Maß der baulichen Nutzung in der sonst zulässigen Weise nicht ausgeschöpft werden können, hat der Unternehmer Ersatz für die Minderung des Verkehrswertes des Grundstücks zu leisten. Ist es dem Eigentümer mit Rücksicht auf die Bauwarnung wirtschaftlich nicht mehr zuzumuten, das Grundstück zu behalten oder es in der bisherigen oder einer anderen zulässigen Art zu nutzen, so kann er vom Unternehmer die Übernahme des Grundstücks verlangen. In diesem Fall hat der Unternehmer den Verkehrswert, den das Grundstück ohne die Bauwarnung hätte, sowie die für die Beschaffung eines Ersatzgrundstücks erforderlichen Aufwendungen zu ersetzen. Ein Anspruch nach Satz 1 besteht insoweit nicht, als Tatsachen die Annahme rechtfertigen, daß die Absicht, eine bauliche Anlage zu errichten, zu erweitern oder wesentlich zu verändern, nur erklärt wird, um einen Wertersatz zu erlangen.

1

1. Der Unternehmer kann eine **Bauwarnung** aussprechen, wenn der Interessenkonflikt zwischen Bergbau und Oberflächennutzung durch Ausweichen oder Abschwächung der Kollision nicht gelöst werden kann. Sie läuft auf einen erzwungenen **Bebauungsverzicht** hinaus; denn das Bauen trotz Bauwarnung führt zum vollständigen Verlust jeglichen Bergschadenersatzanspruchs (§ 113 Abs. 2). Als Ausgleich erwirbt der Bauherr einen Ersatzanspruch in Höhe der durch die Bauwarnung ausgelösten Verkehrswertminderung des Grundstücks (§ 113 Abs. 3). Das Gesetz geht offenbar davon aus, daß eine Bauwarnung nicht stets den vollständigen Verlust der Bauplatzeigenschaft zur Folge haben muß. Wie sich aus der differenzierenden Entschädigungsregelung (§ 113 Abs. 3 S. 1) ergibt, sind auch Fälle denkbar, daß lediglich Art und Maß nicht in der sonst zulässigen Weise baulich ausgenutzt werden können. Daraus kann sich ein gegenwärtig noch nicht klar abschätzbarer Zwischenbereich zwischen Anpassung durch Konstruktion etwa durch Unterlassen bestimmter komplizierterer Bauweisen und (Teil-)Bauwarnung ergeben, wie überhaupt auch die Kombination eines Anpassungsverlangens mit einer Teilbauwarnung denkbar erscheint. Insofern können auch Ansprüche auf Ersatz erheblicher Nachteile im Sinne von § 110 Abs. 3 durchaus mit einem Ersatzanspruch nach § 113 Abs. 3 konkurrieren.

2

2. a) Nach der **Gesetzesbegründung** wurde das Institut der Bauwarnung aus dem geltenden Recht übernommen (BT-Ds. 8/1315, 140 = Zydek, 424). Das ist so nicht ganz richtig; denn die Bauwarnung nach § 150 ABG war kein (im Gesetz verankertes) Institut, sondern lediglich Mittel des Bergbautreibenden, dem Grundbesitzer die zum Haftungsausschluß führende (positive) Kenntnis der drohenden Berggefahr zu vermitteln. Nach § 150 Abs. 1 ABG war der Bergwerksbesitzer seiner Ersatzpflicht nach § 148 ABG enthoben, wenn der Schaden an Gebäu

Drittes Kapitel: Bergschaden **3 § 113**

den oder Anlagen entstand, die zu einer Zeit errichtet worden waren, „wo die denselben durch den Bergbau drohende Gefahr dem Grundbesitzer bei Anwendung gewöhnlicher Aufmerksamkeit nicht unbekannt bleiben konnte". Der Haftungsausschluß setzte voraus, daß gerade dem Baugrundstück im Zeitpunkt des Baubeginns eine besondere (konkrete) Berggefahr aus einer bestimmten Betriebshandlung des Bergwerksbesitzers drohte. Ferner mußte dem Grundeigentümer im Zeitpunkt des Beginns der Bauausführung gerade die seinem Grundstück drohende besondere (konkrete) bergbauliche Einwirkung bekannt oder infolge Verschuldens unbekannt sein. Insbesondere die **Kenntnis einer allgemeinen Berggefahr** war **nicht ausreichend** (vgl. hierzu auch § 110 Rn 22). Schäden an in der Nähe gelegenen anderen Bauwerken vermochten ebensowenig die Kenntnis einer konkreten Berggefahr zu begründen wie das Wissen des Bauherrn über umgehenden Bergbau unter seinem Grundstück oder in dessen unmittelbarer Nähe, ferner nicht die allgemeine Kenntnis, daß das Grundstück im Einflußbereich des Bergbaus lag. § 150 Abs. 1 ABG war im übrigen nicht als „ungewöhnlich weitgehender" Haftungsausschluß (so BGHZ 57, 375, 384) gedacht, sondern bildete z. Zt. des Erlasses des ABG die übliche Rechtsfolge bei konkurrierendem Verschulden des Geschädigten. Damals galt das gemeinrechtliche Prinzip der Culpa-Kompensation, nach dem relevantes Mitverschulden einen Ersatzanspruch völlig ausschloß (Lange, Schadensersatz, § 10 I). § 150 Abs. 1 ABG war Ausdruck dieser allgemeinen Rechtsregel, die nur deshalb in das ABG aufgenommen wurde, um angesichts der verschuldensunabhängigen Haftung des § 148 ABG Zweifel an der Anwendung dieser Mitverschuldensgrundsätze auszuschließen (Motive ZfB 6 (1865), 172, 173; Vowinckel, ZfB 108 (1968), 261, 285 f.).

3

b) Die **Bauwarnung** (oder auch Bergbauwarnung) hatte nach dem ABG keine selbständige Wirkung, vielmehr nur die Bedeutung, daß aus ihr die Kenntnis des Grundstücksbesitzers von der durch den Bergbau drohenden Gefahr oder seine grob fahrlässige Unkenntnis gefolgert werden konnte. Sie diente der dahingehenden Beweisführung des Bergwerksbesitzers (Brassert-Gottschalk, 2. Aufl., 1914, § 150 Anm. 7 b). Als Beweismittel war sie nach ständiger Praxis der Gerichte nur geeignet, wenn sie auch begründet war. Daher mußte die Warnung die konkrete Gefahr, welche die zu errichtenden Gebäude durch den Bergbau zu erwarten hatten, deutlich erkennbar machen; außerdem mußte die die in ihr angedeutete Gefahr mit dem hinterher schädigenden Umstande identisch zu sein (Brassert-Gottschalk, aaO). Die einschlägige Rechtsprechung des RG, die im wesentlichen vor Inkrafttreten des BGB ergangen ist, wird erkennbar geprägt von dem Bemühen, die weitgehende Folge des § 150 Abs. 1 ABG mit dem vollständigen Ausschluß des Ersatzanspruchs abzuschwächen. Insbesondere mit Hilfe der gesetzten Bedingung wonach der **tatsächliche Verlauf des Schadens den Angaben in der Bauwarnung zu entsprechen hatte**, versuchte das RG, eine zu weitgehende Anwendung der Haftungsausschlußklausel zu verhindern. Daß die Bauwarnung angesichts dieser Sachlage als Abwehrmittel des Bergbauunternehmers gegen eine bergbauungeeignete Oberflächenbebauung weithin versagen mußte, liegt auf der Hand.

673

§ 113 4, 5

4

3. a) Neben der Notwendigkeit einer Anpassung an die sich aus den §§ 110, 111 ergebende neue Ausgangslage sollte mit der Neuformulierung der Bauwarnung den Schwierigkeiten Rechnung getragen werden, die in der Praxis bei Anwendung des geltenden Rechts aufgetreten waren (BT-Ds. 8/1315, 140 = Zydek, 424). Neben dem **Schriftformerfordernis** ist mit diesem Hinweis gemeint, daß zwar auch die Bauwarnung nach § 113 noch nachprüfbare Angaben über die zu erwartenden Bodenbewegungen und die sich daraus ergebenden wesentlichen Einwirkungen enthalten muß: Ihre Wirksamkeit setzt jedoch nicht mehr die vollständige Übereinstimmung der später tatsächlich auftretenden Schäden an der baulichen Anlage mit den früheren Angaben in der Bauwarnung voraus (unten Rn 20). Das Bauen entgegen einer ausdrücklichen Bauwarnung stellt sich als **besonders schwerer Fall des Verstoßes gegen die eigenen wohlverstandenen Interessen des Bauherrn** dar. Der Verlust des Ersatzanspruchs ist insoweit als Sanktion im Bereich des Mitverursachungsprinzips des § 254 Abs. 1 BGB angesiedelt; allerdings mit der Besonderheit, daß die Möglichkeit einer Abwägung der Verursachungsbeiträge beider Beteiligten ausdrücklich ausgeschlossen wird (zum Vergleich: § 112 Rn 6). Über die Sanktion als Mittel der Verhaltenssteuerung werden auch **raumordnende Wirkungen** angestrebt: Wo die Anpassung oder Sicherung außerordentliche Kosten verursacht, sollen Bauvorhaben unterbleiben, es sei denn, daß sie aufgrund bestimmter Standortzwänge gerade an der vorgesehenen Stelle errichtet werden müssen.

5

b) Nicht ohne Folgerichtigkeit ist daher eine **Bauwarnung** gegenüber einer **öffentlichen Verkehrsanlage nicht möglich,** weil die im Einzelfall gewählte Linienführung in der Regel aus einem bestimmten regionalen oder überregionalen Verkehrsbedürfnis abgeleitet ist, also in gewisser Weise eine Standortbindung besteht. Zudem liegen für eine ganz bestimmte Streckenplanung oftmals auch Zwangspunkte vor, die gerade die Verlegung der jeweiligen Verkehrsanlage in der beabsichtigten Trasse als notwendig erscheinen lassen. Eine Abschwächung der Kollision zwischen Bergbau und öffentlicher Verkehrsanlage soll im übrigen durch ein **besonderes Rücksichtnahmeprinzip** erreicht werden (§ 124 Rn 7 f). Aus dem Anpassungsverhältnis sind daher nur die §§ 110 bis 112, nicht dagegen § 113 anwendbar (§ 124 Abs. 1 S. 2). Sind beide Nutzungsarten im gleichen Raum miteinander unvereinbar, wird die Kollision zwischen Bergbau und öffentlicher Verkehrsanlage durch **Abbauverzicht** gelöst, es sei denn, daß das öffentliche Interesse an der Gewinnung überwiegt (124 Abs. 3). Bei **Leitungen der öffentlichen Versorgung** (z. B. Strom-, Wasser- oder Gasleitungen) ist eine Bauwarnung nicht möglich, wenn sie zwingend („unvermeidbar"), d. h. wegen der Notwendigkeit der Versorgung der Öffentlichkeit, in der vorgesehenen Trasse verlegt werden müssen (§ 113 Abs. 3 S. 2). Das gleiche gilt für Entsorgungsleitungen (insbesondere Entwässerungskanäle oder Einrichtungen von Wasserverbänden). Neben dem eigentlichen Entsorgungszweck können sich bei der Festlegung der Linienführung solcher Anlagen besondere Zwänge aus der Notwendigkeit einer Erhaltung oder Ausnutzung des natürlichen Gefälles (Vorflut) ergeben. Es versteht sich, daß auch die Träger derartiger Anlagen der grundsätzlichen Rücksichtnahmepflicht im Rahmen des Anpassungsverhältnisses unterliegen. Wie andere Bauherren haben daher auch sie die Leitungen den zu erwartenden Bodenbewegungen durch Lage

Drittes Kapitel: Bergschaden 6,7 § 113

oder Stellung anzupassen, also eine bergbaugeeignete Trassenführung zu wählen; freilich mit der Einschränkung, daß dadurch der Versorgungs- oder Entsorgungszweck nicht beeinträchtigt werden darf

6

4. Nach der **ersten Alternative des § 113 Abs. 1** kann eine Bauwarnung ausgesprochen werden, wenn Maßnahmen der Anpassung oder Sicherung **nicht möglich** sind. Die Tatbestandsvoraussetzungen einer Anpassungspflicht nach § 110 Abs. 1 müssen erfüllt sein. Bauwarnungen können mithin auch ausgesprochen werden bei einer erst **geplanten Gewinnung** für den durch **Rahmenbetriebspläne** vorgezeichneten **künftigen Einwirkungsbereich** einer Anlage (§ 110 Rn 12 ff) oder für Grundstücke, die (noch) von einer **bereits eingestellten Gewinnung** beeinflußt werden können. Die Anpassung durch Lage oder Stellung kann an rechtlichen, insbesondere baurechtlichen Vorschriften oder Festsetzungen scheitern. Im übrigen ist gemeint, daß Anpassungs- oder Sicherungsmaßnahmen aus technischen Gründen ausscheiden, eine bauliche Anlage also selbst bei einem Höchstmaß vorwiegend an Sicherungen stark gefährdet bleibt. Ist nicht auszuschließen, daß die zuständige Behörde aus Gründen einer Gemeinwohlgefährdung (§ 55 Abs. 1 S. 1 Nr. 9) trotz entsprechender Sicherungen das Stehenlassen eines Sicherheitspfeilers anordnen würde, weil sich auf andere Weise die verbleibende Gefährdung wesentlicher Rechtsgüter nicht verhindern läßt, gelten Maßnahmen der Anpassung Sicherung ebenfalls als unmöglich.

7

5. a) In der Mehrzahl der Fälle dürfte eine Bauwarnung bei Vorliegen der **zweiten Alternative des § 113 Abs. 1** in Betracht kommen. Danach ist Voraussetzung, daß „die Nachteile oder Aufwendungen für eine Anpassung im Sinne des § 110 oder für Sicherungsmaßnahmen im Sinne des § 111 in einem **unangemessenen Verhältnis zu der durch diese Maßnahmen eintretenden Verminderung des Bergschadensrisikos**" stehen. Die Formulierung enthält (ebenso wie § 110 Abs. 5) einen wichtigen Auslegungshinweis für sämtliche Vorschriften des Anpassungsverhältnisses. Positiv ausgedrückt soll der Anpassungsaufwand in einem angemessenen Verhältnis zu der durch diese Maßnahmen eintretenden (klarer: erzielbaren) Verminderung des Bergschadensrisikos stehen. Dies korrespondiert mit dem durch § 110 Abs. 1 und § 111 Abs. 1 betonten Gedanken, daß die Schutzvorkehrungen an den zu erwartenden Bodenverformungen, der Eigenart sowie der Bergschadensempfindlichkeit der baulichen Anlage orientiert werden sollen. Ziel der Anpassungsregelung (§§ 110 bis 112) ist nicht eine Schadensverhütung schlechthin, sondern die Verminderung der Bergschadensbeseitigungskosten durch die Maßnahmen, die dem im Einzelfall bestehenden Bergschadensrisiko Rechnung tragen. Mit dem Merkmal der Angemessenheit verweist das Gesetz auf einen wirtschaftlichen Maßstab (vgl. auch § 110 Rn 9, 45 f). Ein Übermaß an Sicherung konnte schon nach bisherigem Recht nicht gefordert werden (RG ZfB 80/81 (1939/1940), 139, 141). Die Mehrzahl aller Fälle, also die Bebauung mit durchschnittlich bergschadensempfindlichen Bauten auf normal beanspruchten Baugrundstücken, läßt sich mit dem Kriterium des angemessenen Anpassungs- und Sicherungsaufwands erfassen. Dagegen ergeben sich zwangsläufig Unklarheiten, wenn die Formel von der Angemessenheit – in eine

§ 113 8, 9   Siebenter Teil: Bergbau u. Grundbesitz, öffentl. Verkehrsanlagen

negative Fassung gewendet – die Grenze angeben soll, von der ab eine Bebauung ausscheiden soll. Solche Sachverhalte sind allgemein dadurch gekennzeichnet, daß einem hohen Bergschadensrisiko nur durch einen ungewöhnlich hohen Anpassungs- und Sicherungsaufwand begegnet werden kann. Bergschadensrisiko bedeutet in diesem Zusammenhang den Gesamtumfang aller Schadensersatzleistungen (Schadensbeseitigung zuzüglich Ersatz des entgangenen Gewinns). Als außergewöhnlich hoch ist ein Anpassungs- und Sicherungsaufwand dann zu bezeichnen, wenn die Kosten, die bei vergleichbaren baulichen Anlagen üblicherweise (durchschnittlich) aufgewendet zu werden pflegen, deutlich überschritten sind. Ein besonders hohes Bergschadensrisiko kann auf der Eigenart oder Funktion der baulichen Anlage beruhen. Einem besonderen **anlagebezogenen Risiko** sind bestimmte Fertigungsbetriebe ausgesetzt, bei denen schon geringfügigere Verformungen des Fundaments schwere Produktionsstörungen auslösen können (z. B. Feinmechanische Betriebe, Anlagen zur Anfertigung sog. Endlosrohre, Flachglasfertigungen). Ein **grundstücksspezifisches Sonderrisiko** besteht, wenn der vorgesehene Standort einer baulichen Anlage im Bereich eines Pressungs- oder Zerrungsmaximums liegt, starke Schieflagen befürchtet werden müssen oder wenn als Folge eines früheren Abbaus bereits Erdstufen oder Erdrisse vorhanden sind. Naturgemäß können auch beide Risikoarten nebeneinander auftreten (z. B. langgestreckte Industriebauten in Bereichen starker Schieflage).

8

b) Mit Hilfe der Bauwarnung nach § 113 sollen im Einzelfall im Interesse einer ökonomisch sinnvollen Raumnutzung erhöhte Bergschadensrisiken verhindert werden. Diese Funktion hätte bereits § 150 Abs. 1 ABG erfüllen können, wenn das Verhältnis zwischen Bergbau und Oberflächennutzung nicht zu einseitig als Spannungsfeld allein privater Interessengegensätze betrachtet worden wäre. Mit der Anerkennung eines Nachbarschaftsverhältnisses werden bei der Kollisionsregelung auch stärker allgemeinwirtschaftliche Gesichtspunkte berücksichtigt. Gegenüber den Referentenentwürfen (§ 110 Rn 3 f), die vom Konzept einer generellen Sicherungspflicht des Bauherrn aufgrund Ausweisung von Bergschadensschutz- oder Sicherungsgebieten ausgingen, wurde ebenfalls frühzeitig auf die Unentbehrlichkeit der Bauwarnung hingewiesen (Westermann, Freiheit, 86, 94; P. J. Heinemann, DB 1973, 315, 316).

9

Bei besonders bergschadensempfindlichen Anlagen oder einer im Einzelfall bestehenden starken Beanspruchung des Baugrundes (z. B. bei einer Bruchkante) wird das – in Bergbaugebieten übliche und weitgehend unvermeidbare – Schadensrisiko zulasten des Bergbaus weit überdurchschnittlich gesteigert. Eine Bebauung mit solcherart empfindlichen Bauten oder auf ungeeigneten Standorten entspricht nicht der Eigenart des Raums, der durch das Vorhandensein von Bodenschätzen und die unvermeidbaren Folgen ihres Abbaus geprägt wird. In solchen Fällen ist eine Bebauung auch gesamtwirtschaftlich nicht sinnvoll. Ob Schadensersatz geleistet wird oder vorbeugende Schutzvorkehrungen getroffen werden: Die finanziellen Aufwendungen sind aus der Sicht des Unternehmers gleichermaßen Betriebskosten. Hohe Kosten in beiden Sektoren können einen negativen Anreiz bewirken,

Drittes Kapitel: Bergschaden **10 § 113**

nämlich in Richtung auf eine Lagerstättenauslese und damit auf einen dauerhaften Verlust von Bodenschätzen. Die „sinnvoll und planmäßige Gewinnung von Bodenschätzen" – ein besonderes Anliegen des Gesetzes (vgl. § 11 Nr. 8 für Erlaubnis und Bewilligung (§ 12 Abs. 1); ferner § 1 Nr. 1) – kann durch eine bergbauempfindliche Oberflächennutzung deutlich beeinträchtigt werden. Lagerstättenteile, die heute aufgegeben werden, lassen sich in Zukunft kaum mit wirtschaftlich vernünftigem Aufwand erneut erschließen. Ein hoher Anpassungsaufwand ist bei Vorliegen der genannten Sonderrisiken auch deshalb wenig sinnvoll, weil dem außerordentlich kapitalintensiven Bergbau hierdurch notwendige Betriebsmittel entzogen werden, ohne daß diesem Entzug – wiederum volkswirtschaftlich betrachtet – eine entsprechende Wertschöpfung gegenüberstünde; denn eine teure Bergschädensicherung ist kein Wertfaktor an sich, sondern nur ein Hilfsmittel, hohe Bergschadenbeseitigungskosten zu vermeiden, die bei einer vernünftigen, den Besonderheiten eines Bergbaugebiets angepaßten Planung überhaupt nicht anfallen würden. Mit Hilfe der Bauwarnung lassen sich solche Auswirkungen einer unrationellen Planung oder historisch gewachsener Strukturen – wenn auch nur beschränkt – korrigieren. Daß in diesem Zusammenhang auch die berechtigten Belange des Bauherrn (Eigentümers) in die Interessenabwägung einzustellen sind, ergibt sich aus dem innerhalb des Nachbarschaftsverhältnisses bestehenden Rücksichtnahmeprinzip.

10

c) Bei der Ermittlung der Unangemessenheit zwischen Anpassungsaufwand einerseits und erzielbarer Verminderung des Bergschadensrisikos andererseits scheint der Wortlaut der 2. **Alternative des § 113 Abs. 1** allein auf einen **Vergleich beider Positionen untereinander** hinzudeuten. Danach könnte ein angemessenes Verhältnis noch vorliegen, solange nur das potentielle Schadensrisiko höher ist als der Anpassungsaufwand insgesamt mit der Folge, daß linear zum Schadensrisiko auch der Anpassungsaufwand zu steigern wäre. Bei einer solchen Auslegung ließen sich die genannten Sonderrisiken (oben Rn 7, 8) nicht ausschalten: Im Extremfall könnten danach sogar besonders empfindliche Anlagen auf stark vorgeschädigten Standorten errichtet werden; ein außerordentliches Risiko würde durch einen außerordentlich hohen Anpassungs- und Sicherungsaufwand abgefangen. In diesem Sinne darf § 113 nicht verstanden werden. Naturgemäß kann der Gesetzgeber mit dem Hinweis auf die Notwendigkeit eines **angemessenen Verhältnisses** zwischen Anpassungsaufwand und erzielbarer Verminderung des Bergschadensrisikos nur die allgemeine Richtung angeben. Die Maßstäbe im einzelnen wird die Praxis ermitteln müssen. Die maßgebenden **Bewertungskriterien und Bezugsgrößen** können sein: Durchschnittlicher Aufwand für normal beanspruchte Standorte, Wert der baulichen Anlage, etwaige besondere rechtlich anzuerkennende Interessen des Bauherrn an der Beibehaltung gerade des gewählten Standorts sowie die Höhe des Verkehrswerts des Grundstücks. Für den **Durchschnittsaufwand** an notwendiger und zweckmäßiger Sicherung liegen **Erfahrungswerte** vor. Bei Wohnbauten reichen 3 v. H. der Gebäudeherstellungskosten in der Regel aus, das im Normalfall bestehende Bergschadensrisiko in wirtschaftlich vernünftigem Umfang zu vermindern; bei Betriebsgebäuden – wiederum ohne Sonderrisiken – ist ein Aufwand von 5 v. H. angemessen. Bei betrieblichen Fundamentierungen kann der Aufwand auf 10 v. H. der hierfür anfallenden Investitionskosten steigen. Reicht dieser Aufwand im Einzelfall nicht aus, um das Bergschädenwagnis durchgreifend zu vermindern, wird schrittweise weiter zu prüfen sein, durch welche zusätzlichen Maßnahmen (in der Regel Sicherungsmaßnahmen) Abhilfe geschaffen werden kann. Die Angemessenheitsgrenze dürfte erreicht sein, wenn selbst bei einer **Verdoppelung des durchschnittlich anfallenden Aufwandes** das Risiko einer schweren Beschädigung der baulichen Anlage nicht deutlich herabgesetzt werden kann. Diese Konstellation zeigt in der Regel an, daß sich nur durch sprunghaftes Steigern des Anpassungs- und Sicherungsaufwandes, in der Praxis durch Übergang von einer sog. Teil- zur Vollsicherung, das Bergschädenrisiko wirksam reduzieren läßt. Die Belange des Bauherrn (Eigentümers), den gewählten Standort der baulichen Anlage beibehalten zu dürfen, sind mitzuberücksichtigen. Bei einem freistehenden Wohngebäude, das ebensogut an anderer Stelle erbaut werden könnte, gilt ein anderer Beurteilungsmaßstab als bei einem größeren Baukomplex, der von zahlreichen Bauherren nach bestehendem Bebauungsplan zusammenhängend und verdichtet errichtet werden soll, falls ein Teil der Bauparzellen etwa von einer Erdstufe geschnitten wird. Hier kann zur Vermeidung einer (städtebaulich unerwünschten) Baulücke auch ein außergewöhnlich hoher Aufwand noch als angemessen erscheinen. In gewissen Fällen dürfte daher auch eine Gesamtbetrachtung geboten sein.

11

c) Der **Verkehrswert des Grundstücks** vermag das Maß des angemessenen Anpassungs- und Sicherungsaufwandes nicht anzugeben. Die Bauwarnung löst zwar nach Abs. 3 einen Ersatzanspruch in Höhe der Differenz zwischen dem Verkehrswert und dem Wert der verbleibenden Grundstücksnutzung aus. Daraus kann nicht geschlossen werden, daß ein Anpassungsaufwand bis zur Höhe dieser Wertdifferenz stets als noch angemessen zu betrachten wäre. Bei dieser Auffassung würden eher zufällige Faktoren wie Grundstücksgröße und Bodenpreise über die Angemessenheit befinden. Um wirtschaftlich unsinnige Investitionen zu vermeiden, ist daher der Anpassungs- und Sicherungsaufwand in erster Linie nach dem Wert der zu errichtenden Anlagen und Gebäude auszurichten.

12

Andererseits wird der **Verkehrswert** des Baugrundstücks im allgemeinen die **Obergrenze** für den höchstmöglichen noch angemessenen Anpassungs- und Sicherungsaufwand bilden. Dies folgt aus einer sinngemäßen Anwendung des in § 251 Abs. 2 BGB enthaltenen Rechtsgedankens. Anpassungs- und insbesondere Sicherungsmaßnahmen sollen die Bebaubarkeit des Grundstücks und damit wirtschaftlich den Zustand wiederherstellen, der ohne das schädigende Ereignis bestünde. Schädigendes Ereignis ist in Fällen der Bauwarnung die erst drohende (künftige) Beschädigung der zu errichtenden baulichen Anlagen. Da der Betroffene eine sich durch den Bergbau anbahnende Gefährdung seiner Rechtsgüter mangels entsprechenden Abwehrrechts nicht verhindern kann, ist das Bevorstehen der Schädigung der eigentlichen Substanzschädigung gleichzustellen. Der in den §§ 110 Abs. 3, 111 Abs. 2 vorgesehene Ersatz der anfallenden Aufwendungen für Anpassungs- und Sicherungsmaßnahmen hat den Charakter einer Naturalrestitution

Drittes Kapitel: Bergschaden   13 § 113

(§ 249 BGB). Beschädigter Vermögensgegenstand ist das Baugrundstück. Grundsätzlich ist anerkannt, daß das Interesse des Geschädigten an der Wiederherstellung des verletzten Rechtsguts über den eigentlichen Wert des Vermögensgegenstandes (Wiederbeschaffungswert) hinausgehen kann. Das beruht darauf, daß der Grundsatz der Naturalrestitution, der dem Schutz des Integritätsinteresses des Geschädigten dient, an der Spitze der schadensersatzrechtlichen Vorschriften steht und eine Kompensation durch Wertausgleich (§ 251 Abs. 2 BGB) erst stattfinden soll, wenn die Herstellung unverhältnismäßige Aufwendungen erfordert. Liegt ein solcher Fall vor, kann der Schädiger die Wiederherstellung verweigern und auf Geldersatz übergehen. Da § 251 Abs. 2 BGB eine Ausprägung des Grundsatzes von Treu und Glauben darstellt, ist die Frage der Unverhältnismäßigkeit eine solche der Zumutbarkeit auf beiden Seiten (BGH NJW 1970, 1180; BGHZ 63, 295, 298; BGH NJW 1975, 2061). Ab welcher Grenze oberhalb des Zeitwerts einer Sache eine Naturalrestitution bei Beschädigung ausscheidet, wird von Fall zu Fall entschieden (BGH NJW 1972, 1800 (Kfz: 30 v. H.) BGHZ 59, 365 = NJW 1973, 138 (Baumangel: ca. 90 v. H.); vgl. ferner RGZ 71, 212; im einzelnen Lange, Schadensersatz, § 5 VIII). Die Fragestellung, ob der Schadensersatz bei drohender Berggefahr (berechnet auf der Grundlage der Sicherungskosten) durch den Verkehrswert des Baugrundstücks als Höchstgrenze beschränkt sei, ist im Bergschadensrecht nicht neu (So etwa Westermann, Verkehrsanstalten, 81; vgl. H. Schulte ZfB 107 (1966), 188, 201). Nach anderer Auffassung sollte die Wertminderung nach dem **konkret erforderlichen Sicherungsaufwand** und damit auf der Grundlage des Gebrauchswerts errechnet werden, falls dieser gegenüber dem Verkehrswert der höhere sei (Weitnauer, Verkehrsanstalten, 34 f, 42 f; Vowinckel, ZfB 108 (1967), 261, 278; RGZ 157, 99; BGH ZfB 95 (1954), 450). In diesem Zusammenhang ist – soweit ersichtlich – § 251 Abs. 2 BGB nicht geprüft worden. Mit Hilfe der Bauwarnung soll der Bauherr darauf hingewiesen werden, daß eine Schädigung der baulichen Anlage zu erwarten ist und eine Sicherung aus wirtschaftlichen Gründen nicht infrage kommt. Es muß deshalb im Einzelfalle geprüft werden, ob der sog. individuelle oder Gebrauchswert wegen eines anzuerkennenden Sonderinteresses so hoch ist, daß ein den Verkehrswert des Baugrundstücks übersteigender Sicherungsaufwand gerechtfertigt ist.

13

d) Ein solches **Sonderinteresse** kann infrage kommen bei standortgebundenen Anlagen; im Hinblick auf Anlagen der öffentlichen Versorgung und Entsorgung enthält das Gesetz selbst (Abs. 2 S. 2) einen dahingehenden Hinweis (oben Rn 5). Ein **rechtlich anerkennenswertes Standortinteresse** besteht dann, wenn ein gewerblicher oder industrieller Betrieb erweitert oder verändert werden soll, damit die Fortführung dieses Betriebs gesichert ist (vgl. den ähnlichen Rechtsgedanken des § 35 Abs. 5 Nr. 4 BBauG). Die **Errichtung neuer** besonders **bergschadensempfindlicher Betriebe** an ungeeigneten Standorten wird selten durch ein schutzwürdiges Interesse gerechtfertigt sein. Auch hier freilich können bestimmte Sachzwänge, z. B. ein Anschluß an Transporteinrichtungen (Bahnverbindung) oder an ein Gewässer (Brauchwasserentnahme), ein Überschreiten des Verkehrswertes legitimieren. Allgemeine städtebauliche Interessen oder wirtschaftsstrukturelle Zielsetzungen sind auf die Interessenabwägung zwischen Bergbau und Oberflächennut zung, jedenfalls bei Neuanlagen ohne besondere Standortbindung, grundsätzlich ohne Einfluß.

14
Ist der Anpassungs- und Sicherungsaufwand höher als der Verkehrswert des Grundstücks zuzüglich eines der besonderen Situation angemessenen Zuschlags, sind die Voraussetzungen des § 251 Abs. 2 BGB und damit auch die Voraussetzungen einer Bauwarnung erfüllt. Das Grundstück hat gleichsam einen Totalschaden erlitten. Es besteht nach allgemeinen schadensersatzrechtlichen Grundsätzen kein Anlaß, den Geschädigten bei einem Grundstück grundsätzlich anders (und besser) zu stellen als bei Zerstörung anderer Sachen. Will der Bauherr die Anlage gleichwohl an der entsprechenden Stelle errichten, mag er den zusätzlich erforderlichen Aufwand aus eigenen Mitteln begleichen oder, falls er gleichwohl ohne Sicherungen baut, die entstehenden Schäden selbst tragen (§ 113 Abs. 2). Auch dies ist letztlich eine Konsequenz des im Schadensersatzrecht geltenden Grundgedankens, daß der Schadensfall von dem Geschädigten nicht schrankenlos wirtschaftlich ausgenutzt werden soll. Es erscheint im übrigen geboten, die Bauwarnung an die schadensersatzrechtlichen Grundregeln (wieder-)heranzuführen. Die Bauwarnung ist nichts anderes als ein – wenn auch besonderer – Anwendungsfall des Mitverursachungsprinzips des § 254 BGB. Eine solche ausdrückliche Warnung wäre z. B. auch im Bereich des § 906 BGB denkbar (etwa eine „Warnung" vor dem Anbau besonders anfälliger Pflanzen). Wegen der weitreichenden Folgen im Falle ihrer Nichtbeachtung ist es zweifellos richtig, daß ihre Wirksamkeit von strengeren Anforderungen abhängig gemacht wird. Die Bauwarnung ist jedoch kein „privatrechtliches Bauverbot", noch weniger eine Enteignung (wie offenbar im Gesetzgebungsverfahren auch erwogen worden ist, vgl. BT-Ds. 8/3965, 141 = Zydek, 425), sondern sie begründet lediglich eine Obliegenheit des Bauherrn.

15
Nicht von ungefähr gelangt man daher zu den gleichen Ergebnissen wie bei der Anwendung des in § 251 Abs. 2 BGB enthaltenen Rechtsgedankens mit der Anwendung der Grundsätze der Mitverursachung (§ 254 BGB). Wo die Möglichkeit des Ausweichens besteht, ist es dem Oberflächeneigentümer als mitwirkendes Verschulden anzurechnen, wenn eine übermäßig berggefährdete Anlage an einer Stelle errichtet wird, wo die Sicherung gegen Bergschäden außerordentliche Kosten verursacht, während durch die Wahl eines anderen Standorts diese Kosten vermieden würden und eine wirtschaftlich vernünftige Abwägung die Wahl eines anderen Standorts als möglich und geraten erscheinen läßt (Weitnauer, Verkehrsanstalten, 40).

16
6. a) Eine Bauwarnung muß **schriftlich** ausgesprochen werden. Schriftlichkeit bedeutet eigenhändige Unterschrift, bei einer Firma durch Unterzeichnungsberechtigte (§ 126 BGB). Fernmündliche und fernschriftliche Mitteilungen sind mithin nicht ausreichend. Ferner muß eine Bauwarnung **vor** der Errichtung, Erweiterung oder wesentlichen Änderung erfolgen. Dabei wird allerdings vorausgesetzt, daß der Unternehmer nach dem in § 110 Abs. 6 vorgesehenen Verfahren

Drittes Kapitel: Bergschaden **17, 18 § 113**

von einer baulichen Maßnahme auch rechtzeitig Kenntnis erhält. Daran wird es fehlen, wenn bauliche Anlagen, z. B. Veränderungen innerhalb geschlossener Betriebsgebäude, keiner besonderen Genehmigung bedürfen. Da eine wirksame Bauwarnung voraussetzt, daß Anpassungs- und Sicherungsmaßnahmen nicht möglich oder unverhältnismäßig sind, muß verständlicherweise im ersten Schritt geprüft werden, welche Maßnahmen dieser Art überhaupt infrage kommen. Mangels Einsichtsrechts in die Behördenakten (vgl. § 110 Rn 49) ist der Unternehmer auf die Zusammenarbeit mit dem Bauherrn angewiesen. Verweigert der Bauherr die Mitwirkung, lassen sich Anpassungs- und Sicherungsmaßnahmen nicht ermitteln. Die insoweit bestehende Lücke ist durch Anwendung der Mitverursachungsgrundsätze des § 254 BGB (vgl. § 118) zu schließen. Wer durch sein eigenes Verhalten die Prüfung etwaiger Anpassungserfordernisse vereitelt, ist so zu stellen, als habe er ein dahingehendes Verlangen vorsätzlich mißachtet. Es gilt dann die Rechtsfolge des § 112 (§ 110 Rn 48). Zu einer Bauwarnung braucht dann nicht mehr gegriffen zu werden.

17

b) Mit dem **Schriftformerfordernis** soll sichergestellt werden, daß der Bauherr eine **positive Kenntnis** vom Inhalt der Warnung erhält. Die zu Willenserklärungen (§ 130 BGB) entwickelte Formel, daß der Zugang anzunehmen ist, wenn sich der Empfänger unter gewöhnlichen Verhältnissen Kenntnis vom Inhalt der Erklärung verschaffen konnte, reicht daher nicht aus. Der Unternehmer wird im eigenen Interesse bestrebt sein müssen, dem Bauherrn die positive Kenntnis durch ein geeignetes Zustellungsverfahren zu vermitteln; notfalls mit Hilfe eines Gerichtsvollziehers (§ 132 BGB).

18

7. **Inhalt der Bauwarnung:** Die Anforderungen ergeben sich aus Abs. 1 S. 2. Es muß aufgeführt sein, welche bergbaulichen Beeinträchtigungen (Senkungen, Pressungen oder Zerrungen, möglicherweise mit der Gefahr von Erdtreppen oder Erdstufen) zu erwarten sind. Da auch Angaben über die Voraussetzungen nach S. 1 gefordert werden, ist auch auf den Stand des Abbaus, die künftigen Abbaumaßnahmen und – soweit erst eine Gewinnung geplant ist – auf den Zeitablauf einzugehen. Der Unternehmer muß sich ferner bemühen, Art und Umfang der zu erwartenden Schäden an der baulichen Anlage möglichst genau anzugeben und darzulegen, weshalb im konkreten Falle schadenshütende Maßnahmen durch Anpassung oder Sicherung nicht möglich oder unangemessen hoch sind. Die gesetzliche Forderung, daß die Bauwarnung „Angaben" über die wahrscheinlichen Bodenverformungen und die sich daraus ergebenden **wesentlichen** Einwirkungen zu enthalten habe, läßt darauf schließen, daß die Anforderungen an den Inhalt der Bauwarnung nicht überspannt werden sollen. Dies gilt auch deshalb, weil sich der genaue Ablauf der Bewegungsvorgänge im Gebirge dem Unternehmer oftmals verschließt, insbesondere dann, wenn der Abbau in neue Bereiche vorstößt. Gesichtspunkte, die die Eignung des Baugeländes zusätzlich aus naturgegebenen Gründen beeinträchtigen (vgl. die in § 120 Abs. 1 S. 2 Nr. 2 genannten Beispiele), sind zweckmäßigerweise ebenfalls anzuführen. Grundsätzlich ist es ausreichend, wenn die Erläuterung entsprechend den jeweils übersehbaren Umständen abgefaßt wird und nicht rein schematisch ergeht.

19

8. a) Werden entgegen einer Bauwarnung bauliche Anlagen errichtet, erweitert oder wesentlich verändert, ist der Ersatzanspruch des Berechtigten nach § 114 Abs. 1 ausgeschlossen (vgl. § 112 Rn 2). § 113 Abs. 2 S. 1 ist als **Einwendung** ausgestaltet. Der Unternehmer muß beweisen, daß eine schriftliche Bauwarnung dem Bauherrn auch zugegangen ist. Ist dieser Beweis erbracht, kann auf positive Kenntnis und damit auf einen vorsätzlichen Verstoß gegen die Bauwarnung geschlossen werden. Nach dem Wortlaut des Abs. 2 S. 1 entfällt der Ersatzanspruch wegen der eigentlichen Gebäudeschäden, aber auch wegen etwaiger Folgeschäden an Personen und Sachen. Der Anspruch wegen **Minderwerts des Grundstücks** bleibt mithin unberührt (so schon RGZ 59, 287 zu § 150 ABG; hiergegen Feuth, NJW 1955, 773). War die Bauwarnung wirksam und deshalb eine Haftung ausgeschlossen, steht fest, daß das fragliche Baugrundstück die Bauplatzeigenschaft ganz oder teilweise eingebüßt hat. Es besteht deshalb kein Anlaß, dem Bauherrn (Eigentümer) trotz Verstoßes gegen die Warnung den Ersatz der Wertdifferenz zu versagen. Er wird damit wirtschaftlich nur so gestellt, wie er stünde, wenn er die Bebauung unterlassen hätte. Anspruchsgrundlage ist § 114 Abs. 1 in Verbindung mit § 251 Abs. 1 BGB.

20

b) Der **Bauherr behält seinen Ersatzanspruch** nach § 114 Abs. 1, wenn die **Voraussetzungen** für das Aussprechen der Bauwarnung nach Abs. 1 S. 1 **nicht vorgelegen** haben. Hierzu zählen: Schriftlichkeit der Bauwarnung und deren Zugang beim Bauherrn, Aussprechen **vor** der Errichtung, Erweiterung oder wesentlichen Veränderung sowie allgemein das Bestehen einer Anpassungs- und Sicherungspflicht; es muß mithin im nachhinein geprüft werden, ob eine Anpassung oder Sicherung unmöglich oder im Hinblick auf das bestehende Bergschadensrisiko unangemessen war. Ausdrücklich **nicht notwendig** als Voraussetzung für die Wirksamkeit einer Bauwarnung ist die **Identität zwischen der in der Warnung angedeuteten Gefahr** mit dem **späteren Verlauf** der Schädigung. Dies ergibt sich daraus, daß § 113 Abs. 2 S. 2 ausdrücklich nur auf Abs. 1 S. 1 verweist. Die Voraussage muß also nicht im einzelnen genau zutreffen. Es reicht vielmehr aus, daß die Angaben im Grundsatz richtig waren, der Schaden also auf die vom Unternehmer bezeichneten Abbauhandlungen zurückzuführen ist und die in der Bauwarnung angedeuteten Einwirkungen auf die bauliche Anlage **im wesentlichen** eingetreten sind. Mit dieser Einschränkung werden durch § 113 die Schwierigkeiten beseitigt, die sich bei der auf § 150 ABG gestützten Bauwarnung ergeben hatten (oben Rn 3).

21

c) Zur Wirkung der Bauwarnung gegenüber dem **Rechtsnachfolger des Bauherrn:** vgl. §§ 112 Rn 9 bis 10; zur **Möglichkeit einer Feststellungsklage** vor Eintritt eines Schadensereignisses: § 112 Rn 11 sowie zur Mißachtung einer Bauwarnung durch Erfüllungsgehilfen: § 112 Rn 12.

22

9. a) Ein Anspruch auf **Ersatz der Verkehrswertminderung** besteht nach **Abs. 3** nur dann, wenn die Bauwarnung die **einzige Ursache** für den vollständigen oder

teilweisen Verlust der Bauplatzeigenschaft war. Ein Bauvorhaben kann aus zahlreichen Gründen sowohl in der Person des Bauherrn als auch aufgrund sonstiger Hindernisse (z. B. Scheitern von Genehmigungsverfahren) aufgegeben werden. Derartige Fremdeinflüsse sollen ausgeschaltet werden. Ein Ersatzanspruch setzt im übrigen voraus, daß das Grundstück **Bauland im Rechtssinne**(§§ 30, 33, 34 BBauG) war. Bei Vorhaben im Außenbereich (§ 35 BBauG) bedarf es einer besonders eingehenden Prüfung, ob dem Eigentümer Vermögensnachteile entstanden sind. Bei Grundstücken, die zur Errichtung eines sog. **privilegierten**Vorhabens (§ 35 Abs. 1 BBauG) erworben worden sind, wird der Kaufpreis oftmals nicht unbeträchtlich über dem eigentlichen Verkehrswert (z. B. landwirtschaftlicher Grundstücke) liegen; in solchen Fällen kann aus Billigkeitsgründen als „Verkehrswert" im Sinne Abs. 3 S. 1 der tatsächlich gezahlte Kaufpreis zu betrachten sein. Ist das Grundstück endgültig nicht mehr bebaubar, ist Schadensersatz in Form der **Kapitalzahlung** zu leisten, verbunden mit einem dinglich zu sichernden Bauverbot oder Bergschadenverzicht, um den Unternehmer vor einer erneuten Inanspruchnahme im Falle der Rechtsnachfolge zu schützen. Ist nach der Abbauplanung absehbar, daß das Grundstück wieder bebaubar wird, kann nur eine **Rente** gefordert werden, die sich nach der entgangenen Kapitalnutzung abzüglich der verbliebenen Grundstücksnutzung bemißt (RG ZfB 43 (1902) 355; BGHZ 59, 139, 146 m. N. zu § 148 ABG).

23

b) Der **Übernahmeanspruch** nach Abs. 3 S. 2 lehnt sich an die Regelung in § 40 Abs. 2 Nr. 2 BBauG (Übernahme von durch einen Bebauungsplan herabgezonten, im Verkehrswert gesunkenen Flächen) an. Die zum Tatbestandsmerkmal der wirtschaftlichen Zumutbarkeit zu jener Vorschrift von der Rechtsprechung entwickelten Auslegungsgrundsätze (BGHZ 63, 240, 249) sind unter Berücksichtigung der unterschiedlichen Regelungsgehalte beider Bestimmungen entsprechend anzuwenden. Die Frage der Unzumutbarkeit ist nach dem konkreten Sachverhalt, insbesondere nach der wirtschaftlichen Lage des einzelnen, zu entscheiden. Ein Übernahmeanspruch wird dann begründet sein, wenn der Eigentümer das Grundstück gerade zur Durchführung des beabsichtigten Bauvorhabens erworben hat und durch die Bauwarnung an einer Verwertung gehindert ist. Bei einer teilweisen Beschränkung der Bebaubarkeit werden – je nach konkreter Situation – die Voraussetzungen des Anspruchs seltener erfüllt sein. Die Vorschrift gewährt dem Eigentümer einen **gesetzlichen Anspruch auf Abschluß eines Grundstückskaufvertrages**. Nach S. 3 gilt als **Kaufpreis** der Verkehrswert, den das Grundstück ohne die Bauwarnung hätte. Zusätzlich ist der Unternehmer verpflichtet, dem Eigentümer die für die Beschaffung eines Ersatzgrundstücks erforderlichen Aufwendungen zu ersetzen. Diese Ergänzung ist erst während der Gesetzesberatungen eingefügt worden (WiA BT-Ds. 8/3965, 141 = Zydek, 425): Der Schadensersatz solle sich auch auf die bei der Beschaffung des Ersatzgrundstücks anfallenden „Auslagen bei Gerichten, Notaren, Maklern etc." (WiA a.a.O.) erstrecken. Die Regelung entspricht insoweit den Grundsätzen des Schadensersatzrechts (Ersatz auf der Grundlage des Wiederbeschaffungswerts). Der Bauherr hat die Auslagen im einzelnen nachzuweisen; etwa anfallende Gebühren lassen sich in der Regel nach den einschlägigen Gesetzen und Tabellen errechnen. Im

§ 113   24, 25   Siebenter Teil: Bergbau u. Grundbesitz, öffentl. Verkehrsanlagen

übrigen gelten für die Abgrenzung zwischen ersatzfähigen und nichtersatzfähigen Aufwendungen die allgemeinen schadensersatzrechtlichen Grundsätze. Wird zunächst der Anspruch auf Ersatz der Verkehrswertminderung geltend gemacht und erst später der Übernahmeanspruch nach Abs. 3 S. 2, etwa weil sich die Unzumutbarkeit aus persönlichen Gründen erst später einstellt, sind vorher gezahlte Entschädigungsbeträge auf den Preis des „Zwangskaufs" anzurechnen. Das kann im einzelnen schwierig sein, erscheint aber lösbar. Entsprechend dem in S. 3 enthaltenen Gedanken dürfte das Grundstück an der Wertentwicklung vergleichbarer Grundstücke weiterhin teilnehmen. Weitere Probleme können sich daraus ergeben, daß die zulässige Nutzung zwischenzeitlich aufgehoben oder geändert worden sein kann. In diesen Fällen dürfte die Beibehaltung des ursprünglichen, d. h. im Zeitpunkt der Bauwarnung bestehenden, ggf. durch die Weiterentwicklung nach oben veränderten Verkehrswerts maßgeblich sein.

24

c) **Abs. 3 S. 4** bringt zum Ausdruck, daß ein Ersatzanspruch nicht besteht, wenn die Bauabsicht nur erklärt wird, um einen Wertersatz zu erlangen. Die sich als Ausfluß des Grundsatzes von Treu und Glauben (§ 242 BGB) darstellende Einschränkung ist dem bisher geltenden Recht (§ 150 Abs. 2 ABG) entnommen. Der Zweck dieser Vorschrift ist heute schwer nachvollziehbar (zu den Gesetzesberatungen: ZfB 6 (1865), 342). Offenbar bestand seinerzeit ein Bedürfnis zur Klarstellung wegen der besonderen Schadensbegriffe des ALR, insbesondere derjenigen des Gebrauchswerts (hierzu OLG Düsseldorf, ZfB 120 (1979), 422, 440f). Von der Ernsthaftigkeit der Bauabsicht wird auszugehen sein, wenn einer der in § 110 Abs. 6 genannten Anträge an die zuständige Behörde vorliegt. Die Vorschrift belegt im übrigen, daß ein Geldausgleich erst stattfinden soll, wenn eine ernsthafte Bauabsicht ausschließlich aufgrund der Bauwarnung nicht verwirklicht werden kann. Ist die **Bebauung** dagegen **möglich**, wenn auch mit Maßnahmen der Anpassung und Sicherung, verbleibt es bei den in §§ 110 Abs. 3, 111 Abs. 2 genannten Ansprüchen, die ebenfalls wiederum die **Beibehaltung der Bauabsicht** voraussetzen. Auf der Grundlage durchschnittlich erforderlicher Sicherungskosten kann – auch mangels entsprechender Ersatznorm – kein Schadensersatz mehr gefordert werden (§ 111 Rn 7 f).

25

d) **Verjährung**. Der Anspruch auf Ersatz der Verkehrswertminderung nach Abs. 3 S. 1 verjährt in drei Jahren seit Eingang der Bauwarnung bei dem Bauherrn (Eigentümer). Zu diesem Zeitpunkt hat er Kenntnis von der Unbebaubarkeit des Grundstücks und damit von dem eingetretenen Schaden. Während der Zeit etwaiger Schadensersatzverhandlungen kann die Verjährung gehemmt sein (§ 117 Abs. 2). Daß die Verjährungsfrist des § 117 Abs. 2 für den Übernahmeanspruch nach Abs. 3 S. 2 keine Bedeutung hat, liegt auf der Hand. Gründe, die das Behalten für den Eigentümer als nicht mehr zumutbar erscheinen lassen, können zeitlich auch sehr viel später auftreten.

Drittes Kapitel: Bergschaden

Zweiter Abschnitt
Haftung für Bergschäden

Erster Unterabschnitt
Allgemeine Bestimmungen

§ 114 Bergschaden

(1) Wird infolge der Ausübung einer der in § 2 Abs. 1 Nr. 1 und 2 bezeichneten Tätigkeiten oder durch eine der in § 2 Abs. 1 Nr. 3 bezeichneten Einrichtungen (Bergbaubetrieb) ein Mensch getötet oder der Körper oder die Gesundheit eines Menschen verletzt oder eine Sache beschädigt (Bergschaden), so ist für den daraus entstehenden Schaden nach den §§ 115 bis 120 Ersatz zu leisten.

(2) Bergschaden im Sinne des Absatzes 1 ist nicht
1. ein Schaden, der an im Bergbaubetrieb beschäftigten Personen oder an im Bergbaubetrieb verwendeten Sachen entsteht,
2. ein Schaden, der an einem anderen Bergbaubetrieb oder an den dem Aufsuchungs- oder Gewinnungsrecht eines anderen unterliegenden Bodenschätzen entsteht,
3. ein Schaden, der durch Einwirkungen entsteht, die nach § 906 des Bürgerlichen Gesetzbuchs nicht verboten werden können,
4. ein Nachteil, der durch Planungsentscheidungen entsteht, die mit Rücksicht auf die Lagerstätte oder den Bergbaubetrieb getroffen werden und
5. ein unerheblicher Nachteil oder eine unerhebliche Aufwendung im Zusammenhang mit Maßnahmen der Anpassung nach § 110.

I. Allgemeines

1
1. In ihren **Grundzügen** läßt sich die **Haftungsvorschrift** des § 114 Abs. 1 wie folgt kennzeichnen: Sie bildet den **notwendigen Ausgleich** für die dem Eigentümer eines Grundstücks oder einer beweglichen Sache im Interesse des Bergbaus auferlegten **Duldungspflicht** (Vorbem. § 110 Rn. 12 ff). Gleichzeitig begründet sie – abweichend vom bisher geltenden Recht des ABG – eine Ersatzpflicht des Unternehmers, wenn als Folge des Bergbaubetriebs höchstpersönliche Rechtsgüter wie Leben, Körper oder Gesundheit eines Menschen verletzt werden (unten Rn. 22 ff). Der Begriff des **Bergbaubetriebs** wird durch Verweisung auf die Geltungsbereichsvorschrift des § 2 bestimmt. Die Haftungsnorm selbst wirkt dadurch eigenartig konturenlos.

2
Die Vorschrift ist in ihrem Wortlaut erkennbar bestimmten **Tatbeständen der Gefährdungshaftung nachgebildet**, ohne in ihren Kernbereich, also der Verletzung von Grundeigentum, dessen Bestandteilen oder Zubehör, zu diesen Haftungstatbeständen zu gehören. Eine Ähnlichkeit besteht nach Struktur und Aufbau mit den Haftungstatbeständen des § 1 HPflG (Haftung des Bahnbetriebsunternehmers), § 2 HPflG (Haftung des Inhabers einer Energieanlage), § 7 StVG (Haf-

tung des Fahrzeughalters) sowie § 33 LuftVG (Ersatzpflicht des Halters eines Luftfahrzeuges). Schädigende Ereignisse, die im Rahmen der genannten Gefährdungshaftungstatbestände zur Ersatzpflicht führen, zeichnen sich zumeist durch plötzliche, unfallartige Ereignisse aus, während Bodenverformungen in längeren Zeiträumen und allmählich abzulaufen pflegen. Die Zurechnungsgründe sind jeweils unterschiedlich, was auch im Gesetz durch den Wechsel im Ausdruck („infolge" und „durch") angedeutet wird (anders noch der RegEntwurf 1975, BT-Ds. 350/75, § 133). Es handelt sich um einen Mischtatbestand, der Elemente der Aufopferung- und Gefährdungshaftung in sich vereint. Daraus können sich in Grenzfällen Schwierigkeiten bei der Einordnung von Schadensfällen ergeben (vgl. auch unten Rn. 24 ff und Rn. 33 f).

3

2. **Grundzüge der Bergschadenhaftung (§§ 114 bis 121).** Das Gesetz koppelt die in den genannten Bestimmungen geregelte Haftung für schädigende Ereignisse durch den Bergbaubetrieb von der zugrundeliegenden Bergbauberechtigung ab. Es haftet in erster Linie der Unternehmer (§ 115). Ist der Unternehmer nicht zugleich Inhaber der Gewinnungsberechtigung, haftet neben diesem als Gesamtschuldner – im Innenverhältnis jedoch befreit – zugleich der Inhaber der Berechtigung (§ 116). Durch Rückgriff auf die Geltungsbereichsvorschrift des § 2 Abs. 1 **erstreckt sich die Haftung praktisch auf sämtliche Betriebstätigkeiten**, die mit der Aufsuchung, Gewinnung oder Aufbereitung von Bodenschätzen verbunden sind. Der Umfang des Schadensersatzes richtet sich nach den §§ 249 bis 252 BGB, ergänzend hierzu bei Personenschäden nach den Vorschriften der §§ 842 ff BGB mit Ausnahme des § 847 BGB (§ 117 Abs. 1). Bei Personenschäden ist die Haftung summenmäßig begrenzt (§ 117 Abs. 1 Nr. 1). Werden Grundstücke, deren Bestandteile oder Zubehör beschädigt, wird unbeschränkt gehaftet; bei beweglichen Sachen ist die Entschädigung bis zur Höhe des gemeinen Werts begrenzt (vgl. § 117 Abs. 1 Nrn. 1 und 2). Regelungen über eine mitwirkende Verursachung sowie die Mitwirkung eines Dritten am Schadensereignis enthalten die §§ 118 und 119. Schließlich wird die Beweissituation des Geschädigten durch die Bergschadensvermutung (§ 120) verbessert.

II. Bergbaubetrieb

4

Die Bergschädenhaftung nach § 114 greift ein, wenn infolge des Bergbaubetriebs eine Rechtsgutverletzung eingetreten und dadurch ein Schaden im Rechtssinne bewirkt worden ist. Unter Bergbaubetrieb versteht das Gesetz die Ausübung einer der in § 2 Abs. 1 Nrn. 1 und 2 bezeichneten Tätigkeit oder den Betrieb einer Einrichtung im Sinne des § 2 Abs. 1 Nr. 3. In § 2 wird – zusammen mit den gesetzlichen Begriffsbestimmungen in § 4 Abs. 1 bis 4 – der **sachliche und räumliche Geltungsbereich des Gesetzes** für das Aufsuchen, Gewinnen und Aufbereiten von Bodenschätzen sowie der Nutzbarmachung der Oberfläche geregelt. Damit hat der Unternehmer als Haftpflichtiger im Ergebnis die gesamte Sach- und

Drittes Kapitel: Bergschaden 5–7 § 114

Betriebsgefahr aus solchen Tätigkeiten zu verantworten, ohne Rücksicht darauf, ob diese Tätigkeiten im einzelnen eine verschuldensunabhängige Haftung wegen eines besonderen Gefahrenpotentials rechtfertigen.

5
1. In Form einer **Übersicht** lassen sich die zu einer Haftung führenden Tätigkeiten und Einrichtungen wie folgt darstellen:
– **Haupttätigkeiten** nach § 2 Abs. 1 Nr. 1 wie **Aufsuchen** (§ 4 Abs. 1), **Gewinnen** (§ 4 Abs. 2) sowie **Aufbereiten** (§ 4 Abs. 3),
– **Nebentätigkeiten**, sofern diese in **unmittelbarem betrieblichen Zusammenhang** mit dem Aufsuchen, Gewinnen und Aufbereiten vorgenommen werden: Wie Verladen, Befördern, Abladen, Lagern, Ablagern von Bodenschätzen, Nebengestein und sonstigen Massen,
– **Tätigkeiten nach § 2 Abs. 1 Nr. 2:** Wiedernutzbarmachung der Oberfläche während und nach der Aufsuchung, Gewinnung und Aufbereitung von bergfreien und grundeigenen Bodenschätzen,
– Betrieb von Anlagen und Einrichtungen, sofern diese **überwiegend** Tätigkeiten der **Aufsuchung, Gewinnung, Aufbereitung oder Wiedernutzbarmachung** der Oberfläche **dienen oder zu dienen bestimmt** sind (§ 2 Abs. 1 Nr. 3),
– **Betrieb von Rohrleitungen** für das Verladen, Befördern und Abladen von Bodenschätzen nach § 2 Abs. 4 Nr. 5,
  • **bis zur Übergabestation**, Einleitung in Sammelleitungen oder letzte Meßstation für den Ausgang (Nr. 5 Einleitungssatz);
  • **darüber hinaus**, sofern die Leitungen **nicht unmittelbar oder ausschließlich der Abgabe an Dritte** dienen (Buchst. a) **oder zu anderen Betrieben desselben Unternehmers** führen, mit denen ebenfalls Bodenschätze aufgesucht, gewonnen oder aufbereitet werden (Buchst. b).

6
2. Zu den **Tätigkeiten im einzelnen**:
a) **Aufsuchung** ist die auf Entdeckung oder Feststellung der Ausdehnung von Bodenschätzen gerichtete Tätigkeit (§ 4 Abs. 1) mit den in dieser Vorschrift genannten Ausnahmen. Zur Aufsuchung rechnet auch eine solche zu wissenschaftlichen Zwecken (§ 11 Nr. 5 Buchst. a; § 16 Abs. 1 S. 3). Bei der Aufsuchung zu wissenschaftlichen Zwecken fehlt es an einem auf Gewinnerzielung ausgerichteten Unternehmen (§ 116); in diesem Falle haftet daher allein der Erlaubnisnehmer (§ 117), und zwar über § 39 Abs. 4 hinaus nach Maßgabe des § 114.

7
b) Unter **Gewinnung** versteht das Gesetz das Lösen oder Freisetzen von Bodenschätzen einschließlich der damit zusammenhängenden vorbereitenden, begleitenden und nachfolgenden Tätigkeiten (§ 4 Abs. 2). Da auch künftig die Mehrzahl aller Schäden als Folge der Gewinnung von Bodenschätzen eintreten werden, handelt es sich um den **Hauptfall der Bergschadenhaftung**. Beispiele: Anlegung von Schächten (OLG Frankfurt, ZfB 50 (1909), 119; RGZ 98, 79 = RG ZfB 61 (1920), 226). Hierzu gehören weiter sämtliche dem Abbau dienenden Maßnahmen (z. B. auch Sprengungen), sowie der Aufbau eines Schachtgerüstes (KG ZfB 46 (1905)) Insbesondere die

§ 114 8–10   Siebenter Teil: Bergbau u. Grundbesitz, öffentl. Verkehrsanlagen

Anpassungsregelung der §§ 110 bis 112 ist auf den vorbeugenden Schutz vor Auswirkungen der Gewinnungstätigkeit zugeschnitten.

8

c) Unter **Aufbereitung** werden Vorgänge der Trennung oder Anreicherung der Bodenschätze sowie Vorgänge der Weiterverarbeitung verstanden (§ 4 Abs. 3). Eine Haftung nach § 114 tritt indes nur dann ein, wenn der Betreiber der Aufbereitungsanlage **Bodenschätze der aufzubereitenden Art selbst gewinnt** oder wenn zwischen dem Gewinnungsbetrieb und Aufbereitungsbetrieb ein **unmittelbarer betrieblicher Zusammenhang** besteht. Eine Aufbereitungsanlage unterfällt auch dann dem Bergrecht und mithin der Haftung nach § 114, wenn zwischen dem Ort der Gewinnung und der Aufbereitungsanlage ein **unmittelbarer räumlicher Zusammenhang** vorhanden ist (§ 4 Abs. 3). Nicht dagegen wird nach Bergrecht gehaftet bei Anlagen der Weiterverarbeitung oder Nebengewinnung im Geltungsbereich des § 4 Abs. 3 S. 2.

9

3. **Die Nebentätigkeiten nach § 2 Abs. 1 Nr. 3** werden haftungsrechtlich ebenfalls dem Aufsuchungs-, Gewinnungs- und Aufbereitungsbetrieb zugerechnet, sofern diese Tätigkeiten in **unmittelbarem betrieblichen Zusammenhang mit der Haupttätigkeit** erfolgen (hierzu unten Rn. 12). Im einzelnen handelt es sich um das Verladen, Befördern, Abladen, Lagern und Ablagern von Bodenschätzen, Nebengestein und sonstigen Massen. **Verladen** ist der Umschlag von Bodenschätzen usw. auf Transportmittel; das **Befördern** umfaßt sämtliche Beförderungsvorgänge mit Fahrzeugen, schienengebundenen Fahrzeugen, Seilbahnen oder ähnlichen Hilfsmitteln. **Abladen** ist nach allgemeinem Wortgebrauch die dem Ende eines Beförderungsvorgangs nachfolgende Tätigkeit. Während unter **Lagern** die meist **vorübergehende** Deponierung solcher Güter zu verstehen ist (also z. B. das Lagern von zeitweise nicht absetzbaren Bodenschätzen auf besonderen Plätzen oder die Anlegung von Reserven – auch im nationalen Interesse), wird unter **Ablagern** die endgültige, zumindest die auf längere Dauer beabsichtigte Deponierung derartiger Stoffe verstanden. Transport- oder Lagervorgänge, die sich mit anderen Gegenständen als den in § 2 Abs. 1 Nr. 1 genannten Stoffen befassen, werden haftungsrechtlich von dieser Vorschrift nicht erfaßt; wohl aber in der Regel von Nr. 3. Hierzu gehört etwa das Befördern oder Abladen von – auch größeren – Maschinen oder Maschinenteilen. **Nebengestein** fällt bei der Auffahrung von Bauen im Gebirge an (z. B. Grubenberge) und als Folge der Aufbereitung (z. B. Waschberge). Unter **sonstigen Massen** ist etwa der Abraum im Tagebau zu verstehen.

10

4. Gehaftet nach § 114 wird ferner bei Schäden, die infolge **Wiedernutzbarmachung der Oberfläche** während und nach der Aufsuchung, Gewinnung und Aufbereitung von Bodenschätzen entstehen (§ 2 Abs. 1 Nr. 2). Hierunter ist die ordnungsgemäße Gestaltung der vom Bergbau in Anspruch genommenen Oberfläche unter Beachtung des öffentlichen Interesses zu verstehen (§ 4 Abs. 4). Umfang und Inhalt der Verpflichtungen des Bergbauunternehmers werden sich aus den maßgeblichen Betriebsplänen ergeben. Beispiele: Verfüllung von Tage

Drittes Kapitel: Bergschaden **11, 12 § 114**

bauen und Wiederherstellung der Landschaft, Rekultivierung von Bergehalden, aber auch die Beseitigung bergbautypischer Anlagen (etwa Abbruch von Schachtgerüsten). Nach dem Wortlaut der Nr. 2 finden die bergrechtlichen Vorschriften auch dann Anwendung, wenn die Haupttätigkeit der Aufsuchung, Gewinnung oder Aufbereitung abgeschlossen ist. Grundsätzlich endet jedoch die Anwendung des Bergrechts mit der Ausführung des Abschlußbetriebsplans und Entlassung aus der Bergaufsicht. Von diesem Zeitpunkt ab wird daher nach § 114 nicht mehr gehaftet. Eine Haftung nach § 114 besteht auch dann nicht, wenn ein Bergbauunternehmer in fremdem Interesse Nebengestein oder sonstige Massen in fremden Grundstücken (z. B. zur Rekultivierung ausgebeuteter Kieslagerstätten) ablagert. In solchen Fällen handelt es sich nicht um eine bergbaueigene Wiedernutzbarmachung, sondern um eine aufgrund spezieller Gesetze (etwa Abgrabungsgesetze) angeordnete Rekultivierung, die nicht in unmittelbarem betrieblichen Zusammenhang mit dem eigentlichen Bergwerksbetrieb steht.

11

5. Durch § 2 Abs. 1 Nr. 3 wird der Betrieb sämtlicher Anlagen und Einrichtungen der Bergschadenhaftung nach § 114 unterstellt, soweit diese überwiegend der Aufsuchung, Gewinnung oder Aufbereitung oder den in § 2 Abs. 1 Nr. 1 genannten Nebentätigkeiten dienen. Damit wird letztlich der gesamte Betrieb einer Aufsuchung, Gewinnung oder Aufbereitung von der Haftungsnorm des § 114 erfaßt. Jeder Teil des Gesamtbetriebs kann zugleich als (Teil-)Anlage oder -Einrichtung derartiger Tätigkeiten betrachtet werden. Hierzu rechnen etwa: Materiallagerplätze, innerhalb des Werksgeländes befindliche Grubenbahnen, Feldbahnen, Seilbahnen oder sonstige Betriebsmittel; ferner Nebenanlagen innerhalb von Aufbereitungsanlagen. Nicht hierzu zählen dagegen: Verwaltungsgebäude, Plätze und Straßen, Fahrbetriebe oder Einrichtungen des Sozialdienstes, auch soweit sie innerhalb des Betriebsgeländes belegen sind.

III. Nebentätigkeiten, Grenzen der Haftung

12

1. Zu den **Nebentätigkeiten** des Aufsuchens, Gewinnens oder Aufbereitens von bergfreien oder grundeigenen Bodenschätzen gehören vornehmlich das Verladen, Befördern, Abladen, Lagern oder Ablagern von Bodenschätzen, Nebengestein oder sonstigen Massen. Die Bergschadenhaftung in solchen Fällen greift nur ein, sofern diese Nebentätigkeiten (§ 2 Abs. 1 Nr. 1) mit den vorgenannten Haupttätigkeiten in einem **unmittelbaren betrieblichen Zusammenhang** stehen. Ein solcher Zusammenhang ist zu bejahen, wenn die Ausübung der Haupttätigkeiten ohne die Nebentätigkeiten nicht möglich, wesentlich erschwert oder wirtschaftlich nachteilig wäre. Ein unmittelbarer betrieblicher Zusammenhang besteht daher auch dann, wenn etwa Nebengestein oder sonstige Massen weitab (auch über größere Entfernungen) von dem eigentlichen Gewinnungsort gelagert oder dauerhaft abgelagert werden. Ein wichtiges Indiz für einen betrieblichen Zusammenhang zwischen der eigentlichen Haupt- und der Nebentätigkeit ist das Bestehen der

§ 114 13,14 Siebenter Teil: Bergbau u. Grundbesitz, öffentl. Verkehrsanlagen

Bergaufsicht vornehmlich für den Standort der Deponierung oder bei etwaigen Beförderungsvorgängen, weil diese Frage bei der Begründung der bergbehördlichen Zuständigkeit in der Regel sorgfältig vorgeprüft worden sein dürfte. Deshalb ist ein unmittelbarer betrieblicher Zusammenhang auch dann gegeben, wenn Nebengestein oder sonstige Massen vom Ort der Gewinnung mit Kraftfahrzeugen auf öffentlichen Wegen oder im Schienenverkehr der Eisenbahn des öffentlichen Verkehrs (§ 2 Abs. 4 Nr. 1 und 2) zu Deponiestandorten befördert werden, sofern die dort sich anschließende Tätigkeit dem Bergrecht untersteht. Durch den vorübergehenden Transportvorgang auf öffentlichen Straßen oder im öffentlichen Eisenbahnverkehr wird der unmittelbare betriebliche Zusammenhang nicht unterbrochen. Dagegen ist der **betriebliche Zusammenhang gelöst**, sofern solche Stoffe den Betrieb endgültig verlassen haben, entweder weil sie an einen Dritten veräußert worden oder in dessen Verfügungsgewalt überführt worden sind oder zu anderen Zwecken (etwa zur Rekultivierung von Kiesgruben) oder als Baumaterial für den Straßenbau an Dritte entgeltlich oder unentgeltlich abgegeben worden sind. Für die Annahme eines unmittelbaren betrieblichen Zusammenhangs ist es nicht erforderlich, daß zwischen dem Ort der Aufsuchung oder Gewinnung oder etwaigen Lager- oder Haldenstandorten eine technische Verbindung in Form einer Grubenbahn, Seilbahn, Rohrleitung oder einer ähnlichen Transporteinrichtung besteht. Sinngemäß das gleiche gilt für Aufbereitungsanlagen nach § 4 Abs. 3. Soweit daher eine Aufbereitungsanlage dem Bergrecht unterfällt, weil sie in unmittelbarem betrieblichen Zusammenhang mit dem Gewinnungsbetrieb steht, und der Unternehmer Bodenschätze der aufzubereitenden Art selbst gewinnt, können auch weiter abgelegene Lagerstandorte für Abfallprodukte des Aufbereitungsprozesses, Lagerung der eigentlichen Produkte sowie damit zusammenhängende Vorgänge über § 2 Abs. 1 Nr. 1 von der Haftung des § 114 erfaßt sein.

13

2. Grenzen der Haftung

a) Die Verweisung § 114 Abs. 1 auf die in § 2 Abs. 1 Nrn. 1 bis 3 erwähnten Tätigkeiten und Einrichtungen ist als **abschließend** zu betrachten. Die Haftungsvorschrift gilt daher nicht für Schäden aus der **Untersuchung des Untergrundes** (§ 2 Abs. 2 Nr. 1), das Errichten oder Betreiben von **Untergrundspeichern** (§ 2 Abs. 2 Nr. 2) oder sonstige Tätigkeiten oder Einrichtungen, auch soweit sie sonst ganz oder teilweise dem Bergrecht unterstellt sind. Hierzu rechnen etwa **Bohrungen** zu anderen als bergbaulichen Zwecken (§ 127), das Aufsuchen und Gewinnen mineralischer Rohstoffe in **alten Halden** (§ 128), der Betrieb von **Versuchsgruben** (§ 129) und die Herstellung von **Hohlraumbauten** (§ 130).

14

b) Ausgenommen von der Haftung sind ferner etwaige Schäden, die aus der Vornahme bergbaulicher Tätigkeiten im Bereich des **Festlandsockels** herrühren (§ 2 Abs. 3). Ein Vorschlag des Bundesrates (BT-Ds. 8/1315, 182 = Zydek, 429) auf Ausdehnung der Haftung hat sich im Gesetzgebungsverfahren nicht durchgesetzt (BT-Ds. 8/1315, 194 = Zydek, 429; WiA/BT-Ds. 8/3965, 142 = Zydek, 431).

IV. Ausschluß von Untersagungsrechten

15

Die verschuldensunabhängige Haftung nach § 114 Abs. 1 bildet den notwendigen **Ausgleich** für die dem Eigentümer gegenüber schädlichen Auswirkungen des Bergbaus auferlegte **Duldungspflicht** (vor § 110 Rn. 12 f). Die hiernach zu duldenden Schäden sind **rechtmäßig** herbeigeführt. Rechtfertigendes Element ist allerdings nicht die Zulassung des Betriebsplans, weil im Rahmen dieses Verfahrens Eigentumsfragen oder der Umfang der Einwirkungsbefugnis des Bergbaus nicht geprüft werden. Die Rechtmäßigkeit beruht auf der generellen Vorrangstellung des Bergbaus, die er mit der entsprechenden Bergbauberechtigung erwirbt. Ohne Erlaubnis, Bewilligung oder Bergwerkseigentum ausgeübter Bergbau ist daher objektiv rechtswidrig. Bei **Immissionen** aus bergbaulichen Anlagen greift § 114 erst ein, wenn die nach der allgemeinen Vorschrift des § 906 BGB bestehende Duldungspflicht überschritten ist (§ 114 Abs. 2 Nr. 3; unten Rn. 49 f). Selbstverständlich darf in die **höchstpersönlichen Rechtsgüter** wie Leben, Körper und Gesundheit **nicht eingegriffen** werden. Hier verbleibt es bei den Abwehrrechten etwaiger Betroffener, sofern bei Vornahme der Betriebshandlung die ernstliche Besorgnis einer Schädigung dieser Rechtsgüter besteht (sog. quasi-negatorische Unterlassungsklage; vgl. Palandt-Thomas, § 823 Anm. 8). Dem Schutz dieser Rechtsgüter widmet sich auch das Betriebsplanverfahren (§ 55 Abs. 1 S. 1 Nr. 2, 5 und 9). Gegenüber dem bisher geltenden Recht ist dies **keine sachliche Änderung**. Die Aufnahme der genannten Rechtsgüter in den Haftungstatbestand des § 114 Abs. 1 führt lediglich zu einer bisher nicht bestehenden Haftung auch für Personenschäden (unten Rn. 22 f).

V. Kausalzusammenhang, Zurechnung

16

1. **Schadenszurechnung.** Die Haftung nach § 114 Abs. 1 setzt die Verletzung höchstpersönlicher Rechtsgüter wie Leben, Körper und Gesundheit oder von Rechten voraus. Das Tatbestandsmerkmal „Beschädigung einer Sache" verweist gedanklich auf das Eigentum in allen seinen Spielarten, aber auch auf andere „eigentumsähnliche" Rechte (im einzelnen unten Rn. 41 f). Wenig glücklich werden diese Rechtsgutsverletzungen vom Gesetz als **Bergschaden** bezeichnet. Der Begriff war schon bisher mehrdeutig, weil er sowohl den unmittelbaren Substanzschaden (z. B. den Riß am Gebäude) als auch den Schaden im Rechtssinne nebst Folgeschäden (z. B. entgangener Gewinn) umfaßte. Die Legaldefinition hat auch kaum Bedeutung. Sie wird lediglich zur Ausgrenzung der nicht von der Haftung erfaßten Sachverhalte (§ 114 Abs. 2) sowie in § 120 (Bergschadensvermutung) verwendet, während im übrigen unter Bergschaden der geltend gemachte Schaden (oder Schaden im Rechtssinne und Folgeschaden) zu verstehen ist (vgl. etwa §§ 115, 116, 118, 119).

17

Zwischen dem Bergbaubetrieb und der Rechtsgutsverletzung als dem ersten Verletzungserfolg muß, durch die Formulierungen „infolge" und „durch" verdeutlicht, ein ursächlicher Zusammenhang bestehen (**haftungsbegründende Kausalität**). Ferner muß zwischen dem schädigenden ersten Ereignis (Tod, Körperverletzung usw.) und dem geltend gemachten Schaden ein weiterer Ursachenzusammenhang vorliegen (**haftungsausfüllende Kausalität**). Auf dieses Kausalitätserfordernis zielt das Gesetz mit der Wendung ab, daß der aus der Rechtsgutverletzung („daraus") entstehende Schaden zu ersetzen sei. In der Regel liegen also vor und sind gesondert zu prüfen zwei **Kausalitätsreihen**: Vom Bergbaubetrieb zum schädigenden ersten Verletzungserfolg und von diesem wiederum zum geltend gemachten Schaden. Bei den Gefährdungshaftungen (§ 1 HPflG, § 7 StVG, § 33 LuftVG) kann die Differenzierung dieser Kausalitätsformen entfallen, weil es ausreicht, daß die Schädigung „beim Betrieb" einer Gefahrenquelle erfolgt sein muß. Bei Schäden, die sich nicht durch unfallartige (plötzliche) Ereignisse einstellen, sondern auf den typischen Folgen der Bergbautätigkeit beruhen (Bodenverformungen), kann wegen der unterschiedlichen Zurechnungsgründe auf die Prüfung des Merkmals der Adäquanz im haftungsbegründenden Vorgang nicht verzichtet werden (unten Rn. 20 f; ferner Rn. 44 ff).

18

2. **Adäquater Kausalzusammenhang.** a) **Ursachenzusammenhang** zwischen Bergbaubetrieb und geltend gemachtem Schaden liegt vor, wenn infolge der Ausübung der Tätigkeiten und Einrichtungen, die das Gesetz durch Verweisung auf den Geltungsbereich des Gesetzes (§ 2 Abs. 1) näher bestimmt (oben Rn. 4 f), eine Bedingung gesetzt worden ist, die nicht hinweggedacht werden kann, ohne daß der schädliche Erfolg entfiele. Dieser **natürliche Bedingungszusammenhang muß stets vorliegen**. Er bedarf jedoch der **Eingrenzung**, weil andernfalls die Ersatzpflicht angesichts endloser Kausalitätsketten und wegen des zufälligen Zusammentreffens unglücklicher Umstände uferlos wäre. Für die Zurechnung im Rahmen zivilrechtlicher Haftungstatbestände ist daher nur eine solche Bedingung bedeutsam, die mit dem eingetretenen Erfolg (Schaden) in einem **adäquaten Zusammenhang** steht (**Adäquanztheorie**). Mit ihrer Hilfe soll das Haftungsrisiko eingeschränkt werden; die insoweit ausgegrenzten Schäden werden dem Lebensrisiko des Geschädigten zugeordnet. Eine Begebenheit ist dann adäquate Bedingung, wenn sie die objektive Möglichkeit eines Erfolges von der Art des eingetretenen in nicht unerheblicher Weise erhöht hat (BGHZ 3, 261, 266; BGHZ 57, 245, 255). Das Ereignis muß im allgemeinen und nicht unter besonders eigenartigen, unwahrscheinlichen und nach dem gewöhnlichen Verlauf der Dinge außer Betracht zu lassenden Umständen geeignet sein, einen Erfolg dieser Art herbeizuführen (BGHZ 7, 198, 204; BGHZ 57, 137, 141; BGH NJW 1976, 1144). Die hiernach erforderliche Prognose ist nach dem maximalen Erfahrungswissen und unter Berücksichtigung der Umstände anzustellen, die einem optimalen Beobachter zur Zeit des Eintritts der Begebenheit erkennbar sind, zuzüglich aller dem Urheber der Bedingungen noch darüber hinaus bekannten Umstände (BGHZ 3, 261, 266). Bei der Prüfung der Adäquanz handelt es sich nicht eigentlich um eine Frage der Kausalität, sondern um die Ausgrenzung solcher Kausalverläufe, die dem Verant-

Drittes Kapitel: Bergschaden 19,20 § 114

wortlichen billigerweise nicht mehr zugemutet werden können (BGHZ aaO; BGHZ 79, 259, 261).

19
b) Da mit Hilfe der Adäquanztheorie nur gänzlich unwahrscheinliche und unerwartete Folgen von der Zurechnung ausgenommen werden, kann zusätzlich eine am **Normzweck** der entsprechenden Vorschrift orientierte **wertende Beurteilung** nötig sein: Der geltend gemachte Schaden muß auch nach Art und Entstehungsweise unter den **Schutzzweck der verletzten Norm** fallen. So sind insbesondere Folgeschäden trotz adäquater Verursachung nicht zu ersetzen, soweit sie bei wertender Betrachtung die **Verwirklichung eines allgemeinen Lebensrisikos** darstellen. Andererseits sind Folgeschäden, die bei Anwendung der üblichen Adäquanzformel nicht als adäquate Bedingung des eingetretenen Erfolges angesehen werden müssen und zum Haftungsausschluß führen würden, wieder in den Haftungsbereich der Norm einzugliedern, falls die Norm gerade dem Schutz des Verkehrs vor derartigen Folgen dient. Dies ist, obwohl die Einzelheiten außerordentlich umstritten sind (vgl. im einzelnen Palandt-Heinrichs, Vorbem. vor § 249 Anm. 5 a) bis c); Staudinger-Schäfer, Vorbem. vor § 823 Rz. 77 f, Lange, Schadensersatz, § 3), im allgemeinen für verschuldensunabhängige Haftung ebenso anerkannt wie bei Haftungen ohne Verschulden (BGHZ 37, 311, 315; BGH NJW 1971, 459, 461 zu § 7 StVG). Für den Fall der reinen Gefährdungshaftung will neuerdings der BGH verhaltensbezogene Zurechnungsmerkmale, also die Vorsehbarkeit künftiger Schäden im weitesten Sinne, nicht mehr in die Prüfung der Adäquanz einbeziehen. Nach seiner Auffassung kommt es bei derartigen Haftungstatbeständen nicht darauf an, ob der festgestellte Schadensfall anhand bisheriger Erfahrungen vorausgesehen werden müßte, sondern ob es sich um eine spezifische Auswirkung derjenigen Gefahren handle, hinsichtlich derer der Verkehr nach dem Sinn der Haftungsvorschrift schadlos gehalten werden solle (BGHZ 79, 259, 263; kritisch Schünemann, NJW 1981, 2796).

20
c) Für den Bereich der **Bergschadenhaftung nach § 148 ABG** wurde bisher vom Grundsatz der **adäquaten Verursachung** ausgegangen (RG ZfB 61 (1920), 438; RG ZfB 66 (1925), 73; RG ZfB 73 (1932), 481; LG Kleve ZfB 102 (1961), 487; BGHZ 59, 139, 144). Hinsichtlich der Haftung wegen drohender Berggefahr (vgl. § 111 Rn. 3 bis 5) hatte sich die einschlägige Rechtsprechung des RG bereits herausgebildet, bevor sich die Adäquanztheorie (beginnend mit RGZ 50, 219, 222; vgl. Lange, § 3 VI 4) durchzusetzen begann. Im Ergebnis stimmt sie – soweit überhaupt Entscheidungen vorliegen – mit der Adäquanztheorie überein: Ein Entwertungsschaden konnte nur geltend gemacht werden, wenn die Grundstücke, denen bergbauliche Einwirkungen „drohten", die Eigenschaft als Bauland entweder bereits hatten oder der Grundstücksverkehr mit der alsbaldigen Bebauung rechnete und deshalb bereit war, einen höheren Kaufpreis als für landwirtschaftlich zu nutzende Grundstücke zu zahlen (RG ZfB 51 (1910), 475; RG ZfB 62 (1921), 201; vgl. BGHZ 59, 139, 141). Folgerichtig konnte nach § 148 ABG nicht gehaftet werden, wenn der Grundstücksverkehr die von bergbaulichen Einwirkungen betroffenen Grundstücke erst nach Einstellung der Betriebshandlung höherwertig einstufte oder diese erst später Bauland im rechtlichen Sinne wurden.

Zu prüfen war mithin nicht, ob der nach der Adäquanztheorie maßgebliche „optimale Beobachter" (oben Rn. 18) bei Durchführung der Abbauhandlung mit der späteren Bebaubarkeit rechnete (so OLG Düsseldorf: Beurteilung der adäquaten Schadensverursachung aus der Sicht des Jahres 1850 (!), ZfB 120 (1979), 422, 437), vielmehr ob zu der Zeit, als die Abbauhandlung vorgenommen wurde, das fragliche Grundstück (mindestens) als Bauerwartungsland gehandelt wurde (RG ZfB 51 (1910), 475). Die Prüfung hätte zutreffenderweise in **zwei Stufen** erfolgen müssen. Hatte ein Grundstück z. Zt. der schädigenden, später eingestellten Abbauhandlung bereits die Eigenschaft als Bauland, waren Schäden im Rechtssinne, insbesondere ein Schaden in Gestalt der Gebrauchswertminderung, adäquat verursacht. Sodann hätte sich die **weitere Frage** anschließen müssen, ob nach der üblichen Adäquanzformel bei der Vornahme der Abbauhandlung auch die künftige Errichtung besonders umfangreicher Bauten von Ausnahmebeschaffenheit, die hoher Sicherungskosten (als Ausdruck des Schadens) bedurften, vorausgesehen werden konnten. Die Rechtsprechung hat dies, ohne die Adäquanz in diesem Zusammenhang erneut zu prüfen, angenommen (RGZ 157, 99 = ZfB 79 (1938) 371; vgl. hierzu auch § 111 Rn. 4 bis 6; BGH ZfB 95 (1954), 450). Damit hatte der Bergbau grundsätzlich für alle Schadensfolgen einzustehen, die sich aus der Einschränkung der Bebaubarkeit ergaben, sofern die Bauplatzeigenschaft bei Durchführung des Abbaus vorlag oder in Aussicht stand (hierzu auch H. Schulte, ZfB 107 (1966), 188, 199 f). Unter dem Gesichtspunkt einer adäquaten Verursachung erscheint eine Haftung kaum begründbar, wenn die Erdoberfläche z. Zt. der Abbautätigkeit die Bauerwartung als Kleinsiedlungsgelände hatte, nach Einstellung derselben aber Großvorhaben wie Kraftwerke oder Hochhäuser beabsichtigt sind. Die Frage ist nach wie vor auch im Hinblick auf die Kosten einer Anpassung oder Sicherung aktuell, wenn Bauten von Ausnahmebeschaffenheit nach Einstellung des Abbaus errichtet werden sollen. Naheliegender erschiene eine Lösung entsprechend § 124 Abs. 2; danach werden (gemäß dem früher geltenden Recht; vgl. BGHZ 57, 375 „Erstausstattung") die Kosten für eine Anpassung und Sicherung, soweit sie mit Rücksicht auf den sog. alten Abbau erforderlich sind, dem Träger der Verkehrsanlage auferlegt. Dieses Ergebnis stimmt, ohne – soweit erkennbar – bisher in dieser Richtung untersucht worden zu sein, mit der Adäquanztheorie überein.

21

3. Der **Zurechnungsgrund** der Haftung des § 114 Abs. 1 ist verschieden, je nachdem, ob es sich um Schäden an Personen oder Sachen (einschließlich Grundstücken) handelt. Bei der Haftung für Personenschäden erfolgt die Zurechnung nach den für die Gefährdungshaftung geltenden Grundsätzen; maßgebend ist für die Einstandspflicht im Einzelfalle, ob sich bei dem jeweiligen Schaden das spezifische Betriebsrisiko verwirklicht hat, deretwegen der Verkehr schadlos gehalten werden soll (oben Rn. 19; unten Rn. 26). Bei der **Haftung für Sachschäden** gilt **überwiegend** das **Prinzip der Ausgleichs- oder Aufopferungshaftung** (unten Rn. 33). Hier gilt, daß der Schaden adäquat-kausal verursacht sein muß (weiterhin unten Rn. 44 f). Allerdings gibt es auch bei Sachschäden eine Gruppe denkbarer Fallgestaltungen, die allein unter dem Gesichtspunkt der Gefährdungshaftung beurteilt werden können (unten Rn. 33 a. E.).

VI. Haftung für Personenschäden

22
1. Schädigendes Ereignis ist der **Tod**, die **Körper-** oder die **Gesundheitsverletzung** eines Menschen. Körperverletzung ist die Verletzung der äußerlichen körperlichen Integrität einschließlich der Schmerzzufügung. Unter **Gesundheitsverletzung** ist die Störung der inneren Funktionen zu verstehen (einschließlich psychischer Erkrankungen: Nervenschock, RGZ 162, 321; Rentenneurose, BGHZ 20, 137). Wegen der **Einzelheiten** kann auf Kommentierungen zu § 823 BGB verwiesen werden.

23
2. Eine Ersatzpflicht des Bergwerksbesitzers bei Eintritt von Personenschäden sah § 148 ABG nicht vor. Nach den Motiven zum ABG (ZfB 6 (1865), 55 f, 171) sollten hierfür die allgemeinen Regeln gelten. Der Ersatz von Personenschäden kam daher nur bei Vorliegen der Voraussetzungen der §§ 823 ff BGB in Betracht (RG ZfB 60 (1919), 244; OLG Hamm ZfB 68 (1928), 251). Gegen eine Ausdehnung und die Anwendung der Grundsätze der sog. privatrechtlichen Aufopferung: BGHZ 63, 234 (bergbaubedingter Bruch einer Gasleitung und tödliche Gasvergiftung). Eine verschuldensunabhängige Haftung des Bergwerksbesitzers für Fremdverschulden ohne Entlastungsmöglichkeit begründet § 3 HPflG (früher § 2 RHG), wenn mit Leitungs- oder Aufsichtsfunktionen betraute Personen in Ausübung ihrer Dienstverrichtungen den Tod oder die Körperverletzung eines Menschen herbeigeführt haben.

24
3. a) Gegen den Ausschluß von Personenschäden im bisher geltenden Recht werden in der Gesetzesbegründung rechtspolitische Bedenken angeführt. Es sei „kaum einzusehen, weshalb bei einem Zusammentreffen von Sach- und Personenschäden der Schaden an der Sache nach den Grundsätzen der Gefährdungshaftung zu entschädigen ist, während die betroffenen Personen auf den Weg der §§ 823 ff BGB verwiesen werden, was jedoch – selbst bei Nachweis eines Verschuldens – schon wegen der in der Regel fehlenden Rechtswidrigkeit nur selten zum Erfolg führen wird" (BT-Ds. 8/1315, 141 = Zydek, 427). Bei einem Zusammentreffen von Sach- und Personenschäden (als Folge einer einheitlichen bergbaulichen Einwirkung) erscheint eine differenzierende Einstandspflicht in der Tat nicht einleuchtend. Gewiß läßt sich gegen eine Ausdehnung der Haftung auf Personenschäden auch nicht anführen, daß mangels aktueller Streitfälle in der Vergangenheit kein Anlaß für die Ausweitung der Haftung bestanden habe; denn sowohl der Wortlaut des § 148 ABG als auch die hierzu vertretene Auffassung im Schrifttum dürften entsprechende Rechtsstreitigkeiten von vornherein verhindert haben. Ein Eingreifen des Gesetzgebers mag in der Vergangenheit auch deshalb unterblieben sein, weil bei Einwirkungen des Bergbaus auf gefährliche Anlagen in der Regel eine spezialgesetzliche Einstandspflicht des jeweiligen Betreibers bestand, so daß der Betroffene auf jeden Fall nicht leer ausging (vgl. z. B. BGHZ 63, 234; Haftung nach § 1 a RGH). Zweifellos ist der Gesetzgeber auch berechtigt, bestimmte gefährliche Zustände oder Anlagen einer strengen verschuldensunabhängigen

Haftung zu unterwerfen, sofern er dies aus Gründen eines billigen Ausgleichs schädlicher Folgen für geboten hält. Problematisch bei der Haftung des § 114 Abs. 1 für Personenschäden erscheint jedoch, daß der eigentliche Zurechnungsgrund nur schwer erkennbar ist und – mit Ausnahme der Haftungshöchstbeträge in § 117 Abs. 1 Nr. 1 – keine Haftungseingrenzung durch das Merkmal der höheren Gewalt, des unabwendbaren Ereignisses oder des ordnungsgemäßen Zustandes der Anlage oder des Betriebs vorgesehen ist (anders z. B. Österr. BergG § 187 Abs. 1, ZfB 117 (1976), 1, 51).

25
b) Es lassen sich im wesentlichen drei **Fallgruppen** unterscheiden, bei denen der Bergbau betrieb (oben Rn. 4 ff) im Sinne eines natürlichen Bedingungszusammenhangs für einen Personenschaden ursächlich geworden sein kann.
aa) **Reine Betriebs- und Anlagenhaftung** (unten Rn. 27): Es handelt sich um Risiken aus **technischen Vorgängen** bei dem Betrieb von Anlagen und Einrichtungen, die den Haupttätigkeiten nach § 2 Abs. 1 Nr. 1 und 2 dienen oder zu dienen bestimmt sind (oben Rn. 9).
bb) **Haftung für Risiken aufgrund bergbaulicher Einwirkungen auf Anlagen oder Gebäude Dritter** (unten Rn. 29). Anwendungsfälle sind Einwirkungen aus der Aufsuchung oder Gewinnung auf solche Anlagen, die ihrerseits ein besonderes Gefährdungspotential verkörpern und für die deshalb eine besondere Gefährdungshaftung besteht (z. B. Schienenbahnen nach § 1 HPflG; Energieanlagen nach § 2 HPflG; Anlagenhaftung nach § 22 Abs. 2 WHG). Hierzu rechnet auch der Fall, daß auf ein Gebäude oder auf eine sonstige bauliche Anlage mit der Folge ihres Einsturzes oder Ablösung von Teilen der Anlage (vgl. den ähnlichen Tatbestand des § 836 BGB), eingewirkt wird.
cc) **Haftung für Risiken aus einer Veränderung der Erdoberfläche.** Zu dieser Gruppe gehören ganz allgemein alle denkbaren Gefährdungslagen, die sich aus der Veränderung der Tagesoberfläche durch eine Aufsuchung oder Gewinnung ergeben können und die konkret bei einem Menschen zu einem unfallähnlichen Ereignis führen (unten Rn. 30 ff).

26
c) Die Einstandspflicht des Bergbauunternehmers bei Personenschäden (§ 115) beruht auf dem Grundgedanken der **Gefährdungshaftung**. Dem Verantwortlichen wird eine Haftung auferlegt, weil er eine Gefahrenquelle geschaffen hat oder unterhält und in der Regel – wenn auch nicht immer – die Gefahr beherrscht. Andererseits ist die Gefährdungshaftung **keine reine Verursachungshaftung**. Vielmehr ist es notwendig, daß der Schaden mit der **spezifischen Sach- und Betriebsgefahr** im Zusammenhang steht, hinsichtlich derer der Verkehr nach dem Sinn der Haftungsvorschrift schadlos gehalten werden soll (oben Rn. 19). Die Zurechnung eines Schadens zu dem Verantwortungsbereich des Haftpflichtigen ist entsprechend dem Grundgedanken der Gefahrenbeherrschung und der Eigenart des ihm zur Last fallenden spezifischen Risikos zu begrenzen (Larenz, Schuldrecht, Bd. 2, § 77 I und VersR 1963, 593 ff). Die genannten Fallgruppen (oben Rn. 25) sind im einzelnen unter Berücksichtigung dieser Grundsätze zu untersuchen.

27

4. Betriebs- und Anlagenhaftung. Hierzu rechnen alle Betriebsanlagen und -einrichtungen, die überwiegend den bergbaulichen Haupttätigkeiten (§ 2 Abs. 1 Nr. 1 und 2) dienen.

a) In diesem Bereich bestehen **Parallelen und Überschneidungen mit spezialgesetzlichen Haftungstatbeständen.** So haftet der Unternehmer für Personen- und Sachschäden, die bei dem Betrieb einer Schienen- oder Schwebebahn entstehen, bereits nach § 1 HPflG. Der Grundgedanke dieser Haftung besteht in der Schnelligkeit der Betriebsvorgänge, die ein rasches Anhalten erschwert, der Unmöglichkeit des Ausweichens und der Wucht des möglichen Aufpralls. Auch im Bergbaubetrieb werden Anlagen dieser Art betrieben (z. B. Grubenanschlußbahnen, Seilbahnen). Nach § 114 Abs. 1 wird gehaftet, wenn „durch eine Einrichtung", also etwa durch ein schienengebundenes Beförderungsmittel, ein Personenschaden herbeigeführt wird. Notwendig ist mithin ein unmittelbarer (adäquater) Zusammenhang zwischen dem Betrieb und dem Schadensereignis, während es nach § 1 HPflG ausreicht, daß der Schaden „bei dem Betrieb" eingetreten ist. Diese Voraussetzung ist erfüllt, wenn ein innerer Zusammenhang mit einer dem Bahnbetrieb eigentümlichen Gefahr besteht, aber auch dann, wenn nur ein unmittelbarer äußerer (nämlich örtlicher und zeitlicher) Zusammenhang mit einem Betriebsvorgang oder einer Betriebseinrichtung besteht (vgl. hierzu auch BGHZ 37, 306, 317 zu § 7 StVG; vorsätzliche Tötung mit Hilfe eines Kfz.). Der Haftungszurechnung des Betriebsrisikos entspricht andererseits eine Beschränkung der Haftung in Fällen höherer Gewalt (§ 1 Abs. 2 HPflG). Eine solche Beschränkung fehlt in § 114 Abs. 1. Grundsätzlich ist davon auszugehen, daß der Haftungstatbestand des § 114 Abs. 1, verglichen mit den Fällen des § 1 HPflG, enger gefaßt ist. Allerdings greift in Fällen, in denen eine Haftung nach § 114 Abs. 1 wegen Fehlens eines adäquaten Kausalzusammenhangs nicht eintritt, über § 121 die Haftung nach § 1 HPflG ein. Wie auch immer das Verhältnis der beiden Vorschriften zueinander aufgefaßt wird: Die Haftung nach § 114 Abs. 1 sollte nicht weiter gehen als diejenige nach § 1 HPflG. Das gleiche gilt im Verhältnis zwischen § 114 Abs. 1 und § 2 HPflG (Haftung des Inhabers einer Energieanlage). Auch Bergbau unternehmen betreiben Stromleitungs- oder Rohrleitungsanlagen, die im Falle eines technischen Versagens zu Personenschäden führen können. Eine weitere parallele Haftung ist denkbar zwischen § 114 Abs. 1 und § 7 StVG (Haftung des Kraftfahrzeughalters). Die Haftung nach § 7 StVG gilt für jeden ursächlich mit dem Betrieb eines Kraftfahrzeugs zusammenhängenden Unfall, auch außerhalb öffentlicher Verkehrswege. Für die Haftung ist es ausreichend, wenn die Schadensursache in einem nahen örtlichen oder zeitlichen Zusammenhang mit einem bestimmten Betriebsvorgang oder mit bestimmten Betriebseinrichtungen steht (BGHZ 37, 306, 317). Denkbare Beispielsfälle sind Unfälle innerhalb des Betriebsgeländes mit Schädigung fremder Personen, die nicht vom Haftungsausschluß des § 114 Abs. 2 Nr. 1 erfaßt sind, oder auf (privaten) Zufahrtstraßen. Auch hier muß gelten, daß die Haftung nach § 114 nicht weiter gehen kann als diejenige nach § 7 StVG; insbesondere bei einem unabwendbaren Ereignis (§ 7 Abs. 2 StVG) wird daher auch nach § 114 Abs. 1 nicht gehaftet.

28

b) Ebenso wie bei den vorstehend genannten Einstandspflichten bei Begründung spezifischer, durch Sondergesetz bereits weitgehend abgedeckter Risiken ist der rechtspolitische Grund für die Ausdehnung der Bergschadenshaftung auf sämtliche dem Bergbaubetrieb dienende Einrichtungen und Anlagen schwer erkennbar. Im Ergebnis werden alle im Bergbaubetrieb vorhandenen Anlagen und Einrichtungen haftungsrechtlich als potentiell gefährlich, mit einem besonderen Betriebsrisiko behaftet qualifiziert (z. B. auch mit maschineller Winde betätigter Lorenaufzug (OLG Celle VersR 1958, 342 und 446 zu § 1 RHG), kleine und leichte Feldbahnen mit geringer Geschwindigkeit, Kran- und Krananlagen usw.). In der praktischen Auswirkung ist allerdings die Haftung neben den Haftungshöchstbeträgen nach § 117 Abs. 1 Nr. 1 dadurch abgemildert, daß sich die überwiegende Zahl der gefährlichen Betriebsvorgänge auf dem Betriebsgelände vollziehen wird und Dritte selten in den Gefahrenbereich der Anlagen gelangen. In Grenzfällen (z. B. unbefugtes Eindringen auf das Betriebsgelände) wird eine Eingrenzung der Haftung durch die Merkmale der „höheren Gewalt" oder des „unabwendbaren Ereignisses" geboten sein, sofern nicht bereits mit Hilfe des Erfordernisses des adäquaten Kausalzusammenhangs eine Reduktion der Haftung erfolgt.

29

5. **Haftung für Risiken aufgrund bergbaulicher Einwirkungen auf Anlagen oder Gebäude Dritter.** Wirkt der Bergbau durch Abbauhandlungen auf eine Anlage ein, die wegen einer besonderen Betriebsgefahr ihrerseits einer Gefährdungshaftung unterliegt (z. B. nach § 1 HPflG (Bahnbetrieb), § 2 HPflG (Energieanlage)) und verwirklicht sich deshalb das besondere Risiko dieser Anlage in Form eines Personenschadens, haftete bisher der Unternehmer oder Inhaber dieser Anlage allein (BGHZ 63, 243). § 114 Abs. 1 begründet nunmehr eine eigenständige Haftung des Bergbauunternehmers, wenn infolge der Aufsuchung oder Gewinnung eine solche Anlage beschädigt worden ist und sich deshalb das spezifische Sach- oder Betriebsrisiko dieser Anlage verwirklicht. Beide Beteiligte haften nach § 119 als Gesamtschuldner, es sei denn, daß sich der Bahnbetriebsunternehmer oder der Inhaber der Energieanlage auf einen Haftungsausschluß wegen Vorliegens höherer Gewalt (§ 1 Abs. 2 S. 1, § 2 Abs. 3 Nr. 3 HPflG) berufen können. Höhere Gewalt liegt unter folgenden Voraussetzungen vor: Das schädigende Ereignis muß **von außen her** – aber nicht räumlich verstanden – sondern von außerhalb des Betriebes, auf den Bahnbetrieb oder die Energieanlage eingewirkt haben; das Ereignis muß ferner so außergewöhnlich sein, daß der Betriebsunternehmer oder Inhaber der Anlage nicht damit zu rechnen brauchte; ferner muß es auch durch die größte Sorgfalt nicht abwendbar gewesen sein. Werden solche Anlagen in Bergbaugebieten errichtet oder betrieben, wo also Beschädigungen nicht ungewöhnlich sind, liegt höhere Gewalt nicht vor. Weitere Anwendungsfälle der Haftung nach § 114 Abs. 1 bilden ferner der Einsturz eines bergbaugeschädigten Gebäudes, eines anderen mit einem Grundstück verbundenen Werkes oder die Ablösung von Teilen des Gebäudes oder des Werkes. Hier kann eine gesamtschuldnerische Haftung mit den nach §§ 823, 836 BGB verantwortlichen Personen bestehen. Es muß sich aber um **nicht erkennbare, unerwartete Schadensereignisse** handeln. Ist also die Einsturzgefahr seit längerem bekannt, werden gleichwohl keine Vorsorgemaßnahmen getroffen, dürfte in der Regel der notwendige zeitliche

Zusammenhang zwischen den Auswirkungen der Bergbautätigkeit und dem eigentlichen Unfallereignis fehlen.

30

6. a) Haftung für Risiken wegen sonstiger Einwirkungen auf die Erdoberfläche. Die Grenzen zu den vorstehend genannten (Rn 29) Risiken sind zweifellos in zahlreichen Fällen fließend. Die Abgrenzung ist auch kaum bedeutsam, sofern sich etwa eine als gemeinschädlich einzustufende Einwirkung verwirklicht oder sich ein Unfall mit Personenschaden wegen Beschädigung einer Verkehrsanlage ereignet hat (hierzu § 55 Abs. 1 S. 1 Nr. 5 und 9). Problematisch ist die Haftung nach § 114 Abs. 1 im wesentlichen dann, wenn sie als **haftungsrechtlicher Auffangtatbestand** für alle sonstigen Personenschäden herangezogen würde, soweit solche ursächlich auf eine bergbaubedingte Veränderung der Erdoberfläche zurückzuführen sind. In vielen Fällen würden damit Sachverhalte von einer speziellen Gefährdungshaftung erfaßt, die außerhalb von Bergbaugebieten üblicherweise dem allgemeinen Lebensrisiko zugerechnet werden, auf Naturvorgängen (z. B. Unterspülungen wegen Regens) beruhen können oder einem Haftpflichtigen wegen schuldhafter Verletzung der Verkehrssicherungspflicht nach § 823 Abs. 1 BGB anzulasten wären. Beispiele: Verschiebung von Bodenplatten privater Gehwege, Absenkung von Treppenstufen, graduell unbedeutende Unebenheiten auf Fahrbahnen öffentlicher Straßen, Risse im Straßenbelag usw. Solche Erscheinungen sind generell geeignet, das Risiko eines Unfalls in Form eines Sturzes oder Verunglückens eines Fahrzeugs zu begünstigen. Es bedarf keiner Begründung, daß die Haftung praktisch uneingrenzbar wäre, falls derartige Unfallereignisse dem Bergbau zugerechnet werden, weil die eigentliche Gefahrenquelle ursächlich auf die Folgen seiner Abbautätigkeit zurückzuführen ist. Bereits die bloße Einwirkung auf die Erdoberfläche wäre Anknüpfungspunkt der Haftung. Das Merkmal der Adäquanz vermag im Bereich der haftungsbegründenden Kausalität kein hinreichendes Korrektiv zu liefern, da sowohl die Einwirkung auf die Erdoberfläche als auch derartige Unfallereignisse mit ihren denkbaren Folgen in der Regel vorhersehbar sind. Die Haftung würde sich bedenklich einer – dem deutschen Haftungsrecht fremden – allgemeinen Verursachungshaftung nähern.

31

b) Freilich wird dem Geschädigten bei einem Sturz oder Unfall häufig ein mitwirkendes Verschulden (§ 118) anzulasten sein, oder ein Dritter, etwa der nach § 823 Abs. 1 BGB Verkehrssicherungspflichtige, haftet als Gesamtschuldner neben dem Unternehmer (§ 119). Jedoch wird schon die Erleichterung der prozessualen Situation des Geschädigten durch die Bergschadensvermutung (§ 120) die Inanspruchnahme des haftenden Unternehmers nahelegen (insbesondere durch Versicherungen) und auch zunächst dessen Haftung auslösen: Die Bildung von Haftungsquoten über § 254 BGB (§ 118) ist bei Mitverursachung eines Dritten und Mitverschulden des Geschädigten außerordentlich schwierig (§ 119 Rn. 4); bei Haftung eines Dritten (§ 119) führt der Gesamtschuldnerrückgriff „im Zweifel" zur Haftung zu gleichen Teilen (§ 115 Abs. 2 über § 119 S. 2 Nr. 1). Die Vielfalt der möglichen Veränderungen der Erdoberfläche oder des Untergrundes sowie die generelle Eignung dieser Erscheinungen als Ursache für Personenschäden legen es

§ 114 32 Siebenter Teil: Bergbau u. Grundbesitz, öffentl. Verkehrsanlagen

in Verbindung mit der Beweiserleichterung des § 120 nahe, eine Haftung nach § 114 Abs. 1 in derartigen Fällen nur **ausnahmsweise** und **unter engen Voraussetzungen** anzunehmen, zumal dem haftenden Unternehmen die Beherrschung solcher Risiken schlechthin unmöglich ist. Es muß sich um eine auf eine Aufsuchung oder Gewinnung ursächlich zurückgehende **objektive Gefahrenlage** handeln, die das **Risiko** eines **plötzlich auftretenden Schadensfalles** in Form eines Unfalls in **besonderem Maße erhöht** und deshalb auch graduell ein **höheres Verletzungsrisiko** in sich birgt. Es ist ferner erforderlich, daß diese Gefahrenlage von dem Geschädigten auch bei Beobachtung der nach den Umständen des Falles gebotenen Sorgfalt nicht erkannt und abgewendet werden konnte. Für den Geschädigten muß es sich insoweit um ein **unabwendbares Ereignis** (etwa im Sinne § 7 Abs. 2 S. 2 StVG) gehandelt haben. Denkbare Fälle: Plötzliche – gleichsam über Nacht kommende – Tagesbrüche, unsichtbare Veränderungen des Untergrundes (vgl. den Fall OLG Köln ZfB 102 (1961), 236: Von Wurzelwerk verdeckter Tagesbruch), Unterspülungen von Verkehrswegen infolge bergbaubedingten Bruchs von Wasserleitungen. Die vorstehend genannten Voraussetzungen für den Anspruch nach § 114 Abs. 1 sind **vom Geschädigten zu beweisen**. Zweifel, ob ein unabwendbares Ereignis im oben beschriebenen Sinne vorliegt, gehen zulasten des Geschädigten. Die Zurechnung eines Personenschadens zum Haftungsbereich des Bergbauunternehmers erscheint auch dann als zu weitgehend, wenn eine objektive Gefahrenlage schon seit einiger Zeit bestand, ein Dritter eine Verkehrssicherungspflicht verletzt hat und der Schaden als adäquate Folge dieses Verhaltens zu werten ist. Die Haftung nach § 114 soll nicht dazu führen, daß der Verkehrssicherungspflichtige, der die Gefahrenlage eher beherrscht und deshalb auch dem Schaden nahesteht, entlastet wird; vielmehr sollen solche Risiken abgedeckt werden, die sich vom allgemeinen Lebensrisiko deutlich abheben und deren Tragung dem Geschädigten schlechterdings aus Billigkeitsgründen nicht zugemutet werden kann. Folgt man nicht der Auffassung, daß der Haftungstatbestand des § 114 entsprechend dem Grundgedanken der Gefährdungshaftung einer Eingrenzung bedarf, erscheint es für die genannten Fälle zumindest überlegenswert, für das Innenverhältnis zwischen Unternehmer und Verkehrssicherungspflichtigen den Grundgedanken des § 840 Abs. 3 BGB entsprechend heranzuziehen, so daß der schuldhaft handelnde Verkehrssicherungspflichtige den ganzen Schaden allein tragen müßte (ablehnend BGHZ 6, 3, 28: Ableitung eines allgemeinen Grundsatzes nicht möglich).

32
7. **Ersatzberechtigter** in Fällen der Körper- und Gesundheitsverletzung ist der **Verletzte**. Der Umfang der Ersatzpflicht richtet sich nach den Vorschriften des BGB über die Verpflichtung zum Ersatz von **Vermögensschäden** im Falle einer unerlaubten Handlung (§ 117 Abs. 1). Es gelten demnach die §§ 842 ff BGB mit Ausnahme des § 847 BGB (Schmerzensgeld), durch welche die §§ 249 ff BGB z. T. ergänzt, z. T. konkretisiert werden. **Dritte** erwerben im Rahmen des § 844 Abs. 1 BGB (Beerdigungskosten), des § 844 Abs. 2 BGB (Unterhalt) sowie des § 845 BGB (entgangene Dienste) **eigene Ersatzansprüche**; ein mitwirkendes Verschulden des Verletzten bei der Entstehung des Schadens ist zu berücksichtigen (§ 846 BGB).

Drittes Kapitel: Bergschaden 33, 34 § 114

VII. Haftung bei der Beschädigung von Sachen

33
1. **Rechtsnatur.** In der Praxis ungleich bedeutsamer als die Einstandspflicht bei Personenschäden ist die Haftung des Bergbauunternehmers bei der **Beschädigung von Sachen** durch den Bergbaubetrieb. Nach der Amtl. Begr. (BT-Ds. 8/1315, 141 = Zydek, 428) lehnt sich die Formulierung des Haftungstatbestandes an Vorschriften an, „mit denen in anderen technisch-wirtschaftlichen Bereichen mit typischen Betriebsgefahren eine Gefährdungshaftung eingeführt wurde". Gemeint sind damit im wesentlichen die Haftungstatbestände des § 1 HPflG, § 2 HPflG, § 7 StVG, § 33 LuftVG (vgl. auch § 26 AtomG, § 84 ArzneimittelG). Ergänzend vgl. oben Rn. 2. Von diesen Haftungsvorschriften (Ausnahme: § 84 ArzneimittelG) erfaßte Schadensereignisse zeichnen sich gewöhnlich dadurch aus, daß sie plötzlich und unerwartet auftreten, von der Rechtsordnung – wenngleich hingenommen – so doch grundsätzlich unerwünscht sind und den einzelnen gleichsam „schicksalhaft" treffen (so BGHZ 53, 227, 238). Für den Kernbereich der bergschadensrechtlichen Haftung gilt dies nicht: Beschädigungen von Grundstücken und den mit ihnen technisch und wirtschaftlich in Verbindung stehenden Gegenständen sind eine statistisch sichere Abfolge der Bergbautätigkeit. Die Bergschadenshaftung hat insoweit – verglichen mit den Gefährdungshaftungstatbeständen – einen anderen Zurechnungsgrund: Das Interesse des Bergbauberechtigten wird vom Gesetz höher eingestuft als das Interesse des Sacheigentümers oder sonstigen Berechtigten an der Integrität der Sache. Weil die Mineralgewinnung Vorrang hat, darf der Schaden auch dann herbeigeführt werden, wenn er voraussehbar ist. Bildhaft gesprochen erscheint die Haftung als Ausdruck genommener Abwehrbefugnisse; sie ist daher Ausgleichs- oder Aufopferungshaftung, ähnlich wie die immissionsschutzrechtlichen Ansprüche nach § 906 Abs. 2 S. 2 BGB und § 14 BImSchG (zu den Unterschieden: BGHZ 53, 227, 238; H. Schulte, ZfB 107 (1966), 188 und ZRP 1979, 169, 173 m.N.). Auch die neueingeführte Haftung für Schäden an beweglichen Sachen, die nicht Grundstückszubehör nach § 97 BGB sind, gehört diesem Haftungstypus an, ist mithin ebenfalls keine Gefährdungshaftung. Die Haftung wechselt allenfalls dann in den Bereich der Gefährdungshaftung hinüber, wenn sich im Einzelfall ein Risiko verwirklicht, das als gemeinschädlich zu bewerten ist (§ 55 Abs. 1 S. 1 Nr. 9). Denn solche Schäden sind, sofern sie vorausgesehen werden können, verboten. Das gleiche gilt für die Fälle der reinen Betriebs- und Anlagenhaftung – etwa bei Versagen technischer Einrichtungen im Betrieb (oben Rn. 27 f).

34
2. **Sachbeschädigung.** a) Nach § 148 ABG war der Bergwerksbesitzer verpflichtet, allen Schaden, welcher dem Grundeigentum oder dessen „Zubehörungen"durch den Betrieb des Bergwerks zugefügt wurde, zu ersetzen. Der aus dem ALR stammende Begriff „Zubehörungen" schloß alle Sachen, die nach heutigem Recht als Zubehör im Sinne von § 97 BGB anzusehen sind, mit ein (BGH DB 1969, 2337, 2338). Einige Bundesländer hatten zwischenzeitlich den Wortlaut des § 148 ABG den neuzeitlichen Begriffen angepaßt (z. B. Nordrhein-Westfalen, Niedersachsen). Nach dem Haftungstatbestand des § 148 ABG war es ausreichend, daß sich die den

§ 114 35, 36 Siebenter Teil: Bergbau u. Grundbesitz, öffentl. Verkehrsanlagen

Schaden ausmachende, nach allgemeinem Schadensersatzrecht zu beurteilende Minderung des Vermögens über das Grundeigentum oder dessen „Zubehörungen-"vollzogen hatte. Der Schaden mußte nicht gerade auf dem Grundstück eingetreten sein, zu dem das Zubehörungsverhältnis bestand (BGHZ 51, 119; BGH DB 1969, 2337; RGZ 168, 288). **Grundeigentum und Zubehörungen bildeten** gleichsam **die Brücke, über die hinweg sich bei dem Betroffenen der Vermögensschaden einstellen mußte.** Damit war zugleich der Ersatz im Falle der Beschädigung beweglicher Sachen ausgeschlossen, die nicht zugleich Zubehör eines Grundstücks waren. Hatten Mieter und Pächter auf einem fremden Grundstück eigene Anlagen errichtet (Scheinbestandteile nach § 95 BGB), erwarben sie folgerichtig einen Ersatzanspruch nur dann, wenn diese Anlagen als Zubehör ihrer **eigenen** Grundstücke angesehen werden konnten. Maßgebend war mithin die körperliche oder wirtschaftliche Verbindung dieser Anlagen mit dem dem Mieter oder Pächter gehörenden Hauptgrundstück. Allein mit der Erwägung, es handle sich um „Zubehörungen", waren Schäden an – in der Regel auf fremdem Grund verlegten – Gas-, Strom- oder Wasserleitungen nach § 148 ABG zu ersetzen (RG ZfB 78 (1937), 419; RGZ 168, 288). Die Rechtsprechung hat darüber hinaus auch einen Ersatzanspruch für den Verlust an Leitungsgut bejaht, weil dieser als Maßstab für den zu ersetzenden Schaden gelten könne (RGZ 61, 23; RGZ 168, 288; kritisch Tengelmann, ZfB 92 (1951), 365). Grundsätzlich waren bei einer Beschädigung von Grundstückszubehörungen die Haftungsvoraussetzungen dort bejaht worden, wo die körperliche und wirtschaftliche Verbindung zwischen Zubehörungen und Hauptgrundstück besonders eng und dauernd war, insbesondere wenn es sich um mit dem Hauptgrundstück zu einer wirtschaftlichen Einheit verbundene Anlagen auf in der Nachbarschaft liegenden Grundstücken handelte (BGHZ 51, 119, 123). Dagegen ist die Frage, ob es für den Haftungstatbestand ausreiche, daß der durch bergbauliche Einwirkungen beschädigten Sache überhaupt die Eigenschaft als Grundstückszubehör zukomme und wo die Grenzen zu ziehen seien, bis zuletzt offengelassen worden (BGH aaO, BGH DB 1969, 2337, 2338).

35

b) Bei dem **Tatbestand der Anspruchsnorm** des § 114 Abs. 1 **kommt es auf die Unterscheidung, ob es sich um Grundstücke, Bestandteile und Zubehör** einerseits oder **sonstige bewegliche Sachen** andererseits **handelt, nicht mehr an.** Die Anspruchsvoraussetzungen sind erfüllt, wenn durch den Bergbaubetrieb eine Sache beschädigt worden ist. **Dagegen spielt die Frage, unter welche** der in §§ 90 ff BGB genannten Arten an **Sachen** das in seiner Sachsubstanz beschädigte Objekt **einzuordnen** ist, auf der **Rechtsfolgeseite** weiterhin eine Rolle. Die seit jeher streitige **Differenzierung** hat sich **praktisch nur verlagert.** Bei beweglichen Sachen ohne Zubehöreigenschaft ist der Ersatzanspruch auf den gemeinen Wert, d. h. den üblichen Tausch- oder Verkehrswert, begrenzt (§ 117 Abs. 1 Nr. 2; vgl. § 117 Rn. 11).

36

c) Das Tatbestandsmerkmal **Sachbeschädigung** (so ausdrücklich in § 117 Abs. 1 Nr. 2) verlangt einen vollzogenen **Eingriff in die Integrität der Sache,** mithin einen **Sachsubstanzschaden.** Über diese Beschädigung muß sich bei dem betroffenen Rechtsträger eine Vermögensminderung, ein Schaden im Rechtssinne einstellen.

Insoweit gilt nichts anderes als nach § 148 ABG (oben Rn. 34): Die „Brücke" zum Schaden im rechtlichen Sinne bildet auch bei § 114 Abs. 1 die Beschädigung des Grundstücks, von Grundstücksbestandteilen oder -zubehör oder die Beschädigung sonstiger Sachen. Nur ist es gleichgültig, ob sich der Sachsubstanzschaden über eine vorherige Grundstücksbeeinträchtigung eingestellt hat oder ob der Schaden ohne eine solche Beschädigung erfolgt ist. Notwendig ist ein (adäquater) Kausalzusammenhang zwischen Bergbaubetrieb und schädigendem Erstereignis (Bergschaden nach der Legaldefinition) und zwischen dem „Bergschaden" und Vermögensschaden bzw. Vermögensfolgeschaden (oben Rn. 17 f; unten Rn. 44).

37

d) Der Haftungstatbestand des § 114 Abs. 1 ist **enger** gegenüber § 148 ABG insofern, als er eine **Vermögensschädigung aufgrund künftiger (drohender) Bergschäden** aus dem Haftungsbereich **ausgliedert** und diese Sachverhalte der Sonderregelung über das Anpassungsverhältnis der §§ 110 bis 112 zuweist (vgl. § 111 Rn. 7 ff). Erst wenn eine ernstliche Bauabsicht vorliegt (vgl. auch § 113 Abs. 3 S. 4) und die bauliche Anlage in ihrem technischen Konzept festlegt, soll ein Verlangen des Unternehmers einen Ersatz der anfallenden Anpassungs- und Sicherungskosten auslösen. Wird die Bauabsicht wieder aufgegeben, entfällt auch die Zahlungsverpflichtung des Unternehmers. Auch braucht der Bauherr (Eigentümer) nicht zu befürchten, daß ein Anpassungs- oder Sicherungsverlangen des Unternehmers einen Schaden bloßlegt und ihm wegen der durch das Verlangen vermittelten Kenntnis eines solchen Schadens die Verjährung drohen könnte. Denn gerade die zu frühe und nicht auf ein konkretes Bauobjekt bezogene Zahlungsverpflichtung soll durch die Anpassungsregelung vermieden werden (§ 111 Rn. 20). Ist das Grundstück nicht oder nur teilweise bebaubar, weil Anpassungs- oder Sicherungsmaßnahmen nicht möglich oder – gemessen am verbleibenden Bergschadensrisiko – unverhältnismäßig wären, greift nach erfolgter Bauwarnung der besondere Ersatzanspruch oder Übernahmeanspruch nach § 113 Abs. 3 ein (§ 113 Rn. 22 f). Damit sind die Sachverhalte, die im Geltungsbereich des § 148 ABG in Fällen drohender Berggefahr schadensersatzrechtlich über die Figur einer Wertminderung in Gestalt der **Gebrauchswertbeeinträchtigung** erfaßt wurden, durch die Neuregelung voll abgedeckt. Dies gilt jedenfalls solange, wie sich das Grundstück (noch) in der Hand des Eigentümers befindet.

38

e) Ob angesichts der neuen Rechtslage ein Bedürfnis besteht, in Fällen einer erst befürchteten künftigen Schädigung noch zu errichtender Bauwerke einen Anspruch nach § 114 Abs. 1 aus dem Gesichtspunkt der **Verkehrswertminderung** zu gewähren, erscheint zweifelhaft. Grundsätzlich ist weder das Vorhandensein von Bergwerken noch das Auftreten von Bergschäden an Nachbargrundstücken oder die Sicherung von Bauten in unmittelbarer Nähe ein Anlaß für Preisabschläge im Grundstücksverkehr (§ 111 Rn. 8). Üblicherweise nimmt der Grundstücksverkehr die Gefahr der Beschädigung noch zu errichtender Bauten allenfalls dann zur Kenntnis, wenn ein unbebautes Grundstück eine bereits äußerlich sichtbare Einwirkung erfahren hat, also eine Bruchkante oder deutlich erkennbare Schieflage vorliegt, welche auf die Gefährdung künftiger Bauwerke hindeuten können.

§ 114   38 a,b   Siebenter Teil: Bergbau u. Grundbesitz, öffentl. Verkehrsanlagen

Hierin mag ein Hindernis für die Verwertbarkeit des Grundstücks zu den üblichen Verkehrswerten gesehen werden. Für eine etwaige zu einem Kaufpreisabschlag führende Wertminderung sind allerdings nicht die Vorstellungen der Parteien maßgebend. Vielmehr kann eine Wertminderung des Grundstücks nur so hoch sein wie die (Sicherungs-)Aufwendungen, die zur Wiederherstellung der Bebaubarkeit erforderlich wären. Mangels anderer Anhaltspunkte (insbesondere wegen Fehlens einer konkreten Bauabsicht und damit eines Bauprojekts in diesem Stadium) käme als Bemessungsmaßstab einer etwaigen Wertminderung als Folge einer äußerlich erkennbaren Einwirkung im Anschluß an die Rechtsprechung nach § 148 ABG nur der Sicherungsaufwand in Betracht, der für eine Bebauung in **durchschnittlicher Beschaffenheit** notwendig wäre (§ 111 Rn. 3). Dieser Hilfsmaßstab zur Ermittlung eines Schadens im Rechtssinne ist aber gerade problematisch, weil es „durchschnittliche" Bauten nicht gibt und auch die mit diesen Rechtskonstruktionen verbundenen Schwierigkeiten und Nachteile durch die Anpassungsregelung abgelöst werden sollten (hierzu § 111 Rn. 4 ff, 10 ff). Bauliche Anlagen sollen nach dem Anpassungskonzept des BBergG vorbeugend durch die **im Einzelfall notwendigen und zweckmäßigen Maßnahmen** vor bergbaulichen Beeinträchtigungen **geschützt** werden. Dem widerspräche es, wenn vorab Teilbeträge in Höhe eines hypothetischen Sicherungsaufwandes an den Verkäufer (nichtbauwilligen Eigentümer) gezahlt werden müßten.

38 a)

aa) Zudem liefe der Unternehmer, würde man eine solche Wertminderung als zu ersetzenden Schaden anerkennen, Gefahr, doppelt zu zahlen: An den Verkäufer einen Betrag in Höhe der Verkehrswertminderung, an den Erwerber des Grundstücks im Zeitpunkt der tatsächlichen Bebauung weitere Beträge in Höhe der Anpassungs- und Sicherungskosten. Ferner kann eine bei Abschluß des Kaufvertrages zunächst vielleicht vorhandene Einschränkung der Bebaubarkeit nachträglich, also durch Abklingen der Bodenbewegungen oder Aufgabe des Abbaus, wieder entfallen. Der mit Rücksicht auf eine angebliche Wertminderung vorgenommene Abschlag auf den Kaufpreis erscheint dann auf seiten des Erwerbers als (unverdienter) Wertzuwachs. Diese Unstimmigkeiten sind schadensersatzrechtlich kaum zu lösen. Parallelen in anderen Bereichen sind nicht erkennbar, weil ein einmal eingetretener Substanzschaden dem jeweiligen Objekt in der Regel endgültig verbleibt, während bei bergbaubeeinflußten Grundstücken eine Beschädigung durch Zeitablauf oder Einstellung der Abbautätigkeit wieder zu einem Nicht-Schaden werden kann.

38 b)

bb) Gewiß lassen sich Gestaltungsmöglichkeiten finden, durch die die Belange der Beteiligten, also der Kaufvertragsparteien und des Unternehmers, hinreichend berücksichtigt werden können. Dazu kann etwa gehören, daß durch Auskunft des Bergbautreibenden ein Sockelbetrag für einen möglichen Sicherungsaufwand festgelegt wird, der dem Verkäufer als Wertminderung zugebilligt wird, während sich der Erwerber bei späterer Verwirklichung der Bauabsicht in Höhe dieses Sockelbetrages einen Abzug der erforderlichen Aufwendungen im Wege einer Art des Vorteilsausgleichs gefallen lassen muß.

Drittes Kapitel: Bergschaden 38 c–39 § 114

38 c)
cc) Sollte das Grundstück nach Auffassung des Unternehmers unter den Voraussetzungen den § 113 Abs. 1 die **Bauplatzeigenschaft** bereits im Zeitpunkt der Verkaufsabsicht **vollständig verloren** haben, wäre in entsprechender Anwendung des § 113 Abs. 3 zu verfahren (also Ersatz des Minderwerts oder Übernahme des Grundstücks zum Verkehrswert bei Ersatz der Wiederbeschaffungskosten).

38 d)
dd) Sieht der Eigentümer nach Kenntnis der Beeinträchtigung der Bebaubarkeit von dem Verkauf ab, hat er wegen „Kenntnis des Schadens" den **Verjährungseinwand des § 117 Abs. 2 nicht zu befürchten**, so daß auch nicht vorsorglich die Erhebung einer Feststellungsklage nach § 256 ZPO geboten ist. Mit dem vorbeugenden Schutz baulicher Anlagen durch Anpassungs- und Sicherungsmaßnahmen werden auch gesamtwirtschaftliche Interessen verfolgt (§ 110 Rn. 9). Dieses Ziel soll nicht dadurch infrage gestellt werden, daß durch vorzeitige Zahlung „fiktiver Sicherungskosten", Anrechnungsprobleme oder die Möglichkeit des Verjährungseinwands der vorbeugende Schutz letztlich doch unterbleibt oder nicht in dem gebotenen Umfang durchgeführt wird. Eine zur Verjährung führende **Kenntnis des Schadens** (§ 117 Abs. 2) liegt daher bei **unbebauten Baugrundstücken** erst vor, wenn die Unbebaubarkeit endgültig feststeht. Das ist in der Regel erst dann der Fall, wenn aufgrund einer Bauwarnung des Unternehmers die Bebauung unterbleibt. Der Anspruch aus § 113 Abs. 3 ist daher entsprechend der 3-Jahres-Frist des § 117 Abs. 2 geltend zu machen (§ 113 Rn. 25). Vgl. zur Verjährung bei **Aufgabe der Bauabsicht** auch § 111 Rn. 20.

39
3. **Geschütztes Rechtsgut und Anspruchsberechtigte.** a) § 114 Abs. 1 dient nicht dem Ausgleich von Vermögensnachteilen schlechthin, die jemand als Folge einer durch den Bergbau bewirkten Sachbeschädigung erleidet. Vielmehr wird nur derjenige geschützt, in dessen Vermögen (im untechnischen Sinne) sich die beschädigte Sache befindet oder befunden hat. Das folgt zum einen daraus, daß die Haftungsvorschrift einen Ausgleich für die dem Betroffenen auferlegte Duldungspflicht bildet; korrespondierend hiermit müssen also bei dem Betroffenen **rechtlich abgesicherte Abwehrbefugnisse** bestehen. Zum anderen folgt dies daraus, daß das Haftpflichtrecht – von Sonderfällen wie z. B. §§ 844, 845 BGB abgesehen – den **mittelbar Geschädigten** nicht schützt. Vermögensnachteile, die sich nicht über eine dem Betroffenen rechtlich zugeordnete Sache einstellen, wurden unter der Geltung des § 148 ABG im Bergschadensrecht üblicherweise als **allgemeine Vermögensschäden** bezeichnet (Beispiele: Heinemann, Ziff 27). Die Ergebnisse der Judikatur stimmen nicht unbedingt mit der heute geltenden schadensersatzrechtlichen Dogmatik überein. Ein allgemeiner Vermögensschaden (oder ein mittelbares Geschädigtsein) liegt vor, wenn ein Verkehrsweg wegen bergbaulicher Einwirkungen gesperrt wird und deshalb Umwege zur Arbeitsstelle zurückgelegt werden müssen. Ein mittelbar Geschädigter ist auch der Inhaber eines Warenhauses, der einen Umsatzrückgang hinzunehmen hat, weil umliegende Häuser wegen Bergschäden geräumt werden (RGZ 64, 276). Das gleiche gilt für Umsatzrückgänge eines Seegasthauses infolge bergbaubedingten Austrocknens des Sees oder der

§ 114 40, 41 Siebenter Teil: Bergbau u. Grundbesitz, öffentl. Verkehrsanlagen

Verlust einer umsatzfördernden schönen Aussicht auf einen Fluß als Folge einer durch den Bergbau verursachten Deicherhöhung. Zur Begründung eines Bergschadensersatzanspruchs ist mithin immer eine **rechtlich gefestigte Sonderbeziehung** zwischen der beschädigten Sache und dem von Vermögensnachteilen Betroffenen erforderlich. Von einem allgemeinen Vermögensschaden ist die **mittelbar verursachte Schädigung** zu unterscheiden. Darunter werden solche Schadensereignisse an einem absolut geschützten Rechtsgut verstanden, die nicht unmittelbar durch eine Verletzungshandlung herbeigeführt werden, sondern sich dadurch einstellen, daß eine gesetzte Ursache weiterwirkt und der eigentliche Schaden erst durch (weitere) Zwischenglieder vermittelt wird. Eine solche mittelbare Verursachung ist nicht anders zu beurteilen als eine unmittelbare Verursachung. Gerade solche Fallgestaltungen sind im Bergschadensrecht nicht selten. Es handelt sich hierbei um eine Frage des Kausalzusammenhangs, genauer der sog. „haftungsbegründenden Kausalität" (oben Rn. 17 f) und damit der Adäquanz (unten Rn. 44 f).

40
Von dem **mittelbaren Geschädigtsein** (allgemeine Vermögensschäden) und der **mittelbar verursachten Schädigung** ist scharf zu trennen der **mittelbare Schaden**. Darunter werden solche Vermögens-(Folge-)Schäden verstanden, die nach erfolgtem Eingriff in die Sachsubstanz zusätzlich zu dem unmittelbaren Schaden hinzutreten. Unmittelbare Schäden sind in erster Linie die Reparatur- und Herstellungskosten bei der Beschädigung eines Gebäudes, ebenso ein technischer Minderwert. Bei Zerstörung einer Sache ist unmittelbarer Schaden der Wiederbeschaffungswert. Demgegenüber ist **mittelbarer Schaden** der entgangene Gewinn oder ein etwaiger Nutzungs-(Produktions-)ausfall. Für den **Umfang des zu ersetzenden Schadens** (§§ 249 ff BGB) ist es grundsätzlich unerheblich, ob der Schaden unmittelbar an dem verletzten Rechtsgut selbst aufgetreten ist oder ob sich aus der Rechtsverletzung weitere Schäden ergeben. Ein Anwendungsfall des Ausschlusses mittelbarer Schäden im Bergschadensrecht ist die Beschränkung des Ersatzanspruchs bei beweglichen Sachen, die nicht Grundstückszubehör sind, auf den gemeinen Wert (§ 117 Abs. 1 Nr. 2).

41
b) **Anspruchsberechtigter** aus § 114 Abs. 1 ist in erster Linie der **Eigentümer** einer Sache. Was rechtlich als Sache anzusehen ist, richtet sich nach den §§ 90 ff BGB. Hierzu rechnen Grundstücke, deren Bestandteile (§ 94 BGB) und deren Zubehör (§ 97 BGB). Kraft der Fiktion des § 96 BGB gelten auch **Rechte**, die mit dem Eigentum an einem Grundstück verbunden sind, als Bestandteile des Grundstücks (z. B. Grunddienstbarkeiten). Sachen, die nur zu einem vorübergehenden Zweck mit dem Grund und Boden verbunden sind, gehören nicht zu den Bestandteilen eines Grundstücks. Sie sind auch da , wenn sie unbeweglich sind und nur schwer von dem Grundstück getrennt werden können, als bewegliche Sachen im Rechtssinne einzustufen (sog. Scheinbestandteile nach § 95 BGB). Haben Pächter oder Mieter auf fremden Grundstücken bauliche Anlagen errichtet, ist in der Regel davon auszugehen, daß es sich um Scheinbestandteile handelt. Scheinbestandteile können zugleich Zubehör (§ 97 BGB) eines fremden Grundstücks sein (RGZ 87, 43: Fernleitungen eines E-Werks; RGZ 157, 40: Sauerstoffanlage auf entfernt gelege

nem gemieteten Grundstück als Zubehör eines Fabrikgrundstücks; BGH LM BGB § 97 Nr. 3: Tankstelle auf gemietetem Nachbargrundstück). Bewegliche Sachen im Rechtssinne sind alle Sachen, die weder Grundstücke noch Grundstücksbestandteile sind (RGZ 158, 368). Zu den beweglichen Sachen gehört deshalb auch das Grundstückszubehör (§§ 97, 98 BGB). Wie bereits ausgeführt (oben Rn. 35) spielt die Unterscheidung, um welche Arten dieser Rechtsobjekte es sich handelt, für den Tatbestand der Anspruchsnorm nach § 114 Abs. 1 keine Rolle, wohl aber auf der Rechtsfolgeseite wegen der Beschränkung der Haftung bei beweglichen Sachen ohne Zubehöreigenschaft auf den gemeinen Wert (§ 117 Abs. 1 Nr. 2). Eine Sache im Rechtssinne ist auch das **Erbbaurecht**, da die für Grundstücke geltenden Vorschriften auf dieses Recht Anwendung finden (§ 1017 BGB; § 11 ErbbauVO). Den Grundstücken ebenfalls gleichgestellt ist das **Wohnungseigentum** (§§ 1, 3, 7 WEG). Als Sachen sind auch die **kirchlichen Zwecken dienenden Gegenstände** sowie die dem **Gemeingebrauch gewidmeten Sachen** (Straßen, Brücken, Flüsse) zu betrachten. Auf die Art der öffentlichen Zweckbestimmung kommt es in diesem Zusammenhang nicht an. **Ausdrücklich ausgeschlossen** nach Abs. 2 Nr. 2 ist die Haftung für Sachschäden, die wirtschaftlich zu einem anderen dem BBergG unterliegenden Bergbaubetrieb gehören (unten Rn. 69)

42

c) **Weitere Anspruchsberechtigte.** Bei dem Eigentümer liegt die zur Eingrenzung des Haftungstatbestandes erforderliche rechtlich gefestigte Sonderverbindung (oben Rn. 39) auf der Hand. Im übrigen verweist das Merkmal „Sachbeschädigung" gedanklich auf andere „eigentumsähnliche" Rechte, soweit ihren Inhabern nach allgemeinen Rechtsgrundsätzen Nutzungs- und Abwehrrechte zustehen, sie also befähigt sind, etwa gegen widerrechtliche Eingriffe mit Abwehrklagen (§§ 861, 1004 BGB) oder Schadensersatzansprüchen (§ 823 BGB) vorzugehen. Hierzu rechnen vornehmlich die Inhaber **dinglicher Rechte** aus **Dienstbarkeiten**, dem **Nießbrauch** und einem **dinglichen Wohnungsrecht**. Nicht ersatzberechtigt sind die **Hypotheken-, Grundschuld- und Rentenschuldgläubiger**. Dies wird zwar im Gegensatz zu § 148 Abs. 2 ABG (§ 148 Abs. 3 ABG NW) im Gesetz nicht mehr ausdrücklich ausgesprochen, folgt aber aus der in § 117 Abs. 3 angeordneten entsprechenden Anwendung der Art. 52, 53 EGBGB (§ 117 Rn. 17). Ersatzberechtigt sind auch diejenigen, denen an der beschädigten Sache ein **Recht zum Besitz** zusteht, also **Mieter, Pächter und Entleiher**. **Aneignungsberechtigte** (z. B. Jagd- oder Fischereiberechtigte) sind, da es in der Regel schon an einer Sachbeschädigung fehlen wird, nicht ersatzberechtigt. Daß die Absenkung des Grundwasserspiegels und als dessen Folge das Versiegen von Brunnen einen Ersatzanspruch auslöst, ist zweifelhaft geworden (so noch BGHZ 51, 119 (Wassersammler); anders BGHZ 69, 1: Keine Eigentumsverletzung durch Grundwasserentzug; vgl. auch BVerfG NJW 1982, 745, 749). Im übrigen können auch **obligatorisch Berechtigte**, die im (rechtmäßigen) Besitz einer Sache sind, ersatzberechtigt sein (BGH ZfB 95 (1954), 450), wie überhaupt alle Vorstufen des Eigentums wie **Anwartschaftsrechte** einen eigenständigen Anspruch auslösen können. Insbesondere infolge der Ausdehnung der Bergschadenshaftung auf **bewegliche Sachen** kann die Anspruchstellung durch Anwartschaftsberechtigte (z. B. unter Eigentumsvorbehalt erworbene Kraftfahrzeuge) eine Bedeutung erlangen. In diesen Fällen erfolgt die

§ 114   43–45   Siebenter Teil: Bergbau u. Grundbesitz, öffentl. Verkehrsanlagen

Zahlung des Schadensersatzes nicht an den Anwartschaftsberechtigten, sondern in entsprechender Anwendung des § 432 BGB oder § 1281 BGB an diesen und den Inhaber des Vollrechts gemeinsam (umstritten; vgl. Palandt-Bassenge, § 929 Anm. 6 B bee m. N.; Medicus AcP 165, 142). Dem in Anspruch genommenen Unternehmer hilft freilich § 851 BGB: Wer gutgläubig an den nichtberechtigten Besitzer einer beweglichen Sache Ersatz leistet, wird befreit. Insgesamt kann zu dem Kreis der denkbaren Ersatzberechtigten auf die Rechtsprechung und Literatur zu § 823 Abs. 1 BGB verwiesen werden, sofern im Einzelfall von einer bergbaubedingten Sachbeschädigung ein absolutes „sonstiges Recht" betroffen wird, das inhaltlich durch Zuweisungsgehalt und Ausschlußfunktion Dritten gegenüber dem Eigentum angenähert ist.

43
Im Bergschadensrecht bisher nicht praktisch geworden, gleichwohl aber – insbesondere wegen der Einbeziehung der Ersatzpflicht bei beweglichen Sachen – denkbar, ist eine Erweiterung des Kreises der Ersatzberechtigten aus dem Gesichtspunkt der **Schadensliquidation im Drittinteresse**. Es handelt sich um Sachverhalte, bei denen der Schaden, der typischerweise beim Ersatzberechtigten eintreten müßte, aufgrund eines Rechtsverhältnisses zwischen dem Ersatzberechtigten und einem Dritten auf diesen verlagert ist (im einzelnen: Palandt-Heinrichs, Vorbem. § 249 BGB Anm. 6; Lange, Schadensersatz, § 8 III jeweils m. N.). Im Bereich des § 114 Abs. 1 dürfte die Drittschadensliquidation allerdings ebenso wie bei der deliktischen Haftung praktisch nur für Fälle der (gesetzlichen) Gefahrenentlastung (z. B.: Versendungskauf nach § 447 BGB) infrage kommen.

44
4. **Ursachenzusammenhang und Haftungszurechnung bei Sachbeschädigungen**.
a) Im Anschluß an die Ausführungen zu Rn. 17 bis 20 bedarf die Frage der Zurechnung (des Kausalzusammenhangs) einiger Ergänzungen. Unproblematisch sind die Sachverhalte, bei denen sich die Tätigkeit des Bergbaus **unmittelbar** an einer Sache schadenstiftend auswirkt. Bei Grundstücken handelt es sich in der Regel um Senkungen, Pressungen, Zerrungen, Erdrisse oder Erdstufen. Als Folge einer körperlichen Veränderung des Grundstücks können bei baulichen Anlagen Risse, Schieflagen oder andere Substanzschäden auftreten. Eine Veränderung des Grundwasserspiegels (z. B. bei muldenartigen Absenkungen Anstieg des Grundwasserstandes im tieferen Bereich der Mulde) kann zur Versumpfung landwirtschaftlicher Flächen führen oder dazu, daß Gebäude in das Grundwasser „eintauchen". Zurechenbare – weil adäquate – **mittelbare Verursachung** liegt in folgenden Fällen vor: Beschädigung der Uferböschung eines Gewässers und Übertritt des Wassers bei schweren Regenfällen; Beschädigung einer Wasserleitung mit Unterspülung von Gebäudefundamenten durch das ausströmende Wasser (LG Essen ZfB 101 (1960), 108); Brand einer Halde und Übergreifen des Feuers auf Nachbargrundstücke (vgl. auch RG ZfB 66 (1924), 73; Brand in einem Tagebau).

45
b) Ein adäquater Ursachenzusammenhang ist auch dann anzunehmen, wenn der Schaden nur deshalb entstanden ist, weil ein anderes im Rechtssinne zufälliges

Drittes Kapitel: Bergschaden **46–48 § 114**

Ereignis hinzugetreten ist (RGZ 130, 161). Wenn durch früheren Abbau geschaffene Hohlräume durch späteren Bergbau zum Einsturz gebracht werden und nur dadurch Schäden an der Erdoberfläche entstehen (vgl. OLG Düsseldorf ZfB 120 (1979), 422; ferner RG ZfB 59 (1918), 390; RG ZfB 61 (1920), 438), liegt Ursachenzusammenhang vor. Ebenso ist es grundsätzlich unerheblich, ob erst ein **rechtmäßiges oder rechtswidriges Verhalten** eines Dritten zum Schadenseintritt geführt hat. So entfällt der Kausalzusammenhang nicht dadurch, daß eine durch die Erstursache begründete Gefahr von einer Behörde zum Anlaß einer die eigentliche Schädigung erst bewirkenden Entscheidung genommen wird (BGHZ 57, 245, 255). Ein **Folgeschaden** ist kausal-adäquat verursacht, wenn anläßlich der Reparatur von Bergschäden infolge leicht fahrlässigen Verhaltens des Bauunternehmers der eigentliche Schaden vergrößert wird. Andererseits kann ein grob fahrlässiges Verhalten dem Bergbauunternehmer nicht mehr zugerechnet werden **(sog. Unterbrechung des Kausalzusammenhangs)**.

46
c) Außerordentlich umstritten ist der Problembereich der sog. **hypothetischen** (früher überholenden) **Kausalität**. Es geht um die Frage, ob der Schädiger auch dann Ersatz schuldet, wenn der Schaden früher oder später aufgrund eines anderen Ereignisses (Reserveursache) eingetreten wäre. Beispiel: Das wegen schlechter Unterhaltung, Baufälligkeit oder ungeeigneten Baugrundes nicht standfeste Gebäude stürzt als Folge von Bodenbewegungen ein. In diesen sog. **Anlagefällen** besteht weitgehend Einigkeit, daß nur für die durch den früheren Schadenseintritt ausgelösten Nachteile gehaftet wird (BGHZ 20, 280; 29, 219; BGH BB 1968, 1308 – nicht Bergschadensfälle betreffend). Das gleiche gilt, wenn ein Haus von Bergschäden betroffen wird, das bereits zum Abbruch vorgesehen war. Es handelt sich nicht um Fragen des Kausalzusammenhangs, sondern um solche der **Schadensberechnung**. Andererseits kann die Adäquanz und damit auch die Kausalität vollständig entfallen, wenn die Widerstandskraft der geschädigten Sache so minimal war, daß auch alltägliche Ereignisse (z. B. Vorbeifahren eines Lkw) den Schaden hätten herbeiführen können (Andeutung in BGHZ 79, 259, 263 zu § 34 LuftVG; ferner RGZ 158, 34, 39: Schädigung besonders empfindlicher Silberfüchse durch in großer Höhe vorbeifliegendes Flugzeug). Wegen der Einzelheiten: Palandt-Heinrichs, Vorbem. § 249 Anm. 5 f

47
d) Aus dem Gesichtspunkt des **Schutzzwecks der Norm** bedarf die Haftung einer Einschränkung in den oben Rn. 30 ff abgehandelten Fallgestaltungen. Soweit Einwirkungen auf die Erdoberfläche stattgefunden haben, die graduell unbedeutend sind und keine über das allgemeine Lebensrisiko hinausgehende Gefahrenlage begründen, sind Sachschäden ebensowenig zu ersetzen wie Personenschäden.

48
e) Eine mitwirkende Verursachung des Geschädigten wird über § 118 (§ 254 BGB) berücksichtigt. Sonderfälle mitwirkenden Verschuldens bilden der Verlust oder teilweise Haftungsausschluß bei Nichtbefolgung eines Anpassungs- oder Sicherungsverlangens (§ 112) sowie das Bauen entgegen einer Bauwarnung (§ 113). Ha

ben Dritte den Schaden mitverursacht, haften diese zusammen mit dem ersatzpflichtigen Unternehmen als Gesamtschuldner (§ 119).

VIII. Haftung bei Immissionen

49
1. Werden fremden Grundstücken durch den Bergbaubetrieb Gase, Dämpfe, Rauch, Ruß, Geräusche, Erschütterungen oder ähnliche **Einwirkungen (Immissionen)** zugeführt, greift die Haftung des § 114 Abs. 1 erst ein, wenn die nach allgemeinem Nachbarrecht (§ 906 BGB) bestehenden Duldungspflichten überschritten sind (§ 114 Abs. 2 Nr. 3). Vergleichbar mit § 14 BImSchG (nach förmlichem Verfahren genehmigte Anlagen; vgl. unten Rn. 55) begründet das Bergrecht eine über § 906 BGB hinausgreifende **zusätzliche Duldungspflicht**. Diese ist Ausfluß der Befugnis des Bergbautreibenden, zur Aufsuchung und Gewinnung die erforderlichen Einrichtungen im Sinne des § 2 Abs. 1 Nr. 3 zu errichten und zu betreiben (vgl. § 7 Abs. 1 Nr. 3, § 8 Abs. 1 Nr. 3, § 9 Abs. 1; für die aufrechterhaltenden Rechte und Verträge nach §§ 149 ff gilt das gleiche ausdrücklich (so § 151 Abs. 1 Nr. 4) oder jeweils wegen der Bezugnahme auf §§ 7 und 8). § 114 Abs. 1 bildet den Ausgleich dafür, daß der Grundeigentümer Zuführungen aus Bergbaubetrieben ohne Möglichkeit der Untersagung zu dulden hat. Die Regelung entspricht im wesentlichen dem bisher geltenden Recht, soweit Bergbau aufgrund Bergwerkseigentums betrieben wurde (RGZ 98, 79; RGZ 139, 29; RGZ 154, 161; vgl. Heinemann, Ziff 79 f). Eindeutig klargestellt wird durch Abs. 2 Nr. 3, daß kein Bergschaden vorliegt, wenn sich die jeweilige Immission unter § 906 BGB subsumieren läßt und nach dieser Vorschrift zu dulden ist. Auch Immissionen aus Betrieben zur **Gewinnung grundeigener Bodenschätze** unterliegen der gesteigerten Duldungspflicht. Dies ergibt sich aus der mit der Bergbauberechtigung verbundenen Befugnis zur Errichtung und zum Betrieb solcher Anlagen, weiterhin aus § 114 Abs. 2 Nr. 3. Die dem Bergbautreibenden insoweit eingeräumte Vorzugstellung beruht auf der volkswirtschaftlichen Bedeutung seiner Tätigkeit, die durch Unterlassungsansprüche Dritter nicht behindert werden soll (oben Rn. 15).

50
2. **Anwendungsbereich des § 906 BGB.** Ein Anspruch aus § 114 Abs. 1 wegen Zuführungsschäden kommt erst in Betracht, wenn die durch § 906 BGB nach allgemeinem Nachbarrecht gezogene Grenze überschritten ist. **Unwesentliche Beeinträchtigungen** sind nach § 906 Abs. 1 stets zu dulden. Die Erheblichkeit der Einwirkungen richtet sich grundsätzlich nach objektiven Maßstäben. Maßgebend ist das Empfinden des normalen Durchschnittsmenschen. Natur und Zweckbestimmung des von der Einrichtung betroffenen Grundstücks sind zu berücksichtigen (sog. gemischt subjektiv-objektiver Maßstab; hierzu BGH NJW 1958, 1393). Gegenüber wesentlich beeinträchtigenden Immissionen besteht eine Duldungspflicht dann, wenn die Benutzung des Grundstücks, von dem die Einwirkungen ausgehen, ortsüblich ist und die Beeinträchtigung nicht durch Maßnahmen verhindert werden kann, die Benutzern dieser Art wirtschaftlich zumutbar sind (§ 906

Abs. 2 S. 1 BGB). Für die Frage, ob wesentliche Einwirkungen vorliegen, vermögen die nach der Technischen Anleitung zum Schutz gegen Lärm (TA Lärm) vom 16. 7. 1968 (BAnz. Nr. 137 vom 26. 7. 1968) festgelegten Immissionsrichtwerte (aaO Nr. 2.31) Anhaltspunkte zu geben (ebenso DIN-Normen; hierzu BGH LM § 906 Nr. 32 BGB). Solche Werte sind jedoch nicht unmittelbar verbindlich; denn sie enthalten in der Regel lediglich Beurteilungshilfen der Verwaltungsbehörden bei der Zulassung genehmigungspflichtiger Anlagen oder bei der Prüfung der Voraussetzungen für nachträgliche Anordnungen (§ 17 BImSchG) und Einzelfallanordnungen (§ 22 BImSchG). Zur Beurteilung der **Ortsüblichkeit** ist die Benutzung des störenden Grundstücks mit anderen Grundstücken des Bezirks zu vergleichen. Bei der Ortsüblichkeit ist kein starrer Maßstab anzulegen. Vielmehr sind die besonderen Verhältnisse des jeweils maßgebenden Bereichs zu berücksichtigen. In traditionellen Industriegebieten sind wesentliche Einwirkungen naturgemäß eher „ortsüblich" als in Wohnsiedlungsbezirken oder in landwirtschaftlichen Gebieten (Einzelheiten: Palandt-Bassenge, § 906 Anm. 3 b).

51

b) Wesentliche ortsübliche Immissionen sind ferner nur dann zu dulden, wenn sie nicht durch Maßnahmen verhindert werden können, die Benutzern dieser Art wirtschaftlich zumutbar sind. Abzustellen ist auf den Durchschnittsbetrieb. Der Begriff der wirtschaftlichen Zumutbarkeit ist wesensgleich mit demjenigen der wirtschaftlichen Vertretbarkeit im Sinne § 17 Abs. 2 Nr. 1 BImSchG (für genehmigungspflichtige Anlagen). Bei der Änderung des § 906 BGB durch das Gesetz vom 22. 12. 1959 (BGBl. I S. 781) ist die unterschiedliche Bezeichnung gegenüber § 25 Abs. 3 GewO (dem Vorläufer des § 17 BImSchG) lediglich mit Rücksicht auf die unterschiedliche Verwendung des Begriffs der „Vertretbarkeit" im bürgerlichen Recht gewählt worden (zur Entstehungsgeschichte des § 906 BGB: Staudinger-Seufert, 11. Aufl. 1963, Nachtr. zu § 906, III. Bd., 2. Teil). Zum Merkmal der wirtschaftlichen Vertretbarkeit nach BImSchG: Hoppe, DVBl. 1982, 19 m. N. Die **Beweislast** für Merkmale, die eine gesteigerte Duldungspflicht des Eigentümers begründen, trägt der Eigentümer bzw. Nutzungsberechtigte des **störenden Grundstücks** (BGH LM § 906 BGB Nr. 36, BGHZ 72, 289).

52

c) **Ausgleichsanspruch nach § 906 Abs. 2 S. 2 BGB.** Hat der betroffene Nachbar wesentliche Zuführungen wegen Ortsüblichkeit und technischer Unmöglichkeit sowie wirtschaftlicher Unzumutbarkeit zu dulden, kann er einen Anspruch auf angemessenen Ausgleich besitzen, sofern die Einwirkung eine ortsübliche Benutzung seines Grundstücks oder dessen Ertrag über das zumutbare Maß hinaus beeinträchtigt. Dieser sog. nachbarrechtliche Ausgleichsanspruch setzt eine das zumutbare Maß übersteigende Beeinträchtigung voraus; eine schwere existenzbedrohende Beeinträchtigung ist nicht mehr erforderlich (BGHZ 66, 70). Bei der Frage, welches Maß dem Eigentümer „zuzumuten" ist, sind sämtliche Umstände des Einzelfalls zu berücksichtigen, da es sich ähnlich wie bei § 242 BGB um einen Interessenausgleich unter Billigkeitsgesichtspunkten handelt (BGHZ 49, 148, 153). Hierbei kann auch die Frage eine Rolle spielen, ob die zugrunde liegenden Besonderheiten zur Sphäre des Störers oder des Betroffenen gehören (BGH DVBl.

1976, 274, 276). War die Beeinträchtigung bei Errichtung oder Erwerb eines Grundstücks voraussehbar oder bereits vorgegeben, wird in der Regel die Zumutbarkeit zu bejahen sein. Das dem Eigentümer zumutbare Maß an Einwirkungen ist umso größer, je geringer die rechtliche Anerkennung der Wohnfunktion des Eigentums ist, die sich nach den einschlägigen bau- und planungsrechtlichen Vorschriften richtet. Im Außenbereich (§ 35 BBauG) ist daher – dem Gebietscharakter entsprechend – Lärm in stärkerem Maße entschädigungslos hinzunehmen als in Wohngebieten, sofern solche Lärmeinwirkungen von privilegierten, nach der Grundentscheidung der genannten Vorschrift vordringlich im Außenbereich anzusiedelnden Vorhaben ausgehen (BGH DVBl. 1977, 523, 525). Beeinträchtigungen sind dann nicht ausgleichspflichtig, sofern durch eigene Schutzmaßnahmen die Beeinträchtigung abgestellt oder gemindert werden kann. Je nach den die Ortsüblichkeit bestimmenden Umständen können hierbei selbst aufwendige Maßnahmen zumutbar sein (BGH NJW 1976, 797, 799). § 906 BGB ist Ausdruck des **nachbarlichen Gemeinschaftsverhältnisses**. Der von Immissionen Betroffene muß daher auch durch die Art der Nutzung seines Grundstücks auf die schädlichen Folgen möglicher Einwirkungen Rücksicht nehmen, also etwa den Anbau besonders empfindlicher Pflanzen unterlassen.

53

d) Die Entschädigungsleistung besteht grundsätzlich in Geld für Schutzmaßnahmen auf seiten des Betroffenen (z. B. passive Maßnahmen in Form von Schallschutzeinrichtungen). Eine Entschädigung für eingetretenen Minderwert des Grundstücks kommt erst in Betracht, wenn derartige Schutzeinrichtungen keine wirksame Hilfe versprechen oder unverhältnismäßige Aufwendungen erfordern. Bei der Frage, ob und in welcher Höhe ein Geldausgleich geschuldet wird, kommt es auf eine Abwägung aller Umstände an, die nur einheitlich im Zusammenhang erfolgen und nicht in stufenweise Prüfungen aufgeteilt werden kann (BGHZ 49, 148, 155). Danach ist zunächst festzustellen, welche Aufwendungen zur Behebung der Beeinträchtigung insgesamt erforderlich sind und ob der danach festgestellte Gesamtbetrag das zumutbare Maß auf seiten des Betroffenen übersteigt. Ist hiernach Unzumutbarkeit anzunehmen, ist ein Ausgleichsanspruch dem Grunde nach zu bejahen, über dessen Höhe wiederum unter Berücksichtigung aller Umstände des Einzelfalls (Vorhandensein der Einwirkungen, Voraussehbarkeit, Schutzbedürftigkeit im Sinne einer nach der Gebietsart abgestuften Zumutbarkeit usw.) zu entscheiden ist. Über die Höhe des Anspruchs ist nicht nach den Grundsätzen des Schadensersatzanspruchs, sondern nach denjenigen des Enteignungsrechts zu entscheiden (so ausdrücklich BGHZ 49, 148, 155).

54

3. Für Zuführungsschäden wird nach Abs. 1 nur dann gehaftet, wenn gemäß § 906 BGB keine Duldungspflicht besteht. Da nach dieser Vorschrift zu duldende Immissionen bereits über die Begrenzung des Bergschadensbegriffs schlechthin ausgegliedert werden, ist es unerheblich, ob derartige Einwirkungen aus Aufsuchungs-, Gewinnungs- oder Aufbereitungsbetrieben stammen oder aus Nebeneinrichtungen dieser Tätigkeiten. Damit sind die bisher bestehenden Streitfragen im wesentlichen erledigt (vgl. Schumacher, Glückauf 1962, 1156; Heinemann,

Ziff 79). Auch Erschütterungen aus der Aufsuchung (z. B. Sprengarbeiten) oder Erschütterungen aus der Gewinnung können unter § 906 BGB fallen. Die Anwendung dieser Bestimmung kann allerdings vielfach an fehlender Ortsüblichkeit scheitern. Daß in § 906 BGB von Grundstücken die Rede ist, steht der sinngemäßen Anwendung wegen § 8 Abs. 2, § 9 Abs. 1 S. 1 Halbs. 2 nicht entgegen. Wird der Geltungsbereich des § 906 BGB verlassen, so richtet sich die Haftung nach § 117 Abs. 1. Ob in diesen Fällen die Haftungsbeschränkung des § 117 Abs. 1 Nr. 2 (Begrenzung auf den gemeinen Wert) gilt, erscheint zweifelhaft, dürfte aber kaum praktisch werden.

55
4. Anlagen des Bergbaus können auch einer **immissionsschutzrechtlichen Genehmigung** nach dem BImSchG unterliegen. Hierzu gehören etwa Kokereien und Brikettfabriken (vgl. § 2 Nrn. 29, 34 der 4. BImSchV vom 14. 2. 1975 (BGBl. I S. 499)). Aufgrund der Änderung des § 4 Abs. 2 BImSchG durch § 174 Abs. 2 ist es möglich, daß weitere übertägige Anlagen des Bergbaus genehmigungspflichtig werden können. Bei förmlich genehmigten Anlagen ist § 14 BImSchG die speziellere Haftungsvorschrift. Bei bergbaulichen Anlagen, die im vereinfachten Verfahren nach § 19 BImSchG genehmigt worden sind (z. B. Anlagen nach § 4 Nr. 32, Versuchsanlagen nach § 3 der 4. BImSchV) gilt § 14 BImSchG gemäß § 19 Abs. 2 aaO ausdrücklich nicht. Bei diesen Anlagen verbleibt es bei der Kollisionsregelung des Bergrechts. Sie sind auch bei im Sinne von § 906 BGB übermäßigen Immissionen nicht verbietbar. **Schutzvorkehrungen** können im Wege der Unterlassungsklage nach § 1004 BGB nicht verlangt werden, sofern diese nach dem Stand der Technik nicht durchführbar oder wirtschaftlich nicht vertretbar sind. Dies ist zwar nicht ausdrücklich angeordnet, folgt aber aus dem allgemeinen in § 14 BImSchG verankerten Grundsatz und entspricht insoweit auch dem in § 22 Abs. 1 Nr. 2 BImSchG enthaltenen Rechtsgedanken.

IX. Bergschadenverzicht

56
IX. Zu unterscheiden ist der Verzicht auf **bereits entstandene** und auf **künftig entstehende Bergschäden**. Das Gesetz selbst geht von der Möglichkeit eines Haftungsausschlusses oder einer Haftungsbeschränkung aus (§ 115 Abs. 3, § 116 Abs. 1 S. 3).

57
a) Der Verzicht auf **bereits entstandene** Bergschäden ist ein **Erlaßvertrag** nach § 397 BGB: Der gesetzliche Anspruch aus § 114 Abs. 1 erlischt mit Abschluß des (zweiseitigen) Vertrages. Da der Anspruch zugunsten der Grundpfandgläubiger als verpfändet gilt, müssen diese einem Erlaß zustimmen (vgl. hierzu § 117 Rn. 17).

58

b) Auf **künftige Ersatzforderungen** kann entsprechend dem Grundsatz der Vertragsfreiheit verzichtet werden. Ein solcher Verzicht auf künftige Ansprüche ist bedeutsam bei der Entschädigung und Abfindung sowie bei der Abgabe von Grundstücken durch den Bergbau treibenden selbst. In der Regel handelt es sich um einen eigenständigen Vertrag (§ 305 BGB), der keiner Form bedarf und auch durch konkludentes Handeln zustandekommen kann. Ein derartiger Verzicht wirkt nach Art einer dinglichen Verfügung; trotz Eintritt des Entstehungstatbestandes gelangt der Anspruch nicht zur Entstehung (RG ZfB 84–86 (1943–1945), 244). Dingliche und obligatorisch Nutzungsberechtigte, die ihr Recht nach Abgabe des Verzichts von dem Verzichtenden erwerben, unterliegen ihm ebenfalls. Gegenüber Einzelrechtsnachfolgern wirkt der Verzicht nur, wenn er durch Grunddienstbarkeit oder beschränkte persönliche Dienstbarkeit gesichert worden ist (RGZ 166, 105; RG ZfB 84–86 (1943–1945), 244, 246). Es spricht eine **Vermutung** dafür, daß Bergschadenverzichte für den Betrieb verlangt und gegeben werden und nicht zugunsten einer Person. Eine Rechtsnachfolge hinsichtlich des Betriebs macht den Verzicht daher nicht wirkungslos. Den Geschädigten trifft die Beweislast, daß die Vereinbarung nur unter den Vertragsbeteiligten wirksam sein sollte (RG ZfB, aaO). Zur **Enteignung** eines Bergschadenverzichts vgl. OVG Münster ZfB 123 (1982), 362 = NVwZ 1982, 567; Stüer NVwZ 1982, 545.

59

2. Der Verzicht auf Ersatz künftiger Bergschäden kann durch eine **Grunddienstbarkeit** (§ 1018 BGB) oder durch eine **beschränkte persönliche Dienstbarkeit** (§ 1090 BGB) grundbuchlich gesichert werden (StändRspr.: RGZ 130, 350; RGZ 166, 105; BGH VersR 1970, 932; OLG Hamm ZfB 122 (1981), 440 m. N.).

60

a) Als **herrschendes** Grundstück ist bei der **Grunddienstbarkeit** das **Bergwerkseigentum** zu betrachten (§ 9 Abs. 2 S. 1 Halbs. 2; für aufrechterhaltendes Bergwerkseigentum: § 151 Abs. 2: Entspr. Anw. § 9). Bei anderen Bergbauberechtigungen (Erlaubnis, Bewilligung) können Bergschadensverzichte nur durch beschränkte persönliche Dienstbarkeit gesichert werden. Bei einem **Vollverzicht** hat die Grunddienstbarkeit die nachstehende, in der Praxis eingebürgerte Fassung (vgl. Heinemann, Ziff 144):

„Der Eigentümer ist verpflichtet, schädliche von den betriebsplanmäßig betriebenen Bergwerksunternehmungen des jeweiligen Eigentümers des im Berggrundbuch von ... eingetragenen Steinkohlenbergwerks X – z. Zt. Aktiengesellschaft Y – ausgehende Einwirkungen wie Bodenbewegungen, Zuführung von Rauch, Staub, Wasser, Entziehung von Wasser und dergleichen mehr auch über die vom Gesetz gezogenen Grenzen hinaus zu dulden, ohne Unterlassung, Wiederherstellung, Ersatz von Schaden oder Wertminderung beanspruchen zu können".

Der Satzteil „von den betriebsplanmäßig betriebenen Bergwerkunternehmungen" erscheint entbehrlich, sofern sich die Duldungspflicht auf die schädlichen Folgen von Bodenbewegungen beschränkt, da nicht die Betriebsplanzulassung die Duldungspflicht auslöst, sondern das Gewinnungsrecht. Wird die Duldungspflicht auf Immissionen und weitere Tatbestände erweitert, empfiehlt es sich eher, von „ordnungsmäßig betriebenen Anlagen" zu sprechen, da die jeweiligen Betätigungen sowohl durch Betriebspläne als auch durch Genehmigungen (z. B. BImSchG) oder andere öffentlich-rechtliche Gestattungen zugelassen sein können. Der Satzteil „über die vom Gesetz gezogenen Grenzen hinaus" diente früher der Abgrenzung zu der bereits gesetzlich bestehenden Duldungspflicht, die verständlicherweise keiner (zusätzlichen) dinglichen Sicherung bedurfte (vgl.: RGZ 130, 350 = ZfB 72 (1931), 542); die Grundbücher sollten von überflüssigen Eintragungen freigehalten werden).

61

Bergschadenverzichte bewirken, daß die Ausübung eines dem Grundeigentum innewohnenden Rechtes, nämlich der Anspruch auf Schadensersatz für Bergschäden, gegenüber dem Bergwerkseigentümer oder Dienstbarkeitsberechtigten ausgeschlossen ist (§ 1018, 3. Alternative BGB). Daran hat sich auch durch das BBergG nichts geändert. Der Anspruch auf Ersatz bei Beschädigungen von Grundstücken fließt aus dem Eigentum und ist unmittelbar mit ihm verbunden. Die Befugnis zur Schädigung des Grundeigentums ohne Ersatzpflicht wäre schlechthin verfassungswidrig (vor § 110 Rn. 15; BGHZ 53, 229). Das gleiche gilt für die Pflicht zum Ersatz von Aufwendungen oder Nachteilen aus einer Anpassung oder Sicherung (§ 110 Abs. 3, § 111 Abs. 2). Auch diese Ansprüche fließen aus dem Eigentum, weil die weitgehende Sanktion des § 112 (Ausschluß des Ersatzanspruchs) ohne einen solchen Ausgleich verfassungsrechtlich bedenklich wäre.

62

b) Bei der **beschränkten persönlichen Dienstbarkeit** wird der Verzicht gegenüber einer natürlichen oder juristischen Person abgegeben. Im Hinblick auf § 1092 BGB empfiehlt es sich, die Überlassung zur Ausübung an einen Dritten ausdrücklich vorzusehen. Zur Rechtsnachfolge bei juristischen Personen: Vgl. §§ 1059 a bis 1059 d BGB. Die Vorschriften finden auch Anwendung für die OHG und KG im Falle des § 1059 a Nr. 1 BGB (BGHZ 50, 310).

63

3. Der Verzicht wird in der Praxis häufig beschränkt, und zwar sowohl hinsichtlich des Umfangs als auch der Art des Schadensersatzes (vgl. z. B. LG Dortmund, ZfB 117 (1976), 477). Entsprechend dem Inhalt der Eintragungsbewilligung ist auch die Kurzbezeichnung in Abt. II des Grundbuches zu formulieren. Erfahrungsgemäß entsprechen diese Kurzbezeichnungen oftmals nicht dem wirklichen Inhalt des Verzichts. Durch Aufteilung eines mit einem Bergschadensverzicht belasteten Grundstücks (Alleineigentum) in Wohnungseigentum entstehen einzelne Dienstbarkeiten auf jedem Wohnungseigentum. Der Verzicht besteht in diesem Falle für das Gemeinschaftseigentum und das Sondereigentum. Wird auf einem einzelnen Wohnungseigentum der Verzicht gelöscht, führt dies nicht zur Löschung der übrigen Dienstbarkeiten (OLG Hamm ZfB 122 (1981), 440).

64

4. Haftungsausschlüsse oder Haftungsbeschränkungen sind auch für den Fall des Eintritts **künftiger Personenschäden** zulässig, obwohl dies kaum praktische Bedeu-

tung erlangen dürfte. Soweit sich die Haftung nach § 114 Abs. 1 mit der Einstandspflicht nach §§ 1 bis 3 HPflG überschneidet (vgl. oben Rn. 27 f), gilt das sondergesetzliche Verbot des § 7 HPflG.

X. Ausschluß der Bergschadenshaftung (Abs. 2)

65
Abs. 2 grenzt die Haftung aus § 114 durch Beschränkung des Begriffs „Bergschaden" ein. Die dadurch geschaffenen Tatbestände eines Haftungsausschlusses entsprechen z. T. dem bisher geltenden Recht.

66
1. **Kein Bergschaden** ist ein Schaden, der **an im Bergbau betrieb beschäftigten Personen** oder an **im Bergbau betrieb verwendeten Sachen** entsteht (Abs. 2 Nr. 1). Diese Beschränkung ist notwendig, insbesondere im Hinblick auf Unfälle, Berufskrankheiten und sonstige innerbetrieblich entstehende Personenschäden. Die Erstreckung der Bergschadenhaftung auf Personenschäden sollte an dem bisherigen Rechtszustand nichts ändern. Dieser ist dadurch gekennzeichnet, daß der Verletzte bei Arbeitsunfällen (§§ 539 ff RVO; Berufskrankheiten: § 551 RVO) aufgrund gesetzlicher Versicherungspflicht einen Anspruch gegenüber dem Träger der Sozialversicherung besitzt. Soweit der Unternehmer nach anderen Vorschriften (z. B. §§ 823 BGB) haftet, wird bei Arbeitsunfällen die Haftung gegenüber dem Versicherten auf Vorsatz beschränkt (§§ 636, 637 RVO). Gegenüber dem **Träger der Sozialversicherung** haftet jedoch der Unternehmer und auch ein Betriebsangehöriger in Höhe der von ihnen erbrachten Leistungen bei vorsätzlicher oder grob fahrlässiger Herbeiführung des Arbeitsunfalls (§§ 640, 641 RVO).

67
Der Haftungsausschluß des Abs. 2 Nr. 1 gilt nur für Personen, die im Bergbau betrieb beschäftigt sind. Hierbei ist es nach dem Sinn und Zweck des Haftungsausschlusses gleichgültig, ob sie aufgrund eines Arbeitsverhältnisses zu dem Unternehmer (§ 115 Abs. 1) tätig werden oder ob sie Arbeitnehmer eines Dritten sind, der aufgrund vertraglicher Beziehungen innerhalb des Bergbau betriebs Arbeiten ausführt. Nicht im Bergbau betrieb beschäftigt sind **Besucher;** die Haftung des § 114 erstreckt sich mithin auch auf Schadensereignisse, die diese erleiden. Eine Ausnahme gilt dann, wenn der jeweilige Träger der Sozialversicherung kraft Satzung auch gegenüber diesem Personenkreis eine Einstandspflicht begründet hat. Allerdings können Rückgriffsmöglichkeiten nach § 1542 RVO aus übergegangenem Recht gegen den Unternehmer geltend gemacht werden.

68
Von dem Haftungsausschluß erfaßt sind ferner die im Bergbau betrieb **verwendeten Sachen.** Ausgenommen sind damit Schäden an Sachen, die Dritte – etwa aufgrund vertraglicher Vereinbarungen mit dem Unternehmer – innerhalb des Bergwerksbetriebes einsetzen. Eine vertragliche Haftung des Unternehmers

Drittes Kapitel: Bergschaden　　　　　　　　　　　　**69–71　§ 114**

bleibt naturgemäß unberührt (§ 121). Das Wort „verwendet" deutet darauf hin, daß die im Dritteigentum befindlichen Sachen für den Bergbaubetrieb eingesetzt werden müssen. Schäden, die an persönlicher Kleidung oder sonstigen, nicht für den Betrieb verwendeten Sachen, entstehen, sind daher nach § 114 zu ersetzen (z. B. auch Unfall eines privaten Kfz durch Zusammenstoß mit einer Grubenbahn innerhalb des Betriebsgeländes).

69
2. Der Haftungsausschluß im Verhältnis der Bergbautreibenden untereinander (Abs. 2 Nr. 2) entspricht dem bisher geltenden Recht. Im Geltungsbereich des ABG war eine Haftung schon aufgrund des Wortlauts des § 148 ABG ausgeschlossen, da die Ersatzpflicht sich auf Schäden am Grundeigentum und dessen Zubehörungen beschränkte. Eine entsprechende Anwendung des § 148 ABG auf die Beschädigung fremden Bergwerkseigentums wurde als unzulässig betrachtet (RG ZfB 51 (1910), 621; RGZ ZfB 80 (1939), 145). Der Haftungsausschluß erfaßte sowohl die in Ausübung des Bergwerkseigentums errichteten Anlagen über- und untertage als auch die Beeinträchtigung des Gewinnungsrechts (z. B. durch Wasserzuflüsse eines anderen Bergbaubetriebs). Andere Gesetze hatten z. T. ausdrücklich einen Haftungsausschluß hinsichtlich solcher Schäden normiert, die durch einen Bergbaubetrieb einer dem Gewinnungsrecht eines anderen unterliegende Lagerstätte zugefügt wurden (§ 3 Nr. 6 PhosphoritG, § 2 Abs. 1 Nr. 6 ErdölG, § 6 Abs. 2 Buchst. c Silvester-VO). Konflikte mehrerer Bergbautreibender untereinander sind unter den entsprechenden Voraussetzungen notfalls durch Entscheidung der Bergbehörde zu regeln (vgl. § 55 Abs. 1 S. 1 Nr. 4, 9). **Unberührt** bleibt die Haftung nach § 114, sofern durch einen anderen Bergbaubetrieb Grundstücke oder Einrichtungen beschädigt werden, die nicht Zwecken seines Bergbaubetriebs dienen. **Unanwendbar** im Verhältnis der Bergbauunternehmer untereinander sind auch die für Grundstücke geltenden nachbarrechtlichen Vorschriften der §§ 903 ff BGB. Für die Bewilligung und die entsprechend behandelten aufrechterhaltenden Rechte ergibt sich dies unmittelbar aus dem Wortlaut des § 8 Abs. 2, der nur die entsprechende Anwendbarkeit der für Ansprüche aus dem Eigentum geltenden Vorschriften (d. h. §§ 985 ff BGB) zuläßt. Für das Bergwerkseigentum (§ 9) und die insoweit gleich behandelten aufrechterhaltenen Rechte folgt dies aus der Vorbehaltsklausel des § 9 („soweit dieses Gesetz nichts anderes bestimmt"). Diese anderweitige Bestimmung enthält § 114 Abs. 2 Nr. 2.

70
3. **Abs. 2 Nr. 3** regelt das Verhältnis zwischen dem Nachbarrecht des § 906 BGB und der Haftung nach § 114 Abs. 1. Wegen der besonderen Bedeutung sind diesem Teilbereich gesonderte Ausführungen oben (Rn. 49 ff) gewidmet.

71
4. Der Ausschluß von Planungsnachteilen nach Nr. 4 soll nach der Gesetzesbegründung sicherstellen, daß „diese Art von Schäden nicht dem Bergrecht, sondern der Rechtsmaterie zugeordnet werden, welche die Grundlage für die Planungsentscheidungen bildete" (BT-Ds. 8/1315, 141 zu § 112 = Zydek, 428). Anlaß dieser klarstellenden Regelung durch den Gesetzgeber war nicht zuletzt auch die Ent-

scheidung BGHZ 59, 139. In dieser Entscheidung hatte der BGH einen auf entgangenen Gewinn (§ 252 BGB) gestützten Bergschadensersatzanspruch bejaht, weil die gemeindliche Planung zum Bauen geeignetes Gelände deshalb nicht in das Baugebiet einbezogen hatte, weil ein Steinkohlenbergbauunternehmen im Anhörungsverfahren nach BBauG auf den Eintritt von Bodensenkungen hingewiesen hatte. Die haftungsrechtlichen Konsequenzen hatten den untertägigen Steinkohlenbergbau in der Folgezeit zu äußerster Vorsicht genötigt, sofern ihm oder der zuständigen Bergbehörde als Trägerin öffentlicher Belange bei der Aufstellung von Bebauungsplänen eine Stellungnahme abgefordert wurde. Aus diesen Gründen sind in zahlreichen Fällen Hinweise auf eine mögliche Beeinflussung des Plangebiets durch den Abbau entsprechend § 5 Abs. 4 und § 9 Abs. 5 BBauG 1960 unterblieben. Gerade dieser Hinweis sollte aber Bauherren und deren Architekten veranlassen, auf eine bergbauunempfindliche Bebauung entsprechend den jetzt durch das BBergG in §§ 110, 111 geregelten Grundsätzen hinzuwirken. Die Entscheidung ist daher auch kritisch aufgenommen worden (Papenfuß NJW 1973, 187; Krems, Gesetzgebungslehre, 217, 228).

72
Die Verweisung des Betroffenen auf das Planungsrecht, mithin das BBauG, bedeutet, daß Eingriffe durch Planungsmaßnahmen nur dann entschädigt werden, wenn zulässige Nutzungen beseitigt oder eingeschränkt werden. Bei nicht verwirklichten (zulässigen) Nutzungen entfällt der Schutz gegen planerische Eingriffe nach 7 Jahren ab Zulässigkeit (vgl. § 44 BBauG 1976). Keine Entschädigungspflichten bestehen, sofern sich eine höherwertige Nutzbarkeit wegen Abbruchs des Bauleitverfahrens als Ergebnis der planerischen Abwägung nicht eingestellt hat.

73
Die durch Nr. 4 getroffene Grenzziehung ist unter dem Aspekt des Art. 14 GG nicht zu beanstanden. Grundstückswertsteigerungen, die auf der Erwartung künftiger Baulandqualität, nicht jedoch auf eigener Tätigkeit oder auf eigenen Investitionen des Grundstückseigentümers beruhen, werden von der Eigentumsgarantie des Art. 14 GG nicht umfaßt. Der Gesetzgeber ist daher auch befugt, Ersatzansprüche wegen des Verlustes derartigen leistungslosen Wertzuwachses auszuschließen (ebenso Krems, 217), sofern sachlich einleuchtende Gründe für eine solche Beschränkung vorliegen.

74
5. **Kein Bergschaden** ist nach Nr. 5 ein **unerheblicher Nachteil** oder eine **unerhebliche Aufwendung** im Zusammenhang mit Maßnahmen der Anpassung nach § 110. Diese – an sich entbehrliche – Klarstellung soll verhindern, daß unwesentliche Nachteile oder Aufwendungen, die nach § 110 Abs. 3 vom Bauherrn zu tragen sind, als Bergschadensersatzanspruch nach § 114 bei dem haftenden Unternehmer wieder geltend gemacht werden können. Sie ist erst im Laufe des Gesetzgebungsverfahrens den Ausschlußtatbeständen des Abs. 2 hinzugefügt worden (WiA/BT-Ds. 8/3965, 72, 142 = Zydek, 431). Ein **Umkehrschluß** dahingehend, daß **erhebliche** Aufwendungen oder Nachteile nunmehr als Bergschaden zu qualifizieren seien, ist nicht berechtigt. Die Erstattungspflichten des Bergbauunternehmers

Drittes Kapitel: Bergschaden §§ 114, 115

nach den §§ 110 ff stellen eine nach Normzweck und Umfang von dem eigentlichen Bergschaden deutlich abgehobene Sonderregelung dar (vgl. oben § 111 Rn. 7 f).

§ 115 Ersatzpflicht des Unternehmers

(1) Zum Ersatz eines Bergschadens ist der Unternehmer verpflichtet, der den Bergbaubetrieb zur Zeit der Verursachung des Bergschadens betrieben hat oder für eigene Rechnung hat betreiben lassen.

(2) Ist ein Bergschaden durch zwei oder mehrere Bergbaubetriebe verursacht, so haften die Unternehmer der beteiligten Bergbaubetriebe als Gesamtschuldner. Im Verhältnis der Gesamtschuldner zueinander hängt, soweit nichts anderes vereinbart ist, die Verpflichtung zum Ersatz sowie der Umfang des zu leistenden Ersatzes von den Umständen, insbesondere davon ab, inwieweit der Bergschaden vorwiegend von dem einen oder anderen Bergbaubetrieb verursacht worden ist; im Zweifel entfallen auf die beteiligten Bergbaubetriebe gleiche Anteile.

(3) Soweit in den Fällen des Absatzes 2 die Haftung des Unternehmers eines beteiligten Bergbaubetriebes gegenüber dem Geschädigten durch Rechtsgeschäft ausgeschlossen ist, sind bis zur Höhe des auf diesen Bergbaubetrieb nach Absatz 2 Satz 2 entfallenden Anteils die Unternehmer der anderen Bergbaubetriebe von der Haftung befreit.

(4) Wird ein Bergschaden durch ein und denselben Bergbaubetrieb innerhalb eines Zeitraums verursacht, in dem der Bergbaubetrieb durch zwei oder mehrere Unternehmer betrieben wurde, so gelten die Absätze 2 und 3 entsprechend.

1

1. Die Bergschadenhaftung ist durch § 114 als **Betriebs- und Anlagenhaftung** ausgestaltet und von der jeweiligen Bergbauberechtigung gelöst. Die Ersatzpflicht des **Inhabers der Bergbauberechtigung** regelt § 116. Der Umfang des Ersatzes richtet sich nach § 117 Abs. 1. Für einen **Bergschaden** – das ist hier abweichend von der Begriffsbestimmung in § 114 Abs. 1 der **Schaden im rechtlichen Sinne** – haftet nach **Abs. 1** der **Unternehmer**, der den **Bergbaubetrieb** z.Zt. der Verursachung des Bergschadens **betrieben hat** oder auf eigene Rechnung **hat betreiben lassen**.

2

a) **Unternehmer** ist jede natürliche oder juristische Person, die den Bergbaubetrieb auf eigene Rechnung führt (vgl. auch § 4 Abs. 5). Entscheidend ist, wer den wirtschaftlichen Nutzen aus dem Bergbaubetrieb zieht und wem die Verfügungsgewalt über den Betrieb zusteht. Unternehmer im haftungsrechtlichen Sinne ist daher nur derjenige, auf den **beide Merkmale** zutreffen. Ähnliches gilt auch für den Betriebsunternehmer nach § 1 HPflG (RGZ 75, 7 zu § 1 RHPflG) sowie für den Kraftfahrzeughalter (BGHZ 13, 351). **Bergbaubetrieb** im Sinne des § 115 ist nicht die eigentliche Tätigkeit der Aufsuchung, Gewinnung oder Aufbereitung, also eine Handlung oder Summe verschiedener Handlungen (wie nach § 114 Abs. 1), sondern die „Gesamtheit sächlicher und personeller Mittel unabhängig von der Person des jeweiligen Unternehmers" (BT-Ds. 8/1315, 142 = Zydek, 434); nach allgemeinem Sprachgebrauch also die Schachtanlage, der Gewinnungsbetrieb (§ 4 Abs. 8), die Kokerei oder die Brikettfabrik. Daß der Begriff Bergbaubetrieb nach

§ 115 3, 4 Siebenter Teil: Bergbau u. Grundbesitz, öffentl. Verkehrsanlagen

§ 115 **anlagenbezogen** zu verstehen ist, ergibt sich auch aus **Abs.** 4 („ein und derselbe Bergbaubetrieb"). Da schon der „haftungsrechtliche" Unternehmerbegriff den Betrieb für eigene Rechnung bei Vorliegen der notwendigen Verfügungsbefugnis einschließt, dient der Nachsatz „für eigene Rechnung hat betreiben lassen" lediglich der Klarstellung. Ausgegliedert aus der Unternehmerhaftung sind damit sog. Betriebsführungsgesellschaften, also in der Regel juristische Personen, die im Namen und für Rechnung oder auch in eigenem Namen, aber für Rechnung einer anderen juristischen Person, eine bergbauliche Tätigkeit ausüben. **Pächter** und **Nießbraucher** eines Bergbaubetriebs (verstanden als Anlage) sind für eigene Rechnung tätig und damit selbst Unternehmer. Die Feststellung der Unternehmereigenschaft kann erschwert werden bei Bestehen von Beherrschungs-, Gewinnabführungs- sowie bei Betriebspacht- oder Betriebsüberlassungsverträgen (§§ 291, 292 AktG). Entscheidendes Gewicht ist bei Bestehen derartiger Verträge darauf zu legen, wer und in welchem Umfange den wirtschaftlichen Nutzen aus der Bergbautätigkeit zieht und wie nach rechtlichen Grundsätzen die Verfügungsmacht über den Betrieb verteilt ist. Vor Einleitung einer Klage ist daher zweckmäßigerweise Einsicht in das Handelsregister zu nehmen (§ 294 AktG). Wird die falsche Gesellschaft verklagt, dürfte wegen Identität des Streitstoffes trotz Parteiwechsels eine Klageänderung nach § 263 ZPO als sachdienlich zugelassen werden können.

3

b) Ersatzpflichtig ist der Unternehmer, der den Bergbaubetrieb **zur Zeit der Verursachung des Schadens betrieben hat**. Maßgeblich ist also **nicht** der Zeitpunkt des **Schadenseintritts**, sondern der Zeitpunkt der **schädigenden Betriebshandlung**. Unter Betriebshandlung ist die Ausübung der in § 114 Abs. 1 näher bezeichneten Tätigkeiten oder Einrichtungen, die dort ihrerseits wieder als Bergbaubetrieb bezeichnet werden, zu verstehen. Nach der Gesetzesbegründung ist deshalb auf die Betriebshandlung abgestellt worden, weil zwischen Verursachung und Eintritt von Bergschäden häufig ein längerer Zeitraum liegen kann. Es sei unbillig, auf den Zeitpunkt des Schadenseintritts abzustellen, weil während des erwähnten Zeitraums ein Wechsel in der Person des Unternehmers eingetreten sein könne (BT-Ds. 8/1315, 141 = Zydek, 433). Andererseits stellt die gewählte Zeitform („betrieben hat") sicher, daß eine Haftungsgrundlage auch für den Fall vorhanden ist, daß der Schaden erst nach Einstellung des verursachenden Bergbaubetriebs entsteht. Wird der Bergbaubetrieb dagegen durch einen **anderen fortgeführt**, gilt **Abs. 4**. In diesem Falle haften sämtliche Unternehmer, die den Bergbaubetrieb geführt haben, wegen der in Abs. 4 enthaltenen Verweisung auf Abs. 2 als **Gesamtschuldner**. Damit ist ihnen der Einwand, ihr Betrieb sei für den eingetretenen Schaden nicht ursächlich geworden, zumindest gegenüber dem Geschädigten verwehrt. **Zum bisher geltenden Recht:** Vgl. BGHZ 59, 151.

4

2. a) **Abs. 2** regelt die **gesamtschuldnerische Haftung** bei Verursachung eines Schadens durch mehrere Bergbaubetriebe. Es muß sich jedoch um einen **einheitlichen**, durch das **Zusammenwirken** der Bergbaubetriebe verursachten Schaden handeln (RG ZfB 62 (1921), 438). Läßt sich der Schaden zu einem Teil auf den

Drittes Kapitel: Bergschaden 5–8 § 115

Bergbaubetrieb eines Unternehmers und zu einem anderen räumlich trennbaren Teil auf den Betrieb eines anderen Unternehmers zurückführen, besteht keine gesamtschuldnerische Haftung (RG ZfB 73 (1932), 516).

5
b) Nach den Grundsätzen der gesamtschuldnerischen Haftung kann der Geschädigte von jedem Unternehmer nach § 421 BGB Ersatz für den gesamten Schaden fordern. Durch die Leistung des in Anspruch genommenen Unternehmers werden die übrigen Gesamtschuldner befreit (§ 422 BGB). Der leistende Unternehmer kann im Verhältnis zu den mithaftenden Unternehmern einen Ausgleichsanspruch geltend machen (§ 426 BGB), dessen Umfang sich nach dem Grad der Mitverursachung richtet. Im Zweifel, d. h. sofern sich die Verursachungsanteile der beteiligten Unternehmer nicht feststellen lassen, besteht eine Haftung zu gleichen Teilen (Abs. 2 S. 2).

6
Die Ausgleichspflicht der Gesamtschuldner zueinander im Innenverhältnis entsteht als selbständige Verpflichtung von vornherein mit der Entstehung der Gesamtschuld, nicht erst als Folge der Befreiung des Geschädigten (RGZ 160, 151; BGHZ 35, 325). Der Ausgleichsanspruch kann von jedem Gesamtschuldner gegen den anderen als Befreiungsanspruch auch schon vor der Befriedigung des Geschädigten gemacht werden. Für die Verjährung gilt die 30jährige Frist (§ 195 BGB), nicht die kurze Verjährungsfrist des § 117 Abs. 2. Das gilt selbst dann, wenn der Anspruch des Geschädigten gegenüber einem beteiligten Unternehmer bereits nach § 117 Abs. 2 verjährt ist (RGZ 69, 426; 77, 322; 146, 101). Kosten aus dem Rechtsstreit mit dem Geschädigten können als eigener Schaden nicht in den Ausgleich miteinbezogen werden (RGZ 92, 148).

7
c) Die Voraussetzung, daß es sich um einen einheitlichen, durch das Zusammenwirken der Bergbaubetriebe verursachten Schaden handelt, hat grundsätzlich der Geschädigte zu beweisen. Er ist lediglich der Pflicht enthoben, für die Verursachungsanteile der beteiligten Unternehmer Beweis anzutreten. Die Darlegungs- und Beweispflicht wird ihm allerdings durch die Bergschadenvermutung nach § 120 erleichtert, sofern feststeht, daß die Substanzschädigung im Einwirkungsbereich von zwei Bergbaubetrieben entstanden ist. Sind durch einen Betrieb eingeleitete Bodenbewegungen zunächst zur Ruhe gekommen, leben diese aber infolge der Betriebsmaßnahmen eines anderen (späteren) Bergwerks erneut auf, haften die beteiligten Bergwerke als Gesamtschuldner (so schon RG ZfB 30 (1889), 355). Benachbarte Bergwerksbetriebe, deren Abbaueinwirkungen sich überlagern, legen oftmals in der Praxis durch Vereinbarung die Ermittlung der beiderseitigen Verursachungsanteile nach Maßgabe markscheiderischer Verfahren fest.

8
3. Abs. 3 regelt die **Auswirkungen** eines **Bergschadensverzichts** auf das Gesamtschuldverhältnis. Es ist nicht selten, daß ein Grundeigentümer oder -besitzer gegenüber dem Bergbau treibenden auf künftige Ersatzansprüche aus dem Betrieb

ganz oder teilweise verzichtet. Das Problem, wie sich die mit einem Gesamtschuldner vorher vereinbarte Haftungsfreistellung auf das Gesamtschuldverhältnis auswirkt, ist für den Bereich des § 426 BGB sehr umstritten (Übersicht bei Palandt-Heinrichs, § 426 Anm. 5). Nach der Rechtsprechung hat die Haftungsfreistellung Auswirkungen lediglich auf das Verhältnis der an der Abrede Beteiligten. Der verzichtbegünstigte Mitschädiger ist also weiterhin dem Gesamtschuldnerrückgriff ausgesetzt (BGHZ 58, 216 m. N.). Im Ergebnis kann der verzichtbegünstigte Mitschädiger daher, sofern er mit einem anderen gemeinsam für den Schaden verantwortlich ist, schlechter stehen als bei alleiniger Verantwortung. Dieses Ergebnis vermeidet Abs. 3, indem der Ersatzanspruch des Gläubigers um den Verantwortungsteil des verzichtbegünstigten Mitschädigers vermindert wird; und zwar unabhängig davon, gegen welchen Gesamtschuldner der Geschädigte vorgeht (ebenso schon OLG Hamm, ZfB 105 (1964), 383).

9

4. **Abs. 4** regelt den Fall, daß im Hinblick auf eine Betriebsanlage („ein und derselbe Bergbaubetrieb") während eines gewissen Zeitraums ein **Besitz- oder Eigentumswechsel** stattgefunden hat, so daß also auch der nach Abs. 1 haftende Unternehmer gewechselt hat (z. B. natürliche Person – Verpachtung – anschließende Veräußerung an eine juristische Person). Der (außenstehende) Geschädigte wäre überfordert, wenn er zur Geltendmachung seines Schadens nachzuweisen hätte, welcher Unternehmer bei einer solchen „Kettenveräußerung" den Bergschaden verursacht, also die schädigende Betriebshandlung vorgenommen hat. Die Vorschrift übernimmt die Funktion, dem Geschädigten auch in solchen Fällen einen Schuldner zur Verfügung zu stellen. Er kann im Ergebnis denjenigen Unternehmer in Anspruch nehmen, der im Zeitpunkt der Entstehung des Bergschadens den fraglichen Betrieb führte. Nach dem Gesetz **haftet also im Verhältnis zum Geschädigten** der **jeweilige Unternehmer** auch für die schädlichen Folgen solcher **Betriebshandlungen, die seine Rechtsvorgänger verursacht haben.** Gerade im Bergrecht ist eine solche Vorschrift erforderlich, weil zwischen der Verursachung und dem Eintritt des Schadens ein langer Zeitraum vergehen kann. Die Grundsätze über das Gesamtschuldverhältnis bei Vorliegen eines einheitlichen, durch das Zusammenwirken der Bergbaubetriebe verursachten Schadens (Rn. 3) gelten entsprechend. Durch die Anwendung des **Abs. 3** ist sichergestellt, daß ein zugunsten eines der mithaftenden Gesamtschuldner begründeter Bergschadenverzicht in Höhe des vereinbarten Haftungsausschlusses auch die anderen Unternehmer von der Haftung befreit. Besteht der Bergschadenverzicht zugunsten des Inhabers der Bergbauberechtigung, werden entsprechend seinem Umfang und Inhalt auch die gesamtschuldnerisch haftenden Unternehmer befreit (§ 116 Abs. 1 S. 3). Zum Bergschadenverzicht vgl. auch § 114 Rn. 56 f.

§ 116 Ersatzpflicht des Bergbauberechtigten

(1) Neben dem nach § 115 Abs. 1 ersatzpflichtigen Unternehmer ist auch der Inhaber der dem Bergbaubetrieb zugrundeliegenden Berechtigung zur Aufsuchung oder Gewinnung (Bergbauberechtigung) zum Ersatz des Bergschadens verpflichtet; dies gilt bei betriebsplanmäßig zugelassenem Bergbaubetrieb auch, wenn die

Drittes Kapitel: Bergschaden **1, 2 § 116**

Bergbauberechtigung bei Verursachung des Bergschadens bereits erloschen war oder wenn sie mit Rückwirkung aufgehoben worden ist. Der Unternehmer und der Inhaber der Bergbauberechtigung haften als Gesamtschuldner. Soweit die Haftung eines Gesamtschuldners gegenüber dem Geschädigten durch Rechtsgeschäft ausgeschlossen ist, ist auch der andere Gesamtschuldner von der Haftung befreit.

(2) Im Verhältnis der Gesamtschuldner zueinander haftet, soweit nichts anderes vereinbart ist, allein der Unternehmer.

1
1. Neben dem nach § 115 in erster Linie haftenden **Unternehmer** hat auch der **Inhaber der Bergbauberechtigung** für Schäden aus dem Bergbaubetrieb einzustehen. Diese zusätzliche Ersatzpflicht der Bergbauberechtigten ist praktisch dann von Bedeutung, wenn die Berechtigung einem anderen zur Pacht oder zum Nießbrauch überlassen ist. § 115 findet **keine Anwendung** auf den **Grundeigentümer**, der die Gewinnung grundeigener Bodenschätze (§ 4 Abs. 4) einem anderen, d. h. dem Gewinnungsberechtigten, überläßt. Unternehmer und Bergbauberechtigte haften als **Gesamtschuldner** (Abs. 1 S. 2). Im Verhältnis der Gesamtschuldner zueinander trifft die Haftung allein den Unternehmer, es sei denn, daß durch Vereinbarung eine anderweitige Regelung getroffen wäre (Abs. 2). Die für ein Gesamtschuldverhältnis allgemein geltenden Grundsätze finden Anwendung (§ 115 Rn. 4 f).

2
2. Durch die Haftung des Inhabers der Bergbauberechtigung soll der Kreis der Schadensersatzverpflichteten zugunsten des Geschädigten erweitert werden. Sie geht daher gegenüber dem Geschädigten nicht weiter als diejenige des primär haftenden Unternehmers. Die Haftung beginnt mit der Aufnahme des Bergbaubetriebs und ist praktisch unbefristet. Damit soll sichergestellt werden, daß selbst dann noch ein (weiterer) Einstandspflichtiger vorhanden ist, wenn der Unternehmer, dessen Betriebshandlung den Schaden verursacht hat, nicht mehr vorhanden oder vermögenslos geworden ist. Die Haftung des Inhabers der Bergbauberechtigung dauert zeitlich ferner über den Bestand des Rechts selbst hinaus: Auch wenn die Berechtigung erloschen oder wenn sie mit Rückwirkung aufgehoben worden ist, soll weiterhin die Ersatzhaftung eingreifen. Die Sonderregelung für den Fall der Beendigung der Bergbauberechtigung ist erforderlich, weil diese noch vor der Betriebseinstellung durch Widerruf (§ 18) oder durch Aufhebung (§§ 19, 20) beendet sein kann; ferner weil erst nach Betriebseinstellung und Beendigung der Bergbauberechtigung (möglicherweise sehr viel später) Schäden erkennbar werden können. Damit haftet der Inhaber der Gewinnungsberechtigung im Ergebnis für sämtliche Schäden, sofern ein haftender Unternehmer nicht mehr existiert oder ein etwa noch vorhandener Unternehmer vermögenslos geworden ist. Voraussetzung ist lediglich, daß die Betriebshandlungen, die den Schaden verursacht haben, betriebsplanmäßig zugelassen waren (Abs. 1 Halbs. 2). So wird sichergestellt, daß der Inhaber der Bergbauberechtigung nach deren Beendigung nicht für Schäden aus sog. wildem Abbau in Anspruch genommen werden kann.

§ 116 3, 4   Siebenter Teil: Bergbau u. Grundbesitz, öffentl. Verkehrsanlagen

3

3. Der Inhaber der Bergbauberechtigung tritt als weiterer Einstandspflichtiger **neben** den Unternehmer. Daraus könnte geschlossen werden, daß der Inhaber der Berechtigung auch nur insoweit haftet, als etwaige Schäden während der Zeit seiner Berechtigung **verursacht** worden sind. Das wäre indes ein Rückschritt gegenüber dem bisher geltenden Recht; denn nach § 148 ABG haftete der jeweilige Bergwerkseigentümer für alle Bergschäden, die während seiner Besitzzeit **eintraten**. Dabei war es unerheblich, ob der Bergwerkseigentümer selbst oder einer seiner Rechtsvorgänger die den Schaden verursachende Betriebshandlung vorgenommen hatten. Voraussetzung war lediglich, daß das Bergwerk, dessen früherer Betrieb den Schaden verursacht hatte, zur Zeit des Schadenseintritts noch bestand (RG ZfB 27 (1886), 380; RG ZfB 58 (1916), 114; OLG Düsseldorf, ZfB 120 (1979), 422, 430 m. N.). Das gegenwärtige und das frühere Bergwerkseigentum mußten lediglich auf demselben Verleihungsakt beruhen und der derzeitige Bergwerkseigentümer mußte das Bergwerkseigentum derivativ von seinem Rechtsvorgänger erworben haben (OLG Düsseldorf a.a.O.). Es ist anzunehmen, daß diese Rechtslage nach dem BBergG nicht abgeändert werden sollte. Dafür spricht auch, daß der Inhaber der Gewinnungsberechtigung praktisch zeitlich unbeschränkt für die Zukunft haften soll. Es liegt deshalb nahe, eine Haftung auch für die Vergangenheit unter den genannten Voraussetzungen anzunehmen.

4

4. Durch Abs. 1 S. 3 wird sichergestellt, daß ein Haftungsausschluß oder eine Haftungsbeschränkung zugunsten eines der am Gesamtschuldverhältnis Beteiligten in dem jeweils vereinbarten Umfang voll zugunsten des anderen eingreift. Diese – von § 115 Abs. 3 abweichende – Regelung bezieht ihre Rechtfertigung aus dem Umstand, daß § 116 den Kreis der Haftpflichtigen erweitern, nicht jedoch die Anspruchsposition des Geschädigten verbessern soll. Das von dieser Vorschrift angeordnete Gesamtschuldverhältnis zwischen Unternehmer und Bergbauberechtigtem gilt nämlich nicht der Sicherung einer Haftung für gemeinschaftliche Verursachung, wie sie § 115 Abs. 3 zugrunde liegt. Haftungsverzichte haben in der Praxis einen unterschiedlichen Inhalt (§ 114 Rn. 63). In vielen Fällen schließen sie die Haftung nicht vollständig aus, sondern beschränken die Einstandspflicht nur teilweise oder zeitlich gestaffelt. Der Berücksichtigung dieser Sonderformen wird durch die Formulierung „soweit..." Rechnung getragen. Die vollständige Mitbegünstigung des jeweils anderen Gesamtschuldners durch den jeweils eingegangenen Haftungsverzicht ist auch deshalb bedeutsam, weil eine große Zahl von Bergschadenverzichten zugunsten des jeweiligen Inhabers der Bergbauberechtigung begründet und grundbuchlich als Grunddienstbarkeit gesichert worden ist. Für diesen Fall muß gewährleistet sein, daß der Unternehmer, der aufgrund eines obligatorischen oder dinglichen Rechts Bodenschätze aufsucht oder gewinnt, in den Genuß der mit dem Inhaber der Gewinnungsberechtigung vereinbarten Bergschadenverzichte gelangt.

§ 117 Umfang der Ersatzpflicht, Verjährung, Rechte Dritter

(1) Der Umfang der Ersatzpflicht richtet sich nach den Vorschriften des Bürgerlichen Gesetzbuchs über die Verpflichtung zum Ersatz von Vermögensschäden im Falle einer unerlaubten Handlung, jedoch mit folgenden Einschränkungen:
1. Im Falle der Tötung oder Verletzung eines Menschen haftet der Ersatzpflichtige bis zu einem Kapitalbetrag von 500 000 Deutsche Mark oder bis zu einem Rentenbetrag von jährlich 30 000 Deutsche Mark.
2. Im Falle einer Sachbeschädigung haftet der Ersatzpflichtige nur bis zur Höhe des gemeinen Wertes der beschädigten Sache; dies gilt nicht für die Beschädigung von Grundstücken, deren Bestandteilen und Zubehör.

(2) Der Anspruch auf Ersatz des Bergschadens verjährt in drei Jahren von dem Zeitpunkt an, in welchem der Ersatzberechtigte von dem Schaden und der Person des Ersatzpflichtigen Kenntnis erlangt; ohne Rücksicht darauf verjährt der Ersatzanspruch in 30 Jahren vom Zeitpunkt der Entstehung an. Schweben zwischen dem Ersatzpflichtigen und dem Ersatzberechtigten Verhandlungen über den zu leistenden Ersatz, so ist die Verjährung gehemmt, bis der eine oder andere Teil die Fortsetzung der Verhandlungen verweigert.

(3) Für die Entschädigung gelten die Artikel 52 und 53 des Einführungsgesetzes zum Bürgerlichen Gesetzbuch entsprechend.

I. Umfang der Ersatzpflicht

1

Sie richtet sich nach den Vorschriften über die Verpflichtung zum Ersatz von **Vermögensschäden** im Falle einer unerlaubten Handlung (§§ 823 ff BGB), im übrigen nach den Art und Inhalt des Schadensersatzes regelnden Vorschriften der §§ 249 ff BGB.

2

1. Bedeutsam bei dem **Eintritt von Personenschäden** ist die Anwendbarkeit der nachstehenden Vorschriften: **§ 843 BGB** (Geldrente oder Kapitalabfindung bei Körper- oder Gesundheitsverletzung); **§ 844 BGB** (Ersatzansprüche Dritter bei Tötung); **§ 845 BGB** (Ersatzansprüche wegen entgangener Dienste) sowie **§ 846 BGB** (Mitverschulden des Verletzten bei der Entstehung des Schadens eines Dritten). Ausdrücklich **nicht anwendbar** ist wegen der Beschränkung des Ersatzes von Vermögensschäden **§ 847 BGB** (Schmerzensgeld). Schon vom Ausgangspunkt her **nicht anwendbar** sind die Sondervorschriften für den Fall der **unerlaubten Entziehung der Sache** (§ 848 BGB: Haftung für zufälligen Untergang; § 850 BGB: Ersatz von Verwendungen) ferner nicht § 853 BGB (Arglisteinrede bei Forderungserhalt infolge unerlaubter Handlung). § 851 BGB (Ersatzleistung an Nichtberechtigten) kann im Bergschadensrecht eine Bedeutung erlangen, wenn ohne Bösgläubigkeit an den nichtberechtigten Besitzer einer beweglichen Sache geleistet wird (Anwartschaftsberechtigter, vgl. § 114 Rn. 42; auch Leasingnehmer: KG VersR 1976, 1160). Für die **Verjährung** enthält **Abs. 2 eine § 852 BGB** verdrängende, inhaltlich jedoch gleichbedeutende Sonderregelung. § 852 Abs. 3 BGB (Verjährung bei Bereicherung durch unerlaubte Handlung) hat keine Bedeutung.

3

2. **Nicht anwendbar** ist die **Verzinsungsregelung** des § 849 BGB. Die Vorschrift ordnet die Verzinsung einer **Wertersatzschuld** bei Entziehung oder Beschädigung einer Sache an. Sie hat – wie die ihr entsprechende Vorschrift des § 290 BGB – pönalen Charakter und ist auf unerlaubte Handlungen beschränkt. Dafür spricht, daß sich auch in haftungsrechtlichen Sondergesetzen (HPflG, StVG, LuftVG) keine Parallelvorschrift findet. Eine aus § 114 Abs. 1 abgeleitete Forderung ist erst im Falle des Verzuges zu verzinsen. Der Verzug setzt Fälligkeit der Schuld, eine Mahnung des Gläubigers sowie Verschulden des Schuldners voraus (§§ 284, 285 BGB). Der Anspruch aus § 114 Abs. 1 wird fällig, sobald ein Schaden im Rechtssinne entstanden ist. Die Ausübung dieser Position ist jedoch unzulässig, wenn sie im Widerspruch zu den Anforderungen von Treu und Glauben (§ 242 BGB) steht. Das ist der Fall, wenn wegen weiterer Bodenverformungen die Wiederherstellung nicht dauerhaft sein oder unverhältnismäßige Aufwendungen erfordern würde (RG ZfB 78, (1937), 407). Soweit zumutbar, muß sich der Geschädigte vor einer endgültigen Herstellung mit behelfsmäßigen Maßnahmen zufrieden geben (RG ZfB 78 (1937), 474; RG ZfB 79 (1938), 427; OLG Hamm ZfB 100 (1959), 198). Im einzelnen ist zu prüfen, ob der Berechtigte ein schutzwürdiges Eigeninteresse zur alsbaldigen Geltendmachung des Schadens trotz fortschreitenden Bergbaus besitzt. Andererseits braucht sich der Geschädigte nicht auf ungewisse Zukunft vertrösten zu lassen (RGZ 76, 146; im einzelnen ferner Heinemann, Ziff 73). Die für den Verzugseintritt weiterhin unerläßliche **Mahnung** ist die an den Ersatzpflichtigen gerichtete Aufforderung des Geschädigten, die geschuldete Leistung unverzüglich zu bewirken. Sie muß hinreichend bestimmt und eindeutig sein und erkennen lassen, daß das Ausbleiben der Leistung Folgen haben werde. Eine Fristsetzung ist nicht erforderlich. Liegt Verzug vor, weil nicht alsbald nach Mahnung gezahlt wird, ist die Forderung mit 4 v. H. zu verzinsen (§ 288 BGB). Die Geltendmachung weiterer Verzugsschäden (höherer Zinsentgang, Verlust von Anlagezinsen, Aufwendung von Kreditzinsen usw.) ist ebenfalls möglich (§ 286 BGB). Zur Verzinsung etwaiger Ansprüche auf Ersatz von Aufwendungen aus einer Anpassung oder Sicherung vgl. § 110 Rn. 39.

4

3. **Art, Inhalt und Umfang der Schadensabwicklung.** Zu dem Schadensbegriff sowie der Schadensabwicklung im einzelnen können nur allgemeine Grundsätze geschildert werden. Die nachstehenden Ausführungen sind daher – ohne Anspruch auf Vollständigkeit – nur als Hinweise und Einführung zu verstehen. a) **Schaden** ist jeder Nachteil, den jemand durch ein bestimmtes Ereignis an seinem Vermögen oder rechtlich geschützten Gütern erleidet. Er besteht in der Differenz zweier Güterlagen: Zu vergleichen ist die Vermögenssituation des Ersatzberechtigten nach dem schädigenden Ereignis mit der Situation, wie sie ohne das Ereignis bestehen würde (sog. Differenzhypothese). Voraussetzung für die Annahme eines Vermögensschadens ist nicht unbedingt die Verletzung eines Vermögensguts. Er kann sich vielmehr auch – in Gestalt eines **mittelbaren** (Folge-) **Schadens** – (vgl. § 114 Rn. 40) aus der Verletzung ideeller Güter ergeben. Voraussetzung ist jedoch, daß eine **in Geld meßbare Einbuße** eingetreten ist. Maßgebend ist eine an der Verkehrsauffassung orientierte wertende Beruteilung. So gehören zum Vermögen im weitesten Sinne grundsätzlich alle Lebensgüter, die im wirtschaftlichen Ver-

kehr gegen ein Entgelt erworben werden können (**Kommerzialisierungsgedanke**). Zu dieser Fallgruppe rechnen z. B. **entgangene Gebrauchsvorteile** bei einem **Kfz**, wenn kein Ersatzfahrzeug gemietet wird (BGHZ 40, 345; 45, 212). Jedoch wird die **Übertragung** dieses Gedankens auf andere Sachen von der Rspr. in zunehmendem Maße **abgelehnt**: Vgl. BGHZ 66, 280; 71, 236: Verspätete Herstellung eines Hauses; BGHZ 75, 370: Beschädigung eines Gebäudes; BGHZ 76, 184: Nichtbenutzbarkeit eines privaten Schwimmbades. Ein Schaden wird in diesen Fällen – im Gegensatz zu den typischen Massenrisiken im Bereich privat genutzter Pkw – mit der Begründung abgelehnt, eine Verallgemeinerung sei nicht zulässig. Angesichts der Häufigkeit von Gebäudeschäden und damit in der Regel verbundener Verminderung der Benutzbarkeit hat diese Einschränkung im Bergschadensrecht Bedeutung. Ein Vermögensschaden kann auch darin bestehen, daß vom Geschädigten gemachte Aufwendungen aufgrund des schädigenden Ereignisses fehlschlagen (Frustrierungsgedanke); allerdings muß es sich um Aufwendungen für einen **bestimmten, einmaligen Zweck** handeln. Anerkannt ist, daß die Beeinträchtigung oder Vereitelung des **Urlaubs** als Vermögensschaden anzuerkennen ist. Außerhalb der Reiseveranstalterfälle haben nutzlose Aufwendungen praktische Bedeutung nur im Zusammenhang mit Personenschäden (vgl. z.B. KG NJW 1970, 474 (Hundebiß); OLG Hamm, VersR 1978, 1147 (Fußverletzung). Wer seinen Urlaub für die Regulierung von Bergschadensersatzansprüchen „opfert", erhält hierfür keine Entschädigung. Ein **Freizeitverlust** (auch bei Verwendung der Freizeit zur Abwicklung eines Schadensfalles) gilt nicht als Vermögensschaden (BGHZ 66, 112). Das gleiche gilt für **Aufwendungen zur Schadensabwicklung** (allgemeines Lebensrisiko, Ausgrenzung über den Schutzzweck der Norm; BGHZ 66, 112 m. Anm. J. Schmidt, NJW 1977, 1932). Die Einzelheiten sind in Rechtsprechung und Lehre sehr umstritten (vgl. Palandt-Heinrichs, Vorbem. § 249 Anm. 2).

5

b) **Umfang des Schadensersatzes**. Es gilt der **Grundsatz**, daß regelmäßig der **gesamte Schaden** zu ersetzen sei, den der Geschädigte durch das zur Ersatzpflicht führende Ereignis erlitten hat (sog. **Totalreparation**). Allerdings enthält **Abs. 1** Haftungsbeschränkungen bei **Personenschäden** und **Schäden an beweglichen Sachen** (unten Rn. 10, 11). **Folgeschäden**, die im Sinne des natürlichen Bedingungszusammenhangs ursächlich auf das schädigende Ereignis zurückzuführen sind, müssen ersetzt werden, sofern sie adäquat-kausal verursacht sind oder vom Schutzzweck der Norm erfaßt werden (vgl. § 114 Rn. 17f, 44f). Allerdings soll der Geschädigte im Ergebnis nicht günstiger stehen, als dies ohne das schädigende Ereignis der Fall wäre. Entsprechend dem **Ausgleichsgedanken** des Schadensersatzes sind daher **Vorteile anzurechnen**, die adäquat durch das schädigende Ereignis verursacht worden sind, sofern die Anrechnung dem Geschädigten zumutbar ist, dem Zweck des Schadensersatzes entspricht und den Schädiger nicht unbillig entlastet (vgl. BGH WM 1976, 1332 m. N.; BGH NJW 1979, 760). Zur **Vorteilsausgleichung** im Bergschadensrecht ausführlich: Papenfuß ZfB 120 (1979), 143. Ersparte Aufwendungen (auch ersparte Steuern) sind anzurechnen (BGH NJW 1979, 915). Erhält der Geschädigte eine **neue Sache für eine alte** (sog. Abzug neu für alt), hat er sich im Rahmen des Zumutbaren eine Wertsteigerung anrechnen zu lassen oder Ausgleich zu leisten (BGHZ 30, 29: Gebäudeschaden;

§ 117   6, 7   Siebenter Teil: Bergbau u. Grundbesitz, öffentl. Verkehrsanlagen

BGH NJW 1981, 983, 984 a. E.); die Reparaturen müssen sich aber grundsätzlich auf die Lebensdauer der Anlage auswirken. Bei der **Schadensberechnung** zu berücksichtigen sind ferner die Fälle der sog. hypothetischen (überholenden) Kausalität, insbesondere bei den sog. **Anlagefällen** (§ 114 Rn. 46).

6

c) **Art und Weise der Ersatzleistung (§§ 249 ff BGB).** Der Schädiger schuldet nach § 249 S. 1 BGB grundsätzlich **Wiederherstellung in Natur.** Die beschädigte Sache muß durch Ausbesserungsarbeiten in ihrer wirtschaftlichen Brauchbarkeit und Nutzbarkeit wieder so gestellt werden, wie sie vor dem schädigenden Ereignis bestanden hat (RG ZfB 53 (1911), 228). Es geht um die Wiederherstellung eines wirtschaftlich gleichwertigen Zustandes, nicht um die Wiederherstellung des gleichen physischen Zustandes. Sind weitere Einwirkungen aus dem Abbau zu erwarten, sind dem Geschädigten u. U. zunächst provisorische Maßnahmen zuzumuten (RG ZfB 78 (1937), 474; ferner oben Rn. 3). Führt die Reparatur nur zu einer teilweisen Beseitigung des Schadens, kann der Geschädigte gleichwohl auf ihrer Durchführung bestehen; jedoch ist ein etwa verbleibender technischer oder merkantiler Minderwert (hierzu Lange, § 6 VI) nach § 251 Abs. 1 BGB in Geld auszugleichen. Im Bergschadensrecht ist ein praktischer Anwendungsfall eines nach Reparatur verbleibenden Minderwerts die Schieflage eines Gebäudes. Hierzu haben sich im Bergschadensrecht unter den Beteiligten besondere Abwicklungsformen entwickelt (im einzelnen Heinemann, Ziff 66 f; ferner Westermann, AcP 156, 137, 148 f). Wenn wegen der Verletzung einer Person oder Beschädigung einer Sache Ersatz zu leisten ist, kann der Gläubiger „statt der Herstellung den dazu erforderlichen Geldbetrag verlangen" (§ 249 S. 2 BGB). Ziel ist auch hiernach die Wiederherstellung der Gesundheit oder der Sache. Der vom Ersatzberechtigten hierfür bereits aufgewandte oder noch aufzuwendende Geldbetrag kann vom Schädiger zur Erreichung dieses Ziels verlangt werden. Der **Zahlungsanspruch nach § 249 S. 2 BGB** ist nur eine **besondere Form des Herstellungsanspruchs** und daher von der Möglichkeit der Wiederherstellung abhängig. Veräußert der Eigentümer sein beschädigtes Hausgrundstück, bevor er den zur Herstellung erforderlichen Geldbetrag erhalten hat, wird die Herstellung mit der Folge unmöglich, daß der Anspruch aus § 249 S. 2 BGB erlischt (BGHZ 81, 385 = NJW 1982, 98). Den zur Wiederherstellung erhaltenen Geldbetrag braucht der Geschädigte grundsätzlich nicht zur Wiederherstellung zu verwenden (BGHZ 61, 58; 66, 241). Bei Beschädigung baulicher Anlagen durch Abbaueinwirkungen kann sich der Geschädigte jedoch dem Einwand des mitwirkenden Verschuldens (§ 118) aussetzen, wenn er die empfangenen Geldbeträge nicht zur Reparatur verwendet und dadurch die Schadensanfälligkeit der Anlage erhöht. Zu den **Wiederherstellungskosten** rechnen **Rechtsverfolgungskosten** (BGHZ 30, 154), Kosten für ein Sachverständigengutachten, sofern erforderlich (BGHZ 61, 346). Aufwendungen der Schadensabwicklung sind demgegenüber nicht ersatzfähig (BGHZ 66, 114; oben Rn. 4 a. E.).

7

Nach § 250 BGB kann der Ersatzberechtigte dem Ersatzpflichtigen zur Herstellung eine angemessene Frist mit der Erklärung bestimmen, daß er die Herstellung nach dem Ablauf der Frist ablehne. Nach Fristablauf kann der Ersatzberechtigte Ersatz in Geld verlangen, wenn nicht die Herstellung rechtzeitig erfolgt. Der Anspruch auf Herstellung ist dann ausgeschlossen (§ 250 BGB). Die Bedeutung dieser Vorschrift ist umstritten. Überwiegend wird angenommen, sie eröffne dem Geschädigten die Möglichkeit, von der Naturalrestitution auf einen Wertersatz überzugehen. Dieses Vorgehen kann sinnvoll sein, wenn der Ersatzverpflichtete eine mögliche Herstellung verzögert oder ungewiß ist, ob die Voraussetzungen für den Wertersatz nach § 251 Abs. 1 BGB vorliegen.

8
Soweit die Herstellung nicht möglich oder zur Entschädigung des Gläubigers nicht genügend ist, ist die Entschädigung in Geld zu leisten (§ 251 Abs. 1 BGB). **Nicht möglich** ist die Wiederherstellung vor allem dann, wenn es sich von Beginn an um einen reinen Vermögensschaden handelte (also etwa Zinsverluste, entgangener Gewinn). Nicht genügend ist die Naturalherstellung, wenn trotz vorgenommener Reparatur der Verkehrs- oder Gebrauchswert hinter dem früheren Wert zurückbleibt (technischer oder merkantiler Minderwert). Der Ersatzpflichtige kann den Gläubiger in Geld entschädigen, wenn die Herstellung nur mit unverhältnismäßigen Aufwendungen möglich ist (§ 251 Abs. 2 BGB). Die Vorschrift gilt für beide Fälle des § 249 BGB, also den Herstellungs- und den Geldersatzanspruch (BGHZ 63, 295). Aufwendungen zur Herstellung der Sache sind unverhältnismäßig, wenn sie erheblich über dem Wiederbeschaffungswert liegen würden. In der Praxis wird hierzu von Fall zu Fall entschieden. Vgl. hierzu und zur Anwendung des in § 251 Abs. 2 BGB enthaltenen Rechtsgedankens im Rahmen der Bauwarnung: § 113 Rn. 12f

9
Nach § 252 BGB umfaßt der zu ersetzende Schaden auch den entgangenen Gewinn. Als entgangen gilt der Gewinn, der nach dem gewöhnlichen Lauf der Dinge oder nach den besonderen Umständen, insbesondere nach den getroffenen Anstalten und Vorkehrungen, mit Wahrscheinlichkeit erwartet werden konnte. Der Geschädigte braucht nur die Umstände zu beweisen, aus denen sich die Wahrscheinlichkeit des Gewinns ergibt. Die Vorschrift eröffnet insbesondere Kaufleuten die Möglichkeit einer abstrakten Schadensberechnung (Einzelheiten Palandt-Heinrichs § 252 Anm. 3 a).

10
4. Die **Haftungsbeschränkung bei Personenschäden in Abs. 1 Nr. 1** entspricht gleichartigen Regelungen in anderen Gesetzen, die eine Gefährdungshaftung normieren (§ 10 HPflG, § 12 StVG, § 37 LuftVG). Im Gegensatz zu den genannten Vorschriften sieht Abs. 1 Nr. 1 keine Herabsetzung der Entschädigung bei **Mehrfachschäden** vor. Bei Anspruchskonkurrenz zwischen § 114 Abs. 1 einerseits und §§ 1, 2 HPflG andererseits aufgrund des gleichen schädigenden Ereignisses sollte der Anrechnungsgedanke durchgreifen.

11

5. Haftungsbeschränkung bei Sachschäden (Abs. 1 Nr. 2). a) Die Beschränkung der Haftung bis zur Höhe des gemeinen Werts bildet praktisch die Ausnahme; denn in der überwiegenden Zahl sind Grundstücke, deren Bestandteile oder Zubehör Schadensobjekt. **Gemeiner Wert** ist der im gewöhnlichen Geschäftsverkehr für eine Sache zu erzielende Preis, also der objektive Tauschwert, den eine Sache für jedermann hat (BGHZ 31, 238, 241). Im Zeitpunkt des schädigenden Ereignisses vorhandene Umstände, die auch ohne den Eingriff eine Verschlechterung herbei geführt hätten, sind wertmindernd zu berücksichtigen (BGHZ 14, 106, 110). Ungewöhnliche oder persönliche Verhältnisse sind auszuschalten. Bei den preisbeeinflussenden Gegenständen bildet die Beschaffenheit des Wirtschaftsguts den wichtigsten Umstand, insbesondere Alter, Zustand, bei Gebäuden deren Verwendungsmöglichkeit usw. Die Haftungsbeschränkung bis zur Höhe des gemeinen Werts ist § 31 Abs. 2 AtG entnommen (BT-Ds. 8/1315, 143 = Zydek, 439). Sie bietet den Vorteil einer „dynamischen" Anpassung bei veränderten Preis- und Währungsverhältnissen gegenüber einer gesetzlichen Fixierung bestimmter Haftungshöchstbeträge (vgl. z. B. § 10 HPflG, § 12 Abs. 1 Nr. 3 StVG). Wichtige Bedeutung: Ausschaltung des Schadensersatzes für einen – gegenüber dem Verkehrswert höheren – individuellen oder Gebrauchswert sowie ggf eines entgangenen Gewinns (§ 252 BGB). Im übrigen gelten die §§ 249 bis 251 BGB.

12

b) Bei der **Beschädigung von Grundstücken, deren Bestandteilen und Zubehör** wird **unbeschränkt gehaftet**. Nach § 148 ABG haftete der Bergwerksbesitzer nur dann, wenn sich die Vermögensschädigung über ein Grundstück oder über Grundstücks-„Zubehörungen" bei dem Betroffenen eingestellt hatte (im einzelnen: § 114 Rn. 34). Die mit der Einordnung der geschädigten Sache insbesondere als Zubehör verbundenen Rechtsfragen haben sich aufgrund der Neuregelung von der Tatbestandsseite auf die Rechtsfolgeseite verlagert. Wer in seinem Vermögen dadurch verletzt wird, daß durch den Bergbau in das Eigentum an einer (beweglichen) Sache, die nicht Grundstückszubehör ist, eingegriffen wird, ist nunmehr zwar ersatzberechtigt; er muß sich aber u. U. eine Beschränkung seines Anspruchs bis zur Höhe des gemeinen Werts gefallen lassen. Beispiel: Beschädigung eines vorübergehend von einem Mieter errichteten Gebäudes (Scheinbestandteil nach § 95 BGB): Die Herstellungskosten sind zu ersetzen, nicht aber ein während der Reparaturzeit entgangener Gewinn. Weiterhin bleibt die Frage offen, ob die Zubehöreigenschaft zu irgendeinem, noch so weit liegenden Grundstück ausreicht oder ob ein gewisser räumlicher Zusammenhang zwischen dem geschädigten Zubehörstück und dem Grundstück als Hauptsache zu fordern ist (§ 114 Rn. 34 a. E.). Zu den einschlägigen Fragen unter der Geltung des § 148 ABG vgl. auch H. W. Schulte, ZfB 106 (1965), 161.

II. Verjährung (Abs. 2):

13

1. Der Lauf der Verjährungsfrist beginnt, sobald der Geschädigte **von dem Schaden und der Person des Geschädigten Kenntnis erlangt hat.** Die Vorschrift stimmt mit § 852 Abs. 1 und 2 BGB überein. Die **Kenntnis** ist vorhanden, wenn der Geschädigte aufgrund der ihm bekannten Tatsachen gegen eine bestimmte Person eine Schadensersatzklage (auch eine Feststellungsklage nach § 256 ZPO) erheben kann, die so hinreichende Erfolgsaussicht bietet, daß die Klage **zumutbar** ist. Kennenmüssen reicht nicht, ist jedoch der vollständigen Kenntnis gleichzustellen, wenn die restliche Kenntnis in zumutbarer Weise ohne nennenswerte Mühe hätte verschafft werden können (BGH NJW 1973, 703). Die Kenntnis vom Schaden ist in der Regel auch hinsichtlich hinsichtlich aller Folgeschäden zu bejahen, wenn der unmittelbare Schaden an der Person oder Sache bekannt ist (hierzu BGH NJW 1978, 263 m. N.). **Kenntnis vom Ersatzpflichtigen** bedeutet Feststellung der nach §§ 115, 116 ersatzpflichtigen Unternehmer oder Bergbauberechtigten. Bei mehreren Ersatzpflichtigen muß sich der Ersatzberechtigte alsbald entscheiden, soweit dies zumutbar ist (BGH VersR 1963, 579).

14

2. Die Verjährungsregelung des Abs. 2 gilt grundsätzlich nur für den Bergschaden im engeren Sinne, also den Personen- oder Sachschaden (gemäß Legaldefinition des § 114 Abs. 1) sowie für den Anspruch auf Ersatz einer Verkehrswertminderung nach § 113 Abs. 3 (vgl. 113 Rn. 25). Im übrigen führt die Kenntnis des Eigentümers (Bauherrn) von einer eingeschränkten Bebaubarkeit seines Grundstücks, die er etwa über ein Anpassungs- oder Sicherungsverlangen des Unternehmers erhält, nicht dazu, daß die Verjährungsfrist zu laufen beginnt. Nach der hier vertretenen Auffassung sollen die Rechtsbeziehungen zwischen den Beteiligten innerhalb des Anpassungsverhältnisses mit Rücksicht auf die besondere Situation nicht von (negativen) Verjährungsfolgen beeinflußt werden (vgl. § 111 Rn. 20, 114 Rn. 38 d).

15

3. Ohne Rücksicht auf die Kenntnis vom Schaden und der Person des Ersatzpflichtigen tritt Verjährung ein mit Ablauf von 30 Jahren ab **Entstehung.** Damit gilt die regelmäßige Verjährungsfrist (§ 195 BGB). Der Beginn der Verjährung ist nicht die Entstehung des Anspruchs; denn dieser entsteht unter den Voraussetzungen des S. 1 Halbs. 1. Gemeint ist vielmehr, daß die 30jährige Verjährungsfrist ab Entstehung des Bergschadens (im engeren Sinne nach § 114 Abs. 1) beginnen soll, also mit dem schädigenden Ersteignis (Personen- oder Sachschaden) einsetzt. Dies ergibt sich aus einer vergleichenden Betrachtung mit § 852 Abs. 1 BGB, dem Abs. 2 nachgebildet ist. Diese Vorschrift stellt nicht auf die Entstehung des Anspruchs ab, sondern auf die „Begehung der Handlung" d. h. das Setzen der Schadensursache – und zwar auch dann, wenn der Schaden erst später eingetreten oder erkennbar geworden ist (BGH NJW 1973, 1077). Entsprechendes gilt für vergleichbare Ansprüche (§ 11 HPflG, § 14 StVG, § 39 LuftVG), wo wegen der Verjährung auf § 852 BGB verwiesen wird. In diesen Vorschriften wird man als

§ 117   16,17   Siebenter Teil: Bergbau u. Grundbesitz, öffentl. Verkehrsanlagen

Verjährungsbeginn regelmäßig das schädigende Ereignis (so ausdrücklich auch § 32 Abs. 1 AtG) verstehen müssen. Entsprechendes gilt deshalb auch für § 117 Abs. 2. Ersatzansprüche nach § 114 Abs. 1 verjähren damit 30 Jahre nach Vornahme der schädigenden Handlung. Ein Schadensersatzanspruch kann daher verjährt sein, bevor er mangels Schadenseintritts überhaupt entstanden ist. Bei einem Schaden als Folge von Abbaueinwirkungen wäre danach die Frist von der Beendigung der letzten, zur Herbeiführung eines Schadens geeigneten Abbauhandlung an zu berechnen mit der Folge, daß mögliche Ersatzansprüche 30 Jahre nach Einstellung des Abbaus in jedem Falle verjährt wären. Zur **Korrektur des Verjährungsbeginns in Grenzfällen** vgl. aber BGH NJW 73, 1077 zu § 852 BGB. S. 1 Halbs. 2 ist im übrigen erst während des Gesetzgebungsverfahrens eingefügt worden (WiA BT-Ds. 8/3965 73, 142 = Zydek, 440).

16
4. Für die Unterbrechung und Hemmung der Verjährung gelten die allgemeinen Bestimmungen der §§ 208 ff BGB. Nach S. 2 ist die Verjährungsfrist bis zum Abbruch etwaiger Regulierungsverhandlungen gehemmt. Der Begriff der **Verhandlung** ist weit zu fassen; jeder Meinungsaustausch (schriftlich oder mündlich), in dem nicht sofort Ersatz abgelehnt wird, genügt. Verzögert der Ersatzberechtigte selbst die Verhandlungen, endet die Hemmung zu dem Zeitpunkt, in dem eine Antwort zu erwarten gewesen wäre (OLG München VersR 1975, 510 zu § 3 PflVG).

III. Rechtsstellung der Grundpfandgläubiger (Abs. 3)

17
§ 148 Abs. 2 ABG (§ 148 Abs. 3 ABG NW) schloß Ersatzansprüche der Hypotheken-, Grundschuld- und Rentenschuldgläubiger ausdrücklich aus. Auf eine inhaltlich gleichlautende Vorschrift ist verzichtet worden mit der Begründung, die Grundpfandgläubiger seien nur mittelbar Geschädigte; sie seien nach allgemeinen Schadensersatzrecht nur ersatzberechtigt, wenn dies im Gesetz angeordnet wäre (BT-Ds. 8/1315, 143 = Zydek, 440). Das kann angesichts des § 1134 Abs. 1 BGB (Unterlassungsanspruch des Hypothekengläubigers) zweifelhaft sein, mag aber auf sich beruhen. Aus der entsprechenden Anwendung der Art. 52, 53 EGBGB folgt jedenfalls, daß Grundpfandgläubiger nicht selbst ersatzberechtigt sein sollen, sondern lediglich ein Haftungsrecht am Grundstück (samt Zubehör, vgl. §§ 1120 ff BGB) besitzen. Die Forderung auf Bergschadensersatz gilt **zugunsten der Grundpfandgläubiger als verpfändet**. Leistet der Unternehmer Bergschadensersatz in Geld, hat der Berechtigte die Lastenfreiheit des Grundstücks durch beglaubigten Grundbuchauszug nachzuweisen oder die Einwilligung der Grundpfandgläubiger zur Auszahlung beizubringen. Vgl. auch Art. 53 EGBGB, § 1128 BGB: Anzeige an die Gläubiger und Widerspruch binnen Monatsfrist; im Falle des Widerspruchs: Zahlung an Grundstückseigentümer und Gläubiger nach § 1281 BGB gemeinschaftlich. In Zweifelsfällen empfiehlt sich die Hinterlegung (§§ 372 ff BGB). Bei Wiederherstellung in Natur erlischt der Ersatzanspruch (Art. 53 Abs. 2 S. 1 BGB).

Drittes Kapitel: Bergschaden §§ 117, 118

Zu den weiteren Einzelheiten: Vgl. Heinemann, Ziff 122 ff). Bei Anordnung der Zwangsversteigerung (§§ 15 ff ZVG) wird auch der Anspruch auf Bergschadensersatz von der Beschlagnahme erfaßt.

§ 118 Mitwirkendes Verschulden

Hat bei der Entstehung des Bergschadens ein Verschulden des Geschädigten mitgewirkt, so gilt § 254 des Bürgerlichen Gesetzbuchs; bei Beschädigung einer Sache steht das Verschulden desjenigen, der die tatsächliche Gewalt über die Sache ausübt, dem Verschulden des Geschädigten gleich.

1
1. Nach § 118 kann die Ersatzpflicht des Unternehmers gemindert sein oder fortfallen, wenn der Geschädigte für den Schaden nach § 254 BGB mitverantwortlich ist. § 254 BGB lautet:
(1) Hat bei der Entstehung des Schadens ein Verschulden des Beschädigten mitgewirkt, so hängt die Verpflichtung zum Ersatze sowie der Umfang des zu leistenden Ersatzes von den Umständen, insbesondere davon ab, inwieweit der Schaden vorwiegend von dem einen oder dem anderen Teile verursacht worden ist.
(2) Dies gilt auch dann, wenn sich das Verschulden des Beschädigten darauf beschränkt, daß er unterlassen hat, den Schuldner auf die Gefahr eines ungewöhnlich hohen Schadens aufmerksam zu machen, die der Schuldner weder kannte noch kennen mußte, oder daß er unterlassen hat, den Schaden abzuwenden oder zu mindern. Die Vorschrift des § 278 findet entsprechende Anwendung.

2
a) Die Vorschrift ist Ausdruck des Rechtsgedankens, daß derjenige, der in zurechenbarer Weise gegen sein eigenes wohlverstandenes Interesse handelt, sich eine Kürzung oder gar den Verlust des Ersatzanspruchs wegen eines „Verschuldens gegen sich selbst" gefallen lassen muß (BGHZ 57, 137, 145 m. N.). Zur Konkretisierung des Rechtsgedankens enthält die Vorschrift **drei Tatbestände: Mitwirkung des Geschädigten bei der Rechtsgutsverletzung** (§ 254 Abs. 1), **Unterlassen einer Warnung** gegenüber dem Schädiger (Abs. 2 S. 1, 1. Altern.) sowie **Verstoß gegen die Schadensminderungspflicht** (Abs. 2 S. 1, 2. Altern.)

3
b) Maßgebend bei der Schadensabwägung ist zunächst das **Ausmaß der Verursachung**. Es ist zu prüfen, mit welchem Grad an Wahrscheinlichkeit das **Verhalten** des Geschädigten oder eine dem Geschädigten zurechenbare **Sach- und Betriebsgefahr** (hierzu unten Rn. 13) zur Herbeiführung der Rechtsgutsverletzung geeignet waren (BGH NJW 1952, 583; 1963, 1443; 1969, 789). Eine Mitverursachung liegt vor, wenn das infrage stehende Handeln oder Unterlassen des Geschädigten oder eine mitwirkende Betriebs- und Sachgefahr für den Eintritt oder die Höhe der Schädigung **adäquat kausal** gewesen sind (BGHZ 3, 46, 48; BGH NJW 1957, 217; Palandt-Heinrichs, § 254 Anm. 3 a cc). Auf die zeitliche Reihenfolge, in der die Bedingungen, die den Schaden herbeigeführt haben, eingetreten sind, kommt es nicht an (BGH NJW 1963, 1449).

4

c) Neben dem Grad der Verursachung ist im Rahmen des § 254 BGB – wenn auch in minderem Umfang – der **Grad des Verschuldens** zu berücksichtigen. Ein Mitverschulden liegt vor, wenn der Geschädigte diejenige Aufmerksamkeit und Sorgfalt außer acht läßt, die jedem ordentlichen und verständigen Menschen obliegt, um sich vor Schaden zu bewahren (BGHZ 3, 49; 9, 318). Zum Verschulden gehört Zurechnungsfähigkeit (daher entsprechende Geltung der §§ 827, 828 BGB; BGHZ 9, 317; 24, 327).

5

2. a) Die durch § 118 angeordnete Berücksichtigung einer verantwortlichen Mitwirkung des Geschädigten bei der **Entstehung des Schadens** entspricht der bisherigen Praxis im Bergrecht. Mitwirkende Verursachung wurde angenommen bei fehlerhafter Ausführung eines Bauwerks (RG ZfB 41 (1900), 221) ebenso wie bei der Vergrößerung der vom Bergbau verursachten Schäden infolge von Baumängeln (OLG Düsseldorf ZfB 74 (1933), 218). Der Bauherr hatte sich voraussehbaren Auswirkungen des Bergbaus durch geeignete Sicherungsmaßnahmen anzupassen (RG ZfB 71 (1930), 254). Abfindungen des Bergbaus waren zur Instandhaltung beschädigter Gebäude zu verwenden, andernfalls war ein Schadensersatzanspruch wegen neuer Schäden nicht begründet (RG ZfB 46 (1905), 273); das gleiche galt bei unsachgemäßer oder oberflächlicher Beseitigung von Bergschäden (OLG Düsseldorf ZfB 74 (1933), 218). War der mögliche Eintritt bergbaulicher Einwirkungen bereits bei der Bauausführung erkennbar (z. B. auch bei der Errichtung eines Gebäudes in unmittelbarer Nähe eines Tagebaus), waren zusätzliche Gründungsmaßnahmen erforderlich (OLG Köln ZfB 122 (1981), 451). Baumängel, unterlassene Sicherungsmaßnahmen oder unterbliebene Instandhaltungen hatte auch der **Rechtsnachfolger** eines Bauherrn oder Vorbesitzers gegen sich gelten zu lassen (RG ZfB 71 (1930), 254 unter Hinweis auf RG ZfB 41 (1905), 273).

6

b) Die vorstehend genannten Beispiele sind typische Anwendungsfälle anrechenbarer Mitverursachung. Einen gesetzlich geregelten Sonderfall mitwirkender Verursachung, in dem das Schuldmoment auf seiten des Geschädigten gegenüber dem Verursachungsbeitrag dominiert, enthält § 112. Nach vorsätzlichem oder grob fahrlässigem Verstoß des Bauherrn gegenüber einem auf Anpassung oder Sicherung einer baulichen Anlage gerichteten Verlangen des Unternehmers (§§ 110, 111) ist ein Ersatzanspruch gänzlich ausgeschlossen. Minder schwere Versäumnisse auf beiden Seiten eröffnen nach § 112 S. 3 wiederum den Weg einer Abwägung nach § 254 BGB. Auch das Bauen entgegen einer Bauwarnung (§ 113) stellt sich als Ausprägung einer haftungsausschließenden Mitverursachung des Geschädigten dar.

7

c) Unabhängig von § 112 kann das Unterlassen gebotener Sicherungsmaßnahmen auch ohne ausdrückliches Verlangen des Unternehmers zu einer anrechenbaren Mitverursachung führen, wenn Einwirkungen auf die Tagesoberfläche allgemein – wenn auch nicht für das betroffene Grundstück – zu besorgen waren. In

Bergbaugebieten, in denen seit längerer Zeit Abbau umgeht, besteht daher grundsätzlich eine Obliegenheit des Bauherrn, entsprechende Erkundigungen einzuziehen. Dies gilt auch deshalb, weil die Regelung des § 110 Abs. 6 eine lückenlose Information des Unternehmers nicht sicherstellt und auch nicht alle Baumaßnahmen, für die eine Anpassung oder Sicherung infrage kommt, genehmigungs- oder anzeigepflichtig sind (z. B. bergschädenempfindliche maschinelle Anlagen innerhalb von Gebäuden).

8

3. a) § 118 bezieht sich – entgegen seinem Wortlaut – nicht allein auf eine mitwirkende Verursachung im haftungsbegründenden Vorgang (Bergschaden im Sinne § 114 Abs. 1), sondern auf den Schaden im Rechtssinne (vgl. auch § 4 HPflG, § 9 StVG, § 34 LuftVG als Vorbild der Regelung). Anzurechnen sind daher nach § 254 Abs. 2 BGB Versäumnisse des Geschädigten insbesondere im Rahmen seiner Pflicht zur Schadensminderung nach erfolgter Rechtsgutsverletzung. Bei Schäden an baulichen Anlagen sind Reparaturen aufgrund der Schadensminderungspflicht zügig und ordnungsgemäß durchzuführen, wenn die Besorgnis einer Vergrößerung des Schadens besteht. Zur Vermeidung von Produktionsausfällen oder -einschränkungen bei Gewerbebetrieben sind vor durchgreifender Instandsetzung zur Aufrechterhaltung der Produktion Provisorien hinzunehmen; auch eine Produktionsverlagerung kann, soweit möglich, zumutbar sein. Fallen bei Produktionsbetrieben wichtige Anlagen aus, ist beschleunigt für Ersatz zu sorgen. Zur Abfindung empfangene Geldbeträge müssen zur Instandsetzung verwendet werden, andernfalls sind weitere, auf die unterlassene Reparatur zurückzuführende Schäden vom Betroffenen zu verantworten. Der Geschädigte darf Kredite nur dann in Anspruch nehmen, wenn ihm der Einsatz von Eigenmitteln nicht zuzumuten ist. Die Kreditkosten sind jedoch so niedrig wie möglich zu halten; auch muß der Schädiger Gelegenheit erhalten, die entstehenden Kosten durch einen Vorschuß abzuwenden (BGHZ 61, 350).

9

Beim Vorliegen von **Personenschäden** hat der Betroffene sich in **ärztliche Behandlung** zu begeben und unter bestimmten Voraussetzungen zusätzliche (auch operative) ärztliche Maßnahmen zu dulden. Die verbliebene Arbeitskraft ist zur Abwendung oder Minderung eines Erwerbsschadens zu verwenden (BGHZ 10, 20; BGH NJW 1967, 2053). Unter Umständen muß der Geschädigte auch einen Berufswechsel vornehmen (BGHZ 10, 19) oder den Wohnsitz wechseln (BGH VersR 62, 1100). Im einzelnen vergleiche Palandt-Heinrichs, 41. Aufl., § 254 Anm. 3 b dd). Wem nach §§ 844, 845 BGB Ersatzansprüche bei Tötung oder wegen entgangener Dienste zustehen, muß sich nach § 846 das Mitverschulden des unmittelbar Geschädigten anrechnen lassen. Wegen der Einzelheiten wird auf Kommentierungen zu § 254 BGB verwiesen.

10

4. Auf die Mitverantwortung des Geschädigten findet die Vorschrift des § 278 entsprechende Anwendung (§ 254 Abs. 2 S. 2). Ungeachtet der systematischen Stellung im Gesetz wird die Verweisung jedoch auch auf § 254 Abs. 1 BGB bezogen

§ 118 11–13 Siebenter Teil: Bergbau u. Grundbesitz, öffentl. Verkehrsanlagen

(Ständ. Rspr. RGZ 62, 106; BGHZ 1, 248). Allerdings wird für die Anwendung des § 254 Abs. 1 BGB im haftungsbegründenden Bereich eine **Verbindlichkeit** oder eine rechtsähnliche Sonderverbindung gefordert (RGZ 62, 346; 164, 264; BGHZ 24, 325; BGH VersR 1975, 133; umstr., Nachw. Palandt-Heinrichs, 41. Aufl. 1982, § 254 Anm. 5; Lange, Schadensersatz, § 10 XI 4). Hat der Geschädigte daher eine dritte Person mit der Wahrnehmung seiner Interessen betraut, und hat diese **vor Eintritt des schädigenden Ereignisses** die im Interesse des Geschädigten gebotene Sorgfalt außer acht gelassen (mangelhafte Bauausführung, Unterlassung von Sicherungsmaßnahmen), wird dem Geschädigten deren Verhalten **nicht nach § 278 BGB zugerechnet**, wohl aber nach § 831 BGB (BGHZ 1, 248; BGH VersR 1975, 133).

11
Nach Stellung eines auf Anpassung oder Sicherung gerichteten Verlangens des Bauherrn (§§ 110, 111) liegt eine **rechtliche Sonderverbindung** vor. Der Bauherr hat daher insoweit für Handlungen oder Unterlassungen der von ihm mit der Wahrnehmung seiner Interessen betrauten Personen (Architekten, Bauunternehmer) einzustehen (§ 112 Rn. 12). **Uneingeschränkt anwendbar** ist § 278 BGB auf die Schadensabwendungs- und Schadensminderungspflicht des § 254 Abs. 2 BGB. Zweifelhaft ist lediglich, welche Personen (noch) als Erfüllungsgehilfen im Sinne § 278 BGB betrachtet werden können. Im Einzelfalle wird es auf die Überwachungs- und Einwirkungsmöglichkeiten des Geschädigten auf dritte Personen ankommen. In der Regel genügt der Geschädigte seiner Pflicht aus § 254 Abs. 2 BGB, wenn er einen anerkannten Betrieb oder eine taugliche Fachwerkstatt mit der Reparatur des geschädigten Objekts beauftragt und, sofern notwendig, die erforderlichen Beanstandungen erhebt. Unter diesen Voraussetzungen können daher zusätzliche Schäden, die erst aufgrund der Schadensbeseitigung eintreten, dem Schädiger als Schadensfolgen zuzurechnen sein (vgl. BGHZ 63, 182 (Autoreparaturwerkstätte); OLG Hamburg VersR 1964, 1214 (Werft); RGZ 72, 219 (Arzt); Palandt-Heinrichs § 254 Anm. 5 b). Eine Unterbrechung des adäquaten Ursachenzusammenhangs kommt in Betracht bei besonders groben Fehlleistungen des vom Geschädigten beauftragten Reparaturbetriebs oder bei ärztlichem Fehlverhalten.

12
Gegenüber § 254 Abs. 2 BGB ist die Einstandspflicht des § 118 insoweit erweitert, als bei der Beschädigung einer Sache das Verschulden desjenigen, der die tatsächliche Gewalt über die Sache ausübt, dem Verschulden des Geschädigten gleichsteht (ebenso §§ 4 HPflG, 9 StVG, 34 LuftVG).

13
5. Liegt auf seiten des Geschädigten eine nach den Grundsätzen der Gefährdungshaftung zu verantwortende **Sach- oder Betriebsgefahr** vor, kommt ebenfalls eine Anrechnung in Betracht (BGHZ 6, 319; 26, 69; im einzelnen Lange, Schadensersatz, § 10 VII 1). Hierzu rechnen die Gefährdungshaftungstatbestände nach § 1 HPflG (Bahnbetriebsunternehmer) sowie § 2 HPflG (Inhaber einer Energieanlage), die Anlagenhaftung nach § 22 Abs. 2 WHG und – wohl seltener – die Haftung nach § 7 StVG (Kfz-Halterhaftung) und § 833 BGB (Tierhalterhaftung). Die

Drittes Kapitel: Bergschaden 14,15 § 118

Anrechnung einer Sach- und Betriebsgefahr ergibt sich im Bergrecht nunmehr auch aus § 119: Wenn der mithaftende Dritte dem Geschädigten gegenüber als Gesamtschuldner haftet und die von ihm gesetzte Sach- oder Betriebsgefahr bei der Auseinandersetzung der Gesamtschuldner untereinander nach dem Grundsatz des § 115 Abs. 2 S. 2 zur Anrechnung zu bringen ist, muß dies auch für den Fall gelten, daß der potentiell Haftende durch den Bergbaubetrieb allein geschädigt wird. Insbesondere wer eine Energieanlage nach § 2 HPflG betreibt oder eine potentiell wassergefährdende Anlage nach § 22 Abs. 2 WHG muß sich daher eine eigene Sach- und Betriebsgefahr anrechnen lassen, es sei denn, daß der schadenbringende Vorfall höhere Gewalt gewesen ist (§ 2 Abs. 3 Nr. 3 HPflG; § 22 Abs. 2 S. 2 WHG). Als **höhere Gewalt** gilt nur ein außergewöhnliches, betriebsfremdes, von außen durch elementare Naturkräfte oder Handlungen dritter Personen herbeigeführtes Ereignis, das nach menschlicher Einsicht und Erfahrung nicht vorhersehbar ist und mit wirtschaftlich erträglichen Mitteln auch durch die äußerste, vernünftigerweise zu erwartende Sorgfalt nicht verhütet oder unschädlich gemacht werden kann (BGHZ 62, 351, 354). Wenn Behälter, Pumpen, Leitungen undicht werden, handelt es sich um typische Betriebsgefahren. In Bergbaugebieten, in denen mit Abbaueinwirkungen auf Leitungen zu rechnen ist, muß daher der Leitungsinhaber seinerseits durch Messungen und Beobachtungen Vorsorge gegen „Unfälle" treffen.

14

6. Die Abwägung der einzelnen Verursachungs- und Verschuldensbeiträge führt in der Regel zu einer Quotelung. Abwägungskriterien sind das Gewicht der von beiden Seiten gesetzten Schadensursachen, im minderen Umfang das Verschulden auf seiten des Geschädigten sowie bei Abwägung verschiedener Gefährdungshaftungstatbestände das im Einzelfall wirksam gewordene Gefahrenpotential. Allerdings muß Vergleichbarkeit bestehen. Grundsätzlich ist davon auszugehen, daß etwa das Gefahrenpotential von Anlagen, die eine Haftung nach § 2 HPflG, § 22 Abs. 2 WHG begründen können, umso höher zu veranschlagen ist, als nicht regelmäßig in Bergbaugebieten notwendige Überwachungsmaßnahmen durchgeführt werden.

15

7. Die **Beweislast** für das Vorliegen eines Mitverschuldens nach § 254 BGB trägt der **Schädiger** (RGZ 159, 261); der Einwand der Mitverantwortung ist von Amts wegen zu berücksichtigen (h. M. vgl. BAG NJW 1971, 1958; Palandt-Heinrichs, § 254 Anm. 7). Über die maßgebenden Umstände ist nach der strengen Beweisregel des § 286 ZPO zu entscheiden (hierzu § 120 Rn. 2, 3). Die Grundsätze des Anscheinsbeweises finden Anwendung. (im einzelnen: § 120 Rn. 3). Die Entscheidung über die Auswirkungen eines nach § 286 ZPO festgestellten Verhaltens (auch einer Sach- oder Betriebsgefahr) auf die Bestimmung oder Höhe des Schadens geschieht nach § 287 ZPO. Die Haftungsquote ist bereits in einem Grundurteil nach § 304 ZPO festzustellen, kann aber auch dem Betragsverfahren vorbehalten bleiben, sofern feststeht, daß der Einwand den Ersatzanspruch nicht völlig beseitigt (BGHZ 1, 24; 76, 400).

§ 119 Mitwirkung eines Dritten

Hat bei der Entstehung eines Bergschadens eine Ursache mitgewirkt, die die Ersatzpflicht eines Dritten auf Grund eines anderen Gesetzes begründet, haften der Ersatzpflichtige und der Dritte dem Geschädigten gegenüber als Gesamtschuldner. Es gelten
1. für den Ausgleich im Verhältnis zwischen dem nach § 115 Ersatzpflichtigen und dem Dritten § 115 Abs. 2 Satz 2 und
2. für die Ersatzpflicht gegenüber dem Geschädigten § 115 Abs. 3

entsprechend. Der Ersatzpflichtige ist jedoch nicht verpflichtet, über die Haftungshöchstbeträge des § 117 hinaus Ersatz zu leisten.

1

1. Die Vorschrift trifft eine Regelung bei **selbständiger Verursachung desselben Schadens durch mehrere nicht miteinander verbundene Personen**. Zwischen diesen entsteht ein Gesamtschuldverhältnis mit der Folge, daß der Geschädigte von jedem der Beteiligten nach seinem Belieben ganz oder teilweise Ersatz verlangen kann, insgesamt jedoch nur einmal (§ 421 BGB). Inhaltlich entspricht § 119 damit § 840 BGB (sog. **Nebentäterschaft** im Gegensatz zur Mittäterschaft nach § 830 BGB). Nach dieser Bestimmung haften mehrere für eine **unerlaubte Handlung Verantwortliche** ebenfalls als Gesamtschuldner, wobei der Begriff der unerlaubten Handlung seit jeher im weitesten Sinne verstanden wurde, also auch Tatbestände des vermuteten Verschuldens oder der Gefährdungshaftung einschloß (RHG: RGZ 58, 335; 61, 56. LuftVG: RGZ 158, 34). Nicht als unerlaubte Handlung wurden die Haftungstatbestände der Aufopferung (RGZ 167, 39 zu § 909 BGB), aber auch der Anspruch aus § 148 ABG angesehen (RGZ 67, 273). Die Entstehung einer Gesamtschuld zwischen dem nach § 114 Ersatzpflichtigen und einem Dritten sollte nicht der dogmatischen Einordnung des Anspruchs aus § 114 als unerlaubte Handlung überlassen bleiben (BT-Ds. 8/1315, 144 = Zydek, 443).

2
Während der Regierungsentwurf die Entstehung einer Gesamtschuld noch auf verschuldensunabhängige Haftungen beschränkt hatte, ist im Zuge der Gesetzesberatungen diese Einschränkung aufgegeben worden (WiA/BT-Ds. 8/3965, 73 f, 142 = Zydek, 444). Verursachungsbeiträge Dritter, die neben dem Bergbaubetrieb denselben Schaden herbeigeführt haben, führen daher nunmehr zur Entstehung eines Gesamtschuldverhältnisses unabhängig davon, ob der Dritte aus Gefährdung, Verschulden oder vermutetem Verschulden haftet.

3
2. Damit können parallel nunmehr neben dem Bergbaubetrieb der Bahnbetriebsunternehmer (§ 1 HPflG), der Inhaber einer Energieanlage (§ 2 HPflG), der nach § 22 WHG Verantwortliche ebenso haftbar sein, wie – wenn auch wohl nur theoretisch – der Kraftfahrzeughalter (§ 7 StVG) oder der Tierhalter (§ 833 BGB). Als Nebentäter kommt ferner in Betracht der deliktisch nach § 823 ff BGB Haftende, aber auch der Staat nach Art. 34 GG (BGHZ 9, 65) bei Amtspflichtverletzung. § 119 schafft keine Anspruchsgrundlage, sondern setzt die Haftung des anderen (Dritten) voraus.

Drittes Kapitel: Bergschaden §§ 119, 120

4

3. Nach **Satz 2 Nr. 1** gilt für den Ausgleich der gesamtschuldnerisch Haftenden untereinander **§ 115 Abs. 2 S. 2**. Damit wird eine Abwägung der Verursachungsbeiträge der parallel Haftenden angeordnet (ebenso wie in §§ 13 Abs. 1 HPflG, 42 Abs. 1 LuftVG, 17 Abs. 2 StVG). Abzuwägen sind danach die Verursachungsbeiträge der nebeneinander Verantwortlichen, bei Gefährdungshaftungstatbeständen also insbesondere eine mitwirkende Sach- oder Betriebsgefahr. Trifft den Geschädigten eine mitwirkende Verantwortung, ist nach § 254 BGB eine Eigenquote zulasten des Geschädigten zu bilden. Im einzelnen handelt es sich um außerordentlich schwierige und daher umstrittene Fragen (Lange, Schadensersatz, § 10 XIII, 3, 4; Palandt-Heinrichs, § 254 Anm. 4 c bb jeweils mit Nachw.).

5

Nach § 119 S. 3 beschränkt sich die Haftungsquote des nach § 115 haftenden Unternehmers auf die Haftungshöchstbeträge des **§ 117 Abs. 1 Nr. 1** (Tod und Körperverletzung) sowie im Falle einer Sachbeschädigung auf den gemeinen Wert (aaO Nr. 2, 1. Halbs.). Weitergehende Ansprüche kann auch der Geschädigte, sofern er den haftenden Unternehmer zuerst in Anspruch nimmt, nicht geltend machen (z. B. Schmerzensgeld nach § 847 BGB bei einem mitverantwortlich deliktisch Haftenden). Auch ein gegenüber dem Bergbauunternehmen bestehender **Bergschadenverzicht** reduziert von vornherein die Haftungsquote des Unternehmers und vermag eine Haftung je nach Inhalt des Verzichts ganz auszuschließen. Dies ergibt sich aus der in § 119 S. 2 Nr. 2 angeordneten Anwendung des § 115 Abs. 3.

6

Die in § 119 getroffene Ausgleichsregelung für das Innenverhältnis der Gesamtschuldner untereinander dürfte grundsätzlich den Bestimmungen des § 840 Abs. 2 und Abs. 3 BGB vorgehen.

§ 120 Bergschadensvermutung

(1) Entsteht im Einwirkungsbereich der untertägigen Aufsuchung oder Gewinnung eines Bergbaubetriebes durch Senkungen, Pressungen oder Zerrungen der Oberfläche oder durch Erdrisse ein Schaden, der seiner Art nach ein Bergschaden sein kann, so wird vermutet, daß der Schaden durch diesen Bergbaubetrieb verursacht worden ist. Dies gilt nicht, wenn feststeht, daß
1. der Schaden durch einen offensichtlichen Baumangel oder eine baurechtswidrige Nutzung verursacht sein kann oder
2. die Senkungen, Pressungen, Zerrungen oder Erdrisse
   a) durch natürlich bedingte geologische oder hydrologische Gegebenheiten oder Veränderungen des Baugrundes oder
   b) von einem Dritten verursacht sein können, der, ohne Bodenschätze untertägig aufzusuchen oder zu gewinnen, im Einwirkungsbereich des Bergbaubetriebes auf die Oberfläche eingewirkt hat.

(2) Wer sich wegen eines Schadens an einer baulichen Anlage auf eine Bergschadensvermutung beruft, hat dem Ersatzpflichtigen auf Verlangen Einsicht in die Baugenehmigung und die dazugehörigen Unterlagen für diese bauliche Anlage

§ 120 1–4 Siebenter Teil: Bergbau u. Grundbesitz, öffentl. Verkehrsanlagen

sowie bei Anlagen, für die wiederkehrende Prüfungen vorgeschrieben sind, auch Einsicht in die Prüfunterlagen zu gewähren oder zu ermöglichen.

1
1. Auch im Haftpflichtrecht hat grundsätzlich der Geschädigte die Tatsachen zu behaupten und – im Falle des Bestreitens durch den Gegner – auch zu beweisen, die den geltend gemachten Anspruch stützen. Ihn trifft die Beweislast für den **ursächlichen Zusammenhang** zwischen einer Handlung (den Auswirkungen eines Betriebs oder einer Anlage) und dem schädigenden Ersterfolg, an den die Haftung anknüpft **(konkreter Haftungsgrund: haftungsbegründende Kausalität)** sowie für den Kausalzusammenhang zwischen Verletzungserfolg und Schaden im Rechtssinne sowie weiteren Folgeschäden **(haftungsausfüllende Kausalität)**. Der Geschädigte hat ferner die subjektiven Voraussetzungen des Schadensersatzanspruchs (Verschulden bei deliktischen Ansprüchen nach §§ 823 ff BGB) zu beweisen.

2
Für den Beweis des konkreten Haftungsgrundes (haftungsbegründende Kausalität) gilt die strenge Beweisregel des § 286 ZPO: Danach muß zur Überzeugung des Richters feststehen, daß die behauptete Tatsache wahr ist, eine bestimmte Handlung (eine gefährliche Anlage usw.) den ersten Verletzungserfolg (Tod, Körperverletzung, Sachbeschädigung) auch tatsächlich kausal herbeigeführt hat (vgl. BGH 4, 192, 196; BGHZ 58, 48, 53; BVerfG NJW 1979, 413, 414). Ist der **konkrete Haftungsgrund erwiesen**, kann das Gericht über die **Entstehung und Höhe** des Schadens (einschließlich der haftungsausfüllenden Kausalität) unter Würdigung aller Umstände **nach freier Überzeugung entscheiden** (§ 287 ZPO; vgl. BGH VersR 1978, 283 m. N.).

3
2. Allerdings genügt für den Beweis des konkreten Haftungsgrundes auch der Beweis des ersten Anscheins (sog. prima facie-Beweis). Nach den Grundsätzen des Anscheinsbeweises ist es ausreichend, wenn der Geschädigte Tatsachen vorträgt und notfalls beweist, die nach der Lebenserfahrung auf eine bestimmte Ursache oder einen bestimmten Ablauf hinweisen (BGH VersR 1978, 724 m. N. Ständ. Rechtspr.; Palandt-Heinrichs, Vorbem. vor § 249 Anm. 8 a; Greger VersR 1980, 1091 m. N.). Der Anscheinsbeweis führt nicht zu einer Umkehr der Beweislast in dem Sinne, daß der Gegner des Beweisführers nunmehr den Gegenbeweis anzutreten hätte (BGHZ 39, 103). Vielmehr entfällt seine Wirkung dann, wenn der Gegner seinerseits Tatsachen beweist, die die ernstliche Möglichkeit eines atypischen Geschehensablaufs aufzeigen (vgl. BGH NJW 78, 2033 und VersR 1978, 155; Baumbach-Lauterbach-Hartmann, Anh. § 286 Anm. 3 B m. N.). In diesem Falle trifft den Beweisführer wieder die volle Beweislast. Welche Tatsachen genügen, um ernsthaft einen atypischen Ablauf wahrscheinlich zu machen, unterliegt der freien Beweiswürdigung (§ 287 ZPO).

4
Der Anscheinsbeweis gilt auch für die haftungsausfüllende Kausalität, also den Kausalzusammenhang zwischen Verletzungserfolg und Schaden im Rechtssinne bzw. Folgeschaden.

Drittes Kapitel: Bergschaden 5–7 § 120

5

3. Die vorstehend genannten Prinzipien **gelten grundsätzlich** auch für die Beweisführungspflicht und die Folgen der Beweislosigkeit **im Bereich des Bergschadensrechts**. Der Beweisführer (Geschädigte) hat also den **konkreten Haftungsgrund** nach § 286 ZPO im Wege des strengeren Beweises, d. h. zur Überzeugung des Richters von der Wahrheit der behaupteten Tatsachen, zu erbringen, während ihm wegen der weiteren zu seinen Ansprüchen führenden Voraussetzungen die Beweiserleichterung des § 287 ZPO zugute kommt.

6

4. a) Von diesen Grundsätzen des Beweisrechts macht das BBergG in § 120 eine – im deutschen Recht – **neuartige Ausnahme**, indem es für den Ursachenzusammenhang **(konkreter Haftungsgrund)** unter bestimmten Voraussetzungen eine „**Vermutung**" **genügen** läßt. Entsteht im Einwirkungsbereich der untertägigen Aufsuchung und Gewinnung ein Schaden, der seiner Art nach ein Bergschaden sein kann, so wird **von dem Schaden als Erfolg auf den Bergbaubetrieb als Verursacher** geschlossen, dem der Einwirkungsbereich zuzuordnen ist. Voraussetzung für diesen Kausalitätsschluß vom Bergbaubetrieb auf den Schaden ist jedoch, daß Bodenverformungen (Zerrungen, Pressungen, Senkungen oder Erdrisse) vorliegen und daß **hierdurch** der Schaden herbeigeführt worden ist. Das Tatbestandsmerkmal „Schaden" ist hier im Sinne einer **Substanzbeschädigung** (eines Gebäudes, einer baulichen Anlage, einer Leitung oder sonstiger Sachen gem. §§ 90 ff BGB) zu verstehen; sie muß **ihrer Art nach**, d. h. ihrem **äußeren Erscheinungsbild** nach, Beschädigungen ähneln, wie sie nach allgemeiner Lebenserfahrung bei derartigen Bodenbewegungen auftreten können (z. B. Risse, Schiefstellungen usw.).

7

b) Der Beweisführer (Geschädigte) muß zunächst **beweisen**, daß die Substanzbeschädigung im **Einwirkungsbereich** der **untertägigen Aufsuchung und Gewinnung** entstanden ist. Hinsichtlich des Einwirkungsbereichs kann ihm eine nach § 67 Nr. 7 erlassene Bergverordnung helfen (Vgl. EinwirkungsBergV vom 11.11.1982, BGBl. I S. 1553, 1558). Liegt eine solche als Instrument der Bergaufsicht gedachte Verordnung, die für das ordentliche Gericht allerdings nicht bindend wäre, nicht vor, oder befindet sich das geschädigte Objekt außerhalb eines nach Maßgabe der Verordnung beschriebenen Einwirkungsbereichs, können auch Hilfstatsachen vorgetragen werden, die einen Schluß auf die Lage innerhalb des Bereichs zulassen (z. B. Bergschädenregulierungen in nächster Umgebung). Weitere Hilfsmittel des Beweises sind Auskünfte der zuständigen Behörde (s. § 125). Maßgebend ist nur der Einwirkungsbereich der **untertägigen**-Aufsuchung und Gewinnung. Damit greift § 120 insbesondere **nicht** ein beim **Übertagebergbau** (z. B. Braunkohle; vgl. auch WiA/BT-Ds. 8/3965, 142 zu § 118 = Zydek, 448). Ob die Beweiserleichterung des § 120 für die Aufsuchung und Gewinnung von Erdöl und Erdgas mit Hilfe von Bohrlöchern gilt, kann zweifelhaft sein (Nölscher NJW 1981, 2039, 2040). Der Beweisführer muß ferner beweisen, daß Bodenverformungen (Senkungen, Pressungen usw.) vorhanden sind und daß die äußerlich erkennbare Beschädigung auch durch diese Veränderung der Erdoberfläche herbeigeführt worden ist. Schließlich muß die Beschädigung ihrer Art nach ein Bergschaden sein, also nach ihrem äußeren Erscheinungsbild so aussehen, wie Objektschäden als Folge einer bergbaubedingten Veränderung des Baugrundes überlicherweise auszusehen pflegen. Sind diese **drei Voraussetzungen erwiesen, gilt der natürliche Bedingungszusammenhang zwischen Bergbaubetrieb und (Berg-)Schaden zunächst als festgestellt.** Da diese „Vermutung" für den konkreten Haftungsgrund (oben Rn. 1, 2) gilt, sind die zu ihr führenden Tatsachen **nach der Regel des § 286 ZPO zu beweisen.** Die zweifellos als Einschränkung gedachte weitere Voraussetzung, daß die Beschädigung „ihrer Art nach ein Bergschaden sein kann", ist letztlich nicht beweisbar, sondern bereits das **Ergebnis** einer (richterlichen) **Wertung** (unten Rn. 9).

8

c) Der Beweisgegner kann den durch die „Vermutung" zunächst als festgestellt zu betrachtenden Kausalzusammenhang zwischen Betrieb und Beschädigung dadurch zu erschüttern versuchen, daß er Tatsachen behauptet, die einen anderen Ablauf nahelegen (Abs. 1 S. 2). Nach dem Wortlaut der Bestimmung ist unklar, ob die Verursachung der Beschädigung durch andere Umstände oder Handlungen zur Überzeugung des Richters **feststehen** muß („wenn feststeht"), oder ob die **bloße Möglichkeit** einer bergbaufremden Verursachung ausreicht („sein kann" bzw. „sein können"). Im logischen Sinne kann ein bloß hypothetischer Geschehensablauf nicht feststehen. Es ist deshalb davon auszugehen, daß der Beweisgegner (Bergbauunternehmer) Tatsachen, die auf eine **bergbaufremde Verursachung** hindeuten, darzulegen und im Falle des Bestreitens **zu beweisen** hat. Er muß also den Beweis dafür führen, daß ein Baumangel oder eine baurechtswidrige Nutzung vorlagen (Nr. 1), daß natürlich bedingte geologische oder hydrologische Gegebenheiten oder Veränderungen des Baugrundes vorhanden sind oder waren (Nr. 2 a), oder schließlich, daß ein Dritter auf die Oberfläche eingewirkt hat (Nr. 2 b). Diese **Tatsachen** müssen **feststehen.** § 120 Abs. 1 S. 1 enthält insoweit eine – inhaltlich mit § 286 ZPO deckungsgleiche – **sachlich-rechtliche** Beweisregel. Sind die Tatsachen nach der Überzeugung des Richters erwiesen, ist der Schluß von ihnen auf die Beschädigung im Sinne eines andersartigen Kausalverlaufs wiederum eine Frage der richterlichen Würdigung: Die erwiesenen Tatsachen müssen **generell geeignet** sein, einen Schaden dieser Art herbeizuführen. Wie bei einem Anscheinsbeweis (oben Rn. 3) muß die **ernsthafte Möglichkeit** einer bergbaufremden Verursachung bestehen. Hier wie dort kann das Revisionsgericht nachprüfen, ob der Tatrichter den Begriff der Ernsthaftigkeit verkannt hat (vgl. BGH LM § 286 (C) Nr. 58 ZPO). Ein **voller Gegenbeweis** ist mithin **nicht erforderlich.** Ist die ernsthafte Möglichkeit einer bergbaufremden Verursachung aufgrund erwiesener Tatsachen aufgezeigt, trifft den Beweisführer die volle Beweislast. Gelingt ihm dann nicht der Beweis für den konkreten Haftungsgrund, ist die Klage auf Bergschädenersatz abzuweisen.

9

5. Die innere Struktur der Bergschadensvermutung sowie ihre Widerlegbarkeit sind durch folgende Elemente gekennzeichnet: Abs. 1 S. 1 nötigt den Beweisführer, die Ausgangstatsachen zu beweisen, die zu der gesetzlich gewollten Vermutung führen. Insoweit erscheint diese zunächst wie ein **Erfahrungssatz in Gesetzesform**, an den der Richter ohne die Möglichkeit einer freien Beweiswürdigung

gebunden ist. Raum für eine korrigierende Beurteilung wird allerdings dadurch eröffnet, daß die Beschädigung, um die es im konkreten Falle geht, äußerlich so aussehen muß, wie bergbaubedingte Schädigungen überlicherweise auszusehen pflegen. Im Falle des (substantiierten) Bestreitens durch den Gegner muß bereits zu diesem Tatbestandsmerkmal ein Sachverständigengutachten eingeholt werden, da das Gericht in der Regel die besondere Fachkunde zur Beurteilung dieses Sachverhalts nicht besitzen dürfte. Im übrigen ist die Bergschadensvermutung weder eine Tatsachen-, noch eine Rechtsvermutung (hierzu Baumbach-Lauterbach-Albers-Hartmann, ZPO, § 292); denn sie dient der Erleichterung des Beweises des konkreten Haftungsgrundes. Der Beweisführer kann sich ferner dann nicht auf die Bergschadensvermutung berufen, wenn er außerstande ist, entsprechend § 120 Abs. 2 Einsicht in die Baugenehmigung und die dazugehörigen Unterlagen zu gewähren (unten Rn. 14). Demgegenüber richtet sich die in Abs. 1 S. 2 geregelte Erschütterung der Vermutung nach den Grundsätzen, die für die Widerlegung eines Anscheinsbeweises gelten (oben Rn. 8; ebenso Nölscher NJW 1981, 2039, 2041).

10

6. a) Der Gegner kann die Bergschadensvermutung erschüttern, indem er einen **offensichtlichen Baumangel** behauptet und notfalls beweist (Abs. 1 S. 2 Nr. 1). Die Einschränkung, daß es sich um einen „offensichtlichen" Baumangel handeln müsse, dürfte nicht die Bedeutung haben, daß sich der Gegner auf einen versteckten Baumangel nicht sollte berufen dürfen. Bei entsprechendem Beweisangebot muß der Richter Beweis erheben, in der Regel durch Sachverständigengutachten (a. A. Nölscher NJW 1981, 2039, 2040). Die Vorschrift enthält eher eine Art **Beweiswürdigungsregel**: Der Richter soll bei einem **graduell unbedeutenden Baumangel** die Vermutung **als nicht widerlegt** betrachten können. Die Einschränkung ist an sich entbehrlich; denn ein erwiesener Baumangel muß auch grundsätzlich geeignet sein, einen Substanzschaden wie den im Streit befindlichen zu verursachen.

11

b) Eine **baurechtswidrige Nutzung** (Abs. 1 S. 2 Nr. 1) liegt an sich bei Verletzung materiell- oder formellrechtlicher Vorschriften des Planungs-, Bau- oder Bauordnungsrechts vor. Jedoch sollen derartige Verstöße gegen Baurecht nach dem Sinn der Vorschrift nur dann zur Erschütterung der Vermutung führen, wenn sie generell geeignet waren, einen Schaden wie den behaupteten zu verursachen. Die Vorschrift will etwaige Verstöße gegen Baurecht nicht pönalisieren, sondern die Widerlegbarkeit einer Kausalitätsvermutung regeln.

12

c) **Natürlich bedingte geologische oder hydrologische Gegebenheiten oder Veränderungen des Baugrundes** können ebenfalls Ursache von Bodenveränderungen sein (Abs. 1 S. 2 Nr. 2 a). Das Wort „Gegebenheiten" ist erst während der Gesetzesberatungen in den Text eingefügt worden (WiA/BT-Ds. 8/3965, 74, 143 = Zydek, 448 f). Die Standsicherheit einer baulichen Anlage beruht entscheidend auf der einwandfreien Gründung. Die Gründung wiederum ist von der Beschaffenheit des Baugrundes (Boden- oder Gesteinsart, geologische Schichtenbildung) abhängig. Hydrologische Gegebenheiten oder Veränderungen des Baugrundes können vornehmlich durch die Grundwasserverhältnisse beeinflußt werden. Bei Schwanken des Grundwasserspiegels können die Baustoffe in ihrer Festigkeit gemindert werden; denkbar ist ferner, daß sie durch die Aggressivität des Grundwassers beeinträchtigt werden. In Betracht kommen aber auch geologisch bedingte Erdstöße, Erdrutsche, Erschütterungen durch Erdbeben oder ähnliche natürliche Erscheinungen (BT-Ds. 8/1315, 144 = Zydek, 446).

13

d) Von einem **Dritten verursachte Einwirkungen** auf die Erdoberfläche (Abs. 1 S. 2 Nr. 2 b) können aus Tunnelbauten, Absenkungen von Grundwasser, Erdarbeiten bei Bauvorhaben, Errichten baulicher Anlagen entgegen den Regeln der Bautechnik (BT-Ds. 8/1315, 144 = Zydek, 446) herrühren. Hierzu gehört auch, daß bei unterschiedlicher Höhenlage der Gründungssohle zweier unmittelbar aneinander grenzender baulicher Anlagen horizontale Kräfte von der Nachbaranlage einwirken, ferner Pressungserscheinungen durch unsachgemäße Gründung (ferner Nölscher NJW 1981, 2039, 2040). Weiterer Beispielsfall: Gebäudeschäden in unmittelbarer Nähe einer mit Schwerlastverkehr stark befahrenen Straße.

14

7. Wer sich wegen eines Schadens an einer baulichen Anlage auf die Bergschadensvermutung beruft, hat dem Ersatzpflichtigen **Einsicht in die Bauunterlagen** zu gewähren (Abs. 2). Damit wird zusätzlich die „Waffengleichheit" zwischen Geschädigtem und Schädiger wiederhergestellt. Ist der Geschädigte nicht bereit oder ist es ihm nicht möglich, dem in Anspruch genommenen Unternehmer Einsicht in die in Abs. 2 genannten Unterlagen zu gewähren, ist er generell gehindert, die Vermutungsfolge, nämlich die Verursachung des Schadens durch den Unternehmer, für sich in Anspruch zu nehmen. Insbesondere bei älteren baulichen Anlagen, für die Bauunterlagen nicht mehr bestehen oder untergegangen sind, führt dies zum Ausschluß der Bergschadensvermutung. Zum Begriff der baulichen Anlage vgl. § 110 Rn. 28.

15

8. Für Schäden, die ausschließlich vor Inkrafttreten des BBergG (1.1. 1982) verursacht worden sind, gilt die Bergschadensvermutung nicht (§ 170). Für derartige Schäden sind die bis zum Datum des Inkrafttretens des BBergG geltenden Vorschriften anzuwenden, die eine solche Vermutung nicht kennen. Die Verweisung der Geschädigten in diesen Fällen auf das früher geltende Recht ist mit Rücksicht auf die durch das BBergG eingeführte Haftungsverschärfung vorgenommen worden (BT-Ds. 8/1315, 170 = Zydek, 617). Für einen gewissen Übergangszeitraum und in bestimmten Bereichen wird daher die Vermutung des § 120 zunächst keine Anwendung finden können, sofern keine nach dem 1.1. 1982 vorgenommene Betriebshandlung stattgefunden hat, die einen Schaden dieser Art hätte herbeiführen können (im einzelnen vgl. Nölscher NJW 1981, 2039. 2041).

Drittes Kapitel: Bergschaden §§ 120, 121

16
9. Die Einführung einer Bergschadensvermutung war nicht unumstritten (vgl. P. J. Heinemann DB 1973, 315, 317 zu RefEntwurf; Börner, Abwägungsdefizit, 42; andererseits H. Schulte, ZRP 1979, 173, ders. NJW 1981, 88). Nach den Gesetzesmaterialien sollte die Bergschadensvermutung der außerordentlich schwierigen Beweissituation des Geschädigten abhelfen (BT-Ds. 8/1315, 144 = Zydek, 446; BT-Ds. 8/3965, 142 = Zydek, 448). Sie wurde erkennbar in Anlehnung an die von der Rechtsprechung entwickelten **Grundsätze des Arzthaftungsrechts** konzipiert. Hiernach findet eine Umkehrung der Beweislast statt, wenn feststeht, daß **ein Arzt einen groben Behandlungsfehler begangen** hat, der generell geeignet ist, einen Schaden von der Art herbeizuführen, wie er tatsächlich festgestellt wurde. In diesem Falle hat der **Arzt** den **vollen Beweis** dafür zu führen, daß **kein Ursachenzusammenhang zwischen beiden** besteht (BGH VersR 56, 499; NJW 1959, 1583; BGH NJW 1971, 241). Entsprechendes gilt, wenn der Arzt vorsätzlich oder grob fahrlässig eine Gefahr für den Patienten herbeigeführt hat, die den Umständen nach geeignet ist, gerade den Schaden herbeizuführen, der eingetreten ist. In diesem Falle muß der Arzt beweisen, daß der schädigende Erfolg nicht auf sein grob leichtfertiges Verhalten zurückzuführen ist (s. Überblick b. Gaisbauer, VersR 1976, 214, 224).

17
Die Sorge, daß der Unternehmer aufgrund der Bergschadensvermutung im Hinblick auf sog. Pseudobergschäden (insbesondere Baumängel) erheblichen arbeits- und kostenmäßigen Belastungen ausgesetzt sein könnte (Nölscher NJW 1981, 2041), mag begründet sein. Dies insbesondere deshalb, weil die komplizierte Struktur der Vorschrift zu der **unzutreffenden Annahme** nötigen könnte, daß bereits **jede einem Bergschaden ähnelnde Substanzbeschädigung im Einwirkungsbereich eines Gewinnungsbetriebes zur Feststellung des Ersatzanspruchs dem Grunde nach führt**. Bei zutreffender Handhabung des Instituts durch die Gerichte dürften sich indes unbillige Ergebnisse vermeiden lassen.

§ 121 Verhältnis zu anderen Vorschriften

Unberührt bleiben gesetzliche Vorschriften, nach denen für einen Schaden im Sinne des § 114 in weiterem Umfang als nach den Vorschriften dieses Abschnitts gehaftet wird oder nach denen ein anderer für den Schaden verantwortlich ist.

1
1. Die Vorschrift ist Bestimmungen in anderen Haftpflichtgesetzen nachgebildet (vgl. § 12 HPflG, § 42 LuftVG, § 16 StVG). **Konkurrierende Ansprüche** des Geschädigten können sich insbesondere aus § 823 Abs. 1 BGB (schuldhafte Verletzung eines Rechts oder Rechtsguts, auch des eingerichteten und ausgeübten Gewerbebetriebs) sowie aus § 823 Abs. 2 BGB (schuldhafte Verletzung eines Schutzgesetzes) ergeben. In diesen Fällen gilt die Haftungsbegrenzung des § 117 Abs. 1 nicht, und der Geschädigte kann zusätzlich einen Nichtvermögensschaden (§ 847 BGB) geltend machen. Seltener dürften konkurrierende Ansprüche aus **Vertrag** sein.

§ 121 2–5   Siebenter Teil: Bergbau u. Grundbesitz, öffentl. Verkehrsanlagen

2

2. a) Die Schadenszufügung durch Ableitung von Grubenwässern in Wasserläufe fiel unter § 148 ABG (RGZ 99, 172; RG ZfB 69 (1928), 241). Daneben bestand nach bisherigem Recht eine Haftung nach § 22 WHG bei **Änderung der Beschaffenheit des Wassers** einschließlich des Grundwassers. Hieran hat sich im Grundsatz nichts geändert. Allerdings wird nach § 22 WHG für nachteilige Veränderungen der Wasserbeschaffenheit in Fällen höherer Gewalt nicht gehaftet. Dies ist zwar nur bei der Anlagenhaftung des § 22 Abs. 2 WHG ausdrücklich im Gesetz angeordnet, gilt aber auch für die Handlungshaftung des § 22 Abs. 1 WHG (Larenz, VersR 1963, 602, 604; Gieseke/Wiedemann/Czychowski, WHG, 3. Aufl., Anm. 21 m. N.; wohl auch BGHZ 62, 351, 357). Der spezialrechtliche Gefährdungshaftungstatbestand des § 22 WHG geht der Bergschadenshaftung nach § 114 Abs. 1 vor. Bei **betriebsfremden Ereignissen**, die eine Haftung nach § 22 WHG ausschließen, entfällt damit auch eine Haftung nach § 114 Abs. 1.

3

b) Andererseits geht die Haftung nach § 22 WHG sehr viel weiter als die nach § 114 Abs. 1; denn im Gegensatz zu der bergrechtlichen Haftungsnorm, nach der nur für Personen und Sachschäden gehaftet wird, reicht für die Haftung nach dem WHG ein **allgemeiner Vermögensschaden** aus. Gelangen etwa aus einer Halde, die der Ablagerung von Bodenschätzen oder Nebengestein dient, schädliche Stoffe in das Grundwasser, so daß ein Brunnen nicht mehr benutzt werden kann, scheidet mangels Sachbeschädigung eine Haftung nach § 114 Abs. 1 aus. Wohl aber wird nach § 22 Abs. 2 WHG (Anlagenhaftung) gehaftet. Nicht ganz zweifelsfrei ist die Handlungshaftung nach § 22 Abs. 1 WHG. Zu verlangen ist mindestens ein objektiv-final auf das Gewässer gerichtetes Tun (im einzelnen: Larenz, SchuldR II, § 77 IX).

4

3. Überschneidungen und Parallelen bestehen mit spezialgesetzlichen Haftungstatbeständen, so der Haftung des Bahnbetriebsunternehmers nach § 1 HPflG, der Haftung des Inhabers einer Energieanlage (§ 2 HPflG) und – wohl seltener der Halterhaftung nach § 7 StVG (vgl. auch § 114 Rn. 27, 29, § 119 Rn. 3). Die genannten Haftungstatbestände umschreiben ein spezifisches Sach- und Betriebsrisiko. Es darf nicht durch die generalklauselartige Fassung des § 114 Abs. 1 im Sinne einer allgemeinen Gefährdungshaftung erweitert werden. Begründen sie eine weitergehende Haftung gegenüber § 114 Abs. 1, wird nach diesen Vorschriften gehaftet. Ist andererseits nach diesen Vorschriften eine Ersatzpflicht ausgeschlossen, insbesondere wegen Verursachung des Schadens infolge höherer Gewalt (§§ 1 Abs. 2 S. 1, 2 Abs. 3 Nr. 3 HPflG), scheidet auch eine Haftung nach § 114 Abs. 1 aus.

5

4. Ein besonders wichtiger Anwendungsfall einer „weitergehenden Haftung" im Sinne des § 121 bildet die ein Verschulden voraussetzende Haftung nach § 823 BGB, etwa wegen Verletzung einer Verkehrssicherungspflicht. Eine solche Pflicht des Unternehmers kann bestehen, wenn er eine Gefahrenquelle schafft und

Drittes Kapitel: Bergschaden §§ 121, 122

unterhält, also etwa ein bei der Gewinnung von Bodenschätzen entstehendes offenes Wasserloch, eine Halde für Bodenschätze oder Nebengestein oder sonstige Anlagen des Bergbaubetriebs (Schächte, verlassene Grubenbaue usw.). Im wesentlichen handelt es sich um Gefahren, die mit dem Zustand einer Sache zusammenhängen (Sachgefahren) und Gefahren, die von einer Tätigkeit ausgehen (Tätigkeitsgefahren). Die Pflicht zur Schadensverhütung (Verkehrssicherungspflicht) richtet sich danach, was im Einzelfall zur Gefahrenabwehr erforderlich und dem Sicherungspflichtigen zumutbar ist. Eine bloße **Warnung** vor der Gefahr genügt dann nicht, wenn damit gerechnet werden muß, daß Personen sich der Gefahr nähern, die mangels entsprechender Einsichtsfähigkeit die Bedeutung der Gefahr nicht abzuschätzen vermögen (etwa Kinder). Der Schadensverhütungsaufwand muß in einem angemessenen Verhältnis zu Wahrscheinlichkeit und Ausmaß des Schadens stehen. Die Maßnahmen müssen dem jeweiligen Stand der Erfahrungen und der Technik entsprechen, sind also erforderlichenfalls „nachzubessern". Eine Verkehrspflicht kann auch denjenigen gegenüber bestehen, die sich unbefugt in den Gefahrenbereich begeben haben (vgl. J. Schröder, AcP 179, 567). Die Verkehrssicherungspflicht kann auch bei unbefugtem Eindringen in umzäunte Betriebsbereiche verletzt sein, wenn mit einem solchen Verhalten (etwa von Kindern) gerechnet werden muß oder dies schon mehrfach vorgekommen ist (vgl. hierzu Larenz, SchuldR II, § 72 I, S. 611 f). Die Haftung nach § 823 BGB führt zur Gewährung von Schmerzensgeld (§ 847 BGB); die Haftungsbeschränkung des § 117 Abs. 1 Nr. 1 ist dann gegenstandslos.

Zweiter Unterabschnitt
Bergschadensausfallkasse

§ 122 Ermächtigung

(1) Der Bundesminister für Wirtschaft wird ermächtigt, durch Rechtsverordnung mit Zustimmung des Bundesrates in seinem Geschäftsbereich eine rechtsfähige Anstalt des öffentlichen Rechts als Ausfallkasse zur Sicherung von Bergschadensansprüchen (Bergschadensausfallkasse) zu errichten, wenn
1. die Haftung für den Ersatz eines Bergschadens bei einem Ausfall durch die Unternehmer nicht sichergestellt ist und
2. die Sicherstellung sich nicht auf alle Unternehmer erstreckt, es sei denn, daß der Ersatz im Rahmen der Ausfallhaftung durch einen Unternehmer oder eine bestimmte Gruppe von Unternehmern gewährleistet ist.

(2) Die Bergschadensausfallkasse haftet bei einem Ausfall an Stelle der nach den §§ 115 und 116 Ersatzpflichtigen für den Ersatz des Bergschadens.

(3) Ein Ausfall liegt vor, soweit der Geschädigte für einen Bergschaden von keinem der nach den §§ 115 und 116 Ersatzpflichtigen einen Ersatz erlangen kann. Er gilt nur dann als eingetreten, wenn keiner der nach §§ 115 und 116 Ersatzpflichtigen mehr vorhanden ist oder soweit deren Zahlungsunfähigkeit durch Zahlungseinstellung oder auf sonstige Weise erwiesen ist. Soweit die Bergschadensausfallkasse den Geschädigten befriedigt, geht dessen Forderung gegen den Ersatzpflichtigen auf sie über.

§ 122 1–3   Siebenter Teil: Bergbau u. Grundbesitz, öffentl. Verkehrsanlagen

(4) Das Nähere über die Bergschadensausfallkasse bestimmt die Satzung, die vom Bundesminister für Wirtschaft durch Rechtsverordnung ohne Zustimmung des Bundesrates aufgestellt wird.

1
1. Die durch Rechtsverordnung des Bundeswirtschaftsministers in seinem Geschäftsbereich zu errichtende Bergschadenausfallkasse soll sicherstellen, daß auch bei Wegfall oder Vermögenslosigkeit des Ersatzpflichtigen ein Schuldner zur Befriedigung des Geschädigten vorhanden ist. Ihre Errichtung beruht auf der „Idee einer Haftungsgemeinschaft" (Begr., BT-Ds. 8/1315, 147 zu § 122 = Zydek, 461). Bei einem derartigen Ausfall soll die Bergschadensausfallkasse, eine rechtsfähige Anstalt des öffentlichen Rechts, anstelle des Ersatzpflichtigen leisten und die zur Erfüllung notwendigen Geldbeträge durch Beiträge der Bergbauunternehmen (§ 123) beschaffen.

2
Anlaß für die Errichtung einer Bergschadensausfallkasse war eine Entscheidung des BGH (BGHZ 53, 226 = ZfB 111 (1970), 446). In dieser Entscheidung heißt es, die Entschädigungsregelung der §§ 148 ff ABG verstoße insoweit gegen Art. 14 GG, als nicht für eine Schadloshaltung des berggeschädigten Grundeigentümers auch für den Fall Vorsorge getroffen sei, daß der nach § 148 ABG ersatzpflichtige Bergwerksbesitzer zahlungsunfähig werde oder der Berggeschädigte aus anderen Gründen seine Ersatzforderung gegen den Bergwerksbesitzer nicht realisieren könne. Die Ersatzpflicht trifft den Staat, d. h. das jeweilige Bundesland, soweit die Schäden am Oberflächeneigentum auf Maßnahmen zurückzuführen sind, die unter der Geltung des GG getroffen wurden. Dem Problemkreis „subsidiäre Staatshaftung für Bergschäden" war eine lebhafte Diskussion im Schrifttum vorausgegangen (Nachw. bei H. Schulte, Eigentum und öffentliches Interesse, 277 ff). Da in der Entscheidung offenbleibt, an welchen tatsächlichen Eingriffen im einzelnen die Staatshaftung anknüpft, handelt es sich letztlich um eine Haftung für legislatives Unrecht (H. Schulte, ZfB 113 (1972), 166, 174 f). Im Unterschied zu anderen Haftungskonstellationen sind die Verhältnisse im Bergbau dadurch gekennzeichnet, daß Bergschäden vielfach erst nach Einstellung des Bergbaubetriebes in Erscheinung treten (BGHZ 53, 226, 239); in diesen Fällen wird der Ersatzberechtigte oftmals keinen Ersatzpflichtigen mehr vorfinden. Nur diese besondere Situation dürfte eine besondere Einstandspflicht des Staates rechtfertigen (unten Rn. 11).

3
2. Bei Bergschäden, die ausschließlich vor dem Zeitpunkt des Inkrafttretens des BBergG – also des 1.1.1982 – verursacht worden sind, gelten die bisherigen Rechtsvorschriften weiter (§ 170). Für derartige Schäden haftet weiterhin der Staat (das jeweilige Bundesland) gemäß Art. 14 GG nach den von dem Bundesgerichtshof aufgestellten Grundsätzen (oben Rn. 2). Die subsidiäre Haftung der Bergschadensausfallkasse (oder einer Selbsthilfeeinrichtung der Bergbauwirtschaft, hierzu Rn. 7) greift bei derartigen Schäden mithin nicht ein.

Drittes Kapitel: Bergschaden 4–8 § 122

4
3. Unter den vom BGH zur Sicherung der Grundeigentümerbelange für denkbar gehaltenen Lösungsmodellen – ausreichende Sicherheitsleistung, Bildung einer Versicherungsgesellschaft, Errichtung einer Bergschädenkasse – hat sich der Regierungsentwurf in Abwägung der jeweils bestehenden Gesichtspunkte für die Bergschadensausfallkasse entschieden (eingehende Begr., BT-Ds. 8/1315 = Zydek, 451 f). Bei dem Modell der Sicherheitsleistung wurde als nachteilig angeführt der – unabhängig von jeweils auszugleichenden Ausfällen erfolgende – relativ kontinuierliche Abzug von Kapital und dessen „unnötige Thesaurierung". Als Nachteil bei dem Modell einer Versicherungsgesellschaft wurde empfunden, daß Bergschäden in der Regel noch lange Zeit nach Beendigung der bergbaulichen Tätigkeit und damit häufig erst zu einem Zeitpunkt eintreten, in dem der Versicherungsnehmer nicht mehr existent wäre.

5
Für die Erstreckung der Bergschadensausfallkasse auch für den Bereich der grundeigenen, dem Bergrecht unterliegenden Bodenschätze hat sich die Begründung mit Rücksicht auf die insoweit mit den bergfreien Bodenschätzen vergleichbare Rechtslage entschieden.

6
4. Im Regierungsentwurf hatte die Bergschadensausfallkasse in den §§ 120 bis 126 noch eine eingehende Regelung erfahren. Neben der eigentlichen Aufgabenstellung in § 120, die im wesentlichen dem heutigen § 122 entspricht, enthielt der Entwurf eingehende Regelungen über die Beitragspflicht und hierbei insbesondere über die Abgrenzung einzelner Beitragskreise (§ 122 RegEntw.), die Beitragsbemessung (§ 123 aaO), Regelungen über die Auskunftspflicht (§ 124 aaO), die Aufsicht (§ 125 aaO) sowie eine Ermächtigungsgrundlage zum Erlaß ergänzender Regelungen durch RechtsVO (§ 126 aaO).

7
Aufgrund der Gesetzesberatungen sind nur noch die Kernregelungen, wie sie jetzt in den §§ 122 und 123 niedergelegt sind, erhalten geblieben. Der **Wirtschaftsausschuß des Bundestages** (BT-Ds. 8/3965, 143 zu §§ 120 bis 126 = Zydek, 455) hatte sich nach Erörterung ähnlicher Regelungen im AusbildungsplatzbeförderungsG (vom 7. 9. 1976, BGBl. I S. 2658), im Gesetz zur Verbesserung der betrieblichen Altersversorgung (vom 19. 12. 1974, BGBl. I S. 3610), im Pflichtversicherungsgesetz (vom 5. 4. 1965, BGBl. I S. 213) sowie im Arzneimittelgesetz (vom 24. 8. 1976, BGBl. I S. 2445 ff) dafür ausgesprochen, anstelle der durch den RegEntw. vorgesehenen Errichtung einer Bergschadensausfallkasse lediglich eine entsprechende Ermächtigung an den Bundeswirtschaftsminister vorzusehen, von der Gebrauch zu machen sei, „wenn es der Bergbauwirtschaft nicht gelingt, eine vergleichbare Lösung durch eine Einrichtung auf privatrechtlicher Ebene zu gewährleisten".

8
5. Die Voraussetzungen, unter denen der Bundeswirtschaftsminister von der ihm erteilten Ermächtigung Gebrauch machen kann, sind in Abs. 1 geregelt. Aus ihnen

ergibt sich zugleich, welchen Anforderungen eine „Selbsthilfeeinrichtung der Bergbauwirtschaft auf privatrechtlicher Ebene" (BT-Ds. 8/3965, 143 = Zydek, 455) zur Erfüllung des gesetzlichen Zweckes genügen muß. Hiernach muß die Haftung für den Ersatz eines Bergschadens bei einem Ausfall (hierzu § 122 Abs. 3) gewährleistet sein (Abs. 1 Nr. 1); ferner muß sichergestellt sein, daß alle Unternehmen für einen derartigen Ausfall eintreten (Abs. 1 Nr. 2). Allerdings ist es möglich, daß einzelne Unternehmen oder Gruppen von Unternehmen andere durch entsprechende Haftungsübernahmen entlasten. Auf diese Weise können die Beitragspflichtigen in Gruppen zusammengefaßt, und es können Kleinunternehmen (insbesondere im Bereich Steine und Erden) ausgegliedert werden.

9

In welcher Rechtsform sich die private Selbsthilfeeinrichtung organisiert (rechtsfähiger Verein, Körperschaft oder Anstalt des BGB, Gesellschaft nach BGB usw.), steht in ihrem Belieben. Allerdings dürfte es erforderlich sein, daß der nach Satzung oder Gesellschaftsvertrag zum Ausdruck gebrachte Zweck, einen Ausfall nach § 122 Abs. 3 auszugleichen, wegen des insoweit zunächst nur internen Charakters durch eine nach außen wirkende Garantiezusage ergänzt wird. Eine solche Garantiezusage könnte allgemein oder im Einzelfalle, d. h. nach Meldung eines nicht durchsetzbaren Bergschadens, abgegeben werden. Sie ist erforderlich, weil es an einer materiell-rechtlichen Einstandspflicht der Selbsthilfeeinrichtung fehlt (§ 122 Abs. 2 gilt nur für die öffentlich-rechtliche Bergschadensausfallkasse) und Streitigkeiten sowohl über die Verursachung, die Geltung des BBergG (§ 170), die Höhe des Schadens oder andere Einzelfragen (Geltung eines Bergschadenverzichts, Mitverursachung) denkbar sind.

10

6. Die **Voraussetzungen eines Ausfalls** sind in **Abs. 3** geregelt. Dem Geschädigten obliegt der Nachweis, daß seine Bemühungen, von dem eigentlich nach §§ 115, 116 Ersatzpflichtigen den Schaden ersetzt zu bekommen, erfolglos geblieben sind. Dazu bedarf es des Nachweises, daß der eigentlich Ersatzpflichtige nicht mehr existiert, eine natürliche Person also verstorben oder eine juristische Person untergegangen ist; im übrigen müssen Vollstreckungsmaßnahmen erfolglos geblieben sein oder die Zahlungsunfähigkeit muß durch Zahlungseinstellung oder auf andere Weise erwiesen sein. Die Existenz der Bergschadensausfallkasse enthebt den Geschädigten nicht der Notwendigkeit, seinerseits alles zu versuchen, eine Bergschadensforderung durchzusetzen und Vollstreckungsmaßnahmen einzuleiten. Eine gemeinschaftliche Haftung der Bergbauunternehmen kommt deshalb nur in Betracht, wenn feststeht, daß die Bergschadensforderung anders als durch Inanspruchnahme der Kasse nicht verwirklicht werden kann. Sinngemäß das gleiche gilt, wenn eine Selbsthilfeeinrichtung der Bergbauunternehmen die Befriedigung des Geschädigten übernehmen sollte.

11

7. Die Einrichtung einer Bergschadensausfallkasse mit der Berechtigung, bei einem Ausfall des eigentlich Ersatzpflichtigen den Geschädigten mit Hilfe von Beiträgen der Bergbauunternehmen zu befriedigen, ist verfassungsrechtlich nicht

Drittes Kapitel: Bergschaden §§ 122,123

unproblematisch. Die verfassungsrechtliche Zulässigkeit ist während des Gesetzgebungsverfahrens anhand ähnlicher „Gemeinschaftseinrichtungen"(Rn. 7) offenbar besonders eingehend geprüft und erörtert worden (WiA BT-Ds. 8/3965, 143 = Zydek, 455; vgl. ferner die Einführung bei Zydek, 25 a. E.). Gleichwohl bleiben im Hinblick auf die (später ergangene) Entscheidung des BVerfG vom 10.12.1980 (DVBl. 1981, 139) zur Ausbildungsabgabe nach dem AusbildungsplatzförderungsG Zweifel. Grundsätzlich müssen Sonderabgaben gruppennützig sein, was sie im Falle der Bergschadensausfallkasse gerade nicht sind. Die von den Bergbauunternehmen zu leistenden Beiträge wären als fremdnützige Sonderausgabe aber dann zulässig, wenn die Natur der Sache eine finanzielle Inanspruchnahme der Abgabepflichtigen zugunsten fremder Begünstigter aus triftigen Gründen eindeutig rechtfertigt (BVerfG, DVBl. 1981, 139, 143). Die hiernach gebotene enge und eindeutige Sachnähe der Beitragspflichtigen zum Abgabezweck kann zu bejahen sein für den Kernbereich der bergbaulichen Tätigkeit und die sich daraus ergebenden Risiken: Die Aufsuchung und Gewinnung von Bodenschätzen bei der gleichzeitigen Befugnis, das Grundeigentum (auch schwer) zu schädigen. Hier vermag der Umstand, daß Schäden an der Tagesoberfläche bei bestimmten Bergbauzweigen regelmäßig auftreten und in manchen Fällen auch erst viele Jahre nach Beendigung der Bergbautätigkeit erkennbar werden, eine gemeinschaftliche Haftung derjenigen Bergbauunternehmen zu begründen, die sich in einer vergleichbaren Ausgangslage befinden. Soweit dagegen die Bergschadensausfallkasse bei anderen denkbaren Schadensfällen, insbesondere bei Personen- und allgemeinen Sachschäden, sogar die Funktion einer Insolvenzsicherung übernehmen soll, dürfte die enge und eindeutige Sachnähe nicht vorliegen (im Ergebnis ebenso Westermann, Freiheit des Unternehmers, 98, 101; kritisch auch Börner, Abwägungsdefizit, 46).

12
Die Ausdehnung der solidarischen Haftung auf Sach- und Personenschäden, die durch plötzliche unfallartige Ereignisse ausgelöst werden, erscheint überdies unnötig. Ersatzansprüche aufgrund eines solchen Schadensereignisses müssen schon aus Verjährungsgründen alsbald geltend gemacht werden. In aller Regel wird der Geschädigte auch seinen Anspruch durchsetzen können, solange der Betrieb aufrechterhalten wird. In seiner Entscheidung zur Verfassungswidrigkeit der Entschädigungsregelung des § 148 ABG hatte deshalb der BGH besonders darauf abgehoben, daß Bergschäden vielfach erst nach Einstellung des Bergbaubetriebs in Erscheinung träten; gerade in solchen Fällen könne der Ersatzanspruch gegen den Bergwerksbesitzer nicht mehr durchgesetzt werden (BGHZ 53, 226, 239).

§ 123 Durchführungsverordnung

Der Bundesminister für Wirtschaft wird ermächtigt, durch Rechtsverordnung, die nicht der Zustimmung des Bundesrates bedarf, Vorschriften zu erlassen über
1. **die Beitragspflicht, die Beitragspflichtigen und, soweit erforderlich, deren Einteilung in Beitragsklassen, sowie über die Abgrenzung der Zuordnung der Beitragspflichtigen zu den einzelnen Beitragsklassen,**
2. **die Bemessung der Beiträge,**

§§ 123, 124 Siebenter Teil: Bergbau u. Grundbesitz, öffentl. Verkehrsanlagen

3. das Verfahren zur Feststellung der Beitragspflichtigen,
4. die Pflicht zur Erteilung von Auskünften und Vorlage von Unterlagen, soweit dies zur Beitragsbemessung erforderlich ist, und
5. die Aufsicht über die Bergschadensausfallkasse.

1
Der RegEntw. (BT-Ds. 8/1315, 43 f, 147 = Zydek, 415 ff) enthielt eingehende Regelungen über die Organe der Bergschadensausfallkasse (§ 121 aaO), die Beitragspflicht (§ 122 aaO), die Beitragsbemessung (§ 123 aaO), die Begründung von Auskunftspflichten der Beitragspflichtigen (§ 124 aaO) sowie die Aufsicht (§ 125 aaO). Die entsprechenden Vorschriften sind durch die Regelung des § 123 ersetzt worden, nachdem sich der Gesetzgeber dafür entschieden hatte, die Ersatzhaftung bei Ausfall oder Vermögenslosigkeit des eigentlich Ersatzpflichtigen durch eine Selbsthilfeeinrichtung der Bergbauwirtschaft auf privatrechtlicher Ebene (oben § 122 Rn. 4 f) durchführen zu lassen. Die im RegEntw. vorgenommene sorgfältige Einteilung nach Beitragsklassen einschließlich einer Solidarhaftung bei Ausfall einzelner Beitragspflichtiger oder aller Beitragspflichtigen einer Beitragsklasse (§§ 122, 123 RegEntw.) dürfte Maßstab und Leitlinie auch für die nach § 123 zu erlassenden Rechtsverordnungen sein.

2
Beiträge der Bergschadensausfallkasse sind als öffentlich-rechtliche Geldleistungen verwaltungsgerichtlich **anfechtbar**. Die Überprüfung kann sich auch auf die Frage erstrecken, ob die Bergschadensausfallkasse bei der Befriedigung eines Geschädigten zu Recht von einem Ausfall im Sinne § 122 Abs. 3 ausgegangen ist. Da die Haftung der Bergschadensausfallkasse nicht weiter reicht als diejenige der nach den §§ 115 und 116 an sich Ersatzpflichtigen, muß das Organ der Kasse den Bestand einer Forderung sorgfältig prüfen, sich gegen in der Höhe überzogene Forderungen zur Wehr setzen und notfalls eine zivilgerichtliche Klärung suchen. Damit kann eine vergleichsweise außergerichtliche Erledigung geltend gemachter Ersatzansprüche durch die Bergschadensausfallkasse erschwert werden.

Dritter Abschnitt
Bergbau und öffentliche Verkehrsanlagen

§ 124 Öffentliche Verkehrsanlagen

(1) Die Errichtung, Erweiterung, wesentliche Veränderung und der Betrieb von öffentlichen Verkehrsanlagen und von Gewinnungsbetrieben sind in gegenseitiger Rücksichtnahme so zu planen und durchzuführen, daß die Gewinnung von Bodenschätzen durch öffentliche Verkehrsanlagen und öffentliche Verkehrsanlagen durch die Gewinnung von Bodenschätzen so wenig wie möglich beeinträchtigt werden. Im übrigen sind die §§ 110 bis 112 entsprechend anzuwenden, soweit sich aus den Absätzen 2 und 3 nichts anderes ergibt.

(2) Die Aufwendungen für die Anpassung im Sinne des § 110 und für Sicherungsmaßnahmen im Sinne des § 111 trägt der Träger der öffentlichen Verkehrsanlage, soweit Anpassung und Sicherungsmaßnahmen dazu dienen, Bergschäden an Ver

Drittes Kapitel: Bergschaden § 124

kehrsanlagen aus einem bis zur Festlegung eines Planungsgebietes oder zur Planauslegung betriebsplanmäßig zugelassenen Abbau zu vermeiden oder zu vermindern. Im übrigen trägt sie der Unternehmer, dessen Gewinnungsbetrieb die Anpassung und Sicherungsmaßnahmen erforderlich macht. An die Stelle der Planoffenlegung nach Satz 1 tritt im vereinfachten Planfeststellungsverfahren der Zeitpunkt, in dem den Betroffenen Gelegenheit gegeben wird, den Plan einzusehen, bei Verkehrsanlagen, die durch einen Bebauungsplan festgesetzt werden, die öffentliche Auslegung des Entwurfs des Bebauungsplans; bei Anlagen, die ohne formelle Planung hergestellt werden, ist die Zustimmung der höheren Verwaltungsbehörde, sofern eine solche nicht erforderlich ist, der Beginn der Herstellungsarbeiten maßgebend. Die Sätze 1 bis 3 gelten nicht für die Errichtung, Erweiterung, wesentliche Veränderung und den Betrieb von öffentlichen Verkehrsanlagen, wenn die Kosten für die jeweilige Maßnahme von den Eigentümern der Grundstücke, die an die Verkehrsanlage angrenzen, ganz oder überwiegend zu tragen sind.

(3) Soweit der gleichzeitige Betrieb einer öffentlichen Verkehrsanlage und eines Gewinnungsbetriebes ohne eine wesentliche Beeinträchtigung der öffentlichen Verkehrsanlage ausgeschlossen ist, gehen die Errichtung, Erweiterung, wesentliche Änderung und der Betrieb der öffentlichen Verkehrsanlage der Gewinnung von Bodenschätzen vor, es sei denn, daß das öffentliche Interesse an der Gewinnung der Bodenschätze überwiegt.

(4) Ist Voraussetzung für die Errichtung, Erweiterung, wesentliche Änderung oder den Betrieb einer öffentlichen Verkehrsanlage, daß der Unternehmer in seinem Gewinnungsbetrieb Einrichtungen herstellt, beseitigt oder ändert, so ist ihm vom Träger der öffentlichen Verkehrsanlage Ersatz in Geld zu leisten, soweit seine Maßnahmen ausschließlich der Sicherung der Verkehrsanlage dienen. Dies gilt nicht, wenn die Gewinnungsberechtigung erst nach der für die öffentliche Verkehrsanlage erforderlichen Planoffenlegung entstanden ist; Absatz 2 Satz 3 ist entsprechend anzuwenden.

1. **Begriff der öffentlichen Verkehrsanlage.** Die Vorschrift regelt einen wichtigen **Sonderfall der Interessenkollision zwischen Bergbau und Oberflächennutzung.** Als „öffentliche Verkehrsanlagen" sind alle ortsfesten Einrichtungen zum Transport von Personen, Gütern und Nachrichten zu verstehen, sofern sie dem öffentlichen Verkehr dienen und diesem gewidmet sind. Zu den öffentlichen Verkehrsanlagen zählen: alle Straßen (von der Bundesautobahn und Bundesfernstraße bis zur Ortsstraße einschließlich öffentlicher Wege und Plätze), Bundesbahn, Landeseisenbahnen und Kleinbahnen, Straßenbahnen sowie Untergrundbahnen; ferner Flugplätze und sonstige Verkehrseinrichtungen. Zu den Verkehrsanlagen rechnen auch die Fernmeldeanlagen der Deutschen Bundespost, sofern sie der Übermittlung von Nachrichten dienen (Amtl. Begr. BT-Ds. 8/1315, 149 = Zydek, 472). **Nebenanlagen** unterfallen § 124, wenn sie in einem unmittelbaren technischen Zusammenhang mit den Hauptanlagen stehen und im Falle ihrer Beschädigung durch den Bergbau die Sicherheit und Leichtigkeit des Verkehrs beeinträchtigt würde. Wirtschafts-, Abfertigungs- oder Bürogebäude werden danach wie normale bauliche Anlagen behandelt; es gelten mithin die §§ 110 ff Das gleiche gilt kraft ausdrücklicher Sonderregelung in § 124 Abs. 2 S. 4 für solche Verkehrsanlagen, deren Kosten ganz oder überwiegend von den Eigentümern der angrenzenden

Grundstücke zu tragen sind. **Private Verkehrsanlagen** (z. B. Anschlußbahnen eines Privatunternehmers an das öffentliche Verkehrsnetz) werden von § 124 nicht umfaßt. Ein **Enteignungsrecht**als Voraussetzung der Sonderstellung ist im Gegensatz zu § 153 ABG nicht mehr erforderlich.

2

2. Im Falle der Beschädigung einer öffentlichen Verkehrsanlage richtet sich der Anspruch des Verkehrsträgers, Eigentümers oder sonstigen Berechtigten nach § 114. Für das **Anpassungsverhältnis** gelten besondere, die §§ 110 ff modifizierende Regelungen (unten Rn. 13).

3

3. **Rechtslage nach altem Recht.** a) In einem mit den §§ 135 ff ABG (Grundabtretung) beginnenden 5. Titel („Von den Rechtsverhältnissen zwischen den Bergbau treibenden und den Grundbesitzern") widmeten sich die **§§ 153, 154 ABG** in einem **eigenständigen Abschnitt** dem Verhältnis zwischen Bergbau und öffentlichen Verkehrsanstalten. Nach § 153 Abs. 1 ABG stand dem Bergbautreibenden gegen die Ausführung solcher Verkehrsanlagen, zu deren Anlegung dem Unternehmer das Enteignungsrecht beigelegt war, kein Widerspruchsrecht zu. Vor der Feststellung der solchen Anlagen zu gebenden Richtung sollten nach § 153 ABG Abs. 2 diejenigen, „über deren Bergwerke dieselben geführt werden sollen", von der zuständigen Behörde darüber gehört werden, „in welcher Weise unter möglichst geringer Benachteiligung des Bergwerkseigentums die Anlage auszuführen sei". § 154 ABG schließlich räumte dem Bergbautreibenden einen Schadensersatzanspruch ein, „sofern entweder die Herstellung sonst nicht erforderlicher Anlagen in dem Bergwerk oder die sonst nicht erforderliche Beseitigung oder Veränderung bereits in dem Bergwerk vorhandener Anlagen notwendig war". Voraussetzung für diesen Anspruch war, daß die Berechtigung zum Bergwerksbetrieb älter war als die Genehmigung der Verkehrsanlage.

4

b) Die §§ 153, 154 ABG gehörten zu den am heftigsten umstrittenen Vorschriften des Bergrechts. Die Diskussion wurde praktisch bis zum Inkrafttreten des BBergG fortgeführt (vgl. z. B. BGHZ 69, 73 (zu § 153 ABG); BGHZ 71, 329 (zu § 154 ABG)). Eine ständige Rechtsprechung hatte aus den beiden Vorschriften – insbesondere aus § 153 Abs. 1 ABG – gefolgert, die Interessen des Bergbaus seien denjenigen der Verkehrsanlagen untergeordnet. Während der Bergbau sonst berechtigt sei, die Erdoberfläche – wenn auch gegen vollständige Ersatzleistung – zu beschädigen, habe er gegenüber öffentlichen Verkehrsanlagen **Rücksicht zu nehmen**. Das Bergwerkseigentum sei von vornherein mit der **gesetzlichen Beschränkung** belastet, daß es das Dasein öffentlicher Verkehrsanlagen nicht gefährden oder verhindern dürfe (RGZ 58, 147). Die Pflicht zur Rücksichtnahme setze nicht erst mit der Inbetriebnahme oder Fertigstellung der Anlage ein, sondern bereits zu dem Zeitpunkt, in dem die Planung für den Bergwerksbesitzer erkennbar werden. Das war regelmäßig der Zeitpunkt der Offenlegung des Plans. Es findet sich die Wendung, daß jede Beschädigung einer öffentlichen Verkehrsanstalt durch den nach deren Genehmigung und Errichtung fortgeführten Abbau als eine im letzte ren Falle wenigstens **objektive Rechtsüberschreitung** zu betrachten sei (RGZ 28, 341; ZfB 43 (1902), 358). Hieraus und aus der allgemeinen Pflicht zur Rücksichtnahme wurde geschlossen, daß sich der Bergbau wegen des nach Offenlegung fortgesetzten Abbaus nicht auf den Haftungsausschluß des § 150 ABG berufen könne (hierzu im einzelnen unter Anführung der zustimmenden und ablehnenden Meinungen: BGHZ 57, 375, 378). Insbesondere aus der Nichtanwendbarkeit des § 150 ABG wurde abgeleitet, daß der Bergbau über § 148 ABG die Mehrkosten zu übernehmen habe, die von der Verkehrsanlage bei der Errichtung einer neuen Anlage aufzuwenden waren, um im Interesse der Sicherheit und Leichtigkeit des Verkehrs die Anlage gegen Schäden zu schützen, die der nach Offenlegung des Plans weiterbetriebene Bergbau verursachen würde („Erstausstattung"; vgl. BGHZ 57, 375). Zu Einzelheiten – auch zur **Entstehungsgeschichte** – vgl. Westermann, Verkehrsanstalten, 56 ff; Vowinckel, ZfB 108 (1967), 261, 294 ff; Weitnauer, Verkehrsanstalten, 52 f; H. Schulte, ZfB 113 (1972), 166, 178 f.

5

c) Der BGH hat es in der Entscheidung BGHZ 57, 375 vermieden, das Ergebnis mit der Erwägung zu begründen, der Bergbau habe für den Teil der Sicherungskosten, die mit Rücksicht auf den nach Planoffenlegung fortgesetzten Abbau (sog. neuer Abbau) aufzuwenden sind, **schadensersatzrechtlich aus dem Gesichtspunkt einer Gebrauchswertminderung** einzustehen (kritisch zu diesem Ansatz: Westermann, Verkehrsanstalten, 83 f; in diesem Sinne aber weitgehend Weitnauer, Verkehrsanstalten, 28 f, 40). Die Pflicht zur Übernahme der auf den neuen Abbau entfallenden Sicherungskosten wird vielmehr im wesentlichen mit der ab Planoffenlegung einsetzenden Rücksichtnahmepflicht des Bergbaus gegenüber (künftigen) Verkehrsanlagen begründet. Ihretwegen sei es „folgerichtig", den Bergbau die – niedrigeren – Kosten jener Sicherungsmaßnahmen tragen zu lassen, die die Entstehung von Bergschäden verhüten. Ergänzend wird auf die Standortzwänge der Verkehrsanlage abgestellt, welche ein Ausweichen auf bergbaulich nicht gestörte Bereiche weitgehend unmöglich machten und deshalb die Anwendung des § 150 ABG ausschlössen (BGHZ 57, 375, 383 ff; kritisch Westermann, Freiheit des Unternehmers, 96; Kühne NJW 72, 826).

6

d) Der Grunderwerb zur Verwirklichung der Verkehrsanlage wird üblicherweise erst nach Abschluß des Planfeststellungsverfahrens eingeleitet. Zu Enteignungsmaßnahmen sind die Träger des Vorhabens vorher nicht berechtigt; sie können allenfalls aufgrund eines für sofort vollziehbar erklärten Planfeststellungsbeschlusses vorzeitig in den Besitz eingewiesen werden. Nach der Rechtsprechung zu den §§ 153, 154 ABG haftet der Bergbau im Ergebnis für die Beschädigung von Rechtsgütern, die sich im Zeitpunkt des schädigenden Eingriffs noch nicht im Vermögen des Verkehrsträgers befinden und bei denen auch noch gar nicht feststeht, ob sie jemals in dessen Vermögen gelangen. Diese „Vorwirkung" der Ersatzpflicht führt angesichts der langen Dauer vieler Planfeststellungsverfahren zu einer beträchtlichen Verlagerung des Sicherungsaufwands auf den Bergbau. Die Ersatzpflicht aus dem Gesichtspunkt der Gebrauchswertminderung bereits mit Offenlegung der Planunterlagen einsetzen zu lassen, läßt sich nur mit der These rechtfertigen, im Grundeigentum sei auch die Befugnis zur Errichtung von Verkehrsanlagen enthalten (so Weitnauer, Verkehrsanstalten, 53; ZfB 116 (1975), 84, 92; hiergegen Westermann, Freiheit des Unternehmers, 97; H. Schulte ZfB 113 (1972), 166, 182). Abgesehen davon, daß dies bei Verkehrsanstalten, die durch ein Bebauungsplanverfahren planerisch abgesichert werden, nicht richtig sein kann, ist nunmehr abschließend durch das BVerfG (NJW 1977, 2349, 2353) klargestellt, daß erst der Planfeststellungsbeschluß durch Regelung der öffentlich-rechtlichen Seite des Vorhabens die Voraussetzungen für dessen Ausführung schafft. Ein Vorrang der Interessen des Verkehrsträgers gegenüber denjenigen des Bergbaus kann daher erst von diesem Zeitpunkt ab begründet sein; dies ist auch der haftungsrechtlich früheste Zeitpunkt, obwohl an sich der Planfeststellungsbeschluß noch keine unmittelbaren Auswirkungen auf das Privatrecht der betroffenen Eigentümer oder sonst Berechtigten hat. Überzeugender ist daher die Auffassung des OVG Münster (Urt. vom 25.5. 1981 − 9 A 2560/79 = ZfB 123 (1982), 362, 368). Es betrachtet als Anknüpfungspunkt der Sonderstellung für die öffentliche Verkehrsanlage nicht das Grundeigentum des Trägers der Straßenbaulast an dem betreffenden Grundstück, sondern leitet sie aus der **rechtlichen und tatsächlichen Indienststellung** dieses Grundstücks für die Zwecke des Straßenverkehrs ab. Zu diesem Zeitpunkt wird das Eigentum an dem jeweiligen für die Verkehrsanstalt bestimmten Grundstück in das „Vermögen" des Berechtigten überführt, und zwar in dem Zustand, in dem es sich in diesem Augenblick befindet. − Es ist nicht auszuschließen, daß die früheste Rechtsprechung des RG (unbewußt) von der Überlegung beeinflußt war, daß mit der Verleihung des Enteignungsrechts mangels gerichtlicher Anfechtungsmöglichkeit die Überführung in das Vermögen des Enteignungsbegünstigten zumindest faktisch im Sinne einer echten Anwartschaft bestand, trotz aller damals zweifellos bestehenden Garantien für ein ordnungsgemäßes Planfeststellungs- und Enteignungsverfahren.

7
4. **Pflicht zur gegenseitigen Rücksichtnahme (Abs. 1 S. 1).** a) Bereits in der Entscheidung BGHZ 57, 375 war aus dem Gesichtspunkt des **nachbarlichen Gemeinschaftsverhältnisses** die Pflicht beider Seiten zur Rücksichtnahme betont worden (a.a.O., 386). Im Hinblick auf die Kostentragungspflicht hatte der BGH hieraus keine Schlußfolgerung gezogen, die Sicherungskosten vielmehr in vollem Umfange dem Bergbau auferlegt, sofern sie auf den nach Planoffenlegung fortgeführten Bergbau entfielen. Im Grundsatz knüpft Abs. 1 S. 1 an die Anerkennung einer Rücksichtnahmepflicht im nachbarlichen Gemeinschaftsverhältnis an. Abs. 2 verteilt im Grundsatz die Kostenlast im Sinne der bisherigen Rechtsprechung. Das eigentlich Neue in § 124 ist die Konkretisierung der Rücksichtnahmeverpflichtung für Vorgänge der Planung und Betriebsführung auf beiden Seiten sowie die Anwendung („im übrigen") der Vorschriften über das Anpassungsverhältnis in den §§ 110 bis 112. Der materielle Inhalt der Rücksichtnahmepflicht wird durch das gesetzliche Ziel gekennzeichnet, daß sich die Beteiligten „so wenig wie möglich beeinträchtigen".

Drittes Kapitel: Bergschaden **8, 9 § 124**

8

b) Im Gegensatz zu den §§ 153, 154 ABG, die das Verhältnis zwischen Bergbau und öffentlichen Verkehrsanstalten in einem selbständigen Abschnitt regelten (oben Rn. 3), ist § 124 im Kapitel „Bergschaden" angesiedelt. Auf dem Gebiet des vorbeugenden Schutzes gegen Bergschäden durch Rücksichtnahme und Anpassungspflichten liegt auch der Schwerpunkt der Vorschrift. Zugleich enthält Abs. 1 S. 2 – insoweit § 153 Abs. 2 ABG entsprechend – den Gedanken, daß die **Lagerstätte** durch Planung zu schützen sei. Auch der Lagerstättenschutz ist Ziel des Gesetzes, wie sich insbesondere aus der Zweckvorschrift des § 1 Nr. 1 ergibt. An mehreren anderen Stellen des Gesetzes ist der Schutz von Bodenschätzen oder die „sinnvolle und planmäßige Gewinnung" ein wichtiger Abwägungs- und Entscheidungsbelang: Vgl. § 11 Nr. 8 und 9; § 14 Abs. 2; § 55 Abs. 1 S. 1 Nr. 4; § 79 Abs. 1; § 107. Eine Lagerstätte oder Bodenschätze sind danach unabhängig davon, ob bereits Gewinnungsbetriebe vorhanden sind, im Rahmen der Planung zu berücksichtigen, ohne daß weitere Voraussetzungen, wie etwa ein Rahmenbetriebsplan, notwendig wären. Etwaige Kollisionen zwischen Lagerstättenschutz und Verkehrsinteressen sind erforderlichenfalls nach der **Vorrangklausel des Abs. 3** zu lösen (unten Rn. 27).

9

c) Aus der **Sicht des Bergbaus** hat die Pflicht zur Rücksichtnahme auf seiten der Verkehrsanstalten folgende Auswirkungen: Der Bergbau kann in allen Phasen der Planung (d. h. von den ersten Grobtrassierungen bis zur Erstellung der für die Planoffenlegung bestimmten Unterlagen) beanspruchen, mit seinen Vorstellungen, Anliegen und Wünschen gehört und im Rahmen des Möglichen berücksichtigt zu werden. Die Pflicht zur Rücksichtnahme seitens des Verkehrsträgers oder der planenden Instanz schließt daher auch Auskunftspflichten sowie die Pflicht ein, Gegenvorstellungen oder Wünsche erforderlichenfalls auch mündlich zu erörtern. In dem Maße, in dem die Planung von den lediglich vorbereitenden Tätigkeiten in konkretere Planungsstadien übergeht, also nach der planerischen Entscheidung über die Linienführung der Anlage (Dämme, Kreuzungsbauwerke, Brücken, Schleusen usw.) einsetzt, verdichten sich grundsätzlich auch etwaige Unterrichtungspflichten und damit der vom Gesetz wohl angestrebte ständige Dialog der Beteiligten. Bei veränderten Plandaten – sei es im Bereich der Leitplanung, sei es aus den Erfahrungen des Vollzugs oder im Gefolge neuer technischer Konzeptionen – sollten die Änderungen an den Bergbau treibenden „zurückgemeldet" werden. Je intensiver sich die Beteiligten in der planerischen und bautechnischen Vorbereitung miteinander abstimmen (was bereits heute weitgehend üblich ist), umso weniger muß von den Möglichkeiten der Einzelanpassung durch ein Verlangen im Sinne der §§ 110, 111 Gebrauch gemacht werden mit der Folge, daß planerisch, organisatorisch und finanziell nicht kalkulierte Abweichungen der Verkehrsplanung entbehrlich werden. Die Pflicht zur Rücksichtnahme in den Stadien der Leit- oder Rahmenplanung bis zur Einzel- oder Objektplanung (zu den Arten der öffentlichen Planung vgl. Kodal, Kap. 31) gilt für die **Errichtung, Erweiterung** oder **wesentliche Veränderung** der öffentlichen Verkehrsanlage. Bei der „Erweiterung" oder „wesentlichen Veränderung" ist nicht so sehr entscheidend, ob die Änderung unter technischen, planfeststellungsrechtlichen oder finanziellen Aspekten als wesentlich erscheint. Wichtig ist vielmehr, ob und in welchem

§ 124 10, 11 Siebenter Teil: Bergbau u. Grundbesitz, öffentl. Verkehrsanlagen

Umfang die beabsichtigten Baumaßnahmen die **Bergschadensempfindlichkeit** der Gesamtanlage **erhöhen** können und ob Maßnahmen mit dem Ziel der Herabsetzung der Schadensanfälligkeit sinnvoll oder geboten sind.

10

d) Bei dem **Betrieb** einer Verkehrsanlage können Rücksichtnahmepflichten entstehen, wenn die besondere Situation eines laufenden Gewinnungsbetriebs dies gebietet. So etwa, wenn ein Abbau unterhalb von Verkehrswegen nur dadurch ermöglicht werden kann, daß über eine gewisse Zeit Langsamfahrstrecken eingerichtet oder Geschwindigkeitsbeschränkungen angeordnet werden. Soweit – wie bei öffentlichen Straßen – der „Betrieb" in der Zulassung der Fortbewegung Dritter besteht, unterliegen auch diejenigen Behörden der Rücksichtnahmepflicht, die kraft Sachzuständigkeit diesen „Betrieb" zu regulieren haben. Soweit in der Gesetzesbegründung zu der Vorrangklausel des Abs. 3 ausgeführt wird, eine wesentliche Beeinträchtigung sei dann gegeben, wenn auf einer Bundes- oder U-Bahn-Strecke „grundsätzlich langsam gefahren werden müßte" (BT-Ds. 8/1315, 149 = Zydek, 470), ist damit nur gemeint, daß die Rücksichtnahmepflicht ihr Ende dann findet, wenn mit einer erheblichen, den Verkehrsinteressen grob zuwiderlaufenden längeren Dauer solcher Verkehrseinschränkungen zu rechnen ist. In dichtbesiedelten Industriegebieten mit zahlreichen Verkehrsanlagen unterschiedlicher Art läßt sich der Abbau von Bodenschätzen ohne Betriebseinschränkungen nicht führen. Die übliche (normale) Geschwindigkeit als echte Ausnahme wird es kaum geben.

11

e) Auch der **Bergbau ist verpflichtet,** bei der **Abbauplanung** sowie bei der **Gewinnung der Bodenschätze** auf eine künftige oder bestehende Verkehrsanlage **Rücksicht zu nehmen.** Den wichtigsten Teil dieser Rücksichtnahmepflicht, nämlich die Kostenfrage, hat Abs. 2 verbindlich etwa im Sinne der bis zu Inkrafttreten des Gesetzes ergangenen Rechtsprechung (oben Rn. 4 f) geregelt (im einzelnen: unten Rn. 16 f). Da die Sicherheit des Verkehrs bereits im Rahmen des Betriebsplanverfahrens einen Prüfungsgegenstand bildet (§ 55 Abs. 1 S. 1 Nr. 5) und die zuständigen Behörden deshalb nach § 54 Abs. 2 beteiligt werden müssen, werden deren Interessen weitergehend schon vor Beginn der eigentlichen Abbautätigkeit berücksichtigt sein. In der Beziehung zwischen Bergbau und öffentlichen Verkehrsanstalten sind also, da allgemeine Sicherheitsinteressen berührt sind, stets die Bergbehörden eingeschaltet. Im übrigen wird der unterirdische Aufschluß der Bodenschätze sowie die Art der Gewinnung im einzelnen von der Ausbildung der Lagerstätte diktiert. Daraus ergeben sich zulasten des Bergbaus mindestens ebenso gravierende Zwänge wie bei der Verkehrsplanung, die zwar Trassenzwangspunkte und das allgemeine Verkehrsbedürfnis sowie andere öffentliche Interessen in Rechnung zu stellen hat, aber durch geeignete Linienführung doch mehr Bewegungsfreiheit besitzen dürfte als der Bergbau, der nur an Stellen ausgeübt werden kann, wo abbauwürdige Bodenschätze vorhanden und durch unterirdische Streckenplanung erschlossen sind (hierzu § 110 Rn. 13 f).
Diese Bedingungen schränken seine Fähigkeit, sich im Rahmen des **laufenden Abbaus** an die Belange der Verkehrsanstalt anzupassen, verständlicherweise

stärker ein, soweit deren Interessen an der Geringhaltung von Substanzschäden berührt sind. Bei der Gefährdung der Sicherheit und Leichtigkeit des Verkehrs als Folge des Abbaus gelten ohnehin andere Grundsätze. Sofern nicht durch geeignete Verkehrsbeschränkungen oder sonstige Schutzmaßnahmen derartige Gefahren ausgeschaltet werden können, muß der Bergbau bei Weiterführung des Abbaus mit Beschränkungen oder gar der völligen Einstellung des Abbaus rechnen. Die Pflicht zur Rücksichtnahme auf seiten des Bergbaus findet im übrigen, was die Verhinderung von Substanzschäden an Verkehrsanlagen anlangt, ihre Grenze auch in dem Grundsatz, daß nur solche Maßnahmen der Abbauführung sinnvoll sind, deren Aufwand in einem angemessenen Verhältnis zu der hierdurch erzielbaren Verringerung des Schadensrisikos steht. Dieser in der Anpassungsregelung mehrfach betonte Maßstab (§§ 110 Abs. 5, § 111 Abs. 3 (Verweisung), § 113 Abs. 1) gilt grundsätzlich auch in dem Bereich, in dem sowohl auf seiten der Verkehrsanlage als auch auf seiten des Bergbaus die Konfliktlösung durch ein Ausweichen gesucht werden soll. Im übrigen wird dieser Grundsatz auch durch Abs. 1 S. 2 unmittelbar angeordnet. Der Gewinnungsberechtigte ist nicht gezwungen, die entstandenen Abbauhohlräume mittels kostspieliger Versatzmethoden zu schließen, um Substanzschäden an Verkehrsanlagen zu verhüten. Dienen solche Maßnahmen ausschließlich der Sicherheit des Verkehrs, gilt unter den dort genannten Voraussetzungen die Sonderregelung des § 124 Abs. 4.

12

f) Zu den möglichen **Rechtsfolgen einer Verletzung von Rücksichtnahmepflichten** vgl. unten Rn. 22 f).

13

5. **Anpassung durch Lage, Stellung oder Konstruktion.** a) Die Vorschriften über das Anpassungsverhältnis (§§ 110 bis 112) können ergänzend („im übrigen") eingreifen, wenn trotz Abstimmung in der Phase der Planung Risiken der in § 110 Abs. 1 genannten Art verbleiben. Die Anpassungspflicht nach § 110 wird in der Regel einsetzen, wenn in das Stadium der konkreten Objektplanung eingetreten wird, also die Verkehrsbauwerke technisch konzipiert und in Einzelstandorten festgelegt werden. Soweit dies bei der vorbereitenden Planung (noch) nicht möglich war oder unterlassen worden ist, können sich durch Ausübung des Verlangens im Sinne des § 110 Abs. 1 für den Träger des Verkehrsvorhabens durchaus unangenehme und zeitverzögernde Folgen ergeben. Auch bei Verkehrsbauten ist es nicht sinnvoll, Erdstufenbereiche oder sonstige Schwächezonen als Standort für ein Kreuzungsbauwerk zu wählen, für bergbaubeanspruchte Bereiche besonders empfindliche Brückenkonstruktionen vorzusehen oder die Anlagen reparaturunfreundlich zu gestalten. Insgesamt sind auch im Rahmen des Abs. 1 S. 2 die für § 110 (Anpassung) und § 111 (Sicherung) geltenden Grundsätze – entsprechend dem dort vorgesehenen Stufenverhältnis zueinander – heranzuziehen (im einzelnen vgl. § 110 Rn. 30 f; § 111 Rn. 1 f, 13 f).

14

b) Ein Anpassungs- oder Sicherungsverlangen setzt voraus, daß mindestens ein zugelassener **Rahmenbetriebsplan**, in dem die künftige Abbausituation des Ge winnungsbetriebs dargestellt ist, vorliegt (vgl. § 110 Rn. 12 f). Dies ergibt sich aus dem Wortlaut des § 110 Abs. 1 und ist wegen der schwerwiegenden Folge eines Verstoßes auch richtig. Zu den verschiedenen Formen der Anpassung: § 110 Rn. 31 f **Zum Verlangen:** § 110 Rn. 24 f. **Zur Vorschußpflicht,** der bei ausgedehnten Verkehrsbauwerken eine geringere Bedeutung zukommen dürfte (auch wegen der Kostenregelung des Abs. 2): vgl. § 110 Rn. 43). Auch bei der vorbeugenden Schadensminderung an Verkehrsbauwerken gilt der Grundsatz, daß der Aufwand für Anpassungs- und Sicherungsmaßnahmen in einem angemessenen Verhältnis zu der hierdurch erzielbaren Reduzierung des Bergschadensrisikos stehen soll. Bei voraussichtlich geringen Einwirkungen und damit niedrigerem Bergschadensrisiko sind kostspielige Maßnahmen der Anpassung und Sicherung entbehrlich (vgl. § 110 Rn. 45). Freilich geht die Sicherheit und Leichtigkeit des Verkehrs vor. An der Gewährleistung dieser öffentlichen Belange hat sich das Maß der Anpassung auszurichten. Das kommt auch darin zum Ausdruck, daß die Anpassungsregelung nur insoweit gilt, als sich aus Abs. 3 nichts anderes ergibt. Damit wird auf die **Vorrangklausel** verwiesen: Der Bergbau muß weichen, wenn eine Anpassung oder Sicherung nicht möglich ist, also technisch ausscheidet, oder wenn noch so kostspielige Maßnahmen dieser Art das Bergschadensrisiko nicht entscheidend zu verringern vermögen. Es ist deshalb folgerichtig, daß eine **Bauwarnung** nach § 113 gegenüber der öffentlichen Verkehrsanstalt **nicht ausgesprochen werden kann** (vgl. auch § 113 Rn. 5). **Festzuhalten** bleibt jedoch, daß der Anpassungs- und Sicherungsaufwand nicht so zu steigern ist, daß **jeglicher Sachsubstanzschaden** an den Verkehrsbauwerken ausgeschlossen ist. Einen entsprechenden Hinweis enthält auch **Abs. 2 S. 1**, wo die **Vermeidung oder Verminderung** von Bergschäden ganz selbstverständlich nebeneinander als Ziel angeführt sind.

15

c) Ein **Verstoß** gegen die **Anpassungspflicht** löst die Rechtsfolge des § 112 aus. Während der RegEntwurf allein die Kernvorschriften über die Anpassung eingreifen lassen wollte, ist in den Gesetzesberatungen „auch die uneingeschränkte Übernahme der in § 110 (jetzt § 112) enthaltenen Sanktion" für erforderlich gehalten worden (WiA BT-Ds. 8/3965, 143 = Zydek, 475). Der Haftungsausschluß umfaßt – im Rahmen des Geltungsbereichs der Vorschrift – Substanzschäden an Verkehrsbauwerken. Personenschäden müssen, sofern sich Gefahrenlagen ankündigen, durch geeignete Maßnahmen (Verkehrsbeschränkungen oder Abbaueinschränkungen) vorbeugend verhütet werden. Insoweit dürfte der Haftungsausschluß enger sein als in § 112. Ein rechtlich vielleicht interessantes, praktisch kaum bedeutsames Problem ergibt sich aus der Fragestellung, welche Rechtsfolgen einsetzen, wenn die Verkehrsanlage gegen die Anpassungspflicht verstößt, deshalb Substanzschäden an der Verkehrsanlage eintreten, die die Sicherheit und Leichtigkeit des Verkehrs beeinträchtigen und deshalb der Abbau durch eine auf § 71 gestützte bergbehördliche Anordnung beschränkt oder eingestellt werden muß. In diesen Fällen würde es wohl nicht der Billigkeit entsprechen, den Gewinnungsbetrieb die Nachteile tragen zu lassen, die sich aus der Nichtbeachtung der Anpassungspflicht ergeben. § 124 Abs. 4 vermag einen Ersatzanspruch des Gewinnungsberechtigten nicht zu stützen, da die behördlich verordnete Einstellung des Abbaus keine Herstellung, Beseitigung oder Änderung von Ein

Drittes Kapitel: Bergschaden **16, 17 § 124**

richtungen darstellt (unten Rn. 28). Ist der Schutz von Verkehrsbauten durch Maßnahmen der Anpassung oder Sicherung nicht möglich (vgl. § 113 Abs. 1, 1. Altern.), hat die Verkehrsanlage nach § 124 Abs. 3 den **Vorrang**.

16

6. **Kostenverteilung (Abs. 2).** a) Sie weicht von der in den §§ 110 Abs. 3, 111 Abs. 2 vorgesehenen Regelung ab, wonach der Gewinnungsberechtigte grundsätzlich – bis auf einen relativ geringfügigen Eigenanteil – sämtliche Aufwendungen der Anpassung und Sicherung zu tragen hat. Nach **Abs. 2 S. 1** wird das „Wie" der Kostentragung im wesentlichen unter Rückgriff auf den Zeitpunkt der **öffentlichen Bekanntgabe** des Verkehrsbauvorhabens festgelegt. Ab Festlegung eines Plangebiets (§ 9 a Abs. 3 FStrG), Auslegung der Planunterlagen als Beginn des Planfeststellungsverfahrens, der Möglichkeit der Einsicht in die Unterlagen oder der Auslegung des Bebauungsplan-Entwurfs (S. 3) soll der Unternehmer prinzipiell das Risiko des fortgeführten Abbaus und damit den hierauf entfallenden Teil des Anpassungsaufwands tragen. In Sonderfällen (Abs. 2 S. 3) reichen Verwaltungsinterna oder der Beginn der Herstellungsarbeiten. Mit dieser Regelung lehnt sich das Gesetz an die Rechtsprechung (oben Rn. 4 f) an, trägt jedoch den Belangen des Unternehmers vermehrt Rechnung. Unter der Geltung der §§ 153, 154 ABG war im Hinblick auf die Kostenverteilung hypothetisch zu fragen, welche Sicherungsmaßnahmen erforderlich sein würden, wenn der Abbau am Tage der Planoffenlegung eingestellt würde; der auf diesen (alten) Abbau entfallende Teil des Sicherungsaufwands ging zulasten der Verkehrsanlage. Nach § 124 Abs. 2 S. 1 lautet die Fragestellung: Welcher Anpassungs- und Sicherungsaufwand ist erforderlich, um die Anlage gegen Beeinträchtigungen zu schützen, die der im Zeitpunkt der Planoffenlegung „betriebsplanmäßig zugelassene Abbau" voraussichtlich noch bewirken wird. Während nach bisherigem Recht allein schon die öffentliche Bekanntgabe des Verkehrsvorhabens einen scharfen zeitlichen Einschnitt bildete (unabhängig davon, welcher Zeitraum noch bis zum Beginn der Herstellungsarbeiten verging), reicht nunmehr der vom Sicherungsaufwand unbelastete Abbau bis zum Ablauf des maßgebenden Abbaubetriebsplans weiter.

17

b) Damit kann der Gewinnungsberechtigte mehrere Jahre gewinnen, wenn er den „planmäßigen und sinnvollen Abbau der Lagerstätte" – ein durchaus vom Gesetz angestrebtes Ziel – nicht nur intern in betrieblichen Untersuchungen, Vorausschauen und Zukunftsentwicklungen festlegt, sondern in einem Rahmenbetriebsplan fixiert und bei der Behörde zur Zulassung einreicht (vgl. § 110 Rn. 12 f). „**Betriebsplanmäßig zugelassener Abbau**" im Sinne des Abs. 2 S. 1 kann mithin auch ein durch **Rahmenbetriebsplan** nach § 52 Abs. 2 Nr. 1 **abgesicherter Abbau** sein. Wegen der Wichtigkeit, die dem Rahmenbetriebsplan im Zusammenhang mit der Anpassung zukommt, erwächst dem Unternehmer ein Rechtsanspruch auf Zulassung, wenn ein solcher Betriebsplan eingereicht wird und die Voraussetzungen für seine Zulassung vorliegen (§ 110 Rn. 16). Mit dieser Regelung werden stärker als bisher Gesichtspunkte eines **Bestands- und Vertrauensschutzes** zugunsten des Unternehmers berücksichtigt. Dies ist auch folgerichtig: Bergwerke werden langfristig geplant. Die Richtung des Abbaus untertage orientiert sich an

Siebenter Teil: Bergbau u. Grundbesitz, öffentl. Verkehrsanlagen

der Beschaffenheit der Lagerstätte, d. h. im wesentlichen danach, ob sie flach oder mehr oder weniger steil gelagert ist, nach den Kohlenvorräten, etwaigen Störungen als natürlichen Baugrenzen und anderen Faktoren. Diesen vorgegebenen natürlichen Bedingungen ist das Grubengebäude angepaßt, also die Gesamtheit aller unterirdischen Haupt- und Nebenstrecken, Schächte usw., die die Lagerstätte erst erschließen und die mit hohem Kapitalaufwand vorgehalten und damit vorfinanziert werden müssen. Die nach Abs. 2 S. 1 bewirkte zeitliche Verschiebung entlastet den Aufwand an Vorleistungen wenigstens zum Teil von den Kosten für Anpassung und Sicherung, wenn ein in die Zukunft gerichteter Rahmenbetriebsplan die künftige Entwicklung des Bergwerks absteckt. Unter dieser Voraussetzung können im wesentlichen auch die Bedenken als ausgeräumt gelten, die gegen die Begründung der Kostentragungspflicht des Bergbaus ab dem Zeitpunkt der Planoffenlegung nach dem bisher geltenden Recht vorzubringen waren (oben Rn. 5 f): Der im Zeitpunkt der Planoffenlegung zugelassene Betriebsplan verkörpert einen auch rechtlich gefestigten Bestand. Der Sicherungsaufwand, der auf den nach Ablauf des Betriebsplans fortgeführten Abbau entfällt, erscheint insoweit auch haftungsrechtlich als geeigneter Anknüpfungspunkt. Von diesem Zeitpunkt an handelt der Bergbau im Hinblick auf den in Abs. 3 statuierten Vorrang der öffentlichen Verkehrsanlage auf eigenes Risiko (vgl. auch den ähnlichen Rechtsgedanken in § 9 a Abs. 1 S. 2 FStrG).

18

c) **Entstehungsgeschichtlich** geht die Fassung des § 124 Abs. 2 im wesentlichen auf einen Vorschlag des Bundesrates im ersten Durchgang zurück (BT-Ds. 8/1315, 182 = Zydek, 472). Nach dem RegEntwurf (a.a.O., 45 zu § 127 = Zydek, 467) sollten Verkehrsanlage und Unternehmer etwaige mit der **Anpassung** (nicht der Sicherung) verbundene unerhebliche Nachteile oder Aufwendungen noch jeweils selbst und allein tragen. Die Kostenverteilung war insoweit § 110 Abs. 3 S. 1 nachgebildet. Im Hinblick auf die diese Grenze übersteigenden Nachteile sowie Aufwendungen für Anpassungs- und Sicherungsmaßnahmen war eine dem § 124 Abs. 2 entsprechende Verteilung (alter – neuer Abbau) vorgesehen. Die Bundesregierung sollte überdies ermächtigt werden, eine abweichende Kostenverteilung durch RechtsVO bestimmen zu können, wenn es erforderlich sei, „in diesem Bereich ein ausgewogenes Verhältnis in der Belastung von Unternehmen und öffentlichen Verkehrsanlagen wiederherzustellen" (BT-Ds. 8/1315, 45, 149 = Zydek, 467, 471). Der Bundesrat hatte in seiner Stellungnahme bemerkt, die Unbestimmtheit der Begriffe „unerhebliche" oder „unwesentliche" Nachteile oder Aufwendungen könnten Anlaß zu mancherlei Meinungsverschiedenheit der Beteiligten untereinander geben. Die Bundesregierung hatte dem Vorschlag des Bundesrats im Grundsatz zugestimmt, ebenso wie der Wirtschaftsausschuß (vgl. BT-Ds. 8/1315, 195 = Zydek, 474; WiA, BT-Ds. 8/3965, 143 = Zydek, 475).

19

d) Mit der Annahme des Vorschlags des Bundesrates (oben Rn. 18) war die im RegEntwurf enthaltene, aus der Übernahme der für das Anpassungsverhältnis geltenden Vorschriften auch folgerichtig erscheinende Differenzierung zwischen Aufwendungen und **Nachteilen** der Anpassung (vgl. § 110 Abs. 3) gefallen. Bei der

Drittes Kapitel: Bergschaden **20–22 § 124**

Intensität, mit der gerade § 127 (jetzt § 124) beraten worden ist, dürfte ein Versehen ausgeschlossen werden können. Wahrscheinlich wurde der Frage keine praktische Bedeutung beigemessen; da die generelle Linienführung einer Verkehrsanlage entsprechend der Vorrangklausel des Abs. 3 nicht über ein Verlangen des Unternehmers abänderbar ist, können **Nachteile** aus der Anpassung nur dann entstehen, wenn der Unternehmer bei Einzelobjekten der Anlage (Brücken, Kreuzungsbauwerke usw.) einen ungeeigneten Standort vermieden wissen will oder die Abkehr von in Bergbaugebieten unzweckmäßigen Konstruktionen fordert. Hier wird die abgeforderte Maßnahme in der Regel schon aufgrund des bisherigen Abbaus geboten sein. Im allgemeinen wird davon auszugehen sein, daß auch etwaige Nachteile aus der Anpassung nach dem Schlüssel des Abs. 2 S. 1 zu verteilen sind. Der in § 111 Abs. 2 S. 2 enthaltene Grundsatz, wonach bei Unterlassen der Anpassung ein entsprechend höherer Sicherungsaufwand vom Bauherrn zu tragen ist, wird sinngemäß auch auf das Verhältnis Bergbau – öffentliche Verkehrsanlagen übertragen werden können (hierzu § 111 Rn. 17).

20
e) **Bekanntgabezeitpunkt (S. 3).** Der Festlegung eines Planungsgebiets (vgl. § 9a Abs. 3 FStrG) und der Planauslegung (Abs. 2 S. 1) stehen andere Verlautbarungsakte hoheitlicher Planung gleich. Bei Verkehrsanlagen, die durch Bebauungsplan festgesetzt werden, gilt als maßgeblicher Zeitpunkt derjenige der Auslegung des Bebauungsplans (§ 2a Abs. 6 BBauG 1976). Praktische Bedeutung hat diese Regelung immer dann, wenn Gemeinden bestimmter Größenordnung Träger der Straßenbaulast für Ortsdurchfahrten im Zuge von Bundesstraßen sind (§ 5 Abs. 2 FStrG). Der Bebauungsplan ersetzt in solchen Fällen die Planfeststellung (§ 17 Abs. 3 FStrG). Der Ausdruckswechsel in S. 3 („**Plan**offenlegung" anstatt wie in Satz S. 1 „**Plan**auslegung") dürfte als redaktionelles Versehen zu werten sein. Der Zeitpunkt der Zustimmung der **höheren Verwaltungsbehörde** bei ohne formelle Planung herzustellenden Anlagen oder des **Beginns der Herstellungsarbeiten** entspricht an sich nicht der inneren Systematik der Regelung; sie erscheint aber zweckmäßig, weil sie zweifellos für die Abgrenzung einen festen Zeitpunkt setzt.

21
Bei Verkehrsanlagen, deren Kosten ganz oder überwiegend von den Eigentümern der Nachbargrundstücke zu tragen sind, enthält **Abs. 2 S. 4** eine **Sonderregelung**. Sie beruht auf einem Vorschlag des Wirtschaftsausschusses (BT-Ds. 8/3965, 143 = Zydek, 475). Gemeint sind Erschließungsanlagen nach § 127 BBauG oder Baumaßnahmen, die nach den Kommunalabgabengesetzen der Länder (vgl. § 8 KAG NW) abzurechnen sind. Es gelten die §§ 110 bis 112 ohne die besonderen Verteilungsschlüssel des Abs. 2, allerdings auch mit der Maßgabe, daß unwesentliche Aufwendungen oder Nachteile dem umlegungsfähigen Aufwand zuzurechnen sind.

22
7. Mit der Betonung des grundsätzlichen **Vorrangs der öffentlichen Verkehrsanlage** gegenüber den Belangen des Bergbautreibenden in **Abs. 3** sollte nach der Gesetzesbegründung an § 153 Abs. 1 ABG angeknüpft werden (BT-Ds. 8/1315,

§ 124 23, 24 Siebenter Teil: Bergbau u. Grundbesitz, öffentl. Verkehrsanlagen

149 = Zydek, 470). Aus dem Ausschluß eines „Widerspruchsrechts" in § 153 Abs. 1 ABG wurde auf eine gesetzlich beabsichtigte Schlechterstellung des Bergbaus gegenüber öffentlichen Verkehrsanstalten geschlossen. So konnten diese – nach Anhörung des Bergbautreibenden (§ 153 Abs. 2 ABG) – den Trassenverlauf im wesentlichen frei wählen und brauchten den Haftungsausschluß des § 150 ABG nicht zu befürchten, Rn. 3; H. Schulte, ZfB 113 (1972), 166, 179). Die Vorrangklausel des Abs. 3 scheint auf den ersten Blick diesen Standpunkt der Rechtsprechung gesetzlich festschreiben zu wollen.

23

Jedoch ist zu beachten, daß die **Pflicht zur gegenseitigen Rücksichtnahme** nach Abs. 1 S. 1 sowohl während der Planung als auch während des Betriebs – auf beiden Seiten – zunächst das **Auftreten von Konfliktfällen vermeiden** soll. Erst bei **Unausweichlichkeit** des Konflikts erhält die Verkehrsanlage den **Vorrang**. Da die Planung auf seiten der Verkehrsanlagen im öffentlichen Recht angesiedelt ist, haben notwendigerweise sowohl der Grundsatz der Rücksichtnahmeverpflichtung als auch die Vorrangklausel des Abs. 3 eine **öffentlich-rechtliche** und **privatrechtliche Seite**. Aus ihrem Stufenverhältnis zueinander stellt sich die Frage, ob Verstöße gegen die Rücksichtnahmepflicht, die eine unausweichliche Kollision überhaupt erst ermöglichen, zu Sanktionen führen oder ob es sich um mehr oder weniger unverbindliche Verhaltensmaßregeln handelt.

24

a) Planungen des Trägers einer Verkehrsanlage münden in aller Regel in einen Planungshoheitsakt (Planfeststellungsbeschluß, Bebauungsplan) ein. Der Bergbaubetreibende kann diesen Hoheitsakt mit der Anfechtungsklage (§ 42 VwGO) oder durch ein Normenkontrollverfahren (§ 47 VwGO) angreifen. Eine Rechtsverletzung kann in einer **unrichtigen Gesetzesanwendung** bestehen. Hierzu rechnet insbesondere die **Verletzung des Abwägungsgebots.** Das rechtsstaatliche Abwägungsgebot wurzelt im Bundesverfassungsrecht mit der Folge, daß es ergänzend neben das einfache Bundes- oder Landesrecht tritt, soweit dessen Regelungen die Reichweite des rechtsstaatlichen Abwägungsgebots nicht ausschöpfen (BVerwGE 61, 295, 301 m. N.; BGH NJW 1982, 1473). Danach müssen die von einer Planung berührten öffentlichen und privaten Belange gegeneinander und untereinander gerecht abgewogen werden. Das Abwägungsgebot kann verletzt sein, wenn in die Abwägung nicht das an Belangen eingestellt worden ist, was nach Lage der Dinge hätte eingestellt werden müssen (im einzelnen BVerwGE 45, 309). Die Pflicht zur Rücksichtnahme hat zur Folge, daß bei der Zusammenstellung des Abwägungsmaterials **besonders sorgfältig geprüft** werden muß, ob und in welchem Umfang die beabsichtigte Linienführung auf bestehende Bergbaubetriebe nachteilig ausstrahlt, welche Einbußen oder Erschwernisse diese bei ihrer Verwirklichung hinzunehmen hätten und wie sich letztere möglicherweise durch eine andere Linienführung hätten vermeiden lassen. Von dem Gebot der gerechten Abwägung ist die planfeststellende Behörde nicht aufgrund des gesetzlichen Vorrangs der Verkehrsanlage nach Abs. 3 entbunden. Der Vorrang kann aber und soll wohl auch die Entscheidung ermöglichen, wenn das Abwägungsmaterial ansonsten vollständig war und bei der planerischen Entscheidung bei Abwägung alleröffentlichen und privaten Belange der vorgeschlagenen Trassenführung der Vorzug gegeben wird. Im **privatrechtlichen Bereich** fragt sich, ob im Falle der Beschädigung einer Verkehrsanlage dem Träger des Vorhabens der Einwand der mitwirkenden Verursachung (§ 118, § 254 BGB) entgegengehalten werden kann mit der Behauptung: Wäre bei der Festlegung der Linienführung auf den Bergbau Rücksicht genommen worden, wären die Schäden an der Verkehrsanlage geringer ausgefallen. Mit der Verdeutlichung des Vorrangs der öffentlichen Verkehrsanlage in Abs. 3 sollte wohl gerade diese Möglichkeit einer Haftungsbeschränkung oder eines Haftungsausschlusses beseitigt werden. Andernfalls wäre – gleichsam über einen Umweg – die Anwendung der Bauwarnung doch eingeführt. Die Anwendung des § 254 Abs. 1 BGB darf daher insoweit grundsätzlich als ausgeschlossen gelten. Daß die **Schadensabwendungs- und -minderungspflicht** des § 254 Abs. 2 BGB auch im Verhältnis zwischen Bergbau und öffentlichen Verkehrsanstalten nach Eintritt eines Schadens uneingeschränkt gilt, bedarf keiner Begründung.

25

b) Bei Verkehrsanlagen, die ohne förmliches Verfahren hergestellt werden können, kann die Anrechnung eines mitwirkenden Verschuldens in Betracht kommen, wenn eine Einschaltung des Bergbaus von vornherein unterblieben ist, ihm also nicht Gelegenheit gegeben wurde, etwaige Maßnahmen der Anpassung oder Sicherung vorzuschlagen. In diesem Falle folgt die Anrechnung eines mitwirkenden Verschuldens unmittelbar aus der Anwendbarkeit des § 112: Wer eine Anpassung dadurch vereitelt, daß er die – sogar gesetzlich angeordnete – Zusammenarbeit verweigert, kann nicht bessergestellt werden als derjenige, der ein Anpassungs- oder Sicherungsverlangen mißachtet (vgl. § 110 Rn. 40). Man wird dagegen nicht so weit gehen können, eine während der Phase der Festlegung der Linienführung unterlassene Anhörung des Bergbautreibenden als **Amtspflichtsverletzung** einzustufen (so Weitnauer, Verkehrsanstalten, 57, zu § 153 Abs. 2 ABG). Derartige Versäumnisse können wohl als Abwägungsmangel im Planfeststellungsbeschluß oder Beschluß der Gemeinde über einen Bebauungsplan Bedeutung erlangen und unter gewissen Voraussetzungen auch zur Plannichtigkeit führen.

26

c) Ein **nachbarrechtliches Rücksichtnahmeprinzip** gilt – nach Verlassen der Planungsphase – bei dem Betrieb von Verkehrsanlage und Bergbau, wobei auf seiten des Bergbaus wegen der zwangsläufig dynamischeren Betriebsweise Planung und Betrieb eng miteinander verflochten sind. Die gesetzliche Weisung, daß sich beide Beteiligte „so wenig wie möglich" beeinträchtigen sollen, führt dazu, daß jede Seite das ihr Zumutbare tun soll, damit der Betrieb des anderen aufrechterhalten werden kann (oben Rn. 10, 11). Sind die Verkehrsbelange **wesentlich beeinträchtigt**, löst Abs. 3 den insoweit unausweichlichen Konflikt zulasten des Bergbaus. Bis zu dieser Grenze darf der Unternehmer Anlagen des Verkehrs beschädigen, wobei als wesentliche Beeinträchtigung solche Substanzschäden anzusehen sind, die die Sicherheit des Verkehrs oder dessen Leichtigkeit in einer besonders evidenten Weise beeinträchtigen. Bei **privatrechtlicher Betrachtungsweise** würde unter den genannten Voraussetzungen die Verkehrsanlage oder der Träger des Verkehrsvorhabens einen Anspruch auf Unterlassung solcher Betriebshandlungen nach § 1004 BGB erwerben können (offengelassen in BGHZ 69, 73, 78).

27

d) Nach Abs. 3 kann ausnahmsweise das **öffentliche Interesse an der Gewinnung von Bodenschätzen überwiegen** mit der Folge, daß der grundsätzliche Vorrang der Verkehrsanlage nicht gilt. In erster Linie werden die öffentlichen Interessen im Rahmen des Abwägungsprozesses (oben Rn. 24) bei der Planfeststellung von den hierfür zuständigen Behörden geltend gemacht werden müssen. Es handelt sich um eine Vorschrift, die dem **Lagerstättenschutz dient** und damit primär allgemeinwirtschaftliche Ziele verfolgt.

28

8. **Ersatzansprüche des Unternehmers.** a) Mit **Abs.** 4 knüpft das Gesetz an § 154 ABG an (oben Rn. 3). Unter der Geltung der Vorschrift war umstritten, ob der Anspruch ein Tätigwerden ausschließlich zur Sicherheit der Verkehrsanlage voraussetze oder ob er auch dann gegeben sei, wenn der Bergbautreibende daneben zugleich eigene Interessen verfolge (BGHZ 50, 180, 183 m.N.). Dieser Rechtsstreit ist durch die Fassung des Abs. 4 erledigt. Die Maßnahmen, die zu einer Ersatzpflicht des Trägers des Verkehrsvorhabens führen, müssen nunmehr ausschließlich der Sicherheit der Verkehrsanlage dienen. Sollen solche Maßnahmen dazu beitragen, daß Bergschäden verhindert oder gering gehalten werden, kann kein Ersatz verlangt werden. Insoweit führt Abs. 4 lediglich die bisher zu § 154 ABG ergangene Rechtsprechung (BGHZ 50, 180) fort (vgl. im übrigen Weitnauer, Verkehrsanstalten, 70 f, 91 f; H. Schulte, ZfB 113 (1972), 166, 179 f und NJW 81, 88, 93). Mit der Vorschrift sollten in erster Linie **Ersatzansprüche für das Stehenlassen von Sicherheitspfeilern** ausgeschlossen werden (WiA BT-Ds. 8/3965, 143 = Zydek, 465).

29

b) Bei den nicht dem Bergrecht unterliegenden Bodenschätzen gilt es als selbstverständlich, daß der Grundstückswert auch nach dem Ertragswertverfahren berechnet werden kann, also der Wert der Substanz letztlich vergütet wird. Die Berechnung nach dem Ertragswertverfahren kommt insbesondere dann in Betracht, wenn ein zum Vergleich geeignetes Grundstück nicht zu ermitteln ist. In diesem Falle werden der Wert des Grundstücks und des Bodenvorkommens gesondert berechnet. In der Regel wird der Reinertrag, d. h. der Rohertrag aus dem Vorkommen abzüglich Bewirtschaftungskosten einschließlich Werbungskosten und Zwischenzinsen unter Berücksichtigung der Zahl der Ausbeutungsjahre, kapitalisiert; dieser führt zum festzustellenden Wert des Vorkommens (BGH BauR 1979, 413; BGH-Urt. vom 13. 7. 1978 – III ZR 112/75 in Thiel/Gelzer, Baurechtssammlung, Bd. 34, Nr. 80). Dagegen versagt die Rechtsprechung dem Bergbau eine Entschädigung, wenn es sich um seit jeher bergfreie Bodenschätze handelt oder solche, die nach der Verordnung über die Aufsuchung und Gewinnung mineralischer Bodenschätze vom 31. 12. 1942, RGBl. 1943 I. S. 17) – sog. SilvesterVO – den bergrechtlichen Vorschriften unterstellt wurden. Der grundsätzliche Vorrang der Verkehrsanstalten wirkt sich hiernach auf die „Qualität" des Grundstücks aus und damit, da

Drittes Kapitel: Bergschaden §§ 124,125

die im Boden lagernden Vorkommen unberücksichtigt bleiben müssen, auf die Höhe der Entschädigung (BGHZ 59, 332; BGH vom 13.7.1978 III ZR 112/75, a.a.O.).

30

c) Im Zusammenhang mit einer Planfeststellung oder einer vergleichbaren Entscheidung kann das **Grundrecht Eigentum** (Art. 14 GG) berührt sein, wenn die Trassenführung einen **Eingriff in einen eingerichteten und ausgeübten Betrieb** bewirkt und hierdurch unter Einsatz von Arbeit, Kapital und unternehmerischer Initiative geschaffene Werte vernichtet werden (vgl. H. Schulte, ZfB 113 (1972), 166, 183; Hoppe, DVBl. 1982, 101, 108 ff). Ein Anwendungsfall ist das Durchschneiden eines seit Jahren für einen Tagebaubetrieb vorgehaltenen Reservefeldes in unmittelbarer Nähe des Betriebes mit der Folge der wirtschaftlichen Vernichtung der vorhandenen Vorräte unter gleichzeitiger Verkürzung der Lebensdauer der Anlage (vgl. auch die Beispiele: Beschluß des Hess. Oberbergamtes in ZfB 111 (1970), 188 m. Anm. Wittekopf, 185; Bescheid des Bayr. Oberbergamtes, ZfB 110 (1979), 325 m. Anm. Bähr, 323). Voraussetzung für einen derartigen Anspruch ist jedoch, daß das Feld in den Gewerbebetrieb bereits in einer Weise eingegliedert war, daß es sich bei ihm um schon im Rahmen des Betriebs wirkende Werte handelt und es der „Substanz" dieses Betriebs zugerechnet werden kann. Der BGH hat allerdings auch für solche Fälle Zweifel an einer Enteignungsentschädigung geäußert (BGHZ 59, 332, 339). Die hiermit im Zusammenhang stehenden verfassungsrechtlichen Probleme dürften noch nicht ausdiskutiert sein (im einzelnen vgl. Hoppe, DVBl. 1982, 101 ff).

31

Ein Anspruch auf Enteignungsentschädigung kann dem Gewinnungsberechtigten dagegen zustehen, wenn ihm als Folge einer Verkehrsplanung Nachteile zugefügt werden, die **nicht** in dem **Verlust abbauwürdiger Substanz** bestehen (BGHZ 71, 329 zu § 154 ABG).

**Vierter Abschnitt
Beobachtung der Oberfläche**

§ 125 Messungen

(1) Die beteiligten Unternehmer haben auf ihre Kosten auf Verlangen und unter Aufsicht der zuständigen Behörde die Messungen durchführen zu lassen, die zur Erleichterung der Feststellung von Art und Umfang zu erwartender und zur Beobachtung eingetretener Einwirkungen des Bergbaus auf die Oberfläche erforderlich sind. Die Ergebnisse der Messungen sind unverzüglich bei der zuständigen Behörde einzureichen. Für die Einsicht in die Ergebnisse gilt § 63 Abs. 4 entsprechend.

(2) Messungen nach Absatz 1 können nur für Gebiete verlangt werden, in denen Beeinträchtigungen der Oberfläche durch Bergbaubetriebe mit Auswirkungen auf bauliche Anlagen eingetreten oder zu erwarten sind, wenn die Messungen zur Verhütung von Gefahren für Leben, Gesundheit oder bedeutende Sachgüter von Bedeutung sein können.

§ 125 1   Siebenter Teil: Bergbau u. Grundbesitz, öffentl. Verkehrsanlagen

(3) Die Eigentümer und sonstigen Nutzungsberechtigten haben, soweit dies zur Durchführung der Messungen nach Absatz 1 erforderlich ist, das Betreten ihrer Grundstücke und das Anbringen von Meßmarken zu dulden. § 39 Abs. 1 Satz 1 Nr. 2 und Absatz 2 Nr. 2 gilt entsprechend. Für dabei entstehende Schäden haben die beteiligten Unternehmer eine angemessene Entschädigung an Geld zu leisten.

(4) Der Bundesminister für Wirtschaft wird ermächtigt, durch Rechtsverordnung mit Zustimmung des Bundesrates Vorschriften zu erlassen über
1. die nach Absatz 1 im einzelnen durchzuführenden Messungen und die Anforderungen, denen sie zur Erreichung der in Absatz 1 bezeichneten Zwecke genügen müssen,
2. die Überwachung der Durchführung von Messungen im Sinne des Absatzes 1,
3. die Anforderungen an die Voraussetzungen, die nach Absatz 2 an die Gebiete gestellt werden, für die Messungen verlangt werden können.

In der Rechtsverordnung kann die entsprechende Anwendung des § 70 Abs. 1 bis 3 vorgeschrieben und bei der Bestimmung von Anforderungen im Sinne des Satzes 1 Nr. 1 auf Bekanntmachungen sachverständiger Stellen unter Angabe der Fundstelle verwiesen werden.

1

1. Die **gesetzliche Pflicht** des Bergbauunternehmers zur Durchführung von Messungen **auf Verlangen** der zuständigen Behörde und unter deren Aufsicht hinsichtlich etwaiger Veränderungen der Erdoberfläche ist neu. Allerdings wurden in der Vergangenheit – z. T. auf freiwilliger Grundlage – bereits derartige Messungen durchgeführt. Zu nennen ist insbesondere das Leitnivellement als ein periodisch wiederholtes Nivellement in den Bergbaugebieten Nordrhein-Westfalens mit dem Ziel, ein funktionsfähiges Nivellementpunktfeld in den Gebieten, in denen der Bergbau Höhenveränderungen verursacht, zu erhalten oder zu erneuern (vgl. Richtlinien für die Ausführung des Leitnivellements im Bezirk des Landesoberbergamts NW 1980, SMBl/LOBA, A 2.30). § 125 geht hierüber hinaus. Die gesetzliche Pflicht wird in der Gesetzesbegründung mit dem Hinweis gerechtfertigt, derartige Festsetzungen seien ein geeignetes Mittel, Art und Umfang zu erwartender Einwirkungen des Bergbaus, aber auch die Beobachtung bereits eingetretener Auswirkungen zu erleichtern (BT-Ds. 8/1315, 147 = Zydek, 477). Die eigentliche Ermächtigungsgrundlage für das Verlangen der Behörde enthält **Abs. 2** (unten Rn. 3). Aus der Wortwahl „durchführen zu lassen" darf nicht geschlossen werden, daß die Unternehmer zwingend Dritte mit der Durchführung der Messungen zu beauftragen hätten. Vielmehr können sie auch selbst Messungen vornehmen, sofern sie hierfür ausgebildetes Personal besitzen. Die Messungen werden daher in erster Linie verantwortlich von Personen durchzuführen sein, die nach den einschlägigen Vorschriften die **Zulassung als Markscheider** erhalten haben (vgl. hierzu § 64). Diese sind bereits heute gehalten, sich bei Messungen an sichere Festpunkte der Landesvermessung oder an ein Leitnivellement anzuschließen und die Messungen so durchzuführen, daß diese geeignet sind, auch der Landesvermessung und der Fortführung der amtlichen Kartenwerke zu dienen (vgl. §§ 21 ff, MarkscheiderO NW vom 25. 10. 1977, GV. NW. S. 410; ZfB 120 (1979), 265). Eine Doppelarbeit oder Überschneidung mit der Tätigkeit der für die **Landesvermessung zuständigen Behörden** (vgl. hierzu Vermessungs- und Katastergesetz NW vom 11. 6. 1972, GV. NW. S. 193) wird sich durch geeignete

Zusammenarbeit verhindern lassen. Der Bundesgesetzgeber hat den durch § 125 geregelten Bereich, der an sich der Gesetzgebungskompetenz der Länder unterliegen dürfte, offenbar unter dem Aspekt der Bergschadensregulierung als Annexregelung der konkurrierenden Gesetzgebungskompetenz für das Recht der Wirtschaft (Art. 74 Nr. 11 GG) betrachtet.

2

Der Unternehmer hat die Messungen nach **Aufforderung** durch die Behörde **(anfechtbarer Verwaltungsakt) richtig und vollständig** durchzuführen und **unverzüglich** nach Abschluß bei der zuständigen Behörde **einzureichen**. Ein Verstoß gegen diese Pflicht kann als Ordnungswidrigkeit verfolgt werden (§ 145 Abs. 1 Nr. 19). Dritte haben die Möglichkeit, in die Meßergebnisse einzusehen (Abs. 3 S. 3). Dazu müssen sie „glaubhaft" machen, daß sie von einem Bergschaden betroffen sein können, also entsprechende Tatsachen vortragen und notfalls belegen (§ 63 Abs. 4).

3

2. **Abs. 2** enthält die **Voraussetzungen**, unter denen dem Unternehmer Messungen abverlangt werden können. Es kommen nur Gebiete in Betracht, in denen Beeinträchtigungen der Erdoberfläche mit Auswirkungen auf **bauliche Anlagen** bereits eingetreten oder zu erwarten sind. Der Grundsatz der Verhältnismäßigkeit ist zu beachten. So können Messungen für Bereiche ausgeschlossen sein, die dünn besiedelt sind, es sei denn, daß andere bauliche Anlagen (z. B. wichtige Verkehrsanlagen) vorhanden sind. Das Wort „zu erwarten" ist zweifellos enger als der in § 110 bei der Anpassung verwendete Begriff „zu besorgen". Es muß also mit einem hohen Grad an Wahrscheinlichkeit das Auftreten von Bodenverformungen bevorstehen. Der mit „wenn" eingeleitete Nachsatz verweist wieder auf den Gesichtspunkt der Schadensverhütung oder -verminderung. Messungen sind danach nur zulässig, wenn sie auch wirklich geeignet sind, zu diesem Ziel wirksam beizutragen. Welche Messungen in Betracht kommen, unterliegt im wesentlichen der **Entscheidungsbefugnis des Unternehmers**. Er darf daher nach eigenem Belieben die Meßmethode wählen, die er für richtig hält, sofern mit dem im Einzelfall beabsichtigten Verfahren das gesetzlich angestrebte Ziel erreicht werden kann (Luftbildvermessung des Gebietes anstelle von Einzelmessungen des Meßtrupps). Diese Auswahlfreiheit ergibt sich schon aus dem Umstand, daß die Kosten vom Unternehmer zu tragen sind, ihm also die Möglichkeit eines **Austausches des Mittels** im weitesten Umfang belassen werden muß.

4

3. Die in Abs. 3 enthaltene Duldungspflicht stimmt mit ähnlichen Regelungen in den landesrechtlichen Vermessungs- und Katastergesetzen überein (vgl. z. B. §§ 4, 7 VermKatG NW); insbesondere bei der Anbringung von Meßmarken wird die Abstimmung mit den Erfordernissen und Bedürfnissen der Landesvermessung wichtig sein. Der Hinweis auf § 39 soll sicherstellen, daß öffentlichen Zwecken gewidmete Grundstücke nur mit Zustimmung der zuständigen Behörde benutzt werden dürfen. Dritten oder Nutzungsberechtigten aufgrund der Duldungspflicht entstehende Schäden sind angemessen auszugleichen. Da der Unternehmer hier

§ 126 5

als eine Art „beliehener Unternehmer" mit der Durchführung auch im öffentlichen Interesse liegender Aufgaben tätig wird, dürfte der ausschließliche Gerichtsstand des § 144 Anwendung finden. Ein Verstoß gegen die in Abs. 3 geregelte Duldungspflicht kann als Ordnungswidrigkeit verfolgt werden (§ 145 Abs. 1 Nr. 19). Die Geldbuße kann bis zu 5000 DM betragen.

5
Abs. 4 eröffnet die Möglichkeit, die Einzelheiten durch Erlaß einer RechtsVO zu regeln.

Achter Teil
Sonstige Tätigkeiten und Einrichtungen

§ 126 Untergrundspeicherung

(1) Auf Untersuchungen des Untergrundes auf seine Eignung zur Errichtung von Untergrundspeichern und auf Untergrundspeicher sind die §§ 39, 40, 48, 50 bis 74, 77 bis 104, 106 und 131 entsprechend anzuwenden. Mit der Vorlage des ersten Betriebsplans hat der Unternehmer nachzuweisen, daß er eine allgemeine Beschreibung des geplanten Untergrundspeichers unter möglichst genauer Angabe der Lage und der voraussichtlich größten Ausdehnung im Untergrund durch Veröffentlichung in mindestens zwei der im Bereich des Standorts des Untergrundspeichers allgemein verbreiteten Tageszeitungen mindestens einen Monat vorher bekanntgemacht hat. Bei nachträglichen Veränderungen ist dieser Nachweis erneut zu erbringen, wenn sich die Ausdehnung des Untergrundspeichers im Untergrund wesentlich ändert.

(2) Eine Untersuchung des Untergrundes auf seine Eignung zur Errichtung von Untergrundspeichern liegt nur vor, soweit damit eine Aufsuchung nicht verbunden ist.

(3) Auf die Errichtung und den Betrieb einer Anlage zur Lagerung, Sicherstellung oder Endlagerung radioaktiver Stoffe im Sinne des Atomgesetzes in der Fassung der Bekanntmachung vom 31. Oktober 1976 (BGBl. I S. 3053), zuletzt geändert durch Artikel 14 des Gesetzes vom 28. März 1980 (BGBl. I S. 373), sind die §§ 39, 40, 48, 50 bis 74 und 77 bis 104 und 106 entsprechend anzuwenden, wenn die Anlage ihrer Art nach auch zur unterirdischen behälterlosen Speicherung geeignet ist.

1

Das Untersuchen des Untergrundes auf seine Eignung, die Errichtung von Untergrundspeichern (§ 2 Abs. 2 Nr. 1) und ihr Betrieb sowie das Betreiben der dafür erforderlichen Einrichtungen (§ 2 Abs. 2 Nr. 2) sind dem Bergrecht unterworfen; anwendbar sind allerdings nur die ausdrücklich genannten Vorschriften:
– Die §§ 39 und 40 über das Verhältnis zum betroffenen Grundeigentümer,
– die Anordnungsbefugnis nach § 48,
– das Anzeige- und Betriebsplanverfahren (§§ 50 bis 57),
– das Recht der verantwortlichen Personen (§§ 58 bis 62),
– die Vorschriften über die Bergaufsicht (§§ 69 bis 74),
– außerdem die Vorschriften über das Rißwerk und seine Anfertigung durch einen anerkannten Markscheider (§§ 63 und 64),
– die Ermächtigungen zum Erlaß von Bergverordnungen (§§ 65 bis 68),
– das Grundabtretungsverfahren (§§ 77 bis 104, 106) und
– die Vorschriften für die Einrichtung von Hauptstellen für das Grubenrettungswesen (§ 131).

2

Als besondere Pflicht erlegt § 126 Abs. 1 S. 2 dem Unternehmer eine **Bekanntmachungspflicht** über die geplanten Maßnahmen auf. Danach hat er mindestens einen Monat vor Einreichung des ersten Betriebsplanes eine allgemeine Beschreibung des Speicherprojektes unter möglichst genauer Angabe der Lage und voraussichtlich größten Ausdehnung des Speichers im Untergrund bekanntzumachen. Der Unternehmer kommt dieser Bekanntmachungspflicht dadurch nach, daß er sein Projekt in mindestens zwei Tageszeitungen, die im Bereich des geplanten Untergrundspeichers allgemein verbreitet sind, veröffentlicht. Den Nachweis über die Veröffentlichung hat der Unternehmer mit Vorlage des ersten Betriebsplanes zu führen.

3
Zur Anordnung der Bekanntmachungspflicht sagt die Amtl. Begründung:
„Der Unternehmer eines Untergrundspeichers bedarf – anders als bei der Gewinnung bergfreier Bodenschätze – keiner besonderen Berechtigung. Der Eingriff in den Untergrund vollzieht sich, soweit der Unternehmer nicht besondere Vereinbarungen mit dem Grundeigentümer für erforderlich hält, unter Ausnutzung der nach dem BGB gezogenen Grenzen für die Geltendmachung von Ausschlußrechten der Grundeigentümer. Bei dieser Ausgangslage wird das Speichervorhaben jedoch in Anbetracht der geologischen Gegebenheiten einem mehr oder weniger großen Kreis von Grundeigentümern unbekannt bleiben, insbesondere weil die Ausdehnung eines Aquiferspeichers praktisch nur dem Unternehmen hinreichend verläßlich bekannt sein wird. Die Bekanntmachungspflicht soll infolgedessen verhindern, daß Grundeigentümer lediglich deswegen von vornherein von der Geltendmachung etwaiger sich aus dem BGB ergebender Rechte ausgeschlossen werden, weil sie über die für ihre Rechtsposition maßgebenden Tatsachen nicht oder unzureichend in Kenntnis gesetzt werden." (BT-Ds. 8/1315, 150 = Zydek, 481)
Aus den gleichen Gründen sind alle nachträglichen Änderungen, die einen wesentlichen Einfluß auf die Ausdehnung des Untergrundspeichers haben, bekanntmachungspflichtig (Abs. 1 S. 3).

4
Das Untersuchen des Untergrundes auf seine Eignung zur Errichtung von Untergrundspeichern ist allerdings nur dann der vorstehenden Sonderregelung unterworfen, wenn damit nicht gleichzeitig eine Aufsuchung i. S. des § 4 Abs. 1 verbunden ist. Für die Abgrenzung hierbei ist nicht subjektive Zielrichtung des Unternehmers, sondern eine objektive Betrachtungsweise maßgeblich. Untersuchungen des Untergrundes, die danach Aufsuchungscharakter haben, fallen nicht unter § 2 Abs. 2, sondern Abs. 1 und sind damit vor allem hinsichtlich der notwendigen Berechtigungen (vgl. § 6) anders zu beurteilen.

5
Die in Abs. 3 getroffene Regelung dient der Anwendbarkeit bergrechtlicher Vorschriften auf die **Endlagerung von radioaktiven Stoffen** in Anlagen, die ihrer Art nach auch zur unterirdischen behälterlosen Speicherung geeignet sind. Diese Ergänzung des Reg.-Entwurfes geht auf einen Antrag des BR (BT-Ds. 8/1315, Anl. 2, 183 = Zydek, 482) zurück, weil Vorhaben zur Lagerung, Sicherstellung und Endlagerung radioaktiver Stoffe in unterirdischen behälterlosen Speichern –

Achter Teil: Sonstige Tätigkeiten und Einrichtungen §§ 126, 127

unbeschadet der primären Anwendbarkeit des Atomrechts (§ 9 b Abs. 1 und Abs. 5 Nr. 3 AtomG) – zusätzlich eine präventive und überwachende Kontrolle nach den Regeln des Bergrechts erfordern. Da es sich in diesen Fällen um eine Tiefspeicherung, wenn auch mit anderer Zielsetzung (keine Wiederverwendung) handelt, sind für die Errichtung und den Betrieb derartiger Anlagen die gleichen Vorschriften für anwendbar erklärt worden wie bei der Untergrundspeicherung. Ausgenommen ist lediglich § 131 (Hauptstellen für das Grubenrettungswesen).

§ 127 Bohrungen

(1) Für die nicht unter § 2 fallenden Bohrungen und die dazugehörigen Betriebseinrichtungen gelten, wenn die Bohrungen mehr als hundert Meter in den Boden eindringen sollen, die §§ 50 bis 62 und 65 bis 74 mit folgender Maßangabe entsprechend:
1. **Beginn und Einstellung der Bohrarbeiten sind mindestens zwei Wochen vorher anzuzeigen. Müssen Bohrarbeiten schon in kürzerer Frist eingestellt werden, so ist die Anzeige unverzüglich zu erstatten.**
2. **§ 51 Abs. 1 gilt nur, wenn die zuständige Behörde die Einhaltung der Betriebsplanpflicht im Einzelfall mit Rücksicht auf den Schutz Beschäftigter oder Dritter oder die Bedeutung des Betriebes für erforderlich erklärt.**
3. **Als Unternehmer ist auch anzusehen, wer eine Bohrung auf fremde Rechnung ausführt.**
4. **Die Auskunftspflicht nach § 70 Abs. 1 gilt auch für die Aufschlußergebnisse.**
5. **Die Erfüllung der Pflichten durch einen Unternehmer befreit die übrigen mitverpflichteten Unternehmer.**

(2) Die Vorschriften des Wasserhaushaltsgesetzes, der Landeswassergesetze und der auf Grund dieser Gesetze erlassenen Rechtsverordnungen bleiben unberührt.

1

Als „sonstige Tätigkeiten" (§ 2 Abs. 2 Nr. 3) werden durch § 127 **alle Bohrungen**, die nicht der Aufsuchung oder Gewinnung dienen und **mehr als hundert Meter** in den Boden eindringen sollen, den Vorschriften des BBergG über die Anzeige, Betriebsplan- und Auskunftspflicht, die Bestellung verantwortlicher Personen und der Bergaufsicht (§§ 50 bis 62 und 64 bis 74 i. V. mit den Nr. 1 und 4) unterstellt.

2

Für alle diese Bohrungen soll nach Nr. 2 die Betriebsplanpflicht allerdings nur dann gelten, wenn das Betriebsplanverfahren im Einzelfall nach Entscheidung der zuständigen Behörde mit Rücksicht auf den Schutz der Beschäftigten oder Dritter oder mit Rücksicht auf die Bedeutung des Betriebes erforderlich ist.

3

Außerdem paßt Abs. 1 Nr. 3 den **Unternehmerbegriff** des § 4 Abs. 5 der Tatsache an, daß die Bohrfirmen in den wenigsten Fällen für eigene Rechnung Bohrungen durchführen werden. Sie sind deshalb auch dann als verantwortliche Unternehmer anzusehen, wenn sie die Arbeiten „auf fremde Rechnung" durchführen. Allerdings kann neben dem Bohrunternehmer auch der ihn Beauftragende oder

4. Für die in § 127 geregelten Bohrungen stellt Abs. 2 klar, daß die Vorschriften des WHG, der LandeswasserG und der aufgrund dieser Gesetze erlassenen Rechtsverordnungen unberührt bleiben. Das bedeutet u. a. folgendes:
Nach § 14 Abs. 2 WHG entscheidet die Bergbehörde über die Erteilung einer wasserrechtlichen **Erlaubnis**, wenn ein bergrechtlicher Betriebsplan die Benutzung von Gewässern vorsieht. § 14 Abs. 2 knüpft an betriebsplanpflichtige Tätigkeiten an. Ob nach § 127 Abs. 2 Nr. 2 ein Betriebsplan erforderlich ist, entscheidet die Bergbehörde unter Berücksichtigung der in der Vorschrift geregelten Belange. Wird ein Betriebsplan für erforderlich gehalten, so ist die Bergbehörde gleichzeitig zuständige Behörde i. S. des WHG. Die wasserrechtliche Entscheidung ist jedoch nicht Bestandteil des Betriebsplanverfahrens, sondern bedarf eines besonderen Verwaltungsaktes. Allerdings wird in den meisten Fällen die Erlaubnis zusammen mit der Zulassung des Betriebsplanes erteilt werden. In diesem Fall ist eine „gespaltene" Rechtsmittelbelehrung erforderlich (Gieseke/Wiedemann/ Chychowski, WHG, § 14 Rn. 3 a). Welche Benutzungen einer Erlaubnis bedürfen, ergibt sich aus § 3 WHG. Für welche Benutzungen die Bergbehörde die Erlaubnis zu erteilen hat, bestimmt sich danach, ob der Betriebsplan sie vorsieht. Erstreckt sich der vom Unternehmer vorgelegte Betriebsplan auf Vorhaben, die nicht betriebsplanpflichtig sind (z. B. die Errichtung von Wohngebäuden), so wird für die damit verbundenen Gewässerbenutzungen (z. B. Einleitung häuslicher Abwässer) eine Zuständigkeit der Bergbehörde nicht begründet. Schwierigkeiten können sich ergeben, wenn der Betriebsplan mehrere „Benutzungen" von Gewässern, insbesondere des Grundwassers, vorsieht. Für die Erlaubniserteilung gilt der Grundsatz der Spezialität. Für alle in einem Betriebsplan vorgesehenen Benutzungen eine Sammelerlaubnis zu erteilen, ist daher nicht möglich. Die Bergbehörde hat die Erlaubnis nach denselben Gesichtspunkten zu erteilen oder zu versagen, die auch sonst nach dem WHG dafür maßgeblich sind. Zur Erteilung einer Bewilligung ist die Bergbehörde nicht befugt. Die Mitwirkung der Wasserbehörde nach § 14 Abs. 3 bedeutet, daß ihre Stellungnahme für jede Gewässerbenutzung gesondert einzuholen ist. Das erforderliche Einvernehmen ist nur gegeben, wenn die für das Wasser zuständige Behörde der beabsichtigten Entscheidung nach Form und Inhalt zustimmt. Was zu geschehen hat, wenn die in Betracht kommenden Behörden sich über die Erteilung der Bewilligung oder Erlaubnis nicht einigen, richtet sich nach Landesrecht. Im allgemeinen wird dann die gemeinsame Aufsichtsbehörde zu entscheiden haben. In NRW ist dies das Kabinett (vgl. § 56 Rn. 3 bis 43 ff).

§ 128 Alte Halden

Für das Aufsuchen und Gewinnen mineralischer Rohstoffe in Halden gelten die §§ 39, 40, 42, 48, 50 bis 74 und 77 bis 104 und 106 entsprechend, wenn die mineralischen Rohstoffe als Bodenschätze unter § 3 Abs. 3 und 4 fallen würden und aus einer früheren Aufsuchung, Gewinnung oder Aufbereitung von Bodenschätzen stammen.

Achter Teil: Sonstige Tätigkeiten und Einrichtungen **1–4 § 128**

1

1. Das BBergG befaßt sich mit **alten Halden** an zwei verschiedenen Stellen: ist die Gewinnungsberechtigung, aufgrund deren Bodenschätze aufgehaldet wurden, inzwischen erloschen, folgt aus § 151 Abs. 2 Nr. 1, daß das Aufsuchungs-, Gewinnungs- und Aneignungsrecht aus aufrechterhaltenem später verliehenem Bergwerkseigentum sich auf die Bodenschätze ausdehnt, die sich in den Halden des früher betriebenen Bergbaus befinden. Diese Ausdehnung der Berechtigung aus dem Bergwerkseigentum hat zur Voraussetzung, daß sich die Halde innerhalb des Bergwerksfeldes befindet und nicht dem Grundeigentümer gehört. Diese Vorschrift hat im wesentlichen **zivilrechtlichen Charakter**. Sie betrifft die Rechtsstellung aus dem Bergwerkseigentum.

2

Demgegenüber hat die Vorschrift des § 128 **öffentlich-rechtlichen** Charakter. Sie erklärt im wesentlichen die Vorschriften über die Voraussetzungen für Aufsuchung und Gewinnung, über Verbote und Beschränkungen, Betriebsplan, Bergverordnungen, Bergaufsicht und verantwortliche Personen, sowie über Grundabtretung als anwendbar bei alten Halden. Diese Halden sind abzugrenzen von denen, die den §§ 55, 69 unmittelbar unterliegen, weil sie im **Abschlußbetriebsplan** behandelt sind und deren Durchführung von der Bergbehörde überwacht wird. Hier dient allein das formale Kriterium des Inhaltes des Abschlußbetriebsplans zur Abgrenzung. Sie sind auch rechtlich zu unterscheiden von den Bergehalden, die nicht dem BBergG, sondern dem **Abgrabungsgesetz NW** unterfallen (hierzu Stemplewski, ZfB 123 (1982), 200, 203; OVG Münster Glückauf 1979, 1119 = ZfB 121 (1980), 73, VG Gelsenkirchen ZfB 119 (1978), 230 = Glückauf 1977, 1190. Hier wird maßgebend die Zweckrichtung des Haldenverwerters und die von ihm angegebenen Gründe für das Aufbrechen der Halde: die bergrechtliche Vorschrift des § 128 erfaßt nur das Neuaufbrechen von abgeschlossenen Bergehalden zum Zwecke der Nutzung des vorhandenen Kohlegehaltes, nicht hingegen das Abtragen, um Asche oder Baustoff zu gewinnen oder um die Grundfläche für eine neue bauliche Nutzung vorzubereiten (Stemplewski, a.a.O., 202).

3

2. **Halden** sind künstliche Anhäufungen der aus einem Bergwerk gewonnenen Gesteinsmassen, die ohne oder nach Aufbereitung als nicht mehr verwertbar abgelagert worden sind. Halden in diesem Sinne sind nicht Aufschüttungen der gewonnenen reinen oder aufbereiteten Bodenschätze, die z. B. wegen fehlender Absatzmöglichkeiten angelegt sind (BT-Drucksache 8/1315, 152 = Zydek, 488; BGH ZfB 95 (1954), 445) auch nicht Bergematerial, das zu Verkippen in einer Erdsenkung oder zum Dammbau benutzt wird (BGH, a.a.O.).

4

Alte oder – wie der Regierungsentwurf sie bezeichnete – verlassene Halden sind diejenigen, deren mineralische Rohstoffe aus einer früheren Aufsuchung, Gewinnung oder Aufbereitung stammen. Dabei ist nicht erforderlich, daß diese früheren bergbaulichen Tätigkeiten vor Inkrafttreten des BBergG zur Anhäufung des Haldenmaterials führten.

5

Der Wortlaut der Vorschrift kann zu der Auffassung verleiten, daß „frühere Gewinnung" auch die des jetzigen Bergwerkseigentümers ist, d. h. daß es lediglich darauf ankommt, daß die Gewinnungsmaßnahmen, die zur Aufhaldung führten, zeitlich vor denen liegt, die zur Ausbeutung der Halde führen. Doch wird man berücksichtigen müssen, daß der Begriff der „früheren Gewinnung" einen Vorgänger in dem Begriff des „früheren Bergbaus" i. S. § 54 Abs. 2 ABG hatte. Dieser Begriff wurde aber nur erfüllt, wenn Bergbau in dem Felde vor der (jetzigen) Verleihung umgegangen war (BGH ZfB 95 (1954), 444, 445; RB ZfB 10 (1869), 263). So wurden durch Verzicht oder Entziehung des Bergwerkseigentums Halden zu „alten" eines früheren Bergbaus. Hinzukommen muß noch, daß die Gesteinsmassen in der Nähe des Bergwerks, aus dessen Schächten sie gefördert wurden, abgelagert werden müssen. Andernfalls ist der Begriff der „alten Halde" nicht erfüllt (BGH, a.a.O.). Die Begründung zum BBergG gibt nichts dafür her, daß diese sehr ähnlichen Formulierungen etwa Unterschiedliches ausdrücken sollen.

6

3. Die **Eigentumsverhältnisse** an alten Halden regelt § 128 nicht. Hier gilt folgendes (§ 71 Rn. 28): Der Bergwerkseigentümer erwirbt mit der Gewinnung der Mineralien auch Eigentum an dem nicht verwertbaren Material (§§ 9 Abs. 1, 8 Abs. 1 Nr. 1), und zwar unabhängig davon, ob diese Berge als Versatzmaterial benötigt, auf Halde gekippt oder dem Grundeigentümer gem. § 42 Abs. 2 herausgegeben werden müssen. Das Eigentum an dem Haldenmaterial geht durch Aufhaldung nicht verloren, die Halde bleibt bewegliche Sache und Zubehör zum Bergwerkseigentum (BGH a.a.O., 446), selbst wenn sie auf fremdem Grundstück gelagert wird.
Mit der Einstellung des Bergbaus endet die Eigenschaft als Zubehör zum Bergwerkseigentum, selbst wenn die Haldenmassen noch mineralhaltig sind. Zubehör ist das Material auch nicht, wenn es von Naturereignissen abgeschwemmt wurde (BGH ZfB 96 (1955), 298, 304; a. A. Isay, § 54, Rn. 12), wenn der Bergwerkseigentümer das Eigentum an der Halde auf den Grundeigentümer überträgt (OVG Münster ZfB 96 (1955), 81) oder das Bergematerial zu einem Damm aufgeschüttet wird (BGH ZfB 95 (1954), 446) oder die Halde jahrzehntelang unberührt bleibt und mit Gräsern, Sträuchern und Bäumen bewachsen ist (Bayr. VGH ZfB 122 (1981), 465, 468 = Glückauf 1981, 1572). Sofern die Zubehöreigenschaft entfallen ist, lebt das Aneignungsrecht – abgesehen vom Fall des § 151 Abs. 2 – nicht wieder auf. Eigentümer bleibt zunächst der Bergwerkseigentümer, es sei denn, er verzichtet auf das Eigentum an der Halde unter Aufgabe des Besitzes (Ebel-Weller, § 54, 3) oder überträgt es nach bürgerlich-rechtlichen Grundsätzen.

7

4. Wenn **brennende oder schwelende Halden** abgetragen werden sollen, ist § 321 Abs. 12 BVOSt und die Rundverfügung des LOBA v. 05. 03. 1980 (Sbl LOBA Abschnitt A 2.19 = ZfB 121 (1980), 485) zu beachten, wonach die Abtragung grundsätzlich verboten ist und einer Ausnahmebewilligung des Bergamtes bedarf.

Achter Teil: Sonstige Tätigkeiten und Einrichtungen §§ 128,129

8

5. Zur Frage der Behandlung von Bergehalden, die teils Abraum teils Gestein und teils Kohleanteile enthalten, vgl. § 56, Rn. 423).

9

6. Für **endgültig eingestellte Betriebe** ist § 169 Abs. 2 vorrangig vor §§ 69 Abs. 2, 128. Für sie ist die Geltung des BBergG ausgeschlossen und können Pflichten nach § 128 nicht begründet werden (vgl. § 69 Rn. 31).

10

Der Abtragung abgeschlossener Bergehalden können noch **weitere rechtliche Schranken** außer denen der §§ 128, 55 BBergG entgegenstehen. Nach § 39 LForstG, § 9 BWaldG bedarf die mit einer Bodenbewegung verbundene Umwandlung von Wald in eine andere Nutzungsart der Genehmigung durch die Forstbehörde. Nach § 4 LG NW sind Eingriffe in Natur und Landschaft – wozu auch das Aufreißen bewachsener Halden gehört – zu untersagen, wenn die Belange des Naturschutzes und der Landschaftspflege vorrangig sind und die Beeinträchtigung nicht in erforderlichem Umfang auszugleichen ist. Sofern diese Bergehalden allerdings der Genehmigung nach § 3 AbgrG unterliegen sollten (hiergegen OVG Münster ZfB 121 (1980), 73; vgl. § 56 Rn. 423 f), würden diese Entscheidungen durch § 7 Abs. 3 AbgrG mit eingeschlossen sein.

§ 129 Versuchsgruben, Bergbauversuchsanstalten

(1) Für Versuchsgruben gelten die §§ 50 bis 74, für nicht unter § 2 fallende, wie ein Gewinnungsbetrieb eingerichtete bergbauliche Ausbildungsstätten sowie für Besucherbergwerke und Besucherhöhlen die §§ 50 bis 62 und 65 bis 74 entsprechend.

(2) Der Bundesminister für Wirtschaft wird ermächtigt, durch Rechtsverordnung mit Zustimmung des Bundesrates die in Absatz 1 genannten Vorschriften auf sonstige bergbauliche Versuchsanstalten für entsprechend anwendbar zu erklären und die zugehörigen Bußgeldvorschriften zu erstrecken, soweit dies zum Schutze der in § 55 Abs. 1 bezeichneten Rechtsgüter und Belange erforderlich ist.

1

Die in § 129 vorgesehene Sonderregelung für **Versuchsgruben** und bergbauliche Ausbildungsstätten wird wie folgt begründet:
„Es muß nicht in jedem Fall eine Gewinnung von Bodenschätzen stattfinden. Vielmehr können Versuchsgruben dann, wenn sie beispielsweise primär der Erprobung etwa von Schachtfördereinrichtungen und Sicherheitseinrichtungen dienen, auch ohne den Abbau von Bodenschätzen **betrieben** werden. Außerdem würde angesichts der vielfältigen Zwecke, zu denen Versuchsgruben errichtet und betrieben werden, mit der Gewinnung von Bodenschätzen ein relativ untergeordnetes Merkmal als Kriterium für eine Unterstellung unter das Bergrecht gemacht."(Amtl. Begründung BT-Ds. 8/1315, 152 = Zydek, 490). Gleiches muß für bergbauliche Ausbildungsstätten gelten.

2

Bergbauliche Ausbildungsstätten i. S. des Abs. 1 sind solche Einrichtungen, die zwar wie Gewinnungsbetriebe geführt werden, nicht aber primär die Aufsuchung und Gewinnung von Bodenschätzen bezwecken. Ihr Hauptaugenmerk gilt vielmehr der Aus- und Fortbildung im Bergbau beschäftigter Personen. Ausbildungsstätten sind deshalb mit den Versuchsgruben bezüglich der Anwendbarkeit bergrechtlicher Vorschriften gleichgestellt, eine Ausnahme bilden lediglich die Vorschriften der §§ 63 (Rißwerk) und 64 (Markscheider).

3

Als Besucherbergwerke und Besucherhöhlen sind solche verlassenen Bergwerke oder Höhlen zu verstehen, die ausdrücklich für Besichtigungszwecke bestimmt sind. Für sie müssen ebenfalls Betriebspläne aufgestellt und verantwortliche Personen benannt werden; sie unterliegen der Anordnungsbefugnis der Bergbehörden.

4

Wegen der mit den genannten Einrichtungen verfolgten Zwecke hat der Gesetzgeber von einer vollständigen Unterstellung unter das Bergrecht abgesehen. Deshalb sind nur die in Abs. 1 ausdrücklich genannten Vorschriften anwendbar. (§§ 50 bis 74 für Versuchsgruben; §§ 50 bis 62 und 65 bis 74 für Ausbildungsstätten und Besucherbergwerke).

5

Die Unterstellung anderer bergbaulicher **Versuchsanstalten** (bergbauliche Versuchsstrecken oder bergbauliche Versuchsanlagen) unter das Bergrecht ist nach Abs. 2 einer Rechtsverordnung vorbehalten. Der Bundesmin. f Wirtschaft hat von seiner Ermächtigung bereits Gebrauch gemacht und § 129 auf die Bergbau-Versuchsstrecke der WBK in Dortmund-Derne ausgedehnt (vgl. Verordnung über die Anwendung von Vorschriften des Bundesberggesetzes auf die Bergbauversuchsstrecke – Bergbau-Versuchsstrecken V, BGBl 1982, 1560).

§ 130 Hohlraumbauten

(1) Auf die Durchführung von Maßnahmen gewerblicher Unternehmer zum Zwecke der Herstellung, wesentlichen Erweiterung oder wesentlichen Veränderung von unterirdischen Hohlräumen sind die §§ 50 bis 52, 54 bis 62 und 69 bis 74 entsprechend anzuwenden. Im übrigen finden auf unterirdische Hohlräume die Vorschriften der Gewerbeordnung Anwendung. Die besonderen Rechtsvorschriften über Bau, Unterhaltung und Änderung von öffentlichen Verkehrswegen sowie von Anlagen, die der Landesverteidigung dienen, bleiben unberührt. § 708 Abs. 4 der Reichsversicherungsordnung findet keine Anwendung.

(2) Unterirdische Hohlräume im Sinne von Absatz 1 sind Hohlraumbauten mit einem Querschnitt von mehr als 8 Quadratmeter, die unter Tage in nicht offener Bauweise errichtet werden und nicht der Aufsuchung oder Gewinnung von Bodenschätzen zu dienen bestimmt sind.

Achter Teil: Sonstige Tätigkeiten und Einrichtungen **1–4 § 130**

1
Die mit der Herstellung, wesentlichen Erweiterung oder wesentlichen Veränderung von unterirdischen **Hohlraumbauten** zusammenhängenden Maßnahmen **gewerblicher Unternehmer** sind erst im Gesetzgebungsverfahren dem Bergrecht unterstellt worden. Zur Begründung dieser auf einen Vorschlag des BR zurückgehenden Erweiterung des Reg.-Entwurfes hat der Wirtschaftsausschuß des BT (BT-Ds. 8/3965, 144 = Zydek, 493) folgendes ausgeführt:

2
„Unterirdische Hohlraumbauten unterliegen in Baden-Württemberg bereits den Berggesetzen. In Niedersachsen ist der Wirtschaftsminister zu einer entsprechenden Regelung ermächtigt und in Bayern ist die Bergbehörde schon seit 1931 als Aufsichtsbehörde zuständig. In anderen Ländern wird die Hilfe der Bergverwaltung bei derartigen Vorhaben von den an sich zuständigen Stellen seit längerer Zeit in einem Maße in Anspruch genommen, das über die für die Amtshilfe geltenden allgemeinen Grundsätze häufig hinausgeht. Der Grund hierfür liegt darin, daß es sich bei der Errichtung, Erweiterung und Veränderung unterirdischer Hohlraumbauten überwiegend um typisch bergbauliche Tätigkeiten handelt, die in der Regel durch Bergbauspezialgesellschaften ausgeführt werden.
Mit der Einfügung von § 130 greift deshalb der Ausschuß die Entschließung des BR zu Hohlraumbauten auf. Den verteidigungs-, verkehrspolitischen und sonstigen öffentlich-rechtlichen Belangen wird dabei vor allem dadurch Rechnung getragen, **daß nur der Tätigkeitsbereich gewerblicher Unternehmer tangiert**, der Betrieb unterirdischer Hohlraumbauten nicht einbezogen wird, die Planungshoheit, insbesondere der Verkehrsträger, unberührt bleibt und die Anwendung bergrechtlicher Regeln auf das der Sache nach unerläßliche Maß beschränkt wird. Im wesentlichen wird bei unterirdischen Hohlraumbauten ab einer bestimmten Größe neben der Anwendung des Betriebsplanverfahrens und des Instituts der verantwortlichen Personen die Gewerbeaufsicht durch die Bergaufsicht ersetzt."

3
Als unterirdische Hohlräume definiert Abs. 2 Hohlraumbauten mit einem **Querschnitt von mehr als acht Quadratmetern**, die unter Tage in **nicht offener Bauweise** errichtet werden und nicht der Aufsuchung oder Gewinnung von Bodenschätzen zu dienen bestimmt sind. Alle Maßnahmen, die dem Betrieb und der Unterhaltung der Hohlräume dienen und nicht Maßnahmen i. S. des Abs. 1 S. 1 sind, unterfallen auch weiterhin nicht der Regelung des § 130. Auf sie sind die Vorschriften der GewO oder anderer Spezialgesetze anzuwenden.

4
§ 130 verwendet nicht den bergrechtlichen Begriff des Unternehmers (§ 4 Abs. 5), sondern spricht von **gewerblichen Unternehmern**. Hiernach ist **Normadressat** des § 130 derjenige, der die eigentliche **Bauleistung ausführt**. Deshalb kann sich die ihm auferlegte Betriebsplanpflicht auch nur auf seinen Tätigkeitsbereich beziehen. Anders als beim Unternehmer nach § 4 Nr. 5, dem die umfassende Verantwortung für die Durchführung der bergbaulichen Tätigkeiten obliegt, hat der gewerbliche Unternehmer nur einen Teil der Gesamtmaßnahme auszuführen und kann auch

§§ 130, 131 Achter Teil: Sonstige Tätigkeiten und Einrichtungen

nur insoweit der Betriebsplanpflicht unterliegen. Die Betriebsplanpflicht des ausführenden Unternehmens kann sich nur auf die sicherheitstechnische Überprüfung in gewerbeaufsichtlicher Hinsicht, d. h. die Sicherheit der beschäftigten Arbeitskräfte während der Herstellung von unterirdischen Hohlräumen beziehen. Die zuständigen Behörden werden hinsichtlich der Betriebsplanpflicht deutlich zu unterscheiden haben zwischen dem planenden Auftraggeber und dem bauausführenden Auftragnehmer. Dies hat insbesondere für die Erteilung von Auflagen während des Vorhabens zu gelten. So kann der Auftragnehmer nicht angehalten werden, Auflagen nachzukommen, deren Erfüllung im Verantwortungsbereich des Auftraggebers liegen (zur Problematik dieser Vorschrift für die Bauwirtschaft vgl. Pause, Sonderdienst Bauindustrie, 1982, 97 ff; Marbach, Bauwirtschaft 1982, 1842 ff).

Soweit besondere Rechtsvorschriften den Bau, die Unterhaltung und Änderung von öffentlichen Verkehrswegen oder von Anlagen, die der Landesverteidigung dienen, regeln, bleiben diese unberührt und treffen insoweit eine spezialgesetzliche Regelung.

5

Der in Abs. 1 S. 4 vorgesehene Ausschluß des § 708 Abs. 4 RVO bedeutet, daß es trotz der Einbeziehung der Hohlraumbauten in das BBergG bei der Zuständigkeit der jeweiligen Berufsgenossenschaft zum Erlaß von Unfallverhütungsvorschriften bleibt.

6

Im Verhältnis zu den anderen nach Abs. 1 zu beachtenden Verfahren, etwa dem Planfeststellungsverfahren nach § 36 BBahnG, ist das Betriebsplanverfahren ein selbständiges Verfahren. § 130 stellt insoweit eine lex specialis dar, die ausschl. den Bereich der **bergmännischen Errichtung** unterirdischer Hohlraumbauten betrifft. Die Regelung geht davon aus, daß insbesondere die mit dem Arbeitsschutz zusammenhängenden Belange von den Bergbehörden, sonstige Belange, wie etwa Fragen der Statik, von den Planungsträgern bzw. den insoweit zuständigen Behörden wahrgenommen werden. Eine Beteiligung der Bergbehörden in diesem Stadium richtet sich grundsätzlich nach den dafür einschlägigen Spezialvorschriften.

§ 131 Hauptstellen für das Grubenrettungswesen

(1) Unternehmer, die einen untertägigen Gewinnungsbetrieb oder einen Gewinnungsbetrieb mit brand- oder explosionsgefährdeten Anlagen oder mit Anlagen betreiben, in denen unatembare oder giftige Gase oder Dämpfe auftreten können, müssen zur Wahrnehmung gemeinsamer Aufgaben auf dem Gebiet des Grubenrettungs- und Gasschutzwesens Hauptstellen für das Grubenrettungswesen bilden und unterhalten oder solchen angeschlossen sein.

(2) Der Bundesminister für Wirtschaft wird ermächtigt, durch Rechtsverordnung, die der Zustimmung des Bundesrates bedarf, Vorschriften über Aufgaben, Anzahl, Organisation und Ausstattung der Hauptstellen zu erlassen, soweit dies zur Wahrung der Sicherheitsaufgaben und zur Gewährleistung der Einsatzbereitschaft der Hauptstellen und ihrer Einrichtungen erforderlich ist.

Achter Teil: Sonstige Tätigkeiten und Einrichtungen   1–4 § 131

(3) Auf Hauptstellen für das Grubenrettungswesen sind die §§ 58 bis 62 und, soweit die Hauptstellen nicht von einem Träger der gesetzlichen Unfallversicherung unterhalten werden, für die Überwachung der Einhaltung des Absatzes 1, der §§ 58 bis 62 und der Rechtsverordnungen nach Absatz 2 die §§ 69 bis 74 entsprechend anzuwenden.

1

1. Die Organisation des Grubenrettungswesens ist traditionell zweistufig. Zu unterscheiden sind das innerbetriebliche Grubenrettungswesen und die überbetriebliche Kooperation.

2

Das **innerbetriebliche** Grubenrettungswesen hat seine Grundlagen in §§ 65 BVOSt, 61 BVONK, dem Betriebsplanverfahren und in Zukunft in Verordnungen nach § 66. Auf jeder selbständigen Betriebsanlage muß eine **Grubenwehr** vorhanden sein. Ihre Aufgabe ist es, unter Tage eingesetzt zu werden zur Bergung von Menschen und zur Erhaltung von Sachwerten nach Explosionen sowie bei Grubenbränden und anderen Ereignissen, bei denen eine Gefährdung durch schädliche Gase oder Sauerstoffmangel eintreten kann. Die Mitgliedschaft in der Grubenwehr ist seit jeher freiwillig. Einzelheiten über Planstärke, Zusammensetzung, Aufnahme in die Grubenwehr, Ausbildung, Nachschulung, Aufgaben des Oberführers und der Mitglieder, Einsatz, Beteiligung der Hauptstelle für das Grubenrettungswesen enthält der Plan für das Grubenrettungswesen des Steinkohlenbergbauvereins, dem das LOBA zugestimmt hat (Rd Verf v. 28. 10. 1982 SMBl LOBA, A 4.6 vgl. § 61 Rn. 13 f). Außerdem muß auf jeder Kokerei eine **Gasschutzwehr** vorhanden sein.

3

Der Grubenwehr (Gasschutzwehr) muß eine **Grubenrettungsstelle** (Gasschutzstelle) mit den nötigen Einrichtungen zu Verfügung gestellt werden.

4

2. § 131 befaßt sich nur mit der **überbetrieblichen Kooperation** im Grubenrettungswesen. Er greift hier die seit 1910 im Steinkohlenbergbau verwirklichte Idee der freiwilligen zentralen Regelung des Rettungswesens auf und schafft eine gesetzliche Pflicht zur Zusammenarbeit in übergeordneten Fragen des Grubenrettungswesens.
Die seit 1910 bestehende **Hauptstelle für das Grubenrettungswesen** des Ruhrbergbaus ist der Trägerschaft des Steinkohlebergbauvereins unterstellt. Sie hat im wesentlichen organisatorische und überwachende Aufgaben (Festschrift „50 Jahre Hauptstelle für das Grubenrettungswesen" Essen, 1960, S. 19). Inzwischen befaßt sich die Hauptstelle mit folgendem: Beratung und Unterstützung bei Einsätzen der Grubenwehr, Mitwirkung bei Rettungswerken, Unterhaltung eines Bereitschaftslagers, Aufstellung des Hilfeleistungsplanes für Grubenwehren, Mitwirkung beim Festlegen und Anpassen der Planstärke der Grubenwehr, regelmäßiges Überprüfen der Grubenwehr und der Grubenrettungsstelle mit Untersuchung der zugehörigen Geräte und Einrichtungen, Ausbildung und Nachschulung der Oberführer, Truppführer und Gerätewarte, Unterstützung des Oberführers bei der

Ausbildung und Nachschulung der Grubenwehr, Unersuchung von Atemschutzgeräten nach Unfällen, Ausbildung von Personen und Unterstützung bei Unterweisungen im Gebrauch von Filterselbstrettern (RdVerf LOBA NW 28. 10. 1982 SMBl LOBA A 4.6.).

Die Verpflichtungen der angeschlossenen Bergbauunternehmer ergeben sich aus der Satzung der Hauptstelle (Festschrift, a.a.O., 19) und öffentlich-rechtlich generell aus § 131 Abs. 1, im einzelnen aus einer Rechtsverordnung gem. § 131 Abs. 2.

6

Satzungsrechtlich sind von Bedeutung die Pflichten zur Hilfeleistung nach Maßgabe des Hauptrettungsplanes, zur Kostentragung für die Hilfeleistungsarbeiten der Hauptstelle und zur Durchführung der von der Hauptstelle ausgearbeiteten Bestimmungen für das Grubenrettungswesen auf den Zechen.

7

Die Verpflichtung des § 131 Abs. 1 trifft die dort im einzelnen genannten **Unternehmer**, d. h. vor allem von Steinkohlen- und Steinsalzbergwerken (Grubenrettungswesen) und den Betreiber von Kokereien und Nebengewinnungsanlagen (Gasschutzwesen).

8

3. **Rechtsverordnungen** nach § 131 Abs. 2 sind nur insoweit zulässig, als sie zur Erreichung der dort genannten Ziele erforderlich sind. Das bedarf im Einzelfall angesichts der jahrzehntelang funktionierenden Gewährleistung der Einsatzbereitschaft der Hauptstellen auf der bisherigen Basis eines besonderen Nachweises.

9

4. In Abs. 3 wird geregelt, daß für alle Hauptstellen für das Grubenrettungswesen **verantwortliche Personen** zu bestellen und die Grundsätze über die **Verantwortlichkeit des Unternehmers** anzuwenden sind. Insofern wird der Unternehmerbegriff des § 4 Abs. 5 ausgedehnt, denn die Aufgaben der Hauptstelle für das Grubenrettungswesen sind kein Gewinnen von Bodenschätzen i. S. §§ 2 Abs. 1 , 4 Abs. 2. Unternehmer der Hauptstelle für das Grubenrettungswesen in Essen ist der Steinkohlenbergbauverein, im Aachener Bezirk der Verein der Steinkohlenwerke des Aachener Bezirks eV und an der Saar die Saarbergwerke AG.

10

Außerdem unterstellt § 131 Abs. 3 die Hauptstellen für das Grubenrettungswesen der **Bergaufsicht**. Das gilt jedenfalls für die Hauptstellen in Essen (Steinkohlenbergbauverein), Saarbrücken (Saarland) und Aachen (Aachener Bezirk). Die Hauptstellen für das Grubenrettungswesen in Clausthal-Zellerfeld und in Hohenpeißenberg dagegen werden von der Bergbau-Berufsgenossenschaft als Träger der gesetzlichen Unfallversicherung unterhalten und unterliegen nicht der Bergaufsicht (Levin, Der Kompaß 1980, 364, 365).

11

Die Aufgabe der Bergbehörde ist auf die in Abs. 3 genannten Zwecke der Bildung und Unterhaltung der Hauptstellen, Bestellung verantwortlicher Personen und Einhaltung etwaiger Rechtsverordnungen nach § 131 Abs. 2 beschränkt. Ihr stehen zur Erfüllung dieser Aufgabe die Befugnisse nach den §§ 70 ff zur Verfügung. Die Vorschriften über Ordnungswidrigkeiten sind durch § 145 Abs. 2 Buchst. e in beschränktem Umfang auf die Hauptstellen für anwendbar erklärt.

Neunter Teil
Besondere Vorschriften für den Festlandsockel

§ 132 Forschungshandlungen

(1) Wer in bezug auf den Festlandsockel an Ort und Stelle Forschungshandlungen vornehmen will, die ihrer Art nach zur Entdeckung oder Feststellung von Bodenschätzen offensichtlich ungeeignet sind, bedarf hinsichtlich der Ordnung der Nutzung und Benutzung der Gewässer über dem Festlandsockel und des Luftraumes über diesen Gewässern der Genehmigung des Deutschen Hydrographischen Instituts. Andere mit Bezug auf den Festlandsockel an Ort und Stelle vorgenommene Forschungshandlungen gelten auch über § 4 Abs. 1 hinaus als Aufsuchung.

(2) Die Genehmigung darf nur versagt werden, wenn
1. das Gebiet, in dem die Forschungshandlung vorgenommen werden soll, nicht in einem Lageplan genau bezeichnet ist,
2. dem Deutschen Hydrographischen Institut keine Angaben über das Forschungsprogramm und über dessen technische Durchführung gemacht werden oder
3. überwiegende öffentliche Interessen entgegenstehen, insbesondere durch die beabsichtigte Forschungshandlung
    a) der Betrieb und die Wirkung von Schiffahrtsanlagen und -zeichen,
    b) die Benutzung der Schiffahrtswege und des Luftraumes, die Schiffahrt, der Fischfang und die Erhaltung der lebenden Meeresschätze in unvertretbarer Weise,
    c) das Legen, die Unterhaltung und der Betrieb von Unterwasserkabeln und Rohrleitungen sowie ozeanographische oder sonstige wissenschaftliche Forschungen mehr als nach den Umständen unvermeidbar
    beeinträchtigt würden,
    d) eine Verunreinigung des Meeres zu besorgen ist oder
    e) die Sicherheit der Bundesrepublik Deutschland gefährdet wird.

(3) Forschungshandlungen im Sinne des Absatzes 1 Satz 1 unterliegen, soweit sich aus § 134 nichts anderes ergibt, der Überwachung durch das Deutsche Hydrographische Institut; die §§ 70 und 71 Abs. 1 und 2 sind anzuwenden. Unberührt bleibt die Flugverkehrskontrolle im Luftraum über dem Festlandsockel auf Grund internationaler Vereinbarungen.

(4) Werden Forschungshandlungen in bezug auf den Festlandsockel ohne Genehmigung vorgenommen, so hat das Deutsche Hydrographische Institut die Fortsetzung der unerlaubten Tätigkeit zu untersagen. § 72 Abs. 1 Satz 2 gilt entsprechend. Widerspruch und Anfechtungsklage gegen Anordnungen nach den Sätzen 1 und 2 haben keine aufschiebende Wirkung.

1
Nach Art. 2 Abs. 2 der Festlandsockelkonvention darf niemand den Festlandsockel ohne ausdrückliche Zustimmung des Küstenstaates erforschen, weil dieser ein ausschließliches **Recht zur Erforschung** hat. Daraus zieht Art. 5 Abs. 8 folgende Konsequenz:
„Alle an Ort und Stelle durchzuführenden Forschungen über den Festlandsockel

Neunter Teil: Besondere Vorschriften für den Festlandsockel **2–6 § 132**

bedürfen der Zustimmung des Küstenstaates. Dieser wird in der Regel seine Zustimmung nicht versagen, wenn das Ersuchen ... ausschließlich wissenschaftliche Forschungen über die physischen und biologischen Merkmale des Festlandsockels bezweckt." (Zitiert nach Hoog, Die Genfer Seerechtskonferenzen, 1961 – Dokumente –, 1314)

2

Diese Grundgedanken hat § 2 Abs. 2 S. 2 des FestlandsockelG von 1964 in der Weise in innerstaatliches Recht umgesetzt, daß er auch Forschungshandlungen, die ihrer Art nach zur Aufsuchung von Bodenschätzen offensichtlich ungeeignet sind, einem Verbot mit Erlaubnisvorbehalt unterstellt hat. Gleichzeitig hat das FestlandsockelG in § 2 Abs. 3 ausdrücklich festgelegt, daß auf die Erlaubnis für Forschungshandlungen im Festlandsockel kein Rechtsanspruch besteht.

3

Demgegenüber ist die in § 132 getroffene **Sonderregelung für Forschungshandlungen** weniger stringent. Sie räumt nämlich dem Antragsteller einen **Rechtsanspruch** auf Erteilung einer Forschungs**genehmigung** ein, wenn keiner der in Abs. 2 genannten Versagungsgründe vorliegt.

4

Der Sonderrechtscharakter des § 132 innerhalb des Bergrechts ist zunächst durch den Gegenstand Forschungshandlung und dessen Abgrenzung zur Aufsuchung oder der Aufsuchung gleichgestellte sonstige Forschungshandlungen gekennzeichnet. **Forschungshandlungen i. S. des Abs. 1 S. 1** müssen sich auf den Festlandsockel beziehen, der Erkenntniserlangung seiner physikalischen und biologischen Merkmale (Art. 5 Abs. 8 Festlandsockelkonvention) dienen und an Ort und Stelle, also auf dem Festlandsockel selbst, durchgeführt werden. Gemeint sind damit also alle Tätigkeiten, die der **wissenschaftlichen Grundlagenforschung** (purely scientific research – Art. 5 Abs. 8) dienen und deshalb zur Entdeckung oder Feststellung von Bodenschätzen offensichtlich ungeeignet sind.

5

Für diese Forschungshandlungen ist deshalb auch keine Erlaubnis i. S. des § 7, sondern eine Genehmigung erforderlich, deren Zweck die Einfügung der Forschungshandlung in die Ordnung der Nutzung und Benutzung der Gewässer und des Luftraumes über dem Festlandsockel ist. Für die Erteilung dieser Genehmigung und die Überwachung ihrer Ausübung ist grundsätzlich das Deutsche Hydrographische Institut zuständig (Abs. 1 S. 1, Abs. 3 S. 1).

6

Wegen der grundsätzlichen Genehmigungs- bzw. Erlaubnispflicht für alle Tätigkeiten auf dem Festlandsockel muß § 132 auch eine Regelung für solche Forschungshandlungen treffen, die weder der reinen Grundlagenforschung dienen noch Aufsuchungstätigkeiten sind. Hierzu rechnen etwa Untersuchungen des Festlandsockeluntergrundes auf seine Eignung zur Errichtung von Untergrundspeichern. Solche Forschungshandlungen, die im Bereich des Festlandes dem

§§ 132, 133   Neunter Teil: Besondere Vorschriften für den Festlandsockel

Bergrecht nur in ganz bestimmter Hinsicht unterworfen sind (vgl. § 126 Rn. 4), stellt Abs. 1 S. 2 der Aufsuchung gleich und macht sie damit erlaubnispflichtig. So wird erreicht, daß alle Tätigkeiten im Bereich des Festlandsockels einem Genehmigungs- oder Erlaubnisvorbehalt unterliegen.

7
Während für die Erteilung von Erlaubnissen die Versagungsgründe des § 7 gelten, stellt § 132 Abs. 2 für die **Genehmigung** von Forschungshandlungen eigene **Versagungsgründe**. auf Danach ist die Genehmigung zu versagen, wenn
– das **Forschungsgebiet** beim Antrag nicht kartenmäßig genau bezeichnet ist (Nr. 1) und der Genehmigungsbehörde kein **Arbeitsprogramm** für die Forschungshandlung mit Angaben über die technische Durchführung vorgelegt wird;
– **überwiegende öffentliche Interessen** der beabsichtigten Forschungshandlung entgegenstehen (Nr. 3). Als derartige öffentliche Interessen werden die bereits in § 49 genannten Beschränkungstatbestände genannt (a, b, c) und darüber hinaus die Besorgnis der Verunreinigung des Meeres und die konkrete Gefährdung der Sicherheit der Bundesrepublik Deutschland. Überwiegen diese oder ggf. andere öffentliche Interessen bei der gebotenen **Abwägung** das Interesse an der Forschungshandlung, so ist die Genehmigung zu versagen.

8
Für die **Durchführungskontrolle**, die dem Deutschen Hydrographischen Institut obliegt (Abs. 3), stehen der zuständigen Behörde die allgemeinen Aufsichts- und Anordnungsbefugnisse i. S. der §§ 70 und 71 zu (Abs. 3 S. 1 zweiter Halbsatz). Danach können ungenehmigte Forschungshandlungen, insoweit besteht auch eine völkerrechtliche Verpflichtung, untersagt und es kann die Beseitigung der Einrichtungen, die der ungenehmigten Tätigkeit gedient haben, verlangt werden. Hierbei ist § 71 Abs. 1 S. 2 entsprechend anzuwenden. Gegen diese Untersagungs- und Beseitigungsanordnung sollen nach Abs. 4 S. 2 Widerspruch und Anfechtungsklage ausdrücklich keine aufschiebende Wirkung haben.

9
Abs. 3 S. 2 stellt für die Anordnungs- und Überwachungsbefugnis (§§ 70 und 71 Abs. 1 und 2) ausdrücklich fest, daß sie nicht für den Luftraum über dem Festlandsockel gelten; hier ist die Luftverkehrskontrolle aufgrund internationaler Vereinbarungen zuständig.

§ 133 Transit-Rohrleitungen

(1) Die Errichtung und der Betrieb einer Transit-Rohrleitung in oder auf dem Festlandsockel bedarf einer Genehmigung
1. in bergbaulicher Hinsicht und
2. hinsichtlich der Ordnung der Nutzung und Benutzung der Gewässer über dem Festlandsockel und des Luftraumes über diesen Gewässern.

Für die Erteilung der Genehmigung nach Satz 1 Nr. 1 ist die gemäß § 136 bestimmte Behörde und für die Genehmigung nach Satz 1 Nr. 2 das Deutsche Hydrographi

Neunter Teil: Besondere Vorschriften für den Festlandsockel **1–3 § 133**

sche Institut zuständig. Die Genehmigung nach Satz 1 Nr. 2 darf nur nach Vorliegen der Genehmigung nach Satz 1 Nr. 1 erteilt werden.

(2) Die Genehmigungen nach Absatz 1 dürfen nur versagt werden, wenn eine Gefährdung des Lebens oder der Gesundheit von Personen oder von Sachgütern oder eine Beeinträchtigung überwiegender öffentlicher Interessen zu besorgen ist, die nicht durch eine Befristung, durch Bedingungen oder Auflagen verhütet oder ausgeglichen werden kann. Eine Beeinträchtigung überwiegender öffentlicher Interessen liegt insbesondere in den in § 132 Abs. 2 Nr. 3 genannten Fällen vor. Die nachträgliche Aufnahme, Änderung oder Ergänzung von Auflagen ist zulässig, wenn sie für den Unternehmer und für Rohrleitungen vergleichbarer Art wirtschaftlich vertretbar und nach den allgemein anerkannten Regeln der Technik erfüllbar ist.

(3) Für die Errichtung und den Betrieb einer Transit-Rohrleitung gelten die §§ 58 bis 62 und 65 bis 74 mit folgender Maßgabe entsprechend:

Für die Aufsicht nach den §§ 69 bis 74 ist, soweit sich aus § 134 nichts anderes ergibt, das Deutsche Hydrographische Institut im Rahmen des mit der Genehmigung nach Absatz 1 Satz 1 Nr. 2 verfolgten Zwecks, im übrigen die nach § 136 bestimmte Behörde zuständig.

1

Der zunehmende Bau von **Transitrohrleitungen**, etwa im Bereich der Nordsee, macht eine eigenständige Vorschrift für ihre **Errichtung** und ihren **Betrieb** erforderlich. Nach der Legaldefinition des § 4 Abs. 10 sind unter Transitrohrleitungen Leitungen zu verstehen, die vom Festlandsockel oder vom Gebiet eines anderen Staates in den Festlandsockel führen oder diesen durchqueren. Bei dieser Begriffsbestimmung spielt der Zweck, dem diese Rohrleitung dient, keine Rolle. In erster Linie sind es zur Zeit Gas- und Ölleitungen, die auf dem Festlandsockel installiert und betrieben werden.

2

Wie schon nach bisher geltendem Recht (vgl. §§ 1 S. 1 und 2, Abs. 2, Abs. 4 des vorläufigen FestlandsockelG von 1964) besteht für die Errichtung und den Betrieb von Transitrohrleitungen ein **Verbot mit doppeltem Genehmigungsvorbehalt**.

3

Erforderlich sind als „Genehmigung" nämlich zwei selbständige Verwaltungsakte, die zwar sachlich zu verbinden sind (Abs. 1 S. 3), aber die jeweiligen Zuständigkeitsbereiche nicht überschreiten dürfen (vgl. Frowein, ZaÖRV 1965, 18).
Die Genehmigung muß in bergrechtlicher Hinsicht von der zuständigen Landesbehörde (§ 136), das ist das Oberbergamt Clausthal-Zellerfeld, erteilt werden, während hinsichtlich der Ordnung der Nutzung und Benutzung der Gewässer über dem Festlandsockel und des Luftraumes über diesen Gewässern das Deutsche Hydrographische Institut (Abs. 1 Nr. 1 und 2) zuständig ist. Beide Genehmigungen sind rechtlich derart verbunden, daß die des Deutschen Hydrographischen Instituts erst nach Vorliegen der bergbaulichen Genehmigung erteilt werden darf (Abs. 1 S. 3). Ähnliche Fälle des Zusammenwirkens enthalten § 4 Abs. 2 Allg. EisenbahnG und § 8 Abs. 1 BFernStrG.

4

Auf beide Genehmigungen besteht ein **Rechtsanspruch**, wenn die in Abs. 3 genannten Versagungsgründe nicht vorliegen. Als Versagungsgründe gelten:
— Die Gefährdung des Lebens oder der Gesundheit von Personen oder von Sachgütern oder
— die Beeinträchtigung überwiegender öffentlicher Interessen, soweit der durch die Versagungsgründe bezweckte Schutz von Rechtsgütern und öffentlichen Interessen nicht durch Nebenbestimmungen i. S. des § 36 VwVfG verhütet oder ausgeglichen werden kann.

Als Beeinträchtigung überwiegender öffentlicher Interessen werden die in § 132 Abs. 2 genannten Fälle (im einzelnen vgl. dort Rn. 7) betrachtet.

5

Über die gleichzeitig mit der Erteilung der Genehmigungen zulässigen Nebenbestimmungen hinaus ermächtigt Abs. 2 S. 3 die zuständigen Behörden ausdrücklich zur nachträglichen Aufnahme, Änderung oder Ergänzung von Auflagen. Sie sollen aus den gleichen Gründen zulässig sein, die auch nach § 16 Abs. 3 und § 56 Abs. 1 S. 2 die Zulässigkeit begründen (vgl. deshalb insbesondere § 56 Rn. 97 ff).

6

Die **Doppelgleisigkeit** des **Genehmigungsverfahrens** führt auch zu einer Kompetenzaufteilung der **Aufsichtsbefugnisse** für die Durchführung der Genehmigungen. Für die Durchführungskontrolle sind zwar grundsätzlich die Vorschriften über die verantwortlichen Personen und die Bergaufsicht anwendbar, doch dürfen die Aufsichtsbefugnisse nach den §§ 69 bis 74 vom Deutschen Hydrographischen Institut nur zur Gewährleistung der mit der Nutzungsgenehmigung verfolgten Zwecke wahrgenommen werden; soweit die mit der bergbaulichen Genehmigung verfolgten Zwecke betroffen sind, stehen die Aufsichts- und Anordnungsbefugnisse allein der nach § 136 zuständigen Landesbehörde, dem Oberbergamt Clausthal-Zellerfeld zu.

§ 134 Überwachung und Vollziehung von Verwaltungsakten, Zusammenwirken

(1) Im Bereich des Festlandsockels überwachen die in § 6 Nr. 1, 2 und 4 des Gesetzes über den unmittelbaren Zwang bei Ausübung öffentlicher Gewalt durch Vollzugsbeamte des Bundes in der im Bundesgesetzblatt Teil III, Gliederungsnummer 201-5, veröffentlichten bereinigten Fassung, zuletzt geändert durch Artikel 326 Abs. 5 des Gesetzes vom 2. März 1974 (BGBl. I S. 469), bezeichneten Vollzugsbeamten, daß
1. nicht unbefugt eine Aufsuchung oder Gewinnung durchgeführt, eine Forschungshandlung vorgenommen oder eine Transit-Rohrleitung errichtet oder betrieben wird und
2. die nach § 72 Abs. 1, § 132 Abs. 4 und § 133 Abs. 3 erlassenen Anordnungen durchgeführt werden.

§ 70 Abs. 2 gilt entsprechend.

(2) Im Bereich des Festlandsockels werden die auf Grund dieses Gesetzes

Neunter Teil: Besondere Vorschriften für den Festlandsockel 1–3 § 134

erlassenen Verwaltungsakte nach dem Verwaltungs-Vollstreckungsgesetz in der im Bundesgesetzblatt Teil III, Gliederungsnummer 201-4, veröffentlichten bereinigten Fassung, zuletzt geändert durch Artikel 40 des Gesetzes vom 14. Dezember 1976 (BGBl. I S. 3341), und dem Gesetz über den unmittelbaren Zwang bei Ausübung öffentlicher Gewalt durch Vollzugsbeamte des Bundes vollzogen. Unmittelbarer Zwang wird von den Vollzugsbeamten des Bundesgrenzschutzes und der Zollverwaltung angewandt.

(3) Die Bundesminister für Verkehr, des Innern und der Finanzen regeln im Einvernehmen mit dem Bundesminister für Wirtschaft durch Vereinbarung das Zusammenwirken der Wasser- und Schiffahrtsverwaltung, des Bundesgrenzschutzes und der Zollverwaltung.

1

Die in Abs. 1 getroffene Regelung entspricht in wesentlichen Zügen der des § 4 des vorläufigen Gesetzes über den Festlandsockel. Ein wichtiger Unterschied der jetzt getroffenen Regelung besteht allerdings darin, daß im Hinblick auf typische bergbauliche Tätigkeiten die Überwachung durch Bundesbehörden ausgeschlossen wird. (Zum bisherigen Rechtszustand vgl. Frowein, ZaÖRV 1965, 20.)
Das gilt vor allem für die Überwachung der von der zuständigen Behörde festgelegten Auflagen und Bedingungen in bergbaulicher Hinsicht, die nach bisherigem Recht (§ 4 Abs. 1 Nr. 2 FestlandsockelG) von Vollzugsbeamten des Bundes durchgeführt wurde. Hier schafft § 136 jetzt Klarheit.

2

Für die Überwachung des Bestehens und der Einhaltung von Erlaubnis-, Bewilligungs- oder Genehmigungspflichten (Abs. 1 Nr. 1) sowie für die Überwachung der Durchführung von Anordnungen nach den §§ 72 Abs. 1, 132 Abs. 4 und 133 Abs. 3 Nr. 2 sind die Polizeivollzugsbeamten des Bundes, die Beamten des Zollgrenz- und Fahndungsdienstes sowie die Beamten der Wasser- und Schifffahrtsverwaltung des Bundes mit strom- und schiffahrtspolizeilichen Befugnissen zuständig (Abs. 1 S. 1). Sie haben nach § 70 Abs. 2 in Abs. 1 S. 2 die Befugnis, alle Geschäftsräume und Einrichtungen sowie Wasserfahrzeuge, die der Unterhaltung oder dem Betrieb von Einrichtungen im Bereich des Festlandsockels dienen oder zu dienen bestimmt sind, zu betreten. Sie haben ein Prüfungs- und Befahrungsrecht, können auf Kosten des Unternehmers Proben nehmen sowie die geschäftlichen und betrieblichen Unterlagen einsehen. Der Unternehmer bzw. die von ihm beauftragten Personen haben die Maßnahmen der Vollzugsbehörden zu dulden.

3

Die Zusammenarbeit der verschiedenen Vollzugsbehörden erfordert ein abgestimmtes Verhalten. Deshalb sieht Abs. 3 vor, daß eine Vereinbarung das Zusammenwirken der Wasser- und Schiffahrtsverwaltung, des Bundesgrenzschutzes und der Zollverwaltung regelt. Diese Vereinbarung wird zwischen den beteiligten Bundesministern für Verkehr des Inneren und der Finanzen im Einvernehmen mit dem Bundesminister für Wirtschaft geschlossen.

§§ 135, 136　　Neunter Teil: Besondere Vorschriften für den Festlandsockel

§ 135 Kostenermächtigung

Für Amtshandlungen, Prüfungen und Untersuchungen von Bundesbehörden auf Grund der §§ 132 bis 134 werden Kosten (Gebühren und Auslagen) erhoben. Der Bundesminister für Verkehr bestimmt im Einvernehmen mit dem Bundesminister für Wirtschaft durch Rechtsverordnung ohne Zustimmung des Bundesrates die kostenpflichtigen Tatbestände näher und sieht dabei feste Sätze oder Rahmensätze vor. Die Gebührensätze sind so zu bemessen, daß der mit den Amtshandlungen, Prüfungen und Untersuchungen verbundene Personal- und Sachaufwand gedeckt wird; bei begünstigenden Amtshandlungen kann daneben die Bedeutung, der wirtschaftliche Wert oder der sonstige Nutzen für den Gebührenschuldner angemessen berücksichtigt werden. Der Personalaufwand kann nach der Zahl der Stunden bemessen werden, die für Prüfungen und Untersuchungen bestimmter Arten von Prüfungs- oder Untersuchungsgegenständen durchschnittlich benötigt werden.

Diese Vorschrift legt in Satz 1 den Grundsatz fest, daß **Amtshandlungen, Prüfungen und Untersuchungen von Bundesbehörden** im Zusammenhang mit Forschungshandlungen und der Errichtung sowie dem Betrieb von Transitrohrleitungen **kostenpflichtig** sind. Zur Durchsetzung dieser grundsätzlich dem Unternehmer obliegenden Kostentragungspflicht wird der Bundesminister für Verkehr ermächtigt, im Einvernehmen mit dem Bundesminister für Wirtschaft durch RechtsVO, ohne Zustimmung des BR die kostenpflichtigen Tatbestände näher zu bestimmen und dabei feste oder Rahmensätze vorzusehen. Bei der Festsetzung der Sätze ist darauf zu achten, daß der mit den Amtshandlungen, Prüfungen und Untersuchungen verbundene Personal- und Sachaufwand gedeckt ist (Kostendeckungsprinzip – vgl. dazu Wolff-Bachof, I, § 42 II a –). Bei begünstigenden Amtshandlungen kann daneben die Bedeutung, der wirtschaftliche Wert oder sonstige Nutzen für den Gebührenschuldner angemessen berücksichtigt werden (Äquivalenzprinzip). Der Personalaufwand kann nach der Zahl der Stunden bemessen werden, die für Prüfungen und Untersuchungen bestimmter Arten von Prüfungs- oder Untersuchungsgegenständen durchschnittlich benötigt werden (S. 4). Die erste RechtsVO ist aufgrund dieser Ermächtigung für Amtshandlungen des Deutschen Hydrographischen Instituts im Bereich des Festlandsockels am 14. 1. 1982 erlassen worden (vgl. KostV-FlS, BGBl. I, 4). Diese VO legt Gebührenrahmen für die wichtigsten Amtshandlungen im Zusammenhang mit Forschungshandlungen und Transitrohrleitungen fest.

§ 136 Zuständigkeiten für sonstige Verwaltungsaufgaben

Soweit sich aus den §§ 132 bis 134 nichts anderes ergibt, nimmt die Verwaltungsaufgaben nach diesem Gesetz und den hierzu erlassenen Bergverordnungen für den Bereich des Festlandsockels die zuständige Landesbehörde wahr.

1
Für alle Verwaltungsaufgaben, die nicht in die Kompetenz des Deutschen Hydrographischen Instituts oder der in § 134 genannten Vollzugsbeamten des Bundes fallen, nimmt die Verwaltungsaufgaben nach diesem Gesetz und den hierzu erlassenen Bergverordnungen für den Bereich des Festlandsockels die **zuständige Landesbehörde** wahr. Das ist wie bisher schon das Oberbergamt Clausthal-Zeller-

Neunter Teil: Besondere Vorschriften für den Festlandsockel §§ 136,137

feld. Die jetzige Fassung von § 136 soll gegenüber dem Reg.-Entwurf (vgl. BT-Ds. 8/1315) vermeiden, daß eine Entscheidung darüber getroffen werden mußte, in welcher Eigenschaft das Oberbergamt Clausthal-Zellerfeld tätig werden sollte. (Strittig war zwischen Bundesregierung und BR, ob die Aufgabenübertragung im Wege der Organleihe vorgenommen werden könne oder ob es zu dieser Übertragung zunächst der Errichtung einer Bundesoberbehörde nach Art. 87 Abs. 3 S. 1 GG oder der Übertragung der Verwaltungsaufgaben auf eine bereits bestehende Bundesoberbehörde bedürfe – vgl. dazu Amtl. Begründung BT-Ds. 8/1315, 156; Anl. 2, 176; Anl. 3, 190 = Zydek, 515 ff).

2

An der Wahrnehmung von typisch bergbaulichen Überwachungsaufgaben durch das Oberbergamt Clausthal-Zellerfeld ändert sich demnach durch diese Regelung nichts. Das Oberbergamt ist durch VO vom 25. 3. 1943 (RGBl. I, 163) errichtet worden; die Zuständigkeit für die anderen Küstenländer folgt: für Hamburg aus dem am 1. 10. 1957 ergangenen ZustimmungsG zum Staatsvertrag vom 23. 3. 1957 und 12. 6. 1957 (GVBL., 442); für Bremen aus dem Verwaltungsabkommen vom 16. 12. 1955/14. 8. 1956 und für Schleswig-Holstein aus der VO vom 18. 12. 1954 (GVBl., 172).

§ 137 Übergangsregelung

(1) Die Zuständigkeit der Länder im Bereich des Festlandsockels richtet sich nach dem Äquidistanzprinzip. Eine Feldes- oder Förderabgabe ist an das Land zu entrichten, an dessen Küstengewässer das Feld einer Erlaubnis, Bewilligung oder eines Bergwerkseigentums im Bereich des Festlandsockels angrenzt; die Zuordnung eines Feldes zum Gebiet des Landes bestimmt sich nach dem Äquidistanzprinzip.

(2) Die endgültige Regelung der Rechte am Festlandsockel einschließlich einer Regelung über die Zuweisung der Feldes- und Förderabgabe bleibt einem besonderen Gesetz vorbehalten.

1

Die als Übergangsregelung gekennzeichnete Vorschrift ist Ausdruck des zwischen Bund und Ländern im Gesetzgebungsverfahren nicht endgültig ausgetragenen **Kompetenzstreites** über die Hoheitsrechte am Festlandsockel (vgl. etwa BT-Ds. 8/1315, Anl. 2, 176 = Zydek, 517). Abs. 2 trägt dem ausdrücklich Rechnung.

2

Im Interesse der Länder, insbesondere wegen der Feldes- und Förderabgabe, wird zunächst deren allgemeine Zuständigkeit für den Festlandsockel bis zu einer endgültigen Regelung unterstellt (Abs. 1 S. 1). Das kommt einer vorläufigen Aufteilung des Festlandsockels unter die meeresangrenzenden Bundesländer gleich und macht eine seitliche **Abgrenzungsregelung** erforderlich. Außerdem ist zur Erhebung der Feldes- und Förderabgabe eine Regelung notwendig, die die bergbaulichen Berechtigungen den durch die vorläufige Aufteilung entstehenden Festlandsockelsegmenten zuordnet (Abs. 1 S. 2 zweiter Halbsatz). Für beide Entscheidungen soll das **Äquidistanzprinzip** die **Richtschnur** bilden.

3

Was mit dem Äquidistanzprinzip gemeint ist, erläutert § 137 selbst nicht. Er unterstellt insofern die völkerrechtliche Praxis als bekannt. Das Äquidistanzprinzip ist in Art. 6 Abs. 2 der Festlandsockelkonvention folgendermaßen umschrieben:

„Grenzt ein Festlandsockel an die Hoheitsrechte zweier benachbarter Staaten, so grenzen diese den Sockel einvernehmlich gegeneinander ab. Kommt eine Einigung nicht zustande, so wird die Grenzlinie nach dem Grundsatz der gleichen Entfernung von den nächstgelegenen Punkten der Ausgangslinien festgelegt, von denen aus die Breite des Küstenmeeres jedes dieser Staaten gemessen wird, es sei denn, daß besondere Umstände die Festlegung einer anderen Grenzlinie rechtfertigen."

Diese Aussage der Festlandsockelkonvention ist in dem Urteil des Internationalen Gerichtshofes vom 20. 2. 1969 (ZaÖRV 1965, 523 ff) im Streit der Bundesrepublik Deutschland mit Dänemark und den Niederlanden über den deutschen Anteil am Festlandsockel dahingehend konkretisiert worden, daß
- jedem Beteiligten möglichst die natürliche Fortsetzung seines Landesgebietes zukommen soll,
- überlappende Teile des Sockels gleichmäßig zu teilen sind; die Sockelanteile müssen den Küstenlängen entsprechen.

Damit ist deutlich gemacht, daß mit dem Äquidistanzprinzip keine allgemein gültige Regelung für seitliche Abgrenzungsfragen gegeben ist, sondern vielmehr lediglich ein **Verfahren**, wonach die Verhandlungen über die Abgrenzung nach „equitable principles" zu führen sind.

4

Das gilt auch für die Zuordnung der einzelnen Felder zum Gebiet eines Landes. Denn soweit hier Berechtigungen erteilt worden sind, konnte naturgemäß auf die Grenzen der einzelnen Festlandsockelsegmente keine Rücksicht genommen werden. Deshalb kann § 137 Abs. 1 S. 2 zunächst auch nur lediglich eine Aussage darüber machen, an welches Land die Förderabgabe grundsätzlich zu entrichten ist. Es soll das Land sein, an dessen Küstengewässer ein Feld angrenzt. Damit ist aber nur die landwärtige, nicht die seitliche Zuordnung erfolgt.

Zehnter Teil
Bundesprüfanstalt, Sachverständigenausschuß, Durchführung

Erstes Kapitel
Bundesprüfanstalt für den Bergbau

§ 138 Errichtung

Der Bundesminister für Wirtschaft wird ermächtigt, durch Rechtsverordnung mit Zustimmung des Bundesrates in seinem Geschäftsbereich eine Bundesprüfanstalt für den Bergbau (Bundesprüfanstalt) als nicht rechtsfähige Anstalt des öffentlichen Rechts zu errichten, soweit dies erforderlich ist, um sicherzustellen, daß Prüfungen oder Abnahmen im Sinne des § 65 Nr. 3 oder 4 nicht durch eine Stelle vorgenommen werden,
1. die in ihrer Ausstattung dem Stand von Wissenschaft und Technik für die Prüfungen oder Abnahmen nicht entspricht,
2. die nicht über das erforderliche fachkundige und zuverlässige Personal verfügt,
3. in der die beschäftigten Personen keine hinreichende Gewähr für ihre Unparteilichkeit bieten, insbesondere in einem Bindungs- oder Abhängigkeitsverhältnis stehen, das eine unparteiische Prüftätigkeit beeinflussen könnte,
4. deren Träger als Unternehmer tätig ist oder zu einem Unternehmer in einem Bindungs- oder Abhängigkeitsverhältnis steht, das eine unparteiische Prüftätigkeit beeinflussen könnte,
5. deren Träger nicht in der Lage oder bereit ist, die für die Unterhaltung und den ordnungsgemäßen Betrieb der Stelle erforderlichen Mittel aufzubringen oder
6. deren Träger nicht in der Lage ist, den Schaden zu ersetzen, der dem Staat wegen seiner Haftung für Amtspflichtverletzungen des Prüfstellenpersonals entstehen kann.

§ 139 Aufgaben

Die Bundesprüfanstalt hat Prüfungen und Abnahmen im Sinne des § 65 Nr. 3 und 4 durchzuführen, soweit dies in Bergverordnungen des Bundesministers für Wirtschaft nach § 65 vorgesehen ist, und im Rahmen ihrer Aufgaben die nach diesem Gesetz zuständigen Behörden und die Unternehmen zu beraten.

§ 140 Inanspruchnahme, Gebühren

(1) Der Bundesminister für Wirtschaft wird ermächtigt, durch Rechtsverordnung, die nicht der Zustimmung des Bundesrates bedarf, Vorschriften über die vertragliche Inanspruchnahme der Bundesprüfanstalt und die Gebühren und Auslagen für ihre Nutzleistungen zu erlassen. Die Gebühren sind nach dem Personal- und Sachaufwand für die Nutzleistung unter Berücksichtigung ihres wirtschaftlichen Wertes für den Antragsteller zu bestimmen. Der Personalaufwand kann nach der Zahl der Stunden bemessen werden, die Bedienstete der Bundesprüfanstalt für Prüfungen

§§ 138–140 1–3

Zehnter Teil: Bundesprüfanstalt, Sachverständigenausschuß...

und Untersuchungen bestimmter Arten von Prüf- oder Untersuchungsgegenständen durchschnittlich benötigen.

(2) Die Gebühr für eine Nutzleistung darf in der Regel zehntausend Deutsche Mark nicht übersteigen. Erfordert die Nutzleistung einen außergewöhnlichen Aufwand, insbesondere für die Prüfung oder Abnahme umfangreicher Anlagen, so kann der Höchstbetrag um den entsprechenden Mehrbetrag überschritten werden.

(3) Für die Abgeltung mehrfacher gleichartiger Nutzungsleistungen für denselben Empfänger können Pauschgebühren vorgesehen werden. Bei der Bemessung der Pauschgebührensätze ist der geringere Umfang des Verwaltungsaufwandes zu berücksichtigen.

Bundesprüfanstalt für den Bergbau

1
Die Einrichtung der Bundesprüfanstalt für den Bergbau gehörte zu den besonders **umstrittenen** Neuerungen im BBergG. Die Bundesregierung hatte in ihrem **Regierungs-Entwurf** festgelegt, daß diese nicht rechtsfähige Anstalt des öffentlichen Rechts drei Jahre nach Inkrafttreten des BBergG errichtet werden mußte (§ 139 RE, Zydek, 526). Sie begründete das damit, daß die staatlichen Behörden in immer stärkerem Maße auf Prüfeinrichtungen angewiesen seien, die hoheitlichen Zwecken dienen und daher von unabhängigen Stellen betrieben werden mußten. Die **Interessenvertretung der Bergbauunternehmer** verwies demgegenüber darauf, daß die bereits tätigen Einrichtungen des Bergbaus – notfalls nach organisatorischer Neuordnung – die Aufgaben des Prüfwesens in der geforderten Objektivität wirtschaftlicher durchführen können und sich langjährig bewährt haben. Der **Bundesrat** (BR-Drucksache 260/1/77, S. 67; Zydek, 528) stellte zunächst den Antrag, die Vorschriften über die Bundesprüfanstalt zu streichen. Es erscheine aus Kostengründen nicht vertretbar, eine zusätzliche staatliche Einrichtung zu schaffen. Im **Wirtschaftsausschuß** des Bundestages wurde dann der Kompromiß gefunden, auf eine Errichtung der Anstalt unmittelbar durch Gesetz zu verzichten, sondern nur noch eine Ermächtigung für den Bundesminister für Wirtschaft zu formulieren, die Bundesanstalt zu errichten, wenn die private Initiative der Bergbauunternehmer zu keinem Ergebnis führt.

2
Die Errichtung der Bundesprüfanstalt hängt vom Erlaß einer entsprechenden Rechtsverordnung des Bundesministers für Wirtschaft ab, die der Zustimmung des Bundesrates bedarf.

3
Die Ermächtigung zum Erlaß der Rechtsverordnung ist in § 138 enthalten und von mehreren Voraussetzungen abhängig.

Erstes Kapitel: Bundesprüfanstalt für den Bergbau   4–7   §§ 138–140

4

Zunächst bedarf es der Verordnungen nach § 65 Nr. 3 oder 4, d. h. durch Bergverordnungen müssen eine Bauart- oder Eignungsprüfung für bestimmte Einrichtungen oder Stoffe, regelmäßig wiederkehrende Prüfungen oder sonstige Prüfungen und Abnahmen vor Inbetriebnahme angeordnet werden.

5

Ferner muß die Rechtsverordnung zur Errichtung der Bundesprüfanstalt **erforderlich** sein, um sicherzustellen, daß die Aufgaben des Prüfwesens im Bergbau nicht von Stellen wahrgenommen werden, die den Anforderungen des § 138 Nr. 1 bis 6 nicht entsprechen. Die Kriterien für die „anderen Stellen" sind zugleich Maßstab für die Bundesprüfanstalt selbst. Sie sollen eine unparteiische, finanziell unabhängige und technisch-wissenschaftlich qualifizierte Prüfung sicherstellen. Ob die Errichtung der Bundesprüfanstalt erforderlich ist, hängt von der Erfüllung der Anforderungen des § 138 Nr. 1 bis 6 durch die „anderen Stellen" ab, wofür eine gesetzliche Frist nicht festgelegt ist. Man muß davon ausgehen, daß die „anderen Stellen" diese Voraussetzungen alsbald nach Inkrafttreten des Gesetzes, spätestens innerhalb der Drei-Jahres-Frist des § 139 RE erfüllt haben müssen, die der Gesetzgeber sich zunächst selbst für die erforderlichen organisatorischen Maßnahmen zubilligte.

6

Die sicherheitlichen Prüf- und Forschungsaufgaben hat der Bergbau bisher im wesentlichen dem **Steinkohlenbergbauverein** (StBV) und der unter Aufsicht des LOBA NW stehenden **Westfälischen Berggewerkschaftskasse** (WBK) zugeordnet. Hierzu zählen die Hauptstelle für das Grubenrettungswesen (StBV; Sonderregelung jetzt in § 131 BBergG), Stelle für Grubenbewetterung und Klimatechnik (StBV, WBK), die Hauptstelle Staub- und Pneumokoniosebekämpfung (StBV), Seilprüfungsstelle – Institut für Fördertechnik und Werkstoffkunde – (WBK), Bergbauversuchsstrecke – Institut für Explosionsschutz und Sprengtechnik – (WBK, Versuchsgrubengesellschaft mbH, deren Kosten der Bund, das Land NW und die Bergbau-Berufsgenossenschaft zu je ⅓ tragen), Fachstelle Gebirgsschlagverhütung (StBV), Prüfstelle für Grubenbewetterung (WBK) und das Institut für Maschinentechnik (WBK).

7

Von diesen Stellen wird man sicherlich nicht feststellen können, daß sie die Negativ-Tatbestände der Nr. 1 und 2 des § 138 erfüllen. Ob die übrigen Negativmerkmale erfüllt sind, darüber könnten – obwohl bei einzelnen Institutionen der Einfluß der öffentlichen Hand satzungsmäßig und finanziell deutlich ist – unterschiedliche Auffassungen bestehen, so daß die Erforderlichkeit, eine Bundesprüfanstalt zu verordnen, von der Regelung dieser gesetzlich geforderten organisatorischen Voraussetzungen bei den bisher mit dem Prüfwesen befaßten oben genannten Stellen abhängig ist.

8

Die **Aufgaben** der Bundesprüfanstalt sind in § 139 geregelt. Sie teilen sich in Prüfungen, Abnahmen und Beratungen.

9

Die Ermächtigung gem. § 140 zum Erlaß einer Rechtsverordnung zur Regelung von **Gebühren und Auslagen** für die Nutzleistungen der Bundesanstalt betrifft nur die **vertragliche Inanspruchnahme** der Anstalt. Hierzu gehören nicht die in § 139 genannten hoheitlichen Aufgaben.

Zweites Kapitel
Sachverständigenausschuß, Durchführung

§ 141 Sachverständigenausschuß Bergbau

Der Bundesminister für Wirtschaft wird ermächtigt, durch Rechtsverordnung, die nicht der Zustimmung des Bundesrates bedarf, einen Sachverständigenausschuß für den Bergbau zu errichten, der ihn in allen Fragen der Bergtechnik, insbesondere der Sicherheitstechnik, berät und zu den von ihm zu erlassenden Bergverordnungen Stellung nimmt. Dem Ausschuß sollen ein Vertreter des Bundesministers für Wirtschaft als Vorsitzender sowie Vertreter der beteiligten Bundesminister, der Landesregierungen, der fachlich zuständigen Landesbehörden, der Träger der gesetzlichen Unfallversicherung, der Wirtschaft und der Gewerkschaften angehören. In der Rechtsverordnung kann das Nähere über die Zusammensetzung, die Berufung der Mitglieder sowie das Verfahren des Ausschusses geregelt werden.

1

Neben den Ländern, die das BBergG als eigene Angelegenheit ausführen, sind auch dem Bund eine Reihe von Zuständigkeiten, insbesondere im Bereich der VOgebung (vgl. § 68 Abs. 2 und 3 i.V. mit den §§ 65, 66 und 67), zugeordnet worden. Um diesen Aufgabenzuwachs angemessen bewältigen zu können, ermächtigt § 141 den Bundesmin. f. Wirtschaft, durch RechtsVO einen **Sachverständigenausschuß** für den Bergbau zu errichten. Von dieser Ermächtigung hat der Bundesmin. f. Wirtschaft mit der VO über den Sachverständigenausschuß für den Bergbau vom 4. 3. 1981 (BGBl. I, 277 ff.) Gebrauch gemacht.

2

Nach dieser VO hat der Sachverständigenausschuß die Aufgabe, den Bundesmin. f. Wirtschaft in allen Fragen der **Bergtechnik**, insbesondere der **Sicherheitstechnik**, zu beraten und zu den vom Bundesmin. f. Wirtschaft zu erlassenden **Verordnungen Stellung zu nehmen** (§ 1). Bei seiner Beratungstätigkeit soll der Sachverständigenausschuß der Behandlung von neuartigen Fragen, grundsätzlichen Problemen und der Fortentwicklung sicherheitstechnischer Regeln Vorrang einräumen (§ 2 S. 2).

Zweites Kapitel: Sachverständigenausschuß, Durchführung §§ 141, 142

3

Das **Recht zur Stellungnahme** zu Bergverordnungen ist nicht auf technisch-sicherheitliche Fragen beschränkt, sondern umfaßt auch die Beratung und Stellungnahme **in rechtlichen und wirtschaftlichen Fragen** als selbständige Aufgabe (§ 2 S. 1).

4

Der Ausschuß setzt sich unter Vorsitz eines nicht stimmberechtigten Vertreters des Bundesmin. f. Wirtschaft, aus Vertretern der Bundesministerien, der Landesregierungen und -behörden, der Träger der gesetzlichen Unfallversicherung, der Wirtschaftsverbände und der Gewerkschaften zusammen (§ 3). Jedes Mitglied hat einen Stellvertreter, der allerdings an den Ausschußsitzungen nur im Verhinderungsfall des ordentlichen Mitgliedes teilnehmen kann (§ 5).

5

Zur vorbereitenden Klärung von Spezialproblemen kann der Ausschuß nach Bedarf Unterausschüsse bilden, deren Mitglieder, das legt § 7 Abs. 1 ausdrücklich fest, nicht dem Sachverständigenausschuß anzugehören brauchen. Die Ausschüsse haben ihre Empfehlungen an den Sachverständigenausschuß zu richten; dieser gibt sie aufgrund seiner eigenen Beratung und Stellungnahme als begründete Empfehlung an den Bundesmin. f. Wirtschaft weiter. Über das Verfahren innerhalb des Ausschusses soll eine noch nicht erlassene Geschäftsordnung Aufschluß geben.

§ 142 Zuständige Behörden

Die Landesregierungen oder die von ihnen bestimmten Stellen bestimmen die für die Ausführung dieses Gesetzes zuständigen Behörden, soweit nicht Bundesbehörden zuständig sind. Unberührt bleiben Vorschriften des Landesrechts, nach denen für ein Land Behörden eines anderen Landes zuständig sind.

1

Da die Länder das BBergG als eigene Angelegenheit ausführen, sind sie auch aufgrund ihrer Organisationshoheit berechtigt, die zuständigen Behörden für die Ausführung des BBergG zu bestimmen. Deshalb kommt § 142 lediglich deklaratorische Bedeutung auch insoweit zu, als er festlegt, daß die Landesregierungen oder von ihnen bestimmte Stellen, etwa der Minister für Wirtschaft, die Zuständigkeitsregelungen erlassen.

2

Die Länder haben inzwischen folgende Zuständigkeitsregelungen erlassen:
Baden-Württemberg: VO der Landesregierung über die Bestimmung der zuständigen Behörden nach dem BBergG (BBergGZuVO) vom 13. 1. 1982, GBl. BW, 41;
Bayern: VO über Zuständigkeiten zum Vollzug bergrechtlicher Vorschriften (BergZustV) vom 7. 1. 1982, Bay. GVBl. 11;
Berlin: VO über die Zuständigkeit nach dem BBergG vom 8. 1. 1982, GVBl. Berlin, 160;
Hessen: VO über die Zuständigkeiten nach dem BBergG vom 18. 1. 1982, GVBl. 27;
Niedersachsen: Runderlaß des Ministers für Wirtschaft vom 11. 12. 1981;

§§ 142, 143 Zehnter Teil: Bundesprüfanstalt, Sachverständigenausschuß...

Nordrhein-Westfalen: VO über die Zuständigkeiten nach dem BBergG vom 5.1. 1982, GV.NW, 2;
Rheinland-Pfalz: VO über die Zuständigkeiten nach dem BBergG vom 15.9. 1981, GVBl., 223;
Saarland: VO über die Zuständigkeiten nach dem BBergG vom 17.2. 1982, Amtsblatt des Saarlandes, 198.

3
Landesrechtlich festgelegte besondere Zuständigkeiten, etwa die des Oberbergamtes Clausthal-Zellerfeld (vgl. § 136 Rn. 2), werden durch § 142 nicht betroffen. Sie bleiben so lange in Geltung, bis die Länder etwas anderes regeln. Das ist bisher nicht geschehen, vielmehr haben die Länder Niedersachsen, Schleswig-Holstein, Hamburg und Bremen die Zuständigkeit des Oberbergamtes Clausthal-Zellerfeld nach dem BBergG ausdrücklich bestätigt (vgl. Schleswig-Holstein: LandesVO über die zuständigen Behören nach dem BBergG vom 11.8. 1981, GVOBl. 147; Bremen: VO über die zuständigen Behörden nach dem BBergG vom 14.12. 1981, Brem. GBl., 285; Hamburg: Anordnungen vom 15.12. 1981, Amtl. Anzeiger, 2117).

§ 143 Verwaltungsvorschriften

(1) Der Bundesminister für Wirtschaft erläßt mit Zustimmung des Bundesrates zur Durchführung dieses Gesetzes und der auf Grund dieses Gesetzes erlassenen Rechtsverordnungen des Bundes allgemeine Verwaltungsvorschriften. Für Bergverordnungen, die auf Grund von § 68 Abs. 2 erlassen worden sind, gilt dies nur, soweit der Schutz der in den §§ 65 bis 67 bezeichneten Rechtsgüter und Belange durch Verwaltungsvorschriften der zuständigen Behörden nicht gleichwertig sichergestellt wird. § 68 Abs. 3 gilt entsprechend.

(2) Soweit allgemeine Verwaltungsvorschriften nach Absatz 1 an Bundesbehörden gerichtet sind, bedürfen sie nicht der Zustimmung des Bundesrates.

1
§ 143 ermächtigt den **Bundesminister für Wirtschaft** und die übrigen beim Erlaß von Rechtsverordnungen beteiligten Bundesminister zum **Erlaß allgemeiner Verwaltungsvorschriften** zur Durchführung des BBergG und der aufgrund des BBergG erlassenen Rechtsverordnungen. Die Ermächtigung für den Wirtschaftsminister ist allerdings für Verwaltungsvorschriften zu Rechtsverordnungen eingeschränkt, die aufgrund der Ermächtigung nach § 68 Abs. 2 erlassen sind. Für die Durchführung dieser Bergverordnungen kann er allgemeine Verwaltungsvorschriften nur erlassen, wenn der Schutz der in den §§ 65–67 bezeichneten Rechtsgüter und Belange (im einzelnen vergleiche dort) durch Verwaltungsvorschriften der zuständigen Landesbehörden nicht gleichwertig sichergestellt wird.

2
Zum Erlaß der allgemeinen Verwaltungsvorschriften bedarf der Bundesminister für Wirtschaft wegen der Bedeutung der Verwaltungsvorschriften für die Länderverwaltungen der **Zustimmung des Bundesrates**. Die Zustimmung des Bundesra-

tes ist lediglich dann entbehrlich, wenn die allgemeinen Verwaltungsvorschriften an Behörden des Bundes gerichtet sind.

3

Allgemeine Verwaltungsvorschriften sind „von der Exekutive ohne besondere gesetzliche Ermächtigung erlassene **abstrakte und generelle Anordnungen**" (Ossenbühl, Verwaltungsvorschrift und Grundgesetz, 1968, 32 f.). Sie binden die mit dem Vollzug des BBergG beauftragten Verwaltungsbehörden, nicht aber die Gerichte, die über die Rechtmäßigkeit von Vollzugsakten dieser Verwaltungsbehörden zu entscheiden haben. Allgemeine Verwaltungsvorschriften enthalten **zwar Rechtssätze** im rechtstechnischen Sinn, sind **aber keine Rechtsquellen**. Denn weder nach Inhalt und Funktion ersetzen sie sonstige Rechtsquellen mit unmittelbarer Außenwirkung – sie legen sie nur mit interner Wirkung aus –, noch ordnen sie ausschließliche Kompetenzen gesetzlich zu, sondern bestimmen nur die Art der Kompetenz-Wahrnehmung näher. Das erlassende Organ steuert durch Verwaltungsvorschriften die Auslegung und Anwendung unbestimmter Gesetzesbegriffe und die Ermessensausübung der ausführenden Behörden (Wolff-Bachof, I, § 24 II d).
Für Gerichte haben Verwaltungsvorschriften mangels Rechtsquellencharakters nur die **Bedeutung von Tatsachen**, z. B. über die bestehende Verwaltungspraxis und ihre Gesichtspunkte. Sie sind daher nicht wie Rechtssätze, sondern **wie Willenserklärungen** (§ 133 BGB) unter Berücksichtigung der Praktikabilität **auszulegen** (BVerwG in DÖV 1971, 748). Das schließt nicht aus, sondern fordert, daß die Verwaltungsgerichte die Richtigkeit der Ermessenskonkretisierung und erst recht die Auslegung unbestimmter Rechtsbegriffe durch eine Verwaltungsvorschrift prüfen, soweit sie zur Begründung einer Verwaltungsmaßnahme herangezogen worden sind. **Für Dritte wirken Verwaltungsvorschriften nur reflektierend**, ohne ihre Pflichten und Rechte unmittelbar zu bestimmen.
Dadurch allerdings, daß Verwaltungsvorschriften eine einheitliche Handhabung (Auslegung, Einschätzung oder Ermessensausübung) eines Gesetzes durch die Verwaltungsbehörden herbeiführen, erhalten sie **mittelbar** über das Gebot der Rechtsanwendungsgleichheit (Artikel 3 I GG) eine **gesetzesähnliche**, sogenannte **selbstbindende Bedeutung**: Wenn die Behörde die Verwaltungsvorschrift befolgt, was von vornherein anzunehmen ist, wäre eine Abweichung von ihr eine verfassungswidrige Ungleichbehandlung, sofern nicht etwa die Verwaltungsvorschrift rechtswidrig ist oder, anders als bei Rechtsquellen, die Abweichung im Einzelfalle durch besondere Gründe gerechtfertigt wird (vgl. Wolff-Bachof, I. § 24 II d 2).

4

Eine **erste Verwaltungsvorschrift** ist zu § 149 ergangen. Sie regelt das Verfahren zur Aufrechterhaltung alter Rechte und Verträge nach dem BBergG (vgl. Bundesanzeiger Nr. 53, vom 18. 3. 1982).

Elfter Teil
Rechtsweg, Bußgeld- und Strafvorschriften

§ 144 Klage vor den ordentlichen Gerichten

(1) Für Rechtsstreitigkeiten über Entschädigungen ist der ordentliche Rechtsweg gegeben.

(2) Für die Klage sind die Landgerichte ohne Rücksicht auf den Wert des Streitgegenstandes ausschließlich zuständig. Örtlich ist das Landgericht ausschließlich zuständig, in dessen Bezirk der in Anspruch genommene Gegenstand liegt.

(3) Die Klage ist innerhalb eines Monats zu erheben. Die Frist beginnt
1. mit der Zustellung der Entscheidung der Behörde oder,
2. falls in derselben Sache ein Verwaltungsstreitverfahren eingeleitet wird, mit dem rechtskräftigen Abschluß dieses Verfahrens.

Die Frist ist eine Notfrist im Sinne der Zivilprozeßordnung.

(4) Der Rechtsstreit ist zwischen dem Entschädigungsberechtigten und dem Entschädigungsverpflichteten zu führen. Dies gilt sinngemäß, wenn der Rechtsstreit eine Ausgleichszahlung betrifft.

(5) Das Gericht übersendet der nach § 92 zuständigen Behörde eine Ausfertigung der Entscheidung oder des Vergleichs.

1
1. Die Vorschrift befaßt sich ausschließlich mit Entschädigungsansprüchen aus hoheitlichen Maßnahmen, die als Enteignungsakt zu qualifizieren sind. **Abs. 1** hat lediglich klarstellende Funktion; bereits aus Art. 14 Abs. 3 S. 4 GG ergibt sie Zuständigkeit der Zivilgerichte für die Entscheidung über die Höhe der Enteignungsentschädigung (BVerfGE 46, 268; BVerfG NJW 1982, 745, 746). Die Überprüfung eines der Enteignung zugrundeliegenden Verwaltungsakts in tatsächlicher und rechtlicher Hinsicht steht nach § 40 VwGO allein den Verwaltungsgerichten zu. Für die Beibehaltung der Zweispurigkeit des Rechtsschutzes hat sich der Gesetzgeber deshalb entschieden, weil die Bestimmungen über die Zulässigkeit einer **bergrechtlichen Enteignung** mit den übrigen, überwiegend öffentlich-rechtlich geprägten Vorschriften des Gesetzes in einem engen Zusammenhang stehen (BT-Ds. 8/1315, 158 = Zydek, 541). Entschädigungsansprüche aufgrund einer bergrechtlichen Enteignung werden eingeräumt bei der **Grundabtretung** (§§ 84 ff.) einschließlich der vorläufigen **Besitzeinweisung** (§§ 98, 102) sowie bei der Versagung einer Baugenehmigung wegen **Festsetzung eines Baubeschränkungsgebiets (§ 109)**. Eine Enteignungsmaßnahme ist ferner nach dem Verständnis des Gesetzes (vgl. § 35 Nr. 3) die Erteilung des Rechts zum grenzüberschreitenden Abbau **(Zulegung)**, die Entschädigung nach § 37 mithin Enteignungsentschädigung. Das gleiche gilt für die Entschädigung im Falle einer **Streitentscheidung** nach § 40 zur Ersetzung der Zustimmung des Grundeigentümers zu einer **Aufsuchung**. Bei dem Hilfsbaurecht (§ 44) und dem Recht zur Benutzung fremder

Grubenbaue (§ 47) dürfte es sich um besondere nachbarschaftliche Institute des Bergrechts handeln, die dem Notwegrecht des § 917 BGB verwandt sind. Für die Schadensersatzansprüche nach §§ 44 Abs. 2, 47 Abs. 2 gilt die Vorschrift mithin nicht.

2

2. Rechtsstreitigkeiten in Entschädigungssachen sind **ausschließlich** den **Landgerichten** zugewiesen (Abs. 2). Auf die Höhe des Streitwertes kommt es nicht an. Die örtliche Zuständigkeit richtet sich nach der Belegenheit der Sache, für die eine Entschädigung zu leisten ist.

3

3. **Abs. 3** dient der **Beschleunigung** des Verfahrens in Entschädigungsangelegenheiten. Die Klage muß **innerhalb eines Monats erhoben** werden. Die Klagefrist **beginnt** mit der Zustellung der behördlichen Entscheidung (Abs. 3 S. 2 Nr. 1). Wird wegen der Zulässigkeit der bergrechtlichen Enteignung (oben Rn 1) ein **Verwaltungsstreitverfahren** eingeleitet, ist die Klagefrist bis zum **rechtskräftigen Abschluß** dieses Verfahrens **gehemmt** (S. 2 Nr. 2). Die Klagefrist ist nur gewahrt, wenn die Klageschrift der gegnerischen Partei innerhalb des Monats zugestellt worden ist (§ 253 ZPO). Der Eingang bei Gericht wahrt die Frist nur, wenn die Zustellung nach § 270 Abs. 3 ZPO demnächst erfolgt. Demnächst heißt in angemessener Frist, sofern die Partei oder ihr Vertreter alles ihr Zumutbare für die alsbaldige Klagezustellung getan hat. Dazu gehört insbesondere die rechtzeitige Zahlung der Gebühren und Auslagen nach § 65 GKG (BGH VersR 1972, 1081). Ein schuldhaftes Verhalten des Prozeßbevollmächtigten (leicht fahrlässiges Verhalten ist ausreichend) wird der Partei als eigenes Verschulden zugerechnet. Die Kenntnis der Partei vom Inhalt der Klageschrift ersetzt nicht die rechtzeitige förmliche Zustellung; auch eine Heilung durch rügelose Verhandlung nach § 295 ZPO ist nicht möglich (BGH LM LandbeschG Nr. 19). Dies beruht darauf, daß es sich bei der Monatsfrist um eine **Notfrist** (§ 223 ZPO) handelt. War der Kläger ohne Verschulden gehindert, die Klagefrist einzuhalten, kann ihm von dem Gericht, dem die Entscheidung über die nachgeholte Prozeßhandlung zusteht, Wiedereinsetzung in den vorigen Stand gewährt werden (§§ 233 ff. ZPO). Die Klagefrist nach § 144 Abs. 3 gilt nicht, wenn nur die in § 84 Abs. 4 S. 2 bestimmte Verzinsung einer schon festgesetzten Enteignungsentschädigung verlangt wird (BGH LM LandbeschG Nr. 23).

4

4. **Abs. 4** legt in Anlehnung an § 60 Landbeschaffungsgesetz (LBG) die Parteistellung fest. Entschädigungsberechtigter ist derjenige, der in seinem Recht durch eine bergrechtliche Enteignung beeinträchtigt wird und dadurch einen Vermögensnachteil erleidet. Entschädigungsverpflichteter ist in den einschlägigen Fällen der Aufsuchungsberechtigte (§ 39 Abs. 4), der Grundabtretungsbegünstigte (§ 84 Abs. 3, § 98 Abs. 1, § 102 Abs. 1), sowie der durch eine Baubeschränkung nach § 107 begünstigte Unternehmer (§ 109 Abs. 3). Der Begriff der **Ausgleichszahlung** entstammt dem LBG. Der Entschädigungsberechtigte hat eine Ausgleichszahlung zu leisten, wenn bei einer Entschädigung in Land (§ 22 LBG) das Ersatzland einen höheren Wert als das zu enteignende Grundstück hat (§ 24 LBG).

§§ 144, 145   Elfter Teil: Rechtsweg, Bußgeld- und Strafvorschriften

5

Die besondere Entschädigungsform der Gestellung von Ersatzland kennt das BBergG ebensowenig wie die Enteignung zum Zwecke der Ersatzlandbeschaffung. Die vom Bundesrat (BT-Ds. 8/1315, 184 = Zydek, 542) angeregte Übernahme des § 60 LBG ergibt insoweit keinen rechten Sinn. Als Anwendungsfall käme allenfalls die Zahlung einer etwaigen Wertdifferenz bei Rückgabe eines zur Nutzung entzogenen, aufgrund von Maßnahmen des Bergbauunternehmens aber wertvolleren Grundstücks in Betracht (§ 81 Abs. 2 S. 3). Daß in diesen Fällen die Verpflichtung zum Wertausgleich gegenüber dem Bergwerksunternehmen abgegeben wird und von diesem im Weigerungsfalle auch gerichtlich geltend zu machen ist, folgt bereits aus dem Sinne der Vorschrift.

6

5. Abs. 5 ermöglicht der zuständigen Behörde die Feststellung der Unanfechtbarkeit des Grundabtretungsbeschlusses, so daß die **Ausführungsanordnung** nach § 92 Abs. 1 erlassen werden kann. Naturgemäß ist auch der Bergwerksunternehmer nach Abschluß des gerichtlichen Verfahrens imstande, der zuständigen Behörde seinerseits die Unanfechtbarkeit des Grundabtretungsbeschlusses mit dem Ziel eines Erlasses der Ausführungsanordnung nachzuweisen.

§ 145 Ordnungswidrigkeiten

(1) Ordnungswidrig handelt, wer vorsätzlich oder fahrlässig
1. entgegen § 6 Satz 1 bergfreie Bodenschätze ohne Erlaubnis aufsucht oder ohne Bewilligung oder Bergwerkseigentum gewinnt,
2. einer vollziehbaren Auflage nach § 16 Abs. 3 zuwiderhandelt,
3. die Grenze seiner Gewinnungsberechtigung überschreitet, ohne daß die Voraussetzungen des § 44 Abs. 1 Satz 1, auch in Verbindung mit § 47 Abs. 1 Satz 1 Nr. 1, vorliegen,
4. entgegen § 50 Abs. 1 Satz 1 oder Absatz 2 Satz 1 die Errichtung, Aufnahme oder Einstellung eines dort bezeichneten Betriebes nicht rechtzeitig anzeigt,
5. entgegen § 50 Abs. 3 Satz 1 der Anzeige nicht einen vorschriftsmäßigen Abbauplan beifügt oder entgegen § 50 Abs. 3 Satz 2 eine wesentliche Änderung nicht unverzüglich anzeigt,
6. einen nach § 51 betriebsplanpflichtigen Betrieb ohne zugelassenen Betriebsplan errichtet, führt oder, ohne daß die Voraussetzungen des § 57 Abs. 1 Satz 1 oder Absatz 2 vorliegen, einstellt oder Abweichungen von einem zugelassenen Betriebsplan anordnet,
7. entgegen § 53 Abs. 2 dem Abschlußbetriebsplan nicht die vorgeschriebene Betriebschronik beifügt,
8. einer vollziehbaren Auflage nach § 56 Abs. 1 Satz 2, auch in Verbindung mit § 56 Abs. 3, zuwiderhandelt,
9. entgegen § 57 Abs. 1 Satz 2, auch in Verbindung mit § 57 Abs. 2, eine Anordnung nicht, nicht richtig, nicht vollständig oder nicht unverzüglich anzeigt,
10. einer Vorschrift des § 59 Abs. 1 oder § 60 Abs. 1 über die Beschäftigung, Bestellung oder Abberufung verantwortlicher Personen oder des § 60 Abs. 2 über die Namhaftmachung verantwortlicher Personen oder die Anzeige der Änderung ihrer Stellung oder ihres Ausscheidens zuwiderhandelt,
11. entgegen § 61 Abs. 2 Satz 1 Verwaltungsakte den verantwortlichen Personen

Elfter Teil: Rechtsweg, Bußgeld- und Strafvorschriften § 145

nicht, nicht richtig, nicht vollständig oder nicht unverzüglich zur Kenntnis gibt,
12. entgegen § 61 Abs. 2 Satz 2 nicht dafür sorgt, daß Betriebspläne und deren Zulassung jederzeit eingesehen werden können,
13. entgegen § 63 Abs. 1 bis 3 Satz 1 das Rißwerk nicht vorschriftsmäßig anfertigt oder nachträgt, der zuständigen Behörde nicht einreicht oder nicht ordnungsgemäß aufbewahrt,
14. entgegen § 70 Abs. 1 eine Auskunft nicht, nicht richtig oder nicht vollständig erteilt oder Unterlagen nicht vorlegt,
15. entgegen § 70 Abs. 2 Satz 4 oder 5 das Betreten von Grundstücken, Geschäftsräumen, Einrichtungen oder Wasserfahrzeugen, die Vornahme von Prüfungen oder Befahrungen, die Entnahme von Proben oder die Einsichtnahme in geschäftliche oder betriebliche Unterlagen nicht duldet oder Beauftragte bei Befahrungen nicht begleitet,
16. entgegen einer vollziehbaren Untersagung nach § 73 Abs. 1 Satz 1 eine verantwortliche Person weiterbeschäftigt,
17. entgegen § 74 Abs. 2 Satz 1 auf Verlangen die erforderlichen Arbeitskräfte oder Hilfsmittel nicht unverzüglich zur Verfügung stellt,
18. entgegen § 74 Abs. 3 ein Betriebsereignis nicht, nicht richtig, nicht vollständig oder nicht unverzüglich anzeigt,
19. entgegen § 125 Abs. 1 Satz 1 oder 2 die verlangten Messungen nicht durchführt oder deren Ergebnisse nicht, nicht richtig, nicht vollständig oder nicht unverzüglich einreicht oder entgegen § 125 Abs. 3 Satz 1 das Betreten eines Grundstücks oder das Anbringen von Meßmarken nicht duldet,
20. ohne Genehmigung nach § 132 Abs. 1 Satz 1 Forschungshandlungen im Bereich des Festlandsockels vornimmt,
21. ohne die Genehmigungen nach § 133 Abs. 1 Satz 1 eine Transit-Rohrleitung in oder auf dem Festlandsockel errichtet oder betreibt,
22. entgegen § 169 Abs. 1 Nr. 1 den Betrieb nicht unverzüglich anzeigt oder entgegen § 169 Abs. 1 Nr. 3 verantwortliche Personen nicht rechtzeitig bestellt oder nicht namhaft macht.

(2) Die Vorschriften des Absatzes 1
a) Nummer 4, 6 und 8 bis 18 gelten auch für Untersuchungen des Untergrundes und Untergrundspeicher nach § 126 Abs. 1, für die Errichtung und den Betrieb von Anlagen zur Lagerung, Sicherstellung oder Endlagerung radioaktiver Stoffe nach § 126 Abs. 3 sowie für das Aufsuchen und Gewinnen mineralischer Rohstoffe in alten Halden nach § 128,
b) Nummer 4, 6, 8 bis 12 und 14 bis 18 gelten auch für Bohrungen nach § 127 Abs. 1 und Hohlraumbauten nach § 130,
c) Nummer 4, 6, 8 bis 16 und 18 gelten auch für Versuchsgruben nach § 129 Abs. 1,
d) Nummer 4, 6, 8 bis 12, 14 bis 16 und 18 gelten auch für bergbauliche Ausbildungsstätten sowie für Besucherbergwerke und Besucherhöhlen nach § 129 Abs. 1,
e) Nummer 10, 11 und 14 bis 17 gelten auch für Hauptstellen für das Grubenrettungswesen nach § 131 Abs. 3,
f) Nummer 14 und 15 gelten auch für Forschungshandlungen nach § 132 Abs. 3,
g) Nummer 10, 11, 14 bis 16 und 18 gelten auch für Transit-Rohrleitungen nach § 133 Abs. 3.

(3) Ordnungswidrig handelt auch, wer vorsätzlich oder fahrlässig einer Rechtsverordnung nach
1. § 32 Abs. 1, §§ 67, 123, § 125 Abs. 4 oder § 131 Abs. 2 oder

§§ 145,146   Elfter Teil: Rechtsweg, Bußgeld- und Strafvorschriften

2. § 65 und § 66 mit Ausnahme von Satz 1 Nr. 4 Buchstabe e
zuwiderhandelt, soweit sie für einen bestimmten Tatbestand auf diese Bußgeldvorschrift verweist.

(4) Die Ordnungswidrigkeit kann in den Fällen des Absatzes 1 Nr. 1, 2, 6, 8 bis 11, 15 bis 18, 20, 21 und des Absatzes 3 Nr. 1 mit einer Geldbuße bis zu fünfzigtausend Deutsche Mark, in den Fällen des Absatzes 1 Nr. 3 bis 5, 7, 12 bis 14, 19, 22 und des Absatzes 3 Nr. 2 mit einer Geldbuße bis zu fünftausend Deutsche Mark, jeweils auch in Verbindung mit Absatz 2, geahndet werden.

(5) Verwaltungsbehörde im Sinne des § 36 Abs. 1 Nr. 1 des Gesetzes über Ordnungswidrigkeiten ist für Ordnungswidrigkeiten im Bereich des Festlandsockels im Zusammenhang mit Forschungshandlungen (§ 132) und mit der Überwachungstätigkeit der in § 134 Abs. 1 bezeichneten Behörden des Bundes die vom Bundesminister für Verkehr durch Rechtsverordnung ohne Zustimmung des Bundesrates bestimmte Behörde.

Da bei den in § 145 angesprochenen Vorschriften schon auf die Ordnungswidrigkeiten (§ 145) eingegangen wurde, erübrigt sich eine eingehendere Kommentierung.

§ 146 Straftaten

(1) Mit Freiheitsstrafe bis zu fünf Jahren oder mit Geldstrafe wird bestraft, wer eine in § 145 Abs. 1 Nr. 6, 8, 9, 16 und 17, auch in Verbindung mit § 145 Abs. 2, oder in § 145 Abs. 3 Nr. 1 bezeichnete Handlung begeht und dadurch das Leben oder die Gesundheit eines anderen oder fremde Sachen von bedeutendem Wert gefährdet.

(2) In besonders schweren Fällen ist die Strafe Freiheitsstrafe von sechs Monaten bis zu zehn Jahren. Ein besonders schwerer Fall liegt in der Regel vor, wenn der Täter durch die Tat das Leben oder die Gesundheit einer großen Zahl von Menschen gefährdet oder leichtfertig den Tod oder eine schwere Körperverletzung eines Menschen (§ 224 des Strafgesetzbuches) verursacht.

(3) Wer in den Fällen des Absatzes 1
1. die Gefahr fahrlässig verursacht oder
2. fahrlässig handelt und die Gefahr fahrlässig verursacht,
wird mit Freiheitsstrafe bis zu zwei Jahren oder mit Geldstrafe bestraft.

1

1. Die Vorschrift erhebt einige der in § 145 aufgeführten Ordnungswidrigkeiten zu Straftaten, sofern als Folge des Verstoßes gegen besonders wichtige Betreiberpflichten oder vollziehbare Auflagen oder Anordnungen das Leben oder die Gesundheit eines anderen oder Sachen von bedeutendem Wert gefährdet werden. Im einzelnen: **Verstoß gegen die Betriebsplanpflicht** (§ 145 Abs. 1 Nr. 6), **Zuwiderhandlung gegen vollziehbare Auflagen** (a.a.O. Nr. 8), **Unterlassung der Anzeige von Anordnungen zur Gefahrenabwehr** (a.a.O. Nr. 9; wohl kaum praktisch), **unzulässige Weiterbeschäftigung verantwortlicher Personen** (a.a.O. Nr. 16) sowie **Verletzung der Hilfeleistungspflicht** im Sinne § 74 (a.a.O. Nr. 17). Angesichts der Strafbewehrung (Freiheitsstrafe bis zu 5 Jahren) handelt es sich bei diesen Straftaten um Vergehen (§ 12 StGB).

2

§ 146 ist ein **konkretes Gefährdungsdelikt**: Der Tatbestand ist erst erfüllt, wenn eine konkrete Gefährdung der genannten Rechtsgüter eingetreten ist; das ist ein Zustand, der die ernste naheliegende Besorgnis eines Schadens in sich schließt, während entfernte oder geringe Gefahren nicht berücksichtigt werden (RGSt 30, 179; BGH NJW 1963, 1069). Die in § 146 Abs. 1 BBergG bezeichnete Handlung muß **kausal** für die eingetretene Gefährdung sein.

3

Täter im Sinne dieser Vorschrift kann stets nur eine natürliche Person sein. Als Täter kommen verantwortliche Personen im Sinne von § 58 BBergG in Betracht. Darüber hinaus alle die in § 14 StGB genannten Personen. Dazu zählen insbesondere solche, die als vertretungsberechtigtes Organ einer juristischen Person oder als Mitglied eines solchen Organs tätig werden. Begeht der Unternehmer eine strafbare Handlung im Sinne von § 146 BBergG, oder beteiligt er sich an einer solchen Straftat, die in seinem Betrieb begangen wird, so kann er als Täter bzw. aufgrund der Vorschriften über die Teilnahme zur Verantwortung gezogen werden. Ist der Bergwerksbesitzer eine juristische Person, so ist eine Bestrafung der Mitglieder des Vorstandes möglich.

4

2. § 146 BBergG verlangt stets die Gefährdung des Lebens oder der Gesundheit eines anderen. Die bloße Selbstgefährdung erfüllt den Tatbestand nicht. Probleme können sich daraus ergeben, daß innerhalb einer Verantwortungskette mehrere verantwortliche Personen für den Gesetzesverstoß im Sinne von § 146 BBergG verantwortlich sind. Der Tatbestand ist in diesem Falle in jeder Person selbständig zu prüfen. Eine Gefährdung einer anderen ebenfalls verantwortlichen Person erfüllt den Tatbestand des § 146 Abs. 1 auch dann, wenn diese selbst zur Gefährdung beigetragen haben und evtl. selbst strafrechtlich verfolgt werden können.

5

3. Ist bereits ein Schaden an **Leib oder Leben** einer Person eingetreten, kommt eine Bestrafung wegen Totschlags (§ 212 StGB) oder Körperverletzung (§§ 223, 224 StGB) in Betracht. Da einem Schaden stets eine Gefährdung vorausgeht, entfällt der Tatbestand nicht, wenn ein tatsächlicher Schaden eingetreten ist. Aufgrund des unterschiedlichen Strafrahmens (Körperverletzung bis zu 3 Jahren, § 146 Abs. 1 bis zu 5 Jahren) sowie aufgrund unterschiedlicher geschützter Rechtsgüter (§ 223 ff. StGB schützen die körperliche Unversehrtheit eines Menschen, § 146 schützt die Sicherheit des unter- und übertägigen Bergbaus) scheidet Gesetzeskonkurrenz aus. Die Tatbestände stehen daher zueinander in **Tateinheit** (§ 52 StGB).

6

Unter **fremden** Sachen sind nur solche zu verstehen, die nicht im Eigentum eines Tatbeteiligten stehen. Gegenstände im Eigentum des Bergwerksunternehmers, die aufgrund einer Handlung nach § 146 durch eine verantwortliche Person gefährdet wurden, sind daher für diese Person fremd.

7
4. Abs. 2 enthält eine **Strafverschärfung**, jedoch **keinen eigenen Qualifikationstatbestand**. Vielmehr liegt ein besonders schwerer Fall dann vor, wenn eines der dort genannten Regelbeispiele erfüllt ist. Dabei ist von einer Gesamtwürdigung des Falles auszugehen; die Aufzählung in Abs. 2 ist daher nicht abschließend.

8
Ist eines der Regelbeispiele erfüllt, besteht eine gesetzliche Vermutung dafür, daß der Fall insgesamt als besonders schwer anzusehen ist. Diese Vermutung kann jedoch widerlegt werden. In diesem Falle ist zu prüfen, ob im Tun des Täters oder in seiner Person außergewöhnliche Umstände vorhanden sind, die Unrecht und Schuld bei einer Gesamtwertung deutlich vom Regelfall absetzen (vgl. BGHSt. 20, 125). Ein besonders schwerer Fall ist unter diesen Umständen abzulehnen.
Ist dagegen der Fall keinem Regelbeispiel im Sachverhalt ähnlich, entspricht aber das Gewicht von Unrecht und Schuld dem eines Regelbeispiels, liegt gleichwohl ein besonders schwerer Fall vor.

9
5. Für die Begehung der in Abs. 1 und Abs. 2 aufgeführten Straftaten ist grundsätzlich **Vorsatz auch hinsichtlich der Gefährdung** erforderlich. Bedingter Vorsatz genügt, sofern der Täter sich die Herbeiführung der konkreten Gefahr vorstellt und ihren Eintritt billigt. Fahrlässigkeit auch nur hinsichtlich eines Tatbestandsmerkmals läßt die Tat unter Abs. 3 fallen. Nr. 1 des Abs. 3 sieht eine vorsätzliche Handlungsweise vor, die zu einer fahrlässigen Gefährdung führt. Ein Fall der Nr. 2 liegt vor, wenn sowohl fahrlässig gehandelt, als auch die Gefahr fahrlässig verursacht wurde. Der in Abs. 3 Nr. 1 enthaltene höhere Schuldvorwurf wird bei der Strafzumessung zu berücksichtigen sein.

§ 147 Erforschung von Straftaten

Die für die Ausführung des Gesetzes zuständigen Landesbehörden haben bei der Erforschung von Straftaten nach § 146 die Rechte und Pflichten der Behörden des Polizeidienstes.

1
Die Vorschrift enthält eine Verweisung auf § 163 StPO. Danach sind von den für die Ausführung des Gesetzes zuständigen Behörden, die durch Landesrecht bestimmt werden, Straftaten zu erforschen und alle keinen Aufschub gestattenden Anordnungen zu treffen, um die Verdunkelung der Sache zu verhüten.
Die von der Bergbehörde ermittelten Vorgänge sind danach unverzüglich an die Staatsanwaltschaft zu übersenden, damit von dort das Ermittlungsverfahren geleitet werden kann. Das Ermittlungsverfahren ist allein der Staatsanwaltschaft zugewiesen.

2
Die Staatsanwaltschaft kann sich im Rahmen des Ermittlungsverfahrens Hilfspersonen bedienen (vgl. § 152 GVG). Zu diesen gehören nach den jeweiligen landes-

Elfter Teil: Rechtsweg, Bußgeld- und Strafvorschriften **3, 4 § 147**

rechtlichen Regelungen zumeist die im Bereich der Bergaufsicht oder vergleichbaren Behörden tätigen Beamten des höheren und gehobenen Dienstes (vgl. z. B. NW: Verordnung über die Hilfsbeamten der Staatsanwaltschaft vom 7. 8. 1972, GV NW S. 250). Zur Sonderregelung im Bereich des **Festlandsockels**: § 147 Abs. 2. Die Bestellung zu Hilfsbeamten der Staatsanwaltschaft durch die jeweilige Landesregierung hat zur Folge, daß die betreffenden Beamten den Anordnungen der Staatsanwaltschaft, soweit sie ein Ermittlungsverfahren betreffen, Folge zu leisten haben. Es gilt das **Legalitätsprinzip**. Die Staatsanwaltschaft und die Hilfsbeamten derselben sind zum Einschreiten verpflichtet, sofern zureichende tatsächliche Anhaltspunkte für eine verfolgbare Straftat vorliegen (§ 152 StPO).

3

Soweit die Beamten der Bergbehörde hiernach an der Ermittlung und Strafverfolgung mitwirken, sind sie nicht als Verwaltungs- oder Polizeibehörden, sondern als Organe der Rechtspflege tätig. Bei der ersten Vernehmung eines Beschuldigten ist diesem zu eröffnen, welche Tat ihm zur Last gelegt wird (§ 163 a Abs. 4 StPO). Er ist darauf hinzuweisen, daß es ihm freistehe, sich zu der Beschuldigung zu äußern oder nicht zur Sache auszusagen und jederzeit, auch schon vor seiner Vernehmung, einen von ihm zu wählenden Verteidiger zu befragen. Ferner ist er darüber zu belehren, daß er zu seiner Entlastung einzelne Beweiserhebungen beantragen kann. In geeigneten Fällen soll der Beschuldigte auch darauf hingewiesen werden, daß er sich schriftlich äußern kann. Insgesamt soll die Vernehmung dem Beschuldigten Gelegenheit geben, die gegen ihn vorliegenden Verdachtsgründe zu beseitigen und die zu seinen Gunsten sprechenden Tatsachen geltend zu machen (§ 163 a Abs. 4 i. V. mit § 136 StPO). Die Freiheit der Willensentschließung und der Willensbetätigung des Beschuldigten darf nicht beeinträchtigt werden (z. B. durch Ermüdung, körperlichen Eingriff oder Zwang). Maßnahmen, die das Erinnerungsvermögen oder die Einsichtsfähigkeit des Beschuldigten beeinträchtigen, sind nicht gestattet (§ 136 a StPO).

4

Zwischen bergbehördlicher Ermittlung (oben Rn. 1) und Strafverfolgung ist stets scharf zu trennen. Für die **Abgrenzung des Aufgabenkreises** der Bergbehörden zu den allgemeinen (ordentlichen) Polizeibehörden gilt folgendes: Der Bergbehörde unterliegt die Untersuchung aller Betriebsunfälle (mit Ausnahme der Wegunfälle) sowie die Untersuchung strafbarer Handlungen, wenn die Straftaten Zuwiderhandlungen gegen berggesetzliche oder bergpolizeiliche Vorschriften zum Gegenstand haben oder wenn sie mit dem technischen Betrieb des Bergbaus zusammenhängen. Die allgemeinen Polizeibehörden sind dagegen zumeist zuständig für die Untersuchung strafbarer Handlungen politischen Charakters sowie von Sprengstoffdelikten, die sich über den einzelnen Bergwerksbetrieb hinaus auswirken, ferner für die Untersuchung strafbarer Handlungen, wenn die Straftaten mit dem technischen Betrieb des Bergbaus nicht im Zusammenhang stehen, sowie für die Untersuchung von Selbstmordfällen. Die Abgrenzung ergibt sich im einzelnen aus den jeweiligen landesrechtlichen Bestimmungen. Bei der Vernehmung eines Beschuldigten durch Beamte der Bergbehörde als Hilfsbeamte der Staatsanwaltschaft ist diesem zu eröffnen, welche Tat ihm zur Last gelegt wird (§ 163 a Abs. 4 StPO).

§§ 147,148　　　　Elfter Teil: Rechtsweg, Bußgeld- und Strafvorschriften

5

Aus den polizeilichen Funktionen ergibt sich für die Beamten der Bergbehörde u. a. die Ermächtigung zur vorläufigen Festnahme (§ 127 StPO). Des weiteren stehen ihnen als Hilfsbeamte der Staatsanwaltschaft die Rechte in § 81 a StPO (Recht zur Anordnung der körperlichen Untersuchung eines Beschuldigten), § 81 c StPO (Recht zur Anordnung der Untersuchung anderer Personen als des Beschuldigten), § 98 StPO (das Recht zur Anordnung der Beschlagnahme) und § 105 StPO (das Recht zur Anordnung und Ausführung von Durchsuchungen) zu (vgl. auch Wilke, ZfB Bd. 109 (1968), 192).

6

Ein Ermittlungsverfahren ist in jedem Falle zu einem Abschluß zu bringen: Das Verfahren ist entweder einzustellen, oder es ist Anklage zu erheben (§§ 170 ff. StPO).

§ 148 Tatort, Gerichtsstand

(1) Werden Taten nach § 146 nicht im Inland begangen, so gilt das deutsche Strafrecht unabhängig vom Recht des Tatorts.

(2) Im Bereich des Festlandsockels haben die Beamten der in § 132 Abs. 1, § 134 Abs. 1 und § 136 bezeichneten Behörden Straftaten nach § 146 zu erforschen und alle keinen Aufschub gestattenden Anordnungen zu treffen, um die Verdunkelung der Sache zu verhüten; die Beamten haben die Rechte und Pflichten der Polizeibeamten nach den Vorschriften der Strafprozeßordnung; sie sind insoweit Hilfsbeamte der Staatsanwaltschaft.

(3) Ist für eine Straftat nach § 146 ein Gerichtsstand nach den §§ 7 bis 10, 13, 98 Abs. 2, § 128 Abs. 1, § 162 Abs. 1 oder § 165 der Strafprozeßordnung oder § 157 des Gerichtsverfassungsgesetzes im Geltungsbereich dieses Gesetzes nicht begründet, so ist Hamburg Gerichtsstand; zuständiges Amtsgericht ist das Amtsgericht Hamburg.

1

Grundsätzlich sind nur Taten im **Inland** der Geltung des inländischen Strafrechts unterworfen (§ 3 StGB). Abs. 1 dehnt das Inland im strafrechtlichen Sinne auf den Bereich des Festlandsockels der Bundesrepublik Deutschland aus (hierzu § 2 Abs. 3).

2

Die Aufklärung und Verfolgung von Straftaten im Bereich des Festlandsockels werden nach Abs. 2 den Beamten des Deutschen Hydrographischen Instituts (§ 132), der Bundespolizei- und Bundesfinanzbehörden sowie der Wasser- und Schiffahrtsbehörden des Bundes übertragen. Zu den Bundespolizeibehörden rechnen der Bundesgrenzschutz, das Bundeskriminalamt sowie das Bundesministerium des Innern (§ 1 Bundespolizeibeamtengesetz). Zu den diesen Behörden bei der Erforschung von Straftaten zustehenden Rechten und Pflichten: Vgl. § 146 Rn. 2 bis 4).

3

Abs. 3 bestimmt Hamburg als subsidiären **Gerichtsstand** für Straftaten nach § 146, da der Festlandsockel Gerichtsbezirken nicht zugeordnet ist und wegen der besonderen völkerrechtlichen und staatsrechtlichen Situation auch vorhandenen Gerichtsbezirken nicht angegliedert werden kann (BT-Ds. 8/1315, 159 = Zydek, 549). Ergänzend wird als zuständiges Gericht das **Amtsgericht Hamburg** bestimmt.

Zwölfter Teil
Übergangs- und Schlußbestimmungen

Erstes Kapitel
Alte Rechte und Verträge

§ 149 Voraussetzungen für die Aufrechterhaltung alter Rechte und Verträge

(1) Nach Maßgabe der Vorschriften dieses Gesetzes bleiben aufrechterhalten
1. Bergwerkseigentum,
2. Ermächtigungen, Erlaubnisse und Verträge über die Aufsuchung oder Gewinnung von Bodenschätzen, deren Aufsuchung und Gewinnung nach den beim Inkrafttreten dieses Gesetzes geltenden bergrechtlichen Vorschriften der Länder dem Staate vorbehalten waren, sowie Erlaubnisse im Sinne des Gesetzes zur vorläufigen Regelung der Rechte am Festlandsockel vom 24. Juli 1964 (BGBl. I S. 497), zuletzt geändert durch Artikel 8 des Gesetzes vom 28. März 1980 (BGBl. I S. 373), mit Ausnahme der Erlaubnisse für Transitrohrleitungen,
3. dingliche, selbständig im Grundbuch eingetragene Gewinnungsrechte, die ein aufrechterhaltenes Recht nach Nummer 1 belasten,
4. Bergwerke, Bergwerkskonzessionen und sonstige Berechtigungen und Sonderrechte zur Aufsuchung und Gewinnung von Bodenschätzen, die bei Inkrafttreten der bis zum Zeitpunkt des Inkrafttretens dieses Gesetzes erlassenen Berggesetze und anderen bergrechtlichen Vorschriften der Länder bereits bestanden haben,
5. besondere Rechte der Grundeigentümer und selbständige, vom Grundeigentümer bestellte dingliche Gerechtigkeiten zur Aufsuchung oder Gewinnung der in § 3 Abs. 3 Satz 1 oder 2 Nr. 2 genannten Bodenschätze mit Ausnahme der Rechte nach Nummer 7,
6. Verträge, die der Grundeigentümer oder ein sonstiger Ausbeutungsberechtigter über die Aufsuchung und Gewinnung der in § 3 Abs. 3 Satz 1 oder 2 Nr. 2 genannten Bodenschätze, auf die sich Rechte im Sinne der Nummer 5 beziehen, geschlossen hat,
7. Rechte von Grundeigentümern zur Verfügung über Bodenschätze, die einem aufrechterhaltenen Recht nach Nummer 1 unterliegen,
8. Rechte auf Grundrenten oder sonstige Abgaben, die für aufrechterhaltene Bergwerkskonzessionen nach Nummer 4 zu zahlen sind,
9. Erbstollengerechtigkeiten,

soweit diese Rechte und Verträge
a) nach den beim Inkrafttreten dieses Gesetzes geltenden bergrechtlichen Vorschriften der Länder oder der Vorschriften des Gesetzes zur vorläufigen Regelung der Rechte am Festlandsockel aufrechterhalten, eingeführt, übertragen, begründet oder nicht aufgehoben worden sind,
b) innerhalb von drei Jahren nach Inkrafttreten dieses Gesetzes unter Beifügung der zum Nachweis ihres Bestehens erforderlichen Unterlagen bei der zuständigen Behörde angezeigt werden und
c) ihre Aufrechterhaltung von der zuständigen Behörde bestätigt wird.

Erstes Kapitel: Alte Rechte und Verträge § 149

Zur Anzeige nach Satz 1 Buchstabe b ist nur der Inhaber des Rechts, bei Verträgen jeder Vertragspartner berechtigt. Bei Miteigentümern oder sonst gemeinsam Berechtigten genügt die Anzeige eines Mitberechtigten

(2) Für Rechte im Sinne des Absatzes 1 Satz 1, die im Grundbuch eingetragen sind, gilt Absatz 1 mit folgender Maßgabe:
1. Die in Absatz 1 Satz 1 Buchstabe b bezeichnete Frist beginnt mit dem Tage der Bekanntmachung einer öffentlichen Aufforderung durch die zuständige Behörde nach den Sätzen 2 und 3.
2. Der Anzeige brauchen zum Nachweis des Bestehens des Rechts Unterlagen nicht beigefügt zu werden.
3. Zur Anzeige sind auch die Inhaber der im Grundbuch eingetragenen dinglichen Rechte berechtigt.

Die öffentliche Aufforderung soll innerhalb von zwei Jahren nach Inkrafttreten dieses Gesetzes von der zuständigen Behörde im Bundesanzeiger und im amtlichen Veröffentlichungsblatt der zuständigen Behörde bekanntgemacht werden. In die öffentliche Aufforderung sind insbesondere aufzunehmen
1. die sich aus dem Grundbuch ergebende Bezeichnung des Rechts im Sinne des Absatzes 1 Satz 1;
2. der im Grundbuch eingetragene Inhaber dieses Rechts;
3. der Hinweis auf die sich aus den Absätzen 4 und 5 ergebenden Rechtsfolgen.

(3) Unbeschadet des Absatzes 1 bleiben außerdem in den Gebieten, in denen bei Inkrafttreten dieses Gesetzes das Verfügungsrecht des Grundeigentümers über in § 3 Abs. 3 Satz 1 oder 2 Nr. 2 genannte Bodenschätze nicht entzogen war, Grundeigentümer und sonstige Ausbeutungsberechtigte, die ihr Recht vom Grundeigentum herleiten, auch noch nach Inkrafttreten dieses Gesetzes in den räumlichen Grenzen ihres Grundeigentums oder Ausbeutungsrechts zur Verfügung über einen bestimmten dieser Bodenschätze unter der Voraussetzung berechtigt, daß
1. bereits vor Inkrafttreten dieses Gesetzes
   a) mit der Nutzung dieses bestimmten Bodenschatzes begonnen worden ist oder
   b) durch diesen bestimmten Bodenschatz eine Steigerung des Verkehrswertes des Grundstückes eingetreten ist,
2. das Recht innerhalb von drei Jahren nach Inkrafttreten dieses Gesetzes bei der zuständigen Behörde angezeigt wird und
3. die Aufrechterhaltung des Rechts von der zuständigen Behörde bestätigt wird.

Mit der Anzeige ist neben dem Vorliegen der Voraussetzungen nach Satz 1 Nr. 1 bei Anzeigen sonstiger Ausbeutungsberechtigter der Inhalt des mit dem Grundeigentümer oder anderen Berechtigten geschlossenen Vertrages, insbesondere das Vertragsgebiet, nachzuweisen. Absatz 1 Satz 2 und 3 und Absatz 2 Satz 1 Nr. 3 gelten entsprechend.

(4) Die Bestätigung darf nur versagt werden, wenn im Falle der Absätze 1 und 2 die in Absatz 1 Satz 1 Buchstabe a, im Falle des Absatzes 3 die in Absatz 3 Satz 1 Nr. 1 bezeichneten Voraussetzungen nicht nachgewiesen sind.

(5) Rechte und Verträge, die nicht oder nicht fristgemäß angezeigt worden sind, erlöschen drei Jahre nach Ablauf der Anzeigefrist. Nicht unter Satz 1 fallende Rechte und Verträge, denen die Bestätigung versagt wird, erlöschen mit dem Eintritt der Unanfechtbarkeit der Versagung.

(6) Ist ein nach Absatz 5 erloschenes Recht im Grundbuch eingetragen, so ersucht die zuständige Behörde das Grundbuchamt um die Löschung des Rechts.

(7) Für die Aufsuchung und Gewinnung auf Grund eines aufrechterhaltenen Rechts oder Vertrages im Sinne des Absatzes 1 Satz 1 Nr. 1 bis 4 und 7 gilt § 6 Satz 1 nicht. Das gleiche gilt in den Fällen des Absatzes 5 bis zum Erlöschen des Rechts oder Vertrages.

1

I. 1. Die **Regeln über die Aufrechterhaltung alter Rechte und Verträge** sind für den reibungslosen Wechsel vom bisher geltenden Landesbergrecht auf das BBergG von ausschlaggebender Bedeutung. Sie legen fest, **welche Berechtigungen**, mit **welchem Inhalt** und innerhalb **welches räumlichen und zeitlichen Rahmens** aufrechterhalten bleiben. Ausgangspunkt ist, der bisherigen Rechtslage entsprechend, die Unterscheidung zwischen Rechten und Verträgen auf bergfreie Bodenschätze (Bergbauberechtigungen – § 149 Abs. 1 und 2 –) und Grundeigentümerrechten (§ 149 Abs. 3). (Vgl. hierzu die Allg. Verwaltungsvorschrift über das Verfahren zur Aufrechterhaltung alter Rechte und Verträge nach dem BBergG vom 12. 3. 1982, Bundesanzeiger Nr. 53 vom 18. 3. 1982 – AVV –.)

2

a) Bei der Aufrechterhaltung von **Bergbauberechtigungen** geht es um den Fortbestand von Rechten und Verträgen, die schon am 1. 1. 1982 aufgrund bergrechtlicher Vorschriften als individuelle (bergbauliche) Befugnisse Einzelner, vor allem zur Aufsuchung und Gewinnung von Bodenschätzen, bestanden und einer der aufrechterhaltenen Berechtigungsformen zugeordnet werden können (§ 149 Abs. 1 S. 1 Nr. 1 bis 9).

3

b) Bei den **Grundeigentümerrechten** geht es um die Aufrechterhaltung von Rechten, die schon bisher in der gesamten oder bestimmten Gebieten der Bundesrepublik Deutschland mit dem Grundeigentum verbunden waren; außerdem geht es um Rechte, die ausschl. vom Grundeigentum nach allgemeinem Recht abgeleitet werden und Bodenschätze betreffen, die ihrer Art nach durch § 3 Abs. 3 in den betreffenden Bereichen mit dem Inkrafttreten des BBergG erstmals zu bergfreien Bodenschätzen werden. Nicht anwendbar ist nach diesem Grundsatz die Überleitungsregel des § 149 Abs. 3 dann, wenn für einen grundeigenen Bodenschatz eine durch besonderen, bergrechtlich zugelassenen Rechtsakt begründete oder daraus hergeleitete Berechtigung existiert, die nach den Regeln über die Bergbauberechtigung (§ 149 Abs. 1) aufrechterhalten werden kann (vgl. Nr. 1 AVV).

4

2. Aufrechterhaltene Rechte und Verträge bedürfen zu ihrem Fortbestand grundsätzlich der **Anzeige** und **Bestätigung**. In welcher Form und mit welchem Inhalt Rechte und Verträge bestätigt werden müssen, sagen die §§ 151 bis 158. Doch weder § 149 noch die §§ 151 bis 158 sagen ausdrücklich, wie aufrechterhaltene Rechte und Verträge für die **Zeit vom Inkrafttreten des BBergG bis zu ihrer Bestätigung** rechtlich zu bewerten sind.

Erstes Kapitel: Alte Rechte und Verträge 5–7 § 149

5

Nach Abs. 1 S. 1 "**bleiben**" Rechte und Verträge auf bergfreie Bodenschätze und Grundeigentümerrechte mit dem Inkrafttreten des G "**aufrechterhalten**" (Abs. 1 S. 1); doch gilt dies nur, "**soweit**" die Aufrechterhaltung dieser Rechte und Verträge "von der zuständigen Behörde **bestätigt wird**" (Abs. 1 S. 1 c). Andererseits geht aber der Gesetzgeber offensichtlich davon aus, daß allein aufgrund der durch das Inkrafttreten des BBergG aufrechterhaltenen Rechte und Verträge bis zu ihrer Bestätigung Bergbau betrieben werden kann; außerdem sprechen die §§ 151 ff. davon, daß Rechte und Verträge als Erlaubnis, Bewilligung oder Bergwerkseigentum "aufrechterhalten bleiben" oder "gelten". Deshalb muß davon ausgegangen werden, daß aufrechterhaltene Rechte und Verträge schon vor ihrer Bestätigung mit dem in den §§ 151 ff. bezeichneten Inhalt und in der Form ihrer später bestätigten Aufrechterhaltung fortgelten. Für diese Auslegung der Fortgeltung aufrechterhaltener Berechtigungen als Vollrecht spricht schließlich auch die Interpretation des "Soweit-Satzes". Denn die mit ihm angeordneten Rechtsfolgen können sich nur auf Form und Inhalt der Aufrechterhaltung, nicht auf den grundsätzlichen Fortbestand der Berechtigungen mit dem Inkrafttreten des Gesetzes beziehen. Der Soweit-Satz bildet demnach die Klammer zwischen dem verfassungsrechtlich gebotenen Aufrechterhaltungsgrundsatz und der verfassungsrechtlich zulässigen Neuordnung der Berechtigungen durch die §§ 151 ff. (vgl. dazu jetzt bezüglich des Wasserrechts BVerfG vom 15. 7. 1981, NJW 1982, 752, 753 und Rittsteig, NJW 1982, 721 ff.). Als schließlich letztes Argument kann die Rechtswirkung der Bestätigung gelten (vgl. Rn 42).

6

Als Konsequenz dieser Auslegung ergibt sich: Aufrechterhaltene Berechtigungen sind schon vor ihrer Bestätigung vollwirksame Rechte i. S. des BBergG. Die Vorschriften der §§ 151 ff. sind auf sie anwendbar, weil die Bestätigung lediglich mit deklaratorischer Wirkung den gesetzlich angeordneten Inhalt und die entsprechende Form wiederholt. Lediglich dann, wenn die Bestätigung versagt wird, kann die vom Gesetzgeber ausgesprochene Aufrechterhaltung ex nunc unwirksam werden und das Recht bzw. der Vertrag gehen mit dem Zeitpunkt der Versagung unter. In einem solchen Fall kommt der Entscheidung der zuständigen Behörde konstitutiver Charakter zu. Das wird aber allenfalls bei Grundeigentümerrechten der Fall sein, weil deren Aufrechterhaltung eine gewisse Bewertung der zuständigen Behörden erfordert, während Bergbauberechtigungen nur versagt werden dürfen, wenn ihr tatsächlicher und rechtlicher Bestand nicht nachgewiesen wird. Ist das der Fall, bedeutet dies faktisch bereits die Nichtexistenz dieses Rechtes.

7

3. **Berechtigt**, das Bestätigungsverfahren durch **Anzeige** in Gang zu setzen, ist zunächst der Rechtsinhaber, bei Verträgen jeder Vertragspartner. Bei Miteigentümern oder sonstigen gemeinsamen Inhabern einer Berechtigung kann die Anzeige von jedem Mitberechtigten eingereicht werden. Entscheidend ist die gemeinsame Inhaberschaft. Daneben sind die Inhaber von im Grundbuch eingetragenen dinglichen Rechten anzeigeberechtigt. Für die angezeigten alten Rechte und Verträge, die **nicht** im Grundbuch eingetragen sind, hat der Anzeigende seine

§ 149 8–10 Zwölfter Teil: Übergangs- und Schlußbestimmungen

Berechtigung nachzuweisen. Bei im Grundbuch eingetragenen Rechten, z. B. Bergwerkseigentum, ist dies nicht erforderlich, es sei denn, der im Grundbuch eingetragene Rechtsinhaber ist mit dem Anzeigenden nicht identisch. Der Anzeige durch **Bevollmächtigten** ist eine auf diesen lautende Vollmacht beizufügen (Nr. 2.2 und 2.3 AVV).

8

Eine Person dagegen, die **ohne eigene Rechtsinhaberschaft,** etwa im Rahmen eines Konsortialverhältnisses, eine Berechtigung mitnutzt, ist **nicht anzeigeberechtigt.** Gleiches gilt für solche Personen, denen vom Rechtsinhaber die Nutzung der Berechtigung vertraglich gestattet ist (z. B. der Pächter). Ausnahmen hiervon gelten nur für die Fälle des § 149 Abs. 1 S. 1 Nr. 2, 4 und 6, soweit es sich bei der angezeigten vertraglich eingeräumten Rechtsposition um eine aufrechterhaltene Berechtigung i. S. des § 149 handelt. In solchen Fällen ist jeder Vertragspartner anzeigeberechtigt.

9

Nach dem Anzeigegrundsatz ist eine Stellvertretung bei der Anzeige nur unter den in Rn. 7 genannten Voraussetzungen zulässig. Zulässig ist auch die gesetzlich vorgeschriebene Vertretung, wie etwa das elterliche Sorgerecht, das Handeln juristischer Personen oder die Befugnisse von Parteien kraft Amtes, etwa des Konkursverwalters oder des Testamentsvollstreckers. Ist eine Anzeige aufgrund einer unzulässigen Vertretung gemacht worden, so kann dies nicht zur Nichtigkeit der Anzeige und damit ggf. zum Verlust der Berechtigung führen. Vielmehr ist in einem solchen Fall die Erstattung einer ordnungsgemäßen Anzeige von Amts wegen anzuregen.

10

Der **Anzeigegrundsatz** wird für solche Rechte **durchbrochen,** die im **Grundbuch eingetragen sind** (Abs. 2). Der Grund hierfür liegt im öffentlichen Glauben des Grundbuches, der der zuständigen Behörde die Feststellung des ordnungsgemäßen Bestandes aufrechterhaltener Rechte ermöglicht. Deshalb liegt die Nachweispflicht für den ordnungsgemäßen Bestand dieser Rechte bei der zuständigen Behörde. Sie hat das Aufrechterhaltungs- und Bestätigungsverfahren für diese Rechte mit einer **öffentlichen Aufforderung** einzuleiten. Die für den Nachweis der nicht eingetragenen Rechte gültige Dreijahresfrist beginnt in diesen Fällen erst mit der Veröffentlichung der Aufforderung zu laufen (Abs. 2 S. 1 Nr. 1). Über diese Aufforderungspflicht hinaus hat der Gesetzgeber die zuständigen Behörden auch zeitlich gebunden, weil er ihnen eine Zweijahresfrist für die Veröffentlichung der Aufforderung im Bundesanzeiger nach Inkrafttreten des BBergG gesetzt hat. Außerdem ist festgelegt, welchen inhaltlichen Kriterien die Aufforderung entsprechen muß. Im einzelnen vgl. dazu Rn. 33. Die öffentliche Aufforderung kann allerdings unterbleiben, wenn die Rechtsinhaber von sich aus die Anzeige ihrer Rechte betreiben (vgl. auch Rn 39).

Erstes Kapitel: Alte Rechte und Verträge 11–15 § 149

11

II. 1. § 149 regelt in seinen Abs. 1 und 2, **welche** bei Inkrafttreten des Gesetzes bestehenden **Rechte und Verträge aufrechterhalten bleiben, welche Verfahren** (Anzeige oder öffentliche Aufforderung) für ihre Bestätigung einzuhalten sind und **wer zur Anzeige berechtigt** ist. Dabei gilt der Grundsatz, daß die aufrechterhaltenen Rechte und Verträge dies nur nach Maßgabe der Vorschriften des BBergG bleiben, was bedeutet, daß das BBergG die aufrechterhaltenen Rechte und Verträge nach Form, Inhalt, zeitlicher und räumlicher Geltung bestimmt und soweit wie möglich den neuen Berechtigungsformen einordnet.

12

2. Die aufrechterhaltenen Bergbauberechtigungen sind in **zwei Gruppen eingeteilt**, nämlich
– die aufrechterhaltenen nicht eingetragenen Bergbauberechtigungen i. S. des Abs. 1 und
– die im Grundbuch eingetragenen Rechte i. S. des Abs. 2 i. V. mit Abs. 1.

13

3. Für alle aufrechterhaltenen **Bergbauberechtigungen** gilt zunächst folgendes:

14

a) Die Aufzählung in § 149 Abs. 1 S. 1 umfaßt alle nach bisherigem Bergrecht fortbestehenden Berechtigungsformen; sie hat aber keinen abschließenden Charakter und führt nicht dazu, daß bestimmte Berechtigungen von der Aufrechterhaltung ausgeschlossen werden. Die Zuordnung der Berechtigungen zu einer der in § 149 Abs. 1 S. 1 aufgeführten Rechtsformen entscheidet lediglich über die künftige Behandlung aufrechterhaltener Rechte und Verträge. Für die Zuordnung sollen nach Nr. 2.11 ff. AVV folgende Gesichtspunkte maßgeblich sein:

15

b) § 149 Abs. 1 S. 1 **Nr. 1** betrifft Berechtigungen, die als **Bergwerkseigentum** nach den bei Inkrafttreten des BBergG gültigen bergrechtlichen Vorschriften der Länder verliehen, auf andere Weise begründet oder aufrechterhalten worden sind. Auch bereits außer Kraft getretene Vorschriften können diese Berechtigung wirksam begründet haben. Keine Rolle spielt es für die Zuordnung einer Berechtigung, ob sie etwa durch einen konstitutiven Hoheitsakt begründet wurde oder originär durch Gesetz entstanden ist (z. B. ein Vertragsgesetz zu einem völkerrechtlichen Vertrag). Als **Beispiele** für die in Nr. 1 genannten Rechte gelten Bergwerkseigentum nach den §§ 3 ABG für das Land Hessen, 39b Badisches BergG, 5 Preußisches G zur Überführung der privaten Bergregale und Regalitätsrechte an den Staat vom 29. 12. 1942, Art. VI des G zur Änderung und Bereinigung des Bergrechts in Niedersachsen vom 10. 3. 1978 i. V. mit §§ 4 ff. BergG für das Fürstentum Schaumburg-Lippe vom 28. 3. 1906. Das Bergwerkseigentum wird mit dem in § 151 genannten **Inhalt** aufrechterhalten. (Im einzelnen vgl. dort, zum Verhältnis von neuem (§ 9) zu „altem" Bergwerkseigentum (§ 151 Rn. 2).

16

c) **Nr. 2** betrifft **Rechte zur Aufsuchung und Gewinnung** von staatsvorbehaltenen Bodenschätzen einschl. der **Rechte** (Erlaubnisse) für diese Tätigkeiten auf dem **Festlandsockel** i. S. des § 2 Abs. 3 S. 3 FestlandsockelG.
Die Berechtigungen auf staatsvorbehaltene Bodenschätze beruhen auf der Tatsache, daß der Staat die Ausübungsbefugnis der ihm unmittelbar kraft Gesetzes zustehenden Rechte durch Hoheitsakt oder Vertrag auf Dritte übertragen hat. Das sind in erster Linie Rechte, die vom bisher geltenden Bergrecht begründet worden sind. Mit den Begründungsgesetzen sind jedoch nicht nur die Länderberggesetze im engeren Sinne gemeint, sondern auch die bergrechtlichen Nebengesetze, wie z. B. das Phosphoritgesetz oder die ErdölVO, aber auch Konzessionsverträge. **Beispielhaft** lassen sich aufführen:
Erlaubnisse zur Aufsuchung von Uran, Graphit und Braunkohle nach Art. 2 Abs. 2 Bay. BergG, Verträge über die Aufsuchung und Gewinnung von Erdöl und Erdgas nach § 2 der ErdölVO oder Erlaubnisse zur Aufsuchung und Gewinnung von Erdöl, Erdgas, Kies und Sand nach § 2 Abs. 1 i. V. mit Abs. 2 S. 3 FestlandsockelG.

17

d) Die in **Nr. 3** genannten **dinglichen, selbständig im Grundbuch eingetragenen Gewinnungsrechte**, die ein aufrechterhaltenes **Bergwerkseigentum belasten**, sind z. B. die Gewinnungsrechte i. S. des § 38 c ABG NW, **nicht** aber solche **Gewinnungsrechte**, die auf der Grundlage des Bürgerlichen Rechts das Bergwerkseigentum in seiner Eigenschaft als grundstücksgleiches Recht belasten und nicht unmittelbar aufgrund bergrechtlicher Vorschriften entstanden sind. Dingliche Rechte dieser Art werden von der Regelung der §§ 149 ff. nicht erfaßt. Die in Nr. 3 genannten Rechte können nur dann aufrechterhalten bleiben und bestätigt werden, wenn auch das zugrunde liegende Bergwerkseigentum i. S. der Nr. 1 aufrechterhalten und bestätigt ist.

18

e) In **Nr. 4** sind **Bergbauberechtigungen** angesprochen, die bereits von den bisher geltenden **Berggesetzen** der Länder **vorgefunden** und von diesen **aufrechterhalten** wurden. Fällt ein solches Recht unter einer der anderen Regelungen des Abs. 1, z. B. als Bergwerkseigentum unter Nr. 1, so geht diese Vorschrift als die speziellere vor.
Mit **„Bergwerken"** sind die alten Belehnungen oder Verleihungen früheren Bergrechts oder aufgrund des Bergregals gemeint, die sich nicht unter die Begriffe „Bergwerkskonzessionen" oder „sonstige Berechtigungen" einordnen lassen. Bergwerke sind insbesondere Berechtigungen (Belehnungen auf niedere Mineralien und Fossilien z. B. Graphit, Kalkstein, Marmor, Lehm, Dach- und Tafelschiefer) nach Art. 281 Bay. BergG oder § 222 ABG i. V. mit der markgräflich Brandenburg-Bayreuther BergVO vom 1. 12. 1619 bzw. der Kurkölnnischen BergVO vom 2. 1. 1896.
Bergwerkskonzessionen i. S. dieser Vorschrift sind etwa die aufgrund des Französischen BergG von 1810 in den linksrheinischen Gebieten verliehenen Bergbauberechtigungen (vgl. § 222 ABG i. V. mit dem linksrheinischen BergwerksG vom 21. 4. 1910).

Erstes Kapitel: Alte Rechte und Verträge   **19,20 § 149**

Sonstige Berechtigungen und Sonderrechte beziehen sich auf sog. Feldesreservationen und die Spezial- und Distriktsverleihungen (etwa nach Art. XVI. der VO betreffend die Einführungen des Allgemeinen BergG vom 24. 6. 1865 in das Gebiet des vormaligen Königreiches Hannover vom 8. 5. 1867; gemeines Bergrecht), die heute noch als Rechte des Landesfiskus oder als Sonderrechte einzelner Gesellschaften existieren sowie standesherrliche, nicht mit dem Grundeigentum identische Abbaurechte. Bei standesherrlichen Rechten ist entscheidend, wie weit ihre Entstehung an das Grundeigentum anknüpft. Denn dann fallen sie nicht unter Nr. 4, sondern unter Nr. 5.

19

f) Die in den **Nr. 5, 6 und 7** erfaßten **Rechte der Grundeigentümer** und solcher **Personen**, die ihre **Abbauberechtigung von dem Grundeigentümer herleiten**, sind folgendermaßen zu unterscheiden:

20

Nr. 5 kennzeichnet **Rechte**, die bei der Übernahme fremden Bergrechts oder beim Entzug des Verfügungsrechtes der Grundeigentümer durch verschiedene Änderungsgesetze unter bestimmten Voraussetzungen **als besondere Rechtsposition** des Grundeigentümers aufrechterhalten geblieben sind. Beispiele hierfür sind die besonderen Rechte des Grundeigentümers zur Aufsuchung und Gewinnung von Graphit nach Art. 2 Abs. 1 Bay. GraphitG vom 19. 11. 1937 oder die besonderen Rechte des Grundeigentümers zur Gewinnung von Molybdän-, Titan-, Uran-, Wismut-, Wolframerzen nach Art. 2 Abs. 3 Bay. G zur Änderung des BergG vom 29. 12. 1949. **Nicht zu Nr. 5** gehören dagegen Entwicklungen, bei denen Berggesetze oder bergrechtliche Nebengesetze Ausnahmen von der Unterstellung der Grundeigentümerposition unter die bergfreien Bodenschätze allgemein, aber gebietsbezogen normiert haben. Die gebietsbezogene Rechtsposition des Grundeigentümers als Verfügungsberechtigter über grundeigene Bodenschätze wurde in solchen Fällen nicht tangiert. Derartige Rechtspositionen fallen unter Abs. 3, wenn die in Betracht kommenden Bodenschätze in § 3 Abs. 2 aufgezählt sind. Für die **Abgrenzung ist maßgeblich**, ob sich die betreffende Rechtsposition aufgrund der bei der jeweiligen Rechtsänderung konkret geregelten Voraussetzungen (z. B. im Zeitpunkt der Rechtsänderung durchgeführte Gewinnung) zu einem besonderen Recht verdichtet hat (so etwa Rechte der Standesherrn zum Bergbau in den standesherrlichen Bezirken etwa nach dem G, die Rechtsverhältnisse der Standesherren des Großherzogtums betreffend, vom 18. 7. 1858 – RegBL, 239 – in der Fassung des G vom 6. 2. 1962 – GV.Hes., 21 –).
Mit den in Nr. 5 weiter erwähnten selbständigen, vom Grundeigentümer bestellten dinglichen Gerechtigkeiten sind vor allem die **Salzabbaugerechtigkeiten** in der ehemaligen **Provinz Hannover** gemeint, die wegen ihrer eigenständigen Bedeutung besonderer Erwähnung bedürfen (vgl. etwa das G über die Bestellung von Salzabbaugerechtigkeiten in der Provinz Hannover vom 4. 8. 1904 – GV.Nds. Sb. III, 359 – in der Fassung des G vom 24. 9. 1937 –, GV.Nds. Sb. II, 1082 –).

21

Nr. 6 hat solche **Verträge mit dem Grundeigentümer** im Auge, deren Existenz bei einer späteren Gesetzesänderung **Einfluß auf die Eigenschaft** der von ihnen erfaßten **Bodenschätze als staatsvorbehaltene oder grundeigene** hatte (vgl. etwa die Verträge über die Aufsuchung und Gewinnung von Erdöl mit dem Grundeigentümer nach § 3 Abs. 2 der ErdölVO oder Verträge über die Aufsuchung und Gewinnung von Graphit mit dem Grundeigentümer nach Art. 2 Abs. 2 Bay. GraphitG), weil im Zusammenhang mit der Übernahme fremden Bergrechts und im Zusammenhang mit dem Entzug des Verfügungsrechtes des Grundeigentümers durch verschiedene Änderungsgesetze nicht nur die Rechtsposition des Grundeigentümers als solchen, sondern auch die durch Verträge gesicherten Rechtspositionen aufrechterhalten worden sind. Entsprechendes gilt für Verträge eines sonstigen Ausbeutungsberechtigten. Dabei sind als sonstige Ausbeutungsberechtigte die Inhaber von besonderen Rechten i. S. der Nr. 5 oder die vertraglichen Berechtigungen i. S. der Nr. 6 gemeint. Die Aufrechterhaltung setzt lediglich das Fortbestehen der in Bezug genommenen Rechtspositionen, nicht jedoch auch deren förmliche Aufrechterhaltung nach § 149 voraus (als Beispiele sind zu nennen ein Pachtvertrag über ein besonderes Grundeigentümerrecht, z. B. eine Salzabbaugerechtigkeit nach Nr. 5, oder die Überlassung zur Ausübung der einem vertraglich Berechtigten zustehenden Rechtsposition, etwa i. S. des Art. 2 Abs. 2 S. 3 Bay. GraphitG).

22

Nr. 7 betrifft das durch Art. 1 Abs. 4 Württembergisches BergG begründete **Sonderrecht des Grundeigentümers** auf Verleihung noch bestehenden Bergwerkseigentums zur Aufsuchung und Gewinnung von Bitumen und schwefelsaurem Kalk oder auf Verleihung anderer vergleichbarer Rechte, etwa solcher nach § 5 Abs. 2 des Preußischen G zur Überführung der privaten Regalitätsrechte an den Staat vom 29. 12. 1942.
Für die Aufrechterhaltung und Bestätigung von Berechtigungen i. S. der Nr. 7 ist es erforderlich, daß auch das zugrunde liegende Bergwerkseigentum i. S. der Nr. 1 aufrechterhalten und bestätigt ist.

23

g) Der in **Nr. 8** aufrechterhaltene **Grundrentenanspruch des Grundeigentümers** beruht auf Konzessionen für die linksrheinischen Gebiete nach dem Französischen BergG von 1865. Danach hatte der Grundeigentümer Anspruch auf Zahlung einer derartigen Grundrente (vgl. etwa den Grundrentenanspruch des Grundeigentümers nach § 244 ABG i. V. mit Art. 6, 42 linksrheinisches BergwerksG vom 21. 4. 1810). Bei den **sonstigen** in dieser Nr. genannten **Abgaben** handelt es sich um die bei der Außerkraftsetzung des Lippischen BergG bestehengebliebenen Bergwerksabgaben und Fristengelder (vgl. Art. 3 Abs. 2 Zweites G zur Änderung berggesetzlicher Vorschriften im Lande NRW vom 25. 5. 1954 – GS.NW, 694 – i. V. mit dem Lippischen BergG vom 4. 7. 1927). Die Aufrechterhaltung dieser Rechte setzt voraus, daß auch die entsprechende Berechtigung nach Nr. 4, auf die sich das Recht bezieht, aufrechterhalten und bestätigt worden ist.

Erstes Kapitel: Alte Rechte und Verträge

24

h) **Erbstollengerechtigkeiten** (Nr. 9) sind **selbständige Berechtigungen nicht abbauberechtigter Dritter**, die einen Stollen zugunsten fremder Gruben, etwa zur Erschließung neuer Lagerstätten oder zur Wasser- und Wetterhaltung im freien oder nicht freien Feld angelegt haben. Die Erbstollengerechtigkeit enthält das Recht, im freien Feld innerhalb des verliehenen Erbstollenfeldes die nach dem seinerzeit geltenden Recht verleihbaren Bodenschätze zu gewinnen und im verliehenen Grubenfeld vom Bergwerkseigentümer eine bestimmte Abgabe verlangen zu dürfen. Ein Teil dieser Gerechtigkeiten, die ihre Grundlage etwa in § 223 ABG i. V. mit Art. 221 bis 252 und 383 bis 471 des Allgemeinen Landrechts für die Preußischen Staaten vom 5. 2. 1794 oder in Art. 282 Bay. BergG i. V. mit Art. 66 bis 90 der BergVO des Kurfürstlichen Herzogtums Bayern und der Oberen Pfalz von 1784 hatten, wird heute noch genutzt, obgleich das ABG die Erbstollengerechtigkeit durch das Hilfsbaurecht (§§ 60 bis 63 ABG) abgelöst hat.

25

III. 1. Rechte und Verträge nach Abs. 1 bleiben nur unter bestimmten Voraussetzungen und bei Einhaltung eines **besonderen Verfahrens** aufrechterhalten. Falls nicht Abs. 2 wegen der Eintragung von Rechten im Grundbuch etwas Abweichendes regelt, gelten folgende in § 149 Abs. 1 S. 1 a bis c und S. 2 niedergelegten Grundsätze:
– Die Rechte und Verträge müssen rechtlich existieren,
– sie müssen innerhalb von drei Jahren seit dem 1. 1. 1982 von einem Anzeigeberechtigten (vgl. Rn. 8 ff.) der zuständigen Behörde angezeigt und in ihrem normativen Bestand nachgewiesen werden,
– die Rechte und Verträge müssen zu ihrer Aufrechterhaltung von der zuständigen Behörde **bestätigt** werden.

26

2. Über **Form und Inhalt der Anzeige** sagt § 149 Abs. 1 nichts, doch wird man davon ausgehen müssen, daß die Anzeige der **Schriftform** bedarf. Für die inhaltliche Ausgestaltung der Anzeige hat die AVV folgende **Merkposten** aufgestellt (Nr. 2.3):

27

Die **Art der Berechtigung** ist so zu kennzeichnen, daß eine Zuordnung zu den aufrechterhaltenen Berechtigungsformen möglich ist. Aus der Anzeige muß sich der **Inhaber der Berechtigung** ergeben. Bei mehreren Inhabern ist die Art der Beteiligung zu verdeutlichen (z. B. Gesamthandsgemeinschaft, Gemeinschaft). Bei einer Berechtigung, die mehreren Personen in einer Gemeinschaft nach Bruchteilen zusteht, sollen sich aus den Angaben die auf die einzelnen Inhaber entfallenden Anteile ergeben. Schließlich ist eine **Beschreibung** des **Inhalts der Berechtigung** erforderlich, wobei auf Aufsuchung oder Gewinnung gerichtete Rechte folgende Angaben enthalten sollten:
– Auflistung aller verliehenen oder sonst von der Beschränkung erfaßten **Bodenschätze**;
– ausreichende Beschreibung der **Lage und Ausdehnung** des Berechtigungsfeldes, um eine genaue Begrenzung des Feldes vornehmen zu können.

28

Die **Festlegung des Feldes** sollte aufgrund von Koordinaten erfolgen; Ausnahmen sind insoweit zulässig, als bis zum Inkrafttreten des BBergG die Feldesbegrenzung durch Koordinaten nicht vorgeschrieben war. Bei Bergwerksfeldern sind die Koordinaten, soweit dies möglich ist, nach Gaus-Krüger anzugeben. Falls bei Berechtigungen, die sich aus dem Grundeigentum ableiten, Koordinaten nicht bestehen, ist die katastermäßige Lagebeschreibung des Feldes erforderlich und ausreichend. Ist eine Berechtigung auf mehrere Bodenschätze verliehen, so sollte ggf. die Lagebeschreibung zwischen den einzelnen Bodenschätzen unterscheiden.

29

Zur inhaltlichen Beschreibung der Berechtigung gehören außerdem ihre **Befristung** und die mit ihr selbst oder ihrer Ausübung verbundenen **Einschränkungen, Bedingungen und Auflagen**. Bei Berechtigungen, die sich auf andere Berechtigungen beziehen oder von ihnen ableiten, sind auch diese anzugeben. **Bei anderen als Aufsuchungs- und Gewinnungsberechtigungen** sind der **Inhalt** der sich aus der Berechtigung ergebenden **Ansprüche und Befugnisse** anzugeben. Bei Ansprüchen auf bestimmte wiederkehrende Leistungen sind deren Art, Höhe und Fälligkeit und der Anspruchsgegner deutlich zu machen. Außerdem sind die Befristung der Berechtigung und die mit ihr oder ihrer Ausübung verbundenen Einschränkungen, Bedingungen oder Auflagen zu benennen. Bei Berechtigungen nach § 149 Abs. 1 S. 1 Nr. 8 ist die in Bezug genommene Berechtigung nach Abs. 1 Nr. 4 anzugeben.

31

Schließlich ist darauf hinzuweisen, daß eine **Beschränkung der Anzeige** auf einen Teil der einer Berechtigung zugrunde liegenden Ansprüche oder Befugnisse nur möglich ist, wenn der Gegenstand der Berechtigung ohne besonderen bergrechtlich vorgesehenen Rechtsakt teilbar ist. Eine **Teilbarkeit** ist insbesondere bei **Berechtigungen nach Abs. 1 Nr. 5 und 6**, die sich auf mehrere Grundstücke beziehen, hinsichtlich einzelner Grundstücke möglich. Bei Berechtigungen zur Aufsuchung oder Gewinnung von bergfreien Bodenschätzen ist dagegen eine Anzeige für einzelne Bodenschätze oder einen Teil des Berechtigungsfeldes wohl nicht zulässig.

32

3. **Neben der inhaltlichen Beschreibung** der aufrechterhaltenen Berechtigung ist zur Einordnung in die aufrechterhaltenen Berechtigungsformen nach Abs. 1 S. 1 b der **Nachweis über das Bestehen** der aufrechterhaltenen Berechtigung unter Beifügung der erforderlichen Unterlagen zu führen. Der Nachweis muß die Feststellung zulassen, daß die Berechtigung
– **wirksam** aufrechterhalten, eingeführt, übertragen, begründet oder nicht aufgehoben worden ist,
– dem Anzeigenden, unmittelbar oder aufgrund ununterbrochener Rechtsnachfolge zusteht und
– ihrem Inhalt nach dem dargelegten Umfang entspricht (Nr. 2.41 AVV).

Diesen Nachweis hat der Anzeigende durch Vorlage der **erforderlichen Unterla-**

gen zu führen, wobei in der Regel der bloße Hinweis auf die möglicherweise bei der Behörde oder sonst vorhandenen Unterlagen nicht genügt. Vielmehr werden grundsätzlich die bei der Begründung, Aufrechterhaltung oder Übertragung der Berechtigung ausgestellten Urkunden vorzulegen sein, wobei ergänzend die Vorlage amtlicher Auskünfte oder Bestätigungen nicht ausgeschlossen ist. Aufgrund von Indizien unter Berufung auf der Behörde amtlich bekannte Tatsachen wird der Nachweis nur in begründeten Einzelfällen geführt werden können.

33

4. Die für die Aufrechterhaltung erforderliche Anzeige ist vom Anzeigeberechtigten innerhalb einer **Frist von drei Jahren nach Inkrafttreten des BBergG** bei der zuständigen Behörde einzureichen. Die Wahrung dieser Frist setzt voraus, daß der Anzeige die zum Nachweis des Bestehens der Berechtigung erforderlichen Unterlagen innerhalb dieser Frist beigefügt sind, also eine **den gesetzlichen Voraussetzungen entsprechende Anzeige erstattet worden ist.**

34

IV. 1. **Anderes gilt nach Abs. 2 für die im Grundbuch eingetragenen Rechte.** Sie sind nicht innerhalb einer Dreijahresfrist nach Inkrafttreten des BBergG, sondern spätestens innerhalb von **drei Jahren nach Bekanntmachung einer öffentlichen Aufforderung** anzuzeigen.

35

2. Doch nicht nur hinsichtlich der Anzeigefrist, sondern auch hinsichtlich des **Inhalts** werden die im Grundbuch eingetragenen Rechte **anders behandelt.** So erübrigt sich nach Abs. 2 S. 2 der Nachweis darüber, daß die Berechtigung in der Person des eingetragenen Rechtsinhabers fortbesteht. Diese auf dem öffentlichen Glauben des Grundbuchs beruhende Erleichterung für den Rechtsinhaber kommt nur dann nicht zur Geltung, wenn die Aufrechterhaltung des Rechts zugunsten eines anderen als des im Grundbuch eingetragenen Rechtsinhabers beantragt wird. In einem derartigen Fall, der etwa aus der Unrichtigkeit des Grundbuchs nach einem Erbfall resultieren kann, muß der Antragsteller durch Vorlage der erforderlichen Unterlagen nachweisen, daß die Berechtigung ihm oder dem in der Anzeige genannten Rechtsinhaber zusteht.

36

Nicht ohne weiteres aus dem Grundbuch ersichtlich kann unter Umständen der **Umfang des Rechtes** im Einzelfall sein. In diesem Fall hat der Antragsteller ebenso wie bei der nicht eingetragenen Berechtigung durch Vorlage der erforderlichen Unterlagen den Umfang der Berechtigung nachzuweisen.

37

3. Die nach Abs. 2 Nr. 1 vorgesehene **öffentliche Aufforderung** soll zwei Jahre nach Inkrafttreten des G erfolgen. Sie muß im Bundesanzeiger und im Amtl. Veröffentlichungsblatt der zuständigen Behörde bekanntgemacht werden und
– die aus dem Grundbuch ersichtliche Bezeichnung des Rechts,
– den oder die Inhaber des Rechts und

– den Hinweis auf die Rechtsfolgen einer nicht, nicht rechtzeitig oder nicht ordnungsgemäß gemachten Anzeige i. S. der Abs. 4 und 5
enthalten.

38

4. Der **maßgebliche Zeitpunkt** für den **Grundbuchinhalt**, der der öffentlichen Aufforderung zugrunde zu legen ist, ist das Inkrafttreten des BBergG. Deshalb ist für die öffentliche Aufforderung unerheblich, ob die Grundbucheintragungen tatsächlich zutreffen. Änderungen im Grundbuch, die sich zwischen Inkrafttreten des BBergG und der öffentlichen Aufforderung ergeben, bleiben unberücksichtigt.

39

5. Die angeordneten öffentliche Aufforderung hindert den im Grundbuch eingetragenen tatsächlichen Inhaber oder den Inhaber eines im Grundbuch eingetragenen dinglichen Rechts nicht, schon **vor der öffentlichen Aufforderung eine ordnungsgemäße Anzeige einzureichen**. In diesem Fall kann die öffentliche Aufforderung unterbleiben. Sie kann dies ferner, wenn im Zeitpunkt des Inkrafttretens des BBergG im Grundbuch eingetragene Berechtigungen bereits vor diesem Zeitpunkt erloschen waren und der zuständigen Behörde auch der Grund des Erlöschens amtlich bekannt war. Die zuständige Behörde soll in diesen Fällen die Löschung der Grundbucheintragung veranlassen.
Ergeht die öffentliche Aufforderung, so hat sie alle im Grundbuch eingetragenen Berechtigungen zu erfassen. Der zuständigen Behörde obliegt es daher, sicherzustellen, daß das Grundbuch rechtzeitig auf eingetragenen Berechtigungen i. S. des Abs. 1 S. 1 überprüft wird.

40

V. 1. Die vom Berechtigten angezeigten Rechte und Verträge müssen, gleichgültig ob sie im Grundbuch eingetragen waren oder nicht, von der zuständigen Behörde **bestätigt werden** (Abs. 1 S. 1 c und Abs. 2 S. 1). Auf diese Bestätigung besteht ein **Rechtsanspruch**, wenn die Anzeige ordnungsgemäß vom Rechtsinhaber gemacht worden ist und keine der **in Abs. 4 abschließend geregelten Versagungsgründe** vorliegen. Für die Rechte und Verträge nach Abs. 1 und 2 ist **alleiniger Versagungsgrund**, daß der objektiv-rechtliche Bestand der zu bestätigenden Berechtigung nicht nachgewiesen ist. Wird die Bestätigung aus den in Abs. 4 genannten Gründen versagt, so hat diese **Versagung rechtsvernichtende Wirkung**. Denn nach Abs. 5 S. 2 erlöschen nichtbestätigte Rechte und Verträge mit dem Eintritt der Unanfechtbarkeit der Versagung. Das ist der Zeitpunkt, in dem hinsichtlich der Versagung nach den maßgeblichen Vorschriften, insbesondere denen der VwGO, keine weiteren Rechtsbehelfe mehr gegeben sind, sei es, weil alle in Betracht kommenden Rechtsbehelfe bereits ausgeschöpft wurden oder weil die Betroffenen die dafür vorgesehenen Fristen nicht genutzt haben (Kopp, VwVfG, § 35 Rn. 21 Vorbemerkung).

41

2. Wird die aufrechterhaltene und angezeigte Berechtigung bestätigt, so muß dieser Ausspruch alle Feststellungen enthalten, die für die künftige Ausübung der

Erstes Kapitel: Alte Rechte und Verträge **42–45 § 149**

Berechtigung erforderlich sind. Dazu gehören Angaben über die Rechtsinhaberschaft, die Bezeichnung der Bodenschätze, eine Lagebeschreibung, inhaltliche Beschränkungen der Berechtigung, ihre Befristung und schließlich eine Einordnung der aufrechterhaltenen Berechtigung in den Katalog des § 149 Abs. 1 S. 1 und Zuordnung zu einer der Vorschriften nach den §§ 151 ff.

42

Die **Bestätigung** der angezeigten Berechtigung hat **keine konstitutive**, sondern lediglich eine **deklaratorische Bedeutung**, weil tatsächlich nicht bestehende Berechtigungen durch den Ausspruch der Bestätigung nicht existent werden können (Amtl. Begründung BT-Ds. 8/1315, 162 = Zydek, 573). Allerdings muß in den Fällen, in denen gleichwohl eine derartige Bestätigung ausgesprochen wird, die Rücknahme dieser Bestätigung unter den Voraussetzungen des § 48 Abs. 2 bis 4 VwVfG möglich sein.

43

Eine eindeutige **Rechtswirkung** hat die **Bestätigung** allerdings für die **Bodenschätze**, auf die sich das bestätigte Recht bezieht, hinsichtlich ihrer **Einordnung nach** § 150 i. V. mit § 3. Die Bestätigung hat weiter Auswirkungen auf Rechte Dritter an den aufrechterhaltenen Rechten. Denn diese Rechte Dritter bleiben bei Bestätigung der Rechte, die sie belasten, ebenfalls aufrechterhalten (BT-Ds. 8/1315, 162 = Zydek, 573), anderenfalls gehen sie unter.

44

3. Die **Bestätigung alter Berechtigungen ist ein Verwaltungsverfahren** und unterliegt demnach, sofern sich aus den §§ 149 und der Allgemeinen Verwaltungsvorschrift i. S. des § 143 Abs. 1 S. 1 nichts anderes ergibt, den Vorschriften der **VwVfG** der Länder. Zu berücksichtigen sind insbesondere die Vorschriften über die Beteiligten, über die Beratung und Auskunft der Behörden, über die Anhörung von Beteiligten, die Wiedereinsetzung in den vorigen Stand und die Vorschrift über die Bekanntmachung der Bestätigung. Die Beteiligungsvorschriften kommen insbesondere in Betracht, wenn mehrere Inhaber der Berechtigung existieren oder dinglich Berechtigte die Anzeige erstatten. Bei den Berechtigungen nach § 149 Abs. 1 S. 1 Nr. 3, 7 und 8, die sich auf ein aufrechterhaltenes Recht i. S. des Abs. 1 S. 1 Nr. 1 oder Nr. 4 beziehen, kann die Bestätigung erst erteilt werden, wenn das in Bezug genommene Recht selbst bestätigt ist.

45

4. Unabhängig von einer ausdrücklichen Versagung i. S. des Abs. 4 **erlöschen aufrechterhaltene Rechte und Verträge drei Jahre nach Ablauf der Anzeigefrist**, sofern sie **nicht oder nicht fristgemäß angezeigt** worden sind. Dieses Erlöschen tritt kraft Gesetzes ein, einer besonderen Verfügung der zuständigen Behörde über das Erlöschen bedarf es nicht. Sie hat lediglich beim Erlöschen von Rechten, die im Grundbuch eingetragen waren, das Grundbuchamt um die Löschung des Rechts zu ersuchen (Abs. 6).

46

VI. 1. **Besonders geregelt** ist in **Abs. 3** die **Aufrechterhaltung von Grundeigentümerrechten** (vgl. Nr. 3 AVV). Diesen Rechten sind solche Rechte gleichgestellt, die aus dem Grundeigentum abgeleitet sind und sich auf Bodenschätze beziehen, die vor Inkrafttreten des BBergG dem Verfügungsrecht des Grundeigentümers unterlagen und jetzt nach § 3 Abs. 3 den bergfreien Bodenschätzen zugeordnet werden. Zu denken ist etwa an Eigentümerbefugnisse zur Gewinnung von Stein- und Braunkohle sowie Erdgas im ehemaligen Fürstentum Schaumburg-Lippe, an Befugnisse zur Aufsuchung und Gewinnung von Steinsalz nebst den auf derselben Lagerstätte vorkommenden Salzen sowie Solquellen im vormaligen Königreich Hannover, die Gewinnung von Thorium im Freistaat Bayern, von seltenen Erden in allen Ländern der Bundesrepublik Deutschland außer Baden-Württemberg, von Flußspat und Schwerspat in allen Ländern mit Ausnahme des früheren Reg.-Bezirkes Rheinhessen.

Soweit bei Inkrafttreten des BBergG im Grundeigentum stehende Bodenschätze in bestimmten Gebieten zwischenzeitlich dem Verfügungsrecht des Grundeigentümers entzogen waren und hierauf auch Bergbauberechtigungen oder bergrechtlich geregelte besondere Grundeigentümerrechte beruhen, bleibt insoweit die Anwendung von § 149 Abs. 1 und 2 unberührt. (Beispiele hierfür sind die Aufsuchung und Gewinnung von Schwerspat in hessischen Landesteilen – vgl. G über das Aufsuchen und Gewinnen von Schwerspat vom 8. 10. 1927 – Reg.Bl., 185 – und § 3 des G über das Bergrecht im Lande Hessen vom 6. 7. 1952 – GV.Hes., 130 –).

47

Als „sonstige Ausbeutungsberechtigte i. S. des Abs. 3 Satz 3, die ihr Recht vom Grundeigentum herleiten", kommen Personen in Betracht, denen die Nutzung von Grundeigentümerbefugnissen vor dem 1. 1. 1982 vertraglich gestattet wurde. § 149 Abs. 3 ist nicht anwendbar, wenn sich die Rechtsposition des Ausbeutungsberechtigten unmittelbar oder mittelbar nur auf ein besonderes Recht nach § 149 Abs. 1 S. 1 Nr. 5 bezieht.

48

2. Weil mit Abs. 3 eine Ausnahme von dem durch das BBergG angeordneten Wechsel in der Zuweisung der Bodenschätze vorgesehen ist, soll die **bestehende Berechtigung** nur dann **aufrechterhalten** bleiben, wenn der betreffende Bodenschatz bereits **vor Inkrafttreten des BBergG** eine **konkrete wirtschaftliche Bedeutung** für das Grundeigentum erlangt hatte und **dieser Zustand fortbesteht**.

49

Von einer **konkreten wirtschaftlichen Bedeutung** geht Abs. 3 S. 1 Nr. 1 a dann aus, wenn bereits vor dem 1. 1. 1982 **mit der Nutzung** des betroffenen Bodenschatzes **begonnen worden** ist. Danach muß bei Inkrafttreten des BBergG ein **eingerichteter und ausgeübter Betrieb** zur Ausbeutung des Bodenschatzes bereits bestanden haben. Eine konkrete wirtschaftliche Bedeutung wird weiterhin nach Abs. 3 S. 1 Nr. 1 b dann angenommen, wenn das **Grundstück** durch den betreffenden Bodenschatz bereits vor dem 1. 1. 1982 eine **Steigerung des Verkehrswertes** erfahren hat.

Erstes Kapitel: Alte Rechte und Verträge   50–53   § 149

(Vgl. dazu § 142 Abs. 2 BBauG: Danach wird der Verkehrswert durch den Preis bestimmt, der in dem Zeitpunkt, auf den sich die Ermittlung bezieht, im gewöhnlichen Geschäftsverkehr nach den rechtlichen Gegebenheiten und den tatsächlichen Eigenschaften, der sonstigen Beschaffenheit und der Lage des Grundstücks oder des sonstigen Gegenstandes der Wertermittlung ohne Rücksicht auf ungewöhnliche oder persönliche Verhältnisse zu erzielen wäre.) Hinsichtlich des Verfahrens bei der Wertermittlung von Grundstücken ist die WertermittlungsVO vom 15. 8. 1976 zusammen mit den Wertermittlungsrichtlinien vom 31. 5. 1976 zu berücksichtigen.

50
3. **Anzeigeberechtigt** sind der **Grundeigentümer, die Inhaber** der im Grundbuch eingetragenen **dinglichen Rechte** (z. B. Hypotheken- und Grundschuldgläubiger) sowie sonstige Ausbeutungsberechtigte (Abs. 3 S. 3). Sonstige Ausbeutungsberechtigte, die ihr Recht vom Grundeigentümer herleiten, können vor allem Personen sein, denen die Nutzung von Grundeigentümerbefugnissen vor dem 1. 1. 1982 vertraglich eingeräumt war. Nicht ausbeutungsberechtigt i. S. dieser Vorschrift sind solche Personen, deren Rechtsposition sich unmittelbar oder mittelbar nur auf ein besonderes Recht i. S. des Abs. 1 S. 1 Nr. 5 bezieht.

51
4. Die **schriftliche Anzeige** soll mit dem für den Rechtsbestand erforderlichen Nachweis folgende Angaben enthalten:
– Beginn, Art und Umfang der **Nutzung** des betreffenden Bodenschatzes oder
– die Darstellung von Tatsachen, die die Feststellung zulassen, daß gerade durch den in Frage kommenden Bodenschatz vor dem Inkrafttreten des BBergG eine **Steigerung des Verkehrswertes des Grundstückes** eingetreten ist.

52
Bei **Anzeigen sonstiger Ausbeutungsberechtigter** ist auch der Inhalt des oder der Verträge unter genauer Angabe des Vertragsgebietes anzugeben, nach denen der Anzeigende sein Recht vom Grundeigentümer herleitet.

53
5. Ein **Nachweis** darüber, daß das **Grundeigentum** dem im Grundbuch eingetragenen **Rechtsinhaber zusteht**, ist nicht erforderlich. Es genügt insoweit die Vorlage eines unbeglaubigten Grundbuchauszuges nach dem Stand vom 31. 12. 1981. Im Falle der Unrichtigkeit des Grundbuches hinsichtlich des oder der eingetragenen Rechtsinhaber kann die Bestätigung erst vorgenommen werden, wenn das Grundbuch berichtigt worden ist. Zum **Nachweis des Nutzungsbeginnes** oder der **Verkehrswertsteigerung** hat der Anzeigende die entsprechenden **geeigneten Unterlagen** vorzulegen. Zum Nachweis der Steigerung des Verkehrswertes kann überdies die zuständige Behörde vom Antragsteller ggf. die Vorlage eines Sachverständigengutachtens verlangen, wenn der Nachweis nicht oder nicht ausreichend durch Vorlage sonstiger Unterlagen geführt werden kann.

§§ 149,150   Zwölfter Teil: Übergangs- und Schlußbestimmungen

54

6. Bezüglich der **Anzeigefrist** gilt das gleiche wie bei den nicht im Grundbuch eingetragenen Rechten nach § 149 Abs. 1, nämlich drei Jahre nach Inkrafttreten des BBergG.

55

7. Die **Bestätigung** durch die zuständige Behörde darf nur versagt werden (Abs. 4), wenn der Anzeigende nicht den Nachweis der bereits begonnenen Nutzung oder der Verkehrswertsteigerung erbracht hat. Ist dieser Nachweis nicht geführt, so muß die Bestätigung versagt werden, anderenfalls hat der Antragsteller einen **Rechtsanspruch** auf Erteilung der Bestätigung. Diesen Rechtsanspruch kann er ggf. im Wege der Verpflichtungsklage durchsetzen. Für das Verwaltungsverfahren der Bestätigung gilt das in Rn. 46 Ausgeführte.

56

8. Wird ein angezeigtes Grundeigentümerrecht i. S. des Abs. 3 durch die **zuständige Behörde versagt**, so hat das zur Folge, daß ein **Verfügungsrecht des Grundeigentümers** oder sonstigen Ausbeutungsberechtigten **nicht mehr weiterbesteht** und dieser **konkrete Bodenschatz dann bergfrei wird**, sofern die gesetzlich vorgesehene Neuzuordnung i. S. von § 150 Abs. 1 i. V. mit § 3 Abs. 3 S. 1 und 2 Nr. 2 gegeben ist. Wird dagegen die angezeigte Berechtigung **bestätigt**, so bleiben der Grundeigentümer und sonstige Ausbeutungsberechtigte in den räumlichen Grenzen des Grundeigentums und des Ausbeutungsrechts zur Verfügung über den in der Bestätigung genannten Bodenschatz berechtigt. Der zeitliche Rahmen ergibt sich aus § 150 Abs. 1, wonach aufrechterhaltene Rechte oder Verträge bis zum Erlöschen oder bis zur Aufhebung des Rechts oder des Vertrages grundeigene Bodenschätze bleiben.

57

VII. Wer nach dem Inkrafttreten des BBergG Inhaber einer aufrechterhaltenen Berechtigung zur Aufsuchung und Gewinnung von bergfreien Bodenschätzen i. S. des Abs. 1 S. 1 Nr. 1 bis 4 und 7 ist, bedarf **keiner erneuten Aufsuchungs- oder Gewinnungsberechtigung** i. S. des BBergG. Das gleiche gilt für nicht oder nicht fristgemäß angezeigte Rechte bis zu ihrem Erlöschen nach Abs. 4. Für nicht eingetragene Berechtigungen sind dies insgesamt sechs Jahre (Abs. 1 S. 1 b i. V. mit Abs. 4 S. 1), bei eingetragenen Berechtigungen acht Jahre (Abs. 2 S. 2 Nr. 1 und S. 2). Damit wird festgelegt, daß der Rechtsinhaber nach Inkrafttreten des BBergG **keine neue Berechtigung** zu beantragen braucht, um bis zur Bestätigung, Versagung oder bis zum Erlöschen des Rechtes oder des Vertrages weiterarbeiten zu können. Insoweit gilt die aufrechterhaltene Berechtigung bis zu ihrer Bestätigung bzw. Versagung durch staatlichen Hoheitsakt oder bis zu ihrem Erlöschen durch Zeitablauf in ihrer inhaltlichen, zeitlichen und räumlichen Geltung als das entsprechende Recht (vgl. §§ 151 bis 159) des BBergG fort.

§ 150 Ausnahme von der Bergfreiheit von Bodenschätzen

(1) **In § 3 Abs. 3 Satz 1 oder 2 Nr. 2 aufgeführte Bodenschätze, auf die sich ein aufrechterhaltenes Recht oder aufrechterhaltener Vertrag im Sinne des § 149 Abs. 1**

Erstes Kapitel: Alte Rechte und Verträge §§ 150, 151

Satz 1 Nr. 5 oder 6 oder Abs. 3 bezieht, bleiben bis zum Erlöschen oder bis zur Aufhebung des Rechts oder Vertrages grundeigene Bodenschätze.

(2) In § 3 Abs. 3 Satz 1 nicht aufgeführte und nicht unter § 3 Abs. 3 Satz 2 Nr. 1 und 2 Buchstabe b fallende Bodenschätze, auf die sich ein aufrechterhaltenes Recht oder aufrechterhaltener Vertrag im Sinne des § 149 Abs. 1 Satz 1 Nr. 1 bis 4 oder eine nach § 172 erteilte Bewilligung bezieht, bleiben bis zum Erlöschen oder bis zur Aufhebung des Rechts, des Vertrages oder der Bewilligung bergfreie Bodenschätze.

1
§ 150 normiert eine **fortgeltende Zuordnungswirkung** aufrechterhaltener Rechte und Verträge für solche Bodenschätze, die durch § 3 eine Neuzuordnung erfahren.

2
Abs. 1 ordnet dies für Rechte und Verträge an, die sich auf Bodenschätze beziehen, die bis zum Inkrafttreten des BBergG dem Verfügungsrecht des **Grundeigentümers** unterlagen (§ 149 Abs. 1 S. 1 Nr. 5 oder 6 oder Abs. 3), durch § 3 Abs. 2 aber den bergfreien Bodenschätzen zugeordnet werden. Denn die konkreten Lagerstätten, auf die sich eine derartige Berechtigung bezieht, behalten die Qualität als grundeigene Bodenschätze für die Geltungsdauer des aufrechterhaltenen Rechts oder Vertrages.

3
Abs. 2 regelt den entgegengesetzten Fall. Denn nicht alle bisher bergfreien Bodenschätze sind in die Aufzählung des § 3 Abs. 2 aufgenommen. Bezieht sich aber ein aufrechterhaltenes Recht oder ein aufrechterhaltener Vertrag oder eine nach § 127 erteilte Bewilligung auf einen solchen Bodenschatz, so bleibt dieser für die gesamte Geltungsdauer des Rechts oder Vertrages auch weiterhin bergfrei.

§ 151 Bergwerkseigentum

(1) Aufrechterhaltenes Bergwerkseigentum im Sinne des § 149 Abs. 1 Satz 1 Nr. 1 gewährt das nicht befristete ausschließliche Recht, nach den Vorschriften dieses Gesetzes
1. die in der Verleihungsurkunde bezeichneten Bodenschätze in dem Bergwerksfeld aufzusuchen, zu gewinnen und Eigentum daran zu erwerben,
2. in dem Bergwerksfeld andere Bodenschätze mitzugewinnen und das Eigentum daran zu erwerben,
3. die bei Anlegung von Hilfsbauen zu lösenden oder freizusetzenden Bodenschätze zu gewinnen und das Eigentum an diesen Bodenschätzen zu erwerben,
4. die erforderlichen Einrichtungen im Sinne des § 2 Abs. 1 Nr. 3 zu errichten und zu betreiben,
5. Grundabtretung zu verlangen.

(2) Im übrigen gilt § 9 mit folgender Maßgabe entsprechend:
1. Das Recht nach Absatz 1 Nr. 1 erstreckt sich auch auf die in der Verleihungsurkunde bezeichneten Bodenschätze, soweit sie sich in Halden eines früheren, auf Grund einer bereits erloschenen Gewinnungsberechtigung betriebenen Bergbaus innerhalb des Bergwerksfeldes befinden, es sei denn, daß die Halden im Eigentum des Grundeigentümers stehen;

§ 151 1–3 Zwölfter Teil: Übergangs- und Schlußbestimmungen

2. die §§ 18 und 31 sind nicht anzuwenden;
3. Zuschreibungen und Vereinigungen, die bei Inkrafttreten dieses Gesetzes bestehen, bleiben vo § 9 Abs. 2 unberührt; die Länder können Vorschriften über ihre Aufhebung erlassen;
4. Vereinigung und Austausch mit nach Inkrafttreten dieses Gesetzes verliehenem Bergwerkseigentum sind nicht zulässig.

1
§ 151 normiert den **Inhalt** des **aufrechterhaltenen Bergwerkseigentums** i. S. des § 149 Abs. 1 Nr. 1. Dieses „alte" Bergwerkseigentum steht, wie auch das neue nach § 9, unter dem Vorbehalt „der Vorschriften dieses Gesetzes" (Abs. 1 S. 1). Das bedeutet zunächst, daß die mit dem Bergwerkseigentum „gewährten" Einzelrechte und Befugnisse, wie etwa das Mitgewinnungs-, Hilfsbau- oder Grundabtretungsrecht, nur nach den im BBergG vorgesehenen Zulässigkeitskriterien und mit den jeweils festgelegten Rechtsfolgen ausgeübt werden können. Es gibt also keine andere inhaltliche Bestimmung des „alten" Bergwerkseigentums, als die vom BBergG vorgesehene. Sie hat die Tendenz, zumal die Einzelbefugnisse identisch sind, „altes" und **neues** Bergwerkseigentum **gleichzustellen** (vgl. § 9 Rn. 3 ff).

2
Das gilt jedoch nicht, soweit § 151 **ausdrücklich gewisse Unterschiede** normiert:
– Das alte Bergwerkseigentum ist zeitlich **unbefristet** (§ 151 Abs. 1 S. 1),
– es ist darüber hinaus **unwiderruflich** (Abs. 2, Nr. 2) und
– es ist **förderabgabefrei** (Abs. 2, Nr. 2).

3
Aus diesen wesentlichen Abweichungen zwischen neuem und „altem" Bergwerkseigentum ergeben sich weitere, allerdings weniger gravierende Differenzierungen:
– Das ausschl. Aufsuchungs-, Gewinnungs- und Aneignungsrecht (§ 151 Abs. 1 Nr. 1) gilt auch für die verliehenen Bodenschätze in **Halden** eines früheren, aufgrund einer bereits erloschenen Gewinnungsberechtigung betriebenen Bergbaus im Bergwerksfeld. Während der Bergwerkseigentümer für Halden des laufenden Betriebes ohnehin aufgrund seiner Berechtigung das Gewinnungsrecht besitzt, muß es ihm für Halden des früheren Bergbaus ausdrücklich eingeräumt werden (Ebel-Weller, § 54 Anm. 3). Diese Einräumung eines Gewinnungs- und Aneignungsrechts findet aber nicht statt für Halden, die im Eigentum des Grundeigentümers stehen, etwa weil der Bergwerkseigentümer sie auf den Grundeigentümer übertragen oder das Eigentum an ihnen ausdrücklich aufgegeben hat (OVG Münster, ZfB 69 (1928), 81);
– bestehende **Zuschreibungen** und **Vereinigungen** von Bergwerkseigentum und Grundeigentum gelten fort; das Verbot des § 9 Abs. 2 gilt für sie nicht. Wegen der damit verbundenen, noch nicht übersehbaren Nachteile für die Konzentration von Grundbüchern mehrerer Bezirke bei einem Amtsgericht werden die Länder in Abs. 2 Nr. 3 zweiter Halbsatz ermächtigt, Vorschriften über die Aufhebung von Zuschreibungen oder Vereinigungen zu erlassen;
– „altes" und **neues** Bergwerkseigentum dürfen wegen ihres unterschiedlichen Rechtscharakters **nicht vereinigt** (§§ 24 ff.) oder **ausgetauscht** (§ 29) werden.

Erstes Kapitel: Alte Rechte und Verträge §§ 151, 152

4
Die in Abs. 2 über die Anwendbarkeit des §9 getroffenen Aussagen sind **abschließend**. Die Anbindung des „alten" Bergwerkseigentums an §9 hat nicht nur formale, sondern auch materielle Bedeutung. Denn damit wird das „alte" Bergwerkseigentum aus seinem bisherigen rechtlichen Zusammenhang herausgelöst und der Flexibilität des neugeschaffenen Konzessionssystems angepaßt (Amtl. Begründung BT-Ds. 8/1315, 85 = Zydek, 96). Daraus folgt:

5
Soweit sich nicht ausdrücklich aus §151 oder anderen Vorschriften des BBergG (vgl. etwa §160) etwas anderes ergibt, sind **alle** für das **neue Bergwerkseigentum** geltenden **Vorschriften** des BBergG auch auf das „alte" Bergwerkseigentum anwendbar. Soweit darüber hinaus nach §5 die allgemeinen Vorschriften des VwVfG oder gleichlautender Landesgesetze anwendbar sind (insbesondere die §§36 und 48 VwVfG), gelten diese für „altes" Bergwerkseigentum nur mit den bei §16 Rn. 27 ff genannten Einschränkungen. Im übrigen ist §160 als abschließender, spezialgesetzlich geregelter Aufhebungsgrund maßgebend.
Die Einbindung des bisher vorwiegend privatrechtlich qualifizierten Bergwerkseigentums in das öffentlich-rechtliche Konzessionssystem ist eigentumsrechtlich unbedenklich. Denn die entscheidenden Komponenten der bisherigen Rechtsposition bleiben mit dem Ausschluß der §§18 und 31 sowie dem Fehlen einer Befristung unangetastet, Bedenken könnten sich allenfalls aus der Anwendbarkeit der §§16 Abs. 3 und 23 ergeben; doch halten sich diese Beschränkungen im Rahmen einer zulässigen Sozialbindung, weil sie das Bergwerkseigentum lediglich einer Kontrolle unterwerfen, nicht jedoch seinen Wesensgehalt antasten. Auch die Umwandlung einer privatrechtlichen Rechtsposition in eine öffentlich-rechtliche kann zu keiner anderen Beurteilung führen. Denn der verfassungsrechtliche Schutz bleibt, insbesondere bei bereits ausgeübten Rechten, materiell gleich.

6
Zur Rechtsnatur und Bedeutung des Bergwerkseigentums im einzelnen vgl. §9 Rn. 2 ff.

§152 Aufrechterhaltene Rechte und Verträge zur Aufsuchung, Forschungshandlungen

(1) Aufrechterhaltene Rechte und Verträge im Sinne des §149 Abs. 1 Satz 1 Nr. 1, 2 und 4, die nur zur Aufsuchung von Bodenschätzen berechtigen, gelten für die Bodenschätze, die Zeit und den Bereich, für die sie aufrechterhalten bleiben, als Erlaubnisse nach §7, soweit dieses Gesetz nichts anderes bestimmt.

(2) §18 ist anzuwenden, wenn der Widerrufsgrund nach dem Inkrafttreten dieses Gesetzes eintritt oder fortbesteht. Eine Verlängerung ist, auch wenn sie nach dem Inhalt der Rechte oder Verträge nach den beim Inkrafttreten dieses Gesetzes geltenden bergrechtlichen Vorschriften des Bundes und der Länder vorgesehen ist, nur unter der Voraussetzung des §16 Abs. 4 Satz 2 zulässig. Nicht befristete Rechte und Verträge erlöschen nach Ablauf von zehn Jahren nach Inkrafttreten dieses Gesetzes. Bei Neuerteilung einer Erlaubnis hat der Antrag des aus dem erloschenen Recht oder Vertrag Berechtigten den Vorrang vor allen anderen Anträgen, wenn für

§ 152 1–4   Zwölfter Teil: Übergangs- und Schlußbestimmungen

seinen Antrag kein Versagungsgrund nach § 11 vorliegt; § 14 ist insoweit nicht anzuwenden.

(3) Ist ein Recht im Sinne des Absatzes 1 im Grundbuch eingetragen, so ersucht die zuständige Behörde das Grundbuchamt um Löschung des Rechts.

(4) Aufrechterhaltene Rechte im Sinne des § 149 Abs. 1 Satz 1 Nr. 2, die nur zu solchen Forschungshandlungen im Bereich des Festlandsockels berechtigen, die ihrer Art nach zur Aufsuchung von Bodenschätzen offensichtlich ungeeignet sind, gelten für die Forschungshandlungen, die Zeit und den Bereich, für die sie aufrechterhalten bleiben, als Genehmigung nach § 132, soweit dieses Gesetz nichts anderes bestimmt. Der Inhalt dieser Rechte bleibt insoweit unberührt, als er diesem Gesetz nicht widerspricht. Nicht befristete Rechte erlöschen nach Ablauf von zehn Jahren nach Inkrafttreten dieses Gesetzes.

1

Die §§ 152 bis 159 legen **Form, Inhalt** und **zeitlichen Rahmen** aufrechterhaltener Rechte und Verträge zur Aufsuchung und Gewinnung von bergfreien und grundeigenen Bodenschätzen fest. Sie wollen möglichst alle aufrechterhaltenen Rechte und Verträge einer der Berechtigungsformen des BBergG einfügen.

2

§ 152 trifft die Rechtsfolgen der Aufrechterhaltung für solche **Rechte**, die lediglich zur **Aufsuchung** von Bodenschätzen, auch im Festlandsockel, **berechtigen**. Sie zählen zu den im Katalog des § 149 Abs. 1 S. 1 unter Nr. 1, 2 und 4 aufgeführten Rechten. (Zu den Einzelheiten dieser Rechte vgl. § 149 Rn. 17, 19.) Darunter fallen etwa das Bergwerkseigentum, Ermächtigungen, Erlaubnisse und Verträge; Erlaubnisse nach den §§ 1 und 2 Abs. 1 des FestlandsockelG sowie Bergwerke, Bergwerkskonzessionen und Sonderrechte zur Aufsuchung, die bereits vor dem Inkrafttreten des Landesbergrechts bestanden haben.

3

Diese Aufsuchungsrechte sollen für die Bodenschätze, die Zeit und den Bereich, für die sie aufrechterhalten bleiben, als **Erlaubnisse** nach § 7 gelten. Eine **Ausnahme** gilt lediglich für Erlaubnisse zu Forschungshandlungen im Festlandsockel (§ 2 Abs. 2 S. 2 FestlandsockelG), die ihrer Art nach zur Aufsuchung offensichtlich ungeeignet sind (vgl. dazu § 132 Rn. 4 ff.). Sie gelten entsprechend der in § 132 getroffenen Sonderregelung als Genehmigungen für die Zeit und den Bereich ihrer Aufrechterhaltung. Der Inhalt dieser Forschungsrechte bleibt unberührt, soweit er dem BBergG nicht widerspricht. Forschungsrechte, die nicht befristet sind, erlöschen zehn Jahre nach Inkrafttreten des BBergG.

4

Für den inhaltlichen und zeitlichen Fortbestand dieser als Erlaubnisse aufrechterhaltenen Rechte und Verträge gilt folgendes:
Mit Ausnahme der in Abs. 2 geregelten Besonderheiten erhalten die aufrechterhaltenen Erlaubnisse und Verträge neben dem Ausschließlichkeitscharakter die gleichen Einzelrechte und Befugnisse wie eine neu erteilte Erlaubnis (vgl. dazu § 7 Rn. 7 ff). Lediglich hinsichtlich der Anwendbarkeit der Widerrufs-, Frist- und

Erstes Kapitel: Alte Rechte und Verträge §§ 152, 153

Vorrangregelung legt Abs. 2 Besonderheiten gegenüber der Erlaubnis nach § 7 fest:

5

a) So kann das als Erlaubnis aufrechterhaltene Recht nach § 18 nur **widerrufen** werden, wenn der Widerrufsgrund nach dem Inkrafttreten des BBergG eintritt oder aber bereits früher eingetreten war und fortbesteht. Das Fortbestehen eines Widerrufsgrundes hängt davon ab, daß er nach dem bisher geltenden Bergrecht oder aufgrund allgemeiner Rechtsgrundsätze, wie sie ihren Niederschlag in § 49 VwVfG gefunden haben, wirksam entstanden war. (Zu den einzelnen Widerrufsgründen nach § 18 vgl. dort Rn. 10.) Allerdings kann der in § 18 Abs. 2 S. 1 genannte Widerrufungsgrund bei aufrechterhaltenen Rechten und Verträgen erst nach der Bestätigung (nicht nach der Erteilung) entstehen.

6

b) Eine **Verlängerung** aufrechterhaltener Aufsuchungsrechte ist, gleichgültig was sich aus ihrem Inhalt oder bei dem bisherigen Recht ergibt, nur noch dann möglich, wenn das Erlaubnisfeld trotz planmäßiger, mit der zuständigen Behörde abgestimmter Aufsuchung noch nicht ausreichend untersucht werden konnte (§ 16 Abs. 4 S. 2). Die zeitliche Dauer der Verlängerung liegt im pflichtgemäßen Ermessen der Behörde, sollte jedoch drei Jahre nicht unterschreiten.
Sind aufrechterhaltene Rechte oder Verträge **unbefristet**, so erlöschen sie zehn Jahre nach Inkrafttreten des BBergG. Allerdings hat der bis dahin Berechtigte einen Rechtsanspruch auf Neuerteilung, wenn kein Versagungsgrund nach § 11 vorliegt. Mit anderen Erlaubnisanträgen, die für das gleiche Feld und den gleichen Bodenschatz gestellt werden, braucht er sich nicht auseinanderzusetzen, weil die Vorrangregelung des § 14 nicht gilt. Der bisherige Erlaubnisinhaber hat insoweit „Prüfungsvorrang" vor allen anderen Anträgen.

7

Die in Abs. 3 getroffene Grundbuchberichtigungsregelung hat ihren Grund darin, daß die Erlaubnis kein eintragungsfähiges Recht ist.

§ 153 Konzessionen, Erlaubnisse und Verträge zur Gewinnung

Aufrechterhaltene Rechte und Verträge im Sinne des § 149 Abs. 1 Satz 1 Nr. 2 und 7, die zur Gewinnung von Bodenschätzen oder zur Verfügung über Bodenschätze berechtigen, gelten für die Bodenschätze, die Zeit und den Bereich, für die sie aufrechterhalten bleiben, als Bewilligung nach § 8, soweit dieses Gesetz nichts anderes bestimmt. § 152 Abs. 2 Satz 1 sowie Abs. 3 gilt entsprechend. Auf eine Verlängerung befristeter Rechte und Verträge gilt § 16 Abs. 5 Satz 3 entsprechend.

1

Als **Bewilligung** i. S. des § 8 gelten nach dieser Vorschrift Rechte und Verträge fort, die nach § 149 Abs. 1 S. 1 Nr. 2 und 7 aufrechterhalten bleiben. Der sachliche, zeitliche und räumliche Geltungsbereich dieser Berechtigungen bleibt für die Dauer ihrer Geltung gewahrt.

2

Rechte und Verträge, die hiernach in der Form der Bewilligung weitergelten sollen, sind insbesondere Ermächtigungen, Erlaubnisse und Verträge zur Gewinnung von Bodenschätzen, die unter echtem Staatsvorbehalt (vgl. dazu § 3 Rn. 5) bestanden haben sowie Aufsuchungs- und Gewinnungsberechtigungen für Erdöl, Erdgas, Kies und Sand im Bereich des Festlandsockels. Außerdem zählt hierzu das nach § 149 Abs. 1 S. 1 Nr. 7 aufrechterhaltene Verfügungsrecht des Grundeigentümers (vgl. § 149, Rn 22).

3

Die Fortgeltung dieser Rechte und Verträge als Bewilligung steht unter dem Vorbehalt des Gesetzes Danach werden, wie auch bei den aufrechterhaltenen Aufsuchungsberechtigungen, einige der auf die Bewilligung anwendbaren Vorschriften (Widerruf und Fristenregelung) für diese Rechte modifiziert.

4

a) Die **Widerrufsregeln** nach § 18 gelten für diese Berechtigungen nur, wenn der Widerrufsgrund nach dem Inkrafttreten des BBergG eintritt oder aber bereits vorher eingetreten war und fortbesteht. Insoweit gelten die gleichen Grundsätze wie bei § 152 Abs. 2 S. 1 (vgl. dort Rn. 5).

5

b) Für die **zeitliche Geltung** der als Bewilligung aufrechterhaltenen Rechte und Verträge ist zu unterscheiden, ob sie befristet oder unbefristet begründet wurden. Sind sie unbefristet begründet worden, so unterliegen sie auch in Zukunft keiner zeitlichen Begrenzung. Waren sie dagegen befristet erteilt, so bleiben sie für die Dauer dieser Befristung aufrechterhalten. Nach Ablauf dieser Befristung ist eine **Verlängerung** bis zur voraussichtlichen Erschöpfung der Vorräte des Vorkommens bei ordnungs- und planmäßiger Gewinnung möglich (§ 16 Abs. 5 S. 3).

6

Die Verweisung auf § 152 Abs. 3 in S. 2 dient lediglich der Ordnung des Grundbuches, weil die Eintragung der Bewilligung ihrer Natur nach nicht möglich ist.

§ 154 Bergwerke, Bergwerksberechtigungen und Sonderrechte

(1) Aufrechterhaltene Rechte im Sinne des § 149 Abs. 1 Satz 1 Nr. 4, die zur Aufsuchung und Gewinnung berechtigen, gelten für die Bodenschätze und den Bereich, für die sie aufrechterhalten bleiben, als Bergwerkseigentum im Sinne des § 151. Rechte, die ihrem Wortlaut nach auf alle vom Verfügungsrecht des Grundeigentümers ausgeschlossenen Bodenschätze erteilt, übertragen oder verliehen worden sind, gelten dabei für die Bodenschätze, die nach den beim Inkrafttreten dieses Gesetzes geltenden bergrechtlichen Vorschriften des Landes oder Landesteiles, in dessen Gebiet das Recht gilt, bergfrei oder dem Staate vorbehalten waren. Steht nicht fest, auf welche Bodenschätze sich ein Recht bezieht, so ist insoweit der Inhalt des Rechts durch die zuständige Behörde für den Zeitpunkt des Inkrafttretens dieses Gesetzes festzustellen. Dabei sind Art und Umfang der in den letzten dreißig Jahren vor Inkrafttreten dieses Gesetzes ausgeübten Tätigkeit angemessen zu berücksichtigen.

Erstes Kapitel: Alte Rechte und Verträge 1–3 § 154

(2) Ist bei der Erteilung, Übertragung oder Verleihung des Rechts im Sinne des Absatzes 1 Satz 1 eine Urkunde, die der nach den beim Inkrafttreten dieses Gesetzes geltenden bergrechtlichen Vorschriften der Länder über die Entstehung von Bergwerkseigentum auf bergfreie Bodenschätze erforderlichen Verleihungsurkunde entspricht, nicht ausgefertigt worden, so hat die zuständige Behörde eine die Verleihungsurkunde ersetzende Urkunde auszustellen und auf Verlangen beim dem beim Inkrafttreten dieses Gesetzes Berechtigten zuzustellen. Die Urkunde muß dem § 17 Abs. 2 Satz 2 entsprechen und den Inhalt der Feststellung nach Absatz 1 Satz 3 und 4 enthalten.

(3) Ist ein Recht im Sinne des Absatzes 1 Satz 1 nicht oder nicht als Bergwerkseigentum im Grundbuch eingetragen, so gilt § 17 Abs. 3 entsprechend. An die Stelle der beglaubigten Abschrift der Berechtsamsurkunde tritt eine beglaubigte Abschrift der Verleihungsurkunde oder einer entsprechenden Urkunde.

1

Die von den Landesberggesetzen **bereits vorgefunden** und von ihnen als Bergwerkseigentum bestätigten **Aufsuchungs- und Gewinnungsrechte** (Bergwerke, Bergwerkskonzessionen, sonstige Berechtigungen und Sonderrechte i. S. des § 149 Abs. 1 S. 1 Nr. 4 – im einzelnen vgl. dort Rn. 18) werden für die Bodenschätze und für den Bereich ihrer Geltung als unbefristetes und unwiderrufbares Bergwerkseigentum nach § 151 aufrechterhalten (Abs. 1 S. 1).

2

Abs. 1 S. 2 enthält eine besondere Regelung für solche alten Rechte, die sich ausdrücklich auf alle vom Verfügungsrecht des Grundeigentümers ausgenommenen Bodenschätze erstrecken oder deren Inhalt insoweit nicht festgelegt ist. Nach der Amtl. Begründung (BT-Ds. 8/1315, 164 = Zydek, 585) soll für sie folgendes gelten:
„Diejenigen Rechte, die ausdrücklich alle dem Verfügungsrecht des Grundeigentümers entzogenen Bodenschätze umfassen, werden unter Abwägung der hiervon betroffenen Interessen in der Weise fest abgegrenzt, daß sie sich auf diejenigen Bodenschätze beziehen, die nach den beim Inkrafttreten dieses Gesetzes geltenden landesrechtlichen Vorschriften für das Gebiet, in dem das Recht gilt, bergfrei oder dem Staate vorbehalten waren. Bei den Rechten, deren Inhalt in bezug auf die ihnen unterliegenden Bodenschätze nicht feststeht, ist von der zuständigen Behörde für den Zeitpunkt des Inkrafttretens dieses Gesetzes eine inhaltliche Feststellung vorzunehmen. Dabei ist es – in Anlehnung an die für die Ersitzung geltenden Maßstäbe – gerechtfertigt, die innerhalb eines längeren Zeitraumes rechtmäßig ausgeübte Tätigkeit, also Art und Umfang der tatsächlichen Ausübung des Rechtes, angemessen zu berücksichtigen."

3

Abs. 2 hat die Aufgabe, die aufrechterhaltenen Rechte auch formell dem Bergwerkseigentum gleichzustellen. Das erfordert die Existenz einer Verleihungsurkunde. Abs. 2 sieht deshalb vor, für die alten Rechte von der zuständigen Behörde Ersatzurkunden ausstellen zu lassen, wenn über die alten Rechte keine Urkunden ausgefertigt waren, die den Verleihungsurkunden für das Bergwerkseigentum vergleichbar sind. Durch die Bezugnahme auf § 17 Abs. 2 wird sichergestellt, daß

§§ 154–156   Zwölfter Teil: Übergangs- und Schlußbestimmungen

die Ersatzurkunde den für die Entstehung neuen Bergwerkseigentum maßgeblichen Inhalt erhält. Ist der Inhalt des Rechts durch die Behörde festgestellt, so muß auch der Inhalt dieser Feststellung in die Ersatzurkunde aufgenommen werden.

4
Die grundbuchrechtliche Konsequenz aus der Gleichstellung der alten Rechte mit dem Bergwerkseigentum zieht Abs. 3, indem er die zuständige Behörde verpflichtet, die Eintragung des aufrechterhaltenen Rechts im Grundbuch zu erwirken (§ 17 Abs. 3). Soweit der zuständigen Behörde eine Berechtsamsurkunde i. S. des § 17 Abs. 2 als Unterlage für die Grundbucheintragung nicht vorliegt, kann an deren Stelle eine beglaubigte Abschrift der Verleihungsurkunde oder einer entsprechenden Urkunde treten.

§ 155 Dingliche Gewinnungsrechte

Aufrechterhaltene dingliche Gewinnungsrechte im Sinne des § 149 Abs. 1 Satz 1 Nr. 3 treten für die Bodenschätze, die Zeit und den Bereich, für die sie aufrechterhalten bleiben, an die Stelle des durch sie belasteten Bergwerkseigentums. Die §§ 24 bis 29 sind nicht anzuwenden.

1
Dingliche Gewinnungsrechte, die nach § 149 Abs. 1 Nr. 3 (vgl. dort Rn. 17) aufrechterhalten bleiben, sind selbständig im Grundbuch eingetragene Gewinnungsrechte, die ein aufrechterhaltenes Bergwerkseigentum belasten. Diese „Nutzungsrechte eigener Art" (Ebel-Weller, § 38 c Anm. 2) sind eigenständige Gewinnungsberechtigungen mit den Einzelbefugnissen des durch sie belasteten Bergwerkseigentums. Sie treten deshalb an seine Stelle und gelten für die Bodenschätze, den Bereich und die Zeit ihrer Aufrechterhaltung als dem **Bergwerkseigentum vergleichbare Rechte** fort.

2
Das durch sie belastete Bergwerkseigentum kann in der Zeit ihres Bestehens nicht genutzt werden und lebt erst nach ihrem Erlöschen wieder mit dem Inhalt des § 151 auf, sofern es nach § 149 aufrechterhalten und bestätigt worden ist.

3
Um die notwendige Einheit zwischen ursprünglich belastetem und zeitlich verselbständigtem Bergwerkseigentum nicht zu gefährden, müssen bei letzterem die Möglichkeiten der Vereinigung, Teilung oder des Austausches von Bergwerksfeldern ausgeschlossen werden. Dem trägt die Verweisung auf die §§ 24 bis 29 in S. 2 Rechnung.

§ 156 Aufrechterhaltene Rechte und Verträge über grundeigene Bodenschätze

(1) Der Inhalt aufrechterhaltener Rechte und Verträge im Sinne des § 149 Abs. 1 Satz 1 Nr. 5 und 6 bleibt unberührt, soweit dieses Gesetz nichts anderes bestimmt.

Erstes Kapitel: Alte Rechte und Verträge 1–4 § 156

(2) Rechte im Sinne des Absatzes 1 können nur mit Genehmigung der zuständigen Behörde an einen anderen durch Rechtsgeschäft abgetreten oder zur Ausübung überlassen werden. Dasselbe gilt für die Änderung von Verträgen im Sinne des Absatzes 1 und des § 149 Abs. 3 Satz 2 sowie für die Überlassung der Ausübung des sich aus einem solchen Vertrag ergebenden Aufsuchungs- oder Gewinnungsrechts. Die Genehmigung darf nur versagt werden, wenn die Abtretung, Überlassung oder Änderung die sinnvolle oder planmäßige Aufsuchung oder Gewinnung der Bodenschätze beeinträchtigt oder gefährdet.

(3) Rechte und Verträge im Sinne des Absatzes 1 erlöschen nach Maßgabe der beim Inkrafttreten dieses Gesetzes geltenden bergrechtlichen Vorschriften der Länder, sofern sie nicht bereits vorher aus anderen Gründen erloschen sind. § 149 Abs. 6 gilt entsprechend.

1

Aufrechterhaltene Rechte und Verträge i. S. des § 149 Abs. 1 S. 1 Nr. 5 und 6, vor allem **Rechte der Grundeigentümer** und **selbständige**, vom Grundeigentümer bestellte dingliche Gerechtigkeiten sowie Verträge, die der Grundeigentümer oder eine Person, die ihr Recht vom Grundeigentümer ableitet, abgeschlossen haben, bleiben in ihrem Inhalt vom BBergG unberührt. Der ihnen zugrunde liegende Rechts- oder Vertragsinhalt bleibt ohne Bezugnahme auf eine der Berechtigungsformen des BBergG aufrechterhalten. Für den Fortbestand der Zuordnung der Bodenschätze gilt § 150 Abs. 1.

2

Allerdings läßt das BBergG auch diese Rechte und Verträge für die Zukunft nicht gänzlich unangetastet. So wird nach Abs. 2 die **Verfügungsbefugnis** der aus diesen Rechten oder Verträgen Berechtigten über ihre Rechtsposition weitgehend **beschränkt**. Denn sie dürfen ihre Rechte nur noch **mit Genehmigung** der zuständigen Behörde rechtsgeschäftlich abtreten, übertragen oder zur Ausübung überlassen. Gleiches gilt für die inhaltliche Änderung der mit dem Grundeigentümer geschlossenen Verträge. Auch sie ist genehmigungspflichtig.

3

Die Genehmigung darf allerdings nur versagt werden, wenn die Abtretung, Überlassung oder Änderung die sinnvolle oder planmäßge Aufsuchung oder Gewinnung der Bodenschätze beeinträchtigen oder gefährden. Dieser Versagungsgrund entspricht dem in vergleichbarer Form bei der Erlaubnis und der Bewilligung verwendeten (vgl. § 11 Nr. 8, § 12 Abs. 1 S. 1 – vgl. § 11 Rn. 15). Von dem Genehmigungsvorbehalt wird allerdings die Übertragung des Eigentums an einem Grundstück nicht betroffen.

4

Der **zeitliche Geltungsrahmen** der nach § 149 Abs. 1 S. 1 Nr. 5 und 6 aufrechterhaltenen Rechte und Verträge wird durch das bis zum Inkrafttreten des BBergG geltende Landesbergrecht bestimmt. Er ist deshalb im Einzelfall festzustellen. Führen allerdings andere Gründe außerhalb des Landesbergrechts zum vorherigen Erlöschen, so gilt dieser Zeitpunkt als maßgeblich für die Beendigung dieser

835

§§ 156–158   Zwölfter Teil: Übergangs- und Schlußbestimmungen

Rechte und Verträge. Die grundbuchrechtlichen Folgen des Erlöschens regeln sich nach § 149 Abs. 6. Danach hat die zuständige Behörde das Grundbuchamt um Löschung des Rechts zu ersuchen.

§ 157 Grundrenten

Aufrechterhaltene Grundrenten und sonstige Abgaben im Sinne des § 149 Abs. 1 Satz 1 Nr. 8 sind nach Maßgabe der für sie beim Inkrafttreten dieses Gesetzes geltenden Vorschriften weiterhin zu entrichten.

1

Grundrenten, die nach § 149 Abs. 1 S. 1 Nr. 8 aufrechterhalten geblieben sind (vgl. § 149 Rn. 23), werden ihrem Inhalt und ihrer Dauer nach auch künftig durch das bis zum Inkrafttreten des BBergG geltende Landesrecht oder das von diesem aufrechterhaltene und fortgeführte Recht bestimmt werden und sind nach diesem Recht auch weiterhin zu entrichten (LG Koblenz vom 14. 5. 1957, ZfB 98 (1957), 460). Diese von § 157 akzeptierte Weitergeltung des bisherigen Rechts beruht auf der Überlegung, daß die Grundrenten in die Berechtigungsformen des BBergG nicht eingeordnet, insbesondere nicht dem Bergwerkseigentum gleichgestellt werden können (BT-Ds. 8/1315, 165 = Zydek, 589).

2

Aufrechterhalten bleiben diese Grundrenten und sonstigen Abgaben durch die Bestätigung der Aufrechterhaltung eines Rechtes nach § 149 Abs. 1 S. 1 Nr. 4 (Bergwerkskonzessionen). Die Anzeigevoraussetzungen und die Anzeigefristen ergeben sich, je nach dem ob die Grundrenten im Grundbuch eingetragen sind oder nicht, nach § 149 Abs. 1 oder 2.

§ 158 Erbstollengerechtigkeiten

(1) Auf aufrechterhaltene Erbstollengerechtigkeiten im Sinne des § 149 Abs. 1 Satz 1 Nr. 9 sind, soweit sich aus Absatz 2 nichts anderes ergibt, die beim Inkrafttreten dieses Gesetzes geltenden Vorschriften anzuwenden.

(2) Der aus einer Erbstollengerechtigkeit Berechtigte hat innerhalb von drei Jahren nach Inkrafttreten dieses Gesetzes die Eintragung der Erbstollengerechtigkeit im Grundbuch zu beantragen. Erbstollengerechtigkeiten, deren Eintragung im Grundbuch nicht innerhalb dieser Frist beantragt worden ist, erlöschen, soweit sie nicht bereits vor Ablauf dieser Frist aus anderen Gründen erloschen sind.

1

Zum bisherigen Recht vgl. § 223 ABG. Zum Begriff der **Erbstollengerechtigkeit** Ebel-Weller, § 223 Anm. 1:
Danach sind Erbstollen solche Stollen, die ein Dritter zum Besten fremder Gruben in freien oder nicht freien Feld anlegt, um neue Lagerstätten von Mineralien zu erschließen oder den fremden Gruben Wasser- oder Wetterlösung zu verschaffen. Der Inhaber der Erbstollengerechtigkeit (Erbstöllner) hat in seinem Feld ein wirkliches Bergwerkseigentum. Das Erbstollenrecht mußte stets durch Verleihung

erworben werden. Allerdings konnten schon nach bisher geltendem Recht neue Erbstollengerechtigkeiten nicht mehr verliehen werden. Denn seit dem Inkrafttreten des Allgemeinen BergG ist das Erbstollenrecht durch das Hilfsbaurecht (§§ 61, 62, 63 ABG) abgelöst worden.

2

Die bisher schon aufrechterhaltenen Erbstollenrechte gelten auch unter dem BBergG inhaltlich und zeitlich unverändert fort. Sie sind auch weiterhin dem bisher geltenden Recht unterworfen, da sie sich in die Berechtigungsformen des BBergG nicht eingliedern lassen.

3

Aus Gründen der Rechts- und Verfahrensvereinheitlichung verlangt Abs. 2 für alle Erbstollengerechtigkeiten den **obligatorischen Antrag des Rechtsinhabers auf Eintragung** im Grundbuch innerhalb von drei Jahren nach Inkrafttreten des BBergG. Damit wird auch die Unklarheit darüber beseitigt, ob das Erbstollenrecht zu seiner Wirksamkeit der Eintragung im Grundbuch bedarf (vgl. Ebel-Weller, § 223 Anm. 1). Wird der Antrag in diesem Zeitraum nicht gestellt, so erlischt das Recht, wenn es bis dahin von Rechts wegen überhaupt Bestand gehabt hat.

4

Anzeigevoraussetzungen und Fristen hängen davon ab, ob das Recht eingetragen war oder nicht. War die Eintragung vollzogen, gilt die Dreijahresfrist nach der öffentlichen Aufforderung (§ 149 Abs. 2 Nr. 1), anderenfalls die Dreijahresfrist seit dem Inkrafttreten des BBergG unter Vorlage der Verleihungsurkunde (§ 149 Abs. 1 S. 1 a und b).

§ 159 Alte Rechte und Aufsuchung zu wissenschaftlichen Zwecken

Aufrechterhaltene alte Rechte und Verträge, die allein oder neben anderen Befugnissen ein ausschließliches Recht zur Aufsuchung von Bodenschätzen zum Gegenstand haben, schließen die Erteilung einer Erlaubnis zur großräumigen Aufsuchung sowie einer oder mehrerer Erlaubnisse zur Aufsuchung zu wissenschaftlichen Zwecken nach § 7 für dasselbe Feld nicht aus.

1

Keine Aufrechterhaltungsvorschrift im engeren Sinne, sondern eine Kollisionsnorm ist § 159. Er soll sicherstellen, daß **großräumige Aufsuchung und Aufsuchung zu wissenschaftlichen Zwecken** durch aufrechterhaltene Rechte und Verträge, die allein oder neben anderen Befugnissen ein ausschl. Recht zur Aufsuchung von Bodenschätzen zum Gegenstand haben, nicht behindert werden. Er ist insoweit die Entsprechung der in § 7 Abs. 2 getroffenen Regelung, die eine Überschneidung von gewerblicher, wissenschaftlicher und großräumiger Aufsuchung grundsätzlich zuläßt.

2

§ 159 stellt nach der Amtl. Begründung (BT-Ds. 8/1315, 165 = Zydek, 591) keine Beeinträchtigung alter Rechte und Verträge dar, sondern die Fortschreibung eines bereits bestehenden Zustandes. Denn nach bisher geltendem Recht war die Aufsuchung zu wissenschaftlichen Zwecken auch im räumlichen Bereich dieser alten Rechte und Verträge bereits möglich, weil sie nicht als Schürfen i. S. des § 3 ABG NW anzusehen war.

§ 160 Enteignung alter Rechte und Verträge

(1) Die nach § 149 aufrechterhaltenen Rechte und Verträge können durch die zuständige Behörde gegen Entschädigung ganz oder teilweise aufgehoben werden, soweit von dem Fortbestand dieser Rechte oder der Fortsetzung ihrer Nutzung oder von der Aufrechterhaltung oder der Durchführung der Verträge eine Beeinträchtigung des Wohles der Allgemeinheit zu erwarten ist, insbesondere wenn sich das Recht oder der Vertrag auf Bodenschätze von besonderer volkswirtschaftlicher Bedeutung bezieht und diese Bodenschätze nur deshalb nicht gewonnen werden, weil der Berechtigte das Recht nicht nutzt oder den Vertrag nicht durchführt und die Nutzung oder Durchführung nach den gegebenen Umständen auch nicht in absehbarer Zeit aufnehmen wird.

(2) Die Entschädigung ist als einmalige Leistung in Geld zu entrichten; § 84 Abs. 2, 4 Satz 3 und Absatz 5 Satz 1, § 85 Abs. 1 und 2, § 86 Abs. 1 und 3, § 89 Abs. 2 und 4 und § 90 Abs. 1 Nr. 2 und 4, Absatz 2 und 4 gelten entsprechend. Wird ein Recht dinglicher Art aufgehoben, so gelten für die Entschädigung die Artikel 52 und 53 des Einführungsgesetzes zum Bürgerlichen Gesetzbuch entsprechend.

(3) Die Entschädigung ist von dem Land zu leisten, in dem die Bodenschätze belegen sind, auf die sich das ganz oder teilweise aufgehobene Recht oder der ganz oder teilweise aufgehobene Vertrag bezogen hat; sind die Bodenschätze im Bereich des Festlandsockels belegen, so ist die Entschädigung vom Bund zu leisten.

(4) Auf die Enteignung nach den Absätzen 1 bis 3 sind die Vorschriften über das förmliche Verwaltungsverfahren nach Teil V Abschnitt 1 des Verwaltungsverfahrensgesetzes anzuwenden.

(5) Ist ein nach Absatz 1 ganz oder teilweise aufgehobenes Recht im Grundbuch eingetragen und die Aufhebung unanfechtbar, so ersucht die zuständige Behörde das Grundbuchamt um die Berichtigung des Grundbuchs.

1

§ 160 räumt der zuständigen Behörde das Recht ein, **aufrechterhaltene Rechte und Verträge** auch dann **aufzuheben**, wenn diese Rechte und Verträge nach § 149 bestätigt worden sind. Weil in einem solchen Fall eine vom Ggeber anerkannte vermögenswerte Rechtsposition entzogen wird, die den Schutz des Art. 14 GG genießt, ist die **Aufhebung** nur in der Form und mit den Rechtsfolgen einer **Enteignung** möglich. Nach § 160 Abs. 1 soll sie zulässig sein, wenn
– vom Fortbestand des Rechtes bzw. der Fortsetzung seiner Nutzung oder
– von der Aufrechterhaltung bzw. der Durchführung eines Vertrages
eine **Beeinträchtigung des Wohls der Allgemeinheit** zu erwarten ist. Diese Grundvoraussetzung jeder enteignenden Maßnahme (Art. 14 Abs. 3 GG) soll dann beispielsweise erfüllt sein, wenn

Erstes Kapitel: Alte Rechte und Verträge §§ 160, 161

– das Recht oder der Vertrag die Aufsuchung oder Gewinnung von volkswirtschaftlich besonders bedeutungsvollen Mineralien betrifft **und**
– diese Bodenschätze schon jetzt nicht und auch künftig für nicht absehbare Zeit aus Gründen nicht gewonnen werden können, die allein oder wesentlich im Einflußbereich des Berechtigten liegen.

Unter welchen konkreten Voraussetzungen allerdings eine Beeinträchtigung des Wohls der Allgemeinheit eintritt, muß in jedem Einzelfall geprüft werden (vgl. dazu die Ausführungen im Zusammenhang mit der Grundabtretung § 79, Rn 1 ff).

2

Für die Entschädigungsregelung im Falle der Enteignung von aufrechterhaltenen Rechten und Verträgen verweist Abs. 2 auf die entsprechenden Bestimmungen des Grundabtretungsverfahrens (vgl. dazu § 84 Rn. 3 ff, § 85 Rn. 5 ff, § 86 Rn. 1 ff, § 89 Rn. 18 ff, 21 ff und § 90 Rn. 3, 9). Wird ein Recht dinglicher Art aufgehoben, so gelten die Art. 52 und 53 EGBGB entsprechend.

3

Da die **Aufhebung von alten Bergbauberechtigungen** nur im **öffentlichen Interesse zulässig** ist, ohne daß ein privater Dritter als Begünstigter in Betracht kommt, ist grundsätzlich das Land zur Zahlung der Entschädigung verpflichtet, in dem die Bodenschätze belegen sind, auf die sich das aufgehobene Recht oder der aufgehobene Vertrag bezieht. Entschädigungspflichtiger für die Aufhebung von Rechten im Bereich des Festlandsockels ist der Bund (das widerspricht allerdings dem in § 137 niedergelegten Grundsatz). Anspruchsberechtigt hinsichtlich der Entschädigung sind die Inhaber der Bergbauberechtigungen, seien sie natürliche oder juristische Personen.

4

Für die verfahrensrechtliche Seite der Enteignung stellt § 160 keine eigene Lösung zur Verfügung, sondern verweist auf den Teil V Abschnitt 1 des VwVfG (bzw. der Landesverwaltungsverfahrensgesetze, soweit solche erlassen worden sind. Vgl. hierzu und zu den Grundsätzen des förmlichen Verfahrens § 36 S. 2 und Rn. 2 ff).

5

Abs. 5 normiert die grundbuchrechtlichen Folgen einer Aufhebung. Sie können allerdings erst eingeleitet werden, wenn die Aufhebung unanfechtbar geworden ist.

§ 161 Ausdehnung von Bergwerkseigentum auf aufgehobene Längenfelder

(1) Wird auf Antrag eines Bergwerkseigentümers Bergwerkseigentum für ein Längenfeld nach § 151 in Verbindung mit § 20 oder durch Enteignung nach § 160 ganz oder teilweise aufgehoben, so ist Bergwerkseigentum für ein Geviertfeld, das
1. auf den gleichen Bodenschatz oder die gleichen Bodenschätze wie das Bergwerkseigentum für das Längenfeld verliehen worden ist und
2. den durch die Aufhebung betroffenen Bereich des Längenfeldes ganz umschließt,

§§ 161, 162   Zwölfter Teil: Übergangs- und Schlußbestimmungen

auf Antrag des Bergwerkseigentümers des Geviertfeldes durch Entscheidung der zuständigen Behörde auf den durch die Aufhebung betroffenen Bereich des Längenfeldes auszudehnen. Wird nur ein Teil des durch die Aufhebung betroffenen Bergwerkseigentums für ein Längenfeld von einem auf den gleichen Bodenschatz verliehenen Bergwerkseigentum für ein Geviertfeld umschlossen, so ist hinsichtlich des umschlossenen Teils Satz 1 anzuwenden.

(2) Geviertfeld ist ein Feld, das den Voraussetzungen des § 4 Abs. 7 entspricht. Längenfeld ist ein Feld, das im Streichen und Einfallen dem Verlauf einer Lagerstätte folgt. Als Längenfeld im Sinne des Absatzes 1 gilt auch ein Feld, das, wie Breitenfelder, Vertikallagerungsfelder, Gevierte Grubenfelder, weder die Voraussetzungen des Satzes 1 noch des Satzes 2 erfüllt.

Die in den §§ 161 und 162 entschiedenen Fragen hängen mit der durch das Gesetz erzwungenen (§ 160) oder vom Rechtsinhaber angestrebten (§ 20) Bereinigung von Bergwerksfeldern, insbesondere mit dem Übergang vom herkömmlichen Längen- zum heute üblichen Geviertfeld zusammen (die entsprechenden Legaldefinitionen enthält § 161 Abs. 2). In der Amtl. Begründung heißt es dazu:

„Wird ... ein Längenfeld durch Enteignung ganz oder teilweise aufgehoben, kann dem Erfordernis eines möglichst geschlossenen und auch unter rechtlichen Gesichtspunkten einheitlichen Gebietes einer Bergbauberechtigung am besten dadurch Rechnung getragen werden, daß das Geviertfeld auf den Bereich des aufgehobenen Längenfeldes ausgedehnt wird, wenn und soweit ersteres das Längenfeld umschließt und auf die gleichen Bodenschätze wie das aufgehobene Längenfeld verliehen worden ist. Aus den selben Gründen muß die Ausdehnungsmöglichkeit auch für den Fall der Aufhebung von Längenfeldern nach § 20 i. V. mit § 9, 151 und 154 geschaffen werden. Da eine Ausdehnung gegen den Willen des Geviertfeldeigentümers rechtlich bedenklich wäre, ist sie nur auf Antrag zulässig."
(BT-Ds. 8/1315, 166 = Zydek, 596)

§ 162 Entscheidung, Rechtsänderung

(1) In der Entscheidung über die Ausdehnung des Bergwerkseigentums für ein Geviertfeld auf den Bereich eines durch Enteignung nach § 160 ganz oder teilweise aufgehobenen Bergwerkseigentums für ein Längenfeld hat die zuständige Behörde dem Antragsteller aufzuerlegen, die nach § 160 Abs. 2 Satz 1 geleistete Entschädigung dem Land bis zur Höhe des Verkehrswertes des Bereichs zu erstatten, auf den das Bergwerkseigentum für ein Geviertfeld ausgedehnt wird. Für die Bemessung des Verkehrswerts, die nach § 85 Abs. 2 vorzunehmen ist, ist der Zeitpunkt der Entscheidung maßgebend.

(2) Mit Unanfechtbarkeit der Entscheidung wird die Ausdehnung des Geviertfeldes wirksam. Die zuständige Behörde hat die erforderlichen Zusatzurkunden auszufertigen. Die zuständige Behörde ersucht das Grundbuchamt, die Rechtsänderung im Grundbuch einzutragen.

1

Wird im Wege der Enteignung nach § 160 das Bergwerkseigentum für ein Längenfeld ganz oder teilweise aufgehoben und dem Bergwerkseigentum für ein Geviertfeld zugeschlagen, so bedeutet dies in der Regel eine **Ausdehnung** und damit eine

Wertsteigerung des begünstigten Geviertfeldes. Weil eine solche Umschichtung auf einem Antrag des Bergwerkseigentümers beruht (§ 161 Abs. 1 S. 1), soll das entschädigungspflichtige Land (§ 160 Abs. 3) berechtigt sein, einen angemessenen Anteil der Entschädigungssumme vom Begünstigten zurückzuholen.

2

Die **Bemessungsgrundlage** hierfür ist der **Verkehrswert** (vgl. § 142 Abs. 2 BBauG und § 85 Abs. 2 BBergG) für den Bereich, auf den das Bergwerkseigentum für ein Geviertfeld ausgedehnt worden ist (Abs. 1 S. 1). Maßgeblicher Zeitpunkt für die Berechnung des Verkehrswertes ist der Zeitpunkt der Ausdehnungsentscheidung, sachlicher Rahmen sind die in § 85 Abs. 2 genannten Kriterien. Danach wird der Verkehrswert „ durch den Preis bestimmt, der in dem Zeitpunkt, auf den sich die Ermittlung bezieht, im gewöhnlichen Geschäftsverkehr nach den rechtlichen Gegebenheiten und tatsächlichen Eigenschaften, der sonstigen Beschaffenheit und Lage des Gegenstandes der Wertermittlung ohne Rücksicht auf ungewöhnliche oder persönliche Verhältnisse zu erzielen gewesen wäre".

3

Die Ausdehnung des Geviertfeldes soll erst mit der Unanfechtbarkeit des Ausdehnungs- und Erstattungsbeschlusses (Abs. 1 S. 1) wirksam werden (Abs. 2). Die in Abs. 2 S. 2 der zuständigen Behörde auferlegte Verpflichtung zur Ausfertigung von Zusatzurkunden beruht darauf, daß es sich bei der erweiterten Bergbauberechtigung in jedem Fall um Bergwerkseigentum handelt. Daher müssen sowohl die für den Inhalt des Bergwerkseigentums maßgebenden Urkunden durch entsprechende Zusatzurkunden als auch das Grundbuch (Abs. 2 S. 3) den Rechtsänderungen angepaßt werden.

Zweites Kapitel
Auflösung und Abwicklung der bergrechtlichen Gewerkschaften

§ 163 Auflösung und Umwandlung

(1) Die bei Inkrafttreten dieses Gesetzes bestehenden Gewerkschaften mit eigener oder ohne eigene Rechtspersönlichkeit sind mit Ablauf des 1. Januar 1986 aufgelöst, wenn nicht bis zu diesem Tage
1. ein Beschluß über die Umwandlung der Gewerkschaft nach den Vorschriften des Umwandlungsgesetzes oder nach den §§ 384, 385 und 393 des Aktiengesetzes zur Eintragung in das Handelsregister angemeldet ist,
2. ein Beschluß über die Verschmelzung der Gewerkschaft mit einer Aktiengesellschaft oder einer Kommanditgesellschaft auf Aktien nach den §§ 357 oder 358 des Aktiengesetzes oder mit einer Gesellschaft mit beschränkter Haftung nach den Vorschriften des Zweiten Abschnitts des Gesetzes über die Kapitalerhöhung aus Gesellschaftsmitteln und über die Verschmelzung von Gesellschaften mit beschränkter Haftung zur Eintragung in das Handelsregister angemeldet ist oder
3. die Gewerkschaft durch Beschluß der Gewerkenversammlung oder in sonstiger Weise aufgelöst ist.

Ist der Beschluß über die Umwandlung oder die Verschmelzung angefochten worden, so tritt an die Stelle des in Satz 1 genannten Tages der sechs Monate nach dem Tag der Rechtskraft der Entscheidung liegende Tag. Die Entstehung neuer Gewerkschaften ist ausgeschlossen.

(2) Die Bezeichnung „Gewerkschaft" und der bisher von der Gewerkschaft verwendete Name können in die Firma des Unternehmens, in das die Gewerkschaft umgewandelt worden ist, aufgenommen werden. Die sonstigen firmenrechtlichen Vorschriften bleiben unberührt.

(3) Geschäfte und Verhandlungen, die in der Zeit vom 1. Januar 1982 bis zum 1. Januar 1986 oder zu dem in Absatz 1 Satz 2 genannten Zeitpunkt durchgeführt werden und einer Umwandlung oder Verschmelzung im Sinne des Absatzes 1 Satz 1 Nr. 1 oder 2 dienen, sind von Gebühren und Auslagen der Gerichte und Behörden, soweit sie nicht auf landesrechtlichen Vorschriften beruhen, befreit. Die Befreiung schließt Eintragungen und Löschungen in öffentlichen Büchern ein; sie gilt auch für Beurkundungs- und Beglaubigungsgebühren. Die Sätze 1 und 2 gelten für die Umwandlung einer Gewerkschaft ohne eigene Rechtspersönlichkeit in eine Gewerkschaft mit eigener Rechtspersönlichkeit entsprechend, soweit die Umwandlung der Vorbereitung einer unter Absatz 1 Satz 1 Nr. 1 oder 2 fallenden Umwandlung in eine Gesellschaft mit beschränkter Haftung, Verschmelzung mit einer solchen Gesellschaft oder Umwandlung oder Verschmelzung nach dem Aktiengesetz dient.

§ 164 Abwicklung

(1) Eine aufgelöste oder als aufgelöst geltende Gewerkschaft ist abzuwickeln. Die Fortsetzung der Gewerkschaft ist ausgeschlossen.

(2) Der Repräsentant (Grubenvorstand) hat die Abwickler (Liquidatoren) dem Gericht des Sitzes der Gewerkschaft unverzüglich, spätestens drei Monate nach dem in § 163 Abs. 1 Satz 1 oder 2 genannten Zeitpunkt, namhaft zu machen. Sind dem Gericht des Sitzes der Gewerkschaft bis zu diesem Zeitpunkt keine Abwickler namhaft gemacht worden, so hat es die Abwickler von Amts wegen zu bestellen. Die zuständige Behörde hat die abzuwickelnde Gewerkschaft dem Gericht des Sitzes der Gewerkschaft unter Angabe ihres Namens und, soweit bekannt, des Namens des Repräsentanten (Grubenvorstandes) und der Namen der beteiligten Gewerken bekanntzugeben.

(3) Die Abwickler haben dafür Sorge zu tragen, daß die Abwicklung ohne Verzögerung durchgeführt wird.

§ 165 Fortgeltendes Recht

Bis zu dem in § 163 Abs. 1 Satz 1 oder 2 genannten Zeitpunkt und für den Zeitraum einer Abwicklung nach § 164 sind die beim Inkrafttreten dieses Gesetzes für Gewerkschaften geltenden bergrechtlichen Vorschriften der Länder weiterhin anzuwenden, soweit sich aus § 163 Abs. 1 Satz 3 und § 164 nichts anderes ergibt.

1

1. **Grundsätzliches:** Die Aufhebung der bergrechtlichen Gewerkschaft als besondere Gesellschaftsform ist wesentlicher Bestandteil der Bergrechtsreform. Sie wird begründet damit, daß die außerbergrechtlichen Gesellschaftsformen völlig ausreichend seien, um selbst den Anforderungen bei individuell gelagerten Verhältnis

sen in Fällen von Aufsuchung und Gewinnung von Bodenschätzen gerecht zu werden (BT-Drucksache 8/1315, 72 = Zydek, 602). Auch habe das Gewerkschaftsrecht den erheblichen Mangel nicht ausreichenden Gläubigerschutzes und sei in der Praxis in immer geringerem Maße von werbenden Gesellschaften mit bergbautypischen Zwecken benutzt worden (hierzu Kühne, Zeitschrift für das gesamte Genossenschaftswesen 1982, 183, 187). Die Versuche, die bergrechtliche Gewerkschaft gegen die Stimmen ihrer Kritiker (vgl. Ebel-Weller, § 94, 1) zu retten (Isay, Entwurf eines Bundesberggesetzes, München, 1954 Boldt, Überlegungen zur Neugestaltung des Rechts der bergrechtlichen Gewerkschaft in Festschrift für Westermann, 1974, 1) und damit gescheitert.

2
2. **Entwicklung:** Das BBergG beendet damit eine Gesellschaftsform, die dem ältesten deutschen Bergrecht angehörte. Sie ist schon in der ersten Aufzeichnung mittelalterlichen Bergwerksgebräuchen, dem Tridentiner Bergrecht von 1208, enthalten und wurde fortgeführt in den mittelalterlichen Bergordnungen sowie in Teil II Titel 16 ALR und als „Gewerkschaft alten Rechts" auch durch §§ 226 ABG nicht aufgelöst. Diese altrechtliche Gewerkschaft war eine Gesellschaft ohne eigene Rechtspersönlichkeit, eine Gesellschaft von Eigentümern zur gesamten Hand (Seume, ZfB 106 (1965), 144, 145 und hM, vgl. Ebel-Weller, § 226, 4 b). Gewerken waren ursprünglich die mitarbeitenden Bergleute, später mit Kapital beteiligte Gewerken. Die üblicherweise 128 Anteile der Gewerken (Kuxe) waren ideelle Quoten am Gesamthandseigentum, z. B. am Bergwerk. Sie galten als unbewegliche Sachen, wurden im Grundbuch eingetragen, durch Auflassung veräußert und hypothekarisch belastet (zur Geschichte des Kux, Noltze-Winkelmann, Glückauf 1982, 105).

3
3. Durch §§ 94 ABG wurde die **bergrechtliche Gewerkschaft „neuen Rechts"** eingeführt. Die altrechtlichen Gewerkschaften bleiben bestehen, ihnen wurde durch § 235 ABG die Möglichkeit zur Umwandlung in die neue Gesellschaftsform gegeben. Außerdem entfiel durch §§ 227, 99 ABG die persönliche Haftung der einzelnen Gewerken alten Rechts für Gewerkschaftsschulden.

4
Die Gewerkschaft neuen Rechts ist juristische Person mit unbeschränkter Rechts- und Handlungsfähigkeit. Ihr gehört das Bergwerk und das übrige Vermögen, sie haftet allein für Verbindlichkeiten. Sie vereinigt in sich personengesellschaftsrechtliche und kapitalgesellschaftsrechtliche Elemente (Kühne, aao, 185).

5
Den Schwankungen des Bergbaubetriebes trägt das stets wandelbare Gesellschaftskapital Rechnung. Der Gewerke ist bei Verlusten zur **Zubuße** verpflichtet, kann sich jedoch durch **Verzicht** (Abandon) auf seinen Anteil (Kux) befreien, so daß der Kux im Wege der Mobilarversteigerung veräußert wird und der Erlös die Zubuße tilgt.

6

Der Begriff **Kux** hat dreierlei Bedeutung: er ist der quotenmäßige Anteil des Gewerken an dem gesamten gewerkschaftlichen Vermögen, er ist Ausdruck der Rechte und Pflichten des in das Gewerkenbuch eingetragenen Gewerken und schließlich auch die Urkunde (Kuxschein) über die Eintragung in das Gewerkenbuch. Der Kuxschein ist kein Wertpapier, seine Übertragung setzt nicht die Übergabe des Scheins voraus (h. M. Noltze-Winkelmann, Glückauf 1982, 105, 108). Der Kux als Mitgliedschaftsrecht der Gewerken hat im Gegensatz zur Aktie keinen Nennwert, so daß aus der Anzahl der Kuxe unmittelbar der Umfang der Beteiligung hervorgeht. Er ist durch schriftliche Erklärung übertragbar, steht insofern der Aktie an Mobilität nach, zumal sich auch bei der geringstmöglichen Stückelung von 1 1/10 000 noch ein erheblicher Veräußerungswert ergibt (Seume, ZfB 106 (1965), 144, 151).

7

Die Gewerkschaftsorgane sind die Gewerkenversammlung, die auch dem Vorstand Anweisungen zur Geschäftsführung geben kann und in allen geschäftlichen Angelegenheiten die Kompetenzkompetenz hat (hM, anders für Gewerkschaften die dem Montan-MitBestG unterliegen, Knitterscheid ZfB 96 (1955), 140, 148, hiergegen Dapprich Glückauf 1951, 927, 931 und ZfB 96 (1955), 154), und der **Grubenvorstand** (bei Einzelpersonen **Repräsentant**), der zwar die Gewerkschaft gerichtlich und außergerichtlich vertritt, dessen Vertretungsmacht jedoch dahin beschränkt werden kann, daß er zu wichtigen Geschäften (z. B. Verkauf, Belastung des Bergwerkes) einer besonderen Ermächtigung durch die Satzung bedarf. In den dem Montanmitbestimmungsgesetz oder dem Mitbestimmungsgesetz unterfallenden Gewerkschaften ist außerdem noch der Aufsichtsrat notwendiges Organ, der dann anstelle der Gewerkenversammlung den Grubenvorstand zu bestellen hat. Das Recht der Festlegung des Jahresabschlusses bleibt auch in diesen Fällen bei der Gewerkenversammlung (Seume, a. a. O., 153, Dapprich Glückauf 1951, 931, Knitterscheid ZfB 96 (1955), 140, 144). Die Besonderheiten der Gewerkschaft gegenüber anderen gesellschaftsrechtlichen Formen bestehen noch in folgendem

8

a) **Finanzierungselastizität:** Die Kapitalerhöhung wird im Regelfall über Zubußeleistungen vollzogen, die die Gewerkenversammlung mit einfacher Stimmenmehrheit beschließt.
Auch die Ausgabe neuer Kuxe nach vorheriger Herabsetzung der Quoten ist als Finanzierungsmittel einfacher zu handhaben als bei anderen Gesellschaftsformen. Eine Kapitalerhöhung kann ohne den Zwang der Publizität durchgeführt werden. Ein verminderter Kapitalbedarf kann durch erhöhte Ausbeuten reibungslos ausgeglichen werden. Da kein Zwang zur gesetzlichen Rücklage besteht, ist die Gewerkschaft in der Bilanzierung und Gewinnverwendung freier gestellt als die AG (Seume, a. a. O., 157).

9

b) **Geringe Mobilität der Kuxe:** Durch die Gefahr der Zubuße und die oben dargestellten Gründe (Rn. 6) ist der Kux weniger mobil als die Aktie.

10

c) **Gläubigerschutz:** Das Gewerkschaftsrecht kennt keine Gläubigerschutzbestimmungen zum Zwecke der Erhaltung des Gewerkschaftsvermögens. Die Ausbeute kann über den Jahresgewinn hinausgehen, die persönliche Haftung der Gewerken durch Zubußen ist durch das Abandonrecht neutralisiert.

11

d) **Publizität:** Es gibt keine Publizitätsvorschriften, der Besitz oder Betrieb eines Bergwerks begründet noch keine Pflicht zur Eintragung ins Handelsregister (Seume, a. a. O., 156).

12

e) **Herrschaftsrecht der Anteilseigner:** Die Herrschaftsrechte der Inhaber von Kuxen sind insofern ausgeprägter als bei den Inhabern von Aktien und GmbH-Anteilen, weil Auskunftsrechte (kein Verweigerungsrecht i. S. § 131 Abs. 3 AktG) und die Anfechtungsrechte (gem. § 115 Abs. 1 ABG reicht der Einwand, daß der Beschluß der Gewerkschaft nicht zum Besten gereicht, im Gegensatz zu § 243 AktG) eingeschränkt sind.

13

4. In NW hat das Recht der Gewerkschaften durch das 2. Änderungsgesetz zum ABG vom 25. 5. 1954 (GS NW 694 = ZfB 95 (1954) 272) eine Einschränkung erfahren, ähnlich ist seit 1978 die Regelung in Niedersachsen (Kühne, aao, 187). Die Entstehung der Gewerkschaft setzt den Abschluß eines notariell zu beurkundenden **Gründungsvertrages** voraus, der eine **Satzung** enthalten muß. Aus dieser Satzung muß sich der Gewerkschaftszweck ergeben, der **nicht überwiegend bergbaufremd** sein darf. Die behördliche Kontrolle erfolgt dadurch, daß der Gründungsvertrag der **Bestätigung des LOBA** bedarf und die Gewerkschaft erst mit der Aushändigung der Bestätigungsurkunde entsteht.

14

Sofern eine Gewerkschaft fortgesetzt überwiegend bergbaufremde Geschäfte betreibt, soll sie nach § 94 Abs. 6 ABG NW durch Beschluß des LOBA aufgelöst werden.

15

5. Die Regelung des § 163 Abs. 1 betrifft die Gewerkschaften alter und neuer Art. Sie enthält drei Aussagen:
– die Entstehung neuer Gewerkschaften ab 1. 1. 1982 ist ausgeschlossen.
– die bisherigen Gewerkschaften sind zum 1. 1. 1986 aufgelöst; hilfsweise sechs Monate nach dem Tag einer rechtskräftigen Entscheidung über die Anfechtung eines Umwandlungs- oder Verschmelzungsbeschlusses.
– die Gewerkschaft kann sich vor dem 1. 1. 1986 auflösen oder die Umwandlung bzw. Verschmelzung beschließen und zur Eintragung in das Handelsregister anmelden.

Die bestehenden Gewerkschaften gelten demnach mit Ablauf des 1. 1. 1986 als aufgelöst, wenn nicht bis dahin einer der drei Rechtsakte vollzogen ist (Kühne in Zeitschrift für das gesamte Genossenschaftswesen 1982, 183)

§ 165 16–21   Zwölfter Teil: Übergangs- und Schlußbestimmungen

– Anmeldung eines Umwandlungsbeschlusses zur Eintragung in das Handelsregister
– Anmeldung eines Beschlusses über die Verschmelzung in das Handelsregister
– Auflösung der Gewerkschaft durch Beschluß der Gewerkenversammlung oder in sonstiger Weise.

16
6. Die **Umwandlung** der Gewerkschaft bedeutet ihre Überführung in eine andere Rechtsform unter Wahrung ihrer Identität. Nach § 1 UmwG kann die bergrechtliche Gewerkschaft mit eigener und ohne eigene Rechtspersönlichkeit in eine OHG, KG, BGB-Gesellschaft umgewandelt oder ihr Vermögen auf einen Gewerken übertragen werden. Für die Umwandlung bedarf es der Einhaltung der Ankündigungs- und Bekanntmachungsformvorschriften des § 24 Abs. 2 UmwG, eines Umwandlungsbeschlusses der Gewerkenversammlung und seiner Bestätigung durch die Bergbehörde sowie seiner Eintragung in das Handelsregister (bei nicht eingetragenen bergrechtlichen Gewerkschaften der Formvorschriften der §§ 28, 29 UmwG).

17
Nach § 63 UmwG kann eine bergrechtliche Gewerkschaft mit eigener Rechtspersönlichkeit in eine GmbH umgewandelt werden, wenn die Gewerkenversammlung das mit 3/4 Mehrheit aller Kuxe beschließt. Im übrigen vgl. Rn. 16.

18
Nach § 384 AktG kann eine bergrechtliche Gewerkschaft durch Beschluß der Gewerkenversammlung (3/4 Mehrheit aller Kuxe) in eine AG umgewandelt werden. Voraussetzung ist, daß der Nennbetrag von mindestens 100 000, DM gem. § 384 Abs. 4 AktG erreicht wird, d. h. daß das nach Abzug der Schulden verbleibende Vermögen der Gewerkschaft diesen Betrag erreicht. Auch hier bedarf der Gewerkenbeschluß der Bestätigung der Bergbehörde, die sie versagen kann, wenn das öffentliche Interesse entgegensteht, und der Eintragung ins Handelsregister.

19
Nach § 393 AktG kann eine bergrechtliche Gewerkschaft in eine **Kommanditgesellschaft auf Aktien** umgewandelt werden.

20
Die **Verschmelzung** ist die Vereinigung mehrerer Gesellschaften zu einer Gesellschaft, eine Abwicklung findet nicht statt (§ 339 AktG).

21
Bei der Verschmelzung durch **Aufnahme** wird das Vermögen der Gewerkschaft als Ganzes von der neuen Gesellschaft übernommen, die Gewerken erhalten Anteilsrechte an der neuen Gesellschaft.

22

§ 163 Abs. 1 Nr. 2 sieht 3 mögliche neue Gesellschaftsformen vor: die AG, die KGaA und die GmbH. Da die Vorschrift die Voraussetzungen der Verschmelzung nicht neu bestimmt, sondern von bestehenden Voraussetzungen ausgeht, folgt daraus, daß Nr. 2 nur für die bergrechtliche Gewerkschaft mit eigener Rechtspersönlichkeit gilt. Die bergrechtlichen Gewerkschaften alten Rechts müßten daher zunächst in der Übergangszeit von 4 Jahren in eine Gewerkschaft neuen Rechts gem. §§ 165 BBergG, 235 a ABG **umgewandelt** werden. Die Umwandlung erfolgt durch gerichtlich oder notariell zu beurkundenden, mit ¾ Mehrheit der Kuxe zu fassenden und vom LOBA zu bestätigenden Umwandlungsbeschluß. Die bestehende Gewerkschaft muß sich den Bestimmungen des IV. Titels des ABG, soweit sie nach § 94 Abs. 2 unabänderlich sind, unterwerfen und die in § 235 a ABG vorgeschriebene Kuxeinteilung vornehmen. In NW ist außerdem § 94 ABG hinsichtlich der Erfordernisse von Gründungsvertrag, Satzung und Bestätigung des LOBA zu beachten. Eine **Auflassung** des Bergwerks ist wegen der Gesamtrechtsnachfolge nicht erforderlich (bestr., wie hier Ebel-Weller, § 235 a, 2).

23

Die Verschmelzung **durch Aufnahme** vollzieht sich aufgrund eines notariell zu beurkundenten Verschmelzungsvertrages, den die Vorstände (Grubenvorstand) mit Zustimmung der Hauptversammlung (Gewerkenversammlung) beider Gesellschaften (¾ Mehrheit der Kuxe, notarielle Beurkundung des Zustimmungsbeschlusses, Bestätigung der Bergbehörde gem. § 357 Abs. 3 AktG). Die Vorstände müssen schließlich die Verschmelzung zur Eintragung ins Handelsregister anmelden (§ 345 AktG), mit der Eintragung geht das Vermögen der übertragenden Gesellschaft einschließlich Verbindlichkeiten auf die übernehmende Gesellschaft über, die übertragende Gesellschaft erlischt gem. § 346 Abs. 4 AktG.

24

Die Verschmelzung durch **Neubildung** beginnt ebenfalls mit dem Abschluß des Fusionsvertrages, der zugleich die Satzung der neuen Gesellschaft festlegt. Die beiden zu verschmelzenden Gesellschaften sind Gründer, die sich vereinigenden Gesellschaften gehen in einer dritten Gesellschaft auf, die zu diesem Zweck errichtet wird. Das Verfahren entspricht dem bei Verschmelzung durch Aufnahme, (Änderungen, vgl. § 353 AktG) mit der Eintragung der neuen Gesellschaft erlöschen die sich vereinigenden Gesellschaften, ihr Vermögen geht im Wege der Gesamtnachfolge auf die neugebildete Gesellschaft über.

25

§ 163 Abs. 1 Nr. 3 sieht die Auflösung der Gewerkschaft vor Ablauf der Vierjahresfrist vor. Die Auflösung bedarf eines Auflösungsbeschlusses (¾ Mehrheit aller Kuxe) der Gewerkenversammlung, die der notariellen Beurkundung bedarf. Die Gesellschaft tritt durch die Auflösung in Liquidation und besteht bis zur Beendigung der Liquidation fort. Die Löschung der Gewerkschaft im Handelsregister ist für ihre Auflösung ohne Bedeutung (Ebel-Weller, § 94, 4 = S. 211).

26

„**Auflösung in sonstiger Weise**" i. S. § 163 Abs. 1 Nr. 3 sind durch Konkurseröffnung und Beendigung der Liquidation (§ 42 BGB, RG ZfB 46 (1905), 90), durch zwangsweisen Entzug der Rechtsfähigkeit (§ 43 BGB), durch satzungsgemäßen Zeitablauf, durch Beschluß des LOBA gem. § 94 Abs. 6 ABG NW, durch Umwandlung oder Verschmelzung möglich. Die Gewerkschaft wird jedoch nicht aufgelöst durch Verzicht auf das Bergwerkseigentum oder durch Verkauf (OLG Hamm ZfB 40 (1899), 488, Klostermann-Thielmann, 6. Aufl., Anm. 2 A zu § 100).

27

Die **Bezeichnung „Gewerkschaft"** und der bisher verwandte Name kann nur weitergeführt werden, wenn eine **Umwandlung** gem. § 163 Abs. 1 Nr. 1 stattgefunden hat. Man wird trotz der Überschrift zu § 163 nicht die Umwandlung als Oberbegriff für „Umwandlung und Verschmelzung" ansehen können, weil sowohl in Abs. 1 als auch Abs. 3 diese Begriffe nebeneinander benutzt werden.

28

Nach der Auflösung der Gewerkschaft folgt die **Abwicklung**, für die § 164 einen Abwicklungszwang festgelegt hat, um eine langfristige Liquidation auszuschließen. Die formellen Vorschriften der Abs. 2 und 3 dienen der Beschleunigung des Abwicklungsverfahrens.

29

Durch § 165 wird das bisherige Landesrecht für eine Übergangszeit aufrechterhalten, in der die Gewerkschaften gem. § 163 bestehen bleiben und nach bisherigem Recht zu behandeln sind.

30

Die **Übergangsfrist** soll nach dem Willen der Kommission des Wirtschaftsausschusses des Bundestages (Zydek, 604) auch dazu genutzt werden, das Recht der bergrechtlichen Gewerkschaft zu reformieren. Die Kommission hat die Auflösungs- und Umwandlungsbestimmungen unter den Vorbehalt gestellt, daß „eine Reform der bergrechtlichen Gewerkschaft nicht zustande kommt".

Drittes Kapitel: Sonst. Übergangs- und Schlußvorschriften §§ 166, 167

Drittes Kapitel
Sonstige Übergangs- und Schlußvorschriften

§ 166 Bestehende Hilfsbaue

Die bei Inkrafttreten dieses Gesetzes bestehenden, nach den vor diesem Zeitpunkt geltenden Vorschriften rechtmäßig angelegten Hilfsbaue gelten als Hilfsbaue im Sinne dieses Gesetzes.

Rechtmäßig nach dem bisher geltenden Recht angelegte **Hilfsbaue**, die bei Inkrafttreten des BBergG bestanden haben, gelten von diesem Zeitpunkt an als Hilfsbaue i. S. dieses Gesetzes (vgl. §§ 44, 45, 46 und die dort gemachten Ausführungen).

§ 167 Fortgeltung von Betriebsplänen und Anerkennungen

(1) Für Tätigkeiten und Einrichtungen im Sinne des § 2 und der §§ 126 bis 131, die bei Inkrafttreten dieses Gesetzes der Bergaufsicht unterliegen, gilt folgendes:
1. Die im Zeitpunkt des Inkrafttretens dieses Gesetzes zugelassenen Betriebspläne gelten für die Dauer ihrer Laufzeit als im Sinne dieses Gesetzes zugelassen.
2. Die Person, deren Befähigung zur Leitung und Beaufsichtigung des Betriebes anerkannt ist (Aufsichtspersonen), gelten für die Dauer der Anerkennung, höchstens jedoch für zwei Jahre nach Inkrafttreten dieses Gesetzes, für die ihnen im Zeitpunkt des Inkrafttretens dieses Gesetzes übertragenen Geschäftskreise als verantwortliche Personen im Sinne der §§ 58 und 59.
3. Die Personen, die vom Unternehmer (Bergwerksbesitzer, Bergwerksunternehmer) im Rahmen seiner verantwortlichen Leitung des Betriebes zur Wahrnehmung bestimmter Aufgaben und Befugnisse für die Sicherheit und Ordnung im Betrieb bestellt und der Bergbehörde namhaft gemacht worden sind (verantwortliche Personen), gelten nach Maßgabe der ihnen im Zeitpunkt des Inkrafttretens dieses Gesetzes übertragenen Aufgaben und Befugnisse als verantwortliche Personen im Sinne der §§ 58 und 59.

(2) Absatz 1 Nr. 2 und 3 gilt von dem Zeitpunkt ab nicht, von dem ab nach einer auf Grund des § 66 Satz 1 Nr. 9 erlassenen Bergverordnung die Fachkunde der in Absatz 1 Nr. 2 und 3 genannten Personen für die ihnen übertragenen Geschäftskreise oder Aufgaben und Befugnisse wegen der in der Bergverordnung gestellten Anforderungen nicht ausreicht oder der Unternehmer ihre Bestellung im Sinne des § 59 ändert.

1
Die Vorschrift regelt das Fortgelten von zugelassenen Betriebsplänen und Bestellungen von Aufsichtspersonen, die nach bisherigem Recht erfolgen. Voraussetzung ist, daß es sich um Aufsuchen, Gewinnen oder Aufbereiten von Bodenschätzen handelt oder um unter Bergaufsicht stehende alte Halden, Versuchsgruben, Hohlraumbauten oder Hauptstellen für das Grubenrettungswesen.

2
1. Die Fortgeltung zugelassener **Betriebspläne** betrifft zunächst vom Wortlaut der Bestimmung her die **Dauer**. Sie gelten so lange fort, wie ihre Laufzeit dauert. Bei unbefristeten Zulassungen bedeutet das unbefristete Fortgeltung. Die Fristen des

§ 167 3–7   Zwölfter Teil: Übergangs- und Schlußbestimmungen

§ 52 für Haupt- und Rahmenbetriebspläne gelten insofern nicht nachträglich für diese Zulassungen.

3

Die Fortgeltung betrifft aber auch den **Inhalt** dieser Betriebspläne. Sie gelten so weiter, wie sie zugelassen wurden. Für sie ist beispielsweise § 52 Abs. 4, der den Inhalt neu zugelassener Betriebspläne bestimmt, nicht anzuwenden. Ein nach altem Recht zugelassener Rahmenbetriebsplan dient als Grundlage für die ihn ausfüllenden Haupt- und Sonderbetriebspläne auch dann, wenn er nicht inhaltlich den Voraussetzungen des § 52 entspricht. Eingriffe in den Rahmenbetriebsplan und seine Grundlagenwirkung sind nur nach § 56 Abs. 1 Satz 2 möglich. Zugelassen und damit fortgeltend sind auch Betriebspläne die durch Nachtragsanträge nach dem 1.1.1982 ergänzt oder bei denen unter Fortbestand der Zulassung Änderungen aufgenommen wurden oder die zur Zeit des Inkrafttretens des BBergG verwaltungsgerichtlich angefochten oder gegen deren Auflagen Widerspruch eingelegt worden war.

4

Allerdings wird man auf diese Betriebspläne § 56 Abs. 1 Satz 2 über **nachträgliche** Aufnahme, Änderung oder Ergänzung von Auflagen anwenden können. Denn die Fortgeltungsgarantie geht nur dahin, daß die alten Betriebspläne „als zugelassen gelten", d. h. es bedarf nicht mehr des Verwaltungsaktes der Zulassung nach den Vorschriften des BBergG. Die weitere rechtliche Behandlung des Betriebsplanes nach der Zulassung erfolgt dann aber nach den Vorschriften des BBergG (§ 56 Rn. 97 f.).

5

Die Aufrechterhaltung nach § 167 Abs. 1 Nr. 1 betrifft nur Betriebspläne, **nicht Ausnahmebewilligungen oder Erlaubnisse** aufgrund von Bergverordnungen. Bei diesen ergibt sich der Fortbestand aus dem Fortgelten der Verordnungen gem. § 176 Abs. 3.

6

2. Bei dem Weitergelten der **Anerkennungen und Bestellungen** von Personen ist zu unterscheiden zwischen denen, die als Aufsichtsperson nach den älteren Berggesetzen von der Bergbehörde anerkannt worden sind, und denen, die nach neu gefaßten Berggesetzen (ABG von Hessen, NRW, Saarland, Rheinland-Pfalz, Baden-Württemberg und bayer. BG) vom Unternehmer bestellt worden sind. Die ersteren werden in § 167 Abs. 1 Nr. 2 als **Aufsichtspersonen**, die letzteren in § 167 Abs. 1 Nr. 3 als **verantwortliche Personen** bezeichnet.

7

a) Anerkannte **Aufsichtspersonen** gelten für höchstens zwei Jahre nach dem 1.1. 1982 als verantwortliche Personen i. S. des BBergG. Der Grund für die Befristung ist, daß der alte, mit der Konzeption des BBergG auf primäre Verantwortlichkeit des Unternehmers für die Bestellung von Personen nicht übereinstimmende Rechtszustand möglichst bald beseitigt werden soll. Das Vertrauen in die behördliche Anerkennung soll eine Zeitlang, aber befristet, geschützt werden.

Drittes Kapitel: Sonst. Übergangs- und Schlußvorschriften **§§ 167, 168**

8
Es gilt auch der **Inhalt** der Anerkennung und der Übertragung des Geschäftskreises fort. Allerdings gilt für die Verantwortlichkeit des **Unternehmers** bereits § 61. Sofern er seine übertragbaren Pflichten nicht gem. § 62 übertragen hatte, sind die Verpflichtungen bei ihm entstanden und verblieben.

9
b) Vom Unternehmer **bestellte** Personen gelten als verantwortliche Personen i. S. des BBergG. Hierzu gehören Personen, die nach folgenden Landesberggesetzen bestellt worden sind: Baden, Württemberg, Preußen, Bayern, Hessen, NRW, Saarland, Rheinland-Pfalz.

10
Als **Unternehmer** werden hier kraft gesetzlicher Klammerergänzung auch Bergwerksbesitzer, Bergwerksunternehmer verstanden. Dies war notwendig wegen der in den früheren Gesetzen verwendeten anderen Begiffe für diejenige Person, auf dessen Rechnung der Betrieb geführt wird.

11
In Großbetrieben wird eine Vielzahl von verantwortlichen Personen **durch** eine andere **vorgesetzte verantwortliche Person** bestellt (§ 74 Abs. 3 ABG NW). Diese Personen sind nicht unmittelbar vom Unternehmer bestellt. Dennoch ist die Bestellung gem. § 167 Abs. 1 Nr. 3 fortgeltend. Es muß insofern eine nur **unmittelbare Delegation** durch den Unternhemer genügen. Der Unternehmer selbst bestellt in diesen Fällen nämlich mit dem Recht und der Verpflichtung der Weiterdelegation, so daß auch die weiter untergeordnete Leitungsperson letztlich vom Unternehmer bestellt ist.

12
Die vor Inkrafttreten des BBergG Bestellten gelten allerdings nur im Rahmen der ihnen übertragenen Aufgaben und Befugnisse als verantwortliche Personen. Auch hier bleibt die Verantwortlichkeit gem. § 61 beim Unternehmer, soweit sie nicht übertragen wurde oder das nach § 62 unzulässig war.

13
c) Eine zeitliche Grenze für die Fortgeltung von Anerkennungen und Bestellungen sieht § 167 Abs. 2 vor. Der Übergang der alten Bestellungen auf das neue Recht gilt nicht mehr, wenn eine Bergverordnung gem. § 68 Satz 1 Nr. 9 über die notwendige Fachkunde erlassen wurde oder der Unternehmer die Bestellung inhaltlich geändert hat.

§ 168 Erlaubnisse für Transit-Rohrleitungen

Die am 1. Januar 1982 nach § 2 des Gesetzes zur vorläufigen Regelung der Rechte am Festlandsockel erteilten vorläufigen Erlaubnisse zur Errichtung oder zum Betrieb von Transit-Rohrleitungen gelten für die Dauer ihrer Laufzeit als Genehmigungen im Sinne des § 133.

§§ 168, 169 Zwölfter Teil: Übergangs- und Schlußbestimmungen

Vorläufig erteilte **Erlaubnisse** für die Errichtung und den Betrieb von **Transitrohrleitungen** im Bereich des Festlandsockels gelten, wenn sie bis zum Inkrafttreten dieses Gesetzes erteilt waren, für die Dauer ihrer Laufzeit als Genehmigungen i. S. des § 133 fort. Eines besonderen Anmeldeverfahrens bedarf es nicht.

§ 169 Übergangszeit bei Unterstellung unter die Bergaufsicht, eingestellte Betriebe

(1) Für Tätigkeiten und Einrichtungen im Sinne des § 2 und der §§ 126 bis 131 (Betriebe), die erst mit Inkrafttreten dieses Gesetzes der Bergaufsicht unterliegen, gilt folgendes:
1. Der Unternehmer hat seinen Betrieb unverzüglich der zuständigen Behörde anzuzeigen.
2. Die nach § 51 oder nach den §§ 126 bis 130 in Verbindung mit § 51 für die Errichtung oder Führung des Betriebes erforderlichen Betriebspläne sind innerhalb einer Frist von vier Monaten nach Inkrafttreten dieses Gesetzes der zuständigen Behörde zur Zulassung einzureichen. Ist der Betriebsplan fristgemäß eingereicht, so bedarf es für die Errichtung oder Fortführung des Betriebes bis zur Unanfechtbarkeit der Entscheidung über die Zulassung keines zugelassenen Betriebsplanes. Bei Untergrundspeichern ist der Nachweis der Veröffentlichung nach § 126 Abs. 1 Satz 2 nicht erforderlich.
3. Verantwortliche Personen sind, soweit nach § 59 Abs. 2 oder nach den §§ 126 bis 131 in Verbindung mit § 59 Abs. 2 erforderlich, innerhalb einer Frist von vier Monaten nach Inkrafttreten dieses Gesetzes zu bestellen und der zuständigen Behörde namhaft zu machen.

(2) Auf Betriebe im Sinne des Absatzes 1, die bei Inkrafttreten dieses Gesetzes bereits endgültig eingestellt waren oder die Erdwärme gewinnen und diese Wärme zu Bade- oder Heilzwecken nutzen, ist dieses Gesetz nicht anzuwenden. Dieses Gesetz ist ferner auf Betriebe nicht anzuwenden, in denen bei Inkrafttreten dieses Gesetzes Ziegeleierzeugnisse auch aus Tonen im Sinne des § 3 Abs. 4 Nr. 1 hergestellt werden.

1

1. Die Vorschrift regelt den Übergang von Betrieben, die bisher nicht der Bergaufsicht unterstellt waren, in die Bergaufsicht. Da es sich bereits um „errichtete" und „aufgenommene" Betriebe handelt, reichte die Anzeigepflicht des § 50 nicht aus, um die Bergbehörde über die Existenz dieser Betriebe zu unterrichten. In § 169 Abs. 1 Nr. 1 ist daher eine Anzeigepflicht des Unternehmers festgelegt worden. Anders als in § 50 Abs. 1 entfällt die Pflicht zur Anzeige nicht, wenn ein Betriebsplan eingereicht wird. Diese Pflicht obliegt dem Unternehmer vielmehr gem. § 169 Abs. 1 Nr. 2 außerdem. Der Betriebsplan tritt neben die Genehmigungen oder Erlaubnisse, die bisher für den Betrieb erteilt wurden. Ferner muß der Unternehmer innerhalb von 4 Monaten verantwortliche Personen bestellen. Bis zur Bestellung hat er jedoch schon die allgemeinen Pflichten des § 61.

Drittes Kapitel: Sonstige Übergangs- und Schlußvorschriften   §§ 169, 170

2
2. Eine Verletzung der Pflichten aus § 169 Abs. 1 Nr. 1 oder Nr. 3 ist eine Ordnungswidrigkeit gem. § 145 Abs. 1 Nr. 22.

3
3. Zuständig ist nach § 1 Abs. 3 Nr. 11 der VO über Zuständigkeiten v. 5. 1. 1982 (GuV NW, 2) das Bergamt für die Entgegennahme von Betriebsplänen und Mitteilungen nach § 169 Abs. 1.

4
4. Für endgültig eingestellte Betriebe schließt § 169 Abs. 2 die Geltung des BBergG grundsätzlich aus (vgl. § 69 Rn. 31, § 128 Rn. 9).

§ 170 Haftung für verursachte Schäden

Auf Schäden im Sinne des § 114, die ausschließlich vor Inkrafttreten dieses Gesetzes verursacht worden sind, sind die für solche Schäden vor Inkrafttreten dieses Gesetzes geltenden Vorschriften anzuwenden.

1
1. Die Vorschrift ordnet die Anwendung der bisher geltenden Haftungsvorschriften auch über das Datum des Inkrafttretens des BBergG – also des 1. 1. 1982 (vgl. § 178) hinaus – an, sofern Schäden im Sinne des § 114 **ausschließlich** vor diesem Zeitpunkt **verursacht** worden sind. Für diese Schäden gilt mithin das BBergG nicht. Die Regelung ist aus folgenden Gründen sachgerecht: Zwischen der maßgebenden Betriebshandlung oder der Summe einzelner Betriebshandlungen, dem Auftreten von Bodenbewegungen auf der Erdoberfläche und dem Eintritt eines Schadens im Rechtssinne kann ein Zeitraum bis zu mehreren Jahren liegen. Ohne die Übergangsregelung des § 170 würde das BBergG in abgeschlossene, von dem haftenden Bergbauunternehmer nicht mehr zu beeinflussende Tatbestände eingreifen und ihn der verschärften Haftung unterwerfen. Diese besteht insbesondere in der neu eingeführten Haftung bei Personenschäden und Schäden an beweglichen Sachen; hinzu tritt die Verbesserung der Beweissituation des Geschädigten durch Einführung der Bergschadensvermutung des § 120. Schließlich wird durch Einführung der Bergschadensausfallkasse (§§ 122, 123) eine Solidarhaftung der Bergbauunternehmen zur Sicherung von Ersatzansprüchen eingeführt.

2
Es entspricht daher der Billigkeit, diejenigen Betriebshandlungen noch nach altem Recht zu behandeln, die bis zu dessen Auslaufen abgeschlossen waren. Zur Abgrenzung verwendet das Gesetz die **ausschließliche Schadensverursachung** bis zum 1. 1. 1982, greift also nicht auf die Entstehung des Schadens oder das Auftreten von Bodenbewegungen an der Tagesoberfläche, sondern auf die maßgebende **Betriebshandlung** zurück.

3

2. **Ausschließlich** vor dem 1.1.1982 verursacht sind Bergschäden im Sinne des § 114 dann, wenn die maßgebenden Betriebshandlungen vor diesem Zeitpunkt stattgefunden haben und abgeschlossen sind. **Maßgebende Betriebshandlung** ist der zeitlich und räumlich zusammenhängende Abbau in einem bestimmten Teil des Bergwerksfeldes oder Grubengebäudes (Bauabteilung, Flöz, Streb, Pfeiler). Wird der Abbau in einem solchen Bereich über den Zeitpunkt des 1.1.1982 hinweg fortgesetzt, und stellt sich ein nach diesem Zeitpunkt entstehender Schaden im Rechtssinne als Folgeerscheinung eines zeitlich und räumlich nicht zu differenzierenden Abbaus dar, wird nach BBergG gehaftet.

4

3. Nach dem Wortlaut der Vorschrift beschränkt sich der Geltungsbereich des früheren Rechts auf **Schäden im Sinne des § 114**. Es erscheint deshalb die Auffassung vertretbar, daß § 170 nur die Rechtsfolgen der Schädigung nach altem Recht regeln will, im übrigen aber davon ausgeht, daß etwa die Anpassungsregelung der §§ 110 ff. bereits Anwendung findet. Für eine Geltung der §§ 110 ff. ist ferner anzuführen, daß nach der Gesetzesbegründung für die Beziehungen zwischen (früherem) Bergbau und Oberflächennutzung ein Nachbarschaftsverhältnis angenommen werden muß, und daß eine Ersatzpflicht ultima ratio nicht sein soll für den Fall, daß der Konflikt zwischen Bergbau und Grundeigentum nicht im Wege der gegenseitigen Rücksichtnahme gelöst werden kann (BT-Ds. 8/1315, 138 = Zydek, 412). Die Betonung der Situationsgebundenheit sowie die Schaffung eines solchen nachbarrechtlichen Rücksichtnahmeprinzips lassen die Annahme zu, daß mit Ausnahme der eigentlichen Schadensregulierung bei Substanzschäden im übrigen bereits das neue Recht Anwendung finden soll. Allerdings gilt die Bergschadensvermutung nicht. Desgleichen gilt auch nicht die 30jährige Verjährung nach § 117 Abs. 2 (§ 117 Rn. 15).

5

4. Die Frage, ob ein eingetretener Schaden nach altem oder neuem Bergschadensrecht zu beurteilen ist, kann in der Übergangszeit auch prozessual zu Schwierigkeiten führen. Nach allgemeinen Grundsätzen hat der Geschädigte die Voraussetzungen, die seinen Anspruch stützen, darzulegen und zu beweisen. Bei bisher nicht von der Haftungsnorm des § 148 ABG erfaßten Schäden (Personenschäden oder Schäden an beweglichen Sachen) muß daher der Geschädigte den Beweis führen, daß die eingetretenen Schäden durch Betriebshandlungen verursacht worden sind, die nach dem 1.1.1982 durchgeführt wurden. Der Geschädigte dürfte damit in vielen Fällen überfordert sein. Zur gleichen Problematik bei der Bergschadensvermutung vgl. § 120 Rn. 12).

§ 171 Eingeleitete Verfahren

(1) In eingeleiteten Grundabtretungs- oder anderen Enteignungsverfahren ist nach den bisher geltenden Vorschriften zu entscheiden. Hat die zuständige Behörde die Entschädigung noch nicht festgesetzt, so sind die Vorschriften dieses Gesetzes über die Entschädigung in gleichen oder entsprechenden Fällen anzuwenden.

Drittes Kapitel: Sonst. Übergangs- und Schlußvorschriften **1–3 § 171**

(2) In sonstigen eingeleiteten Verfahren ist nach den Vorschriften dieses Gesetzes zu entscheiden.

(3) Die Anfechtung von Verwaltungsakten, die vor Inkrafttreten dieses Gesetzes auf Grund der außer Kraft getretenen Vorschriften ergangen und noch nicht unanfechtbar geworden sind, sowie das weitere Verfahren und die Entscheidung richten sich nach den Vorschriften dieses Gesetzes über die entsprechenden Verwaltungsakte. Ein nach den bisher geltenden Vorschriften zulässiger Rechtsbehelf wird als ein nach diesem Gesetz zulässiger Rechtsbehelf behandelt, auch wenn er bei einer nicht mehr zuständigen Stelle eingelegt wird.

(4) Die Anfechtung von gerichtlichen Entscheidungen, die vor dem Inkrafttreten dieses Gesetzes ergangen und noch nicht unanfechtbar geworden sind oder die in den beim Inkrafttreten dieses Gesetzes anhängigen gerichtlichen Verfahren ergehen, sowie das weitere Verfahren bis zur rechtskräftigen Entscheidung richten sich nach den bisher geltenden Vorschriften.

1
1. Abs. 1 enthält eine Übergansregelung für eingeleitete **Grundabtretungs-** oder **andere Enteignungsverfahren** (z. B. Zulegung), die nach den bisher geltenden Vorschriften zu Ende zu führen und zu entscheiden sind. Damit **gelten** insbesondere **nicht** die Vorschriften über die Zulässigkeit und die Voraussetzungen einer Grundabtretung (§§ 77 bis 83); wohl aber, sofern eine Entschädigung noch nicht festgesetzt war, insoweit bereits die Entschädigungsgrundsätze des BBergG. Erhebliche Unterschiede dürften sich daraus entgegen der Begründung (BT-Ds. 8/1315, 171 = Zydek, 618) nicht ergeben, da die Entschädigung nach den Grundsätzen des Art. 14 GG zu bemessen ist. Nach **altem Recht** sind auch Übernahmeansprüche gem. § 138 ABG zu behandeln, die so lange geltend gemacht werden können, wie die bergbauliche Benutzung des zwangsweise in Anspruch genommenen Grundstücks fortdauert. Auch das hierfür nach ABG vorgesehene Verfahren (§§ 142 ff.) gilt mangels entsprechender Regelungen im BBergG weiter.

2
2. **In sonstigen eingeleiteten Verfahren** ist nach den Vorschriften des BBergG zu entscheiden (Abs. 2). Bedeutung hat die Vorschrift insbesondere für **Betriebsplanverfahren**, auf deren Erlaß bei Erfüllung der in § 55 genannten Voraussetzungen nunmehr ein Rechtsanspruch besteht, sofern die zuständige Behörde nicht nach § 48 aufgrund überwiegenden öffentlichen Interesses Beschränkungen oder Verbote ausspricht. Die Mitwirkung anderer Behörden (§ 54 Abs. 2) richtet sich bei nicht abgeschlossenen Verfahren nach BBergG, nach bisher geltendem Recht eingegangene zustimmende Erklärungen anderer Behörden bleiben bestehen.

3
Sind vor dem 1. 1. 1982 als solche bezeichnete Rahmenbetriebspläne oder andere Betriebspläne zugelassen worden, in denen bestimmte Maßnahmen (z. B. Abteufen von Schächten, Anlegung von Halden, Errichtung von Übertageanlagen) grundsätzlich mit der Maßgabe genehmigt wurden, daß für die Ausführung der Einzelheiten noch zusätzliche Betriebspläne einzureichen seien, gilt folgendes: Der zugelassene Betriebsplan bleibt in Kraft und entfaltet zugunsten des Unter

nehmers eine dem Vorbescheid nach § 9 BImSchG vergleichbare **Bindungswirkung**, insbesondere sofern Fragen des Standorts und der grundsätzlichen Zulässigkeit des Vorhabens geprüft und positiv entschieden sind. Dies ergibt sich aus dem Grundsatz der Rechtssicherheit. Die nachzureichenden Betriebspläne, in denen die Einzelheiten der Durchführung beschrieben werden (z. B. Abteufmaßnahmen, Einzelheiten der Rekultivierung, Fragen der technischen Durchführung) gelten als Nachträge im Sinne von § 52 Abs. 4 S. 2. Nebenbestimmungen dürfen derartigen Nachträgen nicht beigefügt werden, sofern sie den durch die Bindungswirkung abgedeckten Bereich der Erstzulassung berühren, materiell-rechtlich also als unzulässiger (Teil-)Widerruf des Erstbescheids erscheinen (vgl. § 49 VwVfG). Die bisher übliche Bezeichnung der einzelnen Betriebsplanarten ist eine Zweckschöpfung der Verwaltung; die Grenzen zwischen Rahmen-, Sonder- und Einzelbetriebsplänen waren seit jeher fließend. Insbesondere sind sie nicht identisch mit dem Wortgebrauch des BBergG (§ 52 Abs. 1, 2). Bei der Prüfung der **Reichweite der Bindungswirkung** im Erstbescheid ist daher **nicht auf die Bezeichnung abzustellen**, sondern auf den räumlich-gegenständlichen Umfang des zuerst zugelassenen Betriebsplans und damit die Frage, wieweit die Bergbehörde mit der Zulassung die rechtliche Unbedenklichkeit attestiert hat.

4

3. Verwaltungsakte, die vor Inkrafttreten des Gesetzes angefochten worden sind, sind bereits nach neuem Recht (Abs. 3) zu entscheiden. Da Abs. 4 eine ausdrückliche Übergangsbestimmung für die Anfechtung **gerichtlicher Entscheidungen** trifft, bedeutet Anfechtung im Sinne Abs. 3 allein die Durchführung des Widerspruchsverfahrens (§ 68 VwGO). Die Regelung bezieht sich ausschließlich auf Tatbestände mit bergrechtlichem Normgehalt. Abs. 2 S. 2 soll Nachteile des Betroffenen vermeiden. Der bei einer nicht mehr nach BBergG zuständigen Stelle eingelegte Rechtsbehelf wird an die zuständige Stelle weitergeleitet und von dieser entschieden.

5

4. In anhängigen oder noch nicht rechtskräftig abgeschlossenen Gerichtsverfahren sind die bisher geltenden bergrechtlichen Regelungen der gerichtlichen Entscheidung zugrunde zu legen. Die Regelung dient der Vereinfachung und Beschleunigung des Verfahrens; insbesondere wird damit die Verweisung an andere Gerichte vermieden.

§ 172 Mutungen

Auf Mutungen, die bei Inkrafttreten dieses Gesetzes bereits eingelegt sind und auf die nach den beim Inkrafttreten dieses Gesetzes jeweils geltenden bergrechtlichen Vorschriften der Länder über das Muten und Verleihen Bergwerkseigentum zu verleihen gewesen wäre, ist für die Bodenschätze und das Feld, für die Bergwerkseigentum zu verleihen gewesen wäre, eine Bewilligung zu erteilen, wenn der Muter nicht innerhalb von zwölf Monaten nach Inkrafttreten dieses Gesetzes auf die Erteilung verzichtet.

Mit dem Inkrafttreten des BBergG ist die Begründung von Bergwerkseigentum

Drittes Kapitel: Sonstige Übergangs- und Schlußvorschriften §§ 172,173

ohne vorherige Bewilligung ausgeschlossen. Es bedurfte daher einer Regelung, wie die bei Inkrafttreten des Gesetzes bereits gestellten **Anträge auf Verleihung von Bergwerkseigentum** (Mutungen) zu behandeln sind. § 172 sieht folgendes vor:

Auf bereits bei Inkrafttreten des Gesetzes eingelegte Mutungen, die nach den bis dahin geltenden bergrechtlichen Vorschriften der Länder einen Anspruch auf Verleihung von Bergwerkseigentum begründen, ist für die Bodenschätze, auf die das Bergwerkseigentum zu verleihen gewesen wäre, eine Bewilligung zu erteilen. Das gilt auch dann, wenn die in Betracht kommenden Bodenschätze nach § 3 nicht mehr zu den bergfreien, sondern zu den grundeigenen Bodenschätzen gehören. In diesem Fall ist jedoch § 150 Abs. 2 zu beachten. Voraussetzung für die Erteilung der Bewilligung ist es allerdings, daß der Muter mit der Erteilung dieser Berechtigung einverstanden ist. § 172 räumt ihm deshalb eine Bedenkzeit bis zum 31. 12. 1982 ein.

§ 173 Zusammenhängende Betriebe

(1) Stehen Tätigkeiten und Einrichtungen im Sinne des § 2 (Betrieb) zur unterirdischen Aufsuchung oder Gewinnung von bergfreien oder grundeigenen Bodenschätzen mit einem Betrieb oder Betriebsteil in unmittelbarem räumlichen und betrieblichen Zusammenhang, in dem andere Bodenschätze übertage aufgesucht oder gewonnen werden, so kann die zuständige Behörde bestimmen, daß an die Tätigkeiten und Einrichtungen in diesem Betrieb oder Betriebsteil die Vorschriften dieses Gesetzes anzuwenden sind, soweit dies mit Rücksicht auf die Untrennbarkeit der Arbeits- und Betriebsvorgänge zwischen unter- und übertage geboten ist. Die Anordnung nach Satz 1 ist aufzuheben, wenn eine der Voraussetzungen für ihren Erlaß entfällt.

(2) Soweit Tätigkeiten und Einrichtungen im Sinne des § 2 zur Aufsuchung oder Gewinnung von bergfreien oder grundeigenen Bodenschätzen mit einem Kraftwerk, das zur Aufsuchung oder Gewinnung der Bodenschätze erforderlich ist, oder mit einer Schamottefabrik im unmittelbaren räumlichen und betrieblichen Zusammenhang stehen, kann, wenn das Kraftwerk oder die Schamottefabrik nach den bei Inkrafttreten dieses Gesetzes geltenden Vorschriften zum Bergwesen gehört, die zuständige Landesregierung durch Rechtsverordnung bestimmen, daß auf die Tätigkeiten und Einrichtungen in dem Kraftwerk oder der Schamottefabrik die Vorschriften dieses Gesetzes anzuwenden sind, soweit dies mit Rücksicht auf die Untrennbarkeit der Arbeits- und Betriebsvorgänge notwendig erscheint.

1
§ 173 regelt zwei unterschiedliche Fälle der **Ausdehnung des gesetzlichen Geltungsbereiches** für zusammenhängende Betriebe. In Abs. 1 wird das Nebeneinander von Betrieben des über- und untertägigen Bergbaus auf bergfreie und grundeigene Bodenschätze geregelt, während Abs. 2 regionalen Besonderheiten Rechnung trägt und für die **Zechenkraftwerke** insbesondere im Saarland und für die **Schamottefabriken** in Rheinland-Pfalz die Anwendbarkeit des BBergG ausdehnt. (Zu den Zechenkraftwerken vgl. VO zur Änderung der VO über die bergaufsichtliche Überwachung der bergbaulichen Nebengewinnungs- und Weiterverarbeitungsanlagen durch die Bergbehörden vom 22. 1. 1938, vom 29. 4. 1980, Gesetzblatt des Saarlandes, 19; zu den Schamottefabriken LandesVO über die Anwen-

§§ 173, 174 Zwölfter Teil: Übergangs- und Schlußbestimmungen

dung der Bestimmungen des BBergG auf Schamottefabriken vom 24. 6. 1982, GVBl. für das Land Rheinland-Pfalz vom 14. 7. 1982).

2
Zu Abs. 1 heißt es in der Amtl. Begründung (BT-Ds. 8/1315, 170 = Zydek, 622): „Die Abgrenzung des Geltungsbereiches nach Bodenschätzen in § 3 schließt ... die Möglichkeit nicht aus, daß miteinander im Zusammenhang stehende Betriebe teils in den Geltungsbereich dieses Gesetzes einbezogen sind, zum Teil jedoch anderen Rechtsordnungen (u. a. Gewerbeordnung) unterliegen. Für derartige Fälle ist z. B. in § 3 des in verschiedenen Ländern geltenden Gesetzes über die Beaufsichtigung von unterirdischen Mineralgewinnungsbetrieben, Tiefspeichern und Tiefbohrungen vom 18. 12. 1933 vorgesehen, daß der zuständige Minister die Anwendbarkeit bergrechtlicher Vorschriften auch auf die nicht dem Bergrecht unterliegenden Betriebe anordnen kann, wenn diese mit bergbaulichen Betrieben räumlich und betrieblich zusammenhängen.
§ 173 knüpft an diese Regelung an. Ihr Anwendungsbereich wird allerdings auf das Zusammentreffen unter- und übertägiger Aufsuchung oder Gewinnung beschränkt, weil nur in derartigen Fällen eine einheitliche Zuordnung unterläßlich ist. Außerdem wird die Anordnungsbefugnis über die nach geltendem Recht geforderten Voraussetzungen hinaus noch davon abhängig gemacht, daß die Unterstellung unter das Bergrecht mit Rücksicht auf die Untrennbarkeit der Arbeits- und Betriebsvorgänge zwischen unter- und übertage geboten ist."

3
Abs. 2 ist erst während des Gesetzgebungsverfahrens auf Drängen des Saarlandes unter Hinweis auf den bewährten Energieverbund zwischen Bergwerk und Kraftwerk in das Gesetz aufgenommen worden. Um seinem Wunsch Nachdruck zu verleihen, hatte das Saarland noch während des Gesetzgebungsverfahrens die Kraftwerke ausdrücklich in die Verordnung über die bergaufsichtliche Überwachung der bergbaulichen Nebengewinnungs- und Weiterverarbeitungsanlagen durch die Bergbehörden aufgenommen. Damit war die rechtliche Zuordnung der Bergbaukraftwerke zum Bergwerksbetrieb unzweideutig durch den Verordnungsgeber festgelegt worden. Diese Zuordnung gilt nach dem ausdrücklichen Willen des Abs. 2 trotz der Aufhebung der Nebengewinnungsverordnung auch noch nach dem Inkrafttreten des BBergG fort.

§ 174 Änderungen von Bundesgesetzen

(1) Die Gewerbeordnung in der Fassung der Bekanntmachung vom 1. Januar 1978 (BGBl. I S. 97), zuletzt geändert durch Gesetz vom 17. März 1980 (BGBl. I S. 321), wird wie folgt geändert:
1. § 24 Abs. 2 erster Halbsatz erhält folgende Fassung: „Absatz 1 gilt auch für die Tagesanlagen des Bergwesens und für Anlagen, die nichtgewerblichen Zwecken dienen, sofern sie im Rahmen wirtschaftlicher Unternehmungen Verwendung finden oder soweit es der Arbeitsschutz erfordert;".
2. In § 34 Abs. 5 wird das Komma nach dem Wort „ist" durch einen Punkt ersetzt; die Worte „im gleichen, daß das Gewerbe der Markscheider nur von Personen betrieben werden darf, welche als solche geprüft und konzessioniert sind" werden gestrichen.

Drittes Kapitel: Sonst. Übergangs- und Schlußvorschriften §174

3. In § 120 e wird folgender Absatz 4 angefügt:

„(4) Der Bundesminister für Arbeit und Sozialordnung wird ermächtigt, durch Rechtsverordnung mit Zustimmung des Bundesrates den Geltungsbereich der Verordnung über Arbeitsstätten vom 20. März 1975 (BGBl. I S. 729) und der Verordnung über gefährliche Arbeitsstoffe in der Fassung der Bekanntmachung vom 8. September 1975 (BGBl. I S. 2493) sowie deren Änderungen auf Tagesanlagen und Tagebaue des Bergwesens auszudehnen, soweit dies zum Schutz der in den §§ 120 a und 120 b genannten Rechtsgüter erforderlich ist."

4. § 144 Abs. 1 Nr. 2 erhält folgende Fassung:

„2. ohne eine nach Landesrecht erforderliche Genehmigung (§ 34 Abs. 5) den Handel mit Giften betreibt, wenn die Tat nicht in landesrechtlichen Vorschriften mit Strafe oder Geldbuße bedroht ist oder".

(2) § 717 der Reichsversicherungsordnung in der im Bundesgesetzblatt Teil III, Gliederungsnummer 820-1, veröffentlichten bereinigten Fassung, zuletzt geändert durch Artikel 1 des Gesetzes vom 15. Dezember 1979 (BGBl. I S. 2241), erhält folgende Fassung:

„§ 717

Durch allgemeine Verwaltungsvorschriften, die der Zustimmung des Bundesrates bedürfen, werden geregelt
1. das Zusammenwirken der Berufsgenossenschaften und Gewerbeaufsichtsbehörden,
2. das Zusammenwirken der Berufsgenossenschaften und der für die Bergaufsicht zuständigen Behörden,

Die Verwaltungsvorschriften nach Satz 1 Nr. 1 werden vom Bundesminister für Arbeit und Sozialordnung, die Verwaltungsvorschriften nach Satz 1 Nr. 2 von den Bundesministern für Arbeit und Sozialordnung und für Wirtschaft erlassen."

(3) § 1 Abs. 2 Nr. 4 des Gesetzes über technische Arbeitsmittel vom 24. Juni 1968 (BGBl. I S. 717), zuletzt geändert durch Gesetz vom 13. August 1979 (BGBl. I S. 1432), wird gestrichen.

(4) Das Rechtspflegergesetz vom 5. November 1969 (BGBl. I S. 2065), zuletzt geändert durch § 37 des Gesetzes vom 13. August 1980 (BGBl. I S. 1310), wird wie folgt geändert: In § 3 Nr. 1 Buchstabe m wird das Wort „und" durch ein Komma ersetzt; nach dem Wort „Bundesbaugesetz" werden die Worte „und § 94 Abs. 4 des Bundesberggesetzes" eingefügt.

(5) § 4 Abs. 2 des Bundes-Immissionsschutzgesetzes vom 15. März 1974 (BGBl. I S. 721, 1193), zuletzt geändert durch Artikel 12 des Gesetzes vom 28. März 1980 (BGBl. I S. 373), erhält folgende Fassung:

„(2) Anlagen des Bergwesens oder Teile dieser Anlagen bedürfen der Genehmigung nach Absatz 1 nur, soweit sie über Tage errichtet und betrieben werden. Keiner Genehmigung nach Absatz 1 bedürfen Tagebaue und die zum Betrieb eines Tagebaus erforderlichen sowie die zur Wetterführung unerläßlichen Anlagen."

(6) Dem § 20 der Verordnung zur Ausführung der Grundbuchordnung in der im Bundesgesetzblatt Teil III, Gliederungsnummer 315-11-2, veröffentlichten bereinigten Fassung, geändert durch Artikel 1 der Verordnung vom 21. März 1974 (BGBl. I S. 771), wird folgender Absatz angefügt:

§ 174 1–3 Zwölfter Teil: Übergangs- und Schlußbestimmungen

„(2) Absatz 1 zweiter Halbsatz gilt auch für die grundbuchmäßige Behandlung von Bergbauberechtigungen."

1
Durch § 174 werden verschiedene Bundesgesetze geändert. Schwerpunkte sind: die Übernahme von überwachungsbedürftigen Anlagen mit geringem bergbautypischem Charakter und geringen bergbautypischen Besonderheiten in den Geltungsbereich des Gewerberechts, die Regelung des Zusammenwirkens zwischen Bergbehörde und Bergbauberufsgenossenschaft durch Änderung des § 717 RVO und die Erweiterung der Möglichkeit, Anlagen des Bergwesens über Tage in die Genehmigungspflicht des BImSchG einzubeziehen.

2
1. **Überwachungsbedürftige Anlagen.** Die Bundesregierung kann durch Rechtsverordnung für überwachungsbedürftige Anlagen, d. h. die mit Rücksicht auf ihre Gefährlichkeit einer besonderen Überwachung bedürfen, Anzeige- oder Erlaubnispflichten, bestimmte Anforderungen an Werkstoffe, Ausrüstung oder Unterhaltung, Prüfungen und ihre Gebühren festlegen Die überwachungsbedürftigen Anlagen ergeben sich aus § 24 Abs. 3 GewO (z. B. Dampfkesselanlagen, Druckbehälter, Anlagen zur Lagerung, Abfüllung, Beförderung von brennbaren Flüssigkeiten, Azetylenanlagen).
Nach § 6 GewO galt diese Ermächtigung zu Rechtsverordnungen nach § 24 GewO nicht für Anlagen des Bergwesens, da in § 24 GewO hierfür keine ausdrücklichen Bestimmungen enthalten waren. Das ist jetzt für Tagesanlagen des Bergwesens anders: für sie gilt nunmehr durch die ausdrückliche Aussage in § 24 Abs. 2 GewO die Ermächtigung zu Rechtsverordnungen i. S. § 24 Abs. 1 GewO. Die VO'en gem. § 24 GewO (z. B. Dampfkessel-VO, Druckbehälter-VO, Aufzugs-VO, VO über elektrische Anlagen in explosionsgefährdeten Räumen, Acetylen-VO, VO über brennbare Flüssigkeiten), die noch in der Fassung vom 27. 02. 1980 (BGBl, 173) die Bestimmungen enthielten, daß sie nicht für Anlagen „in Unternehmen des Bergwesens" gelten (vgl. ZfB 121 (1980), 126, 127, 144–146) bedürfen der Anpassung an die neue Gesetzeslage (vgl. auch § 56 Rn. 403).

3
2. **Markscheiderzulassung.** Nach § 34 Abs. 5 GewO konnten bisher Landesgesetze vorschreiben, daß das Gewerbe der Markscheider nur von Personen betrieben werden darf, welche als solche geprüft und konzessioniert sind. Diese Ermächtigung für den Landesgesetzgeber, der die Markscheiderzulassungsgesetze (Hessen, GuV 1973, 469; Niedersachsen, GuV 1978, 269; NRW, GuV 1968, 201; Saarland, Amtsbl. 1968, 882; vgl. auch § 69 Rn. 39) und die Preußische Markscheiderordnung v. 25. 03. 1923 (pr. Handelsminist.Bl. 1924, 153) ihre Existenz verdanken, ist durch § 174 Abs. 1 Nr. 2 gestrichen worden. Grund dafür ist, daß § 64 die markscheiderischen Arbeiten bundesgesetzlich regelt.
Abgetrennt werden gem. § 64 Abs. 3 lediglich die persönlichen Voraussetzungen, unter denen eine Person als Markscheider tätig werden kann. Nur insofern können die Länder Regelungen treffen (v. Mäßenhausen, Das Markscheidewesen, 1982, 4). Inwieweit die Markscheiderzulassungsgesetze bzw. die Preußische Markscheiderordnung gem. § 176 außer Kraft getreten sind, vgl. § 69 Rn. 41.

Drittes Kapitel: Sonst. Übergangs- und Schlußvorschriften **4–7 § 174**

4
3. **Arbeitsstätten und Arbeitsstoffe.** Die VO über Arbeitsstätten v. 20. 03. 1975 (BGBl, 729) und die VO über gefährliche Arbeitsstoffe i. d. F. v. 08. 09. 1975 (BGBl, 2493), deren Ermächtigungsgrundlage § 120 e GewO ist, war wegen § 6 GewO auf das Bergwesen nicht anwendbar, weil das gesetzlich nicht ausdrücklich vorgesehen war. Durch § 174 Abs. 1 Nr. 3 soll das Bergrecht materiell-rechtlich entlastet werden und für Tagesanlagen und Tagebaue des Bergwesens das Gewerberecht gelten. Durch die 1. VO zur Änderung der VO über Arbeitsstätten v. 02. 01. 1982, BGBl 1 und die 2. VO zur Änderung der VO über gefährliche Arbeitsstoffe v. 11. 02. 1982, BGBl 140, sind diese Vorschriften inzwischen auf Tagesanlagen und Tagebaue des Bergwesens ausgedehnt worden. § 174 Abs. 1 Nr. 3 ist demnach durch den Verordnungsgeber vollzogen (vgl. hierzu § 55, Rn. 42).
In NRW gelten außerdem die Richtlinien des LOBA NRW für den Umgang mit gefährlichen Arbeitsstoffen in den der Bergaufsicht unterstehenden Betrieben v. 27. 11. 1981 (SBl LOBA A 2/4 = ZfB 123 (1982), 122).

5
4. **Bereinigung von Ordnungswidrigkeiten.** Die Vorschrift des § 174 Abs. 1 Nr. 4 zieht für die Ordnungswidrigkeiten die Folgerung aus dem Wegfall der Ermächtigung des Landesgesetzgebers für markscheiderische Konzessionen. Der bisherige Ordnungswidrigkeitstatbestand mußte insofern aus der GewO gestrichen werden.

6
5. **Unfallverhütungsvorschriften der Berufsgenossenschaften.** Das Verhältnis zwischen **Bergrecht** und **Sozialversicherungsrecht** oder zwischen **Bergbehörde** und **Bergbau-Berufsgenossenschaft** ist einem langjährigen Entwicklungsprozeß unterworfen gewesen (hierzu Zydek, ZfB 118 (1977) 340).

7
Der Gesetzgeber des BBergG hat sich ebenfalls mit diesem Verhältnis befaßt (hierzu Boldt, RdA 1981, 1, 6). Er wollte es durch eine Änderung und Ergänzung der §§ 708, 717 RVO regeln. Nach § 708 Abs. 4 RVO sollte die Befugnis der Berufsgenossenschaften, **Unfallverhütungsvorschriften** zu erlassen, nicht gelten für untertägige Betriebe und Betriebsteile von Unternehmen, die der Bergaufsicht unterliegen. Damit sollte die bisherige Beschränkung der Berufsgenossenschaft im gesamten unter Bergaufsicht stehenden Bereich aufgehoben werden und die Berufsgenossenschaft erstmals für weite Bereiche des Bergbaus, nämlich für den gesamten Übertagebereich, Unfallverhütungsvorschriften erlassen können. Dieser Vorschlag der Regierungsvorlage ist nach Ablehnung durch den Bundesrat (BT-Drucks. 8/1315, Anl. 2, 166 = Zydek, 632) nicht in das Gesetz aufgenommen worden, weil der belegschaftsmäßige Zusammenhang des Übertage- mit dem Untertagebetrieb keine unterschiedlichen Unfallverhütungsvorschriften verträgt. Ebenso ist am Widerstand des Bundesrates der Vorschlag der Regierungsvorlage zur Ergänzung des § 708 RVO durch einen Absatz 5 gescheitert. Danach sollte durch Rechtsverordnung bestimmt werden können, daß auch für übertägige Betriebsanlagen, die mit unter Bergaufsicht stehenden Betrieben in einem räumlichen und betrieblichen Zusammenhang verbunden sind, die Bergbau-Berufsgenossenschaft Unfallverhütungsvorschriften erlassen darf.

8

Überstanden hat die parlamentarische Diskussion lediglich der Regierungsvorschlag, durch § 174 Abs. 2 den § 717 RVO zu ändern. Obwohl diese Änderung zunächst durch die vorgesehene grundsätzliche Erweiterung der Zuständigkeiten der Berufsgenossenschaften motiviert war (Zydek, 630), die dann aber unterblieb, ist die Regelung über das **Zusammenwirken zwischen Bergbauberufsgenossenschaft und Bergbehörde** in das Gesetz aufgenommen worden.

9

Die Stellung des § 717 RVO im System dieses Gesetzes gibt Aufschluß über seine Anwendbarkeit. Er betrifft die Überwachungstätigkeit der Berufsgenossenschaften gem. §§ 712 ff. RVO, nicht den Erlaß von Unfallverhütungsvorschriften gem. §§ 708 ff. RVO. Denn für letzteren Aufgabenbereich schafft § 708 Abs. 4 RVO weiterhin die Abgrenzung, daß – bis auf die Befugnis, die Zahl der Sicherheitsbeauftragten nach § 719 Abs. 5 RVO zu bestimmen und zur Festlegung der Maßnahmen zur Erfüllung des ASiG – Berufsgenossenschaften im unter Bergaufsicht stehenden Unternehmensbereich keine Funktion haben. Anders im Aufgabenbereich der Überwachung: Hier können die technischen Aufsichtsbeamten die bergbaulichen Betriebe unabhängig von der Aufsicht nach Bergrecht **besichtigen** (§ 714 Abs. 1 S. 1 RVO), sie können **Auskünfte** über Einrichtungen, Arbeitsverfahren, Arbeitsstoffe verlangen. Sie sind berechtigt, gegen Empfangsbescheinigung und ggf. unter Zurücklassung amtlich verschlossener oder versiegelter Teile, **Proben** nach ihrer Auswahl zu fordern oder zu entnehmen (§ 714 Abs. 1 S. 3 RVO). Sie sind schließlich berechtigt, sofort vollziehbare **Anordnungen zur Beseitigung von Unfallgefahren** zu treffen, wenn Gefahr im Verzuge ist (§ 714 Abs. 1 S. 5 RVO).

10

Praktisch bedeutet das, daß die Bergbauberufsgenossenschaften die Einhaltung der bergbehördlichen Vorschriften einschließlich der Betriebspläne wie sie im Bergbau-Bereich keine eigenen berufsgenossenschaftlichen Vorschriften erlassen können, überwachen (Zydek, ZfB 118 (1977), 340, 344). Dies allerdings nur im Rahmen ihrer Aufgabenstellung, der Unfallverhütung.

11

Um das Zusammenwirken der nebeneinander zuständigen Bergbehörde und Bergbauberufsgenossenschaft in diesem Bereich „Überwachung" zu regeln, schafft § 717 Ziff. 2 nunmehr die **Ermächtigung für allgemeine Verwaltungsvorschriften**. Für das Zusammenwirken zwischen Berufsgenossenschaften und Gewerbeaufsicht liegen diese Verwaltungsvorschriften bereits vor. Sie könnten im Bereich der Bergaufsicht einen Ansatzpunkt geben, die bisher durch die Berggesetze bestehende und durch das BBergG aufgehobene Pflicht doch noch wieder einzuführen, vor Erlaß einer Bergverordnung die betroffene Berufsgenossenschaft anzuhören (Levin, Kompaß 1980, 364, 365).

12

6. **Technische Arbeitsmittel**. Nach § 1 Abs. 2 Nr. 4 des Gesetzes über technische Arbeitsmittel v. 24.06.1968 (BGBl, 717) i. d. F. v. 13.08.1979 (BGBl, 1432) galt

das Gesetz nicht für **technische Arbeitsmittel**, die ihrer Bauart nach **ausschließlich zur Verwendung in** den der **Aufsicht der Bergbehörden unterliegenden Betrieben** bestimmt sind.
Diese Ausnahmeregelung ist durch § 174 Abs. 3 gestrichen worden, obwohl der Bundesrat sich für ihre Beibehaltung eingesetzt hatte. Er verwies darauf, daß Zweck des Maschinenschutzgesetzes die Kontrolle der Verwendung von maschinellen Einrichtungen in nicht behördlich überwachten Einsatzbereichen sei und daß die technische Beschaffenheit bergbautypischer Arbeitsmittel (Kohlenhobel, Bagger, Schrämmaschinen, Absetzer oder Bandanlagen) wegen ihrer Größenordnung sich nicht für die nach dem Maschinengesetz erlassenen Sicherheitsnormen eigne (Zydek, 633). Dennoch wurde durch § 174 Abs. 3 das Maschinenschutzgesetz einheitlich für alle technischen Arbeitsmittel im Bergbau geöffnet und nicht nur, wie bisher, für Arbeitsmittel, die sowohl im Bergbau als auch in anderen Wirtschaftszweigen Verwendung fanden.
Die Umsetzung des Maschinenschutzgesetzes in die Praxis erfolgt im Rahmen des Betriebsplanverfahrens gem. § 55 Abs. 1 Nr. 3 durch VO gem. § 4 des Gesetzes über technische Arbeitsmittel oder durch Anordnungen nach § 71 Abs. 1.

13

7. **Zuständigkeit des Rechtspflegers.** Durch § 174 Abs. 4 wird die Zuständigkeit des Rechtspflegers nach § 3 auf die **Durchführung des gerichtlichen Teilungsverfahrens** gem. § 94 ausgedehnt. Der Gesetzgeber rechtfertigt diese Regelung mit Rücksicht auf die Zuständigkeit des Rechtspflegers in vergleichbaren Verfahren gem. § 119 Abs. 3 BBauG, § 54 Abs. 3 Landbesch. Ges.

14

8. **Bundes-Immissionsschutzgesetz.** Während § 4 Abs. 2 BImSchG v. 15.03.1974 (BGBl, 721) für Anlagen des Bergwesens, die der Aufsuchung oder Gewinnung von Bodenschätzen dienen, keine Genehmigung nach diesem Gesetz verlangt, wurde durch § 174 Abs. 5 dieses Gesetzes die Standortgebundenheit des Bergbaus und die Prüfung des Immissionsschutzes im Betriebsplanverfahren berücksichtigende Privileg des Bergbaus weiter eingeschränkt. Die **Genehmigungspflicht** wird **ausgedehnt auf die über Tage errichteten und betriebenen Anlagen**, vorausgesetzt allerdings, sie werden in die VO über genehmigungsbedürftige Anlagen aufgenommen.
Zu Einzelheiten über die Neuregelung und ihre Auswirkungen vgl. § 56 Rn. 255 ff.

15

9. **Grundbuchmäßige Behandlung von Bergbauberechtigungen.** Nach § 20 der VO zur Ausführung der Grundbuchordnung v. 08.08.1935 (BGBl Teil III, Gliederungsnummer 315-11-2. RGBl I, 1089) ist „in den Fällen des § 117 GBO" zwar grundsätzlich Landesrecht anzuwenden, jedoch auch der Abschnitt I der – bundesrechtlichen – VO zur Ausführung der GBO. Die „Fälle des § 117 GBO" sind diejenigen, in denen im Einführungsgesetz zum BGB Vorbehalte zugunsten der Landesgesetze gemacht wurden. Das ist in diesem Zusammenhang vor allem § 67 EG BGB, wonach unberührt von der Einführung des BGB die landesgesetzlichen Vorschriften geblieben sind, die dem Bergrecht angehören.
Die Folge der Ergänzung des § 20 der VO zur GBO ist, daß sich die sachliche

§§ 174–176   Zwölfter Teil: Übergangs- und Schlußbestimmungen

Zuständigkeit der Grundbuchbeamten bei der grundbuchmäßigen Behandlung von Bergbauberechtigungen nach der VO zur GBO richtet. In Abschnitt I der VO zur GBO wird der Aufgabenbereich des mit der Führung des Grundbuchs beauftragten Richters von dem des Urkundsbeamten der Geschäftsstelle abgegrenzt. Für Abschriften, Grundbucheinsicht, Auskünfte, Versendung der Grundakten an andere Behörden, Beglaubigung von Abschriften aus dem Grundbuch, Mitunterschrift von Verfügungen über Eintragungen in das Grundbuch u. a. sind auch bei Bergbauberechtigungen die Urkundsbeamten der Geschäftsstelle sachlich zuständig. Im übrigen gilt Landesrecht gem. §§ 117 GBO, 67 EG BGB.

§ 175 Außerkrafttreten von Bundesrecht

Mit dem Inkrafttreten dieses Gesetzes treten außer Kraft
1. das Gesetz zur Erschließung von Bodenschätzen vom 1. Dezember 1936 in der im Bundesgesetzblatt Teil III, Gliederungsnummer 750-6, veröffentlichten bereinigten Fassung;
2. das Gesetz über den Abbau von Raseneisenerz vom 22. Juni 1937 in der im Bundesgesetzblatt Teil III, Gliederungsnummer 750-4, veröffentlichten bereinigten Fassung;
3. die Verordnung über die Zulegung von Bergwerksfeldern vom 25. März 1938 in der im Bundesgesetzblatt Teil III, Gliederungsnummer 750-6-1, veröffentlichten bereinigten Fassung, geändert durch § 56 des Gesetzes vom 28. August 1969 (BGBl. I S. 1513);
4. die Verordnung über die Aufsuchung und Gewinnung mineralischer Bodenschätze vom 31. Dezember 1942 in der im Bundesgesetzblatt Teil III, Gliederungsnummer 750-3, veröffentlichten bereinigten Fassung;
5. das Gesetz zur vorläufigen Regelung der Rechte am Festlandsockel vom 24. Juli 1964 (BGBl. I S. 497), zuletzt geändert durch Artikel 8 des Gesetzes vom 28. März 1980 (BGBl. I S. 373).

§ 176 Außerkrafttreten von Landesrecht, Verweisung

(1) Landesrechtliche Vorschriften, deren Gegenstände in diesem Gesetz geregelt sind oder die ihm widersprechen, treten, soweit in diesem Gesetz nichts anderes bestimmt ist, mit dem Inkrafttreten dieses Gesetzes außer Kraft, insbesondere:

Baden-Württemberg
1. das badische Berggesetz in der Fassung der Bekanntmachung vom 17. April 1925 (Badisches Gesetz- und Verordnungsblatt S. 103), zuletzt geändert durch Artikel 1 des Dritten Gesetzes zur Änderung bergrechtlicher Vorschriften vom 8. April 1975 (Gesetzblatt für Baden-Württemberg S. 237) und § 69 Abs. 6 des Naturschutzgesetzes vom 21. Oktober 1975 (Gesetzblatt für Baden-Württemberg S. 654; ber. 1976 S. 96);
2. das württembergische Berggesetz vom 7. Oktober 1874 (Regierungsblatt für das Königreich Württemberg S. 265), zuletzt geändert durch § 69 Abs. 5 des Naturschutzgesetzes vom 21. Oktober 1975 (Gesetzblatt für Baden-Württemberg S. 654; ber. 1976 S. 96) und § 47 Abs. 1 des Gesetzes zur Ausführung des Gerichtsverfassungsgesetzes und von Verfahrensgesetzen der ordentlichen

Drittes Kapitel: Sonst. Übergangs- und Schlußvorschriften § 176

Gerichtsbarkeit (AGGVG) vom 16. Dezember 1975 (Gesetzblatt für Baden-Württemberg S. 868);
3. das Allgemeine Berggesetz für die Preußischen Staaten vom 24. Juni 1865 (Gesetz-Sammlung für die Königlichen Preußischen Staaten S. 705), zuletzt geändert durch Artikel 4 des Dritten Gesetzes zur Änderung bergrechtlicher Vorschriften vom 8. April 1975 (Gesetzblatt für Baden-Württemberg S. 237) und § 69 Abs. 7 des Naturschutzgesetzes vom 21. Oktober 1975 (Gesetzblatt für Baden-Württemberg S. 654; ber. 1976 S. 96);
4. das Gesetz zur Erschließung von Erdöl und anderen Bodenschätzen (Erdölgesetz) vom 12. Mai 1934 (Preußische Gesetzsammlung S. 257), zuletzt geändert durch Artikel 5 des Zweiten Gesetzes zur Änderung bergrechtlicher Vorschriften vom 18. Mai 1971 (Gesetzblatt für Baden-Württemberg S. 161);
5. das Phosphoritgesetz vom 16. Oktober 1934 (Preußische Gesetzsammlung S. 404), zuletzt geändert durch § 16 des Gesetzes zur Änderung berggesetzlicher Vorschriften vom 24. September 1937 (Preußische Gesetzsammlung S. 93);
6. die Verordnung über die Berechtigung zur Aufsuchung und Gewinnung von Erdöl und anderen Bodenschätzen (Erdölverordnung) vom 13. Dezember 1934 (Preußische Gesetzsammlung S. 463), zuletzt geändert durch § 17 des Gesetzes zur Änderung berggesetzlicher Vorschriften vom 24. September 1937 (Preußische Gesetzsammlung S. 93);
7. die Verordnung über die polizeiliche Beaufsichtigung der bergbaulichen Nebengewinnungs- und Weiterverarbeitungsanlagen durch die Bergbehörden vom 22. Januar 1938 (Preußische Gesetzsammlung S. 19);
8 das Gesetz über die behälterlose unterirdische Speicherung von Gas (Gasspeichergesetz) vom 18. Mai 1971 (Gesetzblatt für Baden-Württemberg S. 172);

Bayern
9. das Berggesetz in der Fassung der Bekanntmachung vom 10. Januar 1967 (Bayerisches Gesetz- und Verordnungsblatt S. 185), zuletzt geändert durch Artikel 52 Abs. 11 des Bayerischen Gesetzes über die entschädigungspflichtige Enteignung vom 11. November 1974 (Bayerisches Gesetz- und Verordnungsblatt S. 610);
10. das Gesetz über die Änderung des Berggesetzes vom 17. August 1918 (Bereinigte Sammlung des Bayerischen Landesrechts Band IV S. 162);
11. die Bekanntmachung zum Vollzug des Gesetzes vom 17. August 1918 über die Änderung des Berggesetzes vom 18. August 1918 (Bereinigte Sammlung des Bayerischen Landesrechts Band IV S. 163);
12. das Gesetz über Graphitgewinnung (Graphitgesetz) vom 12. November 1937 (Bereinigte Sammlung des Bayerischen Landesrechts Band IV S. 164);
13. das Gesetz über die Änderung des Berggesetzes und des Wassergesetzes vom 23. März 1938 (Bereinigte Sammlung des Bayerischen Landesrechts Band IV S. 165);
14. die Bekanntmachung über Aufsuchung und Gewinnung von Waschgold (Goldwäscherei) vom 19. Mai 1938 (Bereinigte Sammlung des Bayerischen Landesrechts Band IV S. 165);
15. das Gesetz zur Änderung des Berggesetzes vom 29. Dezember 1949 (Bereinigte Sammlung des Bayerischen Landesrechts Band IV S. 166);
16. das Gesetz über die behälterlose unterirdische Speicherung von Gas vom 25. Oktober 1966 (Bayerisches Gesetz- und Verordnungsblatt S. 335), zuletzt geändert durch § 18 des Zweiten Gesetzes zur Bereinigung des Landesrechts und zur

§ 176 Zwölfter Teil: Übergangs- und Schlußbestimmungen

Anpassung von Straf- und Bußgeldvorschriften an das Bundesrecht vom 24. Juli 1974 (Bayerisches Gesetz- und Verordnungsblatt S. 354);

Berlin
17. das Allgemeine Berggesetz vom 24. Juni 1865 (Gesetz- und Verordnungsblatt für Berlin, Sonderband I 750-1), zuletzt geändert durch das Gesetz zur Änderung des Allgemeinen Berggesetzes vom 5. Februar 1980 (Gesetz- und Verordnungsblatt für Berlin S. 406);
18. das Gesetz betreffend die Abänderung des Allgemeinen Berggesetzes vom 18. Juni 1907 (Gesetz- und Verordnungsblatt für Berlin, Sonderband I 750-1-1);

Bremen
19. das Allgemeine Berggesetz für die Preußischen Staaten vom 24. Juni 1865 (Sammlung des bremischen Rechts 751-c-2), zuletzt geändert durch § 60 Nr. 53 des Beurkundungsgesetzes vom 28. August 1969 (BGBl. I S. 1513);
20. das Gesetz über die Beaufsichtigung von unterirdischen Mineralgewinnungsbetrieben, Tiefspeichern und Tiefbohrungen vom 18. Dezember 1933 (Sammlung des bremischen Rechts 751-c-3), zuletzt geändert durch das Gesetz zur Änderung des Gesetzes über die Beaufsichtigung von unteriridischen Mineralgewinnungsbetrieben und Tiefbohrungen vom 14. Oktober 1969 (Gesetzblatt der Freien Hansestadt Bremen S. 131);
21. das Gesetz zur Erschließung von Erdöl und anderen Bodenschätzen (Erdölgesetz) vom 12. Mai 1934 (Sammlung des bremischen Rechts 751-c-4);
22. das Phosphoritgesetz vom 16. Oktober 1934 (Sammlung des bremischen Rechts 751-c-5);
23. die Verordnung über die Berechtigung zur Aufsuchung und Gewinnung von Erdöl und anderen Bodenschätzen (Erdölverordnung) vom 13. Dezember 1934 (Sammlung des bremischen Rechts 751-c-6);
24. die Verordnung über die polizeiliche Beaufsichtigung der bergbaulichen Nebengewinnungs- und Weiterverarbeitungsanlagen durch die Bergbehörden vom 22. Januar 1938 (Sammlung des bremischen Rechts 751-c-7);
25. die Verordnung über das Bergrecht in Bremen vom 15. Juli 1941 (Sammlung des bremischen Rechts 751-c-1);
26. die Bekanntmachung des Oberbergamts für die Freie Hansestadt Bremen vom 20. August 1949 (Sammlung des bremischen Rechts 751-b-1);

Hamburg
27. das Allgemeine Berggesetz vom 24. Juni 1865 (Sammlung des bereinigten hamburgischen Landesrechts II 750-m), zuletzt geändert durch Artikel 37 des Gesetzes zur Anpassung des hamburgischen Landesrechts an das Zweite Gesetz zur Reform des Strafrechts und das Einführungsgesetz zum Strafgesetzbuch vom 9. Dezember 1974 (Hamburgisches Gesetz- und Verordnungsblatt I S. 381);
28. das Gesetz über die Beaufsichtigung von unterirdischen Mineralgewinnungsbetrieben, Tiefspeichern und Tiefbohrungen vom 18. Dezember 1933 (Sammlung des bereinigten hamburgischen Landesrechts II 750-o), zuletzt geändert durch Artikel 38 des Gesetzes zur Anpassung des hamburgischen Landesrechts an das Zweite Gesetz zur Reform des Strafrechts und das Einführungsgesetz zum Strafgesetzbuch vom 9. Dezember 1974 (Hamburgisches Gesetz- und Verordnungsblatt I S. 381);

Drittes Kapitel: Sonst. Übergangs- und Schlußvorschriften §176

29. das Gesetz zur Erschließung von Erdöl und anderen Bodenschätzen (Erdölgesetz) vom 12. Mai 1934 (Sammlung des bereinigten hamburgischen Landesrechts II 750-p);
30. das Phosphoritgesetz vom 16. Oktober 1934 (Sammlung des bereinigten hamburgischen Landesrechts II 750-q);
31. die Verordnung über die Berechtigung zur Aufsuchung und Gewinnung von Erdöl und anderen Bodenschätzen (Erdölverordnung) vom 13. Dezember 1934 (Sammlung des bereinigten hamburgischen Landesrechts II 750-q-1);
32. die Verordnung über das Bergrecht in Groß-Hamburg vom 25. März 1937 (Sammlung des bereinigten hamburgischen Landesrechts II 750-r);
33. die Dritte Verordnung über das Bergrecht in Groß-Hamburg vom 7. Dezember 1938 (Sammlung des bereinigten hamburgischen Landesrechts II 750-s);

Hessen
34. das Allgemeine Berggesetz für das Land Hessen in der Fassung der Bekanntmachung vom 10. November 1969 (Gesetz- und Verordnungsblatt für das Land Hessen I S. 223), zuletzt geändert durch Artikel 53 des Hessischen Gesetzes zur Anpassung des Landesrechts an das Einführungsgesetz zum Strafgesetzbuch (EGStGB) und das Zweite Gesetz zur Reform des Strafrechts (2. StrRG) vom 4. September 1974 (Gesetz- und Verordnungsblatt für das Land Hessen I S. 361);
35. die Verordnung, betreffend die Einführung des Allgemeinen Berggesetzes vom 24. Juni 1865 in das Gebiet des vormaligen Herzogtums Nassau vom 22. Februar 1867 (Gesetz-Sammlung für die Königlichen Preußischen Staaten S. 237), zuletzt geändert durch Artikel 27 Nr. 2 des Hessischen Gesetzes zur Anpassung des Landesrechts an das Erste Gesetz zur Reform des Strafrechts vom 18. März 1970 (Gesetz- und Verordnungsblatt für das Land Hessen I S. 245);
36. die Verordnung betreffend die Einführung des Allgemeinen Berggesetzes vom 24. Juni 1865 in die mit der Preußischen Monarchie vereinigten Landesteile der Großherzoglich Hessischen Provinz Oberhessen, sowie in das Gebiet der vormaligen Landgrafschaft Hessen-Homburg, einschließlich des Ober-Amtsbezirks Meisenheim vom 22. Februar 1867 (Gesetz-Sammlung für die Königlichen Preußischen Staaten S. 242), zuletzt geändert durch Artikel 27 Nr. 3 des Hessischen Gesetzes zur Anpassung des Landesrechts an das Erste Gesetz zur Reform des Strafrechts vom 18. März 1970 (Gesetz- und Verordnungsblatt für das Land Hessen I S. 245);
37. die Verordnung, betreffend die Einführung des Allgemeinen Berggesetzes vom 24. Juni 1865 in das mit der Preußischen Monarchie vereinigte Gebiet des vormaligen Kurfürstentums Hessen und der vormaligen freien Stadt Frankfurt sowie der vormals Königlich Bayerischen Landesteile vom 1. Juni 1867 (Gesetz-Sammlung für die Königlichen Preußischen Staaten S. 770), zuletzt geändert durch Artikel 27 Nr. 4 des Hessischen Gesetzes zur Anpassung des Landesrechts an das Erste Gesetz zur Reform des Strafrechts vom 18. März 1970 (Gesetz- und Verordnungsblatt für das Land Hessen I S. 245);
38. das Gesetz betreffend die Einführung des Preußischen Allgemeinen Berggesetzes vom 24. Juni 1865 in die Fürstentümer Waldeck und Pyrmont vom 1. Januar 1869 (Fürstlich Waldeckisches Regierungsblatt S. 3), zuletzt geändert durch § 1 des Gesetzes zur Bereinigung des Hessischen Landesrechts vom 6. Februar 1962 (Gesetz- und Verordnungsblatt für das Land Hessen S. 21);
39. das Gesetz über den Bergwerksbetrieb ausländischer juristischer Personen und den Geschäftsbetrieb außerpreußischer Gewerkschaften vom 23. Juni 1909

§ 176 Zwölfter Teil: Übergangs- und Schlußbestimmungen

(Preußische Gesetz-Sammlung S. 619), zuletzt geändert durch § 1 des Gesetzes zur Bereinigung des Hessischen Landesrechts vom 6. Februar 1962 (Gesetz- und Verordnungsblatt für das Land Hessen S. 21);

40. das Gesetz über die Beaufsichtigung von unterirdischen Mineralgewinnungsbetrieben, Tiefspeichern und Tiefbohrungen in der Fassung der Bekanntmachung vom 9. August 1968 (Gesetz- und Verordnungsblatt für das Land Hessen I S. 251), zuletzt geändert durch Artikel 54 des Hessischen Gesetzes zur Anpassung der Straf- und Bußgeldvorschriften an das Gesetz über Ordnungswidrigkeiten (OWiG) und das Einführungsgesetz zum Gesetz über Ordnungswidrigkeiten (EGOWiG) vom 5. Oktober 1970 (Gesetz- und Verordnungsblatt für das Land Hessen I S. 598);

41. das Gesetz zur Erschließung von Erdöl und anderen Bodenschätzen (Erdölgesetz) vom 12. Mai 1934 in der Fassung der Bekanntmachung vom 1. April 1953 (Gesetz- und Verordnungsblatt für das Land Hessen S. 89), zuletzt geändert durch Artikel 55 des Hessischen Gesetzes zur Anpassung der Straf- und Bußgeldvorschriften an das Gesetz über Ordnungswidrigkeiten (OWiG) und das Einführungsgesetz zum Gesetz über Ordnungswidrigkeiten (EGOWiG) vom 5. Oktober 1970 (Gesetz- und Verordnungsblatt für das Land Hessen I S. 598);

42. das Phosphoritgesetz vom 16. Oktober 1934 in der Fassung der Bekanntmachung vom 1. April 1953 (Gesetz- und Verordnungsblatt für das Land Hessen S. 90), zuletzt geändert durch Artikel 56 des Hessischen Gesetzes zur Anpassung der Straf- und Bußgeldvorschriften an das Gesetz über Ordnungswidrigkeiten (OWiG) und das Einführungsgesetz zum Gesetz über Ordnungswidrigkeiten (EGOWiG) vom 5. Oktober 1970 (Gesetz- und Verordnungsblatt für das Land Hessen I S. 598);

43. die Verordnung über die Berechtigung zur Aufsuchung und Gewinnung von Erdöl und anderen Bodenschätzen (Erdölverordnung) vom 13. Dezember 1934 in der Fassung der Bekanntmachung vom 1. April 1953 (Gesetz- und Verordnungsblatt für das Land Hessen S. 91), zuletzt geändert durch § 1 des Gesetzes zur Bereinigung des Hessischen Landesrechts vom 6. Februar 1962 (Gesetz- und Verordnungsblatt für das Land Hessen S. 21);

44. die Verordnung über die polizeiliche Beaufsichtigung der bergbaulichen Nebengewinnungs- und Weiterverarbeitungsanlagen durch die Bergbehörden vom 22. Januar 1938 (Preußische Gesetzsammlung S. 19), zuletzt geändert durch § 1 des Gesetzes zur Bereinigung des Hessischen Landesrechts vom 6. Februar 1962 (Gesetz- und Verordnungsblatt für das Land Hessen S. 21);

45. das Gesetz über das Bergrecht im Land Hessen vom 6. Juli 1952 (Gesetz- und Verordnungsblatt für das Land Hessen S. 130), zuletzt geändert durch § 10 Nr. 4 des Gesetzes über die Verkündung von Rechtsverordnungen, Organisationsanordnungen und Anstaltsordnungen vom 2. November 1971 (Gesetz- und Verordnungsblatt für das Land Hessen I S. 258);

Niedersachsen

46. das Gesetz zur Änderung und Bereinigung des Bergrechts im Lande Niedersachsen vom 10. März 1978 (Niedersächsisches Gesetz- und Verordnungsblatt S. 253);

47. das Allgemeine Berggesetz für das Land Niedersachsen in der Fassung der Anlage zu Artikel I des Gesetzes zur Änderung und Bereinigung des Bergrechts im Lande Niedersachsen vom 10. März 1978 (Niedersächsisches Gesetz- und Verordnungsblatt S. 253);

Drittes Kapitel: Sonst. Übergangs- und Schlußvorschriften § 176

48. die Verordnung betreffend die Einführung des Allgemeinen Berggesetzes vom 24. Juni 1865 in das Gebiet des vormaligen Königreichs Hannover vom 8. Mai 1867 (Niedersächsisches Gesetz- und Verordnungsblatt, Sammelband III S. 307), zuletzt geändert durch Artikel IV des Gesetzes zur Änderung und Bereinigung des Bergrechts im Lande Niedersachsen vom 10. März 1978 (Niedersächsisches Gesetz- und Verordnungsblatt S. 253);
49. die Verordnung betreffend die Einführung des Allgemeinen Berggesetzes vom 24. Juni 1865 in das mit der Preußischen Monarchie vereinigte Gebiet des vormaligen Kurfürstentums Hessen und der vormaligen freien Stadt Frankfurt, sowie der vormals Königlich Bayerischen Landestheile vom 1. Juni 1867 (Niedersächsisches Gesetz- und Verordnungsblatt, Sammelband III S. 308);
50. das Gesetz über die Bestellung von Salzabbaugerechtigkeiten in der Provinz Hannover vom 4. August 1904 (Niedersächsisches Gesetz- und Verordnungsblatt, Sammelband III S. 359);
51. das Gesetz betreffend die Abänderung des Allgemeinen Berggesetzes vom 24. Juni 1865 vom 18. Juni 1907 (Niedersächsisches Gesetz- und Verordnungsblatt, Sammelband III S. 308);
52. das Gesetz über den Bergwerksbetrieb ausländischer juristischer Personen und den Geschäftsbetrieb außerpreußischer Gewerkschaften vom 23. Juni 1909 (Niedersächsisches Gesetz- und Verordnungsblatt, Sammelband III S. 309);
53. das Gesetz über die Verleihung von Braunkohlenfeldern an den Staat vom 3. Januar 1924 (Niedersächsisches Gesetz- und Verordnungsblatt, Sammelband II S. 701);
54. das Phosphoritgesetz vom 16. Oktober 1934 (Niedersächsisches Gesetz- und Verordnungsblatt Sammelband II S. 702), zuletzt geändert durch Artikel 56 des Gesetzes zur Anpassung des Landesrechts an das Erste Gesetz zur Reform des Strafrechts, an das Gesetz über Ordnungswidrigkeiten und an das Einführungsgesetz zum Gesetz über Ordnungswidrigkeiten (Erstes Anpassungsgesetz) vom 24. Juni 1970 (Niedersächsisches Gesetz- und Verordnungsblatt S. 237);
55. die Verordnung über die Berechtigung zur Aufsuchung und Gewinnung von Erdöl und anderen Bodenschätzen (Erdölverordnung) vom 13. Dezember 1934 (Niedersächsisches Gesetz- und Verordnungsblatt, Sammelband II S. 709);
56. die Verordnung über die polizeiliche Beaufsichtigung der bergbaulichen Nebengewinnungs- und Weiterverarbeitungsanlagen durch die Bergbehörden vom 22. Januar 1938 (Niedersächsisches Gesetz- und Verordnungsblatt, Sammelband II S. 703), zuletzt geändert durch Artikel III des Gesetzes zur Änderung und Bereinigung des Bergrechts im Lande Niedersachsen vom 10. März 1978 (Niedersächsisches Gesetz- und Verordnungsblatt S. 253);
57. die Verordnung über Salze und Solquellen im Landkreis Holzminden (Regierungsbezirk Hildesheim) vom 4. Januar 1943 (Niedersächsisches Gesetz- und Verordnungsblatt, Sammelband II S. 710);

Nordrhein-Westfalen
58. das Allgemeine Berggesetz vom 24. Juni 1865 (Sammlung des in Nordrhein-Westfalen geltenden preußischen Rechts S. 164), zuletzt geändert durch Artikel XXXIII des Zweiten Gesetzes zur Anpassung landesrechtlicher Straf- und Bußgeldvorschriften an das Bundesrecht vom 3. Dezember 1974 (Gesetz- und Verordnungsblatt für das Land Nordrhein-Westfalen S. 1504);
59. das Gesetz betreffend die Abänderung des Allgemeinen Berggesetzes vom 24. Juni 1865 vom 18. Juni 1907 (Sammlung des in Nordrhein-Westfalen geltenden

§ 176   Zwölfter Teil: Übergangs- und Schlußbestimmungen

preußischen Rechts S. 185);
60. das Gesetz über den Bergwerksbetrieb ausländischer juristischer Personen und den Geschäftsbetrieb außerpreußischer Gewerkschaften vom 23. Juni 1909 (Sammlung des in Nordrhein-Westfalen geltenden preußischen Rechts S. 185);
61. das Gesetz über die Beaufsichtigung von unterirdischen Mineralgewinnungsbetrieben und Tiefbohrungen vom 18. Dezember 1933 (Sammlung des in Nordrhein-Westfalen geltenden preußischen Rechts S. 189), zuletzt geändert durch das Gesetz zur Änderung des Gesetzes über die Beaufsichtigung von unterirdischen Mineralgewinnungsbetrieben und Tiefbohrungen vom 15. Oktober 1974 (Gesetz- und Verordnungsblatt für das Land Nordrhein-Westfalen S. 1048);
62. das Gesetz zur Erschließung von Erdöl und anderen Bodenschätzen (Erdölgesetz) vom 12. Mai 1934 (Sammlung des in Nordrhein-Westfalen geltenden preußischen Rechts S. 189), zuletzt geändert durch Artikel III des Vierten Gesetzes zur Änderung berggesetzlicher Vorschriften im Lande Nordrhein-Westfalen vom 11. Juni 1968 (Gesetz- und Verordnungsblatt für das Land Nordrhein-Westfalen S. 201);
63. das Phosphoritgesetz vom 16. Oktober 1934 (Sammlung des in Nordrhein-Westfalen geltenden preußischen Rechts S. 190), zuletzt geändert durch Artikel II des Vierten Gesetzes zur Änderung berggesetzlicher Vorschriften im Lande Nordrhein-Westfalen vom 11. Juni 1968 (Gesetz- und Verordnungsblatt für das Land Nordrhein-Westfalen S. 201);
64. die Verordnung über die Berechtigung zur Aufsuchung und Gewinnung von Erdöl und anderen Bodenschätzen (Erdölverordnung) vom 13. Dezember 1934 (Sammlung des in Nordrhein-Westfalen geltenden preußischen Rechts S. 191);
65. die Verordnung über die bergaufsichtliche Überwachung der bergbaulichen Nebengewinnungs- und Weiterverarbeitungsanlagen durch die Bergbehörden vom 22. Januar 1938 (Sammlung des in Nordrhein-Westfalen geltenden preußischen Rechts S. 192), zuletzt geändert durch die Dritte Verordnung zur Änderung der Verordnung über die bergaufsichtliche Überwachung der bergbaulichen Nebengewinnungs- und Weiterverarbeitungsanlagen durch die Bergbehörden vom 7. September 1977 (Gesetz- und Verordnungsblatt für das Land Nordrhein-Westfalen S. 346);
66. das Zweite Gesetz zur Änderung berggesetzlicher Vorschriften im Lande Nordrhein-Westfalen vom 25. Mai 1954 (Sammlung des bereinigten Landesrechts Nordrhein-Westfalen S. 694);
67. die Verordnung über die Beaufsichtigung von Tiefbohrungen durch die Bergbehörden vom 1. April 1958 (Gesetz- und Verordnungsblatt für das Land Nordrhein-Westfalen S. 135);

Rheinland-Pfalz
68. das Allgemeine Berggesetz für das Land Rheinland-Pfalz (ABGRhPf) in der Fassung der Bekanntmachung vom 12. Februar 1974 (Gesetz- und Verordnungsblatt für das Land Rheinland-Pfalz S. 113), geändert durch Artikel 41 des Dritten Landesgesetzes zur Änderung strafrechtlicher Vorschriften (3. LStrafÄndG) vom 5. November 1974 (Gesetz- und Verordnungsblatt für das Land Rheinland-Pfalz S. 469);
69. das Gesetz über die Bestrafung unbefugter Gewinnung oder Aneignung von Mineralien vom 26. März 1856 in der Fassung der Bekanntmachung vom 27. November 1968 (Gesetz- und Verordnungsblatt für das Land Rheinland-Pfalz 1968, Sondernummer Koblenz, Trier, Montabaur S. 78), zuletzt geändert durch

Drittes Kapitel: Sonst. Übergangs- und Schlußvorschriften **§ 176**

Artikel 67 des Dritten Landesgesetzes zur Änderung strafrechtlicher Vorschriften vom 5. November 1974 (Gesetz- und Verordnungsblatt für das Land Rheinland-Pfalz S. 469);
70. die Verordnung, betreffend die Einführung des Allgemeinen Berggesetzes vom 24. Juni 1865 in das Gebiet des vormaligen Herzogtums Nassau (für den Regierungsbezirk Montabaur) vom 22. Februar 1867 in der Fassung der Bekanntmachung vom 27. November 1968 (Gesetz- und Verordnungsblatt für das Land Rheinland-Pfalz 1968, Sondernummer Koblenz, Trier, Montabaur S. 113);
71. die Verordnung, betreffend die Einführung des Allgemeinen Berggesetzes vom 24. Juni 1865 in die mit der Preußischen Monarchie vereinigten Landesteile der Großherzoglich Hessischen Provinz Oberhessen sowie in das Gebiet der vormaligen Landgrafschaft Hessen-Homburg, einschließlich des Oberamtbezirks Meisenheim vom 22. Februar 1867 in der Fassung der Bekanntmachung vom 27. November 1968 (Gesetz- und Verordnungsblatt für das Land Rheinland-Pfalz 1968, Sondernummer Koblenz, Trier, Montabaur S. 113);
72. das Gesetz, betreffend die Abänderung des Berggesetzes vom 24. Juni 1865 (für die Regierungsbezirke Koblenz, Trier und Montabaur) vom 18. Juni 1907 in der Fassung der Bekanntmachung vom 27. November 1968 (Gesetz- und Verordnungsblatt für das Land Rheinland-Pfalz 1968, Sondernummer Koblenz, Trier, Montabaur S. 114);
73. das Gesetz über den Bergwerksbetrieb ausländischer juristischer Personen und den Geschäftsbetrieb außerpreußischer Gewerkschaften (für die Regierungsbezirke Koblenz, Trier, Montabaur) vom 23. Juni 1909 in der Fassung der Bekanntmachung vom 27. November 1968 (Gesetz- und Verordnungsblatt für das Land Rheinland-Pfalz 1968, Sondernummer Koblenz, Trier, Montabaur S. 114);
74. das Gesetz über die Beaufsichtigung von unterirdischen Mineralgewinnungsbetrieben und Tiefbohrungen vom 18. Dezember 1933 in der Fassung der Bekanntmachung vom 27. November 1968 (Gesetz- und Verordnungsblatt für das Land Rheinland-Pfalz 1968, Sondernummer Koblenz, Trier, Montabaur S. 118), zuletzt geändert durch Artikel 2 des Landesgesetzes über das Bergrecht im Lande Rheinland-Pfalz vom 3. Januar 1974 (Gesetz- und Verordnungsblatt für das Land Rheinland-Pfalz S. 1);
75. das Gesetz zur Erschließung von Erdöl und anderen Bodenschätzen – Erdölgesetz – vom 12. Mai 1934 in der Fassung der Bekanntmachung vom 27. November 1968 (Gesetz- und Verordnungsblatt für das Land Rheinland-Pfalz 1968, Sondernummer Koblenz, Trier, Montabaur S. 119), zuletzt geändert durch Artikel 3 des Landesgesetzes über das Bergrecht im Lande Rheinland-Pfalz vom 3. Januar 1974 (Gesetz- und Verordnungsblatt für das Land Rheinland-Pfalz S. 1);
76. die Verordnung über die Berechtigung zur Aufsuchung und Gewinnung von Erdöl und anderen Bodenschätzen – Erdölverordnung – vom 13. Dezember 1934 in der Fassung der Bekanntmachung vom 27. November 1968 (Gesetz- und Verordnungsblatt für das Land Rheinland-Pfalz 1968, Sondernummer Koblenz, Trier, Montabaur S. 120), zuletzt geändert durch Artikel 5 des Landesgesetzes über das Bergrecht im Lande Rheinland-Pfalz vom 3. Januar 1974 (Gesetz- und Verordnungsblatt für das Land Rheinland-Pfalz S. 1);
77. das Phosphoritgesetz vom 16. Oktober 1934 in der Fassung der Bekanntmachung vom 27. November 1968 (Gesetz- und Verordnungsblatt für das Land Rheinland-Pfalz 1968, Sondernummer Koblenz, Trier, Montabaur S. 121), zuletzt geändert durch Artikel 4 des Landesgesetzes über das Bergrecht im Lande Rheinland-Pfalz vom 3. Januar 1974 (Gesetz- und Verordnungsblatt für das Land

§ 176 Zwölfter Teil: Übergangs- und Schlußbestimmungen

Rheinland-Pfalz S. 1);
78. die Verordnung über die polizeiliche Beaufsichtigung der bergbaulichen Nebengewinnungs- und Weiterverarbeitungsanlagen durch die Bergbehörden vom 22. Januar 1938 in der Fassung der Bekanntmachung vom 27. November 1968 (Gesetz- und Verordnungsblatt für das Land Rheinland-Pfalz 1968, Sondernummer Koblenz, Trier, Montabaur, S. 122), zuletzt geändert durch Artikel 5 des Landesgesetzes über das Bergrecht im Lande Rheinland-Pfalz vom 3. Januar 1974 (Gesetz- und Verordnungsblatt für das Land Rheinland-Pfalz S. 1);
79. die Landesverordnung über die Beaufsichtigung von Tiefbohrungen durch die Bergbehörden vom 29. Juli 1976 (Gesetz- und Verordnungsblatt für das Land Rheinland-Pfalz S. 215);

Saarland
80. das Allgemeine Berggesetz für die Preußischen Staaten vom 24. Juni 1865 (Gesetzsammlung für die Königlichen Preußischen Staaten S. 705), zuletzt geändert durch Artikel 36 des Zweiten Gesetzes zur Änderung und Bereinigung von Straf- und Bußgeldvorschriften des Saarlandes vom 13. November 1974 (Amtsblatt des Saarlandes S. 1011);
81. das Gesetz über die Bestrafung unbefugter Gewinnung oder Aneignung von Mineralien vom 26. März 1856 (Gesetzsammlung für die Königlichen Preußischen Staaten S. 203), zuletzt geändert durch Artikel 37 des Zweiten Gesetzes zur Änderung und Bereinigung von Straf- und Bußgeldvorschriften des Saarlandes vom 13. November 1974 (Amtsblatt des Saarlandes S. 1011);
82. das Gesetz betreffend die Abänderung des Allgemeinen Berggesetzes vom 24. Juni 1865 vom 18. Juni 1907 (Preußische Gesetzsammlung S. 119), geändert durch § 8 Nr. 2 des Gesetzes zur Überführung der privaten Bergregale und Regalitätsrechte an den Staat vom 29. Dezember 1942 (Preußische Gesetzsammlung 1943 S. 1);
83. das Gesetz über den Bergwerksbetrieb ausländischer juristischer Personen und den Geschäftsbetrieb außerpreußischer Gewerkschaften vom 23. Juni 1909 (Preußische Gesetzsammlung S. 619);
84. das Gesetz über die Beaufsichtigung von unterirdischen Mineralgewinnungsbetrieben und Tiefbohrungen vom 18. Dezember 1933 (Preußische Gesetzsammlung S. 493), zuletzt geändert durch Artikel 39 des Gesetzes Nr. 907 zur Änderung und Bereinigung von Straf- und Bußgeldvorschriften sowie zur Anpassung des Rechts des Saarlandes an das Erste Gesetz zur Reform des Strafrechts vom 13. März 1970 (Amtsblatt des Saarlandes S. 267);
85. das Gesetz zur Erschließung von Erdöl und anderen Bodenschätzen (Erdölgesetz) vom 12. Mai 1934 (Preußische Gesetzsammlung S. 257), zuletzt geändert durch § 15 des Gesetzes zur Änderung berggesetzlicher Vorschriften vom 24. September 1937 (Preußische Gesetzsammlung S. 93);
86. das Phosphoritgesetz vom 16. Oktober 1934 (Preußische Gesetzsammlung S. 404), zuletzt geändert durch § 16 des Gesetzes zur Änderung berggesetzlicher Vorschriften vom 24. September 1937 (Preußische Gesetzsammlung S. 93);
87. die Verordnung über die Berechtigung zur Aufsuchung und Gewinnung von Erdöl und anderen Bodenschätzen (Erdölverordnung) vom 13. Dezember 1934 (Preußische Gesetzsammlung S. 463), zuletzt geändert durch § 17 des Gesetzes zur Änderung berggesetzlicher Vorschriften vom 24. September 1937 (Preußische Gesetzsammlung S. 93);

Drittes Kapitel: Sonst. Übergangs- und Schlußvorschriften **§ 176**

88. das Gesetz zur Änderung berggesetzlicher Vorschriften vom 24. September 1937 (Preußische Gesetzsammlung S. 93);
89. die Verordnung über die polizeiliche Beaufsichtigung der bergbaulichen Nebengewinnungs- und Weiterverarbeitungsanlagen durch die Bergbehörden vom 22. Januar 1938 (Preußische Gesetzsammlung S. 19), geändert durch Verordnung vom 29. April 1980 (Amtsblatt des Saarlandes S. 549);
90. das Gesetz über die Berechtigung zur Aufsuchung und Gewinnung von Eisen- und Manganerzen vom 10. Juli 1953 (Amtsblatt des Saarlandes S. 533), zuletzt geändert durch das Gesetz zur Änderung des Gesetzes über die Berechtigung zur Aufsuchung und Gewinnung von Eisen- und Manganerzen vom 11. Dezember 1956 (Amtsblatt des Saarlandes S. 1657);

Schleswig-Holstein

91. das Allgemeine Berggesetz für die Preußischen Staaten vom 24. Juni 1865 (Sammlung des schleswig-holsteinischen Landesrechts 1971, Gl.-Nr. 750-1), zuletzt geändert durch Artikel 45 des Gesetzes zur Anpassung des schleswig-holsteinischen Landesrechts an das Zweite Gesetz zur Reform des Strafrechts und andere straf- und bußgeldrechtliche Vorschriften des Bundes vom 9. Dezember 1974 (Gesetz- und Verordnungsblatt für Schleswig-Holstein S. 453);
92. das Gesetz über die Einführung des Allgemeinen Berggesetzes für die Preußischen Staaten vom 24. Juni 1865 in das Gebiet des Herzogtums Lauenburg vom 6. Mai 1868 (Sammlung des schleswig-holsteinischen Landesrechts 1971, Gl.-Nr. 750-2);
93. das Gesetz über die Einführung des Allgemeinen Berggesetzes vom 24. Juni 1865 in das Gebiet der Herzogtümer Schleswig und Holstein vom 12. März 1869 (Sammlung des schleswig-holsteinischen Landesrechts 1971, Gl.-Nr. 750-3);
94. das Gesetz über die Abänderung des Allgemeinen Berggesetzes vom 24. Juni 1865 vom 18. Juni 1907 (Sammlung des schleswig-holsteinischen Landesrechts 1971, Gl.-Nr. 750-4);
95. das Gesetz über die Beaufsichtigung von unterirdischen Mineralgewinnungsbetrieben, Tiefspeichern und Tiefbohrungen vom 18. Dezember 1933 (Sammlung des schleswig-holsteinischen Landesrechts 1971, Gl.-Nr. 750-5), zuletzt geändert durch Artikel 46 des Gesetzes zur Anpassung des schleswig-holsteinischen Landesrechts an das Zweite Gesetz zur Reform des Strafrechts und andere straf- und bußgeldrechtliche Vorschriften des Bundes vom 9. Dezember 1974 (Gesetz- und Verordnungsblatt für Schleswig-Holstein S. 453);
96. das Gesetz zur Erschließung von Erdöl und anderen Bodenschätzen (Erdölgesetz) vom 12. Mai 1934 (Sammlung des schleswig-holsteinischen Landesrechts 1971, Gl.-Nr. 750-6);
97. das Phosphoritgesetz vom 16. Oktober 1934 (Sammlung des schleswig-holsteinischen Landesrechts 1971, Gl.-Nr. 750-7);
98. die Verordnung über die Berechtigung zur Aufsuchung und Gewinnung von Erdöl und anderen Bodenschätzen (Erdölverordnung) vom 13. Dezember 1934; (Sammlung des schleswig-holsteinischen Landesrechts 1971, Gl.-Nr. 750-7-1);
99. die Verordnung über die polizeiliche Beaufsichtigung der bergbaulichen Nebengewinnungs- und Weiterverarbeitungsanlagen durch die Bergbehörden vom 22. Januar 1938 (Sammlung des schleswig-holsteinischen Landesrechts 1971, Gl.-Nr. 750-1-1).

(2) Die Vorschriften des Landesrechts über die grundbuchmäßige Behandlung von Bergbauberechtigungen, einschließlich der Vorschriften über die Einrichtung

§ 176 1–3   Zwölfter Teil: Übergangs- und Schlußbestimmungen

und Führung der Berggrundbücher, bleiben unberührt, soweit sie nicht in den in Absatz 1 aufgeführten Gesetzen und Verordnungen enthalten sind. Die Länder können in dem in Satz 1 genannten Bereich auch neue Vorschriften erlassen und die bestehenden Vorschriften des Landesrechts aufheben oder ändern.

(3) Verordnungen (Berg[polizei]verordnungen), die vor dem Inkrafttreten des Gesetzes ganz oder teilweise auf Grund der durch Absatz 1 aufgehobenen Vorschriften erlassen worden sind, und die zugehörigen gesetzlichen Bußgeldvorschriften, gelten bis zu ihrer Aufhebung fort, soweit nicht deren Gegenstände in diesem Gesetz geregelt sind oder soweit sie nicht mit den Vorschriften dieses Gesetzes in Widerspruch stehen. Die Landesregierungen oder die von ihnen nach § 68 Abs. 1 bestimmten Stellen werden ermächtigt, die jeweils in ihrem Land geltenden, nach Satz 1 aufrechterhaltenen Vorschriften durch Rechtsverordnung aufzuheben, soweit von ihnen über die darin geregelten Gegenstände Bergverordnungen auf Grund des § 68 Abs. 1 erlassen werden. Der Bundesminister für Wirtschaft wird ermächtigt, die nach Satz 1 aufrechterhaltenen Vorschriften durch Rechtsverordnung mit Zustimmung des Bundesrates aufzuheben, soweit über die darin geregelten Gegenstände Bergverordnungen auf Grund des § 68 Abs. 2 erlassen werden.

(4) Soweit in Gesetzen und Verordnungen des Bundes auf die nach Absatz 1 oder § 175 außer Kraft getretenen Vorschriften verwiesen wird, treten an ihre Stelle die entsprechenden Vorschriften dieses Gesetzes.

Außerkrafttreten von Bundesrecht und Landesrecht

1

1. In den §§ 175, 176 sind die bundes- und landesrechtlichen Vorschriften aufgelistet, die im Zuge der Vereinheitlichung des Bergrechts **aufgehoben** werden. Die **bundesrechtlichen** Vorschriften sind **abschließend** genannt. Die **landesrechtlichen** Vorschriften sind **beispielsweise** aufgezählt. Sie treten auch nur außer Kraft, soweit im BBergG nichts anderes bestimmt ist. Derartige andere Regelungen finden sich in § 165 (Fortgeltung des Rechtes der Gewerkschaften für eine Übergangs- und Abwicklungszeit), § 170 (Fortgeltung des bisherigen Bergschadensrechts für verursachte Schäden), § 171 (Fortgeltung des Grundabtretungsrechts für eingeleitete Verfahren), aber auch in § 156 Abs. 3 (aufrechterhaltene Rechte und Verträge), 157 (Grundrenten), 158 (Erbstollengerechtigkeiten).

2

2. Bis zu ihrer ausdrücklichen Aufhebung gelten die bisherigen **Verordnungen** fort. Dies gilt nicht, wenn ihre Gegenstände im BBergG geregelt sind oder soweit sie nicht mit seinen Vorschriften in Widerspruch stehen.

3

Gültig bleiben in **Nordrhein-Westfalen** folgende Bergverordnungen, die sämtlich am 20. 2. 1970 erlassen und in der Sonderbeilage zur Nr. 17 des Amtsblattes für den Regierungsbezirk Arnsberg v. 25. 4. 1970 (vgl. auch ZfB 111 (1970), 392) veröffentlicht sind, für

Drittes Kapitel: Sonst. Übergangs- und Schlußvorschriften **4 § 176**

- Steinkohlenbergwerke (BVOSt.)
- Braunkohlenbergwerke (BVOBr.) einschl. Änderung v. 20. 11. 1981 (Amtsbl. Regierungsbezirk Münster v. 19. 12. 1981 Nr. 50, Sonderbeilage)
- Erzbergwerke, Salzbergwerke und für die Steine- und Erdenbetriebe (BVONR)
- elektrische Anlagen (BVOE)
- Hauptseilfahrtanlagen (BVOHS)
- mittlere und kleine Seilfahrtanlagen (BVOMKS)
- den Abbau unter Schiffahrtsstraßen (BVOSch)
- Schürfarbeiten und geophysikalische Untersuchungsarbeiten (BVOSGU)

4

Außerdem bleiben beispielsweise folgende Verordnungen in Kraft (Aufstellung bei Heller-Lehmann, Deutsche Berggesetze NW 328):
- über arbeitssicherheitlichen und betriebsärztlichen Dienst vom 8. 10. 1974 (Sonderbeilage Amtsblatt Nr. 45 für Regierungsbezirk Arnsberg, Düsseldorf, Köln, Münster = ZfB 116 (1975), 83 einschl. Änderungen v. 16. 7. 1976 und 9. 11. 1981 (Amtsblatt Regierungsbezirk Düsseldorf, 246)
- zum Schutz der Gesundheit gegen Klimaeinwirkungen im Steinkohlenbergbau vom 3. 2. 1977 (Sonderbeilage Amtsblatt Nr. 7 für Regierungsbezirke Arnsberg, Köln, Münster = ZfB 118 (1977), 299
- für Schacht- und Schrägförderanlagen (BVOS) vom 20. 7. 1977 (Sonderbeilage Amtsblatt Nr. 35 für Regierungsbezirke Arnsberg, Düsseldorf, Köln, Münster = ZfB 119 (1978), 4)
- für Sicherheitskennzeichnung am Arbeitsplatz (BVOSiAr) vom 6. 11. 1978 (Sonderbeilage Amtsblatt Nr. 50 der Regierungsbezirke Arnsberg, Münster = ZfB 120 (1979), 384)
- für Tiefbohrungen, Tiefspeicher und für die Gewinnung von Bodenschätzen durch Bohrungen (BVOT) vom 15. 12. 1980 (Sonderbeilage Amtsblatt Nr. 5/1981 für den Regierungsbezirk Münster, vgl. auch Glückauf 1981, 349).

Sachverzeichnis

Abbaurecht
s. Bewilligung, Bergwerkseigentum
Abbruch von Betriebsanlagen 53, 11 ff; 56, 253
- Ordnungspflichtiger 71, 26 ff
- Zuständigkeit der Bergbehörde 69, 22, 27

Abfall
- anfallender 55, 59
- Begriff 55, 60
- fremder 55, 64
- Hausmüll 55, 67

Abfallbeseitigung
- Beauftragte 58, 55 ff
- Beförderungsgenehmigung 55, 57
- Betriebsplanverfahren 55, 57 ff
- ordnungsgemäße 55, 70
- Planfeststellungsverfahren 55, 65

Abgrabungen
- Bauplanungsrecht 56, 197
- Begriff 56, 206
- bei alten Halden 56, 423 ff; 128, 2, 10
- Einvernehmen der Gemeinde 56, 245
- Herrichtungsplan 56, 381
- im Bauplanungsrecht 56, 207
- und Landschaftsschutz 56, 381
- Waldumwandlung 56, 416; 128, 10

Abgrabungsgesetz
- bei alten Halden 56, 423 ff; 128, 2, 10
- Geltung in Bergbaubetrieben 69, 17
- Genehmigung und wasserrechtliches Planfeststellungsverfahren 56, 428
- Genehmigung von Abgrabungen 56, 421
- und Abfall 55, 60
- Verhältnis zum Betriebsplan 56, 422
- Verhältnis zur Waldumwandlungsgenehmigung 56, 416, 426

Ablagerungen
s. Bodenschatz

Abschlußbetriebsplan
- Abbruch von Gebäuden 53, 11 ff
- Angaben zur Beseitigung 53, 10 f
- Betriebschronik 53, 5, 27
- Inhalt 53, 4

- Verfüllung von Grubenbauen, Schächten 53, 17 ff
- Voraussetzungen für Zulassung 55, 139 ff

Abstandserlaß NRW 56, 168, 296

Abwägungsfehler
- im Bauleitplanverfahren 56, 173
- bei Verkehrsanlagen 124, 24

Abwägungsgebot
- bei Anordnung von Verboten und Beschränkungen 48, 12 ff
- bei Erteilung von Berechtigungen 11, 18, 23
- bei Verkehrsanlagen 124, 24

Abwasser 56, 337, 354

Abwasserabgabe
- Höchstwert 56, 365
- Jahresschmutzwassermenge 56, 363
- Regelwert 56, 364

Abwasserbeseitigung
- Pflicht 56, 353

Abzug neu für alt 117, 5

Adäquanztheorie
s. Kausalzusammenhang

Akteneinsicht
s. Einsichtsrecht

Allgemeine Berggefahr
s. Bergschadengefahr

Allgemeiner Vermögensschaden
- Abgrenzung zum Bergschaden 114, 39
- bei wasserrechtlicher Haftung 121, 3

Allgemeines Lebensrisiko
- Aufwendungen zur Schadensabwicklung 117, 4
- bei Personenschäden 114, 30 f

Alte Rechte und Verträge
- Anzeige 149, 26 ff, 51 ff
- Anzeigeberechtigte 149, 7 ff, 50
- Aufsuchungsrecht zu gewerblichen Zwecken 149, 16; 152, 2 ff
- Aufsuchungsrecht zu wissenschaftlichen Zwecken 159, 1
- Bergwerke 149, 18

Sachverzeichnis

- Bergwerkseigentum 149, 15; 151, 2 ff
- Bestätigung 149, 40 ff
- dingliches Gewinnungsrecht 149, 17; 155, 1 ff
- Erbstollengerechtigkeiten 149, 24; 158, 2 f
- Grundeigentümerrecht 149, 46 ff
- Grundrenten 149, 23; 157, 1 ff
- öffentliche Aufforderung 149, 34 ff
- Rechtsnatur vor der Bestätigung 149, 4 ff

Aneignungsrecht
s. Erlaubnis, Bewilligung und Bergwerkseigentum

Anerkennung
- als Markscheider 64, 9

Anfechtungsklage
- aufschiebende Wirkung 56, 83
- bei Auflagen der Betriebsplanzulassung 56, 50, 75
- bei Bedingungen, Befristungen 56, 74
- bei modifizierten Auflagen 56, 76
- bei unterbliebener Beteiligung im Betriebsplanverfahren 54, 21
- bei Widerrufsvorbehalt 56, 75
- Dritter gegen Betriebsplanzulassung 56, 14 ff
- Gemeinde gegen Betriebsplanzulassung 56, 16 ff

Anordnung der sofortigen Vollziehung
- bei Betriebsplanzulassung 56, 88 ff

Anordnungen
s. auch Ordnungsverfügung
- als allgemeine Verbote und Beschränkungen 48, 17; 49, 5 ff
- auf Untersagung der Fortführung des Betriebes 72, 5 ff; 73, 1 ff
- Ausgleich unter mehreren Störern 71, 26
- Begriff 71, 2
- der Hilfeleistung 74, 4
- der sofortigen Vollziehung 56, 91
- des Unternehmers zur Abweichung vom Betriebsplan 57, 6; 62, 4
- einstweilige 56, 87
- Form 71, 50
- gegen Bergbau-Spezialgesellschaften 71, 31
- gegen private Grundstückseigentümer 71, 32
- gegen Stillegungen 53, 19; 31 ff
- Handlungsstörer 71, 24
- Kosten 71, 58
- nach Abschlußbetriebsplan 71, 31, 56
- nach BBergG und Betriebsplanzulassung 56, 51 ff; 71, 55
- nach BImSchG und Betriebsplanzulassung 56, 320
- nach § 22 BImSchG 56, 318
- nachträgliche bei nichtgenehmigungspflichtigen Anlagen des BImSchG 56, 319
- Pflicht der Bergbehörde auf Erlaß von Anordnungen 55, 132
- Rechtsbehelfsbelehrung 71, 51
- Verhältnis zum Landesordnungsrecht 71, 6, 15
- Verhältnis zur Ordnungsverfügung 56, 318
- Zuständigkeit 71, 59
- Zustandsstörer 71, 22

Anpassungsbeihilfen bei Betriebseinstellung 53, 49

Anpassungspflicht
s. auch Sicherungsmaßnahmen
- Angemessenheit der Maßnahmen 110, 9, 46; 113, 7
- Auskunft über Bauanträge 110, 48 f
- bauliche Anlagen 110, 29
- Bergschadengefahr 110, 21 f
- Bergschadenrisiko 110, 46
- Besorgnis der Beeinträchtigung 110, 21, 23
- eingestellte Gewinnung 110, 19
- Einstandspflicht für Gehilfen 110, 28; 112, 12; 118, 11
- Entstehungsgeschichte 110, 3 f
- Ersatz von Aufwendungen 110, 38 ff
- Ersatz von Nachteilen 110, 41 ff
- geplanter Gewinnungsbetrieb 110, 18
- Hauptbetriebsplan 110, 12
- Konstruktion 110, 31 f
- Lage 110, 31 f
- Nachweis der Voraussetzungen 110, 20
- Obergrenze 113, 12
- Rahmenbetriebsplan 110, 12 ff
- Stellung 110, 31 f
- und Bauwarnung 113, 10 f

Sachverzeichnis

- Unternehmer 110, 37
- Verhältnis zu Sicherungsmaßnahmen 110, 31; 111, 1
- Verlangen des Unternehmers s. auch Verlangen 110, 10 f, 25, 35 f
- Vorschuß 110, 44 f
- Zweck 110, 1 f, 9 f

Anscheinsbeweis 120, 3

Anzeigepflicht
- Anordnung des Unternehmers zur Abweichung vom Betriebsplan 57, 7
- Arbeitsunfähigkeit durch Unfälle 68, 16
- außerhalb BBergG 50, 9
- Betriebsaufnahme 50, 1 f
- Betriebseinstellung 50, 1 ff
- Betriebsereignisse 74, 6
- Betriebserrichtung 50, 1 ff
- Energieanlagen 56, 405
- neu der Bergaufsicht unterstellte Betriebe 169, 1
- Umgang mit radioaktiven Stoffen 58, 73

Arbeitsprogramm
- bei der Zulegung 35, 11
- beim Antrag auf Erteilung von Bergbauberechtigungen 11, 7

Arbeitsschutz 55, 39 ff; 56, 289

Aufbereitung
- Abgrenzung zur Weiterverarbeitung und Nebengewinnung 2, 8; 4, 13 ff; 17, 28 ff
- Begriff 2, 7 ff; 4, 18 ff
- gesetzlicher Geltungsbereich 4, 27
- Hilfstätigkeiten 4, 21
- Verfahren 4, 18 ff

Aufhebung
- alter Rechte und Verträge 160, 1 f
- des Bergwerkseigentums 20, 7 ff
- von Erlaubnis und Bewilligung 19, 2 ff

Aufhebung der Grundabtretung 96, 1 ff

Auflagen
s. auch Nebenbestimmungen
- bei Zulassung des Betriebsplanes 56, 42 ff
- Bestimmtheit 56, 47
- Erfüllbarkeit 56, 105
- isolierte Anfechtung 56, 50

- nachträgliche bei Betriebsplanzulassung 56, 97 ff
- wirtschaftliche Vertretbarkeit 56, 103

Aufschiebende Wirkung
- unzulässiger Rechtsbehelfe 56, 84
- von Widerspruch 56, 83
- Wiederherstellung 56, 95

Aufschüttungen
s. Halden

Aufsichtsperson
s. verantwortliche Person

Aufsuchung
- Abgrenzung zu Forschungshandlungen 4, 11
- Aufsuchungsformen 4, 10 ff, 14
- Ausnahmen vom Aufsuchungsbegriff 4, 13
- grundeigener Bodenschätze 34, 5
- in alten Halden 4, 12; 128, 1 ff; 151, 3
- Legaldefinition 4, 10 ff
- untertätige 3, 24

Aufwendungen zur Schadensabwicklung 117, 4

Ausführungsanordnung 77, 4; 92, 1 ff; 105, 3; 144, 6

Ausgleichshaftung 114, 21, 33, 44

Auskunft bei Anpassung 110, 48 ff

Außenbereich
- Baugenehmigung im Außenbereich 56, 234 ff
- öffentliche Belange 56, 240 ff
- ortsgebundene Anlagen 56, 237
- sonstige Vorhaben 56, 242

Austausch
- Unzulässigkeit 24, 3; 151, 3
- von Feldesteilen 29, 3 f

Baubeschränkung
- Entschädigung 109, 1
- Gemeindebeteiligung 107, 3
- Übernahmeanspruch 109, 1 ff
- Zustimmungserfordernis 108, 1 ff

Baugenehmigung
- bei Abgrabungen 56, 207
- bei nichtgenehmigungspflichtigen Anlagen iS BImSchG 5, 317
- für Bergehalden 56, 190
- für Schächte 56, 184 f

Sachverzeichnis

- für übertägige Anlagen 56, 187 ff, 214 ff
- für untertägige Maßnahmen 56, 18 ff
- im Baugenehmigungsverfahren nach BImSchG 56, 301
- im nichtbeplanten Innenbereich 56, 220
- im vereinfachten Genehmigungsverfahren nach BImSchG 56, 30
- Klage des Bergbauunternehmers gegen die Baugenehmigung 56, 254
- neben Betriebsplan 56, 248, 317
- Rechtsnatur 56, 215

Bauleitplanung und Bergschadenhaftung vor 110, 21; 114, 71

Bauwarnung
- Anpassungsaufwand 113, 10 f
- Bergschadensrisiko 113, 7 f
- Ersatzanspruch 113, 22 f
- Identität mit Verlauf der Schädigung 113, 3, 20
- Inhalt 113, 18
- Mitverursachungsprinzip 113, 14
- nach ABG vor 110, 10; 113, 2 f, 20
- öffentliche Verkehrsanlagen 113, 5; 124, 14
- Rechtsfolge bei Nichtbeachtung 113, 19
- Rechtsnachfolger 113, 21
- Schriftform 113, 16 f
- Übernahmeanspruch 113, 23
- Unmöglichkeit der Anpassung 113, 6
- Unverhältnismäßigkeit der Anpassung 113, 7
- Verjährung des Ersatzanspruchs 113, 25
- Verkehrswert als Obergrenze 113, 12 f
- Versorgungsleitungen 113, 5
- Voraussetzungen 113, 7 f
- Zugang 113, 17

Beauftragte des Unternehmers
- Abfall 58, 55 ff
- Betriebsarzt 58, 93
- Datenschutz 58, 109
- Eisenbahnbetrieb 58, 82 ff
- Fachkräfte Arbeitssicherheit 58, 83 ff
- Gewässerschutz 58, 56
- Immissionsschutz 58, 46 ff
- Sicherheitsbeauftragter 58, 95 ff
- Sprengstoff 58, 67 ff
- Strahlenschutzbeauftragter 58, 77
- Strahlenschutzverantwortlicher 58, 72 ff
- Unternehmerpflichten zur Unfallverhütung 58, 103
- verantwortlicher Betriebsbeauftragter 58, 65 ff

Bebauungsplan
- als öffentliches Interesse 55, 84
- Aufgaben 56, 176 ff
- Aufschüttungen im Bebauungsplanbereich 56, 200
- Bergschadenshaftung 114, 71 f
- gerichtliche Kontrolle 56, 179
- im Betriebsplanverfahren 56, 175

Bedingung
s. Nebenbestimmungen

Befristung
- der Bewilligung 16, 9
- der Erlaubnis 16, 8
- des Bergwerkseigentums 16, 9; 151, 2

Behörden
- Mitwirkungsrecht bei Erteilung von Berechtigungen 15, 1 ff

Benutzung
- alter Rechte und Befugnisse 56, 351
- bei Bergehalde 56, 335
- bei Kiesabbau 56, 334
- Erlaubnis 56, 343
- erlaubnisfreie 56, 350
- von Gewässern 56, 329 ff, 338 f
- von Grundwasser 56, 330, 332

Benutzung fremder Grubenbaue
- Schadensersatzanspruch 47, 5
- Streitentscheidung 47, 6
- Voraussetzungen 47, 2

Benutzung von Grundstücken zur Aufsuchung
- Entschädigungsregeln 39, 7; 40, 2
- Rechtsnatur des Benutzungsrechts 40, 3
- Sicherheitsleistung 39, 9
- Streitentscheidung 40, 1
- Voraussetzungen 39, 2 ff

Benutzung von Grundstücken zur Gewinnung und Aufbereitung
s. Grundabtretung

Berechtsamsbuch, Berechtsamskarte
- Einsichtsrecht 76, 1 f

Sachverzeichnis

Bergaufsicht
- Aufsichtsbefugnisse 70, 1 ff
- Befahrungsrecht 70, 6
- Beginn 69, 20
- Begriff des Bergbaus 69, 14
- bei Hauptstelle für Grubenrettungswesen 131, 10
- bei Markscheidern 69, 34
- Betretungsrecht 70, 6
- Ende 69, 22 ff
- Folgen für Betriebe unter Bergaufsicht 69, 17
- geschichtliche Entwicklung 69, 1 ff
- Probenahmerecht 70, 6
- Übergangszeit bei Umstellung 169, 1
- Zuständigkeiten 69, 46

Bergbau
- Begriff 69, 14 ff

Bergbauberechtigung
- Abgrenzung zu öffentlichen Nutzungsrechten 6, 14 ff; 8, 7
- als mitwirkungsbedürftiger Verwaltungsakt 6, 3
- grundbuchmäßige Behandlung 174, 15
- Nachweis im Betriebsplanverfahren 55, 11 ff
- Ordnungspflicht nach Aufhebung 71, 29
- Verhältnis zum Betriebsplan 51, 11 ff

Bergbau-Versuchsstrecke
- Verordnung 68, 12

Bergbauwarnung
  s. Bauwarnung

Bergfreie Bodenschätze
- Begriff 3, 9 ff
- Bergfreiheit 3, 4, 7 ff
- fingierte bergfreie Bodenschätze 3, 18 ff
- Katalog 3, 17

Bergrecht
- als Sonderrecht 1, 4, 9
- Bergwerksbesitzer
  s. Unternehmer

Bergrechtliche Enteignung
  s. Grundabtretung

Bergschaden
- allgemeiner Vermögensschaden 114, 39
- Grundsätze 117, 6 f
- mittelbarer Schaden 114, 40; 117, 4

Bergschadensausfallkasse
- Ausfall 122, 8; 123, 1
- Beiträge 122, 11; 123, 2
- Einrichtung der Bergbauwirtschaft 122, 7 f
- Rechtsverordnungen 123, 1 f
- Voraussetzungen 122, 10 f

Bergschadensersatzanspruch
  s. auch Bergschadenhaftung, Bergschadengefahr, Personenschaden, Sachbeschädigung
- alt für neu 117, 5
- Anpassungskosten 114, 41 f
- Anspruchsberechtigte 114, 39 f, 41 f
- Anspruchskonkurrenz 114, 27 ff; 121, 1 ff
- Anwartschaftsrecht 114, 42
- Anwendung deliktsrechtlicher Vorschriften 117, 1 ff
- Aufopferungshaftung 114, 2, 24 ff, 33 ff
- Bauwarnung 113, 19
- Bestandteile 114, 41; 117, 12
- dingliche Rechte 114, 42
- Freizeitverlust 117, 4
- fremder Bergbaubetrieb 114, 69
- Gebrauchsvorteile 114, 4
- Gebrauchswert 113, 24; 114, 37; 117, 11; 124, 5 f
- gemeiner Wert 117, 11
- Grubenwasser 121, 1 f
- Grundpfandgläubiger 114, 42; 117, 17
- Immissionen 114, 49 ff
- Kapitalzahlung 113, 22
- Laesing 117, 42
- merkantiler Minderwert 117, 6, 8
- Miete 114, 41 f
- Minderwert vor 110, 7 f; 111, 8 f; 113, 19, 22 ff; 114, 37 f; 117, 6, 8; 124, 5
- Pächter 114, 41 f
- Planungsnachteile 114, 71 f
- Rechtsverfolgungskosten 117, 6
- Rente 113, 22
- Sachverständigenkosten 117, 6
- Schadensliquidation im Drittinteresse 114, 43
- Scheinbestandteile 114, 34, 41
- Schieflage 117, 6
- Schmerzensgeld 114, 32; 117, 2
- Sicherungskosten

Sachverzeichnis

s. auch Sicherungsmaßnahmen 113, 22 ff; 114, 38 f
- technischer Minderwert 117, 6, 8
- Verhältnis zu anderen Haftungsvorschriften 114, 27 ff; 117, 10; 121, 4 f
- Verkehrssicherungspflicht 114, 31; 121, 5
- Verzug 117, 3
- Vorteilsausgleich 117, 5
- Wasserzuführung 121, 1 ff
- Zinsen 117, 3
- Zubehör 114, 34; 117, 12
- Zubehörung
  s. Zubehör

Bergschadengefahr
- allgemeine Gefahr 110, 22
- Anpassungspflicht 110, 22 f; 111, 7 ff
- Bergschadensersatzanspruch 111, 7 ff; 114, 37 ff
- Haftung nach altem Recht vor 110, 7; 111, 3 f; 113, 2 f
- Rechtsprechung 113, 3 f
- Sicherung 111, 7 ff
- Verjährung des Ersatzanspruchs 111, 20

Bergschadenhaftung
s. auch Bergschadensersatzanspruch
- Anspruchskonkurrenzen 114, 27 ff; 121, 1 ff
- Überschneidung mit anderen Haftungsvorschriften 114, 27 f; 121, 1 ff
- Verhältnis zur Anpassungsregelung 111, 7 f, 10 f; 114, 37 ff
- Verursachung vor Inkrafttreten des BBergG 170, 1 ff

Bergschadensrisiko 110, 21 f; 113, 7 f
Bergschadensschutzgebiet 110, 3 f, 46
Bergschadensvermutung
- allgemeine Beweisgrundsätze 120, 1 f
- Baumangel 120, 10
- Einwirkungsbereich 120, 7
- Erschütterung der Vermutung 120, 8 ff
- Grundsätze 120, 6 f, 9
- mitwirkende Ereignisse 120, 10 f
- Pseudobergschäden 120, 10 f, 16

Bergschadenverzicht
- Aufwendungsersatz bei Anpassung und Sicherung 111, 16
- bei Personenschäden 114, 64

- bei Rechtsnachfolge 115, 9
- dingliche Sicherung 114, 59 f
- Enteignung eines Verzichts 114, 58
- Erlaßvertrag 114, 57
- im Gesamtschuldverhältnis 115, 8 f; 116, 4; 119, 5
- im Verhältnis Bergbauberechtigter/Unternehmer 116, 4
- inhaltliche Beschränkung 114, 63
- künftige Ersatzforderungen 114, 58

Bergwerkseigentum
- als dingliches Recht 9, 1, 8
- altes Bergwerkseigentum 149, 15; 151, 1 ff
- Antragserfordernis 10, 1 ff
- Aufhebung auf Antrag 20, 1 ff
- Aufhebung durch die zuständige Behörde 160, 1 ff
- Dauer 16, 9
- Inhalt und Einzelbefugnisse 8, 11 ff; 9, 8
- Verhältnis zur Bewilligung 13, 5
- Verleihungsanspruch 13, 1
- Verleihungsvoraussetzungen 13, 2 ff

Bergwerksfeld
s. Feld

Bergwerkspacht 9, 10
Beteiligungserlaß NRW 56, 168
Betrieb
- Begriff 4, 7; 51, 16 ff; 114, 4 ff

Betriebsplan
- Abschlußbetriebsplan 53, 1 ff
- Abweichungen 57, 1 ff
- Änderungen 54, 3 ff
- Anfechtung durch Gemeinde 56, 14; 65 ff, 81
- Auflagen der Zulassung 56, 42 ff
- Bedingungen der Zulassung 56, 42 ff
- Befreiung von Betriebsplanpflicht 52, 26
- Begründung der Zulassung 56, 49
- Bergbau-Versuchsstrecke 68, 34
- Beteiligung anderer Behörden 54, 6 ff
- Beteiligung der Gemeinden 54, 25
- Beteiligung des Betriebsrates 54, 48
- betriebsplanpflichtige Betriebe 51, 15 ff
- betriebsplanpflichtige Maßnahmen 51, 20 ff, 32 ff

881

Sachverzeichnis

- Einschaltung der Landschaftsbehörde 56, 391
- Einsicht in die Betriebsplanakten 56, 62 ff
- Einsichtnahme durch verantwortliche Personen 61, 15
- Einwirkungsbereich 68, 21
- Einzelbetriebsplan 52, 12
- Fortgeltung 51, 31
- Fortgeltung alter Betriebspläne 167, 2
- fremde Anlagen 51, 27
- Gebühren 51, 34; 55, 158
- gemeinschaftlicher Betriebsplan 52, 13
- geschichtliche Entwicklung 51, 2
- Hauptbetriebsplan 52, 2
- Immissionsschutz 55, 154 ff
- Klage Dritter gegen die Zulassung 56, 80 ff
- Klage gegen Zulassung 56, 73 ff
- Landschaftspflege 56, 375
- nachträgliche Auflagen 56, 97 ff, 101
- Naturschutz 56, 375 ff
- Nebenbestimmungen 56, 42 ff, 99 ff
- öffentlicher Straßenverkehr 55, 157
- privatrechtliche Belange 55, 150
- Rahmenbetriebsplan 52, 4
- Rechtsnatur 51, 2, 4 ff
- Rechtsnatur der Zulassung 56, 6 ff
- Richtlinien über Handhabung 52, 12, 28; 54, 2
- Schriftform 56, 1 ff
- Sicherheitsleistung 56, 111
- Sonderbetriebsplan 52, 9
- sonstige Zulassungsvoraussetzungen 55, 143 ff
- Tatbestandswirkung der Zulassung 56, 34, 98
- Übertragbarkeit der Pflicht zur Aufstellung 62, 3
- und Abgrabungsgenehmigung 56, 422
- und Genehmigung nach Naturschutzgesetz 56, 380
- und Grubenanschlußbahn 56, 395
- und Landschaftsplan 56, 385, 390 f
- und nach Landschaftsschutz-VO 56, 389
- und Waldumwandlung 56, 415
- Unterschied ABG – BBergG 51, 3 f
- Verhältnis zur Anordnung nach BImSchG 56, 320
- Verhältnis zur Bergbauberechtigung 51, 11 ff
- Verlängerungen 54, 3 ff
- Verlangen auf Vorlage 52, 7, 11, 29
- Voraussetzungen der Zulassung 55, 11 ff
- Widerruf der Zulassung 55, 113; 56, 35 ff, 97
- Wirkung der Veränderungssperre 56, 252
- Wirkung der Zulassung 56, 28 ff
- Zulassung 55, 1 ff; 56, 6 ff
- Zulassung als Verwaltungsakt mit Doppelwirkung, Drittwirkung 56, 14 ff, 25 ff, 81 ff
- Zulassung und Grundabtretungsverfahren 56, 31
- Zulassung und Rechte Dritter 56, 29
- Zulassungsverfahren 54, 1 ff
- Zuständigkeit für Zulassung 51, 34

Bewilligung
- Abgrenzung zur wasserrechtlichen Bewilligung 6, 4
- als Inhalt eines Konzessionsvertrages 8, 20
- als mitwirkungsbedürftiger gebundener Verwaltungsakt 7, 2; 16, 10
- als subjektives öffentliches Recht 8, 19
- Antragserfordernis 10, 1, 12 ff
- Aufhebung auf Antrag 19, 2 ff
- Dauer 16, 9
- Einzelbefugnisse 8, 10 ff
- Form und Inhalt der Erteilung 16, 10 ff
- Nebenbestimmungen 16, 13 ff, 20 ff
- Rechtsanspruch auf Erteilung 12, 1
- Rücknahme und Widerruf 18, 4 ff
- Übertragung 22, 1 ff
- Versagungsgründe 12, 3 ff
- Verwertbarkeit 8, 3 ff

Bezirksplanungsrat 56, 125, 165

Bodenschatz
- Abgrenzung zum Begriff „Mineral" 3, 1
- Begriff 3, 2
- rechtliche Zuordnung 3, 4 ff
- untertägige Aufsuchung und Gewinnung 3, 24

Bohrungen
- Begriff 127, 1
- Unternehmerbegriff 127, 3
- Verhältnis zum Wasserrecht 127, 4

Sachverzeichnis

Braunkohlenplan
- Akteneinsicht in Braunkohlenpläne 56, 71
- Akteneinsicht in Teilplanverfahren 56, 71
- Gesamtplan 56, 126
- im Betriebsplanverfahren 55, 147
- Immissionsschutz 55, 154 ff; 56, 255 ff, 314 f
- Konzentrationswirkung des Genehmigungsverfahrens nach BImSchG 56, 300, 304
- Rechtscharakter 56, 130
- und Landesplanung 56, 124
- und Maschinenschutzgesetz 174, 12
- Verhältnis Zulassung – Baugenehmigung 56, 248, 317

Brikettierung 4, 23

Bundesprüfanstalt für den Bergbau
- Ermächtigung zur Verordnung 138, 1 ff

Dampfkessel
- Erlaubnis 56, 404
- Verordnung 56, 403

Differenzhypothese 110, 41; 117, 4

Direktionsprinzip
- bei Bergaufsicht 69, 1
- bei verantwortlichen Personen 58, 2

Drohende Berggefahr
s. Bergschadengefahr

Drohender Bergschaden
s. Bergschadengefahr

Duldungspflicht des Grundeigentümers vor 110, 2 f; 110, 1 f; 114, 15, 33, 49

Eigentumserwerb
s. Erlaubnis, Bewilligung und Bergwerkseigentum

Eingeleitete Verfahren
- Betriebsplanverfahren 171, 2 ff
- Bindungswirkung früherer Betriebsplanbescheide 171, 3
- Enteignungsverfahren 171, 1
- gerichtliche Entscheidungen 171, 4 f

Einheitlicher Schaden
- bei mehreren Verursachern 115, 4 f

Einsichtsrecht
- Betriebsplanakten 56, 62 ff
- Einwirkungsbereich 68, 23
- in Betriebsplan bei Anpassungsverlangen 110, 20
- in Braunkohlenplan 56, 71
- Meßergebnisse 125, 3

Einstweiliger Rechtsschutz
- bei Betriebsplanzulassung 56, 86
- einstweilige Anordnung 56, 87

Einwirkungsbereich
- Begriff 68, 18
- bergschadensempfindlicher Anlagen 68, 29
- Bergschadensvermutung 68, 24; 120, 7
- Bergverordnung 5, 55, 121; 68, 17 ff
- Einsichtsrecht in Unterlagen 68, 23
- fehlerhafte Berechnung 68, 32
- im Betriebsplanverfahren 68, 21
- Landesentwicklungsplan V 68, 26
- Verjährung des Bergschadenanspruchs 68, 25

Einzelbetriebsplan 52, 12

Endlagerung
- radioaktiver Stoffe 126, 2

Energieanlagen
- Anzeigepflicht 56, 405

Enteignung
s. Grundabtretung

Enteignung alter Rechte und Verträge
- Entschädigung 160, 3
- Voraussetzungen 160, 1

Entgangene Gebrauchsvorteile 117, 4
Entgangener Gewinn 117, 9, 11 f
Entgangener Urlaub 117, 4

Entschädigung
- bei bergbehördlichen Maßnahmen nach der Zulassung 56, 51
- bei Grundabtretung
s. Grundabtretungsentschädigung
- bei Widerruf der Betriebsplanzulassung 56, 38

Entstehung von Bergwerkseigentum 17, 3 ff

Erdwärme
- als fingierter bergfreier Bodenschatz 3, 21
- Gewinnung und Nutzung 2, 9; 3, 21 f; 4, 15

Sachverzeichnis

Erforschung von Straftaten
- Hilfspersonen der Staatsanwaltschaft 147, 2, 5
- Legalitätsprinzip 147, 2
- Rechtspflichten der Beamten 147, 2

Ergänzungsentschädigung 89, 18

Erlaubnis
- als ausschließliches Recht 7, 4f
- als subjektives öffentliches Recht 7, 15
- Antragserfordernis 10, 13ff
- Aufhebung auf Antrag 20, 1ff
- Bedeutung der Versagungsgründe 11, 21ff
- Dauer und Verlängerungsmöglichkeiten 16, 8
- eigentumsrechtlicher Schutz 7, 16
- Einzelbefugnisse 7, 8ff
- Gewinnungsrecht bei der Aufsuchung 39, 1ff
- nachträgliche Auflagen 16, 20ff
- Recht aus der Erlaubnis 7, 2ff
- Rechte des fündigen Erlaubnisinhabers 4, 12
- Rechtsanspruch auf Erteilung 11, 2
- Rechtsnatur 7, 2ff, 15
- Rücknahme 18, 4ff
- Übertragung 22, 1ff
- Verhältnis zum Grundeigentum 7, 11
- Versagungsgründe 11, 5ff
- Vorrang 14, 3
- Widerruf 18, 9

Ermessen
- Anspruch auf ermessensfehlerfreie Entscheidung 71, 49; 72, 16
- Auswahlermessen 56, 110; 71, 47
- Entschließungsermessen 56, 110; 71, 47; 74, 3
- im Genehmigungsverfahren nach BImSchG 56, 274

Ersatzland bei Grundabtretung 79, 7; 144, 5

Erschrotenes Wasser 56, 323, 331

Erstausstattung 114, 20; 124, 4

Explosionsgefährliche Stoffe
- Sicherstellung bei nichtzugelassenen Stoffen 72, 4
- Sprengstoff-Erlaubnis 56, 417; 58, 68
- Zulassung 56, 420

Feld
- Begriff 29, 3
- Bergwerksfeld 13, 2ff
- Bewilligungsfeld 11, 6; 12, 5
- Erlaubnisfeld 11, 6
- Feldesgröße 11, 14; 13, 7
- Feldesteilung 28, 1
- – Rechtsfolgen 28, 7
- – Voraussetzungen 28, 4
- Geviertfeld 161
- Vereinigung 24, 1f
- – Rechtsfolgen 27, 1
- – Voraussetzungen 25, 1ff

Feldesabgabe
- als öffentlich-rechtliche Verleihungsgebühr 30, 2
- Aufrechnung von Aufwendungen 30, 5
- Bemessungsgrundlage 30, 4
- für alte Rechte und Verträge 30, 3
- für Aufsuchung im Festlandsockel 30, 6

Festlandsockel
- Begriff 2, 27
- Beschränkung der Aufsuchung 29, 4ff
- Betriebsplan 55, 135ff
- Gebühren für Amtshandlungen 5, 12
- Karten und Lagerisse 68, 15
- räumliche Abgrenzung 2, 28
- Straftaten 148, 1ff
- Verwaltungszuständigkeit 136, 1f
- völkerrechtliche Regeln 3, 25ff

Feststellungsklage
- bei Verstoß gegen Anpassungspflicht 112, 11
- bei Verstoß gegen Bauwarnung 113, 21
- Rücktritt von Verkaufsabsicht 114, 38f

Flächennutzungsplan
- als öffentlicher Belang 56, 205, 233, 240
- als öffentliches Interesse 55, 85; 56, 169
- Aufgaben 56, 169
- Inhalt 56, 172
- Rechtsnatur 56, 170

Flußspat 3, 17

Förderabgabe
- Abschöpfung von Marktlagengewinnen 32, 3

Sachverzeichnis

- als öffentlich-rechtliche Verleihungsgebühr 31, 2
- Begünstigter 31, 7; 137, 1f
- bei alten Rechten und Verträgen 31, 1
- bei der Zulegung 38, 7
- für mitgewonnene Bodenschätze 42, 65
- Marktwert als Bemessungsgrundlage 31, 4

Forschungshandlungen
- Begriff 132, 4ff
- Durchführungskontrolle 132, 8
- Genehmigungserfordernis 132, 6f

Freie Beweiswürdigung 120, 2

Fund
- Anzeige 33, 2
- Aufwendungsersatz des Finders 33, 3, 5

Gasspeicher
  s. Untergrundspeicher

Gebietsentwicklungsplan
- des Siedlungsverbandes Ruhrkohlenbezirk 56, 163
- Haldendarstellung 56, 155f
- Regierungsbezirk Arnsberg 56, 152
- Regierungsbezirk Düsseldorf 56, 158
- Regierungsbezirk Münster 56, 157
- Schächte 56, 161
- Verfahren zum Erlaß 56, 149
- Wirkungen bei Fachplanungen 56, 166f
- Wohnsiedlungsbereich des Bergbaus 56, 159

Gebrauchswertbeeinträchtigung 111, 10f

Gefährdungshaftung 114, 2, 17, 19

Geltungsbereich des BBergG
- Ausnahmen 2, 5, 9; 4, 10ff, 15ff
- Ausschluß von Nebentätigkeiten 2, 13
- einrichtungsbezogene Merkmale 2, 11
- räumlicher 2, 24ff
- sachlicher 2, 3, 24ff
- tätigkeitsbezogene Merkmale 2, 3ff, 12ff, 20ff
- untertägige Aufsuchung und Gewinnung 3, 24

Gemeinde
- Anfechtungsklage gegen Zulassung des Betriebsplans 56, 14ff, 251
- Beteiligung bei Erteilung von Bergbauberechtigungen 15, 4
- Beteiligung bei Genehmigung von Halden 56, 209
- Beteiligung im Betriebsplanverfahren 54, 25ff
- Einsicht in Betriebsplanakten 56, 66
- einstweilige Anordnung gegen Betriebsplanzulassung bei fehlender Baugenehmigung 56, 251
- Einvernehmen bei Genehmigung nach BImSchG 56, 301
- Einvernehmen im Bauplanungsrecht 56, 210, 244f
- Klage gegen Betriebsplan wegen fehlender Baugenehmigung 56, 251
- Planungshoheit 54, 26; 56, 19ff, 198
- Planungsträger 54, 30ff
- weitergehende Beteiligung 54, 40ff

Gemeiner Wert 117, 11

Gemeinschaden
- Begriff 55, 104, 107ff
- bei öffentlichen Sachen 55, 113
- bei privaten Sachen 55, 112, 120

Gemeinschaftskasse 51, 29

Gemengelagen
- Baugenehmigung 56, 228ff

Gerichtsstand 148, 1ff

Gesamtplan
- im Braunkohlenbergbau 56, 126

Gesamtschuldnerische Haftung
- Ausgleich im Innenverhältnis 115, 6f
- Mitwirkung Dritter 119, 1ff
- Rechtsnachfolge 115, 9
- mehrere Unternehmer 115, 4ff
- Unternehmer und Inhaber der Gewinnungsberechtigung 116, 1ff

Gesundheits- und Sachgüterschutz 55, 23ff

Gesundheitsverletzung
  s. Personenschäden

Gewässer
- Ausbau 56, 334, 372
- Einzugsbereichs-Verordnung 56, 339
- Gewässerbett 56, 339
- Sohlschalen 56, 339
- Verrohrung 56, 339
- Zwei-Naturen-Theorie 56, 339

Sachverzeichnis

Gewässeraufsicht 56, 371

Gewässerschäden
- Haftung 56, 342; 121, 2f

Gewerkschaft, bergrechtliche
- Abandonrecht 163 ff, 5
- Besonderheiten 163 ff, 8 ff
- Entwicklung 163 ff, 2 ff
- Grubenvorstand 163 ff, 7
- Kux 163 ff, 6
- Namensrecht 163 ff, 27
- Umwandlung 163 ff, 16
- Zubuße 163 ff, 5

Gewinnung
- Ausnahmen 4, 15 f
- Begriff 4, 15
- Nebentätigkeiten 2, 12 ff
- untertägige 3, 24
- von grundeigenen Bodenschätzen 34, 6
- Wirtschaftlichkeit 13, 2 f

Gewinnungsbetrieb
- Begriff 4, 7

Grenzüberschreitender Abbau
s. Zulegung

Großräumige Aufsuchung 4, 14; 7, 13

Grubenanschlußbahn
- Begriff 56, 393 ff
- Eisenbahnbetriebsleiter 56, 399; 58, 82
- Gleisanschlußvertrag 56, 400
- Landesbevollmächtigter für Bahnaufsicht 56, 396

Grubenbahn 56, 401

Grubenbaue
s. Benutzung fremder Grubenbaue

Grubenbild
s. auch Rißwerk
- Auszüge 52, 14

Grubenwasser, Haftung bei Einleitung 121, 2f

Grubenwehr 61, 13 f; 131, 2
- Mitteilung über Stärke 68, 16

Grundabtretung
s. auch Grundabtretungsentschädigung, Grundabtretungsverfahren
- als Recht aus Bewilligung und Bergwerkseigentum 8, 15 ff; 9, 8
- Angebot an Betroffenen 79, 6 ff; 85, 3; 90, 4
- Antragsinhalt und -unterlagen 77, 12 ff
- Aufhebung 96, 1 ff
- Ausdehnung der Grundabtretung 82, 2 ff; 84, 6
- Ausführungsanordnung 77, 4; 92, 1 ff; 105, 3; 144, 6
- Besitz 78, 3; vor 91, 17; 92, 8
- bewegliche Sachen 78, 6; 82, 7
- dingliche Rechte
s. auch Nebenberechtigte 78, 2; 87, 1 ff
- Eigentumsentziehung 77, 17; 79, 7 f; 81, 1 f
- Einigung im Verfahren vor 91, 21 ff
- Einigung vor Einleitung des Verfahrens 77, 13; 79, 6 ff
- Einsicht in Betriebsplanakten 56, 72
- Entschädigung
s. Grundabtretungsentschädigung
- Ersatzland 79, 7; 144, 5
- Gegenstand 78, 2 ff
- Glaubhaftmachung der Verwendung 77, 12; 79, 14
- Grundbuch 78, 1; 81, 1; vor 91, 6 ff; 92, 10
- grundeigene Bodenschätze 77, 5, 9; 78, 2
- Kosten 103, 1
- nach ABG 77, 3; 79, 2, 15; 89, 2 ff
- Nebenberechtigte 87, 1 ff; 89, 14; 90, 8; vor 91, 14 f, 18; 93, 1 ff
- Notwendigkeit 77, 7 ff
- Nutzungsrecht 77, 17; 78, 5; 79, 7 f; 81, 1 ff; vor 91, 6 f
- öffentliches Interesse 79, 4
- persönliche Rechte s. auch Nebenberechtigte 78, 4; 87, 1 ff
- Rechtsnatur 8, 13 ff; 9, 8; 79, 2 ff
- Rückgabe 81, 13 ff; 96, 1 ff
- Teilungsgenehmigung 83, 1
- Übernahmeverlangen s. Ausdehnung
- und Betriebsplan 79, 4 f; 81, 3 f
- Verfahren
s. Grundabtretungsverfahren
- Verwendungsfrist 79, 14; 81, 6; vor 91, 5; 95, 1 f
- Vollstreckung 104, 1
- Vorabentscheidung 91, 1 ff; 92, 6
- Wiederherstellung 81, 11
- Wirkungen des Betriebsplans 56, 32
- Wohl der Allgemeinheit 77, 3; 79, 1; 97, 2

Sachverzeichnis

- Zeitpunkt des Ausdehnungsverlangens 82, 8ff
- Zulässigkeit 77, 3; 79, 1ff

Grundabtretungsentschädigung
- Anpassung, Ergänzung 89, 18f
- Besitzeinweisung 83, 7
- Betriebserschwernisse 86, 5; 89, 10
- Bewertungsstichtag 82, 13; 84, 9; 85, 4; 89, 13
- Diskontsatz 83, 7
- Eigentumsentzug 86, 1ff
- Folgekosten 86, 2
- Mieter
  s. auch Grundabtretung/Nebenberechtigte 89, 13f; 90, 8
- Minderwert 81, 11; 82, 12; 86, 5; 89, 19
- Nutzungsrecht 79, 12; 83, 5; 86, 5; 89, 1ff; 90, 1
- Pächter
  s. auch Grundabtretung/Nebenberechtigte 89, 13f
- Qualität des Grundstücks 82, 13; 84, 9f; 85, 3f; 89, 18
- Rechtsverlust 83, 3ff; 85, 1ff
- Restbetriebsbelastung 86, 5
- Resthofschaden 86, 3f
- Steigerungsrechtsprechung 85, 3f
- Verkehrswert 85, 1ff
- Vermögensnachteile 79, 10; 83, 3f; 86, 1ff; 89, 18
- Verzinsung 83, 7; 86, 4; 89, 8
- Währungsverhältnisse 85, 3
- Wertermittlungen 90, 2
- Wertminderung bei Nebenberechtigten 90, 8
- Wertsteigerungssperre 79, 11; 85, 3; 90, 4
- Zeitpunkt der Bewertung 82, 13; 84, 9f; 85, 3f; 89, 18
- Zustand des Grundstücks
  s. Zeitpunkt der Bewertung/Wertsteigerungssperre 84, 9; 85, 3

Grundabtretungsverfahren
- Ablauf des Verfahrens 77, 4; 78, 1; 92, 1ff
- Antragsinhalt 77, 12ff
- Einigung vor 91, 21ff
- Einigung im Termin 81, 4
- Grundabtretungsbeschluß vor 91, 4ff

- Grundbuchamt 81, 1; 92, 10; 106, 1
- Verfahren 77, 12ff; 81, 5; vor 91, 1ff; 105, 1ff
- Vorwirkung 84, 10; 85, 3; 90, 4

Grundbuch
- alte Rechte und Verträge 149, 10, 17, 45; 152, 7; 158, 3; 160, 5; 162, 3
- Bergwerkseigentum 9, 6; 17, 8; 20, 7; 27, 2

Grundeigene Bodenschätze
- anwendbare Vorschriften 34, 5ff; 42, 3; 43
- Aufsuchungs- und Gewinnungsbefugnisse 34, 2ff

Grundeigentum
- Entschädigungs- und Wiederherstellungsrecht nach der Benutzung 39, 6f
- Verhältnis zur Bergbauberechtigung 7, 11; 39, 1ff

Grundschuldgläubiger 114, 42; 117, 17

Haftungsausfüllende Kausalität 114, 17; 120, 1f

Haftungsausschluß
  s. auch Bergschadenverzicht
- bei Planungsnachteilen 114, 71f
- im Betrieb beschäftigte Personen 114, 66f
- im Betrieb verwendete Sachen 114, 66f
- Schäden an Bergbaubetrieben 114, 69

Haftungsbegründende Kausalität 114, 17; 120, 1f

Haftungszurechnung
  s. Kausalzusammenhang

Halden
- Abfallbeseitigung 55, 60
- Abtragung schwelender Halden 128, 7
- alte Halden und Abgrabungsgesetz 56, 423ff; 128, 2
- Ausdehnung aufrechterhaltenen Bergwerkseigentums 151, 3
- Baugenehmigung bei Bergehalden 56, 190
- Baugenehmigung bei Kohlenhalden 56, 191
- Begriff 128, 3
- Begriff der alten Halde 128, 4
- Eigentum an alten Halden 128, 1, 6

887

Sachverzeichnis

- Flächennutzungsplan 56, 205
- im Außenbereich 56, 202 f
- im Bauplanungsrecht 56, 194, 200 ff
- im Gebietsentwicklungsplan 56, 155 ff
- Mitteilung der Flächen für Halden 68, 16
- Ordnungspflicht 71, 28
- ortsgebundene 56, 203
- Richtlinien über die Zulassung 56, 190
- Runderlaß über die Zulassung 56, 190
- und BImSchG 56, 266
- und Landschaftsschutz 56, 379
- und Waldumwandlung 56, 411

Hauptbetriebsplan
s. Betriebsplan

Hilfsbaue
- als Bestandteil des Bergwerkseigentums 46, 1 f
- Begriff 44, 1
- Mitgewinnung von Bodenschätzen 45, 1 ff
- Recht zur Anlegung 8, 12; 44, 1
- Schadensersatz und Herausgabepflicht 42, 5 ff; 44, 3

Hinterlegung der Grundabtretungsentschädigung 92, 3 f; 93, 1 f; 94, 1

Hohlraumbauten
- Begriff 130, 3
- Normadressat 130, 4
- Übergangsvorschrift 169, 1
- Verhältnis zu anderen Vorschriften 130, 6

Hypothekengläubiger 114, 42; 117, 17

Immissionen
- bei Gewinnung grundeigener Bodenschätze 114, 49
- Duldungspflicht des Eigentümers 114, 49
- Haftung 114, 49
- Ortsüblichkeit 114, 50 f
- TA Lärm 114, 50
- unwesentliche Beeinträchtigung 114, 50
- wirtschaftliche Vertretbarkeit 114, 51

Immissionsschutz
- Änderung des BImSchG in bezug auf Anlagen des Bergwesens 56, 255; 174, 14

- Anlagen der Wetterführung 56, 260
- Anlagen des Bergwesens 56, 259
- Beauftragte 58, 46 ff
- Begriff der Anlage 56, 310
- Bekanntmachung 56, 69
- Einsicht in Akten des Genehmigungsverfahrens 56, 68
- förmliches Verfahren 56, 265
- Genehmigungsbehörde 56, 298
- genehmigungspflichtige Anlagen 56, 255 ff
- Genehmigungsverfahren 56, 299
- Genehmigungsvoraussetzungen 56, 269
- im Betriebsplanverfahren 55, 154 ff; 56, 255 ff
- Konzentrationswirkung der Genehmigung 56, 300 ff
- nichtgenehmigungsbedürftige Anlagen 56, 308 ff
- Schallschutz im Städtebau 56, 289
- Schutzgrundsatz 56, 270
- Technische Anleitung Lärm 56, 282 ff
- Technische Anleitung Luft 56, 292 ff
- vereinfachtes Verfahren 56, 266
- Vorsorgegrundsatz 56, 271

Innenbereich
- Baugenehmigung im nichtbeplanten Innenbereich 56, 220
- Gebot der Rücksichtnahme 56, 230
- Gemengelage 56, 228
- öffentliche Belange 56, 232
- sich einfügen 56, 223 f

Inspektionsprinzip
- bei verantwortlichen Personen 58, 3

Kausalzusammenhang
- Adäquanztheorie 114, 18, 20 f
- Adäquanz und Bauerwartung 114, 20
- Adäquanz und Mitverursachung 118, 3
- allgemeines Lebensrisiko 114, 30 f
- Begriff 114, 18
- bei Sachbeschädigung 114, 36, 44 f
- Beweislast 120, 1 ff
- haftungsausfüllende Kausalität 114, 17
- haftungsbegründende Kausalität 114, 17, 39
- hypothetische Kausalität 114, 46
- Unterbrechung 114, 45
- Verhalten eines Dritten 114, 45
- zufälliges Ereignis 114, 45

Sachverzeichnis

Körperverletzung
  s. Personenschäden
Kohlenwasserstoffe 3, 17
Konsolidation
  s. Vereinigung
Konzessionssystem
– als Verbot mit Erlaubnisvorbehalt 6, 1
– Funktion 6, 2
– Verhältnis zum Staatsvorbehalt 6, 10 ff
– Verhältnis zur Bergfreiheit 6, 2 ff
Kraftwerk
– Geltung des Bergrechts 173, 1 ff
– privilegierte Vorhaben 56, 237
– und BImSchG 56, 265
Küstengewässer
– alte Rechte und Verträge 3, 22
– Begriff 3, 19
Küstenmeer
– Begriff 2, 27; 3, 19
Lageriß
– Vorlage als Antragserfordernis 12, 3; 13, 6; 17, 6; 25, 1; 28, 5; 35, 11
Lagerstättenschutz
– als Zweck des Gesetzes 1, 12
– bei Erteilung und Verleihung von Berechtigungen 11, 16
– im Betriebsplanverfahren 55, 43 ff
Lagerung radioaktiver Stoffe 126, 5
Landesbevollmächtigter für Bahnaufsicht 56, 396
Landesentwicklungspläne NW 56, 134 ff
– als öffentlicher Belang 56, 232
– flächenintensive Großvorhaben 56, 142
– Lagerstätten 56, 138
– Wasserwirtschaft 56, 137
Landesentwicklungsprogramm NW 56, 120
Landesplanung 56, 117 ff
Landschaftsgestaltung
  s. Wiedernutzbarmachung
Landschaftsplan 56, 384 ff
Landschaftsschutz
– Ausgleich von Beeinträchtigungen 56, 378
– Ersatzmaßnahmen 56, 380

– im Betriebsplanverfahren 55, 147 ff; 56, 375
– landschaftspflegerischer Begleitplan 56, 301
– Landschaftsplan 56, 381
– Landschaftsrahmenplan 56, 381
– Landschaftsschutzgebiet 56, 386
– Untersagung von Maßnahmen 56, 380
Landschaftsschutz-VO
– als öffentlicher Belang 56, 233, 389
– und Betriebsplan 56, 389
Markscheider
– als verantwortliche Person 58, 34
– Auskunftspflicht 69, 44
– Beobachtung der Erdoberfläche 125, 1
– Bergaufsicht 69, 34
– Geschäftskreis 64, 2 ff
– Haftung des Staates 69, 45
– Markscheiderordnung 69, 40
– öffentlicher Glaube 64, 8; 69, 39
– Vereidigung als Sachverständige 69, 44
– Weisungsfreiheit 64, 10
– Zulassung 64, 9; 69, 39; 174, 3
Markscheidesicherheitspfeiler 55, 97
Maschinenschutzgesetz
– Änderung 174, 12
– und Betriebsplan 174, 12
Messungen
– Durchführung 125, 1
– Einsicht in Meßergebnisse 125, 3
– Landesvermessung 125, 1, 4
– Nivellement 125, 1
– Verlangen der Behörde 125, 1, 3
MIK-Werte 56, 295
Minderwert bei Bergschaden 117, 6, 7
Mineral
  s. Bodenschatz
Mischgebiet
– Baugenehmigung 56, 226
Mitgewinnung von Bodenschätzen
– als Inhalt der Berechtigungen 8, 11
– Herausgabepflicht 42, 6 f
– Voraussetzungen der Ausübung 34, 3, 6; 42, 4
Mittelbare Schäden 114, 40
Mitverursachung
  s. auch mitwirkendes Verschulden

Sachverzeichnis

- Anwendungsfälle 119, 3
- Ausgleich 119, 4
- Bergschadenverzicht 119, 5
- Grundsätze 118, 1ff
- Mitwirkung eines Dritten 119, 1ff

Mitwirkendes Verschulden
- Abwägung 118, 13f
- Beweislast 118, 15
- Erfüllungsgehilfen 112, 12; 118, 10f
- im Bergschadensrecht 118, 5
- Rechtsnachfolger 118, 5
- Sach- und Betriebsgefahr 118, 3, 13
- Schadensminderungspflicht 118, 8f

Mutung
- Übergangsvorschrift 172

Nachbarschaftsverhältnis vor 110, 17; 110, 7; 114, 52

Nachträgliche Anordnung
s. auch Anordnung, Ordnungsverfügung
- bei nichtgenehmigungspflichtigen Anlagen des BImSchG 56, 319
- von Auflagen bei fortgeltenden Betriebsplänen 167, 4

Naturalherstellung 117, 6f

Naturschutz
- Genehmigung der Naturschutzbehörde 56, 380
- im Betriebsplanverfahren 56, 375, 380

Nebenbestimmungen
- Arten und Rechtsnatur 16, 12ff, 20
- bei Erlaubnis und Bewilligung 16, 6, 13ff, 20ff
- beim Bergwerkseigentum 16, 6, 28f
- Erforderlichkeit nachträglicher Auflagen 16, 24ff
- inhaltliche Bestimmtheit 16, 15ff

Nebengewinnung 4, 17ff, 28

Nichtgenehmigungsbedürftige Anlagen
- Anlagenbegriff 56, 310
- Durchsetzung der Grundpflichten 56, 313ff
- Grundpflichten 56, 311
- im Immissionsschutzrecht 56, 308ff

Nivellement 125, 1

Normzweck
- allgemeines Lebensrisiko 114, 30f

- Personenschaden vor 110, 18; 114, 21, 24f

Notfrist 144, 3

Oberflächenschutz 55, 45ff

Öffentliche Belange
- bei sonstigen Vorhaben im Außenbereich 56, 243
- bei Verfahren im Außenbereich 56, 240
- bei Vorhaben im Innenbereich 56, 232

Öffentliche Verkehrsanlagen
- Abbaubetriebsplan 124, 17
- Abwägungsgebot 124, 24
- Amtspflichtverletzung 124, 25
- Anpassungsverhältnis 124, 13
- Auskunftspflicht des Trägers 124, 9
- Bauwarnung 113, 5; 124, 14
- Begriff 124, 1
- betriebsplanmäßig zugelassener Abbau 124, 17
- eingerichteter und ausgeübter Betrieb 124, 30
- Enteignungsentschädigung 124, 31
- Ersatzanspruch des Unternehmers 124, 28
- Gebrauchswertminderung 124, 5
- Haftung nach ABG vor 110; 124, 3f
- Kostenverteilung 124, 16, 20f
- Lagerstättenschutz 124, 8, 27
- maßgeblicher Zeitpunkt bei der Kostenverteilung 124, 20f
- mitwirkende Verursachung bei Trassenverlegung 124, 24f
- nachbarliches Gemeinschaftsverhältnis 124, 7
- Nachteile aus der Anpassung 124, 19
- Planoffenlegung 124, 20f
- Rahmenbetriebsplan 124, 14, 17
- Rücksichtnahmepflicht der Verkehrsanlage 124, 9f, 23, 26
- Rücksichtnahmepflicht des Bergbaus 124, 10f, 23, 26
- Sicherung 124, 13, 17
- Verletzung der Rücksichtnahmepflicht 124, 22f
- Verstoß gegen Anpassungs- und Sicherungspflicht 124, 15f
- Vorrang der Verkehrsanlage 124, 15, 22f

Sachverzeichnis

- Vorrang der Mineralgewinnung 124, 27

Öffentlicher Verkehr
- Schutz im Betriebsplanverfahren 55, 46 f, 50 ff

Öffentliches Interesse
- bei der Anordnung der sofortigen Vollziehung 56, 92 ff
- bei Verboten und Beschränkungen 48, 7 ff, 14 ff
- bei Wiedernutzbarmachung 55, 80 ff
- Vorbringen durch Gemeinden bei Betriebsplanzulassung 56, 21

Ordnungsverfügung
s. auch Anordnung, nachträgliche Anordnung
- Adressat 71, 21 ff
- Ausgleich unter mehreren Störern 71, 26
- Auswahlermessen 71, 47, 25
- bei nichtgenehmigungsbedürftigen Anlagen des BImSchG 56, 318
- bei Rechtsnachfolge 71, 36
- Bestimmtheit 71, 45
- Duldungsverfügung 71, 33
- Entschließungsermessen 71, 47
- Handlungsstörer 71, 24
- neben Genehmigung nach BImSchG 56, 307
- öffentliche Sicherheit und Ordnung 71, 18 f
- rechtliche und tatsächliche Möglichkeit 71, 44
- selbständige 71, 10, 17
- Übermaßverbot 71, 40
- unselbständige 71, 11, 13; 72, 2; 73, 1
- Verhältnis Anordnungen nach Bundesrecht 71, 6
- Zustandsstörer 71, 22

Ortsgebundene Anlagen
- im Außenbereich 56, 237

Pächter
- Bergschadenhaftung 116, 1 f

Personenschäden
- allgemeines Lebensrisiko 114, 30 f
- Anwendung deliktsrechtlicher Vorschriften 117, 1 f
- bei Veränderung der Erdoberfläche 114, 25, 30 f
- Betriebs- und Anlagenhaftung 114, 25, 27 f
- Einwirkung auf Anlagen Dritter 114, 25, 29 f
- entgangener Urlaub 117, 4
- Haftung nach früherem Recht 114, 23
- Haftungsbeschränkung 117, 10
- Haftungsverzicht 114, 64
- im Betrieb beschäftigte Personen 114, 66 f
- Schadensminderung 118, 9
- Umfang 117, 2, 10
- Verhältnis zu anderen Haftungsvorschriften 114, 27 ff; 117, 10
- Zurechnungsgrund vor 110, 18; 114, 21, 24 f

Pflicht zur Schadensminderung 118, 8

Planakzessorietät der Grundabtretung 79, 4 f; 81, 3 f

Plangebot für Großanlagen
- als öffentlicher Belang im Außenbereich 56, 240
- als öffentlicher Belang im Innenbereich 56, 233
- als öffentlicher Belang im privilegierten Außenbereich 56, 240

Planungserlaß NRW 56, 168, 254

Prima facie-Beweis 120, 3

Priorität
s. Vorrang

Pseudobergschäden 120, 8 f, 16

Rahmenbetriebsplan
- Beteiligung von Behörden 52, 6
- Bindungswirkung von Altbescheiden 171, 3
- Doppelwirkung 56, 27
- Fortgeltung alter Zulassungen 167, 3
- im Anpassungsverhältnis 110, 12 ff
- Inhalt 52, 4 f
- Nachweis der Zuverlässigkeit 55, 20
- Prüfung des Landschaftsschutzes 55, 148
- Verlangen der Bergbehörde 52, 7
- Weitergeltung von Altbescheiden 110, 17
- Wirkung der Zulassung 56, 41

Raumordnung 56, 117 ff

891

Sachverzeichnis

Rechtsverfolgungskosten als Schaden 117, 6
Rechtsweg
- Ausgleichszahlung 144, 4
- bei Grundabtretung 144, 1
- bei Enteignung 144, 1
- Entschädigungsansprüche 144, 1f
- Klagefrist 144, 3
- Landgericht 144, 2
- Verwaltungsgerichte 144, 1

Rettungswesen
- Anordnung notwendiger Maßnahmen 72, 4; 74, 1ff
- Grubenrettungsstelle 131, 3
- Hauptstelle für das Grubenrettungswesen 131, 4
- innerbetriebliches 61, 13; 131, 2

Rißwerk
- Einsichtsrecht 63, 3f
- Inhalt 63, 2

Rücknahme von Berechtigungen
- Bergwerkseigentum 18, 5ff
- Erlaubnis und Bewilligung 18, 5ff
- Ersatz des Vertrauensinteresses 18, 7

Rücksichtnahme
- als öffentlicher Belang 56, 240
- der öffentlichen Verkehrsanlage 124, 9, 23, 26
- des Bergbaus auf öffentliche Verkehrsanlage 124, 10f, 23, 26
- Gebot der Rücksichtnahme im Innenbereich 56, 230
- Verletzung bei öffentlichen Verkehrsanlagen 124, 22f

Sachbeschädigung
- Anspruchsberechtigte 114, 41f
- Ausgleichshaftung 114, 21, 33
- Begriff 112, 2; 114, 34
- Bestandteile 114, 41; 117, 12
- Haftung nach ABG vor 110, 6; 114, 34f
- Haftungsbeschränkung 117, 11f
- im Betrieb verwendete Sachen 114, 66f
- Scheinbestandteile 114, 34
- Zubehör 114, 34
- Zurechnung 114, 33f; 117, 11f

Sachverständigenausschuß für den Bergbau
- Aufgabe und Zusammensetzung 141, 2ff
- Verordnung 141, 1

Schacht
- Bauplanungsrecht 56, 182, 184
- Baurecht 56, 181, 184
- Bestandteil des Bergwerks 53, 17
- Ordnungspflicht 71, 28
- Ordnungsverfügung auf Verfüllung 71, 41
- Richtlinien über Verfüllung 55, 49
- Sonderbetriebsplan 52, 9
- und BImSchG 56, 260
- Verfüllung 53, 17ff; 55, 49

Schaden
- Begriff 117, 4

Schadensersatz
  s. Bergschaden, Bergschadensersatzanspruch, Bergschadenshaftung
- Folgeschäden 114, 17f, 44; 117, 5
- Umfang 117, 5f

Schadensliquidation im Drittinteresse 114, 43

Schallschutz im Städtebau
- bei nichtgenehmigungsbedürftigen Anlagen 56, 312
- DIN 18005 56, 289

Schamottefabrik
- als zusammenhängender Betrieb 173, 1

Scheinbestandteile 114, 41

Schriftform
- bei Bergbauberechtigungen 10, 1
- Betriebsplanzulassung 56, 1ff

Schutzzweck der Norm 114, 19

Sicherheit
- als Zweck des Gesetzes 1, 14
- anderer Betriebe 55, 95ff

Sicherheitsbeauftragter 58, 33, 95

Sicherheitsleistung
- bei Benutzung fremder Grundstücke zur Aufsuchung 39, 9
- bei der Zulegung 38, 8
- bei Grundabtretungsentschädigung vor 91, 19; 92, 5
- bei vorzeitiger Besitzeinweisung 100, 2
- Ergänzungsentschädigung bei Grundabtretung 89, 21

Sachverzeichnis

– im Betriebsplan 56, 111

Sicherungskosten
s. auch Anpassungspflicht, Sicherungsmaßnahmen vor 110, 7; 111, 3f, 15

Sicherungsmaßnahmen
– Aufwendungsersatz 111, 15
– Bauwarnung 113, 10f
– Bergschadenverzicht 111, 16
– eigenmächtige Maßnahmen 111, 13, 15
– Kosten vor 110, 7; 111, 15
– Obergrenze 113, 12
– und Verkehrswert 113, 11f
– Unternehmer 111, 19
– Verhältnis zur Anpassung 111, 1
– Verjährung 111, 20
– Vorschußleistung 111, 19

Silvester-VO 3, 23

Sonderbetriebsplan 52, 9ff

Sprengstofferlaubnis 56, 417; 58, 68

Staatsvorbehalt
– echter und unechter 3, 4ff
– im Festlandsockel 3, 18ff

Standortgebundenheit
– Berücksichtigung durch das BBergG 1, 9ff
– der bergbaulichen Betriebe 1, 11
– des Bergbaus 56, 123f

Stillegung
– Abschlußbetriebsplan 53, 1ff
– Anpassungsbeihilfen 53, 48
– Anzeige 50, 3, 12
– Massenentlassung 53, 44ff
– Mitteilungspflichten 53, 40, 41, 44
– Sozialplan 53, 46
– Stillegungsprämie 53, 42
– Vorschriften außerhalb BBergG 53, 39ff
– Wasserhaltung 53, 29ff

Straftaten
– Erforschung 146, 1ff
– fremde Sachen 146, 6
– Gefährdungsdelikt 146, 2
– Handlungen 146, 1
– Schuld 146, 9
– Täter 146, 3
– Tateinheit 146, 5

Subsidiäre Staatshaftung 122, 2

TA-Lärm
– bei nichtgenehmigungsbedürftigen Anlagen 56, 312
– Bindung der Behörden 56, 276
– Fremdgeräusche 56, 287
– gerichtliche Überprüfung 56, 279
– grenzüberschreitende Emissionen 56, 285
– Immissionsrichtwerte 56, 283
– Rechtsnatur 56, 272ff

TA-Luft
– bei nichtgenehmigungsbedürftigen Anlagen 56, 312
– Bindung der Behörden 56, 276
– gerichtliche Überprüfung 56, 279
– Inhalt 56, 292ff
– Rechtsnatur 56, 272ff

Tatort 148, 1ff

Teilung
s. Feld

Tiefbohrungen
s. Bohrungen

Tiefspeicher
s. Untergrundspeicher

Tod
s. Personenschäden

Tod des Berechtigungsinhabers 22, 7

Transitrohrleitungen
– Begriff 133, 1
– Genehmigungsvorbehalt 133, 2ff
– Übergangsregelung 168

Tunnelbau
s. Hohlraumbauten

Übernahmeanspruch bei Grundabtretung 82, 2ff; 84, 6

Übersichtsprospektion
s. großräumige Aufsuchung

Unfallverhütung
– Auskunftsrecht der Berufsgenossenschaft 174, 9
– Besichtigungsrecht der Berufsgenossenschaft 174, 9
– Erlaß von Unfallverhütungsvorschriften 174, 7
– Überwachungsrecht der Berufsgenossenschaft 174, 10

Sachverzeichnis

- Zusammenwirken Bergbauberufsgenossenschaft und Bergbehörde 174, 8

Untergrundspeicher
- Abgrenzung zur Aufsuchung 4, 12; 126, 4
- Begriff 2, 21 f; 4, 6
- Bekanntmachungspflicht des Unternehmers 126, 2
- Errichtung und Betrieb 2, 22; 126, 1
- Übergangsregelung 169
- Untersuchung des Untergrundes 2, 21; 126, 1

Unternehmer
- Anpassung 110, 37, 45
- Auskunftspflicht 70, 6 ff
- Begleitung bei Befahrungen 70, 6
- Begriff 4, 8 ff; 58, 13 ff; 115, 2 ff
- Begriff bei fortgeltenden Bestellungen von Personen 167, 10
- Bohrfirmen 127, 3
- Ersatzpflicht 115, 1 ff
- gewerblicher Unternehmer 130, 4
- Haftung bei Wechsel 115, 9
- mehrere 115, 4 ff
- nicht übertragbare Pflichten 62, 8
- Pflicht zur Vorlage von Unterlagen 70, 6
- Sicherung 111, 19
- und Inhaber der Gewinnungsberechtigung als Haftende 116, 1 ff

Urlaub, Ersatz für entgangenen 117, 4

Ursachenzusammenhang
s. Kausalzusammenhang

VDI-Richtlinien 56, 289 f
- bei nichtgenehmigungsbedürftigen Anlagen 56, 312

Veränderung
s. wesentliche Veränderung

Veränderungssperre
- öffentlicher Belang 56, 205
- Wirkung auf Betriebsplanzulassung 56, 252

Verantwortliche Personen
- Abgrenzung der Aufsichtsbereiche 59, 11
- Auskunftspflicht 70, 7
- Begriff des Betriebes 58, 39
- bei Einstellung des Betriebes 58, 29
- bei Erlöschen der Gewinnungsberechtigung 58, 30
- bei Grubenrettungswesen 131, 9
- Form der Bestellung und Abberufung 60, 1 ff
- Fortgeltung von Anerkennungen, Bestellungen 167, 6
- Geschäftskreis 59, 11
- geschichtliche Entwicklung 58, 1 ff
- Leiter des Sicherheitsdienstes 58, 33, 100
- Leitungsfunktion 58, 31 f
- Nachbarschaftshilfe 61, 10
- Pflichten 61, 2
- Qualifikation 59, 2
- Sicherheitsbeauftragte 58, 33, 95
- Stabsstellenleiter 58, 35
- Übergangsregelung für bestellte Aufsichtspersonen 58, 44; 167, 6 ff
- Übertragung der Pflichten 61, 5; 62, 2 ff
- Übertragung von Befugnissen 59, 15
- Unternehmer 58, 13 ff
- Unternehmerarbeiten 58, 42
- Untersagung der Beschäftigung 73, 1
- Untersagung der Fortführung des Betriebes bei Unzuverlässigkeit 73, 1
- Verantwortung 58, 20 ff
- Werksachverständiger 58, 34

Verantwortung
- bergrechtliche 58, 22
- strafrechtliche 58, 23 ff
- verwaltungsrechtliche 58, 20
- zivilrechtliche 58, 28

Verbote und Beschränkungen
- für Aufsuchung im Festlandsockel 49, 5 ff
- für Aufsuchung und Gewinnung 48, 14 ff

Vereinigung von Bergwerkseigentum
- Genehmigung 26, 1 ff
- Wirkung 27, 1 ff
- Zulässigkeit und Voraussetzungen 24, 1; 25, 1 ff

Verflüssigung 4, 25

Verfüllung von Grubenbauen, Schächten 53, 17 ff

Vergasung 4, 25

Sachverzeichnis

Verkehrssicherungspflicht 114, 31; 121, 5

Verjährung
- Anspruch aus Bergschadengefahr nach ABG 111, 4f
- Anspruch nach Bauwarnung 113, 25
- Aufgabe der Bauabsicht 111, 20
- Aufgabe der Verkaufsabsicht 114, 38f
- Bergschadensersatzanspruch 117, 13
- Hemmung während Verhandlungen 117, 16
- im Anpassungsverhältnis 111, 20
- Verursachung vor Inkrafttreten des BBergG 170, 1

Verkokung 4, 24

Verlangen
- Adressat 110, 35
- bei Anpassung 110, 10f
- bei Sicherung 111, 2, 7, 12f
- Bindungswille 110, 26
- Form 110, 25
- Inhalt 110, 25, 27
- Mitwirkungspflichten 110, 28
- Rechtsfolge bei Verstoß
  s. Verlust des Bergschadensersatzanspruchs
- Zugang 110, 35f

Verleihungsurkunde 17, 3f, 6

Verlösung 4, 26

Verlust der Bauplatzeigenschaft vor 110, 8; 111, 5f; 113, 19

Verlust des Bergschadensersatzanspruchs
- Fahrlässigkeit 112, 8
- Feststellungsklage 112, 11
- öffentliche Verkehrsanlagen 124, 15f, 22ff
- Rechtsnachfolger 112, 9f
- Ursachenzusammenhang 112, 6
- Voraussetzungen 112, 1ff

Verordnungen
- Anforderungen an Inhalt 68, 7ff
- arbeitssicherheitlichen und betriebsärztlichen Dienstes 58, 84
- Arbeitsstätten-VO 69, 17; 174, 4
- Arbeitsstoff-VO 69, 17; 174, 4
- Artikel-VO 68, 13ff
- Azetylen-VO 56, 403; 174, 2
- Bau und Betrieb von Anschlußbahnen 56, 399

- Begriff 68, 5

Verwaltungsverfahrensrecht
- Anwendbarkeit auf das Bergrecht 5, 7ff
- bundesstaatliche Kompetenzverteilung 5, 5f
- förmliches Verfahren 5, 4; 36, 2ff
- Grundsatz der Nichtförmlichkeit 5, 2
- Verhältnis von Bundes- und Landesrecht 5, 9ff

Verwaltungsvorschriften
- für Aufrechterhaltung alter Rechte und Verträge 143, 4
- Rechtsnatur 143, 3

Verzicht
s. Aufhebung, Bergschadenverzicht

Voranfrage
- auf Betriebsplanzulassung 51, 30

Vorschuß
- gegenüber Träger öffentlicher Verkehrsanlagen 124, 14
- im Anpassungsverhältnis 110, 44f

Vorteilsausgleich 117, 5

Vorzeitige Besitzeinweisung bei Grundabtretung
- Entschädigung 89, 8; 98, 1f; 102, 1f
- Voraussetzungen 97, 1ff

Wald
- bei Abtragung alter Halden 128, 10
- Genehmigung der Umwandlung 56, 412

Wasser
- Einleitungen 56, 354
- erschrotenes 56, 323, 331
- Grundwasser 56, 330
- Teilströme im Erlaubnisbescheid 56, 354
- Überwachungswerte 56, 357
- Verwaltungsvorschriften zum Einleiten von Abwasser 56, 35

Wasserhaltung
- Anordnungen gegen Stilleger 53, 30ff
- Einstellung 53, 29

Wasserrecht
- Bewilligung
  - - Stellung des Bergbaus im wasserrechtlichen Verfahren Dritter 56, 349

895

Sachverzeichnis

– – wasserrechtliche 56, 348
– Erlaubnis
  – – Bescheid 56, 353 f
  – – Einvernehmen der Wasserbehörde 56, 345 ff
  – – Inhalt des Bescheides 56, 353 f
  – – Überwachungswert 56, 357
  – – Verfahren 56, 345 ff, 352
  – – Verhältnis zum Betriebsplan 56, 344
  – – wasserrechtliche 56, 343
  – – Zuständigkeit 56, 345
– Genehmigung
  – – für Anlagen an Gewässern 56, 383
  – – von Abwasserbehandlungsanlagen 56, 369
  – – von Rohrleitungen 56, 367
– Haftung 121, 2 f
– preußisches Allgemeines Landrecht 56, 325
– preußisches Wassergesetz 56, 327
– Überwachungswerte 56, 357, 360
– Verhältnis zum Bergrecht 56, 321 ff
– Verwaltungsvorschriften zum Einleiten 56, 358

Weiterverarbeitung
 s. Aufbereitung

Wesentliche Veränderungen
– bei Anpassung 110, 30
– öffentliche Verkehrsanlagen 124, 9

Widerruf
– Baugenehmigung 56, 215
– Betriebsplanzulassung 56, 35 ff
– Entschädigung bei Widerruf der Betriebsplanzulassung 56, 38, 51 ff
– von alten Rechten 18, 13 f
– von Bergwerkseigentum 18, 12, 14 ff
– von Bewilligung und Erlaubnis 18, 9 ff, 14 ff
– von Verwaltungsakten 18, 1 ff

Widmung von Grundstücken 39, 2 f; 48, 4 ff

Wiedernutzbarmachung der Oberfläche
– Begriff 2, 10; 4, 5; 55, 72 ff
– bei fremden Grundstücken nach Benutzung 39, 6

– im Tagebau 55, 94

Wirtschaftliche Vertretbarkeit
– Duldungspflicht gegenüber Immissionen 114, 51
– von nachträglichen Auflagen 56, 103 ff

Zahlungsangebot
 s. Grundabtretung

Zubehör
– Ersatzanspruch bei Beschädigung 114, 33 f
– Haftung nach ABG vor 110, 2 f; 114, 34 f
– Haftungsbeschränkung 117, 11 f
– gemeiner Wert 114, 35; 117, 11

Zubehörung vor 110, 2 f

Zulegung
– als förmliches Verwaltungsverfahren 36, 2 ff
– Entschädigungsregelung 37, 1 ff; 38, 8
– Förderabgabe 38, 7
– Rechtsnatur 35, 3, 6
– Rechtsweg 144, 1
– Zulässigkeitsvoraussetzungen 35, 6 ff

Zuständigkeit
– der Bergbehörden 142, 2
– Sonderzuständigkeiten 14, 3
– Zuweisung an die Bergbehörde 48, 17

Zuverlässigkeit
– bei Erteilung von Erlaubnis und Bewilligung 11, 13
– des Unternehmes 73, 1 ff
– Nachweis der Zuverlässigkeit der Aufsichtspersonen 55, 17 ff
– Nachweis der Zuverlässigkeit des Unternehmers 55, 1 f
– von verantwortlichen Personen 59, 3

Zweckvorschrift
– als Auslegungsregel 1, 8
– als Sonderrechtsbegründung 1, 4, 9 ff, 13
– Inhalt der Leitklauseln 1, 9 ff
– Normadressaten 1, 7, 18
– Regelungsgehalt 1, 4, 7

Zwei-Naturen-Theorie im Wasserrecht 56, 339